国家统一法律职业资格考试

百日通关攻略

行政法

嗨学法考　组编　　黄韦博　编著

中国人民大学出版社
·北京·

图书在版编目（CIP）数据

国家统一法律职业资格考试·百日通关攻略. 行政法/嗨学法考组编；黄韦博编著. -- 北京：中国人民大学出版社，2023.11

ISBN 978-7-300-32188-2

Ⅰ.①国… Ⅱ.①嗨… ②黄… Ⅲ.①行政法－中国－资格考试－自学参考资料 Ⅳ.①D92

中国国家版本馆 CIP 数据核字（2023）第 174390 号

国家统一法律职业资格考试·百日通关攻略·行政法

嗨学法考　组编

黄韦博　编著

Guojia Tongyi Falü Zhiye Zige Kaoshi • Bairi Tongguan Gonglüe • Xingzhengfa

---

出版发行	中国人民大学出版社		
社　　址	北京中关村大街 31 号	**邮政编码**	100080
电　　话	010－62511242（总编室）		010－62511770（质管部）
	010－82501766（邮购部）		010－62514148（门市部）
	010－62515195（发行公司）		010－62515275（盗版举报）
网　　址	http://www.crup.com.cn		
经　　销	新华书店		
印　　刷	涿州市星河印刷有限公司		
开　　本	787 mm×1092 mm　1/16	**版　　次**	2023 年 11 月第 1 版
印　　张	5	**印　　次**	2024 年 4 月第 3 次印刷
字　　数	106 000	**定　　价**	258.00 元（全 8 册）

目　录

导　论

行政法是调整行政关系，解决政府与公民之间“官民”纠纷的法律规范，与民法、刑法、商法、民诉法、刑诉法并称为法考中的“六大法”，也是国家法律体系的核心内容。“六大法”在法考中会以客观题和主观题两种形式一体考查，故考试分值比重最大。绕开行政法复习法考就如同人失去了部分肢体，伤残等级鉴定为“部分丧失考试能力”，这不仅会从分值上失去一大块，还将影响到其他知识的学习效果。从司法考试到法律职业资格考试，行政法自 2018 年“法考元年”开始，命题趋势和命题重点稳中有变，主要体现为以下三个方面：

一、题型和分值相对固定

行政法考试题型分为单选、多选、不定项、案例分析、论述五种，客观题占 30 分左右，其中单选每题 1 分、多选每题 2 分、不定项每题 2 分；主观题考查一道，一般为案例分析，分值 28 分。2018 年—2023 年主观题行政法均考查一道 28 分的案例分析题，因考试人群的变化“法考元年”的行政法考查分值比例稳中有升，主客观题采取命题考点一体化考查。

2018 年		2019 年		2020 年		2021 年		2022 年		2023 年	
客观	主观	客观	主观	客观	主观	客观	主观	客观	主观	客观	主观
25 分	28 分	25 分	28 分	30 分	28 分	32 分	28 分	32 分	28 分	32 分	28 分

二、考查的范围和重点恒定

行政法考查的法条集中于《立法法》《公务员法》《行政许可法》《行政处罚法》《行政强制法》《行政复议法》《行政诉讼法》《国家赔偿法》几部法律和《政府信息公开条例》《行政法规制定程序条例》《规章制定程序条例》《国务院行政机构设置和编制管理条例》《行政复议法实施条例》等相关行政法规，其中《行政诉讼法》及其司法解释的内容占一半左右。在这些法律法规中，必考、常考的法条和考点也是相对确定的，重者恒重体现尤为明显。行政法的命题重点集中在行政处罚、行政许可、行政强制、行政复议、行政诉讼五个部分，主观题的考查范围分布在行政许可、行政处罚、行政强制、政府信息公开、行政复议、行政诉讼和国家赔偿几个部分，其中行政诉讼属必考内容。

三、命题特点相对稳定

行政法部分命题特点较为稳定，尤其是2007年之后的命题基本上遵循“中正平稳”的风格，注重对常用法律法规、基础理论和新增法条的考查，少有偏、怪、深、奇的考题，难度适中，争议甚微，但2020年以后的命题难度和实务性有所提升。就命题特点而言，具体体现在以下几点：

1. 注重考查法条细节的精确性。行政法考试中经常出现例如区分“应当”“必须”还是“可以”、“应当有例外”不等于“必须”之类的问题，考生复习时一定要注重细节，通过掌握立法原理来记忆。

2. 注重考查易混考点的准确性。对于易混考点要注意概念体系清晰，尤其是对六大基本原则的内容、行政法规和规章制定程序、行政行为三部曲（处罚、许可、强制）以及行政争议三部曲（复议、诉讼、赔偿）的归纳总结和对比记忆。

3. 综合性考查融会贯通。行政法考试一般采取将**实体法和程序法**的多个知识点同时出在一个题目中的方法，综合考查考生对行政法体系、原理和法条的交叉运用，所以考生需要在学习时注重对行政法体系的把握以及知识之间的融会贯通。同时，命题的综合性也体现为以案例形式对**法律思维、基础理论和法条**并行考查。以指导性判例、社会热点事件、常见多发案件为蓝本精炼而成的案例分析题，有针对性地考查常用行政法律知识，既涉及行政法治思维和基础理论，也涉及现行法律、法规和司法解释的运用。尤其是对基本概念、基本原则的考查力度非常大。

4. 新法必考。我国行政法起步较晚，还没有形成完整的体系，法考所涉及的行政法律规范本身不是很多，因此一旦出现新的法律规范必然会成为考查的重点，尤其是卷四的案例分析题一般都会涉及新法考点。2024年的法考行政法部分，应重点关注《行政复议法修正案》和最高人民法院发布的新司法解释涉及的变化考点。

行政法考点体系框架

- **基础理论**
  - **概念：**行政、公行政、行政法
  - **体系：**行政组织法、行政行为法、行政争议法
  - **原则：**合法行政、程序正当、权责统一、合理行政、高效便民、诚实守信
  - **法源：**宪法、法律、行政法规、地方性法规、民族条例、规章
- **行政组织法**
  - **分类：**行政机关、行政内部机构、法定授权组织、受委托组织
  - **行政主体：**权、名、责（复议被申请人、诉讼被告、赔偿义务机关）
  - **公务员法：**公职取得、考核处分、交流回避、公职退出、争议解决
  - **行政编制：**中央行政编制、地方行政编制
- **行政行为法**
  - **抽象行政行为**
    - 行政立法：行政法规、部门规章、地方规章
    - 一般规范性文件：行政立法以外的抽象行政行为
  - **具体行政行为**
    - **具体行政行为概述：**概念与特征、分类、成立与生效、一般效力、效力状态
    - **行政处罚：**概念与种类、设定与规定、实施主体（管辖、集中、移交、授权、委托）、实施规则（一事不再罚、时效、法律适用、折抵刑罚减免快重、裁量基准）、程序（一般规定、简易、普通、听证与执行）
    - **行政许可：**概念与特征、设定与规定、实施主体、实施程序监督与许可效力处理、行政许可的诉讼
    - **行政强制**
      - 强制措施：概念、设定与规定、实施主体、实施程序（一般与特殊）
      - 强制执行：自行强制与申请法院强制
    - **其他：**征收与征用、行政确认、行政检查、行政裁决
  - **其他行政行为：**行政合同、行政事实行为（指导、调解）、程序行为
  - **政府信息公开：**不予公开、主动公开、依申请公开，信息公开的诉讼
- **行政争议法**
  - **行政复议：**受案范围、复议与诉讼的关系、当事人（申请人、被申请人与第三人）、复议机关、审理程序、决定与执行
  - **行政诉讼：**受案、管辖、当事人、起诉与受理、期间送达、审理程序（一审、二审、再审、简易、调解）、审理规则（证据、撤诉、缺席、法律适用、先予执行、附带民诉、附带审查抽象行为、公益诉讼）、裁判与执行
  - **国家赔偿**
    - 概述：赔偿责任构成、申请人、赔偿义务机关赔偿程序、赔偿费用标准
    - 行政赔偿：单独申请、复议或诉讼时一并申请
    - 司法赔偿：刑事赔偿与民事行政司法赔偿

专题一　行政法的基础理论

考点一：行政法的概念、体系和法源

一、行政法的概念

- 行政
  - 公行政
    - 国家公行政（行政机关）
    - 社会公行政（法律、法规、规章授权组织）
  - 私行政（民商法）

行政法的概念	行政法是调整行政关系，规范**公共行政**活动的法律规范
行政权的性质	立法制定规则、行政执行规则（主动）、司法运用规则裁决争议（被动）、监察监督公务人员
核心价值	**控权保民**：规范和控制行政权，保障公民的合法权益，以**平衡**官民权利和公私利益
行政法律关系	**行政主体**__________行政行为__________**行政相对人**（**明确**指向公民、法人或其他组织）与利害关系人（影响其合法权益的公民、法人或其他组织）
行政法治思维	分析研判争议**行政行为**是否符合**依法行政**，依法解决“官民”纠纷，保障合法权益和公共利益
案件分析步骤	（1）辨行为；（2）定主体；（3）审事实；（4）判结论（合法性：实体法，审理裁判：程序法）

例　县规划局向房地产公司颁发建设工程规划许可证，批准房地产公司在小区大门附近建设高层建筑，小区28户居民认为该规划许可证违反国家关于房屋间距的强制性规定，侵犯居民的采光、通风等相邻权，向法院提起行政诉讼请求撤销该许可证。

【法律思维分析】

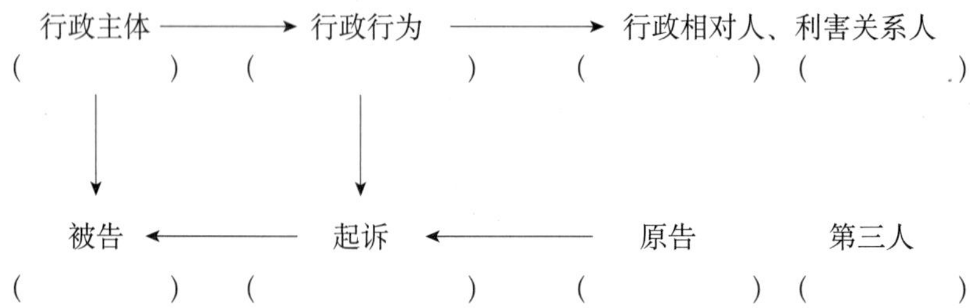

二、行政法的体系

行政组织法		行政行为法		行政争议法
(1) 国务院、地方政府组织法 (2) 中央、地方行政机构设置和编制管理条例 (3) 公务员法及公务员处分条例	⇨	(1) 立法法及行政法规、规章制定程序条例 (2) 行政处罚法 (3) 行政许可法 (4) 行政强制法 (5) 政府信息公开条例	⇨	(1) 行政复议法及其实施条例 (2) 行政诉讼法及其司法解释 (3) 国家赔偿法及其司法解释

三、行政法的法源

种类	制定机关	备注
宪法	全国人大	基本原则性规范
法律	全国人大及其常委会	全国人大及其常委会制定一般法律、全国人大制定基本法律
经济特区法规	经济特区所在省、市的人大及其常委会	根据全国人大授权制定，效力相当于法律，变通规定时高于法律
行政法规	国务院	国务院制定条例、规定、办法
地方性法规	省级及**地级**人大及其常委会	**省级含：省、自治区、直辖市的人大及其常委会** **地级含：设区的市，自治州，中山市、东莞市、嘉峪关市、儋州市**
自治条例 单行条例	自治区、自治州和自治县的**人大**	民族自治条例、单行条例至少相当于**地方性法规**效力，对法律作变通规定的具有**优于普通法律**的效力
部门规章	国务院组成部门、有行政管理职能的直属机构和法律规定的机构	
地方政府规章	省级政府及**地级政府**制定，**地级政府含：设区的市，自治州，中山市、东莞市、嘉峪关市、儋州市的政府**	
效力等级	**看制定主体**：上级高于下级（上位法高于下位法），同级报请裁决（相同效力等级的文件产生冲突报请制定机关的共同上一级机关裁决处理）	

考点二：行政法的基本原则

基本原则	**依法行政（具体要求）**
合法行政	形式上符合法律规定，属于首要原则，其他原则都是合法行政的延伸，是行政活动区别于民事活动的主要标志
	(1) **法律优先**（行政活动不得违背现有法律）；(2) **法律保留**（行政活动应当依照法律的授权进行，没有法律、法规、规章的依据不得作出影响公民权益的决定） **口诀：有法必依法、无法不损益**

续表

基本原则	依法行政（具体要求）
程序正当	(1) **行政公开**（保障知情权，分为**不予公开**〈国家秘密、商业秘密和个人隐私〉、**主动公开和依申请公开**）；(2) **公众参与**（工作和决策**听取公众意见**、不利决定前听取**陈述申辩**、其他参与）；(3) **公务回避**；(4) **适用程序合法**（依法听证、依法催告、依法适用简易程序等）。程序违法既违反合法行政原则，也违反程序正当原则 **口诀：开与避合**
权责统一	(1) **行政效能**（赋予执法手段、保证政令有效）；(2) **行政责任**（行使行政权须依法接受监督，行政违法或不当应承担法律责任，即接受监督、纠错问责） **口诀：给权力、问责任**
合理行政	调整自由裁量行为（多种合法）而非羁束行为（唯一合法，受合法行政调整），属于实质法治（不滥用）的要求，合理行政以合法行政为前提
	(1) **公平公正**（平等对待行政相对人、相同的行为给予相同的处理）。(2) **考虑相关因素**（考虑的因素符合法律目的）。(3) **符合比例**（行政手段裁量适当、必要、均衡）。①适当：手段须有助于目的的达成；②必要：在有多种手段可供选择时，应选择侵害相对人权益最小的手段；③均衡：即划算，行政手段对相对人权益侵害不得超过行政目的之价值 **口诀：合理比相公，公平公正待，考虑要相关，手段适必均**
高效便民	(1) **行政效率**（积极履行职责、提高办事效率）；(2) **便利当事人**（简化行政程序，提供优质服务） **口诀：积极高效率，简化优服务**
诚实守信	(1) **行政信息真实**（提供真实、准确、全面的行政信息）；(2) **保护信赖利益**（存续保护：行政行为赋予的合法权益不得随意更改〈禁止反复无常〉；财产保护：基于公共利益依法定程序更改〈依法变更、废止、撤回〉需要对相对人的损失进行补偿。适用于授益性行政行为） **口诀：不撒谎、不变卦**
(1) 合法行政为形式法治（不越权）的要求，合理行政为实质法治（不滥用）的要求； (2) 各项基本原则的内容和子原则的含义均属于选择题考查的重点； (3) 行政法的基本原则是行政法论述题的考点，也是分析行政案件的基本法律思维	

专题二　行政组织与公务员

考点三：行政组织概述

<table>
<tr><td>概念</td><td colspan="2">（1）行政组织：从事行政活动、行使行政权力的组织。包括：行政机关、行政内部机构、法律法规规章授权组织、行政机关委托组织
（2）行政主体：享有行政权力，能以自己的名义对外独立行使行政职权，并独立承担相应法律责任的资格（独立执法名义、独立担责身份）
（3）行政组织包含行政主体，行政主体只是行政组织中的一部分（行政组织是机构、行政主体是资格）</td></tr>
<tr><td rowspan="4">行政组织</td><td>行政机关</td><td>包括中央行政机关和地方行政机关。行政机关一般具有行政主体资格，但有例外：
（1）不是在任何场合下都是行政主体（还可能是民事主体、刑事侦查主体等）
（2）不是所有的行政机关都是行政主体（具有行政管理职权）</td></tr>
<tr><td>法定授权组织</td><td>法律、法规、规章授权执法的非政府组织。
（1）法定授权组织授权范围内行使权力时具有行政主体资格
（2）法律、法规、规章方可授权执法，规章以下规范性文件的“授权”视为委托执法</td></tr>
<tr><td>行政内部机构</td><td>（1）类别：①派出机构：是县级以上政府工作部门在一定行政区域内设立，代表该设立机关管理特定事务的行政机构，如税务所、公安派出所等；②内设机构：行政机关内承担具体管理事务的内部工作机构，司、处、科、队等；③临时组建的机构：行政机关为履行职权需要临时组建的执法机构
（2）身份：行政内部机构是行政机关的内部组织，一般不具有行政主体资格，使用所属行政机关的行政主体资格；经法律、法规、规章授权在授权范围内行使权力时具有行政主体资格。主要被授权的行政机构：派出所：500 元以下罚款和警告；税务所：2 000 元以下罚款</td></tr>
<tr><td>行政机关委托组织</td><td>（1）发布文件或签订协议委托执法，一般没有委托对象限制，但行政处罚可委托公共组织，行政许可只委托其他行政机关，行政强制不得委托（代履行除外）
（2）受委托的组织以委托行使权力的行政机关的名义行使行政权力，法律责任由委托机关承担，因此不享有行政主体资格。以委托者的名义、责任归于委托者（类似代理）</td></tr>
</table>

考点四：行政机关的分类

<table>
<tr><td rowspan="9">中央行政机关</td><td rowspan="9">国务院</td><td>**组成部门
承担基本职能**</td><td>**部**（自然资源部、退役军人事务部、文化和旅游部等）、**委**（国家发展改革委、国家民委、国家卫生健康委等）、**行**（人民银行）、**署**（审计署）是组成部门</td></tr>
<tr><td>**直属机构
主管专项业务，
具有独立管理职能**</td><td>（1）**凡是带“总”字的都是直属机构**（国家市场监督管理总局、国家金融总局、海关总署等）；（2）**直属机构中也有部分不带“总”字的局、署**（国家医疗保障局、国家国际发展合作署、国家统计局、国家信访局、中国证监会等）。注意：**参事室、机关事务局不具有对外管理职权，因此不能制定规章**</td></tr>
<tr><td>直属特设机构</td><td>国有资产监督管理委员会</td></tr>
<tr><td>部委管理的
国家局</td><td>主管**特定业务，不属于直属机构的国家局**为部委管理的国家局，该国家局由国务院组成部门管理。如：**国家铁路局（交通运输部）、国家林业和草原局（自然资源部）**等</td></tr>
<tr><td>办事机构</td><td>一般称“办公室”，承担国务院交办的事项，包括：国务院港澳事务办公室、国务院研究室等</td></tr>
<tr><td>办公机构</td><td>国务院办公厅</td></tr>
<tr><td>议事协调机构</td><td>跨部门设立的会议协调性机构，如国家禁毒委、防汛抗旱总指挥部等，没有独立的编制和人员，不设内设机构，议定的事项经国务院同意由各部门按各自职责办理。经国务院同意，特殊或紧急情况下可以规定临时行政措施</td></tr>
<tr><td>**直属事业单位**</td><td>直属事业单位不是行政机关，经法律授权后具有行政管理职能，依照法律规定可制定规章</td></tr>
<tr><td colspan="2"></td></tr>
<tr><td rowspan="7">地方行政机关</td><td>**各级地方
人民政府**</td><td colspan="2">省级：省、自治区、直辖市人民政府；地级（市）：设区的市、自治州人民政府；县级：县、不设区的市、区人民政府；乡级：乡、镇人民政府</td></tr>
<tr><td rowspan="3">**县级以上
地方政府的
工作部门**</td><td>**双重
管理**</td><td>普通政府工作部门（厅、局、委、办）属于双重管理，既受同级政府领导，又受上级主管部门的指导（领导）、监督</td></tr>
<tr><td>**中央垂直
管理**</td><td>从中央到地方全部垂直管理，只受上级部门领导，不受同级政府领导、监督。如：**人民银行、海关、外汇、税务、国安**</td></tr>
<tr><td>**省以下垂直
管理**</td><td>经国务院批准，省以下的市、县两级行政部门实行垂直管理</td></tr>
<tr><td rowspan="3">**派出机关**</td><td>**行政公署**</td><td>省、自治区政府设立，相当于设区的市政府</td></tr>
<tr><td>**区公所**</td><td>县、自治县政府设立</td></tr>
<tr><td>**街道办**</td><td>区政府或县级市政设立，相当于乡镇政府</td></tr>
</table>

考点五：行政编制

	政府工作部门的设、减、并、改	工作部门内设机构的设立
国务院	组成部门须经全国人大或常委会决定，其他工作部门调整由国务院编制管理机关提出方案后国务院自主决定 **（组成部门人大批，其他部门国务院定）**	（1）国务院下属部门**司级内设机构**的增设由该部门提出方案，国务院编制管理机关审核后，报国务院批准；（2）国务院下属部门的**处级内设机构**自主决定，报国务院编制机关备案 **（司长较少部门提，编委审核国务院批，处长遍地自主定，定完编委备个案）**
县级以上地方政府	工作部门的设、减、并、改（规格或名称）经上一级人民政府机构编制管理机关审核后报上一级政府批准，设、减、并还需报本级人大常委会备案 **（地方政府设部门，上级批完备人大）**	县级以上地方政府工作部门内设机构的设、减、并、改（规格或名称）由该工作部门报本级政府编制管理机关批准 **（地方部门需内设，编委批准就搞定）**
乡政府	没有工作部门，内部机构经县级人民政府机构编制管理机关审核后报县级政府批准，不需备案 **（光杆乡镇需内设，上级批准不备案）**	
行政区划与派出机关的设立	**全国人大批省级（省、自治区、直辖市），国务院批县市署（行政公署），乡镇公所由省（政府）批，城区政府设街办，批准一律找上级（政府）**	

<table>
<tr><td rowspan="3">编制管理</td><td>中央</td><td>编制指人员数量和领导职数。编制方案内容包括机构人员定额和结构、机构领导职数和司级内设机构领导职数。议事协调机构不单设编制，不设内设机构。各中央部门编制的增减由国务院批准</td></tr>
<tr><td rowspan="2">地方</td><td>中央统一领导、分级管理（不属于垂直领导）；应考虑财政供养能力，不使用事业编制，议事协调机构不单设编制，其设置由本级政府决定，无须批准。不得要求下级设置对口机构；地方编制总额由省级政府提出后中央编制机关审核国务院批准；地方事业编制由省级编制机关报国务院编制机关审核后，由省级政府发布。可对本级政府编制总额内进行调整，但跨层级调整需省级编制机关报国务院编制机关审批。应定期评估，作为调整参考</td></tr>
<tr><td>行政机构之间对职责划分有异议的：（1）协商一致的，报本级政府编制管理机关备案；（2）协商不一致的，应当提请本级政府编制管理机关提出协调意见，由编制管理机关报请本级政府决定
（同级部门争权责，协商一致就搞定，报请编委备个案；协商不成提编委，报请政府做决定）</td></tr>
</table>

考点六：公职的取得

公职的取得	普通公务员	考任	（1）**一级主任科员以下的职级**岗位（**底层非领导**）；（2）报考条件：中国国籍、年满18周岁和其他条件，**判处刑罚、开除公职、开除党籍**、列为**失信惩戒**对象的**不予录用**；（3）试用期**1年（法定）**，期满不合格**取消录用**；（4）体检标准由中央公务员主管部门**会同**卫生行政部门规定；（5）**中央、省级**公务员主管部门组织招考，必要时**省级部门可授权市级部门**组织招考；（6）特殊职位经**省级公务员部门批准**可简化招录程序
		官职	**职务**：领导有职有权，国家级正职至乡科级副职 **职级**：非领导有职无权，**巡视员、调研员、主任科员设1—4级、科员设1—2级** 职务与职级均用于区分职权大小，**可以相互转任、兼任**（调整：降职、升职、撤职）
		级别	区分待遇，与职务职级对应，可在对应幅度内晋升，共27级（调整：降级、晋级）
	聘任制公务员		（1）经省级公务员管理部门批准设置：**专业性**较强的职位、**辅助性**职位（**保密**岗位**排除**）；（2）1—5年聘任合同，**1—12月试用期**；（3）可以直接选聘或按公务员考试程序公开招聘；（4）签订合同报同级公务员主管部门备案；（5）可协议工资，按照公务员法和聘用合同管理
机关外兼职			工作需要：经过有关机关批准、只能在非营利性组织中兼职、兼职无报酬

考点七：公职的履行

处分	种类	（1）公务员因违纪违法应当依法承担纪律责任的，给予以下种类的处分：警告（6个月）；记过（12个月）；记大过（18个月）；降级（24个月）；撤职（24个月）；开除（判刑必须开除）。（2）除法律、法规、规章、国务院决定外，一般规范性文件禁止设立或补充规定处分事项
	后果	（1）在受处分期间不得晋升职务和级别，不得晋升工资档次（开除、警告除外）；（2）撤职应降低级别，退休只减待遇
	解除	到期没有新的违纪**自动解除处分**，解除后（考验期内的限制）晋升工资档次、级别、职务不再受影响，但解除降级、撤职不视为恢复原级别、职务
	调查	（1）立案调查须2人以上，最长12个月；（2）必要时暂停其履行职务；（3）立案调查期间原地不动：不得交流、辞职、出境、退休；（4）**不得因申辩加重处分**
	减免	主动交代，避免或挽回损失的应当减轻处分；情节轻微，批评教育改正的，可以免予处分
	合并	（1）处分种类不同的执行最重的（择一重）；（2）撤职以下相同处分的，限制加重合并执行，即执行该处分，在一个处分期之上、多个处分期之下确定处分期；（3）在受处分期间受到新的处分的，其处分期为原处分期尚未执行的期限与新处分期限之和（最高48个月）

处分	免责	发现上级决定命令，有一般错误的，提出意见后执行免责；有明显违法的，应当拒绝执行
	决定	(1) 任免公务员的行政机关决定给予处分，监察机关均有权给予政务处分；**同一违纪违法行为监察机关已给处分的，行政机关不再重复处分**；(2) 须书面决定并送达本人，处分决定自作出之日起生效；(3) 申诉、复核期间不停止执行
考核	**分平时考核、专项考核和定期考核，定期以平时和专项为基础，一般公务员的定期考核采取年度形式**	
	定期考核结果：优秀；称职；基本称职（不属于不利人事决定，不能申诉复核）；不称职（属于不利人事决定，一次不称职降低一个职务职级层次任职，连续两次不称职辞退）。降职、免职、辞退不属于处分	

考点八：公务员的交流、挂职与回避

交流	轮换岗位、调动工作，包括**调任和转任**，**不含**兼职、聘用、培训（属于公务员权利，非义务）、**挂职**		
	调任	**从国企、高校科研院所等非参公事业单位调入机关担任领导职务或四级调研员以上职级**	
	转任	机关内部的不同职位、不同地区、不同部门之间的职务平级变动	
挂职	**临时选派到其他单位承担重大工程项目、重点或专项工作，不改变与原单位的人事关系**		
回避	任职回避	亲属	一般亲属回避：夫妻、直系血亲、三代以内旁系血亲、近姻亲 (1) 不能任相互直接领导的职务；(2) 不能担任直属同一领导的职务；(3) 不能一方任主要领导，另一方在同一单位从事组织、人事、纪检、监察、审计、财务工作
			不得在其配偶、子女及其配偶经营的企业、营利性组织的行业监管或主管部门担任领导成员（不含内设机构负责人）
		地域	又称原籍回避：担任乡级、县级和**设区的市**（省以下普通区划）主要领导职务的，不能在家乡所在地任职（乡长、县长、**设区市的市长**等正职须原籍回避，但民族自治地方除外）
	公务回避	执行公务时涉及与本人或者上列亲属有利害关系的	
	离职回避	辞去公职或者退休的（自愿离职），领导成员（不含内设机构负责人）和**县处级以上领导职务**离职 3 年内、其他人员 2 年内，不得到与原工作业务直接相关的营利性组织任职，不得从事与原工作业务直接相关的营利性活动	

考点九：公职的退出

辞职	禁止辞去公职	服务年限未满、保密期限未满、须本人履行重要公务未完毕、审计调查未结束
	公务交接	机关单位有权要求公务员离职前办理公务交接手续
	辞去领导职务	法定辞职、自愿辞职、引咎辞职、责令辞职

<table>
<tr><td rowspan="2">辞退</td><td colspan="2">应当书面通知本人并告知理由，可获失业保险金</td><td rowspan="2">除外：（1）因公致残的；（2）患病负伤在医疗期内的；（3）女性在孕期、产假、哺乳期内的</td></tr>
<tr><td colspan="2">（1）年度考核连续两年不称职；（2）不胜任现职又不接受其他安排；（3）机构改革拒绝合理安排；（4）不履行义务，不遵守纪律；（5）旷工连续 15 日，一年累计 30 日</td></tr>
<tr><td>退休</td><td>劳动法年龄</td><td colspan="2">任免机关批准提前退休：（1）工作 30 年；（2）工作 20 年距退休年龄 5 年内</td></tr>
</table>

考点十：公务员的权利救济

<table>
<tr><td rowspan="2">权利救济</td><td>普通公务员</td><td>申诉复核</td><td>不利的人事处理：处分、辞退、取消录用、降职、不称职、免职、辞职退休不批等</td><td>（1）先复核再申诉。知道处理 30 日内向原机关申请复核，接到复核决定 15 日内向同级公务员主管部门或上级机关申诉。（2）直接申诉。知道处理后 30 日内向同级公务员主管部门或上级机关申诉。（3）对监察机关的处分不服，向决定的监察机关申请复审，对复审决定不服向上一级监察机关申请复核（先原级复审后上级复核）。（4）申诉复核期间不停止处分的执行</td></tr>
<tr><td>聘任制公务员</td><td colspan="3">履行聘任合同发生争议：60 日内可申请人事仲裁（前置）→15 日内提起民事诉讼</td></tr>
</table>

2024－1－仿真1（单选）大河区公安局某副科长张三，工作年满 30 年，张三以此为由申请提前退休，获得批准。下列说法正确的是：

A. 批准机关为王某的任免机关

B. 王某退休后有权享受国家规定的养老金和其他待遇

C. 王某在离职 3 年内不得到与原工作业务直接相关的企业任职

D. 如申请未获批准，王某可以依法申请行政复议

答案：AB

专题三　抽象行政行为

考点十一：抽象行政行为概述

概念区分	**抽象行政行为：**针对不特定对象，对未来设立具有普遍约束力规则的行为 **具体行政行为：**行政主体就已经发生的事实，针对特定的对象处分权利义务的处理决定
分类	(1) 行政立法：行政法规、规章（部门规章、地方政府规章）； (2) 一般规范性文件（有普遍约束力的决定、命令） **二者的区别：**制定主体、效力（立法有效，文件参考）、制定程序（立法通过"国家机关令"发布）

考点十二：行政法规的制定程序

立项	(1) 国务院有关部门向国务院报请立项→国务院法制机构拟订年度立法工作计划→报党中央、国务院审批后向社会公布； (2) 列入计划的项目应当贯彻落实党的路线方针政策和决策部署，适应改革、发展、稳定的需要； (3) 国务院年度立法工作计划在执行中可以根据实际情况予以调整
起草	(1) 国务院组织→有关部门或由法制机构负责起草，重要的法制机构组织起草，专业性较强的可以委托专家、教学科研单位、社会组织起草。→ (2) 听取意见、部门协商。**应当广泛**听取**社会公众**的意见，**可以**采取座谈会、论证会、**听证会**等多种形式。→ (3) 草案应当向社会公布征求意见，但经国务院决定不公布的除外。→ (4) 起草部门主要负责人签署**送审稿**（草案＋相关情况说明），联合起草的达成一致意见后联合报送行政法规送审稿（首长均要签署）
审查	(1) 法制机构负责审查。→ (2) 立法条件不成熟或争议较大的，法制机构可以缓办或退回。→ (3) 涉及重大利益调整的，应当进行论证咨询，广泛听取有关方面的意见，可以采取座谈会、论证会、听证会等多种形式。→ (4) 国务院法制机构可以将送审稿向社会公布征求意见。→ (5) 审查同意的法制机构将**草案建议送审，简单的直接传批**
决定	(1) 决定程序按国务院组织法规定办理，由国务院**常务会议审议通过**（法制机构或起草部门说明）或由**国务院审批通过**（简单）。→ (2) 审议通过后由**法制机构形成草案修改稿**，报请总理签署**国务院令**公布，及时在**国务院公报、中国政府法制信息网以及全国范围内发行的报纸**上刊载
公布	公布 30 日后施行（紧急的可立即施行），公布 30 日内**国务院办公厅**报全国人大常委会备案

<table>
<tr><td rowspan="2">解释</td><td>条文含义（进一步明确具体含义的、出现新的情况需要明确适用依据的）必须由国务院解释，解释与行政法规具有同等效力，国务院部门和省级政府可以提出解释要求；国务院法制机构拟定草案，报国务院同意后，国务院公布或国务院授权有关部门公布</td></tr>
<tr><td>行政执法中具体应用问题国务院法制机构可以答复（重要的报国务院同意），但只具有指导效力，国务院法制机构和省级政府法制机构可提出解释要求</td></tr>
<tr><td>报告</td><td>（1）制定政治方面法律的配套行政法规，应当及时报告党中央；（2）制定其他方面重大体制、政策调整的重要行政法规，应当将草案或涉及的重大问题及时报告党中央</td></tr>
<tr><td>调整</td><td>国务院可以决定在一定期限内在部分地方暂时调整或暂时停止适用行政法规的部分规定</td></tr>
<tr><td>评估</td><td>国务院法制机构或者国务院有关部门，可以组织立法后评估，并把评估结果作为修改、废止有关行政法规的重要参考</td></tr>
<tr><td>修改
废止</td><td>对不适应全面深化改革和经济社会发展要求、不符合上位法规定的行政法规，应当及时修改或者废止，并及时公布</td></tr>
</table>

考点十三：行政规章与一般规范性文件

<table>
<tr><th></th><th>制定机关</th><th>起草和审查</th><th>（审议）决定</th><th>公布</th><th>备案</th></tr>
<tr><td>部门
规章</td><td>国务院组成部门、有行政管理职能的直属机构和法律规定的机构</td><td rowspan="2">指定下级或委托专家起草。草案送制定机关法制机构审查，审议时法制机构或起草单位可以说明</td><td>部务会议或委员会会议决定</td><td>公报、中国政府法制信息网、全国性报纸</td><td rowspan="2">公布30日后施行（紧急可立即施行），30日内由法制机构报请备案</td></tr>
<tr><td>地方
规章</td><td>省级政府及地级政府（含设区的市，自治州，中山市、东莞市、嘉峪关市、儋州市的政府）</td><td>政府常务会议或全体会议决定</td><td>公报、中国政府法制信息网、本行政区域内报纸</td></tr>
<tr><td colspan="6">（1）起草应当广泛听取有关机关、组织和公民的意见，除依法需要保密的外，应当将规章草案及其说明等向社会公布征求意见。重大利益调整事项又有重大分歧，需要的应当举行听证会。（2）制定机关的法制机构审查送审稿（草案＋说明）认为争议较大或立法条件不成熟的，可以缓办或退回。（3）涉及多个部门职权的事项制定联合规章或行政法规；联合规章须由联合制定的部门首长共同署名公布，使用主办机关的命令序号。（4）名称一般使用“规定”“办法”，不能使用“条例”。（5）公民认为规章与上位法冲突可向国务院提出审查建议，对地级地方规章还可向省政府提出审查建议。（6）无上位法依据，地方规章（法律、法规依据）和部门规章（法律、行政法规或国务院决定依据）不得对公民限权利、加负担。（7）地级政府规章立法事项只限于城乡建设与管理、生态文明建设、历史文化保护和基层治理；2015年《立法法》修改前已经立法的继续有效。（8）制定地方性法规条件不成熟，可以由同级政府先制定（临时）地方规章，2年后政府需报请同级人大或其常委会制定地方性法规。（9）制定政治方面法律的配套规章，应当及时报告党中央或同级党委（党组）。制定重大经济社会改革方面的规章，应当及时报告同级党委（党组）。（10）制定机关可以组织立法后评估，并把评估结果作为修改、废止有关规章的重要参考。不适应全面深化改革和经济社会发展要求、不符合上位法规定的规章，应当及时修改或者废止</td></tr>
<tr><td colspan="2">行政规范性文件</td><td colspan="4">（1）可对法律法规规章作出执行细化规定，但不得违背上位法；
（2）行政复议可作具体行政行为合法依据，诉讼法院只能参考；
（3）但国务院的决定、命令与行政法规具有同等效力，必要时能够设定行政许可</td></tr>
</table>

行政法规与规章易混对比记忆

	规章	行政法规
制定机关	部门规章：国务院组成部门、有行政管理职权的直属机构和直属事业单位 地方规章：省级政府、地级政府	国务院
名称	办法、规定	条例、办法、规定
报请立项	部门规章为制定机关的内设机构或其他机构 地方政府规章为下级政府或本级政府所属部门	国务院有关部门
起草	制定机关指定下一级机构起草或委托专家起草	国务院有关部门或法制机构，重要的应当由国务院法制机构组织起草，也可以委托专家起草
听证	重大利益调整或分歧较大需要进行听证的，起草单位应当听证。起草单位未听证的，法制机构经制定机关批准可以听证	起草单位可以听证，国务院法制机构也可以举行听证会
公布草案	除依法需要保密的外，起草单位应当将草案及其说明等向社会公布征求意见	起草单位应当将草案及其说明等向社会公布征求意见，国务院决定不公布的除外
决定	部门规章由部务会议或委员会会议审议决定 地方政府规章由全体会议或常务会议审议决定	国务院常务会议审议决定或国务院审批
公布	部门规章在国务院公报或部门公报、中国政府法制信息网、全国范围内发行的报纸上 地方政府规章在本级政府公报、中国政府法制信息网、本行政区域范围内发行的报纸上	在国务院公报、中国政府法制信息网、全国范围内发行的报纸上
标准文本	部门规章在部门公报或者国务院公报上刊登的为标准文本 地方政府规章在地方政府公报上刊登的为标准文本	在国务院公报上刊登的行政法规文本为标准文本
备案	由制定机关的法制机构报请备案	由国务院办公厅报请备案
评估	制定机关组织立法评估	国务院部门或法制机构组织立法评估
停止	无调整或停止执行的情况	国务院可以决定调整或停止执行
报告	政治事项报告党中央或同级党委、重大调整报告同级党委	政治事项、重大调整报告党中央

专题四　行政行为概述

考点十四：具体行政行为的概念、 特征与类别

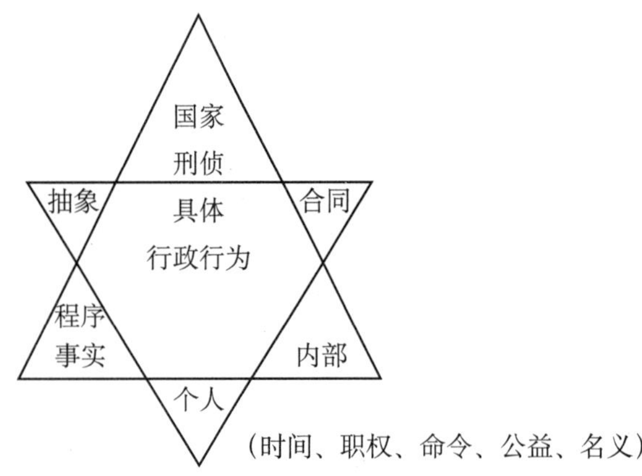

<table>
<tr><td colspan="2">具体行政行为</td><td>行政主体就已经发生的事实，针对特定的对象处分权利义务的处理决定</td><td>行政复议、诉讼或赔偿</td></tr>
<tr><td rowspan="3">非行政</td><td>国家行为</td><td>行政机关所进行的宪法上的行为，例如国务院、国防部、外交部等以国家的名义实施的有关国防和外交事务的行为</td><td>国家赔偿</td></tr>
<tr><td>刑事侦查</td><td>为侦破刑事案件，公安、国家安全、海关等经刑诉法授权所作出的司法行为，不服可以向检察机关申诉。公安、国家安全、海关的职权行为原则上为行政行为，经刑诉法的明确授权则例外属于司法行为</td><td>向检察机关申诉</td></tr>
<tr><td>民事行为</td><td>行政机关作为机关法人作出的只具有民法效果行为，具有双方性、对等性和意思自治的特征</td><td>民事诉讼或仲裁</td></tr>
<tr><td rowspan="2">非特定</td><td rowspan="2">抽象行政行为</td><td>针对不特定对象，对未来设立具有普遍约束力规则的行为，分为行政立法和一般规范性文件，其中行政立法包括行政法规、部门规章和地方规章</td><td rowspan="2">对具体行政行为申请复议或诉讼时，申请附带审查</td></tr>
<tr><td><u>特定性</u>：处理“人”或处理“事”，最终影响<u>特定人</u>（可数、明确）的权利义务
（1）就特定事项对特定人的处理
（2）就特定事项对可以确定的一群人的处理
（3）就特定事项对不特定人的处理（如对特定路段时段现场实施的临时交通管制措施属于具体行政行为，但为预防交通拥堵发布的对未来某时段的交通限行通告属于抽象行政行为）
口诀：抽象具体看特定，名称是浮云</td></tr>
</table>

<table>
<tr><td rowspan="6">非处分</td><td colspan="3">体现为行政机关对行政相对人作出产生、变更或消灭权利义务的意思表示，并产生相应的法律后果</td></tr>
<tr><td rowspan="2">行政事实行为</td><td>行使行政职权时作出的不以处分权利义务为目的，也不产生相应的法律效果，仅以事实状态存在的行为（侵害合法权益的可以申请行政赔偿）</td><td rowspan="2">侵害合法权益的申请行政赔偿</td></tr>
<tr><td>（1）行政机关各种建议指导。例如天气预报等行政机关发布的参考信息、安全提示、约谈、指导、劝导（均属建议）；行政指导具有非强制性，不处分权利义务，属于行政事实行为；而以行政决定作出的“责令、要求、命令”等具有强制性的行为处分权利义务，属于具体行政行为
（2）行政实际操作行为。如清理交通事故现场，在公共交通道路上设置交通安全指示标志，销毁已经依法没收的假冒产品，保管扣押的车辆，事实证据确认，协助执行法院的裁判（行政自主扩大执行范围或方式除外）等
（3）与行政机关意思表示无关的行为。这些行为引起法律效果，但若该法律效果与行政机关的意思表示无关，而是由法律强制规定的，也不属于具体行政行为。比如城管在执法时殴打他人、警察违法使用武器致人伤亡，引起国家赔偿责任的法律效果，但该法律效果纯粹由法律强制规定，与违法使用武器人的意思无任何关联，故该行为属于行政事实行为</td></tr>
<tr><td rowspan="2">行政程序性行为</td><td>是指行政机关在尚未作出最终处分权利义务的行政决定前，为推动行政程序并最终作出具体行政行为所进行的各种过程、阶段、准备性行为</td><td rowspan="2">起诉最终作出的具体行政行为</td></tr>
<tr><td>作出具体行政行为过程中的各种通知、告知或步骤，比如违法告知书、受理申请通知、听证通知、补正材料的通知、履行义务催告书、告知申辩权、行政许可有关信息的告知公示等</td></tr>
<tr><td>其他行为</td><td>（1）信访处理行为
（2）申诉中的重复处理行为（维持结论，复议除外）</td><td>不得复议、诉讼</td></tr>
<tr><td rowspan="2">非外部</td><td rowspan="2">行政内部行为</td><td>行政内部行为是针对行政机关及其工作人员所作出的行政系统内部的处理，不对行政机关以外的相对人产生法律效果的行为</td><td rowspan="2">公务员对不利人事决定可申诉、复核救济权利</td></tr>
<tr><td>（1）对公务员的人事处理决定
（2）行政机关之间不产生外部法律效力的行为（内部沟通、磋商、函件等）</td></tr>
<tr><td>非单方</td><td>行政协议</td><td>行政协议是指行政机关为实现行政管理或公共服务的目的，与行政相对人经协商一致达成的能产生行政法上权利义务的合同</td><td>对行政主体不履行、单方变更解除不服，可提起行政诉讼</td></tr>
</table>

具体行政行为的分类	(1)依职权与依申请(主动与被动) (2)羁束与自由裁量(唯一合法与多种合法) (3)授益与负担(增加利益与减少利益) (4)要式与不要式(规定形式与未规定形式) (5)作为行为与**行政不作为(具体行为可起诉,违法损害需赔偿)** ①分类:不履行法定职责、超期履行、不予答复(不履行、不按期、不答复) ②构成要件:负有法定职责(依申请的行政行为需当事人申请后才有履行的职责),有履行的条件,没有在法定期限内履行或答复,即有职责、有条件、未履行同时具备 (6)附款行为与不附款行为(**附生效条款**)

考点十五:具体行政行为的效力

一、成立与生效

成立要件	(1)享有**行政职权**的行政机关 (2)内容上有**法律效果的明确意思表示** (3)程序上已经**送达**
生效	符合**成立**要件即生效,例外:重大明显违法直接无效、**附款生效的须**满足生效条件
一般效力	(1)拘束力:生效后行政机关不得任意改变、相对人遵守、其他组织和个人尊重。合法或违法的行政行为未经法定程序撤销、变更、废止的均有拘束力 (2)确定力:争议期(起诉期限)后效力确定,合法赋予的利益不得随意收回 (3)执行力:依法强制执行;复议、诉讼不停止执行

二、具体行政行为的法律效力(属于具体行为法律制度的核心因素)

1. 合法有效:复议维持、法院驳回诉讼请求。

(1)证据确凿事实清楚;(2)适用依据正确;(3)符合法定程序;(4)无超越职权;(5)无滥用职权;(6)无明显不当。

2. 无效:重大且明显违法→无拘束力→(自始无效)法院**依申请确认**。

有多种表现形式,无法完全列举:(1)要求从事将导致犯罪的;(2)明显缺乏法律依据;(3)明显缺乏事实依据;(4)当事人不能完成的;(5)其他重大明显违法等。

3. 违法(可撤销):一般违法或明显不当→有拘束力→有救济时效限制,撤销前当事人应受其约束,撤销丧失作出之日起的所有效力。

4. 不成立:尚未成为一个独立完整的行政行为,没有效力,尚不能救济(未出生)。

5. 不当:合法但不合理,可以**变更**为合理。

6. 需废止:有法律依据已改变、客观情况发生重大变化、行为目的已实现,无须继续存在,(**合法报废**)因信赖保护可获国家补偿。如主体消灭而废止,丧失废止之后的效力。

考点十六：行政行为的法定类型

种类	含义	救济
行政征收	强制、无偿→财产所有权，如收费、征税等，征收土地房产的应当补偿	行政复议或行政诉讼
行政征用	强制、有偿→财产和劳务使用权。需要对被征用者补偿	行政复议或行政诉讼
行政裁决	行政机关→裁判→特定民事纠纷（消费者侵权纠纷裁决、专利商标侵权纠纷裁决、土地或林权的权属纠纷裁决），具有强制力	行政复议或行政诉讼
行政确认	(1) 行政机关→相对人的法律地位、法律关系、法律事实→确定、证明 (2) 分为：具体行政行为（**确认法律关系：**不动产权属登记、婚姻登记、车辆登记、专利商标权确认、工伤认定、消防验收）和行政事实行为（**确认事实：**交通事故认定书、预售合同备案）的行政确认 (3) 行政许可与行政确认的区别：①**申请目的：**行政确认，申请人的目的是确定法律地位，以获得法定效果；而行政许可，申请人的目的是从事特定活动。②**法律后果：**相对人不申请行政确认的，不直接适用制裁；未被行政许可而从事的行为将发生违法后果，当事人应当受到法律制裁。不动产初始登记属于许可，不动产其他登记属于确认	确认法律关系的具体行政行为可以申请复议或行政诉讼
行政许可	行政机关根据公民、法人或者其他组织的申请，经依法审查，准予其从事特定活动的具体行政行为	行政复议或行政诉讼
行政奖励	行政机关→重大贡献的相对人→物质或精神鼓励	行政复议或行政诉讼
行政给付	行政机关→特殊情况（生活困难）的公民→物质权益帮助，包括：**支付最低生活保障金、抚恤金、社会保险金**等	行政复议或行政诉讼
行政处罚	行政处罚是指行政机关依法对**违反行政管理秩序**的**公民、法人或者其他组织**，以**减损权益或者增加义务**的方式予以**惩戒**的行为	行政复议或行政诉讼
行政强制	(1) **行政强制措施：**行政机关为制止违法行为、防止证据损毁、避免危害发生、控制危险扩大等情形，依法对公民的人身或财物实施暂时性控制的行为 (2) **行政强制执行：**行政机关对不履行行政决定的公民、法人或者其他组织，依法强制履行义务的行为 **"责令"易混对比记忆** 法考中需要区分的"责令/要求/命令"有三类：一是责令停产停业、责令关闭、责令拆除违法建筑属于行政处罚；二是责令停止或纠正违法行为，按照命题观点属于制止违法行为的行政强制措施；三是责令民事侵权者赔偿属于行政裁决	行政复议或行政诉讼

续表

种类	含义	救济
行政协议	行政机关为了实现**行政管理或者公共服务**目标，与行政相对人协商订立的具有**行政法上权利义务**内容的协议。行政机关享有**优益权**，为维护公共利益可**单方变更、解除**协议	相对人可以提起行政诉讼
指导、调解和仲裁	行政指导是行政机关对相对人的建议，行政调解和行政仲裁是行政机关对行政活动相关的特定民事争议的解决进行劝导，均无强制力	民事诉讼解决民事纠纷

专题五　行政处罚

考点十七：行政处罚概述

一、概念与种类

概念	行政处罚是指行政机关依法对**违反行政管理秩序**的**公民、法人或者其他组织**，以**减损权益或者增加义务**的方式予以**惩戒**的行为				
理论分类	自由罚	行为罚	财产罚	申诫罚	其他处罚
法定种类	行政拘留	暂扣或吊销许可证件；**降低资质等级**；**责令关闭**；责令停产停业；**限制开展生产经营活动**；**限制从业**	罚款；没收违法所得或非法财物	警告、**通报批评**	法律、行政法规创设（责令拆违）

二、设定与规定

设定文件	设定权
法律	可以设定所有处罚
行政法规	（1）可以设定**除限制人身自由以外**的处罚；（2）因法律**对违法行为未设处罚**而**补充设定**处罚的，须广泛听取意见并向制定机关、备案机关说明
地方性法规	（1）可以设定**除限制人身自由和吊销企业营业执照以外**的处罚；（2）因法律、行政法规**对违法行为未设处罚**而**补充设定**处罚的，须广泛听取意见并向制定机关、备案机关说明
部门规章	尚未制定法律、行政法规的，可设定警告、**通报批评**和一定数额罚款（国务院规定上限）
地方规章	尚未制定法律、法规的，可设定警告、**通报批评**和一定数额罚款（省级人大常委会规定上限）
（1）**尚未制定上位法**的，行政法规和地方性法规可以按法定权限、种类**直接设定**处罚；上位法**对违法行为未设处罚**的，行政法规和地方性法规还可以按法定权限、种类**补充设定**处罚。（2）尚未制定上位法的事项，规章才能依法定权限、种类**直接设定**处罚，**无权补充设定**处罚。（3）上位法对某事项已经设定处罚的，下位法不得再重复设定，但**下位法（无层级限制）**可以在上位法设定处罚的范围（**种类、幅度**）内作**具体规定，且既不能扩大、也不能缩小**调整设定范围。（4）国务院部门、省级政府及有关部门**应当定期组织评估**行政处罚的实施情况和必要性，对不适当的行政处罚事项及种类、罚款数额等，应当提出修改或者废止的建议	

考点十八：行政处罚的实施主体

一般处罚机关	（1）地域管辖：违法行为**发生地**机关，包括**行为实施地与结果发生地**。涉及违法实施使用许可的应抄告许可决定机关。（2）管辖争议：两个以上行政机关都有管辖权的，由**最先立案**的行政机关管辖。对管辖发生争议的应当协商解决，协商不成**报请共同的上一级行政机关指定管辖**，也可以**直接由共同的上一级行政机关指定管辖**
相对集中处罚	（1）**国务院或省级政府**可以决定将处罚权**集中到综合执法机关**行使，综合执法机关在行政处罚领域具有**行政主体资格**。（2）**中央垂直领导机关**的处罚权和**限制人身自由**的处罚权**不得被集中**行使，只能由**公安机关**和**法律规定的其他机关**实施
下放移交处罚	（1）县级以上地方政府的有权行政机关实施处罚，**中央和乡级**机关实施处罚须**法律、行政法规**特别授权。（2）**省、自治区、直辖市**根据当地实际情况，**可以决定**将基层管理迫切需要的**县级人民政府部门**的行政处罚权**交由**能够有效承接的**乡镇人民政府、街道办事处**行使，**决定应当公布**，并**定期**组织**评估**
协助与移送	（1）行政机关实施行政处罚可以向有关机关**提出协助请求**，协助事项属于被请求机关**职权范围内的应当依法予以协助**。（2）行政处罚实施机关与司法机关之间应当建立**案件移送制度**，违法行为涉嫌犯罪的，行政机关应当及时将案件移送司法机关，依法追究刑事责任。对依法不需要追究刑事责任或者免予刑事处罚但应当给予行政处罚的，司法机关应当及时将案件移送有关行政机关
法定授权组织	**法律、法规**授权的具有管理公共事务职能的组织，在法定授权范围内具有处罚权
受委托组织	（1）行政机关可以委托**具有管理公共事务职能的组织**实施行政处罚，但**限制人身自由**的处罚**只能由公安机关和法律规定的其他机关**实施。（2）委托书应当载明委托的具体事项、权限、期限等内容，委托行政机关和受委托组织应当将**委托书向社会公布**。（3）**委托行政机关**对受委托组织实施行政处罚的行为应当负责监督，并对该行为的后果**承担法律责任**。（4）受委托组织中具有**执法资格**的人员在委托范围内**以委托行政机关名义**实施行政处罚，**不得再委托**其他组织或者个人实施行政处罚

考点十九：行政处罚的实施规则

处罚时效	（1）违法行为发生之日起，或连续、继续行为终了之日起 2 年内未被发现的不再处罚；（2）涉及公民生命健康安全、金融安全且有危害后果的，处罚时效延长至 5 年；（3）处罚时效法律另有规定的除外（例如治安处罚时效为 6 个月）
责令改正	行政机关实施行政处罚时，应当责令当事人改正或者限期改正违法行为
违法所得处理	（1）当事人有违法所得，**除依法应当退赔的外，应当予以没收**。（2）违法所得是指**实施违法行为所取得的款项，法律、行政法规、部门规章**对违法所得的计算**另有规定**的，从其规定
一事不再罚	（1）一个行为触犯多项法律，可分别处罚但**罚款只能一次**；**同一个违法行为违反多个法律规范应当给予罚款处罚的，按照罚款数额高的规定处罚**。（2）连续行为和继续行为受到行政处罚后就结束了，如果有改正违法行为的机会不改正，而继续实施违法的视作新行为可再罚

法律适用	（1）从旧兼从轻：实施处罚适用**违法行为发生时**的规定，作出处罚决定时旧法已被修改或废止且**新的规定处罚较轻或者不认为是违法的，适用新的规定**。（2）**涉外案件**：外国人、无国籍人、外国组织在**中国领域内**有违法行为应当给予行政处罚的适用行政处罚法，**法律另有规定的除外**
罚刑相抵	**同一违法行为**受到行政处罚后又受刑事处罚的，已经接受的行政处罚可以折抵刑罚；拘留可以折抵刑期（拘役和有期徒刑），罚款可以折抵罚金，**行政机关尚未给予罚款的不再罚款**，但没收处罚不能折抵没收刑罚
不予处罚	对违法行为**依法不予行政处罚**的，行政机关应当对当事人进行**教育**：（1）不满14周岁未成年人；（2）精神病人、智力残疾人在不能控制自己行为时；（3）当事人有证据足以证明没有主观过错的，法律、行政法规另有规定的，从其规定；（4）违法**轻微**并及时**纠正无危害后果**的；（5）**初次违法**且危害后果**轻微**并及时**改正**的
从轻或减轻	（1）14—18周岁未成年人；（2）主动**消除或减轻危害后果**；（3）受他人**胁迫或诱骗**（治安处罚为减轻或不予处罚）；（4）**主动供述**行政机关**尚未掌握**的违法行为；（5）配合查处违法行为有立功表现；（6）**尚未完全丧失辨认或者控制**自己行为能力的精神病人、智力残疾人
从快从重	发生**重大传染病疫情等突发事件**，为了**控制、减轻和消除**突发事件引起的社会危害，对**违反突发事件应对措施的行为**依法快速、从重处罚
裁量基准	（1）行政机关**可以依法制定**行政处罚裁量基准；（2）行政处罚裁量基准**应当向社会公布**
处罚无效	（1）没有依据或实施主体不具有行政主体资格的；（2）违反法定程序构成**重大且明显违法**的

考点二十：行政处罚的程序

一、一般规定

一般规定	行政公开	（1）行政处罚的**实施机关、立案依据、实施程序和救济渠道**等信息应当公示 （2）利用电子技术监控设备收集、固定违法事实的，**应当经过法制和技术审核**，确保电子技术监控设备**符合标准、设置合理、标志明显**，设置地点**应当向社会公布，未经审核或者经审核不符合要求的不得作为行政处罚的证据** （3）行政机关**应当及时告知当事人违法事实**，并采取信息化手段或者其他措施，为当事人查询、陈述和申辩提供便利 （4）具有**一定社会影响**的行政处罚决定**应当依法公开**。公开的行政处罚决定被依法变更、撤销、确认违法或者确认无效的，行政机关应当在**3日内撤回**行政处罚决定信息**并公开说明理由** （5）行政机关及其工作人员对实施行政处罚过程中知悉的**国家秘密、商业秘密或者个人隐私**，应当**依法予以保密**
	告知申辩	（1）作出行政处罚决定之前应当告知当事人拟作出的行政处罚**内容及事实、理由、依据，并告知当事人**依法享有的**陈述、申辩、要求听证**等权利 （2）当事人有权进行**陈述和申辩**，行政机关**必须充分听取当事人的意见**并应当进行**复核**，当事人提出的事实、理由或者证据成立的应当采纳 （3）申辩不加重：**不得**因当事人陈述、申辩而给予**更重**的处罚 （4）未履行告知、申辩程序的**不得作出处罚决定**，当事人**明确放弃陈述、申辩权利的除外**

一般规定	公务回避	(1) 执法人员与案件**有直接利害关系或者有其他关系可能影响公正执法**的，应当回避 (2) 当事人认为执法人员与案件有直接利害关系或者有其他关系可能影响公正执法的，**有权申请回避** (3) 当事人提出回避申请的，行政机关应当依法审查，由**行政机关负责人**决定。**决定作出之前，不停止调查**
	执法主体	(1) 行政处罚应当由两名以上具有行政执法资格的人员实施，法律另有规定的除外 (2) 执法人员应当文明执法，尊重和保护当事人合法权益
	证据案卷	(1) 行政机关必须查明事实，违法事实不清、证据不足的，不得给予行政处罚 (2) **以非法手段取得的证据，不得作为认定案件事实的根据** (3) 行政机关应当依法以文字、音像等形式，对行政处罚进行**全过程记录，归档保存**
	期间	行政处罚法中规定的 2、3、5、7 日（**7 日以内**）为工作日，其余日期为自然日

二、程序分类

简易程序	条件	(1) 事实确凿、有法律依据；(2) **警告或罚款（公民 200 元以下、单位 3 000 元以下，法律另有规定的，从其规定。如：治安处罚 200 元以下）**
	程序	(1) 表明身份；(2) 告知处罚的理由和依据；(3) 听取陈述申辩；(4) 当场**作出书面决定**；(5) 当场宣告送达决定书，当事人**拒绝签收的**应在处罚决定书上**注明**；(6) 当场处罚的应当报所属行政机关**备案**
普通程序	程序	(1) 符合立案标准的**应当及时立案，未依法及时立案的给予相关责任人处分** (2) 调查检查时**应当主动出示执法证件，不出示执法证件的**，当事人或有关人员**有权拒绝接受调查或检查**，询问或者检查**应当制作笔录** (3) 若证据可能灭失或事后难以取得，经行政机关负责人批准可以**对证据先行登记保存** 7 日（强制措施） (4) 告知处罚的理由和依据、听取陈述申辩 (5) 涉及**重大公益**的、关系当事人或第三人**重大权益**而经过听证程序的、**疑难复杂**涉及多个法律关系的、**法律法规**规定的其他情形，应对拟作出的处罚进行**法制审核**，初次从事法制审核的人员应当通过法考取得法律职业资格 (6) **报负责人决定**，情节**复杂**或**重大**违法行为给予处罚**由单位负责人集体讨论决定** (7) **当面宣告交付决定书，当事人不在场的** 7 **日内按民诉程序送达；当事人同意并签订确认书**的，可以采用**传真、电子邮件等**方式将行政处罚决定书等送达当事人 (8) **处罚决定书**载明处罚的理由、依据、种类、**决定机关和日期**及**复议诉讼等权利救济的途径**，必须盖有**作出处罚决定的行政机关的印章** (9) 行政机关应当自行政处罚案件立案之日起 **90 日内**作出行政处罚决定，法律、法规、规章**另有规定**的从其规定
听证程序	条件	(1) **责令关闭**；(2) **责令停产停业**；(3) **限制从业**；(4) **吊销许可证件**；(5) **降低资质等级**；(6) **较大数额罚款或没收**；(7) **法律、法规、规章规定的其他情形（降资闭限业，吊停罚没大）**
	程序	告知听证权利→当事人 **5 日内**申请→应当举行听证→举行 7 **日前**通知事项→公开进行，涉密除外→**非案件调查人员**担任听证主持人，当事人可申请**回避**→可以委托代理人→质证→制作听证笔录并由当事人签字→应当**根据**笔录作出处罚决定。**无正当理由拒不出席或未经许可中途退出视为放弃**听证权利，行政机关**终止**听证

执行程序	罚缴分离	(1) 行政机关决定；(2) 国库所有（处罚机关不得截留私分，不得与考核挂钩，除依法应退还、退赔的以外，财政部门不得将罚没收入返还处罚机关）；(3) 当事人应自收到处罚决定书**15日内**到**银行**缴款或通过**电子支付**缴款，确有经济困难需要延期或者分期缴纳罚款的，经当事人**申请**和行政机关**批准**，可以**暂缓或分期**缴纳
	当场收缴罚款	(1) **适用简易程序**处**100元以下**罚款（治安处罚为50元以下罚款且被处罚人无异议）；(2) **适用简易程序**不当场收缴事后难以执行的可当场收缴，但当场收缴的罚款应当自收缴之日起2日内交至行政机关，行政机关应在2日内交至指定银行；(3) 在边远、水上或交通不便地区，当事人**向银行缴款或通过电子支付**确有困难的，**经当事人提出**可当场收缴，在水上、列车上当场收缴的罚款应自抵岸（到站）起2日内交至行政机关，行政机关应在2日内交至指定银行；(4) 不开具**国务院财政部门或省级财政部门专用票据**的，当事人**有权拒绝**缴纳罚款
	强制执行	(1) 按日处罚款数额**3%的执行罚**，但执行罚**不能超过罚款本身**；(2) 有强制执行权的行政机关可以直接强制执行；(3) 无强制执行权的行政机关申请法院强制执行

考点二十一：治安管理处罚

处罚种类	(1) 警告：可以由派出所实施；(2) 罚款：**500元以下**的可由派出所实施；(3) 拘留：15日以下，**合并执行不超过20日**；(4) 吊销公安机关发放的许可证；(5) 限期出境或驱逐出境：仅针对**外国人**
处罚时效	违法行为发生之日起，或连续、继续行为终了之日起**6个月**后不再处罚
一般程序	(1) 违法所得应**追缴**先退还受害人，没有受害人才能收归国库；违禁物品和工具**收缴**。(2) 公安机关对举报、报案应予登记。(3) 传唤调查须**负责人批准**，但**现场发现违法行为后可出示证件后口头传唤**，但需要**告知**传唤的理由和依据；传唤后询问不超过**8小时**，复杂可能拘留的**不超过24小时**，应通知家属；询问时应当允许被询问人自行提供书面材料。(4) **非法手段**获取的证据**不得**作为**处罚的根据**，可以扣押相关证据物品，但**不得扣押受害人财产**。(5) 治安管理处罚决定书**当场或2日内**送达被处罚人。有**被侵害人**的，决定书副本抄送。(6) 行政拘留的，由决定的机关送达**拘留所**执行，**应当及时通知被处罚人的家属**。在处罚前已经采取**强制措施**限制人身自由的时间，应当折抵，限制人身自由**1日**，折抵行政拘留**1日**。(7) 对于醉酒危害安全的人可以约束至酒醒。(8) 检查住所不得少于2人，须出示证件和县级以上公安机关开具的检查证明材料。(9) 询问笔录交由被询问人核对后签字，并由询问的警察签字（无须加盖公章）
简易程序	**警告或罚款200元以下**可以当场处罚
听证程序	**吊销许可证**或**2 000元以上罚款**，当事人有权申请听证。公安机关对拘留没有法定听证义务，但可以主动听证，拘留经公安机关主动告知后当事人可以申请听证（未经公安机关告知当事人无权申请）
调解程序	**民间纠纷引起的打架斗殴或毁损财物**，经调解达成协议的不予处罚，调解不成或不履行调解的给予处罚。对调解不服，只能针对纠纷方提起民事诉讼解决
行政拘留暂缓执行	**被处罚人**对拘留决定不服**起诉或复议**，并提供**合格保证人**（**案外人、自由人、本地住、有能力**）或按每日拘留缴纳**200元保证金**（**撤销拘留或执行拘留均应退还，但暂缓期间逃跑的予以没收**），**依被处罚人申请可以**（**没有社会危害性**）**暂缓**执行
违反治安管理行为分类	(1) 扰乱公共秩序；(2) 危害公共安全；(3) 侵犯人身权；(4) 侵犯财产权；(5) 妨害社会管理

专题六　行政许可

考点二十二：行政许可概述

概念	依申请→审查→批准从事特定行为
特征	(1) **相对禁止为前提**；(2) **依申请**；(3) **外部性（公务员或下级机关：内部审批）**；(4) **授益性**；(5) **全部书面**
基本原则	(1) 依法许可原则。(2) 公开公平公正原则，**禁止歧视任何人**。(3) 便民、程序保障原则。(4) **信赖保护原则**：①基于正当的合理信赖，不得随意撤销、改变已经生效的许可；②因客观原因（依据修改废止、客观情况发生重大变化），基于公共利益可以依法定程序变更或撤回许可；③依法变更或撤回给相对人造成损失的应当依法予以补偿。(5) **禁止随意转让许可**（依法律法规规定转让除外）

考点二十三：行政许可的设定

一、行政许可设定的范围（六设四不设）

设定范围	可以设定许可	(1) **一般许可**：涉及安全事项；(2) **特许**：有限自然资源的开发配置或特定行业的市场准入；(3) **认可**：特定职业行业资格、资质；(4) **核准**：检验、检测、检疫；(5) **登记**：企业或其他组织设立；(6) **法律、行政法规**规定的**其他**事项
	可以不设定许可	**简政放权**：(1) **市场**能够自由调节的；(2) 行政主体能够**事后**监督的；(3) 相对人能够**自主**决定的；(4) 行业组织能够**自律**管理的
	设定后停止实施	**省级政府**对**行政法规**设定的有关**经济事务**的许可，认为符合可以不设定许可的标准的，报**国务院批准**后可在**本区域内**停止实施

二、行政许可设定与规定

设定权限	设定经常性许可	**法律、行政法规、地方性法规**
	临时性许可	国务院决定（需长期存在应及时转化为法律、行政法规设定经常许可）
		省级政府规章（一年后需要继续的转化为地方性法规设定经常许可）
	无权设定的许可	**部门规章、地级市政府规章、一般规范性文件**（国务院决定除外）

设定权限	**许可设定权相对保留**	一般由法律设定，法律授权法规和省级规章补充设定和作具体规定： （1）尚未制定上位法，下位法**可以直接设定**许可（尚无政策，自定政策）； （2）已经制定上位法但未设定许可，下位法**不得补充设定**许可（上有政策未设，下级不得自设）； （3）上位法已经设定许可，下位法不得重复设定，但可以对上位法设定的许可作出**具体规定**（上有政策已设，下可规定对策）
	地方立法设定限制	地方性法规和省级政府规章（地方立法），不得设定应当由国家**统一确定的资格资质**，不得设定**企业等组织的设立登记**及**前置性许可**（**企业名称预先审核**）；不得限制其他地区的企业个人到本地区经营，不得限制其他地区的商品进入本地市场
评价	**设定后的评价机制**	（1）设定机关：**应当**定期评价→不需要继续的→及时修改废止； （2）实施机关：**可以**评价，并向设定机关报告意见； （3）相对人：**可以**向设定机关、实施机关提出意见建议
规定	某事项尚未制定上位法的，下位法按权限可以对该事项设定许可。某事项上位法已经设定许可的，下位法（包括部门规章和地级市规章）可以在上位法设定的范围内对实施该许可作出**具体规定**，但**不得增设许可种类、不得增加许可的条件**	

考点二十四：行政许可的实施主体

行政许可由行政机关、法定授权组织、受委托的行政机关实施。

实施主体	**法律法规授权的组织**	**受委托行政机关**	**集中实施**（权力可以）	**统一办理**（程序可以）	**联合办理**（空间可以）	**一个窗口对外**（应当）
名义	被授权组织	委托机关	集中机关	各机关以自己名义分别实施		所属行政机关名义
要求	被授权组织以自己名义实施，不得委托	委托内容应公告；并以委托机关名义实施，不得转委托	经国务院批准的省级政府决定	一个机关统一受理、听取其他机关意见后决定	联合、集中办理，但分别决定	机关多个**内设机构的审核集中到一个窗口进行**

考点二十五：行政许可的一般程序

一、申请、受理、审查与决定

申请人	（1）可以委托代理人申请，但是依法应当亲自到场的除外；（2）可以通过信函和电子方式提交申请书；（3）应当对申请材料实质内容的真实性负责**（口诀：委托上网但真实）**
行政机关	（1）应当免费提供申请书格式文本；（2）应当将有关材料、示范文本在办公场所公示；（3）应当采取电子政务方式办理**（口诀：免费示范应上网）**

申请处理方式（全部书面）	（1）不需要取得许可，**即时书面**告知不受理；（2）不属本机关职权，**即时书面**决定不受理，告知正确机关；（3）材料存在可以当场更正的错误，允许**当场更正**；（4）材料不符合，**当场或5日内**一次告知补正内容，逾期视为受理；（5）各项符合，应当**书面**决定受理；（6）受理或不受理均应出具加盖专用印章和注明日期的书面凭证
审查方式	（1）书面审查：能够当场决定的当场；（2）实质审查：核实材料实质内容，由2人以上处理
决定方式	（1）符合条件→书面许可决定；不符合条件→书面**不许可决定，说明理由**。（2）不得强制要求转让技术。（3）许可证件、**加标签、印章**。（4）法律、行政法规设定的许可，**无地域限制的**全国有效。（5）许可**收费**由**法律、行政法规**规定，不得**私分返还**，违法收费**应给**责任人处分

二、期限（工作日）

决定	（1）当场决定；（2）20日内 → 本机关负责人批准延10日；（3）法律、法规另有规定的除外；（4）统一、联合、集中办理，45日内→本级政府负责人批准延15日
下级先审查	下级机关审查后报上级机关决定，20日内审查，法律、法规另有规定的除外
办证签章	准予许可，自决定之日10日内颁发许可证或者加标签、加印章
扣除期限	听证、招标、检验等技术性审查时间，不计算在期限内（书面告知）

考点二十六：行政许可的听证

听证条件	作出许可决定前（撤销、撤回、注销许可无须听证）听取意见：（1）**依职权：**法定事项或行政机关认为涉及重大公共利益；（2）**依申请：**直接涉及申请人与他人之间重大利益关系的事前告知申请人和利害关系人申请听证的权利，接到通知后5日内申请，行政机关接到申请后20日内组织
听证程序	（1）决定听证日期后应提前7日通知或公告（依职权应当公告，依申请既可以通知也可以公告），公开进行（但涉密除外）；（2）案外人主持，可申请回避；（3）质证：办案人员、申请人、利害关系人就案件事实依据、法律依据质证；（4）**听证笔录：核对无误后交由参加人签字生效，须根据笔录作出决定；**（5）免费听证，行政机关承担费用

考点二十七：行政许可的监督检查

撤销：违法准予许可的撤销，造成损害予以赔偿。（有损失、有过错，则赔偿）

撤回：基于公共利益的需要合法收回，造成损害予以补偿。

吊销：相对人违法的使用许可（属于行政处罚，但会对许可效力产生处分性）。

注销：撤销、吊销、撤回均是撤掉许可资格，仍需注销其许可证件的效力。

	撤销违法许可（资格）	注销许可	撤回（合法收回）许可
情节	(1) 行政机关违法准予许可（可以）：滥用职权；玩忽职守；**超越职权**；违反程序；授予不具备资格条件者以许可等。(2) 申请人违法获得许可（应当）：欺骗、贿赂等。(3) 撤销主体：行政机关自己、上级行政机关、法院。(4) 撤销无须公告	**撤销、撤回、吊销**许可；期满未续主体；丧失能力；不可抗力导致无法实施的	(1) 许可已生效；(2) 公共利益需要；(3) **法律、法规、规章修改废止**或客观情况发生重大变化
处理	(1) 赔偿；(2) 相对人有过错不赔偿；(3) 若撤销会对公共利益造成重大损害的，不予撤销	许可效力终止	撤回对被许可人造成的财产损失应当予以补偿
变更延续	(1) **变更**：向许可机关申请，依法定程序变更许可相关事项；(2) **延续**：有效期届满 30 日前申请，法律、法规、规章另有规定的除外。被许可人按期申请延续的，许可机关应当在许可证有效期限届满前作出决定，**逾期**未决定的视为**准予延续**。**未按期申请**延续的，许可应予以**注销**		
直接关系重要安全的事项：(1) 申请时隐瞒情况或提供虚假材料，**1 年内**不得再次申请；(2) 以欺骗、贿赂等不正当手段取得许可，3 **年内**不得再次申请			

专题七　行政强制

考点二十八：行政强制概述

1. 行政强制措施：是指行政机关在行政管理过程中，为制止违法行为、防止证据损毁、避免危害发生、控制危险扩大等情形，依法对公民的人身自由实施暂时性限制，或者对公民、法人或者其他组织的财物实施暂时性控制的行为。法定种类有：查封、扣押、冻结、责令停止违法、限制人身自由（非拘留）。

公共利益→{预防、制止}→{财产、人身}→暂时控制→后续处理

2. 行政强制执行：是指行政机关或者行政机关申请人民法院，对不履行行政决定的公民、法人或者其他组织，依法强制履行义务的行为。

行政决定生效→相对人逾期不履行义务经催告无效→行政机关采取行政强制手段执行命令→迫使相对人履行义务。替代性、不以惩罚为目的。

行政强制执行
- 直接执行
  - 人身（强制执行拘留）
  - 财产（划拨账户、拍卖抵缴、强制拆除违法建筑等）
- 间接执行（普遍授权）
  - **代履行**：排除妨碍、恢复原状等义务不履行
  - **执行罚**：逾期不履行金钱给付义务，加处罚款或收取滞纳金促使义务人履行

直接执行
- **有**法律规定的强制执行权→**自行强制**：公安（拘留）、国安、税务、海关、政府（拆违不拆迁）
- **无**法律规定的强制执行权→**申请法院强制**：市场监管、自然资源、环保等

注：税务对征税决定强制执行限于“生产、经营者”，税务和海关的处罚在起诉期限届满后既可以自行强制执行、也可以申请法院执行（法院可以受理）。规划违法建筑政府自行强拆，县级以上政府亦可责成有关部门强制拆除。

行政强制措施、行政处罚、行政强制执行的比较

种类	实施主体	适用目的	主要类型	特征
行政强制措施	（1）行政机关； （2）法律、行政法规授权的公共组织； （3）具备资格的行政执法人员； （4）行使集中处罚权的机关； （5）不得委托	制止强制 预防强制 保障强制	（1）限制人身自由（非拘留）：留置盘问、强制传唤、强制隔离、带离现场、约束、封闭社区、强制治疗、强制戒毒等；（2）查封场所、设施或财物；（3）扣押财物（扣证件：惩罚长期是处罚，调查临时扣是措施）；（4）冻结存款、汇款；（5）其他（责令停止违法）	临时性；非惩罚

续表

种类	实施主体	适用目的	主要类型	特征
行政处罚	(1) 行政机关； (2) 法律、法规授权的公共组织； (3) 行政机关委托的公共组织	对违法行为进行惩罚	行政拘留、暂扣或吊销许可证、降低资质等级、责令关闭、责令停产停业、限制开展生产经营、限制从业、没收违法所得或非法财物、警告、通报批评、责令拆违等	惩罚性；独立性；永久性
行政强制执行	(1) 法律授权的行政机关； (2) 人民法院； (3) 不可委托（代履行除外）	为实现具体行政行为确定的义务	(1) 间接强制：代履行、执行罚； (2) 直接强制：划拨、拍卖、其他（强制执行拆除、强制执行拘留等）	替代性；从属性

考点二十九：行政强制的设定与规定

<table>
<tr><th>设定文件</th><th>强制措施</th><th>强制执行</th></tr>
<tr><td>法律</td><td>法律可以设定行政强制措施</td><td rowspan="4">行政强制执行只能由法律设定</td></tr>
<tr><td>行政法规</td><td>(1) 该事项尚未制定法律；(2) 法律授权后可以设定强制措施，但限制人身自由和冻结存款、汇款除外</td></tr>
<tr><td>地方性法规</td><td>尚未制定法律、行政法规，地方性法规可以设定查封和扣押的行政强制措施</td></tr>
<tr><td>规章、文件</td><td>均无权设定行政强制措施</td></tr>
<tr><td colspan="3">(1) 尚未制定上位法，下位法可以直接设定行政强制措施（尚无政策，自定政策）；
(2) 法律未设定强制措施的，行政法规、地方性法规不得补充设定行政强制措施（上有政策未设，下级不得自设）；
(3) 法律对强制措施的对象、条件、种类作了规定的，行政法规、地方性法规具体规定时不得作扩大规定（上有政策已设，下可规定对策）</td></tr>
</table>

考点三十：行政强制措施的实施程序

<table>
<tr><td>一般程序</td><td colspan="3">(1) 实施前报告批准（情况紧急，当场实施，24 小时报告，补办批准手续）；(2) 确定实施人员（2 人以上、有执法资格）；(3) 现场出示执法身份证件；(4) 通知当事人到场并告知权利；(5) 听取陈述申辩；(6) 制作现场笔录（执法人员和当事人签名，当事人拒签注明原因，当事人不在场的邀请见证人签名）</td></tr>
<tr><td rowspan="3">特殊程序</td><td colspan="2">限制人身自由</td><td>(1) 当场或事后立即通知家属实施机关、地点和期限；(2) 紧急情况，现场实施，返回机关后立即报告并补办手续；(3) 不得超过法定期限；(4) 目的实现或条件消失后立即解除</td></tr>
<tr><td rowspan="2">冻结</td><td>主体</td><td>(1) 法律明确规定有冻结权的行政机关；(2) 法律授权的具有管理公共事务职能的组织；(3) 依法申请法院冻结的行政主体</td></tr>
<tr><td>期限</td><td>(1) 一般期限：不得超过 30 日；(2) 情况复杂：经机关负责人批准可以延长不得超过 30 日；(3) 法律另有规定的除外</td></tr>
</table>

特殊程序	查封、扣押	主体	(1)法律、法规规定的行政机关;(2)法律、行政法规授权的公共组织
		对象	(1)不得查封、扣押与违法行为无关的场所、设施或者财物;(2)不得查封、扣押个人及其所扶养家属的生活必需品;(3)不得重复查封;(4)制作并**当场交付**查封、扣押**决定书,清单一式二份由行政机关和当事人分别保管**
		期限	(1)一般期限:不得超过30日;(2)情况复杂:经机关负责人批准可以延长不得超过30日;(3)法律、行政法规另有规定的除外
		保管处理	(1)保管:行政机关或委托第三人保管,应妥善保管且不得使用,保管、检测费用由行政机关承担;(2)处理:没收、销毁、解除(退还财物、拍卖或变卖价款、变卖造成损失的给予补偿)

考点三十一:行政机关自行强制执行程序

种类	程序规定
催告	(1)书面形式:催告书或限期履行通知书,应载明**限期履行**的方式、数额、陈述申辩权;(2)例外:立即实施代履行、执行罚;(3)属于程序性行为,不可复议和诉讼
执行情形	(1)中止执行:无履行能力、第三人主张权利、执行导致难以弥补损失且停止不损害公共利益。(2)终止执行:死亡无遗产又无承受人、组织终止无财产、标的灭失、决定被撤销、无履行能力**中止满3年**。(3)执行回转:财物类强制执行执行中或执行后,行政决定被撤销、变更或执行错误的,应当恢复原状、退还财物或赔偿。(4)执行和解:执行协议不得损害公共利益和他人合法权益。当事人补救的可以减免执行罚,不履行协议的应当恢复强制执行。(5)文明执法:除紧急情况外,不得夜间或者法定节假日执行;不得采取停止**居民生活**供水、电、热、燃气等方式。(6)拆除违章建筑:先公告限期当事人自拆,在法定期限内既不复议诉讼又不履行的,在当事人起诉期限届满后经催告无效,由行政机关依法强拆
代履行	(1)范围:排除妨碍恢复原状义务(非人身性义务)不履行,经催告无效,已经危害交通安全、污染破坏环境资源。(2)主体:行政机关或委托没有利害关系的第三方。(3)程序:送达代履行决定书——代履行3日前催告当事人履行——经催告不履行的代为履行义务——行政机关应当派人到场监督——行政机关人员、代履行方、当事人或见证人签名或盖章;不得采取暴力、胁迫等非法方式。(4)费用:按合理成本由当事人承担,法律有特别规定的除外。(5)**立即实施代履行**:清除道路、河道、航道或者公共场所的遗洒物、障碍物等当事人无法清除,无须催告就可立即实施代履行,当事人不在场事后通知并依法处理
金钱给付义务	(1)当事人不履行则必须先采取执行罚,依法加处罚款或滞纳金,但执行罚不超过金钱给付义务本身;(2)执行罚超过30日,经催告不履行义务,有强制执行权的则通过划拨、拍卖等方式强制执行;(3)**没有强制执行权的行政机关在当事人起诉期限届满后经催告无效,申请法院强制执行**

考点三十二：申请法院强制执行程序

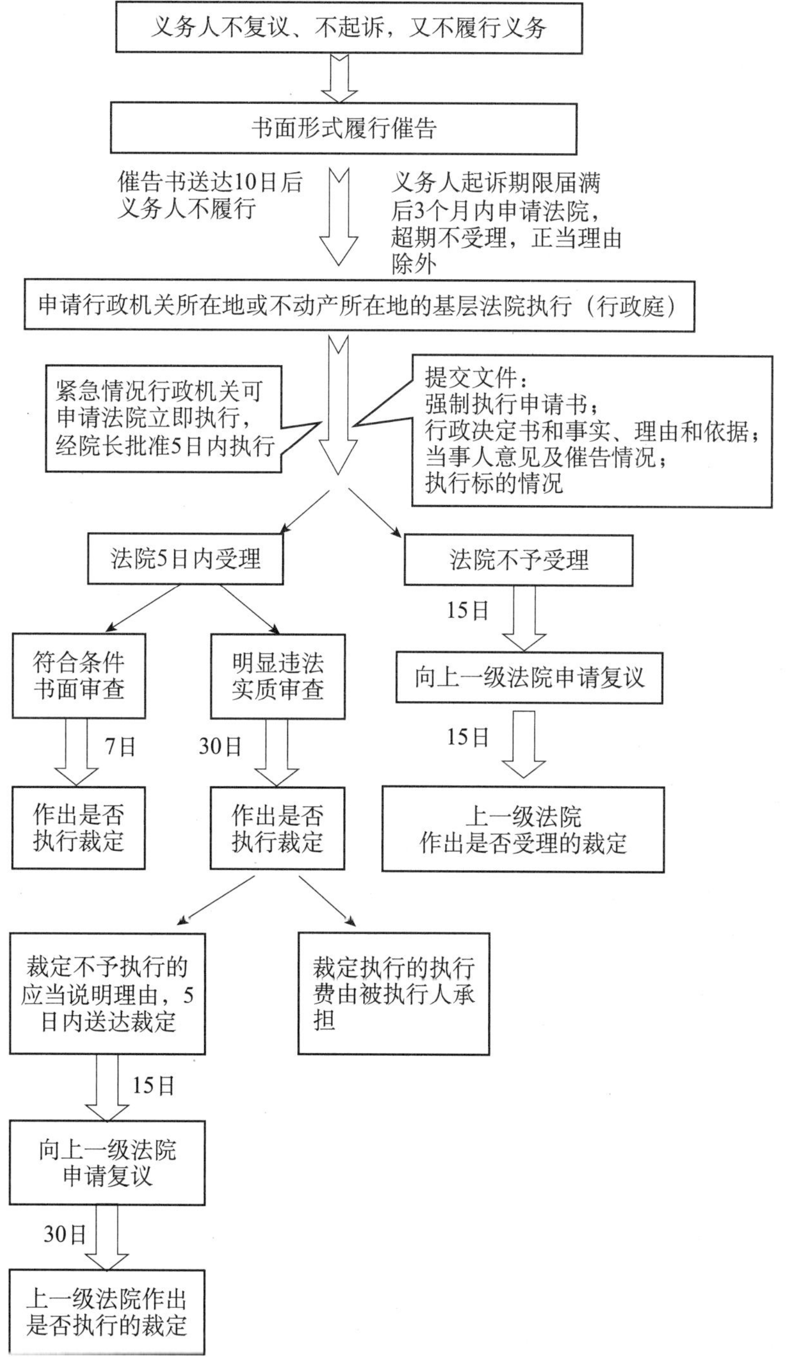

注意　行政裁决的义务当事人在法定期限内不起诉又不履行，裁决的行政机关未在法定期限内申请法院强制执行的，行政裁决的权利人或其继承人、权利承受人在6个月内可以申请法院强制执行行政裁决。

专题八　政府信息公开

考点三十三：公开的范围、方式与程序

概念	**政府信息**是指行政机关在履行**行政管理**职能过程中**制作或获取**的，以一定形式**记录、保存**的信息
主管部门	国务院办公厅、县级以上地方人民政府办公厅（室）、垂直部门的办公厅（室）是政府信息公开工作的主管部门
公开主体	（1）**收集**信息由**保存机关**公开；（2）**制作**信息由**制作机关**公开，**多机关共同制作由牵头制作**的机关公开；（3）从其他行政机关获取信息由**最初获取或制作**的机关公开；（4）**法律、法规**有特别规定的除外
原则	以**公开**为**常态**，以**不公开**为**例外**

不公开	应当不	应根据情势评估调整：（1）**国家秘密**；（2）**法律、行政法规**规定不予公开的；（3）公开后可能**危及国家安全、公共安全、经济安全或社会稳定**的
	应当不＋例外（区分）	涉及**商业秘密、个人隐私不得公开，但例外应公开**：（1）**应书面征求**第三方的意见，**秘密持有人同意（15个工作日不提意见的依法决定）**；（2）**不公开造成公共利益重大损失的**
	可以不	（1）人事管理、后勤管理、内部流程等**内部事务**信息；（2）讨论记录、磋商函、请示报告等**过程性**信息和行政执法**案卷**信息，法律、法规、规章另有规定的除外

公开	主动公开	依申请公开
范围	（1）涉及**公众利益调整**、需要公众广泛**知晓**或**参与**的：立法和文件、预算决算、收费项目依据、许可等执法的依据程序结果、强制处罚依据程序和**一定影响处罚决定、公务员招考信息和结果**等；（2）市县乡政府还应主动公开：**征收房屋土地、社会救助**等；（3）范围增加：**需求大可纳入，申请人可建议**	（1）公民、法人或其他组织还可以向**国务院部门、地方各级政府及政府部门、被授权的行政内部机构、法定授权组织**等**行政主体**申请**获取其制作或保存**的相关政府信息。（2）申请人**无须与申请公开的信息有利害关系，均有申请资格**。（3）申请**数量、频次明显超过合理范围**，可要求**说明理由**，理由不合理的告知**不予处理**，**理由合理**但无法按期答复的**可确定合理延期答复**。（超过数次说理由，合理可延期，无理可不理）（4）涉密信息能区分处理的公开不涉密部分

续表

公开	主动公开	依申请公开
方式与程序	(1) **应当**建立**发布机制**：通过政府公报、政府网站、新闻发布会以及报刊、广播、电视等方式公开；(2) **应当**在统一的**政府信息发布平台**公开；(3) 政府**应当在国家档案馆、公共图书馆、政务服务场所**设置政府信息查阅场所，并提供主动公开的政府信息；(4) **可以**通过公告栏、电子屏等**其他途径**；(5) 形成后 **20 个工作日内**主动公开；(6) 行政机关**发现影响社会稳定、扰乱社会管理秩序的虚假或不完整信息**，应当发布准确的政府信息予以**澄清**	(1) 应当采用**书面**形式：申请书、信函、电子数据等，确有困难的可以口头提出，由行政机关代为填写。(2) 申请内容不明确应指导释明并 7 个工作日内一次性告知补正的内容和期限，逾期不补正视为放弃，不再处理。(3) **应当**提交有效**身份证件、证明文件**。(4) 不能当场答复的，收到申请 **20** 个**工作日内**答复，**延长**不超过 **20 个工作日**；**收到申请日：当面按提交，邮寄按签收，平信收后按确认，电子按双方确认**。(5) 行政机关应当按照**申请人要求的形式和保存情况**确定提供方式，**危及载体安全或成本过高**可采取适当形式。(6) 行政机关**不收费**，但**申请数量、频次明显超过合理范围**，**可以**收取信息处理费（超过数次，均可收费）
申请处理	(1) **申请公开**：应公开须公开，不公开说理由，已主动公开告知获取方式，重复申请的不处理，检索没有告知不存在，非本机关职权告知并说理由，法律、行政法规另有规定的告知依规定办理；(2) **申请更正**：应当更正的，有权的更正并告知，无权的**可以**转送后告知**或**告知到有权机关申请；(3) 申请信访、投诉、举报的，告知不处理和相应的法定途径；(4) 申请分析加工信息的，告知不予提供；(5) 申请提供公开出版物的，可以告知获取途径	

行政法中的收费考点总结

事项	具体规定
行政处罚	15 日向银行交罚款（但**当场罚 100 元、当场罚款后当场不收事后难执行、向银行交和电子支付交有困难的经当事人申请**可以当场收罚款）
行政许可	行政许可不能收费，但是法律、行政法规另有规定的除外。申请书格式文本不得收费，听证不收费
行政强制	强制措施：查封扣押后的保管检测费用由**行政机关**承担
	强制执行：申请法院执行的费用由**被执行人**承担，代履行费用由当事人承担，法律另有规定除外
信息公开	一般不收费，申请数量、频次**明显超合理范围**，可以收取信息**处理费**
行政复议	复议不收费，但当事人申请委托鉴定的，鉴定费用由当事人承担
行政诉讼	行政案件诉讼的受理费由败诉方承担，双方都有责任的由双方分担。行政诉讼证人出庭的费用由败诉方承担。行政附带民诉的案件按行政诉讼法和民事诉讼法规定分别收费

考点三十四：信息公开的监督

年度报告	(1) 政府部门应当在每年 1 月 31 日前提交并公布本机关信息公开工作年度报告；(2) 县级以上政府信息主管部门每年 3 月 31 日前提交本级政府信息公开工作年度报告
举报	公民、法人或者其他组织认为行政机关不依法履行政府信息公开义务的，可以向上级行政机关或者政府信息公开工作主管部门**投诉、举报**
复议、诉讼	认为行政机关在政府信息公开工作中的**行政行为（行政不作为、公开商业秘密或个人隐私）**侵犯其合法权益的，可以申请行政复议或者提起行政诉讼

专题九　行政复议

考点三十五：行政复议的受案范围

一、受案范围

<table>
<tr><td>直接申请</td><td>行政行为的合法性、合理性侵犯合法权益的：
（1）具体行政行为
（2）行政协议
（3）行政赔偿决定</td></tr>
<tr><td rowspan="2">申请附带审查
部分抽象行政行为</td><td>对行政行为不服，可以要求一并审查行政行为依据的一般规范性文件；但不能直接针对抽象行政行为申请复议。知道依据文件的在申请时提出，审理时知道的在决定前提出</td></tr>
<tr><td>申请附带审查的对象限于行政机关制定的一般规范性文件，不可以申请附带审查行政法规、部门规章、地方政府规章、国务院的决定、规定</td></tr>
</table>

二、诉讼与复议的关系

<table>
<tr><td colspan="2">复议/诉讼自由选择</td><td>（1）选复议后对复议决定不服还可向法院起诉
（2）选诉讼则法院判决后不得再复议（司法最终）</td></tr>
<tr><td rowspan="2">复议
前置</td><td>复议法
一般规定</td><td>（1）对当场作出的行政处罚决定不服
（2）资源确权。对行政机关作出的侵犯其已经依法取得的自然资源的所有权或者使用权的决定不服（裁决、确权处理决定或发证的方式确认争议自然资源所有权或使用权，排除初次申请权属登记的许可、处罚、强制等）
（3）认为行政机关未履行法定职责
（4）申请政府信息公开，行政机关不予公开</td></tr>
<tr><td>法律、行
政法规
特别
规定</td><td>（1）纳税争议。对征税决定确定的纳税主体、范围、数额、方式、比例不服：谁来交、交多少、怎么交的争议。对反倾销税的征收、处罚、强制措施和强制执行不服，不属于纳税争议，可以直接起诉
（2）反垄断决定。对经营者限制集中或不予限制集中的决定</td></tr>
<tr><td colspan="2">复议、诉讼
任选一种</td><td>对省级政府或国务院部门（省部级单位）的自审复议决定仍不服，可以申请国务院作出复议最终裁决或向法院起诉</td></tr>
<tr><td colspan="2">复议终局</td><td>出入境管理对外国人限制人身自由</td></tr>
<tr><td colspan="3">申请行政复议后已经依法受理的，在行政复议期间不得向法院提起行政诉讼。向法院提起行政诉讼已经依法受理的，不得申请行政复议</td></tr>
</table>

考点三十六：行政复议参加人

<table>
<tr><td rowspan="2">申请人</td><td>与行政行为有法律上利害关系的人：行政相对人或利害关系人</td></tr>
<tr><td>(1) 公民死亡→近亲属；组织终止→继承权利义务的人（中止复议等待继受人，60 日无法继受复议终止）
(2) 申请人为 5 人以上的，应推选 1—5 名代表参加复议
(3) 申请人为无民事行为能力人或者限制民事行为能力人的，其法定代理人可以代为申请行政复议</td></tr>
<tr><td rowspan="6">被申请人</td><td>作出行政行为的行政主体：行政机关、派出机关、被授权组织</td></tr>
<tr><td>对多个行政机关的共同行政行为申请复议的，应以多个行政机关为共同被申请人</td></tr>
<tr><td>行政机关被撤销或者职权变更的，继承权力的行政机关为被申请人</td></tr>
<tr><td>对受委托组织作出的行政行为申请复议的，以委托的行政机关为被申请人</td></tr>
<tr><td>上级批准的告上级（经批准作出的行政行为：复议告上级、诉讼看名义）</td></tr>
<tr><td>行政内部机构的行为：
(1) 未经法律、法规、规章授权，对外以自己名义作出行政行为的，以所属的行政机关为被申请人
(2) 经过法律、法规、规章授权，对外以自己名义作出行政行为的，该行政内部机构为被申请人
（罚款告所、拘留告局）</td></tr>
<tr><td>第三人</td><td>其他与案件有利害关系的人。复议中的第三人为申请人型第三人，可以申请或由复议机构通知其参加复议，第三人不参加不影响复议案件的审理。不参加复议的利害关系人对复议决定不服可向法院起诉</td></tr>
</table>

考点三十七：行政复议机关（管辖）

<table>
<tr><th>类型</th><th>被申请人</th><th>复议机关</th><th>具体情况</th></tr>
<tr><td rowspan="5">县级以上地方政府管辖</td><td>省级以下地方政府</td><td>上一级人民政府</td><td>行政公署参照市政府权限管辖案件</td></tr>
<tr><td>地方政府双重领导的工作部门</td><td>本级人民政府</td><td>限于地方政府工作部门，国务院部门除外</td></tr>
<tr><td>政府派出机关</td><td>设立该派出机关的政府</td><td>包括行政公署、区公所、街道办事处</td></tr>
<tr><td>部门派出机构</td><td>主管部门所属的本级政府</td><td>如是垂直领导部门的派出机构作为被申请人，则复议机关仅包括其所属主管部门</td></tr>
<tr><td>地方管理的被授权组织</td><td>管理该组织的机关的本级政府</td><td>包括地方政府及其工作部门管理的法律、法规、规章授权的组织</td></tr>
</table>

续表

类型	被申请人	复议机关	具体情况
国务院部门管辖	国务院部门的派出机构	派出该机构的国务院部门	对国务院部门的派出机构依照法律、行政法规、部门规章规定，以派出机构的名义作出的行政行为不服
	中央部门管理的被授权组织	管理该组织的国务院部门	被授权的国务院直属事业单位以部门论
垂直机关管辖	中央垂直领导机关	上一级主管部门	**人民银行、海关、外汇**与税务、国安
自我管辖	省部级单位	原机关自己	（1）对复议决定不服起诉或申请国务院裁决，国务院的裁决为终局裁决 （2）涉及多个国务院部门的，可向任何一个申请后共同复议
选择管辖	县级以上地方政府司法行政部门	本级政府或上一级司法行政部门	履行复议机构职责的地方政府司法行政部门（司法局、司法厅）
	直辖市、设区的市政府部门按行政区划设立的派出机构	主管部门所属的本级政府或其所在地的政府	例如：直辖市、设区的市XX局按照行政区划设立的XX区分局

注：复议机关为审理案件的机关，复议机关负责具体办理复议案件的法制机构称为复议机构。国务院复议机构为司法部，可以发布行政复议指导性案例。

考点三十八：行政复议的申请、受理与审理

一、申请程序

申请程序	期限	知道或者应当知道行政行为（签收法律文书或当场作出）之日起**60日内**申请复议。特别法律规定**超过60日**的依照其规定（少于60日的特别法律规定无效，仍按60日计算）
		未告知申请复议权利、复议机关和申请期限的，申请期限自知道或者应当知道申请复议权利、复议机关和申请期限之日起计算，但是自知道或者应当知道行政行为内容之日起最长不得超过1年
		不知道行政行为内容的自知道或者应当知道之日起计算申请期限，因不动产提出的复议申请自行政行为作出之日起不超过20年，其他复议申请自行政行为作出之日起不超过5年
		因不可抗力或者其他正当理由耽误法定申请期限的，申请期限自障碍消除之日起继续计算
	方式	申请人申请行政复议，可以书面申请，**也可以口头申请**： （1）**书面申请**：可以通过**邮寄、复议机关指定的互联网渠道**或**当面提交**复议申请书。行政机关**通过互联网渠道送达行政行为决定书的**，应当同时**提供提交复议申请书的互联网渠道** （2）**口头申请**：行政复议机关应当当场记录申请人的基本情况、行政复议请求、申请行政复议的主要事实、理由和时间 （3）申请人对**两个以上行政行为**不服的，**应当分别申请**行政复议

委托代理	(1) 申请人、第三人可委托1—2名代理人 (2) 应当向复议机构提交授权委托书、委托人及被委托人的身份证明文件，授权委托书应当载明委托事项、权限和期限 (3) 申请人、第三人变更或解除代理人权限的，应当书面告知复议机构

二、受理程序

受理程序	**受理**	(1) 符合受理条件的，依法予以受理 (2) 复议申请的审查期限届满，复议机关**未作出不予受理决定的**，审查期限届满之日起**视为受理** (3) 复议机关受理复议申请，**不得向申请人收取任何费用**
	补正材料	(1) 复议申请材料不齐全或表述不清楚，**无法判断**复议申请是否符合受理条件的，复议机关应当自收到申请之日起5日内**书面通知申请人补正。补正通知应当一次性载明需要补正的事项** (2) 申请人应当自收到补正通知之日起10日内**提交补正材料**。有正当理由不能按期补正的，复议机关可以延长合理的补正期限。**无正当理由逾期不补正的，视为申请人放弃行政复议申请，并记录在案**
	不予受理	(1) 对不符合复议申请条件的，复议机关应当在审查期限内决定不予受理并说明理由 (2) 不属于本机关管辖的，还应当在不予受理决定中告知申请人有管辖权的复议机关
	特殊程序	(1) 对**当场作出或依据电子技术监控设备记录的违法事实**作出的**行政处罚决定**不服申请复议的，**可以通过作出行政处罚决定的行政机关提交**复议申请 (2) 作出处罚决定的行政机关收到复议申请后应当及时处理，认为需要维持行政处罚决定的，应当自收到行政复议申请之日起5日内转送复议机关
	监督	(1) 复议机关无正当理由不予受理、驳回申请或者受理后超过复议期限不作答复的，申请人有权向上级行政机关反映，**上级行政机关应当责令其纠正；必要时，上级复议机关可以直接受理** (2) **上级**复议机关根据需要，**可以审理下级**复议机关**管辖的复议案件**。下级复议机关对其管辖的复议案件，认为需要由上级复议机关审理的，可以报请上级复议机关决定 (3) 复议机关**无正当理由中止复议的，上级行政机关应当责令其恢复审理**

三、审理程序

普通程序	审理方式	(1) 复议机构**应当**当面或通过互联网、电话等方式**听取当事人的意见**，并将听取的意见**记录在案** (2) **因当事人原因**不能听取意见的，**可以书面审理**
	听证	(1) 复议机构认为有必要听证或申请人请求听证的，复议机构可以组织听证 (2) 复议机构应当于举行听证的 5 日前将听证的时间、地点和拟听证事项书面通知当事人。申请人无正当理由拒不参加听证的，视为放弃听证权利 (3) 被申请人的负责人应当参加听证。**不能参加的，应当说明理由并委托相应的工作人员参加听证** (4) 听证由 **1 名**复议人员任**主持人**，**2 名以上**复议人员任**听证员**，**1 名记录员**制作听证笔录
	咨询	**县级以上各级政府**应当建立**行政复议委员会**。审理复议案件涉及下列情形之一的，复议机构应当提请行政复议委员会提出**咨询意见**：(1) 案情重大、疑难、复杂；(2) 专业性、技术性较强；(3) 省级政府的自审复议案件；(4) 复议机构认为有必要
简易程序	适用范围	复议机关审理下列复议案件，认为事实清楚、权利义务关系明确、争议不大的，可以适用简易程序：(1) 被申请复议的行政行为是**当场作出**；(2) 被申请复议的行政行为是**警告或通报批评**；(3) 案件涉及款额 **3 000 元以下**；(4) 属于政府**信息公开**案件；(5) 当事人**各方同意**的
	程序规定	(1) 复议机构应当自受理复议申请之日起 **3 日内**，将复议申请书副本或复议申请笔录复印件发送被申请人。被申请人应当自收到复议申请书副本或复议申请笔录复印件之日起 **5 日内**，提出书面答复，并提交作出行政行为的证据、依据和其他有关材料 (2) 适用简易程序审理的复议案件，**可以书面审理** (3) 适用简易程序审理的复议案件，复议机构认为不宜适用简易程序的，经**复议机构的负责人**批准，可以**转为普通程序**审理
办案人员	(1) 复议机构应当指定复议人员负责办理复议案件，由 **2 名以上**复议人员参加 (2) 调查取证时，复议人员**不得少于 2 人**，并应当出示复议工作证件 (3) **初次从事**复议工作的人员，应当通过国家统一法律职业资格考试取得法律职业资格，并参加统一职前培训	
审理依据	复议机关依照**法律、法规、规章**审理复议案件，审理民族自治地方的复议案件同时依照该民族自治地方的**自治条例和单行条例**	
停止执行	复议期间行政行为原则上不停止执行（行政行为的执行力），但以下情形需停止执行：(1) 被申请人认为需要；(2) 行政复议机关认为需要；(3) 申请人、第三人申请停止，行政复议机关决定；(4) 法律、法规、规章规定停止。如拘留暂缓执行等	

注：复议 10 日以内为工作日，处罚 7 日以内为工作日，强制 10 日以内为工作日，许可、公开均为工作日，行政诉讼均为自然日。

四、证据制度

<table>
<tr><td rowspan="4">证据制度</td><td>(1) 被申请人对其作出的行政行为的合法性、适当性举证：复议机关自复议申请受理之日起 7 日内将复议申请书副本或复议申请笔录复印件发送被申请人；被申请人自收到之日起 10 日内提出书面答复，并提交作出行政行为的证据、依据和其他有关材料，不得申请延期提供。如不按期提交则视为没有证据、依据，但是第三人为维护合法权益提供证据的除外
(2) 申请人举证的特殊情形：①认为被申请人不履行法定职责的，提供曾经要求被申请人履行法定职责的证据，但是被申请人应当依职权主动履行法定职责或申请人因正当理由不能提供的除外；②提出行政赔偿请求的，提供受行政行为侵害而造成损害的证据，但是因被申请人原因导致申请人无法举证的，由被申请人承担举证责任；③法律、法规规定需要申请人提供证据的其他情形</td></tr>
<tr><td>(1) 复议期间，被申请人不得自行向申请人和其他有关单位或者个人收集证据，自行收集的证据不作为认定行政行为合法性、适当性的依据
(2) 复议期间，申请人或者第三人提出被申请复议的行政行为作出时没有提出的理由或者证据的，经复议机构同意，被申请人可以补充证据</td></tr>
<tr><td>当事人可自行委托鉴定，也可申请复议机关委托鉴定，费用由当事人承担，时间不计算在审理期限内</td></tr>
<tr><td>复议期间，申请人、第三人及其委托代理人可按规定查阅、复制被申请人提出的书面答复、作出行政行为的证据、依据和其他有关材料，除涉及国家秘密、商业秘密、个人隐私或者可能危及国家安全、公共安全、社会稳定的情形外，复议机构应当同意</td></tr>
</table>

五、附带审查程序

<table>
<tr><td rowspan="4">附带审查程序</td><td rowspan="2">审查类型</td><td>依申请审查：仅限于行政规范性文件，复议机关有权处理的限 30 日内依法处理，无权处理的应在 7 日内转送有权行政机关依法处理</td></tr>
<tr><td>依职权审查：不限于行政规范性文件，复议机关有权处理的，应当在 30 日内依法处理；无权处理的，应当在 7 日内转送有权国家机关依法处理</td></tr>
<tr><td rowspan="2">处理方式</td><td>复议机关有权处理的：(1) 行政复议机构应当自行政复议中止之日起 3 日内，书面通知制定机关就相关条款的合法性提出书面答复；(2) 制定机关应当自收到书面通知之日起 10 日内提交书面答复及相关材料。复议机构认为必要时，可以要求制定机关当面说明理由，制定机关应当配合；(3) 相关条款合法的，在复议决定书中一并告知；相关条款不合法的，决定停止该条款的执行并责令制定机关予以纠正</td></tr>
<tr><td>复议机关无权处理的：转送有权机关处理，接受转送的行政机关、国家机关应当自收到转送之日起 60 日内，将处理意见回复转送的复议机关</td></tr>
</table>

六、决定程序

审理期限	60日内作出行政复议决定，但是法律规定的复议期限**少于**60日的除外。复杂案件经复议机构负责人批准**延长申请期限不超过30日**，现场勘验所用时间不计入复议审理期限
程序规定	(1)**复议机构**对行政行为**进行审查并提出意见**，经**复议机关的负责人同意或者集体讨论通过**后，以**复议机关的名义**作出**复议决定** (2)**经过听证**的复议案件，复议机关应当**根据听证笔录、审查认定的事实和证据**，依法作出复议决定 (3)提请复议委员会提出咨询意见的复议案件，复议机关**应当将咨询意见**作为作出复议决定的**重要参考依据** (4)复议机关发现被申请人或其他下级行政机关的**有关行政行为违法或不当的**，可以向其制发**复议意见书**，有关机关应自收到之日起60日内通报纠正情况。 (5)复议机关根据被申请复议的**行政行为的公开情况**，按照国家有关规定**将复议决定书向社会公开**。县级以上地方各级政府办理以**本级政府工作部门**为被申请人的复议案件，应当将发生法律效力的复议决定书、意见书同时**抄告被申请人的上一级主管部门**

考点三十九：复议的结案与执行

一、结案方式

结案方式	基本含义	适用条件
调解	**复议案件均可以调解**；复议机关主持，表现为制作复议调解书结案	(1)当事人经调解达成协议的，复议机关**应当制作复议调解书**，经各方当事人签字或签章，并加盖复议机关印章，**即具有法律效力** (2)调解未达成协议或调解书生效前一方反悔的，复议机关应当依法审查或及时作出复议决定
和解	当事人自愿达成和解；复议机关同意撤回申请结案	(1)和解内容不得损害国家利益、社会公共利益和他人合法权益，不得违反法律、法规的强制性规定。申请人**经复议机关同意撤回复议申请，案件终止审理** (2)**若撤回复议申请则不得以同一事实和理由再次申请复议，但是申请人违背真实意愿撤回复议申请的除外**
维持决定	被申请的行为完全合法	被申请的行政行为正确无误，可以确定
驳回决定	不支持申请人的请求	不应受理的案件、对不作为的申请不成立
撤销决定	针对作为违法的主要决定	行政行为有下列情形之一的，决定撤销或部分撤销，并可同时责令被申请人限期重新作出：(1)**主要事实不清、证据不足**；(2)**违反法定程序**；(3)**适用的依据不合法**；(4)**超越职权或者滥用职权**
确认决定	抚慰性决定	**确认违法**：不适合撤销或已经无法履行职责 **确认无效**：重大明显违法

续表

结案方式	基本含义	适用条件
变更决定	针对作为错误的改变决定	（1）**内容不适当、主要证据不足、未正确适用依据**的决定变更 （2）**复议变更不得加重损害，**但是**第三人提出相反请求**的除外
履行决定	针对不作为的主要决定	被申请人不作为，履行仍有现实意义
赔偿决定	如果调解不成或一方反悔，应及时作出赔偿决定	依申请作出：如申请人提出，必须决定赔偿与否
		依职权作出：撤销或变更直接针对**财物**作出的行为
行政协议案件的决定	审理行政协议行为依法决定	（1）不依法订立、不依法履行、未按照约定履行或违法变更、解除行政协议的，决定被申请人承担依法订立、继续履行、采取补救措施或赔偿损失等责任 （2）变更、解除行政协议合法，但是未依法给予补偿或补偿不合理的，决定被申请人依法给予合理补偿

二、执行程序

复议案件的执行	**被申请人不履行**或无正当理由拖延履行复议决定书、调解书、意见书	**复议机关或有关上级行政机关**应当责令其限期履行，并**可以约谈**被申请人的有关负责人或予以**通报批评**
	申请人、第三人逾期不起诉又不履行复议决定书、调解书或不履行最终裁决的复议决定	（1）**维持**行政行为的复议决定书，由**作出行政行为的行政机关**依法强制执行或申请法院强制执行 （2）**变更**行政行为的复议决定书，由**复议机关**依法强制执行或申请法院强制执行 （3）**复议调解书**，由**复议机关**依法强制执行或申请法院强制执行

2024－1－仿真2（单选）某船舶公司向区政府申请筹建和经营渡口，区政府向当地海事管理机构征求意见，海事管理机构复函认定船舶公司目前不具备筹建和经营渡口的条件，区政府经过勘验、调查、取证后作出了不予许可的决定，船舶公司对不予许可不服，申请复议。下列选项正确的是：

A. 复议机关办理该案可以调解

B. 船舶公司可以通过作出不予许可决定的区政府提交复议申请

C. 复议机构审理该案应当组织听证

D. 船舶公司可以对复函提起行政诉讼

答案：A

专题十　行政诉讼

第一节　行政诉讼的受案范围与管辖

考点四十：行政诉讼的受案范围

<table>
<tr><td rowspan="3">概括式</td><td colspan="2">主体标准：行政机关及法律、法规、规章授权的组织</td></tr>
<tr><td colspan="2">行为标准：行政行为、合法性（含明显不当）</td></tr>
<tr><td colspan="2">保护范围：人身权、财产权等合法权益</td></tr>
<tr><td rowspan="2">正面列举</td><td>具体行政行为</td><td>（1）行政处罚；（2）行政强制措施和行政强制执行；（3）行政许可；（4）确认自然资源的所有权或者使用权；（5）征收、征用及其补偿决定；（6）行政不作为：申请保护人身权、财产权等合法权益，行政机关拒绝履行或者不予答复的；（7）侵犯经营自主权、农村土地经营权或承包经营权的；（8）滥用行政权力排除或者限制竞争的；（9）违法集资、摊派费用或违法要求履行其他义务的；（10）行政给付：没有依法支付抚恤金、最低生活保障待遇或者社会保险待遇的；（11）认为行政机关侵犯其他人身权、财产权等合法权益的（裁决、确认、检查等）；（12）法律、法规规定的其他行政案件：行政复议决定、信息公开案件（不作为、公开秘密）</td></tr>
<tr><td>行政协议</td><td>不依法履行、未按照约定履行或者违法变更、解除行政协议的（民告官）</td></tr>
<tr><td>反面列举</td><td colspan="2">（1）国家行为；（2）抽象行政行为；（3）内部行政行为（对公务员、机关之间）；（4）法律规定的行政终局裁决；（5）刑事侦查行为；（6）调解、仲裁；（7）行政指导；（8）重复处理；（9）信访行为；（10）协助法院执行，但扩大范围或方式违法除外；（11）程序性行为；（12）对权利义务不产生实际影响的其他行为</td></tr>
</table>

考点四十一：行政诉讼的一般管辖

<table>
<tr><td rowspan="2">地域</td><td>被告所在地法院管辖（第三位阶）</td><td>一般案件</td></tr>
<tr><td>被告或原告所在地的法院均可管辖（第二位阶）</td><td>对限制人身自由的强制措施不服起诉。原告所在地包括户籍地、经常居住地、被限制人身自由地。对行政机关基于同一事实，既采取限制人身自由的强制措施，又采取其他强制措施或行政处罚一并不服的，由被告所在地或者原告所在地的法院一并管辖。必须是被限制人身自由的人提起诉讼才适用特殊管辖</td></tr>
</table>

<table>
<tr><td rowspan="3">地域</td><td colspan="2">复议机关所在地或原机关所在地的法院均可管辖（第二位阶）</td><td>经过复议的案件（复议维持或改变原决定）</td></tr>
<tr><td colspan="2">不动产所在地的法院专属管辖（第一位阶）</td><td>行政行为导致不动产物权变动而起诉：权属裁决、不动产登记、征收不动产等</td></tr>
<tr><td colspan="2">跨区域管辖</td><td>经最高人民法院批准，高级人民法院可以根据审判工作的实际情况，确定若干普通或专门法院跨行政区域管辖行政案件（京批省定）</td></tr>
<tr><td rowspan="4">级别</td><td colspan="2">中级法院</td><td>（1）被告为省部级单位、县级以上政府的；（2）被告为各级海关的案件；（3）国际贸易、反倾销反补贴行政案件；（4）法律规定的案件（证券交易所为被告等）；（5）社会影响重大的共同诉讼案件；（6）涉外或涉及港澳台的案件；（7）其他重大、复杂案件。被告：级别高（省部级和县上府），专业强（海关国贸和证交）；原告：人多大，有涉外</td></tr>
<tr><td colspan="2">基层法院</td><td>普通一审行政诉讼案件</td></tr>
<tr><td>复议维持</td><td colspan="2">以原机关和复议机关为共同被告，须以原机关来确定级别管辖（就低不就高）</td></tr>
<tr><td>复议改变</td><td colspan="2">以复议机关为被告，按照被告复议机关确定级别管辖</td></tr>
<tr><td colspan="4">如地域管辖和级别管辖一起考查，则按先地域后级别（看类型、看主体）、先特殊后一般的方式确定</td></tr>
</table>

考点四十二：行政诉讼的裁定管辖

<table>
<tr><td rowspan="6">特殊管辖</td><td>移送管辖</td><td>法院发现受理的案件不属于本院管辖的，应当移送有管辖权的法院，受移送的法院应当受理。受移送的法院认为受送案件不属于本院管辖，应当报请上级法院指定管辖，不得再自行移送</td></tr>
<tr><td>移转</td><td>上级法院有权审理下级法院管辖的案件，上级管辖的案件不能移转到下级法院（能上不能下）</td></tr>
<tr><td>选择管辖</td><td>两个以上法院都有管辖权的案件，原告向两个以上有管辖权的法院提起诉讼的，由最先立案的法院管辖</td></tr>
<tr><td rowspan="2">指定管辖</td><td>当事人以案件重大复杂直接向上级法院起诉的，上级法院：（1）书面告知向原法院起诉；（2）决定自己审；（3）指定其他下级法院审</td></tr>
<tr><td>下级法院对其管辖的案件审理困难或法院间就管辖产生争议，认为需要由上级人民法院审理或者指定管辖的，可以报请上级法院：（1）决定由报请的法院审；（2）决定自己审；（3）指定其他下级法院审</td></tr>
<tr><td>管辖权异议</td><td>（1）当事人收到应诉通知后15日内向受诉法院提出，指定管辖不适用管辖权异议；（2）重审一审、再审一审提出和一审未提二审才提出管辖权异议的，不予审查；（3）管辖按初定，受诉法院的管辖权不受当事人住所地改变、追加被告等事实和法律状态变更的影响</td></tr>
</table>

第二节　行政诉讼参加人

考点四十三：行政诉讼的原告

原告	普通原告			（1）原告资格：**行政相对人和与行政行为有利害关系的人（处分权利义务）；** （2）相对人或利害关系人主观认为行政行为侵犯某种合法权益就可起诉，客观上是否确实侵犯其合法权益不影响原告资格，只影响裁判结果； （3）行政主体只能做被告而不能做原告，行政诉讼不允许反诉； （4）行政行为生效即产生原告资格，不需要等到强制执行该决定
	特殊原告	利害关系人	相邻权人	侵害采光、排水、通风、通行等权利皆可起诉
			农地使用权人	农村土地使用权人可以自己的名义起诉（承包土地的村民可以起诉，经过半数同意也可以村委会或村民小组的名义起诉）
			受害人	治安案件的受害人要求行政机关处罚加害人的，受害人认为对加害人的处罚明显不当或不作为不服，可以起诉
			自益投诉人	**为维护自身合法权益向行政机关投诉，对具有处理投诉职责的行政机关的处理结论不服**
			复议当事人	复议的申请人、第三人均可起诉
			公平竞争人	参与竞争的当事人认为行政行为侵犯公平竞争权皆可起诉
			特殊债权人	**债权人以行政机关对债务人所作的行政行为损害债权实现为由提起行政诉讼的，法院应当告知其就民事争议提起民事诉讼，但行政机关作出行政行为时依法应予保护或者应予考虑的除外**
		组织的原告资格	合伙	**核准登记的合伙企业以字号为原告，未登记个人合伙以全体合伙人为共同原告，推选代表人参加诉讼**
			个体工商户	**以营业执照上登记的经营者为原告，有字号的以执照登记的字号为原告，并应注明该字号经营者的基本信息**
			中外混合企业	中外联营、合资、合作企业有原告资格，其单独的投资人均可因自己利益或企业利益受损以自己的名义起诉
			股份制企业	股东大会、股东会、董事会等认为侵犯企业合法权益的，可以企业的名义起诉
			非国有企业	被行政机关注销、撤销、合并、强令兼并、出售、分立或者改变企业隶属关系的，企业或其法定代表人（含原企业和合并后的新企业）可以起诉
			非营利法人	**事业单位、社会团体、基金会、社会服务机构等非营利法人的出资人、设立人认为行政行为损害法人合法权益的，可以自己的名义提起诉讼**
			涉及业主共有利益的案件	**业主委员会可以自己的名义提起诉讼。业主委员会不起诉的，专有部分占建筑物总面积过半数或者占总户数过半数的业主可以提起诉讼**（业主共有业委告，业委不告过半告）
			检察院提起公益诉讼	**行政机关违法致使公共利益受到侵害，向行政机关提出检察建议后仍不依法履行职责，检察院可作为原告提起诉讼**
	原告资格转移			（1）公民死亡→近亲属，组织终止→继承权利的组织； （2）中止等待90日无人继受诉讼终止

共同诉讼	条件	当事人一方或者双方为二人以上：(1) 因同一行政行为发生的案件为必要共同诉讼，应当合并审理，法院应当通知未起诉的利害关系人参加诉讼（原告或第三人）；(2) 因同类行政行为发生的案件为普通共同诉讼，经当事人同意法院可以合并审理
	诉讼代表人	(1) 当事人一方 10 人以上的共同诉讼，**由当事人推选代表人（应选 2—5 人）进行诉讼**（过期未选的法院有权指定）；(2) 代表人的诉讼行为对其所代表的当事人发生效力，**但代表人变更、放弃诉讼请求或承认对方当事人的诉讼请求，应当经被代表的当事人同意**

考点四十四：行政诉讼的被告

	行为主体	被告（作出行政行为的行政主体）	
一般情况	一般机关	作出行政行为的机关	
	派出机关	派出机关	
	开发区管理机构及部门	(1) **国务院、省级政府批准设立：开发区管理机构及其职能部门各自作被告；** (2) **其他开发区管理机构及其所属部门的行为，以设立的政府为被告，经授权有行政主体资格的管理机构为被告**	
	法定授权组织	依照法律、法规、规章授权实施的行政行为，法定授权组织是被告	
	受委托组织	委托行使其权力的机关	
	不作为案件	有作为义务的机关	
	原主体被撤销	告继受职权的主体，没有继受主体的告所属政府，垂直领导告上一级行政机关	
特殊情况	行政内部机构	**无法律、法规、规章授权：**对外以自己的名义实施的行为，以所属行政机关为被告 **有法律、法规、规章授权：**不越权时告机构；越权行为（幅度越权）告机构；无权行为（种类越权）告所属行政机关（派出所：罚款告所、拘留告局）	
	共同行为	共同被告（遗漏但原告不同意追加的，法院依职权追加为第三人）	
	伪共同行为	其中的行政主体是被告，非行政主体是第三人	
	经批准的行为	对外文书签名盖章的机关（经批准：复议告上级、诉讼看名义）	
	拆迁案件	市、县级政府确定的房屋征收部门的房屋征收补偿行为，以房屋征收部门为被告	
	经过复议的案件	复议维持	作出原机关和复议机关是共同被告
			(1) 维持原行为的**处理结果（对原作为维持结果或对原不作为驳回复议请求）**，但以复议申请不符合受理条件为由**驳回复议申请**的属于复议不作为； (2) 一决定多内容，当事人提出多个复议请求，复议机关**部分维持结果、部分改变结果**或不受理申请的，**按复议维持共同被告**； (3) 法院应在审查原行为合法性时，一并审查复议决定的合法性； (4) 原机关和复议机关对原行为合法性共同承担举证责任，可以由其中一个机关实施举证。复议机关对复议决定的合法性单独承担举证责任

续表

<table>
<tr><th></th><th>行为主体</th><th colspan="2">被告（作出行政行为的行政主体）</th></tr>
<tr><td rowspan="4">特殊情况</td><td rowspan="4">经过复议的案件</td><td rowspan="2">复议改变</td><td>（1）改变原决定是指复议决定改变原行政行为的处理结果，不含改变原行为的事实证据和定性法律依据；
（2）包括：撤销、变更结果、责令履行、确认违法或无效（确认程序违法除外）</td></tr>
<tr><td>复议机关是被告</td></tr>
<tr><td rowspan="2">复议不作为</td><td>不受理、以不符合受理条件为由驳回复议申请、受理后不按期限决定</td></tr>
<tr><td>复议机关在法定期限（60 日）内未作出复议决定，起诉原行为原机关是被告；起诉复议机关不作为的，复议机关是被告</td></tr>
<tr><td rowspan="2">纠错</td><td>被告错列</td><td colspan="2">要求原告变更被告，原告不变更裁定驳回起诉</td></tr>
<tr><td>被告遗漏</td><td colspan="2">通知原告追加，原告不同意追加为第三人。但复议维持的共同被告（必须）案件遗被告的，原告不同意追加，法院应当直接追加漏告的机关为共同被告</td></tr>
</table>

考点四十五：行政诉讼的第三人

<table>
<tr><td colspan="2">概念与特征</td><td>同提起行政诉讼的行政行为有利害关系或与案件审理结果有利害关系，为了维护自己的合法权益，而申请或由人民法院通知参加行政诉讼的当事人</td></tr>
<tr><td rowspan="3">类型</td><td>原告型</td><td>同一行政行为涉及两个以上有利害关系的人，一部分有利害关系的人起诉后，没有起诉的其他利害关系人，法院应当通知或自己申请作为第三人参加诉讼</td></tr>
<tr><td>被告型</td><td>原告不同意追加被告的，法院依职权追加遗漏的行政机关为第三人</td></tr>
<tr><td>证人型</td><td>与案件审理结果有利害关系的，可自己申请或由法院通知参加诉讼（债权人、同案不同罚）</td></tr>
<tr><td colspan="2">上诉权</td><td>法院判决第三人承担义务或者减损第三人权益的，第三人有权依法提起上诉或再审</td></tr>
</table>

第三节　行政诉讼程序

考点四十六：起诉

<table>
<tr><td rowspan="4">起诉</td><td colspan="3">方式</td><td>起诉应当向人民法院递交起诉状，并按照被告人数提出副本。书写起诉状确有困难的，可以口头起诉，由人民法院记入笔录，出具注明日期的书面凭证，并告知对方当事人</td></tr>
<tr><td rowspan="3">起诉期限</td><td rowspan="3">作为</td><td>内容期限全知道</td><td>知道或者应当知道作出行政行为之日起 6 个月内起诉，法律另有规定除外</td></tr>
<tr><td>知内容不知期限</td><td>未告知起诉期限的从知道或者应当知道起诉期限之日 6 个月内起诉，但从知道或者应当知道行政行为内容之日起最长不得超过 1 年</td></tr>
<tr><td>内容期限全不知</td><td>不知道行政行为内容的从知道或者应当知道之日起 6 个月内起诉，但从行政行为作出之日起计算到实际起诉时间最长不得超过 5 年（不动产最长 20 年内）</td></tr>
</table>

起诉	起诉期限	不作为	（1）行政机关在接到申请2个月内不履行，期限届满之日起6个月内起诉；（2）法律、法规对行政机关履行职责的期限另有规定的从其规定；（3）紧急情况请求保护人身、财产等合法权益的无履行期限限制，不履行的可立即起诉
		复议后起诉	复议决定送达之日起15日内向人民法院提起诉讼。复议机关逾期不作决定的，申请人可以在**复议期满（60日）之日**起15日内向人民法院提起诉讼。法律另有规定除外
		无效	**2015年5月1日**以后作出的**重大明显违法**的无效行政行为，**不受起诉期限的限制**
		期限延长	（1）**因不可抗力或其他不属于其自身的原因耽误起诉期限的，被耽误的时间不计算在起诉期限内**；（2）**其他特殊情况耽误起诉期限的，在障碍消除后**10**日内，可以申请延长期限，是否准许由法院决定**

考点四十七：受理与立案

受理立案	受理登记		**符合起诉条件的，应当当场登记立案**
			对当场不能判定是否符合起诉条件的，应当接收起诉状，出具注明收到日期的书面凭证，并在7日内决定是否立案
	不立案		不符合起诉条件的，作出不予立案的裁定，**裁定书应当载明不予立案的理由**
	起诉瑕疵		（1）**起诉状内容欠缺或错误，应当指导释明，并一次性告知当事人需要补正的内容。不得未经指导释明即以起诉不符合条件为由不接收起诉状**。（2）当事人拒绝补正或经补正仍不符合起诉条件的，退回诉状并记录在册；坚持起诉的，裁定不予立案，并载明不予立案的理由
	救济途径	上诉	**裁定不立案**：原告对不予立案的裁定不服，可以提起上诉
		投诉	**受理瑕疵**：对于不接收起诉状、接收起诉状后不出具书面凭证，以及不一次性告知当事人需要补正起诉状内容的，当事人可以向上级法院投诉，上级法院应当责令改正
		越级起诉	**受理后不裁定**：法院受理后既不立案、又不作出不予立案裁定的，当事人可以向上一级法院起诉。上一级法院认为符合起诉条件的应当立案审理，也可以指定其他下级法院立案审理

考点四十八：第一审程序

一审	诉状交换	立案之日起5日内将起诉状副本发送被告（原告不得再提出新的诉讼请求），被告应当在收到起诉状副本**15日内**向法院**提交作出行政行为的证据、依据的规范性文件和答辩状**，法院应当在收到答辩状之日起5日内，将答辩状副本发送原告
	审理时限	应当在立案之日起6个月内作出第一审判决。有特殊情况需要延长的，由高级法院批准，高级法院审理第一审案件需要延长的，由最高法院批准

<table>
<tr><td rowspan="7">一审</td><td colspan="2">放弃陈述</td><td>原告或上诉人在庭审中拒绝陈述导致庭审无法进行，经法庭释明法律后果后仍不陈述视为放弃陈述权利，承担不利法律后果</td></tr>
<tr><td rowspan="6">简易程序</td><td rowspan="2">条件</td><td>普通一审认为事实清楚（证据一致，无须查证）、权利义务关系明确（能明确区分）、争议不大（合法性和责任承担无实质分歧）的，可以适用简易程序：
（1）行政行为是依法当场作出的（简易处罚等符合当场作出的条件）；
（2）政府信息公开案件；
（3）当事人各方同意的；
（4）案件涉及款额 2 000 元以下的</td></tr>
<tr><td>二审、重审、再审的案件不适用简易程序</td></tr>
<tr><td>简便通知</td><td>可以口头、电话、短信、传真、电子邮件等简便方式传唤、通知、送达裁判文书以外的诉讼文书（简程序不简裁判，与判决相关的程序均不得简化，可以上诉）</td></tr>
<tr><td>程序规定</td><td>（1）审判员一人独任审理，并应当在立案之日起 45 日内审结；
（2）举证期限由法院确定，也可以由当事人协商一致并经法院准许，但不得超过 15 日。被告要求书面答辩的，法院可以确定合理的答辩期间</td></tr>
<tr><td>裁转普通</td><td>法院在审理过程中，发现案件不宜适用简易程序的，裁定转为普通程序：
（1）应当在审理期限届满前裁定并将相关事项书面通知双方当事人；
（2）转为普通程序的审理期限自立案之日起计算（继续计算）</td></tr>
</table>

考点四十九：第二审程序

<table>
<tr><td rowspan="5">二审</td><td>上诉提起</td><td>（1）上诉人（未上诉的对方当事人为被上诉人，其他当事人按原审地位列明，均上诉的都是上诉人）适格；（2）法定的判决、裁定（驳回起诉，不予立案，管辖异议）可以上诉；（3）法定上诉期限：判决 15 日，裁定 10 日；（4）上诉状向原审法院提交/二审法院提交→5 日移至原审</td></tr>
<tr><td>上诉受理</td><td>原审法院 5 日内将上诉状副本送达被上诉人→被上诉人 15 日内提交答辩状→原审法院 5 日内连同证据、案卷一并报送二审法院→受理</td></tr>
<tr><td>审理时限</td><td>应当在收到上诉状之日起 3 个月内作出终审判决。有特殊情况需要延长的，由高级法院批准，高级法院审理上诉案件需要延长由最高法院批准</td></tr>
<tr><td>审理方式</td><td>应当组成合议庭，开庭审理。经过阅卷、调查和询问当事人，对没有提出新的事实、证据或者理由，合议庭认为不需要开庭审理的可以不开庭书面审理</td></tr>
<tr><td>审理对象</td><td>一审→被诉行政行为的合法性（民事不审，关联审查未诉行政行为明显违法不认可）
二审→原审法院裁判和行政行为的合法性</td></tr>
</table>

考点五十：行政诉讼审理的特殊程序

<table>
<tr><td rowspan="3">被告首长出庭</td><td rowspan="3">应当出庭</td><td>有例外</td><td>被告负责人应当出庭应诉，不能出庭的应当委托行政机关相应的工作人员出庭，不得仅委托律师出庭；负责人出庭应诉可另行委托 1—2 名代理人</td></tr>
<tr><td>无例外</td><td>涉及重大公共利益、社会高度关注或可能引发群体性事件或法院书面建议负责人出庭的应当出庭</td></tr>
<tr><td colspan="2">负责人出庭应诉的，应当在案件基本情况部分予以列明</td></tr>
</table>

<table>
<tr><td rowspan="2">被告首长出庭</td><td rowspan="2">违规处理</td><td>拒绝说明理由</td><td>负责人有正当理由不能出庭的，行政机关应当向法院提交情况说明，并加盖机关印章或由该机关主要负责人签字认可。拒绝说明理由的不影响审判，法院可以向监察机关、上一级行政机关提出司法建议</td></tr>
<tr><td>出庭违规</td><td>负责人和工作人员均不出庭仅委托律师出庭的或法院书面建议行政负责人出庭后不出庭应诉的，法院应记录在案和在裁判文书中载明，并可以建议有关机关依法作出处理</td></tr>
<tr><td rowspan="3">审判公开</td><td>审理</td><td colspan="2">（1）原则上公开审理行政案件，但涉及国家秘密、个人隐私和法律另有规定的应当不公开；（2）其他案件（如商业秘密）当事人申请不公开审理的，可以不公开审理</td></tr>
<tr><td>宣判</td><td colspan="2">（1）公开审理和不公开审理的案件，一律公开宣告判决。（2）当庭宣判的，应当在10 日内发送判决书；定期宣判的，宣判后立即发给判决书。（3）宣告判决时，必须告知当事人上诉权利、上诉期限和上诉的法院</td></tr>
<tr><td>裁判文书</td><td colspan="2">法院应当公开发生法律效力的判决书、裁定书，供公众查阅，但涉及国家秘密、商业秘密和个人隐私的内容除外</td></tr>
<tr><td rowspan="2">调解</td><td>范围</td><td colspan="2">审理行政案件原则上不适用调解。但行政赔偿、补偿以及行使法定自由裁量权的案件（罚款、拘留、行政协议）可以调解。羁束性行政行为不得调解（征税、不予赔偿）</td></tr>
<tr><td>程序</td><td colspan="2">（1）调解应遵循自愿、合法原则，不得损害国家利益、社会公共利益和他人合法权益。（2）调解过程不公开，但当事人同意公开的除外。调解协议内容不公开，但为保护国家利益、社会公共利益、他人合法权益，法院认为确有必要公开的除外。（3）当事人自行和解或调解达成协议后，请求法院按照和解协议或者调解协议的内容制作判决书的，法院不予准许</td></tr>
</table>

第四节　行政诉讼的特殊制度与规则

考点五十一：证据种类与举证责任

<table>
<tr><td>证据种类</td><td colspan="2">书证；物证；视听资料；电子数据；证人证言；当事人的陈述；鉴定意见；勘验笔录、现场笔录（对现场执法情况的客观记录，属于实物证据，原则上双方签名，当事人拒签则注明原因，无须见证人）</td></tr>
<tr><td>举证责任</td><td>被告</td><td>（1）被告应当在收到起诉状副本 15 日内向法院提交作出行政行为合法的证据和依据。被告因不可抗力等正当事由不能提供的，经法院准许可延期提供，逾期提供视为没有证据。（2）原告或第三人提出其在行政程序中未提出的理由或证据，经法院准许被告可补充证据。（3）在诉讼过程中，被告及其诉讼代理人不得自行向原告、第三人和证人收集证据</td></tr>
</table>

<table>
<tr><td rowspan="5">举证责任</td><td rowspan="3">原告</td><td>(1) 在起诉时证明符合起诉条件。(2) 诉依申请的行政不作为，原告应当对提出申请举证，但诉依职权的不作为和原告因正当理由不能提供证据的除外。(3) 行政赔偿、补偿请求应当就损害事实举证。因被告原因导致原告无法对损害事实举证的，由被告承担举证责任。当事人的损失因客观原因无法鉴定的，法院应结合当事人主张和在案证据，遵循法官职业道德，运用逻辑推理和生活经验、生活常识等（自由心证），酌情确定赔偿数额。(4) 原告主张撤销、解除行政协议的需要对事由举证，对协议履行有异议的由负有履行义务的当事人举证</td></tr>
<tr><td>提交证据期限：原告、第三人应当在一审开庭前或法院指定的交换证据清单之日提交证据，因正当事由申请延期提供证据的，经法院准许可以在法庭调查中提供</td></tr>
<tr><td>反驳：可以提供证明行政行为违法的证据。原告提供的证据不成立，不免除被告举证责任</td></tr>
<tr><td>第三人</td><td>被告不提供或者无正当理由逾期提供证据，视为没有相应证据，但被诉行政行为涉及第三人合法权益，第三人提供证据的除外（行政机关怠于举证，第三人可以举证）</td></tr>
<tr><td>拒绝更正信息</td><td>对行政机关拒绝更正政府信息不服向法院起诉的案件，原告与被告同时举证，原告举证信息错误，被告举证拒绝更正合法</td></tr>
</table>

考点五十二：提供、调取和保全证据

一、提供证据的要求

书证	(1) 原件/复印件；(2) 部门保管的盖印章；(3) 谈话笔录应签名盖章
物证	(1) 原物/复制件；(2) 种类物（一部分）
视听资料	(1) 原始载体/复制件；(2) 注明制作过程；(3) 声音资料附文字记录
证人证言	(1) 证人基本情况；(2) 签名/盖章；(3) 日期；(4) 附身份证明文件，否则无效
鉴定意见	(1) 被告提供的→载明委托事项、相关材料、技术手段、鉴定说明、签名盖章；(2) 原告、第三人在举证期限届满前**书面申请**重新鉴定：被告持有的鉴定意见均可申请，申请对法院委托的鉴定意见重新鉴定（资格、程序、依据、其他经过质证不能作为证据的）
勘验笔录	(1) 法院依当事人申请或依职权勘验；(2) 勘验人必须出示法院证件并邀请当地基层组织或当事人所在单位派人参加；(3) 当事人不到场不影响勘验，应在勘验笔录中说明
现场笔录	(1) 对现场执法情况的客观记录，属于实物证据；(2) 时间、地点、事件；(3) 双方签名，当事人拒签则注明原因，在场其他人可以签名
法院收据	法院收到当事人提供的证据应当出具收据，由经办人员签名或盖章

二、法院调取和保全证据

法院调取	法院要求提供或补充	（1）法院有权要求当事人提供或者补充证据；（2）法院要求行政机关提交证据，行政机关无正当理由拒不提交的，法院可以推定原告或者第三人基于该证据主张的事实成立
	依职权调取	**法院有权主动调取证据，但不得为证明行政行为合法调取被告作出行政行为时未收集的证据：（1）国家利益、公共利益或他人合法权益；（2）中止、回避、追加当事人等诉讼程序事项**
	依申请调取	**原告或者第三人**不能自行收集的可以申请法院调取（与待证事实无关联、无意义、无必要的，人民法院不准许）：（1）由国家机关保存而须由人民法院调取的证据；（2）涉及国家秘密、商业秘密和个人隐私的证据；（3）确因客观原因不能自行收集的证据
保全	（1）证据可能灭失/以后难以取得；（2）法院依申请/依职权；（3）诉讼开始前/诉讼中（申请保全须在举证期限届满前以书面形式提出）；（4）法院可以要求当事人提供担保	

考点五十三：质证

质证原则	（1）**证据应当在法庭上出示，并由当事人互相质证**，未经质证的证据不能作为定案依据，但当事人在庭前证据交换过程中没有争议并记录在卷的证据，经审判人员在庭审中说明后，可以直接作为认定案件事实的依据；（2）**法院应当按照法定程序，全面、客观地审查核实证据**；（3）**以非法手段取得的证据，不得作为认定案件事实的根据**；（4）**对未采纳的证据应当在裁判文书中说明理由**
缺席证据	被告无正当理由拒不到庭而缺席判决的，被告提供的证据不能作为定案依据；但当事人在庭前交换证据中没有争议的证据除外
涉密证据	**对涉及国家秘密、商业秘密和个人隐私的证据，不得在公开开庭时出示**
调取证据	**依申请**调取的证据由申请人在庭审中出示，并由当事人质证 **依职权**调取的证据由法庭出示并进行说明，听取当事人意见，但无须质证
二审质证	对当事人依法提供的新证据、对一审认定的证据仍有争议的 → **应当质证**
再审质证	对当事人依法提供的新证据、因证据不足而再审的主要证据 → **应当质证**
无须质证	生效的裁判和仲裁文书确认的事实无须质证
出庭质询	行政执法人员（现场笔录的合法真实/扣押财产的品种数量/检验物品的取样保管/人员身份合法性）

考点五十四：证据的审核认定

（**合法性**：形式、来源、方式；**真实性**：原因、环境、原件、证人关系；关联性：逻辑关系）

一、不能作为定案依据

不合法	被告证明在行政程序中依法要求原告或者第三人提供而没有提供，原告或者第三人后来在诉讼程序中提供的证据，法院一般不予采纳
	原告或第三人在一审中无正当事由未提供而在二审中提供的证据，法院不予接纳
不利被告证据	被告及其诉讼代理人在**作出具体行为后或者在诉讼程序中**自行收集的证据
	被告在行政程序中非法剥夺公民的陈述、申辩或者听证权利所采用的证据
	原告或第三人在诉讼中提供的、被告在**行政程序中未作为**具体行为依据的证据
复议证据	复议机关在复议程序中依法收集和补充的证据： （1）复议补充证据后**维持**的，可作为法院认定复议决定和原行政行为合法的依据； （2）复议补充证据后**改变**的，只能证明复议决定合法，不能用于证明原行为合法

二、证据效力

证据效力	公文书证 > 其他书证 法定鉴定部门的鉴定意见 > 其他鉴定部门的鉴定意见 法庭主持勘验的勘验笔录 > 其他部门主持勘验的勘验笔录 鉴定意见、**现场笔录**、勘验笔录、经过公证或者登记的书证 > 其他书证、视听资料、**证人证言**
	其他证人证言 > 与当事人有亲属、密切关系证人提供的有利证言 出庭作证的证人证言 > 未出庭作证的证人证言 **注：申请证人出庭须在举证期限届满前提出。在庭审中申请的，法院视情况决定是否准许或延期审理。**证人出庭作证的必要费用和误工损失由**败诉方承担**

考点五十五：撤诉与缺席判决

	被告	原 告	法 院
被告改变行政行为处理	（1）一审期间、二审期间、再审期间，应告知法院； （2）种类：主动改变、法院建议改变； （3）直接改（主要证据、定性法律依据、结果），视为改（履行职责、补救补偿、裁决案件的裁决机关书面认可和解）	对原行为不撤诉	审理原行为
		对新行为仍不服	审理新行为
		对原行为不撤诉，又对新行为不服	原行为、新行为一起审 对原行为：（1）违法→确认违法；（2）合法→驳回请求

撤诉	申请撤诉	原告申请（自愿、不影响公共利益、第三人同意） 法院可中止审理等待行政机关履行义务后裁定撤诉	法院审查 符合应当裁定准许
	视为申请撤诉	原告经合法传唤，无正当理由拒不到庭	法院审查
		原告未经法庭许可中途退庭	法院审查
		原告未按规定预交案件受理费	不需审查
	裁定撤诉后，原告不得以同一事实和理由重新起诉，但案件受理费除外		

<table>
<tr><td rowspan="2">缺席判决</td><td>被告</td><td>(1) 被告无正当理由经传票传唤拒不到庭，或者未经法庭许可中途退庭的，可以按期开庭或继续审判，根据双方已提交的证据材料审理后依法缺席判决；
(2) 可以将被告拒不到庭或者中途退庭的情况予以公告，并可以向监察机关或者被告的上一级行政机关提出依法给予其负责人或直接责任人处分的司法建议</td></tr>
<tr><td>原告</td><td>原告申请撤诉法院不予准许后不出庭的，可以按原告缺席判决</td></tr>
</table>

2024-1-仿真3（多选）甲向省资源环境厅申请环保评估许可，省资源环境厅未作答复，甲用邮政邮寄的方式向人民法院提交行政诉讼起诉书，要求判决省资源环境厅准予环评许可，诉讼中省资源环境厅向甲颁发许可，甲不撤诉。下列说法不正确的是：

A. 甲的起诉期限为6个月

B. 法院驳回原告的诉讼请求

C. 法院可以以短信方式送达诉讼文书

D. 对于甲的起诉，法院以邮政签收日期为起诉日期

答案：CD

考点五十六：行政附带民诉

<table>
<tr><td rowspan="8">附带民诉</td><td colspan="2">许可、登记、征收、征用和行政裁决的案件提起行政诉讼或行政赔偿诉讼</td></tr>
<tr><td>申请一并</td><td>(1) 当事人申请一并解决相关民事争议的，受理行政案件的法院可以一并审理。(2) 法院发现行政案件已经超过起诉期限，民事案件尚未立案的，告知当事人另行提起民事诉讼；民事案件已经立案的，由原审判组织继续审理。(3) 法院决定不予准许附带民诉，可申请原法院复议一次</td></tr>
<tr><td>告知一并</td><td>法院发现民事争议为解决行政争议的基础，当事人没有请求一并审理相关民事争议的：(1) 法院应当告知当事人依法申请一并解决民事争议；(2) 当事人就民事争议另行提起民诉并已立案的，法院应当中止行政诉讼的审理，民事争议处理期间不计算在行政诉讼审理期限内</td></tr>
<tr><td rowspan="5">程序</td><td>请求一并审理相关民事争议应在一审开庭前提出；有正当理由的，也可在法庭调查中提出</td></tr>
<tr><td>应当单独立案（行政裁决一并解决民事争议的除外），由同一审判组织审理，按行政案件、民事案件的标准分别收取诉讼费用</td></tr>
<tr><td>(1) 法院一并审理相关民事争议，适用民事法律规范的相关规定，法律另有规定的除外；
(2) 当事人在调解中对民事权益的处分，不能作为审查被诉行政行为合法性的根据</td></tr>
<tr><td>法院裁定准许行政诉讼原告撤诉，但对已提起一并审理相关民事争议不撤诉的，法院应继续审理</td></tr>
<tr><td>分别裁判，可单独上诉：(1) 行政争议和民事争议应当分别裁判。(2) 当事人仅对行政裁判或民事裁判提出上诉的，未上诉的裁判在上诉期满后生效。一审法院应当将全部案卷一并移送二审法院行政庭审理。二审法院发现未上诉的生效裁判确有错误的，应当依法再审</td></tr>
</table>

2024-1-仿真4（单选）甲认为乙侵权，区知识产权局认为不侵权，甲向市知识产权局申请复议，复议维持，甲向法院起诉请求撤销知识产权局的决定，并请求乙停

止侵害。关于本案的审理，下列说法正确的是：

A. 法院应将行政和民事争议一并审理

B. 法院应当分别立案

C. 该案件按行政案件标准收费

D. 法院应将责令侵权人停止侵害单独立案

答案：A

考点五十七：行政诉讼的法律适用

<table>
<tr><td rowspan="5">法律适用</td><td rowspan="4">适用规则</td><td>依据</td><td>法律、行政法规（2000年以前，国务院批准、中央部委令公布的规范也属于行政法规）、地方性法规、民族条例作为审判的依据予以适用</td></tr>
<tr><td>参照</td><td>依职权审查，参照适用合法的规章，若不合法则不予适用</td></tr>
<tr><td>参考</td><td>依申请或依职权审查，对合法的一般规范性文件予以参考，若不合法则不适用</td></tr>
<tr><td>援引</td><td>可援引司法解释作为裁判依据</td></tr>
<tr><td>参照民诉</td><td colspan="2">关于期间、送达、财产保全、开庭审理、调解、中止诉讼、终结诉讼、简易程序、执行等，以及检察院对案件受理、审理、裁判、执行的监督，《行政诉讼法》没有规定的，适用《民事诉讼法》的相关规定</td></tr>
</table>

考点五十八：抽象行政行为的附带审查

<table>
<tr><td rowspan="7">附带审查抽象行政行为</td><td>范围</td><td colspan="2">（1）认为行政行为所依据行政规范性文件不合法，在对行政行为提起诉讼时，可以请求一并对该规范性文件进行附带审查，不得单独起诉文件；
（2）不得对行政法规、国务院文件和规章申请附带审查</td></tr>
<tr><td rowspan="2">程序</td><td colspan="2">（1）法院审查过程中发现规范性文件可能不合法的，应当听取文件制定机关的意见。制定机关申请出庭陈述意见的，法院应当准许；
（2）行政机关未陈述意见或未提供证明材料，不影响法院对规范性文件审查</td></tr>
<tr><td colspan="2">（1）法院审查文件是否超越权限、违反法定程序、作出行政行为所依据的条款及相关条款等；
（2）条款违法包括：与上位法抵触、无上位法依据作出不利规定或扩大不利规定</td></tr>
<tr><td rowspan="4">处理</td><td>合法</td><td>应当作为认定行政行为合法的依据</td></tr>
<tr><td rowspan="3">不合法</td><td>（1）不适用为认定行政行为合法的依据，并在裁判文书中释明理由；
（2）终审法院应当在判决生效3个月内向制定机关提出处理建议，并可以抄送制定机关的同级政府或者上一级行政机关、监察机关以及规范性文件的备案机关（法院无权直接裁判或宣告无效）</td></tr>
<tr><td>接收司法建议的行政机关应当在收到建议之日起60日内予以书面答复。情况紧急的，法院可以建议制定机关或其上一级行政机关立即停止执行该规范</td></tr>
<tr><td>法院认为规范性文件不合法的，应当在裁判生效后报送上一级法院进行备案。涉及省部级行政机关的文件，司法建议还应当分别层报最高院、高院备案</td></tr>
</table>

考点五十九：行政公益诉讼

<table>
<tr><td rowspan="5">行政公益诉讼</td><td colspan="2">环境、食药、国有财产管理等行政违法或者不作为，使公共利益受到侵害，提出检察建议后仍然不改正，检察机关可以提起行政公益诉讼</td></tr>
<tr><td>管辖</td><td>基层检察院提起一审行政公益诉讼，由行政机关所在地基层法院管辖</td></tr>
<tr><td>诉讼权利</td><td>(1) 检察院享有当事人诉讼权利，可以向有关行政机关以及其他组织、公民调查收集证据材料；有关行政机关以及其他组织、公民应当配合
(2) 检察院不服一审裁判可以向上一级法院上诉，上级检察院可以派员参加二审</td></tr>
<tr><td>撤诉</td><td>在行政公益诉讼案件审理过程中，被告纠正违法行为或者依法履行职责而使检察院的诉讼请求全部实现，检察院撤回起诉法院应当裁定准许；检察院变更请求确认原行政行为违法的，法院应当判决确认违法</td></tr>
<tr><td>裁判</td><td>(1) 依照行政诉讼法规定，依法分别判决：驳回、撤销、履行或给付、变更、确认违法
(2) 法院可将判决结果告知被诉行政机关所属的政府或其他相关职能部门</td></tr>
</table>

第五节　行政案件的裁判与执行

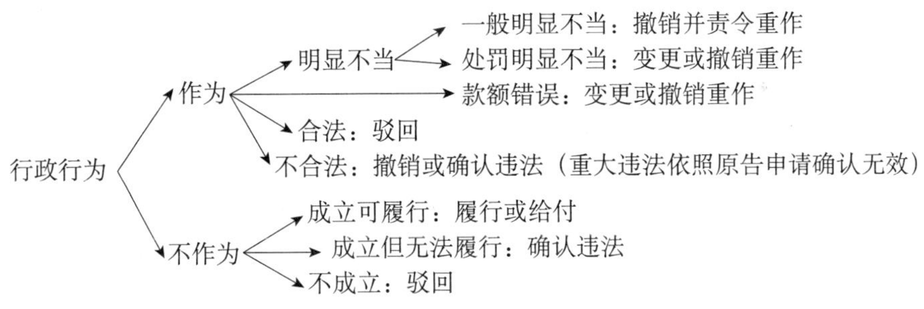

考点六十：一审判决

<table>
<tr><th colspan="2">裁判类型</th><th>基本情况</th><th>适用条件</th></tr>
<tr><td rowspan="2">被告胜诉</td><td rowspan="2">应当驳回</td><td>行政行为合法</td><td>(1) 证据确凿，主要事实清楚；(2) 适用法律法规正确；(3) 程序合法；(4) 无超越职权；(5) 无滥用职权；(6) 无明显不当（结果）</td></tr>
<tr><td>诉不作为理由不成立</td><td>诉行政不作为理由不成立的</td></tr>
<tr><td rowspan="2">原告胜诉</td><td rowspan="2">撤销</td><td rowspan="2">行政行为违法或明显不当</td><td>(1) 主要证据不足；(2) 程序违法；(3) 适用法律法规错误；(4) 超越职权；(5) 滥用职权；(6) 明显不当的</td></tr>
<tr><td>如撤销将给公共利益造成一般损失的可以同时责令被告重作：(1) 判决被告重作具体行政行为（不能作相同行为，改主要事实/依据/结果/程序）；(2) 若被责令重作仍作与原错误行为相同的行为，当事人起诉法院受理后撤销，并提出司法建议</td></tr>
</table>

续表

<table>
<tr><th colspan="2">裁判类型</th><th>基本情况</th><th>适用条件</th></tr>
<tr><td rowspan="8">原告胜诉</td><td>履行</td><td>行政不作为</td><td>(1) 被告不作为违法并履行仍有现实意义和可能判决在法定期限内履行职责；(2) 尚需被告调查、裁量的，应判决被告针对原告的请求重新处理</td></tr>
<tr><td>给付</td><td>给付不作为</td><td>(1) 被告依法负有给付义务的，判决被告履行给付义务；
(2) 原告未先向行政机关提出申请的，法院裁定驳回起诉；
(3) 法院认为原告所请求履行的法定职责或者给付义务明显不属于行政机关权限范围的，可以裁定驳回起诉</td></tr>
<tr><td rowspan="2">可以变更</td><td colspan="2">行政处罚明显不当（种类、幅度不当）或其他行政行为涉及款额确定、认定错误的，法院可以判决变更（也可判决撤销责令重作）</td></tr>
<tr><td colspan="2">变更不得对原告加重义务或减损权益，但利害关系人同为原告且诉讼请求相反的除外</td></tr>
<tr><td rowspan="4">确认</td><td rowspan="2">确认违法</td><td>违法但不能撤销：
(1) 行政行为应当撤销，但撤销会给国家利益、社会公共利益造成重大损害；
(2) 行政行为程序轻微违法，但对原告权利不产生实际影响（期限、通知、送达等轻微违法）</td></tr>
<tr><td>判撤销或履行无实际意义：
(1) 行政行为违法，但不具有可撤销内容（执行完毕，无法恢复）；
(2) 被告改变原违法行政行为，原告仍要求确认原行政行为违法的；
(3) 被告不履行或者拖延履行法定职责，判决履行没有意义的</td></tr>
<tr><td>确认无效</td><td>(1) 不具有行政主体资格、减权利或者加义务没有依据、内容不可能实现等重大且明显违法情形，原告申请确认行政行为无效的。(2) 轻诉违法可重判无效。(3) 重诉无效改轻诉违法可轻判，拒绝改轻诉判驳回请求。起诉请求确认无效，法院认为不属于无效，经释明原告请求撤销的，应继续审理并依法作出相应判决；原告拒绝变更诉讼请求的，判决驳回其诉讼请求</td></tr>
<tr><td>补救赔偿</td><td>(1) 可同时责令被告采取补救措施；
(2) 法院认为行政违法或无效可能给原告造成损失，经释明原告请求一并解决赔偿争议的，可以就赔偿进行调解；调解不成应一并判决，也可告知原告就赔偿另行起诉</td></tr>
<tr><td rowspan="5">复议判决</td><td rowspan="4">维持错误</td><td colspan="2">(1) 原始共同被告应当一并判：法院对原行为判决时，应当对复议决定一并作出相应判决；
(2) 追加共同被告可以一并判：法院依职权追加原机关或复议机关为共同被告的，对原行政行为或者复议决定可以作出相应判决</td></tr>
<tr><td>原错、复议维持错</td><td>判决撤销原行为和复议决定，可以同时判决原机关重新作出行政行为</td></tr>
<tr><td>原不作为、复议驳回错</td><td>判决原机关履行职责或者给付义务，应当同时判决撤销复议决定</td></tr>
<tr><td>原对、复议维持错</td><td>原行为合法但复议决定违法，可以撤销复议决定或确认复议决定违法，并驳回对原行为诉讼请求</td></tr>
<tr><td>改变错误</td><td colspan="2">判决撤销复议决定，可以一并责令复议机关重作复议决定或判决恢复原行政行为的法律效力</td></tr>
</table>

2024－1－仿真 5（单选）市人社局将田某的养老保险关系转入社会保险关系，田某认为自己应该是按照事业单位保险缴纳，于是向市政府申请复议。市政府决定维持，田某不服，向人民法院起诉，法院以不属于行政案件受案范围驳回起诉。关于本案，下列说法正确的是：

A. 收到复议决定后应 60 日内起诉

B. 法院应当裁定一并驳回对市人社局和市政府的起诉

C. 本案应由中级法院管辖

D. 若法院审理该案，市政府不需要对市人社局行政行为的合法性承担举证责任

答案：B

考点六十一：行政诉讼的二审判决

<table>
<tr><td rowspan="8">二审</td><td>维持原判</td><td>驳回上诉，维持原判</td><td>原判认定事实清楚，适用依据正确</td></tr>
<tr><td>依法改判</td><td>改判、撤销或变更</td><td>原判认定事实清楚，适用依据错误</td></tr>
<tr><td>应当发回重审</td><td>重审须另组合议庭</td><td>遗漏当事人或漏判诉讼请求等严重程序违法</td></tr>
<tr><td>改判或发回</td><td>对重审案件裁判可上诉</td><td>原判事实不清、证据不足</td></tr>
<tr><td rowspan="2">赔偿
请求</td><td colspan="2">一审遗漏行政赔偿请求：
（1）二审法院认为不应赔偿→判决驳回行政赔偿请求；
（2）二审法院认为应当赔偿→可以调解→不成，就赔偿部分发回重审</td></tr>
<tr><td colspan="2">当事人在二审期间提出行政赔偿请求→可以调解→不成，告知另行起诉</td></tr>
<tr><td colspan="3">原审法院对发回重审的案件作出判决后，当事人提起上诉的二审法院不得再次发回重审</td></tr>
<tr><td colspan="3">二审法院需要改变原审判决的，应当同时对被诉行政行为作出判决</td></tr>
</table>

考点六十二：行政诉讼的执行

一、行政诉讼裁判的执行

<table>
<tr><td rowspan="2">申请</td><td>（1）行政机关拒不履行赔偿、补偿或其他给付义务的，对方当事人（原告、第三人）可以依法向法院申请强制执行；
（2）原告或第三人不履行，对方当事人可以申请法院强制执行，有强制执行权的行政机关自行执行</td></tr>
<tr><td>申请执行的期限为 2 年，逾期申请的不予受理，有正当理由的除外</td></tr>
<tr><td>管辖</td><td>当事人向一审人民法院申请执行，一审法院认为需要可以报请二审法院执行</td></tr>
<tr><td>依据</td><td>判决书、裁定书、赔偿书、调解书</td></tr>
<tr><td>执行
措施</td><td>对行政机关：（1）通知银行从该行政机关的账户内划拨。（2）在规定期限内不履行的，从期满之日起对该行政机关负责人按日处 50 元至 100 元的罚款。（3）将行政机关拒绝履行的情况予以公告。（4）向监察机关或者该行政机关的上一级行政机关提出司法建议，接受司法建议的机关根据有关规定进行处理，并将处理情况告知法院。（5）拒不履行判决、裁定、调解书，社会影响恶劣的，可以对该行政机关直接负责的主管人员和其他直接责任人员予以拘留；情节严重构成犯罪的，依法追究刑事责任
对行政相对人：被告有强制执行权的可以自行执行，无权的申请法院执行</td></tr>
</table>

判决先予执行	（1）没有依法支付抚恤金、最低生活保障金和工伤、医疗社会保险金的案件，权利义务关系明确、不先予执行将严重影响原告生活的，可以根据原告的申请，裁定先予执行。法院不得要求申请人提供担保。（2）当事人对先予执行裁定不服的，可以申请复议一次，复议期间不停止裁定的执行

二、行政诉讼中行政行为的执行

情况	原则	例外
有执行权	原则上诉讼期间不停止执行	裁定停止执行：（1）被告认为需要停止执行；（2）原告或者利害关系人申请停止执行，法院认为行政行为执行会造成难以弥补的损失，且停止执行不损害国家社会公共利益；（3）法院认为该行政行为执行会给国家社会公共利益造成重大损害；（4）法律、法规规定停止执行。当事人对停止执行或者不停止执行的裁定不服，可以申请复议一次
无执行权	诉讼中申请法院执行行政行为的，法院不得代为强制执行，须等法院裁判后才能依法执行	

考点六十三：行政协议案件的审理

一、行政协议案件的起诉

<table>
<tr><td rowspan="7">行政协议案件的起诉</td><td rowspan="3">受案范围</td><td rowspan="2">肯定</td><td>对行政机关不依法履行、未按约定履行行政协议或单方变更、解除行政协议不服（民告官）：（1）政府特许经营协议；（2）土地、房屋等征收征用补偿协议；（3）矿业权等国有自然资源使用权出让协议；（4）政府投资的保障性住房的租赁、买卖等协议；（5）符合行政协议标准的政府与社会资本合作协议；（6）其他行政协议</td></tr>
<tr><td>对行政协议提起民事诉讼后被裁定不予立案或驳回起诉，当事人又提起行政诉讼的，法院应当受理</td></tr>
<tr><td>否定</td><td>（1）行政机关之间因公务协助订立协议；（2）行政机关与其工作人员订立劳动人事协议</td></tr>
<tr><td>管辖</td><td colspan="2">（1）按照行政诉讼法及其司法解释的规定确定管辖法院；（2）当事人书面协议约定选择被告所在地、原告所在地、协议履行地、协议订立地、标的物所在地等与争议有实际联系地点的法院管辖的，法院从其约定，但违反级别管辖和专属管辖的除外</td></tr>
<tr><td rowspan="3">当事人</td><td rowspan="2">原告</td><td>（1）行政协议的行政相对人或利害关系人可以作为原告起诉；（2）只能“民告官”，行政机关不能起诉，也不能提起反诉</td></tr>
<tr><td>行政协议的利害关系人：（1）参与招标、拍卖、挂牌等竞争性活动，行政机关应当依法与其订立行政协议但拒绝订立，或行政机关与他人订立行政协议损害其合法权益的；（2）征收征用补偿协议损害其合法权益的被征收征用土地、房屋等不动产的用益物权人、公房承租人；（3）其他认为行政协议的订立、履行、变更、终止等行为损害其合法权益的</td></tr>
<tr><td>被告</td><td>（1）作出被诉行政协议行为的行政机关是被告；（2）因行政机关委托的组织订立的行政协议发生纠纷的，委托的行政机关是被告</td></tr>
</table>

二、行政协议案件的审理规则

<table>
<tr><td rowspan="10">行政协议案件的审理规则</td><td rowspan="3">举证责任</td><td colspan="2">**被告**对于具有法定职权、履行法定程序、履行相应法定职责以及订立、履行、变更、解除行政协议等**行为的合法性**承担举证责任</td></tr>
<tr><td colspan="2">**原告**主张**撤销、解除行政协议**的，对撤销、解除行政协议的**事由**承担举证责任</td></tr>
<tr><td colspan="2">对行政协议**是否履行发生争议的，由负有履行义务的当事人**承担举证责任</td></tr>
<tr><td rowspan="2">审理程序</td><td>审理标准</td><td>(1) 法院对被告**订立、履行、变更、解除协议的行为**是否具有法定职权、是否滥用职权、适用法律法规是否正确、是否遵守法定程序、是否明显不当、是否履行法定职责进行**合法性审查**；
(2) 原告认为被告**未依法或未按照约定履行**协议的，法院应当针对其诉讼请求，对被告**是否具有相应义务或履行相应义务**等进行审查</td></tr>
<tr><td>调解</td><td>法院审理**行政协议案件**可以依法进行**调解**。法院调解应当遵循自愿、合法原则，不得损害国家利益、社会公共利益和他人合法权益</td></tr>
<tr><td rowspan="2">法律适用</td><td>参照民事法律</td><td>(1) 法院审理行政协议案件**可以参照适用民事法律规范关于民事合同**的相关规定；
(2) 行政协议案件审理程序，行政诉讼法没有规定的，**参照适用民事诉讼法**的规定；
(3) 行政协议**约定仲裁条款的**，法院应当**确认该条款无效，但法律、行政法规或我国缔结、参加的国际条约**另有规定的**除外**</td></tr>
<tr><td>诉讼时效</td><td>(1) 对行政机关**不依法履行、未按照约定履行**协议提起诉讼的，参照**民法关于诉讼时效**的规定；
(2) 对行政机关**单方变更、解除**协议等行为提起诉讼的，适用**行政诉讼关于起诉期限**的规定</td></tr>
<tr><td colspan="2">溯及力</td><td>**2015 年 5 月 1 日之前**订立的行政协议发生纠纷的，适用**当时**的法律、行政法规及司法解释</td></tr>
</table>

三、行政协议案件的判决与执行

<table>
<tr><td rowspan="4">行政协议案件的判决与执行</td><td rowspan="4">判决</td><td>被告变更解除</td><td>(1) 被告因履行协议**可能严重损害国家利益、社会公共利益而合法变更、解除**协议的，判决**驳回原告诉讼请求**；给原告造成损失的判决被告予以**补偿**；
(2) 被告**变更、解除**协议的行政行为**违法**的，法院判决**撤销或部分撤销**，还可以责令被告**重新作出行政行为**，并可以依法判决被告**继续履行**协议、采取**补救**措施，给原告造成损失的判决被告予以**赔偿**</td></tr>
<tr><td>被告未履行</td><td>参照民事法律规范关于审理合同案件的规定</td></tr>
<tr><td>判决撤销解除</td><td>参照民事法律规范关于审理合同案件的规定</td></tr>
<tr><td>确认未生效或无效</td><td>参照民事法律规范关于审理合同案件的规定</td></tr>
</table>

<table>
<tr><td rowspan="2">行政协议案件的判决与执行</td><td rowspan="2">行政机关申请法院强制执行</td><td>履行决定</td><td>(1) 相对人未按照行政协议约定履行义务，经催告后不履行，行政机关可以作出要求其履行协议的书面决定；
(2) 相对人收到书面决定后在法定期限内未申请行政复议或者提起行政诉讼且仍不履行，协议内容具有可执行性的，行政机关可以向法院申请强制执行</td></tr>
<tr><td>处理决定</td><td>(1) 法律、行政法规规定行政机关对行政协议享有监督协议履行的职权，相对人未按照约定履行义务，经催告后不履行，行政机关可以依法作出处理决定；
(2) 相对人在收到该处理决定后在法定期限内未申请行政复议或者提起行政诉讼，且仍不履行，协议内容具有可执行性的，行政机关可以向法院申请强制执行</td></tr>
</table>

专题十一　国家赔偿

考点六十四：国家赔偿概述

一、概念

国家赔偿：国家机关及其工作人员→**职权行为**→**法律规定的**损害情形→国家机关赔偿。

- 民事赔偿
- 国家赔偿
  - 行政赔偿
  - 司法赔偿
    - 刑事司法赔偿
    - 民事行政司法赔偿
- 国家补偿

合法行使职权造成的损害国家予以补偿，违法或过错（限制人身自由监管过错）行使职权造成损害依法予以赔偿，但刑事司法赔偿中错拘、错捕、错判的赔偿适用无罪原则。

二、国家赔偿的构成要件

构成要件	违法或过错职权行为、侵害人身财产合法权益、直接损失（必得利益受损）、因果关系、法定范围

考点六十五：行政赔偿

一、行政赔偿的范围

肯定列举	（1）损害人身自由权（违法拘留、限制人身自由强制措施、非法拘禁）；（2）损害生命健康权（暴力或唆使、**放纵他人进行虐待**、殴打，违法使用武器警械和其他违法行为造成死伤的）；（3）损害财产权；（4）侵害人身权行为致精神损害；（5）侵害其他合法权益造成人身财产损害
	侵权行为类型总结：（1）违法具体行政行为（含违法不作为）；（2）违法行政事实行为；（3）违法行政协议行为；（4）限制人身自由监管过错
否定列举	（1）行政人员个人行为致害；（2）受害人自己致害；（3）第三人致害；（4）不可抗力致害

二、行政赔偿的请求人和赔偿义务机关

请求人	普通情况	侵权行为的受害人
	公民死亡	继承人、其他有抚养关系的亲属、死者生前抚养的无劳动能力人
	组织终止	**承受其权利的人**

<table>
<tr><td rowspan="13">行政赔偿义务机关</td><td>单独行政赔偿</td><td>侵权行为的行政机关、法定授权组织</td></tr>
<tr><td>共同行政赔偿</td><td>（1）多机关共同实施违法行政行为或分别实施违法行政行为造成同一损害，每个行政机关的违法行为都足以造成全部损害的，应负连带赔偿责任；
（2）多机关分别实施违法行政行为造成同一损害的，根据过错比例各自承担相应的行政赔偿责任，难以确定责任大小的平均承担责任</td></tr>
<tr><td>第三人过错赔偿</td><td>（1）行政机关及其工作人员或与第三人恶意串通作出的违法行政行为，应负连带赔偿责任。
（2）第三人与行政机关均有过错，行政机关按照在损害发生和结果中的作用大小承担相应的行政赔偿责任。
（3）由于第三人提供虚假材料导致行政行为违法，行政机关尽到审慎审查义务的不承担赔偿责任。
（4）第三人行为造成损害的，由第三人承担侵权赔偿责任；但第三人赔偿不足、无力赔偿或下落不明，行政机关又未尽保护、监管、救助等法定义务的，应根据行政机关未尽法定义务在损害发生和结果中的作用大小，承担相应的行政赔偿责任</td></tr>
<tr><td>委托机关赔偿</td><td>受委托的组织或个人侵权由委托机关赔偿</td></tr>
<tr><td>继受机关赔偿</td><td>赔偿义务机关被撤销的，继续行使职权的机关赔偿</td></tr>
<tr><td>撤销机关赔偿</td><td>赔偿义务机关被撤销又无继受机关的，撤销它的机关赔偿</td></tr>
<tr><td>复议机关赔偿</td><td>复议加重损害的，复议机关只对加重部分赔偿，原行为损害由原机关赔偿，复议机关与原行政行为机关为共同被告，遗漏但不同意追加共同被告的只能追加遗漏的机关为第三人</td></tr>
<tr><td>派出机关赔偿</td><td>执行自身职权由自己赔偿，执行交办任务由交办机关赔偿</td></tr>
<tr><td>申请机关赔偿</td><td>申请法院强制执行具体行政行为，由于执行的行政决定错误，由申请机关赔偿</td></tr>
<tr><td>行政不作为赔偿</td><td>由于不可抗力等客观原因造成损害的，行政机关不作为导致未能及时止损或损害扩大，应根据行政不作为在损害发生和结果中的作用大小，承担相应的赔偿责任</td></tr>
</table>

考点六十六：行政赔偿程序

<table>
<tr><td>单独提起行政赔偿诉讼</td><td>（1）行政行为已被确认为违法可单独提起行政赔偿诉讼。知道侵权行为 2 年内向赔偿义务机关申请赔偿（行政先行处理）→ 赔偿义务机关 2 个月内作出是否赔偿决定→3 个月内提起行政赔偿诉讼：
①未作赔偿决定的 2 个月期满后 3 个月内提起行政赔偿诉讼；②作出赔偿决定并书面送达申请人→不服的，自作出赔偿决定之日起 3 个月起诉；③不予赔偿决定：书面送达申请人，并说明理由→不服再向法院起诉，参照行政诉讼的程序审理。
（2）行政行为未被确认为违法就单独提起行政赔偿诉讼的，法院应当视为提起行政诉讼时一并提起行政赔偿诉讼。
（3）行政机关最终裁决的行政行为被确认违法后，赔偿请求人可以单独提起行政赔偿诉讼。
（4）仅对行政复议决定中的行政赔偿部分有异议，自复议决定书送达之日起 15 日内可提起单独行政赔偿诉讼</td></tr>
</table>

<table>
<tr><td>复议时一并提出赔偿请求</td><td>复议机关 → 复议决定认定违法＋赔偿决定（可调解）；复议机关对财产权损害主动作出赔偿决定</td></tr>
<tr><td>提起诉讼时一并提出赔偿请求</td><td>（1）应单独立案，但可与行政诉讼合并审理，按照行政诉讼程序。
（2）法院→判决认定违法＋赔偿判决（可调解）。原告应在一审庭审终结前提起行政赔偿诉讼，一审庭审终结后、宣判前提起行政赔偿诉讼的，是否准许由法院决定</td></tr>
<tr><td>行政追偿</td><td>行政赔偿义务机关→支付赔偿费用→应当责令故意或重大过失的组织或个人→全部或部分赔偿费用</td></tr>
</table>

考点六十七：司法赔偿的范围

一、刑事司法赔偿范围

<table>
<tr><th></th><th colspan="2">案件类型</th><th>主要情况</th><th>不赔偿的情况</th></tr>
<tr><td rowspan="6">人身权</td><td>错误刑拘</td><td rowspan="2">无犯罪事实</td><td rowspan="2">拘留逮捕后作无罪处理：决定撤销案件、不起诉（无罪或存疑）或判决宣告无罪</td><td>错拘赔偿范围仅限于：（1）违反法定条件和程序。（2）超过法定时限；违法刑拘的人身自由赔偿金自拘留之日起计算</td></tr>
<tr><td>错误逮捕</td><td>有犯罪事实但无刑事责任能力或免于追究的人被逮捕、拘留不予赔偿</td></tr>
<tr><td rowspan="2">错误判刑</td><td rowspan="2">无刑事责任</td><td>对无犯罪事实者判处并执行刑罚：（1）再审改判无罪；（2）数罪并罚案件再审改判部分无罪，已监禁刑期超出再审判决刑期的，赔超过部分</td><td rowspan="2">减刑、假释、缓刑、管制、剥夺政治权利、驱逐出境、取保候审等未实际关押的不予赔偿</td></tr>
<tr><td>有犯罪事实但不应追究刑事责任而错误判刑</td></tr>
<tr><td colspan="2">违法暴力伤害虐待</td><td>司法人员或其放纵、唆使的人实施与职权有关的非法虐待、暴力造成死伤</td><td>公民自伤自残行为；司法人员个人行为</td></tr>
<tr><td colspan="2">违法使用武器警械</td><td>司法机关及其人员在执行职务时违法使用武器、警械造成死伤</td><td>正当防卫使用武器、警械的</td></tr>
<tr><td rowspan="2">财产权</td><td colspan="2">错误罚没</td><td>再审改判无罪，原判罚金、没收财产已执行的</td><td>原判决被改变但仍然有罪</td></tr>
<tr><td colspan="2">违法查封扣押冻结追缴</td><td colspan="2">未依法解除查封、扣押、冻结或者返还财产的：（1）财产与尚未终结的刑事案件无关；（2）针对生效裁决没有处理的财产或者对该财产违法进行其他处理的；（3）无罪处理：终止侦查、撤销案件、不起诉、判决宣告无罪</td></tr>
<tr><td colspan="5">注意：
（1）故意作虚假供述或伪造有罪证据，自证其罪而被羁押或判刑的不予赔偿。
（2）赔前不赔后：无罪被判虚刑而没有实际羁押的，只赔判刑之前的羁押，不赔没有羁押的虚刑。赔后不赔前：有犯罪事实但不应追究刑事责任（绝对不起诉和酌定不起诉）而被错误判处刑罚并实际执行的，只赔错判并执行的刑期，对判刑之前的刑拘、逮捕等羁押不予赔偿。前后按判决确定区分</td></tr>
</table>

二、民事行政司法赔偿范围

违法采取司法强制措施	仅限于**司法罚款、司法拘留**两者：（1）对**没有妨害诉讼的人**罚款或拘留；（2）**超过法定金额罚款、超期限拘留**；（3）**重复**罚款、拘留
违法采取保全措施	（1）**不应保全**而采取的；（2）**不应解除而解除或应解除而不解除**的；（3）**明显超出诉讼请求的范围**采取保全措施；（4）对与案件无关的财物采取保全措施；（5）违法保全案外人财产；（6）**不履行监管职责**；（7）违法采取**行为保全**措施等
错误执行生效法律文书	指执行行为错误，而**不是被执行的法律文书错误**：（1）执行**未生效**法律文书的；（2）超出**数额和范围**执行；（3）**故意拖延或不执行**导致财产流失；（4）应当恢复执行而**不恢复**导致财产流失；（5）违法**执行案外人**财产的；（6）违法将案件执行款物**执行给其他当事人**或案外人；（7）对执行中查封、扣押、冻结的财产**不履行监管职责**；（8）对执行财产应当拍卖而**未依法拍卖**的，或**未依法评估**，违法变卖或者以物抵债的
违法先予执行	（1）违反**法定条件和范围**先予执行；（2）**超出诉讼请求**范围先予执行
暴力伤害	司法人员或其唆使的人实施与职权有关的非法暴力造成死伤
违法使用武器	司法机关及其人员在执行职务时违法使用武器、警械造成死伤
不予赔偿	（1）错误保全、错误先予执行（非违反条件或范围）可以恢复；（2）错误判决但可以恢复；法院工作人员与行使职权无关的**个人行为**；（3）**因不可抗力、正当防卫和紧急避险**造成损害后果；（4）第三方致害，与法院无关
减轻赔偿	（1）**受害人**对损害结果的发生或扩大**也有过错**，根据**过错所起的作用依法减轻**国家赔偿责任；（2）**因多种原因造成**受害人损害的，应根据法院及其工作人员**职权行为对损害结果的作用**，合理确定赔偿金额

考点六十八：司法赔偿的请求人和赔偿义务机关

一、司法赔偿的请求人

普通情况	侵权行为的**受害人**
公民死亡	继承人、其他有抚养关系的亲属、死者生前抚养的无劳动能力人
组织终止	**承受其权利的人**

二、赔偿义务机关（作出最终生效错误法律文书的机关）

错拘案件赔偿	错拘机关赔偿；检察拘留仅由公安实施的，视检察院为错拘机关
错捕案件赔偿	错捕机关赔偿（批捕与公诉检察院不一致的，由批捕的赔偿）
二审改判无罪案件赔偿	**一审法院赔偿**
二审发回一审无罪处理	**一审法院赔偿**

<table>
<tr><td>二审发回重审检察院终止追究刑事责任的</td><td>视为二审改判无罪：（1）检察院撤诉后不起诉、撤案；（2）撤诉超过 30 日或法院决定按撤诉处理超过 30 日未作出不起诉决定的</td></tr>
<tr><td>再审改判的</td><td>作出原生效判决的法院赔偿</td></tr>
<tr><td>民事行政案件赔偿</td><td>作出侵权行为的法院赔（多个法院有委托关系，谁违法谁赔偿）</td></tr>
<tr><td>看守所侵犯合法权益</td><td>主管机关为赔偿义务机关</td></tr>
<tr><td>司法人员侵权行为</td><td>司法人员履行职务时发生的侵权，由其所在机关赔偿</td></tr>
<tr><td colspan="2">追偿：赔偿义务机关→作出赔偿决定后 → 有责任（暴力行为、腐败行为）的工作人员</td></tr>
</table>

考点六十九：司法赔偿程序

一、申请、复议与审理

<table>
<tr><td>申请</td><td colspan="2">知道侵权后 2 年内向赔偿义务机关申请（无须先确认侵权行为违法）</td></tr>
<tr><td>司法复议</td><td colspan="2">（1）赔偿义务机关作出决定后 30 日内向上级机关申请复议，复议机关在 2 个月内作出决定；（2）赔偿义务机关是法院，对其决定不服无须复议，在法院作出决定后 30 日内向上一级法院赔委会申请作出赔偿决定</td></tr>
<tr><td rowspan="2">法院审理</td><td>国家赔偿委员会审理</td><td>（1）不服复议决定，收到决定后 30 日内向复议机关同级法院赔偿委员会申请作出赔偿决定，申请书一式四份，可以口头申请。（2）赔偿请求人可以委托 1—2 名代理人，赔偿义务机关、复议机关可以委托本机关工作人员 1—2 人作为代理人（不能委托律师）。（3）原则上书面审查，当事人争议较大的，赔委会可以组织请求人和义务机关质证，可以录音录像。（4）中院以上设立赔委会，由法院 3 名以上审判员组成，组成人员的人数应当为单数。指定一名审判员承办，但必须由赔委会作出赔偿决定。（5）赔偿委员会作出决定应当制作国家赔偿决定书，加盖法院印章</td></tr>
<tr><td>申诉</td><td>当事人不服决定，向上一级法院赔委会提出申诉。经本院院长决定或者上级人民法院指令，赔委会 2 个月内重审决定</td></tr>
</table>

二、司法赔偿案件的举证责任

<table>
<tr><td>原则</td><td colspan="2">谁主张、谁举证，请求人和赔偿义务机关对自己的主张应当提供证据</td></tr>
<tr><td rowspan="2">举证责任</td><td>申请人</td><td>（1）职权行为与损害结果的因果关系事实；（2）职权行为导致具体损害的结果事实</td></tr>
<tr><td>赔偿义务责任</td><td>（1）赔偿义务机关职权行为合法、无过错；（2）赔偿义务机关行为与被羁押人在羁押期间死亡或者丧失行为能力不存在因果关系；（3）因赔偿义务机关过错致使请求人不能证明事实的；（4）抗辩免责情形：赔偿请求超过时效、作虚假供述或伪造有罪证据自证其罪等</td></tr>
</table>

考点七十：国家赔偿计算标准和费用

<table>
<tr><td rowspan="2">方式</td><td>人身权</td><td>人身自由权、生命健康权：金钱赔偿、精神赔偿（恢复名誉，赔礼道歉，消除影响，精神损害造成严重后果的应支付精神抚慰金）</td></tr>
<tr><td>财产权</td><td>金钱赔偿、返还财产、恢复原状</td></tr>
<tr><td colspan="2">限制人身自由</td><td>按日支付赔偿金，每日赔偿金按照国家上年度职工日平均工资计算</td></tr>
<tr><td colspan="2">造成身体伤害</td><td>医疗费、护理费和误工费。误工费按国家<u>上年度</u>（赔偿决定时上年度，复议、法院维持按原决定上年度）职工日平均工资计算，不超过年平均工资 5 倍</td></tr>
<tr><td colspan="2">劳动能力丧失</td><td>（1）医疗费、护理费、误工费、残疾生活辅助具费、康复费等因残疾而增加的必要支出和继续治疗所必需的费用，<u>残疾赔偿金</u>按照国家规定的伤残等级确定，全部丧失劳动能力的按国家上年度职工年平均工资的 10—20 倍；部分丧失劳动能力的不超过 10 倍，但有抚养义务的不超过 20 倍。
（2）<u>全部</u>丧失劳动能力的，对其扶养的无劳动能力人支付生活费</td></tr>
<tr><td colspan="2">公民死亡</td><td>（1）支付死亡赔偿金加丧葬费，总额为国家上年度职工年平均工资 20 倍；
（2）对其生前扶养的无劳动能力人支付生活费，当地最低生活保障标准执行</td></tr>
<tr><td colspan="2">精神损害</td><td>（1）应当在侵权行为影响范围内，消除影响，恢复名誉，赔礼道歉；
（2）造成严重后果的，支付相应的精神抚慰金（按照侵权情节和损害结果）</td></tr>
<tr><td colspan="2">侵犯财产权利</td><td>（1）能够返还财产或恢复原状的返还恢复，不能返还或恢复的给付赔偿金，按照损失发生时的市场价格或者其他合理方式计算。
（2）已经拍卖、变卖的，给付拍卖、变卖价款；变卖价款明显低于财产价值应支付相应赔偿金。
（3）吊销扣缴许可证执照、查封经营场所、责令停产停业导致停业无法经营的，赔偿停产停业期间必要的经常性费用开支（即停业期间维持正常运转的基本费用，包括水电、租金、人员工资、税费、物业等）。
（4）其他损害赔偿直接损失（只包含必得利益，排除可期待利益）。
（5）返还执行的罚款或者罚金、追缴或者没收的金钱，解除冻结的存款或者汇款的，应当支付银行同期存款利息，不计算复利。
（6）违法征收征用土地、房屋，行政赔偿不得少于被征收人依法应当获得的安置补偿权益</td></tr>
</table>

附录 1　行政许可、行政处罚与行政强制对比记忆表

<table>
<tr><th>种类</th><th colspan="2">行政强制措施
（暂时控制）</th><th>行政强制执行
（执行命令）</th><th>行政许可
（批准资格）</th><th>行政处罚
（惩罚违法）</th></tr>
<tr><td rowspan="5">实施主体</td><td colspan="2">行政机关</td><td>法律授权的行政机关</td><td>行政机关</td><td>行政机关</td></tr>
<tr><td colspan="2">法律、行政法规授权的组织</td><td>人民法院</td><td>法律、法规授权的组织</td><td>法律、法规授权的组织</td></tr>
<tr><td colspan="2">行使集中处罚权的行政机关</td><td>集中处罚机关须法律授权</td><td>集中许可的机关（国批省定）</td><td>集中处罚机关（国定、省定）</td></tr>
<tr><td colspan="2">不得委托</td><td>不可委托</td><td>委托其他行政机关</td><td>委托公共组织</td></tr>
<tr><td colspan="2">行政执法人员 2 人以上</td><td>行政执法人员无人数限制</td><td>实质审查须 2 人以上</td><td>行政执法人员 2 人以上</td></tr>
<tr><td>主要类型</td><td colspan="2">（1）非拘留的限制人身自由；（2）查封场所、设施或财物；（3）扣押财物；（4）冻结存款汇款；（5）其他</td><td>（1）间接强制：代履行、执行罚；（2）直接强制：划拨、拍卖或依法处理查封扣押物、其他（执行强制拆除等）</td><td>（1）一般许可；（2）特许；（3）认可；（4）核准；（5）登记；（6）法律、行政法规设立的其他许可</td><td>警告、通报批评、行政拘留、罚款、吊销许可证、降低资质等级、责令关闭、责令停产停业、限制生产经营、限制从业、没收违法所得或非法财物、法律行政法规创设其他处罚</td></tr>
<tr><td>实施目的</td><td colspan="2">制止强制、预防强制、保障强制</td><td>为实现具体行政行为确定的义务而强制</td><td>依申请→审查→批准从事特定行为</td><td>对违法行为进行惩罚</td></tr>
<tr><td>特征</td><td colspan="2">临时性；非惩罚</td><td>替代性；从属性；有时带惩罚性</td><td>相对禁止、依申请、外部性、授益性、书面</td><td>惩罚性、独立性、终结性</td></tr>
<tr><td rowspan="5">设定</td><td>法律</td><td>可以设任何</td><td>只能由法律设定</td><td>可以设任何</td><td>可以设任何</td></tr>
<tr><td>行政法规</td><td>限制人身和冻结除外</td><td>不能</td><td>无限制</td><td>限制人身除外</td></tr>
<tr><td>地方法规</td><td>可设查封扣押</td><td>不能</td><td>地方立法不能设四种许可</td><td>限制人身和吊销企业营业执照除外</td></tr>
<tr><td>规章</td><td>不能</td><td>不能</td><td>省级政府规章可设 1 年的临时许可</td><td>均可设定警告、通报批评和一定数额的罚款</td></tr>
<tr><td>文件</td><td>不能</td><td>不能</td><td>国务院的文件可以设</td><td>不能</td></tr>
</table>

续表

种类	行政强制措施（暂时控制）	行政强制执行（执行命令）	行政许可（批准资格）	行政处罚（惩罚违法）
评价	设定机关**应当**定期评价，实施机关、相对人**可以**评价	设定机关**应当**定期评价，实施机关、相对人**可以**评价	设定机关**应当**定期评价，实施机关、相对人**可以**评价	国务院部门、省级政府和有关部门**应当**定期评估
期限	10日以内为工作日	10日以内为工作日	工作日	2、3、5、7日（7日以内）为工作日
听证	无	无	依申请或依职权，必须按照听证笔录作出决定	责令关闭、降低资质、限制从业、吊销、停业、较大数额罚款或没收等有权申请听证，应根据听证笔录作出处罚决定
程序	一般程序和特殊程序	行政机关自行强制程序； 申请法院执行程序； 罚款、拆违的执行程序	集中实施、统一办理、联合办理（可以）、一个窗口对外（应当）	简易程序（警告、通报批评、公民200元以下或单位3 000元以下的罚款）、一般程序和执行程序
特别规定	查封、扣押期限法律、行政法规另有规定的除外，冻结期限法律有特别规定的除外	代履行的费用由当事人承担，但法律另有规定的除外	许可决定期限法律、法规另有规定的除外，延续期限法律、法规、规章另有规定的除外，收费法律、行政法规有特别规定可以	处罚时效法律有特别规定的除外
费用	查封、扣押后的保管检测费用由行政机关承担	申请法院强制执行的费用由被执行人承担	按照法律、行政法规的规定收费	15日向银行交罚款（**但当场罚100元、当场罚款后当场不收事后难执行、向银行交和电子支付有困难经当事人申请**的可以当场收罚款）

附录 2　行政复议与行政诉讼区别对照表

<table>
<tr><th></th><th>行政复议</th><th>行政诉讼</th></tr>
<tr><td>受案</td><td>合法性、适当性</td><td>合法性（含明显不当）</td></tr>
<tr><td rowspan="3">告谁</td><td>被申请人</td><td>被告</td></tr>
<tr><td>上级批准的告上级</td><td>上级批准的，谁盖章告谁</td></tr>
<tr><td colspan="2">对复议决定不服起诉，复议维持的原机关与复议机关为共同被告，复议改变的告复议机关，对复议机关不作为不服的告复议机关</td></tr>
<tr><td>第三人</td><td>均为申请人型，可以通知（不通知还可诉讼）</td><td>应当通知第三人参加诉讼</td></tr>
<tr><td>管辖</td><td>行政复议机关管辖，行政复议机构承办</td><td>法院的地域管辖和级别管辖</td></tr>
<tr><td rowspan="2">期限</td><td>60 日（申请和审理）</td><td>6 个月（申请和审理）</td></tr>
<tr><td>法律规定申请长于 60 日，审理短于 60 日有效</td><td>起诉期限法律规定长于或短于 6 个月均可</td></tr>
<tr><td rowspan="4">裁判</td><td>合法的行政行为决定维持</td><td>合法的行政行为判决驳回诉讼请求</td></tr>
<tr><td>不能作出对申请人更加不利的决定，第三人请求相反的除外</td><td>变更判决不能改重，利害关系人同为原告且请求相反的除外</td></tr>
<tr><td>内容不当、依据错误、证据不足的决定变更</td><td>明显不当可以判决撤销，但行政处罚明显不当、其他行政行为款额认定错误的还可以判决变更</td></tr>
<tr><td>针对侵害财产权的，复议机关可以主动作出赔偿决定</td><td>不告不理，当事人没提赔偿请求不能主动判决被告赔偿</td></tr>
<tr><td>附带审查</td><td>抽象行政行为不合法，复议机关有权处理则直接处理，无权处理的转送有权的行政机关处理</td><td>抽象行政行为不合法，法院一律无权直接处理，只能不适用，并由终审法院建议制定机关处理</td></tr>
<tr><td rowspan="2">执行</td><td>对被申请人：复议机关或上级机关直接责令履行，可以约谈被申请人的负责人或通报批评</td><td>对被告：（1）直接划拨款项；（2）对主要负责人、责任人处以罚款；（3）向上一级行政机关或监察、人事机关提出司法建议；（4）构成犯罪的追究刑事责任；（5）对主要负责人、责任人司法拘留</td></tr>
<tr><td>对申请人、第三人：复议维持的原机关执行、变更的复议机关执行、调解书由复议机关执行或申请法院执行</td><td>对原告、第三人：被告有强制执行权的自行执行行政行为，无权的申请法院执行判决</td></tr>
</table>

续表

	行政复议	行政诉讼
其他	免费（鉴定费用除外）、一级审查	收费、两审终审
	普通程序应听取意见，简易程序可书面审理，可以依申请或依职权听证	一审开庭审理，二审没有新的证据和事实的可以不开庭书面审理，无听证程序
	简易程序和普通程序均须 2 名以上的复议人员参加	普通一审四类案件可以适用简易程序独任审判
	收到申请书后 10 日提交证据答复，不能延期	收到起诉状副本 15 日提交证据，可申请延期
	行政复议案件均可以调解	审理赔偿、补偿、裁量行为和行政协议可以调解

附录 3 历年真题数字考点汇总表

<table>
<tr><th colspan="3">事项</th><th>期间/期日/数额</th><th>备注</th></tr>
<tr><td colspan="3">聘任制公务员</td><td>合同期 1—5 年</td><td>试用期 1—12 个月（普通公务员为 1 年）</td></tr>
<tr><td colspan="3">公务员处分期合并</td><td>最高 48 个月</td><td>撤职以下相同处分，限制加重合并执行</td></tr>
<tr><td colspan="3">行政法规的备案</td><td colspan="2">公布后 30 日内国务院办公厅报请全国人大常委会备案</td></tr>
<tr><td colspan="3">行政规章的备案</td><td colspan="2">公布后 30 日内由法制机构报请备案</td></tr>
<tr><td rowspan="2">政府信息公开</td><td colspan="2">主动</td><td colspan="2">20 个工作日内</td></tr>
<tr><td colspan="2">依申请</td><td>20 个工作日内</td><td>延长不超过 20 个工作日</td></tr>
<tr><td colspan="3">许可技术核准</td><td>5 日内</td><td>2 人以上</td></tr>
<tr><td colspan="3">许可延续</td><td>有效期届满 30 日前申请</td><td>（1）逾期未定，视为准予延续；（2）未按期申请，应予注销；（3）法律、法规、规章可例外</td></tr>
<tr><td rowspan="2">申请限制</td><td colspan="2">隐瞒/虚假</td><td>未遂的 1 年内不得再次申请</td><td rowspan="2">仅限直接关系重要安全的事项</td></tr>
<tr><td colspan="2">欺骗/贿赂</td><td>既遂的 3 年内不得再次申请</td></tr>
<tr><td colspan="3">行政处罚时效</td><td>行为发生之日或连续、继续终了之日起 2 年内，生命健康、金融安全且有危害后果的处罚时效 5 年，法律另有规定除外</td><td>治安处罚 6 个月</td></tr>
<tr><td rowspan="3">行政处罚程序</td><td colspan="2">简易</td><td>仅限警告、通报批评或公民 200 元以下、单位 3 000 元以下的罚款</td><td>执法人员 2 人以上</td></tr>
<tr><td colspan="2">普通</td><td>收到告知 5 日内申请→公开听证 7 日前通知</td><td>立案 90 日内作出处罚决定</td></tr>
<tr><td colspan="2">执行</td><td>可按日处罚款数额 3% 执行罚，不超罚款本身</td><td>简易程序当场罚款 100 元可以当场收缴</td></tr>
<tr><td rowspan="3">治安管理处罚</td><td rowspan="3">程序</td><td>一般</td><td>询问不超过 8 小时，复杂可能拘留的不超过 24 小时</td><td>决定书当场或 2 日内送到</td></tr>
<tr><td>简易</td><td>警告或罚款 200 元以下可当场</td><td>简易程序当场罚款 50 元可以当场收缴</td></tr>
<tr><td>听证</td><td>吊销许可证或 2 000 元以上罚款</td><td></td></tr>
<tr><td colspan="3">冻结、查封、扣押</td><td>一般不得超过 30 日</td><td>机关负责人批可延长不超过 30 日</td></tr>
</table>

续表

<table>
<tr><th colspan="2">事项</th><th>期间/期日/数额</th><th>备注</th></tr>
<tr><td colspan="2">代履行催告</td><td colspan="2">代履行 3 日前再次催告当事人履行</td></tr>
<tr><td colspan="2">申请法院强制执行</td><td colspan="2">受理后形式审查 7 日内裁定是否执行，明显违法需实质审查的 30 日内裁定是否执行；裁定不予执行的行政机关在 15 日内向上级法院复议，上级法院在 30 日内裁定是否执行</td></tr>
<tr><td colspan="2">复议诉讼自由选择</td><td>收到复议决定或复议期满后 15 日内起诉</td><td>有特别规定的，从其规定</td></tr>
<tr><td colspan="2">复议申请</td><td>知道具体行为或签收法律文书 60 日内</td><td>法律规定超过的，从其规定</td></tr>
<tr><td colspan="2">复议审理</td><td colspan="2">复议机关受理 7 日内送申请书达被申请人，被申请人 10 日内书面答复并提交行为依据</td></tr>
<tr><td colspan="2">复议决定</td><td>60 日内，延长不超过 30 日</td><td>法律规定少于的，从其规定</td></tr>
<tr><td colspan="2">补正申请材料</td><td colspan="2">收到复议申请之日起 5 日内书面通知申请人</td></tr>
<tr><td colspan="2">一审审前准备</td><td colspan="2">诉状副本 5 日内送被告→被告 15 日内答辩→答辩状副本 5 日内送原告</td></tr>
<tr><td colspan="2">一审审理期限</td><td>立案之日起 6 个月内</td><td>一般不简易，但有例外，45 日内审结</td></tr>
<tr><td colspan="2">附带审查抽象行政行为</td><td>法院自裁判生效 3 个月内向制定机关提司法建议</td><td>制定机关在收到司法建议后 60 日内书面答复</td></tr>
<tr><td rowspan="4">单独提起行政赔偿程序</td><td>直接提起</td><td>2 年内向赔偿义务机关申请</td><td>赔偿义务机关 2 个月内决定</td></tr>
<tr><td rowspan="2">行政赔偿诉讼</td><td colspan="2">未作赔偿决定 2 个月期满后的 3 个月内提起</td></tr>
<tr><td>赔偿决定（应听取意见并协商）和不予赔偿决定（应写明理由）</td><td>不服的决定作出之日起 3 个月内起诉</td></tr>
<tr><td>法院审理</td><td>一审 3 个月</td><td>二审 2 个月</td></tr>
</table>

国家统一法律职业资格考试

百日通关攻略

民法

嗨学法考 组编 段波 编著

中国人民大学出版社

·北京·

图书在版编目（CIP）数据

国家统一法律职业资格考试·百日通关攻略．民法/嗨学法考组编；段波编著．--北京：中国人民大学出版社，2023.11

ISBN 978-7-300-32188-2

Ⅰ．①国… Ⅱ．①嗨… ②段… Ⅲ．①民法—中国—资格考试—自学参考资料 Ⅳ．①D92

中国国家版本馆CIP数据核字（2023）第174393号

国家统一法律职业资格考试·百日通关攻略·民法

嗨学法考 组编

段波 编著

Guojia Tongyi Falü Zhiye Zige Kaoshi • Bairi Tongguan Gonglüe • Minfa

出版发行	中国人民大学出版社		
社　　址	北京中关村大街31号	**邮政编码**	100080
电　　话	010－62511242（总编室）		010－62511770（质管部）
	010－82501766（邮购部）		010－62514148（门市部）
	010－62515195（发行公司）		010－62515275（盗版举报）
网　　址	http://www.crup.com.cn		
经　　销	新华书店		
印　　刷	涿州市星河印刷有限公司		
开　　本	787 mm×1092 mm　1/16	**版　　次**	2023年11月第1版
印　　张	18.5	**印　　次**	2024年4月第3次印刷
字　　数	410 000	**定　　价**	258.00元（全8册）

目 录

第一编　总则

导论　一般规定

一、民法的基本原则

（一）民事权益受法律保护原则

民事权益受法律保护，是指一切民事主体的合法民事权益，包括人身权利、财产权利以及其他合法权益，均受法律保护，任何组织或者个人不得侵犯，若受到损害，民事主体有权以自己名义主张权利或者请求人民法院予以保护。

《民法典》第3条　民事主体的人身权利、财产权利以及其他合法权益受法律保护，任何组织或者个人不得侵犯。

（二）平等原则

平等原则，是指在民事活动中一切当事人法律地位平等，当事人的人格完全平等，任何一方不得将自己的意志强加给对方。

平等原则是民事法律关系的本质特征，也是区别于其他法律关系的主要标志。平等原则表现在：（1）自然人的民事权利能力一律平等；（2）民事主体在民事法律关系中法律地位平等；（3）民事主体在民事活动中受到平等对待，一方不得强迫或干涉另一方的意思自由；（4）权利受到损害时，受到平等保护。

《民法典》第4条　民事主体在民事活动中的法律地位一律平等。

（三）自愿原则

自愿原则也称意思自治原则，是指民事主体在法定范围内享有广泛的行为自由，并根据自己的真实意志设立、变更、消灭民事法律关系的基本准则。

自愿原则是民法最核心的原则，在合同领域赋予民事主体为自己设定权利或义务的自由。平等原则是自愿原则的前提，自愿原则是平等原则的体现。

自愿原则表现在：(1) 民事主体在法律规定的范围内有权决定是否参加民事活动以及如何参加民事活动；(2) 民事主体可以自由决定合同相对人及合同内容。

《民法典》第5条　民事主体从事民事活动，应当遵循自愿原则，按照自己的意思设立、变更、终止民事法律关系。

(四) 公平原则

公平原则，是针对民事权益确定的基本原则，是指对人身利益和财产利益进行分配时，必须以社会公认的公平观念作为基础，维持民事主体之间利益均衡的基本规则。

公平原则是自愿原则的必要补充，公平原则强调在市场经济活动中，对任何一方享受公平合理的对待，既不享有任何特权，也不履行任何不公平的义务，权利与义务相一致。

公平原则表现在：(1) 民事主体从事民事活动时，本着公平理念确定双方的权利义务关系；(2) 司法机关处理民事纠纷的过程中依据公平原则行使自由裁量权（如情势变更）。

《民法典》第6条　民事主体从事民事活动，应当遵循公平原则，合理确定各方的权利和义务。

(五) 诚信原则

诚信原则，是民法针对具有交易性质的民事行为和民事活动确定的最高规则，是将诚实信用的市场伦理道德准则吸收到民法规则当中，约束具有交易性质的民事行为和民事活动的行为人应当诚实守信、恪守承诺的民法最高准则。

诚信原则被称为民法中的**"帝王条款"**，是道德法律化后的产物。

诚信原则表现在：(1) 要求民事主体正当行使权利，禁止权利滥用；(2) 正当履行义务，在合同对义务履行未约定时，根据诚信原则履行。

《民法典》第7条　民事主体从事民事活动，应当遵循诚信原则，秉持诚实，恪守承诺。

【例题】(2017-3-1) 甲、乙二人同村，宅基地毗邻。甲的宅基地倚山、地势较低，乙的宅基地在上将其环绕。乙因琐事与甲多次争吵而郁闷难解，便沿二人宅基地的边界线靠己方一侧，建起高5米围墙，使甲在自家院内却有身处监牢之感。乙的行为违背民法的下列哪一基本原则?

A. 自愿原则

B. 公平原则

C. 平等原则

D. 诚信原则

【答案】D

(六)公序良俗原则

公序良俗是由**公共秩序**和**善良风俗**两个概念组成的。公共秩序也叫作社会公共利益，是指社会全体成员的共同利益。善良风俗也叫作社会公共道德，是指由社会全体成员所普遍认可、遵循的道德准则。

公序良俗原则表现在：(1)违背公序良俗的合同无效；(2)习惯要成为民事渊源，不得违背公序良俗；(3)子女姓氏的选取需符合公序良俗原则，原则上随父姓或母姓。

《民法典》第8条 民事主体从事民事活动，不得违反法律，不得违背公序良俗。

【例题】(2019真题回忆版)甲男、乙女离婚，育有一女丙，两人离婚时为了更好地履行对女儿的抚养义务，故协议：乙女离婚后再婚不得再生小孩，以便更好养育丙女。此协议违反了哪个原则?

A. 公序良俗原则

B. 公平原则

C. 自愿原则

D. 平等原则

【答案】A

(七)绿色原则

绿色原则也称为生态原则，是指民法要求民事主体在从事民事活动时，应当有利于节约资源、保护生态环境，实现人与自然的平衡，促进人与环境和谐相处的基本准则。

《民法典》第9条 民事主体从事民事活动，应当有利于节约资源、保护生态环境。

二、民法的法源

《民法典》第10条 处理民事纠纷，应当依照法律；法律没有规定的，可以适用习惯，但是不得违背公序良俗。

(一)法源位阶

1. 法律作为**第一位阶**法源。这里的“法律”，为广义上的法律。依《最高人民法院关于裁判文书引用法律、法规等规范性法律文件的规定》第4条，“法律”应被理解为对法官裁判有拘束力的规范性文件的统称，包括狭义上的法律、法律解释、行政法规、地方性法规、自治条例和单行条例以及司法解释等；而依其第6条，规章不属于民法渊源，但在审理案件时可参照适用。

2. **习惯**作为第二位阶法源。作为法源的习惯和单纯事实上的习惯不完全一样。事实上的习惯仅属一种惯行，缺乏法的确信；作为法源的习惯则须以多年惯行的事实以及普通一般人之确信为其成立基础，是某一地域、行业中被长期遵守的民间习俗、惯常做法等[《最高人民法院关于适用〈中华人民共和国民法典〉总则编若干问题的解释》(简称《民法典总则编解释》)第2条第1款]。判断是否构成民法法源的习惯，须满足三个条件：一是是否具有长期性、恒定性、内心确信性；二是是否具有具体行为规则属性，即并非宽泛的道德评价标准，能够具体引导人们的行为；三是是否符合公序良俗和社会主义核心价值观。

在民事诉讼中，当事人主张适用习惯的，一般应就其确实存在和具体内容负担举证责任，但法院也可在必要时依职权予以调查。（《民法典总则编解释》第2条第2款）

【典型案例1】陈某田、王某兰等与南通中智建设工程有限公司一般人格权纠纷案

【江苏省南通市中级人民法院（2015）通中民终字第00832号民事判决】

【裁判要旨】我国立法对“遗体瞻仰、告别、吊唁、知情权”没有明确规定，但根据民事法律适用原则，有法律依照法律规定，没有法律规定依照民事习惯。按照我国民间风俗习惯，亲人去世之后，近亲属有瞻仰、告别、吊唁等权利，以寄托哀思。

【典型案例2】北京奇虎科技有限公司、奇智软件（北京）有限公司诉腾讯科技（深圳）有限公司、深圳市腾讯计算机系统有限公司不正当竞争纠纷案

【最高人民法院（2013）民三终字第5号民事判决】

【裁判要旨】行业性规范通常反映了行业内的公认商业道德和行为标准，可以成为人民法院发现和认定行业惯常行为标准和公认商业道德的重要渊源。

（二）特别法与一般法的关系

1. 总则编与分则各编的关系。

从体系上讲，总则编主要是围绕主体、客体、法律行为、民事责任等法律关系的基本要素展开，而有关具体的民事权利、义务内容则规定在分则各编中。分则各编的具体规定通常可以直接适用于案件审理，但当分则各编没有相应的具体规定时，往往需要适用总则编中的一般规定。例如，在处理某一具体的合同纠纷案件时，先要到《民法典》合同编的典型合同分编中查找是否存在与该合同有关的特别规定。如果有，就要**优先适用**特别规定，只有在没有找到特别规定时，才能适用合同编通则部分的规定；也只有在合同编通则部分没有特别规定时，才能适用总则编关于法律行为与代理的一般规定。当然，并非所有分则各编未具体规定的问题都可以适用总则编的规定，尤其是涉及**身份关系**的情形。因此，《民法典总则编解释》第1条第1款规定：《民法典》第二编至第七编对民事关系有规定的，人民法院直接适用该规定；《民法典》第二编至第七编没有规定的，适用《民法典》第一编的规定，但是根据其性质不能适用的除外。

2. 民法典与其他法律的关系。

（1）对于同一民事关系，其他民事法律的规定属于对《民法典》**相应规定的细化的**，应当适用该民事法律的规定。例如，《民法典》第1165条第2款规定“依照法律规定推定行为人有过错，其不能证明自己没有过错的，应当承担侵权责任”，而《个人信息保护法》第69条第1款明确规定了处理个人信息侵害个人信息权益造成损害，适用过错推定责任。对此类纠纷，就应当适用《个人信息保护法》的这一规定。又如，《电子签名法》第28条关于侵害电子签名人利益归责原则的规定就构成了对《民法典》第1165条第2款有关过错推定责任规定的细化，此时应当适用《电子签名法》的规定。

（2）《民法典》规定适用其他法律的规定的，适用该法律的规定。因为在此种情形

下，《民法典》已经作出了**适用其他法律的指引或者授权**，此时适用其他法律的规定也不存在与《立法法》规定相冲突的问题。例如，《产品质量法》第45条规定，因产品存在缺陷造成损害要求赔偿的诉讼时效期间为2年，《民法典》第188条明确“法律另有规定的，依照其规定”，此时应当适用《产品质量法》的规定。又如，《消费者权益保护法》关于消费者合同的规定，其适用对象为“经营者”和“消费者”订立的合同，故此等规定相对于《民法典》合同编而言为特别法规范；其中如反悔权、惩罚性赔偿之类的规定，一方面优先于《民法典》而被适用，另一方面又仅适用于消费者合同。

三、权利滥用

《民法典》第132条　民事主体不得滥用民事权利损害国家利益、社会公共利益或者他人合法权益。

《民法典总则编解释》第3条　对于《民法典》第132条所称的滥用民事权利，人民法院可以根据权利行使的对象、目的、时间、方式、造成当事人之间利益失衡的程度等因素作出认定。

行为人以损害国家利益、社会公共利益、他人合法权益为主要目的的行使民事权利的，人民法院应当认定构成滥用民事权利。

构成滥用民事权利的，人民法院应当认定该滥用行为**不发生相应的法律效力**。滥用民事权利造成损害的，依照《民法典》第七编等有关规定处理。

例1　在夜晚通常认为应当休息的时间，权利人不得以行使权利为由制造噪声，影响他人安宁。

例2　在姚某与潘某相邻损害防免关系纠纷中，姚某安装的可视门铃对潘某进出住宅等活动信息进行自动记录、存储，超出了防盗的必要范围和合理限度，法院认定构成滥用民事权利。

例3　原告居于被告楼下，被告将其厨房改为厕所，虽然被告对自己所有的房屋进行装修是其行使物权的具体体现，但因此造成厕所位于原告厨房之上，引起原告心理不适。其权利行使方式明显不当，属于以违背公序良俗的方式行使权利，法院判决其恢复原状。

例4　黄某、顾某因邻里纠纷产生积怨，后黄某故意在顾某母亲坟前挖粪坑并倾倒粪便。该粪坑虽然是修建在黄某自家承包地内，但其以违背公序良俗的方式行使权利，且以损害他人合法权益为主要目的，因而构成了权利滥用，故黄某在自己的承包地上挖粪坑的行为不产生相应的法律效力，因此，法院支持顾某关于恢复原状的主张。

例5　违约程度显著轻微，不影响守约方合同目的的实现时，守约方主张解除合同的构成滥用解除权，是滥用形成权的典型情形。构成滥用解除权的，该滥用行为不发生解除权行使的效力。

第一章 自然人

本章导读

本章需要考生理解各个考点的概念，重点掌握自然人的民事权利能力的开始和终止，胎儿利益的特殊保护，自然人的民事行为能力的类型及特点，监护的设立和撤销规则，宣告失踪和宣告死亡的效力及撤销的法律后果。

知识点

一、自然人的民事权利能力

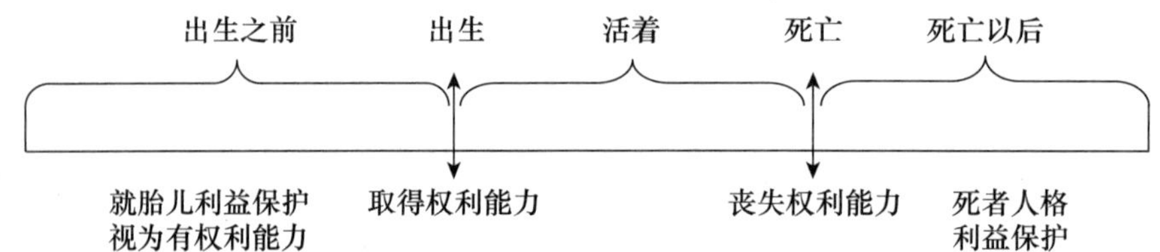

1. 权利能力的起止：自然人从出生时起到死亡时止，具有民事权利能力，依法享有民事权利，承担民事义务。自然人的出生时间和死亡时间，以**出生证明、死亡证明记载的**时间为准；没有出生证明、死亡证明的，以户籍登记或者其他有效身份登记记载的时间为准。有其他证据足以推翻以上记载时间的，以该证据证明的时间为准。（证据＞出生证明＞户籍证明）

2. 胎儿权利能力：涉及遗产继承、接受赠与等胎儿利益保护的，胎儿视为具有民事权利能力。但是，胎儿娩出时为死体的，其民事权利能力**自始不存在**。（《民法典》第16条）

例 甲死亡时，父亲早已去世，留有母亲和怀孕的妻子，B超检查为宫内单胎。甲留有遗产30万元，在分割遗产时，视为胎儿有权利能力，参与继承。若胎儿出生为死体，则其民事权利能力自始不存在，甲的遗产由甲的继承人（甲妻和甲母）继承（每人各得二分之一）。若胎儿出生时为活体随即死亡（先活后死），则甲的遗产先被出生的婴儿、甲妻、甲母继承（该婴儿、甲妻、甲母各得三分之一），该婴儿死亡后其所得遗产再被其继承人（甲的妻子）继承，此时甲的妻子得三分之二（甲母得三分之一）。

【例题】（2020真题回忆版）甲怀孕期间因身体不适就医，因医生用药错误，致甲险些流产，虽保住了胎儿，但造成了胎儿乙残疾，甲也受到了身体伤害，甲因此向医院主张侵权赔偿。对此，下列哪一说法是正确的？

A. 甲、乙均有损害赔偿请求权

B. 只有甲有损害赔偿请求权

C. 甲、乙均无损害赔偿请求权

D. 只有乙有损害赔偿请求权

【答案】 A

3. 胎儿接受赠与要分为两个层次，第一，胎儿有权利能力，因而有接受赠与的资格；第二，胎儿没有行为能力，因而需要其父母以“未来的”**法定代理人**的身份代为接受赠与。根据《民法典总则编解释》第4条的规定，涉及遗产继承、接受赠与等胎儿利益保护，父母在胎儿娩出前作为法定代理人主张相应权利的，人民法院依法予以支持。

例　郭某意外死亡，其妻甲怀孕两个月。郭某父亲乙与甲签订协议：“如把孩子顺利生下来，就送十根金条给孩子。”当日乙把八根金条交给了甲。孩子顺利出生后，乙与甲签订的附条件的赠与协议条件成就，协议生效。

4. 死者没有人格权，但其**人格利益**受法律保护。

《民法典》第994条　死者的姓名、肖像、名誉、荣誉、隐私、遗体等受到侵害的，其配偶、子女、父母有权依法请求行为人承担民事责任；死者没有配偶、子女且父母已经死亡的，其他近亲属有权依法请求行为人承担民事责任。

《民法典》第185条　侵害英雄烈士等的姓名、肖像、名誉、荣誉，损害社会公共利益的，应当承担民事责任。

二、自然人的民事行为能力

1. 行为能力与民事法律行为：

行为能力制度**仅仅**适用于法律行为和准法律行为，不适用于事实行为（如先占、创作、无因管理）。

（1）无民事行为能力人实施的民事法律行为**无效**。（《民法典》第144条）

（2）限制民事行为能力人实施的纯获利益的民事法律行为或者与其年龄、智力、精神健康状况相适应的民事法律行为**有效**；实施的其他民事法律行为经法定代理人**同意或者追认后**有效。（《民法典》第145条）

根据《民法典总则编解释》第5条的规定，限制民事行为能力人实施的民事法律行为是否与其年龄、智力、精神健康状况相适应，人民法院可以从行为与本人生活相关联的程度，本人的智力、精神健康状况能否理解其行为并预见相应的后果，以及标的、数量、价款或者报酬等方面认定。

（3）完全民事行为能力人可以**独立实施**民事法律行为——不代表一定有效。（《民法典》第18条）

2. 关于纯获利益，以接受赠与而言，须注意以下三个层次：

（1）胎儿、无民事行为能力人、限制民事行为能力人都有权利能力；

（2）如**法定代理人**代为接受赠与，则一律有效；

（3）无民事行为能力人自行接受赠与无效，限制民事行为能力人自行接受赠与有效（后者父母没有否决的权利，亦即，即使父母拒绝追认，也是有效的）。

【例题】（2021真题回忆版）国家专业舞蹈演员张某到基层调研，观看某小学舞蹈演出，现场发现10周岁的杨某在舞蹈方面颇有天赋，于是决定向杨某资助100万元，专门用于舞蹈培训和舞蹈学习方面的支出，杨某现场欣然接受。杨某父母知道后坚决反对，果断拒绝。对此，下列说法正确的是：

A. 该赠与合同有效

B. 该赠与合同因父母拒绝而无效

C. 该赠与合同属于纯获利，杨某父母不应该拒绝

D. 杨某父母有权拒绝接受赠与

【答案】 A

3. 在电子商务中**推定**当事人具有相应的民事行为能力。但是，有相反证据足以推翻的除外——行为能力的举证责任在买家。

4. **16 周岁以上不满 18 周岁**的自然人，能够以自己的劳动取得收入，并能维持当地群众一般生活水平的，可以认定为以自己的劳动收入为主要生活来源的完全民事行为能力人。

例 小明今年 15 周岁，就读于某电影学院，片酬为其主要生活来源。但因其未满 16 周岁不能视为完全民事行为能力人，所以其所实施的法律行为仍以效力待定为原则。而事实行为（如创作、先占、无因管理等）不以行为能力为要件，因此小明民事行为能力的欠缺不影响事实行为的效力。

【例题】（2018 真题回忆版）甄女和贾男结婚，2009 年 1 月生一子贾小男。在贾男患病时，甄女悉心照料，贾男父亲老贾从未过问。后贾男病故，其父老贾心怀愧疚，遂分别于 2015 年 1 月和 2017 年 8 月将一幅价值百万元的名画和一块价值 10 万元的表赠送给贾小男，但随后都被甄女拒绝。则关于两次赠与的效力，下列说法正确的有：

A. 两个赠与合同都有效

B. 送表合同有效，送画合同无效

C. 两个赠与合同都无效

D. 送画合同有效，送表合同无效

【答案】 B

三、监护

（一）对无民事行为能力人和限制民事行为能力人的监护人的确定

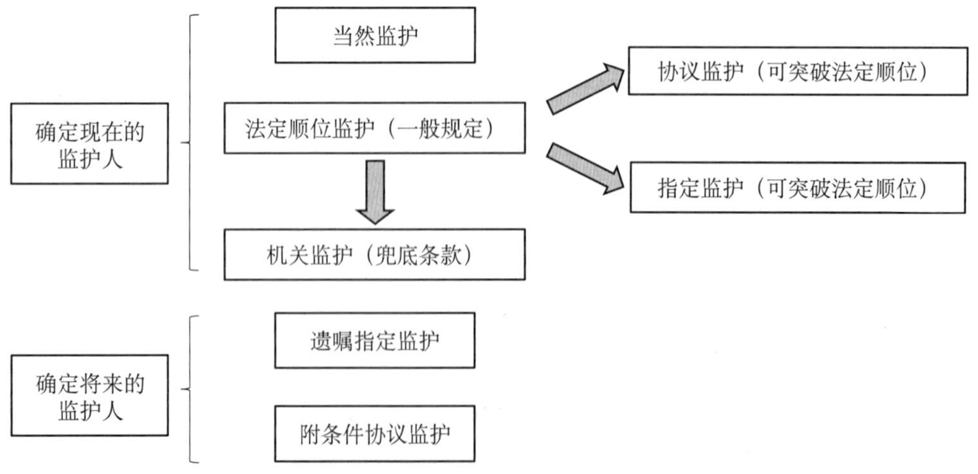

1. 法定监护的一般情形。

（1）当然监护：未成年人的父母是未成年人的监护人。

基于父母与子女的最为亲近的血缘关系和伦理关系，父母在有监护能力的时候，其监护人身份不得通过协商转移，也不因一方立遗嘱指定其他人为监护人而丧失。

未成年人的父母与其他依法具有监护资格的人订立协议，约定免除具有监护能力的父母的监护职责的，该约定无效（即父母仍是当然监护人）。（《民法典总则编解释》第 8 条第 1 款）

未成年人由父母担任监护人，父母中的一方通过遗嘱指定监护人，另一方在遗嘱生效时有监护能力，则仍然以父母中的另一方为监护人。（《民法典总则编解释》第 7 条第 2 款）

（2）法定顺位监护：**未成年人的父母已经死亡或者没有监护能力的，依次担任监护人的有：①祖父母、外祖父母；②兄、姐；③经该未成年人住所地居民委员会、村民委员会或者民政部门同意的愿意担任监护人的个人或者组织。根据《民法典》第 28 条的规定，对无民事行为能力或者限制民事行为能力的成年人，其法定监护人的范围和顺序是：①配偶；②父母、成年子女；③其他近亲属；④经该成年人所在地居民委员会、村民委员会或者民政部门同意的愿意担任监护人的个人或者组织。**

人民法院认定自然人的监护能力，应当根据其年龄、身心健康状况、经济条件等因素确定；认定有关组织的监护能力，应当根据其资质、信用、财产状况等因素确定。

（3）机关监护：《民法典》第 32 条规定，没有依法具有监护人资格的人的，监护人由民政部门担任，也可以由具备履行监护职责条件的被监护人住所地的居民委员会、村民委员会担任。

2. 协议监护和指定监护。

（1）协议监护。《民法典》第 30 条规定：依法具有监护资格的人之间可以协议确定监护人。协议确定监护人应当尊重被监护人的真实意愿。

未成年人的父母与其他依法具有监护资格的人订立协议，约定免除具有监护能力的父母的监护职责的，人民法院不予支持。依法具有监护资格的人之间依据《民法典》第 30 条的规定，约定由《民法典》第 27 条第 2 款、第 28 条规定的不同顺序的人共同担任监护人，或者由顺序在后的人担任监护人的，人民法院依法予以支持。

被依法指定的监护人与其他具有监护资格的人之间协议变更监护人的，人民法院应当尊重被监护人的真实意愿，按照最有利于被监护人的原则作出裁判。

应试点睛

监护人因患病、外出务工等原因在一定期限内不能完全履行监护职责，将全部或者部分监护职责委托给他人的，受托人不是监护人；监护人责任仍然由委托人承担，受托人如有过错，承担与其过错相应的责任。

（2）指定监护。指定监护是指有法定监护资格的人之间对监护人的确定有争议时，由特定单位（组织）指定监护人。

民法典规定的有权指定监护人的单位，是被监护人住所地的居民委员会、村民委员会或者民政部门。有关当事人对指定不服的，可以在30日内向人民法院申请指定监护人；有关当事人也可以直接向人民法院申请指定监护人。有关当事人在接到指定通知之日起30日后提出申请的，人民法院应当按照变更监护关系处理。

应试点睛

一步到位或者两步到位均可。

指定监护的原则有二：其一，最有利于被监护人；其二，尊重被监护人的真实意愿。

人民法院依据《民法典》第31条第2款、第36条第1款的规定指定监护人时，应当尊重被监护人的真实意愿，按照最有利于被监护人的原则指定，具体参考以下因素：①与被监护人生活、情感联系的密切程度；②依法具有监护资格的人的监护顺序；③是否有不利于履行监护职责的违法犯罪等情形；④依法具有监护资格的人的监护能力、意愿、品行等。

人民法院依法指定的监护人一般应当是一人，由数人共同担任监护人更有利于保护被监护人利益的，也可以是数人。

例 甲、乙为夫妻，生子小甲（未成年）。

（1）如甲、乙离婚，则小甲的监护人仍然为甲、乙；如甲死亡乙健在，则小甲的监护人为乙；如甲、乙双亡，则小甲的监护人适用法定的顺位监护规则来确定（祖父母、外祖父母—兄、姐—其他愿意担任监护人的个人或者组织）。

（2）如甲死亡乙健在，但甲立有遗嘱指定小甲的监护人为丙，则小甲的监护人仍然为乙；如果甲、乙分别立有遗嘱为小甲指定监护人，然后甲、乙先后死亡，则小甲的监护人是乙的遗嘱中所指定的监护人。

（3）如果甲、乙都健在，但是甲、乙与小甲的爷爷老贾协商将监护人资格转交于老贾，该协商原则上无效，但是如果甲、乙与老贾的约定是甲、乙丧失监护能力时由老贾担任监护人的，该约定有效。

（4）如甲、乙双方死亡，小甲的有监护资格的人就谁担任小甲的监护人发生争议，则：

①有监护资格的人之间可以协议确定监护人，该监护人可以是不同顺序的数人，也可以是顺序在后的人。

②如果协议确定监护人不成，则可以申请小甲住所地的居民委员会、村民委员会或者民政部门进行指定。有关当事人对指定不服的，可以在接到指定通知之日起30日内向人民法院申请指定监护人；有关当事人也可以直接向人民法院申请指定监护人。

（5）如果甲、乙都健在且在有监护能力时与老贾签订协议，约定在甲、乙丧失监护能力之时由老贾担任监护人，则在甲、乙丧失监护能力之前，老贾可以解除该协议；在甲、乙丧失监护能力之后，老贾不得解除该协议（此时如果老贾有怠于履行监护职责的行为，则其他有监护资格的人可以向人民法院申请撤销其监护人资格）。

3. 遗嘱指定监护。

遗嘱指定监护仅适用于父母担任监护人的情形，故遗嘱指定监护于遗嘱人死亡时生效。

担任监护人的被监护人父母通过遗嘱指定监护人，遗嘱生效时被指定的人不同意担任监护人的，人民法院应当适用《民法典》第 27 条、第 28 条的规定确定监护人。

未成年人由父母担任监护人，父母中的一方通过遗嘱指定监护人，另一方在遗嘱生效时有监护能力，有关当事人对监护人的确定有争议的，人民法院应当适用《民法典》第 27 条第 1 款的规定确定监护人。

4. 附条件协议监护。

未成年人的父母与其他依法具有监护资格的人订立协议，约定在未成年人的父母丧失监护能力时由该具有监护资格的人担任监护人的，人民法院依法予以支持。

（二）为完全民事行为能力人设立“将来的监护人”

意定监护是依条件成立委托合同的监护。《民法典》第 33 条规定：具有完全民事行为能力的成年人，可以与其近亲属、其他愿意担任监护人的个人或者组织事先协商，以书面形式确定自己的监护人，在自己丧失或者部分丧失民事行为能力时，由该监护人履行监护职责。该合同属于附生效条件之合同，须以书面形式订立。**该委托合同成立后并不立即生效，要在委托人丧失或者部分丧失民事行为能力时才生效。协议的任何一方在该成年人丧失或者部分丧失民事行为能力前都有权请求解除协议；但在该成年人丧失或者部分丧失民事行为能力后，协议确定的监护人无正当理由不得请求解除协议。该成年人丧失或者部分丧失民事行为能力后，协议确定的监护人有撤销监护人资格的法定事由，有关个人、组织申请撤销其监护人资格的，人民法院依法予以支持。**

例 苏某（60 周岁）丧偶，其子女均已成家，苏某独自生活。苏某与比他小 20 周岁的蔡某相识，双方签订书面协议约定，待苏某丧失生活自理能力后由蔡某作为监护人履行监护职责，蔡某履行义务后，苏某死后名下的一半遗产由蔡某继承。则：虽然**苏某有子女作为监护人，但监护协议依然有效**，如果蔡某履行完毕义务，则蔡某有权继承苏某的一半遗产（这其实是一份遗赠扶养协议）。

（三）监护人的职责

根据《民法典》第 34 条的规定，监护人的职责主要有：

（1）代理被监护人实施民事法律行为。

（2）保护被监护人的人身权利、财产权利以及其他合法权益等。

监护人不履行监护职责或者侵害被监护人合法权益的，应当承担法律责任。

因发生突发事件等紧急情况，监护人暂时无法履行监护职责，被监护人的生活处于无人照料状态的，被监护人住所地的居民委员会、村民委员会或者民政部门应当为被监护人安排必要的临时生活照料措施。

根据《民法典》第 35 条的规定，监护人应当按照最有利于被监护人的原则履行监护职责。监护人除为维护被监护人利益外，不得处分被监护人的财产。未成年人的监护人履行监护职责，在作出与被监护人利益有关的决定时，应当根据被监护人的年龄和智力状况，尊重被监护人的真实意愿。成年人的监护人履行监护职责，应当最大程度地尊重被监护人的真实意愿，保障并协助被监护人实施与其智力、精神健康状况相适应的民事法律行为。对被监护人有能力独立处理的事务，监护人不得干涉。

例 监护人将被监护人的财产的一部分赠与其长辈（比如给爷爷、奶奶节日礼物）构成侵权，监护人将被监护人的财产用于炒股发生亏损也认定为侵权；但是，监护人使用被监护人的财产为被监护人购买房产一般不能认定为侵权（因为投资房产在过去二十多年始终是低风险高收益的行为，符合社会观念的一般认知）。

（四）监护关系的终止与变更

监护关系终止主要有以下五种原因：

（1）被监护人取得或者恢复完全民事行为能力。

（2）监护人丧失监护能力。

（3）被监护人或者监护人死亡。

（4）人民法院认定监护关系终止的其他情形。

（5）监护人被撤销监护人资格。

监护人、其他依法具有监护资格的人之间就监护人是否有《民法典》第39条第1款第2项、第4项规定的应当终止监护关系的情形发生争议，申请变更监护人的，人民法院应当依法受理。经审理认为理由成立的，人民法院依法予以支持。

（五）监护人资格的撤销

1. 申请主体：其他依法具有监护资格的人，居民委员会、村民委员会、学校、医疗机构、妇女联合会、残疾人联合会、未成年人保护组织、依法设立的老年人组织、民政部门等。

2. 撤销主体：人民法院。

3. 撤销事由：严重损害被监护人身心健康、怠于履责以及无法履责且拒绝将监护职责委托给他人。

4. 撤销后果：

（1）父母、子女、配偶的法定义务（抚养、扶养、赡养）仍然存在。

（2）父母、子女的监护人资格在撤销后可以恢复，但对被监护人实施故意犯罪的除外。

例 甲为乙的父亲（同时为监护人），对乙有严重的虐待行为（构成犯罪），并将乙的一只手镯用于归还赌债。

（1）人民法院可依有关个人或者组织的申请，撤销甲的监护人资格。

（2）甲对乙的抚养义务不变（且不受诉讼时效限制）。

（3）甲的监护人资格不能恢复。

（4）对于甲侵害乙的财产权和人身权的行为，甲应当承担赔偿责任（时效从监护人资格被撤销时起算）。

（5）若甲的监护人资格被撤销，在乙的监护人确定前，人民法院可以指定乙住所地的居民委员会担任乙的临时监护人。

四、宣告失踪和宣告死亡

（一）一般规定

	宣告失踪	宣告死亡
失踪期与公告期	2年+3个月 （失去音讯之日起算） （战争结束之日起算） （有关机关确定的下落不明之日起算）	①4年+1年 ②意外事故下落不明：2年+1年 ③意外事故下落不明经有关机关证明该自然人不可能生存：无须失踪期，公告期3个月
申请主体	利害关系人：配偶、父母、子女、兄弟姐妹、祖父母、外祖父母、孙子女、外孙子女、其他有民事权利义务关系的人（无先后顺序）	
宣告效力	1. 构成离婚的法定事由（不代表婚姻关系当然解除） 2. 产生财产代管人（由发生争议的法院指定），代管人对失踪人的财产没有处分权 3. 代管人失去代管能力、渎职、侵权的，利害关系人可以申请法院变更代管人 4. 代管人有正当理由也可申请变更代管人 5. 代管人承担过错责任，且轻过失免责	1. 死亡时间：人民法院宣告死亡的判决作出之日视为其死亡的日期；因意外事件下落不明宣告死亡的，意外事件发生之日视为其死亡的日期 2. 死亡后果：发生和自然死亡相同的效果（遗产继承、配偶可以再婚） 3. 自然人并未死亡但被宣告死亡的，不影响该自然人在被宣告死亡期间实施的民事法律行为的效力（不意味着一定有效）
二者关系	宣告失踪不是宣告死亡的必经程序，利害关系人可以不经申请宣告失踪而直接申请宣告死亡 注意：如果失踪人不满足宣告死亡的条件（如下落不明仅3年），则利害关系人只能主张宣告失踪	

“死去活来”	1. 申请撤销死亡宣告的主体：本人或者利害关系人 2. 申请撤销死亡宣告的条件：本人重新出现 3. 被宣告死亡的人的婚姻关系，自死亡宣告之日起消除。死亡宣告被撤销的，婚姻关系自撤销死亡宣告之日起自行恢复。但是，其配偶再婚或者向婚姻登记机关书面声明不愿意恢复的除外 4. 被撤销死亡宣告的人有权请求依照民法典继承编取得其财产的民事主体返还财产；无法返还的，应当给予适当补偿（第三人非通过继承而是合法取得的财产则无须返还） 利害关系人隐瞒真实情况，致使他人被宣告死亡而取得其财产的，除应当返还财产外，还应当对由此造成的损失承担赔偿责任

例 2012年1月20日，甲外出旅游遇山洪暴发再无音讯。2014年6月5日，甲父去世。之后甲被法院宣告死亡。甲和甲父留下诸多遗产，且甲父和甲的子女众多，对分财析产产生纠纷。就甲和甲父之间的继承关系，根据《民法典》第48条的规定，因意外事件下落不明宣告死亡的，意外事件发生之日为死亡之日。故甲的死亡日（2012.1.20）早于甲父的死亡日（2014.6.5），则：

（1）可以推定甲父继承甲的遗产；

（2）甲的儿子可以代位继承甲父遗产的相应份额。

【例题】（2021 真题回忆版）黄某有两个孩子黄伟和黄美，黄某一直和儿子黄伟住在一起。黄美与前夫有一子赵小星，后二人离婚，离婚后黄美与卢某再婚后共同抚养其与前妻的孩子卢小东直至成年。2021 年 2 月 1 日黄美因车祸去世，一个月后黄某也去世，并留下 3 套房屋，则谁有权继承黄某的遗产？

A. 黄伟　　B. 赵小星　　C. 卢某　　D. 卢小东

【答案】AB

（二）关于利害关系人的认定

	宣告失踪	宣告死亡
配偶、父母、子女（第一顺位继承人）	√	√
丧偶儿媳、丧偶女婿（第一顺位继承人）	√	√
其他近亲属（兄弟姐妹、祖父母、外祖父母、孙子女、外孙子女）（第二顺位继承人）	√	1. 被申请人的配偶、父母、子女均已死亡或者下落不明的 2. 不申请宣告死亡不能保护其相应合法权益的
被继承人的子女的直系晚辈血亲、被继承人的兄弟姐妹的子女（代位继承人）	√	1. 被申请人的配偶、父母、子女均已死亡或者下落不明的 2. 不申请宣告死亡不能保护其相应合法权益的
债权人、债务人、合伙人	影响权利义务的才可以	不申请宣告死亡不能保护其相应合法权益的

《民法典总则编解释》第 14 条　人民法院审理宣告失踪案件时，下列人员应当认定为《民法典》第 40 条规定的利害关系人：

（一）被申请人的近亲属；

（二）依据《民法典》第 1128 条、第 1129 条规定对被申请人有继承权的亲属；

（三）债权人、债务人、合伙人等与被申请人有民事权利义务关系的民事主体，但是不申请宣告失踪不影响其权利行使、义务履行的除外。

《民法典总则编解释》第 16 条　人民法院审理宣告死亡案件时，被申请人的配偶、父母、子女，以及依据《民法典》第 1129 条规定对被申请人有继承权的亲属应当认定为《民法典》第 46 条规定的利害关系人。

符合下列情形之一的，被申请人的其他近亲属，以及依据《民法典》第 1128 条规定对被申请人有继承权的亲属应当认定为《民法典》第 46 条规定的利害关系人：

（一）被申请人的配偶、父母、子女均已死亡或者下落不明的；

（二）不申请宣告死亡不能保护其相应合法权益的。

被申请人的债权人、债务人、合伙人等民事主体不能认定为《民法典》第 46 条规定的利害关系人，但是不申请宣告死亡不能保护其相应合法权益的除外。

第二章　法人

本章导读

本章要求考生熟练掌握法人民事权利能力、民事行为能力和责任能力，法人的合并与分立规则以及法人的分类，了解法人概念和特征、法人设立方式和设立的要件以及非法人组织相关法律概念。

知识点

一、法人的权利能力和行为能力

1. 自然人有完整的人身权和财产权。法人有完整的财产权、有限的人格权（名称权、名誉权和荣誉权），法人没有物质性人格权（生命权、健康权、身体权），没有身份权，没有一般人格权，且不能主张精神损害赔偿（性质限制）。

2. 公益法人**不得投资**普通合伙企业，不得为保证人（法律限制）。

3. 法人的民事权利能力范围，以其目的事业为限，原则上由法人章程或设立目的决定。基金会的权利能力则由捐赠人的意思决定。法人超越目的事业范围，违反专营、专卖或法律禁止性规定的，属于违禁行为，该行为无效（目的事业限制）。

4. 若法人行为超越其核准登记或章程规定的范围或程序，但该行为并非法律禁止的，则属于越权行为，不当然无效。

《民法典》第505条　当事人超越经营范围订立的合同的效力，应当依照本法第一编第六章第三节和本编的有关规定确定，不得仅以超越经营范围确认合同无效。

二、法人的一生

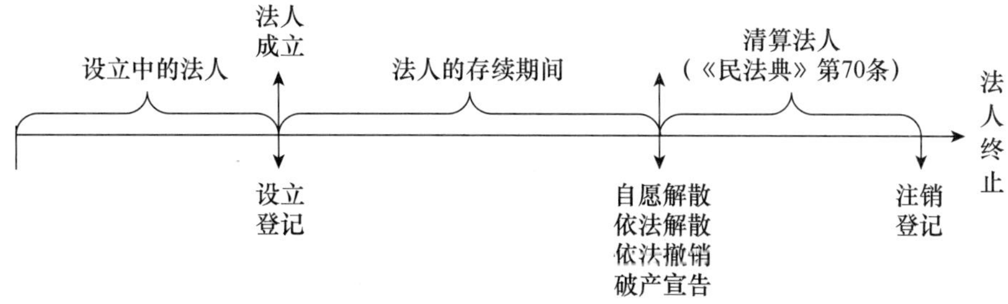

1. 设立中的法人没有民事权利能力，设立人之间成立合伙关系，如果法人设立失败，由设立人承担**连带责任**。

2. 须登记的法人，其权利能力始于设立登记，终于注销登记（营利法人和捐助法人必须登记，机关法人的设立无须登记）。

3. 清算法人有**清算事务范围之内**的权利能力。

4. 设立人为设立法人从事的民事活动，其法律后果由法人承受；法人未成立的，其法律后果由设立人承受，设立人为二人以上的，享有连带债权，承担连带债务。

设立人为设立法人以自己的名义从事民事活动产生的民事责任，第三人有权**选择**请求法人或者设立人承担。

三、法人的分类

<table>
<tr><td>营利法人</td><td>有限责任公司、股份有限公司、其他企业法人</td><td>营利目的
登记设立</td><td>必设：权力机构＋执行机构
可设：监督机构</td><td>1. 利润分配于出资人
2. 剩余财产在清算后分配于出资人</td></tr>
<tr><td rowspan="3">非营利法人</td><td>事业单位法人（公立的学校、医院、电视台）</td><td>提供公益服务
部分须登记，部分不需要登记</td><td>可设：理事会（决策机构）</td><td rowspan="3">1. 不向出资人分配利润
2. 不向出资人分配剩余财产
3. 剩余财产用于公益目的或者转给其他目的相似的公益法人</td></tr>
<tr><td>社会团体法人（工会、研究会）</td><td>公益或者其他非营利目的
部分须登记，部分不需要登记</td><td>应设：权力机构＋执行机构（理事会）</td></tr>
<tr><td>捐助法人（基金会、宗教场所）</td><td>公益目的或者宗教目的
登记设立</td><td>应设：决策机构（理事会）＋执行机构＋监督机构</td></tr>
<tr><td>特别法人</td><td colspan="4">机关法人——成立之日起取得法人资格
农村集体经济组织、城镇农村的合作经济组织、基层群众性自治组织（村民委员会、居民委员会）都是特别法人
《民法典》第98条：机关法人被撤销的，法人终止，其民事权利和义务由继任的机关法人享有和承担；没有继任的机关法人的，由作出撤销决定的机关法人享有和承担</td></tr>
</table>

1. 法人的分类：法人分为营利法人、非营利法人和特别法人。（1）营利法人和非营利法人中的捐助法人必须登记，**自登记之日起**取得法人资格；（2）机关法人无须登记，成立之日取得法人资格；（3）非营利法人中的事业单位法人和社会团体法人一部分需要登记（登记日取得法人资格），一部分无须登记（成立日取得法人资格）。

2. 非营利法人：为公益目的成立的非营利法人终止时，**不得**向出资人、设立人或者会员分配剩余财产。剩余财产应当按照法人章程的规定或者权力机构的决议用于公益目的；无法按照法人章程的规定或者权力机构的决议处理的，由主管机关主持转给宗旨相同或者相近的法人，并向社会公告。

3. 法人的机关：营利法人的必设机构包括权力机构和执行机构，社会团体法人的必设机构包括权力机构与执行机构（理事会），捐助法人的必设机构包括决策机构（理事会）、执行机构和监督机构。

4. 理事会：事业单位法人和捐助法人以理事会为决策机构，社会团体法人以理事会为执行机构。

例 甲出资100万元，设立捐助法人——宏志基金会，用来研究、治疗蛔虫疾病。该基金会，决策机构（理事会）、执行机构、监督机构必须一应俱全，设立该基金会还必须制定章程并且需要经过批准与登记。该基金会可以从事赚取利润的活动，但不得向出资人甲分配利润。

5. 非法人组织包括：个人独资企业、合伙企业、不具有法人资格的专业服务机构。

四、法人的分支机构

	缔约能力	诉讼能力	责任能力
分支机构	有	有	无
子公司	有	有	有
组织机构	无	无	无

五、法定代表人的责任

1. 表见代表。

法律、行政法规为限制法人的法定代表人或者非法人组织的负责人的代表权，规定合同所涉事项应当由法人、非法人组织的权力机构或者决策机构决议，或者应当由法人、非法人组织的执行机构决定，法定代表人、负责人未取得授权而以法人、非法人组织的名义订立合同，未尽到合理审查义务的相对人主张该合同对法人、非法人组织发生效力并由其承担违约责任的，人民法院不予支持，但是法人、非法人组织有过错的，可以参照《民法典》第157条的规定判决其承担相应的赔偿责任。相对人已尽到合理审查义务，构成表见代表的，人民法院应当依据《民法典》第504条的规定处理。

合同所涉事项未超越法律、行政法规规定的法定代表人或者负责人的代表权限，但是超越法人、非法人组织的章程或者权力机构等对代表权的限制，相对人主张该合同对法人、非法人组织发生效力并由其承担违约责任的，人民法院依法予以支持。但是，法人、非法人组织举证证明相对人知道或者应当知道该限制的除外。

法人、非法人组织承担民事责任后，向有过错的法定代表人、负责人追偿因越权代表行为造成的损失的，人民法院依法予以支持。法律、司法解释对法定代表人、负责人的民事责任另有规定的，依照其规定。

2. 印章与合同效力。

法定代表人、负责人或者工作人员以法人、非法人组织的名义订立合同且未超越权限，法人、非法人组织仅以合同加盖的印章不是备案印章或者系伪造的印章为由主张该合同对其不发生效力的，人民法院不予支持。

合同系以法人、非法人组织的名义订立，但是仅有法定代表人、负责人或者工作人员签名或者按指印而未加盖法人、非法人组织的印章，相对人能够证明法定代表人、负责人或者工作人员在订立合同时未超越权限的，人民法院应当认定合同对法人、非法人组织发生效力。但是，当事人约定以加盖印章作为合同成立条件的除外。

合同仅加盖法人、非法人组织的印章而无人员签名或者按指印，相对人能够证明合同系法定代表人、负责人或者工作人员在其权限范围内订立的，人民法院应当认定该合同对法人、非法人组织发生效力。

在上述三种情形下，法定代表人、负责人或者工作人员在订立合同时虽然超越代表或者代理权限，但是依据《民法典》第504条的规定构成表见代表，或者依据《民法典》第172条的规定构成表见代理的，人民法院应当认定合同对法人、非法人组织发生效力。

3. 恶意串通。

法定代表人、负责人或者代理人与相对人恶意串通，以法人、非法人组织的名义订立合同，损害法人、非法人组织的合法权益，法人、非法人组织主张不承担民事责任的，人民法院应予支持。法人、非法人组织请求法定代表人、负责人或者代理人与相对人对因此受到的损失承担连带赔偿责任的，人民法院应予支持。

根据法人、非法人组织的举证，综合考虑当事人之间的交易习惯、合同在订立时是否显失公平、相关人员是否获取了不正当利益、合同的履行情况等因素，人民法院能够认定法定代表人、负责人或者代理人与相对人存在恶意串通的高度可能性的，可以要求前述人员就合同订立、履行的过程等相关事实作出陈述或者提供相应的证据。其无正当理由拒绝作出陈述，或者所作陈述不具合理性又不能提供相应证据的，人民法院可以认定恶意串通的事实成立。

第三章 民事法律行为

本章导读

本章需要考生熟练掌握民事法律行为成立的共同要件、特别要件，民事法律行为成立的效力、民事法律行为的有效和生效的要件、意思表示的类型和生效、附条件与附期限的民事法律行为、可撤销民事行为、效力未定民事法律行为、无效民事法律行为的类型、效果。

知识点

第一节 一般规定

一、民事法律行为的类型

类型	概念	举例
单方行为	一个意思表示创设权利义务（注意：赠与不是单方行为）	单方允诺（发出生效）、形成权的行使（到达生效）、代理权的授予（到达生效）、遗嘱（完成生效）、抛弃（完成生效）、财团法人的捐助（完成生效）
双方行为	两个或多个对立统一的意思表示创设权利义务	合同行为
多方行为	两个或多个完全一致的意思表示创设权利义务	合伙协议、发起人协议、公司章程
决议行为	组织内部以多数决达成一致的不具有外部约束力的民事法律行为	股东会决议、董事会决议、业主大会决议

二、民事法律行为的形式

民事法律行为可以采用书面形式、口头形式或者其他形式；法律、行政法规规定或者当事人约定采用特定形式的，应当采用特定形式。（《民法典》第135条）

行为人可以明示或者默示作出意思表示。沉默只有在有**法律规定、当事人约定**或者符合**当事人之间的交易习惯**时，才可以视为意思表示。（《民法典》第140条）

当事人未采用书面形式或者口头形式，但是实施的行为本身表明已经作出相应意思表示，并符合民事法律行为成立条件的，人民法院可以认定为《民法典》第 135 条规定的采用其他形式实施的民事法律行为。

第二节 意思表示

一、意思表示的生效

- 无相对人的意思表示——表示完成时生效。
- 以公告方式作出的意思表示——公告发布时生效。
- 有相对人的意思表示
  - 以对话方式作出的意思表示，相对人知道其内容时生效。
  - 以非对话方式作出的意思表示，到达相对人时生效。
  - 以非对话方式作出的采用数据电文形式的意思表示，相对人指定特定系统接收数据电文的，该数据电文进入该特定系统时生效；未指定特定系统的，相对人知道或者应当知道该数据电文进入其系统时生效。

二、意思表示的解释

有相对人的意思表示的解释，应当按照所使用的词句，结合相关条款、行为的性质和目的、习惯以及诚信原则，确定意思表示的含义。

无相对人的意思表示的解释，不能完全拘泥于所使用的词句，而应当结合相关条款、行为的性质和目的、习惯以及诚信原则，确定行为人的真实意思。（《民法典》第 142 条）

第三节 民事法律行为的效力

一、生效要件

1. 生效要件（《民法典》第 143 条）：

（1）行为人具有**相应的**民事行为能力；

（2）意思表示**真实**；

（3）不违反法律、行政法规的**强制性规定，不违背公序良俗**。

2. 法律对某些行为有特别要求的，必须满足该要求时，民事法律行为方能生效。

例如，法律规定不动产买卖与抵押、法人合并与分立等均需经过登记程序，未经登记时即使其他条件都符合要求，也不能生效。

3. 小提示：

（1）无权处分不影响买卖合同的效力，影响的是物权变动的效力（效力待定）。

（2）一物数卖不影响买卖合同的效力，普通动产一物数卖的物权归属规则是：受领交付者优先于付款者，付款者优先于合同成立在先者。

（3）先租后卖不影响买卖合同的效力，但对承租人有买卖不破租赁的保护。如果承租人没有得到通知，则追究出租人的违约责任。

二、效力瑕疵概览

<table>
<tr><td rowspan="2">行为能力瑕疵</td><td colspan="2">无民事行为能力人：无效（《民法典》第 144 条）</td></tr>
<tr><td colspan="2">限制民事行为能力人：待定（《民法典》第 145 条）</td></tr>
<tr><td rowspan="5">意思表示瑕疵</td><td rowspan="2">意思与表示不一致</td><td>虚假意思表示（《民法典》第 146 条，无效）</td></tr>
<tr><td>重大误解（《民法典》第 147 条，可撤销）</td></tr>
<tr><td rowspan="3">意思表示不自由</td><td>欺诈及第三人欺诈（《民法典》第 148、149 条，可撤销）</td></tr>
<tr><td>胁迫及第三人胁迫（《民法典》第 150 条，可撤销）</td></tr>
<tr><td>显失公平（《民法典》第 151 条，可撤销）</td></tr>
<tr><td rowspan="2">标的违法</td><td colspan="2">违背公序良俗或者违反效力性强制性规定</td></tr>
<tr><td colspan="2">恶意串通</td></tr>
</table>

（一）虚假意思表示

《民法典》第 146 条 行为人与相对人以虚假的意思表示实施的民事法律行为无效。

以虚假的意思表示**隐藏的**民事法律行为的效力，依照有关法律规定处理。

1. 基本结构。

通谋虚伪行为在结构上包括内外两层行为：外部的表面行为系双方当事人共同作出与真实意思不一的行为，亦称伪装行为；内部的隐藏行为则是被掩盖于表面行为之下、代表双方当事人真意的行为，亦称非伪装行为。例如，甲乙双方以买卖之名行赠与之实，买卖契约为表面行为，赠与契约则为隐藏行为。通谋虚伪行为的特点在于：表面行为不应生效系双方当事人合意的结果。

2. 效力规则。

通谋虚伪行为既然包括两层行为，效力即须分别观察。《民法典》第 146 条正是这一逻辑的体现：“行为人与相对人以虚假的意思表示实施的民事法律行为无效。以虚假的意思表示隐藏的民事法律行为的效力，依照有关法律规定处理。”

首先，表面行为无效。原因在于：该“意思表示”所指向的法律效果非当事人所欲求的，且双方已就此达成合意，若为有效，显属效果强加，与私法自治相悖；表面行为由双方通谋有意作出，非一方意志自由受到侵害需要矫正或意思表示存在单方错误的问题，不存在撤销的问题；该伪装行为与第三人无关，故效力不必待定。

其次，**隐藏行为未必无效**。隐藏行为虽不为外人所知，却是当事人真正的意思表示，其效力依一般规则确定。

【例题】（2018 真题回忆版）艺术家甲设计了一款三层镂空艺术品，接受电视节目采访时，甲向主持人说没有人能设计出四层的，主持人问，那有人设计出来怎么办？甲说那我就把我所有的艺术品都赠与他，并与主持人击掌为证，全场观众当场见证。一年后，乙设计出四层的艺术品。则下列说法正确的有：

A. 甲的行为构成悬赏广告

B. 甲的行为属于和主持人戏谑的言语，甲无须将艺术品赠与乙

C. 赠与承诺可随时撤销

D. 乙有权向甲要艺术品

【答案】 B

例 1 甲早年丧妻，和寡居之人乙交好。甲拟将房屋赠与乙，恐子女有不同意见，遂与乙通谋订立房屋买卖合同，将房屋登记在乙的名下，实际上乙并未给付价金。后来乙将房子卖给不知情的丙换钱给甲治病。下列说法正确的是：

A. 甲、乙之间买卖合同有效

B. 甲、乙之间赠与合同有效

C. 丙对房子善意取得所有权

D. 乙、丙之间的合同效力待定

【答案】 B

例 2 甲出卖房屋给乙，但尚未完成登记。其后见房价高涨，甲意图避免乙之强制执行，与丙约定假装买卖该房屋，办理了所有权移转登记，并将房屋交于丙。下列说法正确的是：

A. 乙得向甲主张违约责任

B. 乙得向甲主张返还原物请求权

C. 乙得向丙主张返还原物请求权

D. 如丙擅将该屋出售于不知情的丁，并办完所有权移转登记，丁可以善意取得该屋

【答案】 AD

（二）违反强制性规定和违背公序良俗

1. 违反强制性规定。

（1）概述。

《民法典》第 153 条第 1 款规定，违反法律、行政法规的强制性规定的民事法律行为无效。但是，该强制性规定不导致该民事法律行为无效的除外。

《民法典》第 153 条第 1 款有两个“强制性规定”，其中前一句的强制性规定，违反的后果是导致合同无效，例如，以公益为目的的非营利法人、非法人组织订立的保证合同，因违反《民法典》合同编中的第 683 条第 2 款有关“以公益为目的的非营利法人、非法人组织不得为保证人”的规定，可以根据《民法典》第 153 条第 1 款的规定认定该保证合同无效。《民法典》第 153 条第 1 款后一句的强制性规定，是对前一句的例外性规定，不能认定合同无效。例如，在街道两侧摆摊售货，虽然违反了《城市市容和环境卫生管理条例》第 14 条以及《城市道路管理条例》第 32 条的规定，但不

宜因此将摊贩与顾客之间订立的买卖合同认定为无效。又如，最高人民法院“（2015）民申字第 2700 号”民事裁定认为《公司法》第 186 条（现为第 236 条）第 3 款关于清算期间公司不得开展与清算无关的经营活动的规定属于强制性规定，但是违反该规定不导致合同无效；最高人民法院“（2013）民申字第 869 号”民事裁定认为《野生动物保护法》第 27 条（现为第 28 条）关于禁止出售、购买、利用国家重点保护野生动物的规定属于强制性规定，但是不得以之作为认定合同效力的依据；最高人民法院在“（2013）民申字第 2119 号”民事裁定中认为国务院 1991 年颁行的《国有资产评估管理办法》（2020 年修订）第 3 条关于国有资产转让须经评估的规定属于强制性规定，但是违反该规定不导致以物抵债协议无效。

合同违反法律、行政法规的强制性规定，有下列情形之一，由行为人承担行政责任或者刑事责任能够实现强制性规定的立法目的的，人民法院可以依据《民法典》第 153 条第 1 款关于“该强制性规定不导致该民事法律行为无效的除外”的规定认定该合同不因违反强制性规定无效：①强制性规定虽然旨在维护社会公共秩序，但是合同的实际履行对社会公共秩序造成的影响显著轻微，认定合同无效将导致案件处理结果有失公平公正；②强制性规定旨在维护政府的税收、土地出让金等国家利益或者其他民事主体的合法利益而非合同当事人的民事权益，认定合同有效不会影响该规范目的的实现；③强制性规定旨在要求当事人一方加强风险控制、内部管理等，对方无能力或者无义务审查合同是否违反强制性规定，认定合同无效将使其承担不利后果；④当事人一方虽然在订立合同时违反强制性规定，但是在合同订立后其已经具备补正违反强制性规定的条件却违背诚信原则不予补正；⑤法律、司法解释规定的其他情形。

法律、行政法规的强制性规定旨在规制合同订立后的履行行为，当事人以合同违反强制性规定为由请求认定合同无效的，人民法院不予支持。但是，合同履行必然导致违反强制性规定或者法律、司法解释另有规定的除外。

依据上述两段的规定认定合同有效，但是当事人的违法行为未经处理的，人民法院应当向有关行政管理部门提出司法建议。当事人的行为涉嫌犯罪的，应当将案件线索移送刑事侦查机关；属于刑事自诉案件的，应当告知当事人可以向有管辖权的人民法院另行提起诉讼。

（2）不属于《民法典》第 153 条第 1 款（效力性强制性规定）的几种强制性规定。

《民法典》第 153 条第 1 款的强制性规定不包括法律、行政法规有关要求办理批准等手续的规定。尽管法律、行政法规有关要求办理批准等手续的规定属于强制性规定，但是根据《民法典》第 502 条第 2 款的规定，违反此类规定的后果是合同未生效，不涉及合同是否有效的问题，因而此类规定不是效力性强制性规定。例如，《商标法》第 42 条第 1 款、《企业国有资产法》第 53 条、《城市房地产管理法》第 40 条第 1 款及第 45 条第 1 款第 4 项。法律之所以规定某些类型的合同必须经过行政机关的批准，是因为此类合同可能影响社会公共利益或国家利益，立法者授权行政机关代表国家予以审查，如果合同符合社会公共利益或国家利益，则予以批准，合同生效，否则，决定不予批准，合同确定不生效力。某一份合同订立后尚未获得批准，其是否符合社会公共利益或国家利益尚不确定，所以暂不能确定合同究竟有效还是无效。此时发生纠纷的，如果法官依据《民法典》第153条第1款径行判定合同无效，那么显然不符合合同审批制度的立法目的，相当于司法机关代替行政机关对合同是否符合社会公共利益或国家利益作出判断，这是一种越权行为，欠缺正当性。恰当的处理应该是判定合同目前尚未生效，将来可否生效，取决于最终是否取得行政机关的批准。当然，未办理批准的，合同中关于履行报批义务之约定均为有效，不履行该义务的，根据《民法典》第502条第2款的规定，相对人有权请求义务人承担责任。例如，A公司是一家矿业公司。某日，A公司与B公司订立《合作协议》，约定A公司以某铜矿的采矿权作为出资，B公司现金出资1亿元，共同设立C公司，从事铜矿开采。该《合作协议》尚未获得矿产资源主管机关批准，在得到主管机关批准之前，合同并非无效，而是成立未生效。

《民法典》第153条第1款的强制性规定不包括权限性规定。例如，《公司法》第15条第1、2款规定，公司向其他企业投资或者为他人提供担保，按照公司章程的规定，由董事会或者股东会决议；公司章程对投资或者担保的总额及单项投资或者担保的数额有限额规定的，不得超过规定的限额。公司为公司股东或者实际控制人提供担保的，应当经股东会决议。这是关于法定代表人的“有关代表权”的限制的规定。也就是说，法定代表人尽管一般来说可以代表公司对外从事行为，但基于《公司法》第15条第1款的规定，只有在经公司董事会或者股东会决议后才能代表公司对外提供担保，否则，就构成越权代表。一旦构成越权代表，就要根据《民法典》第504条的有关规定来认定合同效力，而不能以《民法典》第153条第1款的规定来认定合同无效。

《民法典》第153条第1款的强制性规定也不包括赋权性规定。所谓赋权性规定，是指用于判断当事人在私法上是否有权实施某一行为的规定。例如，法律关于无权处分、无权代理或者无权代表的规定等。行为人违反该规定将构成无权处分、无权代理、越权代表等，或者导致合同相对人、第三人因此获得撤销权、解除权等民事权利，人民法院应当依据法律、行政法规关于违反该规定的民事法律后果认定合同效力。当事人仅以合同违反法律、行政法规的强制性规定为由主张无效的，人民法院不予支持。例如，《城市房地产管理法》第38条第4项规定，共有房地产，未经其他共有人书面同意的，不得转让。这即属于赋权性规定，如果某共有人未经其他共有人书面同意，将共有房地产转让给他人，不能依据此项规定认定合同无效，只能根据《民法典》第597条第1款的规定，认定合同有效。在此前提下，因出卖人未取得处分权致使标的物所有权不能转移的，买受人可以解除合同并请求出卖人承担违约责任。又如，《民法典》第399条第4、5项规定，所有权、使用权不明或者有争议的财产以及依法被查封、扣押、监管的财产不得抵押。这也属于赋权性规定。抵押人以所有权、使用权不明或者有争议的财产进行抵押，既可能构成有权处分，也可能构成无权处分，而无论是有权处分还是无权处分，都不应影响抵押合同的效力；但在抵押人无权处分时，债权人须依据善意取得制度取得抵押权。而在抵押人以依法被查封、扣押、监管的财产进行抵押的场合，仅抵押人对标的物的处分权受到限制，因此更不应认定抵押合同无效，在查封、扣押、监管措施解除后，抵押权人即可主张行使权利。此即《最高人民法院关于适用〈中华人民共和国民法典〉有关担保制度的解释》（简称《民法典担保制度解释》）第37条第1、2款的基本思路。

（3）违反强制性规定导致合同无效的情形。

有下列情形之一的，人民法院应当认定合同因违反效力性强制性规定无效：

合同主体违反法律、行政法规关于国家限制经营、特许经营以及禁止经营等强制性规定（如采矿许可，港口经营许可，水陆运输经营许可，网络文化经营许可，烟草专卖、盐业专卖许可等）；

合同约定的标的物属于法律、行政法规禁止转让的财产（如买卖珍贵文物、珍稀动物、毒品、枪支弹药等行为）；

合同约定的内容本身违反禁止实施犯罪行为、不得实施侵权行为、不得限制个人基本权利等强制性规定（如拐卖妇女、儿童，卖淫嫖娼，器官买卖，雇用童工以及销售假币、淫秽书刊、伪劣产品等行为）；

交易方式违反法律、行政法规关于应当采用公开竞价方式缔约等强制性规定（如必须进行招投标的建设工程合同未采取招投标方式）；

交易场所违反法律、行政法规关于应当集中交易等强制性规定（如在批准的交易场所之外进行期货交易）；

合同违反涉及公序良俗（如金融安全、市场秩序、国家宏观政策等公序良俗）的强制性规定的其他情形的。

例 1　建设单位未依《建筑法》第 7 条第 1 款取得施工许可证，即与施工企业订立建设工程施工合同，该合同一旦履行（施工），就违反《建筑法》第 7 条第 1 款的强制性规定，所以该合同无效。

例 2　甲公司享有某一区域的探矿权，与乙公司订立合作勘查探矿合同，事后发现该探矿区域处于野生动物自然保护区范围内，按照《自然保护区条例》第 26 条的规定，除法律、行政法规另有规定外，禁止在自然保护区内进行砍伐、狩猎、捕捞、开垦、开矿等活动。因此，合作勘查探矿合同一旦履行，即违反该禁止性规定，应认定合同无效。

例 3　依据我国《商业银行法》第 11 条第 2 款的规定，未经批准，任何单位和个人不得从事吸收公众存款等商业银行业务。据此，某公司未经批准从事放贷营业，与客户订立的借款合同应认定为无效。

例 4　按照《建筑法》第 26 条的规定，承包建筑工程的单位应当持有依法取得的资质证书，并在其资质等级许可的业务范围内承揽工程。禁止建筑施工企业超越本企业资质等级许可的业务范围或者以任何形式用其他建筑施工企业的名义承揽工程。因此，承包人未取得建筑施工企业资质或者超越资质等级订立的建设工程施工合同无效。

例 5　甲公司委托乙公司协助办理采矿权许可证事宜，约定委托服务费 1 000 万元，其中包括公关费、招待费、礼品费。甲公司与乙公司的委托合同应认定为全部无效。尽管从表面上看只有公关费、招待费、礼品费条款因违反禁止性法律规定（《刑法》第 389～393 条关于行贿罪的规定）而无效，但既然约定了公关费、招待费、礼品费，就意味着受托人乙公司有义务办理的委托事项是以行贿的方式取得采矿许可证，其中的行贿活动与填写表格、准备材料、提交材料、领取证书等活动不可分割，至少按照当事人的意图，两种活动互相配合才能办好委托事项，所以受托人的主给付义务条款整体违法。因此，不能仅认定公关费、招待费、礼品费条款以及此类费用所涉及的给付（代为行贿）的约定无效，而应认定委托合同整体无效。

例6 A公司从B银行以及众多自然人处获得大量资金，随后将资金以年利率15%出借给其他公司与个体户。A公司并非金融企业，因此，其将从B银行和众多自然人处获得的资金转贷给其他公司与个体户，从中牟利，违反了《商业银行法》第11条第2款的禁止性规定，借贷合同无效。

2. 违背公序良俗。

在违背公序良俗的情形下，判断民事法律行为无效的依据，不是具体的法律规范，而是存在于法律本身的价值体系，即公共秩序，或者是法律外的伦理秩序，即善良风俗。规定违背公序良俗的民事法律行为无效，其目的不在于使道德性的义务成为法律义务，而在于不使民事法律行为沦为违反伦理性的工具。一言以概之，即法律不能允许违反法律本身价值体系（公共秩序）或违反伦理（善良风俗）的行为获得法律上的强制力（正常有效的民事法律行为具有强制力）。

合同虽然不违反法律、行政法规的强制性规定，但是有下列情形之一，人民法院应当依据《民法典》第153条第2款的规定认定合同无效：①合同影响政治安全、经济安全、军事安全等国家安全的；②合同影响社会稳定、公平竞争秩序或者损害社会公共利益等违背社会公共秩序的；③合同背离社会公德、家庭伦理或者有损人格尊严等违背善良风俗的。

人民法院在认定合同是否违背公序良俗时，应当以社会主义核心价值观为导向，综合考虑当事人的主观动机和交易目的、政府部门的监管强度、一定期限内当事人从事类似交易的频次、行为的社会后果等因素，并在裁判文书中充分说理。当事人确因生活需要进行交易，未给社会公共秩序造成重大影响，且不影响国家安全，也不违背善良风俗的，人民法院不应当认定合同无效。

公共秩序指的是社会之存在和发展所必要的一般秩序，如国家机关的工作秩序、商业秩序、交通秩序等。善良风俗的判断标准则包括：

（1）违背人伦，即违背亲子、夫妻间人情道义，与婚姻家庭的本质和一般观念相冲突的法律行为，应认定为违背善良风俗而无效。典型的违背人伦的情形如代孕合同，一方面颠覆关于亲子关系的伦理观，另一方面将孕母的生殖功能商业化，有损人的基本尊严，故其因违背善良风俗而无效。又如，约定母子断绝关系或者不同居之契约，因违背善良风俗而无效。再如，子女们在父母还健在的时候，就约定父亲去世之后的遗产分配的协议，有违孝道，且剥夺母亲的继承权，因违背善良风俗而无效。还如，有妇之夫与他人签订包养协议，约定包养的时间及费用，该协议因违背善良风俗而无效。还又如，丈夫临终前将全部财产遗赠给情人，导致妻子和子女得不到任何遗产，此项遗嘱不符合基本的家庭伦理，违背公序良俗，自认定为无效。代表性案例是号称“中国公序良俗第一案”的“泸州遗赠案”。

（2）违背正义观念的行为应认定为违背善良风俗而无效，如买凶杀人、代销赃物、买卖人口、招投标中串通投标（围标）的约定、公务员行使职务而约定收取他人报酬等（这些情形往往还会产生刑事责任）。

《招标投标法实施条例》第39条　禁止投标人相互串通投标。

有下列情形之一的，属于投标人相互串通投标：

（一）投标人之间协商投标报价等投标文件的实质性内容；

（二）投标人之间约定中标人；

（三）投标人之间约定部分投标人放弃投标或者中标；

（四）属于同一集团、协会、商会等组织成员的投标人按照该组织要求协同投标；

（五）投标人之间为谋取中标或者排斥特定投标人而采取的其他联合行动。

另外，2014 年 10 月 9 日，最高人民法院举行新闻发布会通报有关《最高人民法院关于审理利用信息网络侵害人身权益民事纠纷案件适用法律若干问题的规定》（现已修订）的情况。在新闻发布会的答记者问环节中，针对非法删帖的网络服务，民一庭负责人指出，如果发布侵权信息的网络用户（即侵权人）与被侵权人达成删帖协议，由侵权人提供删除服务，被侵权人支付报酬，那么按照现行法的规定，侵权人采取删除等必要措施是其法定义务。侵权人利用技术上的优势、利用互联网本身的特点与被侵权人达成协议，显然违背公序良俗，应认定为无效。

《民法典》第 1194 条　网络用户、网络服务提供者利用网络侵害他人民事权益的，应当承担侵权责任。法律另有规定的，依照其规定。

《民法典》第 1195 条第 1、2 款　网络用户利用网络服务实施侵权行为的，权利人有权通知网络服务提供者采取删除、屏蔽、断开链接等必要措施。通知应当包括构成侵权的初步证据及权利人的真实身份信息。

网络服务提供者接到通知后，应当及时将该通知转送相关网络用户，并根据构成侵权的初步证据和服务类型采取必要措施；未及时采取必要措施的，对损害的扩大部分与该网络用户承担连带责任。

《民法典》第 1197 条　网络服务提供者知道或者应当知道网络用户利用其网络服务侵害他人民事权益，未采取必要措施的，与该网络用户承担连带责任。

（3）限制自由之约定因违背善良风俗而无效。例如，甲、乙离婚，并约定任何一方不得在离婚后 1 年内结婚，否则即支付对方 10 万元。该种约定限制了对方的婚姻自由，因违背善良风俗而无效。对情人承诺自己在约定期间会与原配离婚的约定同样因损害婚姻自由而无效。企业要求女员工在一定期限不能怀孕等协议损害员工的人身自由，因违背善良风俗而无效。此外，限制当事人经济自由的合同会因违背善良风俗而无效。例如，《劳动合同法》上的竞业禁止条款只能针对用人单位的高级管理人员、高级技术人员和其他负有保密义务的人员（第 24 条第 1 款），如针对一般员工，则因一般员工劳动技能单一，此种竞业禁止之约定将有害于其生存，故认定为违背善良风俗而无效。又如，如果出版社在与作家的合同中约定，该作家必须将其所有的作品首先交付该出版社，并且这个义务没有时间限制，但出版社并不承诺一定会出版这些作品，那么，该合同对该作家的人身和经济自由有极大的限制，因违背公序良俗而无效。

（4）赌博、赛马、彩票等以他人之损失而受有偶然利益的行为因违背善良风俗而无效，但法律特许者除外。

（5）违背性道德。涉及性关系的法律行为如果与强行法或者性道德相违背，则对其效力须予以否定评价。其中很多法律行为可以因违反强行法而依据《民法典》第 153

条第 1 款的规定认定无效，如卖淫合同、卖淫中介合同、卖淫雇佣合同、淫秽表演合同等。某些涉及性关系的法律行为未违反强行法，或者是否违反强行法尚有疑问，但违背性道德，也应当以违背公序良俗为由认定无效。例如，仅以维持性伴侣关系为目的给予情人一笔财产。

(6) 违背职业道德。各行各业通常都有职业道德，此类道德规范或者信念也是公序良俗的一部分，法律行为与之相背离的，无效。例如，有偿为某律师介绍客户的合同违背律师职业道德；有偿为某医师介绍患者的合同违背医生职业道德。又如，律师就刑事诉讼案件、行政诉讼案件、国家赔偿案件以及群体性诉讼案件订立的风险代理合同也违背律师职业道德。

(7) 违背行政规章、地方性法规中蕴含的公序良俗。《全国法院民商事审判工作会议纪要》第 31 点规定，违反规章一般情况下不影响合同效力，但该规章的内容涉及金融安全、市场秩序、国家宏观政策等公序良俗的，应当认定合同无效。人民法院在认定规章是否涉及公序良俗时，要在考察规范对象基础上，兼顾监管强度、交易安全保护以及社会影响等方面进行慎重考量，并在裁判文书中进行充分说理。

(8) 违背政策中蕴含的公序良俗。某些政策也体现公序良俗，如房地产领域的限购令。因此，当事人为规避限购令而订立旨在购房的借名协议应认定为违背公序良俗。例如，(2020) 最高法民再 328 号民事判决认为，借名人与出名人为规避国家限购政策签订的《房产代持协议》因违背公序良俗而无效。具体说理为：徐某在当时已有两套住房的情况下仍借曾某之名另行买房，目的在于规避国务院和北京市的限购政策，通过投机性购房获取额外不当利益。司法对于此种行为如不加限制而任其泛滥，则无异于纵容不合理住房需求和投机性购房快速增长，鼓励不诚信的当事人通过规避国家政策红线获取不当利益，不但与司法维护社会诚信和公平正义的职责不符，而且势必导致国家房地产宏观调控政策落空，阻碍国家宏观经济政策落实，影响经济社会协调发展，损害社会公共利益和社会秩序。故徐某与曾某为规避国家限购政策签订的《房产代持协议》因违背公序良俗而应认定无效。

(三) 可撤销 (先生效，然后被撤销，以诉讼或者仲裁的方式撤销)

<table>
<tr><th>事由</th><th>主体</th><th colspan="2">除斥期间</th></tr>
<tr><td>欺诈</td><td>受欺诈方</td><td rowspan="2">自知道或者应当知道撤销事由之日起 1 年</td><td rowspan="5">自民事法律行为发生之日起 5 年内没有行使撤销权的，撤销权消灭</td></tr>
<tr><td>第三人欺诈</td><td>须相对人恶意时受欺诈方才有撤销权。如第三人欺诈买方，买卖双方签合同，只有卖方知情或应该知情的，才能撤销</td></tr>
<tr><td>胁迫、第三人胁迫</td><td>受胁迫方（不考虑相对人善恶意）</td><td>胁迫行为终止之日起 1 年</td></tr>
<tr><td>重大误解</td><td>行为人可以主张撤销</td><td>知情日起 90 日</td></tr>
<tr><td>显失公平</td><td>受损害方 (须利用危困或缺乏判断能力)</td><td>自知道或者应当知道撤销事由之日起 1 年</td></tr>
</table>

注：第三人实施欺诈、胁迫行为，使当事人在违背真实意思的情况下订立合同，受有损失的当事人有权请求第三人承担赔偿责任，赔偿范围为订立合同或者准备履行合同所支出的合理费用。

例 甲捡到一个破碗，高价卖给了乙，则有以下可能：

ZENG ZHI

增值服务

扫码获取直播增值服务
名师直播，实时互动，带学点睛

月份	主题	详细内容
1－2月	备考攻略	全年备考规划+各学科备考方法
3－4月	科目导图	知识体系脉络思维导图
5－6月	大纲解读	考试大纲变动详解
7－8月	客观突破	各科考点两小时聚焦+考试注意事项提醒
9－10月	主观突破	主观论述题、案例题方法论+考试注意事项提醒

——“八大名师百日通关”助您完美收官——

FU FEI

付费升级

听课效率低？学习没方向？重难点苦恼？正确率不高？
八大名师速效提分方式，专治“疑难杂症”

50人小班教学

- 导师带队制订省时计划，时间节省30%，效率翻一番
- 八位名师倾囊相授：金题集训+母题特训+现场密训，三训闯关
- 私教悉心辅导：周计划+周作业+周班会+周反馈+周回访，五步提升

（1）乙因过失误将该破碗判断为古代文物，则构成重大误解，可撤销但除斥期间仅为 90 天；

（2）甲以曝光乙的隐私迫使乙买下该破碗，此时乙有撤销权，除斥期间自胁迫行为终止之日起算 1 年；

（3）专家丙故意出具虚假鉴定报告诱骗乙买下该破碗，则在甲知情时乙才有撤销权，除斥期间从乙知道受欺诈之日起算 1 年。

【例题】（2017-3-3）齐某扮成建筑工人模样，在工地旁摆放一尊廉价购得的旧蟾蜍石雕，冒充新挖出文物等待买主。甲曾以 5 000 元从齐某处买过一尊同款石雕，发现被骗后正在和齐某交涉时，乙过来询问。甲有意让乙也上当，以便要回被骗款项，未等齐某开口便对乙说："我之前从他这买了一个貔貅，转手就赚了，这个你不要我就要了。"乙信以为真，以 5 000 元买下石雕。关于所涉民事法律行为的效力，下列哪一说法是正确的？

A. 乙可向甲主张撤销其购买行为

B. 乙可向齐某主张撤销其购买行为

C. 甲不得向齐某主张撤销其购买行为

D. 乙的撤销权自购买行为发生之日起 2 年内不行使则消灭

【答案】B

【例题】（2019 真题回忆版）钱某有一幅祖传古画，市值 100 万元，高某为了低价收购该古画，伙同某艺术品鉴定家孟某欺骗钱某说该画是赝品，价值不超过 10 万元，钱某信以为真。后钱某以 15 万元将古画卖给了不知情的陈某。关于本案，下列哪一选项是正确的？

A. 因陈某乘人之危，钱某可以撤销与陈某的买卖合同

B. 因遭受高某欺诈，钱某可以撤销与陈某的买卖合同

C. 属于重大误解，钱某可以撤销与陈某的买卖合同

D. 属于显失公平，钱某可以撤销与陈某的买卖合同

【答案】C

（四）撤销的后果

《民法典》第 155 条　无效的或者被撤销的民事法律行为自始没有法律约束力。

《民法典》第 156 条　民事法律行为部分无效，不影响其他部分效力的，其他部分仍然有效。

《民法典》第 157 条　民事法律行为无效、被撤销或者确定不发生效力后，行为人因该行为取得的财产，应当予以返还；不能返还或者没有必要返还的，应当折价补偿。有过错的一方应当赔偿对方由此所受到的损失；各方都有过错的，应当各自承担相应的责任。法律另有规定的，依照其规定。

三、概念辨析

1. 欺诈的定义。

欺诈的构成要件有四：第一，主观上有欺诈他人的故意，如果是过失使得他人陷入错误认识则可能适用重大误解的相关内容；第二，客观上有欺诈的行为，包括积极

欺诈（虚构事实）和消极欺诈（隐瞒真相），构成消极欺诈须有告知的义务而未告知；第三，基于欺诈作出了错误的意思表示（上当的结果）；第四，相对人的错误意思表示是由被欺诈引起，即行为和结果之间存在因果关系。

2. 欺诈与胁迫、重大误解、显失公平（乘人之危）的区别。

（1）欺诈与胁迫的区别：**因错误而自愿 VS 因恐惧而无奈**。

行为人对行为的性质、对方当事人或者标的物的品种、质量、规格、价格、数量等产生错误认识，按照通常理解如果不发生该错误认识行为人就不会作出相应意思表示的，人民法院可以认定为《民法典》第147条规定的重大误解。

故意告知虚假情况，或者负有告知义务的人故意隐瞒真实情况，致使当事人基于错误认识作出意思表示的，人民法院可以认定为《民法典》第148条、第149条规定的欺诈。

以给自然人及其近亲属等的人身权利、财产权利以及其他合法权益造成损害或者以给法人、非法人组织的名誉、荣誉、财产权益等造成损害为要挟，迫使其基于恐惧心理作出意思表示的，人民法院可以认定为《民法典》第150条规定的胁迫。

例 甲说，如不将藏獒卖给甲，则举报乙犯罪。乙照办，后查实乙不构成犯罪。此时，甲虽然虚构事实但仍然构成胁迫而非欺诈。

【例题】（2020真题回忆版）甲（男）与乙（女）同居一段时间后，乙提出分手，甲不想分手，谎称有乙的隐私照片，暗示如果不结婚就会公布。乙心生恐惧，遂与甲结婚。关于该结婚行为的法律后果，下列哪个说法是正确的？

A. 因胁迫可撤销

B. 因欺诈可撤销

C. 因非真实意思而无效

D. 甲侵犯了乙的隐私权

【答案】A

（2）欺诈和重大误解都是基于错误，**欺诈引发的错误来自欺诈方，重大误解的错误来自表意人自身**。

（3）胁迫和乘人之危都是基于危难，胁迫中的危难来自胁迫方，乘人之危的危难来自表意人自身。前者如威胁举报对方犯罪，后者如因疾病被迫低价卖房。只要有胁迫即可主张撤销，但乘人之危必须同时显失公平才能撤销，如果乘人之危但价格合理，则不能撤销。

例 甲因妻子重病急需医疗费，知情人乙表示愿以市价购买甲的家传名画，虽然甲之前一直坚持不卖，但此次经考虑再三，甲终忍痛以市价售出。事后，甲不得以乘人之危为由主张撤销。

3. 重大误解是指行为人基于对行为的性质、相对人以及标的物的品种、质量、规格和数量等的错误认识实施的民事法律行为。基于重大误解实施的民事法律行为，行为人有权请求人民法院或者仲裁机构予以撤销，但动机错误不构成重大误解。

《民法典总则编解释》第19条 行为人对行为的性质、对方当事人或者标的物的品种、质量、规格、价格、数量等产生错误认识，按照通常理解如果不发生该错误认识行为人就不会作出相应意思表示的，人民法院可以认定为《民法典》第147条规定的重大误解。

行为人能够证明自己实施民事法律行为时存在重大误解，并请求撤销该民事法律行为的，人民法院依法予以支持；但是，根据交易习惯等认定行为人无权请求撤销的除外。

《民法典总则编解释》第20条 行为人以其意思表示存在第三人转达错误为由请求撤销民事法律行为的，适用本解释第19条的规定。

【总结】

（1）甲对乙有金钱债务，年底到期，因无力偿还而发愁。乙与好友丙聊天时谈及此事。

①如果乙仅仅是聊天中提到有免除甲的债务的想法，但并没有委托丙去传话，丙自作主张去传话，但乙得知后不置可否，丙的行为属于未受委托的传达，甲、乙的债务不能免除。

②如果乙委托丙去传话，可以展期，但是丙错误地传达可以豁免债务，根据《民法典总则编解释》的规定，此种**传达错误**构成重大误解，乙可以撤销。

③如果乙委托丙去传话，可以展期一年，丙如实传达，甲欣然接受，则甲、乙债务到期日顺延一年。

（2）在非古玩交易市场的甲、乙私人交易，把真品当作赝品低价卖出或者把赝品当作真品高价买入都构成**重大误解**，前者卖家可以撤销，后者买家可以撤销。

（3）动机错误或者行为能力的认知错误（误把无民事行为能力人当作完全民事行为能力人）或者在存在**交易习惯**的情况（如赌石、捡漏）不构成重大误解。

（4）商家的本意是以26元/4 500克的价格出售橙子，但因为商家操作失误，将价格误标为26元/4 500斤，并与淘宝用户签订了买卖合同，属于民法上的“重大误解”。

【例题】（2022真题回忆版）某日，古玩爱好者王某在本地经常光顾的古玩街花费数万元购买了一对青铜烛台，疑为明代真品。后经鉴定，该烛台为现代仿品，仅值数百元。对此，下列哪一说法是正确的?

A. 王某可主张存在重大误解，请求撤销合同

B. 王某意思表示真实有效，无权请求撤销合同

C. 王某可主张存在显失公平，请求撤销合同

D. 王某可主张其被出卖人欺诈，请求撤销合同

【答案】B

例　张某出国前将一幅齐白石的画交给李某保管，李某去世后，李小某以为是父亲的画，继承了该画，某日邀请朋友刘某来家里玩，刘某看上了该画，知道该画为齐白石真迹，但是李小某以为是他父亲临摹的，于是刘某就以3 000元购买了该画，后张某回国，找李某要画，李小某才知是真迹，则下列说法正确的是：

A. 刘某可以善意取得该画的所有权

B. 张某可以主张返还原物请求权

C. 李小某可以基于无权处分请求买卖合同无效

D. 李小某可因重大误解撤销买卖合同

【答案】BD

第四节　民事法律行为的附条件和附期限

一、法条概说

1. 附条件的民事法律行为。

民事法律行为可以附条件，但是根据其性质不得附条件的除外。附生效条件的民事法律行为，自条件成就时生效。附解除条件的民事法律行为，自条件成就时失效。（《民法典》第158条）附条件的民事法律行为，当事人为自己的利益不正当地阻止条件成就的，视为条件已经成就；**不正当地**促成条件成就的，视为条件不成就。（《民法典》第159条）

2. 附期限的民事法律行为。

民事法律行为可以附期限，但是根据其性质不得附期限的除外。附生效期限的民事法律行为，自期限届至时生效。附终止期限的民事法律行为，自期限届满时失效。（《民法典》第160条）

二、相关考点

（一）条件的类型

1. 延缓条件与解除条件。这是根据条件的效力为标准而区分的，同时也是最基本的分类。

（1）**延缓条件**，是限制民事法律行为效力发生，使法律行为只有当约定的事实出现时，才发生效力的条件。

延缓条件的作用在于使民事法律行为暂时不生效，因此，也称停止条件。民事法律行为附延缓条件后，法律行为的效力就获延缓或暂时停止，待所附条件出现时再发生效力。易言之，如果所附条件最终未出现，该民事法律行为即确定地不生效。

（2）**解除条件**，是限制民事法律行为效力的存续，使已发生效力的民事法律行为在条件实现时终止的条件。解除条件的作用，在于使条件所附的已生效的民事法律行为的效力归于消灭。例如，甲、乙订立房屋租赁合同，约定出租人甲的儿子一旦留学归国并需要住房，就终止合同。“留学归国并需要住房”就是房屋租赁合同所附的解除条件。

2. 积极条件与消极条件：

（1）积极条件是以所设事实发生为内容的条件。易言之，在积极条件，以设定事实的发生为条件成就。停止条件与解除条件，均可设定积极条件。

民事法律行为所附条件不可能发生，当事人约定为生效条件的，人民法院应当认定民事法律行为不发生效力；当事人约定为解除条件的，应当认定未附条件，民事法律行为是否失效，依照民法典和相关法律、行政法规的规定认定。

(2) 消极条件是以所设事实不发生为内容的条件。易言之，在消极条件，所设定事实是消极的。条件的积极与消极，其区别仅在设定的角度不同。前述“留学归国并需要住房，就终止合同”，属积极条件，而反过来约定“如留学后定居不归国，就续租合同”，则属消极条件。两者条件内容并无不同，但条件的性质，却有积极与消极之分。

(二) 始期和终期

这是以期限效力为标准而对期限作的区分。

1. **始期**。这是使民事法律行为效力发生的期限，在始期届至之前，民事法律行为的效力是停止的，在期限到来时，民事法律行为的效力方始发生，故也称停止期限。如签订合同注明“自明年1月1日生效”，该日期就是该合同的始期。

2. **终期**。这是使民事法律行为效力终止的期限，在终期届至时，既有的效力便告解除，故也称解除期限。如合同条款中约定“本合同于明年年底终止”，明年年底就是该合同所附的终期。

(三) 如何区分期限与条件

在实务中，同一件事实，究竟应认定为期限，还是应认定为条件，须基于必成事实抑或偶成事实。在长期的司法实务和学说理论中，积淀了不少区分方法。

1. 条件是不确定的偶然性事实，期限是确定的必然性事实。

(1) 时期确定，到来不确定，为条件。例如，“俟60大寿送电视一台”，60岁虽确定，但人之寿命不可测，是否能活到60岁不可知，具有偶发性。

(2) 时期不确定，到来也不确定，为条件。如“司法考试通过之日”，能否考得过，已属不确定，至于哪一年考得过，则更加不确定，故显然属于条件。

2. 条件之事实成就与否是不确定的，期限是肯定会到来的。

(1) 时期确定，事实的发生也确定，如“今年9月9日”，是期限。

(2) 时期不确定，到来确定，为期限。例如，“临终时将某物送给你”，何时死虽难预料，但人必有一死，死期终会到来。

第四章 代理

本章导读

本章需要考生掌握代理权的发生、授予，代理权的滥用，狭义无权代理的类型、效果，表见代理的要件、效果；了解代理的概念、特征和法律效果，代理的类型，代理权的概念。

知识点

一、代理的一般规定

1. 代理法律关系图示

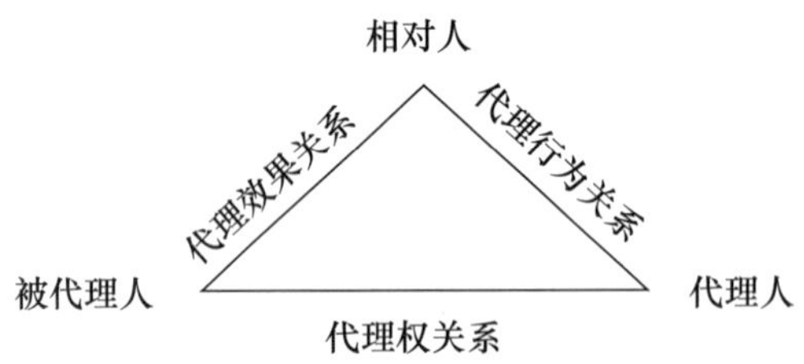

2. 委托与代理的关系

(1) 委托事项可以是法律行为也可以是事实行为，但只有前者才成立代理。

(2) 委托合同是双方行为，代理权授予是单方行为，委托合同是代理权授予的原因行为，代理权授予的效力**不受**委托合同效力的影响。

(3) 委托合同解决**内部关系**亦即委托人与代理人的关系问题；代理权授予解决**外部关系**即第三人相信受托人有代理权的问题。

例 甲公司与15周岁的网络奇才陈某签订委托合同，授权陈某为甲公司购买价值不超过50万元的软件。陈某的父母知道后，明确表示反对。则：(1) 委托合同因陈某的父母不追认而无效。(2) 代理权授予是单方法律行为，无须追认即有效。(3) 软件买卖合同有效。(4) 软件的所有权归属于甲公司。

3. 代理行为**三不可**

(1) 事实行为不可代理，代理的标的仅仅限于民事法律行为。

(2) 身份行为等专属性行为不得代理，如结婚登记、董事会投票等。

(3) 违法行为不得代理，如张三委托李四打人，则张三、李四须承担共同侵权责任。

结论：

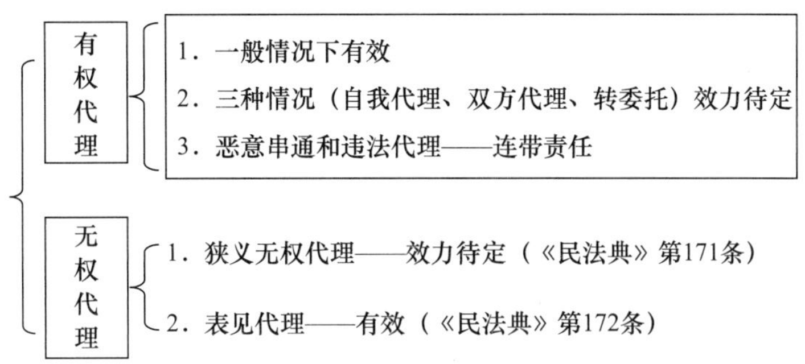

代理制度效力图

二、有权代理

1. 有权代理的效力

有权代理原则上有效，被代理人要承受法律后果，但有三种情况效力待定：自我代理、双方代理和转委托。此三种情况须被代理人的**同意或者追认**方可有效。

《民法典》第168条　代理人不得以被代理人的名义与自己实施民事法律行为，但是被代理人同意或者追认的除外。代理人不得以被代理人的名义与自己同时代理的其他人实施民事法律行为，但是被代理的双方同意或者追认的除外。

例1　甲委托乙以50万元到60万元的价格代为出售甲的房屋，乙觉得价格合适于是自己买下，此交易中乙身兼两个身份，既是卖方的代理人又是买方本人，故构成自我代理，须甲同意或者追认，该代理行为方可有效。

例2　甲委托乙以50万元到60万元的价格代为出售甲的房屋，丙委托乙以同样价格购买一套房屋。乙遂代理双方把甲的房子卖给了丙，此交易中乙身兼两个身份，既是卖方的代理人又是买方的代理人，故构成双方代理，须甲和丙同时同意或者追认，该代理行为方可有效。

2. 转委托的法律后果

（1）转委托代理经被代理人同意或者追认的有效，否则无效。

在紧急情况下代理人为了维护被代理人的利益需要转委托第三人代理，即使没有被代理人同意或者追认的也有效。

这里的紧急情况是指由于**急病、通讯联络中断、疫情防控等**特殊原因，委托代理人自己不能办理代理事项，又不能与被代理人及时取得联系，如不及时转委托第三人代理，会给被代理人的利益造成损失或者扩大损失。

（2）有效的转委托（法律关系：A—C—D）中，复代理人（C）取得代理权，以被代理人（A）名义作出的代理行为的效果直接归属于被代理人（A），代理的二方当事人是被代理人（A）、复代理人（C）和相对人（D）；最终的后果由被代理人（A）和相对人（D）承受。转委托如果有效，委托代理人只须承担选任和指示责任。

（3）无效的转委托（法律关系：B—C—D）中，被代理人（A）与本代理人（B）之间成立代理关系（但是并没有发生能够约束A的法律事实），本代理人（B）与第三人（C）之间成立另一个代理关系。在后一法律关系中，本代理人（B）作为被代理人，第三人（C）作为其代理人。第三人（C）所作所为的效果直接归属于本代理人（B），代理的三方当事人是本代理人（B）、第三人（C）和相对人（D）；最终的后果由本代理人（B）和相对人（D）承受。

例 甲委托乙出国留学期间代为购买极为稀缺需要排队抢购的钟表，乙因学业繁忙转委托给丙代为办理属于效力待定的转委托，需要甲的同意或者追认方可生效。如果乙在排队期间突发疾病或者因疫情被隔离或者通讯中断，此时转委托给一同排队的同学丙代为办理属于有效的转委托。

3. 有权代理中的两个连带责任：恶意串通与违法代理

（1）代理人和相对人**恶意串通**，损害被代理人合法权益的，代理人和相对人应当承担连带责任。

例 甲公司员工唐某受公司委托从乙公司订购一批空气净化机，甲公司对净化机单价未作明确限定。唐某与乙公司私下商定将净化机单价比正常售价提高200元，乙公司给唐某每台100元的回扣。商定后，唐某以甲公司名义与乙公司签订了买卖合同。此时唐某与乙公司恶意串通损害了甲公司的利益，须对甲公司承担连带责任。

（2）代理人**知道或者应当知道**代理事项违法仍然实施代理行为，或者被代理人**知道或者应当知道**代理人的代理行为违法未作反对表示的，被代理人和代理人应当承担连带责任。

例 甲委托乙向丙销售一批货物，甲明知乙以走私方式运输该批货物而不表示反对，后货物被海关查扣，甲与乙须向丙就违约责任承担连带责任。再如，甲委托乙代理销售假药，丙购买了该假药，后丙与丁服用该假药致害。甲与乙须对丙和丁就侵权责任承担连带责任。

三、无权代理

（一）狭义无权代理

无权代理的规则：

（1）被代理人的追认权：行为人没有代理权、超越代理权或者代理权终止后，仍然实施代理行为，未经被代理人追认的，对被代理人不发生效力。

（2）相对人的催告权和撤销权：相对人可以催告被代理人自收到通知之日起30日内予以追认。被代理人未作表示的，视为拒绝追认。行为人实施的行为被追认前，**善意相对人**有撤销的权利。撤销应当以通知的方式作出。

（3）不被追认的后果：行为人实施的行为未被追认的，**善意相对人**有权请求行为人履行债务或者就其受到的损害请求行为人赔偿。但是，赔偿的范围不得超过被代理人追认时相对人所能获得的利益。相对人**知道或者应当知道**行为人无权代理的，相对人和行为人按照各自的过错承担责任（信赖利益）。

无权代理行为未被追认，相对人请求行为人履行债务或者赔偿损失的，由行为人就相对人知道或者应当知道行为人无权代理承担举证责任。行为人不能证明的，人民法院依法支持相对人的相应诉讼请求；行为人能够证明的，人民法院应当按照各自的过错认定行为人与相对人的责任。

例　甲委托乙前往丙厂采购男装，乙觉得丙厂生产的女装市场看好，便自作主张以甲的名义向丙厂订购。丙厂未问乙的代理权限，便与之订立了买卖合同。——此时丙厂有过失。

(1) 若甲拒绝追认，且丙厂善意，则丙厂可向乙主张服装价款（丙厂的合同利益可以实现）。

(2) 若甲拒绝追认，且丙厂恶意，则乙与丙厂分担合同无效的损失（丙厂的合同利益落空）。

(3) 丙厂是否善意的举证责任在乙，如果乙不能证明丙厂的恶意，则丙厂被推定为善意。

【例题】（2019 真题回忆版）丙系甲香烟制造公司的市场专员，因舞弊被开除后，寻思着捞一票并报复甲公司。后伪造甲公司公章后，以甲公司的名义与不知情的乙公司于 4 月 20 日订立合同，约定："甲公司向乙公司出售熊猫牌香烟 50 箱，价款 500 万元。" 5 月 1 日，因丙请求乙公司将价款打入其指定的账户，乙公司经询问才得知丙已被开除。同时，甲公司对乙公司表示，是否接受该合同须考虑几天再做决定。5 月 10 日，甲公司通知乙公司，不接受该合同。对此，下列哪一表述是错误的？

A. 5 月 1 日后至 5 月 10 日前，乙公司有权通知甲公司撤销合同

B. 5 月 10 日后，乙公司有权请求甲公司履行合同义务

C. 5 月 10 日后，乙公司有权选择请求丙履行交付义务

D. 5 月 10 日后，乙公司有权选择请求丙赔偿转卖香烟可能获得的利润损失

【答案】 B

（二）表见代理

1. 要件：无权代理＋**权利外观**（有足以让相对人相信的假象）＋相对人善意且无过失。

2. 后果：与有权代理同样的法律后果，即法律后果由被代理人和相对人承受。

3. 举证责任：相对人证明存在代理权外观；被代理人证明相对人的恶意。——如果不能证明相对人的恶意，则**推定**相对人为善意。

《民法典总则编解释》第 28 条　同时符合下列条件的，人民法院可以认定为《民法典》第 172 条规定的相对人有理由相信行为人有代理权：

（一）存在代理权的外观；

（二）相对人不知道行为人行为时没有代理权，且无过失。

因是否构成表见代理发生争议的，相对人应当就无权代理符合前款第 1 项规定的条件承担举证责任；被代理人应当就相对人不符合前款第 2 项规定的条件承担举证责任。

《民法典总则编解释》第 29 条　法定代理人、被代理人依据《民法典》第 145 条、第 171 条的规定向相对人作出追认的意思表示的，人民法院应当依据《民法典》第 137 条的规定确认其追认意思表示的生效时间。

例　吴某是甲公司员工，持有甲公司授权委托书。吴某与温某签订了借款合同，

该合同由温某签字、吴某用甲公司合同专用章盖章。后温某要求甲公司还款。

第一种情况，甲公司的确委托吴某去借钱，此时认定为有权代理，有效，甲公司还款。

第二种情况，甲公司没有委托吴某去借钱，也没给过授权，此时是无权代理，效力待定。

第三种情况，甲公司给过吴某授权，但是委托合同到期了，授权书却没收回，此时的温某善意，并且有足够理由相信授权，因此构成表见代理。

第四种情况，若吴某出示的甲公司授权委托书载明甲公司仅授权吴某参加投标活动或者吴某出示的甲公司空白授权委托书已届期，则温某存在过失，该代理行为不构成表见代理。

（三）职务代理

1. 法人的管理人员（有职务）的责任。

法人、非法人组织的工作人员就超越其职权范围的事项以法人、非法人组织的名义订立合同，相对人主张该合同对法人、非法人组织发生效力并由其承担违约责任的，人民法院不予支持。但是，法人、非法人组织有过错的，人民法院可以参照《民法典》第157条的规定判决其承担相应的赔偿责任。前述情形，构成表见代理的，人民法院应当依据《民法典》第172条的规定处理。

合同所涉事项有下列情形之一的，人民法院应当认定法人、非法人组织的工作人员在订立合同时超越其职权范围：（1）依法应当由法人、非法人组织的权力机构或者决策机构决议的事项；（2）依法应当由法人、非法人组织的执行机构决定的事项；（3）依法应当由法定代表人、负责人代表法人、非法人组织实施的事项；（4）不属于通常情形下依其职权可以处理的事项。

合同所涉事项未超越依据上述规定确定的职权范围，但是超越法人、非法人组织对工作人员职权范围的限制，相对人主张该合同对法人、非法人组织发生效力并由其承担违约责任的，人民法院应予支持。但是，法人、非法人组织举证证明相对人知道或者应当知道该限制的除外。

法人、非法人组织承担民事责任后，向故意或者有重大过失的工作人员追偿的，人民法院依法予以支持。

据此，其可以分为以下三种情况：

（1）职权范围内正常履行职务，为有权代理，由被代理人（即法人）承担代理行为后果。

（2）超越职权但相对人恶意，为无权代理，由行为人和恶意相对人分担信赖利益的赔偿责任。

（3）超越职权且相对人善意，为表见代理，由被代理人承担代理行为后果。

2. 没有职权的普通员工未经授权以法人名义订立合同的，为无权代理。

例 甲公司开发的系列楼盘由乙公司负责安装电梯设备。乙公司完工并验收合格投入使用后，甲公司一直未支付工程款，乙公司也未催要。诉讼时效期间届满后，乙公司组织工人到甲公司讨要，但甲公司董事会和股东会都已经作出拒绝付款的决议。

（1）如果甲公司董事长良心发现，擅自以甲公司名义签署了同意履行付款义务的承诺函，则构成表见代表，甲公司有付款义务。

（2）如果甲公司销售经理良心发现，擅自以甲公司名义签署了同意履行付款义务的承诺函，则构成无权代理，甲公司在追认之前没有付款义务。

（3）如果甲公司法务经理良心发现，擅自以甲公司名义签署了同意履行付款义务的承诺函，则构成表见代理（法务经理在公司的法律问题方面有权利外观），甲公司有付款义务。

（4）因高级管理人员均不在，甲公司新录用的法务小王，擅自以甲公司名义签署了同意履行付款义务的承诺函，工人们才散去。小王的行为属于无权代理，甲公司在追认之前没有付款义务。

第五章　诉讼时效

本章导读

本章需要考生熟练掌握诉讼时效的法律要件、适用范围和法律效果，不适用诉讼时效的请求权，诉讼时效期间的起算以及中止、中断、延长，期间计算方法，确定始期与终期的基本规则；了解诉讼时效的概念和特征，诉讼时效与除斥期间的区别。

知识点

一、法律性质

1. 时效抗辩权——债务人主张时效抗辩权可以获得胜诉判决；债务人未主张抗辩而履行义务的，该履行有效，债权人不构成不当得利。

2. **强制性**规定。

诉讼时效的期间、计算方法以及中止、中断的事由由法律规定，当事人约定无效。

当事人对诉讼时效利益的预先放弃无效。

3. 司法中立，不主动适用。

当事人未提出诉讼时效抗辩的，《民法典》第 193 条规定，人民法院不得主动适用诉讼时效的规定。即人民法院不应主动释明或提示适用诉讼时效，甚至主动适用诉讼时效的规定进行裁判。

当事人在一审期间未提出诉讼时效抗辩，在二审期间提出的，人民法院不予支持，但其基于新的证据能够证明对方当事人的请求权已过诉讼时效期间的情形除外。

【考查模型】对时效理论的实例化问答：

张三欠李四 3 000 元，2017 年 1 月到期，2020 年 3 月，李四想起此事，遂向张三主张债权，张三拒绝归还，李四诉至法院。

（1）债权还存在否？——存在。

（2）张三可否不还？——可以。

（3）如张三归还欠款后遇他人指点，方知诉讼时效一事，能否要求李四返还？——不能。

（4）法院受理否？——受理。

（5）受理后，如张三主张时效抗辩，法院如何裁判？——判决驳回诉讼请求。

（6）法院可否主动对诉讼时效予以释明？——不能。

（7）法院可否主动适用诉讼时效予以判决？——不能。

（8）如债务已过诉讼时效，但债权人与债务人仍然达成了还款协议，可否？——可以。

(9) 如张三与李四协议将诉讼时效延长3年，可否？——不能（事先不得延长、缩短和排除）。

二、适用范围

1. 下列债权请求权不适用诉讼时效：

(1) 支付存款本金及利息请求权；

(2) 兑付国债、金融债券以及向不特定对象发行的企业债券本息请求权；

(3) 基于投资关系产生的缴付出资请求权；

(4) 业主大会请求业主缴付公共维修基金。

2. 下列物权请求权不适用诉讼时效：

(1) 停止侵害、排除妨碍和消除危险请求权；

(2) 不动产物权和登记的特殊动产物权（船舶、航空器、机动车）的权利人请求返还财产不适用诉讼时效——亦即，普通动产和未登记的特殊动产的返还原物请求权要适用诉讼时效。**（有登记，无时效；无登记，有时效）**

3. 共有物分割请求权名为请求权实为形成权，不适用诉讼时效的规定。

4. 占有保护请求权不适用诉讼时效。《民法典》第462条第2款规定：占有人返还原物的请求权，自侵占发生之日起1年内未行使的，该请求权消灭。

5. 基于人身权被侵害产生的停止侵害、恢复名誉、赔礼道歉、消除影响等请求权不具有财产利益内容，而且关系到作为民事主体的人的人格存续、生存利益以及伦理道德问题，故不应适用诉讼时效的规定。

6. 基于**身份权**被侵害产生的给付赡养费、抚养费和扶养费请求权关涉人的生存，义务人如不支付上述费用将使得权利人的生存面临困境，基于保护权利人的生存权和公序良俗的考量，上述请求权不适用诉讼时效的规定。

例　下列哪些情形，乙不得以诉讼时效期间届满为由提出抗辩？

A. 甲欠乙1 000元拖欠不还，乙抢走甲的电动自行车。1年后，甲以占有被侵害为依据，请求乙返还电动自行车

B. 甲在乙银行办理3年期定期存款，到第6年，甲持存单到乙银行取款

C. 甲持有乙公司公开发行的企业债券，于债券到期3年后，前往乙公司请求兑付本息

D. 甲公司股东乙承诺在甲公司成立后半年内，缴清出资款项。现在甲公司已经成立5年，乙依然未履行出资义务。现甲公司请求乙缴纳出资

【答案】ABCD

三、期间长度

1. 3年，自权利人知道或者应当知道权利受到损害以及义务人之日起计算。

2. 自权利受到损害之日起超过20年的，人民法院不予保护，有特殊情况的，人民法院可以根据权利人的申请决定延长。

四、时效起算

1. 当事人约定同一债务分期履行的，诉讼时效期间自最后一期履行期限届满之日起计算。

2. 无民事行为能力人或者限制民事行为能力人对其法定代理人的请求权的诉讼时效期间，自**该法定代理终止**之日起计算。

3. 未成年人遭受性侵害的损害赔偿请求权的诉讼时效期间，自**受害人年满 18 周岁**之日起计算。

《民法典总则编解释》第 36 条　无民事行为能力人或者限制民事行为能力人的权利受到损害的，诉讼时效期间自其法定代理人知道或者应当知道权利受到损害以及义务人之日起计算，但是法律另有规定的除外。

《民法典总则编解释》第 37 条　无民事行为能力人、限制民事行为能力人的权利受到原法定代理人损害，且在取得、恢复完全民事行为能力或者在原法定代理终止并确定新的法定代理人后，相应民事主体才知道或者应当知道权利受到损害的，有关请求权诉讼时效期间的计算适用《民法典》第 188 条第 2 款、本解释第 36 条的规定。

例　甲被父亲乙挪用了零花钱，但是一直没有人知道。这个侵权的诉讼时效，首先要等到甲和父亲的监护关系终止，然后还要等到新的监护人确定或者是成年的甲知情之日起算。

无人、限人（含成年人）	仅仅针对法定代理人	任何侵害	从法定代理终止之日起算时效
未成年人（不含成年人）	任何侵权方	性侵害	从年满 18 周岁之日起算时效

4. 未约定履行期限的合同，依照《民法典》第 510、511 条的规定，可以确定履行期限的，诉讼时效期间从履行期限届满之日起计算；不能确定履行期限的，诉讼时效期间从债权人要求债务人履行义务的宽限期届满之日起计算，但债务人在债权人第一次向其主张权利之时明确表示不履行义务的，诉讼时效期间从债务人明确表示不履行义务之日起计算。

5. 合同被撤销，返还财产、赔偿损失请求权的诉讼时效期间从合同被撤销之日起计算。

例　下列关于诉讼时效的计算，表述正确的是：

A. 未成年人小明遭到成年人张某无端殴打，小明对张某的损害赔偿请求权自小明年满 18 周岁之日起算

B. 天才少年 15 周岁的孙某因创作歌曲而取得不菲报酬。其监护人将其报酬用来炒股，损失惨重。孙某对其监护人的损害赔偿请求权自监护终止之日起算

C. 张某分期购买一部苹果手机，但因为经济原因后五期价款全部没有偿还。手机店对张某的债权诉讼时效自最后一期到期之日起算

D. 2013 年 10 月 1 日，甲借 20 万元给朋友乙，借期 1 年。2017 年 6 月 1 日，甲死

亡，7月1日，才确定丙为其唯一继承人。甲对乙的债权诉讼时效于2017年11月1日届满

【答案】 BC

【例题】（2019真题回忆版）徐某和张某离婚后，他们的孩子小徐9周岁，由徐某抚养。后徐某经常殴打小徐，且将祖父母赠送给小徐的一只玉佩用于赌博并将其输掉。关于本案，下列哪些说法是正确的？

A. 张某有权向法院提起诉讼撤销徐某的监护人资格

B. 徐某应对小徐进行赔偿

C. 小徐向徐某主张损害赔偿的诉讼时效期间自年满18周岁之日起计算

D. 小徐的抚养费，不适用诉讼时效规定

【答案】 ABD

五、时效中止

在诉讼时效期间的最后6个月内，因下列障碍，不能行使请求权的，诉讼时效中止：

（1）不可抗力；

（2）无民事行为能力人或者限制民事行为能力人没有法定代理人，或者法定代理人死亡、丧失民事行为能力、丧失代理权；

（3）继承开始后未确定继承人或者遗产管理人；

（4）权利人被义务人或者其他人控制；

（5）其他导致权利人不能行使请求权的障碍。

自中止时效的原因消除之日起满6个月，诉讼时效期间届满。

应试点睛

自中止时效的原因消除之日起满6个月，诉讼时效期间届满。即中止原因消除后，无论时效期间剩余多少，一概再给6个月。

六、时效中断

1. 有下列情形之一的，诉讼时效中断，从中断、有关程序终结时起，诉讼时效期间重新计算：

（1）权利人向义务人提出履行请求；

（2）义务人同意履行义务；

（3）权利人提起诉讼或者申请仲裁；

（4）与提起诉讼或者申请仲裁具有同等效力的其他情形。

《民法典总则编解释》第38条　诉讼时效依据《民法典》第195条的规定中断后，在新的诉讼时效期间内，再次出现第195条规定的中断事由，可以认定为诉讼时效再次中断。

权利人向义务人的代理人、财产代管人或者遗产管理人等提出履行请求的，可以认定为《民法典》第195条规定的诉讼时效中断。

	发生期间	发生事由	法律后果	时间
时效中止	最后6个月	不可抗力或者其他障碍（客观性）	**暂时停止**	再给6个月
时效中断	诉讼时效期间内	权利人主张权利或义务人同意（主观性）	**重新起算**	再给3年

2. 时效中断的效力的延伸：

（1）部分债权中断的效力及于剩余债权；

（2）连带债权（债务）一人中断及于他人；

（3）代位权诉讼，债权人起诉次债务人同时中断债权人对债务人的债权；

（4）债权转让与债务承担中的时效中断。

第二编　物权

第一分编　通则

第一章　物、物权与所有权

本章导读

本章要求考生熟练掌握物权的效力，物权变动的原则，物权变动的原因，物权的公示方式，物权的保护方法；了解或理解物权的概念与特征，物权法定的原则，物权的分类标准及意义，物权变动的概念以及变动模式。

知识点

一、物权的客体

1. 与人体结合、**不可分离**的有体物为人格权的客体，伤害其构成人格侵权。

《民法典》第 1179 条　侵害他人造成人身损害的，应当赔偿医疗费、护理费、交通费、营养费、住院伙食补助费等为治疗和康复支出的合理费用，以及因误工减少的收入。造成残疾的，还应当赔偿辅助器具费和残疾赔偿金；造成死亡的，还应当赔偿丧葬费和死亡赔偿金。

2. 与人体分离的器官、血液等可以成为物权的客体，但活体捐赠器官只能由完全民事行为能力人自愿无偿捐赠，不得有偿买卖。尸体是**特殊的物**，仅仅用于特定用途。

3. 自然人生前未表示不同意捐献的，该自然人死亡后，其配偶、成年子女、父母可以共同决定捐献，决定捐献应当采用书面形式。

4. 非法利用、损害死者遗体遗骨者，死者的配偶、父母和子女可以主张精神损害赔偿。

5. 网络虚拟财产是指虚拟的网络本身以及存在于网络上的具有财产性的电磁记录，是一种能够用现有的度量标准度量其价值的数字化的新型财产。网络虚拟财产作为一种新兴的财产，具有不同于现有财产类型的特点。《民法典》第127条规定：法律对数据、网络虚拟财产的保护有规定的，依照其规定。例如日常使用的Q币、游戏装备、游戏账号等级等，都属于网络虚拟财产。当民事主体所有的数据、网络虚拟财产遭受到非法侵犯时，法律提供平等的保护。在最高人民法院发布的互联网十大典型案例之一（俞彬华诉广州华多网络科技有限公司网络服务合同纠纷案）中，法院也指出：用户和网络服务提供者均应对他人的网络虚拟财产负有安全保护义务。北京市第三中级人民法院也曾在类似判决中指出：网络游戏消费者对虚拟财产的权利应予保护，运营商侵害其虚拟财产的，应予赔偿（《人民法院报》2020年7月9日第7版）。上述司法裁判的观点说明，网络虚拟财产具有物权属性，受物权法律制度保护。

二、物的分类

（一）不动产与动产

不动产，是指土地及其定着物。动产，是指不动产以外的物，其中，船舶、航空器、机动车等为特殊动产。区分不动产与动产的意义在于：第一，物权变动的公示方法不同，不动产物权变动公示**以登记为原则**，动产物权变动公示**以交付为原则**。第二，能够设立的物权类型不同，动产和不动产上都可存在所有权。但是，在他物权中，用益物权的客体原则上仅限于不动产，动产原则上只能成为担保物权的客体（抵押权除外）。

（二）主物与从物

非主物的成分，常助主物之效用而同属于一人的物，为从物。为从物所辅助的物，为主物。如锁与钥匙、电视机和遥控器、台灯与灯罩。区分主物与从物的意义在于：

“从”随“主”走——主物转让的，从物随主物转让，但是当事人另有约定的除外。

注意特例：房屋与窗户、上衣和裤子、汽车与轮胎不是主从物关系，但汽车与备胎是主从物关系。

应试点睛

从物的认定总结为12个字：存在独立、功能附属、归属一人。

（三）原物与孳息

原物是产生孳息的物，孳息是指由原物产生的新物，包括天然孳息（如果树的果实、生下的小牛）、法定孳息（如利息、租金）、射幸孳息（如彩票奖金）。股息和投资收益不属于孳息（孳息是“不劳而获”的收入）。区分原物与孳息的意义在于：确定孳息归何人所有。

1. 天然孳息，由所有权人取得；既有所有权人又有用益物权人的，由用益物权人取得。当事人另有约定的，按照约定。法定孳息，当事人有约定的，按照约定取得；没有约定或者约定不明确的，按照交易习惯取得。

2. 在买卖合同中，标的物在**交付之前**产生的孳息，归出卖人所有；**交付之后**产生的孳息，归买受人所有。但是，当事人另有约定的除外。

3. 夫妻一方个人财产在婚后产生的收益，除孳息和自然增值外，应认定为夫妻共同财产。即：劳动增值和投资收益为共同财产，孳息和自然增值为个人财产。

三、物权法定

物权法定主义包括**类型法定**和**内容法定**两个方面。如果一项约定违反物权法定，如约定不动产质押权、邻居之间的优先购买权等，则：

（1）不发生物权效力（即该约定不对抗第三人）。

（2）具有债法效力（即该约定有效，可以约束相对人）。

（3）违反该约定产生违约责任。

例 甲将其父去世时留下的毕业纪念册赠与胜利中学，赠与合同中约定该纪念册只能用于收藏和陈列，不得转让。则：

（1）此约定限制了胜利中学对纪念册的处分权，因而违反物权法定原则；

（2）如果胜利中学再行转让该纪念册为有权处分，受让人可以取得所有权；

（3）甲只能追究胜利中学的违约责任。

四、返还原物请求权

《民法典》第 235 条　无权占有不动产或者动产的，权利人可以请求返还原物。

1. 前提：

（1）物必须仍然存在，否则将构成事实上的履行不能，将转化为损害赔偿请求权（法律不强人所难）。

（2）凡是返还原物权利之主张（包括《民法典》第 235 条和第 462 条）的共同前提是只能向占有标的物的现时占有人主张（包括实际占有人和间接占有人），如该占有人已经丧失占有，则为法律上的履行不能，同样无此条之适用（2014 年卷三第 9 题 C 项）。

2. 要件：

（1）《民法典》第 235 条的请求权主体为享有占有权能的物权人（不包括抵押权人）。

例 甲以自有房屋向乙银行抵押借款，办理了抵押登记。丙因甲欠钱不还，强行进入该房屋居住。借款到期后，甲无力偿还债务。该房屋由于丙的非法居住，难以拍卖，纵然甲怠于行使对丙的返还请求权，乙银行也不能依据抵押权直接对丙行使返还请求权。

（2）本条的法定事由为无权占有（有权占有常见的三个本权：所有权、他物权、合同债权）。

特别注意：遗失物的拾得人对遗失物的占有为无权占有[①]而非有权占有。

---

① 《民法典》第 312 条　所有权人或者其他权利人有权追回遗失物。

（3）本条的义务人为**无权占有**的现时占有人，包括无权占有的直接占有人和间接占有人。

特别注意：

①义务人不包括占有辅助人，如乙捡到甲的锤子，交给自己的雇员丙使用，此时丙对甲不承担返还义务——占有辅助人不具有独立的支配占有物的意思。

②如为有权占有人，自然不承担《民法典》第235条所规定的返还义务。

③如果占有人已经丧失占有，则不能对其主张返还原物请求权（只能主张损害赔偿）。

3. 结论：享有占有权能的物权人向**无权占有**的现时占有人主张返还。

例 2007年4月2日，王某与丁某约定：王某将一栋房屋出售给丁某，房价20万元。丁某支付房屋价款后，王某交付了房屋，但没有办理产权移转登记。丁某接收房屋作了装修，于2007年5月20日出租给叶某，租期为2年。2007年5月29日，王某因病去世，全部遗产由其子小王继承。小王于2007年6月将该房屋卖给杜某，并办理了所有权移转登记。

过户前：所有权人——王某（小王）

（1）能否要求丁某（间接占有）返还房屋？答：不能——基于买卖合同的有权占有。

（2）能否要求叶某（直接占有）返还房屋？答：不能——有权占有在占有连续中的传递。

过户后：所有权人——杜某

（3）能否要求丁某（间接占有）返还房屋？答：可以——基于债权的有权占有的相对性。

（4）能否要求叶某（直接占有）返还房屋？答：不能——买卖不破租赁（仅仅限于先租后卖）。

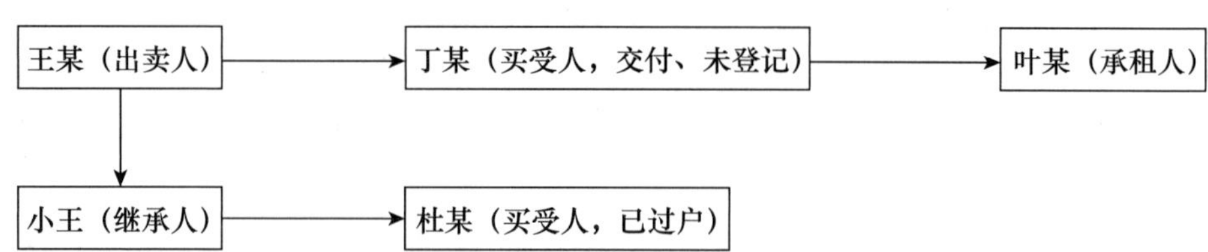

4. 时效：不动产物权和**登记**的动产物权（船舶、航空器、机动车）的权利人请求返还财产不适用诉讼时效——亦即，普通动产和未登记的特殊动产的返还原物请求权要适用诉讼时效（3年）。

第二章 物权变动

本章导读

本章需要考生熟练掌握物权中公示原则、公信原则，物权取得、消灭的原因，交付及其法律效果，登记及其法律效果。

知识点

导论：物权变动概述

(一) 物权变动的概念

物权的变动，是指物权的设立、变更、转让和消灭。就物权主体而言，是指其取得物权和丧失物权；就物权内容而言，是指物权的内容发生变化。

(二) 物权变动的三条通道

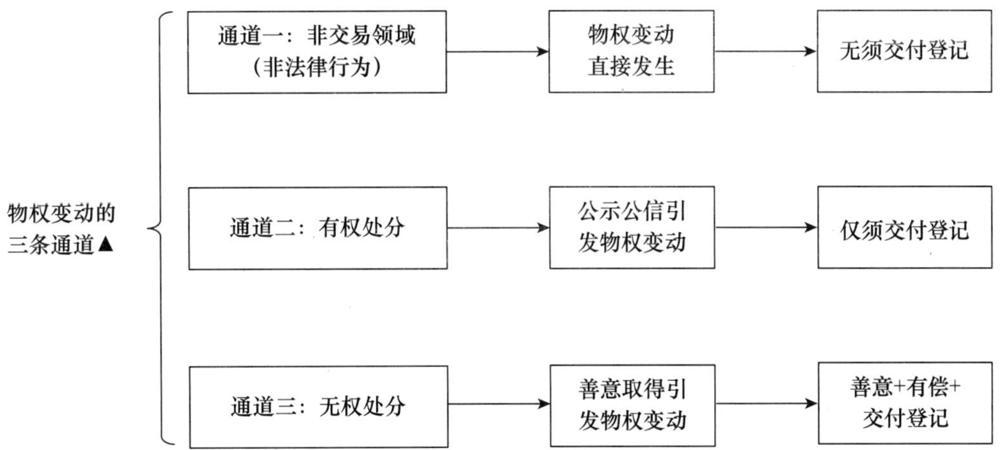

考查模式：三条通道融入一个案例，考查物权归属。

例 吴某和李某共有一套房屋，所有权登记在吴某名下。2010 年 2 月 1 日，法院判决吴某和李某离婚，并且判决房屋归李某所有，但是并未办理房屋所有权变更登记。3 月 1 日，李某将该房屋出卖给张某，张某基于对判决书的信赖支付了 50 万元价款，并入住了该房屋。4 月 1 日，吴某又就该房屋和王某签订了买卖合同，王某在查阅了房屋登记簿确认房屋仍归吴某所有后，支付了 50 万元价款，并于 5 月 10 日办理了所有权变更登记手续。问：本题中所有权的流转轨迹如何认定？

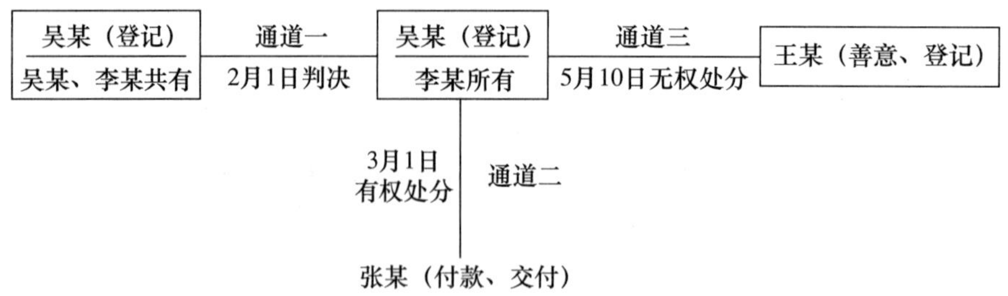

一、通道一：非基于法律行为而发生的物权变动▲

1. 不需要进行公示即可发生物权变动：**人民法院、仲裁机构的法律文书**，人民政府的**征收决定，继承，合法建造**、拆除房屋。

【相关法条】

《民法典》第229条　因人民法院、仲裁机构的法律文书或者人民政府的征收决定等，导致物权设立、变更、转让或者消灭的，自法律文书或者征收决定等生效时发生效力。

《民法典》第230条　因继承取得物权的，自继承开始时发生效力。

《民法典》第231条　因合法建造、拆除房屋等事实行为设立或者消灭物权的，自事实行为成就时发生效力。

2. **再行处分**该物权时，法律规定需要进行登记的，应当首先进行宣示登记，然后再进行变更（过户）登记。

例　张大去世后，其子张三欲将登记在张大名下房屋卖于李四，如何登记：张大去世——张三取得所有权——宣示登记——变更登记——李四取得所有权。

【相关法条】

《民法典》第232条　处分依照本节规定享有的不动产物权，依照法律规定需要办理登记的，未经登记，不发生物权效力。

（1）物权变动在先，宣示登记在后，宣示登记是物权变动的确认。

▲注意：此时的登记既非生效要件，也非对抗要件。

（2）变更登记在先，物权变动在后，变更登记是物权变动的前提。

3. 形成裁判。

【相关法条】

《民法典》第229条　因人民法院、仲裁机构的法律文书或者人民政府的征收决定等，导致物权设立、变更、转让或者消灭的，自法律文书或者征收决定等生效时发生效力。

《最高人民法院关于适用〈中华人民共和国民法典〉物权编的解释（一）》（简称《民法典物权编解释（一）》）第7条　人民法院、仲裁机构在分割共有不动产或者动产等案件中作出并依法生效的改变原有物权关系的判决书、裁决书、调解书，以及人民法院在执行程序中作出的拍卖成交裁定书、变卖成交裁定书、以物抵债裁定书，应当认定为《民法典》第229条所称导致物权设立、变更、转让或者消灭的人民法院、仲裁机构的法律文书。

《最高人民法院关于适用〈中华人民共和国民事诉讼法〉的解释》（简称《民诉解释》）第491条　拍卖成交或者依法定程序裁定以物抵债的，标的物所有权自拍卖成交裁定或者抵债裁定送达买受人或者接受抵债物的债权人时转移。

（1）形成裁判包括：共有物分割之诉的裁判（判决书、裁决书、调解书）、债权人撤销权之诉的裁判以及执行程序中的拍卖成交裁定书、变卖成交裁定书、以物抵债裁定书。

（2）区别。

①确认判决——判决前后都是A的——不变动法律关系——登记错误的对应更正登记。

例1 房A登记在甲名下，乙认为自己是所有权人，遂提起确权之诉，现乙胜诉。此时，生效确权判决的内容是“房A是乙的”，而不是“将甲的房A判归乙”。故此时物权并未变动。当然，乙要出卖房A给丙，需要先行宣示登记到自己名下，再过户登记给丙。

例2 某房屋登记簿上所有权人为甲，但乙认为该房屋应当归自己所有，遂申请仲裁。仲裁裁决争议房屋归乙所有，但裁决书生效后甲、乙未办理变更登记手续。——此仲裁裁决为确认裁判房屋应归乙所有。

②给付判决——过户前是A的，过户后是B的——基于当事人的行为——对应变更登记。

例 甲、乙和丙于2012年3月签订了散伙协议，约定登记在丙名下的合伙房屋归甲、乙共有。后丙未履行协议。同年8月，法院判决丙办理该房屋过户手续，丙仍未办理。——此为给付判决，法院判决的内容是丙去办理过户手续而非把房屋直接判归甲、乙。

③形成判决——判决前是A的，判决后是B的——基于国家司法权——对应宣示登记。

例1 吴某和李某共有一套房屋，所有权登记在吴某名下。2010年2月1日，法院判决吴某和李某离婚，并且判决房屋归李某所有。——此为形成裁判，即法院把诉争房屋直接判归李某。

例2 房屋A登记在甲的名下，乙对此登记有异议，遂诉诸法院。经审理，法院判决确认房屋A为乙所有。以下说法何者正确？

A. 判决生效时，该房屋即归乙所有

B. 判决生效时，乙将该房屋过户到自己名下时，该房即归乙所有

C. 无论乙是否将该房屋过户登记在自己名下，均可将该房为银行设立抵押权

D. 乙将该房屋抵押给银行，银行抵押权的取得，必须以办理抵押登记为条件

【答案】 D

二、通道二：基于有权处分而发生的物权变动▲

（一）区分原则、有因性与公示公信原则

1. 区分原则。

《民法典》第215条规定：当事人之间订立有关设立、变更、转让和消灭不动产物权的合同，除法律另有规定或者当事人另有约定外，自合同成立时生效；未办理物权登记的，不影响合同效力。——这意味着：（1）合同效力**不受登记**的影响；（2）合同

生效原则上也不能直接引发物权变动（区分原则）。

2. 有因性与公示公信原则。

物权变动一般情况下适用强制公示规则——须有效合同（有因性）＋交付登记（公示公信）。

3. 物权变动的公式：

有效的**债权合同＋交付**＝动产物权变动；有效的**债权合同＋登记**＝不动产物权变动。

例1 张三将房屋抵押给李四，签订了抵押合同但没有办理抵押登记。此时，抵押权虽未设立，但不影响抵押合同的效力。

例2 甲出售A房于乙，登记机关错误地把B房登记于乙，问：乙是否取得B房的所有权？——不能。因为B房虽有登记，但不是双方真实意思表示，欠缺交易基础。

例3 甲出售某房屋于乙并完成交付，其后甲再将该屋出售于丙并完成登记，问：房屋所有权归谁？——归丙。

例4 甲出卖手表于乙并完成交付，随后甲又以欺诈为由起诉撤销该买卖合同，则：

如乙进入破产程序，甲可以主张何种权利？——破产取回权。

如乙将手表卖于第三人丙，则丙在何种情况下才能取得所有权？——善意取得。

（二）以下情况为例外

（1）土地承包经营权的设立，仅仅以合同生效为必要，而且无须登记即可对抗第三人。土地承包经营权合同生效，不仅能引起物权变动（承包权设立），而且能够使承包权具有对抗第三人的效力。县级以上地方政府发放土地承包经营权证、登记造册，为纯粹的行政管理手段，不具备民法上的意义，其既不能引起承包权的设立，也不能赋予承包权以对抗效力。

合同生效＝物权设立＋对抗善意第三人。

（2）“动土地”（动产抵押的设立、土地承包经营权的互换转让、五年以上土地经营权的流转、地役权的设立），合同生效即可变动物权，非经登记不得对抗善意第三人，此为任意公示规则。

合同生效＝物权设立；登记＝对抗善意第三人。

例 甲公司为担保自己的贷款，将一台机器设备向乙银行抵押，与乙银行订立了机器设备抵押合同，该合同成立时即生效，但在抵押登记之前，所享有的抵押权不具有对抗效力。

应试点睛

土地承包经营权的物权变动，包括两类：一是土地承包权的设立。土地承包权的设立，发生在集体与承包权人之间，为承包权的初次取得。二是土地承包权的互换、转让。土地承包权的互换、转让，发生在土地承包权人之间，为初次取得之后，土地承包权的流转。二者的物权变动模式不同，前者自承包合同生效时设立，不存在是否登记对抗的问题；而后者自合同生效时发生变动，但非经登记不得对抗善意第三人。

（3）船舶、航空器和机动车的转让，**以交付为生效要件，以登记为对抗要件。**

《民法典》第224条　动产物权的设立和转让，自交付时发生效力，但是法律另有规定的除外。

《民法典》第225条　船舶、航空器和机动车等的物权的设立、变更、转让和消灭，未经登记，不得对抗善意第三人。

《民法典物权编解释（一）》第6条　转让人转让船舶、航空器和机动车等所有权，受让人已经支付合理价款并取得占有，虽未经登记，但转让人的债权人主张其为《民法典》第225条所称的"善意第三人"的，不予支持，法律另有规定的除外。

1）公式。

买受人受领交付＝取得所有权（《民法典》第224条）；

买受人受领交付＋支付合理价款＝对抗转让人的债权人的强制执行（《民法典物权编解释（一）》第6条）；

买受人受领交付＋登记＝对抗善意第三物权人（抵押权人）（《民法典》第225条）。

2）考查模型。

甲将其名下的A车转让给乙并完成交付，但在双方办理车辆过户登记之前，甲的一般债权人丙通过法院判决执行查封了A车，导致车辆无法办理过户。此时，甲把车过户给乙之前，又把车抵押给丁并且完成抵押登记。问：乙、丙、丁的权利冲突如何解决？答：①该车的所有权属于受领交付的乙。②乙的所有权未经登记不得对抗抵押权人丁。③乙在付款之前不得对抗申请强制执行的丙。④丙作为普通债权人不得对抗抵押权人丁。因此，三者的权利排序为：丁—丙—乙。即：丁先实现抵押权，丙再实现债权。乙如果要保住所有权，首先需要付款给出卖人甲，然后再向抵押权人丁代为清偿（代为清偿后可以向甲追偿）。

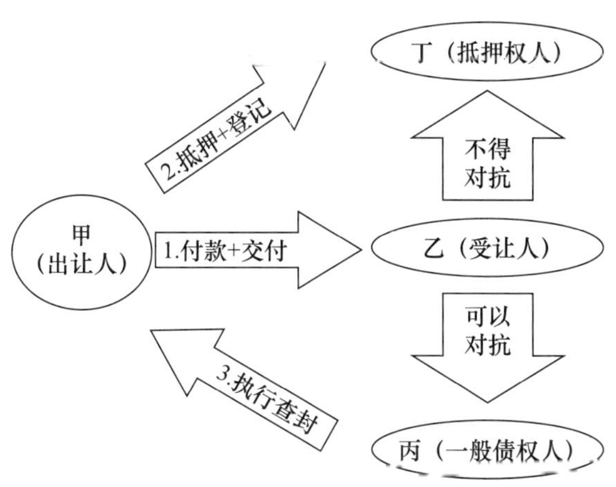

例1　甲的车卖给乙并交付，乙付款，但未登记；后来甲又把车卖给不知情的丙并完成登记，问：丙能否主张自己为善意第三人从而对抗未登记的乙？——物权优先于债权。

例2　甲的车卖给乙，交付但未登记，乙付款。然后甲又把车抵押给不知情的丙并完成抵押登记，问：丙能否主张自己为善意第三人从而对抗未登记的乙？——非经登记不得对抗善意物权人。

例3 甲的车卖给乙，交付但未登记，乙付款。后来车被丙毁损。乙向丙提出损害赔偿，问：丙能否主张自己为善意第三人从而对抗未登记的乙？——物权优先于债权。

例4 甲的车卖给乙，交付但未登记，乙付款。问：如果乙向甲请求过户登记，甲能否主张自己为善意第三人从而对抗未登记的乙？——甲为当事人而非第三人。

例5 甲的车卖给乙，交付但未登记，乙付款。甲去世，小甲为唯一继承人，问：小甲能否主张自己为善意第三人从而对抗未登记的乙？——小甲与甲的法律地位一致，小甲也为当事人而非第三人。

［答案］

【例1】不能。基于物权优先于债权的法理，结合本题，丙仅仅是合同当事人而非物权人，乙的物权优先于丙的债权。

【例2】可以。机动车物权的转让，未经登记，不得对抗善意第三人。结合本题，甲转让车于乙但未登记，因此，丙作为善意第三人，依法取得抵押权。

【例3】不能。丙为损害车辆的侵权行为人，并不是第三人。同时，丙对车的损害产生侵权之债的关系，并不发生物权关系。

【例4】不能。甲是车辆转让中的当事人，不是第三人。

【例5】不能。小甲是甲的唯一继承人，在甲死亡后，就车辆的转让，小甲与甲的法律地位一致，小甲属于当事人而非第三人。

（三）动产交付

1. 现实交付：权物（所有权＋物的占有）同步——何为交付？

例1 甲出卖某车于乙，由甲的司机将汽车交付于乙的司机。

例2 甲出卖某画于乙，乙转售于丙，乙请甲将画直接交付于丙，甲同意并照做。

【例题】（2021真题回忆版）张某将一块家传宝玉卖给李某，二人签订协议X，其中附有条款：(1) 张某未来两年有权随时以原价的120%买回这块玉，李某不能拒绝；(2) 如果这期间李某把玉卖给别人，此协议失效。一年后，李某与王某签订协议Y，将该宝玉卖给王某，并完成交付。在缔约过程中，李某曾向王某告知协议X的上述约定。对此，下列说法正确的是：

A. 协议Y严重损害张某的利益，因此协议Y无效

B. 王某与李某之间的协议Y有效

C. 王某取得该宝玉的所有权

D. 张某有权请求李某承担违约责任

【答案】BCD

2. 观念交付：简易交付、占有改定、指示交付。

【相关法条】

《民法典》第226条 动产物权设立和转让前，权利人已经占有该动产的，物权自民事法律行为生效时发生效力。

《民法典》第228条 动产物权转让时，当事人又约定由出让人继续占有该动产

的，物权自该约定生效时发生效力。

《民法典》第227条　动产物权设立和转让前，第三人占有该动产的，负有交付义务的人可以通过转让请求第三人返还原物的权利代替交付。

《民法典物权编解释（一）》第17条　《民法典》第311条第1款第1项所称的“受让人受让该不动产或者动产时”，是指依法完成不动产物权转移登记或者动产交付之时。

当事人以《民法典》第226条规定的方式交付动产的，转让动产民事法律行为生效时为动产交付之时；当事人以《民法典》第227条规定的方式交付动产的，转让人与受让人之间有关转让返还原物请求权的协议生效时为动产交付之时。

法律对不动产、动产物权的设立另有规定的，应当按照法律规定的时间认定权利人是否为善意。

▲小结：三种观念交付之对比，以买卖合同为例。

	简易交付	占有改定	指示交付
顺序	占有在先，物权在后	物权在先，占有在后	物权在先，占有在后
要件	买受人占有＋买卖合同	买卖合同＋占有改定协议（出卖人占有）	第三人占有＋买卖合同
物权变动	买卖合同**生效时**完成物权移转	占有改定协议**生效时**完成物权移转	双方达成的返还请求权的“让与合意”**生效时**完成物权移转，通知第三人是对第三人生效的要件（类似于债权让与）

【例题】（2017－3－5）庞某有1辆名牌自行车，在借给黄某使用期间，达成转让协议，黄某以8 000元的价格购买该自行车。次日，黄某又将该自行车以9 000元的价格转卖给了洪某，但约定由黄某继续使用1个月。关于该自行车的归属，下列哪一选项是正确的？

A. 庞某未完成交付，该自行车仍归庞某所有

B. 黄某构成无权处分，洪某不能取得自行车所有权

C. 洪某在黄某继续使用1个月后，取得该自行车所有权

D. 庞某既不能向黄某，也不能向洪某主张原物返还请求权

【答案】D

例　甲继承其父遗留的小提琴，随即出卖于乙，约定于4月3日交琴。甲于4月3日向乙表示愿意让与该琴所有权，但欲借用3日，乙同意，并即开具支票支付。甲又于4月4日将该琴出售于善意之丙，并即交付与丙。甲又于4月5日将该琴出卖于丁，对丁虚称该琴系借丙使用，愿将其对丙的返还请求权让与丁，以代交付，移转该琴所有权。享有该琴所有权的是谁？

A. 甲　　B. 乙　　C. 丙　　D. 丁

【答案】C

（四）不动产登记

1. 登记簿与权属证书。

《民法典》第216条　不动产登记簿是物权归属和内容的根据。不动产登记簿由登

记机构管理。

《民法典》第217条 不动产权属证书是权利人享有该不动产物权的证明。不动产权属证书记载的事项，应当与不动产登记簿一致；记载不一致的，除有证据证明不动产登记簿确有错误外，以不动产登记簿为准。

《民法典物权编解释（一）》第2条 当事人有证据证明不动产登记簿的记载与真实权利状态不符、其为该不动产物权的真实权利人，请求确认其享有物权的，应予支持。

《民法典物权编解释（一）》第2条的适用情形主要包括：

（1）共有财产登记于一方名下：如甲、乙夫妻婚后购买的房子，两人商量仅登记在甲名下，然后就房屋归属发生纠纷。此时如乙有证据证明该房屋为双方共有，则可以推翻前述登记。

（2）遗产登记于部分继承人名下：如张大去世，留有房屋，两个儿子，但仅登记于长子名下，然后就房屋归属发生纠纷。此时如次子有证据证明该房屋为双方共同继承进而形成共同共有，则可以推翻前述登记。

（3）借名登记：如甲在乙寺院出家修行，立下遗嘱，将乙寺院出资购买并登记在甲名下的房产分配给女儿丙，此时如乙寺院有证据证明该房屋为乙寺院所有，则可以推翻前述登记。

（4）共有物分割未变更登记：如张三与李四离婚，法院判登记在张三名下房子归李四所有，此时如李四能够举出法院判决的证据，则可以推翻前述登记。

结论1：不动产登记与不动产物权的真实状态不一致时，推定前者为准，后者可以以证据推翻前者（事实大于登记簿，登记簿大于权属证书）。

结论2：区分内外关系，内部证据可以推翻登记的推定效力，外部保护交易安全，第三人取得物权。

2. 更正登记与异议登记。

（1）更正登记：

权利人：确有证据证明登记错误可以主张更正登记。

利害关系人：经登记权利人书面同意可以主张更正登记。

（2）异议登记：

《民法典》第220条 权利人、利害关系人认为不动产登记簿记载的事项错误的，可以申请更正登记。不动产登记簿记载的权利人书面同意更正或者有证据证明登记确有错误的，登记机构应当予以更正。

不动产登记簿记载的权利人不同意更正的，利害关系人可以申请异议登记。登记机构予以异议登记，申请人自异议登记之日起15日内不提起诉讼的，异议登记失效。异议登记不当，造成权利人损害的，权利人可以向申请人请求损害赔偿。

《民法典物权编解释（一）》第3条 异议登记因《民法典》第220条第2款规定的事由失效后，当事人提起民事诉讼，请求确认物权归属的，应当依法受理。异议登记失效不影响人民法院对案件的实体审理。

《民法典物权编解释（一）》第15条 具有下列情形之一的，应当认定不动产受让人知道转让人无处分权：

（一）登记簿上存在有效的异议登记……

a. 申请人——权利人不同意更正登记时由利害关系人单方提出。

b. 性质。

b1：程序性登记：登记机关“三不”——不审查、不确认、不赔偿。

b2：临时性登记：15 日内不起诉的，异议登记失效（起诉会持续有效）。

b3：异议登记作为程序性登记，不影响过户，但登记机关须提示风险。①

异议登记失效后，申请人就同一事项以同一理由再次申请异议登记的，不动产登记机构不予受理。

c. 异议登记的效力。

c1：有效的异议登记仅仅限于：①异议登记之日起 15 日内；②前述 15 日内如果申请人起诉的，该异议登记持续有效。有效的异议登记的价值在于**阻挡第三人的善意取得**。

c2：15 日内未起诉的，异议登记将失效，此时异议登记无法阻挡善意取得，但不影响异议申请人可以继续提起民事诉讼请求确认物权归属。

结论：15 日内可诉可挡；15 日后可诉不可挡。

甲：登记人；乙：异议登记申请人。

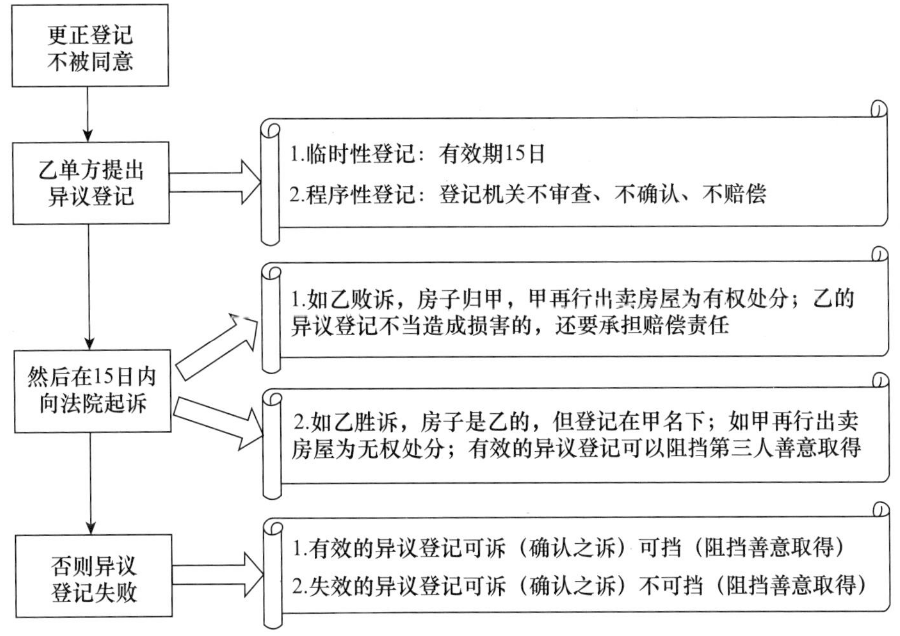

例 甲的房子，乙认为自己是共有人，提异议登记，然后甲卖房子给丙。假如异议登记后乙诉至法院，而且甲（登记名义人）和丙（买受人）完成过户，又将如何？

① 相关法条——《不动产登记暂行条例实施细则》第 84 条 异议登记期间，不动产登记簿上记载的权利人以及第三人因处分权利申请登记的，不动产登记机构应当书面告知申请人该权利已经存在异议登记的有关事项。申请人申请继续办理的，应当予以办理，但申请人应当提供知悉异议登记存在并自担风险的书面承诺。

答：首先明确一点，异议登记生效后丙即为恶意第三人，然后分三种情况：

第一种情况：乙胜诉，甲为无权处分，丙作为恶意第三人，无法取得物权。

第二种情况：乙败诉，甲为有权处分，丙的善恶意不影响物权变动，丙可以取得物权。

第三种情况：如果乙在异议登记失效后才起诉，丙将成为善意第三人，即使甲无权处分，丙的善意取得也不受影响。（亦即，失效的异议登记无法阻挡第三人的善意取得）

3. 预告登记。

《民法典》第 221 条　当事人签订买卖房屋的协议或者签订其他不动产物权的协议，为保障将来实现物权，按照约定可以向登记机构申请预告登记。预告登记后，未经预告登记的权利人同意，处分该不动产的，不发生物权效力。

预告登记后，债权消灭或者自能够进行不动产登记之日起 90 日内未申请登记的，预告登记失效。

▲小结：

（1）预告登记的申请人是谁？——合同双方当事人共同申请。

（2）预告登记所登记的客体是什么？——合同债权。

（3）预告登记后，再次处分该不动产产生的效力如下。

《民法典物权编解释（一）》第 4 条　未经预告登记的权利人同意，转让不动产所有权等物权，或者设立建设用地使用权、居住权、地役权、抵押权等其他物权的，应当依照《民法典》第 221 条第 1 款的规定，认定其不发生物权效力。

①不影响债权合同效力——预告登记后再出卖、抵押、出租的合同有效。

②**阻挡其后**的物权变动。

③转而寻求违约责任的救济——履行不能，损害赔偿。

▲考查模型：

例　张三、李四签订不动产的买卖合同并作预告登记后：

①张三、王五签订买卖或者抵押合同并以不正当手段完成登记——买卖、抵押合同有效，物权变动无效，王五向张三追究违约责任。

②张三、赵六签订租赁合同并交付租赁物于赵六——租赁合同有效，赵六取得租赁权。

③在②中，如果将来张三、李四完成过户登记，赵六能否主张买卖不破租赁？

答：不能。买卖不破租赁适用于先租赁后买卖，上例情况则在租赁前已经有了买卖的预告登记。

《民法典》第 725 条　租赁物在承租人按照租赁合同占有期限内发生所有权变动的，不影响租赁合同的效力。

（4）预告登记的时间限度是多久？——90 日。

（5）预告登记的失效。

《民法典》第 221 条　当事人签订买卖房屋的协议或者签订其他不动产物权的协议，为保障将来实现物权，按照约定可以向登记机构申请预告登记。预告登记后，未经预告登记的权利人同意，处分该不动产的，不发生物权效力。

预告登记后，债权消灭或者自能够进行不动产登记之日起 90 日内未申请登记的，预告登记失效。

《民法典物权编解释（一）》第 4 条　未经预告登记的权利人同意，转让不动产所有权等物权，或者设立建设用地使用权、居住权、地役权、抵押权等其他物权的，应当依照《民法典》第 221 条第 1 款的规定，认定其不发生物权效力。

《民法典物权编解释（一）》第 5 条　预告登记的买卖不动产物权的协议被认定无效、被撤销，或者预告登记的权利人放弃债权的，应当认定为《民法典》第 221 条第 2 款所称的"债权消灭"。

思考：预告登记失效后会如何？

例　甲公司开发写字楼一幢，于 2008 年 5 月 5 日将其中一层卖给乙公司，约定半年后交房，并于 2008 年 5 月 6 日申请办理了预告登记。2008 年 6 月 2 日甲公司因资金周转困难，在乙公司不知情的情况下，以该层楼向银行抵押借款。下列说法正确的有：

A. 抵押合同有效，但抵押权不能设立

B. 抵押合同有效，在银行不知情的情况下，抵押权能被银行通过抵押登记而善意取得

C. 无论抵押合同是否有效，只要乙公司同意，银行即可经登记取得抵押权

D. 如果甲公司、乙公司之间协议解除合同，那么预告登记失效

【答案】 AD

特别注意：预告登记具有实体法上的效力，因而预告登记后，登记机关不得再进行物权变动的登记。(《不动产登记暂行条例实施细则》第 85 条)

【民诉链接】

《最高人民法院关于人民法院办理执行异议和复议案件若干问题的规定》第 30 条　金钱债权执行中，对被查封的办理了受让物权预告登记的不动产，受让人提出停止处分异议的，人民法院应予支持；符合物权登记条件，受让人提出排除执行异议的，应予支持。

4. 四个责任。

(1) 异议登记不当，造成权利人损害的，权利人可以向申请人请求损害赔偿。

(2) 当事人提供虚假材料申请登记，造成他人损害的，应当承担赔偿责任。

(3) 因登记错误，造成他人损害的，登记机构应当承担赔偿责任。

(4) 登记机构赔偿后，可以向造成登记错误的人追偿。

▲小结：上述 (2) (3) (4) 的两种考查模式：

第一种：登记机关自己错误，与他人无关，须承担无过错责任。

第二种：第三人提供虚假材料（如伪造的权利人的同意进行更正登记）导致登记机关登记错误，此时登记机关与第三人承担不真正连带责任，亦即：

——受害人首先可以选择第三人或者登记机关请求赔偿；

——如受害人直接选择第三人追究责任，则由第三人承担；

——如受害人选择登记机关追究责任，则登记机关可以向第三人追偿。

第三章　所有权取得的特别方式

本章导读

本章需要考生熟练掌握无权处分相关法律规定，善意取得的法律要件及其产生的法律效果，以及遗失物、无主物、添附相关的法律规定。

知识点

一、无权处分与善意取得

（一）善意取得与合同效力

具有下列情形之一，受让人主张依据《民法典》第 311 条规定取得所有权的，不予支持：

（1）**转让合同被认定无效；**

（2）**转让合同被撤销。**

例　丙以将乙出轨的事情告知其丈夫甲为由，威胁乙将登记在其名下的一套房屋以市价出卖给丙，事实上该房屋为甲、乙夫妻共有。乙无奈将房屋过户给了丙。乙未经甲同意出卖该房屋为无权处分，乙因受胁迫享有撤销权。

（1）在法院判决撤销该房屋买卖合同后，丙不能取得该房屋的所有权。

（2）如该撤销权消灭，则丙善意取得该房屋所有权不受影响。

注意：丙对无权处分一事不知情，亦即丙始终是善意的，丙是善意恶意不取决于丙是否有胁迫而取决于丙是否知情。

（二）善意取得的一般条件

《民法典》第 311 条　无处分权人将不动产或者动产转让给受让人的，所有权人有权追回；除法律另有规定外，符合下列情形的，受让人取得该不动产或者动产的所有权：

（一）受让人受让该不动产或者动产时是善意；

（二）以合理的价格转让；

（三）转让的不动产或者动产依照法律规定应当登记的已经登记，不需要登记的已经交付给受让人。

受让人依据前款规定取得不动产或者动产的所有权的，原所有权人有权向无处分权人请求损害赔偿。

当事人善意取得其他物权的，参照适用前两款规定。

《民法典物权编解释（一）》第 14 条　受让人受让不动产或者动产时，不知道转让人无处分权，且无重大过失的，应当认定受让人为善意。

真实权利人主张受让人不构成善意的，应当承担举证证明责任。

《民法典物权编解释（一）》第15条 具有下列情形之一的，应当认定不动产受让人知道转让人无处分权：

（一）登记簿上存在有效的异议登记；

（二）预告登记有效期内，未经预告登记的权利人同意；

（三）登记簿上已经记载司法机关或者行政机关依法裁定、决定查封或者以其他形式限制不动产权利的有关事项；

（四）受让人知道登记簿上记载的权利主体错误；

（五）受让人知道他人已经依法享有不动产物权。

真实权利人有证据证明不动产受让人应当知道转让人无处分权的，应当认定受让人具有重大过失。

《民法典物权编解释（一）》第16条 受让人受让动产时，交易的对象、场所或者时机等不符合交易习惯的，应当认定受让人具有重大过失。

《民法典物权编解释（一）》第17条 《民法典》第311条第1款第1项所称的“受让人受让该不动产或者动产时”，是指依法完成不动产物权转移登记或者动产交付之时。

《民法典物权编解释（一）》第18条 《民法典》第311条第1款第2项所称“合理的价格”，应当根据转让标的物的性质、数量以及付款方式等具体情况，参考转让时交易地市场价格以及交易习惯等因素综合认定。

《民法典物权编解释（一）》第19条 转让人将《民法典》第225条规定的船舶、航空器和机动车等交付给受让人的，应当认定符合《民法典》第311条第1款第3项规定的善意取得的条件。

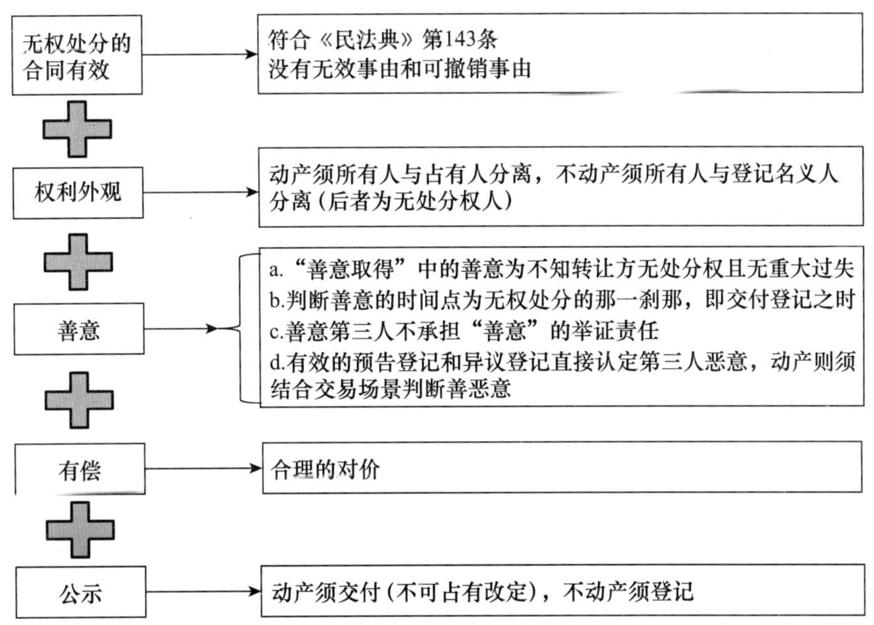

设：甲为权利人；乙为无权处分人；丙为第三人。

1. 乙为无权处分人，却具有有权处分的外观。

（1）无权处分是善意取得的基本前提。

（2）乙**具有所有权人的外观**。这意味着：

①如果乙向丙无权处分的标的物为不动产，乙必须是不动产的登记人，即，登记名义人和实际权利人的分离——常见的如：

a. 夫妻共同财产或继承未分割的财产登记于一方名下，例如：甲、乙婚后购买房屋一套，房屋登记于甲名下，甲未经乙同意，擅自将房屋卖给丙，完成过户登记。

b. 法院作出形成判决但尚未过户登记，例如：法院在分割甲、乙离婚财产时，将共同共有的登记于甲名下的房屋，判决归乙个人所有，判决生效后房屋更名之前，甲将房屋擅自出卖于丙，完成过户登记。

c. 合同无效或者被撤销后产生的二者分离，例如，甲因受欺诈，将房屋出卖给乙，完成过户登记。后甲、乙的买卖合同被法院撤销。在判决生效后，乙擅自出卖房屋于丙，完成过户登记。

d. 虚假意思表示产生的二者分离。例如：甲以出卖房屋的形式作为民间借贷合同的担保，向乙贷款50万元，房屋过户于乙名下，乙擅自出卖房屋于丙，完成过户登记。

以上四种情况都属于登记名义人和实际权利人分离而引起的无权处分。

②如果乙向丙无权处分的标的物为动产，乙必须是动产的占有人。

③如果乙向丙无权处分的标的物为特殊动产，乙必须同时是动产的占有人和登记人（乙占有才能完成交付，登记在乙名下丙才能被认定为善意）。

2. 乙与丙之间为等价有偿的合法交易。

3. 丙为**善意**。

（1）丙不知乙为无权处分且无重大过失，即丙基于对乙的占有、登记的信赖，相信乙就是所有权人，为有权处分。

（2）判断善意的时间点为无权处分的那“一刹那”，即**动产交付、不动产登记**之时。

（3）善意第三人**不承担**“善意”的举证责任——原则上消极事实无须举证，当事人主张受让人不构成善意的，应当承担举证证明责任。

（4）无权处分下对第三人善意与恶意的判断，要把动产和不动产区别对待，不动产主要从登记簿（预告登记、异议登记）出发，动产则主要从交易的对象、场所或者时机等交易习惯而论。

4. 完成公示，即丙获得占有、登记——此时发生善意取得，所有权归属于善意第三人。

特别注意：占有改定不能发生善意取得，但指示交付可以发生善意取得。

例1 甲的相机借给乙使用，乙将其以合理价格出卖给丙，丙无法证明自己对于乙无权处分不知情，甲也无法证明丙对乙无权处分知情，此时应推定丙为善意，于是丙可以善意取得该相机的所有权。

例2 甲的相机借给乙使用，乙以合理价格出卖给不知情的丙并于2018年1月1日完成交付，1月2日丙从朋友处得知相机是甲所有，感到后背发凉，但此时的丙已经善意取得相机的所有权。

例 3 甲的相机借给乙使用，乙将其以合理价格出卖给丙，但约定由乙代为保管，此时丙不能善意取得该相机的所有权。

例 4 甲的相机借给乙使用，乙谎称是自己的，先出租于丙，再出卖于丁，乙、丁之间可以达成返还请求权的让与协议，此时丁通过指示交付善意取得该相机的所有权。

（三）无权处分的法律后果

《民法典》第 597 条 因出卖人未取得处分权致使标的物所有权不能转移的，买受人可以解除合同并请求出卖人承担违约责任。

法律、行政法规禁止或者限制转让的标的物，依照其规定。

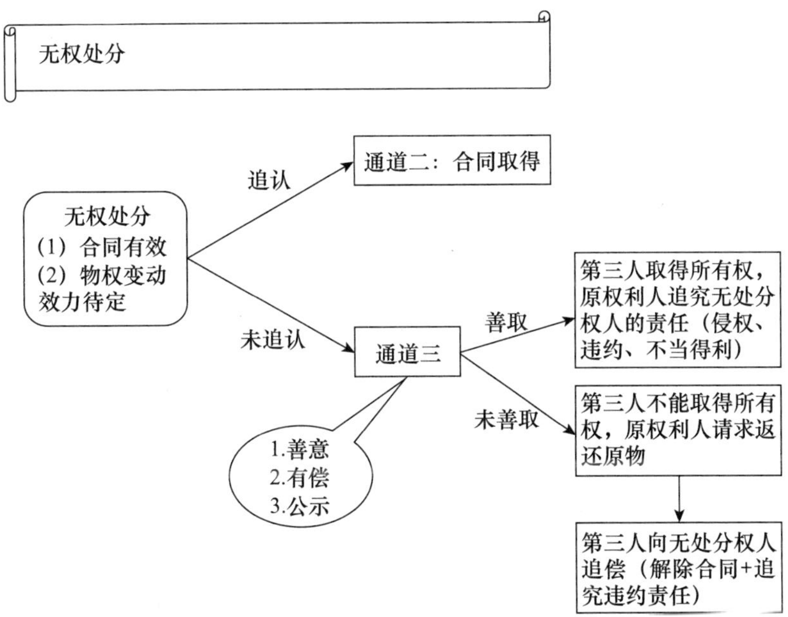

第一种结果，无权处分**被追认**——适用通道二：有因性＋公示公信原则。

第二种结果，无权处分**不被追认且不发生善意取得**，第三人不能取得所有权，原权利人有权请求第三人返还原物；第三人向无处分权人追偿，请求解除合同并请求其承担违约责任。

第三种结果，无权处分**不被追认且发生善意取得**，第三人取得所有权，原权利人追究无处分权人的责任（侵权、违约、不当得利）。

【例题】（2019 真题回忆版）陈某与肖某系夫妻。婚后两人共同购买了一套房屋，登记在陈某名下。2019 年 2 月 3 日，陈某找来老相好蔡某，以夫妻名义做了一张假结婚证，并和蔡某一起将房屋过户给不知情的秦某。妻子肖某发现后，要求撤销合同。关于本案，下列说法正确的有：

A. 虽然房屋登记在陈某名下，但依然系陈某和肖某共同共有

B. 肖某有权请求撤销房屋买卖合同

C. 秦某有权主张善意取得房屋所有权

D. 肖某有权请求蔡某赔偿损失

【答案】ACD

（四）机动车的善意取得

《民法典物权编解释（一）》第19条　转让人将《民法典》第225条规定的船舶、航空器和机动车等交付给受让人的，应当认定符合《民法典》第311条第1款第3项规定的善意取得的条件。

例　甲的车交给乙保管，乙将其出卖于丙，如该机动车未登记，则丙在完成交付之时可以善意取得（如机动车**登记于甲的名下**，则丙为恶意，不能善意取得）。

二、遗失物的拾得

《民法典》第312条　所有权人或者其他权利人有权追回遗失物。该遗失物通过转让被他人占有的，权利人有权向无处分权人请求损害赔偿，或者自知道或者应当知道受让人之日起2年内向受让人请求返还原物；但是，受让人通过拍卖或者向具有经营资格的经营者购得该遗失物的，权利人请求返还原物时应当支付受让人所付的费用。权利人向受让人支付所付费用后，有权向无处分权人追偿。

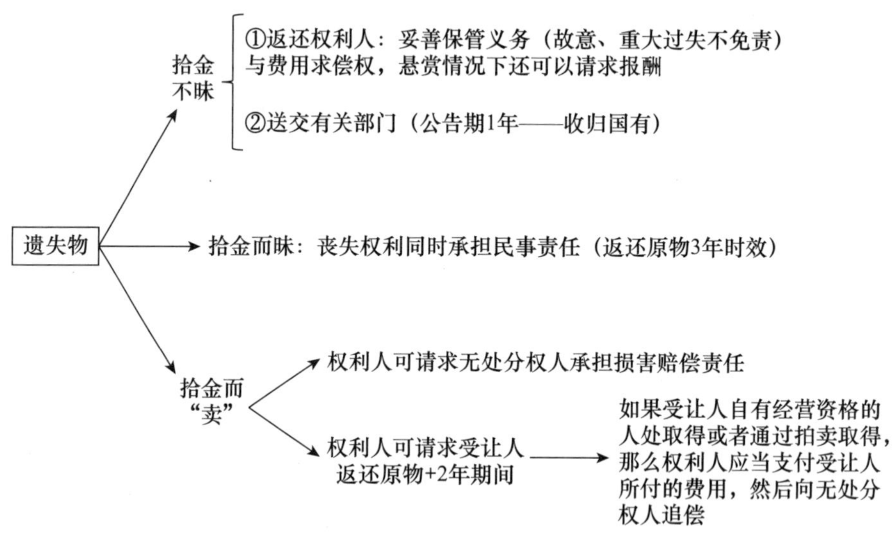

（一）拾金不昧

1. 返还权利人：妥善保管义务（**故意、重大过失**不免责）与费用求偿权，悬赏情况下还可以请求报酬（但不得主张留置权）。

2. 送交有关部门（公告期1年——收归国有）。

（二）拾金而昧——据为己有：丧失权利同时承担民事责任

（三）拾金而“卖”

设：甲为失主、乙为拾得人、丙为受让人，则：

1. 甲、乙：损害赔偿请求权（债权请求权，3年时效）。

2. 甲、丙：返还原物请求权。

另须注意《民法典》第312条规定的**公开市场原则限制**：如果丙自有经营资格的

人处取得或者通过拍卖取得，那么甲应当支付受让人丙所付的费用，然后向乙追偿。

例1　甲的手机遗失，被乙拾得后，出卖给知情的丙手机商店。丙商店将该手机转卖给不知情的丁。自甲知道或应当知道丁之日起2年内，甲有权请求丁返还原物，但需支付丁购买手机的价款。

例2　甲的精密仪器丢失，发布悬赏广告称捡到并送回给予一定报酬，后乙捡到，交给公安机关，公安机关发布一遗失物领取公告，甲因看到该公告取回遗失物。本案中，行政机关不收取费用，乙可以向甲主张悬赏报酬。

例3　黄某将皮夹克扔掉但不知贵重手表在衣服里，被拾荒者乙捡到，并将手表卖给不知情的丙。案情中，抛弃属于法律行为，由于黄某没有抛弃手表的意思表示，所以黄某对手表不构成抛弃。故本案应该适用《民法典》第312条的遗失物规则。

例4　甲出国留学前将自己的一幅名人字画委托好友乙保管。在此期间乙一直将该字画挂在自己家中欣赏，来他家的人也以为这幅字画是乙的。后乙因生意需要在家中宴请政府官员丙。丙对该字画赞不绝口，于是乙顺势将该字画赠送给了丙。丙在回家的途中因酒醉糊涂，将字画遗留在出租车上。出租车司机丁略通收藏，发现该字画后便将其私藏，后通过拍卖所进行拍卖。收藏家戊在拍卖会上以3万元的价格买得此字画。一年后，甲回国，查得该字画已被戊收藏，便上门向戊索要。下列有关本案的表述中不正确的是：

A. 该字画仍应归甲所有，但应支付3万元给戊

B. 因乙是将该字画赠送给丙的，所以丙不可能拥有该字画的所有权

C. 丁负有赔偿损失的责任

D. 戊作为善意第三人，从拍卖会上竞买下该字画，应当获得该字画的所有权

【答案】 D

【例题】（2020真题回忆版）张三在路边捡到一块玉，准备交到失物招领处，途中遇见李四，向其炫耀一番，并说该玉为自己所有，由于李四想把玩几天，遂暂借给李四。次日，玉被王二盗走，王二准备在二手市场交易，被失主赵五恰巧碰到。对此，下列说法正确的是：

A. 张三是无权占有

B. 李四可请求王二返还原物

C. 李四是恶意占有

D. 赵五可请求王二返还原物

【答案】 ABD

三、先占无主物

（一）抛弃

1. 抛弃属于单方法律行为，因此，抛弃人应具有相应的**行为能力**。

2. 抛弃人应具有抛弃物之意思。

3. 抛弃人应与抛弃物脱离占有。

（二）先占的构成

1. 先占物应为无主物。

2. 占有是一种事实，因此先占不对先占人有行为能力的要求。

3. 先占人应对物有占有意思与利用意思。

4. 先占人对物形成管领力。

例1 甲带领5岁的儿子丙在乙经营的农庄吃饭时，丙十分喜爱农庄上空飞来飞去的鸽子（非家养），乙为丙抓了一只，乙把鸽子交给丙后，丙爱心泛滥要还鸽子以自由，手一松鸽子飞走了，问鸽子归谁？——乙。

例2 下列行为构成先占的是：

A. 甲房屋太多，于是将老家的破旧房屋丢弃不管，乙可以径自占有

B. 甲失恋，把情书丢进可燃烧的垃圾桶内，燃烧之前乙拿起保存

C. 12周岁的甲把自家的黄金切着玩，把黄金块丢到马路上，路人乙捡起

D. 甲一夜暴富，将自己价值昂贵但使用多年的手表丢弃，乙以为别人遗失，据为已有

【答案】 D

【例题】（2020真题回忆版）中学生甲（13周岁）每天下午都去篮球场打篮球，顺带买一瓶可乐饮用。乙是拾荒者，以捡垃圾为生，经常在篮球场捡瓶子。一日甲打完篮球后就喝可乐，之后将装有半瓶可乐的瓶子放在球场上，拿着书包就和同学丙一起离开了球场。乙随后捡走了可乐瓶。关于本案，下列哪一说法是正确的？

A. 甲的行为是赠与

B. 甲的行为是抛弃

C. 甲的行为不需要意思表示

D. 可乐瓶属于遗失物

【答案】 B

四、添附

添附一般是附合、混合的通称，广义的添附还包括加工在内。这三者都是动产所有权的取得方法，在法律效果上有共同点；但与前述的先占、即时取得（善意取得）、拾得遗失物、发现埋藏物不同，它是指数个不同所有人的物结合成一物（合成物、混合物），或由所有人以外的人加工而成新物（加工物）。

基于添附的事实而产生的所有权归属问题，《民法典》第322条规定，因加工、附合、混合而产生的物的归属，有约定的，按照约定；没有约定或者约定不明确的，依照法律规定；法律没有规定的，按照充分发挥**物的效用**以及保护无过错当事人的原则确定。因一方当事人的过错或者确定物的归属造成另一方当事人损害的，应当给予赔偿或者补偿。

例1 贾某是小偷惯犯，某日路过王某家，见王某家中一件价值1万元的貂皮，于是心生贼念，夜晚趁王某一家人不在家之际，将貂皮弄到手转手卖给不知情的李某，李某交付雇佣工裁缝郑某将该貂皮加工成一件价值2.5万元的貂皮小袄，郑某将小袄

卖给王某。根据民法知识下列说法正确的是：

A. 李某善意取得貂皮的所有权

B. 李某原始取得小袄的所有权

C. 郑某原始取得小袄的所有权

D. 王某继受取得小袄的所有权

【答案】 BD

例 2 甲将自己的一块未雕琢的鸡血玉石质押给乙，并且交给了乙，乙为妥善保存放入地下室纸箱中，时隔多日乙顺手将纸箱丢到垃圾站，恰好被路过的丁取走，丁知此物为鸡血石，于是回家雕刻成玉佛，使之价格翻 2 倍。根据民法知识下列说法错误的是：

A. 甲和乙之间的质押合同自甲将玉石交付给乙时才生效

B. 乙把玉石放入地下室属于直接占有和恶意占有

C. 玉石所有权最终由丁取得

D. 乙的质押权没有消灭

【答案】 AB

【例题】（2019 真题回忆版）刘某是一个小有名气的雕刻家，孟某喜欢收藏各种奇石。刘某借孟某收藏的一块太湖石（价值 3 万元）和一块汉白玉（价值 1 万元）把玩欣赏。后刘某在装修房屋时将太湖石镶嵌在自己家中的电视背景墙中，并将汉白玉雕刻成了柏拉图雕像（价值 3 万元）。对此，下列哪些说法是正确的？

A. 因太湖石已经与背景墙附合，应归刘某所有

B. 刘某应该因太湖石给予孟某补偿

C. 柏拉图雕像可以归刘某所有

D. 刘某应因柏拉图雕像给予孟某补偿

【答案】 ABCD

补充资料：原始取得和继受取得。

	非基于法律行为的取得	基于法律行为的取得
原始取得	善意取得（《民法典》第 311 条） 天然孳息所有权的取得（《民法典》第 321 条） 基于人民法院、仲裁机构的法律文书或者人民政府的征收决定（《民法典》第 229 条） 添附 先占、时效取得（《民法典》未作规定）	
继受取得	继承	双方法律行为：买卖、互易、赠与等 单方法律行为：遗赠

物权的发生，指物权与特定主体结合而言，自物权人方面观察，为物权的取得（广义，包括设定），可分为原始取得和继受取得。

1. 原始取得，指非依据他人既存的权利而取得的物权，如无主物的先占。原始取

得既非继受他人的权利，因此标的物上的一切负担均因原始取得而消灭。

2. 继受取得，指就他人的权利而取得物权，又可分为转移取得和创设取得。转移取得，指就他人的物权依其原判而取得，如基于买卖、赠与而受让某物所有权（特定继受取得）；基于继承而取得被继承人的一切物权（概括继受取得）。所谓创设取得，指于他人的权利上设定用益物权或担保物权。

第二分编 所有权

第四章 所有权概述

本章导读

本章要求考生理解或了解所有权的概念与性质，国家所有权的概念和特征、客体、保护，私人所有权的内容。

知识点

一、所有权的概念与性质

所有权是财产所有人在法律规定的范围内，对属于他的财产享有的占有、使用、收益、处分和排除他人干涉（返还原物、排除妨碍、消除危险）的权利。所有权是最典型的物权，或物权的原型，是指在法律限度内，对物全面支配的权利。所有权以永久存续为本质，当事人不得依合同预定其存续期间，但所有权人必须在法律限度内对其物进行支配与利用。

二、国家所有权

（一）国家所有权的概念

国家所有权是指国家对国有财产的占有、使用、收益与处分的权利，其本质是全民所有制在法律上的表现。

（二）国家所有权的范围——专属于国家的土地所有权和自然资源所有权无须登记

1. 城市的土地，属于国家所有。法律规定属于国家所有的农村和城市郊区的土地，属于国家所有。

2. 矿藏、水流、海域属于国家所有。

3. 森林、山岭、草原、荒地、滩涂等自然资源，属于国家所有，但是法律规定属于集体所有的除外。

4. 法律规定属于国家所有的野生动植物资源，属于国家所有。

5. 无线电频谱资源属于国家所有。

6. 法律规定属于国家所有的文物，属于国家所有。

7. 国防资产属于国家所有。

8. 铁路、公路、电力设施、电信设施和油气管道等基础设施，依照法律规定为国家所有的，属于国家所有。

9. 无居民海岛属于国家所有，国务院代表国家行使无居民海岛所有权。

应试点睛

无条件归国家的财产有哪些？

口诀："国土海水需屏障"

——国（国防资产）土（城市土地）海（海域、海岛）水（水流）需屏（无线电频谱资源）障（矿藏）。

例 下列关于所有权的说法，不正确的有：

A. 一个物上只能有一个所有权，但共有除外

B. 森林、山岭、草原、荒地、滩涂等自然资源全部属于国家所有

C. 国家机关对其直接支配的不动产和动产，享有占有、使用、收益以及依照法律和国务院的有关规定处分的权利

D. 国家对国有独资公司的财产享有国家所有权

【答案】 ABCD

（三）国家所有权的行使

1. 国家机关对其直接支配的不动产和动产，**享有占有、使用**以及依照法律和国务院的有关规定**处分的权利**。

2. 国家举办的事业单位对其直接支配的不动产和动产，享有占有、使用以及依照法律和国务院的有关规定收益、处分的权利。

3. 国家出资的企业，由国务院、地方人民政府依照法律、行政法规规定分别代表国家履行出资人职责，享有出资人权益。

三、集体所有权（略）

四、私人所有权

私人所有权，是自然人、法人等民事主体依法对于不动产、动产享有的所有权。它不同于个人所有权，私人所有权既包括作为自然人的个人的所有权，也包括个体工商户、合伙、各类企业法人、三资企业、社会团体等非公有制经济主体享有的所有权。

第五章 业主的建筑物区分所有权

本章导读

本章需要考生熟练掌握业主的建筑物区分所有权的行使规则，业主的建筑物区分所有权的内容（专有部分的单独所有权、共有部分的共有权、业主的管理权）。

知识点

一、建筑物区分所有权的概念

建筑物区分所有权是我国民法典规定的不动产所有权一种形态。所谓建筑物区分所有权，指的是权利人即业主对于一栋建筑物中自己专有部分的单独所有权、对共有部分的共有权以及因共有关系而产生的管理权的结合。

二、业主

业主身份，是享有建筑物区分所有权的前提。业主的范围包括：取得建筑物专有部分所有权的人；基于与建设单位之间的商品房买卖民事法律行为，已经合法占有建筑物专有部分，但尚未依法办理所有权登记的人。

例 1 甲与开发商订立买卖合同，获得交付，办理了过户登记——甲为业主。

例 2 乙与开发商订立买卖合同，获得交付，尚未办理过户登记——乙也为业主。

业主人数的确定方法。第一，按照专有部分的数量计算，一个专有部分按一人计算；第二，同一买受人拥有一个以上专有部分的，按一人计算；第三，建设单位尚未出售和虽已出售但尚未交付的部分，开发商为业主，按一人计算。在这里，“尚未出售”的部分，开发商为业主；“虽已出售但尚未交付”的部分，买受人不具有业主身份，仍以开发商为业主。此时，开发商视为“一人拥有一个以上专有部分”。

三、业主的专有权

（一）专有部分与专有权

专有部分是在一栋建筑物内区分出的住宅或者商业用房等单元。该单元须具有构造上的独立性与利用上的独立性。业主对其专有部分享有单独所有权，即对该部分为占有、使用、收益和处分的排他性的支配权，凡能够登记成为特定业主所有权的客体的部分，都为专有部分。

（二）住宅商用的限制

《民法典》第 279 条　业主不得违反法律、法规以及管理规约，将住宅改变为经营性用房。业主将住宅改变为经营性用房的，除遵守法律、法规以及管理规约外，应当经有利害关系的业主**一致同意**。

1. 业主对其专有部分，将住宅用房改为经营用房，无论是自己经营，还是出租于他人从事经营，均应具备如下条件：

（1）遵守法律、法规以及管理规约；

（2）经“有利害关系的业主”同意。在这里，“有利害关系的业主”包括：

第一，本栋建筑物内的其他业主；

第二，本栋建筑物之外，能够证明其房屋价值、生活质量受到或者可能受到不利影响的业主。

2. 业主基于对住宅、经营性用房等专有部分特定使用功能的合理需要，无偿利用屋顶以及与其专有部分相对应的外墙面等共有部分的，不应认定为侵权。但违反法律、法规、管理规约，损害他人合法权益的除外。

例 业主在楼顶上安装太阳能板，为自家洗澡之用，以及在卧室外面安装空调室外机的行为都属于正当行为。但是未取得全部有利害关系的业主同意就将住宅用房改为经营用房，以及以自己从来不使用网络为由拒绝承担建筑物铺设的网络维修费用属于违法行为。

四、业主的共有权

（一）共有部分

共有部分是指区分所有的建筑物及其附属物的共同部分，即专有部分以外的建筑物的其他部分。共有部分既有由全体业主共同使用的部分，如地基、屋顶、梁、柱、承重墙、外墙、地下室等基本构造部分，楼梯、走廊、电梯、给排水系统、公共照明设备、贮水塔、消防设备、大门、通信网络设备以及物业管理用房等公用部分，道路、停车场、绿地、树木花草、楼台亭阁、游泳池等附属公共设施；也有仅为部分业主共有的部分，如各相邻专有部分之间的楼板、隔墙，部分业主共同使用的楼梯、走廊、电梯等。

（二）共有部分的权利归属

1. 建筑区划内的土地，依法由业主共同享有建设用地使用权，但属于业主专有的整栋建筑物的规划占地或者城镇公共道路、绿地占地除外。

2. 建筑区划内的道路，属于业主共有，但是属于城镇公共道路的除外（这个除外归国家）。建筑区划内的绿地，属于业主共有，但是属于城镇公共绿地或者明示属于个人的除外。

3. 建筑区划内的其他公共场所、公用设施和物业服务用房，属于业主共有。

4. 建筑区划内，规划用于停放汽车的车位、车库应当首先满足业主的需要。建筑区划内，规划用于停放汽车的车位、车库的归属，由当事人通过出售、附赠或者出租等方式约定。占用业主共有的道路或者其他场地用于停放汽车的车位，属于业主共有。

（三）维修资金

1. 建筑物及其附属设施的维修资金，属于**业主共有**。经业主共同决定，可以用于电梯、屋顶、外墙、无障碍设施等共有部分的维修、更新和改造。建筑物及其附属设施的维修资金的筹集、使用情况应当定期公布。

紧急情况下需要维修建筑物及其附属设施的，业主大会或者业主委员会可以依法申请使用建筑物及其附属设施的维修资金。

2. 建设单位、物业服务企业或者其他管理人等利用业主的共有部分产生的收入，在扣除合理成本之后，属于业主共有。

3. 建筑物及其附属设施的费用分摊、收益分配等事项，有约定的，按照约定；没有约定或者约定不明确的，按照业主专有部分面积所占比例确定。

五、业主的共同管理权

（一）概念

业主的管理权：基于区分所有建筑物的构造，业主在建筑物的权利归属以及使用上形成了不可分离的共同关系，并基于此一共同关系而享有管理权。

（二）类型

1. 表决权

业主有权决定区分建筑物相关事项。下列事项由业主共同决定：（1）制定和修改业主大会议事规则；（2）制定和修改管理规约；（3）选举业主委员会或者更换业主委员会成员；（4）选聘和解聘物业服务企业或者其他管理人；（5）使用建筑物及其附属设施的维修资金；（6）筹集建筑物及其附属设施的维修资金；（7）改建、重建建筑物及其附属设施；（8）改变共有部分的用途或者利用共有部分从事经营活动；（9）有关共有和共同管理权利的其他重大事项。

业主共同决定事项，应当由专有部分面积占比**2/3以上**的业主且人数占比**2/3以上**的业主参与表决。

决定上述第6项至第8项规定的事项，应当经参与表决专有部分面积**3/4以上**的业主且参与表决人数**3/4以上**的业主同意。

决定上述其他事项，应当经参与表决专有部分面积**过半数**的业主且参与表决人数**过半数**的业主同意。

2. 撤销权

业主大会或者业主委员会的决定，对业主具有法律约束力。业主大会或者业主委员会作出的决定侵害业主合法权益的，受侵害的业主可以在知道或者应当知道该决定之日起1年内，请求人民法院予以撤销。

3. 选择权与单方解除权

业主可以自行管理建筑物及其附属设施，也可以委托物业服务企业或者其他管理人管理。对建设单位聘请的物业服务企业或者其他管理人，业主有权依法更换。

4. 知情权

业主请求公布、查阅下列应当向业主公开的情况和资料的，人民法院应予支持：（1）建筑物及其附属设施的维修资金的筹集、使用情况；（2）管理规约、业主大会议事规则，以及业主大会或者业主委员会的决定及会议记录；（3）物业服务合同、共有部分的使用和收益情况；（4）建筑区划内规划用于停放汽车的车位、车库的处分情况；（5）其他应当向业主公开的情况和资料。

《民法典》第944条第3款　物业服务人不得采取停止供电、供水、供热、供燃气等方式催交物业费。

《民法典》第942条第2款　对物业服务区域内违反有关治安、环保、消防等法律法规的行为，物业服务人应当及时采取合理措施制止、向有关行政主管部门报告并协助处理。

【例题】（2021真题回忆版）某小区开发商与物管公司签订物业服务合同，业主因车位被他人占用，拒交物业管理费，业主的抗辩理由成立的是：

A. 业主长期居住外地，没有享受物业服务

B. 物业瑕疵

C. 停水停电来催交

D. 业主以未签订合同为由

【答案】B

第六章　相邻关系

（略）

第七章　共有

本章导读

本章要求考生理解或了解共有的概念和类型；熟练掌握共有内、外部关系的基本规则，共有人优先购买权的行使规则。

知识点

一、共有的概念与类型

1. 何为按份共有，何为共同共有：

共有是 2 个或 2 个以上的人（自然人或法人）对**同一项财产**享有所有权。按份共有，亦称分别共有，是指 2 个或 2 个以上的人对同一项财产按照份额享有所有权。共同共有是指 2 个或 2 个以上的人基于共同关系，共同享有一物的所有权。

应试点睛 1

一个物，一个所有权，多人共有。

2. 如何判断按份共有还是共同共有（《民法典》第 308、309 条）：（1）有约定的，从约定；（2）无约定或者约定不明确的，有共同关系的，为共同共有（婚姻、家庭生活、共同继承、无效婚姻）；（3）无共同关系的，推定为按份共有；（4）按份共有人对共有的不动产或者动产享有的份额，没有约定或者约定不明确的，按照出资额确定；不能确定出资额的，视为等额享有。

应试点睛 2

按份共有为原则，共同共有为例外——简化物权关系。

二、内外关系

（一）管理与处分

《民法典》第 301 条　处分共有的不动产或者动产以及对共有的不动产或者动产作重大修缮、变更性质或者用途的，应当经占份额 2/3 以上的按份共有人或者全体共同共有人同意，但是共有人之间另有约定的除外。

特别注意 1：按份共有人转让自己的份额为有权处分，其他共有人有**优先购买权**；转让共有物为无权处分。

如：在合伙企业法上，合伙人出让合伙财产为无权处分，第三人可以善意取得；出让自己份额为有权处分，但须合伙人一致同意以维护人合性。

特别注意 2：夫妻日常生活中处分非重大财产可单独为之（家事代理权）。

例 甲、乙、丙三人各自出资购买一套别墅，甲出资 300 万元，乙出资 200 万元，丙出资 100 万元。甲、乙、丙之间没有任何约定。下列说法正确的是：

A. 甲、乙将别墅出让必须经过丙的同意，否则属于无权处分

B. 丙、乙将别墅出让必须经过甲的同意，否则属于无权处分

C. 别墅内的自来水管开裂，丙不必经过甲、乙的同意即可以找人维修

D. 别墅内的自来水管开裂，产生的维修费用由甲、乙、丙平均承担

【答案】BC

【例题】（2021 真题回忆版）甲、乙、丙三人是好友，共同出资购买了一条狗，甲出资 5 000 元，乙出资 12 000 元，丙出资 5 000 元，三人约定轮流养，在丙照管期间，丙将该狗以 36 000 元的价格出卖给了甲，之后丙向乙分钱的时候，乙才知道此事。对此，下列说法正确的是：

A. 乙享有优先购买权

B. 丙出卖该狗的行为构成无权处分

C. 丙是属于份额转让

D. 甲享有优先购买权

【答案】B

（二）分割

共有人约定不得分割共有的不动产或者动产，以维持共有关系的，应当按照约定，但是共有人**有重大理由需要**分割的，可以请求分割；没有约定或者约定不明确的，按份共有人可以随时请求分割，共同共有人在共有的基础丧失或者**有重大理由需要**分割时可以请求分割。因分割造成其他共有人损害的，应当给予赔偿。

共有人可以协商确定分割方式。达不成协议，共有的不动产或者动产可以分割且不会因分割减损价值的，应当对实物予以分割；难以分割或者因分割会减损价值的，应当对折价或者拍卖、变卖取得的价款予以分割。

共有人分割所得的不动产或者动产有瑕疵的，其他共有人应当分担损失。

例 1 甲、乙为朋友。甲出资 60 万元、乙出资 40 万元，共同购买一套商品房。双方约定，自入住之日起 10 年之内，任何一方不得分割共有物。入住 4 年时，因甲要移民国外，急需用钱，遂请求分割共有物，乙则以双方存在不可分割的约定为由，予以拒绝。在上述情况下，甲有权对外转让共有份额，实现自己的财产价值，也可以通过请求分割共有物，取回自己的财产价值。若甲通过请求分割共有物取回自己的财产价值，给乙造成损失，甲应承担赔偿责任，同时，若甲分割所得的财产有瑕疵的，乙应当分担甲的损失。

例 2 甲、乙、丙三人各自出资 300 万元购买一座三层楼各楼层同样的楼房。甲、乙、丙约定自取得房屋所有权之日起，未来 4 年内不得分割共有物。乙第二年将份额转让给丁，丁对此约定毫不知情且该约定未登记。下列说法不正确的是：

A. 甲、乙、丙未来4年不得请求分割

B. 4年之后，如甲请求分割，该权利适用诉讼时效

C. 丁不受约定的限制可以随时主张分割请求权

D. 分割属于处分行为，分割完毕后需要变更登记

【答案】AB

三、优先购买权

《民法典物权编解释（一）》

第9条　共有份额的权利主体因继承、遗赠等原因发生变化时，其他按份共有人主张优先购买的，不予支持，但按份共有人之间另有约定的除外。

第10条　《民法典》第305条所称的“同等条件”，应当综合共有份额的转让价格、价款履行方式及期限等因素确定。

第11条　优先购买权的行使期间，按份共有人之间有约定的，按照约定处理；没有约定或者约定不明的，按照下列情形确定：

（一）转让人向其他按份共有人发出的包含同等条件内容的通知中载明行使期间的，以该期间为准；

（二）通知中未载明行使期间，或者载明的期间短于通知送达之日起15日的，为15日；

（三）转让人未通知的，为其他按份共有人知道或者应当知道最终确定的同等条件之日起15日；

（四）转让人未通知，且无法确定其他按份共有人知道或者应当知道最终确定的同等条件的，为共有份额权属转移之日起6个月。

第12条　按份共有人向共有人之外的人转让其份额，其他按份共有人根据法律、司法解释规定，请求按照同等条件优先购买该共有份额的，应予支持。其他按份共有人的请求具有下列情形之一的，不予支持：

（一）未在本解释第11条规定的期间内主张优先购买，或者虽主张优先购买，但提出减少转让价款、增加转让人负担等实质性变更要求；

（二）以其优先购买权受到侵害为由，仅请求撤销共有份额转让合同或者认定该合同无效。

第13条　按份共有人之间转让共有份额，其他按份共有人主张依据《民法典》第305条规定优先购买的，不予支持，但按份共有人之间另有约定的除外。

（一）基本概念

1. 按份共有人可以转让其享有的共有的不动产或者动产份额。其他共有人在同等条件下享有优先购买的权利。共同共有一般不存在优先购买权。

2. 按份共有人优先购买权＞次承租人优先购买权＞承租人优先购买权。

3. 共同共有财产分割后，一个或者数个原共有人出卖自己分得的财产时，如果出卖的财产与其他原共有人分得的财产属于一个整体或者配套使用，其他原共有人享有优先购买权。

（二）按份共有人的优先购买权的例外——四不可

1. 内部转让不可——即，按份共有人之间转让共有份额，其他共有人没有优先购买权。

2. 继承遗赠不可——即，共有份额的权利主体因继承、遗赠等原因发生变化，其他共有人不得主张优先购买权。

3. 超期行使不可——即，合理期限内可以主张优先购买权，超出合理期限，其他共有人不得主张优先购买权。

4. 非同等条件不可——即，其他共有人在合同金额、付款期限、付款方式、其他负担等转让条件不同时不得主张优先购买权。

【例题】（2017－3－54）甲、乙、丙、丁按份共有某商铺，各自份额均为25%。因经营理念发生分歧，甲与丙商定将其份额以100万元转让给丙，通知了乙、丁；乙与第三人戊约定将其份额以120万元转让给戊，未通知甲、丙、丁。下列哪些选项是正确的？

A. 乙、丁对甲的份额享有优先购买权

B. 甲、丙、丁对乙的份额享有优先购买权

C. 如甲、丙均对乙的份额主张优先购买权，双方可协商确定各自购买的份额

D. 丙、丁可仅请求认定乙与戊之间的份额转让合同无效

【答案】 BC

（三）按份共有人优先购买权的行使期间包括四种情况（约定——通知——法定）

第一，有约定从约定（约定期限）；

第二，无约定有通知者，以通知期限为准，且该期限不得**少于15日**，通知期限不足15日，以15日为准；

第三，无通知但知情者，为15日（法定期间），知情者从知道或者应当知道最终确定的同等条件之日起；

第四，无通知且不知情者，为6个月（法定期间），从共有份额权属转移之日起算。（真正含义是，如果不知情，过6个月，优先购买权消灭——当然，如果在6个月内知情，则从知情日开始计算15日的法定期间）

（四）多个按份共有人同时主张优先购买权

2个以上按份共有人主张优先购买，可先协商；协商不成的，按照转让时各自的共有份额比例行使优先购买权。

例 甲、乙、丙按20%、20%和60%的份额共有一间房屋。三人将房屋出租给丁，现甲欲转让自己的份额给戊。下列哪些表述是错误的？

A. 乙、丙、丁均有优先购买权，且丙最优先

B. 如果甲没有通知乙、丙，则乙、丙可以直接起诉主张甲的转让合同无效

C. 乙、丙表示愿意以同样价格分期付款购买，法院应该支持

D. 如果甲欲将份额转让给乙，则只有丁有优先购买权

【答案】 ABCD

四、债务关系

因共有的不动产或者动产产生的债权债务，在对外关系上，共有人享有连带债权、承担连带债务，但是法律另有规定或者第三人知道共有人不具有连带债权债务关系的除外；在共有人内部关系上，除共有人另有约定外，按份共有人按照份额享有债权、承担债务，共同共有人共同享有债权、承担债务。偿还债务超过自己应当承担份额的按份共有人，有权向其他共有人追偿。

第三分编　用益物权

第八章　用益物权概述

（略）

第九章　土地承包经营权

本章导读

本章要求考生理解或了解土地承包权的概念和特征；熟练掌握土地承包经营权的取得，承包人的权利和义务，发包人的权利和义务以及土地经营权的流转。

知识点

一、土地承包经营权的概念

土地承包经营权是指承包人依法通过承包而取得的对农村土地使用和收益的权利。权利人依法享有对其承包经营的耕地、林地、草地等加以占有、使用和收益的权利，有权从事种植业、林业、畜牧业等农业生产。土地承包经营权具有特定性与稳定性。

二、三权分置

家庭承包方式的农村土地三权分置（**所有权—承包权—经营权**）。

《民法典》第339条　土地承包经营权人可以自主决定依法采取出租、入股或者其他方式向他人流转土地经营权。

《农村土地承包法》第9条　承包方承包土地后，享有土地承包经营权，可以自己经营，也可以保留土地承包权，流转其承包地的土地经营权，由他人经营。

《农村土地承包法》第36条　承包方可以自主决定依法采取出租（转包）、入股或者其他方式向他人流转土地经营权，并向发包方备案。

农村土地"三权分置"制度，是指农村土地集体所有权、农户承包权、土地经营权分置并行，也就是将原先的土地承包经营权进一步划分为承包权和经营权。承包农户可将自己的承包经营权中的经营权流转（出租、入股）给他人，受让该经营权的受让人获得经营收益，承包方则获得流转收益。

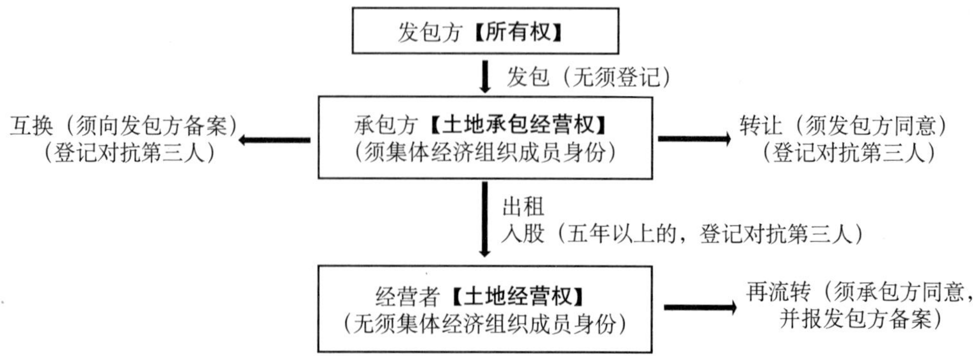

例 1 A 的土地发包于 B，设立土地承包经营权后，如 B 分别将土地承包经营权先后转让于 C、D，但是仅办理移转登记于 D，则 D 的权利优先，即 D 最终取得土地承包经营权。

例 2 A 的土地发包于 B，设立土地承包经营权后，如 B 分别将土地经营权（五年期）先后设立于 C、D，但是仅办理移转登记于 D，则 D 的权利优先，即 D 最终取得土地经营权。

【例题】（2021 真题回忆版）甲有 50 亩承包地，甲用 20 亩跟同村乙换 15 亩，30 亩以土地承包经营权出租给某公司没有登记，下列说法正确的是：

A. 某公司对 30 亩土地没有土地经营权

B. 甲对 50 亩土地没有土地承包经营权

C. 甲对 50 亩土地有土地承包经营权

D. 甲只对 45 亩土地有土地承包经营权

【答案】 D

三、其他承包方式的农村土地（荒山、荒沟、荒丘、荒滩）两权分置（所有权—经营权）

（一）主体资格

不宜采取家庭承包方式的荒山、荒沟、荒丘、荒滩等农村土地，通过招标、拍卖、公开协商等方式承包的，承包方不限于本集体经济组织成员，但发包方将农村土地发包给本集体经济组织以外的单位或者个人承包，应当事先经本集体经济组织成员的村民会议 2/3 以上成员或者 2/3 以上村民代表的同意，并报乡（镇）人民政府批准。

（二）取得

以其他方式承包农村土地的，应当签订承包合同，承包方取得土地经营权。此时登记不是取得土地经营权的生效要件，但是，如果要流转该经营权，须先依法取得权属证书。

（三）流转

通过招标、拍卖、公开协商等方式承包农村土地，经依法登记取得权属证书的，可以依法采取出租、入股、抵押或者其他方式流转土地经营权。

四、土地经营权的担保

《农村土地承包法》第 47 条 承包方可以用承包地的土地经营权向金融机构融资担保，并向发包方备案。受让方通过流转取得的土地经营权，经承包方书面同意并向发包方备案，可以向金融机构融资担保。

担保物权自融资担保合同生效时设立。当事人可以向登记机构申请登记；未经登记，不得对抗善意第三人。

实现担保物权时，担保物权人有权就土地经营权优先受偿。

土地经营权融资担保办法由国务院有关部门规定。

《农村土地承包法》第53条　通过招标、拍卖、公开协商等方式承包农村土地，经依法登记取得权属证书的，可以依法采取出租、入股、抵押或者其他方式流转土地经营权。

【小结】

1. 家庭承包取得的土地承包经营权不能直接抵押，要以其中的经营权设立抵押权，具体包括**两种情况**：一是承包人以融资担保为目的而设置经营权（无须发包人同意）；二是先流转出经营权，该经营权人再用经营权去抵押（须承包方同意）。

2. 通过招标、拍卖、公开协商等方式承包农村土地取得的土地经营权，可以直接抵押（无须发包方同意）。

第十章 建设用地使用权

（略）

第十一章　宅基地使用权

（略）

第十二章 居住权

本章导读

本章需要考生理解或了解居住权的概念和特征；熟练掌握居住权的设立和内容及其变动规则，居住权的消灭相关的法律规定。

知识点

【引子】三个例子。

关于居住权的三个案例：

例1 老王在老伴去世之后一直独自生活。随着年纪越来越大，老王一方面想把现居住的房屋在生前就过户给子女，以减少遗产税等支出，也让子女安心照顾他；但另一方面又害怕子女在房屋过户之后对其不孝，让其住无所居，无所依靠。

在《民法典》出台之后，老王的愿望即可以通过设立居住权予以实现。他可以与子女签订设立居住权的合同，约定在老王将房屋过户给子女之后，仍能够在其有生之年享有对此房屋的居住权。

例2 小张和小李在婚姻关系存续期间购买了一套房屋，后二人感情破裂而离婚，双方协议约定由男方享有全部的房屋所有权，并由男方补偿房屋折价款100万元给女方。不过女方担心其放弃了房屋所有权之后，男方不能如期向其补偿相应款项，故双方还约定在男方全额支付补偿款之前，女方有权在该房屋内居住。

在《民法典》出台之后，女方即可以通过与男方约定设立居住权的方式，更好地保护自身利益。双方可以在离婚时协议约定房屋归男方所有，男方应当向女方支付一定数额的房屋折价补偿款，并且女方在男方足额给付前述房屋折价补偿款之前对于该房屋享有居住权。

在居住权存续期间，女方对于房屋所享有的居住权可以对抗男方的房屋所有权，即使男方将该房屋另行出售，因为该居住权已经登记，女方对于房屋所享有的居住权亦可以对抗房屋买受人。

例3 老吴在其妻子去世之后一直在国内生活，子女均在国外工作生活，难以照料父亲的日常起居，便给父亲聘请了王大妈做保姆。老吴感念王大妈多年如一的悉心照料，担心王大妈在其死后无处可居，想给她提供一个居所保障，但又怕将房屋留给她之后子女对此心有嫌隙，弄得亲人之间反目成仇。

在《民法典》出台之后，老吴可以在设立遗嘱的同时，在遗嘱中明确在该房屋上为王大妈设立一个居住权，居住权的存续期间以王大妈的有生之年为限。如此一来，在老吴百年之后，子女可以继续按照遗嘱继承的形式取得房屋的所有权。

在登记之后，老吴的子女需要保证王大妈在有生之年有权继续在该房屋内居住，不得予以妨碍。

1. 用益物权。居住权是为了满足生活居住的需要，对他人的住宅享有占有、使用的用益物权。居住权可以通过**合同设立，也可以通过遗嘱设立**。设立居住权的，应当向登记机构申请居住权登记。居住权**自登记时设立**。

（1）主体：自然人。

（2）客体：住宅（不包括商铺等经营性用房）。

（3）权能：占有、使用，另有约定时可以包括收益，但不包括处分。

（4）设立方式：合同、遗嘱。

2. 要式合同。设立居住权，当事人应当采用书面形式订立居住权合同。

3. 无偿。居住权无偿设立，但是当事人另有约定的除外。

【提示】无偿设立的主要目的在于保护弱势群体如离婚妇女、保姆、老人等；而有偿的居住权主要是商事性质的居住权如分时度假酒店、民宿等。

4. 专属性。居住权不得转让、继承。——但是，设有居住权的房屋可以转让、继承，即买卖不破居住权。

5. 设立居住权的住宅不得出租，但是当事人另有约定的除外。

【提示】转让和继承没有例外，出租则有。

6. 居住权的消灭。居住权期限届满或者居住权人死亡的，居住权消灭。居住权消灭的，应当及时办理注销登记。

第十三章 地役权

本章导读

本章需要考生理解或了解地役权的概念和特征；熟练掌握地役权的取得，地役权人的权利和义务，以及地役权消灭的相关法律规定。

知识点

一、地役权的概念与特征

地役权是土地所有权人或者使用人为了便利地使用自己的土地，而通过法律行为设定的或者依法取得的对他人所有或使用的土地加以使用的权利（如观景地役权、取水地役权、眺望地役权）。在地役权法律关系中，需要其他土地提供便利的土地称为需役地，而提供此种便利的土地称为供役地。在涉及地役权的问题上，需要注意以下几点：

1. 地役权可以存在于不相邻的两个不动产之间。

2. 地役权法律关系当事人不限于所有权人，用益物权人也可设立，但供役地抵押权人不得设立。

3. 地役权合同属于要式合同，但不一定是有偿合同。

4. 地役权的期限由当事人约定，但不得超过用益物权的**剩余期限**。

5. 地役权人在约定的付款期限届满后的合理期限内经两次催告未支付费用的，供役地权利人有权解除地役权合同。

6. 地役权的特征：

（1）**从属性**：从属于需役地，不得单独转让或者单独抵押。

（2）不可分性：需役地与供役地的部分转让不影响地役权的效力。

二、地役权的设立

（一）模式

地役权自地役权合同生效时设立，**未经登记，不得对抗善意第三人**。

（二）登记对抗

1. 甲转让需役地于丙，丙之地役权非经登记能否对抗乙？——可以。

2. 乙转让供役地于丁，甲之地役权非经登记能否对抗丁？——不可以。

3. 甲、乙分别转让土地于丙、丁，丙之地役权非经登记能否对抗丁？——不可以。

小结：需役地转让，地役权不受影响；**供役地转让**，非经登记不得对抗善意第三人。

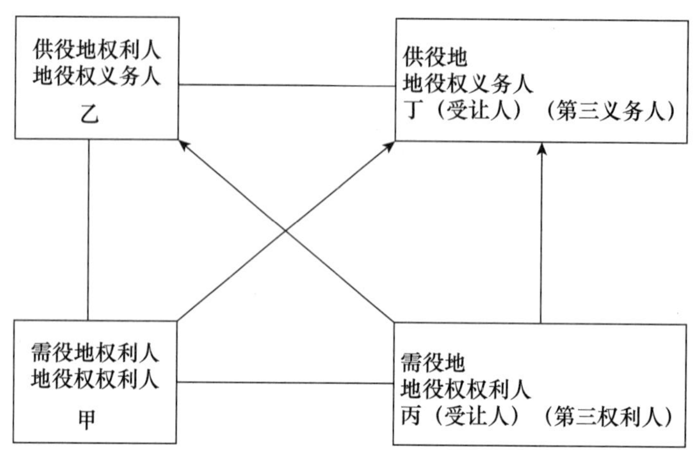

【例题】（2013－3－56）2013年2月，M地块使用权人甲公司与N地块使用权人乙公司约定，由乙公司在N地块上修路。同年4月，甲公司将M地块过户给丙公司，6月，乙公司将N地块过户给不知上述情形的丁公司。下列哪些表述是正确的?

A. 2013年2月，甲公司对乙公司的N地块享有地役权

B. 2013年4月，丙公司对乙公司的N地块享有地役权

C. 2013年6月，甲公司对丁公司的N地块享有地役权

D. 2013年6月，丙公司对丁公司的N地块享有地役权

【答案】AB

（三）与《民法典》第378、379条结合考查

第378条　土地所有权人享有地役权或者负担地役权的，设立土地承包经营权、宅基地使用权等用益物权时，该用益物权人继续享有或者负担已经设立的地役权。

第379条　土地上已经设立土地承包经营权、建设用地使用权、宅基地使用权等用益物权的，未经用益物权人同意，土地所有权人不得设立地役权。

总结：

地役权在先，其他用益物权在后，地役权仍然有效；用益物权在先，地役权在后，须经用益物权人同意。（口诀：小先大后，继续有效；大先小后，须经同意）

例　甲在自己的一块四荒土地（A地）上为乙之B地设立观景地役权，约有费用若干，双方签订了书面合同，并办理了登记手续。后来，甲将A地设土地承包经营权于丙；再后来，乙将B地发包于庚，又与申约定，由乙在整个B地上为申之C地设定取水地役权。关于本案中的地役权和担保物权，说法正确的有：

A. 丙取得A地的土地承包经营权须经乙的同意

B. 丙取得A地的土地承包经营权后，乙在A地上的地役权消灭

C. 丙取得A地的土地承包经营权后，须继续负担地役权义务

D. 庚取得B地的土地承包经营权后，观景地役权消灭

E. 在B地上，申之取水地役权须经登记方可对抗庚

【答案】C

三、地役权与相邻关系的区别

（一）性质

地役权为独立的用益物权，相邻关系为不动产的相邻关系。

（二）设定

地役权由当事人意定产生，相邻关系由法律规定产生。

（三）登记

地役权登记对抗善意第三人，相邻关系无须登记即可对抗善意第三人。

（四）内容

地役权超越相邻关系限度的限制，相邻关系是最低限度内的必要限制。

（五）价金

取得相邻权的一方无须向对方支付金钱或其他代价，地役权则是由双方通过地役权合同设定的用益物权，是否支付对价由当事人自行协商。而在通常情况下，地役权人都要向对方支付一定的金钱对价。这也是区分相邻关系与地役权的最醒目之处。

例　张三与李四为邻居，张三每次出行需要从李四家路过，此时仅涉及相邻关系；若张三买一重型卡车，需要每次从李四家路过，此时张三需要与李四签订地役权合同，李四为张三的卡车的出行提供便利。

四、地役权的消灭（略）

第四分编　担保物权

第十四章　担保物权概述

本章导读

本章要求考生理解或了解担保物权的概念与特征，担保财产的特征以及财产范围；熟练掌握基于法律行为而设立担保物权、基于法律规定而产生担保物权，物的担保和人的担保并存及其处理，担保物权所担保的债权范围，主债权债务合同的变更、转让对担保物权的影响，担保物权的物上代位，担保物权的消灭。

知识点

一、担保物权概述

（一）担保物权的概念

担保物权，是指以确保债务的清偿为目的，于债务人或第三人所有之物或权利所设定的物权。担保物权以支配担保物的交换价值为内容，当债务人不履行到期债务或者发生当事人约定的实现担保物权的情形时，担保物权人可以将担保财产拍卖、变卖或折价，并就所得价款优先受偿。简言之，担保物权属于具有优先受偿效力的他物权。

依据发生的原因，可以将担保物权分为法定担保物权与约定担保物权。前者是根据法律规定的构成要件而当然发生的一种担保物权，如留置权；后者以当事人的法律行为为基础，包括抵押权和质权。

基于物权法定原则，《民法典》所规定的担保物权只有抵押、质押和留置三种，但是，现实中还存着一些法律未明确规定，在交易中自发产生的担保形式，或法律虽有规定，但未典型化的担保形式。所以，《民法典》第388条规定，担保合同包括抵押合同、质押合同和其他具有担保功能的合同。结合《民法典》分则各编的规定，具有担保功能的合同包括：保理合同、融资租赁合同、所有权保留买卖合同、让与担保合同等。

无论是**典型担保**，还是**非典型担保**，都遵循同一规则——“无公示，不对抗”，通过担保合同创设的具有担保功能的权利必须通过公示，才能真正获得优先受偿的效力。

（二）担保物权的特征

1. 从属性。这是指担保物权从属于主债权。

（1）转让的从属性——从随主走。

（2）效力的从属性。以主债权的成立为前提，原则上因主债权的消灭而消灭。主债权债务合同无效的，担保合同无效，但是法律另有规定的除外。但是，合同无效不等于当事人无责，详见下文。

《民法典担保制度解释》第 2 条　当事人在担保合同中约定担保合同的效力独立于主合同，或者约定担保人对主合同无效的法律后果承担担保责任，该有关担保独立性的约定无效。主合同有效的，有关担保独立性的约定无效不影响担保合同的效力；主合同无效的，人民法院应当认定担保合同无效，但是法律另有规定的除外。

因金融机构开立的独立保函发生的纠纷，适用《最高人民法院关于审理独立保函纠纷案件若干问题的规定》。

担保合同被确认无效后，债务人、担保人、债权人有过错的，应当**根据其过错各自**承担相应的民事责任。

《民法典担保制度解释》第 17 条　主合同有效而第三人提供的担保合同无效，人民法院应当区分不同情形确定担保人的赔偿责任：

（一）债权人与担保人均有过错的，担保人承担的赔偿责任不应超过债务人不能清偿部分的 1/2；

（二）担保人有过错而债权人无过错的，担保人对债务人不能清偿的部分承担赔偿责任；

（三）债权人有过错而担保人无过错的，担保人不承担赔偿责任。

主合同无效导致第三人提供的担保合同无效，担保人无过错的，不承担赔偿责任；担保人有过错的，其承担的赔偿责任不应超过债务人不能清偿部分的 1/3。

总结：担保人的责任与其过错程度及有过错的当事人的个数挂钩，1 人错 100%，2 人错 1/2，3 人错 1/3，自己无过错则无责任。

（3）责任的从属性（担保人责任≤债务人责任）。

《民法典担保制度解释》第 3 条　当事人对担保责任的承担约定专门的违约责任，或者约定的担保责任范围超出债务人应当承担的责任范围，担保人主张**仅在**债务人应当承担的责任范围内承担责任的，人民法院应予支持。

担保人承担的责任超出债务人应当承担的责任范围，担保人向债务人追偿，债务人主张仅在其应当承担的责任范围内承担责任的，人民法院应予支持；担保人请求债权人返还超出部分的，人民法院依法予以支持。

2. 不可分性。这是指在被担保的债权未受全部清偿前，担保物权人可以就担保物的全部行使权利。被担保的债权即使经过分割、部分清偿或消灭，担保物权仍为了担保各部分债权或剩余债权而存在；担保财产即使经过分割或部分灭失，各部分或余存的担保财产仍为担保全部债权而存在。

3. 物上代位性。担保期间，担保财产毁损、灭失或者被征收等，担保物权人可以就获得的保险金、赔偿金或者补偿金等优先受偿。被担保债权的履行期限未届满的，也可以提存该保险金、赔偿金或者补偿金等。

（三）担保主体与合同效力

《民法典担保制度解释》第5条　机关法人提供担保的，人民法院应当认定担保合同无效，但是经国务院批准为使用外国政府或者国际经济组织贷款进行转贷的除外。

居民委员会、村民委员会提供担保的，人民法院应当认定担保合同无效，但是依法代行村集体经济组织职能的村民委员会，依照村民委员会组织法规定的讨论决定程序对外提供担保的除外。

《民法典担保制度解释》第6条　以公益为目的的非营利性学校、幼儿园、医疗机构、养老机构等提供担保的，人民法院应当认定担保合同无效，但是有下列情形之一的除外：

（一）在购入或者以融资租赁方式承租教育设施、医疗卫生设施、养老服务设施和其他公益设施时，出卖人、出租人为担保价款或者租金实现而在该公益设施上保留所有权；

（二）以教育设施、医疗卫生设施、养老服务设施和其他公益设施以外的不动产、动产或者财产权利设立担保物权。

登记为营利法人的学校、幼儿园、医疗机构、养老机构等提供担保，当事人以其不具有担保资格为由主张担保合同无效的，人民法院不予支持。

总结：

1. 保证合同一律无效。

2. 在既有公益财产上设立的担保物权一律无效。

3. 非公益财产可以设立担保物权。

4. 购入或者租赁新的公益财产可以签订所有权保留或者融资租赁的合同。

（四）主合同解除对担保合同的影响

在主合同解除的情况下，担保合同依然有效，担保人的责任，依然为担保责任。因债务人违约，导致债权人解除主合同时，债权人对债务人的违约金请求权，或赔偿损失请求权，不受影响，依然存在。相应地，担保人对主债权人的担保责任，也不受影响，继续存在，担保对象就是主债权人对主债务人依然享有的违约金请求权、赔偿损失请求权。

二、公司法定代表人越权对外担保

《公司法》第15条　公司向其他企业投资或者为他人提供担保，按照公司章程的规定，由董事会或者股东会决议；公司章程对投资或者担保的总额及单项投资或者担保的数额有限额规定的，不得超过规定的限额。

公司为公司股东或者实际控制人提供担保的，应当经股东会决议。

前款规定的股东或者受前款规定的实际控制人支配的股东，不得参加前款规定事项的表决。该项表决由出席会议的其他股东所持表决权的过半数通过。

《民法典》第504条 法人的法定代表人或者非法人组织的负责人超越权限订立的合同，除相对人知道或者应当知道其超越权限外，该代表行为有效，订立的合同对法人或者非法人组织发生效力。

《民法典担保制度解释》第7条 公司的法定代表人违反公司法关于公司对外担保决议程序的规定，超越权限代表公司与相对人订立担保合同，人民法院应当依照《民法典》第61条和第504条等规定处理：

（一）相对人善意的，担保合同对公司发生效力；相对人请求公司承担担保责任的，人民法院应予支持。

（二）相对人非善意的，担保合同对公司不发生效力；相对人请求公司承担赔偿责任的，参照适用本解释第17条的有关规定。

法定代表人超越权限提供担保造成公司损失，公司请求法定代表人承担赔偿责任的，人民法院应予支持。

第1款所称善意，是指相对人在订立担保合同时不知道且不应当知道法定代表人超越权限。相对人有证据证明已对公司决议进行了合理审查，人民法院应当认定其构成善意，但是公司有证据证明相对人知道或者应当知道决议系伪造、变造的除外。

《民法典担保制度解释》第8条 有下列情形之一，公司以其未依照公司法关于公司对外担保的规定作出决议为由主张不承担担保责任的，人民法院不予支持：

（一）金融机构开立保函或者担保公司提供担保；

（二）公司为其全资子公司开展经营活动提供担保；

（三）担保合同系由单独或者共同持有公司2/3以上对担保事项有表决权的股东签字同意。

上市公司对外提供担保，不适用前款第2项、第3项的规定。

《民法典担保制度解释》第9条 相对人根据上市公司公开披露的关于担保事项已经董事会或者股东大会决议通过的信息，与上市公司订立担保合同，相对人主张担保合同对上市公司发生效力，并由上市公司承担担保责任的，人民法院应予支持。

相对人未根据上市公司公开披露的关于担保事项已经董事会或者股东大会决议通过的信息，与上市公司订立担保合同，上市公司主张担保合同对其不发生效力，且不承担担保责任或者赔偿责任的，人民法院应予支持。

相对人与上市公司已公开披露的控股子公司订立的担保合同，或者相对人与股票在国务院批准的其他全国性证券交易场所交易的公司订立的担保合同，适用前两款规定。

《民法典担保制度解释》第10条 一人有限责任公司为其股东提供担保，公司以违反公司法关于公司对外担保决议程序的规定为由主张不承担担保责任的，人民法院不予支持。公司因承担担保责任导致无法清偿其他债务，提供担保时的股东不能证明公司财产独立于自己的财产，其他债权人请求该股东承担连带责任的，人民法院应予支持。

（一）基本原理

1. 民商法的核心价值是保护交易安全，董事长越权交易的时候，适用表见代表制度，该交易对善意相对人有效。

2. 认定善意相对人，要区分常规交易和非常规交易（投资、担保）。对于前者，善意相对人是相信公司营业执照的相对人，因此，相对人不负有其他的审查义务。但是，担保交易中的善意相对人，特指尽到了《公司法》第 15 条所要求的对公司同意提供担保的董事会或者股东会决议的**审查义务**的相对人。

3. 法律不强人所难，所以，这种审查义务仅仅限于形式上的合理审查，因此，即使董事会或者股东会决议是伪造、变造的，也不影响相对人的善意，除非相对人对此知情。

4. 在举证责任方面，相对人对是否审查了公司决议承担举证责任（如举证不能则认定相对人恶意）；须承担担保责任的公司对相对人对伪造、变造决议知情承担举证责任（如举证不能则认定相对人善意）。

（二）规则图示

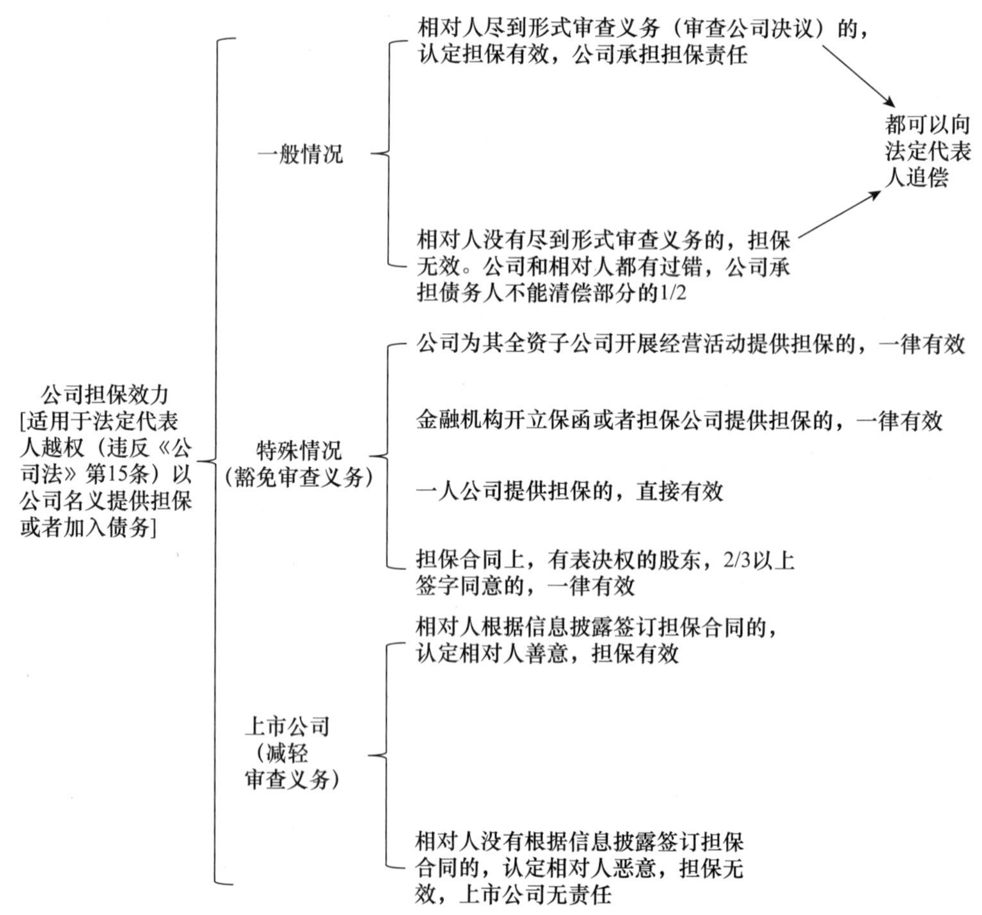

三、公司分支机构对外越权担保

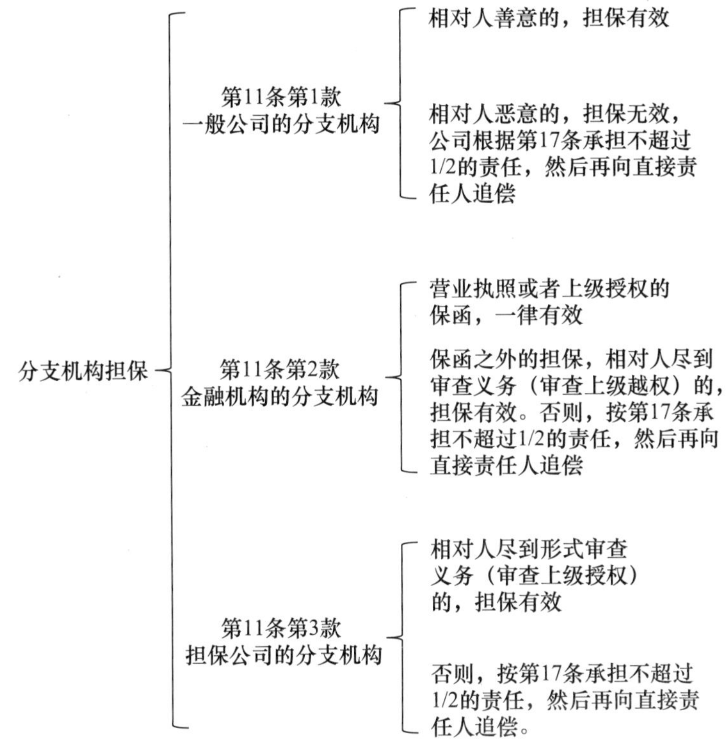

《民法典担保制度解释》第 11 条　公司的分支机构未经公司股东（大）会或者董事会决议以自己的名义对外提供担保，相对人请求公司或者其分支机构承担担保责任的，人民法院不予支持，但是相对人不知道且不应当知道分支机构对外提供担保未经公司决议程序的除外。

金融机构的分支机构在其营业执照记载的经营范围内开立保函，或者经有权从事担保业务的上级机构授权开立保函，金融机构或者其分支机构以违反公司法关于公司对外担保决议程序的规定为由主张不承担担保责任的，人民法院不予支持。金融机构的分支机构未经金融机构授权提供保函之外的担保，金融机构或者其分支机构主张不承担担保责任的，人民法院应予支持，但是相对人不知道且不应当知道分支机构对外提供担保未经金融机构授权的除外。

担保公司的分支机构未经担保公司授权对外提供担保，担保公司或者其分支机构主张不承担担保责任的，人民法院应予支持，但是相对人不知道且不应当知道分支机构对外提供担保未经担保公司授权的除外。

公司的分支机构对外提供担保，相对人非善意，请求公司承担赔偿责任的，参照本解释第 17 条的有关规定处理。

《民法典担保制度解释》第 12 条　法定代表人依照《民法典》第 552 条的规定以公司名义加入债务的，人民法院在认定该行为的效力时，可以参照本解释关于公司为他人提供担保的有关规则处理。

四、共同担保及追偿

1. 债务人的物的担保与第三人的担保并存（优先行使债务人物保）。

《民法典》第 392 条　被担保的债权既有物的担保又有人的担保的，债务人不履行到期债务或者发生当事人约定的实现担保物权的情形，债权人应当按照约定实现债权；没有约定或者约定不明确，债务人自己提供物的担保的，债权人应当先就该物的担保实现债权；第三人提供物的担保的，债权人可以就物的担保实现债权，也可以请求保证人承担保证责任。提供担保的第三人承担担保责任后，有权向债务人追偿。

《民法典担保制度解释》第 18 条　承担了担保责任或者赔偿责任的担保人，在其承担责任的范围内向债务人追偿的，人民法院应予支持。

同一债权既有债务人自己提供的物的担保，又有第三人提供的担保，承担了担保责任或者赔偿责任的第三人，主张行使债权人对债务人享有的担保物权的，人民法院应予支持。

《民法典》第 524 条【第三人清偿规则】　债务人不履行债务，第三人对履行该债务具有合法利益的，第三人有权向债权人代为履行；但是，根据债务性质、按照当事人约定或者依照法律规定只能由债务人履行的除外。

债权人接受第三人履行后，其对债务人的债权转让给第三人，但是债务人和第三人另有约定的除外。

根据上述条文，债务人以自己的财产提供物保的，债权人应当先就该物的担保实现债权（债务人物保优先）。由此衍生出**三条规则**：

第一，债权人未对债务人以其财产提供的物保行使担保物权，即请求提供担保的第三人就全部债权承担担保责任，第三人可主张对债务人以其财产提供物保所担保的债权部分不承担担保责任。

第二，债权人放弃债务人以其财产提供的物保的，提供担保的第三人在债权人因此丧失优先受偿权益的范围内免除担保责任（第三人承诺仍对全部债权承担担保责任的除外）。

第三，承担了担保责任或者赔偿责任的担保人，有权在其承担责任的范围内向债务人追偿；如果债务人也提供了物的担保，则第三人在承担担保责任后，有权主张行使债权人对债务人享有的担保物权。

2. **两个第三人**提供担保。

（1）明确约定相互追偿及分担份额——第三人之间可以直接相互追偿。

（2）约定相互追偿但是未约定分担份额的——先追债务人，再第三人彼此追偿。

（3）约定承担连带共同担保——先追债务人，再第三人彼此追偿。

（4）各担保人在同一份合同书上签名、盖章或者按指印——先追债务人，再第三人彼此追偿。

（5）无合意，不分担；无合意，不追偿。

《民法典担保制度解释》第 13 条　同一债务有两个以上第三人提供担保，担保人之间约定相互追偿及分担份额，承担了担保责任的担保人请求其他担保人按照约定分担份额的，人民法院应予支持；担保人之间约定承担连带共同担保，或者约定相互追偿但是未约定分担份额的，各担保人按照比例分担向债务人不能追偿的部分。

同一债务有两个以上第三人提供担保，担保人之间未对相互追偿作出约定且未约定承担连带共同担保，但是各担保人在同一份合同书上签字、盖章或者按指印，承担了担保责任的担保人请求其他担保人按照比例分担向债务人不能追偿部分的，人民法院应予支持。

除前两款规定的情形外，承担了担保责任的担保人请求其他担保人分担向债务人不能追偿部分的，人民法院不予支持。

《民法典担保制度解释》第 14 条　同一债务有两个以上第三人提供担保，担保人受让债权的，人民法院应当认定该行为系承担担保责任。受让债权的担保人作为债权人请求其他担保人承担担保责任的，人民法院不予支持；该担保人请求其他担保人分担相应份额的，依照本解释第 13 条的规定处理。

五、流质条款

流质条款，是指在债务履行期限届满前，担保物权人与担保人约定，债务人不履行到期债务时，担保物即归债权人所有。流质条款为法律所禁止，《民法典》第 401 条规定，抵押权人在债务履行期限届满前，与抵押人约定债务人不履行到期债务时抵押财产归债权人所有的，只能依法就抵押财产优先受偿。第 428 条规定，质权人在债务履行期限届满前，与出质人约定债务人不履行到期债务时质押财产归债权人所有的，只能依法就质押财产优先受偿。

总结要点：

1. 附属于担保合同；

2. 债务履行期限届满之前；

3. 以物权移转代替优先清偿；

4. 担保物权人与担保人约定流质条款的，其约定**不具有**移转所有权的效力，仅仅具有优先受偿的效力。

六、担保物的孳息收取权

（一）抵押财产的孳息收取权

1. 在抵押期间，抵押财产的孳息的所有权依然归抵押人，因为抵押人是抵押财产的所有权人。

2. 债务人不履行到期债务，致使抵押财产被人民法院依法扣押的，自扣押之日起抵押权人有权收取该抵押财产的孳息。收取权并不是所有权。

3. 抵押权人在抵押财产被人民法院依法扣押后，如欲收取抵押财产的法定孳息，必须以通知应当清偿法定孳息义务人为条件。

4. 抵押权人所收取的孳息，应当先充抵收取孳息的费用。

（二）质押财产、留置财产的孳息收取权

1. 在质押、留置期间，质押财产、留置财产的孳息，由质权人、留置权人随时收

取，此收取权依然**不是所有权**。和抵押财产的孳息收取相比，质押财产和留置财产的孳息收取无须等到财产被扣押。

2. 质权人、留置权人所收取的孳息，应当先充抵收取孳息的费用。

例 7月10日，甲将房屋A抵押给乙，用以担保甲对乙的债务。之后，又将该房屋A出租给丙，租金为2 000元/月。12月10日，房屋A被法院扣押。12月11日，乙即通知丙房屋A扣押之事，要求丙将租金交予乙，通知费用为300元。——如扣押后，甲未能履行债务，乙有权就房屋A及依法收取的孳息优先受偿，但依法收取的孳息应当首先用来充抵300元通知费用。反之，如扣押后，甲主动履行全部债务，乙依法收取的孳息应返还予甲。

七、以物抵债与让与担保

1. 履行期限届满后达成的以物抵债协议。

当事人在债务履行期限届满后达成以物抵债协议，抵债物尚未交付债权人，债权人请求债务人交付的，人民法院要着重审查以物抵债协议是否存在恶意损害第三人合法权益等情形，避免虚假诉讼的发生。经审查，不存在以上情况，且无其他无效事由的，人民法院依法予以支持。

当事人在一审程序中因达成以物抵债协议申请撤回起诉的，人民法院可予准许。当事人在二审程序中申请撤回上诉的，人民法院应当告知其申请撤回起诉。当事人申请撤回起诉，经审查不损害国家利益、社会公共利益、他人合法权益的，人民法院可予准许。当事人不申请撤回起诉，请求人民法院出具调解书对以物抵债协议予以确认的，因债务人完全可以立即履行该协议，没有必要由人民法院出具调解书，故人民法院不应准许，同时应当继续对原债权债务关系进行审理。

2. 履行期限届满前达成的以物抵债协议。

当事人在债务履行期限届满前达成以物抵债协议，抵债物尚未交付债权人，债权人请求债务人交付的，因此种情况不同于《全国法院民商事审判工作会议纪要》第71条规定的让与担保，人民法院应当向其释明，其应当根据原债权债务关系提起诉讼。经释明后当事人仍拒绝变更诉讼请求的，应当驳回其诉讼请求，但不影响其根据原债权债务关系另行提起诉讼。

3. 让与担保。

《民法典担保制度解释》第68条规定：债务人或者第三人与债权人约定将财产形式上转移至债权人名下，债务人不履行到期债务，债权人有权对财产折价或者以拍卖、变卖该财产所得价款偿还债务的，人民法院应当认定该约定有效。当事人已经完成财产权利变动的公示，债务人不履行到期债务，债权人请求参照民法典关于担保物权的有关规定就该财产优先受偿的，人民法院应予支持。

债务人或者第三人与债权人约定将财产形式上转移至债权人名下，债务人不履行到期债务，财产归债权人所有的，人民法院应当认定该约定无效，但是不影响当事人有关提供担保的意思表示的效力。当事人已经完成财产权利变动的公示，债务人不履行到期债务，债权人请求对该财产享有所有权的，人民法院不予支持；债权人请求参照民法典关于担保物权的规定对财产折价或者以拍卖、变卖该财产所得的价款优先受偿的，人民法院应予支持；债务人履行债务后请求返还财产，或者请求对财产折价或者以拍卖、变卖所得的价款清偿债务的，人民法院应予支持。

债务人与债权人约定将财产转移至债权人名下，在一定期间后再由债务人或者其指定的第三人以交易本金加上溢价款回购，债务人到期不履行回购义务，财产归债权人所有的，人民法院应当参照第 2 款规定处理。回购对象自始不存在的，人民法院应当依照《民法典》第 146 条第 2 款的规定，按照其实际构成的法律关系处理。

流质条款	附属于债务关系中的担保合意＋物权合意	担保合意有效 物权移转的合意无效
债务届满之前的以物抵债协议	独立于债务关系的抵债合意（债法上的合意）	因为不具有确定性而无效
债务届满之后的以物抵债协议	独立于债务关系的抵债合意（债法上的合意）	有效（债法效力） 该协议被履行以后方能转移物权并消灭债务
让与担保协议＋未公示	附属于债务关系的形式上的买卖合意＋实质的担保合意	买卖合意无效 担保合意有效 （未公示的仅仅在当事人之间有效，不具有对于第三人的优先受偿效力）
让与担保协议＋已公示	附属于债务关系的形式上的买卖合意＋实质的担保合意	买卖合意无效 担保合意有效 （公示的具有对于第三人的优先受偿效力）
规律： **1. 约定直接转移所有权的一律无效；** **2. 只有公示才有对抗第三人的优先受偿效力。**		

【例题】（2021 真题回忆版）甲、乙签订房屋买卖合同，约定甲把房卖给乙，乙再将房租给甲，丙为甲作担保，其实该房屋根本不存在，甲、乙对此知情，丙不知情。对此，下列说法正确的是：

A. 甲、乙之间名为房屋买卖合同，实为借款合同

B. 借款合同有效，担保合同无效

C. 借款合同无效，担保合同无效

D. 买卖合同无效，担保合同可撤销

【答案】 AB

第十五章　抵押权

本章导读

本章要求考生理解或了解抵押权的概述；熟练掌握抵押权的设定，抵押登记，同一财产之上设立多个抵押，以公益为目的的非营利法人的抵押，禁止抵押的财产以及房地一并抵押，抵押人和抵押权人的权利和义务，抵押的顺位，动产抵押，最高额抵押和抵押权的实现。本章是法考的重点之一。

知识点

一、抵押权的成立

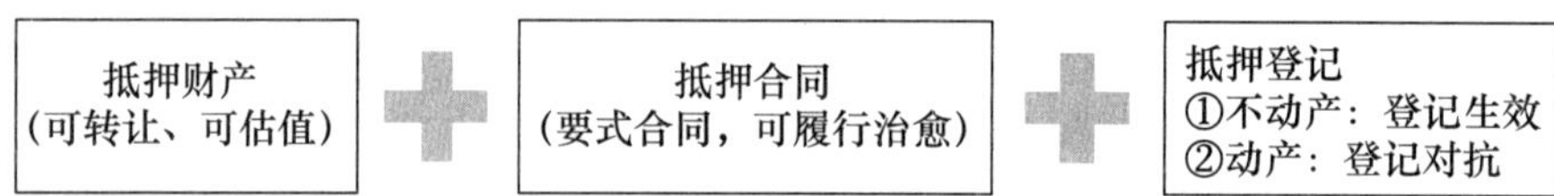

可以抵押的财产（《民法典》第395条）	不可抵押的财产（《民法典》第399条）
(1) 建筑物和其他土地附着物； (2) 建设用地使用权；(▲注意：房地一体主义) (3) 生产设备、原材料、半成品、产品； (4) 交通运输工具； (5) 正在建造的建筑物、船舶、航空器； (6) 海域使用权。	(1) 土地所有权； (2) 集体土地使用权——▲例外："四荒"用地（荒山、荒沟、荒丘、荒滩等农村土地）、乡镇企业用地（随厂房）； (3) 公益法人的公益设施——▲例外：非公益财产为自身债务； (4) 违法、违章建筑。
《民法典担保制度解释》第37条　当事人以所有权、使用权不明或者有争议的财产抵押，经审查构成无权处分的，人民法院应当依照《民法典》第311条的规定处理。 当事人以依法被查封或者扣押的财产抵押，抵押权人请求行使抵押权，经审查查封或者扣押措施已经解除的，人民法院**应予**支持。抵押人以抵押权设立时财产被查封或者扣押为由主张抵押合同无效的，人民法院不予支持。 以依法被监管的财产抵押的，适用前款规定。	

（一）抵押合同与抵押权的效力

总结：抵押合同看《民法典》第143条，动产抵押设立看**合同效力**（登记对抗），不动产抵押看**登记**。

例　(1) 甲将其宅基地抵押给同村外嫁他村的乙用于借款，该抵押权不能设立。

(2) 甲、乙达成抵押合意，未签订合同，但已经办理抵押登记，该抵押权可以设立。

【例题】（2015－3－53）甲向某银行贷款，甲、乙和银行三方签订抵押协议，由乙提供房产抵押担保。乙把房本交给银行，因登记部门原因导致银行无法办理抵押物登记。乙向登记部门申请挂失房本后换得新房本，将房屋卖给知情的丙并办理了过户手续。甲届期未还款，关于贷款、房屋抵押和买卖，下列哪些说法是正确的？

A. 乙应向银行承担违约责任

B. 丙应代为向银行还款

C. 如丙代为向银行还款，可向甲主张相应款项

D. 因登记部门原因未办理抵押登记，但银行占有房本，故取得抵押权

【答案】 AC

【例题】（2019 真题回忆版）乙向甲借款，以自己的房屋设立抵押权，并办理了抵押登记。乙又向丙借款，以同一房屋设立抵押权，并办理了抵押登记。后乙与甲签订了房屋买卖合同并办理了过户。下列哪一选项是正确的？

A. 甲的抵押权消灭

B. 丙的抵押权消灭

C. 甲和丙的抵押权均未消灭

D. 甲、乙之间的房屋买卖合同无效

【答案】 C

（二）抵押登记（《民法典担保制度解释》第 46 条到第 50 条）

1. 不动产抵押登记

（1）抵押登记与违约责任。

抵押财产因不可归责于抵押人自身的原因灭失或者被征收等导致不能办理抵押登记，债权人请求抵押人在约定的担保范围内承担责任的，人民法院不予支持。

不可归责于抵押人的原因导致无法办理抵押登记的，不能追究抵押人的违约责任，只能去主张物上代位。（赔偿金、补偿金、保险金作为担保）

因抵押人转让抵押财产或者其他可归责于抵押人自身的原因导致不能办理抵押登记，债权人有权请求抵押人在约定的担保范围内承担责任。

《民法典担保制度解释》第 46 条　不动产抵押合同生效后未办理抵押登记手续，债权人请求抵押人办理抵押登记手续的，人民法院应予支持。【登记属于抵押合同的合同义务】

抵押财产因不可归责于抵押人自身的原因灭失或者被征收等导致不能办理抵押登记，债权人请求抵押人在约定的担保范围内承担责任的，人民法院不予支持；但是抵押人已经获得保险金、赔偿金或者补偿金等，债权人请求抵押人在其所获金额范围内承担赔偿责任的，人民法院依法予以支持。【不能登记的处理 A——非抵押人原因】

因抵押人转让抵押财产或者其他可归责于抵押人自身的原因导致不能办理抵押登记，债权人请求抵押人在约定的担保范围内承担责任的，人民法院依法予以支持，但是不得超过抵押权能够设立时抵押人应当承担的责任范围。【不能登记的处理 B——抵押人原因】

《民法典担保制度解释》第 47 条　不动产登记簿就抵押财产、被担保的债权范围

等所作的记载与抵押合同约定不一致的，人民法院应当根据登记簿的记载确定抵押财产、被担保的债权范围等事项。【抵押登记与抵押合同不一致的处理】

《民法典担保制度解释》第 48 条　当事人申请办理抵押登记手续时，因登记机构的过错致使其不能办理抵押登记，当事人请求登记机构承担赔偿责任的，人民法院依法予以支持。【登记机关的赔偿责任】

(2) 抵押登记与合同效力。

《民法典担保制度解释》第 49 条　以违法的建筑物抵押的，抵押合同无效，但是一审法庭辩论终结前已经办理合法手续的除外。抵押合同无效的法律后果，依照本解释第 17 条的有关规定处理。

当事人以建设用地使用权依法设立抵押，抵押人以土地上存在违法的建筑物为由主张抵押合同无效的，人民法院不予支持。【违法建筑物设抵】

《民法典担保制度解释》第 50 条　抵押人以划拨建设用地上的建筑物抵押，当事人以该建设用地使用权不能抵押或者未办理批准手续为由主张抵押合同无效或者不生效的，人民法院不予支持。抵押权依法实现时，拍卖、变卖建筑物所得的价款，应当优先用于补缴建设用地使用权出让金。

当事人以划拨方式取得的建设用地使用权抵押，抵押人以未办理批准手续为由主张抵押合同无效或者不生效的，人民法院不予支持。已经依法办理抵押登记，抵押权人主张行使抵押权的，人民法院应予支持。抵押权依法实现时所得的价款，参照前款有关规定处理。【划拨建设用地上的建筑物抵押的，不影响抵押合同效力】

2. 动产抵押登记

(1) 以动产抵押的，抵押权自抵押合同生效时设立；未经登记，不得对抗善意第三人。(《民法典》第 403 条)

《民法典担保制度解释》第 54 条　动产抵押合同订立后未办理抵押登记，动产抵押权的效力按照下列情形分别处理：

(一) 抵押人转让抵押财产，受让人占有抵押财产后，抵押权人向受让人请求行使抵押权的，人民法院不予支持，但是抵押权人能够举证证明受让人知道或者应当知道已经订立抵押合同的除外；

例 1　自然人甲向乙借款并将其手表抵押给乙（已经登记），然后丙从甲处买走这块手表，则乙的抵押权可以对抗丙。

例 2　自然人甲向乙借款并将其手表抵押给乙（未经登记），然后丙从甲处买走这块手表，如果该手表未交付，则乙的抵押权可以对抗丙。

例 3　自然人甲向乙借款并将其手表抵押给乙（未经登记），然后知情的丙从甲处买走这块手表，则乙的抵押权可以对抗丙。

例 4　自然人甲向乙借款并将其手表抵押给乙（未经登记），然后不知情的丙从甲处买走这块手表且完成交付，则乙的抵押权不得对抗丙。

这里的“对抗”的含义是乙的抵押权不得向丙主张（乙无法实现自己的抵押权）。

(二) 抵押人将抵押财产出租给他人并移转占有，抵押权人行使抵押权的，租赁关系不受影响，但是抵押权人能够举证证明承租人知道或者应当知道已经订立抵押合同的除外；

例 1　自然人甲向乙借款并将其手表抵押给乙（已经登记），然后甲把这块手表租给丙，则乙的抵押权可以对抗丙。

例 2　自然人甲向乙借款并将其手表抵押给乙（未经登记），然后甲把这块手表租给丙，如果该手表未交付，则乙的抵押权可以对抗丙。

例 3　自然人甲向乙借款并将其手表抵押给乙（未经登记），然后甲把这块手表租给知情的丙，则乙的抵押权可以对抗丙。

例 4　自然人甲向乙借款并将其手表抵押给乙（未经登记），然后甲把这块手表租给不知情的丙且完成交付，则乙的抵押权不得对抗丙。

这里的"对抗"的含义是抵押打破租赁关系（乙可以实现自己的抵押权，且承租人丙不得主张租赁合同继续有效），反之，"不得对抗"的含义是抵押不破租赁，即乙在实现自己抵押权时租赁合同继续有效，买受人要承受租赁合同中的出租人地位。

（三）抵押人的其他债权人向人民法院申请保全或者执行抵押财产，人民法院已经作出财产保全裁定或者采取执行措施，抵押权人主张对抵押财产优先受偿的，人民法院不予支持；

例　自然人甲向乙借款并将其手表抵押给乙（未经登记），然后甲的另一债权人丙向人民法院申请对甲的财产进行财产保全，人民法院已经作出裁定，则乙的抵押权不得对抗丙。

这里的"对抗"的含义是"是否优先"。"乙的抵押权不得对抗丙"的含义是乙的抵押权并不能优先于丙的债权。

当然，如果乙的抵押权完成抵押登记，则乙的抵押权会优先于丙的债权。

（四）抵押人破产，抵押权人主张对抵押财产优先受偿的，人民法院不予支持。

例　甲公司向乙借款并将其手表抵押给乙（未经登记），然后甲公司的另一债权人丙向人民法院申请甲公司破产，法院已经作出裁定，则乙的抵押权不得对抗丙。

这里的"对抗"的含义是"是否优先"。"乙的抵押权不得对抗丙"的含义是乙的抵押权并不能优先于丙的债权。

当然，如果乙的抵押权完成抵押登记，则乙的抵押权属于破产别除权，会优先于丙的债权。

▲总结：

未经登记的动产抵押权：

不得对抗善意且受领交付的买受人；

不得对抗善意且受领交付的承租人；

不得对抗财产保全和强制执行中的债权人；

不得对抗破产程序中的债权人。

（2）以动产抵押的，不得对抗正常经营活动中已经支付合理价款并取得抵押财产的买受人。（《民法典》第 404 条）

例　开钟表店的甲向乙借款并将其手表抵押给乙，然后丙去甲店内买走这块手表，则乙的抵押权无论是否登记都不得对抗丙。

《民法典担保制度解释》第56条　买受人在出卖人正常经营活动中通过支付合理对价取得已被设立担保物权的动产，担保物权人请求就该动产优先受偿的，人民法院不予支持，但是有下列情形之一的除外：

（一）购买商品的数量明显超过一般买受人；

（二）购买出卖人的生产设备；

（三）订立买卖合同的目的在于担保出卖人或者第三人履行债务；

（四）买受人与出卖人存在直接或者间接的控制关系；

（五）买受人应当查询抵押登记而未查询的其他情形。

前款所称出卖人正常经营活动，是指出卖人的经营活动属于其营业执照明确记载的经营范围，且出卖人持续销售同类商品。前款所称担保物权人，是指已经办理登记的抵押权人、所有权保留买卖的出卖人、融资租赁合同的出租人。

3. 房地一体主义

《民法典》第397条【房地产抵押关系】　以建筑物抵押的，该建筑物占用范围内的建设用地使用权一并抵押。以建设用地使用权抵押的，该土地上的建筑物一并抵押。

抵押人未依据前款规定一并抵押的，未抵押的财产视为一并抵押。

《民法典》第417条【以建设用地使用权抵押的特别规定】　建设用地使用权抵押后，该土地上新增的建筑物不属于抵押财产。该建设用地使用权实现抵押权时，应当将该土地上新增的建筑物与建设用地使用权一并处分。但是，新增建筑物所得的价款，抵押权人无权优先受偿。

《民法典担保制度解释》第51条　当事人仅以建设用地使用权抵押，债权人主张抵押权的效力及于土地上已有的建筑物以及正在建造的建筑物已完成部分的，人民法院应予支持。债权人主张抵押权的效力及于正在建造的建筑物的续建部分以及新增建筑物的，人民法院不予支持。

当事人以正在建造的建筑物抵押，抵押权的效力范围限于已办理抵押登记的部分。当事人按照担保合同的约定，主张抵押权的效力及于续建部分、新增建筑物以及规划中尚未建造的建筑物的，人民法院不予支持。

抵押人将建设用地使用权、土地上的建筑物或者正在建造的建筑物分别抵押给不同债权人的，人民法院应当根据抵押登记的时间先后确定清偿顺序。

特别注意：新增建筑**一并处分但不优先受偿**。

设：甲、乙为债权人，丙为债务人，丙有B地，B地上盖有A房，丙以A房为甲设抵押权后，又新盖了C房。

A房B地（各300万元）——第一次抵押（甲的700万元债权）：仅抵A房——AB一起抵。

A房C房B地（各300万元）——第二次抵押（乙的200万元债权）：仅抵B地——ABC一起抵。

结论：AB上两个抵押权，C上只有一个抵押权。

——甲600万元优先受偿，乙200万元优先受偿，剩下100万元甲和其他债权人比例受偿。

4. 抵押预告登记

《民法典担保制度解释》第 52 条　当事人办理抵押预告登记后，预告登记权利人请求就抵押财产优先受偿，经审查存在尚未办理建筑物所有权首次登记、预告登记的财产与办理建筑物所有权首次登记时的财产不一致、抵押预告登记已经失效等情形，导致不具备办理抵押登记条件的，人民法院不予支持；经审查已经办理建筑物所有权首次登记，且不存在预告登记失效等情形的，人民法院应予支持，并应当认定抵押权自预告登记之日起设立。

当事人办理了抵押预告登记，抵押人破产，经审查抵押财产属于破产财产，预告登记权利人主张就抵押财产优先受偿的，人民法院应当在受理破产申请时抵押财产的价值范围内予以支持，但是在人民法院受理破产申请前 1 年内，债务人对没有财产担保的债务设立抵押预告登记的除外。

二、抵押权的效力

（一）效力范围

（1）债权范围：主债权、利息、违约金、损害赔偿金、实现抵押权的费用（注意顺序：费用——利息——主债权）。

（2）抵押物范围：抵押物、从物、孳息、代位物、添附物或基于添附而产生的不当得利。

《民法典担保制度解释》第 40 条　从物产生于抵押权依法设立前，抵押权人主张抵押权的效力及于从物的，人民法院应予支持，但是当事人另有约定的除外。

从物产生于抵押权依法设立后，抵押权人主张抵押权的效力及于从物的，人民法院不予支持，但是在抵押权实现时可以一并处分。

《民法典担保制度解释》第 41 条　抵押权依法设立后，抵押财产被添附，添附物归第三人所有，抵押权人主张抵押权效力及于补偿金的，人民法院应予支持。

抵押权依法设立后，抵押财产被添附，抵押人对添附物享有所有权，抵押权人主张抵押权的效力及于添附物的，人民法院应予支持，但是添附导致抵押财产价值增加的，抵押权的效力不及于增加的价值部分。

抵押权依法设立后，抵押人与第三人因添附成为添附物的共有人，抵押权人主张抵押权的效力及于抵押人对共有物享有的份额的，人民法院应予支持。

本条所称添附，包括附合、混合与加工。

《民法典担保制度解释》第 42 条　抵押权依法设立后，抵押财产毁损、灭失或者被征收等，抵押权人请求按照原抵押权的顺位就保险金、赔偿金或者补偿金等优先受偿的，人民法院应予支持。

给付义务人已经向抵押人给付了保险金、赔偿金或者补偿金，抵押权人请求给付义务人向其给付保险金、赔偿金或者补偿金的，人民法院不予支持，但是给付义务人接到抵押权人要求向其给付的通知后仍然向抵押人给付的除外。

抵押权人请求给付义务人向其给付保险金、赔偿金或者补偿金的，人民法院可以通知抵押人作为第三人参加诉讼。

（二）抵押权人的权利

1. 变价优先受偿权（《民法典》第410条）

（1）变价方式：拍卖、变卖、折价（抵押权人也可以依照约定自行变卖）。

《民法典担保制度解释》第45条　当事人约定当债务人不履行到期债务或者发生当事人约定的实现担保物权的情形，担保物权人有权将担保财产自行拍卖、变卖并就所得的价款优先受偿的，该约定有效。因担保人的原因导致担保物权人无法自行对担保财产进行拍卖、变卖，担保物权人请求担保人承担因此增加的费用的，人民法院应予支持。

（2）行使步骤：

①双方先协议决定实现抵押权的方法，该协议损害**其他债权人**利益的，其他债权人在知道或者应当知道撤销事由之日起1年内有撤销权（通过人民法院行使）。

②达不成协议的，请求人民法院拍卖、变卖。

（3）行使期限：主债权诉讼时效内。

（4）《民法典》第401条规定：抵押权人在债务履行期限届满前，与抵押人约定债务人不履行到期债务时抵押财产归债权人所有的，只能依法就抵押财产优先受偿。

2. 保全请求权（《民法典》第408条）

《民法典》第408条　抵押人的行为足以使抵押财产价值减少的，抵押权人有权请求抵押人停止其行为；抵押财产价值减少的，抵押权人有权请求恢复抵押财产的价值，或者提供与减少的价值相应的担保。抵押人不恢复抵押财产的价值，也不提供担保的，抵押权人有权请求债务人提前清偿债务。

（1）非因抵押人行为（不可抗力或者第三人原因）导致抵押财产灭失，有保险金、赔偿金、补偿金的，抵押权人可以就获得的保险金、赔偿金或者补偿金等优先受偿——物上代位（此时不存在保全请求权）；

（2）非因抵押人行为导致抵押财产灭失，没有保险金、赔偿金、补偿金的，担保物权消灭（此时同样不存在保全请求权）；

（3）因抵押人的行为足以使抵押财产价值减少的，抵押权人可主张保全请求权，具体包括停止行为、恢复价值、提供担保和提前清偿四项以保全抵押权为目的的权利。

3. 孳息收取权（《民法典》第412条）

自抵押财产被扣押之日，抵押权人有权**收取**孳息，但抵押权人未通知应当清偿法定孳息义务人的除外。孳息应当先充抵收取孳息的费用。（▲注意："收取"何意）

4. 处分抵押权（《民法典》第409条第2款）

（1）转让：从随主走。

（2）变更顺位：

①协议本身有效，变更协议无须其他抵押权人同意；

②变更对其他抵押权人有利的要执行；

③未经其他抵押权人书面同意，不得对其他抵押权人产生不利影响（多退少不补）。

	A债权	B债权	C债权
50万元财产	10万元债权	20万元债权	40万元债权

	C 债权	B 债权	A 债权
50 万元财产	40 万元债权	20 万元债权	10 万元债权

——结论：C 30 万元，B 20 万元，A 没有。

	C 债权	B 债权	A 债权
50 万元财产	40 万元债权	20 万元债权	10 万元债权
	A 债权	B 债权	C 债权
50 万元财产	10 万元债权	20 万元债权	40 万元债权

——结论：A 10 万元，B 20 万元，C 20 万元。

（3）放弃：债权人放弃债务人提供的物的担保的，其他提供担保的第三人相应免责。

（三）抵押人的权利——所有权之限制

1. 占有

抵押人占有标的物——自主、直接、有权占有。

2. 使用

抵押人有权使用抵押财产，但如果其行为伤害抵押财产的，抵押权人可以主张保全请求权。

3. 处分

（1）仍可就抵押财产为他人设定抵押权。**（已登记＞未登记；先登记＞后登记；都未登记比例受偿）**

（2）仍可转让其抵押财产。

《民法典》第 406 条　抵押期间，抵押人可以转让抵押财产。当事人另有约定的，按照其约定。抵押财产转让的，抵押权不受影响。

抵押人转让抵押财产的，应当及时通知抵押权人。抵押权人能够证明抵押财产转让可能损害抵押权的，可以请求抵押人将转让所得的价款向抵押权人提前清偿债务或者提存。转让的价款超过债权数额的部分归抵押人所有，不足部分由债务人清偿。

据此，可以得出三点结论：

第一，抵押期间，抵押人依然可以自由转让抵押财产，**无须抵押权人的同意**转让合同也是有效的。

第二，抵押权人的抵押权继续有效，如果已经完成**抵押登记**，可以继续向受让人主张（动产抵押非经登记当然不能对抗善意第三人）。

第三，抵押权人能够证明抵押财产转让（比如《民法典》第 404 条项下的抵押物转让）可能损害抵押权的，可以请求抵押人**提前清偿债务或者提存**。

《民法典担保制度解释》第 43 条　当事人约定禁止或者限制转让抵押财产但是未将约定登记，抵押人违反约定转让抵押财产，抵押权人请求确认转让合同无效的，人民法院不予支持；抵押财产已经交付或者登记，抵押权人请求确认转让不发生物权效力的，人民法院不予支持，但是抵押权人有证据证明受让人知道的除外；抵押权人请求抵押人承担违约责任的，人民法院依法予以支持。

当事人约定禁止或者限制转让抵押财产且已经将约定登记，抵押人违反约定转让抵押财产，抵押权人请求确认转让合同无效的，人民法院不予支持；抵押财产已经交付或者登记，抵押权人主张转让不发生物权效力的，人民法院应予支持，但是因受让人代替债务人清偿债务导致抵押权消灭的除外。

结论：

（1）无论禁转约定有无登记，**转让合同一律有效**。

（2）如果禁转约定没有登记，禁止转让的约定只能对抗恶意受让人，**不能对抗善意受让人**，亦即善意受让人依然可以取得抵押财产的所有权。

（3）如果有登记，则该转让不发生物权效力，亦即受让人不能取得物权，只能追究出让人的违约责任。

（4）受让人如欲取得物权，可以以第三人身份代为履行以消灭抵押权。

例 甲以其机动车为甲、乙的借款之债提供抵押担保，双方签订抵押合同并办理了抵押登记，甲随后将机动车转让给丙。

第一种情况：甲、乙没有签订禁止转让抵押财产的协议，也没有完成禁止抵押财产转让的登记，则甲、丙的买卖合同有效，丙可以取得机动车的所有权，乙可以向丙主张抵押权。

第二种情况：甲、乙签订了禁止转让抵押财产的协议，但没有完成禁止抵押财产转让的登记，则甲、丙的买卖合同有效，丙可以取得机动车的所有权，乙可以向丙主张抵押权并追究甲违反禁止转让约定的违约责任。

第三种情况：甲、乙签订了禁止转让抵押财产的协议，并完成了禁止抵押财产转让的登记，则虽然甲、丙的买卖合同有效，但丙不能取得机动车的所有权，除非丙对乙代为清偿甲的债务。

4. 收益——仍可出租其抵押物

《民法典》第405条 抵押权设立前，抵押财产已经出租并转移占有的，原租赁关系不受该抵押权的影响。

▲小结——先租后抵且占有：**抵押不能破租赁**；先抵后租：登记的抵押权可以打破租赁。

特别注意：先登记的抵押权打破租赁，如何救济？——关键在于是否尽到告知义务——尽到告知义务的承租人自担风险，否则，出租人承担违约责任。

（四）时效

《民法典担保制度解释》第44条 主债权诉讼时效期间届满后，抵押权人主张行使抵押权的，人民法院不予支持；抵押人以主债权诉讼时效期间届满为由，主张不承担担保责任的，人民法院应予支持。主债权诉讼时效期间届满前，债权人仅对债务人提起诉讼，经人民法院判决或者调解后未在民事诉讼法规定的申请执行时效期间内对债务人申请强制执行，其向抵押人主张行使抵押权的，人民法院不予支持。

三、动产浮动抵押

《民法典》第396条 企业、个体工商户、农业生产经营者可以将现有的以及将有的生产设备、原材料、半成品、产品抵押，债务人不履行到期债务或者发生当事人约定的实现抵押权的情形，债权人有权就抵押财产确定时的动产优先受偿。

四、最高额抵押（准用最高额质权）

(1) 一定期间内连续发生的债权予以担保＋确定的最高额度。

(2) 最高额抵押担保的债权确定前，部分债权转让的，最高额抵押权不得转让。

(3) 最高额抵押担保的债权确定前，抵押权人与抵押人可以通过协议变更债权确定的期间、债权范围以及最高债权额。但是，变更的内容不得对其他抵押权人产生不利影响。

(4) 抵押权人实现最高额抵押权时，如果实际发生的债权余额高于最高限额的，以最高限额为限，超过部分不具有优先受偿的效力；如果实际发生的债权余额低于最高限额的，以实际发生的债权余额为限对抵押物优先受偿。

例 甲公司与乙公司存在长期的供货关系，2003 年 10 月 15 日，甲公司为担保其货款的支付，请丙公司为乙公司的债权提供抵押担保，丙公司与乙公司签订了最高额抵押合同，合同约定，丙公司在今后两年内对甲公司 1 000 万元以内的债务提供抵押担保。丙公司以其价值约为 2 000 万元的厂房与乙公司办理了抵押登记。2003 年 12 月，丙公司为担保自身债务，又以该厂房抵押担保自己 1 000 万元债务，并办理了抵押登记。后由于业务增长，乙公司要求增加抵押担保，丙公司与乙公司协商将担保最高债权额变更为 1 200 万元。那么，下列说法正确的有：

A. 若变更最高额抵押合同前，甲公司、乙公司双方实际发生的债权、债务标的额为 1 100 万元，丙公司对超出最高限额的部分不承担担保责任

B. 乙公司的最高额抵押权优先于丙公司自己的债权人的抵押权

C. 假如，乙公司、丙公司变更抵押合同最高限额后，甲公司在两年内实际欠乙公司 1 200 万元货款，乙公司不得以其变更对抗丙公司的抵押权人

D. 若在 2005 年 10 月 15 日之前，甲公司实际欠乙公司货款 800 万元，丙公司的担保责任并不减少

【答案】 ABC

第十六章　质权与留置权

本章导读

本章要求考生理解或了解质权的概念与特征，留置权的概念与特征；熟练掌握动产质权的设立，动产质权当事人的权利和义务，权利质权的标的，留置权取得的积极要件和消极要件，留置权的效力和消灭。本章也是重要考点之一，通常会在与抵押权顺位排序题目中考查。

知识点

一、动产质权的效力

1. 效力范围（同抵押权）。

（1）债权范围：主债权、利息、违约金、损害赔偿金、实现质权费用、质押财产保管费用（注意顺序：费用——利息——主债权）。

（2）质押财产范围：质押财产、从物、孳息、代位物、添附物或基于添附而产生的不当得利（▲注意：从物未随同质押财产移交质权人占有的，质权的效力不及于从物）。

2. 动产质押的生效：**质押合同＋交付**（不含占有改定）。

二、质权人的权利

（1）占有权（《民法典》第235条返还原物＋《民法典》第462条占有返还）。

（2）孳息收取权（随时收，无须扣押）。

（3）保全质押财产的权利：补充担保、提前变价。

出质人——没有机会伤害质押财产
质权人有可能伤害质押财产——出质人保全：提存、提前清偿＋返还
非质权人的原因可能伤害质押财产——质押权人保全：追加担保或者提前清偿
质押财产已经毁损、灭失的——物上代位："三金"（保险金、赔偿金、补偿金）继续作为担保

《民法典》第433条　因不可归责于质权人的事由可能使质押财产毁损或者价值明显减少，足以危害质权人权利的，质权人有权请求出质人提供相应的担保；出质人不提供的，质权人可以拍卖、变卖质押财产，并与出质人协议将拍卖、变卖所得的价款提前清偿债务或者提存。

（4）转质权。

《民法典》第434条　质权人在质权存续期间，未经出质人同意转质，造成质押财产毁损、灭失的，应当承担赔偿责任。

①承诺转质中，造成质押财产毁损、灭失的，转质权人承担赔偿责任。

②责任转质中，造成质押财产毁损、灭失的，质权人和转质权人承担不真正连带责任。

例如：甲的手表出质于乙，乙未经甲同意转质于丙，如手表在丙处毁损、灭失，甲可以选择乙或者丙承担赔偿责任，乙赔偿后可以向丙追偿——此时的乙承担无过错责任。

（5）变价优先受偿权。

三、质权人的义务

《民法典》第432条　质权人负有妥善保管质押财产的义务；因保管不善致使质押财产毁损、灭失的，应当承担赔偿责任。

质权人的行为可能使质押财产毁损、灭失的，出质人可以请求质权人将质押财产提存，或者请求提前清偿债务并返还质押财产。

四、流动质押

《民法典担保制度解释》第55条　债权人、出质人与监管人订立三方协议，出质人以通过一定数量、品种等概括描述能够确定范围的货物为债务的履行提供担保，当事人有证据证明监管人系受债权人的委托监管并实际控制该货物的，人民法院应当认定质权于监管人实际控制货物之日起设立。监管人违反约定向出质人或者其他人放货、因保管不善导致货物毁损灭失，债权人请求监管人承担违约责任的，人民法院依法予以支持。

在前款规定情形下，当事人有证据证明监管人系受出质人委托监管该货物，或者虽然受债权人委托但是未实际履行监管职责，导致货物仍由出质人实际控制的，人民法院应当认定质权未设立。债权人可以基于质押合同的约定请求出质人承担违约责任，但是不得超过质权有效设立时出质人应当承担的责任范围。监管人未履行监管职责，债权人请求监管人承担责任的，人民法院依法予以支持。

【解读】对于由债权人、出质人与监管人订立的三方监管协议中，需要区分监管人的委托方是哪一方：

1. 监管人系受债权人的委托监管并实际控制该货物的：质权于监管人实际控制货物之日起设立；（总结：货物听监管人的，监管人听债权人的）

2. 监管人系受出质人委托监管该货物，或者虽然受债权人委托但是未实际履行监管职责，导致货物仍由出质人实际控制的，应当认定质权未设立。

在监管人导致货物毁损灭失时，对于第一种情况，债权人只能去追究自己委托的监管人的违约责任；对于第二种情况，债权人有选择权，可以基于质押合同请求出质人承担违约责任，也可以基于委托合同请求监管人承担违约责任。

五、留置权的成立

1. 一般成立要件：动产（债务人财产或者第三人财产均可留置）＋合法占有＋债

权届清偿期＋同一法律关系＋不违背公序良俗。

例 下列哪些情形不得作为留置权的标的物？

A. 窃贼因对盗赃物支出了必要费用而行使留置权

B. 张三因李四拒绝支付悬赏报酬而留置了李四的钱包

C. 殡仪馆因死者亲属拒绝支付殡仪费而留置死者的骨灰

D. 承运人在运送途中以未付运费为由而留置货物

【答案】ABCD

《民法典担保制度解释》第 62 条第 1 款　债务人不履行到期债务，债权人因同一法律关系留置合法占有的第三人的动产，并主张就该留置财产优先受偿的，人民法院应予支持。第三人以该留置财产并非债务人的财产为由请求返还的，人民法院不予支持。

例 A 企业是汽车运输公司，B 是修理厂。A 企业所有的 1 号车到 B 修理厂进行修理。该汽车是 A 企业所有的债务人财产，以 1 号车的维修合同留置 1 号车属于同一法律关系，可以留置 1 号车。

2. 商事留置的成立要件：**企业之间＋债务人财产＋持续经营的债权**。

《民法典担保制度解释》第 62 条第 2 款、第 3 款　企业之间留置的动产与债权并非同一法律关系，债务人以该债权不属于企业持续经营中发生的债权为由请求债权人返还留置财产的，人民法院应予支持。

企业之间留置的动产与债权并非同一法律关系，债权人留置第三人的财产，第三人请求债权人返还留置财产的，人民法院应予支持。

例 1 A 企业借路人甲的一辆车，到 B 企业进行修理，此时车辆属于第三人财产，尽管此时车辆是第三人财产，但是属于同一法律关系，因此可以留置，只要是车辆的维修费，都可以留置路人甲的车来担保维修费债权。

例 2 A 运输公司的 1—20 号车在 B 修理厂修理，签订了 20 个修理合同。汽车都是 A 公司所有，维修汽车是 B 修理厂的主营业务，是持续经营的。此时可以用 3 号车担保 2 号车的维修费用，留置 3 号车（债务人财产＋持续经营的债权）。但是如果用 3 号车担保 A 公司与 B 修理厂之间的借款合同（非持续经营的债权），或者 3 号车属于第三人的财产，就不能进行留置。

六、留置权人的权利

1. 留置权人的权利：（1）占有权；（2）孳息收取权；（3）变价优先受偿权。

2. 留置权行使中的宽限期。

（1）当事人在合同中约定宽限期的，宽限期过后，债权人可以直接行使留置权（不低于 60 日）。

（2）当事人未约定宽限期的，留置权人应当给债务人 60 日以上履行债务的期限，但是鲜活易腐等不易保管的动产除外。

（3）债务人请求债权人行使留置权的，不存在宽限期的问题。

第十七章 担保物权的冲突规范

本章导读

本章要求考生综合掌握抵押权与质权的竞合，抵押权与留置权的竞合，留置权与质权的竞合；理解或了解担保物权竞合的概念和成立条件。本章考点都是综合考查。

知识点

一、动产质权与动产抵押权的冲突（先来后到）

根据民法典的规定，同一财产既设立抵押权又设立质权的，拍卖、变卖该财产所得的价款按照登记、交付的时间先后确定清偿顺序。分为以下两种情况：

（一）登记的动产抵押权与交付设立的质权的冲突

由于登记的动产抵押权与交付设立的质权都存在公示效力，因此在登记的动产抵押权与交付设立的质权存在冲突时，应按公示的先后判断优先。若抵押权登记先于质权设立，则抵押权优于质权；若质权设立先于抵押权登记，则质权优于抵押权。

（二）未登记的动产抵押权与交付设立的质权的冲突

由于未登记的动产抵押权没有公示效力，而交付设立的质权有公示效力，所以，交付设立的质权优于未登记的动产抵押权。

（三）未登记的动产抵押权与未交付的质权的冲突

如果质权的标的物没有交付，抵押权未办理抵押登记的，此时质权未有效设立，但抵押权已经有效设立，故抵押权优先受偿。

二、抵押权之间的冲突（先来后到）

根据民法典的规定，同一财产向两个以上债权人抵押的，拍卖、变卖抵押财产所得的价款依照下列规定清偿：

（1）抵押权已经登记的，按照登记的时间先后确定清偿顺序；

（2）抵押权已经登记的先于未登记的受偿；

（3）抵押权未登记的，按照债权比例清偿。

三、动产抵押权、动产质押权与留置权

动产抵押权与质权都因法律行为而产生，属于意（约）定优先权，而留置权则属于法定优先权。在法定优先权与意定优先权发生冲突时，遵循“法定＞约定”一般原

则，具体分为两种情况：

（一）动产抵押权与留置权

抵押权与留置权的冲突仅存在于动产之中，不存在于不动产之中，因为留置权的客体不包括不动产。在动产抵押权与留置权发生冲突时，无论抵押权是否登记，留置权优于抵押权，这也符合法定优先权优于约定优先权的一般原则。根据民法典的规定，同一动产上已设立抵押权，该动产又被留置的，留置权人优先受偿。

（二）动产质押权与留置权

1. 质物被留置。同一动产上已经设立质权，该动产又被留置的，留置权人优先受偿。

例如，债权人取得动产质权后，将质物交于第三人保管，由于作为寄存人的债权人没有按照保管合同的约定支付保管费及其他费用，保管人对该质物享有留置权，留置权优于质权。

2. 留置物被出质。由于动产质权的设定中，质物的交付可以采用指示交付的方式，因此出质人在其已经成为留置权标的物的动产上依然可以设定质权。此时，无论是适用法定优于约定的一般原则，还是按产生先后，留置权应优于质权。

例 1 甲的手表质押给乙，乙弄坏以后拿去找丙修理，修好后，乙拒付修理费，手表被丙留置（丙＞乙）。

例 2 甲的手表请丙修好后，甲拒付修理费，手表被丙留置，然后甲又把手表质押给乙（丙＞乙）。

应试点睛

注意特例：留置物被留置权人无权处分进而被第三人善意取得的情况，如——甲的手表拿去找丙修好后，甲拒付修理费，手表被丙留置，然后丙又把手表质押给乙（乙＞丙），其背后的法理为善意取得也是法定取得而非合意取得。

【例题】（2011－3－7）同升公司以一套价值 100 万元的设备作为抵押，向甲借款 10 万元，未办理抵押登记手续。同升公司又向乙借款 80 万元，以该套设备作为抵押，并办理了抵押登记手续。同升公司欠丙货款 20 万元，将该套设备出质给丙。丙不小心损坏了该套设备送丁修理，因欠丁 5 万元修理费，该套设备被丁留置。关于甲、乙、丙、丁对该套设备享有的担保物权的清偿顺序，下列哪一排列是正确的？

A. 甲乙丙丁　　B. 乙丙丁甲　　C. 丙丁甲乙　　D. 丁乙丙甲

【答案】 D

四、价款债权优先权（超级抵押权）

（一）《民法典》第 416 条

《民法典》第 416 条规定了价款债权抵押权的超级优先效力。根据该条规定，动产抵押担保的主债权是抵押物的价款，标的物交付后10 日内办理抵押登记的，该抵押权人优先于抵押物买受人的其他担保物权人受偿，但是留置权人除外。

例 3月1日，甲将一块手表出售于乙并完成交付，乙尚未付款。乙拿到手表后于3月2日向丙借款并以该手表为借款设定抵押，然后又在3月5日和甲协商，因偿还不了手表的价款愿意以手表为甲的价款设定抵押权，两个抵押权依次均已完成登记。则，因为甲的抵押登记是在交付后10日内完成的，所以虽然甲的抵押登记晚于丙的抵押登记，但甲的抵押权依然优先于丙的抵押权受偿。

但是，如果该手表请丁维修后未付维修款被丁留置的，则甲的抵押权不得优先于丁的留置权。

（二）司法解释对第416条的扩张

《民法典担保制度解释》第57条 担保人（对应下图中的“B”，下同）在设立动产浮动抵押并办理抵押登记后又购入或者以融资租赁方式承租新的动产，下列权利人（A1、A2、A3、A4）为担保价款债权或者租金的实现而订立担保合同，并在该动产交付后10日内办理登记，主张其权利优先于在先设立的浮动抵押权（D）的，人民法院应予支持：

（一）在该动产上设立抵押权（A1）或者保留所有权（A2）的出卖人；

（二）为价款支付提供融资而在该动产上设立抵押权的债权人（A3）；

（三）以融资租赁方式出租该动产的出租人（A4）。

【A1、A2、A3、A4优先于D】

买受人（B）取得动产但未付清价款或者承租人以融资租赁方式占有租赁物但是未付清全部租金，又以标的物为他人（C）设立担保物权，前款所列权利人（A1、A2、A3、A4）为担保价款债权或者租金的实现而订立担保合同，并在该动产交付后10日内办理登记，主张其权利优先于买受人（B）为他人（C）设立的担保物权的，人民法院应予支持。

【A1、A2、A3、A4优先于C】

同一动产上存在多个价款优先权的，人民法院应当按照登记的时间先后确定清偿顺序。

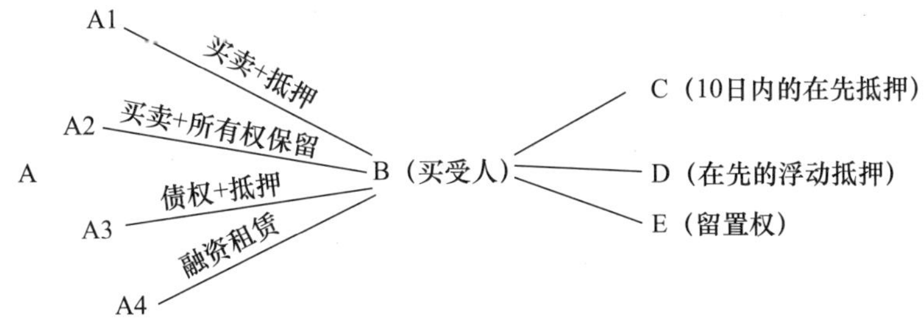

结论：A优先于C、D；A1、A2、A3、A4之间的优先权按登记时间先后确定；E最优先。即EADC。

1. 留置权优先于价款优先权（留置权排第一）。
2. 价款优先权优先于设立在先的其他抵押（包括浮动抵押）（价款优先权排第二）。
3. 不具有超级抵押效力的一般抵押权按照先来后到规则。
4. 未登记的抵押权排在倒数第一。
5. 多个价款优先权之间按照登记时间先后确定。

第五分编　占有

第十八章　占有

本章导读

本章要求考生理解或了解占有的概念和性质，占有的种类，占有的取得和消灭；熟练掌握占有的事实推定和权利推定的效力，占有人与返还请求权人的关系，占有人的自力救济权和占有保护请求的基本原则。

知识点

一、概念

		构成占有	不构成占有
体素	**空间支配**	1. 房屋、土地因使用而占有 2. 放置在家中的衣物、家具等财产属于主人占有 3. 停放汽车于路边数日并不丧失占有	遗失钱包于车站后不久返回已经丧失占有
	时间持续	旅客住宿房间成立占有	1. 在饭店使用餐具、公园坐卧于长椅、图书馆取阅杂志不成立占有 2. 亲友被招待家中过夜不成立占有
心素	1. 不要求行为能力 2. 须特定占有意思	1. 将毛毛虫放入女同学的书包，如该女同学知情并欣然受领，则具有占有意思 2. 投入小区住户邮箱之信函，该住户即取得占有	1. 将毛毛虫放入女同学的书包，如该女同学不知情，则不具有占有意思 2. 逃犯被警察追捕，匆忙间将赃物投入甲的信箱，甲并不取得该赃物的占有——甲的占有意思在于取得属于自己的信件

二、占有的分类

<table>
<tr><td rowspan="5">是否以所有权人心态占有</td><td>自主占有（以所有权人心态占有）</td><td>他主占有（不以所有权人心态占有）</td></tr>
<tr><td>1. 盗赃物都是自主占有</td><td>1. 基于合同占有标的物并且不打算据为己有的，都是他主占有，如租赁、承揽、保管、质押等</td></tr>
<tr><td>2. 买下完成交付未登记的房屋</td><td>2. 试用买卖期间尚未决定购买的占有</td></tr>
<tr><td>3. 拾得遗失物不打算归还</td><td>3. 拾得遗失物打算归还</td></tr>
<tr><td>4. 继承人误把死者借用之物当作死者所有之物而继承</td><td>4. 继承人误把死者所有之物当作死者借用之物而准备归还</td></tr>
<tr><td rowspan="2">是否通过占有媒介关系占有</td><td>直接占有
（无须通过占有媒介关系占有）</td><td>间接占有（通过占有媒介关系占有）</td></tr>
<tr><td colspan="2">甲（间接占有人）——乙（媒介占有人）——物
不构成间接占有的特例：
1. 雇员为占有辅助人，不是占有人，相当于雇主的占有
2. 公司的车，董事长乘坐，司机开——公司为占有人，司机为占有辅助人</td></tr>
<tr><td rowspan="2">是否享有占有本权</td><td>有权占有（享有占有本权）（所有权、他物权、合同债权）</td><td>无权占有（不享有占有本权）</td></tr>
<tr><td colspan="2">1. 监护人、宣告失踪中的财产代管人、遗嘱执行人和破产管理人的权利也可以构成占有本权
2. 抵押权人是否可以主张有权占有——抵押权不能构成有效的占有本权
3. 承租人的占有——基于合同关系的相对性，其对于出租人为有权占有，对于其他人为无权占有</td></tr>
<tr><td rowspan="2">无权占有中，是否知道自己无权占有</td><td>善意占有（不知道自己无权占有）</td><td>恶意占有（知道自己无权占有）</td></tr>
<tr><td colspan="2">1. 善意取得人不是善意占有人——因为善意取得人是有权占有人
2. 购买遗失物、盗赃物是否为善意占有人取决于购买者是否知情
3. 遗失物的拾得人不是善意占有人——因为拾得人知道自己无权占有
例：张三的羊交由李四保管，李四将其卖与不知情的王五。则此时，王五为自主占有、直接占有、有权占有。</td></tr>
</table>

例 1　判断下列情况下的占有类型：

（1）张三遗失的羊被李四捡到好生照顾，李四属于何种占有？——他主的、直接的、无权的恶意占有人。

（2）如果该羊被李四卖给了不知情的王五，王五属于何种占有？——自主的、直接的、无权的善意占有人。

（3）如果张三将羊交给李四保管，李四把羊卖给了不知情的王五，王五属于何种占有？——自主的、直接的、有权占有人。

例 2　甲有某画，出借给乙，乙交由其受雇人丙保管；不久，乙死亡，由其在国外之子丁继承财产，丁不知借画之事。在此情形，乙为直接占有人；丙系乙的占有辅助人；甲为间接占有人；乙死后，丁因继承为该画直接占有人。

三、占有权利推定

受权利推定的占有人（包括直接占有人和间接占有人），免除举证责任，即在其有实体权利争议时，占有人可以直接援用该推定对抗相对人，无须证明自己是权利人。当然在相对人提出反证时，占有人为推翻该反证，仍须举证。

言外之意：举证不明时，**程序利益归于占有人**，如举证不明，将作出对非占有人不利的推定。

例 甲向法院起诉，主张乙所占有的自行车是甲的，并请求乙返还自行车。乙则主张自己是自行车的所有权人，并拒绝返还。在上述情况下，如果没有任何证据显示自行车是谁的，法院将推定乙为自行车的所有权人；如果甲能够证明自己曾经占有该自行车，而乙不能证明自己占有的合法来源，法院将推定甲为自行车的所有权人；如果甲能够证明自己曾经占有该自行车，而乙则能够证明自己从甲处购买自行车，法院将认定乙为自行车的所有权人。

四、占有保护请求权

《民法典》第 462 条 占有的不动产或者动产被侵占的，占有人有权请求返还原物……

占有人返还原物的请求权，**自侵占发生之日起** 1 年内未行使的，该请求权消灭。

（1）第 462 条的请求权主体为前占有人（即占有物被侵占前的占有人）。此条所保护的对象是占有的事实状态，所以，无论是合法占有人的占有，还是非法占有人如小偷对盗赃物的占有，都受到本条的保护。

如小偷偷来的东西，强盗也无权抢走（和平秩序，程序正义）。

（2）本条的法定事由为因侵占而产生的瑕疵占有，这里的瑕疵指的是其占有来自对他人的侵占。动产主要体现为盗、抢和错拿三种情况，不动产则主要体现为非法进入。

特别注意，以下三种情形不能适用《民法典》第 462 条。

①如果取得占有是基于占有人的意思，如甲自愿出借手表于乙，乙随后拒绝归还时，对占有的和平秩序没有伤害，不属于侵占占有，甲可以主张《民法典》第 235 条的物权返还请求权，也可以基于借用合同主张返还。

②通过欺诈、胁迫取得占有不属于侵占占有，救济途径可以为撤销合同，依据《民法典》第 508 条请求对方返还。

③如果甲丢失的东西被乙捡到，同样不构成侵占，甲可以依据《民法典》第 312 条请求乙返还。

（3）第 462 条受 1 年除斥期间限制，注意是从侵占之日起算。

例 1 张三在商场偷了一部手机后被李四偷走，此时张三可以依据第 462 条向李四主张占有返还请求权。

例 2 张三在商场偷了一部手机后丢失，被李四捡到，此时张三不可以依据第 462 条向李四主张占有返还请求权。

例 3 张三租给李四的房屋到期，李四拒绝归还，张三可以请求李四返还原物，也可以请求李四承担租赁合同中的返还义务，却不可以依据第 462 条主张占有返还请求权。

五、无权占有人与返还请求权人的关系

	善意占有	恶意占有
返还责任	返还原物与孳息，有必要费用请求权	返还原物与孳息，无必要费用请求权（拾得遗失物且不据为己有的除外，其虽为恶意占有人，但是可以主张必要费用请求权）
损害赔偿（占有人本人将标的物毁损、灭失）	①**自主占有人**不承担赔偿责任 例：成年精神病人（无行为能力）甲将其自行车出卖于不知情的乙且完成交付——买卖合同无效，此时乙不知道自己没有所有权，乙为善意的自主占有人，乙没有过错，若乙将标的物毁损、灭失，无须承担赔偿责任。 ②**他主占有人**承担赔偿责任 例：成年精神病人（无行为能力）甲将其自行车出租于不知情的乙且完成交付——租赁合同无效，此时乙不知道自己没有租赁权，但知道自己没有所有权，乙为他主的善意占有人，若乙将标的物毁损、灭失，应当承担赔偿责任。	无论是自主占有人还是他主占有人一律承担赔偿责任 例 1：成年精神病人（无行为能力）甲将其自行车出卖于知情的乙且完成交付——买卖合同无效，此时乙知道自己没有所有权，乙为无权的恶意占有人，若乙将标的物毁损、灭失，应当承担赔偿责任。 例 2：成年精神病人（无行为能力）甲将其自行车出租于知情的乙且完成交付——租赁合同无效，此时乙知道自己没有租赁权，乙为他主的恶意占有人，若乙将标的物毁损、灭失，应当承担赔偿责任。
风险负担（不可归责于占有人的原因导致标的物毁损、灭失）	返还“三金”（侵权人支付赔偿金、保险公司支付保险金、因其他原因获得补偿金），占有人拿到多少还多少	返还“三金”，“三金”不够的，恶意占有人补足剩余价值

例 1 高某向周某借用一头耕牛，在借用期间高某意外死亡，其子小高不知耕牛非属高某所有而继承。不久，耕牛产下一头小牛。期满后周某请求小高归还耕牛及小牛，但此时小牛已因小高管理不善而死亡。则：

（1）周某是否有权请求小高归还耕牛及小牛？

答：周某有权请求小高返还耕牛，但是无权请求小高返还小牛。

（2）周某是否应向小高支付必要费用？

答：因为小高为自主的、善意的占有人，故周某应该支付小高必要费用。

（3）周某可否请求小高赔偿小牛死亡的损失？

答：因为小高为自主的、善意的占有人，故周某不可以请求小高赔偿小牛死亡的损失。

例 2 甲是一个牧民，乙的 2 只羊混入了甲的羊群，甲不知这 2 只羊不是自己的而予以饲养。其中羊 1 被小偷丙偷走；羊 2 生下一只小羊。下列说法不正确的有：

A. 甲对这 2 只羊的占有是有权占有

B. 乙有权请丙返还羊1，甲无权请求丙返还羊1

C. 乙只能请求甲返还羊2，但不能请求返还小羊，因为甲是善意占有

D. 如果甲将羊2宰杀吃肉，则甲需要承担赔偿责任

【答案】ABCD

解析：A项：甲没有占有这2只羊的本权，属于无权占有，A项表述错误。

B项：甲作为占有人，对侵夺其占有的丙，有占有返还请求权，B项表述错误。

C项：无权占有人应返还原物与孳息，不论善意恶意。C项表述错误。

D项：善意占有人不承担赔偿责任，D项表述错误。

综上，本题答案为ABCD。

第三编　合同

第一分编　通则

第一章　债的概述

本章导读

本章要求考生理解或了解债的概念、要素和发生原因以及债的分类。本章考点在法考中无论是客观卷的选择题还是主观卷的案例分析题都会对考生进行考查。

知识点

第一节　债的概念和要素

一、债的概念

通说认为，债是特定当事人之间请求为一定给付的民事法律关系。在债的关系中，一方享有请求对方为一定给付的权利，即债权，该方当事人称为债权人；另一方负有向对方为一定给付的义务，即债务，该方当事人称为债务人。

二、债的要素

债的要素，即债的构成所必须具备的要件，包括债的主体、债的内容和债的客体。

（一）债的主体

债的主体也称债的当事人，是指参与债的关系的双方当事人，即债权人和债务人。

其中，享有权利的一方当事人称为债权人，负有义务的一方当事人称为债务人。

（二）债的内容

债的内容，是指债的主体所享有的权利和负担的义务，即债权和债务。

1. 债权。债权是债权人享有的请求债务人为特定行为（给付）的权利。债权的特征包括债权为请求权、相对权和债权具有相容性。下文重点介绍债的相对性。

2. 债务。债务是指债务人依当事人约定或法律规定应为特定行为的义务。债务的内容可表现为实施特定的行为（作为义务），也可以表现为不实施特定的行为（不作为义务）。给付的对象，即债的标的，包括物、智力成果、劳务等。其中，当债的标的为“物”时，被称为“标的物”。

债务包括给付义务和附随义务。给付义务包括主给付义务和从给付义务。

三、债的相对性

（一）相对性的一般原理

《民法典》第522条第1款　当事人约定由债务人向第三人履行债务，债务人未向第三人履行债务或者履行债务不符合约定的，应当向债权人承担违约责任。

《民法典》第523条　当事人约定由第三人向债权人履行债务，第三人不履行债务或者履行债务不符合约定的，债务人应当向债权人承担违约责任。

合同的相对性，指合同项下的权利、义务仅在合同当事人之间发生拘束力。合同相对性包括主体的相对性、内容的相对性与责任的相对性，其中责任的相对性是合同相对性的核心和本质。下面我们通过几道例题来理解。

（1）**主体**的相对性：合同仅仅约束相对人，不约束第三人。

例　张三于情人节向甲鲜花店订购鲜花，要求送给女朋友李四，甲鲜花店因当天订购量巨大向张三提出由其子公司乙鲜花店送货，张三同意。问李四能否直接要求乙鲜花店履行合同？

答：不可以。本例中合同当事人是张三和甲鲜花店，但提供履行的是第三人乙鲜花店，接受履行的是第三人李四，这就属于涉他合同。该合同仍然只约束张三和甲鲜花店，合同的权利义务仍然仅仅归属于张三和甲鲜花店，此即合同的相对性。

（2）**责任**的相对性：向第三人履行或者第三人代为履行不影响合同当事人的违约责任。

例　张三于情人节向甲鲜花店订购鲜花，要求送给女朋友李四，甲鲜花店因当天订购量巨大向张三提出由其子公司乙鲜花店送货，张三同意。问如果鲜花有瑕疵，李四能否提出赔偿请求？能否要求乙鲜花店赔偿？

答：不可以。本例中虽然约定债务人（甲鲜花店）须向第三人李四完成给付义务，但基于债的相对性，李四并不受到合同关系的约束，只有合同当事人张三有权请求甲鲜花店承担违约责任，而第三人李四无权请求鲜花店承担违约责任。同理，合同当事人为张三和甲鲜花店，不论第三人乙鲜花店是否履行，合同责任只能由合同当事人（甲鲜花店）承担，而不能由第三人乙鲜花店承担。此即责任的相对性。

(3) **第三人过错**不影响违约责任的承担。

例 张三向甲鲜花店预订99朵玫瑰，要求其在情人节当天将玫瑰送往李四住所，后在甲鲜花店欲送花时，隔壁乙花店嫉妒其生意兴隆，将玫瑰花根部破坏，以致李四收到了毁坏的玫瑰花，问甲店能否以乙店过错为由免予承担违约责任?

答：不可以。违约责任是一种无过错责任，不论当事人是否有过错，只要有违约行为，就需要承担违约责任（《民法典》第577条）。基于债的相对性，合同关系仅仅约束合同当事人，合同责任仅仅由当事人来承担，第三人过错不是当事人在合同上的免责事由。因此，甲店应该首先承担违约责任，然后可以向乙店进行追偿。总之，合同债务人因第三人原因违约的，仍应对合同债权人承担违约责任，债务人与第三人的关系另行解决。

【例题】(2014-3-11) 方某为送汤某生日礼物，特向余某定作一件玉器。订货单上，方某指示余某将玉器交给汤某，并将订货情况告知汤某。玉器制好后，余某委托朱某将玉器交给汤某，朱某不慎将玉器碰坏。下列哪一表述是正确的?

A. 汤某有权要求余某承担违约责任

B. 汤某有权要求朱某承担侵权责任

C. 方某有权要求朱某承担侵权责任

D. 方某有权要求余某承担违约责任

【答案】D

分析：方某（定作人）——汤某（第三人）——余某（承揽人）——朱某（第三人）。

- 合同责任：《民法典》第593条。
- 侵权责任：承揽合同所有权移转规则：原材料主义为原则，交付主义为例外。

（二）真正利益第三人合同

《民法典》第522条第2款　法律规定或者当事人约定第三人可以直接请求债务人向其履行债务，第三人未在合理期限内明确拒绝，债务人未向第三人履行债务或者履行债务不符合约定的，**第三人可以**请求债务人承担违约责任；债务人对债权人的抗辩，可以向第三人主张。

(1) 适用前提："法律规定或者当事人约定"，如第三者责任保险中受害者对保险人的请求权。

(2) 就权利取得方式而言，只要第三人未在合理期限内明确拒绝，即可取得合同为他设定的权利；第三人也可以在合理期限内明确拒绝他人对自己无故加利，一旦第三人明确拒绝，则关于第三人利益的条款不生效力。

(3) 法律效果上，若债务人未向第三人履行债务或者履行债务不符合约定的，第三人可以请求债务人承担违约责任。换言之，第三人的权利效果表现为请求债务人给付的请求权，继续履行和赔偿损失是债务人向第三人承担责任的主要形式，第三人并不享有合同当事人才享有的变更、撤销、解除的权利。《民法典》第522条第2款规定的第三人请求债务人向自己履行债务的，人民法院应予支持；请求行使撤销权、解除权等民事权利的，人民法院不予支持，但是法律另有规定的除外。合同依法被撤销或者被解除，债务人请求债权人返还财产的，人民法院应予支持。

（4）在抗辩关系上，债务人对债权人的抗辩，可以向第三人主张。原因在于，第三人的权利从属于债权人和债务人之间的基础关系，第三人的权利不能且不应强于基础关系中的债权人。

（5）债务人按照约定向第三人履行债务，第三人拒绝受领，债权人请求债务人向自己履行债务的，人民法院应予支持，但是债务人已经采取提存等方式消灭债务的除外。第三人拒绝受领或者受领迟延，债务人请求债权人赔偿因此造成的损失的，人民法院依法予以支持。

第二节 债的发生

债作为一种法律关系，其之产生，依赖于民事法律事实。在民法上，引起债的产生的民事法律事实包括：合同、单方允诺、不当得利、无因管理与侵权行为。相应地，由这些法律事实所引起的债，就是合同之债、单方允诺之债、不当得利之债、无因管理之债、侵权之债。

第三节 债的分类

一、意定之债与法定之债

按照债的设定及其内容是否允许当事人**以自由意思决定**，债可以分为意定之债与法定之债。意定之债，是指债的发生及其内容由当事人依其自由意思决定的债。合同之债和单方允诺之债均为意定之债。法定之债，是指债的发生及其内容均由法律予以规定的债。侵权行为之债、无因管理之债和不当得利之债均属法定之债。

区分意定之债与法定之债的意义在于，前者贯彻意思自治原则，在债的客体、内容及债务不履行的责任等方面均可由当事人约定；而在后者，债的发生及效力均由法律规定。

二、财物之债与劳务之债

根据债务人所负**给付义务**的不同内容，债可分为财物之债和劳务之债。凡债的标的为给付财物的，为财物之债，如买卖合同之债；债的标的为提供劳务的，为劳务之债，如委托合同之债。二者的主要区别在于，当债务人不履行债务时，财物债务可强制履行，而劳务债务则不得强制履行。

三、特定之债与种类之债

根据债的标的物的不同属性，债可划分为**特定之债和种类之债**。以特定物为标的的债称为特定之债，以种类物为标的的债称为种类之债。在前者，债发生时，其标的物即已特定化；在后者，债成立时其标的物尚未特定化，甚至尚不存在，当事人仅就其种类、数量、质量、规格或型号等达成协议。

区分特定之债与种类之债的意义在于：其一，在特定之债，除非债务履行前标的物已灭失，债务人不得以其他标的物代为履行，而种类之债则无此问题；其二，二者在风险转移方面规则也有不同，下文买卖合同部分详解。

四、单一之债与多数人之债

根据债的主体双方是**单一的还是多数的**，债可分为单一之债和多数人之债。单一之债，是指债的主体双方即债权人和债务人均为一人的债；多数人之债，是指债权人和债务人至少有一方为二人或二人以上的债。

区分单一之债和多数人之债，有助于准确地确定债的当事人之间的权利义务关系。在单一之债中，当事人之间的权利义务关系较为简单明了。多数人之债则既涉及债权人与债务人之间的权利义务关系，又涉及多数债权人之间或多数债务人之间的权利义务关系，其法律关系较为复杂。

五、简单之债与选择之债

1. 定义。

根据债的标的**有无选择性**，债可分为简单之债和选择之债。简单之债，是指债的履行标的只有一项，债务人只能按照该项标的履行、债权人也只能请求债务人按该项标的履行的债。选择之债，是指债的履行标的有数项，债务人可从中选择其一履行或债权人可选择其一请求债务人履行的债。二者的主要区别在于，简单之债的标的无可选择，而选择之债则可在数项标的中选择履行。

▲口诀：简单之债与单一之债的区别：单一之债看主体，简单之债看行为。

记住特例：麦当劳的餐券、通行路线之选择、买大米或者白面五斤。

▲注意：不同标的的选择为选择之债，同一标的的不同的“数量级”的选择为简单之债。

2. 选择权。

债务标的有多项而债务人只需履行其中一项的，债务人**享有选择权**；但是，法律另有规定、当事人另有约定或者另有交易习惯的除外。

享有选择权的当事人在约定期限内或者履行期限届满未作选择，经催告后在合理期限内仍未选择的，选择权转移至对方。

当事人行使选择权应当及时通知对方，通知到达对方时，标的确定。标的确定后不得变更，但是经对方同意的除外。

可选择的标的发生不能履行情形的，享有选择权的当事人不得选择不能履行的标的，但是该不能履行的情形是由对方造成的除外。

【例题】（2009－3－9）甲对乙说：如果你在三年内考上公务员，我愿将自己的一套住房或者一辆宝马轿车相赠。乙同意。两年后，乙考取某国家机关职位。关于甲与乙的约定，下列哪一说法是正确的？

A. 属于种类之债

B. 属于选择之债

C. 属于连带之债

D. 属于劳务之债

【答案】B

六、按份之债与连带之债

1. 定义。

对于多数人之债，根据多数一方当事人之间权利义务关系的不同状态，可分为按份之债和连带之债。

按份之债，是指债的多数人一方当事人各自**按照确定的份额**享有权利或者承担义务的债。其中，债权人为两人以上，各自按照确定的份额分享权利的，称为按份债权；债务人为两人以上，各自按照确定的份额分担义务的，称为按份债务。在按份债权中，各个债权人只能就自己享有的债权份额请求债务人给付和接受给付，无权请求和接受债务人的全部给付；在按份债务中，各债务人只对自己分担的债务份额负责清偿，无须向债权人清偿全部债务。按份债权人或者按份债务人的份额难以确定的，视为份额相同。

连带之债，是指债的多数人一方当事人之间**有连带关系**的债。所谓连带关系，是指对于当事人中一人发生效力的事项对于其他当事人同样发生效力。连带之债有连带债权和连带债务之分。在连带之债中，享有连带权利的每个债权人都有权请求债务人履行义务，负有连带义务的每个债务人都负有清偿全部债务的义务。实际承担债务超过自己份额的连带债务人，有权就超出部分在其他连带债务人未履行的份额范围内向其追偿，并相应地享有债权人的权利，但是不得损害债权人的利益。其他连带债务人对债权人的抗辩，可以向该债务人主张。被追偿的连带债务人不能履行其应分担份额的，其他连带债务人应当在相应范围内按比例分担。连带债权或者连带债务，由法律规定或者当事人约定。连带债务人之间的份额难以确定的，视为份额相同。

2. 区分按份之债和连带之债的主要意义在于二者的效力不同。在按份之债中，任一债权人接受了其应受份额义务的履行或任一债务人履行了其应负担份额的义务后，与其他债权人或债务人均不再发生任何权利义务关系。在连带之债中，连带债权人的任何一人接受了全部债务的履行，或者连带债务人的任何一人清偿了全部债务时，虽然原债归于消灭，但在连带债权人或连带债务人内部则会产生新的按份之债。

3. 连带之债的涉他效力。

部分连带债务人履行、抵销债务或者提存标的物的，其他债务人对债权人的债务在相应范围内消灭；该债务人可以依据相关规定向其他债务人追偿。

部分连带债务人的债务被债权人免除的，在该连带债务人应当承担的份额范围内，其他债务人对债权人的债务消灭。

部分连带债务人的债务与债权人的债权同归于一人的，在扣除该债务人应当承担的份额后，债权人对其他债务人的债权继续存在。

债权人对部分连带债务人的给付受领迟延的，对其他连带债务人发生效力。

【例题】（2011－3－10）甲公司向银行贷款1 000万元，乙公司和丙公司向银行分别出具担保函："在甲公司不按时偿还1 000万元本息时，本公司承担保证责任。"关于乙公司和丙公司对银行的保证债务，下列哪一表述是正确的？

A. 属于选择之债

B. 属于连带之债

C. 属于按份之债

D. 属于多数人之债

【答案】B

七、主债与从债

在存在从属关系的两个债中，根据其不同地位，可分为主债和从债。主债是指能够独立存在，不以其他债的存在为前提的债。从债是指不能独立存在，必须以主债的存在为存在前提的债。主债和从债是相互对应的，没有主债不发生从债，没有从债也无所谓主债。主债与从债之分常见于设有担保的债中，被担保的债（如买卖合同、借贷合同之债）为主债，为担保该债而设之债（如保证合同、抵押合同之债）为从债。

第二章 合同的订立

本章导读

本章要求考生熟练掌握合同订立的基本规则及合同成立的标准，格式条款的订立、效力规则和解释规则；理解或了解合同的形式和内容，合同订立、成立、生效、格式条款、缔约过失责任的概念。

知识点

第一节 合同的订立

一、合同订立的一般程序

（略）

二、合同的成立

（一）合同成立的含义及认定

合同的成立，是指当事人之间形成合意，产生了合同关系。一般认为，双方没有另外约定的情况下，就合同主体、标的及其数量达成合意的，人民法院应当认定合同成立。当事人对合同是否成立存在争议，人民法院能够确定当事人姓名或者名称、标的和数量的，一般应当认定合同成立。但是，法律另有规定或者当事人另有约定的除外。根据前述规定能够认定合同已经成立的，对合同欠缺的内容，人民法院应当依据《民法典》第510条、第511条等规定予以确定。当事人主张合同无效或者请求撤销、解除合同等，人民法院认为合同不成立的，应当依据《最高人民法院关于民事诉讼证据的若干规定》第53条的规定将合同是否成立作为焦点问题进行审理，并可以根据案件的具体情况重新指定举证期限。

（二）合同成立的时间

1. 对于诺成、不要式合同而言，承诺生效（合意达成）的时间，为合同成立的时间。

2. 对于实践合同而言，须交付标的物合同方可成立。（定金合同、保管合同、自然人借贷合同）

3. 对于要式合同而言，在承诺生效（合意达成）之后，法定或约定的形式要件具备的时间，为合同成立的时间。应当注意：

①当事人采用合同书形式订立合同的，自当事人均签名、盖章或者按指印时合同成立。在签名、盖章或者按指印之前，当事人一方已经履行主要义务，对方接受时，该合同成立。法律、行政法规规定或者当事人约定合同应当采用书面形式订立，当事人未采用书面形式但是一方已经履行主要义务，对方接受时，该合同成立。

②当事人采用信件、数据电文等形式订立合同要求签订确认书的，签订确认书时合同成立。当事人一方通过互联网等信息网络发布的商品或者服务信息符合要约条件的，对方选择该商品或者服务并提交订单成功时合同成立，但是当事人另有约定的除外。

（三）合同成立的地点

承诺生效的地点为合同成立的地点。

采用数据电文形式订立合同的，收件人的主营业地为合同成立的地点；没有主营业地的，其住所地为合同成立的地点。当事人另有约定的，按照其约定。

当事人采用合同书形式订立合同的，最后签名、盖章或者按指印的地点为合同成立的地点，但是当事人另有约定的除外。

三、三个特殊的合同

（一）预约合同

1. 预约合同与本约合同的成立。

预约合同，是指要约人与受要约人约定将来订立一定合同的合同。当事人约定在将来一定期限内订立合同的认购书、订购书、预订书等，构成预约合同。预约合同与本约合同相对，本约合同就是为了履行预约合同而订立的合同。在订立预约合同后，订立本约合同是当事人应当履行的义务，只要本约合同未订立，则预约合同就没有履行。当事人一方不履行预约合同约定的订立合同义务的，对方可以请求其承担预约合同的违约责任。

当事人以认购书、订购书、预订书等形式约定在将来一定期限内订立合同，或者为担保在将来一定期限内订立合同交付了定金，能够确定将来所要订立合同的主体、标的等内容的，人民法院应当认定预约合同成立。

当事人通过签订意向书或者备忘录等方式，仅表达交易的意向，未约定在将来一定期限内订立合同，或者虽然有约定但是难以确定将来所要订立合同的主体、标的等内容，一方主张预约合同成立的，人民法院不予支持。

当事人订立的认购书、订购书、预订书等已就合同标的、数量、价款或者报酬等主要内容达成合意，符合相关司法解释规定的合同成立条件，未明确约定在将来一定期限内另行订立合同，或者虽然有约定但是当事人一方已实施履行行为且对方接受的，人民法院应当认定本约合同成立。

2. 违反预约合同的违约责任。

预约合同生效后，当事人一方拒绝订立本约合同或者在磋商订立本约合同时违背诚信原则导致未能订立本约合同的，人民法院应当认定该当事人不履行预约合同约定的义务。人民法院认定当事人一方在磋商订立本约合同时是否违背诚信原则，应当综合考虑该当事人在磋商时提出的条件是否明显背离预约合同约定的内容以及是否已尽合理努力进行协商等因素。

预约合同生效后，当事人一方不履行订立本约合同的义务，对方请求其赔偿因此造成的损失的，人民法院依法予以支持。前述规定的损失赔偿，当事人有约定的，按照约定；没有约定的，人民法院应当综合考虑预约合同在内容上的完备程度以及订立本约合同的条件的成就程度等因素酌定。

（二）须审批的合同

依法成立的合同，自成立时生效，但是法律另有规定或者当事人另有约定的除外。依照法律、行政法规的规定，合同应当办理批准等手续的，依照其规定。未办理批准等手续影响合同生效的，不影响合同中履行报批等义务条款以及相关条款的效力。应当办理申请批准等手续的当事人未履行义务的，对方可以请求其承担违反该义务的责任。例如，A公司是一家矿业公司。某日，A公司与B公司订立《合作协议》，约定A公司以某铜矿的采矿权作为出资，B公司现金出资1亿元，共同设立C公司，从事铜矿开采。该《合作协议》尚未获得矿产资源主管机关批准，在得到主管机关批准之前，合同并非无效，而是成立未生效。

合同依法成立后，负有报批义务的当事人不履行报批义务或者履行报批义务不符合合同的约定或者法律、行政法规的规定，对方请求其继续履行报批义务的，人民法院应予支持；对方主张解除合同并请求其承担违反报批义务的赔偿责任的，人民法院应予支持。

人民法院判决当事人一方履行报批义务后，其仍不履行，对方主张解除合同并参照违反合同的违约责任请求其承担赔偿责任的，人民法院应予支持。

合同获得批准前，当事人一方起诉请求对方履行合同约定的主要义务，经释明后拒绝变更诉讼请求的，人民法院应当判决驳回其诉讼请求，但是不影响其另行提起诉讼。

负有报批义务的当事人已经办理申请批准等手续或者已经履行生效判决确定的报批义务，批准机关决定不予批准，对方请求其承担赔偿责任的，人民法院不予支持。但是，因迟延履行报批义务等可归责于当事人的原因导致合同未获批准，对方请求赔偿因此受到的损失的，人民法院应当依据《民法典》第157条的规定处理。

（三）电子合同

当事人一方通过互联网等信息网络发布的商品或者服务信息符合要约条件的，对方选择该商品或者服务并**提交订单成功时合同成立**，但是当事人另有约定的除外。

通过互联网等信息网络订立的电子合同的标的为交付商品并采用快递物流方式交付的，收货人的签收时间为交付时间。电子合同的标的为提供服务的，生成的电子凭证或者实物凭证中载明的时间为提供服务时间；前述凭证没有载明时间或者载明时间与实际提供服务时间不一致的，以实际提供服务的时间为准。

电子合同的标的物为采用在线传输方式交付的，合同标的物进入对方当事人指定的特定系统且能够检索识别的时间为交付时间。

电子合同当事人对交付商品或者提供服务的方式、时间另有约定的，按照其约定。

四、格式条款合同的订立规则

（一）格式条款的概念

格式条款是当事人为了重复使用而预先拟定，并在订立合同时未与对方协商的条款。

合同条款符合《民法典》第 496 条第 1 款规定的情形，当事人仅以合同系依据合同示范文本制作或者双方已经明确约定合同条款不属于格式条款为由主张该条款不是格式条款的，人民法院不予支持。

从事经营活动的当事人一方仅以未实际重复使用为由主张其预先拟定且未与对方协商的合同条款不是格式条款的，人民法院不予支持。但是，有证据证明该条款不是为了重复使用而预先拟定的除外。

1. 特点：单方制定、不可协商；定型化；重复适用。

2. 优点：提高交易效率，降低交易成本。

3. 缺点：伤害契约自由与契约正义——因而需要规制以对冲这些缺点。

（二）格式条款的订立规则

1. **订立阶段**：提示和说明义务（后果：不进入合同）。

采用格式条款订立合同的，提供格式条款的一方应当遵循公平原则确定当事人之间的权利和义务，并采取合理的方式提示对方注意免除或者减轻其责任等与对方有重大利害关系的条款，按照对方的要求，对该条款予以说明。提供格式条款的一方未履行提示或者说明义务，致使对方没有注意或者理解与其有重大利害关系的条款的，对方可以主张该条款不成为合同的内容。

提供格式条款的一方在合同订立时采用通常足以引起对方注意的文字、符号、字体等明显标识，提示对方注意免除或者减轻其责任、排除或者限制对方权利等与对方有重大利害关系的异常条款的，人民法院可以认定其已经履行《民法典》第 496 条第 2 款规定的提示义务。

提供格式条款的一方按照对方的要求，就与对方有重大利害关系的异常条款的概念、内容及其法律后果以书面或者口头形式向对方作出通常能够理解的解释说明的，人民法院可以认定其已经履行《民法典》第 496 条第 2 款规定的说明义务。

提供格式条款的一方对其已经尽到提示义务或者说明义务承担举证责任。对于通过互联网等信息网络订立的电子合同，提供格式条款的一方仅以采取了设置勾选、弹窗等方式为由主张其已经履行提示义务或者说明义务的，人民法院不予支持，但是其举证符合上述两段的规定的除外。

2. **订入之后**：效力评价（后果：无效）。

有下列情形之一的，该格式条款无效：

（1）具有民法典总则编第六章第三节和《民法典》第 506 条规定的无效情形；

（2）提供格式条款一方不合理地免除或者减轻其责任、加重对方责任、限制对方主要权利；

（3）提供格式条款一方排除对方主要权利。

3. **生效之后**：格式合同的解释（后果：不利于提供方）。

对格式条款的理解发生争议的，应当按照通常理解予以解释。对格式条款有两种以上解释的，应当作出不利于提供格式条款一方的解释。格式条款和非格式条款不一致的，应当采用非格式条款。

【例题】（2017－3－11）甲与乙公司订立美容服务协议，约定服务期为半年，服务费预收后逐次计扣，乙公司提供的协议格式条款中载明“如甲单方放弃服务，余款不退”（并注明该条款不得更改）。协议订立后，甲依约支付5万元服务费。在接受服务1个月并发生费用8000元后，甲感觉美容效果不明显，单方放弃服务并要求退款，乙公司不同意。甲起诉乙公司要求返还余款。下列哪一选项是正确的？

A. 美容服务协议无效

B. “如甲单方放弃服务，余款不退”的条款无效

C. 甲单方放弃服务无须承担违约责任

D. 甲单方放弃服务应承担继续履行的违约责任

【答案】 B

第二节　合同的内容和解释

一、合同的内容

合同的内容，在实质意义上是指合同当事人的权利义务，在形式意义上即为合同的条款。《民法典》第470条第1款规定：合同的内容由当事人约定，一般包括下列条款：（1）当事人的姓名或者名称和住所；（2）标的；（3）数量；（4）质量；（5）价款或者报酬；（6）履行期限、地点和方式；（7）违约责任；（8）解决争议的方法。这是《民法典》对合同条款的倡导性规定。

应当注意：合同条款可分为必要条款和一般条款。

必要条款，是指合同必须具备的条款。若欠缺必要条款，合同便不能成立。一般认为，合同的必要条款有三：当事人的姓名或者名称；标的；数量。一般条款，是指必要条款以外的合同条款。若欠缺一般条款，并不能影响合同的成立。

二、合同的解释

（略）

第三章　合同的效力

（略）

第四章 合同的履行

本章导读

本章要求考生熟悉掌握缔约过失责任的构成要件和赔偿范围，合同效力的一般和特殊的规则，合同履行的主要内容及其确定规则，合同履行的特殊规则，同时履行抗辩权、不安抗辩权、顺序履行抗辩权的成立条件和行使规则，情势变更的构成要件和法律后果。

知识点

第一节 债的履行规则

一、履行主体

（一）债务人履行

债的履行主体，首先为债务人，除法律规定、当事人约定或性质上必须由债务人本人履行的债务以外，履行可由债务人的代理人进行。但代理只有在履行行为为法律行为时方可适用。

（二）第三人代为履行

1. 代为清偿的适用条件为：

（1）依债的性质，可以由第三人代为清偿。

（2）债权人与债务人之间无不得由第三人代为清偿的约定。

（3）债权人没有明确拒绝代为清偿的**正当理由**，债务人也无提出异议的正当理由。

（4）代为清偿的第三人必须有为债务人清偿的意思。

2. 代为清偿的效力：

（1）对债权人与债务人之间：债的关系归于消灭，债务人免除义务。

（2）对债权人与第三人之间：债权人的权利转移给第三人。

（3）对第三人与债务人之间：第三人在其求偿的范围内，得对债务人行使债权人的一切权利。债务人对于债权人有可得抗辩的事由，有可供抵消的债权的，也可以对第三人主张。

3. 债务人不履行债务，第三人对履行该债务具有**合法利益**的，第三人有权向债权人代为履行；但是，根据债务性质、按照当事人约定或者依照法律规定只能由债务人履行的除外。

债权人接受第三人履行后，其对债务人的债权转让给第三人，但是债务人和第三人另有约定的除外。

例1　甲以其机动车为甲、乙的借款之债提供抵押担保，双方签订抵押合同并办理了抵押登记以及禁止抵押物转让的登记，甲随后将机动车转让给丙，则虽然甲、丙的买卖合同有效，但丙不能取得所有权，除非丙对乙代为清偿甲、乙的债务。

例2　因承租人拖欠租金，出租人请求解除合同时，次承租人可以请求代承租人支付欠付的租金和违约金以抗辩出租人的合同解除权。

例3　债权人A，债务人B，债务金额100万元，保证人C承担保证责任，债务人提供了一个价值100万元的房屋抵押。如果C主动承担了保证责任，那么可以取得A对B的债权，将同时取得A对B的抵押权。

例4　甲将车借给乙，乙将车交丙维修，乙不付维修费，丙留置该车。甲可以代乙向丙支付维修费。

【例题】（2017-3-9）甲经乙公司股东丙介绍购买乙公司矿粉，甲依约预付了100万元货款，乙公司仅交付部分矿粉，经结算欠甲50万元货款。乙公司与丙商议，由乙公司和丙以欠款人的身份向甲出具欠条。其后，乙公司未按期支付。关于丙在欠条上签名的行为，下列哪一选项是正确的？

A. 构成第三人代为清偿

B. 构成免责的债务承担

C. 构成并存的债务承担

D. 构成无因管理

【答案】C

二、履行标的

（略）

三、履行期限

当事人就有关合同内容约定不明确，依据《民法典》第510条的规定仍不能确定的，适用下列规定：履行期限不明确的，债务人可以随时履行，债权人也可以随时请求履行，但是应当给对方必要的准备时间。

四、履行地点

《民法典》第511条第3项　当事人就有关合同内容约定不明确，依据前条规定仍不能确定的，适用下列规定：履行地点不明确，给付货币的，在接受货币一方所在地履行；交付不动产的，在不动产所在地履行；其他标的，在履行义务一方所在地履行。

《最高人民法院关于审理民间借贷案件适用法律若干问题的规定》（简称《民间借贷规定》）第3条　借贷双方就合同履行地未约定或者约定不明确，事后未达成补充协议，按照合同有关条款或者交易习惯仍不能确定的，以接受货币一方所在地为合同履行地。

《民法典》第603条　出卖人应当按照约定的地点交付标的物。

当事人没有约定交付地点或者约定不明确，依据本法第510条的规定仍不能确定的，适用下列规定：

（一）标的物需要运输的，出卖人应当将标的物交付给第一承运人以运交给买受人；

（二）标的物不需要运输，出卖人和买受人订立合同时知道标的物在某一地点的，出卖人应当在该地点交付标的物；不知道标的物在某一地点的，应当在出卖人订立合同时的营业地交付标的物。

五、履行方式

当事人有关于履行方式的约定时，依其约定，无此约定时，按照有利于实现合同目的的方式履行。债权人可以拒绝债务人部分履行债务，但是部分履行**不损害债权人利益**的除外。

六、履行费用

《民法典》第511条第6项　当事人就有关合同内容约定不明确，依据前条规定仍不能确定的，适用下列规定：履行费用的负担不明确的，由履行义务一方负担；因债权人原因增加的履行费用，由债权人负担。

第二节　双务合同履行抗辩权

一、合同履行抗辩权▲

前提条件：同一双务合同中的对待给付且都没有履行完毕（履行多少失去多少抗辩权）。

- 无先后履行顺序：双方均有同时履行抗辩权
- 有先后履行顺序
  - 先履行一方：不安抗辩权
  - 后履行一方：先履行抗辩权

二、不安抗辩权

1. 构成要件：（1）在同一双务合同中互负债务；（2）双方债务有先后履行顺序；（3）先给付一方债务届至；（4）先给付一方发现有令其对待给付不能实现的不安事由。

《民法典》第527条　应当先履行债务的当事人，有确切证据证明对方有下列情形之一的，可以中止履行：

（一）经营状况严重恶化；

（二）转移财产、抽逃资金，以逃避债务；

（三）丧失商业信誉；

（四）有丧失或者可能丧失履行债务能力的其他情形。

当事人没有确切证据中止履行的，应当承担违约责任。

《民法典》第528条 当事人依据前条规定中止履行的，应当及时通知对方。对方提供适当担保的，应当恢复履行。中止履行后，对方在合理期限内未恢复履行能力且未提供适当担保的，视为以自己的行为表明不履行主要债务，中止履行的一方可以解除合同并可以请求对方承担违约责任。

2. 行使方式：(1) 先给付一方有确切证据证明对方有不能为对待给付的危险；(2) 中止履行，并及时通知对方；(3) 若对方恢复履行能力或提供适当担保的，应当继续履行；(4) 对方未能及时恢复履行能力，亦未**提供担保**的，可以**解除合同**并可以请求对方承担**违约责任**。

例 下列情形，符合《民法典》确立的不安抗辩权制度的有：

A. 画家乙与甲约定由其为甲画像，甲于5月1日前支付报酬3 000元，乙在收款一周内为其画像，甲于4月29日赴乙处支付报酬时发现乙身染重病，于是拒绝付款

B. 甲向乙出售货物，约定甲于4月15日至30日向乙发货，乙收货后于5月10日付款。甲于4月16日向乙送去一半货物，数日后听到传言说乙拖欠他人货款不能偿还，资金严重困难，遂停止运送另一半货物并要求乙返还已收到的一半货物

C. 甲向乙出售名画一幅，约定先由乙付款，甲在收款次日交画。乙准备向甲付款时，发现甲已在3天前将画卖给丙并已交付，则乙可拒付画款

D. 甲向乙出售房屋，约定先由甲交付房屋并代为办理过户手续，然后由乙付款，甲在履行期限届满前将房屋交付给丙并办理了过户手续，则乙可行使不安抗辩权拒付房款

【答案】 AC

三、履行抗辩权的司法裁判

当事人互负债务，一方以对方没有履行非主要债务为由拒绝履行自己的主要债务的，人民法院不予支持。但是，对方不履行非主要债务致使不能实现合同目的或者当事人另有约定的除外。

当事人一方起诉请求对方履行债务，被告依据《民法典》第525条的规定主张双方同时履行的抗辩且抗辩成立，被告未提起反诉的，人民法院应当判决被告在原告履行债务的同时履行自己的债务，并在判项中明确原告申请强制执行的，人民法院应当在原告履行自己的债务后对被告采取执行行为；被告提起反诉的，人民法院应当判决双方同时履行自己的债务，并在判项中明确任何一方申请强制执行的，人民法院应当在该当事人履行自己的债务后对对方采取执行行为。

当事人一方起诉请求对方履行债务，被告依据《民法典》第526条的规定主张原告应先履行的抗辩且抗辩成立的，人民法院应当驳回原告的诉讼请求，但是不影响原

告履行债务后另行提起诉讼。

四、合同履行抗辩权的延伸考查▲

一方根本违约，对方可以同时主张三项权利：合同履行抗辩权、违约责任请求权、合同解除权。

——如果是后履行方预期违约，则先履行方主张不安抗辩权、违约责任请求权和合同解除权（例 1、例 4）。

——如果是先履行方根本违约，则后履行方主张顺序履行抗辩权、违约责任请求权和合同解除权（例 2）。

如果一方尚未达到根本违约（即合同目的不能实现）的程度，则另一方只能主张违约责任，不能主张合同履行抗辩权和合同解除权（例 3）。

例 1 甲与乙订立买卖合同，约定甲先交货，乙后付款。现甲债务到期时，得知乙经营状况恶化。此时，甲有权中止交货，并有权请求乙提供适当担保。否则，甲有权解除合同，追究乙的预期违约责任。

例 2 甲与乙订立买卖合同，约定甲先交货，乙后付款。现甲逾期未交货。此时，乙的债务到期后，乙有权拒绝付款，解除合同并追究甲的现实违约责任。

例 3 甲与乙公司签订的房屋买卖合同约定：乙公司收到首期房款后，向甲交付房屋和房屋使用说明书；收到二期房款后，将房屋过户给甲。甲交纳首期房款后，乙公司交付房屋但未立即交付房屋使用说明书。甲无权以此为由拒不支付二期房款。因为甲的付款义务与乙公司交付房屋使用说明书不形成主给付义务对应关系，甲不能行使先履行抗辩权，所以无权以乙公司未交付房屋使用说明书为由拒不支付二期房款。

例 4 甲公司与乙公司签订服装加工合同，约定乙公司支付预付款 1 万元，甲公司加工服装 1 000 套，3 月 10 日交货，乙公司于 3 月 15 日支付余款 9 万元。3 月 10 日，甲公司仅加工服装 900 套，乙公司此时因濒临破产致函甲公司表示无力履行合同。则：

（1）甲公司有权以乙公司已不可能履行合同为由，请求乙公司承担违约责任；

（2）因乙公司丧失履行能力，甲公司可行使不安抗辩权；

（3）因乙公司丧失履行能力，甲公司可主张解除合同。

分析：乙（预付款）——甲（交货）——乙（余款）。

第三节　情势变更原则

一、情势变更原则的含义

合同成立后，合同的基础条件发生了当事人在订立合同时无法预见的、不属于商业风险的重大变化，继续履行合同对于当事人一方明显不公平的，受不利影响的当事人可以与对方重新协商；在合理期限内协商不成的，当事人可以请求人民法院或者仲裁机构**变更**或者**解除**合同。

不可抗力：想不到、躲不开、搞不定。

情势变更：想不到、躲不开、搞得定但明显不公平。

商业风险：想得到。

二、情势变更原则的适用

1. 情势发生变更，也即合同成立时所赖以存在的基础条件发生了重大变化。如物价飞涨、汇率大幅度变化、国家政策出现重大调整（如限购、限贷）等。

2. 情势变更发生在合同成立之后，履行完毕之前。

3. 该情势变更并非不可抗力造成，也不属于商业风险。

4. 当事人在订立合同时无法预见到该情势变更。

5. 情势发生变更后，若继续履行合同对当事人一方明显不公平。

三、具体判定

合同成立后，因政策调整或者市场供求关系异常变动等原因导致价格发生当事人在订立合同时无法预见的、不属于商业风险的涨跌，继续履行合同对于当事人一方明显不公平的，人民法院应当认定合同的基础条件发生了《民法典》第533条第1款规定的“重大变化”。但是，合同涉及市场属性活跃、长期以来价格波动较大的大宗商品以及股票、期货等风险投资型金融产品的除外。

合同的基础条件发生了《民法典》第533条第1款规定的重大变化，当事人请求变更合同的，人民法院不得解除合同；当事人一方请求变更合同，对方请求解除合同的，或者当事人一方请求解除合同，对方请求变更合同的，人民法院应当结合案件的实际情况，根据公平原则判决变更或者解除合同。

人民法院依据《民法典》第533条的规定判决变更或者解除合同的，应当综合考虑合同基础条件发生重大变化的时间、当事人重新协商的情况以及因合同变更或者解除给当事人造成的损失等因素，在判项中明确合同变更或者解除的时间。

当事人事先约定排除《民法典》第533条适用的，人民法院应当认定该约定无效。

四、法律效力

出现情势变更后，受不利影响的当事人可以与对方重新协商；在合理期限内协商不成的，当事人可以请求**人民法院**或者仲裁机构变更或者解除合同。人民法院或者仲裁机构应当结合案件的实际情况，根据公平原则变更或者解除合同。

例 甲与乙教育培训机构就课外辅导达成协议，约定甲交费5万元，乙机构保证甲在接受乙机构的辅导后，高考分数能达到二本线。若未达到该目标，全额退费。结果甲高考成绩仅达去年二本线，与今年高考二本线尚差20分。关于乙机构的承诺，下列哪一表述是正确的？

A. 属于无效格式条款

B. 因显失公平而可变更

C. 因情势变更而可变更

D. 虽违背教育规律但属有效

【答案】 D

【例题】（2021 真题回忆版）甲公司是发包人，乙公司是承包人，签订工程承包合同，工程价款固定单价工程价，且无任何其他情形价格调整条款。在施工期间受到全球疫情影响，一种施工材料上涨 150%，如果工程价款不进行调整，乙公司将面临巨额亏损。于是乙公司找到甲公司请求调整工程价款，遭拒绝。乙公司诉至法院。对于本案，下列说法正确的是：

A. 适用情势变更

B. 符合商业风险自担

C. 该合同符合自愿原则

D. 该合同违反公序良俗

【答案】 A

第五章 合同的保全

本章导读

本章要求考生熟练掌握并能够运用债权人代位权、债权人撤销权的成立要件、行使规则及其效力；理解或了解合同保全概念，合同担保的种类。

知识点

第一节 代位权

一、代位权的要件

1. 债权人对债务人的债权合法有效，且已到期。

2. 债务人对次债务人的债权合法有效，已到期，且为**非专属性**的金钱债权。

★专属债权：下列权利，人民法院可以认定为《民法典》第535条第1款规定的专属于债务人自身的权利：

（1）抚养费、赡养费或者扶养费请求权；

（2）人身损害赔偿请求权；

（3）劳动报酬请求权，但是超过债务人及其所扶养家属的生活必需费用的部分除外；

（4）请求支付基本养老保险金、失业保险金、最低生活保障金等保障当事人基本生活的权利；

（5）其他专属于债务人自身的权利。

需要注意的是，债权人专为保存债务人权利的行为，如中断时效、申请登记、申报破产债权等，可以不必等债权到期即可行使。债权人的债权到期前，债务人的债权或者与该债权有关的从权利存在诉讼时效期间即将届满或者未及时申报破产债权等情形，影响债权人的债权实现的，债权人可以代位向债务人的相对人请求其向债务人履行、向破产管理人申报或者作出其他必要的行为。

3. 债务人怠于行使其债权：不以“诉讼”或者“仲裁”方式向次债务人主张到期债权。

4. 对债权人造成损害（债务人的现有财产不足以清偿债务）。

二、次债务人不可主张的抗辩权

1. 代位权诉讼中，人民法院经审理认为债权人的主张不符合代位权行使条件的，应当驳回诉讼请求，但是不影响债权人根据新的事实再次起诉。债务人的相对人仅以债权人提起代位权诉讼时债权人与债务人之间的债权债务关系未经生效法律文书确认为由，主张债权人提起的诉讼不符合代位权行使条件的，人民法院不予支持。

2. 债权人提起代位权诉讼后，债务人无正当理由减免相对人的债务或者延长相对人的履行期限，相对人以此向债权人抗辩的，人民法院不予支持。

三、代位权的行使

行使方式：代位权必须通过诉讼程序行使。

1. 当事人。

(1) 原告：债权人以自己的名义行使。多数人享有债权的，各债权人可独立行使代位权，也可共同行使代位权。

(2) 被告：次债务人。

(3) 第三人：债权人以债务人的相对人为被告向人民法院提起代位权诉讼，未将债务人列为第三人的，人民法院应当追加债务人为第三人。

2. 管辖法院。

债权人依据《民法典》第535条的规定对债务人的相对人提起代位权诉讼的，由被告住所地人民法院管辖，但是依法应当适用专属管辖规定的除外。债务人或者相对人以双方之间的债权债务关系订有管辖协议为由提出异议的，人民法院不予支持。

债权人提起代位权诉讼后，债务人或者相对人以双方之间的债权债务关系订有仲裁协议为由对法院主管提出异议的，人民法院不予支持。但是，债务人或者相对人在首次开庭前就债务人与相对人之间的债权债务关系申请仲裁的，人民法院可以依法中止代位权诉讼。

3. 债权人请求人民法院对次债务人的财产采取保全措施的，应当提供相应的财产担保。

4. 代位权的行使范围：债权人只能在本人债权额内提起代位权诉讼，且不得超出债务人权利的范围（就低不就高）。例如，甲对乙有到期债权10万元，乙对丙享有8万元到期债权。此时，甲可以诉请法院代位请求的范围是8万元。又如，甲对乙有到期债权8万元，乙对丙享有10万元到期债权。此时，甲可以诉请法院代位请求的范围也是8万元。

5. 诉讼中止与合并审理。

(1) 两个以上债权人以债务人的同一相对人为被告提起代位权诉讼的，人民法院可以合并审理。债务人对相对人享有的债权不足以清偿其对两个以上债权人负担的债务的，人民法院应当按照债权人享有的债权比例确定相对人的履行份额，但是法律另有规定的除外。

(2) 债权人向人民法院起诉债务人后，又向同一人民法院对债务人的相对人提起代位权诉讼，属于该人民法院管辖的，可以合并审理。不属于该人民法院管辖的，应当告知其向有管辖权的人民法院另行起诉；在起诉债务人的诉讼终结前，代位权诉讼应当中止。

（3）在代位权诉讼中，债务人对超过债权人代位请求数额的债权部分起诉相对人，属于同一人民法院管辖的，可以合并审理。不属于同一人民法院管辖的，应当告知其向有管辖权的人民法院另行起诉；在代位权诉讼终结前，债务人对相对人的诉讼应当中止。

6. 其他。

（1）代位权不成立的处理。代位权诉讼中，人民法院经审理认为债权人的主张不符合代位权行使条件的，应当驳回诉讼请求，但是不影响债权人根据新的事实再次起诉。债务人的相对人仅以债权人提起代位权诉讼时债权人与债务人之间的债权债务关系未经生效法律文书确认为由，主张债权人提起的诉讼不符合代位权行使条件的，人民法院不予支持。

（2）债务人不合理处置债权的法律效果。债权人提起代位权诉讼后，债务人无正当理由减免相对人的债务或者延长相对人的履行期限，相对人以此向债权人抗辩的，人民法院不予支持。

四、行使代位权的后果

1. 次债务人**直接**向债权人履行清偿义务；履行后，债权人与债务人、债务人与次债务人之间相应的债权债务关系即予消灭。

2. 行使代位权的费用的承担。

第一，诉讼费，次债务人承担；

第二，除此之外的其他必要费用，债务人承担。

3. 一次诉讼，中断两个时效（AB、BC 两个债权的时效同时中断）。

第二节　撤销权

一、撤销权的成立条件

1. 债权人 A——债务人 B——第三人（次债务人、受让人、转让人）C。

2. 三要件：（1）债权人与债务人的债之关系，已经成立；（2）债务人实施导致其责任财产减少的行为；（3）债务人实施导致其责任财产减少的行为，有损于债权（如果债务人的财产还足以清偿债务则不能行使债权人撤销权——相对性的维护与突破的平衡）。

特别注意：上述（1）（2）在时间上的先后关系（须债务关系在先逃债行为在后），如果债务关系成立**在后**（如先赠与再成立债务），则债务人没有恶意，不适用债权人撤销权。

例　甲公司在 2011 年 6 月 1 日欠乙公司货款 500 万元，届期无力清偿。2010 年 12 月 1 日，甲公司向丙公司赠送一套价值 50 万元的机器设备。2011 年 3 月 1 日，甲公司向丁基金会捐赠 50 万元现金。2011 年 12 月 1 日，甲公司向戊希望学校捐赠价值 100 万元的电脑。甲公司的 3 项赠与行为均尚未履行。下列哪一选项是正确的？

A. 乙公司有权撤销甲公司对丙公司的赠与

B. 乙公司有权撤销甲公司对丁基金会的捐赠

C. 乙公司有权撤销甲公司对戊学校的捐赠

D. 甲公司有权撤销对戊学校的捐赠

【答案】C

3. 债务人实施的导致其责任财产减少的行为包括：

（1）债务人放弃其到期债权。

（2）债务人无偿转让财产，对债权人造成损害。

（3）债务人放弃其未到期债权，或放弃债权担保，或者恶意延长到期债权的履行期限。

（4）债务人以自己的财产设定担保。

（5）债务人以明显不合理的低价转让财产或者以明显不合理的高价收购他人财产，且受让人或者出让人明知或者应当知道该行为已经或者可能损害债权人的利益。（对于《民法典》第539条规定的“明显不合理”的低价或者高价，人民法院应当按照交易当地一般经营者的判断，并参考交易时交易地的市场交易价或者物价部门指导价予以认定。转让价格未达到交易时交易地的市场交易价或者指导价70%的，一般可以认定为“明显不合理的低价”；受让价格高于交易时交易地的市场交易价或者指导价30%的，一般可以认定为“明显不合理的高价”。债务人与相对人存在亲属关系、关联关系的，不受前述规定的70%、30%的限制。）

（6）债务人以明显不合理的价格，实施互易财产、以物抵债、出租或者承租财产、知识产权许可使用等行为，影响债权人的债权实现，债务人的相对人知道或者应当知道该情形，债权人请求撤销债务人的行为的，人民法院应当依据《民法典》第539条的规定予以支持。

需要说明的是，债务人的无偿处分行为，并不以上述法定类型为限。事实上，债务人所实施的任何放弃财产利益有损债权人债权的行为，债权人均有权诉请撤销。

4. 注意债权人撤销权三不可：

（1）身份行为不可撤销：如债务人因协商监护、收养子女而导致财产支出增加的。

（2）消极行为不可撤销：债务人的不作为适用代位权，财产上利益的拒绝行为（如债务人拒绝接受赠与）法律不干预。

（3）劳务行为不可撤销：以提供劳务为目的的行为。

二、撤销权的行使

1. 行使方式：提起诉讼。

（1）当事人：原告——债权人；被告——债务人；第三人——受让人、转让人、次债务人。

（2）管辖法院：被告（债务人）住所地法院。

2. 撤销权的除斥期间。

（1）除斥期间（主观起算）：知道或者应当知道撤销事由之日起1年。

（2）最长保护期（客观起算）：行为发生之日起 5 年——以 1 年为准，但是必须在 5 年之内。

三、撤销的后果

1. 一经撤销，行为自始无效——**返还原物于债务人**（入库规则）。

2. 诉讼费由债务人承担，债权人行使撤销权所支付的律师代理费、差旅费等必要费用，由债务人负担；第三人有过错的，应当适当分担。

【例题】（2014－3－54）杜某拖欠谢某 100 万元。谢某请求杜某以登记在其名下的房屋抵债时，杜某称其已把房屋作价 90 万元卖给赖某，房屋钥匙已交，但产权尚未过户。该房屋市值为 120 万元。关于谢某权利的保护，下列哪些表述是错误的？

A. 谢某可请求法院撤销杜某、赖某的买卖合同

B. 因房屋尚未过户，杜某、赖某买卖合同无效

C. 如谢某能举证杜某、赖某构成恶意串通，则杜某、赖某买卖合同无效

D. 因房屋尚未过户，房屋仍属杜某所有，谢某有权直接取得房屋的所有权以实现其债权

【答案】 ABD

第六章　合同的变更和转让

本章导读

本章要求考生熟练掌握并能够运用合同变更、债权转让、债权转移和债权加入的基本原则，合同权利概括和转移；理解或了解合同变更、转让的概念以及合同变更的条件和效力。

知识点

《民法典》第545条　债权人可以将债权的全部或者部分转让给第三人，但是有下列情形之一的除外：

（一）根据债权性质不得转让；

（二）按照当事人约定不得转让；

（三）依照法律规定不得转让。

当事人约定非金钱债权不得转让的，不得对抗善意第三人。当事人约定金钱债权不得转让的，不得对抗第三人。

《民法典》第546条　债权人转让债权，未通知债务人的，该转让对债务人不发生效力。

债权转让的通知不得撤销，但是经受让人同意的除外。

《民法典》第547条　债权人转让债权的，受让人取得与债权有关的从权利，但是该从权利专属于债权人自身的除外。

受让人取得从权利不因该从权利未办理转移登记手续或者未转移占有而受到影响。

《民法典》第548条　债务人接到债权转让通知后，债务人对让与人的抗辩，可以向受让人主张。

《民法典》第549条　有下列情形之一的，债务人可以向受让人主张抵销：

（一）债务人接到债权转让通知时，债务人对让与人享有债权，且债务人的债权先于转让的债权到期或者同时到期；

（二）债务人的债权与转让的债权是基于同一合同产生。

《民法典》第550条　因债权转让增加的履行费用，由让与人负担。

《民法典》第551条　债务人将债务的全部或者部分转移给第三人的，应当经债权人同意。

债务人或者第三人可以催告债权人在合理期限内予以同意，债权人未作表示的，视为不同意。

《民法典》第552条　第三人与债务人约定加入债务并通知债权人，或者第三人向债权人表示愿意加入债务，债权人未在合理期限内明确拒绝的，债权人可以请求第三人在其愿意承担的债务范围内和债务人承担连带债务。

《民法典》第 553 条 债务人转移债务的，新债务人可以主张原债务人对债权人的抗辩；原债务人对债权人享有债权的，新债务人不得向债权人主张抵销。

《民法典》第 554 条 债务人转移债务的，新债务人应当承担与主债务有关的从债务，但是该从债务专属于原债务人自身的除外。

《民法典》第 556 条 合同的权利和义务一并转让的，适用债权转让、债务转移的有关规定。

债权让与与债务承担之对比		
	债权让与（A——B——C）	（免责的）债务承担（A——B——C）
内部效力	让与人（A）与第三人（C）达成合意后债权让与合同成立并生效	债务人（B）和第三人（C）之间直接生效
外部效力	①通知债务人（B）对债务人（B）生效	①经债权人（A）同意对债权人生效
	②从随主走，主债权移转的，其担保物权、保证债权、预告登记一并移转（通知担保人是对担保人生效的要件）	②非经担保人书面同意，担保人（物保、人保）免责
债务人保护	①抗辩延续：债务人（B）接到债权转让通知后，债务人（B）对让与人（A）的抗辩，可以向受让人（C）主张——权利人的变化不影响债务关系的同一性	①抗辩延续：第三人（C）取得原债务人（B）的地位并取得原债务人（B）对债权人（A）的抗辩权——义务人的变化不影响债务关系的同一性
	②抵销延续 让与前：A——B（互负债权债务） 让与后：C——B（债务人未发生变化） 结论：B之前的抵销权不因债权让与而消灭，故可延续，即 B 对 A 的抵销权可以向 C 主张，**但须 B 的债权先于 A 的债权到期或者同时到期**	②抵销不延续 承担之前：A——B（互负债权债务） 承担之后：A——C（债务人发生变化） 结论：C 之前对 A 没有债权，债务承担后同样没有债权，也就没有抵销权——B 对 A 的债权依然由 B 主张，不得由 C 主张
时效	可中断时效	可中断时效
归纳总结	成立生效、通知生效、抗辩延续、抵销延续、从随主走，时效中断	内部有效，外部须同意；抗辩延续，抵销不延续

特别注意：

1. 债权让与中抵销延续的特殊要求

有下列情形之一的，债务人可以向受让人主张抵销：（1）债务人接到债权转让通知时，债务人对让与人享有债权，且债务人的债权先于转让的债权到期或者同时到期；（2）债务人的债权与转让的债权是基于同一合同产生。

2. 债权让与通知

在让与人和受让人达成债权让与协议后，债权即移转于受让人，但此时债务人无从知晓债权已经发生变动，故债务人仍可能向让与人履行债务。若债权让与于转让协议成立时即对债务人具有约束力，则意味着在债务人不知债权已移转的事实时，其向让与人履行债务的行为也无效，这对债务人而言极不公平。因此，《民法典》第546条第1款规定，债权人转让债权，未通知债务人的，该转让对债务人不发生效力。债务人在接到债权转让通知前已经向让与人履行，受让人请求债务人履行的，人民法院不予支持；债务人接到债权转让通知后仍然向让与人履行，受让人请求债务人履行的，人民法院应予支持。

让与人未通知债务人，受让人直接起诉债务人请求履行债务，人民法院经审理确认债权转让事实的，应当认定债权转让自起诉状副本送达时对债务人发生效力。债务人主张因未通知而给其增加的费用或者造成的损失从认定的债权数额中扣除的，人民法院依法予以支持。

在债权让与通知到达债务人后，债务人应向受让人履行债务，此时撤销债权让与的通知将严重影响受让人的利益，故除经受让人同意外，债权转让的通知不得撤销。此外，法律、行政法规规定债权让与应当办理批准、登记等手续的，依照其规定。

债务人接到债权转让通知后，让与人以债权转让合同不成立、无效、被撤销或者确定不发生效力为由请求债务人向其履行的，人民法院不予支持。但是，该债权转让通知被依法撤销的除外。

受让人基于债务人对债权真实存在的确认受让债权后，债务人又以该债权不存在为由拒绝向受让人履行的，人民法院不予支持。但是，受让人知道或者应当知道该债权不存在的除外。

3. 债权的多重让与

让与人将同一债权转让给两个以上受让人，债务人以已经向最先通知的受让人履行为由主张其不再履行债务的，人民法院应予支持。债务人明知接受履行的受让人不是最先通知的受让人，最先通知的受让人请求债务人继续履行债务或者依据债权转让协议请求让与人承担违约责任的，人民法院应予支持；最先通知的受让人请求接受履行的受让人返还其接受的财产的，人民法院不予支持，但是接受履行的受让人明知该债权在其受让前已经转让给其他受让人的除外。

上述所称最先通知的受让人，是指最先到达债务人的转让通知中载明的受让人。当事人之间对通知到达时间有争议的，人民法院应当结合通知的方式等因素综合判断，而不能仅根据债务人认可的通知时间或者通知记载的时间予以认定。当事人采用邮寄、通讯电子系统等方式发出通知的，人民法院应当以邮戳时间或者通讯电子系统记载的时间等作为认定通知到达时间的依据。

例1 甲和乙签订货物买卖合同，甲交完货之后将其对乙的价款债权转让给丙并通知乙。丙向乙请求支付价款时，乙以甲交的货有质量瑕疵为由，可以主张以乙对甲享有的违约赔偿债权抵销该支付价款债权。

例2 甲向乙借款300万元，于2008年12月30日到期，丁提供保证担保，丁仅对乙承担保证责任。后乙从甲处购买价值50万元的货物，双方约定2009年1月1日付款。2008年10月1日，乙将债权让与丙，并于同月15日通知甲，但未告知丁。则：

（1）成立生效：2008年10月1日债权让与在乙、丙之间生效。

（2）通知生效：2008年10月15日债权让与对甲生效。

(3) 抗辩延续：甲对乙的抗辩权可以向丙主张。

(4) 抵销不延续：因为甲的债权后到期，所以甲不得向丙主张抵销权。

(5) 从随主走之例外：2008 年 10 月 15 日后丁的保证债务不再有效（因为另有约定）。

例 3 甲向乙借款 300 万元，于 2008 年 12 月 30 日到期，丁提供保证担保，丁仅对乙承担保证责任。后乙从甲处购买价值 50 万元的货物，双方约定 2009 年 1 月 1 日付款。2008 年 10 月 1 日，甲将债务转移于丙承担，但是未告知乙。则：

(1) 成立生效：2008 年 10 月 1 日债务承担在甲、丙之间生效。

(2) 非经债权人乙同意，对乙不生效力。

(3) 抗辩延续：丙可以对乙主张甲对乙的抗辩权。

(4) 抵销不延续：丙不可以对乙主张甲对乙的抵销权。

(5) 非经担保人丁同意，丁可免除担保责任。

第七章　合同权利义务的终止

本章导读

本章需要考生熟悉掌握并能够运用合同权利义务终止的事由及其构成要件，合同解除的基本规则；理解或了解合同权利义务的概念和法律效果。

知识点

第一节　概述

一、合同权利义务终止的原因

有下列情形之一的，债权债务终止：

（1）债务已经履行；

（2）债务相互抵销；

（3）债务人依法将标的物提存；

（4）债权人免除债务；

（5）债权债务同归于一人；

（6）法律规定或者当事人约定终止的其他情形。

合同解除的，该合同的权利义务关系终止。

二、清偿

（一）清偿的概念

清偿，是指当事人（债务人）实现债权目的的行为。

（二）清偿抵充

《民法典》第560条　债务人对同一债权人负担的数项债务种类相同，债务人的给付不足以清偿全部债务的，除当事人另有约定外，由债务人在清偿时指定其履行的债务。

债务人未作指定的，应当优先履行已经到期的债务；数项债务均到期的，优先履行对债权人缺乏担保或者担保最少的债务；均无担保或者担保相等的，优先履行债务人负担较重的债务；负担相同的，按照债务到期的先后顺序履行；到期时间相同的，按照债务比例履行。

总结：**约定优先于债务人指定，债务人指定优先于法定。**

【例题】（2014－3－13）胡某于2006年3月10日向李某借款100万元，期限3年。2009年3月30日，双方商议再借100万元，期限3年。两笔借款均先后由王某保证，未约定保证方式和保证期间。李某未向胡某和王某催讨。胡某仅于2010年2月归还借款100万元。关于胡某归还的100万元，下列哪一表述是正确的？

A. 因2006年的借款已到期，故归还的是该笔借款

B. 因2006年的借款无担保，故归还的是该笔借款

C. 因2006年和2009年的借款数额相同，故按比例归还该两笔借款

D. 因2006年和2009年的借款均有担保，故按比例归还该两笔借款

【答案】 A

三、抵销

（一）抵销概述

抵销，是指互负债务的双方当事人将两项债务相互充抵，以使双方债务在对等数额内消灭的行为。抵销依其产生根据的不同，可分为法定抵销与合意抵销。

（二）法定抵销

法定抵销，是指依法律规定以当事人一方的意思表示所作的抵销。用作抵销的债权称为主动债权或自动债权，被抵销的债权称为被动债权。

1. 构成要件。

法定抵销的构成要件包括：

（1）须双方当事人互负债务、互享债权。

（2）须自动债权即提出抵销的债权已届清偿期。

（3）须双方债务的标的物种类、品质相同。

（4）须不存在根据债务性质、按照当事人约定或者依照法律规定不得抵销的情形。不得抵销的债务具体包括：①提供劳务的债务；②依法应当支付的抚恤金债务；③支付基本养老保险金、失业保险金、最低生活保障金等保障债权人基本生活的债务；④其他根据债务性质不得抵销的债务。

2. 抵销权的行使。

抵销权属于形成权，享有抵销权的当事人只需通知对方即可发生抵销后果，无须对方同意。当事人主张抵销的，应当通知对方。通知自到达对方时生效。抵销不得附条件或者附期限。其原因在于：抵销权为形成权，抵销权的权利人可以依自己单方的意思直接使法律关系消灭，如果允许其附条件或者附期限，则会增加法律关系的不确定性，损害相对人利益。

3. 法定抵销的后果。

抵销使当事人双方的债权在对等数额内消灭，对于未抵销的债务部分，债务人仍然负有清偿义务。抵销具有追溯力，溯及抵销权成立之时。当事人一方依据《民法典》第568条的规定主张抵销，人民法院经审理认为抵销权成立的，应当认定通知到达对方时双方互负的主债务、利息、违约金或者损害赔偿金等债务在同等数额内消灭。

行使抵销权的一方负担的数项债务种类相同，但是享有的债权不足以抵销全部债务，当事人因抵销的顺序发生争议的，人民法院可以参照《民法典》第560条的规定处理。行使抵销权的一方享有的债权不足以抵销其负担的包括主债务、利息、实现债权的有关费用在内的全部债务，当事人因抵销的顺序发生争议的，人民法院可以参照《民法典》第561条的规定处理。

4. 四种特殊情况的抵销。

(1) 过时效的债权的抵销。

罹于诉讼时效的债权，可以作为被动债权被抵销。因为该债权的债务人主张抵销的，可认为其抛弃了时效利益，相当于债务人自愿履行罹于诉讼时效的债务。罹于诉讼时效的债权可否作为主动债权予以抵销，不可一概而论。如果在构成抵销适状的时刻，主动债权尚未罹于诉讼时效，则其债权人在诉讼时效期间届满后仍可以表示抵销，因为抵销溯及抵销适状构成的那一刻发生效力，相当于债权人在那一刻表示抵销；反之，如果在被动债权发生的时刻，主动债权已经罹于诉讼时效，则其债权人不得主张抵销。亦即，当事人互负债务，一方以其诉讼时效期间已经届满的债权通知对方主张抵销，对方提出诉讼时效抗辩的，人民法院对该抗辩应予支持。一方的债权诉讼时效期间已经届满，对方主张抵销的，人民法院应予支持。

(2) 附有抗辩权的债权的抵销。

附有抗辩权的债权不得作为主动债权予以抵销，否则就等同于剥夺债务人的抗辩权。但是其可以作为被动债权进行抵销，此时可认为抵销人放弃了抗辩利益。

(3) 附条件的债权的抵销。

如果债权附停止条件，则在条件成就前，债权尚未发生效力，故不得以其为一方所享有的主动债权而抵销；如果债权附解除条件，则在条件成就前，债权为有效存在，故得以之为主动债权而抵销。

(4) 因侵害自然人人身权益，或者故意、重大过失侵害他人财产权益产生的损害赔偿债务，侵权人主张抵销的，人民法院不予支持。

【思考与小结】

如何理解“主动债权”：

1. A债权：乙欠甲5万元，甲为债权人，乙为债务人，已届清偿期。

B债权：甲欠乙5万元，乙为债权人，甲为债务人，未届清偿期。

若甲向乙主张A债权，乙能否以B债权抵销之？理由是什么？

2. A债权：乙欠甲5万元，甲为债权人，乙为债务人，未过诉讼时效。

B债权：甲欠乙5万元，乙为债权人，甲为债务人，已过诉讼时效。

若甲向乙主张A债权，乙能否以B债权抵销之？理由是什么？

▲［思考1］何为主动债权？

▲［思考2］主动债权未届清偿期能否抵销？主动债权诉讼时效已经届满能否抵销？

▲［小结］三句话：

第一句：如何判断主动债权？

第二句：主动债权在抵销时需满足什么条件？

第三句：有瑕疵的主动债权如何抵销？

例1 甲装修公司欠乙建材商场货款5万元，乙商场需付甲公司装修费2万元。现甲公司欠款已到期，乙商场欠费已过诉讼时效，甲公司欲以装修费充抵货款。下列哪一选项是正确的？

A. 甲公司有权主张抵销

B. 甲公司主张抵销，须经乙商场同意

C. 双方债务性质不同，不得抵销

D. 乙商场债务已过诉讼时效，不得抵销

【答案】 A

例2 韩韩夜间乘出租车回家，突然发现司机陈陈将车开到一片幽暗的林子里，然后下车“唰”地打开后门，开始往下扯韩韩的衣服。韩韩放声尖叫：“停下！停啊！”陈陈笑道：“别紧张嘛亲爱的，我只是想找点乐子，不会伤到你的哦。”韩韩激动地喊：“我不是说这个！你把计价器先停了好么！”如果陈陈对韩韩构成侵权，则陈陈可否主张以其对韩韩的出租车费债权抵销其对韩韩的侵权损害赔偿之债的债务？

答：不能。故意实施侵权行为的债务人，不得主张抵销侵权损害赔偿之债。

（三）合意抵销

合意抵销，是指当事人协商一致时，双方的债权债务按对等数额消灭的抵销方式。合意抵销是当事人意思自治的具体体现，法律不应禁止。合意抵销的发生条件、法律后果均须遵从当事人的约定，双方的抵销协议只需满足合同的成立及生效要件即可，不受法定抵销的限制。除当事人有特别约定外，抵销合同没有溯及既往的效力。

四、提存

（一）提存的条件

有下列情形之一，难以履行债务的，债务人可以将标的物提存：

(1) 债权人无正当理由拒绝受领；

(2) 债权人下落不明；

(3) 债权人死亡未确定继承人、遗产管理人，或者丧失民事行为能力未确定监护人；

(4) 法律规定的其他情形。

标的物不适于提存或者提存费用过高的，债务人依法可以拍卖或者变卖标的物，提存所得的价款。

（二）提存的成立

债务人将标的物或者将标的物依法拍卖、变卖所得价款交付提存部门时，提存成立。提存成立的，视为债务人在其提存范围内已经交付标的物。

（三）提存的效力

（债权人有领取权和孳息收取权，并承担风险；债务人有抗辩权和取回权——谁最

终得到提存物谁承担费用）

1. 标的物提存后，债务人应当及时通知债权人或者债权人的继承人、遗产管理人、监护人、财产代管人。

2. 标的物提存后，毁损、灭失的**风险**由债权人承担。提存期间，标的物的孳息归债权人所有。提存费用由债权人负担。

3. 债权人可以随时领取提存物。但是，债权人对债务人负有到期债务的，在债权人未履行债务或者提供担保之前，提存部门根据债务人的要求应当拒绝其领取提存物。

4. 债权人领取提存物的权利，自提存之日起5年内不行使而消灭，提存物扣除提存费用后归国家所有。但是，债权人未履行对债务人的到期债务，或者债权人向提存部门书面表示放弃领取提存物权利的，债务人负担提存费用后有权取回提存物。

总结：债权人履行合同义务并支付提存费用的，所有权归债权人；

否则债务人支付提存费用后，可以取回提存物，所有权归债务人；

如果二人均不付提存费用，拍卖提存物支付费用后归国家。

五、免除

（一）免除的概念

1. 免除，又称债务免除，是指债权人放弃自己的债权、免除债务人债务的行为。免除是一种有特定相对人的民事行为，故免除意思表示**必须向债务人或其代理人作出**，方能引起免除的法律后果。

2. 免除的意思表示构成民事法律行为，因此民法关于民事法律行为的规定适用于免除。免除可以由债权人的代理人为之，也可以附条件或期限。

3. 免除是一种单方民事法律行为，故免除行为的成立，只需要债权人单方作出免除意思表示即可，不以债务人的同意为条件。

（二）免除的效力

1. 免除发生债务绝对消灭的效力；债权系他人权利的标的时，从保护第三人的合法权益出发，债权不消灭。例如债权为他人质权的标的，为了保护质权人的利益，不使债权因混同而消灭。

2. 保证债务的免除不影响被担保债务的存在，被担保债务的免除则使保证债务消灭。

六、混同

混同，是指基于特定法律事实，一个法律关系中的债权、债务，由同一个人享有和承担。债权债务的混同，由债权或债务的承受而产生，债权债务的概括承受是发生混同的主要原因。混同事实是指导致混同发生的事实。常见的引起混同发生的事实为继承与法人合并。

根据《民法典》第576条的规定，混同的法律后果是：

1. 原则上，混同的债权、债务归于消灭；

2. 损害第三人利益的除外。

第二节 合同的解除

一、解除权

(一) 法定解除权的种类

类型	解除权主体	赔偿责任	行使方式
不可抗力解除权	双方解除(谁受影响谁解除)	无赔偿	通知
情势变更解除权	双方解除(或变更)(谁受影响谁解除)	无赔偿	诉讼
不定期合同	双方解除	无赔偿	通知
任意解除权	谁选择,谁解除	谁解除,谁赔偿	通知
僵局解除权	谁违约,谁解除	谁违约,谁赔偿	诉讼
违约解除权	谁违约,对方解除(须根本违约)	谁违约,谁赔偿	通知

1. 不可抗力解除权:双方解除无赔偿。

不可抗力:无法预见(想不到)、无法避免(躲不开)、无法克服(搞不定)。

2. 情势变更解除权:双方解除无赔偿。

3. 违约解除权:**谁违约,对方解除**;谁违约,谁赔偿。

(1) 一方迟延履行主要债务,经催告后在合理期限内仍未履行,另一方当事人可解除合同。

(2) 因履行迟延而导致合同目的不能实现,不须催告即可解除合同。

(3) 一方预期违约主要债务,另一方可解除合同。

(4) 一方根本违约,另一方可解除合同。

(5) 根据《民法典》第528条,不安抗辩权人有解除权(注意前提)。

(6) 根据《民法典》第634条,分期付款买受人未付款达合同总额1/5以上,出卖人有解除权。

(7) 根据《民法典》第673条,借款人违反贷款用途时,贷款人有解除权。

(8) 根据《民法典》第772条第2款,承揽人擅自转包时,定作人有解除权。

(9) 根据《民法典》第778条,定作人不履行协助义务,承揽人催告无效的,承揽人有解除权。

(10) 根据《最高人民法院关于审理买卖合同纠纷案件适用法律问题的解释》(简称《买卖合同解释》)第19条,从义务之违反导致合同目的不能实现可以解除合同。

(▲租赁合同中的解除权详见租赁合同部分)

4. 任意解除权:**谁选择,谁解除**;谁解除,谁赔偿。

(1) 根据《民法典》第787条,承揽合同的定作人(单方+赔偿损失)有任意解除权。

(2) 根据《民法典》第829条,货运合同的托运人(单方+赔偿损失——交付货物给收货人之前)有任意解除权。

（3）根据《民法典》第933条，委托合同的双方（双方＋赔偿损失）都有任意解除权。

（4）根据《最高人民法院关于审理旅游纠纷案件适用法律若干问题的规定》（简称《旅游纠纷规定》）第12条，旅游合同中的旅游者（单方＋支付合理费用）有任意解除权。

《旅游纠纷规定》第12条　旅游行程开始前或者进行中，因旅游者单方解除合同，旅游者请求旅游经营者退还尚未实际发生的费用，或者旅游经营者请求旅游者支付合理费用的，人民法院应予支持。

（5）《民法典》第946条规定：业主依照法定程序共同决定解聘物业服务人的，可以解除物业服务合同。决定解聘的，应当提前60日书面通知物业服务人，但是合同对通知期限另有约定的除外。

依据前款规定解除合同造成物业服务人损失的，除不可归责于业主的事由外，业主应当赔偿损失。

例　某律师事务所指派吴律师担任某案件的一、二审委托代理人。第一次开庭后，吴律师感觉案件复杂，本人和该事务所均难以胜任，建议不再继续代理。但该事务所坚持代理。一审判决委托人败诉。下列哪些表述是正确的？

A. 律师事务所有权单方解除委托合同，但须承担赔偿责任

B. 律师事务所在委托人一审败诉后不能单方解除合同

C. 即使一审胜诉，委托人也可解除委托合同，但须承担赔偿责任

D. 只有存在故意或者重大过失时，该律师事务所才对败诉承担赔偿责任

【答案】AC

5. 僵局解除权（非违约方要求继续履行，但此项履行已陷入履行不能）。

《民法典》第580条　当事人一方不履行非金钱债务或者履行非金钱债务不符合约定的，对方可以请求履行，但是有下列情形之一的除外：

（一）法律上或者事实上不能履行；

（二）债务的标的不适于强制履行或者履行费用过高；

（三）债权人在合理期限内未请求履行。

有前款规定的除外情形之一，致使不能实现合同目的的，人民法院或者仲裁机构可以根据当事人的请求终止合同权利义务关系，但是不影响违约责任的承担。

例　【“新宇”案法院判决说理】部分

履行费用过高，可以根据履约成本是否超过各方所获利益来进行判断。当违约方继续履约所需的财力、物力超过合同双方基于合同履行所能获得的利益时，应该允许违约方解除合同，用赔偿损失来代替继续履行。在本案中，如果让新宇公司继续履行合同，则新宇公司必须以其6万余平方米的建筑面积来为冯某某的22.50平方米商铺提供服务，支付的履行费用过高；而在6万余平方米已失去经商环境和氛围的建筑中经营22.50平方米的商铺，事实上也达不到冯某某要求继续履行合同的目的。一审衡平双方当事人利益，判决解除商铺买卖合同，符合法律规定，是正确的。冯某某关于继续履行合同的上诉理由，不能成立。

6. 不定期合同（不定期租赁、不定期保管、不定期物业、不定期合伙、不定期肖像使用）中的任意解除权：**双方解除**无赔偿。

《民法典》第 730 条【租赁期限没有约定或约定不明确时的法律后果】 当事人对租赁期限没有约定或者约定不明确，依据本法第 510 条的规定仍不能确定的，视为不定期租赁；当事人可以随时解除合同，但是应当在合理期限之前通知对方。

《民法典》第 899 条【领取保管物】 寄存人可以随时领取保管物。

当事人对保管期限没有约定或者约定不明确的，保管人可以随时请求寄存人领取保管物；约定保管期限的，保管人无特别事由，不得请求寄存人提前领取保管物。

《民法典》第 976 条 合伙人对合伙期限没有约定或者约定不明确，依据本法第 510 条的规定仍不能确定的，视为不定期合伙。

合伙期限届满，合伙人继续执行合伙事务，其他合伙人没有提出异议的，原合伙合同继续有效，但是合伙期限为不定期。

合伙人可以随时解除不定期合伙合同，但是应当在合理期限之前通知其他合伙人。

《民法典》第 948 条 物业服务期限届满后，业主没有依法作出续聘或者另聘物业服务人的决定，物业服务人继续提供物业服务的，原物业服务合同继续有效，但是服务期限为不定期。

当事人可以随时解除不定期物业服务合同，但是应当提前 60 日书面通知对方。

《民法典》第 1022 条第 1 款 当事人对肖像许可使用期限没有约定或者约定不明确的，任何一方当事人可以随时解除肖像许可使用合同，但是应当在合理期限之前通知对方。

（二）解除权的期限

法律规定或者当事人约定解除权行使期限，期限届满当事人不行使的，该权利消灭。

法律没有规定或者当事人没有约定解除权行使期限，自解除权人知道或者应当知道解除事由之日起 1 年内不行使，或者经对方催告后在合理期限内不行使的，该权利消灭。

（三）解除与催告的关系

1. 法条依据。

（1）根据《民法典》第 563 条第 1 款第 3 项规定，当事人一方迟延履行主要债务，经催告后在合理期限内仍未履行，对方当事人有权解除合同。

（2）根据《民法典》第 564 条第 2 款规定，法律没有规定或者当事人没有约定解除权行使期限，经对方催告后在合理期限内不行使的，该权利消灭。

2. 要点：

（1）迟延履行——非违约方催告——合理期间——非违约方取得解除权。

（2）违约方催告——合理期间——解除权消灭。

【例题】（2009-3-11）关于合同解除的表述，下列哪一选项是正确的？

A. 赠与合同的赠与人享有任意解除权

B. 承揽合同的承揽人享有任意解除权

C. 没有约定保管期间保管合同的保管人享有任意解除权

D. 居间合同的居间人享有任意解除权

【答案】C

【例题】(2014-3-12) 甲公司向乙公司购买小轿车，约定7月1日预付10万元，10月1日预付20万元，12月1日乙公司交车时付清尾款。甲公司按时预付第一笔款。乙公司于9月30日发函称因原材料价格上涨，需提高小轿车价格。甲公司于10月1日拒绝，等待乙公司答复未果后于10月3日向乙公司汇去20万元。乙公司当即拒收，并称甲公司迟延付款构成违约，要求解除合同，甲公司则要求乙公司继续履行。下列哪一表述是正确的?

A. 甲公司不构成违约

B. 乙公司有权解除合同

C. 乙公司可行使先履行抗辩权

D. 乙公司可要求提高合同价格

【答案】A

二、合同解除的程序

(一) 单方解除的程序

1. 法定解除不必经对方当事人同意。当事人一方依法主张解除合同的，应当通知对方。

2. 具体解除时间包括下列情形：

(1) 合同自通知到达对方时解除。

(2) 通知载明债务人在一定期限内不履行债务则合同自动解除，债务人在该期限内未履行债务的，合同自通知载明的期限届满时解除。对方对解除合同有异议的，任何一方当事人均可以请求人民法院或者仲裁机构确认解除行为的效力。

(3) 当事人一方未通知对方，直接以提起诉讼或者申请仲裁的方式依法主张解除合同，人民法院或者仲裁机构确认该主张的，合同自起诉状副本或者仲裁申请书副本送达对方时解除。

(4) 当事人一方以通知方式解除合同，并以对方未在约定的异议期限或者其他合理期限内提出异议为由主张合同已经解除的，人民法院应当对其是否享有法律规定或者合同约定的解除权进行审查。经审查，享有解除权的，合同自通知到达对方时解除；不享有解除权的，不发生合同解除的效力。

(5) 当事人一方未通知对方，直接以提起诉讼的方式主张解除合同，撤诉后再次起诉主张解除合同，人民法院经审理支持该主张的，合同自再次起诉的起诉状副本送达对方时解除。但是，当事人一方撤诉后又通知对方解除合同且该通知已经到达对方的除外。

【例题】(2011-3-13) 甲公司与乙公司签订并购协议："甲公司以1亿元收购乙公司在丙公司中51%的股权。若股权过户后，甲公司未支付收购款，则乙公司有权解除并购协议。"后乙公司依约履行，甲公司却分文未付。乙公司向甲公司发送一份经过公证的《通知》："鉴于你公司严重违约，建议双方终止协议，贵方向我方支付违约金；或者由贵方提出解决方案。"3日后，乙公司又向甲公司发送《通报》："鉴于你公司严重违约，我方现终止协议，要求你方依约支付违约金。"下列哪一选项是正确的？

A.《通知》送达后，并购协议解除

B.《通报》送达后，并购协议解除

C. 甲公司对乙公司解除并购协议的权利不得提出异议

D. 乙公司不能既要求终止协议，又要求甲公司支付违约金

【答案】B

（二）协议解除的程序

协议解除的实质为原合同当事人之间重新成立一个以解除合同为目的的合同，因此应遵循由要约到承诺的一般缔约程序及其他相关要求，以实现当事人双方意思表示一致。法律、行政法规规定解除合同应当办理批准、登记等手续的，依照其规定。

合同约定的解除条件成就时，守约方以此为由请求解除合同的，人民法院应当审查违约方的违约程度是否显著轻微，是否影响守约方合同目的的实现，根据诚实信用原则，确定合同应否解除。违约方的违约程度显著轻微，不影响守约方合同目的的实现，守约方请求解除合同的，人民法院不予支持；反之，则依法予以支持。

三、合同解除的效力

（一）一般规定

《民法典》第566条第1款规定，合同解除后，尚未履行的，终止履行；已经履行的，根据履行情况和合同性质，当事人可以请求恢复原状或者采取其他补救措施，并有权请求赔偿损失。该规定确立了合同解除的两方面效力：一是向将来发生效力，即终止履行；二是合同解除可以产生溯及力（即引起恢复原状的法律后果）。非继续性合同的解除原则上有溯及力，继续性合同的解除原则上无溯及力。

（二）合同解除与损害赔偿

合同解除后，尚未履行的，终止履行；已经履行的，根据履行情况和合同性质，当事人可以请求恢复原状或者采取其他补救措施，并有权请求赔偿损失。

合同因违约解除的，解除权人可以请求**违约方承担违约责任**，但是当事人另有约定的除外。

（三）部分条款的独立性

1. 主合同解除后，担保人对债务人应当承担的民事责任仍应当承担担保责任，但是担保合同另有约定的除外。

2. 合同的权利义务关系终止，**不影响**合同中结算和清理条款的效力。

3. 合同不生效、无效、被撤销或者终止的，不影响合同中有关解决争议方法的条款的效力。

4. **违约金条款不一并解除**。

第八章　违约责任与缔约过失责任

本章导读

本章需要考生重点掌握并熟练运用违约责任的构成要件和免责事由，各种违约责任形式的适用条件，缔约过失责任的构成要件和赔偿范围；理解或了解违约行为的概念和主要形态，违约责任的概念、构成要件、免责事由。

知识点

一、违约责任形式

（一）强制履行

1. 构成要件：违约行为（一要件）。

2. 金钱债务一定可以强制履行（《民法典》第579条）。

3. 三种情况不适用强制履行：（1）法律上或者事实上不能履行；（2）债务的标的不适于强制履行或者履行费用过高；（3）债权人在合理期限内未要求履行。法律上的履行不能：买卖合同，标的物一物二卖；保管合同，标的物被善意取得。事实上的履行不能：标的物的毁损灭失，当事人的死亡。

4. 强制履行与赔偿损失可以**同时**主张。

《民法典》第583条　当事人一方不履行合同义务或者履行合同义务不符合约定的，在履行义务或者采取补救措施后，对方还有其他损失的，应当赔偿损失。

（二）替代履行

《民法典》第581条　当事人一方不履行债务或者履行债务不符合约定，根据债务的性质不得强制履行的，对方可以请求其负担由第三人替代履行的费用。

（三）补救措施

《民法典》第582条【瑕疵履行违约责任】　履行不符合约定的，应当按照当事人的约定承担违约责任。对违约责任没有约定或者约定不明确，依据本法第510条的规定仍不能确定的，受损害方根据标的的性质以及损失的大小，可以合理选择请求对方承担修理、重作、更换、退货、减少价款或者报酬等违约责任。

（四）损害赔偿

1. 构成要件：违约行为、损害后果、因果关系（三要件）。

2. 损害赔偿的类型。

损害赔偿金
- 惩罚性法定损害赔偿金
- 补偿性法定损害赔偿金
  - 实际损失（现实损失）
  - 可得利益损失（未来损失）

（1）惩罚性损害赔偿（从略）。

（2）补偿性损害赔偿。

1）**完全赔偿规则**：实际损失＋可得利益（含转售利益）。

违约方对于守约方因违约所遭受的全部损失承担赔偿责任。根据《民法典》第 584 条的规定，损失赔偿额应当相当于因违约所造成的损失（实际损失），包括合同履行后可以获得的利益（可得利益）。

①违约所导致的实际损失，是指因违约而导致的现有利益的减少，是现实的利益损失。例如，出卖人迟延交付标的物，迟延期间买受人须另行租赁替代标的物，由此支出的租金。又如，律师费、保全费用等。

②违约损害赔偿还包括“合同履行后可以获得的利益（可得利益）”，指的是违约导致守约方基于合同顺利履行本应增加的财产利益没能增加，该可得利益主要表现为生产、经营、转售等情况下的利润损失。例如，在已经签订不动产抵押合同但未办理登记的情况下，债权人可以请求抵押人对债务人不能清偿的债务，以案涉房产折价或者拍卖、变卖时的价值为限承担赔偿责任。具体规则如下：

a. 人民法院依据《民法典》第 584 条的规定确定合同履行后可以获得的利益时，可以在扣除非违约方为订立、履行合同支出的费用等合理成本后，按照非违约方能够获得的生产利润、经营利润或者转售利润等计算。

b. 非违约方依法行使合同解除权并实施了替代交易，主张按照替代交易价格与合同价格的差额确定合同履行后可以获得的利益的，人民法院依法予以支持；替代交易价格明显偏离替代交易发生时当地的市场价格，违约方主张按照市场价格与合同价格的差额确定合同履行后可以获得的利益的，人民法院应予支持。

c. 非违约方依法行使合同解除权但是未实施替代交易，主张按照违约行为发生后合理期间内合同履行地的市场价格与合同价格的差额确定合同履行后可以获得的利益的，人民法院应予支持。

d. 在以持续履行的债务为内容的定期合同中，一方不履行支付价款、租金等金钱债务，对方请求解除合同，人民法院经审理认为合同应当依法解除的，可以根据当事人的主张，参考合同主体、交易类型、市场价格变化、剩余履行期限等因素确定非违约方寻找替代交易的合理期限，并按照该期限对应的价款、租金等扣除非违约方应当支付的相应履约成本确定合同履行后可以获得的利益。

e. 非违约方主张按照合同解除后剩余履行期限相应的价款、租金等扣除履约成本确定合同履行后可以获得的利益的，人民法院不予支持。但是，剩余履行期限少于寻找替代交易的合理期限的除外。

f. 非违约方在合同履行后可以获得的利益难以根据上述规定予以确定的，人民法院可以综合考虑违约方因违约获得的利益、违约方的过错程度、其他违约情节等因素，遵循公平原则和诚信原则确定。

2）**合理预见规则**：违约方的合理预见。

《民法典》第584条【损害赔偿范围】 当事人一方不履行合同义务或者履行合同义务不符合约定，造成对方损失的，损失赔偿额应当相当于因违约所造成的损失，包括合同履行后可以获得的利益；但是，不得超过违约一方订立合同时预见到或者应当预见到的因违约可能造成的损失。

在认定《民法典》第584条规定的“违约一方订立合同时预见到或者应当预见到的因违约可能造成的损失”时，人民法院应当根据当事人订立合同的目的，综合考虑合同主体、合同内容、交易类型、交易习惯、磋商过程等因素，按照与违约方处于相同或者类似情况的民事主体在订立合同时预见到或者应当预见到的损失予以确定。除合同履行后可以获得的利益外，非违约方主张还有其向第三人承担违约责任应当支出的额外费用等其他因违约所造成的损失，并请求违约方赔偿，经审理认为该损失系违约一方订立合同时预见到或者应当预见到的，人民法院应予支持。

3）**减损规则：不真正义务**。

《民法典》第591条【减损规则】 当事人一方违约后，对方应当采取适当措施防止损失的扩大；没有采取适当措施致使损失扩大的，不得就扩大的损失请求赔偿。

当事人因防止损失扩大而支出的合理费用，由违约方负担。

4）**过错相抵规则**。

《民法典》第592条 当事人都违反合同的，应当各自承担相应的责任。当事人一方违约造成对方损失，对方对损失的发生有过错的，可以减少相应的损失赔偿额。

5）**损益同销**。

《买卖合同解释》第23条 买卖合同当事人一方因对方违约而获有利益，违约方主张从损失赔偿额中扣除该部分利益的，人民法院应予支持。

【例题】（2019真题回忆版）某超市经常向郊区的农民采购2年以上老母鸡。采购价每只100元，市场零售价每只250元，常年应求。某日，超市与农民李某签订每季度供应20只老母鸡的合同。李某对零售价和采购价无异议。第二季度，超市只采购到10只老母鸡，并对应支付1 000元。对尚未交付的10只老母鸡，超市可就下列哪一利益对李某主张损害赔偿？

A. 生产利润1 500元

B. 采购价格1 000元

C. 转售利润1 500元

D. 零售价格2 500元

【答案】C

（五）违约金与定金

1. 构成要件：违约行为、特约条款（二要件）。

2. “三金”（损失赔偿金、违约金、定金）的关系。

（1）定金与损害赔偿金原则上**可以并用**，但不得超过因违约所造成的损失。

《民法典》第588条第2款 定金不足以弥补一方违约造成的损失的，对方可以请求赔偿超过定金数额的损失。

（2）违约金与损失赔偿金**不得并用**（适用违约金，适当调整，《民法典》第 585 条）。

约定的违约金低于造成的损失的，人民法院或者仲裁机构可以根据当事人的请求予以增加；约定的违约金过分高于造成的损失的，人民法院或者仲裁机构可以根据当事人的请求予以适当减少。

当事人就迟延履行约定违约金的，违约方支付违约金后，还应当履行债务。

当事人主张约定的违约金过分高于违约造成的损失，请求予以适当减少的，人民法院应当以《民法典》第 584 条规定的损失为基础，兼顾合同主体、交易类型、合同的履行情况、当事人的过错程度、履约背景等因素，遵循公平原则和诚信原则进行衡量，并作出裁判。约定的违约金超过造成损失的 30%的，人民法院一般可以认定为过分高于造成的损失。恶意违约的当事人一方请求减少违约金的，人民法院一般不予支持。

当事人一方请求对方支付违约金，对方以合同不成立、无效、被撤销、确定不发生效力、不构成违约或者非违约方不存在损失等为由抗辩，未主张调整过高的违约金的，人民法院应当就若不支持该抗辩，当事人是否请求调整违约金进行释明。第一审人民法院认为抗辩成立且未予释明，第二审人民法院认为应当判决支付违约金的，可以直接释明，并根据当事人的请求，在当事人就是否应当调整违约金充分举证、质证、辩论后，依法判决适当减少违约金。被告因客观原因在第一审程序中未到庭参加诉讼，但是在第二审程序中到庭参加诉讼并请求减少违约金的，第二审人民法院可以在当事人就是否应当调整违约金充分举证、质证、辩论后，依法判决适当减少违约金。

当事人一方通过反诉或者抗辩的方式，请求调整违约金的，人民法院依法予以支持。违约方主张约定的违约金过分高于违约造成的损失，请求予以适当减少的，应当承担举证责任。非违约方主张约定的违约金合理的，也应当提供相应的证据。当事人仅以合同约定不得对违约金进行调整为由主张不予调整违约金的，人民法院不予支持。

▲小结：三种情况。

第一种：约定的违约金低于造成的损失的——予以增加。

第二种：约定的违约金一般高于（不超过 30%）造成的损失的——不变。

第三种：约定的违约金过分高于（超过 30%）造成的损失的——适当减少。

特别注意：这里的超过不含本数，亦即，如果违约金刚好等于损失的 30%，则不作调整。

▲特别注意《买卖合同解释》所规定的法院的释明义务。

《买卖合同解释》第 21 条　买卖合同当事人一方以对方违约为由主张支付违约金，对方以合同不成立、合同未生效、合同无效或者不构成违约等为由进行免责抗辩而未主张调整过高的违约金的，人民法院应当就法院若不支持免责抗辩，当事人是否需要主张调整违约金进行释明。

一审法院认为免责抗辩成立且未予释明，二审法院认为应当判决支付违约金的，可以直接释明并改判。

(3) 定金罚则与违约金不得并用，只能**择一行使**（《民法典》第588条）。

①定金的要点：要式且实践合同，最高20%。

②定金罚则。

《民法典》第586条　当事人可以约定一方向对方给付定金作为债权的担保。定金合同自实际交付定金时成立。

定金的数额由当事人约定；但是，不得超过主合同标的额的20%，超过部分不产生定金的效力。实际交付的定金数额多于或者少于约定数额的，视为变更约定的定金数额。

《民法典》第587条　债务人履行债务的，定金应当抵作价款或者收回。给付定金的一方不履行债务或者履行债务不符合约定，致使不能实现合同目的的，无权请求返还定金；收受定金的一方不履行债务或者履行债务不符合约定，致使不能实现合同目的的，应当双倍返回定金。

③出卖人通过认购、订购、预订等方式向买受人收受定金作为订立商品房买卖合同担保的，如果因当事人一方原因未能订立商品房买卖合同，应当按照法律关于定金的规定处理；因不可归责于当事人双方的事由，导致商品房买卖合同未能订立的，出卖人应当将定金返还买受人。

④如何选择——**就高不就低**。

例　设合同标的额100万元，定金已经支付，卖方违约，对当事人最有利的诉讼请求：

(1) 定金10万元，违约金30万元———主张违约金，诉讼请求为40万元（包括原路退回的10万元定金）。

(2) 定金30万元，违约金10万元——主张定金，诉讼请求为50万元（20×2+10=50）。

(3) 定金30万元，违约金30万元——主张违约金，诉讼请求为60万元（包括原路退回的30万元定金）。

(4) 定金30万元，违约金30万元，实际损失40万元——主张违约金，诉讼请求为70万元（违约金调整为40万元，加上原路退回的30万元定金）。

二、缔约过失责任（《民法典》第500、501条）

1. 基本类型：

(1) 恶意磋商导致合同不成立（第500条第1项）。

(2) 订约欺诈导致合同归于无效（第500条第2项）。

(3) 泄露或不当使用在合同订立中知悉的对方商业秘密（第501条）。

(4) 因一方过失致合同无效或被撤销（第508条）——无过失不承担缔约责任。

例　甲、乙同为儿童玩具生产商。六一节前夕，丙与甲商谈进货事宜。乙知道后向丙提出更优惠条件，并指使丁假借订货与甲接洽，报价高于丙以阻止甲与丙签约。丙经比较与乙签约，丁随即终止与甲的谈判，甲因此遭受损失。——丁对甲承担缔约过失责任。

2. 构成要件：

（1）过错责任；

（2）合同生效之前（合同不成立，合同未生效，合同被撤销）；

（3）违反合同前义务（协助、照顾、保护、通知、保密等）。

例　甲公司在与乙公司协商购买某种零件时提出，由于该零件的工艺要求高，只有乙公司先行制造出符合要求的样品后，才能考虑批量购买。乙公司完成样品后，甲公司因经营战略发生重大调整，遂通知乙公司：本公司已不需此种零件，终止谈判。

3. 法律后果：信赖利益的赔偿（缔约谈判成本与履行准备费用）。

三、侵权与违约的责任竞合

1. 三同一：受害方就同一损害对同一责任人享有两项以上的权利。

2. 常考合同类型：医疗合同、运输合同、保管合同、承揽合同、安保义务人侵权责任与违约责任的竞合、产品责任、旅游纠纷。

3. 产品质量责任何时构成责任竞合。

例　大学生甲在寝室复习功课，隔壁寝室的学生乙、丙到甲的寝室强烈要求甲打开电视观看足球比赛，甲只好照办。由于质量问题，电视机突然爆炸，甲、乙、丙三人均受重伤。

（1）非购买者起诉生产者——侵权。

（2）非购买者起诉销售者——侵权。

（3）购买者起诉生产者——侵权。

（4）购买者起诉销售者——侵权、违约竞合。

4. 如何行使：**择一行使**。

例　赵某从商店购买了一台甲公司生产的家用洗衣机，洗涤衣物时，该洗衣机因技术缺陷发生爆裂，叶轮飞出造成赵某严重人身损害并毁坏衣物。

第二分编　典型合同

第九章　买卖合同

本章导读

本章需要考生理解买卖合同的概念和特征，买卖合同的成立及效力；熟练掌握并运用标的物交付和所有权转移，标的物风险负担和孳息归属问题，以及买卖合同的违约责任，所有权保留，特种买卖合同（分期付款买卖、凭样品买卖合同、试用买卖等）。

知识点

一、基本规则

（一）所有权转移

交付主义为原则，两项例外。

▲注意：交付主义的含义是什么？

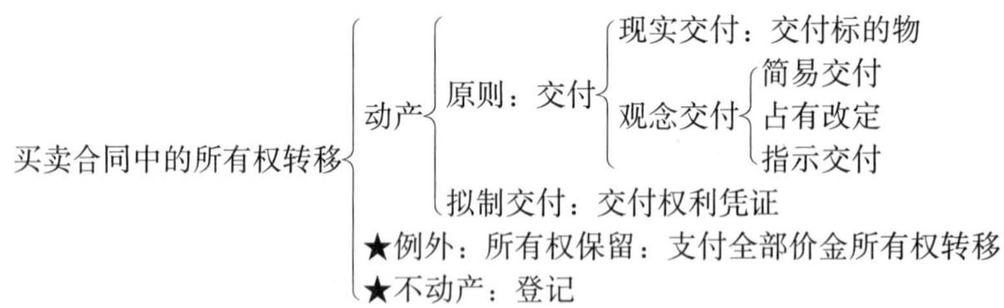

（二）风险分担

1. 何为风险：由于**非可归责于**当事人的原因导致标的物毁损、灭失。

▲要点小结：

①损失——不可归责于双方当事人的标的物毁损、灭失。

②谁承担——法律来分配（有约定的除外），这种分配注定是不公正的。

③结果——必须接受的不公正（法律是一种规则，而非万能守护神）。

④出卖人承担风险——标的物毁损、灭失，出卖人不能获得价金。

⑤买受人承担风险——标的物毁损、灭失，买受人必须支付价金。

⑥就标的物的灭失而言，何为风险，何为责任——可归责，追究责任；不可归责，分配风险（二选一）。

2. 交付主义为原则，两项例外。

（1）前提：特定物和特定化的种类物（种类物在特定化之前，风险是出卖人的）。

《买卖合同解释》第 11 条　当事人对风险负担没有约定，标的物为种类物，出卖人未以装运单据、加盖标记、通知买受人等可识别的方式清楚地将标的物特定于买卖合同，买受人主张不负担标的物毁损、灭失的风险的，人民法院应予支持。

《买卖合同解释》第 8 条　《民法典》第 603 条第 2 款第 1 项规定的“标的物需要运输的”，是指标的物由出卖人负责办理托运，承运人系独立于买卖合同当事人之外的运输业者的情形。标的物毁损、灭失的风险负担，按照《民法典》第 607 条第 2 款的规定处理。

（2）规则。

①**交付主义。**

《民法典》第 607 条　【需要运输的标的物风险负担】出卖人按照约定将标的物运送至买受人指定地点并交付给承运人后，标的物毁损、灭失的风险由买受人承担。

当事人没有约定交付地点或者约定不明确，依据本法第 603 条第 2 款第 1 项的规定标的物需要运输的，出卖人将标的物交付给第一承运人后，标的物毁损、灭失的风险由买受人承担。

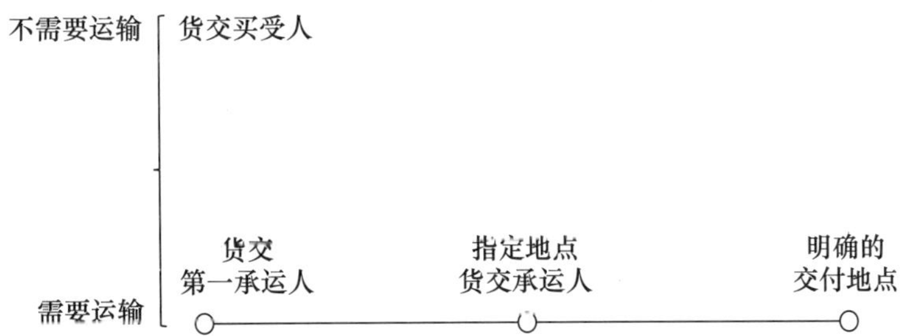

②例外。

《民法典》第 605 条　因买受人的原因致使标的物未按照约定的期限交付的，买受人应当自违反约定时起承担标的物毁损、灭失的风险。（买方迟延）

《民法典》第 608 条　【买受人不收取标的物的风险负担】出卖人按照约定或者依据本法第 603 条第 2 款第 2 项的规定将标的物置于交付地点，买受人违反约定没有收取的，标的物毁损、灭失的风险自违反约定时起由买受人承担。（买方迟延）

《民法典》第 606 条　出卖人出卖交由承运人运输的在途标的物，除当事人另有约定外，毁损、灭失的风险自合同成立时起由买受人承担。（路货买卖）

③电子商务法新增。

《电子商务法》第 20 条　电子商务经营者应当按照承诺或者与消费者约定的方式、时限向消费者交付商品或者服务，并承担商品运输中的风险和责任。但是，消费者另行选择快递物流服务提供者的除外。

应试点睛

网购中，卖家指定快递的，运输途中标的物意外毁损、灭失的风险由卖家承担（不同于《民法典》的货交承运人规则）；如果买家指定快递，则运输途中标的物意外毁损、灭失的风险由买家承担。

（三）孳息归属

买卖合同中适用交付主义（没有例外）。

标的物在**交付之前**产生的孳息，归出卖人所有；**交付之后**产生的孳息，归买受人所有。但是，当事人另有约定的除外。

▲小结：基本规则——一交三转四例外。

所有权的移转——例外包括：不动产登记、动产所有权保留。

风险负担的移转——例外包括：路货买卖、买方迟延。

孳息的移转——没有例外。

（四）瑕疵担保责任

1. 瑕疵担保之类型。

《民法典》第 612 条【出卖人权利瑕疵担保义务】 出卖人就交付的标的物，负有保证第三人对该标的物不享有任何权利的义务，但是法律另有规定的除外。

《民法典》第 617 条【质量瑕疵担保责任】 出卖人交付的标的物不符合质量要求的，买受人可以依据本法第 582 条至第 584 条的规定请求承担违约责任。

2. 异议期限：

（1）异议期限包括约定的检验期限以及无约定情况下法院裁量的合理期限（自收到标的物起算**最长** 2 **年**，该 2 年期限为不变期间，不适用诉讼时效中止、中断或者延长的规定）。

①当事人约定的检验期限过短，根据标的物的性质和交易习惯，买受人在检验期限内难以完成全面检验的，该期限仅视为买受人对标的物的“外观瑕疵”提出异议的期限。买受人对隐蔽瑕疵提出异议的期限，为根据合同的具体情形所确定的“合理期限”。

②当事人约定的检验期限或者质量保证期短于法律、行政法规规定期限的，以法律、行政法规规定的期限为准。反之，当事人约定的检验期限或者质量保证期长于法律、行政法规规定的期限的，以当事人约定的检验期限或者质量保证期为准。

（2）在此期间内，须完成检验和通知义务，否则视为标的物符合合同约定，买受人丧失违约责任请求权。如买受人在异议期间提出异议，自提出异议之日起，起算违约责任诉讼时效。

（3）例外情形：出卖人**恶意**不受通知期间之限制。

例 关于买卖合同，下列说法错误的是：

A. 甲公司与乙公司签订了设备买卖合同，合同中约定设备的质量保证期是 10 年，乙公司收到设备后进行了检验，未发现质量问题，乙公司将设备安装后投入使用，使用至第 6 年，设备出现质量问题，经仔细检验发现当时合同约定的用铜

铸造的零部件，是用合金铸造的，乙公司有权请求甲公司承担违约责任

B. 丙公司与丁公司签订了货物买卖合同，合同约定丙公司交付货物之日起 7 日内丁公司进行检验并提出异议，丙公司交付货物后，丁公司工作人员由于忙于设备的维修，直到第 10 日方进行检验，发现货物数量短少，丁公司有权请求丙公司承担违约责任

C. 戊公司从己公司处购买了一套设备，戊公司使用后发现有质量问题，戊公司隐瞒了真实情况，将设备卖给了庚公司，庚公司一直未使用设备，3 年后庚公司使用设备时发现质量问题，庚公司有权请求戊公司承担违约责任

D. 辛公司与壬公司签订了设备买卖合同，合同未约定检验期限，壬公司收到设备进行了检验，未发现质量问题，由于市场行情变化，壬公司一直未将设备投入使用，3 年后壬公司将设备投入使用时，发现有质量问题，壬公司有权请求辛公司承担违约责任

【答案】BD

【相关法条】

《民法典》第 620 条【标的物检验】 买受人收到标的物时应当在约定的检验期限内检验。没有约定检验期限的，应当及时检验。

《民法典》第 621 条【标的物检验】 当事人约定检验期限的，买受人应当在检验期限内将标的物的数量或者质量不符合约定的情形通知出卖人。买受人怠于通知的，视为标的物的数量或者质量符合约定。

当事人没有约定检验期限的，买受人应当在发现或者应当发现标的物的数量或者质量不符合约定的合理期限内通知出卖人。买受人在合理期限内未通知或者自收到标的物之日起 2 年内未通知出卖人的，视为标的物的数量或者质量符合约定；但是，对标的物有质量保证期的，适用质量保证期，不适用该 2 年的规定。

出卖人知道或者应当知道提供的标的物不符合约定的，买受人不受前两款规定的通知时间的限制。

《买卖合同解释》第 12 条 人民法院具体认定《民法典》第 621 条第 2 款规定的"合理期限"时，应当综合当事人之间的交易性质、交易目的、交易方式、交易习惯、标的物的种类、数量、性质、安装和使用情况、瑕疵的性质、买受人应尽的合理注意义务、检验方法和难易程度、买受人或者检验人所处的具体环境、自身技能以及其他合理因素，依据诚实信用原则进行判断。

《民法典》第 621 条第 2 款规定的"2 年"是最长的合理期限。该期限为不变期间，不适用诉讼时效中止、中断或者延长的规定。

《民法典》第 622 条 当事人约定的检验期限过短，根据标的物的性质和交易习惯，买受人在检验期限内难以完成全面检验的，该期限仅视为买受人对标的物的外观瑕疵提出异议的期限。

约定的检验期限或者质量保证期短于法律、行政法规规定期限的，应当以法律、行政法规规定的期限为准。

【例题】（2021 真题回忆版）甲公司和乙公司签订合同，甲公司提供参数，乙公司提供技术，利用乙公司的锅炉炼制，乙公司在指定地点安装并负责调试。甲公司与乙

公司之间是什么合同？

A. 买卖合同

B. 承揽合同

C. 技术服务合同

D. 建设工程合同

【答案】C

二、特种买卖

（一）所有权保留

《民法典》第641条　当事人可以在买卖合同中约定买受人未履行支付价款或者其他义务的，标的物的所有权属于出卖人。

出卖人对标的物保留的所有权，未经登记，不得对抗善意第三人。

《民法典担保制度解释》第64条　在所有权保留买卖中，出卖人依法有权取回标的物，但是与买受人协商不成，当事人请求参照民事诉讼法“实现担保物权案件”的有关规定，拍卖、变卖标的物的，人民法院应予准许。

出卖人请求取回标的物，符合《民法典》第642条规定的，人民法院应予支持；买受人以抗辩或者反诉的方式主张拍卖、变卖标的物，并在扣除买受人未支付的价款以及必要费用后返还剩余款项的，人民法院应当一并处理。

基本要点：

（1）仅仅适用于动产，不适用不动产。

（2）出卖人仅仅保留所有权，不保留风险。

（3）制度属性：非典型担保。出卖人对标的物保留的所有权，**未经登记，不得对抗善意第三人**。

①如果非经登记，出卖人的所有权不得对抗善意第三人。

例　在约定所有权保留的情况下，买受人A如果将未经登记的标的物出卖于善意第三人D，则D可以善意取得标的物的所有权，此时出卖人B的所有权归于消灭。反之，如果第三人D恶意（知道所有权保留事宜），则D不能善意取得。

②经过登记，出卖人的所有权可以对抗善意第三人。

例　承租人A如果将未经融资租赁登记的租赁物出质于善意第三人D，则D可以善意取得标的物的质押权，此时出租人B的所有权不得对抗D的质押权（D的质权顺位在先，D先B后）。反之，如果B的所有权已经办理了登记，则B的“具有担保功能”的所有权的顺位优先于D的质押权（B先D后）。

③如果出卖人在交付后10日内完成登记，则享有“超级抵押权”的待遇（后发先至）。

例　甲企业一年前曾经向银行贷款并办理了浮动抵押登记，后来，甲企业向乙企业购入生产设备，因未付全款，乙企业保留了所有权并在交付后10日内办理了所有权保留的登记。甲企业在拿到生产设备的次日就将其质押于丙企业用于资金拆借的担保。丙企业保管不善损坏了该机器设备只好拿到丁修理厂去修理，因为没有付修理费用而被留置。请问，银行和乙企业、丙企业、丁修理厂的权利实现顺序如何？

答：丁修理厂、乙企业、银行、丙企业。

(4) 制度价值：以出卖人取回权担保合同价款。

《民法典》第642条　当事人约定出卖人保留合同标的物的所有权，在标的物所有权转移前，买受人有下列情形之一，造成出卖人损害的，除当事人另有约定外，出卖人有权取回标的物：

(一) 未按照约定支付价款，经催告后在合理期限内仍未支付；

(二) 未按照约定完成特定条件；

(三) 将标的物出卖、出质或者作出其他不当处分。

出卖人可以与买受人协商取回标的物；协商不成的，可以参照适用担保物权的实现程序。

特别注意：行使取回权不代表解除买卖合同。

(5) 制度限制：出卖人取回权的**两项限制**。

买受人已经支付标的物总价款的75%以上，出卖人主张取回标的物的，人民法院不予支持。

在《民法典》第642条第1款第3项情形下，第三人依据《民法典》第311条的规定已经善意取得标的物所有权或者其他物权，出卖人主张取回标的物的，人民法院不予支持。

(6) 回赎(《民法典》第643条)。

(7) 大结局——清算(《民法典》第643条)。

《民法典》第643条　出卖人依据前条第1款的规定取回标的物后，买受人在双方约定或者出卖人指定的合理回赎期限内，消除出卖人取回标的物的事由的，可以请求回赎标的物。

买受人在回赎期限内没有回赎标的物，出卖人可以以合理价格将标的物出卖给第三人，出卖所得价款扣除买受人未支付的价款以及必要费用后仍有剩余的，应当返还买受人；不足部分由买受人清偿。

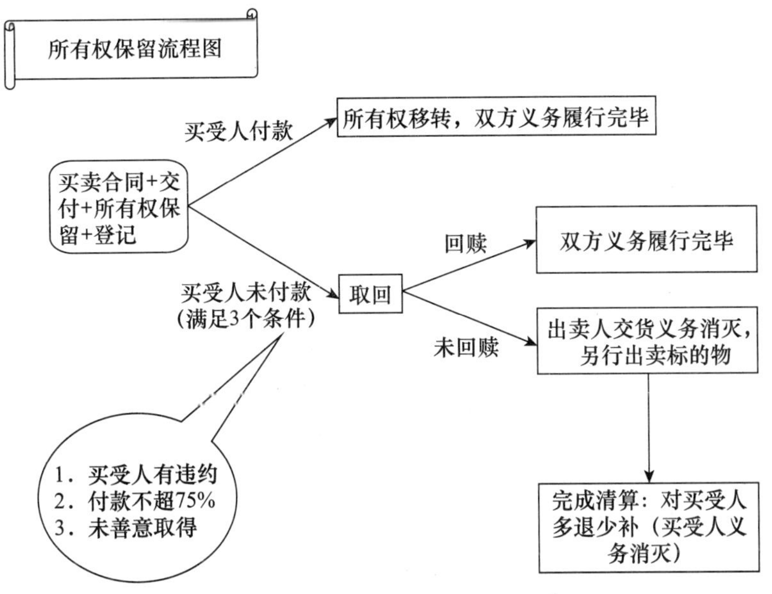

例1 甲、乙签订一批电视机的买卖合同，价金10万元，分三期支付（3万元—3万元—4万元），交付加所有权保留，乙如期支付两期价款后，无力支付第三期价款。甲行使取回权并再行出卖，发生各种费用1万元。

（1）如再行出卖得款8万元，清算结果如何？8－1－4＝3；甲将3万元返还给乙，乙承担3万元的亏损。

（2）如再行出卖得款5万元，清算结果如何？5－1－4＝0；乙承担6万元的亏损。

（3）如再行出卖得款3万元，清算结果如何？3－1－4＝－2；乙还需补给甲2万元。

例2 甲公司借用乙公司的一套设备，在使用过程中不慎损坏一关键部件，于是甲公司提出买下该套设备，乙公司同意出售。双方还口头约定在甲公司支付价款前，乙公司保留该套设备的所有权。不料在支付价款前，甲公司生产车间失火，造成包括该套设备在内的车间所有财物被烧毁。对此，下列哪些选项是正确的？

A. 乙公司已经履行了交付义务，风险责任应由甲公司负担

B. 在设备被烧毁时，所有权属于乙公司，风险责任应由乙公司承担

C. 设备虽然已经被烧毁，但甲公司仍然需要支付原定价款

D. 双方关于该套设备所有权保留的约定应采用书面形式

【答案】AC

（二）分期付款买卖

《民法典》第634条 分期付款的买受人未支付到期价款的数额达到全部价款的1/5，经催告后在合理期限内仍未支付到期价款的，出卖人可以请求买受人支付全部价款或者解除合同。

出卖人解除合同的，可以向买受人请求支付该标的物的使用费。

（三）试用买卖

1. 试用买卖的认定

《买卖合同解释》第30条 买卖合同存在下列约定内容之一的，不属于试用买卖。买受人主张属于试用买卖的，人民法院不予支持：

（一）约定标的物经过试用或者检验符合一定要求时，买受人应当购买标的物；

（二）约定第三人经试验对标的物认可时，买受人应当购买标的物；

（三）约定买受人在一定期限内可以调换标的物；

（四）约定买受人在一定期限内可以退还标的物。

2. 同意购买的认定

《民法典》第638条【试用买卖的效力】 试用买卖的买受人在试用期内可以购买标的物，也可以拒绝购买。试用期限届满，买受人对是否购买标的物未作表示的，视为购买。

试用买卖的买受人在试用期内已经支付部分价款或者对标的物实施出卖、出租、设立担保物权等行为的，视为同意购买。

3. 使用费的认定

《民法典》第639条 试用买卖的当事人对标的物使用费没有约定或者约定不明确

的，出卖人无权请求买受人支付。

4. 试用期间的认定

《民法典》第 637 条　试用买卖的当事人可以约定标的物的试用期限。对试用期限没有约定或者约定不明确，依据本法第 510 条的规定仍不能确定的，由出卖人确定。

5. 试用期间风险归谁

《民法典》第 640 条　标的物在试用期内毁损、灭失的风险由出卖人承担。

【例题】（2021 真题回忆版）某商场为了推广炒菜机器人，承诺购买炒菜机器人的均试用 15 天，不满意的可以退还，甲购买一个回家试用，但是第二天就把它出租给一个饭店。但是该机器人在饭店使用期间发生了爆炸。乙也拿了一个回家使用，用过之后不太满意，在试用期满后第二天去归还商场，因此与商场发生纠纷。对于此案，下列说法正确的是：

A. 甲把机器人出租给饭店的行为，视为同意购买了该机器人

B. 乙超期归还视为默示购买

C. 试用期间发生自然灾害卖家承担风险

D. 试用期间发生自然灾害买家承担风险

【答案】 ABC

三、一物数卖

（一）一物数卖的基本规则

在不违反《民法典》第 143 条的情况下，一物数卖的数个买卖合同都有效，但是物权只能归属于其中一人（详见下文），没有取得所有权的其他买受人向出卖人主张违约责任。

（二）三种具体情况

1. 不动产的一物数卖

不动产的一物数卖，物权**归属于登记人或者预告登记的权利人**，没有登记的，所有权不转移。

2. 普通动产的一物数卖

出卖人就同一普通动产订立多重买卖合同，在买卖合同均有效的情况下，买受人均要求实际履行合同的，应当按照以下情形分别处理：

（1）**先行受领交付的买受人**请求确认所有权已经转移的，人民法院应予支持（确认之诉）；

（2）均未受领交付，**先行支付价款的买受人**请求出卖人履行交付标的物等合同义务的，人民法院应予支持（给付之诉）；

（3）均未受领交付，也未支付价款，**依法成立在先合同的买受人**请求出卖人履行交付标的物等合同义务的，人民法院应予支持（给付之诉）。

例　甲为出售一台挖掘机分别与乙、丙、丁、戊签订买卖合同，具体情形如下：2016 年 3 月 1 日，甲胁迫乙订立合同，约定货到付款；4 月 1 日，甲与丙签订合同，丙

支付20%的货款；5月1日，甲与丁签订合同，丁支付全部货款；6月1日，甲与戊签订合同，甲将挖掘机交付给戊。上述买受人均要求实际履行合同，就履行顺序产生争议。关于履行顺序，下列哪一选项是正确的？

A. 戊、丙、丁、乙

B. 戊、丁、丙、乙

C. 乙、丁、丙、戊

D. 丁、戊、乙、丙

【答案】 A

3. 特殊动产之一物数卖

出卖人就同一船舶、航空器、机动车等特殊动产订立多重买卖合同，在买卖合同均有效的情况下，买受人均要求实际履行合同的，应当按照以下情形分别处理：

（1）**先行受领交付的买受人**请求出卖人履行办理所有权转移登记手续等合同义务的，人民法院应予支持；

（2）均未受领交付，**先行办理所有权转移登记手续的买受人**请求出卖人履行交付标的物等合同义务的，人民法院应予支持；

（3）均未受领交付，也未办理所有权转移登记手续，**依法成立在先合同的买受人**请求出卖人履行交付标的物和办理所有权转移登记手续等合同义务的，人民法院应予支持；

（4）出卖人将标的物交付给买受人之一，又为其他买受人办理所有权转移登记，已受领交付的买受人请求将标的物所有权登记在自己名下的，人民法院应予支持。

《民法典》第225条【特殊动产登记的效力】　船舶、航空器和机动车等的物权的设立、变更、转让和消灭，未经登记，不得对抗善意第三人。

第十章 保证合同

本章导读

本章需要考生熟练掌握保证合同的成立和效力，保证合同的主要内容及履行规则以及保证责任；理解或了解保证合同的概念和法律特征。

知识点

一、保证概述

（一）保证的定义

保证，是指第三人和债权人约定，当债务人不履行或不能履行其债务时，该第三人按照约定或法律规定履行债务或者承担责任的担保方式。这里的第三人称为保证人；债权人既是主合同中的债权人，又是保证合同中的债权人，保证债权具有从属性，其成立、消灭、效力、移转都从属于主债权。

1. 保证与担保物权的区别

保证：保证人的全部财产承担责任**非优先受偿**。

担保物权：担保人的担保财产承担责任且**优先受偿**。

2. **保证与债务加入的区别**

【▲司法解释新规】

《民法典担保制度解释》第36条　第三人向债权人提供差额补足、流动性支持等类似承诺文件作为增信措施，具有提供担保的意思表示，债权人请求第三人承担保证责任的，人民法院应当依照保证的有关规定处理。

第三人向债权人提供的承诺文件，具有加入债务或者与债务人共同承担债务等意思表示的，人民法院应当认定为《民法典》第552条规定的债务加入。

前两款中第三人提供的承诺文件难以确定是保证还是债务加入的，人民法院应当将其认定为保证。

第三人向债权人提供的承诺文件不符合前三款规定的情形，债权人请求第三人承担保证责任或者连带责任的，人民法院不予支持，但是不影响其依据承诺文件请求第三人履行约定的义务或者承担相应的民事责任。

（二）一般保证和连带责任保证

1. 概念。

一般保证，是指当事人在保证合同中约定，债务人不能履行债务时，由保证人承担保证责任的保证。所谓连带责任保证，是指当事人在保证合同中约定保证人与债务人对债务承担连带责任的保证。这两种保证之间最大的区别在于保证人**是否享有先诉抗辩权**。在一般保证情况下，保证人享有先诉抗辩权，即“一般保证的保证人在主合同纠纷未经审判或者仲裁，并就债务人财产依法强制执行仍不能履行债务前，有权拒绝向债权人承担保证责任”。而在连带责任保证的情况下，保证人不享有先诉抗辩权，即“连带责任保证的债务人不履行到期债务或者发生当事人约定的情形时，债权人可以请求债务人履行债务，也可以请求保证人在其保证范围内承担保证责任”。基于对保证人保护的理念，如果当事人没有明确约定为连带责任保证，原则上推定为一般保证。

《民法典担保制度解释》第25条　当事人在保证合同中约定了保证人在债务人不能履行债务或者无力偿还债务时才承担保证责任等类似内容，具有债务人应当先承担责任的意思表示的，人民法院应当将其认定为一般保证。

当事人在保证合同中约定了保证人在债务人不履行债务或者未偿还债务时即承担保证责任、无条件承担保证责任等类似内容，不具有债务人应当先承担责任的意思表示的，人民法院应当将其认定为连带责任保证。

2. 先诉抗辩权的消灭。

一般保证的保证人在主合同纠纷未经审判或者仲裁，并就债务人财产依法强制执行仍不能履行债务前，有权拒绝向债权人承担保证责任，但是有下列情形之一的除外：

（1）债务人下落不明，且无财产可供执行；

（2）人民法院已经受理债务人破产案件；

（3）债权人有证据证明债务人的财产不足以履行全部债务或者丧失履行债务能力；

（4）保证人书面表示放弃先诉抗辩权。

3. 诉讼地位。

（1）连带责任保证：可单列任何一人，也可同时列为被告（类似于连带责任）。

（2）一般保证：

①可单列债务人，不可单列保证人（保证人有先诉抗辩权，避免浪费诉讼资源）。

②可列为共同被告。

《民法典担保制度解释》第26条　一般保证中，债权人以债务人为被告提起诉讼的，人民法院应予受理。债权人未就主合同纠纷提起诉讼或者申请仲裁，仅起诉一般保证人的，人民法院应当驳回起诉。

一般保证中，债权人一并起诉债务人和保证人的，人民法院可以受理，但是在作出判决时，除有《民法典》第687条第2款但书规定的情形外，应当在判决书主文中明确，保证人仅对债务人财产依法强制执行后仍不能履行的部分承担保证责任。

债权人未对债务人的财产申请保全，或者保全的债务人的财产足以清偿债务，债权人申请对一般保证人的财产进行保全的，人民法院不予准许。

【例题】（2020真题回忆版）于某因公司周转向汪海银行借款50万元，姜某做连带保证人。两个月后又追加借款20万元。告知姜某，姜某未置可否。关于姜某的保证责任，说法正确的是：

A. 姜某可以向汪海银行行使先诉抗辩权

B. 于某对汪海银行的抗辩权，姜某也可以对银行主张

C. 姜某应为于某 70 万元承担保证责任

D. 姜某应为于某 50 万元承担保证责任

【答案】BD

4. 一般保证的保证人在主债务履行期限届满后，向债权人提供债务人可供执行财产的真实情况，债权人放弃或者怠于行使权利致使该财产不能被执行的，保证人在其提供可供执行财产的价值范围内不再承担保证责任。

（三）保证人

保证人须有代为清偿的能力，但不能以保证人不具有代偿能力为由认定保证合同不具有法律效力。

1. 机关法人提供担保的，人民法院应当认定担保合同无效，但是经国务院批准为使用外国政府或者国际经济组织贷款进行转贷的除外。

居民委员会、村民委员会提供担保的，人民法院应当认定担保合同无效，但是依法代行村集体经济组织职能的村民委员会，依照村民委员会组织法规定的讨论决定程序对外提供担保的除外。

2. **以公益为目的的**非营利性学校、幼儿园、医疗机构、养老机构等提供担保的，人民法院应当认定担保合同无效，但是有下列情形之一的除外：

（1）在购入或者以融资租赁方式承租教育设施、医疗卫生设施、养老服务设施和其他公益设施时，出卖人、出租人为担保价款或者租金实现而在该公益设施上保留所有权；

（2）以教育设施、医疗卫生设施、养老服务设施和其他公益设施以外的不动产、动产或者财产权利设立担保物权。

登记为营利法人的学校、幼儿园、医疗机构、养老机构等提供担保，当事人以其不具有担保资格为由主张担保合同无效的，人民法院不予支持。

二、保证合同

1. 保证合同是单务、无偿、要式、诺成合同。

2. 保证合同的形式：保证合同、保证条款、保证人的单方担保书（被接受且无异议）、保证人身份签名或者盖章。

3. 保证人须作出承担保证责任的意思表示。

（1）他人在借据、收据、欠条等债权凭证或者借款合同上签名或者盖章，但是未表明其保证人身份或者承担保证责任，或者通过其他事实不能推定其为保证人，不能认定为保证人。

（2）网络贷款平台的提供者仅提供媒介服务的，并未明示或者没有其他证据证明其为借贷提供担保的，不承担保证责任。

三、保证的效力

（一）保证的范围

《民法典》第691条规定：保证的范围包括主债权及其利息、违约金、损害赔偿金和实现债权的费用。当事人另有约定的，按照其约定。

（二）保证合同的法律关系

1. 保证人与主债权人的关系。

（1）债权人的权利。债权人对保证人享有请求承担保证责任（履行保证债务）的权利。该权利的行使以主债务不履行为前提，以保证责任已届承担期为必要。

（2）保证人的权利。保证合同是单务、无偿合同，保证人对债权人不享有请求给付的权利，所享有的只是抗辩权或其他防御性的权利。具体包括：

第一，保证人有权援引债务人的抗辩权。该抗辩权主要有三类：其一，权利未发生的抗辩权，例如，主合同未成立；其二，权利已消灭的抗辩权，例如，主债权因履行而消灭；其三，拒绝履行的抗辩权，例如，时效完成的抗辩权、同时履行抗辩权、不安抗辩权等。即使债务人放弃上述抗辩权，保证人也有权主张，因为保证人主张主债务人的抗辩权并非代为主张，而是基于保证人的地位而独立行使。

第二，基于保证人的地位特有的抗辩权。基于保证人的地位而特有的抗辩权，即先诉抗辩权，此项抗辩权专属于一般保证的保证人。

第三，基于一般债务人的地位享有的权利。债务人对债权人享有抵销权或者撤销权的，保证人可以在相应范围内拒绝承担保证责任。

★小结：

①**保证人放弃自己的抗辩权帮债务人还债**，属于**“神队友”**，可以向债务人追偿（损己利人）。

②**保证人放弃债务人的抗辩权去清偿债务的**，属于帮债务人倒忙的**“猪队友”**，不得向债务人追偿（损己不利人）。

③债务人放弃自己的抗辩权①，保证人也有权主张。

2. 保证人与主债务人的关系。保证人与主债务人的关系，主要表现为保证人的求偿权。

保证人的求偿权，又称保证人的追偿权，是指保证人承担保证责任后，可以向主债务人请求偿还的权利。保证人承担保证责任后，除当事人另有约定外，有权在其承担保证责任的范围内向债务人追偿，享有债权人对债务人的权利，但是**不得损害债权人的利益**。

例 债权人A，债务人B，债务金额100万元，保证人C承担50万元的保证责任，

---

① 《民法典担保制度解释》第35条　保证人知道或者应当知道主债权诉讼时效期间届满仍然提供保证或者承担保证责任，又以诉讼时效期间届满为由拒绝承担保证责任或者请求返还财产的，人民法院不予支持；保证人承担保证责任后向债务人追偿的，人民法院不予支持，但是债务人放弃诉讼时效抗辩的除外。

债务人提供了一套价值50万元的房屋抵押。如果保证人C主动承担了保证责任，那么可以取得A对B的债权，同时将取得A对B的抵押权。此时如果容许C向B追偿时行使该抵押权，则A的另外50万元债权将失去抵押权的保护。所以，此时，C不得行使A对B的抵押权，此即“不得损害债权人的利益”。

四、保证期间与保证诉讼时效

《民法典》第692条 保证期间是确定保证人承担保证责任的期间，不发生中止、中断和延长。

债权人与保证人可以约定保证期间，但是约定的保证期间早于主债务履行期限或者与主债务履行期限同时届满的，视为没有约定；没有约定或者约定不明确的，保证期间为主债务履行期限届满之日起6个月。

债权人与债务人对主债务履行期限没有约定或者约定不明确的，保证期间自债权人请求债务人履行债务的宽限期届满之日起计算。

《民法典》第693条 一般保证的债权人未在保证期间对债务人提起诉讼或者申请仲裁的，保证人不再承担保证责任。

连带责任保证的债权人未在保证期间请求保证人承担保证责任的，保证人不再承担保证责任。

《民法典》第694条 一般保证的债权人在保证期间届满前对债务人提起诉讼或者申请仲裁的，从保证人拒绝承担保证责任的权利消灭之日起，开始计算保证债务的诉讼时效。

连带责任保证的债权人在保证期间届满前请求保证人承担保证责任的，从债权人请求保证人承担保证责任之日起，开始计算保证债务的诉讼时效。

《民法典担保制度解释》第27条 一般保证的债权人取得对债务人赋予强制执行效力的公证债权文书后，在保证期间内向人民法院申请强制执行，保证人以债权人未在保证期间内对债务人提起诉讼或者申请仲裁为由主张不承担保证责任的，人民法院不予支持。

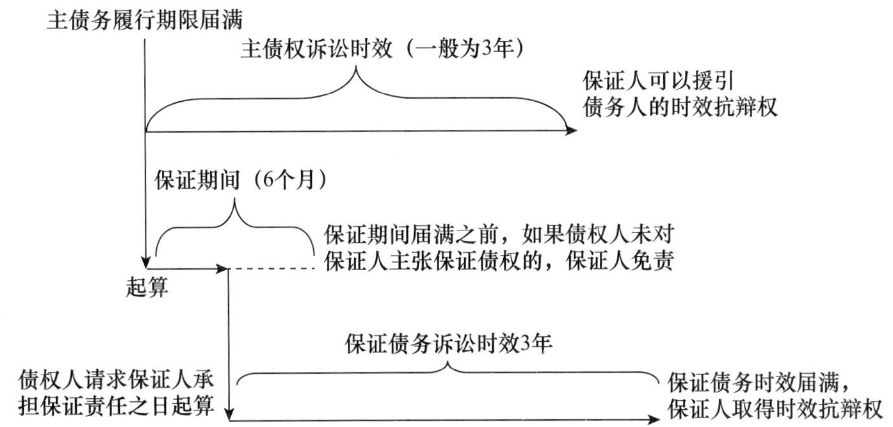

连带责任保证中保证期间与诉讼时效的运行

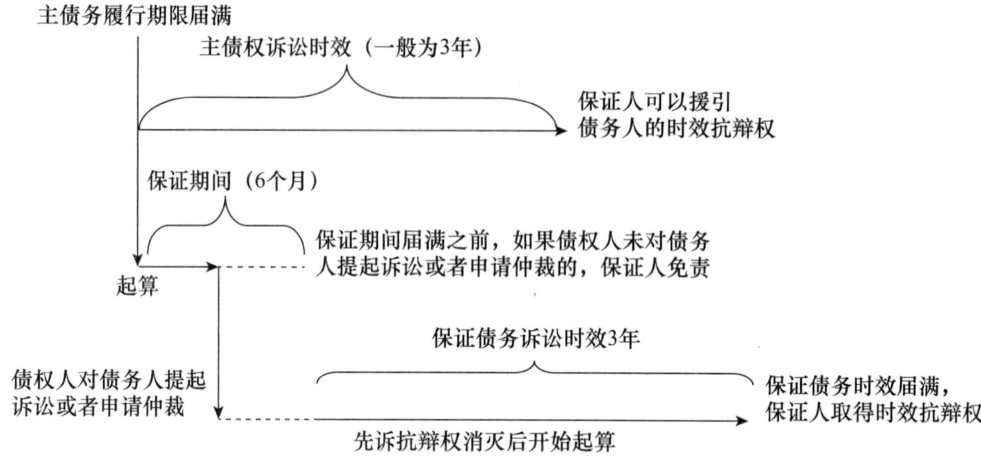

一般保证中保证期间与诉讼时效的运行

（一）保证期间

1. 功能：保证期间是债权人的行权期间，亦即，将保证人“拉下水”的期间，或者说，保证期间是表明是否追究保证责任的一个“表态”期间。

（1）未表态⟶**债权人放弃了追究保证债务的权利**[①]。

表态⟶拴住了保证人（保证债务被确定）⟶**将迎来保证合同（债务）的诉讼时效**。

（2）怎样表态：对于一般保证，须向债务人提起诉讼或者申请仲裁；对于连带责任保证，须向保证人主张权利。

①同一债务有两个以上保证人，债权人以其已经在保证期间内依法向部分保证人行使权利为由，主张已经在保证期间内向其他保证人行使权利的，人民法院不予支持。

同一债务有两个以上保证人，保证人之间相互有追偿权，债权人未在保证期间内依法向部分保证人行使权利，导致其他保证人在承担保证责任后丧失追偿权，其他保证人主张在其不能追偿的范围内免除保证责任的，人民法院应予支持。

②一般保证的债权人在保证期间内对债务人提起诉讼或者申请仲裁后，又撤回起诉或者仲裁申请，债权人在保证期间届满前未再行提起诉讼或者申请仲裁，保证人主张不再承担保证责任的，人民法院应予支持。

连带责任保证的债权人在保证期间内对保证人提起诉讼或者申请仲裁后，又撤回起诉或者仲裁申请，起诉状副本或者仲裁申请书副本已经送达保证人的，人民法院应

---

① 《民法典担保制度解释》第 34 条　人民法院在审理保证合同纠纷案件时，应当将保证期间是否届满、债权人是否在保证期间内依法行使权利等事实作为案件基本事实予以查明。

债权人在保证期间内未依法行使权利的，保证责任消灭。保证责任消灭后，债权人书面通知保证人要求承担保证责任，保证人在通知书上签字、盖章或者按指印，债权人请求保证人继续承担保证责任的，人民法院不予支持，但是债权人有证据证明成立了新的保证合同的除外。

《民法典担保制度解释》第 33 条　保证合同无效，债权人未在约定或者法定的保证期间内依法行使权利，保证人主张不承担赔偿责任的，人民法院应予支持。

当认定债权人已经在保证期间内向保证人行使了权利。

2. 起算：**主债务履行期限届满之日**。

3. 期限：

①有约定的依约定；

②无约定的，主债务履行期限届满之日起 6 个月；

③约定过短——早于或者等于主债务履行期限⟶约定无效⟶保证期间为 6 个月[①]；

④保证期间不发生中断、中止、延长。

（二）保证期间与主债务诉讼时效、保证债务诉讼时效的关系（三条线）

1. 三条线的起算与承接：

（1）主债务的诉讼时效与保证期间同时起算，都是从主债务履行期限届满之日或者宽限期届满之日起算。

（2）保证期间内，债权人如果作出“表态”，即一般保证中向债务人提起诉讼或者申请仲裁，连带责任保证中向保证人主张权利，那么，保证期间功成身退，将迎来保证债务的诉讼时效。

（3）**一般保证的债权人在保证期间届满前对债务人提起诉讼或者申请仲裁的，从保证人的先诉抗辩权消灭之日起，开始计算保证债务的诉讼时效。连带责任保证的债权人在保证期间届满前请求保证人承担保证责任的，从债权人请求保证人承担保证责任之日起，开始计算保证债务的诉讼时效。**

例 甲于 2004 年 8 月 9 日向乙借款 5 万元，约定 1 年后还款，由丙作甲的保证人。合同中没有关于丙保证方式的约定，也没有约定丙承担保证责任的期间。后来，甲、乙、丙三人对合同进行了修改，在合同中添加条款说明丙为连带责任保证人，甲的还款时间为 2006 年 1 月 1 日，丙的保证期间至甲偿还完借款本息之日止。对此，下列说法不正确的是：

A. 若甲、乙、丙三人没有对合同进行修改，丙也应承担连带保证责任

B. 若甲、乙、丙三人没有对合同进行修改，丙的保证责任期间应至 2006 年 2 月 9 日

C. 在甲、乙、丙三人对合同进行修改后，丙的保证期间至 2006 年 7 月 1 日

D. 在甲、乙、丙三人对合同进行修改后，丙的保证期间至 2008 年 1 月 1 日

【答案】 AD

2. 三条线的作用以及保证人的追偿：

（1）第一条线——主债务的时效届满后，主债务人取得时效抗辩权，保证人必须援引，否则不得追偿。

（2）第二条线——保证期间届满，保证责任消灭，保证人不再是保证人，如果仍然以保证人身份对债权人清偿的，为非债清偿，构成不当得利，保证人可以向债权人

---

① 《民法典担保制度解释》第 32 条 保证合同约定保证人承担保证责任直至主债务本息还清时为止等类似内容的，视为约定不明，保证期间为主债务履行期限届满之日起 6 个月。

请求返还。

(3) 第三条线——保证债务的时效届满后，保证人取得时效抗辩权。保证人如放弃保证债务的时效抗辩清偿债务的，可以向债务人追偿。

五、主合同变更对保证责任的影响

1. 债权人和债务人未经保证人书面同意，协商变更主债权债务合同内容，减轻债务的，保证人仍对变更后的债务承担保证责任；加重债务的，**保证人对加重的部分不承担保证责任**。

债权人和债务人变更主债权债务合同的履行期限，**未经保证人书面同意的**，保证期间不受影响。

2. 债权人转让全部或者部分债权，未通知保证人的，该转让对保证人不发生效力。

保证人与债权人约定禁止债权转让，债权人未经保证人书面同意转让债权的，保证人对受让人不再承担保证责任。

3. 债权人未经保证人书面同意，允许债务人转移全部或者部分债务，**保证人对未经其同意转移的债务不再承担保证责任**，但是债权人和保证人另有约定的除外。

第三人加入债务的，保证人的保证责任不受影响。

第十一章　融资租赁合同

本章导读

本章需要考生熟练掌握并运用融资租赁合同的认定及效力，融资租赁合同的主要内容及履行规则，融资租赁合同的解除，融资租赁物的所有权归属；理解或了解融资租赁合同的概念和特征。

知识点

一、融资租赁的判定

融资租赁合同是出租人根据承租人对出卖人、租赁物的选择，向出卖人购买租赁物，提供给承租人使用，承租人支付租金的合同。

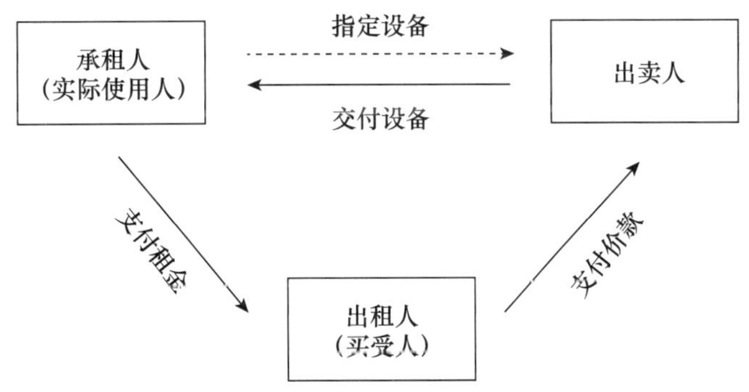

1. 当事人以虚构租赁物方式订立的融资租赁合同无效。

2. 售后回租（A 先卖给 B 再租回来）认定为融资租赁。

3. 融资租赁的特点：（1）承租人指定租赁物；（2）租金总和基本相当于租赁物购买价款及利息及合理利润；（3）租赁期满双方可以约定，承租人有权以象征性价格取得租赁物的所有权。满足这三个条件，某一交易行为就可以直接认定为融资租赁行为。

当事人约定租赁期限届满，承租人仅需向出租人支付象征性价款的，视为约定的租金义务履行完毕后租赁物的所有权归承租人。

4. 合同的形式——采用书面形式。

5. 依照法律、行政法规的规定，对于租赁物的经营使用应当取得行政许可的，出租人未取得行政许可不影响融资租赁合同的效力。

6. 无效的融资租赁原则上返还原物（有约定从约定自不待言）。但有两个例外（物尽其用，保护无过错方）：

（1）返还后会显著降低租赁物效用的，给予合理补偿；

（2）因承租人原因导致合同无效且出租人不请求返还租赁物的，给予合理补偿。

例 甲融资租赁公司与乙公司签订融资租赁合同，约定乙公司向甲公司转让一套生产设备，转让价为评估机构评估的市场价 200 万元，再租给乙公司使用 3 年，乙公司向甲公司支付租金 300 万元。甲公司与乙公司之间构成融资租赁合同关系。

二、融资租赁的法律关系

<table>
<tr><td rowspan="4">买卖合同</td><td>付款</td><td>出租人负担标的物的价金义务（付给出卖人）</td></tr>
<tr><td>所有权</td><td>除非另有约定，否则归出租人（买受人）</td></tr>
<tr><td>交付</td><td>承租人有权从出卖人处直接受领标的物</td></tr>
<tr><td>瑕疵担保责任</td><td>承租人可以依照约定对出卖人直接主张损害赔偿</td></tr>
<tr><td rowspan="6">租赁合同</td><td>租金</td><td>承租人付给出租人</td></tr>
<tr><td>使用收益权</td><td>承租人享有使用收益权利，出租人不得不当干预</td></tr>
<tr><td>维修义务</td><td>承租人承担</td></tr>
<tr><td>物件侵权责任</td><td>承租人承担</td></tr>
<tr><td>风险承担</td><td>承租人承担标的物意外毁损、灭失的风险</td></tr>
<tr><td>转让债的关系</td><td>出租人得自由转让合同中的权利义务（买卖不破融资租赁）</td></tr>
<tr><td colspan="2">租赁物的无权处分</td><td>出租人对租赁物享有的所有权，未经登记，不得对抗善意第三人
承租人未经出租人同意，将租赁物转让、抵押、质押、投资入股或者以其他方式处分的，出租人可以解除融资租赁合同</td></tr>
</table>

例 1 甲公司请求乙融资租赁公司和丙订立买卖合同，由乙公司购买设备，然后按照约定将设备出租给甲公司，他们之间的协议约定，乙公司直接支付价款，而甲公司负责受领租赁物。则：

（1）甲公司受领标的物时，所有权转移给乙公司；

（2）如果受领的标的物不符合约定，甲公司可直接向丙主张权利；

（3）丙迟延履行，甲公司催告并且设定了合理的催告期限，丙仍不履行的，甲公司可以拒绝受领标的物；

（4）如果甲公司在使用过程中，机器设备不慎掉落零件，砸伤了前来参观的王某，由甲公司进行赔偿。

例 2 甲让乙融资租赁公司向丙购买设备，出租给甲 15 年，15 年后所有权归甲。丙向甲交付，略有瑕疵，甲受领后设备因地震损毁。则下列说法正确的有：

A. 因地震甲可以解除受领

B. 甲仍需支付租金

C. 因有瑕疵丙承担风险

D. 该设备存在瑕疵，乙应承担修复责任

【答案】 B

三、融资租赁的担保功能

《民法典》第 745 条 出租人对租赁物享有的所有权，未经登记，不得对抗善意第三人。

《民法典担保制度解释》第 65 条第 1 款　在融资租赁合同中，承租人未按照约定支付租金，经催告后在合理期限内仍不支付，出租人请求承租人支付全部剩余租金，并以拍卖、变卖租赁物所得的价款受偿的，人民法院应予支持；当事人请求参照民事诉讼法“实现担保物权案件”的有关规定，以拍卖、变卖租赁物所得价款支付租金的，人民法院应予准许。

1. 非经登记，出租人的所有权不得对抗善意第三人。

例　承租人 A 如果将未经融资租赁登记的租赁物出卖于善意第三人 D，则 D 可以善意取得标的物的所有权，此时出租人 B 的所有权归于消灭。反之，如果第三人 D 恶意，即知道该标的物属于 B，则 D 不能善意取得。

同理，如果该融资租赁物已经完成登记，则出租人的所有权受到登记的保护，第三人同样不能善意取得。

2. 经过登记，出租人对标的物的所有权具有担保功能且可以对抗善意第三人，此时和标的物上的其他担保物权适用先来后到规则。

例　承租人 A 如果将未经融资租赁登记的租赁物出质于善意第三人 D，则 D 可以善意取得标的物的质押权，此时出租人 B 的所有权不得对抗 D 的质押权（D 的质权顺位在先，D 先 B 后）。反之，如果 B 的所有权已经办理了登记，则 B 的“具有担保功能”的所有权的顺位优先于 D 的质押权（B 先 D 后）。

3. 如果出租人在交付后 10 日内完成登记，则享有“超级抵押权”的待遇（后发先至）。

例　甲企业一年前曾经向银行贷款并办理了浮动抵押登记，后来，甲企业通过融资租赁的方式租下了乙企业的一套生产设备，并完成了登记。甲企业在拿到生产设备的次日就将其质押于丙企业用于资金拆借的担保。丙企业保管不善损坏了该机器设备只好拿到丁修理厂去修理，因为没有付修理费用而被留置。请问，银行和乙企业、丙企业、丁修理厂的权利实现顺序如何？

答：丁修理厂、乙企业、银行、丙企业。

四、出租人的义务和责任

1. 协助索赔的义务。

出租人、出卖人、承租人可以约定，出卖人不履行买卖合同义务的，由承租人行使索赔的权利。承租人行使索赔权利的，出租人应当协助。

承租人对出卖人行使索赔权利，不影响其履行支付租金的义务。但是，承租人依赖出租人的技能确定租赁物或者出租人干预选择租赁物的，承租人可以请求减免相应租金。

出租人有下列情形之一，致使承租人对出卖人行使索赔权利失败的，承租人有权请求出租人承担相应的责任：

（1）明知租赁物有质量瑕疵而不告知承租人；

（2）承租人行使索赔权利时，未及时提供必要协助。

出租人怠于行使只能由其对出卖人行使的索赔权利，造成承租人损失的，承租人有权请求出租人承担赔偿责任。

租赁物不符合约定或者不符合使用目的的，出租人不承担责任。但是，承租人依赖出租人的技能确定租赁物或者出租人干预选择租赁物的除外。

2. 出租人应当保证承租人对租赁物的占有和使用。

出租人有下列情形之一的，承租人有权请求其赔偿损失：

（1）无正当理由收回租赁物；

（2）无正当理由妨碍、干扰承租人对租赁物的占有和使用；

（3）因出租人的原因致使第三人对租赁物主张权利；

（4）不当影响承租人对租赁物占有和使用的其他情形。

五、承租人的义务与责任

1. 物件侵权责任。

承租人占有租赁物期间，租赁物造成第三人人身损害或者财产损失的，出租人不承担责任。

2. 保管与维修义务。

承租人应当妥善保管、使用租赁物。

承租人应当履行占有租赁物期间的维修义务。

3. 风险责任。

承租人占有租赁物期间，租赁物毁损、灭失的，出租人有权请求承租人继续支付租金，但是法律另有规定或者当事人另有约定的除外。

4. 支付租金的义务。

承租人应当按照约定支付租金。承租人经催告后在合理期限内仍不支付租金的，出租人可以请求支付全部租金；也可以解除合同，收回租赁物。

5. 不得无权处分的义务。

承租人未经出租人同意，将租赁物转让、抵押、质押、投资入股或者以其他方式处分的，出租人可以解除融资租赁合同。

六、融资租赁合同的履行和转让

（一）融资租赁合同的履行

1. 两种情形下可以拒绝受领标的物：

（1）标的物严重不符合约定；

（2）未按照约定交付标的物，经承租人或者出租人催告后在合理期限内仍未交付。

2. 承租人拒收的，有通知义务。

3. 承租人无正当理由拒领，造成出租人损失的，出租人可以诉承租人损害赔偿。

（二）融资租赁合同的转让

1. **融资租赁的承租人可以主张买卖不破融资租赁（承租人可以向受让人继续主张**

融资租赁的权利）。

2. 买卖不破融资租赁性质上属于债权让与，通知生效（通知前后，租金给付的对象不同）。

3. **融资租赁的承租人没有优先购买权**。

例　甲公司通过乙融资租赁公司承租从丙公司购得的电信设备（设备完成了融资租赁登记），租期3年，每月月末支付租金，则：

（1）在租赁期限内，甲公司将租赁物转让给第三人的行为属于无权处分，因设备完成了融资租赁登记，第三人主张善意取得的不予支持；

（2）在租赁期限内，乙公司将合同中的权利转让给他人，属于有权处分，此时甲公司可以主张买卖不破融资租赁，但不得主张优先购买权；

（3）租期届满后，电信设备的所有权归属于乙公司。

七、租赁物补偿规则

1. 租赁物因意外事件毁损、灭失，风险由承租人承担。

2. 产生合同解除权（不可抗力解除权）：

（1）合同解除，承租人仅仅以折旧情况进行补偿——租赁物自身的价值（一次性付）。

（2）合同不解除，承租人继续支付租金（承租人承担租赁物意外毁损、灭失的风险）——租赁物自身的价值＋利润（分期付）。

例　甲公司与乙融资租赁公司签订融资租赁合同，乙公司出资购买一套生产线，然后出租给甲公司。租赁期限，因为地震该套生产线全部损毁，则甲公司有权解除合同，乙公司可以请求甲公司按照租赁物折旧情况给予补偿，若未解除合同，甲公司应继续支付租金。此即甲公司承担风险的表现。

八、融资租赁合同的解除

有下列情形之一的，出租人或者承租人**可以解除融资租赁合同**：

（1）出租人与出卖人订立的买卖合同解除、被确认无效或者被撤销，且未能重新订立买卖合同；

（2）租赁物因不可归责于当事人的原因毁损、灭失，且不能修复或者确定替代物；

（3）因出卖人的原因致使融资租赁合同的目的不能实现。

承租人未经出租人同意，将租赁物转让、抵押、质押、投资入股或者以其他方式处分的，出租人可以解除融资租赁合同。

第十二章 保理合同

本章导读

本章需要考生熟练掌握保理合同的主要内容及履行规则。

知识点

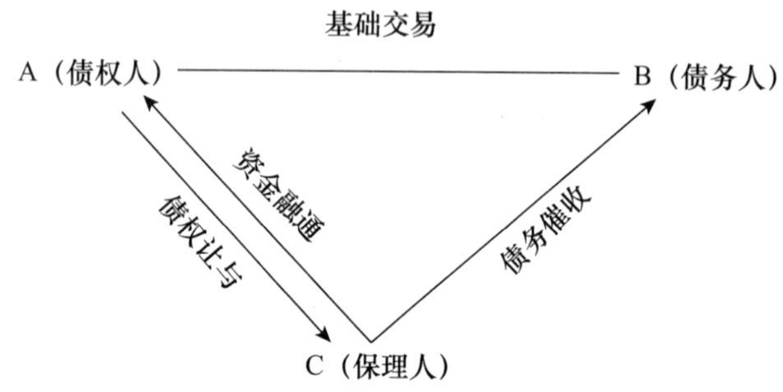

1. 保理合同是应收账款债权人将现有的或者将有的应收账款转让给保理人，保理人提供资金融通、应收账款管理或者催收、应收账款债务人付款担保等服务的合同。

2. 保理合同应当采用书面形式。

3. 应收账款债权人与债务人虚构应收账款作为转让标的，与保理人订立保理合同的，应收账款债务人不得以应收账款不存在为由对抗保理人，但是**保理人明知虚构的除外**。

4. 保理人向应收账款债务人发出应收账款转让通知的，应当表明保理人身份并附有必要凭证。

5. 应收账款债务人接到应收账款转让通知后，应收账款债权人与债务人无正当理由协商变更或者终止基础交易合同，**对保理人产生不利影响的**，对保理人不发生效力。

6. 当事人约定有追索权保理的，保理人可以向应收账款债权人主张返还保理融资款本息或者回购应收账款债权，也可以向应收账款债务人主张应收账款债权。保理人向应收账款债务人主张应收账款债权，在扣除保理融资款本息和相关费用后有剩余的，剩余部分应当返还给应收账款债权人。

7. 当事人约定无追索权保理的，保理人应当向应收账款债务人主张应收账款债权，保理人取得超过保理融资款本息和相关费用的部分，无需向应收账款债权人返还。

8. 应收账款债权人就同一应收账款订立多个保理合同，致使多个保理人主张权利的，**已经登记的先于未登记的取得应收账款；均已经登记的，按照登记时间的先后顺**

序取得应收账款；均未登记的，由最先到达应收账款债务人的转让通知中载明的保理人取得应收账款；既未登记也未通知的，按照保理融资款或者服务报酬的比例取得应收账款（《民法典》第768条）。

9. 同一应收账款同时存在保理、应收账款质押和债权转让，当事人主张参照《民法典》第768条的规定确定优先顺序的，人民法院应予支持。

第十三章　物业服务合同

本章导读

本章要求考生熟练掌握并运用物业服务合同的主要内容及履行规则；理解或了解物业服务合同的概念和法律特征。

知识点

一、物业服务合同概述

物业服务合同是物业服务人在物业服务区域内，为业主提供建筑物及其附属设施的维修养护、环境卫生和相关秩序的管理维护等物业服务，业主支付物业费的合同。

物业服务人包括物业服务企业和其他管理人。

物业服务合同的内容一般包括服务事项、服务质量、服务费用的标准和收取办法、维修资金的使用、服务用房的管理和使用、服务期限、服务交接等条款。

物业服务人公开作出的有利于业主的服务承诺，为物业服务合同的组成部分。

物业服务合同应当采用书面形式。

建设单位依法与物业服务人订立的前期物业服务合同，以及业主委员会与业主大会依法选聘的物业服务人订立的物业服务合同，对业主具有法律约束力。

建设单位依法与物业服务人订立的前期物业服务合同约定的服务期限届满前，业主委员会或者业主与新物业服务人订立的物业服务合同生效的，前期物业服务合同终止。

二、物业服务法律关系

（一）物业服务人的义务

1. 物业服务人将物业服务区域内的部分专项服务事项委托给专业性服务组织或者其他第三人的，应当就该部分专项服务事项向业主负责。

物业服务人**不得将其应当提供的全部物业服务转委托给第三人**，或者将全部物业服务支解后分别转委托给第三人。

2. 物业服务人应当按照约定和物业的使用性质，妥善维修、养护、清洁、绿化和经营管理物业服务区域内的业主共有部分，维护物业服务区域内的基本秩序，采取合理措施保护业主的人身、财产安全。

对物业服务区域内违反有关治安、环保、消防等法律法规的行为，物业服务人应当及时采取合理措施制止、向有关行政主管部门报告并协助处理。

3. 物业服务人应当定期将服务的事项、负责人员、质量要求、收费项目、收费标准、履行情况，以及维修资金使用情况、业主共有部分的经营与收益情况等以合理方式向业主公开并向业主大会、业主委员会报告。

（二）业主的义务

1. 业主应当按照约定向物业服务人支付物业费。物业服务人已经按照约定和有关规定提供服务的，业主不得以未接受或者无需接受相关物业服务为由拒绝支付物业费。

业主违反约定逾期不支付物业费的，物业服务人可以催告其在合理期限内支付；合理期限届满仍不支付的，物业服务人可以提起诉讼或者申请仲裁。

2. 业主装饰装修房屋的，应当事先告知物业服务人，遵守物业服务人提示的合理注意事项，并配合其进行必要的现场检查。

业主转让、出租物业专有部分、设立居住权或者依法改变共有部分用途的，应当及时将相关情况告知物业服务人。

（三）物业服务合同的解除

1. 解聘物业服务人，应当由专有部分面积占比 2/3 以上的业主且人数占比 2/3 以上的业主参与表决，且应当经参与表决专有部分面积过半数的业主且参与表决人数过半数的业主同意。

2. 业主依照法定程序**共同决定解聘物业服务人的，可以解除物业服务合同**。决定解聘的，应当提前 60 日书面通知物业服务人，但是合同对通知期限另有约定的除外。

依据上述规定解除合同造成物业服务人损失的，除不可归责于业主的事由外，业主应当赔偿损失。

（四）物业服务合同的届满与续聘

1. 物业服务期限届满前，业主依法共同决定续聘的，应当与原物业服务人在合同期限届满前续订物业服务合同。

物业服务期限届满前，物业服务人不同意续聘的，应当在合同期限届满前 90 日书面通知业主或者业主委员会，但是合同对通知期限另有约定的除外。

2. 物业服务期限届满后，业主没有依法作出续聘或者另聘物业服务人的决定，物业服务人继续提供物业服务的，原物业服务合同继续有效，但是服务期限为不定期。

当事人可以随时解除不定期物业服务合同，但是应当提前 60 日书面通知对方。

3. 物业服务合同终止后，在业主或者业主大会选聘的新物业服务人或者决定自行管理的业主接管之前，原物业服务人应当继续处理物业服务事项，并可以请求业主支付该期间的物业费。

第十四章　合伙合同

本章导读

本章需要考生熟练掌握并运用合伙财产、合伙事务，合伙利润分配与债务承担以及合伙合同的终止；理解或了解合伙合同的概念和特征。

知识点

一、概述

合伙合同是两个以上合伙人为了共同的事业目的，订立的共享利益、共担风险的协议。

合伙人应当按照约定的出资方式、数额和缴付期限，履行出资义务。

二、合伙财产

合伙人的出资、因合伙事务依法取得的收益和其他财产，属于合伙财产。

合伙合同终止前，合伙人不得请求分割合伙财产。

三、合伙事务执行

合伙人就合伙事务作出决定的，除合伙合同另有约定外，应当经全体合伙人一致同意。

合伙事务由全体合伙人共同执行。按照合伙合同的约定或者全体合伙人的决定，可以委托一个或者数个合伙人执行合伙事务；其他合伙人不再执行合伙事务，但是有权监督执行情况。

合伙人分别执行合伙事务的，执行事务合伙人可以对其他合伙人执行的事务提出异议；提出异议后，其他合伙人应当暂停该项事务的执行。

合伙人不得因执行合伙事务而请求支付报酬，但是合伙合同另有约定的除外。

四、合伙的利润分配和亏损分担

合伙的利润分配和亏损分担，按照合伙合同的约定办理；合伙合同没有约定或者约定不明确的，由合伙人协商决定；协商不成的，由合伙人按照实缴出资比例分配、分担；无法确定出资比例的，由合伙人平均分配、分担。

五、合伙债务

合伙人对合伙债务承担连带责任。清偿合伙债务超过自己应当承担份额的合伙人，有权向其他合伙人追偿。

六、合伙份额

除合伙合同另有约定外，合伙人向合伙人以外的人转让其全部或者部分财产份额的，须经其他合伙人一致同意。

合伙人的债权人不得代位行使合伙人依照《民法典》第27章规定和合伙合同享有的权利，但是合伙人享有的利益分配请求权除外。

七、合伙期限

合伙人对合伙期限没有约定或者约定不明确，依据《民法典》第510条的规定仍不能确定的，视为不定期合伙。

合伙期限届满，合伙人继续执行合伙事务，其他合伙人没有提出异议的，原合伙合同继续有效，但是合伙期限为不定期。

合伙人可以随时解除不定期合伙合同，但是应当在合理期限之前通知其他合伙人。

八、合伙终止

合伙人死亡、丧失民事行为能力或者终止的，合伙合同终止；但是，合伙合同另有约定或者根据合伙事务的性质不宜终止的除外。

第十五章　租赁合同

本章导读

本章要求考生熟练掌握并运用租赁合同的主要内容及履行规则、买卖不破租赁的相关法律规定，房屋租赁合同；理解或了解租赁合同的概念、特征和种类。

知识点

一、租赁合同的效力

（一）无效的法定事由

违法建筑出租的，合同无效——违法建筑包括：（1）未取得建设工程规划许可证或者未按照建设工程规划许可证的规定建设的房屋；（2）未经批准或者未按照批准内容建设的临时建筑；（3）租赁期限超过临时建筑的使用期限，超过部分无效。

（二）无效租赁合同之补正

一审法庭辩论终结之前，取得建设工程规划许可证或者经主管部门批准建设或者经主管部门批准延长使用期限的，合同有效。

（三）关于租赁合同登记备案的效力认定

登记备案并非租赁合同的法定有效要件。当事人未按照法律、行政法规规定办理租赁合同登记备案手续的，不影响合同的效力。

（四）房屋租赁合同无效的后果

1. 承租人支付房屋占有使用费——在性质上属于**不当得利**。

2. 双方根据过错分担合同无效造成的损失——此为**缔约过失责任**。

例　下列关于租赁合同的效力，说法正确的有：

A. 以没有取得规划许可证的房屋出租的，租赁合同绝对无效，不可补正

B. 前述租赁合同必须在举证责任期限届满之前取得规划许可证，才视为有效

C. 房屋租赁合同以备案登记为要件，未经备案登记，租赁合同无效

D. 如果一方当事人履行主要义务，对方接受的，即使没有进行备案登记，也应当视为合同有效

E. 房屋租赁合同无效的，当事人有权主张房屋占有使用费并请求有过错的对方当事人承担违约责任

【答案】 D

二、一房数租

《最高人民法院关于审理城镇房屋租赁合同纠纷案件具体应用法律若干问题的解释》（简称《城镇房屋租赁合同解释》）第5条规定：出租人就同一房屋订立数份租赁合同，在合同均有效的情况下，承租人均主张履行合同的，人民法院按照下列顺序确定履行合同的承租人：(1) 已经**合法占有**租赁房屋的；(2) 已经办理登记备案手续的；(3) 合同成立在先的。不能取得租赁房屋的承租人请求解除合同、赔偿损失的，依照民法典的有关规定处理。亦即，一房数租的数个租赁合同都有效，最终何人承租按照“占有—登记—合同”的规则确定，不能取得租赁房屋的承租人有权请求解除合同、赔偿损失——此责任为违约责任。

【例题】（2021真题回忆版）将一套房租给了四个人，都没交付，但收了首月的租金，四承租人均主张履行合同的，则房子给：

A. 最先给付租金的

B. 先登记备案的

C. 最先签订租赁合同的

D. 租金定价最高的

【答案】 B

三、租赁合同当事人的权利义务

(一) 出租人的义务

1. 适租义务——不适租者，承租方有**解除权**，具体包括：

(1) 租赁物被司法机关或者行政机关依法查封、扣押；

(2) 租赁物权属有争议；

(3) 租赁物具有违反法律、行政法规关于使用条件的强制性规定情形。

2. 维修义务。**出租人**应当履行租赁物的维修义务，但是当事人另有约定的除外。承租人在租赁物需要维修时可以请求出租人在合理期限内维修。出租人未履行维修义务的，承租人可以自行维修，维修费用由出租人负担。因维修租赁物影响承租人使用的，应当相应减少租金或者延长租期。因承租人的过错致使租赁物需要维修的，出租人不承担上述的维修义务。

3. 权利瑕疵担保责任。

当租赁物有瑕疵或存在权利瑕疵致使承租人不能依约使用、收益时，承租人有权解除合同，承租人因此所受损失，出租人应负赔偿责任，但承租人订约时明知有瑕疵的除外。

(二) 承租人的义务

1. **交付租金**——如违反，出租人有解除权。

2. 按照约定的方法或者根据租赁物的性质**使用租赁物**——如违反，出租人有解除权并得请求赔偿损失。承租人按照约定的方法或者根据租赁物的性质使用租赁物，致使租赁物受到损耗的，不承担赔偿责任。

3. **妥善保管义务**。承租人应以善良管理人的注意妥善保管租赁物，未尽妥善保管义务，造成租赁物毁损、灭失的，应当承担赔偿责任。

4. **不得擅自改建或者增设他物**——如违反，出租人得请求恢复原状或者损害赔偿。此外，承租人擅自变动房屋建筑主体和承重结构或者扩建，在出租人要求的合理期限内仍不予恢复原状，出租人还可以请求解除合同并要求赔偿损失。

5. **返还租赁物**。租赁合同终止时，承租人应将租赁物返还出租人。

（三）租金

1. 支付期限。

承租人应当按照约定的期限支付租金。对支付租金的期限没有约定或者约定不明确，依据《民法典》第510条的规定仍不能确定，租赁期限不满1年的，应当在租赁期限届满时支付；租赁期限1年以上的，应当在每届满1年时支付，剩余期限不满1年的，应当在租赁期限届满时支付。

2. 欠付租金的解除权。

承租人无正当理由未支付或者迟延支付租金的，出租人可以请求承租人在合理期限内支付；承租人逾期不支付的，**出租人可以解除合同**。

3. 第三人主张权利。

因第三人主张权利，致使承租人不能对租赁物使用、收益的，承租人可以请求减少租金或者不支付租金。

第三人主张权利的，承租人应当及时通知出租人。

4. 代偿请求权。

承租人拖欠租金的，次承租人**可以代承租人**支付其欠付的租金和违约金，但是转租合同对出租人不具有法律约束力的除外。

次承租人代为支付的租金和违约金，可以充抵次承租人应当向承租人支付的租金；超出其应付的租金数额的，可以向承租人追偿。

四、转租

承租人经**出租人同意**，可以将租赁物转租给第三人。承租人转租的，承租人与出租人之间的租赁合同继续有效；第三人造成租赁物损失的，承租人应当赔偿损失。

承租人未经出租人同意转租的，出租人可以解除合同。

承租人经出租人同意将租赁物转租给第三人，转租期限超过承租人剩余租赁期限的，超过部分的约定对出租人不具有法律约束力，但是出租人与承租人另有约定的除外。

出租人知道或者应当知道承租人转租，但是在6个月内未提出异议的，视为出租人同意转租。

应试点睛

在承诺转租（经过出租人同意的转租）中，承租人与出租人的租赁合同继续有效，第三人不履行对租赁物妥善保管义务造成损失的，由承租人向出租人负违约赔偿责任，第三人（次承租人）如构成侵权，须对出租人承担侵权责任，出租人可以择一行使。如果出租人选择追究承租人的违约责任，则承租人可以向第三人（次承租人）追偿，此为不真正连带责任。

例　甲将自己的一套房屋租给乙住，乙又擅自将房屋租给丙住。丙是个飞镖爱好者，因练飞镖将房屋的墙面损坏。下列哪些选项是正确的？

A. 甲有权在 6 个月之内请求解除与乙的租赁合同

B. 甲有权请求乙赔偿墙面损坏造成的损失

C. 甲有权请求丙支付租金

D. 甲有权在 1 年之内宣告乙、丙之间的合同无效

E. 甲有权请求丙赔偿墙面损坏造成的损失

F. 如甲解除合同，丙应当腾房返还于甲

G. 如丙逾期腾房，则应向甲支付逾期腾房占有使用费

【答案】ABEFG

【例题】（2016－3－60）居民甲将房屋出租给乙，乙经甲同意对承租房进行了装修并转租给丙。丙擅自更改房屋承重结构，导致房屋受损。对此，下列哪些选项是正确的？

A. 无论有无约定，乙均有权于租赁期满时请求甲补偿装修费用

B. 甲可请求丙承担违约责任

C. 甲可请求丙承担侵权责任

D. 甲可请求乙承担违约责任

【答案】CD

五、租赁期限

租赁期限**6 个月以上**的，应当采用书面形式。当事人未采用书面形式，无法确定租赁期限的，视为不定期租赁。

租赁期限届满，承租人继续使用租赁物，出租人没有提出异议的，原租赁合同继续有效，但是租赁期限为不定期。

不定期租赁合同当事人都有权随时解除合同，但是应当在合理期限之前通知对方。

承租人在房屋租赁期限内死亡的，与其生前共同居住的人或者共同经营人可以按照原租赁合同租赁该房屋。

租赁期限届满，承租人应当返还租赁物。返还的租赁物应当符合按照约定或者根据租赁物的性质使用后的状态。

租赁期限届满，房屋承租人享有以同等条件优先承租的权利。

六、买卖不破租赁

租赁物在承租人按照租赁合同占有期限内发生所有权变动的，**不影响**租赁合同的效力。

七、租房人的优先购买权

（一）适用范围

仅仅限于房屋租赁且不得对抗房屋的按份共有人和近亲属[①]。

（二）通知期间

（1）出租人出卖租赁房屋的，应当在出卖之前的**合理期限内**通知承租人。

（2）出租人委托拍卖人拍卖租赁房屋的，应当在**拍卖5日前**通知承租人。承租人未参加拍卖的，视为放弃优先购买权。

（三）行使期间

出租人履行通知义务后，承租人在**15日内**未明确表示购买的，视为承租人放弃优先购买权。

（四）侵害优先购买权之救济

（1）出租人出卖租赁房屋未在合理期限内通知承租人或者存在其他侵害承租人优先购买权情形，承租人有权请求出租人承担**赔偿**责任。

（2）出租人与第三人签订的房屋买卖合同的效力不受影响。

例 甲将房屋租给乙，在租赁期限内未通知乙就把房屋出卖并过户给不知情的丙。乙得知后劝丙退出该交易，丙拒绝。关于乙可以采取的民事救济措施，下列哪一选项是正确的？

A. 请求解除租赁合同，因甲出卖房屋未通知乙，构成重大违约

B. 请求法院确认买卖合同无效

C. 主张由丙承担侵权责任，因丙侵犯了乙的优先购买权

D. 主张由甲承担赔偿责任，因甲出卖房屋未通知乙而侵犯了乙的优先购买权

【答案】 D

八、继续租赁权（法定承受）

承租人在房屋租赁期限内死亡的，与其**生前共同居住的人或者共同经营人**可以按照原租赁合同租赁该房屋。

九、租赁合同中的解除权

1. 出租人法定解除权（违约解除权）：

（1）承租人未按照约定的方法或者未根据租赁物的性质使用租赁物；

---

① 《民法典》第726条第1款 出租人出卖租赁房屋的，应当在出卖之前的合理期限内通知承租人，承租人享有以同等条件优先购买的权利；但是，房屋按份共有人行使优先购买权或者出租人将房屋出卖给近亲属的除外。

（2）承租人擅自变动房屋建筑主体和承重结构或者扩建；

（3）责任转租；

（4）承租人未付或延付租金。

2. 承租人法定解除权（违约解除权）：

（1）出租人拒不交付租赁房屋；

（2）租赁物因意外部分或者全部毁损、灭失；

（3）一房数租时，未能取得租赁房屋的承租人享有解除权。

3. 不定期租赁之任意解除权。

4. 租赁物危及承租人安全或健康时的随时解除权。

十、租赁物意外毁损、灭失的风险

因**不可归责于**承租人的事由，致使租赁物部分或者全部毁损、灭失的，承租人可以请求减少租金或者不支付租金；因租赁物部分或者全部毁损、灭失，致使不能实现合同目的的，承租人可以解除合同。

十一、租赁合同中涉及装修装饰问题的分析

《城镇房屋租赁合同解释》第 7 条　承租人经出租人同意装饰装修，租赁合同无效时，未形成附合的装饰装修物，出租人同意利用的，可折价归出租人所有；不同意利用的，可由承租人拆除。因拆除造成房屋毁损的，承租人应当恢复原状。

已形成附合的装饰装修物，出租人同意利用的，可折价归出租人所有；不同意利用的，由双方各自按照导致合同无效的过错分担现值损失。

《城镇房屋租赁合同解释》第 8 条　承租人经出租人同意装饰装修，租赁期间届满或者合同解除时，除当事人另有约定外，未形成附合的装饰装修物，可由承租人拆除。因拆除造成房屋毁损的，承租人应当恢复原状。

《城镇房屋租赁合同解释》第 9 条　承租人经出租人同意装饰装修，合同解除时，双方对已形成附合的装饰装修物的处理没有约定的，人民法院按照下列情形分别处理：

（一）因出租人违约导致合同解除，承租人请求出租人赔偿剩余租赁期内装饰装修残值损失的，应予支持；

（二）因承租人违约导致合同解除，承租人请求出租人赔偿剩余租赁期内装饰装修残值损失的，不予支持。但出租人同意利用的，应在利用价值范围内予以适当补偿；

（三）因双方违约导致合同解除，剩余租赁期内的装饰装修残值损失，由双方根据各自的过错承担相应的责任；

（四）因不可归责于双方的事由导致合同解除的，剩余租赁期内的装饰装修残值损失，由双方按照公平原则分担。法律另有规定的，适用其规定。

《城镇房屋租赁合同解释》第 10 条　承租人经出租人同意装饰装修，租赁期间届满时，承租人请求出租人补偿附合装饰装修费用的，不予支持。但当事人另有约定的除外。

《城镇房屋租赁合同解释》第 11 条　承租人未经出租人同意装饰装修或者扩建发生的费用，由承租人负担。出租人请求承租人恢复原状或者赔偿损失的，人民法院应予支持。

第十六章 建设工程施工合同

本章导读

本章重点需要考生熟练掌握并运用建设工程合同的订立和效力，建设工程合同的主要内容及履行规则，建设工程合同的违约责任；理解或了解建设工程合同的概念和特征。

知识点

一、建设工程合同的转包与分包

1. 发包人可以与总承包人订立建设工程合同，也可以分别与勘察人、设计人、施工人订立勘察、设计、施工承包合同。发包人不得将应当由一个承包人完成的建设工程支解成若干部分发包给数个承包人。

2. 总承包人或者勘察、设计、施工承包人经发包人同意，可以将自己承包的部分工作交由第三人完成。第三人就其完成的工作成果与总承包人或者勘察、设计、施工承包人向发包人承担连带责任。承包人不得将其承包的全部建设工程转包给第三人或者将其承包的全部建设工程支解以后以分包的名义分别转包给第三人。

3. 禁止承包人将工程分包给不具备相应资质条件的单位。禁止分包单位将其承包的工程再分包。建设工程主体结构的施工必须由承包人自行完成。

二、建设工程合同的效力

1. 建设工程施工合同具有下列情形之一的，应当依据《民法典》第153条第1款的规定，认定**无效**：

（1）承包人未取得建筑业企业资质或者超越资质等级的；

（2）没有资质的实际施工人借用有资质的建筑施工企业名义的；

（3）建设工程必须进行招标而未招标或者中标无效的。

2. 承包人因转包、违法分包建设工程与他人签订的建设工程施工合同，应当依据《民法典》第153条第1款及第791条第2款、第3款的规定，认定无效。

3. 招标人和中标人另行签订的建设工程施工合同约定的工程范围、建设工期、工程质量、工程价款等实质性内容，与中标合同不一致，一方当事人请求按照中标合同确定权利义务的，人民法院应予支持。

4. 招标人和中标人在中标合同之外就明显高于市场价格购买承建房产、无偿建设住房配套设施、让利、向建设单位捐赠财物等另行签订合同，变相降低工程价款，一方当事人以该合同背离中标合同实质性内容为由请求确认无效的，人民法院应予支持。

5. 当事人以发包人未取得建设工程规划许可证等规划审批手续为由，请求确认建设工程施工合同无效的，人民法院应予支持，但发包人在起诉前取得建设工程规划许可证等规划审批手续的除外。

发包人能够办理审批手续而未办理，并以未办理审批手续为由请求确认建设工程施工合同无效的，人民法院不予支持。

6. 承包人超越资质等级许可的业务范围签订建设工程施工合同，在建设工程竣工前取得相应资质等级，当事人请求按照无效合同处理的，人民法院不予支持。

7. 具有劳务作业法定资质的承包人与总承包人、分包人签订的劳务分包合同，当事人请求确认无效的，人民法院依法不予支持。

8. 建设工程施工合同无效，一方当事人请求对方赔偿损失的，应当就对方过错、损失大小、过错与损失之间的因果关系承担举证责任。

三、建设工程合同的效力与工程款

1. 建设工程施工合同无效，但是建设工程**经验收合格的**，可以参照合同关于工程价款的约定折价补偿承包人。

建设工程施工合同无效，且建设工程经验收不合格的，按照以下情形处理：

（1）修复后的建设工程经验收合格的，发包人可以请求承包人承担修复费用；

（2）修复后的建设工程经验收不合格的，承包人无权请求参照合同关于工程价款的约定折价补偿。

发包人对因建设工程不合格造成的损失有过错的，应当承担相应的责任。

2. 当事人就同一建设工程订立的数份建设工程施工合同均无效，但建设工程质量合格，一方当事人请求参照实际履行的合同关于工程价款的约定折价补偿承包人的，人民法院应予支持。

实际履行的合同难以确定，当事人请求参照最后签订的合同关于工程价款的约定折价补偿承包人的，人民法院应予支持。

四、违约责任与过错相抵

1. 因施工人的原因致使建设工程质量不符合约定的，发包人有权请求施工人在合理期限内无偿修理或者返工、改建。经过修理或者返工、改建后，造成逾期交付的，施工人应当承担违约责任。

2. 发包人具有下列情形之一，造成建设工程质量缺陷，应当承担过错责任：

（1）提供的设计有缺陷；

（2）提供或者指定购买的建筑材料、建筑构配件、设备不符合强制性标准；

（3）直接指定分包人分包专业工程。

承包人有过错的，也应当承担相应的过错责任。

五、建设工程合同的解除

1. 承包人将建设工程**转包、违法分包**的，发包人可以解除合同。

2. 发包人提供的主要建筑材料、建筑构配件和设备不符合强制性标准或者不履行协助义务，致使承包人无法施工，**经催告后**在合理期限内仍未履行相应义务的，承包人可以解除合同。

3. 合同解除后，已经完成的建设工程质量合格的，发包人应当按照约定支付相应的工程价款；已经完成的建设工程质量不合格的，参照《民法典》第 793 条的规定处理。

六、建设工程款优先权

1. 发包人未按照约定支付价款的，承包人可以催告发包人在合理期限内支付价款。发包人逾期不支付的，除根据建设工程的性质不宜折价、拍卖外，承包人可以与发包人协议将该工程折价，也可以请求人民法院将该工程依法拍卖。建设工程的价款就该工程折价或者拍卖的价款优先受偿。

2. 与发包人订立建设工程施工合同的承包人，依据《民法典》第 807 条的规定请求其承建工程的价款就工程折价或者拍卖的价款优先受偿的，人民法院应予支持。

3. 承包人根据《民法典》第 807 条规定享有的建设工程价款优先受偿权优于抵押权和其他债权。

4. 装饰装修工程具备折价或者拍卖条件，**装饰装修工程的承包人**请求工程价款就该装饰装修工程折价或者拍卖的价款优先受偿的，人民法院应予支持。

5. 建设工程质量合格，承包人请求其承建工程的价款就工程折价或者拍卖的价款优先受偿的，人民法院应予支持。

6. 未竣工的建设工程**质量合格**，承包人请求其承建工程的价款就其承建工程部分折价或者拍卖的价款**优先受偿**的，人民法院应予支持。

7. 承包人建设工程价款优先受偿的范围依照国务院有关行政主管部门关于建设工程价款范围的规定确定。

承包人就逾期支付建设工程价款的利息、违约金、损害赔偿金等主张优先受偿的，人民法院不予支持。

8. 承包人应当在合理期限内行使建设工程价款优先受偿权，但最长不得超过 18 个月，自发包人应当给付建设工程价款之日起算。

9. 发包人与承包人约定放弃或者限制建设工程价款优先受偿权，损害建筑工人利益，发包人根据该约定主张承包人不享有建设工程价款优先受偿权的，人民法院不予支持。

七、诉讼当事人

1. 因建设工程质量发生争议的，发包人可以以总承包人、分包人和实际施工人为共同被告提起诉讼。

2. 实际施工人以转包人、违法分包人为被告起诉的，人民法院应当依法受理。

实际施工人以发包人为被告主张权利的，人民法院应当追加转包人或者违法分包人为本案第三人，在查明发包人欠付转包人或者违法分包人建设工程价款的数额后，判决发包人在欠付建设工程价款范围内对实际施工人承担责任。

八、垫资

当事人对垫资和垫资利息有约定，承包人请求按照约定返还垫资及其利息的，人民法院应予支持，但是约定的利息计算标准高于垫资时的同类贷款利率或者同期贷款市场报价利率的部分除外。

当事人对垫资没有约定的，按照工程欠款处理。

当事人对垫资利息没有约定，承包人请求支付利息的，人民法院不予支持。

第三分编　准合同

第十七章　无因管理

本章导读

本章需要考生熟练掌握并运用无因管理的成立要件，无因管理之债的内容；理解或了解无因管理的概念。

- 无因管理
  - 构成要件
    - 没有法律义务
    - 客观上管理他人事务
    - 主观上为他人利益
  - 法律后果
    - 管理人义务
    - 被管理人义务

知识点

一、无因管理的构成要件

（一）管理人没有法律上的义务

法律上的义务，既包括法定义务，也包括约定义务。管理人在没有法律上的义务的情况下，对被管理人的事务加以管理，方才构成无因管理。否则，无因管理不能成立。

（1）**法定的义务**：父母对未成年子女的抚养、监护义务；财产代管人对失踪人财产的管理义务；破产管理人对破产财产的管理义务；警察的救助义务；消防员的救火义务。

（2）**约定的义务**如涉他合同不构成无因管理：如甲与乙的合同中规定甲为丙修理房屋，甲为丙修理房屋的行为对丙便不构成无因管理。

（3）涉他合同无效后如何处理？如甲（保证人）受乙（债务人）委托而为保证，对丙（债权人）为清偿，甲清偿后，发现委托合同不成立，甲可以向乙主张不当得利请求权，请求乙返还因甲的清偿行为所受的利益。

结论：第三人代为履行如有有效合同则为履行合同义务，不构成无因管理和不当得利；如该合同无效则可以向债务人主张不当得利；如不存在合同，则属于对债务人的无因管理。

例 甲聘请乙负责照看小孩，丙聘请丁做家务。甲和丙为邻居，乙和丁为好友。一日，甲突生急病昏迷不醒，乙联系不上甲的亲属，急将甲送往医院，并将甲的小孩委托给丁临时照看。丁疏于照看，致甲的小孩在玩耍中受伤。则产生如下法律关系：

(1) 乙将甲送往医院的行为无法定和约定义务，属于无因管理。

(2) 丁受托照看小孩的行为不属于无因管理，承担受托人义务。

(3) 情况紧急下的转委托无须委托人同意，因此甲、乙、丁的转委托有效，丁对甲的小孩的医疗费承担赔偿责任，乙无须承担甲的小孩的医疗费。

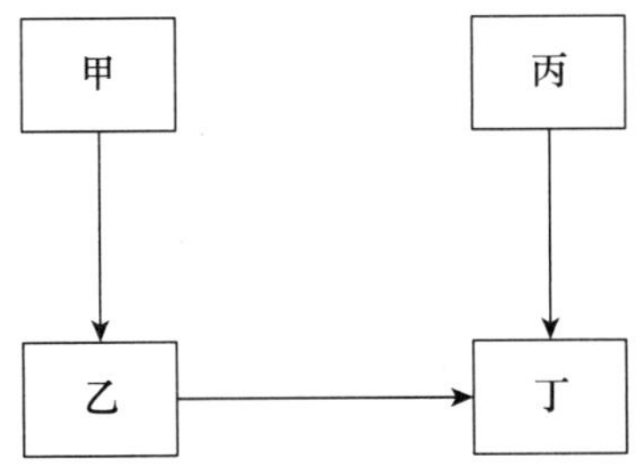

(二) 无因管理的客观要件：管理他人事务

1. 所管理的事务可以为法律行为，亦可为事实行为；可以为经济性事务，亦可为非经济性事务。前者如为他人利益出租其房屋，后者如修缮房屋、照顾孩童、收取果实、救火救灾等。

2. 特别注意：**三不可：违法行为**不可（隐匿赃物），不作为不可，专属行为（结婚、董事会投票）不可。

3. 管理人所为的法律行为既可以以自己的名义为之，也可以以本人的名义为之。在以本人名义为之时，涉及无权代理问题，如甲有一房屋，有意出租，后因病入院无法处理，乙为甲的利益，以甲的名义出租于第三人，在这里乙的出租房屋的行为构成无权代理，但不妨碍甲与乙之间成立无因管理关系。管理的行为也不限于单纯的管理，保存行为、改良行为、利用行为及处分行为也包括在内。

(三) 无因管理的主观要件：为他人利益的意思

为他人利益的意思，又称管理意思，是指管理人知道他所管理的是他人的事务，并欲使管理事务所生利益归于本人，即通过自己的管理行为增加本人利益或避免本人发生损失的主观意思。无因管理的阻却违法性的效力就源于管理人的管理意思符合社会的善良道德。

另有两种特殊情况：

第一，为本人履行法定或者公益债务之行为，**即使违反本人意思**，也构成无因管理（如缴纳税款、赡养老人等）。

第二，本人意思如**违反善良风俗**，则即使违反本人意思，也构成无因管理（如救助自杀者）。

例 1 甲见邻居房屋失火，前往救助，后查明该房屋系乙所有，出租于丙，抵押于丁，投保于戊，并已经出卖于庚（未过户）——对乙、丙可以构成无因管理。

例2 甲见友人乙驾车撞伤路人丙，遂送丙就医——对乙、丙可以构成无因管理。

应试点睛1

管理意思须符合他人明示或者可推知的意思，否则须承担相应责任。

例1 把他人院中的名贵花草当作杂草拔掉不构成无因管理，须承担赔偿责任。

例2 替他人偿还已过诉讼时效的债务不构成无因管理，不得向债务人追偿。

应试点睛2

特别注意：以下特例——主观为他人，客观为他人。

（1）**主观为自己，客观为别人**——误信他人事务为自己事务（误信管理）——不构成无因管理——成立不当得利。

如甲误把乙的牛当作自己的牛予以饲养——乙须向甲返还不当得利。

如甲误把乙的孩子当作自己的孩子予以抚养——乙须向甲返还不当得利。

（2）**主观为他人，客观为自己**——误把自己事务当作他人事务（假想管理）——不构成无因管理，不产生法律关系。

如甲误把自己的牛当作他人的牛予以饲养。

（3）**主观为张三，客观为李四**——构成无因管理。

如甲误把李四的牛当作张三的牛予以饲养——甲和李四成立无因管理。

（4）**主观为大家，客观为大家**（不特定多数人）——不构成无因管理，不产生法律关系。

【例题】（2013－3－21）下列哪一情形会引起无因管理之债？

A. 甲向乙借款，丙在明知诉讼时效已过后擅自代甲向乙还本付息

B. 甲在自家门口扫雪，顺便将邻居乙的小轿车上的积雪清扫干净

C. 甲与乙结婚后，乙生育一子丙，甲抚养丙5年后才得知丙是乙和丁所生

D. 甲拾得乙遗失的牛，寻找失主未果后牵回暂养。因地震致屋塌牛死，甲出卖牛皮、牛肉获价款若干

【答案】D

二、无因管理的法律效果

（一）管理人的义务

1. 适当管理义务。管理人自管理承担时起，就应依本人明示或可推知的意思，以利于本人的方法为管理。管理人是否尽到善良管理人应尽的注意义务，应结合管理人的管理能力或水平、管理事务性质、社会通常管理常识综合判断，如果管理人因未尽善良管理人的注意义务而违反了适当管理义务，造成了本人的损害，管理人应承担债务不履行的损害赔偿责任。但是如果管理人所管理事务处于紧迫状态，不迅速处理就会使本人遭受损失时，管理人除有恶意或重大过失外，对不适当管理，不应承担责任，

如救助遭遇车祸的人，非因恶意或重大过失致其随身物品遗失，对此管理人不负赔偿责任。

2. 继续管理的义务。

3. 报告、计算及移交管理成果的义务。

（二）管理人的权利

1. 请求偿还**必要费用**。管理人为管理本人事务而支出的必要费用，本人应当予以偿还，并应同时偿还自支出时起的利息。

2. 请求清偿**必要债务**。管理人为管理事务，而以自己名义向第三人负担的必要债务，管理人有权请求本人清偿。在此种场合，本人并不直接向第三人负担债务，第三人的债务人仍是管理人，此即债的相对性，管理人先向债权人清偿，然后再向本人追偿。

3. **损害赔偿请求权**。管理人因管理事务受有损害的，得向本人请求损害赔偿。

应试点睛

无因管理的三个需要注意的考点：

▲注意1：不要求有实际受益的后果（如救火未救灭，修房子没修好）。

▲注意2：既为他人利益，又为自己利益——构成无因管理（城门失火，殃及池鱼）。

▲注意3：无因管理之债的管理人无报酬请求权。

【例题】（2014-3-20）甲的房屋与乙的房屋相邻。乙把房屋出租给丙居住，并为该房屋在A公司买了火灾保险。某日甲见乙的房屋起火，唯恐大火蔓延自家受损，遂率家人救火，火势得到及时控制，但甲被烧伤住院治疗。下列哪一表述是正确的？

A. 甲主观上为避免自家房屋受损，不构成无因管理，应自行承担医疗费用

B. 甲依据无因管理只能向乙主张医疗费赔偿，因乙是房屋所有人

C. 甲依据无因管理只能向丙主张医疗费赔偿，因丙是房屋实际使用人

D. 甲依据无因管理不能向A公司主张医疗费赔偿，因甲欠缺为A公司的利益实施管理的主观意思

【答案】D

第十八章　不当得利

本章导读

本章需要考生熟练掌握不当得利的成立要件，不当得利的基本类型，不当得利之债的内容；理解或了解不当得利的概念以及相关法律规定。

知识点

一、不当得利的概念

不当得利是指无法律上的原因而受利益，致使他人受损失的事实。不当得利既可以基于一方当事人的法律行为而发生，如基于合同而占有另一方当事人的财产，合同被宣告无效或撤销后，依据合同而取得的财产权便成为不当得利；也可以基于自然事实而发生，如邻家池塘的鱼跳入己家池塘，这也构成不当得利。因此，不当得利本质上是一种事件，不以得利人有行为能力或识别能力为前提。

二、不当得利的构成要件

（一）不当得利的构成要件概述

1. 得利人获得利益。

（1）财产或利益的积极增加。①取得财产权或其他财产利益，包括所有权、用益物权、债权、担保物权、知识产权以及占有。②财产权的扩张或效力的加强，受益人在原有权利的基础上扩张了行使权利标的范围或效力范围，也属受有利益。如因第一次序抵押权消失而使后次序抵押权依次上升。③权利或利益上的限制或负担消灭，如存在于所有物上的抵押权消灭，对所有人也属一种得利。

（2）财产或利益的消极增加。①债务的减少或消灭。②本应设定的权利负担未设定。③劳务或物的使用（节约了不该节约的钱）。如甲雇人耕田，雇工误耕了乙的数亩待耕之田；再如甲在饭店吃饭，服务员误把乙点的菜送到了甲的餐桌并被甲吃掉。

特别注意：占有虽非一种权利，但通说认为占有是一种具有财产利益性质的法律上的地位，通过占有亦可获得财产上的利益，故可因占有而成立不当得利。

2. 受损人遭受损失。

仅仅有一方受有财产上的利益，而未给他人带来任何损失，不成立不当得利。如甲投资兴建广场，邻近的乙的房屋价值剧增，乙获有利益但未给甲带来损失，乙对甲而言不成立不当得利。

3. 得利与受损之间，有因果关系。

4. 得利与受损，均没有法律依据。

各种不同类型的不当得利有其存在的不同基础，大体可以分为给付型不当得利和非给付型不当得利两类。对于给付型不当得利，无法律上的原因是指欠缺给付目的（原因）；而非给付型不当得利，无法律上的原因，是指无法律上的权利。

（二）不当得利的分类

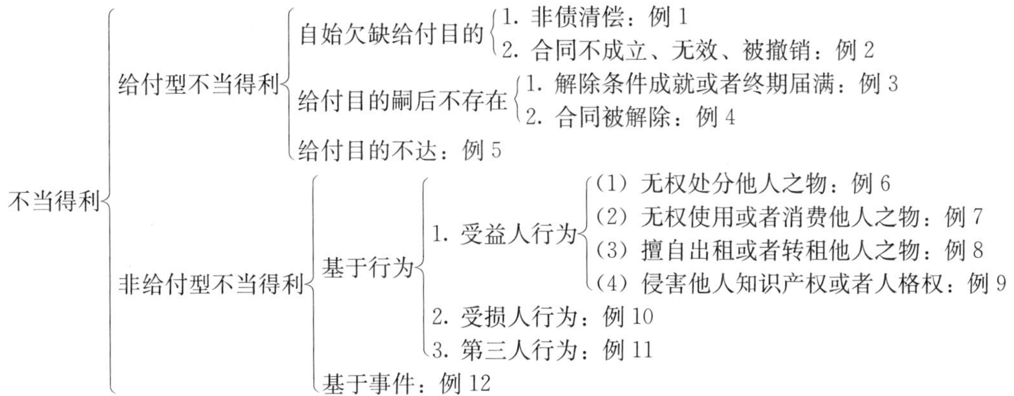

1. 给付型不当得利

给付型不当得利，指受益人受领他人基于给付行为而移转的财产或利益，因欠缺给付目的而发生的不当得利。这种欠缺给付目的既可以是自始欠缺给付目的，也可以是给付目的嗣后不存在，或者是给付目的不达。这里的给付目的，即给付的原因。给付者给与财产总有一定目的或原因，或为债务的消灭，或为债权的发生，或为赠与，这里的目的或原因就成了受领给付者受取利益的法律上的根据。如果由于某种原因，给付目的（原因）不存在或不能达到，那么受领给付者的受有利益便会因为无法律上的根据而成为不当得利。

（1）自始欠缺给付目的。这是指给付之时即不具有给付的原因，其典型为非债清偿及作为给付的原因（合同关系）不成立、无效或被撤销。非债清偿是指没有任何法律上的债务而以清偿目的为一定给付的行为。如甲对于其已清偿的欠乙的债务疏于注意又进行清偿，乙所受的第二次清偿，便构成非债清偿的不当得利。

例 1　甲雇人耕田，雇工误耕了乙的数亩待耕之田。

例 2　某公司向某甲出售了月球上的一块土地，售价 300 万元。

（2）给付目的嗣后不存在。这是指给付时虽有法律上的原因，但其后该原因不存在，因一方的给付而发生不当得利。属于这种不当得利的主要有：附解除条件或终期的法律行为，条件成就或期限届满，当事人一方因该民事法律行为受有另一方的给付；依双务合同交付财产后，因不可归责于双方当事人的事由致一方不能为对待给付，该方所受的给付；合同解除后因先前生效合同而受领的给付。

例 3　甲赠与乙汽车一辆，约定以乙出国为该赠与合同之解除条件，后乙出国。

例 4　甲、乙达成买卖小鸡的合同，甲先付款，约定次日交货，当晚大火烧死小鸡。

（3）给付目的不达。为实现将来某种目的而为给付，但因种种障碍，给付目的不能按照给付意图实现的，受领给付欠缺保有给付利益的正当性，因而构成不当得利。

如预期条件的成就而为附条件债务的履行，结果条件不成就，因而不达给付的目的。

例 5-1 甲、乙约定，如乙通过司法考试，将赠送乙图书一本，即时交付，但乙未考过。

例 5-2 当事人请求返还按照习俗给付的彩礼的，如果查明属于以下情形，人民法院应当予以支持：(1) 双方未办理结婚登记手续的；(2) 双方办理结婚登记手续但确未共同生活的；(3) 婚前给付并导致给付人生活困难的。

2. 非给付型不当得利

非给付型不当得利，是指基于给付以外的事由而发生的不当得利，包括人的行为、自然事件以及法律规定。人的行为，又可分为受益人的行为、受损人的行为和第三人的行为。基于这些事由构成不当得利的原因，是受益者无受其利益的权利，所以，非给付型不当得利的“无法律上的原因”即为受益者无权利而受有利益。

(1) 基于受益人的行为。基于受益人的行为而发生的不当得利，主要指侵害他人权益而发生的不当得利，在司法实践中，基于受益人的行为而发生的不当得利主要有：

①无权处分他人之物。

例 6-1 张三将一幅画交给李四保管，李四将其出售给了不知情的王五，完成了交付——此时王五善意取得，张三向李四主张不当得利。

例 6-2 张三将一幅画交给李四保管，李四将其出售给了知情的王五，完成了交付——此时王五不能善意取得，张三可以向王五请求返还原物，或者请求李四返还不当得利。

②无权使用或者消费他人之物。如擅自在他人墙壁上张贴广告牌，未经他人同意使用他人的度假屋等。

例 7 甲久别归家，误把乙的鸡当成自家的鸡吃掉/某广告公司未经同意在金某的院墙上刷写了一条广告。

③擅自出租或者转租他人之物。如甲与乙签订的房屋租赁合同到期后，承租人甲未返还房屋给出租人乙，而是将其转租给丙，由此获得的租金构成不当得利，乙可以向其主张不当得利的返还。

例 8 甲的房屋委托乙照看并叮嘱不要出租，乙擅自转租于丙，获利 3 000 元。

④侵害他人知识产权或者人格权。如无权使用他人知识产权因使用而获得利益的，可以构成不当得利，权利人可以请求返还；再如未经他人同意擅自使用他人的姓名或名称而获得利益的，对权利人也构成不当得利。

受益者的上述行为在有故意或过失时通常也构成侵权行为，如未经他人同意使用他人的名称构成了对权利人人格权的侵犯，受损人也由此享有对受益人的侵权损害赔偿请求权，产生了不当得利请求权与侵权损害赔偿请求权的竞合，受损人可择一行使。

例 9 甲未经同意在商品包装上印刷了乙的头像以促进销售，销量大增。

(2) 基于受损人的行为。这种不当得利以误信管理最为典型，如误将他人的家畜当作自己的家畜饲养，误以他人事务为自己的事务而管理。

例 10 甲误将乙家的牛当作自家的牛喂养了 1 个月。

(3) 基于第三人的行为。基于第三人的行为的不当得利主要有：债权的让与人在让与通知前，债务人对让与人清偿，致债权的受让人有损害；第三人将甲的肥料施于乙的田地中。

例 11　甲家施工，雇工乙误把丙的水泥当作甲家的水泥使用在了甲的房子上。

（4）基于事件。因附合、混合而获取被添附物所有权时，允许被添附物原所有人向受益人依据不当得利请求权主张以被添附物价值相当的利益返还。

例 12　因天降暴雨，甲家的鱼跳入了乙家的鱼塘；甲饲养的家禽吃掉乙的饲料。

三、不当得利的排除

在以下情形中，虽没有给付原因，但排除不当得利的成立：

1. **履行道德义务而为**给付。基于道德上的义务为给付行为符合社会道德观念，一旦给付，即不得依不当得利请求返还。如对无抚养义务的亲属误以为有抚养义务而予以抚养，对被抚养的亲属不得依据不当得利要求返还支出的抚养费。是否为道德义务，应依一般社会观念及当事人之间的关系、给付标的物的价值等情况认定。

2. **为履行未到期债务**而清偿。债务人放弃期限利益提前清偿的，债权人有权受领，不构成不当得利。

3. **明知无债务**而为清偿。给付人明知无给付义务而任意为给付，不发生不当得利。

4. **因不法原因**而为给付。不法原因是指给付原因违反国家的强行法规范以及违反社会公共利益，如为清偿赌债、行贿受贿而为的给付。但不法原因仅存在于受领人一方时，不阻却不当得利的发生，如给绑匪的赎金。

5. **强迫得利**不产生不当得利。

强迫得利指受损人违反受益人的意思而使受益人受有利益。对于强迫得利可以从两个角度分析：

（1）从无因管理的角度：不符合本人明示或者可推知的意思，不能成立无因管理。

（2）从不当得利的角度：以主观化的标准，得利人没有受益，不能产生不当得利。

例 1　王先生驾车前往某酒店就餐，将轿车停在酒店停车场内。饭后驾车离去时，停车场工作人员称："已经给你洗了车，请付洗车费 5 元。"王先生表示"我并未让你们帮我洗车"，双方发生争执。

例 2　甲请装修队装修新房，结果却误装了甲的邻居乙的新房。

6. 反射利益不构成不当得利。

反射利益指仅仅有一方受有财产上的利益，而未给他人带来任何损失，不成立不当得利。如甲投资兴建广场，邻近的乙的房屋价值剧增，乙获有利益但未给甲带来损失，乙对甲而言不成立不当得利。

应试点睛

非债清偿相关问题总结：

（1）不知无债务而误以为是自己债务去偿还者，为非债清偿，构成不当得利。

（2）明知无债务，仍然作为自己的债务去偿还者，视为赠与，不构成不当得利。

（3）明知为他人债务，且该债务无抗辩权，为债务人利益而代为清偿者，构成无因管理。

（4）明知为他人债务，且该债务有抗辩权，依然代为清偿者，不得向债务人追偿。

【例题】(2013－3－20) 下列哪一情形产生了不当得利之债?

A. 甲欠乙款超过诉讼时效后，甲向乙还款

B. 甲欠乙款，提前支付全部利息后又在借期届满前提前还款

C. 甲向乙支付因前晚打麻将输掉的2 000元现金

D. 甲在乙银行的存款账户因银行电脑故障多出1万元

【答案】D

四、不当得利的法律后果

第一种情况：不当得利没有灭失——无论受益人是否恶意，都需要返还所受利益。

第二种情况：不当得利部分或者全部灭失——如果受益人善意，返还现存利益。

第三种情况：不当得利部分或者全部灭失——如果受益人恶意，返还所受利益。

第四编　人格权

本编导读

本编要求考生熟练掌握人格要素的适用（许可适用、合理使用），人格权延伸保护，各个具体人格权的保护，新增的个人信息权与隐私权的区分，人格权请求权与诉讼时效，违约责任与人格权保护，人格权侵权责任的认定；理解或了解人格权的概念与特征，人格权与身份权的区分，人格权的分类，各个具体人格权的概念。

知识点

一、民事权利的分类

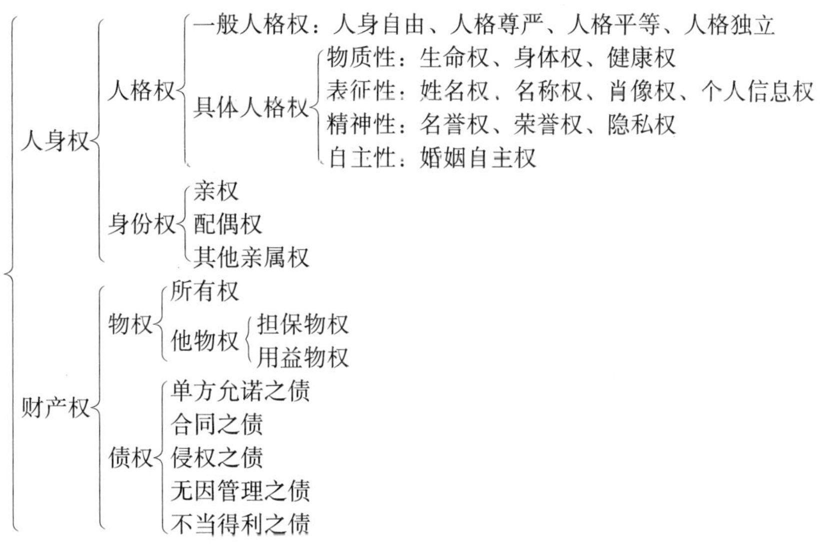

二、人格权概述

1. 概念。

人格权是民事主体享有的生命权、身体权、健康权、姓名权、名称权、肖像权、名誉权、荣誉权、隐私权等权利。

此外，自然人享有基于人身自由、人格尊严产生的其他人格权益。

2. 特点：人格权具有**专属性**，不得放弃、转让或者继承。

3. 人格权的商品化。

民事主体可以将自己的姓名、名称、肖像等许可他人使用，但是依照法律规定或者根据其性质不得许可的除外。

4. 死者人格利益保护。

死者的姓名、肖像、名誉、荣誉、隐私、遗体等受到侵害的，其配偶、子女、父母有权依法请求行为人承担民事责任；死者没有配偶、子女且父母已经死亡的，其他近亲属有权依法请求行为人承担民事责任。

5. 人格侵权。

(1) 因当事人一方的违约行为，损害对方人格权并造成严重精神损害，受损害方选择请求其承担违约责任的，不影响受损害方**请求精神损害赔偿**。(例如，美容合同、医疗合同、摄影服务合同等)

(2) 民事主体有证据证明行为人正在实施或者即将实施侵害其人格权的违法行为，不及时制止将使其合法权益受到难以弥补的损害的，有权依法向人民法院申请采取责令行为人停止有关行为的措施。

(3) 认定行为人承担侵害除生命权、身体权和健康权外的人格权的民事责任，应当考虑行为人和受害人的职业、影响范围、过错程度，以及行为的目的、方式、后果等因素。

(4) 为公共利益实施新闻报道、舆论监督等行为的，可以合理使用民事主体的姓名、名称、肖像、个人信息等；使用不合理侵害民事主体人格权的，应当依法承担民事责任。

(5) 行为人因侵害人格权承担消除影响、恢复名誉、赔礼道歉等民事责任的，应当与行为的具体方式和造成的影响范围相当。

行为人拒不承担上述民事责任的，人民法院可以采取在报刊、网络等媒体上发布公告或者公布生效裁判文书等方式执行，产生的费用由行为人负担。

《民法典》第995条　人格权受到侵害的，受害人有权依照本法和其他法律的规定请求行为人承担民事责任。受害人的停止侵害、排除妨碍、消除危险、消除影响、恢复名誉、赔礼道歉请求权，不适用诉讼时效的规定。

三、人格权分述

(一) 生命权

生命权是法律赋予自然人的以生命维持和生命安全为内容的权利。《民法典》第1002条规定：自然人享有生命权。自然人的生命安全和生命尊严受法律保护。任何组织或者个人不得侵害他人的生命权。

(1) 活的权利，但不包括**死的权利**(阻止他人自杀不侵犯生命权)。

(2) 生命权与人身权优先于财产权。

【例题】（2016－3－22）下列哪一情形构成对生命权的侵犯？

A. 甲女视其长发如生命，被情敌乙尽数剪去

B. 丙应丁要求，协助丁完成自杀行为

C. 戊为报复欲置己于死地，结果将己打成重伤

D. 庚医师因误诊致辛出生即残疾，辛认为庚应对自己的错误出生负责

【答案】B

（二）健康权、身体权

1. 身体权是指自然人对其肢体、器官和其他组织的完整依法享有的权利。

《民法典》第1003条　自然人享有身体权。自然人的身体完整和行动自由受法律保护。任何组织或者个人不得侵害他人的身体权。

2. 健康权是自然人依法享有的以保持其自身及其器官以至身体整体的功能安全为内容的人格权。

《民法典》第1004条　自然人享有健康权。自然人的身心健康受法律保护。任何组织或者个人不得侵害他人的健康权。

3. 注意三种特殊情况：

（1）侵犯身体权同时侵犯健康权：如手术误摘他人肾脏。

（2）侵犯身体权但不侵犯健康权：如强行剪去他人长发，殴打他人且未影响生理机能。

（3）侵犯健康权但不侵犯身体权：如注射艾滋病毒。

4. 身体权涉及对人体组成部分的处分，需注意以下几点：

（1）完全民事行为能力人有权依法自主决定无偿捐献其人体细胞、人体组织、人体器官、遗体。任何组织或者个人不得强迫、欺骗、利诱其捐献。

完全民事行为能力人依据上述规定同意捐献的，应当采用书面形式，也可以订立遗嘱。

自然人生前未表示不同意捐献的，该自然人死亡后，其配偶、成年子女、父母可以共同决定捐献，决定捐献应当采用书面形式。

（2）禁止以任何形式买卖人体细胞、人体组织、人体器官、遗体。

违反上述规定的买卖行为无效。

（3）为研制新药、医疗器械或者发展新的预防和治疗方法，需要进行临床试验的，应当依法经相关主管部门批准并经伦理委员会审查同意，向受试者或者受试者的监护人告知试验目的、用途和可能产生的风险等详细情况，并经其书面同意。

进行临床试验的，不得向受试者收取试验费用。

（4）从事与人体基因、人体胚胎等有关的医学和科研活动，应当遵守法律、行政法规和国家有关规定，不得危害人体健康，不得违背伦理道德，不得损害公共利益。

（三）肖像权

1. 肖像权的概念。

（1）肖像权是指公民通过各种形式在客观上再现自己形象而享有的专有权。

《民法典》第1018条　自然人享有肖像权，有权依法制作、使用、公开或者许可他人使用自己的肖像。

肖像是通过影像、雕塑、绘画等方式在一定载体上所反映的特定自然人可以被识别的外部形象。

（2）作为肖像权客体的肖像一定要具有可识别性，即能够与权利主体建立连接，故：①仅仅使用部分面部特征（如鼻子、嘴巴），不具有可识别性的，不属于肖像侵权；②演员剧照（表演形象）如果与演员本人肖像相差较大，不受肖像权的保护。

2. 肖像侵权的方式（《民法典》第1019条）。

（1）以**丑化、污损**，或者利用信息技术手段**伪造**等方式侵害他人的肖像权。

（2）未经肖像权人同意，**制作、使用、公开肖像权人**的肖像，但是法律另有规定的除外。

（3）未经肖像权人同意，肖像作品权利人**以发表、复制、发行、出租、展览等方式使用或者公开肖像权人的肖像**。

▲规则：拍摄谁，谁肖像；谁创作，谁版权；无许可，则侵权；交付谁，谁物权。

3. 肖像权的合理使用（《民法典》第1020条）。

合理实施下列行为的，可以不经肖像权人同意：

（1）为个人学习、艺术欣赏、课堂教学或者科学研究，在必要范围内使用肖像权人已经公开的肖像；

（2）为实施新闻报道，不可避免地制作、使用、公开肖像权人的肖像；

（3）为依法履行职责，国家机关在必要范围内制作、使用、公开肖像权人的肖像；

（4）为展示特定公共环境，不可避免地制作、使用、公开肖像权人的肖像；

（5）为维护公共利益或者肖像权人合法权益，制作、使用、公开肖像权人的肖像的其他行为。

小结：肖像权的合理使用（无须许可＋无须付费）包括：教学科研、新闻报道、履行职责、公共环境、正当利益。

4. 肖像使用许可合同（《民法典》第1021、1022条）。

（1）当事人对肖像许可使用合同中关于肖像使用条款的理解有争议的，应当作出有利于肖像权人的解释。

（2）肖像使用许可合同的解除：

不定期的使用许可合同，肖像权人**直接解除**，无须理由，没有赔偿责任。

定期的使用许可合同，**肖像权人依然有解除权**，但是须合理理由且有赔偿责任，但不可归责于肖像权人的事由无须赔偿。

例　下列情况构成肖像侵权的有：

A. 照相馆遗失甲的结婚照及底片，甲主张肖像侵权并请求精神损害赔偿

B. 乙根据《阿Q正传》绘制阿Q形象用于其产品的外包装，鲁迅先生的儿子起诉主张死者肖像利益被侵害

C. 丙以硫酸报复情敌致其毁容

D. 丁整容为琛琛老师的形象为法考机构做宣传

E. 画家戊应邀为模特拍摄裸照，然后根据照片创作油画并拍卖

【答案】E

解析：A项中，照相馆遗失甲的结婚照及底片，仅仅侵犯财产权，不侵犯当事人的肖像权。

B项中，阿Q是虚构的小说人物，无法与现实生活中的人物构成本质上的联系，不存在侵权问题。

C项中，丙以硫酸报复情敌的行为是对其健康权的侵害，虽致其毁容，但不符合肖像侵权的构成要件。

D项中，肖像不具有专属性和排他性，丁虽整容成琛琛老师的形象，但他并不是以琛琛老师为载体，而是以他自己为载体为法考机构做宣传，故丁未构成肖像侵权。

E项中，画家戊未经模特同意擅自公开其裸体画像，已侵犯该模特的肖像权及隐私权。

【例题】（2020真题回忆版）张某为唐山大地震孤儿，仅有一张与父母的合影。张某为留作纪念，将照片交给某照相馆修复，不料照相馆晚上意外发生火灾，遭受重大财产损失，张某的照片也被损毁。据此，下列选项说法正确的是：

A. 照相馆侵犯了张某的肖像权

B. 张某可请求精神损害赔偿

C. 照相馆侵犯了张某的隐私权

D. 照相馆不承担侵权责任

【答案】B

（四）姓名权与名称权

1. 概述。

《民法典》第1012条　自然人享有姓名权，有权依法决定、使用、变更或者许可他人使用自己的姓名，但是不得违背公序良俗。

《民法典》第1013条　法人、非法人组织享有名称权，有权依法决定、使用、变更、转让或者许可他人使用自己的名称。

《民法典》第1016条　自然人决定、变更姓名，或者法人、非法人组织决定、变更、转让名称的，应当依法向有关机关办理登记手续，但是法律另有规定的除外。

民事主体变更姓名、名称的，变更前实施的民事法律行为对其具有法律约束力。

《民法典》第1017条　具有一定社会知名度，被他人使用足以造成公众混淆的笔名、艺名、网名、译名、字号、姓名和名称的简称等，参照适用姓名权和名称权保护的有关规定。

2. 根据《民法典》第1015条的规定，公民可以选择的姓氏包括：（1）父姓；（2）母姓；（3）其他直系长辈血亲的姓氏；（4）扶养人姓氏；（5）不违背公序良俗的其他正当理由的姓氏。

3. 侵犯姓名权有三种方式：冒用、盗用、干涉他人使用。例如：医院网站未经他人许可使用他人姓名。任何组织或者个人不得以干涉、盗用、假冒等方式侵害他人的姓名权或者名称权。

4. 概念对比。

（1）冒用他人姓名和无权代理的区别：

①A 对 B 说，我是 C——此为冒名顶替；

②A 对 B 说，我是 C 的代理人——此为无权代理。

（2）姓名权与署名权。

署名权：是否署名，署谁名字，署名顺序，排除他人。

例：A 的作品：

①A 署了 A 的名字——不侵权。

②A 署了 B 的名字——行使 A 的署名权，侵犯 B 的姓名权。

③B 署了 A 的名字——侵犯 A 的署名权和姓名权。

④B 署了 B 的名字——行使 B 的姓名权，侵犯 A 的署名权。

（五）名誉权、荣誉权和隐私权

<table>
<tr><th></th><th>名誉权</th><th>荣誉权</th><th>隐私权</th></tr>
<tr><td rowspan="2">概念</td><td>名誉权是自然人或法人对自己在社会生活中获得的社会评价、人格尊严享有的不可侵犯的权利。</td><td>荣誉权，是指自然人、法人或非法人组织所享有的，因自己的突出贡献或特殊劳动成果而获得光荣称号或其他荣誉的权利。</td><td rowspan="2">隐私权又称个人生活秘密权，是指自然人不愿公开或让他人知悉个人秘密信息的权利。
①保护之范围：隐私是自然人的私人生活安宁和不愿为他人知晓的私密空间、私密活动、私密信息。
②限制之界限：公共利益与公众兴趣（行业相关）。</td></tr>
<tr><td colspan="2">名誉权：社会评价，可好可坏，人兼有之。
荣誉权：组织评价，一定正面，人或有之。</td></tr>
<tr><td>侵权认定</td><td>侮辱：贬损他人人格。
诽谤：捏造虚假事实。</td><td>非法侵占、剥夺、贬损他人荣誉。</td><td>非法获取和披露他人隐私。</td></tr>
<tr><td>权利限制</td><td colspan="3">公众人物的人格利益在法律保护上应当适当克减。公众人物对他人的批评和指责应有一定的宽容度量，以保证公民在涉及公共事务的辩论中享有充分的言论自由。作为公众人物，享受了较多的公众关注及相关便利，对来自他人的负面评价也应负有一定的容忍义务。</td></tr>
</table>

1. 关于名誉侵权，注意以下数点（《民法典》第 1025—1029 条）：

（1）行为人为公共利益实施新闻报道、舆论监督等行为，影响他人名誉的，不承担民事责任，但是有下列情形之一的除外：

①捏造、歪曲事实；

②对他人提供的严重失实内容未尽到合理核实义务；

③使用侮辱性言辞等贬损他人名誉。

（2）认定行为人是否尽到上述第 2 项规定的合理核实义务，应当考虑下列因素：

①内容来源的可信度；

②对明显可能引发争议的内容是否进行了必要的调查；

③内容的时限性；

④内容与公序良俗的关联性；

⑤受害人名誉受贬损的可能性；

⑥核实能力和核实成本。

例 余某某状告某杂志社编辑肖某某侵害其名誉权一案一审词节选：

法院认为，被告肖某某所写文中所涉“深圳送别墅”内容，是其未经核实即采用的传言；肖某某受评论性文章的时限性、评论文章作者调查的非强制性等诸多种因素限制，加上余某某对深圳文化的褒扬，使得被告肖某某对这一信息的真实性未产生怀疑而予以使用的说法合乎事理，因此，不能认定这是被告故意凭空捏造的。

在原告并不否认该文主旨是进行文化批评的前提下，通观文章全篇，被告使用这一信息，只是加强其某一论点的说服力。尽管被告文章中“深圳送别墅”的言辞令原告产生不快，但在社会变革、价值取向多元化的今天，在利益行为与法不悖的情况下，并未超越时代的主流观念，不会使余某某应有的社会评价降低，不能认定其具有贬低、损害原告名誉的性质。

（3）行为人发表的文学、艺术作品**以真人真事或者特定人为描述对象**，含有侮辱、诽谤内容，侵害他人名誉权的，受害人有权依法请求该行为人承担民事责任。行为人发表的文学、艺术作品**不以特定人为描述对象**，仅其中的情节与该特定人的情况相似的，不承担民事责任。

（4）民事主体有证据证明报刊、网络等媒体报道的内容失实，侵害其名誉权的，有权请求该媒体及时采取更正或者删除等必要措施。

（5）民事主体可以依法查询自己的信用评价；发现信用评价不当的，有权提出异议并请求采取更正、删除等必要措施。信用评价人应当及时核查，经核查属实的，应当及时采取必要措施。

2. 以下行为均认定为隐私侵权（《民法典》第 1033 条）：

（1）以电话、短信、即时通讯工具、电子邮件、传单等方式侵扰他人的私人生活安宁；

（2）进入、拍摄、窥视他人的住宅、宾馆房间等私密空间；

（3）拍摄、窥视、窃听、公开他人的私密活动；

（4）拍摄、窥视他人身体的私密部位；

（5）处理他人的私密信息；

（6）以其他方式侵害他人的隐私权。

3. 国家机关、承担行政职能的法定机构及其工作人员对于履行职责过程中知悉的自然人的隐私和个人信息，应当予以保密，不得泄露或者向他人非法提供。

4. 关于隐私侵权，注意以下几点（《民法典》第 1010、1011 条）：

（1）违背他人意愿，以言语、文字、图像、肢体行为等方式对他人实施性骚扰的，受害人有权依法请求行为人承担民事责任。机关、企业、学校等单位应当采取合理的预防、受理投诉、调查处置等措施，防止和制止利用职权、从属关系等实施性骚扰。

（2）以非法拘禁等方式剥夺、限制他人的行动自由，或者非法搜查他人身体的，受害人有权依法请求行为人承担民事责任。

（六）个人信息权

1. 概述。

自然人的个人信息受法律保护。个人信息是以电子或者其他方式记录的能够单独或者与其他信息结合识别特定自然人的各种信息，包括自然人的姓名、出生日期、身份证件号码、生物识别信息、住址、电话号码、电子邮箱、健康信息、行踪信息等。

个人信息中的私密信息，适用有关隐私权的规定；没有规定的，适用有关个人信息保护的规定。

2. 个人信息权和隐私权的区别在于：

第一，隐私主要体现的是人格利益，侵害隐私权也主要导致的是精神损害。而个人信息权既包括了精神价值，也包括了财产价值。

第二，隐私权强调私密性，而个人信息权强调身份识别性以及对个人信息的支配和自主决定。对个人信息权的侵害主要体现为未经许可而收集和利用个人信息，比如非法搜集、非法利用、非法存储、非法加工或非法倒卖个人信息等行为形态。

第三，隐私权是一种消极的、防御性的权利，在该权利遭受侵害之前，个人无法积极主动地行使权利，而只能在遭受侵害的情况下请求他人排除妨碍、赔偿损失等。个人信息权并不完全是一种消极地排除他人使用的权利。权利人除了被动防御第三人的侵害之外，还可以对其进行积极利用。个人信息权作为一种积极的权利，在他人未经许可收集、利用其个人信息时，权利人有权请求行为人更改或者删除其个人信息，以排除他人的非法利用行为或者使个人信息恢复到正确的状态。

例 某公司为了获得消费者信息，宣布其网站商品半价出售，并在买卖合同上写明卖家发货合同成立，大量顾客购买后被退单，之后甲公司利用其获得的信息，向消费者发送其他广告。本案中，某公司搜集他人信息群发广告的行为，侵犯了公民的个人信息权，须承担侵权责任。

3. 个人信息的收集与处理。

(1) 处理个人信息的，应当遵循**合法、正当、必要**原则，不得过度处理，并符合下列条件：

①征得该自然人或者其监护人同意，但是法律、行政法规另有规定的除外；

②公开处理信息的规则；

③明示处理信息的目的、方式和范围；

④不违反法律、行政法规的规定和双方的约定。

个人信息的处理包括个人信息的收集、存储、使用、加工、传输、提供、公开等。

(2) 自然人可以依法向信息处理者查阅或者复制其个人信息；发现信息有错误的，有权提出异议并请求及时采取更正等必要措施。自然人发现信息处理者违反法律、行政法规的规定或者双方的约定处理其个人信息的，有权请求信息处理者及时删除。

(3) 处理个人信息，有下列情形之一的，行为人不承担民事责任：

①在该自然人或者其监护人同意的范围内合理实施的行为；

②合理处理该自然人自行公开的或者其他已经合法公开的信息，但是该自然人明确拒绝或者处理该信息侵害其重大利益的除外；

③为维护公共利益或者该自然人合法权益，合理实施的其他行为。

（4）信息处理者不得泄露或者篡改其收集、存储的个人信息；未经自然人同意，不得向他人非法提供其个人信息，但是经过加工无法识别特定个人且不能复原的除外。信息处理者应当采取技术措施和其他必要措施，确保其收集、存储的个人信息安全，防止信息泄露、篡改、丢失；发生或者可能发生个人信息泄露、篡改、丢失的，应当及时采取补救措施，按照规定告知自然人并向有关主管部门报告。

4. 个人信息的侵权责任。

《个人信息保护法》第69条 处理个人信息侵害个人信息权益造成损害，个人信息处理者不能证明自己没有过错的，应当承担损害赔偿等侵权责任。

前款规定的损害赔偿责任按照个人因此受到的损失或者个人信息处理者因此获得的利益确定；个人因此受到的损失和个人信息处理者因此获得的利益难以确定的，根据实际情况确定赔偿数额。

5. 关于人脸识别的特别规定：

（1）信息处理者处理人脸信息有下列情形之一的，人民法院应当认定属于侵害自然人人格权益的行为：

①在宾馆、商场、银行、车站、机场、体育场馆、娱乐场所等经营场所、公共场所违反法律、行政法规的规定使用人脸识别技术进行人脸验证、辨识或者分析；

②未公开处理人脸信息的规则或者未明示处理的目的、方式、范围；

③基于个人同意处理人脸信息的，未征得自然人或者其监护人的单独同意，或者未按照法律、行政法规的规定征得自然人或者其监护人的书面同意；

④违反信息处理者明示或者双方约定的处理人脸信息的目的、方式、范围等；

⑤未采取应有的技术措施或者其他必要措施确保其收集、存储的人脸信息安全，致使人脸信息泄露、篡改、丢失；

⑥违反法律、行政法规的规定或者双方的约定，向他人提供人脸信息；

⑦违背公序良俗处理人脸信息；

⑧违反合法、正当、必要原则处理人脸信息的其他情形。

（2）有下列情形之一，信息处理者以已征得自然人或者其监护人同意为由抗辩的，人民法院不予支持：

①信息处理者要求自然人同意处理其人脸信息才提供产品或者服务的，但是处理人脸信息属于提供产品或者服务所必需的除外；

②信息处理者以与其他授权捆绑等方式要求自然人同意处理其人脸信息的；

③强迫或者变相强迫自然人同意处理其人脸信息的其他情形。

（3）有下列情形之一，信息处理者主张其不承担民事责任的，人民法院依法予以支持：

①为应对突发公共卫生事件，或者紧急情况下为保护自然人的生命健康和财产安全所必需而处理人脸信息的；

②为维护公共安全，依据国家有关规定在公共场所使用人脸识别技术的；

③为公共利益实施新闻报道、舆论监督等行为在合理的范围内处理人脸信息的；

④在自然人或者其监护人同意的范围内合理处理人脸信息的；

⑤符合法律、行政法规规定的其他情形。

（4）物业服务企业或者其他建筑物管理人以人脸识别作为业主或者物业使用人出入物业服务区域的唯一验证方式，不同意的业主或者物业使用人请求其提供其他合理验证方式的，人民法院依法予以支持。

（5）信息处理者采用格式条款与自然人订立合同，要求自然人授予其无期限限制、不可撤销、可任意转授权等处理人脸信息的权利，该自然人依据《民法典》第497条请求确认格式条款无效的，人民法院依法予以支持。

【个人信息保护小案例】

案例1

A是微博的用户，微博开放接口给脉脉后，脉脉未取得A的同意便将其信息收集使用，并展示在脉脉软件之中。据此，法院认定脉脉违反三重授权，违反了诚实信用原则与公认的商业道德，确属无误。

目前，法律实务界、学术界和行业认识公认的规则就是“三重授权原则”，包括“用户授权＋平台方/公司授权＋用户授权”，即开放平台方直接收集、使用用户数据需获得用户授权，第三方开发者通过开放平台Open API接口间接获得用户数据，需获得用户授权和平台方授权。需要注意的是，该原则之所以叫作“三重授权”，意味着“用户授权＋平台方/公司授权＋用户授权”需同时满足，缺少任何一方授权，都是违反“三重授权原则”。

案例2

微信读书隐私权纠纷案：

微信好友列表和读书信息属于个人信息，但不能笼统地纳入符合社会一般合理认知的隐私范畴，需要结合实际进行判断。

法院认为：

第一，“微信读书”获取原告的微信好友列表属于收集个人信息的行为，其收集信息的内容、获取用户同意的方式不违反法律规定，且获取通讯录好友列表行为并未达到私密程度，不构成对隐私权的侵害。

第二，“微信读书”向原告共同使用该应用的通讯录好友默认公开原告读书信息的行为，未以合理的“透明度”获得有效的知情同意，用户隐私协议的表述存在规避个人信息或隐私风险的嫌疑，因此侵害了原告个人信息权益，但原告的信息未达到私密性标准，不构成隐私权侵权。

第三，“微信读书”为原告自动关注共同使用该应用的通讯录好友，进而使得关注好友可以查看原告的读书信息的行为，未向用户显著提示并获得用户同意，因此侵犯原告的个人信息权益，但原告不满足侵害隐私权的责任构成要件，不构成对隐私权的侵害。

案例3

庞某某与某信息技术有限公司等隐私权纠纷案：

法院认为，本案中，如果诈骗分子仅仅知道庞某某的姓名或手机号，则无法发送关于航班取消的诈骗短信；如果诈骗分子仅仅知道庞某某的行程信息，则亦无法发送关于航班取消的诈骗短信。

而恰恰是诈骗分子掌握了庞某某的姓名、手机号和行程信息，从而形成了一定程度上的整体信息，所以才能够成功发送诈骗短信。

因此，本案中，即使单纯的庞某某的姓名和手机号不构成隐私信息，但当姓名、手机号和庞某某的行程信息（隐私信息）结合在一起时，结合之后的整体信息也因包含了隐私信息（行程信息）而整体上成为隐私信息。

案例 4

关于顺丰公司将尾号 3433 的电话号码与刘某某身份证号绑定一节是否构成侵权：

法院认为，个人信息的收集、存储、使用应当遵循合法、正当、必要原则，不得过度处理，除法律、行政法规另有规定外，应征得该自然人同意。

刘某某曾在以尾号 3433 的电话号码下单寄送快递时向顺丰公司出示过其身份证，且通过与顺丰公司达成的电子运单契约条款同意顺丰公司对该号码及身份证号进行保存，故此时顺丰公司收集刘某某的个人身份证号信息并与该电话号码在其系统中关联存储并不构成对刘某某个人信息的侵权。

但是，后刘某某已经通过客服电话明确向顺丰公司表示不同意将其身份证号与该电话号码绑定，顺丰公司未予处理。

后刘某某就此正式发送律师函，通知顺丰公司解除上述关联储存并删除系统中刘某某的个人信息，顺丰公司对此仍未及时采取合理措施，此时顺丰公司继续存储刘某某身份证号的行为已经侵害了刘某某对其个人信息的控制权。

关于顺丰公司以刘某某身份信息寄送涉诉三单快递是否构成侵权：

涉诉三单快递寄件人为严某，顺丰公司未履行查验寄件人身份信息的义务，将寄件人登记为刘某某的身份证号等信息，构成对刘某某个人信息的非法使用，侵害了刘某某的权益。

其中一单快递寄递时严某明知顺丰公司使用刘某某的身份信息但未予以制止，亦存在一定过错，因刘某某明确放弃要求严某主张侵权责任，法院不持异议，顺丰公司在其过错范围内承担相应责任。

关于顺丰公司就其侵权行为给刘某某造成的损害承担何种民事侵权责任：

法律规定，承担侵权责任的方式可以单独适用，也可以合并适用。各种责任形式的适用均旨在保护受害人的利益，是否存在侵权责任聚合，应当结合侵权行为、损害后果等因素进行综合判断，只有当一种责任形式不足以保护受害人时，才可以同时适用其他的责任形式予以合并保护。

刘某某向顺丰公司客服投诉未果后通过发送律师函主张权利，为此支出维权费 10 000 元。该律师费属于其维权的合理开支，顺丰公司应在其过错范围内予以赔偿。

刘某某在得知自己的身份信息被顺丰公司非法使用后，通过客服投诉及发送律师函的方式维权，但均未得到顺丰公司的回应，显然会使刘某某因个人信息失控而产生精神困扰，故顺丰公司应就自己的行为向刘某某赔礼道歉并赔偿一定数额的精神损害抚慰金。

案例 5

张某某等村民与村委会隐私权纠纷案：

法院认为，本案中，涉案统计表包含张某某等村民的姓名、身份证号、银行卡号等信息。其中，身份证号在日常民事交往中发挥着身份识别的重要作用，属于自然人的个人信息。银行卡号涉及个人财产情况和财产安全，为从事特定民事活动所用，根据社会习惯和合理标准，一般人显然不愿意自己的银行卡号被无关人员知晓，故该信息具备隐私性。

同时，公民的姓名、身份证号和银行卡号三者结合起来成为整体信息，这些整体信息一旦被泄露和扩散，个人的财产安全将面临一定风险。即使涉案统计表属于村委会财务公开范围，其公开过程亦应符合相应的规范，不能随意泄露个人隐私信息。

综上，本院确认涉案统计表中姓名、身份证号和银行卡号结合起来的整体信息属于个人隐私信息。

案例 6

任某某与百度公司侵权纠纷案：

法院认为，本案争议的焦点问题是百度公司“相关搜索”服务显示的涉及任某某的检索词是否侵犯了任某某的姓名权、名誉权及任某某主张的一般人格权中的所谓“被遗忘权”。

关于姓名权：

姓名权是公民享有的依法决定、使用和依法变更自己姓名的权利。

一般而言，侵害姓名权的行为主要有：

第一，干涉他人行使其姓名权。主要包括干涉他人命名、干涉他人合法使用其姓名、干涉他人改名等行为。

第二，应使用而不使用他人姓名。主要包括在使用他人作品时应标明作者而未标明，特定场合应称呼他人姓名而未称呼，以及特定场合以谐音或起绰号方式恶意不使用他人姓名等行为。

第三，非法使用他人姓名。主要包括盗用他人姓名和假冒他人姓名的行为。

第四，故意混同使用他人姓名。主要包括恶意使用与他人姓名在外观上和发音上相类似的姓名，恶意对某物命名与他人姓名相同的名称等行为。

本案中，百度公司相关搜索服务显示涉及任某某的检索词显然不符合上述第一、第二、第四种情形。就第三种情形即“非法使用他人姓名”而言，相关检索词的出现虽然未经任某某本人允许，但检索词本身系网络用户在搜索引擎中键入的指令，搜索结果中的“检索词”也只是动态反映过去特定时间内网络用户使用检索词的客观情况，并为当前用户的信息检索提供参考指引。即“任某某”是百度搜索引擎经过相关算法的处理过程后显示的客观存在网络空间的字符组合，并非百度公司针对“任某某”这个特定人名的盗用或假冒。故百度公司并未侵犯任某某的姓名权。原审法院认定正确。

关于“被遗忘权”：

被遗忘权是欧盟法院通过判决正式确立的概念，虽然我国学术界对被遗忘权的本土化问题进行过探讨，但我国现行法律中并无对“被遗忘权”的法律规定，亦无“被遗忘权”的权利类型。

任某某依据一般人格权主张其被遗忘权应属一种人格利益，该人格利益若想获得保护，任某某必须证明其在本案中的正当性和应予保护的必要性，但任某某并不能证明上述正当性和必要性。故原审法院认定正确。

在百度公司不构成侵权的前提下，原审法院驳回任某某对百度公司赔偿其相关损失及精神损害抚慰金的诉讼请求亦是正确的。

案例 7

2016 年，酷车易美公司与数据提供方签订了《补充协议》，就汽车数据达成资源分享与合作。

余某某分别于 2020 年 12 月 18 日、2021 年 2 月 21 日在酷车易美公司运营的查博士 App 输入案涉车辆的车架号，付费获得案涉历史车况报告。案涉历史车况报告涉及车架号、基本行驶数据、维保数据、碰撞数据、评分项目及具体评分，包括年均行驶里程、年均保养次数、最后保养时间、维保项目等信息。

余某某诉请法院判令酷车易美公司停止侵犯余某某的隐私权、个人信息权益，立即删除酷车易美公司属下查博士 App 中未经余某某同意披露的汽车基本行驶数据、维保数据等信息，并赔偿经济损失 3 000 元。

法院生效判决认为经有效脱敏化处理的历史车况信息不能关联到车辆所有人等特定自然人，不属于个人信息或隐私，提供历史车况信息查询的行为不构成对个人信息权益或隐私权的侵犯，故判决驳回余某某的全部诉讼请求。

案例 8

微博发帖揭发儿童受虐实情隐私权纠纷案：

法院认为，为保护未成年人利益和揭露可能存在的犯罪行为，发帖人在其微博中发未成年人受伤害信息，所发微博的内容与客观事实基本一致的，符合社会公共利益原则和儿童利益最大化原则，该网络举报行为不构成侵权。本案中，被告在原告 1 受伤害后，为保护未成年人的生命健康利益，在其微博中披露了相关信息，符合社会公共利益原则和儿童利益最大化原则。在个人信息处理过程中，被告对相关信息的披露是节制的，对相关照片进行了模糊处理，没有暴露受害儿童的真实面容，也没有披露原告 1 的姓名和家庭住址，其目的是揭露可能存在的犯罪行为。被告所发微博的内容虽出现收养的词语，但微博文字与照片结合后，第三人不能明显识别出微博中的受害儿童即为原告 1。被告的网络举报行为未侵犯原告 1 的肖像权、名誉权、隐私权，未侵犯原告 2、3 的名誉权、隐私权。原告的诉讼请求于法无据，不予支持。本案系法院在《民法典》颁布施行前作出的判决，因而其基本思路仍然是建立在肖像权、隐私权等传统人格权路径下。

（七）一般人格权

人格权是法律赋予民事主体以人格利益为内容的，作为一个独立的法律人格所必须享有且与其主体人身不可分离的权利。人格权包括一般人格权和具体人格权。

一般人格权，指自然人享有的概括人格平等、人格独立、人格自由、人格尊严全部内容的一般人格利益，并由此产生和规定具体人格权的基本权利。一般人格权专属于自然人，法人、非法人组织不享有一般人格权。规定一般人格权的意义在于：即使加害人的行为尚未侵犯自然人的具体人格权，只要严重侵害了自然人的人格平等、人格独立、人格自由、人格尊严，受害人即可以一般人格权受侵害为由，请求加害人停止侵害并承担精神损害赔偿。

人身自由，是指公民依法享有的人身不受侵犯和自主行为的权利。

人格尊严是指民事主体作为“人”所应有的最基本社会地位、社会评价，并得到最起码尊重的权利。

人格独立指民事主体的人格由自己支配，其存在不依赖任何外在力量，其意志不受任何外部势力的干预与强制。

人格平等指民事主体间地位平等，不存在人身依附与从属关系，任何一方不得将自己的意志强加给另一方。人格平等意味着民事主体享有平等的资格和机会。

第五编 婚姻家庭

第一章 结婚

本章导读

本章需要考生掌握结婚的条件，无效婚姻、可撤销婚姻的基本规则；理解或了解结婚的概念。

知识点

一、结婚的概念和特征

结婚，又称婚姻的成立，是指男女双方依照法律规定的条件和程序，确立夫妻关系的民事法律行为。结婚行为的主体必须是男女双方，同性别的人之间不能结婚；结婚行为的法律后果是确立夫妻关系。

二、结婚的条件

一男一女 + 双方自愿 + 一夫一妻 + 法定婚龄 + 不是近亲

1. 结婚应当男女双方完全自愿，禁止任何一方对另一方加以强迫，禁止任何组织或者个人加以干涉。

2. 结婚年龄，男不得早于**22周岁**，女不得早于**20周岁**。

3. 直系血亲或者三代以内的旁系血亲禁止结婚。

三、结婚登记机关和程序

要求结婚的男女双方应当亲自到婚姻登记机关申请结婚登记。符合民法典规定的，予以登记，发给结婚证。完成结婚登记，即确立婚姻关系。未办理结婚登记的，应当补办登记。

登记结婚后，按照男女双方约定，女方可以成为男方家庭的成员，男方可以成为女方家庭的成员。

登记程序瑕疵不得申请宣告婚姻无效，只能申请行政复议或者提起行政诉讼。

例 大伟与小伟系双胞胎兄弟，长相颇为相似，大伟与芳芳系情侣，去民政局登记结婚的路上大伟遇车祸被送往医院，因不想错过领证时间，便叫小伟冒充其身份与芳芳办理结婚登记手续。大伟在医院治疗期间与护士小冯互生好感，大伟遂向法院起诉以非本人登记结婚为由请求确认其与芳芳的婚姻关系无效。则下列说法正确的有：

A. 登记结婚是身份行为，不能代理，登记无效

B. 大伟没有亲自去登记结婚，无效

C. 此种主张无效的理由不是民法中规定的婚姻无效事由

D. 大伟可以以登记程序瑕疵为由提起行政复议或者行政诉讼

【答案】 D

四、无效婚姻

无效婚姻，是指不符合结婚的实质条件的男女两性结合，在法律上不具有合法效力的婚姻。

（一）无效婚姻的情形

有下列情形之一的，婚姻**无效**：

（1）重婚的；（绝对无效）

（2）有禁止结婚的亲属关系；（绝对无效）

（3）未到法定婚龄。（可以补正）

（二）无效婚姻的法律后果

无效的或者被撤销的婚姻自始没有法律约束力，当事人不具有夫妻的权利和义务。同居期间所得的财产，由当事人协议处理；协议不成的，由人民法院根据照顾无过错方的原则判决。对重婚导致的无效婚姻的财产处理，不得侵害合法婚姻当事人的财产权益。当事人所生的子女，适用民法典关于父母子女的规定。

婚姻无效或者被撤销的，**无过错方有权请求损害赔偿**。

（三）起诉主体

有权依据《民法典》第1051条规定向人民法院就已办理结婚登记的婚姻请求确认婚姻无效的主体，包括婚姻当事人及利害关系人。其中，利害关系人包括：

（1）以重婚为由的，为当事人的近亲属及基层组织；

（2）以未到法定婚龄为由的，为未到法定婚龄者的近亲属；

(3) 以有禁止结婚的亲属关系为由的，为当事人的近亲属。

【例题】(2011－3－22) 甲与乙登记结婚3年后，乙向法院请求确认该婚姻无效。乙提出的下列哪一理由可以成立?

A. 乙登记结婚的实际年龄离法定婚龄相差2年

B. 甲婚前谎称是海归博士且有车有房，乙婚后发现上当受骗

C. 甲与乙是表兄妹关系

D. 甲以揭发乙父受贿为由胁迫乙结婚

【答案】C

五、可撤销婚姻

可撤销的婚姻，是指已成立的婚姻关系，因欠缺结婚的真实意思，受胁迫的一方当事人可依法向人民法院请求撤销该婚姻。可撤销婚姻在撤销前，现存婚姻具有法律效力，一旦被撤销则自始不发生法律效力。

(一) 胁迫

因胁迫结婚的，受胁迫的一方可以向人民法院请求撤销婚姻。

请求撤销婚姻的，应当自胁迫行为终止之日起1年内提出。

被非法限制人身自由的当事人请求撤销婚姻的，应当自恢复人身自由之日起1年内提出。

(二) 隐瞒重大疾病

一方患有重大疾病的，应当在结婚登记前如实告知另一方；**不如实告知的**，另一方可以向人民法院请求撤销婚姻。

请求撤销婚姻的，应当自知道或者应当知道撤销事由之日起1年内提出。

【例题】(2019真题回忆版) 甲男(60周岁)与乙女(25周岁)约定："如乙好好照顾甲，婚后甲就将自己名下唯一一套住房赠送给乙。"乙表示同意。婚后，甲如约将房屋过户到乙名下。乙对甲却态度冷漠，将甲赶出家门。下列哪项是正确的?

A. 甲可向法院主张撤销该婚姻

B. 甲和乙之间的婚姻无效

C. 甲可以撤销对乙的赠与

D. 甲的赠与是合法自愿的，不能撤销

【答案】C

第二章　离婚

本章导读

本章要求考生熟练掌握协议离婚和诉讼离婚的基本规则，离婚的法律后果；理解或了解离婚的概念。

知识点

一、协议离婚

夫妻双方自愿离婚的，应当签订书面离婚协议，并亲自到婚姻登记机关申请离婚登记。

离婚协议应当载明双方自愿离婚的意思表示和对子女抚养、财产以及债务处理等事项协商一致的意见。

自婚姻登记机关收到离婚登记申请之日起**30日内**，任何一方不愿意离婚的，可以向婚姻登记机关撤回离婚登记申请。

上述规定期限届满后**30日内**，双方应当亲自到婚姻登记机关申请发给离婚证；未申请的，视为撤回离婚登记申请。

婚姻登记机关查明双方确实是自愿离婚，并已经对子女抚养、财产以及债务处理等事项协商一致的，予以登记，发给离婚证。

例　甲与乙离婚，甲、乙的子女均已成年，与乙一起生活。甲与丙再婚后购买了一套房屋，登记在甲的名下。后甲因中风不能自理，常年卧床。丙见状离家出走达3年之久。甲、乙的子女和乙想要回房屋，进行法律咨询。下列哪些意见是错误的?

A. 因房屋登记在甲的名下，故属于甲个人房产

B. 丙在甲中风后未尽妻子责任和义务，不能主张房产份额

C. 甲、乙的子女可以申请宣告丙失踪

D. 甲本人向法院提交书面意见后，甲、乙的子女可代理甲参与甲与丙的离婚诉讼

【答案】ABC

二、诉讼离婚

诉讼离婚，是指夫妻双方对离婚、离婚后子女抚养或遗产分割等问题不能达成协议，由一方向人民法院起诉，人民法院依诉讼程序审理后，调解或判决解除婚姻关系的法律制度。

（一）法定离婚事由

人民法院审理离婚案件，有下列情形之一，调解无效的，应当准予离婚：

(1) 重婚或者与他人同居（有配偶者与婚外异性，不以夫妻名义，持续、稳定地共同居住）；

(2) 实施家庭暴力或者虐待、遗弃家庭成员（持续性、经常性的家庭暴力，可以认定为“虐待”）；

(3) 有赌博、吸毒等恶习屡教不改；

(4) 因感情不和分居满 2 年；

(5) 一方被宣告失踪；

(6) 夫以妻擅自中止妊娠侵犯其生育权为由请求损害赔偿的，人民法院不予支持；夫妻双方因是否生育发生纠纷，致使感情确已破裂，一方请求离婚的，人民法院经调解无效，应依照《民法典》第 1079 条第 3 款第 5 项的规定处理。

▲经人民法院判决不准离婚后，**双方又分居满 1 年**，一方再次提起离婚诉讼的，应当准予离婚。

完成离婚登记，或者离婚判决书、调解书生效，即解除婚姻关系。

(二) 女方的特殊保护

女方在怀孕期间、**分娩后 1 年内或者终止妊娠后 6 个月内**，男方不得请求离婚；但是，女方提出离婚或者人民法院认为确有必要受理男方离婚请求的除外。

(三) 现役军人的特殊保护

现役军人的配偶要求离婚，应当征得军人同意，但是军人一方有重大过错的除外。

例 高甲患有精神病，其父高乙为监护人。2009 年高甲与陈小美经人介绍认识，同年 12 月陈小美以其双胞胎妹妹陈小丽的名义与高甲登记结婚，2011 年生育一子高小甲。2012 年高乙得知儿媳的真实姓名为陈小美，遂向法院起诉。诉讼期间，陈小美将一直由其抚养的高小甲户口迁往自己原籍，并将高小甲改名为陈龙，高乙对此提出异议。下列哪一选项是正确的？

A. 高甲与陈小美的婚姻属无效婚姻

B. 高甲与陈小美的婚姻属可撤销婚姻

C. 陈小美为高小甲改名的行为侵害了高小甲的合法权益

D. 陈小美为高小甲改名的行为未侵害高甲的合法权益

【答案】 D

【例题】（2021 真题回忆版）甲男和乙女协议离婚，协议中约定孩子由乙女抚养，甲男一次性给付抚养费若干，孩子改随乙女姓。离婚后乙女发现甲男隐瞒 100 万元财产，于是诉至法院请求分割，此外还发现婚姻期间甲男因打牌欠了 50 万元债务。对于本案，下列说法正确的是：

A. 协议中有关孩子改随乙女姓的约定有效

B. 乙女有权请求重新分割 100 万元财产

C. 乙女需要承担 25 万元债务

D. 协议中有关甲男一次性给付抚养费的约定有效

【答案】 ABD

三、离婚时的财产处理

如果夫妻双方以书面形式约定婚姻关系存续期间所得财产归个人所有，则在离婚时不发生夫妻共有财产的分割问题。如果在婚姻存续期间，夫妻所有财产实行法定财产制及夫妻双方约定为共同所有或部分各自所有、部分共同所有，在离婚时则须对共同共有财产部分进行分割。

1. **婚姻存续时**分割共同财产（《民法典》第1066条）

婚姻关系存续期间，有下列情形之一的，夫妻一方可以向人民法院请求分割共同财产：

（1）一方有隐藏、转移、变卖、毁损、挥霍夫妻共同财产或者伪造夫妻共同债务等严重损害夫妻共同财产利益的行为；

（2）一方负有法定扶养义务的人患重大疾病需要医治，另一方不同意支付相关医疗费用。

2. **离婚时**请求分割夫妻共同财产

（1）离婚时，夫妻的共同财产由双方协议处理；协议不成的，由人民法院根据财产的具体情况，按照照顾子女、女方和无过错方权益的原则判决。对夫或者妻在家庭土地承包经营中享有的权益等，应当依法予以保护。

（2）夫妻一方隐藏、转移、变卖、毁损、挥霍夫妻共同财产，或者伪造夫妻共同债务企图侵占另一方财产的，在离婚分割夫妻共同财产时，对该方可以少分或者不分。离婚后，另一方发现有上述行为的，可以向人民法院提起诉讼，请求再次分割夫妻共同财产。诉讼时效期间为3年，从当事人发现之日起计算。

（▲离婚时唯一可以少分或不分的情形）

3. **离婚后**请求再次分割夫妻共同财产

（1）离婚后，一方以尚有夫妻共同财产未处理为由向人民法院起诉请求分割的，经审查该财产确属离婚时未涉及的夫妻共同财产，人民法院应当依法予以分割。

（2）婚姻关系存续期间，夫妻一方作为继承人依法可以继承的遗产，在继承人之间尚未实际分割，起诉离婚时另一方请求分割的，人民法院应当告知当事人在继承人之间实际分割遗产后另行起诉。

例 乙起诉离婚时，才得知丈夫甲此前已着手隐匿并转移财产。关于甲、乙离婚的财产分割，下列哪一选项是错误的？

A. 甲隐匿转移财产，分割财产时可少分或不分

B. 就履行离婚财产分割协议事宜发生纠纷，乙可再起诉

C. 离婚后发现甲还隐匿其他共同财产，乙可另诉再次分割财产

D. 离婚后因发现甲还隐匿其他共同财产，乙再行起诉不受诉讼时效限制

【答案】D

四、抚养义务与探望权

1. 父母与子女间的关系，不因父母离婚而消除。离婚后，子女无论由父或者母直

接抚养，仍是父母双方的子女。

离婚后，父母对于子女仍有抚养、教育、保护的权利和义务。

离婚后，不满2周岁的子女，以**由母亲直接抚养**为原则。已满2周岁的子女，父母双方对抚养问题协议不成的，由人民法院根据双方的具体情况，按照最有利于未成年子女的原则判决。子女已满8周岁的，应当尊重其真实意愿。

《最高人民法院关于适用〈中华人民共和国民法典〉婚姻家庭编的解释（一）》（简称《民法典婚姻家庭编解释（一）》）第44条 离婚案件涉及未成年子女抚养的，对不满2周岁的子女，按照《民法典》第1084条第3款规定的原则处理。母亲有下列情形之一，父亲请求直接抚养的，人民法院应予支持：

（一）患有久治不愈的传染性疾病或者其他严重疾病，子女不宜与其共同生活；

（二）有抚养条件不尽抚养义务，而父亲要求子女随其生活；

（三）因其他原因，子女确不宜随母亲生活。

《民法典婚姻家庭编解释（一）》第45条 父母双方协议不满2周岁子女由父亲直接抚养，并对子女健康成长无不利影响的，人民法院应予支持。

《民法典婚姻家庭编解释（一）》第46条 对已满2周岁的未成年子女，父母均要求直接抚养，一方有下列情形之一的，可予优先考虑：

（一）已做绝育手术或者因其他原因丧失生育能力；

（二）子女随其生活时间较长，改变生活环境对子女健康成长明显不利；

（三）无其他子女，而另一方有其他子女；

（四）子女随其生活，对子女成长有利，而另一方患有久治不愈的传染性疾病或者其他严重疾病，或者有其他不利于子女身心健康的情形，不宜与子女共同生活。

2. 离婚后，子女由一方直接抚养的，另一方应当负担部分或者全部抚养费。负担费用的多少和期限的长短，由双方协议；协议不成的，由人民法院判决。

上述规定的协议或者判决，不妨碍子女在必要时向父母任何一方提出超过协议或者判决原定数额的合理要求。

3. 离婚后，不直接抚养子女的父或者母，有探望子女的权利，另一方有协助的义务。

行使探望权利的方式、时间由当事人协议；协议不成的，由人民法院判决。

父或者母探望子女，不利于子女身心健康的，由人民法院依法中止探望；中止的事由消失后，应当恢复探望。

【例题】（2021真题回忆版）甲、乙离婚，孩子由乙抚养，甲、乙约定甲一个月可以探望孩子两次。但离婚后乙不让甲看望孩子，甲遂起诉乙。对于本案，下列说法正确的是：

A. 法院可以对乙罚款

B. 法院可以拘留乙

C. 乙可以指定地点让甲看

D. 法院可以要求乙让甲到乙家看望孩子

【答案】D

五、离婚救济

（一）离婚困难帮助请求权

离婚时，如果一方生活困难，有负担能力的另一方应当给予适当帮助。具体办法由双方协议；协议不成的，由人民法院判决。

（二）离婚经济补偿权

夫妻一方因抚育子女、照料老年人、协助另一方工作等**负担较多义务**的，离婚时有权向另一方请求补偿，另一方应当给予补偿。具体办法由双方协议；协议不成的，由人民法院判决。

（三）离婚损害赔偿请求权

1. 主体：**无过错方诉过错方**。（排除双方都有过错情形）

2. 事由：（1）重婚；（2）与他人同居；（3）实施家庭暴力；（4）虐待、遗弃家庭成员；（5）有其他重大过错。（不忠和暴力）

3. 程序要求：离婚损害赔偿请求权以判决准予离婚为前提条件。

（1）如果人民法院判决不准离婚，对于当事人提出的损害赔偿请求，不予支持。

（2）在婚姻关系存续期间，当事人不起诉离婚而单独提起损害赔偿请求的，人民法院“不予受理”。

4.《民法典婚姻家庭编解释（一）》第 86 条规定：《民法典》第 1091 条规定的“损害赔偿”，包括物质损害赔偿和精神损害赔偿。涉及精神损害赔偿的，适用《最高人民法院关于确定民事侵权精神损害赔偿责任若干问题的解释》的有关规定。

【例题】（2016-3-19）钟某性情暴躁，常殴打妻子柳某，柳某经常找同村未婚男青年杜某诉苦排遣，日久生情。现柳某起诉离婚，关于钟、柳二人的离婚财产处理事宜，下列哪一选项是正确的？

A. 针对钟某家庭暴力，柳某不能向其主张损害赔偿

B. 针对钟某家庭暴力，柳某不能向其主张精神损害赔偿

C. 如柳某婚内与杜某同居，则柳某不能向钟某主张损害赔偿

D. 如柳某婚内与杜某同居，则钟某可以向柳某主张损害赔偿

【答案】 C

第三章 夫妻关系

本章导读

本章需要考生掌握夫妻之间日常家事代理权，法定夫妻财产制（夫妻共同财产、夫妻一方个人财产、夫妻共同债务）、约定夫妻财产制，婚内夫妻财产分割请求权。

知识点

一、夫妻人身关系

1. 夫妻在婚姻家庭中地位平等。夫妻双方都有各自使用自己姓名的权利。

2. 夫妻双方都有参加生产、工作、学习和社会活动的自由，一方不得对另一方加以限制或者干涉。

3. 夫妻双方平等享有对未成年子女抚养、教育和保护的权利，共同承担对未成年子女抚养、教育和保护的义务。

4. 夫妻有相互扶养的义务。需要扶养的一方，在另一方不履行扶养义务时，有要求其给付扶养费的权利。

5. 对亲子关系有异议且有正当理由的，父或者母可以向人民法院提起诉讼，请求确认或者否认亲子关系。对亲子关系有异议且有正当理由的，**成年子女**可以向人民法院提起诉讼，请求确认亲子关系。

二、夫妻财产关系

(一) 夫妻共同财产的认定

1. 夫妻在婚姻关系存续期间所得的下列财产，为夫妻的共同财产，归夫妻共同所有：

（1）工资、奖金、劳务报酬；

（2）生产、经营、投资的收益；

（3）知识产权的收益；

（4）继承或者受赠的财产，但是《民法典》第 1063 条第 3 项规定的除外；

（5）其他应当归共同所有的财产。

夫妻对共同财产，有平等的处理权。

2. 下列财产为夫妻一方的**个人财产**：

（1）一方的婚前财产；

（2）一方因受到人身损害获得的赔偿或者补偿；

（3）遗嘱或者赠与合同中确定只归一方的财产；

（4）一方专用的生活用品；

（5）其他应当归一方的财产。

3. 男女双方可以约定婚姻关系存续期间所得的财产以及婚前财产归各自所有、共同所有或者部分各自所有、部分共同所有。约定应当采用书面形式。

夫妻对婚姻关系存续期间所得的财产以及婚前财产的约定，对双方具有法律约束力。夫妻对婚姻关系存续期间所得的财产约定归各自所有，夫或者妻一方对外所负的债务，相对人知道该约定的，以夫或者妻一方的个人财产清偿。

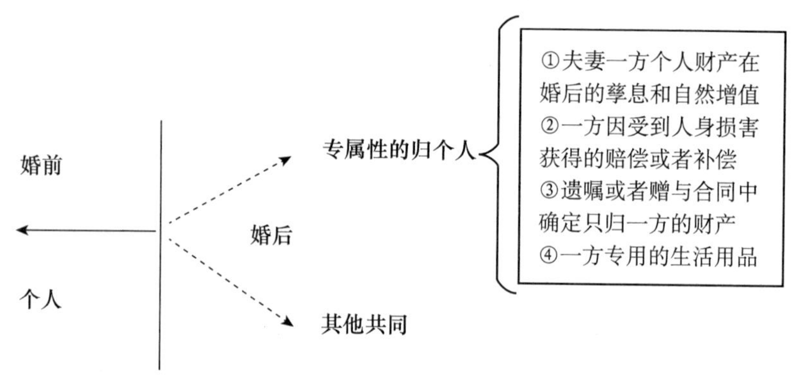

《民法典婚姻家庭编解释（一）》第25条　婚姻关系存续期间，下列财产属于《民法典》第1062条规定的“其他应当归共同所有的财产”：

（一）一方以个人财产投资取得的收益；

（二）男女双方实际取得或者应当取得的住房补贴、住房公积金；

（三）男女双方实际取得或者应当取得的基本养老金、破产安置补偿费。

《民法典婚姻家庭编解释（一）》第26条　夫妻一方个人财产在婚后产生的收益，除孳息和自然增值外，应认定为夫妻共同财产。

《民法典婚姻家庭编解释（一）》第27条　由一方婚前承租、婚后用共同财产购买的房屋，登记在一方名下的，应当认定为夫妻共同财产。

《民法典婚姻家庭编解释（一）》第30条　军人的伤亡保险金、伤残补助金、医药生活补助费属于个人财产。

（二）夫妻共同财产的处理

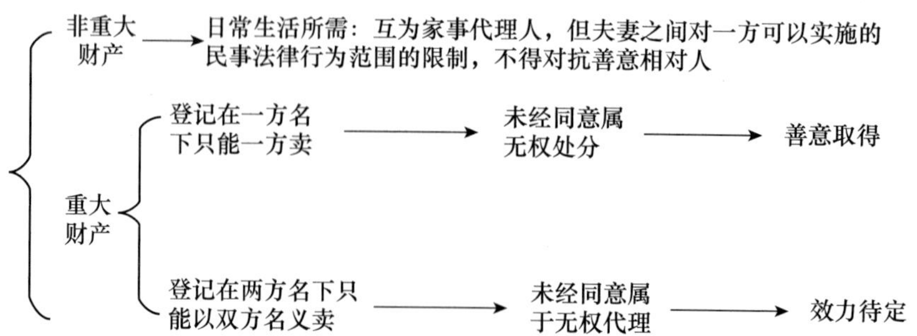

《民法典》第1060条　夫妻一方因家庭日常生活需要而实施的民事法律行为，对夫妻双方发生效力，但是夫妻一方与相对人另有约定的除外。

夫妻之间对一方可以实施的民事法律行为范围的限制，不得对抗善意相对人。

《民法典婚姻家庭编解释（一）》第28条　一方未经另一方同意出售夫妻共同所有的房屋，第三人善意购买、支付合理对价并已办理不动产登记，另一方主张追回该房屋的，人民法院不予支持。

夫妻一方擅自处分共同所有的房屋造成另一方损失，离婚时另一方请求赔偿损失的，人民法院应予支持。

（三）夫妻共同债务

1. 婚前一方所欠债务的归属规则是：原则上，该债务为个人债务；该债务用于婚后共同生活的，为共同债务。

2. 婚后负债：

有明示的认定为共同债务如**签名或者追认**；

无明示但在家事代理范围之内**（小额）**的继续认定为共同债务；

无明示且超越家事代理（大额）原则上认定为个人债务，但债权人**举证证明**是共同债务（夫妻共同生活或者共同经营）的除外。

3. 非法债务不受保护：

（1）夫妻一方在从事赌博、吸毒等违法犯罪活动中所负债务。

（2）夫妻一方与第三人串通，虚构债务。

离婚时，夫妻共同债务应当共同偿还。共同财产不足清偿或者财产归各自所有的，由双方协议清偿；协议不成的，由人民法院判决。

例　A、B夫妻一起租住单位的公房，后妻子B去世，A请了保姆C照顾，产生感情，A、C领结婚证。婚后A领退休金10万元，买了先前租用的公房并进行了房产登记，后A去世。本案中，该房属于A、C的夫妻共同财产。

【例题】（2017-3-18）刘男按当地习俗向戴女支付了结婚彩礼现金10万元及金银首饰数件，婚后不久刘男即主张离婚并要求返还彩礼。关于该彩礼的返还，下列哪一选项是正确的？

A. 因双方已办理结婚登记，故不能主张返还

B. 刘男主张彩礼返还，不以双方离婚为条件

C. 已办理结婚登记，未共同生活的，可主张返还

D. 已办理结婚登记，并已共同生活的，仍可主张返还

【答案】C

第六编　继承

本编导读

本编需要考生掌握继承权的取得、放弃、丧失以及保护，法定继承权的使用条件，继承人的范围与顺序，代位继承的适用条件，法定继承中的遗产分配的基本规则，遗嘱的形式及其效力规则，遗嘱的法律特征及其效力规则，遗产分割和债务清偿的基本规则，无人继承又无人受遗赠的遗产处理规则；理解或了解继承、法定继承、遗嘱继承、遗赠的概念和适用条件，遗产管理人的概念、确定及其职责。

知识点

一、遗产与遗产管理人

1. 遗产和债务的范围，注意三点：第一，夫妻共同财产要分开。第二，有限继承原则，即，仅以继承的遗产份额为限承担债务。第三，死亡赔偿金不属于遗产。

2. 遗产管理人。

（1）继承开始后，遗嘱执行人为遗产管理人；没有遗嘱执行人的，继承人应当及时推选遗产管理人；继承人未推选的，由继承人共同担任遗产管理人；没有继承人或者继承人均放弃继承的，由被继承人生前住所地的民政部门或者村民委员会担任遗产管理人。

（2）对遗产管理人的确定有争议的，利害关系人可以向人民法院申请指定遗产管理人。

（3）遗产管理人应当依法履行职责，因故意或者重大过失造成继承人、受遗赠人、债权人损害的，应当承担民事责任。

（4）遗产管理人可以依照法律规定或者按照约定获得报酬。

3. 继承开始于死亡，具体包括以下情况：

（1）自然死亡。

（2）宣告死亡。

被宣告死亡的人，人民法院宣告死亡的判决作出之日视为其死亡的日期；因意外事件下落不明宣告死亡的，意外事件发生之日视为其死亡的日期。

（3）推定死亡。

相互有继承关系的数人在同一事件中死亡，难以确定死亡时间的，推定没有其他继承人的人先死亡。都有其他继承人，辈份不同的，推定长辈先死亡；辈份相同的，推定同时死亡，相互不发生继承。

二、遗嘱继承

1. 遗嘱的效力。

（1）遗嘱的形式要求。

①代书、录音录像、口头、打印遗嘱须见证人，见证人要求两名以上，有行为能力，无利害关系。

②遗嘱人**在危急情况下**，可以立口头遗嘱。口头遗嘱应当有两个以上见证人在场见证。危急情况消除后，遗嘱人能够以书面或者录音录像形式立遗嘱的，所立的口头遗嘱无效。

③代书遗嘱应当有两个以上见证人在场见证，由其中一人代书，并由遗嘱人、代书人和其他见证人签名，注明年、月、日。

④打印遗嘱应当有两个以上见证人在场见证。遗嘱人和见证人应当在遗嘱每一页签名，注明年、月、日。

⑤以录音录像形式立的遗嘱，应当有两个以上见证人在场见证。遗嘱人和见证人应当在录音录像中记录其姓名或者肖像，以及年、月、日。

【例题】（2014－3－24）甲有乙、丙和丁三个女儿。甲于2013年1月1日亲笔书写一份遗嘱，写明其全部遗产由乙继承，并签名和注明年月日。同年3月2日，甲又请张律师代书一份遗嘱，写明其全部遗产由丙继承。同年5月3日，甲因病被丁送至医院急救，甲又立口头遗嘱一份，内容是其全部遗产由丁继承，在场的赵医生和李护士见证。甲病好转后出院休养，未立新遗嘱。如甲死亡，下列哪一选项是甲遗产的继承权人?

A. 乙

B. 丙

C. 丁

D. 乙、丙、丁

【答案】A

（2）无效遗嘱的情况：①无民事行为能力人或者限制民事行为能力人所立的遗嘱无效；②受欺诈、胁迫所立的遗嘱无效；③伪造的遗嘱无效；④遗嘱被篡改的，篡改的内容无效。

（3）遗嘱人未保留缺乏劳动能力又没有生活来源的继承人的遗产份额，遗产处理时，应当为该继承人留下必要的遗产，所剩余的部分，才可参照遗嘱确定的分配原则处理——这并不意味着遗嘱无效。

（4）遗嘱效力的变更和撤回。

①在后的有效遗嘱**变更**在先的有效遗嘱。

②遗嘱人生前的行为与遗嘱的意思表示相反，而使遗嘱处分的财产在继承开始前灭失、部分灭失或所有权转移、部分转移的，遗嘱视为被撤回或部分被撤回。

a. 遗嘱人将财产毁损的，**视为撤回遗嘱**。

b. 遗嘱人将财产出卖于他人，仅仅签订买卖合同没有完成交付或者登记的，遗嘱依然有效。

c. 遗嘱人将财产出卖于他人，签订买卖合同并且完成交付或者登记的，视为撤回遗嘱。

【例题】（2015－3－21）老夫妇王冬与张霞有一子王希、一女王楠，王希婚后育有一子王小力。王冬和张霞曾约定，自家的门面房和住房属于王冬所有。2012 年 8 月 9 日，王冬办理了公证遗嘱，确定门面房由张霞和王希共同继承。2013 年 7 月 10 日，王冬将门面房卖给他人并办理了过户手续。2013 年 12 月，王冬去世，不久王希也去世。关于住房和出售门面房价款的继承，下列哪一说法是错误的？

A. 张霞有部分继承权

B. 王楠有部分继承权

C. 王小力有部分继承权

D. 王小力对住房有部分继承权、对出售门面房的价款有全部继承权

【答案】 D

（5）遗赠扶养协议。

①非继承人才能签订遗赠扶养协议。

②拒不履行扶养协议中的义务的，协议可以解除。

③其效力优先于遗赠、遗嘱继承和法定继承。

【例题】（2012－3－24）甲与保姆乙约定：甲生前由乙照料，死后遗产全部归乙。乙一直细心照料甲。后甲的女儿丙回国，与乙一起照料甲，半年后甲去世。丙认为自己是第一顺序继承人，且尽了义务，主张甲、乙约定无效。下列哪一表述是正确的？

A. 遗赠扶养协议有效

B. 协议部分无效，丙可以继承甲的一半遗产

C. 协议无效，应按法定继承处理

D. 协议有效，应按遗嘱继承处理

【答案】 A

2. 遗嘱继承人 **（是否活着、是否放弃继承权、是否丧失继承权）**。

（1）丧失继承权的情况[①]：①故意杀害被继承人；②为争夺遗产而杀害其他继承人；③遗弃被继承人，或者虐待被继承人情节严重；④伪造、篡改、隐匿或者销毁遗嘱，情节严重；⑤以欺诈、胁迫手段迫使或者妨碍被继承人设立、变更或者撤回遗嘱，情节严重。

---

① 相关法条：《最高人民法院关于适用〈中华人民共和国民法典〉继承编的解释（一）》

第 6 条 继承人是否符合《民法典》第 1125 条第 1 款第 3 项规定的“虐待被继承人情节严重”，可以从实施虐待行为的时间、手段、后果和社会影响等方面认定。

虐待被继承人情节严重的，不论是否追究刑事责任，均可确认其丧失继承权。

第 7 条 继承人故意杀害被继承人的，不论是既遂还是未遂，均应当确认其丧失继承权。

第 8 条 继承人有《民法典》第 1125 条第 1 款第 1 项或者第 2 项所列之行为，而被继承人以遗嘱将遗产指定由该继承人继承的，可以确认遗嘱无效，并确认该继承人丧失继承权。

第 9 条 继承人伪造、篡改、隐匿或者销毁遗嘱，侵害了缺乏劳动能力又无生活来源的继承人的利益，并造成其生活困难的，应当认定为《民法典》第 1125 条第 1 款第 4 项规定的“情节严重”。

继承人有上述第3项至第5项行为，确有悔改表现，被继承人表示宽恕或者事后在遗嘱中将其列为继承人的，该继承人不丧失继承权。

【例题】（2008-3-14）甲立下一份公证遗嘱，将大部分财产留给儿子乙，少部分的存款留给女儿丙。后乙因盗窃而被判刑，甲伤心至极，在病榻上当着众亲友的面将遗嘱烧毁，不久去世。乙出狱后要求按照遗嘱的内容继承遗产。对此，下列哪一选项是正确的?

A. 乙有权依据遗嘱的内容继承遗产

B. 乙只能依据法定继承的规定继承遗产

C. 乙无权继承任何遗产

D. 可以分给乙适当的遗产

【答案】 A

（2）继承开始后，继承人放弃继承的，应当在遗产处理前，以书面形式作出放弃继承的表示；没有表示的，视为接受继承。

受遗赠人应当在知道受遗赠后60日内，作出接受或者放弃受遗赠的表示；到期没有表示的，视为放弃受遗赠。

（3）遗嘱继承转为法定继承的五种情形：①遗嘱继承人放弃继承或者受遗赠人放弃受遗赠；②遗嘱继承人丧失继承权或者受遗赠人丧失受遗赠权；③遗嘱继承人、受遗赠人“先于”遗嘱人死亡或者终止；④遗嘱无效部分所涉及的遗产；⑤遗嘱未处分的遗产。

【例题】（2012-3-66）甲育有二子乙和丙。甲生前立下遗嘱，其个人所有的房屋死后由乙继承。乙与丁结婚，并有一女戊。乙因病先于甲死亡后，丁接替乙赡养甲。丙未婚。甲死亡后遗有房屋和现金。下列哪些表述是正确的?

A. 戊可代位继承

B. 戊、丁无权继承现金

C. 丙、丁为第一顺序继承人

D. 丙无权继承房屋

【答案】 AC

【例题】（2021真题回忆版）张甲公证遗嘱两套房，X房有产权证，Y房无产权证，由儿子张乙继承。后女儿张丙因生意失败，张甲将X房过户给了张丙，张乙不满意，对张甲言语辱骂，张甲遂自书遗嘱将Y房改为让侄子继承，则下列说法正确的是：

A. 张乙不因辱骂行为丧失继承权

B. 两套房屋由张乙继承

C. 张丙可以取得X房的所有权

D. Y房由侄子继承

【答案】 ACD

三、法定继承

1. 法定继承人的范围。

（1）第一顺位继承人的范围实际**不仅仅限于配偶、父母、子女**。

①子女、父母均包括“亲生的”“收养的”“有扶养关系的”三种情况——但养子

女与生父母不再互为继承人。

②丧偶女婿、丧偶儿媳对被继承人尽了主要赡养义务的，作为第一顺序继承人。

③遗产分割时，应当保留胎儿的继承份额。

④如果被代位的继承人为第一顺位继承人，则代位继承人也要参加第一顺位继承。

【例题】（2014－3－65）甲（男）与乙（女）结婚，其子小明20周岁时，甲与乙离婚。后甲与丙（女）再婚，丙子小亮8周岁，随甲、丙共同生活。小亮成年成家后，甲与丙甚感孤寂，收养孤儿小光为养子，视同己出，未办理收养手续。丙去世，其遗产的第一顺序继承人有哪些？

A. 小明

B. 小亮

C. 甲

D. 小光

【答案】BC

（2）**第二顺位继承人：兄弟姐妹、祖父母、外祖父母**。

继承开始后，由第一顺位继承人继承，第二顺位继承人不继承；没有第一顺位继承人继承的，由第二顺位继承人继承。

（3）分配规则：三多一少。

同一顺序继承人继承遗产的份额，一般应当均等。对生活有特殊困难又缺乏劳动能力的继承人，分配遗产时，应当予以照顾。对被继承人尽了主要扶养义务或者与被继承人共同生活的继承人，分配遗产时，可以多分。有扶养能力和有扶养条件的继承人，不尽扶养义务的，分配遗产时，应当不分或者少分。

2. 适当分得遗产人。

（1）对继承人以外的依靠被继承人扶养的人，或者继承人以外的对被继承人扶养较多的人，可以**分给适当的遗产**（如，有事实上收养关系但没有办理收养登记的养父母和养子女）。

被收养人对养父母尽了赡养义务，同时又对生父母扶养较多的，除可以继承养父母的遗产外，还可以分得**生父母适当的遗产**。

（2）适当意味着可多可少。

【例题】（2006－3－67）唐某有甲、乙、丙成年子女三人，于2002年收养了孤儿丁，但未办理收养登记。甲生活条件较好但未对唐某尽赡养义务，乙丧失劳动能力又无其他生活来源，丙长期和唐某共同生活。2004年5月唐某死亡，因分配遗产发生纠纷。下列哪些说法是正确的？

A. 甲应当不分或者少分遗产

B. 乙应当多分遗产

C. 丙可以多分遗产

D. 丁可以分得适当的遗产

【答案】ABCD

3. 法定继承人（是否活着、是否放弃继承权、是否丧失继承权）。

【例题】（2011－3－23）下列哪一行为可引起放弃继承权的后果？

A. 张某口头放弃继承权，本人承认

B. 王某在遗产分割后放弃继承权

C. 李某以不再赡养父母为前提，书面表示放弃其对父母的继承权

D. 赵某与父亲共同发表书面声明断绝父子关系

【答案】A

4. 代位继承与转继承。

	代位继承（继承人先死亡然后发生继承）	转继承（继承人先继承遗产然后死亡）
本质	继承权的转移	两次继承
发生时间	继承人先于被继承人死亡	继承开始后遗产分割前继承人死亡
适用范围	法定继承	法定继承、遗嘱继承、遗赠
权利主体	被继承人子女的**晚辈直系血亲**或者**被继承人的兄弟姐妹的子女**	继承人的法定继承人和受遗赠人
单向与双向［张大（爷爷）——张三（爸爸）——张小三（儿子）］	● 张三先死，张大后死，张小三代位继承 ● 张三先死，张小三后死，张大不能代位继承	● 张大先死，张三后死，张小三转继承 ● 张小三先死，张三后死，张大转继承

例 徐老头有一独生子英年早逝，儿媳与他共同生活并照顾他。后儿媳与田某再婚，三年前生下儿子小田，一年前儿媳不幸逝世，半年前田某也相继离世。若日后徐老头死亡发生继承，则小田：

A. 可以代位继承

B. 可以转继承

C. 无继承权

D. 可适当分得遗产

【答案】C

【例题】（2013－3－66）甲自书遗嘱将所有遗产全部留给长子乙，并明确次子丙不能继承。乙与丁婚后育有一女戊、一子己。后乙、丁遇车祸，死亡先后时间不能确定。甲悲痛成疾，不久去世。丁母健在。下列哪些表述是正确的？

A. 甲、戊、己有权继承乙的遗产

B. 丁母有权转继承乙的遗产

C. 戊、己、丁母有权继承丁的遗产

D. 丙有权继承、戊和己有权代位继承甲的遗产

【答案】ACD

5. 无人继承也无人受遗赠的，遗产归国家。

第七编　侵权责任

第一章　侵权责任概述

本章导读

本章需要考生掌握侵权责任的基本构成要件，数人侵权的侵权责任（共同加害行为，共同危险行为，教唆、帮助行为，无意思联络的数人侵权），侵权责任的承担方式，侵权责任的归责原则（过错责任、过错推定责任、无过错责任、公平责任），侵权责任的免除和减轻事由（受害人过错、受害人故意、第三人过错、自甘风险、自助行为）。

知识点

一、侵权行为的概念和特征

侵权行为，是指民事主体侵害他人受保护的民事权益，依法应承担侵权责任的行为。

1. 侵权行为性质是事实行为，其不以致害人具有民事行为能力为条件。因此，不具有民事行为能力的人，也可以成为侵权行为的主体（但责任由其监护人承担）。

2. 侵权行为所侵害的对象包括两类：

(1) 绝对权，包括人格权、物权、知识产权；

(2) 受法律保护的非权利性质的利益，如侵害他人的占有。

3. 侵权行为不具有法律上的正当性。因此，正当防卫、紧急避险、私力救济、执行公务等行为，纵然侵害他人的绝对权或受法律保护的利益，因其行为具有正当性，故不构成侵权行为。

二、侵权行为的归责原则

侵权责任的归责原则，是指侵权责任的承担，是否应当以侵权行为人**具有过错**为要件。由此可见，侵权责任的归责原则，仅是就侵权责任的构成要件中的“过错”要件而言的，是对于“过错”要件的进一步展开，包括过错责任原则、无过错责任原则和公平责任原则，而不涉及其他的侵权责任构成要件。

（一）过错责任原则

1. 过错责任原则是指以过错作为归责的依据和责任的构成要件，任何人仅在过错侵害他人民事权益时，方才承担侵权责任。

2. 过错责任在侵权责任中具有原则性地位，如果没有法律的特殊规定一律适用过错责任，其价值在于划定了行为人自由与责任的边界——无过错，无责任。

3. 过错责任下侵权责任的构成：过错、行为、结果、因果关系（下文详述）。

4. 共同过错与受害人过错：共同过错——共同责任；受害人过错——过失相抵，故意免责（下文详述）。

5. 过错责任的适用范围。

如无特别规定，侵权责任**原则上适用过错责任**，特别强调以下条文：

（1）经营场所、公共场所的经营者、管理者或者群众性活动的组织者，未尽到安全保障义务，造成他人损害的责任；

（2）无民事行为能力人或者限制民事行为能力人被校外第三人侵权时的教育机构责任；

（3）限制民事行为能力人在教育机构遭受人身损害时的教育机构责任；

（4）患者在诊疗活动中受到损害时的医疗机构责任；

（5）完全民事行为能力人对自己的行为暂时没有意识或者失去控制造成他人损害的责任；

（6）网络用户利用网络服务实施侵权行为时的网络服务提供者的责任；

（7）将高度危险物交由他人管理的所有人的责任；

（8）承揽人在完成工作过程中造成第三人损害或者自己损害且定作人对定作、指示或者选任有过错的定作人责任。

【例题】（2021真题回忆版）某村有一处杨梅种植园，农户们在园区内种植杨梅。杨梅成熟时该某园区对外开放，但考虑安全问题，该园区不开放采摘杨梅的项目，但是园区内没有挂不可以采摘水果的牌子，也没有注意安全的提示牌。甲到了李某的杨梅园，看杨梅熟了，问村民吴某是否可以采摘，吴某说没人管，于是甲去采摘杨梅，在采摘杨梅时甲不慎摔伤，则对于甲的损害应由谁承担责任？

A. 甲自己承担责任

B. 吴某承担责任

C. 李某承担责任

D. 园区承担责任

【答案】 A

（二）过错推定责任原则

1. 过错推定责任是指依据法律规定推定行为人有过错，行为人不能证明自己没有过错的，应当承担侵权责任。

2. 过错推定责任下侵权责任的构成：过错、行为、结果、因果关系。

例　甲对乙侵权致乙损害，现乙对甲提起侵权损害赔偿诉讼。此时，如果适用过错推定责任，乙无须举证证明“甲具有过错”，而应当由甲举证证明“自己没有过错”。如果甲无法证明，法院将推定“甲有过错”。

3. 在过错推定责任中，使加害人承担责任的归责事由仍然是过错，过错推定责任只是**过错责任原则的特殊形态**，而非一项独立的归责原则。

4. 过错推定的适用范围。

（1）无民事行为能力人在教育机构遭受人身损害的，推定教育机构具有过错。

（2）患者在诊疗活动中受到损害，有下列情形之一的，推定医疗机构具有过错：①违反法律、行政法规、规章以及其他有关诊疗规范的规定；②隐匿或者拒绝提供与纠纷有关的病历资料；③遗失、伪造、篡改或者违法销毁病历资料。

（3）动物园的动物致人损害的，推定动物园具有过错。

（4）建筑物、构筑物或者其他设施及其搁置物、悬挂物发生脱落、坠落致人损害的，推定其所有人、管理人或者使用人具有过错（注意：建筑物倒塌、塌陷适用无过错责任）。

（5）堆放物倒塌、滚落或者滑落致人损害的，推定堆放人具有过错。

（6）因林木折断、倾倒或者果实坠落致人损害的，推定林木的所有人或者管理人具有过错。

（7）窨井等地下设施造成他人损害，推定管理人具有过错。

（8）非法占有高度危险物中所有人、管理人的过错推定责任。

（9）侵犯个人信息权益造成损害中的过错推定责任（《个人信息保护法》第 69 条）。

（10）在公共道路上堆放、倾倒、遗撒妨碍通行的物品造成他人损害的，公共道路管理人的过错推定责任。

（11）在公共场所或者道路上挖掘、修缮安装地下设施等造成他人损害的，施工人的过错推定责任。

【例题】（2021 真题回忆版）甲家住某小区三楼，某日家里小孩（5 周岁）玩耍时拿金箍棒把三楼阳台的花瓶打倒，花瓶掉落砸伤正在送快递的快递员韩某，则对于韩某的损失由谁来承担赔偿责任？

A. 小孩承担

B. 小孩父母承担

C. 快递公司承担

D. 快递公司和小孩父母共同承担

【答案】 B

【例题】（2021 真题回忆版）金某回家需经过小区一内部道路，但有辆皮卡违规停放多日，物业未做处理。金某只好绕道而行，不料大风吹落 19 楼史某家阳台上的木质晾衣竿，正好砸中金某，金某重伤。关于金某的人身损害赔偿，正确的是：

A. 史某承担赔偿责任

B. 史某与物业公司承担连带责任

C. 物业公司承担补偿责任

D. 本案应按照高空抛物处理

【答案】 A

应试点睛

记忆窍门：（1）医疗机构是过错，三种情况转推定；（2）教育机构是过错，无人受伤转推定；（3）动物侵权无过错，关在园里转推定；（4）高度危险无过错，被偷被抢转推定；（5）妨碍通行无过错，道路管理有推定；（6）物件侵权都推定，只有个别是例外。

（三）无过错责任原则

1. 无过错责任原则，是指在法律有特别规定的情况下，不考虑行为人是否存在主观过错，行为人都要对造成的他人损害承担赔偿责任。在法律适用上，无过错责任原则的适用，也采取法定主义原则，即法律规定适用无过错责任原则的，从其规定；否则，适用过错认定责任。

2. 无过错责任下侵权责任的构成：行为、结果、因果关系。

3. 无过错责任的适用范围。

（1）无民事行为能力人、限制民事行为能力人致人损害的，监护人承担无过错责任；

（2）用人单位的工作人员因执行工作任务致人损害的，用人单位承担无过错责任；

（3）提供个人劳务一方因劳务致人损害的，接受劳务一方承担无过错责任；

（4）饲养的动物致人损害的，动物饲养人或者管理人承担无过错责任（但动物园承担过错推定责任）；

（5）机动车与非机动车驾驶人、行人之间发生道路交通事故的，机动车一方承担无过错责任（《道路交通安全法》第 76 条）；

（6）因污染环境、破坏生态致人损害的，侵权人承担无过错责任；

（7）高度危险责任中，从事高度危险作业致人损害的，高度危险物品的经营者、占有人承担无过错责任；

(8) 因产品存在缺陷致人损害的，生产者、销售者承担无过错责任；

(9) 建筑物、构筑物或者其他设施倒塌、塌陷致人损害的，建设单位与施工单位承担无过错责任；

(10) 在公共道路上堆放、倾倒、遗撒妨碍通行的物品致人损害的，由行为人承担无过错责任。

应试点睛

记忆窍门：用人单位监护人，饲养动物须谨慎；产品缺陷楼房倒，驾车上路要小心；高度危险污环境，接受劳务堵交通；以上所有无过错，奉劝诸君记分明。

【例题】(2016－3－67) 4名行人正常经过北方牧场时跌入粪坑，1人获救3人死亡。据查，当地牧民为养草放牧，储存牛羊粪便用于施肥，一家牧场往往挖有三四个粪坑，深者达三四米，之前也发生过同类事故。关于牧场的责任，下列哪些选项是正确的？

A. 应当适用无过错责任原则

B. 应当适用过错推定责任原则

C. 本案情形已经构成不可抗力

D. 牧场管理人可通过证明自己尽到管理职责而免责

【答案】BD

【例题】(2021真题回忆版) 甲和乙住同小区，甲购买了一辆汽车，并为该车上了交强险。为了方便，乙每天搭乘甲的便车去上班。某天乙照常搭乘甲的车上班，路上，因为甲边开车边玩手机，结果发生车祸，导致乙面部受伤。对于此案，下列说法正确的是：

A. 因该车买了交强险，对于乙的损害由保险公司承担责任

B. 甲要承担赔偿责任，但是可以减轻

C. 甲无须承担赔偿责任

D. 甲承担全部赔偿责任

【答案】D

(四) 公平分担损失原则

《民法典》第1186条　受害人和行为人对损害的发生都没有过错的，依照法律的规定由双方分担损失。

适用公平分担损失原则的情形包括：

1. 自然原因引发的紧急避险：紧急避险人不承担责任或者给予适当补偿。(《民法典》第182条)

2. 因保护他人民事权益使自己受到损害的，由侵权人承担民事责任，受益人可以给予适当补偿。没有侵权人、侵权人逃逸或者无力承担民事责任，受害人请求补偿的，受益人应当给予适当补偿。(《民法典》第183条)

3. 完全民事行为能力人对自己的行为暂时没有意识或者失去控制造成他人损害有

过错的，应当承担侵权责任；没有过错的，根据行为人的经济状况对受害人适当补偿。（《民法典》第1190条）

4. 提供劳务期间，因第三人的行为造成提供劳务一方损害的，提供劳务一方有权请求第三人承担侵权责任，也有权请求接受劳务一方给予补偿。接受劳务一方补偿后，可以向第三人追偿。（《民法典》第1192条）

5. 禁止从建筑物中抛掷物品。从建筑物中抛掷物品或者从建筑物上坠落的物品造成他人损害的，由侵权人依法承担侵权责任；经调查难以确定具体侵权人的，除能够证明自己不是侵权人的外，由可能加害的建筑物使用人给予补偿。可能加害的建筑物使用人补偿后，有权向侵权人追偿。（《民法典》第1254条）

（五）四个归责原则之间的关系（特别条款——一般条款——兜底条款）

（1）有法定事由的，适用无过错责任或者过错推定责任。

（2）无法定事由，但当事人有过错的，适用过错责任。

（3）既无法定事由，也无过错的，适用公平分担损失。

例 张某正被赵某养的狗攻击，刘某看到随手拿起王某的伞与狗搏斗，伞毁坏，刘某受伤，赵某无赔偿能力。本案中，侵权人赵某无赔偿能力，受益人张某应对刘某和王某补偿。

三、一般归责原则的构成要件

（一）违法行为

违法行为，是指民事主体所实施的违反法定义务的行为。一方面，违法行为在客观上违反了法律的相关规定；另一方面，违法行为中的“行为”具体是指受到意思支配的人的行为。该行为不包括不受意思支配的无意思的举止，如梦游中伤人。

（二）损害事实

损害是指因一定的行为或事件造成的某人财产上或人身上的确定的不利益。这种不利益通常表现为财产减少、生命丧失、身体残疾、名誉受损、精神痛苦等。损害是侵害合法权益的结果。依据损害的后果不同，损害可以分为财产性损害和非财产性损害。财产性损害是一种经济损失，可以用金钱来估量，而非财产性损害则通常不能用金钱来估量，可以请求承担赔礼道歉、恢复名誉、消除影响等其他侵权责任。

（三）因果关系

因果关系是指行为人的行为及其物件与损害事实之间存在引起与被引起的客观联系（考试从来没考过，从略）。

（四）主观过错

主观过错是一般侵权行为构成要件中的核心要素。过错是指行为人通过违反义务的行为所表现出来的一种应受非难的心理状态。过错通常可分为故意和过失。故意是指行为人预见到自己行为的结果，却仍然希望或者放任这一有害结果的发生。过失是指行为人应当预见自己的行为可能发生不良后果而没有预见，或是虽然预见到了却轻信此种结果可以避免的心理状态。过失还可以进一步区分为一般过失和重大过失。如果法律在某些情况下对一行为人的注意程度有较高要求时，行为人尽管没有遵守这种较高的要求，但却未违背一般人应当注意的标准，此时构成一般过失；如果行为人不仅没有遵守法律特别规定的较高要求，甚至连一般人能尽到的注意义务也未达到时，就构成重大过失。

四、多数人侵权

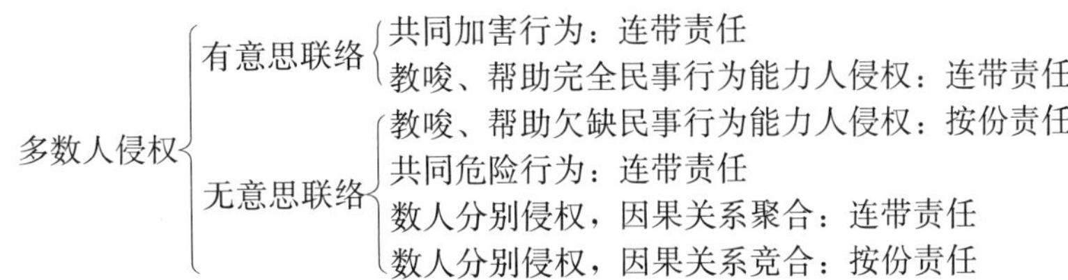

（一）共同加害行为

共同加害行为，是指两人以上的行为人基于**共同过错**致使他人合法权益遭受损害，依法应承担连带责任的行为。这里的共同过错包括共同故意和共同过失两种情况。

【例 1】（共同故意）甲、乙两个小偷一起合作偷盗一户民宅。

应试点睛

对于任一共同加害人超越事前的意思联络而实施的侵权行为，其他加害人不负连带责任。

如在合作偷盗民宅的过程中，甲趁乙在楼下偷盗之机，对楼上女业主施暴，乙对甲的行为，不负连带责任。

【例 2】（共同过失）张三、李四在工厂共同操作一台大型仪器设备，皆欲图简便而不完全按照安全规程操作，经过简单沟通后认为不致发生不利后果，之后因一起违规操作导致该大型仪器失火报废。

例　下列情况需要承担连带责任的有：

A. 甲、乙合作行窃，甲趁乙在楼下放风时，对女主人施暴

B. 甲、乙在操作单位设备时一致决定违规操作导致该仪器失火报废

C. 甲、乙、丙合谋抢劫银行，后甲因病未参加

D. 甲、乙在库房抽烟乱丢烟头导致失火，但无法查明何人烟头引发火灾

【答案】BCD

（二）教唆、帮助侵权行为

1. 教唆、帮助完全民事行为能力人侵权的，由教唆、帮助人和被教唆、帮助人承担连带责任。

2. 教唆、帮助欠缺民事行为能力人（包括限制民事行为能力人和无民事行为能力人）侵权的，由教唆、帮助人承担侵权责任，该无民事行为能力人、限制民事行为能力人的监护人未尽到监护职责的，应当承担相应的责任。

应试点睛

1. 教唆、帮助无民事行为能力人、限制民事行为能力人实施侵权行为，被侵权人可以请求教唆人、帮助人承担侵权人的全部侵权责任，也可以请求未尽到管理、教育等监护职责的监护人在其能够防止或者制止损害的范围内承担与其过错相应的责任。

2. 教唆人、帮助人和监护人为共同被告的，未尽到管理、教育等监护职责的监护人在其过错范围内与教唆人、帮助人共同承担责任，但被侵权人获得的赔偿不应超出损害范围；教唆人、帮助人主张其与有过错的监护人承担按份责任的，人民法院不予支持。

3. 教唆人、帮助人或者监护人承担责任后，相互之间进行追偿的，人民法院不予支持。

4. 教唆、帮助无民事行为能力人、限制民事行为能力人实施侵权行为，教唆人、帮助人以其不知道或者不应当知道行为人为无民事行为能力人、限制民事行为能力人为由，主张不承担侵权责任或者其与行为人的监护人承担连带责任的，人民法院不予支持。

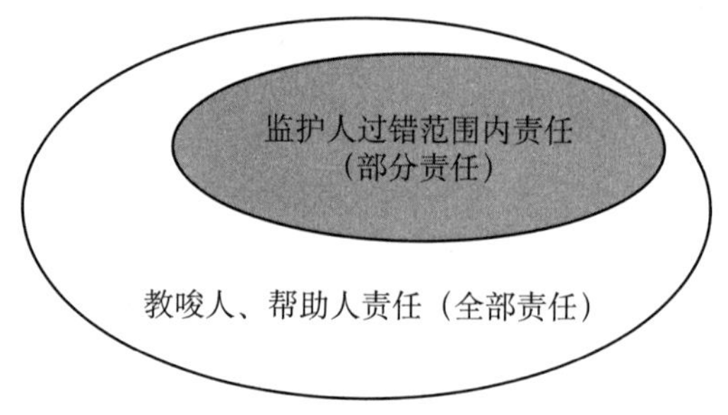

（三）共同危险行为

共同危险行为，是指二人以上实施危及他人人身安全或财产安全的危险行为，仅是其中的一人或数人的行为实质上造成他人的损害，但又无法确定实际侵害人的情形。

1. 责任人：不能确定具体侵权人的，行为人承担连带责任。

2. **免责事由**：证明具体谁是真正的侵权行为人。

3. 特别注意：共同危险与高空抛物的区别。

禁止从建筑物中抛掷物品。从建筑物中抛掷物品或者从建筑物上坠落的物品造成他人损害的，由侵权人依法承担侵权责任；经调查难以确定具体侵权人的，除能够证明自己不是侵权人的外，由可能加害的建筑物使用人给予补偿。可能加害的建筑物使用人补偿后，有权向侵权人追偿。

（1）判断。

共同危险行为的特征：**数行为一损害，不知何人所为（责任人不确定）**。

高空抛物行为的特征：**一行为一损害，不知何人所为（行为人不确定）**。

（2）区别。

①几个行为：共同危险有数个危险行为人，高空抛物一般只有一个行为人实施危

险行为；

②免责事由：共同危险行为的免责事由必须确定侵权行为人，高空抛物可以证明自己不是侵权人而免责；

③责任主体：共同危险行为的责任人是危险行为人，高空抛物行为的责任人是可能加害的建筑物使用人；

④责任方式：共同危险行为的责任方式是连带责任，高空抛物行为的责任方式是给予补偿。

应试点睛

共同危险行为有数个行为，但责任人不确定；高空抛（坠）物则只有一个行为，行为人是谁不确定。

例 甲（男）与乙（女）在某小区相依散步，突然被某楼层抛掷的垃圾砸中，乙受伤。甲见状不禁开口大骂，该楼层的丙、丁、戊甚是生气，于是向甲扔硬物，结果甲被击伤。经查证，该楼层居住着丙、丁、戊、戌四家，戌家事发当日全部外出不在家，丙、丁随手扔甲的均是烟灰缸，戊扔出的是手中正在吃的馒头。经鉴定，甲的伤为烟灰缸之类的硬物所致，不是馒头，但也无法确定是丙、丁中哪一个投的烟灰缸。则下列说法正确的是：

A. 乙可以请求丙、丁、戊三家承担连带赔偿责任

B. 甲可以请求丙、丁、戊、戌四家承担连带赔偿责任

C. 甲可以请求丙、丁、戊承担连带赔偿责任

D. 甲只能请求丙、丁承担连带赔偿责任

【答案】D

【例题】（2016－3－24）张小飞邀请关小羽来家中做客，关小羽进入张小飞所住小区后，突然从小区的高楼内抛出一块砚台，将关小羽砸伤。关于砸伤关小羽的责任承担，下列哪一选项是正确的？

A. 张小飞违反安全保障义务，应承担侵权责任

B. 顶层业主通过证明当日家中无人，可以免责

C. 小区物业违反安全保障义务，应承担侵权责任

D. 如查明砚台系从10层抛出，10层以上业主仍应承担补充责任

【答案】B

（四）无意思联络的数人侵权行为

无意思联络的数人侵权行为，是指二人以上没有进行意思联络，客观上分别实施侵权行为造成同一损害的行为。

1. 因果关系竞合型的无意思联络数人侵权。任何一个人的行为都不足以造成全部损害，侵权行为人之间承担**按份责任**。

2. 因果关系聚合型的无意思联络数人侵权。每个人的侵权行为都足以造成全部损害，侵权行为人之间承担**连带责任**。

【例题】（2017－3－67）甲、乙、丙三家毗邻而居，甲、乙分别饲养山羊各一只。某日二羊走脱，将丙辛苦栽培的珍稀药材悉数啃光。关于甲、乙的责任，下列哪些选项是正确的？

A. 甲、乙可各自通过证明已尽到管理职责而免责

B. 基于共同致害行为，甲、乙应承担连带责任

C. 如能确定二羊各自啃食的数量，则甲、乙各自承担相应赔偿责任

D. 如不能确定二羊各自啃食的数量，则甲、乙平均承担赔偿责任

【答案】 CD

【例题】（2010－3－20）甲晚10点30分酒后驾车回家，车速每小时80公里，该路段限速60公里。为躲避乙逆向行驶的摩托车，将行人丙撞伤，丙因住院治疗花去10万元。关于丙的损害责任承担，下列哪一说法是正确的？

A. 甲应承担全部责任

B. 乙应承担全部责任

C. 甲、乙应承担按份责任

D. 甲、乙应承担连带责任

【答案】 C

【例题】（2020真题回忆版）甲在地铁里下天桥楼梯，边走边低头看手机，突然被地面翘起来的铁皮绊了一下，甲未受伤，但却把上楼梯的乙撞倒，造成重伤。关于赔偿责任主体，下列哪些说法是正确的？

A. 地铁公司应承担责任

B. 甲应承担责任

C. 甲与地铁公司按份承担责任

D. 甲与地铁公司连带承担责任

【答案】 C

【例题】（2021真题回忆版）A牵着自己的小型犬在一楼等电梯，然后B牵着自己的大型犬从电梯出来，大型犬想去逗小型犬，A就拖拽自己的小型犬，然后摔倒了。对于A的损失，下列说法正确的是：

A. 无论B是否尽到注意义务，均应承担赔偿责任

B. 因为大型犬没有碰到A，所以B不承担责任

C. A自己拖拽摔倒的，自己承担责任

D. 大型犬没有攻击小型犬，所以B不承担责任

【答案】 B

第二章　损害赔偿

本章导读

本章需要考生掌握侵权责任的主要承担方式，财产损害赔偿（人身伤亡的财产损害赔偿、侵害其他人身权益的财产损害赔偿、侵害财产权益的财产损害赔偿），非财产损害赔偿，惩罚性赔偿。

知识点

一、一般规定

因同一侵权行为造成多人死亡的，可以**以相同数额确定**死亡赔偿金。

被侵权人死亡的，其近亲属有权请求侵权人承担侵权责任。被侵权人为组织，该组织分立、合并的，承继权利的组织有权请求侵权人承担侵权责任。

被侵权人死亡的，支付被侵权人医疗费、丧葬费等合理费用的人有权请求侵权人赔偿费用，但是侵权人已经支付该费用的除外。

损害发生后，当事人可以协商赔偿费用的支付方式。协商不一致的，赔偿费用应当一次性支付；一次性支付确有困难的，可以分期支付，但是被侵权人有权请求提供相应的担保。

二、侵权责任的免责事由和减责事由

（一）过失相抵与受害人故意

法定情形	故意	重大过失	轻过失
一般情况	免责	减责	减责
占有或者使用高度危险物	免责	减轻	不减责
高度危险活动（从事高空、高压、地下挖掘活动或者使用高速轨道运输工具）	免责	减轻	不减责
动物侵权	免责	减轻	不减责
民用核设施或者运入运出核设施的核材料	免责	不减责	不减责
民用航空器	免责	不减责	不减责

过失相抵，是指当受害人对于损害的发生或者损害结果的扩大也具有过错时，依法减轻或者免除赔偿义务人的损害赔偿责任的制度。

受害人故意是指受害人明知自己的行为会发生损害自己的后果，而希望或者放任此种结果的发生。

特别提示：受害人故意是损害发生的唯一原因的，行为人免责；如果行为人也有过错的，则适用过失相抵。

例 甲忘带家门钥匙，邻居乙建议甲从自家阳台攀爬到甲家，并提供绳索以备不测，丙、丁在场协助固定绳索。甲在攀越时绳索断裂，从三楼坠地致重伤。各方当事人就赔偿事宜未达成一致，甲诉至法院。下列哪种说法是正确的？

A. 法院可以酌情让乙承担部分赔偿责任

B. 损害后果应由甲自行承担

C. 应由乙承担主要责任，丙、丁承担补充责任

D. 应由乙、丙、丁承担连带赔偿责任

【答案】 A

（二）第三人过错

第三人过错是指当事人之外的第三人对被侵权人损害的发生或扩大具有过错。第三人过错是损害发生的**唯一原因**的，第三人应当承担侵权责任；如果行为人和第三人都有过错的，则认定为多数人侵权（此时就不是第三人而是当事人了）。

应试点睛

第三人过错，第三人承担责任为原则，不真正连带责任为例外。

（1）不真正连带责任的特点：**内部任选其一，外部追偿全部**（即，存在一个终局责任人）。

（2）适用范围：

《民法典》第1203条　因产品存在缺陷造成他人损害的，被侵权人可以向产品的生产者请求赔偿，也可以向产品的销售者请求赔偿。

产品缺陷由生产者造成的，销售者赔偿后，有权向生产者追偿。因销售者的过错使产品存在缺陷的，生产者赔偿后，有权向销售者追偿。

《民法典》第1223条　因药品、消毒产品、医疗器械的缺陷，或者输入不合格的血液造成患者损害的，患者可以向药品上市许可持有人、生产者、血液提供机构请求赔偿，也可以向医疗机构请求赔偿。患者向医疗机构请求赔偿的，医疗机构赔偿后，有权向负有责任的药品上市许可持有人、生产者、血液提供机构追偿。

《民法典》第1233条　因第三人的过错污染环境、破坏生态的，被侵权人可以向侵权人请求赔偿，也可以向第三人请求赔偿。侵权人赔偿后，有权向第三人追偿。

《民法典》第1250条　因第三人的过错致使动物造成他人损害的，被侵权人可以向动物饲养人或者管理人请求赔偿，也可以向第三人请求赔偿。动物饲养人或者管理人赔偿后，有权向第三人追偿。

（三）不可抗力

不可抗力是指不能预见、不能避免、不能克服的客观情况，包括自然灾害、政府

行为、社会异常事件等。不可抗力是侵权责任的一般免责事由。

在特殊情况下，虽然存在不可抗力，也不能免责，具体包括[①]：

(1) 民用核设施或者运入运出核设施的核材料发生核事故造成他人损害的。

(2) 民用航空器造成他人损害的。

(四) 正当防卫

因正当防卫造成损害的，不承担民事责任。

正当防卫超过必要的限度，造成不应有的损害的，正当防卫人应当承担适当的民事责任。

(五) 紧急避险

1. 紧急避险，是指为了避免公共利益、自己或他人的合法权益因现实的急迫危险而造成损害，在迫不得已的情况下采取的加害他人的行为。

2. 紧急避险中行为人的责任承担。

第一层次：人为因素引发险情，引发险情的人承担；

第二层次：自然原因引发险情，避险行为人不承担或者给予适当补偿；

第三层次：避险行为不当（无论人为因素还是自然原因），避险行为人须承担适当责任。

(六) 自甘风险

自愿参加具有一定风险的文体活动，因其他参加者的行为受到损害的，受害人不得请求其他参加者承担侵权责任；但是，**其他参加者对损害的发生有故意或者重大过失的除外**。

活动组织者的责任适用安保义务人责任或者教育机构责任。

【例题】（2021 真题回忆版）张某是 A 市篮球运动员，李某是 B 市篮球运动员，张某扣篮时候，李某没来得及躲闪，导致受伤，B 市篮球运动员陈某认为张某是故意的，于是拿起篮球往张某扔去，导致张某重伤。对于本案，下列说法正确的是：

A. 李某和陈某应对张某承担连带责任

B. 李某系自甘风险，张某无须对李某承担责任

C. 陈某应该对张某承担侵权责任

D. 张某应对李某承担侵权责任

【答案】 BC

---

① 根据《国务院关于核事故损害赔偿责任问题的批复》第 6 条的规定，民用核设施的营运单位在发生核事故的情况下造成他人损害的，只有能够证明损害是因战争、武装冲突、敌对行动或者暴乱所引起，或者是因受害人故意造成的，才免除其责任。而因不可抗力的自然灾害造成他人损害的，不能免除核设施的营运单位的责任。

根据《民用航空法》第 160 条的规定，民用航空器造成他人损害的，民用航空器的经营者只有能够证明损害是武装冲突、骚乱造成的，或者是因受害人故意造成的，才免除其责任。因不可抗力的自然灾害造成他人损害的，不能免除民用航空器的经营者的责任。

（七）自助行为

合法权益受到侵害，情况紧迫且不能及时获得国家机关保护，不立即采取措施将使其合法权益受到难以弥补的损害的，受害人可以在保护自己合法权益的必要范围内采取扣留侵权人的财物等合理措施；但是，应当立即请求**有关国家机关处理**。

受害人采取的措施不当造成他人损害的，应当承担侵权责任。

【例题】（2017－3－23）刘婆婆回家途中，看见邻居肖婆婆带着外孙小勇和另一家邻居的孩子小囡（均为4岁多）在小区花园中玩耍，便上前拿出几根香蕉递给小勇，随后离去。小勇接过香蕉后，递给小囡一根，小囡吞食时误入气管导致休克，经抢救无效死亡。对此，下列哪一选项是正确的？

A. 刘婆婆应对小囡的死亡承担民事责任

B. 肖婆婆应对小囡的死亡承担民事责任

C. 小勇的父母应对小囡的死亡承担民事责任

D. 属意外事件，不产生相关人员的过错责任

【答案】 D

三、财产损害赔偿和精神损害赔偿

<table>
<tr><th colspan="2"></th><th>侵害财产权</th><th>侵害人身权</th></tr>
<tr><td rowspan="2">财产损害赔偿</td><td>赔偿范围</td><td>财产损失</td><td>1. 医疗费、护理费、营养费、误工费、交通费、住院伙食补助费
2. 造成残疾的，还应当赔偿辅助器具费和残疾赔偿金；造成死亡的，还应当赔偿丧葬费和死亡赔偿金</td></tr>
<tr><td>计算方式</td><td>按照损失的市场价赔偿</td><td>损失——利益——自由裁量</td></tr>
<tr><td colspan="2">精神损害赔偿</td><td>原则上不得主张、故意或者重大过失侵害人格意义物品例外</td><td>可以主张</td></tr>
</table>

《民法典》第1183条　侵害自然人人身权益造成严重精神损害的，被侵权人有权请求精神损害赔偿。

因故意或者重大过失侵害自然人具有人身意义的特定物造成严重精神损害的，被侵权人有权请求精神损害赔偿。

精神损害赔偿**（侵权可，违约不可，违约侵犯人身权例外）**——五可五不可：

（1）自然人可，法人不可。

（2）人身权可，财产权原则上不可（人格意义的物品和死者的遗体遗骨除外）。

（3）死者的**近亲属可**，其他人不可。

（4）**造成严重后果的可**，没有造成严重后果的不可。

（5）诉讼或者书面承诺的可继承，否则不可。

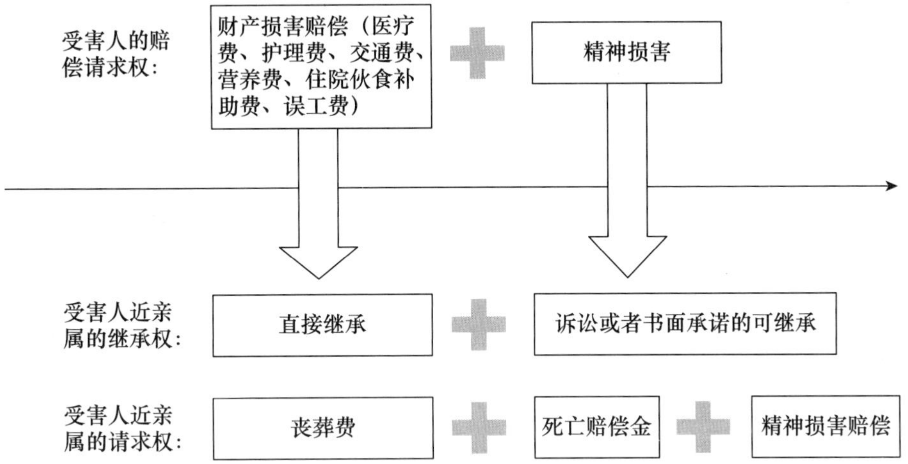

例1 姚某旅游途中，前往某玉石市场参观，在唐某经营的摊位上拿起一只翡翠手镯，经唐某同意后试戴，并问价。唐某报价18万元（实际进货价8万元，市价9万元），姚某感觉价格太高，急忙取下，不慎将手镯摔断。姚某应赔偿唐某吗？赔偿范围是多少？

答：姚某应赔偿唐某，赔偿范围为玉镯市价9万元。试用买卖中，标的物的所有权属于出卖人。因试用人的过错导致标的物毁损、灭失的，应当承担侵权责任。侵害他人财产的，财产损失按照损失发生时的市场价格或者其他合理方式计算。本题中手镯市价为9万元，所以应赔偿9万元。

例2 张某因病住院，医生手术时误将一肾脏摘除。张某向法院起诉，请求医院赔偿治疗费用和精神损害抚慰金。法院审理期间，张某术后感染医治无效死亡。关于此案，下列哪些说法是正确的？

A. 医院侵犯了张某的健康权和生命权

B. 张某的继承人有权继承张某的医疗费赔偿请求权

C. 张某的继承人有权继承张某的精神损害抚慰金请求权

D. 张某死后其配偶、父母和子女有权另行起诉，请求医院赔偿自己的精神损害

E. 张某死后其配偶、父母和子女有权另行起诉，请求医院赔偿丧葬费和死亡赔偿金

【答案】ABCDE

第三章　责任主体的特殊规定

本章导读

本章需要考生掌握监护人责任的构成要件、责任承担以及减轻，用人者责任的构成要件、责任承担以及提供劳务一方受害的侵权责任，定作人责任，网络侵权责任中通知规则下和知道规则下的网络侵权责任，违反安全保障义务责任的构成要件和责任承担，教育机构侵权责任归责原则、侵权责任构成要件以及侵权责任承担。

知识点

一、监护人的侵权责任

监护人责任，是指作为被监护人的无民事行为能力人、限制民事行为能力人造成他人损害的，监护人应当承担的侵权责任。监护人责任重点掌握以下“七个不免责”：

1. 监护人尽到监护职责的，可以减轻但不能免除其侵权责任。（尽责不免责——有例外）

2. 未成年子女侵害他人权益的，该子女的离异父母应当承担连带责任。未成年子女离异父母的责任份额，可根据各自履行监护职责的情况确定。实际承担责任超过自己责任份额的父母一方，有权向另一方追偿的，人民法院应予支持。（离婚不免责）

3. 有财产的无民事行为能力人、限制民事行为能力人造成他人损害的，依然由侵权行为人的监护人承担侵权责任。清偿债务时，承担赔偿责任的监护人主张先从被监护人财产中支付赔偿费用的，人民法院应予支持，但应当保留被监护人正常生活和接受教育的开支。（有钱不免责）

4. 行为人在侵权行为发生时不满 18 周岁，被诉时已满 18 周岁的，由原监护人承担侵权责任。清偿债务时，承担赔偿责任的监护人主张先从被监护人财产中支付赔偿费用的，人民法院应予支持。上述规定情形，被侵权人仅起诉行为人的，人民法院应当向原告释明申请追加原监护人为共同被告。（成年不免责）

5. 无民事行为能力人、限制民事行为能力人造成他人损害，被侵权人请求监护人承担侵权责任的，或者合并请求监护人和代为履行监护职责的受托人承担责任的，人民法院应当依照《最高人民法院关于适用〈中华人民共和国民事诉讼法〉的解释》第 67 条的规定，将无民事行为能力人、限制民事行为能力人列为共同被告。

无民事行为能力人、限制民事行为能力人造成他人损害，被侵权人可以请求监护人承担侵权人的全部责任，也可以请求代为履行监护职责的受托人在其未尽到管理、教育等监护职责的过错范围内承担相应的责任。

监护人和代为履行监护职责的受托人为共同被告的，代为履行监护职责的受托人在其过错范围内与监护人共同承担责任，但被侵权人获得的赔偿不应超出损害范围；监护人主张其与有过错的代为履行监护职责的受托人承担按份责任的，人民法院不予支持。

监护人承担责任后向代为履行监护职责的受托人追偿的，人民法院应当依照《民法典》第929条的规定处理。(委托不免责)

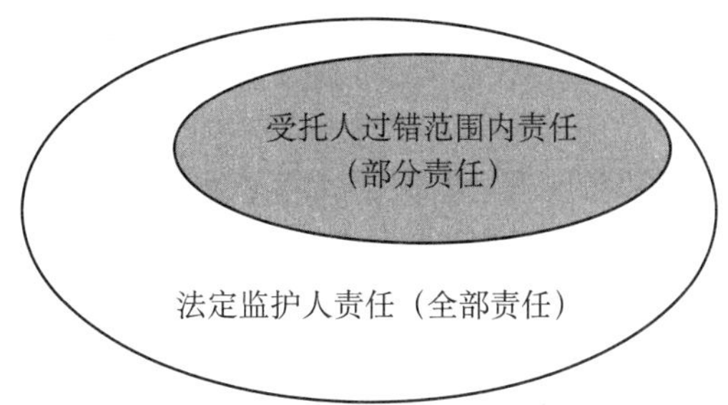

6. 教唆、帮助无民事行为能力人、限制民事行为能力人实施侵权行为，被侵权人可以请求教唆人、帮助人承担侵权人的全部侵权责任，也可以请求未尽到管理、教育等监护职责的监护人在其能够防止或者制止损害的范围内承担与其过错相应的责任。(教唆不免责)

7. 被侵权人请求实施侵权行为的限制民事行为能力人在与其年龄、智力、精神健康状况相适应的范围内，与监护人共同承担停止侵害、排除妨碍、消除危险、消除影响、赔礼道歉等非财产责任的，人民法院可予支持。(非财产责任不免责)

【例题】(2015－3－24) 甲的儿子乙（8岁）因遗嘱继承了祖父遗产10万元。某日，乙玩耍时将另一小朋友丙的眼睛划伤。丙的监护人要求甲承担赔偿责任2万元。后法院查明，甲已尽到监护职责。下列哪一说法是正确的?

A. 因乙的财产足以赔偿丙，故不需用甲的财产赔偿

B. 甲已尽到监护职责，无需承担侵权责任

C. 用乙的财产向丙赔偿，乙赔偿后可在甲应承担的份额内向甲追偿

D. 应由甲直接赔偿，否则会损害被监护人乙的利益

【答案】A

二、完全民事行为能力人对自己的行为暂时没有意识或者失去控制致人损害的侵权责任

完全民事行为能力人对自己的行为暂时没有意识或者失去控制造成他人损害有过错的，应当承担侵权责任；没有过错的，根据行为人的经济状况对受害人**适当补偿**。

完全民事行为能力人因醉酒、滥用麻醉药品或者精神药品对自己的行为暂时没有意识或者失去控制造成他人损害的，应当承担侵权责任。

三、用人单位、用工单位的侵权责任

(一) 用人单位责任：无过错责任、替代责任

用人单位的工作人员因执行工作任务造成他人损害的，由用人单位承担侵权责任。用人单位承担侵权责任后，可以向有故意或者重大过失的工作人员追偿。

与用人单位形成劳动关系的员工、执行用人单位工作任务的其他人员，因执行工作任务造成他人损害的，均由用人单位承担侵权责任。个体工商户的员工因执行工作任务造成他人损害，适用上述规定。

工作人员以执行工作任务的名义实施的行为造成他人损害，构成自然人犯罪的，工作人员刑事责任的承担不影响用人单位民事责任的认定。

（二）劳务派遣责任

劳务派遣期间，被派遣的工作人员因执行工作任务造成他人损害的，由接受劳务派遣的用工单位承担侵权责任；劳务派遣单位有过错的，承担相应的责任。

劳务派遣期间，被派遣的工作人员因执行工作任务造成他人损害，被侵权人可以请求接受劳务派遣的用工单位承担侵权人的全部责任，也可以请求劳务派遣单位对不当选派工作人员等过错承担相应的责任。

接受劳务派遣的用工单位和劳务派遣单位为共同被告的，劳务派遣单位在其过错范围内与接受劳务派遣的用工单位共同承担责任，但被侵权人获得的赔偿不应超出损害范围；接受劳务派遣的用工单位主张其与劳务派遣单位承担按份责任的，人民法院不予支持。

接受劳务派遣的用工单位或者劳务派遣单位承担侵权责任后，相互之间进行追偿的，人民法院不予支持，但接受劳务派遣的用工单位与劳务派遣单位另有约定的除外。

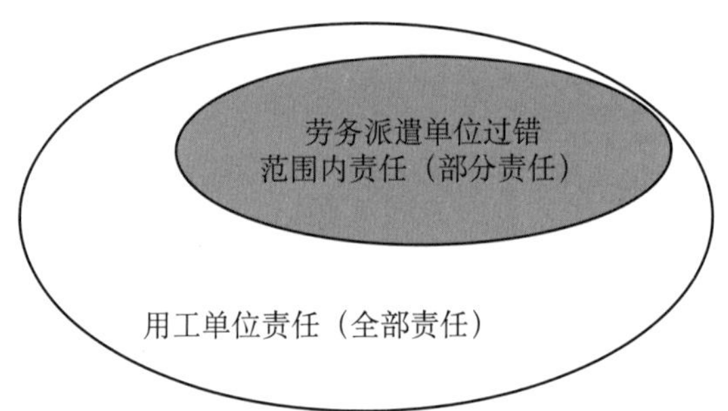

【例题】（2013－3－67）甲赴宴饮酒，遂由有驾照的乙代驾其车，乙违章撞伤丙。交管部门认定乙负全责。以下假定情形中对丙的赔偿责任，哪些表述是正确的？

A. 如乙是与甲一同赴宴的好友，乙不承担赔偿责任

B. 如乙是代驾公司派出的驾驶员，该公司应承担赔偿责任

C. 如乙是酒店雇佣的为饮酒客人提供代驾服务的驾驶员，乙不承担赔偿责任

D. 如乙是出租车公司驾驶员，公司明文禁止代驾，乙为获高额报酬而代驾，乙应承担赔偿责任

【答案】BC

四、个人之间形成劳务关系中接受劳务一方的侵权责任

个人之间形成劳务关系，提供劳务一方因劳务造成他人损害的，由接受劳务一方承担侵权责任。接受劳务一方承担侵权责任后，可以向有故意或者重大过失的提供劳务一方追偿。提供劳务一方因劳务受到损害的，根据双方各自的过错承担相应的责任。

提供劳务期间，因第三人的行为造成提供劳务一方损害的，提供劳务一方有权请求第三人承担侵权责任，也有权请求接受劳务一方给予补偿。接受劳务一方补偿后，可以向第三人追偿。

五、承揽人责任

承揽人在完成工作过程中造成第三人损害或者自己损害的，定作人不承担侵权责任。但是，定作人对定作、指示或者选任有过错的，应当承担相应的责任。

六、网络用户、网络服务提供者的侵权责任

《民法典》第 1194 条 网络用户、网络服务提供者利用网络侵害他人民事权益的，应当承担侵权责任。法律另有规定的，依照其规定。

《民法典》第 1195 条 网络用户利用网络服务实施侵权行为的，权利人有权通知网络服务提供者采取删除、屏蔽、断开链接等必要措施。通知应当包括构成侵权的初步证据及权利人的真实身份信息。

网络服务提供者接到通知后，应当及时将该通知转送相关网络用户，并根据构成侵权的初步证据和服务类型采取必要措施；未及时采取必要措施的，对损害的扩大部分与该网络用户承担连带责任。（**“通知——转送——取下”规则**）

权利人因错误通知造成网络用户或者网络服务提供者损害的，应当承担侵权责任。法律另有规定的，依照其规定。

《民法典》第 1196 条 网络用户接到转送的通知后，可以向网络服务提供者提交不存在侵权行为的声明。声明应当包括不存在侵权行为的初步证据及网络用户的真实身份信息。

网络服务提供者接到声明后，应当将该声明转送发出通知的权利人，并告知其可以向有关部门投诉或者向人民法院提起诉讼。网络服务提供者在转送声明到达权利人后的合理期限内，未收到权利人已经投诉或者提起诉讼通知的，应当及时终止所采取的措施。（**“声明——转送——恢复”规则**）

《民法典》第 1197 条 网络服务提供者知道或者应当知道网络用户利用其网络服务侵害他人民事权益，未采取必要措施的，与该网络用户承担连带责任。

1. **避风港规则**：

（1）网络服务提供者在接到通知之前没有责任。

（2）网络服务提供者在接到通知之后采取删除、屏蔽、断开链接等适当措施的免责。

（3）网络服务提供者在接到错误通知之后采取删除、屏蔽、断开链接等适当措施的免责。

▲小结：确有侵权的，上传者担责——没有侵权的，错误通知者担责。

2. 红旗规则：网络服务提供者知情须与网络用户承担连带责任。

3. 实施细则：

（1）人民法院适用《民法典》第 1195 条第 2 款的规定，认定网络服务提供者采取的删除、屏蔽、断开链接等必要措施是否及时，应当根据网络服务的类型和性质、有

效通知的形式和准确程度、网络信息侵害权益的类型和程度等因素综合判断。

（2）其发布的信息被采取删除、屏蔽、断开链接等措施的网络用户，主张网络服务提供者承担违约责任或者侵权责任，网络服务提供者以收到《民法典》第 1195 条第 1 款规定的有效通知为由抗辩的，人民法院应予支持。

（3）人民法院依据《民法典》第 1197 条认定网络服务提供者是否“知道或者应当知道”，应当综合考虑下列因素：①网络服务提供者是否以人工或者自动方式对侵权网络信息以推荐、排名、选择、编辑、整理、修改等方式作出处理；②网络服务提供者应当具备的管理信息的能力，以及所提供服务的性质、方式及其引发侵权的可能性大小；③该网络信息侵害人身权益的类型及明显程度；④该网络信息的社会影响程度或者一定时间内的浏览量；⑤网络服务提供者采取预防侵权措施的技术可能性及其是否采取了相应的合理措施；⑥网络服务提供者是否针对同一网络用户的重复侵权行为或者同一侵权信息采取了相应的合理措施；⑦与本案相关的其他因素。

（4）人民法院认定网络用户或者网络服务提供者转载网络信息行为的过错及其程度，应当综合以下因素：①转载主体所承担的与其性质、影响范围相适应的注意义务；②所转载信息侵害他人人身权益的明显程度；③对所转载信息是否作出实质性修改，是否添加或者修改文章标题，导致其与内容严重不符以及误导公众的可能性。

附：避风港规则流程图

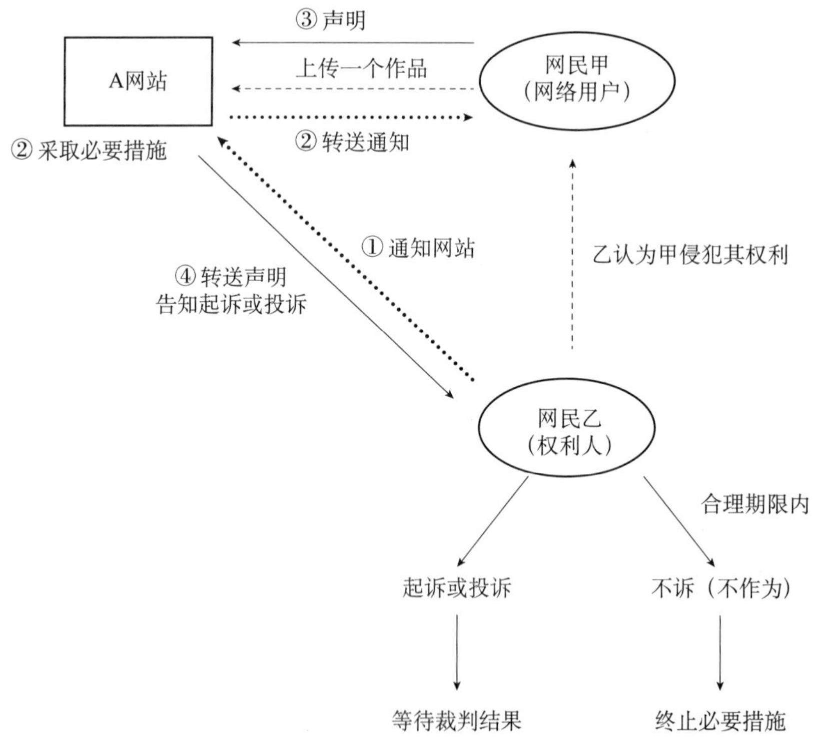

七、经营者、管理人和组织者违反安全保障义务的侵权责任

《民法典》第 1198 条　宾馆、商场、银行、车站、机场、体育场馆、娱乐场所等

经营场所、公共场所的经营者、管理者或者群众性活动的组织者，未尽到安全保障义务，造成他人损害的，应当承担侵权责任。

因第三人的行为造成他人损害的，由第三人承担侵权责任；经营者、管理者或者组织者未尽到安全保障义务的，承担相应的补充责任。经营者、管理者或者组织者承担补充责任后，可以向第三人追偿。

安全保障义务是指宾馆、商场、银行、车站、机场、体育场馆、娱乐场所等经营场所、公共场所的经营者、管理者或者群众性活动的组织者负有保障他人人身安全、财产安全的注意义务。违反安全保障义务的侵权责任适用的是一般的过错责任原则。物业服务企业等建筑物管理人应当采取必要的安全保障措施防止高空抛物和高空坠物的发生；未采取必要的安全保障措施的，应当依法承担未履行安全保障义务的侵权责任。

第三人的行为下未尽到安保义务：**过错补充责任**。具体而言，分三种情况：

第一种情况，第三人有能力的，独立承担责任。

第二种情况，第三人没有能力或者没有足够能力，但安保义务人无过错的，安保义务人不承担责任。

第三种情况：第三人没有能力或者没有足够能力，但安保义务人有过错的，安保义务人承担与其过错相应的补充责任。经营者、管理者或者组织者承担补充责任后，可以向第三人追偿。

例 A请B、C去饭店吃饭。A、B、C三人均未成年。其间B、C产生冲突，饭店老板王某和员工均未劝说，也未报警。后B上厕所时，C趁机用饮料瓶将B打伤。则下列说法正确的有：

A. 王某要和C承担连带责任

B. 王某要承担补充责任

C. A的监护人要承担责任

D. C的监护人要承担责任

【答案】 BD

【例题】（2015－3－23）某洗浴中心大堂处有醒目提示语：“到店洗浴客人的贵重物品，请放前台保管”。甲在更衣时因地滑摔成重伤，并摔碎了手上价值20万元的定情信物玉镯。经查明：因该中心雇用的清洁工乙清洁不彻底，地面湿滑导致甲摔倒。下列哪一选项是正确的？

A. 甲应自行承担玉镯损失

B. 洗浴中心应承担玉镯的全部损失

C. 甲有权请求洗浴中心赔偿精神损害

D. 洗浴中心和乙对甲的损害承担连带责任

【答案】 C

八、教育机构的侵权责任

无民事行为能力人或者限制民事行为能力人在幼儿园、学校或者其他教育机构学习、生活期间，是由教育机构而非其监护人实际履行教育和管理职责，如果教育机构未尽到相关职责，而使无民事行为能力人或者限制民事行为能力人受到人身伤害的，理应由教育机构承担相应的侵权责任。

《民法典》第1199条　无民事行为能力人在幼儿园、学校或者其他教育机构学习、生活期间受到人身损害的，幼儿园、学校或者其他教育机构应当承担侵权责任；但是，能够证明尽到教育、管理职责的，不承担侵权责任。

《民法典》第1200条　限制民事行为能力人在学校或者其他教育机构学习、生活期间受到人身损害，学校或者其他教育机构未尽到教育、管理职责的，应当承担侵权责任。

《民法典》第1201条　无民事行为能力人或者限制民事行为能力人在幼儿园、学校或者其他教育机构学习、生活期间，受到幼儿园、学校或者其他教育机构以外的第三人人身损害的，由第三人承担侵权责任；幼儿园、学校或者其他教育机构未尽到管理职责的，承担相应的补充责任。幼儿园、学校或者其他教育机构承担补充责任后，可以向第三人追偿。

应试点睛

教育机构责任的隐含前提：完全民事行为能力人遭受损害教育机构不赔，非学习、生活期间教育机构不赔，财产损害教育机构不赔。

	校内侵权（学生打学生）	校外第三人侵权（流氓打学生）
无民事行为能力人受侵害	过错推定责任	与其过错相应的补充责任 （先诉抗辩权＋向第三人追偿①）
限制民事行为能力人受侵害	过错责任	

例　关于教育机构的侵权责任，下列说法正确的是：

A. 大一新生甲（18周岁）因与大三学生乙发生争执，被打伤花去医药费600元，新生甲可以要求学校承担适当的补偿责任

B. 小甲（7周岁）在校期间，被高年级的同学乙打伤，小甲的父母如果要求学校承担责任，则需要证明学校未尽到教育、管理职责

C. 小甲（7周岁）在校期间，因被学校门前卖东西的小商贩乙怀疑偷东西而打伤，小甲的父母如果要求学校承担责任，则需要举证学校未尽到教育、管理职责

D. 小甲（11周岁）在校期间，被高年级同学乙打伤，小甲的父母如果要求学校承担责任，则需要举证学校未尽到教育、管理职责

【答案】 CD

---

①　无民事行为能力人或者限制民事行为能力人在幼儿园、学校或者其他教育机构学习、生活期间，受到教育机构以外的第三人人身损害，第三人和教育机构作为共同被告的，未尽到管理职责的教育机构在人民法院对第三人的财产依法强制执行后仍不能履行的部分，承担与其过错相应的补充责任。

被侵权人仅起诉教育机构的，人民法院可以向原告释明申请追加实施侵权行为的第三人为共同被告。第三人不明确的，未尽到管理职责的教育机构承担与其过错相应的责任；教育机构承担责任后向已经确定的第三人追偿的，人民法院应予支持。

【例题】（2009－3－23）某小学组织春游，队伍行进中某班班主任张某和其他教师闲谈，未跟进照顾本班学生。该班学生李某私自离队购买食物，与小贩刘某发生争执被打伤。对李某的人身损害，下列哪一说法是正确的？

A. 刘某应承担赔偿责任

B. 某小学应承担赔偿责任

C. 某小学应与刘某承担连带赔偿责任

D. 刘某应承担赔偿责任，某小学应承担相应的补充赔偿责任

【答案】D

九、被帮工人、帮工人的侵权责任

无偿提供劳务的帮工人，在从事帮工活动中致人损害的，被帮工人应当承担赔偿责任。被帮工人承担赔偿责任后向有故意或者重大过失的帮工人追偿的，人民法院应予支持。**被帮工人明确拒绝帮工的，不承担赔偿责任。**

无偿提供劳务的帮工人因帮工活动遭受人身损害的，根据帮工人和被帮工人各自的过错承担相应的责任；被帮工人明确拒绝帮工的，被帮工人不承担赔偿责任，但可以在受益范围内予以适当补偿。

帮工人在帮工活动中因第三人的行为遭受人身损害的，有权请求第三人承担赔偿责任，也有权请求被帮工人予以适当补偿。被帮工人补偿后，可以向第三人追偿。

【例题】（2014－3－66）甲家盖房，邻居乙、丙前来帮忙。施工中，丙因失误从高处摔下受伤，乙不小心撞伤小孩丁。下列哪些表述是正确的？

A. 对丙的损害，甲应承担赔偿责任，但可减轻其责任

B. 对丙的损害，甲不承担赔偿责任，但可在受益范围内予以适当补偿

C. 对丁的损害，甲应承担赔偿责任

D. 对丁的损害，甲应承担补充赔偿责任

【答案】AC

十、见义勇为中受益人的补偿责任

《民法典》第183条　因保护他人民事权益使自己受到损害的，由侵权人承担民事责任，受益人可以给予适当补偿。没有侵权人、侵权人逃逸或者无力承担民事责任，受害人请求补偿的，受益人应当给予适当补偿。

《民法典》第184条　因自愿实施紧急救助行为造成受助人损害的，救助人不承担民事责任。

第四章 产品责任

本章导读

本章要求考生熟练掌握产品责任的归责原则，产品责任的构成要件，产品责任的承担主体，惩罚性赔偿责任以及产品责任的免责事由。

知识点

一、产品责任的构成要件

产品责任，是指产品因存在缺陷而致人损害，生产者、销售者等应当承担的侵权责任。

产品责任的构成要件为：

（1）产品存在缺陷。所谓产品的缺陷，是指产品存在危及人身、他人财产安全的不合理的危险；产品有保障人体健康和人身、财产安全的国家标准、行业标准的，是指不符合该标准。

（2）缺陷产品造成了受害人民事权益的损害。

（3）缺陷产品与受害人的损害后果之间存在因果关系。

二、产品责任的承担主体

产品责任的承担主体主要是生产者和销售者。在外部关系上，产品的生产者和销售者都对缺陷产品的受害人承担无过错责任。在其内部关系上，产品缺陷由生产者造成的，销售者赔偿后，有权向生产者追偿。因销售者的过错使产品存在缺陷的，生产者赔偿后，有权向销售者追偿。此时，产品的生产者承担的是无过错责任，只要销售者能够证明缺陷产品是由生产者造成，以及其已向受害人承担赔偿责任；而产品的销售者承担的是过错责任，生产者一般应当证明销售者有过错，以及其已向受害人承担赔偿责任，即可向销售者追偿。基于上述，产品的生产者和销售者对缺陷产品的受害人承担的是不真正连带责任，而非连带责任。

另外，缺陷产品运输者、仓储者等第三人应承担过错责任。产品的运输者、仓储者等第三人不按照有关规定和产品包装上标明的储藏、运输等标准进行储存、运输，造成产品缺陷，应对缺陷产品造成他人损害承担侵权责任。但是，因运输者、仓储者等第三人的过错使产品存在缺陷，造成他人损害的，一般应先由产品的生产者或者销售者向缺陷产品的受害人赔偿，生产者或者销售者在实际赔偿之后方有权向缺陷产品运输者、仓储者等第三人追偿。

三、产品责任的免责事由

产品责任是无过错责任，被诉请承担产品责任的人一般不得以自己无过错为由而主张免责，但是《产品质量法》第41条第2款为生产者规定了以下三种免责事由：(1)生产者能够证明未将产品投入流通的；(2)生产者能够证明产品投入流通时，引起损害的缺陷尚不存在的；(3)生产者能够证明将产品投入流通时的科学技术水平尚不能发现缺陷的存在的。同时，是否存在上述免责事由，应由生产者负举证责任。

【例题】(2013-3-15)李某用100元从甲商场购买一只电热壶，使用时因漏电致李某手臂灼伤，花去医药费500元。经查该电热壶是乙厂生产的。下列哪一表述是正确的?

A. 李某可直接起诉乙厂要求其赔偿500元损失

B. 根据合同相对性原理，李某只能要求甲商场赔偿500元损失

C. 如李某起诉甲商场，则甲商场的赔偿范围以100元为限

D. 李某只能要求甲商场更换电热壶，500元损失则只能要求乙厂承担

【答案】A

【例题】(2011-3-67)甲系某品牌汽车制造商，发现已投入流通的某款车型刹车系统存在技术缺陷，即通过媒体和销售商发布召回该款车进行技术处理的通知。乙购有该车，看到通知后立即驱车前往丙销售公司，途中因刹车系统失灵撞上大树，造成伤害。下列哪些说法是正确的?

A. 乙有权请求甲承担赔偿责任

B. 乙有权请求丙承担赔偿责任

C. 乙有权请求惩罚性赔偿

D. 甲的责任是无过错责任

【答案】ABD

四、特殊责任

产品投入流通后发现存在缺陷的，生产者、销售者应当及时采取停止销售、警示、召回等补救措施；未及时采取补救措施或者补救措施不力造成损害扩大的，对扩大的损害也应当承担侵权责任。

依据上述规定采取召回措施的，生产者、销售者应当负担被侵权人因此支出的必要费用。

明知产品存在缺陷仍然生产、销售，或者没有依据上述规定采取补救措施，造成他人死亡或者健康严重损害的，被侵权人有权请求相应的**惩罚性赔偿**。

第五章　机动车交通事故责任

本章导读

本章需要考生熟练掌握机动车交通事故责任的归责原则、机动车交通事故责任的构成要件，机动车交通事故责任的责任主体。

知识点

一、机动车交通事故责任的归责原则

（一）归责原则

机动车之间发生交通事故的，适用过错责任；机动车与非机动车驾驶人、行人之间发生交通事故的，机动车一方承担无过错责任。

（二）过失相抵

1. 机动车之间发生交通事故，双方都有过错的，按照各自过错的比例分担责任。

2. 机动车与非机动车驾驶人、行人之间发生交通事故，有证据证明非机动车驾驶人、行人有过错的，根据过错程度适当减轻机动车一方的赔偿责任；机动车一方没有过错的，承担不超过10%的赔偿责任。

（三）受害人故意免责

交通事故的损失是由非机动车驾驶人、行人故意碰撞机动车造成的，机动车一方不承担赔偿责任。

（四）好意同乘

非营运机动车发生交通事故造成无偿搭乘人损害，属于该机动车一方责任的，应当减轻其赔偿责任，但是机动车使用人有故意或者重大过失的除外。

例　甲搭乘同事乙的顺风车上班，如果乙闯红灯发生交通事故致甲损害，则不得减轻乙的赔偿责任。

二、机动车交通事故责任的责任主体

1. 合法使用时，谁控制，谁承担责任（即驾驶人、使用人、有控制力的驾驶培训单位），包括以下情况：

（1）租赁、借用导致的所有人和使用人的分离——使用人承担责任（所有人过错相应）。

（2）转让机动车交付未登记（含多次转让）——受让人承担责任。

（3）未经允许驾驶他人机动车——驾驶人承担责任（所有人过错相应）。

（4）接受机动车驾驶培训活动中——驾驶培训单位承担责任。

（5）机动车试乘过程中发生交通事故造成试乘人损害——试乘服务者承担责任（试乘是指在经销商指定人的驾驶下，顾客乘坐在汽车上）。

2. 涉及违法时，谁违法，谁承担责任，具体包括：

（1）买卖拼装报废车，含多次买卖的——所有的转让人、受让人承担连带责任。

应试点睛

转让拼装报废车担责不以明知为要件。

（2）盗窃、抢劫、抢夺机动车的——盗抢人承担责任，盗窃人、抢劫人或者抢夺人与机动车使用人并非同一人，发生交通事故后属于该机动车一方责任的，由盗窃人、抢劫人或者抢夺人与机动车使用人承担连带责任。盗窃、抢劫或者抢夺的机动车发生交通事故造成他人人身损害，受害人或者死亡受害人的近亲属请求承保机动车强制保险的保险人在强制保险责任限额范围内先予赔偿的，人民法院应予支持。承保机动车强制保险的保险人承担赔偿责任后，向交通事故责任人追偿的，人民法院应予支持。

（3）驾车逃逸的——机动车驾驶人发生交通事故后逃逸，该机动车参加强制保险的，由保险人在机动车强制保险责任限额范围内予以赔偿；机动车不明、该机动车未参加强制保险或者抢救费用超过机动车强制保险责任限额，需要支付被侵权人人身伤亡的抢救、丧葬等费用的，由道路交通事故社会救助基金垫付。道路交通事故社会救助基金垫付后，其管理机构有权向交通事故责任人追偿。

（4）套牌车——套牌车的所有人、管理人承担责任（被套牌者知情的承担连带责任）。

3. 与机动车责任险的关系。

机动车发生交通事故造成损害，属于该机动车一方责任的，先由承保机动车强制保险的保险人在强制保险责任限额范围内予以赔偿；不足部分，由承保机动车商业保险的保险人按照保险合同的约定予以赔偿；仍然不足或者没有投保机动车商业保险的，由侵权人赔偿。

未依法投保强制保险的机动车发生交通事故造成损害，投保义务人和交通事故责任人不是同一人的，被侵权人可以请求投保义务人在机动车强制保险责任限额范围内予以赔偿，也可以请求交通事故责任人承担侵权人的全部赔偿责任。

投保义务人和交通事故责任人为共同被告的，投保义务人在机动车强制保险责任限额范围内与交通事故责任人共同承担责任，但被侵权人获得的赔偿不应超出损害范围；交通事故责任人主张其与投保义务人承担按份责任的，人民法院不予支持。

投保义务人承担责任后向交通事故责任人追偿的，人民法院不予支持。

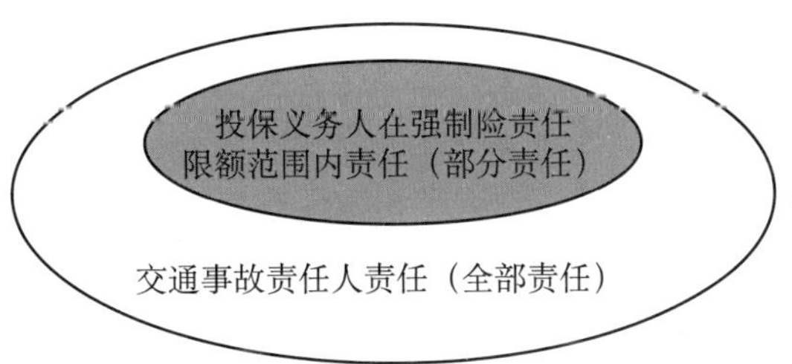

例 1　机动车交通事故责任。

周某从迅达汽车贸易公司购买了 1 辆车，约定周某试用 10 日，试用期满后 3 日内办理登记过户手续。试用期间，周某违反交通规则将李某撞成重伤。现周某经济困难，无力赔偿。本案中的侵权责任应当如何承担?

答：本案中，周某违反交通规则将李某撞成重伤，出让人迅达汽车贸易公司没有过错，故该侵权责任应当由受让人周某承担，迅达汽车贸易公司不需要承担责任。

例 2　盗抢机动车交通事故责任。

乙骑摩托车回村途中被货车撞成重伤，公安部门认定货车司机丙承担全部责任。经查：丁为货车车主，该货车一年前被丙盗走，未买任何保险。本案中的侵权责任应当如何承担?

答：本案中，该造成侵害的车在一年前被盗，属于被盗的机动车，应当由盗窃人丙承担赔偿责任；丁作为登记的货车车主，无过错，不应当承担责任。

例 3　受害人重大过失的机动车交通事故责任。

甲以正常速度驾驶汽车（已投保）途中，突遇行人乙在非人行道处横穿公路，甲紧急刹车，但仍将乙撞伤。本案中的侵权责任应当如何承担?

答：本案中，行人乙在非人行道处横穿公路，属于违反道路交通安全法律、法规的情形；驾驶员甲以正常速度驾驶汽车且采取了紧急刹车的处置措施，故可减轻其赔偿责任，只承担部分责任（该部分责任最终由交强险保险公司予以承担）。

第六章　医疗损害责任

本章导读

本章需要考生熟练掌握医疗损害责任的构成要件，医疗活动中的其他责任，医疗损害责任的免责事由。

知识点

一、医疗损害责任

（一）构成要件

医疗损害责任是指医疗机构或者其医务人员在诊疗活动中因过错导致患者遭受损害，医疗机构因此需要承担的侵权责任。

医疗损害责任应具备四个构成要件：

（1）医疗机构或者其医务人员在诊疗活动中存在违法行为。

（2）存在患者遭受损害的事实。①人身伤害。②名誉权、隐私权遭受损害。③财产损害。④精神损害，对以上权益的侵害都有可能造成患者的精神损害。

（3）医疗机构或者其医务人员的违法医疗行为与患者遭受损害的事实之间存在因果关系。

（4）医疗机构或者其医务人员存在过错。

根据《最高人民法院关于审理医疗损害责任纠纷案件适用法律若干问题的解释》第 4 条的规定，患者需要承担的举证责任包括：（1）患者到医疗机构就诊的证据；（2）患者到医疗机构就诊受到损害的证据；（3）医疗机构或者其医务人员有过错的证据；（4）诊疗行为与损害之间具有**因果关系**的证据。

患者无法提交医疗机构或者其医务人员有过错、诊疗行为与损害之间具有因果关系的证据，可以提出医疗损害鉴定申请。

应试点睛

医疗损害责任的一般归责原则是过错责任原则而且举证责任不倒置（三种情况除外，下文详述）。

（二）三种情形下的医疗过失推定

1. 以下三种情况**推定**医疗机构有过错，医疗机构不能证明自己无过错的，须承担侵权责任：

(1) 患者在诊疗活动中受到损害，医疗机构违反法律、行政法规、规章以及其他有关诊疗规范的规定。

(2) 患者在诊疗活动中受到损害，医疗机构隐匿或者拒绝提供与纠纷有关的病历资料。

(3) 患者在诊疗活动中受到损害，医疗机构遗失、伪造、篡改或者违法销毁病历资料。

2. 对医疗机构或者其医务人员的过错，应当依据法律、行政法规、规章以及其他有关诊疗规范进行认定，可以综合考虑患者病情的紧急程度、患者个体差异、当地的医疗水平、医疗机构与医务人员资质等因素。医务人员在诊疗活动中未尽到与当时的医疗水平相应的诊疗义务，造成患者损害的，医疗机构应当承担赔偿责任。

(三) 免责事由

【相关法条】

《民法典》第1224条　患者在诊疗活动中受到损害，有下列情形之一的，医疗机构不承担赔偿责任：

(一) 患者或者其近亲属不配合医疗机构进行符合诊疗规范的诊疗；

(二) 医务人员在抢救生命垂危的患者等紧急情况下已经尽到合理诊疗义务；

(三) 限于当时的医疗水平难以诊疗。

前款第一项情形中，医疗机构或者其医务人员也有过错的，应当承担相应的赔偿责任。

应试点睛

医疗责任要点有三：

过错责任为原则，三种情况转推定。特殊措施须同意，情况紧急有例外。免责事由有三项，最为特殊第一项。

【例题】(2016-3-23) 田某突发重病神志不清，田父将其送至医院，医院使用进口医疗器械实施手术，手术失败，田某死亡。田父认为医院在诊疗过程中存在一系列违规操作，应对田某的死亡承担赔偿责任。关于本案，下列哪一选项是正确的?

A. 医疗损害适用过错责任原则，由患方承担举证责任

B. 医院实施该手术，无法取得田某的同意，可自主决定

C. 如因医疗器械缺陷致损，患方只能向生产者主张赔偿

D. 医院有权拒绝提供相关病历，且不会因此承担不利后果

【答案】 A

(四) 两种特殊情况中的责任

1. 两个以上医疗机构的诊疗行为造成患者同一损害，患者请求医疗机构承担赔偿责任的，应当区分不同情况，依照《民法典》第1168条、第1171条或者第1172条的规定，确定各医疗机构承担的赔偿责任。

2. 医疗机构邀请本单位以外的医务人员对患者进行诊疗，因受邀医务人员的过错

造成患者损害的，由邀请医疗机构承担赔偿责任。

二、医疗伦理责任

医务人员在诊疗活动中应当**向患者说明**病情和医疗措施。需要实施手术、特殊检查、特殊治疗的，医务人员应当及时向患者具体说明医疗风险、替代医疗方案等情况，并取得其明确同意；不能或者不宜向患者说明的，应当向患者的近亲属说明，并取得其明确同意。医务人员未尽到上述义务，造成患者损害的，医疗机构应当承担赔偿责任，但未造成患者人身损害的除外。

因抢救生命垂危的患者等紧急情况，不能取得患者或者其近亲属意见的，经医疗机构负责人或者授权的负责人批准，可以立即实施相应的医疗措施。因抢救生命垂危的患者等紧急情况且不能取得患者意见时，下列情形可以认定为《民法典》第1220条规定的不能取得患者近亲属意见：(1) 近亲属不明的；(2) 不能及时联系到近亲属的；(3) 近亲属拒绝发表意见的；(4) 近亲属达不成一致意见的；(5) 法律、法规规定的其他情形。上述情形，医务人员经医疗机构负责人或者授权的负责人批准立即实施相应医疗措施，患者因此请求医疗机构承担赔偿责任的，不予支持；医疗机构及其医务人员怠于实施相应医疗措施造成损害，患者请求医疗机构承担赔偿责任的，应予支持。

医疗机构及其医务人员应当按照规定填写并妥善保管住院志、医嘱单、检验报告、手术及麻醉记录、病理资料、护理记录等病历资料。患者要求查阅、复制上述病历资料的，医疗机构应当及时提供。

医疗机构及其医务人员应当对患者的隐私和个人信息**保密**。泄露患者的隐私和个人信息，或者未经患者同意公开其病历资料的，应当承担侵权责任。

医疗机构及其医务人员不得违反诊疗规范**实施不必要的检查**。

三、医疗产品责任

"医疗产品"包括药品、消毒产品、医疗器械等。

(一) 惩罚性赔偿

医疗产品的生产者、销售者、药品上市许可持有人**明知**医疗产品存在缺陷仍然生产、销售，造成患者死亡或者健康严重损害，被侵权人请求生产者、销售者、药品上市许可持有人赔偿损失及2倍以下惩罚性赔偿的，人民法院应予支持。

(二) 医疗产品责任 (不真正连带责任)

因药品、消毒产品、医疗器械的缺陷，或者输入不合格的血液造成患者损害的，患者可以向药品上市许可持有人、生产者、血液提供机构请求赔偿，也可以向医疗机构请求赔偿。患者向医疗机构请求赔偿的，医疗机构赔偿后，有权向负有责任的药品上市许可持有人、生产者、血液提供机构追偿。

(三) 医疗产品生产者、销售者与医疗机构分别侵权 (连带责任)

缺陷医疗产品或者输入不合格血液与医疗机构的过错诊疗行为共同造成患者同一损害，患者请求医疗机构与医疗产品的生产者、销售者、药品上市许可持有人承担连带责任的，应予支持。

医疗机构或者医疗产品的生产者、销售者、药品上市许可持有人承担赔偿责任后，向其他责任主体追偿的，应当根据诊疗行为与缺陷医疗产品或者输入不合格血液造成患者损害的原因力大小确定相应的数额。

第七章 环境污染和生态破坏责任

本章导读

本章要求考生掌握环境污染责任，生态破坏责任，环境污染和生态破坏责任的构成要件，环境污染和生态破坏责任的形式。

知识点

一、环境污染和生态破坏责任的责任承担

1. 环境污染和生态破坏损害赔偿**适用无过错责任原则**。

2. 举证责任：污染者应当就其行为与损害之间**不存在因果关系**承担举证责任。

3. 在数人实施污染环境、破坏生态行为造成同一损失的情形下，可能构成共同加害行为、因果关系聚合型的无意思联络数人侵权或因果关系竞合型的无意思联络数人侵权。对此，可以根据不同情况分别确定责任承担。这其中有一种特殊情形，即两个以上侵权人分别实施污染环境、破坏生态行为造成同一损害，部分侵权人的污染环境、破坏生态行为足以造成全部损害，部分侵权人的污染环境、破坏生态行为只造成部分损害，被侵权人可以请求足以造成全部损害的侵权人与其他侵权人就共同造成的损害部分承担连带责任，并对全部损害承担责任。

4. 侵权人违反法律规定故意污染环境、破坏生态造成严重后果的，被侵权人有权请求相应的惩罚性赔偿。

5. 违反国家规定造成生态环境损害，生态环境能够修复的，国家规定的机关或者法律规定的组织有权请求侵权人在合理期限内承担修复责任。侵权人在期限内未修复的，国家规定的机关或者法律规定的组织可以自行或者委托他人进行修复，所需费用由侵权人负担。违反国家规定造成生态环境损害的，国家规定的机关或者法律规定的组织有权请求侵权人赔偿下列损失和费用：

（1）生态环境受到损害至修复完成期间服务功能丧失导致的损失；

（2）生态环境功能永久性损害造成的损失；

（3）生态环境损害调查、鉴定评估等费用；

（4）清除污染、修复生态环境费用；

（5）防止损害的发生和扩大所支出的合理费用。

例 甲厂在东，乙厂在西，中间是一块农田10亩，甲厂排放的工业废水是红色的，乙厂排放的工业废水是绿色的：

若甲厂与乙厂排放的废水均可以将10亩农田全部污染，则甲厂与乙厂对农田的损失承担连带责任；

若甲厂的废水造成 4 亩损害，乙厂的废水造成 6 亩损害，则甲厂与乙厂承担按份责任；

若甲厂的废水造成 10 亩损害，乙厂的废水造成 4 亩损害，则就此 4 亩农田甲厂与乙厂承担连带责任，其余 6 亩农田由甲厂自己承担责任。

二、环境污染和生态破坏责任的免责事由

环境污染和生态破坏责任的免责事由主要有两项：（1）不可抗力；（2）受害人故意。而减责事由是重大过失。这些免责事由和减责事由都应由侵权人来举证证明。

除此之外，第三人过错不构成环境污染和生态破坏责任的免责事由或减责事由。因第三人的过错污染环境、破坏生态的，被侵权人可以向侵权人请求赔偿，也可以向第三人请求赔偿。侵权人赔偿后，有权向第三人追偿。被侵权人可以分别或者同时起诉侵权人、第三人。被侵权人请求第三人承担赔偿责任的，人民法院应当根据第三人的过错程度确定其相应赔偿责任。此处第三人和侵权人之间承担的是不真正连带责任。

【例题】（2015－3－22）甲、乙、丙三家公司生产三种不同的化工产品，生产场地的排污口相邻。某年，当地大旱导致河水水位大幅下降，三家公司排放的污水混合发生化学反应，产生有毒物质致使河流下游丁养殖场的鱼类大量死亡。经查明，三家公司排放的污水均分别经过处理且符合国家排放标准。后丁养殖场向三家公司索赔。下列哪一选项是正确的？

A. 三家公司均无过错，不承担赔偿责任

B. 三家公司对丁养殖场的损害承担连带责任

C. 本案的诉讼时效是 2 年

D. 三家公司应按照污染物的种类、排放量等因素承担责任

【答案】 D

第八章　高度危险责任

本章导读

本章要求考生掌握民用核事故致害责任，民用航空器致害责任，高度危险物致害责任，高度危险活动致害责任，高度危险区域致害责任。

知识点

一、高度危险责任的类型

高度危险责任，是指从事高度危险作业造成他人损害应当承担的侵权责任。从事高度危险作业造成他人损害的，应当承担侵权责任。高度危险责任可以区分为：(1) 高度危险物品致害责任，包括民用核设施致害责任和高度危险物致害责任；(2) 高度危险活动致害责任，包括民用航空器致害责任和高空、高压、地下挖掘活动致害责任；(3) 高度危险区域致害责任，包括高速轨道运输工具致害责任和高度危险区域管理人的责任。

二、高度危险责任的责任主体和免责事由

高危行为类型	责任主体	归责原则	免责事由
民用核设施或者运入运出核设施的核材料	营运单位	无过错责任	战争、武装冲突、暴乱、受害人故意
民用航空器	经营者	无过错责任	战争①、受害人故意
占有或者使用高度危险物	占有人或者使用人	无过错责任	受害人故意和不可抗力免责，受害人重大过失减责
遗失、抛弃高度危险物	所有人	无过错责任	限于法律规定
将高度危险物交由他人管理	(1) 管理人	无过错责任	限于法律规定
	(2) 有过错的所有人承担连带责任	过错责任	
非法占有高度危险物	(1) 非法占有人	无过错的责任	限于法律规定
	(2) 有过错的所有人、管理人承担连带责任	过错推定	所有人对防止非法占有尽到高度注意义务

① 《民用航空法》第160条　损害是武装冲突或者骚乱的直接后果，依照本章规定应当承担责任的人不承担责任。

续表

高危行为类型	责任主体	归责原则	免责事由
未经许可进入高度危险活动区域或者高度危险物存放区域	管理人	无过错责任	管理人已经采取足够安全措施并尽到充分警示义务
从事高空、高压、地下挖掘活动或者使用高速轨道运输工具	经营者	无过错责任	受害人故意和不可抗力免责，受害人重大过失减责

第九章　饲养动物损害责任

本章导读

本章需要考生掌握饲养动物损害责任的构成要件，饲养动物损害责任的承担，饲养动物损害责任的减轻或免责事由。

知识点

一、饲养动物损害责任的归责原则与免责事由

饲养动物损害责任，是指饲养的动物造成他人损害，动物饲养人或者管理人应当承担的侵权责任。

动物侵权适用**三层次的归责原则**，即**“绝对无过错责任——一般无过错责任——过错推定责任”**。

（1）禁止饲养的烈性犬等危险动物造成他人损害的，动物饲养人、管理人承担无过错责任且没有免责事由。

（2）没有安全措施的动物造成他人损害的，动物饲养人、管理人承担无过错责任，能够证明损害是因被侵权人故意造成的，可以减轻责任。

（3）一般的动物侵权，动物饲养人、管理人承担无过错责任；如果受害人有故意或者重大过失的，动物饲养人、管理人可以减轻或者免除责任。

（4）动物园的动物造成他人损害的，动物园承担过错推定责任，可以证明自己无过错而免责。

二、第三人原因导致的动物侵权

因第三人的过错致使动物造成他人损害的，被侵权人**可以**向动物饲养人或者管理人请求赔偿，**也可以向第三人请求赔偿**。动物饲养人或者管理人赔偿后，**有权向第三人追偿**。

此条规定属于不真正连带责任，被侵权人可以在动物饲养人或者管理人和第三人之间择一起诉，但终局责任人为第三人，即动物饲养人或者管理人赔偿后可以向第三人追偿，但第三人不能向动物饲养人或者管理人追偿。

【例题】（2015－3－67）关于动物致害侵权责任的说法，下列哪些选项是正确的？

A. 甲8周岁的儿子翻墙进入邻居院中玩耍，被院内藏獒咬伤，邻居应承担侵权责任

B. 小学生乙和丙放学途经养狗的王平家，丙故意逗狗，狗被激怒咬伤乙，只能由丙的监护人对乙承担侵权责任

C. 丁下夜班回家途经邻居家门时，未看到邻居饲养的小猪趴在路上而绊倒摔伤，邻居应承担侵权责任

D. 戊带女儿到动物园游玩时，动物园饲养的老虎从破损的虎笼蹿出将戊女儿咬伤，动物园应承担侵权责任

【答案】 ACD

第十章　物件损害责任

本章导读

本章要求考生掌握建筑物、构筑物或者其他设施倒塌、塌陷致害责任，建筑物、构筑物或者其他设施及其搁置物、悬挂物脱落、坠落致害责任，建筑物中抛掷物品或者建筑物上坠落物品致害责任，堆放物倒塌、滚落或者滑落致害责任，公共道路堆放、倾倒、遗撒妨碍通行的物品致害责任，地下施工及地下设施致害责任。

知识点

一、物件损害责任归责原则

物件损害责任，是指建筑物、构筑物、道路、林木等人工物造成他人损害时，责任人应当承担的侵权责任。物件损害责任在《民法典》侵权责任编规定有数种具体类型，不同类型适用不同的归责原则，概括而言，就是一句口诀——**物件侵权都推定，只有个别是例外**。

（1）适用过错推定责任的，包括建筑物等脱落、坠落致害责任，堆放物倒塌、滚落或者滑落致害责任，公共道路妨碍通行物致害责任，林木折断、倾倒或者果实坠落致害责任，窨井等地下设施致害责任，地面施工致害责任。

①建筑物、构筑物或者其他设施及其搁置物、悬挂物发生脱落、坠落造成他人损害，所有人、管理人或者使用人不能证明自己没有过错的，应当承担侵权责任。所有人、管理人或者使用人赔偿后，有其他责任人的，有权向其他责任人追偿。

②堆放物倒塌、滚落或者滑落造成他人损害，堆放人不能证明自己没有过错的，应当承担侵权责任。

③在公共道路上堆放、倾倒、遗撒妨碍通行的物品造成他人损害的，由行为人承担侵权责任。公共道路管理人不能证明已经尽到清理、防护、警示等义务的，应当承担相应的责任。

④因林木折断、倾倒或者果实坠落等造成他人损害，林木的所有人或者管理人不能证明自己没有过错的，应当承担侵权责任。

⑤在公共场所或者道路上挖掘、修缮安装地下设施等造成他人损害，施工人不能证明已经设置明显标志和采取安全措施的，应当承担侵权责任。

⑥窨井等地下设施造成他人损害，管理人不能证明尽到管理职责的，应当承担侵权责任。

（2）适用无过错责任的：建筑物、构筑物或者其他设施倒塌、塌陷致害责任。

建筑物、构筑物或者其他设施倒塌、塌陷造成他人损害的，由建设单位与施工单位承担连带责任，但是建设单位与施工单位能够证明不存在质量缺陷的除外。建设单位、施工单位赔偿后，有其他责任人的，有权向其他责任人追偿。

因所有人、管理人、使用人或者第三人的原因，建筑物、构筑物或者其他设施倒塌、塌陷造成他人损害的，由所有人、管理人、使用人或者第三人承担侵权责任。

（3）适用公平责任的：抛掷物、坠落物致害责任（高空抛物）。

禁止从建筑物中抛掷物品。从建筑物中抛掷物品或者从建筑物上坠落的物品造成他人损害的，由侵权人依法承担侵权责任；经调查难以确定具体侵权人的，除能够证明自己不是侵权人的外，由可能加害的建筑物使用人给予补偿。可能加害的建筑物使用人补偿后，有权向侵权人追偿。

物业服务企业等建筑物管理人应当采取必要的安全保障措施防止上述情形的发生；未采取必要的安全保障措施的，应当依法承担**未履行安全保障义务**的侵权责任。

发生上述情形的，公安等机关应当依法及时调查，查清责任人。

二、三种情况的区分

	建筑物倒塌、塌陷	脱落、坠落	高空作业	高空抛物
归责原则	无过错	过错推定	无过错	公平补偿
责任主体	建设单位与施工单位	所有人、管理人或者使用人	高空作业人	可能加害的建筑物使用人
追偿	向其他责任人追偿	向其他责任人追偿		向侵权人追偿

【例题】（2008－3－16）大华商场委托飞达广告公司制作了一块宣传企业形象的广告牌，并由飞达公司负责安装在商场外墙。某日风大，广告牌被吹落砸伤过路人郑某。经查，广告牌的安装存在质量问题。关于郑某的损害，下列哪一选项是正确的？

A. 大华商场承担赔偿责任，飞达公司承担补充赔偿责任

B. 飞达公司承担赔偿责任，大华商场承担补充赔偿责任

C. 大华商场承担赔偿责任，但其有权向飞达公司追偿

D. 飞达公司承担赔偿责任，大华商场不承担责任

【答案】C

【例题】（2020真题回忆版）洪某在某小区被不明业主高空抛下的物品砸伤，花费医疗费数万元，于是将二楼以上住户、小区物业公司、管区派出所告上法庭索赔。对此，下列哪些说法是正确的？

A. 二楼以上住户、物业公司不承担连带责任

B. 二楼以上住户若能证明自己不在家，则不承担责任

C. 派出所承担查清案件事实的责任

D. 物业公司承担安全保障责任

【答案】ABCD

三、高空抛物的责任细化

1. 高空坠物无具体侵权人时物业服务企业的直接责任与法律适用。

物业服务企业等建筑物管理人未采取必要的安全保障措施防止建筑物、构筑物或者其他设施及其搁置物、悬挂物发生脱落造成他人损害，没有具体侵权人的，人民法院应当依照《民法典》第1198条第1款、第1253条的规定认定物业服务企业等建筑物管理人应当承担的侵权责任。

2. 高空抛坠物具体侵权人能够确定时物业服务企业的补充责任、顺位抗辩、法律适用及裁判主文。

物业服务企业等建筑物管理人未采取必要的安全保障措施防止行为人从建筑物中抛掷物品、坠落物品造成他人损害，具体侵权人能够确定且与物业服务企业等建筑物管理人作为共同被告的，人民法院应当依照《民法典》第1198条第2款、第1254条的规定，认定未采取必要安全保障措施的物业服务企业等建筑物管理人在人民法院对具体侵权人的财产依法强制执行后仍不能履行的部分，承担与其过错相应的补充责任。

3. 高空抛坠物具体侵权人难以确定时物业服务企业与可能加害的建筑物使用人的责任顺位和追偿。

物业服务企业等建筑物管理人未采取必要的安全保障措施防止行为人从建筑物中抛掷物品、坠落物品造成他人损害，经公安等机关调查，民事案件一审法庭辩论终结前仍无法确定具体侵权人的，未采取必要安全保障措施的物业服务企业等建筑物管理人承担与其过错相应的责任。被侵权人其余部分的损害，由可能加害的建筑物使用人给予适当补偿。

具体侵权人确定后，承担责任的物业服务企业等建筑物管理人、可能加害的建筑物使用人向具体侵权人追偿的，人民法院应予支持。

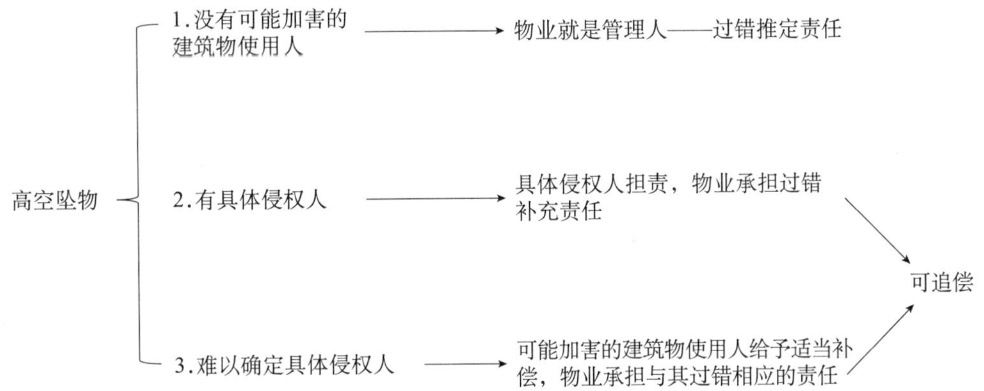

国家统一法律职业资格考试

百日通关攻略

理论法

嗨学法考 组编 王炜 编著

中国人民大学出版社
·北京·

图书在版编目（CIP）数据

国家统一法律职业资格考试·百日通关攻略. 理论法/嗨学法考组编；王炜编著. -- 北京：中国人民大学出版社，2023.11

ISBN 978-7-300-32188-2

Ⅰ. ①国… Ⅱ. ①嗨… ②王… Ⅲ. ①法的理论一中国一资格考试一自学参考资料 Ⅳ. ①D92

中国国家版本馆 CIP 数据核字（2023）第 174391 号

国家统一法律职业资格考试·百日通关攻略·理论法

嗨学法考　组编

王炜　编著

Guojia Tongyi Falü Zhiye Zige Kaoshi · Bairi Tongguan Gonglüe · Lilunfa

出版发行	中国人民大学出版社		
社　　址	北京中关村大街 31 号	**邮政编码**	100080
电　　话	010－62511242（总编室）		010－62511770（质管部）
	010－82501766（邮购部）		010－62514148（门市部）
	010－62515195（发行公司）		010－62515275（盗版举报）
网　　址	http://www.crup.com.cn		
经　　销	新华书店		
印　　刷	涿州市星河印刷有限公司		
开　　本	787 mm×1092 mm　1/16	**版　　次**	2023 年 11 月第 1 版
印　　张	15.25	**印　　次**	2024 年 4 月第 3 次印刷
字　　数	342 000	**定　　价**	258.00 元（全 8 册）

目　录

第二编 宪法

第三编 司法制度和法律职业道德

第四编 习近平法治思想

第五编 中国法律史

理论法备考概述

一、理论法考试分值介绍

理论法是国家统一法律职业资格考试（以下简称“法考”）中法理学、宪法、司法制度与法律职业道德、习近平法治思想以及中国法律史五个科目的统称。

根据考生回忆，在法考中，理论法每年至少考80分，占到法考总分（480分）的1/6以上。其中，理论法在客观题考50分，在主观题考30—40分。

二、理论法备考常见误区

理论法是法考中当之无愧的重点科目，然而，每年都有大量考生对理论法重视程度不够，在理论法备考上投入的时间和精力较少，导致理论法得分较低，进而影响了法考总成绩，考完追悔莫及。

为什么大量考生对理论法重视程度不够？通过多年与学员的交流，我把考生的心态误区总结为两点。

误区一：很多考生认为“理论法知识太抽象，太枯燥，将来从事法律工作用不上，所以没必要花精力学”。

分析：1. 相对于民法、刑法等学科，理论法确实相对抽象、枯燥，很多人对理论法没有兴趣，但是，从应试角度，理论法命题难度低于民法、刑法等学科，其特点是“分值占比高，难度不算大”，因此，理论法备考性价比高。

2. 在未来法律工作中，的确很少能直接运用理论法知识，但是，理论法对法考取证非常重要，如果因不重视理论法，导致法考没考过，纵使其他科目学得再好，未来也无法从事相关工作。

结论：既然是参加考试，就不能仅仅以兴趣为导向，要更加务实，理论法备考性价比高，值得考生高度重视。

误区二：很多考生认为“理论法要拿分纯靠背，考前突击背一背就足够了”。

分析：1. “理论法要拿分纯靠背”这句话，只适用于司考时代前期的真题（大约2010年以及更早年份的题目），司考时代后期，理论法的“活题”就开始增加。法考时代，“活题”更多，这些题目把知识点放入法律典故，融入实务案例，藏于法律谚语。例如，在近年法考中，命题人通过法律谚语考查“法的效力与法的实施”，通过刑事诉讼法相关法条考查“法律解释的种类”，通过“商鞅立木”的典故考查“立法与法的实施”，通过火灾保险赔偿的案例考查“法律解释方法的适用模式”等。类似的题目还有很多，要做对这些“活题”，必须理解相关知识。

2. 法考时代，理论法确实还有不少题目重点考背诵，但是，如此多学科，如此多考点，仅仅靠考前突击背诵是不够的，建议考生先理解后记忆。

结论： 法考时代的理论法命题，既考记忆，也考理解，建议考生不要死记硬背，而要“听课理解，做题强化，考前背诵”三步走，这样才能把知识有效转化为分数。

三、理论法备考总体规划

轮次	要点	说明
第一轮	听课＋做题	1. **本轮总体目标**：结合本书规划，突破理论法，打好基础 2. **本轮首要任务**：听课。建议把本书配套课程完整听一遍，通过听课，达成对考点的初步理解 3. **本轮次要任务**：做题。建议通过题库，配合听课，把近 10 年真题做一遍，通过做题深化理解
第二轮	做题＋看书	1. **本轮总体目标**：通过做题、看书，强化重点，查漏补缺 2. **本轮首要任务**：做题。建议通过题库，把近 10 年真题再做一遍，通过做题巩固重点，发现薄弱点 3. **本轮次要任务**：看书。发现薄弱点后，迅速回归教材，通过看书重新掌握，必要时也可有针对性地听与薄弱点相关的课
第三轮	做题＋背诵	1. **本轮总体目标**：回顾错题，背诵重点，精准记忆 2. **本轮首要任务**：背诵。把老师平时强调的重点以及做题发现的薄弱点反复背诵，尽量做到精准记忆 3. **本轮次要任务**：做题。回顾错题为主、做新修考点模拟题为辅，以做题配合背诵，进一步强化印象

四、理论法备考核心原则

（一）心态：整体务必重视，细节切勿求全

理论法备考性价比很高，从宏观上，考生务必重视，在理论法上留足时间、精力，至少安排三轮学习。从微观上，考生要避免完美主义，切勿追求面面俱到。因为法考是通过型考试，拿到 60％的分数即可拿到 A 证，因此学习要做到“主要精力学重点”，不要“眉毛胡子一把抓”。

为了帮助考生明确重点，本书结合历年真题考点考频统计，以及法考改革以来的命题特色，将知识点内容按重要性标注了星级（从一星到五星）。建议考生：第一轮打基础时，把一星到五星知识点全部学一遍；第二轮强化时，重点学习三星、四星和五星知识点；第三轮冲刺时，重点背诵四星和五星知识点。

（二）听课：听课促进理解，勾画批注重点

理论法内容距离考生日常生活较远，难免抽象枯燥，因此，建议考生初学时通过听课促进理解。老师在课上会多举例子、多作类比、多讲原理，帮助考生理解，从而

打好基础。建议考生听课时，勾画批注重点，“好记性不如烂笔头”，勾画批注可以增强听课效果，也会让考生在二轮、三轮复习时迅速定位重点，提升复习的效率和精准度。

（三）做题：做题多多益善，贯穿备考全程

做题对法考所有科目备考都非常重要。然而，很多考生存在一种共性误区，以致考试失利。他们认为备考应当“前期听课，后期做题”。不料，八大科目听课听了几个月，一做题时发现知识点忘了七七八八，挫败感很强，于是转头进行二轮听课……整个考季，这些考生课听了很多，题没做多少，对知识的掌握停留在表层，达不到考试要求，分数自然不理想。

考生要想跳出上述误区，就要把做题贯穿备考全程。首先，在备考前期，边听课，边做题，听完一节课，做一节课的题目，通过做题，强迫自己集中精力，积极思考，运用所学知识解决问题，从而深化对考点的理解。其次，在备考中期，通过二轮做题，巩固所学知识，发现薄弱环节，针对性查漏补缺。最后，在备考后期，通过重做错题，强化重点，辅助记忆。

有些考生（特别是在职考生）表示：“老师，我也知道做题重要，但是奈何时间实在不够，课都怕听不完，哪有时间做题?”对此，我的建议是：整块时间听课，碎片时间做题。不妨把日常玩手机的时间抽出一部分，关掉短视频，打开手机题库，积少成多，水滴石穿。

（四）背诵：平时化整为零，考前集中突击

背诵对理论法备考非常重要，但是备考不仅要背理论法，还有其他科目，因此，考生不能把背诵仅仅集中在考前，否则压力大，背不完，容易情绪崩溃。

建议考生日常背诵和突击背诵相结合，例如，第二轮强化时，在做题的基础上，就可以启动背诵，配合做题，利用碎片时间背诵题目考查的考点。平时背得越多，考前背诵压力就越小。

总之，希望考生高度重视理论法，严格执行备考规划，坚持备考核心原则，争取法考一举通关。

第一编　法理学

概述　法理学考情与备考要点

一、考试分值

法考改革后，司法部官方不再公布真题以及答案，因此题目多源自考生的回忆。法理学考查情况如下：

在客观题考试中，法理学每年每套卷考查12分左右。

在主观题考试中，法考改革后，主观题均直接针对中国特色社会主义法治理论以及习近平法治思想命题，不直接考查法理学。

二、命题特点

（一）重点非常突出

法考各个学科都有"**重者恒重**"的命题特点，这一特点在法理学命题中表现得尤为典型。法理学一共有四章内容，根据考生回忆，分值分布如下：

第一章：法的本体，分值占比大于50%。

第二章：法的运行，分值占比大于30%。

第三章：法的演进，分值占比小于10%。

第四章：法与社会，分值占比小于10%。

由此我们不难得出结论：在法考中，法理学命题重点非常突出，**"绝对重点前两章，重中之重第一章"**。因此，本书以及本书的配套课程会围绕前两章内容详细展开，对于后两章内容则会点明重点，点到即止。

（二）内容看着抽象，命题角度固定

法理学这四章有非常多的抽象名词，仅以第一章第一节为例，我们会看到“实证主义”“非实证主义”“分析主义法学”“法社会学”“法现实主义”“传统自然法”“第三条道路”等名词。大量抽象名词让很多考生感到无所适从。考生不要被法理学抽象晦涩的表象吓倒，实际上，在法考中，法理学命题角度很固定，只要掌握常见命题角度，做对题目拿到分数就不难。因此，本书对法理学的重要考点均总结了常见命题角度，并配以经典题目，让大家不仅学会知识，而且知道“为什么这样出题”，学会解题。

（三）理解与记忆并重

考生如果想在法理学取得不错的分数，仅靠死记硬背是远远不够的。法考改革后，很多考点均结合历史典故、现实案例、法律条文或者法律谚语命题，以近年法考为例，命题人通过“法的最佳解释者是法律本身”的法律谚语考查“法律解释”，通过网络游戏版权保护的案例考查“法律漏洞的填补”。考生仅靠记忆知识点无法做对类似题目，必须在理解的基础上活学活用，才能得出正确答案。因此，一方面，考生应结合本书内的例子理解考点，先理解，再记忆；另一方面，应多做题，通过做题强化理解，加深记忆。

三、备考建议

学习目标：充分理解法理学的考点，在理解的基础上记忆关键点。

具体做法：

首先，结合本书配套课程理解知识点。对于难点内容，考生如果一遍听不懂可以多听一两遍，理解之后无论做题还是背诵均可以事半功倍。

其次，法理学真题至少做三遍。第一遍做题，建议配合听课。学习一节知识点，配套做一节题目。考生不要在意做题的正确率，做题的目的是调动思考，增进理解。第二遍做题，建议在法理学课程完整听完之后，做题发现薄弱点，针对性强化。第三遍做题，建议在冲刺阶段，配合背诵，做题的目的是增进记忆。

最后，法理学重要考点需考前背诵。考生要把本书法理学部分强调的重点在考前进行精准记忆。通过“前期理解，做题强化，考前背诵”三步走，相信法理学可以获得理想的分数。

第一章　法的本体

第一节　法的概念★★★★

应试导读

本节内容是法考的四星级考点，比较重要，在客观题考试中，一般每套卷每一到两年出1道题，分值1—2分。重难点提示：本节中“法的概念的学说”非常抽象，是整个法理学的重难点，考生要避免畏难心理，避免死记硬背，应当结合案例和真题进行理解。

知识点

一、法的概念的学说

关于法是什么，法学家们并没有达成共识，围绕**内容正确性（符合道德）、权威性制定（国家制定）、法的实效（实际社会效果）**这三个要素的取舍，法学家们对法的概念产生了争议。

争议的核心问题：法律是不是必须符合道德？

<table>
<tr><td rowspan="2">不是</td><td rowspan="2">实证主义
“恶法亦法”</td><td>分析主义法学</td><td>权威性制定是法的概念的首要要素</td></tr>
<tr><td>法社会学
法现实主义</td><td>社会实效是法的概念的首要要素</td></tr>
<tr><td rowspan="2">是</td><td rowspan="2">非实证主义
“恶法非法”</td><td>传统自然法</td><td>道德是法的概念的唯一要素</td></tr>
<tr><td>第三条道路</td><td>既强调道德，又强调权威性制定和社会实效</td></tr>
</table>

【背诵口诀】

实证非道德，道德非实证。

分析主义法，权威是首要。

社会学现实，关键看实效。

传统自然法，道德是唯一。

第三条道路，三点都需要。

【命题角度】

法的概念的学说常见命题角度：

1. 给考生一句话/一段话，问这句话/这段话体现了哪个法学流派的学说。

2. 考查法学流派的学说之间的异同。

【经典题目】

“法学作为科学无力回答正义的标准问题，因而是不是法与是不是正义的法是两个必须分离的问题，道德上的善或正义不是法律存在并有效力的标准，法律规则不会因违反道德而丧失法的性质和效力，即使那些同道德严重对抗的法也依然是法。”关于这段话，下列说法正确的是（　　）。(2015-01-90)

A. 这段话既反映了实证主义法学派的观点，也反映了自然法学派的基本立场

B. 根据社会法学派的看法，法的实施可以不考虑法律的社会实效

C. 根据分析实证主义法学派的观点，内容正确性并非法的概念的定义要素

D. 所有的法学学派均认为，法律与道德、正义等在内容上没有任何联系

解析要点：

A 项：“即使那些同道德严重对抗的法也依然是法”，即“恶法亦法”，反映实证主义法学派的观点，未反映自然法学派的观点，A 项错误。

B 项：社会法学派认为，社会实效是法的概念的首要要素，B 项错误。

C 项：分析实证主义法学派认为，权威性制定是法的概念的首要要素，法律可以不考虑内容正确性，C 项正确。

D 项：非实证主义法学派认为，定义法的概念时，道德因素被包括在内，法与道德是相互联结的，D 项错误。

综上所述，本题答案是 C 项。

【答案】 C

二、马克思主义关于法的本质的基本观点

阶级性	法的本质首先反映为**法的阶级性**
	法是国家意志的体现，实质上是**统治阶级意志**的体现
	法是统治阶级**共同意志**的体现，不是统治阶级内部各个成员、集团、阶层的意志简单相加
	法的制定和实施要**考虑被统治阶级**的承受能力
物质制约性	法的本质最终反映为**法的物质制约性**
	物质生活条件或物质生产关系是**最终决定因素** 其他因素，比如政治、文化、历史传统等也会对法产生影响

注意　法是统治阶级意志的体现，并不意味着统治阶级的意志就是法。统治阶级的意志只有经过国家机关被上升为国家意志、被客观化正式化为具体规定才能成为法。统治阶级意志也可能表现为政策等。

【背诵口诀】

马克思主义关于法的本质的基本观点：**首先阶级，最终物质。**

三、国法

到目前为止，有关法的概念的争论并未终结，但是，任何特定国家的法律人，在其工作过程中，都必须以该国现行有效的法律作为处理法律问题的出发点和前提。所**谓特定国家现行有效的法**，笼统地讲是指**国法**。

国法	国家专门机关（立法机关）制定的法（成文法）
	法院或法官在判决中创制的规则（判例法）
	国家通过一定的方式认可的习惯法（不成文法）
	其他执行国法职能的法（如教会法）

【背诵口诀】

国法：现行有效是国法，判成习惯和其他。（解释："判成习惯和其他"是指判例法、成文法、习惯法和其他法）

四、法的特征

规范性	法是一种**规范**。规范是人们行为的标准、尺度（针对不特定主体反复适用）
	法是一种**社会规范**（调整人与人之间的行为）。法不是自然法则（自然事物之间的客观必然联系），也不是技术规范（调整人与自然之间的关系）
国家意志性	法是由国家**制定**或**认可**的社会规范
国家强制性	任何规范都有保障自己实现的力量，但法律的保障力量是**国家强制力**
	国家强制力只是最终保障力量，并不是唯一力量
普遍性	法对于国家主权管辖范围内的一切成员一律平等适用。不同于道德、社团章程
严格明确的程序性	程序的基本含义是指按照规则进行的活动或过程 法的创制、执行、适用、监督等都是严格按照一定的明确的程序来进行的 注意　其他社会规范：道德、习俗不具有程序性；纪律、政策、宗教的创制、执行或实施虽然是按照一定规则进行的，但是它们的程序性不像法的程序性表现得明显、严格和正式
可诉性	可争讼性：可以用来作为起诉、辩护的根据
	可裁判性：可以用来作为法院裁判的直接依据

五、法的作用

（一）法的作用

规范作用	**指引作用**：对**本人行为**的引导 法的指引是一种**规范性指引**，是通过一般规则对同类的人或行为的指引： 确定的指引——通过**设定义务**来实现（应为或不为） 不确定的指引——通过**宣告权利**来实现（可为）
	评价作用：判断、衡量**他人行为**的合法性

规范作用	**预测作用**：预先估计到**人们相互之间**会如何行为
	教育作用：通过法的实施对**一般人**的行为产生影响： 示警作用（反面） 示范作用（正面）
	强制作用：制裁**违法犯罪**，强制人们守法
社会作用	三个领域：社会经济生活、政治生活、思想文化生活领域
	两个方向：政治职能（阶级统治职能）、社会职能（执行社会公共事务的职能）

【背诵口诀】

法的规范作用：指引自己，评价他人，预测对方，教育大众，强制违法者。

（二）法的局限性

1. 法的作用范围不可能是无限的。
2. 法律受其他社会规范、社会条件和环境制约。
3. 法律与事实之间的对应难题，不是法律自身所能够完全解决的。
4. 自身条件的制约，如表达法律的语言具有开放性。

【命题角度】

法的作用常见命题角度：给考生一个案例，请考生判断该案例体现法的哪种作用。

【经典题目】

2011年7月5日，某公司高经理与员工在饭店喝酒聚餐后表示：别开车了，“酒驾”已入刑，咱把车推回去。随后，高经理在车内掌控方向盘，其他人推车缓行。记者从交警部门了解到，如机动车未发动，只操纵方向盘，由人力或其他车辆牵引，不属于酒后驾车。但交警部门指出，路上推车既会造成后方车辆行驶障碍，也会构成对推车人的安全威胁，建议酒后将车置于安全地点，或找人代驾。鉴于我国对“酒后代驾”缺乏明确规定，高经理起草了一份《酒后代驾服务规则》，包括总则、代驾人、被代驾人、权利与义务、代为驾驶服务合同、法律责任等共六章二十一条邮寄给国家立法机关。关于高经理和公司员工拒绝“酒驾”所体现的法的作用，下列说法正确的是（　　）。(2011-01-89)

A. 法的指引作用

B. 法的评价作用

C. 法的预测作用

D. 法的强制作用

解析要点：

“某公司高经理与员工在饭店喝酒聚餐后表示：别开车了，‘酒驾’已入刑，咱把车推回去。”可见，相关刑法条款只是对高经理等行为人本人产生了引导作用，属于指引作用，A项正确。题干案例未体现其他作用，B、C、D项错误。

综上所述，本题答案是A项。

【答案】A

第二节　法的价值★★★★

应试导读

本节内容是法考的四星级考点，比较重要，在客观题考试中，一般每套卷每一到两年出 1 道题，分值 1—2 分。同时，本节内容也可能和其他章节内容结合命题。重难点提示：本节中，“法的价值冲突的解决原则”是整个法理学的重难点，考生应结合案例进行深入理解，进而学会区分两种解决原则。

知识点

一、法的价值的种类

秩序	1. 秩序是维持人类存在与发展的**前提和基础条件** 2. 秩序是法的**基础价值**
自由	1. 自由是人之所以为人的本质属性，自由必然是法的价值之一 2. 自由需要法律限制，限制自由是为了更好地保障自由 3. 法律不得无故限制或剥夺自由，基本原则是： （1）伤害原则：伤害他人权利、利益的行为，需要法律进行禁止或限制。例如：法律禁止杀人放火 （2）道德主义原则（冒犯原则）：违背特定社会道德的行为，需要法律进行禁止或限制。例如：法律禁止公开焚烧国旗 （3）家长主义原则：伤害自身的行为，需要法律进行禁止或限制。例如：法律禁止驾驶机动车不系安全带
人权	1. 人权是一种权利，是指“人因其为人”就应该享有的权利 2. 人权是人凭自己是人而享有的权利，不依赖国家或者国家法 3. 人权根本上是一种**道德权利**，在逻辑上先于法律权利，可以作为法的评价标准，必须尽可能被转化为法律权利
正义	作为法的价值的正义主要涉及的是**分配正义**。分配正义涉及的对象是一个共同体或社会如何分配其成员作为共同体的一分子的基本权利与义务，它所遵循的准则有： 1. **平等原则或无差别原则**：每一个人作为社会或共同体的成员**享有相同的基本的社会权利与义务** 2. **差别原则**：即按照每个社会成员**自身的贡献**进行分配 3. **个人需求的原则**：即使有的社会成员因先天的因素作出的贡献很小或没有作出贡献，但是他作为人应该得到维持其存在的物与东西，即**满足他作为人的必然的客观的个人需求**

【背诵口诀】

法律限制自由的三个原则：

“伤害”禁止害别人；

“家长”禁止害自己；

“冒犯”禁止犯公德。

分配正义的三个原则：

平等原则“人人一致”；

差别原则“按劳分配”；

个人需求“按需分配”。

【经典题目】

我国《民法典》增设居住权。下列关于居住权的说法，哪一项是错误的？（　　）（2020年考生回忆版）

A. 居住权既是一项道德权利，又是一项法律权利

B. 从逻辑上看，居住权先于民法典而存在

C. 人民群众的基本需求已经全部纳入法律的调整范围

D. 增设居住权有助于保护弱势群体的利益

解析要点：

A、B项：居住权属于人权，人权是一项法律权利，从根本上是一种道德权利，在逻辑上先于法律权利。人权是每个人作为人应享有或享有的权利，不依赖国家或者国家法。A、B项正确。

C项：“已经全部纳入”措辞过于绝对，C项错误。

D项：居住权的设立，保障了部分社会弱势群体的基本生存权利，体现了民法的人文关怀精神，符合现代人权保障的要求，D项正确。

综上所述，本题答案是C项。

【答案】 C

二、法的价值冲突的解决原则

个案中的比例原则	在具体个案中，如某种价值的实现必须以其他价值损害为代价时，个案中的比例原则要求我们应当把被损害的价值降低到最小限度
价值位阶原则	不同位阶的价值发生冲突时，价值位阶原则要求我们优先保护高位阶价值，牺牲低位阶价值

【背诵口诀】

个案比例原则：价值小冲突，**尽量保留，损害最小**。

价值位阶原则：价值大冲突，**应当取舍，取一舍一**。

【命题角度】

法的价值冲突的解决原则常见命题角度：给考生一个案例，请考生判断该案例体现法的价值冲突的哪种解决原则。

【经典题目】

临产孕妇黄某由于胎盘早剥被送往医院抢救，若不尽快进行剖宫产手术将危及母子生命。当时黄某处于昏迷状态，其家属不在身边，且联系不上。经医院院长批准，医生立即实施了剖宫产手术，挽救了母子生命。该医院的做法体现了法的价值冲突的哪一解决原则？（　　）（2015-01-09）

A. 价值位阶原则　　　　　　　　B. 自由裁量原则

C. 比例原则　　　　　　　　　　D. 功利主义原则

解析要点：

A、C项：本案中，医院面对母子的生命权和家属的知情权的冲突，为了母子的生命权，牺牲了家属的知情权，体现了价值位阶原则，A项正确，C项错误。

B、D项：自由裁量原则和功利主义原则不属于法的价值冲突的解决原则，是干扰项，B、D项错误。

综上所述，本题答案是A项。

【答案】 A

第三节　法的要素★★★★★

应试导读

本节内容是法考的五星级考点，非常重要，在客观题考试中，一般每套卷每年至少出1道题，分值至少1—2分。重难点提示："法律规则的分类""法律规则和法律原则的区别"是重中之重，考生应理解到位；"法律概念"是法考改革后大纲新增考点，也是备考重难点，值得考生重点关注。

知识点

法律由法律规范组成，包括**法律规则**和**法律原则**。

法律规则，是指以一定的逻辑结构形式具体规定人们的法律权利、法律义务以及相应的法律后果的一种法律规范。例如，《民法典》第1047条规定：结婚年龄，男不得早于22周岁，女不得早于20周岁。

法律原则，是指为法律规则提供某种基础或本源的综合性、指导性的价值准则或规范。例如，《民法典》第7条规定：民事主体从事民事活动，应当遵循诚信原则，秉持诚实，恪守承诺。

【背诵口诀】

规则较具体，原则很抽象。

一、法律规则

（一）法律规则的逻辑结构（新三要素说）

<table>
<tr><td>假定条件</td><td colspan="3">法律规则中有关适用该规则的条件和情况的部分，即法律在什么时间、空间、对什么人适用以及在什么情景下对人的行为有约束力</td></tr>
<tr><td rowspan="3">行为模式</td><td rowspan="3">法律规则中规定人们如何具体行为之方式或范型的部分</td><td>权利模式</td><td>可为模式（可以）</td></tr>
<tr><td rowspan="2">义务模式</td><td>应为模式：积极义务（应当）</td></tr>
<tr><td>勿为模式：消极义务（禁止）</td></tr>
</table>

<table>
<tr><td rowspan="2">法律后果</td><td rowspan="2">法律规则中规定人们在作出符合或不符合行为模式的要求时应承担相应的结果的部分</td><td>合法后果</td><td>许可、保护和鼓励</td></tr>
<tr><td>违法后果</td><td>不予保护、制裁等</td></tr>
</table>

例如，《民法典》第1049条规定：要求结婚的男女双方（**假定条件**）应当亲自到婚姻登记机关申请结婚登记（**行为模式**）。符合本法规定的，予以登记，发给结婚证（**法律后果**）。

注意 法律规则的三要素在逻辑上虽然缺一不可，但在实践中可能被省略。

（二）法律规则与语言、法律条文

<table>
<tr><td rowspan="2">语句</td><td>规范语句</td><td>直接使用道义助动词的语句。道义助动词："可以""必须""不得"等。
例1：《民法典》第1046条规定：结婚应当男女双方完全自愿，禁止任何一方对另一方加以强迫，禁止任何组织或者个人加以干涉。第1047条规定：结婚年龄，男不得早于22周岁，女不得早于20周岁。（命令句）
例2：《民法典》第1109条规定：外国人依法可以在中华人民共和国收养子女。（允许句）</td></tr>
<tr><td>陈述句</td><td>没有使用道义助动词的语句。
例如：《民法典》第25条规定：自然人以户籍登记或者其他有效身份登记记载的居所为住所；经常居所与住所不一致的，经常居所视为住所。</td></tr>
<tr><td rowspan="2">法律条文</td><td>规范性条文</td><td>直接表述法律规范（规则和原则）的条文。</td></tr>
<tr><td>非规范性条文</td><td>规定法律技术类内容（如术语界定、公布时间和机关、生效日期等）的条文。
《刑法》第98条 【告诉才处理的含义】本法所称告诉才处理，是指被害人告诉才处理。如果被害人因受强制、威吓无法告诉的，人民检察院和被害人的近亲属也可以告诉。（法律术语的界定）
《刑法》第452条 【施行日期】本法自1997年10月1日起施行。（法律生效的日期）</td></tr>
</table>

（三）法律规则的分类

<table>
<tr><td rowspan="2">根据内容规定不同</td><td>授权性规则：具体规定权利或权力的规则（可为模式）</td></tr>
<tr><td>义务性规则：具体设定义务的规则
——命令性规则：设定"积极义务"的规则（应为模式）
——禁止性规则：设定"消极义务"的规则（勿为模式）</td></tr>
<tr><td rowspan="3">根据内容的确定性程度不同</td><td>确定性规则：内容本身已经确定，无须援引其他法律规定或委托其他机关另行制定相应规则。法律条文中规定的绝大多数法律规则属于此种规则</td></tr>
<tr><td>委任性规则：需委托其他国家机关进行规定。例如：《计量法》第32条规定：中国人民解放军和国防科技工业系统计量工作的监督管理办法，由国务院、中央军事委员会依据本法另行制定</td></tr>
<tr><td>准用性规则：需援引其他法律规定。例如：《商业银行法》第17条规定：商业银行的组织形式、组织机构适用《中华人民共和国公司法》的规定</td></tr>
</table>

根据对行为的限定程度和范围不同	**强行性规则**：内容有强制性，必须遵从，不得自由协商变更
	任意性规则：内容有任意性，可自由选择，也可自由协商变更

【背诵口诀】

法律规则分类，三组三句话。

第一组：授权可为，命令应为，禁止勿为。

第二组：确定独立，委任机关，准用文件。

第三组：强行必须干，任意可商量。

【命题角度】

法律规则的分类常见命题角度：给考生一个法条，请考生判断该法条体现哪种法律规则。

【经典题目】

《治安管理处罚法》第115条规定："公安机关依法实施罚款处罚，应当依照有关法律、行政法规的规定，实行罚款决定与罚款收缴分离；收缴的罚款应当全部上缴国库。"关于该条文，下列哪一说法是正确的？（　　）（2016-01-08）

A. 表达的是禁止性规则

B. 表达的是强行性规则

C. 表达的是程序性原则

D. 表达了法律规则中的法律后果

解析要点：

A项：该条规定使用了道义助动词"应当"，因此应为命令性规则而非禁止性规则，A项错误。

B项：该条规定的内容公安机关必须遵守，不允许随意更改，属于强行性规则，B项正确。

C项：该条规定内容明确具体，属于法律规则，不属于法律原则，C项错误。

D项：该条规定只表达了假定条件和行为模式，未表达法律后果，D项错误。

综上所述，本题答案是B项。

【答案】B

二、法律原则

（一）法律原则的分类

产生基础不同	公理性原则：在国际范围内具有较大的普适性的原则
	政策性原则：一个国家或民族出于一定的政策考量而制定的一些原则
适用范围不同	基本原则：整个法律体系或某一部门适用的原则
	具体原则：某一部门法中特定情形下适用的原则
涉及的内容和问题不同	实体性原则：直接涉及实体法问题的原则
	程序性原则：直接涉及程序法问题的原则

（二）法律规则和法律原则的区别

	法律规则	法律原则
性质	法律规则是一种“应该做”的规范，直接要求规范主体“做”或“实施”某行为或活动	法律原则是一种“应该是”的规范，法律规则是以法律原则为前提或基础的，是法律原则或理念和价值的具体化和详细化
内容	明确具体，削弱自由裁量	笼统模糊，赋予自由裁量
适用范围	适用范围窄	适用范围广
适用方式	主要以“全有或全无的方式”适用	不以“全有或全无的方式”适用

【经典题目】

法谚说：“一切规则皆有例外，例外明示原则。”对此，下列哪一说法是正确的？（　　）（2021年考生回忆版）

A.“规则有漏洞，原则无歧义”

B.“规则乃原则之例外”

C.“规则乃共通原则，原则系特别规则”

D.“规则具化原则，原则证成规则”

解析要点：

A项：法律规则的确难免有漏洞，但是，法律原则也可能因其笼统模糊的特点而产生歧义，“原则无歧义”说法过于绝对。A项错误。

B项：法律规则以法律原则为前提或基础，故规则是原则的具体化和详细化，而不是原则的例外，例如，“直系血亲或者三代以内的旁系血亲禁止结婚”这一规则体现了公序良俗原则。B项错误。

C项：法律原则为法律规则提供某种综合性、指导性的价值准则，因此，原则是共通规则。C项错误。

D项：法律规则是法律原则的具体化和详细化，规则具化原则。同时，法律规则背后有法律原则作为理论依据，原则证成规则。例如，“因胁迫结婚的，受胁迫的一方可以向人民法院请求撤销婚姻”背后体现了意思自治原则。D项正确。

综上所述，本题答案是D项。

【答案】D

（三）法律原则的适用条件

1. 穷尽法律规则，方得适用法律原则。
2. 除非为了实现个案正义，否则不能舍弃法律规则而直接适用法律原则。
3. 没有更强理由，不得径行适用法律原则。

案例延伸

里格斯诉帕尔默案

美国纽约上诉法院在1889年曾经审理过这样一个案件：帕尔默是其祖父所立遗嘱

中指定的财产继承人，因恐其祖父撤销遗嘱并为了及早获得遗产，帕尔默将其祖父毒死。后来帕尔默被其姑妈里格斯诉至法院。

面对这一案件，法官必须裁决帕尔默是否能够依据该项遗嘱继承其祖父的遗产。根据纽约州有关遗嘱的法律规则的规定，该遗嘱有效，帕尔默有权继承其祖父的遗产。但是，这样判决将明显带来不公正的结果，后来法官并没有依据有关遗嘱的法律规则裁决案件，而是依据普通法中的一项原则，即“任何人都不得从他的不当行为中获利”，作出裁决，帕尔默无权继承其祖父的财产。

泸州遗赠案

1994 年黄某某与张某某相识，于 1996 年年底公开以夫妻名义租房同居。2001 年 2 月，黄某某被确诊为肝癌晚期，在他住院治疗期间，张某某以妻子身份陪侍在黄某某的病床前。2001 年 4 月，黄某某立下公证遗嘱，将其去世后的住房补贴、公积金和原住房售价的一半赠给张某某。黄某某去世后，由于其妻蒋某某拒绝执行该遗嘱，张某某诉至法院。最后，法院以原告与被告丈夫间的婚外情为由，认定被告丈夫将财产赠给原告的遗赠协议违背我国《民法通则》第 7 条关于“民事活动应当尊重社会公德”的法律原则（该原则在民法上被称为“善良风俗”原则），宣告该遗赠协议无效。

【经典题目】

全兆公司利用提供互联网接入服务的便利，在搜索引擎讯集公司网站的搜索结果页面上强行增加广告，被讯集公司诉至法院。法院认为，全兆公司的行为违反诚实信用原则和公认的商业道德，构成不正当竞争。关于该案，下列哪一说法是正确的？（ ）(2016－01－09)

A. 诚实信用原则一般不通过“法律语句”的语句形式表达出来

B. 与法律规则相比，法律原则能最大限度实现法的确定性和可预测性

C. 法律原则的着眼点不仅限于行为及条件的共性，而且关注它们的个别性和特殊性

D. 法律原则是以“全有或全无”的方式适用于个案当中

解析要点：

A 项：法律规范必须通过“法律语句”来表达，法律规范包括法律规则和法律原则，诚实信用原则作为法律原则，必须通过“法律语句”的语句形式表达。A 项错误。

B 项：在内容上，法律规则明确具体，法律原则抽象模糊，因此法律规则更能实现法的确定性和可预测性。B 项错误。

C 项：法律原则的着眼点不仅限于行为及条件的共性，而且关注它们的个别性。在本案中，抽象模糊的诚实信用原则结合了具体个案，才体现出其意义。C 项正确。

D 项：法律原则不是以“全有或全无”的方式适用，同一个案中可以同时适用多个法律原则。D 项错误。

综上所述，本题答案是 C 项。

【答案】 C

【总结】

法律文件
- 规范性法律文件（例如：民法典）→ 法律条文
  - 规范性法律条文（直接表述法律规范）
    - 法律规则
      - 规范语句
      - 陈述句
    - 法律原则
  - 非规范性法律条文（规定法律技术内容）→ 例如：法律术语的界定、公布机关和时间、法律生效的日期等
- 非规范性法律文件（例如：结婚证）

三、法律概念

（一）法律概念的含义

法律概念指任何具有法律意义的概念。

法律概念既包括法律和法学中所特有的具有专门法律意义的概念，如“法人”“债权”等，也包括来自日常生活但具有法律意义的概念，如“故意”“过失”等。

（二）法律概念的分类

1. 根据概念的定义要素是否确定，可以分为：

确定性概念	语意构成**清晰**的概念。例如，已满 12 周岁不满 14 周岁的人
不确定性概念	不确定性概念是语意构成**不清晰**的概念，语义构成的不清晰主要包括歧义、模糊和评价的开放性等。例如，情节恶劣

2. 根据概念的定义要素之间的关系的不同，可分为：

分类概念	定义要素之中不存在可分级的要素的概念。**特点：边界清晰，非此即彼。**例如，人
类型概念	定义要素之中含有可分级的要素的概念。**特点：边界模糊，弹性较大。**例如，暴力

3. 根据概念的功能，可分为：

描述性概念	**描述事实**的概念。具有真假之分
评价性概念	包含对事实或事物的**价值判断**的概念
论断性概念	基于对某个事实的确认来认定（论断）另一个事实的存在的概念。例如，民法上的宣告死亡

【经典题目】

关于法律概念，下列哪些认识是错误的？（　　）（2019 年考生回忆版）

A. 法律规范是由法律概念构成的，法律概念相对于法律规范具有一定的独立性

B. 含有评价性概念的语句涉及适用者的主观价值判断，在法律实务中，描述性概念往往会被转化为评价性概念

C. 论断性概念是指基于对某个事实的确认来认定另一个事实的存在的概念，“宣

告死亡”即属于论断性概念

D. 法律概念是指法律中所特有的概念，不包含来自日常生活中的概念

解析要点：

A 项：法律概念相对于法律规范具有一定的独立性，例如，刑法中的“枪支”“弹药”“爆炸物”等法律概念具有一定独立性，不依赖于法律规范而存在。A 项正确。

B 项：在法律实务中，往往将评价性概念转化为描述性概念。例如，将盗窃罪的“数额较大”认定为“1 000 元至 3 000 元以上”。B 项错误。

C 项：论断性概念是基于对某个事实的确认来认定（论断）另一个事实的存在的概念。例如，民法上的宣告死亡。C 项正确。

D 项：法律概念既包含法律中所特有的概念，例如“既遂”“未遂”，也包含来自日常生活中的概念，例如“侮辱”“诽谤”。D 项错误。

综上所述，本题答案是 BD 项。

【答案】BD

四、权利和义务

（一）权利和义务的分类

1. 根据根本法与普通法律规定的不同，可以将权利义务分为：

基本权利义务	基本权利义务是**宪法**所规定的人们在国家政治生活、经济生活、文化生活和社会生活中的根本权利和义务 例如，选举权和被选举权、财产权、受教育的权利和义务、依法纳税
普通权利义务	普通权利义务是**宪法以外的普通法律**所规定的权利和义务 例如，民法规定的用益物权、担保物权

2. 根据相对应的主体范围可以将权利义务分为：

绝对权利义务	绝对权利和义务，又称“对世权利”和“对世义务”，是对应不特定的法律主体的权利和义务，绝对权利对应不特定的义务人，绝对义务对应不特定的权利人 例如，物权是绝对权利
相对权利义务	相对权利和义务，又称“对人权利”和“对人义务”，是对应特定的法律主体的权利和义务，相对权利对应特定的义务人，相对义务对应特定的权利人 例如，债权是相对权利

3. 根据权利义务主体的性质，可以将权利义务分为：

个人权利义务	个人权利义务是指公民个人（自然人）在法律上所享有的权利和应履行的义务
集体权利义务	集体（法人）权利义务是国家机关、社会团体、企事业组织等的权利和义务
国家权利义务	国家权利义务是国家作为法律关系主体在国际法和国内法上所享有的权利和承担的义务

（二）权利和义务的相互联系

结构上	两者是紧密联系、不可分割的。没有无义务的权利，也没有无权利的义务
数量上	两者的总量是相等的
产生和发展上	两者经历了一个从浑然一体到分裂对立再到相对一致的过程 1. **原始社会**：由于还不存在法律制度，权利和义务的界限也不很明确，两者实际上是混为一体的 2. **阶级社会**：随着阶级社会、国家的出现和法律的产生，权利和义务发生分离。在剥削阶级法律制度中，两者甚至在数量分配上也出现不平衡：统治者集团只享受权利，而几乎把一切义务强加于被统治者 3. **社会主义社会**：社会主义法律制度的建立，实行“权利和义务相一致”的原则，使两者之间的关系发展到了一个新的阶段
价值上	1. **等级社会**：如奴隶社会和封建社会，法律制度往往强调**以义务为本位**，权利处于次要的地位 2. **民主法治社会**：法律制度往往强调**以权利为本位**，较为重视对个人权利的保护，因此权利是第一性的，义务是第二性的，义务设定的目的是保障权利的实现

【经典题目】

王甲经法定程序将名字改为与知名作家相同的“王乙”，并在其创作的小说上署名“王乙”以增加销量。作家王乙将王甲诉至法院。法院认为，公民虽享有姓名权，但被告署名的方式误导了读者，侵害了原告的合法权益，违背诚实信用原则。关于该案，下列哪一选项是正确的？（　　）（2017－01－10）

A. 姓名权属于应然权利，而非法定权利

B. 诚实信用原则可以填补规则漏洞

C. 姓名权是相对权

D. 若法院判决王甲承担赔偿责任，则体现了确定法与道德界限的“冒犯原则”

解析要点：

A项：姓名权属于应然权利，同时《民法典》也明确规定了姓名权，因此，姓名权也属于法定权利。A项错误。

B项：诚实信用原则是法律原则，本案中，法院通过诚实信用原则填补民法规则的漏洞，维护了原告和读者的合法权益。B项正确。

C项：姓名权是绝对权而不是相对权，姓名权的义务人不确定，同时，无须通过义务人实施一定行为即可实现。C项错误。

D项：法院判决王甲承担赔偿责任，体现了“伤害原则”，因为王甲的行为侵害了知名作家王乙的合法权利，故应当受到限制。D项错误。

综上所述，本题答案是B项。

【答案】B

第四节 法的渊源★★★★★

应试导读

本节内容是法考的五星级考点，非常重要，在客观题考试中，一般每套卷每年至少出1道题，分值至少1—2分。同时，本节内容很有可能与宪法监督等考点结合命题，总体分值在3—4分。重难点提示：本节中，“当代中国的正式法律渊源的制定主体”是重中之重，必须精准记忆。

知识点

法的渊源是能够作为法律决定的大前提的规范准则来源的那些资料。

正式渊源具有明文规定的法律效力，并且可以直接作为法律人的法律决定的大前提。

非正式渊源不具有明文规定的法律效力，但具有法律说服力并能够构成法律决定的大前提。

一、当代中国的正式法律渊源

行政区划：

省级：省、自治区、直辖市。

市级：设区的市、自治州。

县级：县、不设区的市、市辖区、自治县。

乡级：乡、镇、民族乡。

种类	制定机关	说明
宪法	第一届全国人大第一次全体会议	宪法是**根本法**，具有最高法律效力 宪法的制先主体是**人民**，制宪机关是**第一届全国人大第一次全体会议**
法律	全国人大 全国人大常委会	**基本法律**由全国人大制定，全国人大闭会时，可由全国人大常委会部分补充和修改（不能与该法律基本原则相抵触）。例如：刑法、刑事诉讼法 **其他法律**由全国人大常委会制定。例如：文物保护法、商标法等 公布方式：主席发布主席令 **【要点对比】** 广义的法律，泛指一切具有法律约束力的规范性文件。例如，“法律面前人人平等”一句中的“法律” **狭义的法律**，仅指全国人大及其常委会制定的规范性文件。例如，当代中国法的正式渊源中的“法律” 注意 **全国人民代表大会及其常务委员会**可以根据改革发展的需要，决定就特定事项授权在规定期限和范围内暂时调整或者暂时停止适用**法律**的部分规定

续表

种类	制定机关	说明
行政法规	国务院	名称：条例、规定、办法 公布方式：总理签署国务院令 注意 **国务院**可以根据改革发展的需要，决定就行政管理等领域的特定事项，在规定期限和范围内暂时调整或者暂时停止适用**行政法规**的部分规定
地方性法规	1. 省、自治区、直辖市的人大及其常委会 2. 设区的市或自治州的人大及其常委会	名称：条例、规则、规定、办法 注意 1. **立法要求**：设区的市或自治州的人大及其常委会可以对**城乡建设与管理、生态文明建设、历史文化保护、基层治理**等方面的事项制定地方性法规，报省、自治区的人民代表大会常务委员会批准后施行 2. **协同立法：省、自治区、直辖市和设区的市、自治州的人民代表大会及其常务委员会**根据区域协调发展的需要，可以**协同制定地方性法规**，在本行政区域或者有关区域内实施。省、自治区、直辖市和设区的市、自治州可以建立**区域协同立法工作机制**
自治条例和单行条例	民族自治地方（自治区、自治州、自治县）的**人大**	自治条例：综合性法规 单行条例：有关某一方面事务的规范性文件 自治区的自治条例和单行条例，报全国人大常委会批准后生效 自治州、自治县的自治条例和单行条例，报省级人大常委会批准后生效 **【背诵口诀】** 事先审查三批准，区级条例全人常 州县条例省人常，市州法规省人常
部门规章	国务院各部门	国务院各部委根据法律和国务院制定的行政法规、决定、命令制定、发布的规章
地方政府规章	1. 省、自治区、直辖市的**人民政府** 2. 设区的市、自治州的**人民政府**	省、自治区、直辖市和设区的市、自治州的人民政府根据法律、行政法规和本省、自治区、直辖市的地方性法规制定的规章 注意 设区的市、自治州的人民政府制定地方政府规章，限于**城乡建设与管理、生态文明建设、历史文化保护、基层治理**等方面的事项。已经制定的地方政府规章，涉及上述事项范围以外的，继续有效 **【背诵口诀】** “城乡太励志”（城乡建设与管理、生态文明建设、历史文化保护、基层治理）

续表

<table>
<tr><th>种类</th><th>制定机关</th><th>说明</th></tr>
<tr><td rowspan="2">国际条约、
国际惯例</td><td colspan="2">国际条约是指我国作为国际法主体同外国缔结的双边、多边协议和其他具有条约、协定性质的文件。条约生效后，对缔约国的国家机关、团体和公民具有法律上的约束力</td></tr>
<tr><td colspan="2">国际惯例是指以国际法院等各种国际裁决机构的判例所体现或确认的国际法规则和国际交往中形成的共同遵守的不成文的习惯</td></tr>
<tr><td>其他</td><td colspan="2">1. 中央军事委员会制定的军事法规和军内有关方面制定的军事规章
2. 国家监察委员会根据宪法和法律制定的监察法规
3. “一国两制”条件下特别行政区的各种法律
4. 经济特区法规：经济特区所在地的省、市的人民代表大会及其常务委员会根据全国人民代表大会的授权决定，制定法规，在经济特区范围内实施
5. 浦东新区法规：上海市人民代表大会及其常务委员会根据全国人民代表大会常务委员会的授权决定，制定浦东新区法规，在浦东新区实施
6. 海南自由贸易港法规：海南省人民代表大会及其常务委员会根据法律规定，制定海南自由贸易港法规，在海南自由贸易港范围内实施</td></tr>
</table>

二、正式法律渊源的效力原则

（一）效力等级

<table>
<tr><td colspan="3">宪法</td></tr>
<tr><td colspan="3">法律、国际公约</td></tr>
<tr><td colspan="3">行政法规</td></tr>
<tr><td rowspan="3">部门规章</td><td colspan="2">省级地方性法规</td></tr>
<tr><td>省级政府规章</td><td>市级地方性法规</td></tr>
<tr><td colspan="2">市级政府规章</td></tr>
</table>

【背诵提示】

1. 效力等级不用死记硬背，应当首先把制定机关背下来。**一般而言，制定机关地位越高，其制定的规范性法律文件效力也就越高。**例如，某省人大制定的地方性法规，效力高于该省政府制定的政府规章。

2. 特殊记忆：**行政法规的效力等级高于地方性法规。**

（二）冲突解决原则

<table>
<tr><td>不同位阶之间
渊源冲突</td><td colspan="2">上位法优于下位法原则</td></tr>
<tr><td>同一位阶之间
渊源冲突</td><td>同一制定主体</td><td>1. 新法优于旧法
2. 特别法优于一般法
3. 新的一般法与旧的特别法冲突，制定机关裁决</td></tr>
</table>

同一位阶之间渊源冲突	不同制定主体	1. 规章之间不一致——**国务院裁决** 2. 根据授权制定的法规与法律不一致——**全国人大常委会裁决** 3. 地方性法规与部门规章不一致——**国务院提意见** 情况一：国务院认为适用地方性法规，决定用地方性法规 情况二：国务院认为适用部门规章，提请全国人大常委会裁决

三、当代中国非正式法律渊源

在当今的中国，法的非正式渊源主要包括以下几类：

非正式渊源	习惯	社会习惯
	判例	指导性案例（作为非正式渊源的指导性案例只能由最高人民法院颁布）
	政策	国家政策、中国共产党的政策

【经典题目】

某区质监局以甲公司未依《食品安全法》取得许可从事食品生产为由，对其处以行政处罚。甲公司认为，依特别法优先于一般法原则，应适用国务院《工业产品生产许可证管理条例》（以下简称《条例》）而非《食品安全法》，遂提起行政诉讼。对此，下列哪些说法是正确的？（　　）（2017－01－56）

A.《条例》不是《食品安全法》的特别法，甲公司说法不成立

B.《食品安全法》中规定食品生产经营许可的法律规范属于公法

C. 若《条例》与《食品安全法》抵触，法院有权直接撤销

D.《条例》与《食品安全法》都属于当代中国法的正式渊源中的“法律”

解析要点：

A、D项：《条例》属于行政法规，《食品安全法》是法律，《条例》无法成为《食品安全法》的特别法，当代中国法的正式渊源中的“法律”是指狭义的法律。A项正确，D项错误。

B项：《食品安全法》中规定食品生产经营许可的法律规范，调整的是行政机关与行政相对人之间的不平等关系，属于公法。B项正确。

C项：法院没有权力直接撤销与法律抵触的行政法规。C项错误。

综上所述，本题答案是AB项。

【答案】 AB

第五节　法的效力★★

应试导读

本节内容是法考的二星级考点，重要性一般，在客观题考试中，一般每三到五年

出1道题，分值1—2分。重难点提示：本节中，“法的对人效力”和“法的溯及力”需要考生相对重点关注。

知识点

法的效力，即法的约束力，指人们应当按照法律规定的行为模式来行为、必须服从的法律之力。

<table>
<tr><td rowspan="9">效力范围</td><td rowspan="4">对人效力</td><td>属地主义：法律适用于该国管辖区域内的所有人，不论是否为本国公民，都受法律约束和保护；本国公民不在本国，则不受本国法律约束和保护</td></tr>
<tr><td>属人主义：法律只适用于本国公民，不论其身在国内还是国外；非本国公民即便身在该国领域内也不适用</td></tr>
<tr><td>保护主义：以维护本国利益作为是否适用本国法律的依据。任何侵害本国利益的人，不论其国籍和地域，都要受本国法律追究</td></tr>
<tr><td>以属地主义为主，属人主义、保护主义相结合，这是近代以来多数国家采用的原则，我国也是如此</td></tr>
<tr><td>空间效力</td><td>一国主权所及的全部领域，包括领土、领水及其底土和领空，以及作为延伸意义的领土，如驻外使领馆、该国的境外飞行器和船舶</td></tr>
<tr><td rowspan="3">时间效力</td><td>生效：（1）自法律公布之日起生效；（2）法律规定生效时间；（3）法律公布后符合一定条件生效</td></tr>
<tr><td>废止：
（1）明示废止。例如：《民法典》第1260条规定：本法自2021年1月1日起施行。《中华人民共和国婚姻法》、《中华人民共和国继承法》、《中华人民共和国民法通则》、《中华人民共和国收养法》、《中华人民共和国担保法》、《中华人民共和国合同法》、《中华人民共和国物权法》、《中华人民共和国侵权责任法》、《中华人民共和国民法总则》同时废止
（2）默示废止（因适用新法而使旧法事实上被废止）</td></tr>
<tr><td>溯及力：
含义：法对其生效前的事件和行为是否适用。若适用，则有溯及力
原则：现代国家，一般均坚持不溯及既往原则
例外：有利追溯，承认法的溯及力。例如，刑法“从旧兼从轻”原则</td></tr>
</table>

【经典题目】

2020年12月，郝某驾车无偿带好友赵某出游，驾驶过程中因不知何处飞来的石子砸裂前挡风玻璃，致使赵某受伤。次月，赵某诉至法院要求郝某赔偿。法官认为，对于郝某出于情谊的“好意同乘”行为，我国《民法典》首次明确规定应减轻责任。因此，法官通过调解，赵某最终同意减轻郝某的责任，最终调解结案。对此，下列哪些说法是正确的？（　　）（2021年考生回忆版）

A. 郝某的责任被减轻，属于自愿协议免责

B. 郝某的责任属于道德责任，法院无权进行裁判

C. 法官依照《民法典》进行调解，体现了法的强制作用

D. 本案应适用《民法典》，体现了法的时间效力中的“有利追溯”

解析要点：

A 项：郝某的责任被减轻，是因为根据法官调解双方自愿达成协议减轻责任，属于自愿免责。A 项正确。

B 项：郝某此类行为的责任，在《民法典》上有明确规定，因此，法院可以根据《民法典》进行依法调解或者依法裁判。B 项错误。

C 项：法的规范作用根据其作用的主体范围和方式的不同，可以分为指引作用、评价作用、预测作用、强制作用和教育作用。强制作用的对象是违法者，且一般情况下会运用强制手段，本题中郝某并非违法者，且题目中未体现强制手段。C 项错误。

D 项：溯及力是指法对生效前的事件和行为是否适用。若适用，则有溯及力。现代国家，一般均坚持不溯及既往原则，但例外是有利追溯，例如刑法“从旧兼从轻”原则。本题中，适用《民法典》有利于被告人，故体现有利追溯原则。D 项正确。

综上所述，本题答案是 AD 项。

【答案】 AD

第六节 法律部门与法律体系★

应试导读

本节内容是法考的一星级考点，重要性一般，在客观题考试中，一般每套卷每五到十年出 1 道题，分值 1—2 分。

知识点

一、法律部门

（一）法律部门的含义

法律部门，又称部门法，是根据一定标准和原则对一国**现行的全部法律规范**进行划分所形成的**同类法律规范的总称**。

（二）法律部门的划分标准

主要标准	按照法律**所调整的社会关系的性质和种类的不同**来划分法律部门，是划分法律部门的主要标准。例如，调整平等主体之间的人身关系和财产关系的法律规范被划入民法部门
辅助标准	**法律调整方法**是划分法律部门的辅助标准。例如，将凡属于用刑罚作为制裁手段的法律规范划为刑法部门

（三）公法、私法和社会法

1. 公法与私法是大陆法系国家的一项基本分类，最早由古罗马法学家乌尔比安提出。现在公认的公法部门包括宪法和行政法等，私法包括民法和商法等。

2. 随着社会的发展，又形成了一种新的法律即社会法，如社会保障法。社会法是介于公法和私法之间的法。

二、法律体系

法律体系的含义	法律体系，又称部门法体系，是指一国的**全部现行法律规范**，按照一定的标准和原则，划分为不同的法律部门而形成的内部和谐一致、有机联系的**整体**
当代中国法律体系	当代中国的法律体系主要由**七个法律部门**构成：宪法及宪法相关法，行政法，民商法，经济法，社会法，刑法，诉讼与非诉讼程序法

第七节 法律关系★★★★

应试导读

本节内容是法考的四星级考点，比较重要，在客观题考试中，一般每套卷每一到两年出1道题，分值1—2分。重难点提示：本节中，“法律关系的分类”“法律关系的产生、变更和消灭”是重中之重，考生应通过听课和做题保证理解到位，同时牢记关键点。

知识点

法律关系，是在法律规范调整社会关系过程中形成的人们之间的权利义务关系。

法律关系的性质和特征：

法律关系是根据法律规范建立的一种社会关系，具有**合法性**。

法律关系是一种特种社会关系，体现**国家意志性**。

法律关系是**特定法律主体之间的权利和义务关系**。

一、法律关系的分类

标准	结果	特点	示例
根据法律关系产生的依据、执行的职能和实现规范的内容不同	**调整性法律关系**	**基于合法行为产生**，执行法的调整职能，无须适用法律制裁	民事法律关系（如买卖合同、婚姻）
	保护性法律关系	**基于违法行为产生**，执行法的保护职能，旨在恢复被破坏的社会关系，需要适用法律制裁	刑事法律关系
根据法律主体的地位是否平等	**平权性法律关系（横向法律关系）**	**主体地位平等** 权利义务具有一定程度的任意性	民事法律关系
	隶属性法律关系（纵向法律关系）	**主体地位不平等** 权利义务具有强制性（不能随意转让与放弃）	行政管理关系 行政处罚关系

续表

标准	结果	特点	示例
根据法律主体多少及其权利义务是否一致	**单向法律关系**	一方仅享有权利，另一方仅履行义务	不附条件的赠与关系
	双向法律关系	存在两个密不可分的单向权利义务关系	买卖法律关系
	多向法律关系	三个或三个以上相关法律关系的复合体	行政法中的人事调动关系
根据相关法律关系的地位和作用	**第一性法律关系（主法律关系）**	能够独立存在，居于**支配地位**	借贷法律关系 实体法律关系 调整性法律关系
	第二性法律关系（从法律关系）	不能独立存在，居于**从属地位**	担保法律关系 程序法律关系 保护性法律关系

二、法律关系的主体、内容和客体

主体	1. 法律关系的主体是法律关系的参加者，大体上归属于两方：一方是权利的享有者，称为权利人；另一方是义务的承担者，称为义务人 2. 在我国，法律关系的主体包括公民（自然人）、机构和组织（法人）、国家
内容	法律关系的内容，就是法律关系主体之间的法律权利和法律义务
客体	1. 法律关系的客体是指法律关系主体权利和义务指向的对象 2. 法律关系的客体归纳起来，有以下几类：物、人身、精神产品、行为结果

三、法律关系的产生、变更和消灭

法律关系产生、变更和消灭的条件：1. 法律规范的变化；2. 法律事实的变化。

法律规范是法律关系产生、变更和消灭的法律依据。

法律事实是法律规范所规定的，能够引起法律关系产生、变更和消灭的客观情况或现象。根据是否以人们的意志为转移，可以分为两类：

法律事件	不以当事人的意志为转移	自然事件：自然灾害、生老病死等
		社会事件：社会革命、战争等
法律行为	以当事人的意志为转移	合法行为：符合法律规定的行为
		违法行为：违反法律规定的行为

【背诵口诀】

事件“天”注定，行为“人”打拼。

【命题角度】

法律关系常见命题角度：

1. 给考生一个案例，请考生判断案例中的法律关系是哪种法律关系。

2. 给考生一个案例，请考生判断案例中的法律事实是法律事件还是法律行为。

【经典题目】

王某恋爱期间承担了男友刘某的开销计20万元。后刘某提出分手，王某要求刘某返还开销费用。经过协商，刘某自愿将该费用转为借款并出具了借条，不久刘某反悔，以不存在真实有效借款关系为由拒绝还款，王某诉至法院。法院认为，“刘某出具该借条系本人自愿，且并未违反法律强制性规定”，遂判决刘某还款。对此，下列哪些说法是正确的？（　　）（2014-01-53）

A. “刘某出具该借条系本人自愿，且并未违反法律强制性规定”是对案件事实的认定

B. 出具借条是导致王某与刘某产生借款合同法律关系的法律事实之一

C. 因王某起诉产生的民事诉讼法律关系是第二性法律关系

D. 本案的裁判是以法律事件的发生为根据作出的

解析要点：

A项：“刘某出具该借条系本人自愿，且并未违反法律强制性规定”属于对案件事实的认定，是法律推理的小前提。A项正确。

B项：“出具借条”是引起借款合同法律关系产生的一个重要事实，当然，引起借款合同法律关系产生，还需要其他法律事实，例如“刘某自愿将该费用转为借款”，因此，出具借条是导致王某与刘某产生借款合同法律关系的法律事实之一。B项正确。

C项：民事诉讼法律关系是程序法律关系，因此相对于实体法律关系，属于第二性法律关系。C项正确。

D项：本案中法院判决刘某还款的理由是“刘某出具该借条系本人自愿，且并未违反法律强制性规定”。可见，刘某自愿出具借条，由自身意志支配，所以属于法律行为而非法律事件。D项错误。

综上所述，本题答案是ABC项。

【答案】ABC

第八节　法律责任★★★★

应试导读

本节内容是法考的四星级考点，比较重要，在客观题考试中，一般每套卷每一到两年出1道题，分值1—2分。重难点提示：本节中，“法律责任的竞合”相对重要，考生可以结合刑法“法条竞合”“想象竞合”等考点加深理解。

知识点

一、法律责任的概念

含义	法律责任，是指行为人由于违法行为、违约行为或法律规定而应承受的某种不利的法律后果

引起原因	法律责任是由三种原因所引起：1. 违法行为；2. 违约行为；3. 法律特别规定 注意 前两种原因引起的法律责任被称为过错责任，后一种原因引起的法律责任被称为无过错责任
特征	1. 法律责任是由法律规定的，具有**法定性** 2. 法律责任的追究最终是由国家强制力保证的，具有**国家强制性**

二、法律责任的竞合

法律责任的竞合，是指一个法律主体的同一个法律行为导致了两种或两种以上的法律责任的产生，并且这些法律责任之间是冲突的。

法律责任竞合可能是**同一部门法之中**的不同法律责任的竞合，比如民法上的违约责任和侵权责任的竞合；也可能是**不同部门法之中**的不同法律责任的竞合，比如民事责任与行政责任的竞合，民事责任与刑事责任的竞合，甚至是三者的竞合。

【背诵口诀】

法律责任的竞合：一个行为，多种责任，互相冲突，选择其一。

三、归责与免责

归责	含义	法律责任的归结，即特定国家机关根据法定职权与程序对行为人应该承担的法律责任进行判断与认定
	原则	**责任法定**：责任的性质、范围、方式等预先由法律规定 **责任公正**：人人平等、定性公正、定量公正 **效益原则**：在追究责任时，应当进行成本收益分析 **责任自负**：谁违法谁负责，反对株连或变相株连
免责	含义	由于出现法律上规定的条件或法律允许的条件，责任人所应承担的法律责任被部分或全部免除
	条件	1. 时效免责；2. 不诉免责；3. 自愿协议免责；4. 不可抗力、正当防卫、紧急避险免责；5. 自首立功免责；6. 人道主义免责等

【经典题目】

李某向王某借款200万元，由赵某担保。后李某因涉嫌非法吸收公众存款罪被立案。王某将李某和赵某诉至法院，要求偿还借款。赵某认为，若李某罪名成立，则借款合同因违反法律的强制性规定而无效，赵某无须承担担保责任。法院认为，借款合同并不因李某犯罪而无效，判决李某和赵某承担还款和担保责任。关于该案，下列哪些说法是正确的？（　　）（2016－01－59）

A. 若李某罪名成立，则出现民事责任与刑事责任的竞合

B. 李某与王某间的借款合同法律关系属于调整性法律关系

C. 王某的起诉是引起民事诉讼法律关系产生的唯一法律事实

D. 王某可以免除李某的部分民事责任

解析要点：

A 项：本题中，若李某的罪名成立，则其借款这一行为，既构成刑法上的非法吸收公众存款罪，又构成民法中的借款合同的违约。但是，这两个法律责任并不互相冲突，可以同时追究，因此不是民事责任与刑事责任的竞合。A 项错误。

B 项：调整性法律关系是基于人们的合法行为而产生，保护性法律关系是由于违法行为而产生，本题中，法院认为借款合同有效，因此李某与王某间的借款合同法律关系属于调整性法律关系。B 项正确。

C 项：本案中，王某的起诉只是引起民事诉讼法律关系产生的法律事实之一，民事诉讼法律关系产生还需要法院受理。C 项错误。

D 项：民事责任可以基于权利人的放弃而部分或者全部免除。D 项正确。

综上所述，本题答案是 BD 项。

【答案】 BD

第二章　法的运行

第一节　立法★★★★

应试导读

本节内容是法考的四星级考点，比较重要，在客观题考试中，一般每套卷每一到两年出1道题，分值1—2分。随着2023年《立法法》的修改，本节内容在未来法考中的重要性很可能进一步上升。重难点提示：本节中，“立法的定义”“立法原则”重在理解，“立法程序”中的程序细节需要记忆，考生可以通过口诀和做题辅助记忆。

知识点

一、立法的定义

广义的立法概念	泛指**一切有权的国家机关**依法制定、认可、修改和废止不同效力等级的法律、法规、规章的活动，它既包括国家最高权力机关及其常设机关制定宪法和法律的活动，也包括有权的地方权力机关制定地方性法规的活动，还包括国务院、国务院各部委等机构和有权的地方行政机关制定行政法规和规章的活动
狭义的立法概念	仅指**享有国家立法权的国家机关**的立法活动，即**国家的最高权力机关及其常设机关**依法制定、修改和废止**宪法和法律**的活动

二、立法原则

科学立法原则	尊重社会客观实际情况，揭示立法内在规律；健全立法机关主导、社会各方有序参与立法的途径和方式
民主立法原则	立法体现广大人民的意志和要求；通过法律规定保障人民参与立法活动；坚持立法公开，坚持群众路线
依法立法原则	一切立法活动都必须以宪法为依据，遵循宪法原则，符合宪法精神，立法活动要有法律根据

三、立法程序

步骤	全国人大	全国人大常委会
提案	**有权向全国人大提案的主体**：全国人大主席团、一个代表团、全国人大常委会、全国人大各专门委员会、国务院、中央军事委员会、最高人民法院、最高人民检察院、国家监察委员会或者三十名以上的代表联名 **【总结】** “两团”“两委”“两高”“两央”“一监”“三十名代表” **【背诵口诀】** “三十名代表，团委监高央”	**有权向全国人大常委会提案的主体**：全国人大常委会委员长会议、国务院、中央军事委员会、最高人民法院、最高人民检察院、国家监察委员会、全国人大各专门委员会、常委会组成人员十人以上联名 **【总结】** “两委”“两高”“两央”“一监”“十名常委” **【背诵口诀】** “十名常委，监高央委”
审议	1. 全体会议上，提案机关作说明 2. 各代表团和有关专门委员会提出审议意见 3. 宪法和法律委员会进行统一审议，提出审议结果报告和法律草案修改稿 4. 法律草案修改稿经各代表团审议，由宪法和法律委员会修改，然后提出法律草案表决稿，由主席团提请大会全体会议表决	一般应当经过**三次**常委会会议审议后再交付表决，若该议案各方面的意见比较一致，则**两次**审议即可；或者该议案是部分修改的法律案，各方面的意见比较一致，或者**遇有紧急情形的**，也可**一次**审议即交付表决 注意　列入常务委员会会议审议的法律案，因各方面对制定该法律的必要性、可行性等重大问题存在较大意见分歧搁置审议满**两年**的，或者因暂不付表决经过两年没有再次列入常务委员会会议议程审议的，**委员长会议可以决定终止审议**，并向常务委员会**报告**；必要时，**委员长会议也可以决定延期审议**
表决通过	宪法修正案：由全国人大代表的2/3以上多数通过 法律案：由主席团提请大会全体会议表决，由全体代表的过半数通过	法律案：由委员长会议提请常委会全体会议表决，由常委会全体组成人员的过半数通过
公布	国家主席根据全国人大及其常委会的决定，公布法律 法律签署公布后，**法律文本以及法律草案的说明、审议结果报告**等，应当及时在**全国人民代表大会常务委员会公报（标准文本）**和**中国人大网**以及**在全国范围内发行的报纸**上刊载	

第二节　法的实施★★★★

应试导读

本节内容是法考的四星级考点，也是近年的命题热点，比较重要，在客观题考试中，一般每套卷每一到两年出1道题，分值1—2分。

知识点

法的实施，亦称法律的实施或法律的施行，是指法律在社会现实生活中具体运用的过程。

法律实施包括**执法**、**司法**、**守法**和**法律监督**四个环节。

一、执法

广义的执法，或称法的执行，是指**所有国家行政机关、司法机关及其公职人员**依照法定职权和程序实施法律的活动。

狭义的执法，专指**国家行政机关及其公职人员**依法行使管理职权、履行职责、实施法律的活动。

执法的特点	1. 执法活动具有**国家权威性**和**国家强制性**：行政机关执行法律的过程就是代表国家进行社会管理的过程，具有国家权威性和强制性，社会大众应当服从 2. 执法主体具有**特定性**：执法权是宪法和法律赋予的职权，在我国，只有**行政机关及其公职人员、法律或法规授权的组织及其工作人员、行政机关委托的组织**才能作为执法的主体 3. 执法内容具有**广泛性**：执法是以国家名义对社会实行全方位的组织管理的行为，在现代社会，社会关系和社会事务日益复杂，执法的内容和范围日益广泛 4. 执法具有**主动性**和**单方面性**：行政机关在进行社会管理时，应当以积极的行为主动执行法律、履行职责，而不一定需要行政相对人的请求和同意 5. 执法权的行使具有**优益性**：执法机关在行使执法权时，依法享有法定的**行政优益权**，即执法权具有优先行使和实现的效力
执法的原则	1. **合法性原则**：行政机关必须根据法定权限、法定程序和法治精神进行管理，越权无效。这是现代法治国家行政活动的一条**最基本的原则** 2. **合理性原则**：行政机关在严格执行规则的前提下做到公平、公正、合理、适度，避免由于滥用自由裁量权而形成执法轻重不一、标准失范的结果 3. **效率原则**：行政机关应当在依法行政的前提下，讲究效率，主动有效地行使其权能，以取得最大的行政执法效益

二、司法

司法，又称法的适用，通常指**国家司法机关**根据法定职权和法定程序，具体应用法律处理案件的专门活动。

注意 在我国，司法机关是指人民法院和人民检察院。

司法的特点	1. 司法是由特定的国家机关及其公职人员，按照法定职权实施法律的专门活动，具有**国家权威性** 2. 司法是司法机关以国家强制力为后盾实施法律的活动，具有**国家强制性** 3. 司法是司法机关依照法定程序、运用法律处理案件的活动，具有**严格的程序性及合法性** 4. 司法必须有表明法的适用结果的**法律文书**，如判决书、裁定书和决定书等

司法的原则	司法公正原则、司法平等原则、司法合法原则、司法机关依法独立行使职权原则、司法责任原则

三、守法

守法，是指公民、社会组织和国家机关以法律为自己的行为准则，依照法律**行使权利、履行义务**的活动。

消极的守法	履行义务
积极的守法	行使权利

四、法律监督

狭义的法律监督	狭义的法律监督，是指**特定的国家机关**，依照法定权限和法定程序对于各种法律活动的合法性进行的检查、监察、督促和指导，以及由此形成的法律制度
广义的法律监督	广义的法律监督，是指**所有国家机关、各政党、各社会组织、舆论媒体和公民**对于各种法律活动的合法性进行的监督
国家法律监督体系	国家法律监督体系，具体包括国家权力机关、行政机关、监察机关和司法机关的法律监督
社会法律监督体系	社会法律监督体系，具体包括各政党、各社会组织和公民依照宪法和有关法律，对各种法律活动的合法性进行的监督，具体分为中国共产党的监督、人民政协的监督、各民主党派的监督、人民团体和社会组织的监督、公民的监督、舆论媒体的监督等

【经典题目】

王某向市环保局提出信息公开申请，但未在法定期限内获得答复，遂诉至法院，法院判决环保局败诉。关于该案，下列哪些说法是正确的？（　　）（2016－01－60）

A. 王某申请信息公开属于守法行为

B. 判决环保局败诉体现了法的强制作用

C. 王某起诉环保局的行为属于社会监督

D. 王某的诉权属于绝对权利

解析要点：

A 项：守法包括履行义务和行使权利。本题中，王某申请信息公开是行使权利的表现。A 项正确。

B 项：法院判决环保局败诉，意味着环保局是违法者，必须承担法律责任，体现了法的强制作用。注意：法院判决环保局败诉也体现了法的评价作用。B 项正确。

C 项：王某的行为是公民监督，属于社会法律监督体系。C 项正确。

D 项：绝对权利又称为“对世权利”，对应不特定的义务人。相对权利又称为“对人权利”，对应特定的义务人。本题中，王某的诉权是相对权，对应特定的义务人，即环保局。D项错误。

综上所述，本题答案是ABC项。

【答案】ABC

第三节　法律适用★★★★

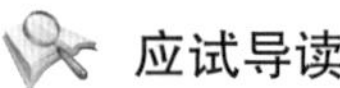

应试导读

本节内容是法考的四星级考点，比较重要，在客观题考试中，一般每套卷每一到两年出1道题，分值1—2分。同时，本节内容也可能和其他章节内容结合命题。重难点提示：(1)通过本节学习，考生应重点掌握“大前提与小前提的区别”“内部证成与外部证成的区别”；(2)“法的发现与法的证成”是法考改革后大纲新增内容，同样值得考生重点关注。

知识点

一、法律适用的目标

法律人适用法律的最直接的目标就是要获得**一个合理的法律决定**，在法治社会，合理的法律决定就是指法律决定具有**可预测性**和**正当性**。

含义	**可预测性**建立在法律规定的基础上，尽可能地避免武断和恣意，这是**形式法治**的要求，旨在实现法律的确定性、安定性 **正当性**建立在实质价值和道德考量的基础上，这是**实质法治**的要求，旨在实现法律的正当性、合目的性
关系	法律决定的可预测性和正当性存在**一定的紧张关系**：实现了可预测性，未必实现了正当性；实现了正当性，未必实现了可预测性 因此，从整体法治来看，必然要求作法律决定的人努力在二者之间寻找**最佳的协调**；对特定时间段内的特定国家的法律人来说，**可预测性具有初始的优先性**

【经典题目】

沈某通过遗嘱继承了爷爷遗产房子的所有权，然后起诉至法院，要求继祖母李某搬离房子。法院认为，此住房是李某唯一住房，且李某年事已高，无其他生活来源，如让其搬离会违背社会公序良俗。虽然此房屋并未登记设立居住权，但根据《民法典》规定居住权的立法目的，应当承认李某的居住权利。故判决沈某败诉。关于该案，下列哪些说法是正确的？(　　)(2021年考生回忆版)

A. 法院的判决体现了法律分配正义的个人需求原则

B. 为了证成李某的权利，法院做了目的论扩张

C. 沈某的所有权是普通权利，李某的居住权是基本权利

D. 法院考量公序良俗原则，是为了确保判决的合目的性

解析要点：

A项：法律分配正义的个人需求原则，是指人之为人应该得到维持其存在的物与

东西，法律应该满足他作为人的必然的客观的个人需求。本案中，法院满足了年事已高且无生活来源的李某的居住需求，体现了法律分配正义的个人需求原则。A项正确。

B项：目的论扩张是法律规范的文义未能涵盖某类案件，但依据规范目的扩张规范的适用范围。本案中，此房未按《民法典》规定登记设立居住权，但法院基于设立居住权的目的是保障弱势群体，认定李某享有居住权，体现了目的论扩张。B项正确。

C项：基本权利是宪法所规定的人们在国家政治生活、经济生活、文化生活和社会生活中的根本权利，普通权利是宪法以外的普通法律所规定的权利，居住权规定于《民法典》，也属于普通权利。C项错误。

D项：判决的正当性和合目的性均是实质法治的要求，法院考量了公序良俗原则，保障了本案中的老年人居有定所，安度晚年，从而确保了判决的合目的性，维护了实质法治，保证了判决结果符合社会道德，维护了公平正义。D项正确。

综上所述，本题答案是ABD项。

【答案】 ABD

二、法律适用的步骤

确定案件事实（小前提）＋确定法律规范（大前提）→推导法律决定（结论）。

注意　实际上，三个步骤不是独立且严格区分的单个行为，它们可以相互转换。

三、法律证成

证成，就是给一个决定提供充足理由的活动或过程。

外部证成	是指对法律决定所依赖的前提的证成
内部证成	是指法律决定必须按一定推理规则，从前提中逻辑地推导出来

【背诵口诀】

法律规范大前提。

案件事实小前提。

外部证成证前提（大小前提是否真实合理）。

内部证成证结论（大小前提是否能够推导出结论）。

【命题角度】

法律证成常见命题角度：

1. 给考生一个法律决定，请考生区别大前提与小前提。
2. 给考生一个法律决定，请考生区别外部证成与内部证成。

【经典题目】

关于法的适用，下列哪一说法是正确的？（　　）（2015－01－15）

A. 在法治社会，获得具有可预测性的法律决定是法的适用的唯一目标

B. 法律人查明和确认案件事实的过程是一个与规范认定无关的过程

C. 法的适用过程是一个为法律决定提供充足理由的法律证成过程

D. 法的适用过程仅仅是运用演绎推理的过程

解析要点：

A 项：法律人适用法律的直接目标是获得一个合理的法律决定，合理的法律决定需要同时具有可预测性（形式法治的要求）和正当性（实质法治的要求）。A 项错误。

B 项：法律人查明和确认案件事实的过程不是一个纯粹的事实归结过程，而是一个在法律规范与事实之间的循环过程，即目光在规范与事实之间来回穿梭。B 项错误。

C 项：法律适用的过程，无论是寻找大前提还是确定小前提，都是用来向法律决定提供支持程度不同的理由；所谓“证成”，便是给一个决定提供充足理由的活动或过程。C 项正确。

D 项：法的适用过程可以采用演绎推理、类比推理、归纳推理和设证推理等多种推理形式。D 项错误。

综上所述，本题答案是 C 项。

【答案】C

四、法的发现与法的证成

定义	**法的发现**：法律人的心理因素与社会因素引发或引诱其针对特定案件作出某个具体决定或判断的**事实行为过程**
	法的证成：法律人对其所作的决定和判断提供尽可能充足的理由支持，保证其决定或判断理性、正当、正确的**推理或论证过程**
联系	法的发现和法的证成不是两个先后各自独立发生的过程，而是同一个过程的不同层面
区别	**法的发现**：结论先于理由 **法的证成**：理由先于结论
启示	基于法律决定的合理性要求，相比法的发现，**法的证成具有优先性** 理由一：影响法的发现的心理因素与社会因素**不公开** 理由二：影响法的发现的心理因素与社会因素**不具有普遍必然性**

第四节　法律解释★★★★★

应试导读

本节内容是法考的五星级考点，非常重要，在客观题考试中，一般每套卷每年出 1 道题，分值 1—2 分。同时，本节内容也可能和其他章节内容结合命题。重难点提示：(1) 通过本节学习，考生应重点掌握“法律解释的方法”以及“正式解释与非正式解释的区分”；(2)“法律解释方法的适用模式”是法考大纲新增考点，考生也应特别关注。

知识点

一、法律解释的方法

法律解释方法	文义解释	又称语法解释、文法解释、文理解释、语义学解释，是指按照表达法律的语言文字的**日常意义**或者**技术意义**来解释说明法律的含义 注意 平义解释、扩张解释和限缩解释都属于文义解释
	体系解释	也称逻辑解释、系统解释，是指将被解释的法律条文放在整部法律乃至整个法律体系中，联系此法条与其他法条的相互关系来解释法律
	历史解释	依据正在讨论的法律问题的历史事实对某个法律规定进行解释
	比较解释	根据**外国**的立法或判例学说对某个法律规定进行解释
	主观目的解释	又称**立法者目的解释**，是指根据参与立法的人的意志或立法的资料揭示某个法律规定的含义
	客观目的解释	根据理性的目的对某个法律规定进行解释。客观目的解释可以使法律决定与特定社会的伦理与道德要求相一致

【要点对比】

文义解释——看字面意思（保证“可预测性”）。

体系解释——联系上下文。

历史解释——古今对比。

比较解释——中外对比。

主观目的解释——看立法者目的。

客观目的解释——看理性目的（追求“正当性”）。

【经典题目】

法谚云：“法的最佳解释是法律本身。”对此，下列哪一说法是正确的？（ ）（2022 年考生回忆版）

A. 法律之外无解释

B. 立法的过程就是解释法律的过程

C. 解释法律可以运用客观目的解释

D. 有法律就有最佳解释

解析要点：

A 项：法律之外既有有法律解释权的国家机关对法律作出的正式解释，又有没有法律解释权的机关、团体、组织或个人对法律作出的非正式解释，因此，法律之外有解释。A 项错误。

B 项：立法的过程确实离不开立法者对法律规范含义的解释和说明，但是，立法过程除了解释说明法律规范，还包括立法者制定规范。B 项错误。

C 项：客观目的解释可以使法律决定与特定社会的伦理与道德要求相一致，从而使法律决定具有最大可能的正当性。因此，解释法律可以运用客观目的解释。C项正确。

D项：表达法律的用语具有歧义性、模糊性和价值的开放性，因此，有法律未必有最佳解释，可能针对同一法律规范，特定的时间段内的特定国家的法律人作出了两种以上相互对立、冲突的解释，并没有高下优劣之分。D项错误。

综上所述，本题答案是C项。

【答案】C

二、法律解释方法的适用模式与位阶

法律人针对特定案件事实对某个法律文本或法的渊源进行解释时，既可能只适用一种法律解释方法，也可能同时适用两种以上的法律解释方法。

法律解释方法有三种适用模式：单一模式、累积模式与冲突模式。

单一模式	所谓单一模式，是指法律人针对特定案件事实对特定法律文本或法的渊源进行解释时，**只适用一种法律解释方法**。一般来说，这个模式中的那个单一的法律解释方法就是**语义学法律解释方法** 法律人运用单一模式的条件：那个单一的解释方法是证成对某个法律文本或法的渊源的解释结果的充分理由，从而证成法律决定并使人们能够在理性上接受该法律决定 例如，《刑法》第140条生产、销售伪劣产品罪规定的“以次充好”，是指以低等级、低档次产品冒充高等级、高档次产品，或者以残次、废旧零配件组合、拼装后冒充正品或者新产品的行为
累积模式	所谓累积模式，是指法律人针对特定案件事实同时适用**两种以上的法律解释方法**对特定法律文本或法的渊源进行解释，而且在最终意义上得到了**相同的解释结果** 这个模式不是不同的法律解释方法偶然地遭遇或碰在一起，而是它们相互独立地证成了相同法律解释结果，它们各自的证成力累积在一起而形成了一个整体的证成力
冲突模式	所谓冲突模式，是指法律人针对特定案件事实同时适用**两种以上的法律解释方法**对特定法律文本或法的渊源进行解释，而得到**至少两个相互对立、冲突的解释结果**，而且这些解释结果证成了不同法律决定 冲突模式的运用：冲突模式运用的关键和根本之处不在于法官或法律适用者运用不同的相互独立的法律解释方法证成不同的法律解释结果，而在于**证成哪一个法律解释结果具有优先性**，即解决冲突问题。这就必然涉及法律解释方法的位阶问题
位阶	**文义解释→体系解释→主观目的解释→历史解释→比较解释→客观目的解释** 注意 这个位阶关系不是固定的，若存在更强理由，优先性关系可以推翻

【背诵口诀】

单一模式：“一锤定音式”——一种方法，一个结论。

累积模式：“殊途同归式”——两种方法，一个结论。

冲突模式：“大相径庭式”——两种方法，两个结论。

三、当代中国的法律解释体制

正式解释（法定解释、有权解释），是指有法律解释权的国家机关、官员作出的有法律约束力的解释。

非正式解释，是指没有法律解释权的机关、团体、组织或个人对法律作出的不具有法律约束力的解释，包括学理解释和任意解释。

种类	主体	对象	说明
立法解释	全国人大 常委会	宪法和法律（狭义）	立法解释与法律的效力相同
司法解释	最高人民法院 最高人民检察院	法律适用过程中 具体法律应用问题	包括：审判解释、检察解释、联合解释 注意 指导性案例不属于司法解释
行政解释	国务院及其 主管的部门	有关法律 法规	针对不属于审判和检察工作中的具体法律应用问题，以及自身制定的法规
地方国家机关的解释	地方人大常委会 和政府	地方性法规	针对地方性法规条文本身需要进一步明确界限或作补充规定的，由制定的地方人大常委会解释 属于地方性法规如何具体应用问题，由同级人民政府解释

【命题角度】

法律解释常见命题角度：给考生一个案例，请考生判断案例中运用的是哪种解释方法。

【经典题目】

李某在某餐馆就餐时，被邻桌互殴的陌生人误伤。李某认为，依据《消费者权益保护法》第 7 条第 1 款中“消费者在购买、使用商品和接受服务时享有人身、财产安全不受损害的权利”的规定，餐馆应负赔偿责任，据此起诉。法官结合该法第 7 条第 2 款中“消费者有权要求经营者提供的商品和服务，符合保障人身、财产安全的要求”的规定来解释第 7 条第 1 款，认为餐馆对商品和服务之外的因素导致伤害不应承担责任，遂判决李某败诉。对此，下列哪一说法是不正确的？（　　）（2013－01－13）

A. 李某的解释为非正式解释

B. 李某运用的是文义解释方法

C. 法官运用的是体系解释方法

D. 就不同解释方法之间的优先性而言，存在固定的位阶关系

解析要点：

A 项：非正式解释，是指没有法律解释权的机关、团体、组织或个人对法律作出的不具有法律约束力的解释，包括学理解释和任意解释。本案中，李某属于普通公民，所作解释为任意解释。A 项正确。

B 项：文义解释是指按照表达法律的语言文字的日常意义或者技术意义来解释说明法律的含义。本案中，李某解释的是相关条款的表面文义。B 项正确。

C 项：体系解释是指将被解释的条文放在整部法律当中乃至整个法律体系当中，

联系此条文和其他法条的相互关系来解释法律。本案中，法官结合了其他条款来解释，因此运用了体系解释方法。C项正确。

D项：在各种法律解释方法之间，位阶关系不是固定的，若存在更强理由，优先性关系可以推翻。D项错误。

综上所述，本题答案是D项。

【答案】D

第五节　法律推理★★★★★

应试导读

本节内容是法考的五星级考点，非常重要，在客观题考试中，一般每套卷每年出1道题，分值1—2分。同时，本节内容也可能和其他章节内容结合命题。重难点提示：通过本节学习，考生应重点掌握六种常见推理方法之间的区别。

知识点

法律推理，就是指法律人在从一定的**前提**推导出**法律决定**的过程中所必须遵循的推论规则。

演绎推理	演绎推理是**从一般到个别**的推论 演绎推理经典形式：**三段论**（大前提—小前提—结论） 演绎推理是一种**必然性推理**，所谓“必然”，意味着只要前提为真（正确），则结论一定为真（正确） 例1：所有的人都会死，苏格拉底是人，所以苏格拉底会死 例2：饮酒后驾驶机动车的，处暂扣6个月机动车驾驶证，并处1 000元以上2 000元以下罚款。甲饮酒后驾驶机动车。甲应处暂扣6个月机动车驾驶证，并处1 000元以上2 000元以下罚款（法律规范大前提，案件事实小前提，大小前提得结论）
归纳推理	归纳推理是**从个别到一般**的推论。例如，从“一只乌鸦是黑的”“两只乌鸦是黑的”“三只乌鸦是黑的”……推导出“所有乌鸦都是黑的” 归纳推理的分类：包括**完全归纳推理**（必然性推理）与**不完全归纳推理**（或然性推理） 归纳推理的推理规则：被考察对象数量要尽可能多，范围尽可能广，差异尽可能大
类比推理	类比推理是**从个别到个别**的推论，又称“相似性论证”，它在本质上是一种比较，一般形式为：A（类）事物具有a、b、c、d等属性，B（类）事物具有a、b、c属性，因此B（类）事物也具有d属性 例1：地球上有水、大气层和适当的温度，且存在生物。火星上也有水、大气层和适当的温度。因此，火星上也存在生物 例2：某法院在审理一起合同纠纷案时，参照最高法院发布的第15号指导性案例所确定的“法人人格混同”标准作出了判决。法官在该案中运用了类比推理

反向推理	反向推理又称“反面推论”，从“一件事是什么”推出“不同的事不是什么”，**“明示其一即否定其余”**。反向推理是或然性推理，主要运用于高度重视法律安定性或确定性价值的法律规范 例如，法律明文规定为犯罪行为的，依照法律定罪处刑；法律没有明文规定为犯罪行为的，不得定罪处刑
当然推理	当然推理包括两种形式：举轻以明重；举重以明轻 注意 考虑到罪刑法定原则，不能从刑法将某种行为规定为犯罪，推导出在性质上比它更严重的行为也是犯罪
设证推理	设证推理又称“推定”，是指从某个结论或事实出发，依据某个假定的法则推导出某个前提或曾发生的事实的推论（**由果推因**） 例如，在宋代话本小说《错斩崔宁》中，刘贵之妾陈二姐因轻信刘贵欲将她休弃的戏言连夜回娘家，路遇年轻后生崔宁并与之结伴同行。当夜盗贼自刘贵家盗走15贯钱并杀死刘贵，邻居追赶盗贼遇到陈、崔二人，因见崔宁刚好携带15贯钱，遂将二人作为凶手捉拿送官。邻居就是运用设证推理方法断定崔宁为凶手 设证推理是一种效力很弱、很不确定的推理，要求推理者尽可能地去增强其可信度

【背诵口诀】

演绎一般到个别，归纳个别到一般，类比个别到个别。

反向明一否其余，当然轻重要对比，设证由果倒推因。

【命题角度】

法律推理常见命题角度：给出一个案例，请考生判断案例运用的是哪种推理方式。

【经典题目】

新郎经过紧张筹备准备迎娶新娘。婚礼当天迎亲车队到达时，新娘却已飞往国外，由其家人转告将另嫁他人，离婚手续随后办理。此事对新郎造成严重伤害。法院认为，新娘违背诚实信用和公序良俗原则，侮辱了新郎人格尊严，判决新娘赔偿新郎财产损失和精神抚慰金。关于本案，下列哪些说法可以成立？（　　）（2014－01－52）

A. 由于缺乏可供适用的法律规则，法官可依民法基本原则裁判案件

B. 本案法官运用了演绎推理

C. 确认案件事实是法官进行推理的前提条件

D. 只有依据法律原则裁判的情形，法官才需提供裁判理由

解析要点：

A 项：在司法实践中，法律原则的主要作用在于填补法律规则的空白和克服其僵硬性，因此，当缺乏可供适用的法律规则时，法官可依民法基本原则裁判案件。A 项正确。

B 项：本案中，法院以诚实信用和公序良俗原则为大前提，以案件事实为小前提，进行了演绎推理。B 项正确。

C 项：法律人应当确定案件事实作为小前提，寻求法律规范作为大前提，基于两个前提得出法律结论。C 项正确。

D 项：法律人适用法律解决具体纠纷的过程是一个说理的过程，无论是适用规则

还是适用原则都必须提供裁判理由。D 项错误。

综上所述，本题答案是 ABC 项。

【答案】ABC

第六节　法律漏洞的填补★★★★

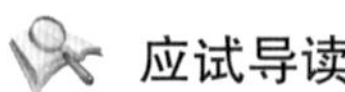

应试导读

本节内容是法考的四星级考点，比较重要，在客观题考试中，一般每套卷每一到两年出 1 道题，分值 1—2 分。同时，本节内容也是法考改革后法理学大纲新增考点，值得考生重点关注。重难点提示：考生学习本节时，应重点掌握“法律漏洞的分类”。

知识点

法律漏洞，是指违反立法计划的不圆满性，即某事项本应由法律规定但法律却未作规定。法律漏洞不是**法外空间**，法外空间不属于法律调整的范围。

一、法律漏洞的分类

根据是否完全没有规定	**全部漏洞**	对于某个需要被规范的问题，法律完全没有规定，则为全部漏洞，也叫立法空白
	部分漏洞	对于某个需要被规范的问题，虽已为法律所规范，但并不完全，则为部分漏洞
根据表现形态	**明显漏洞**	关于某个法律问题，法律应积极地加以规定却未设规定（“该有规定未规定”）
	隐藏漏洞	关于某个法律问题，法律虽已有规定，但应设有例外却未设例外（“该有例外无例外”）
根据漏洞产生时间	**自始漏洞**	在法律制定时即已存在的漏洞，又分为明知漏洞和不明知漏洞（“当初就有”）
	嗣后漏洞	法律制定和实施后，因社会客观形势的变化发展而产生了新问题，但未被立法者所预见以致没有被纳入法律的调控范围（“后来才有”）

二、法律漏洞的填补方法

（一）目的论扩张

目的论扩张	**目的论扩张**，指法律规范的文义未能涵盖某类案件，但依其规范目的应当包含该类案件，因而扩张该规范的适用范围 目的论扩张是法律文义的范围窄于法律规范目的的范围，也即“词不达意”的情形，扩张词的含义以满足规范的目的

目的论扩张和扩张解释	**目的论扩张和扩张解释不同：** （1）**扩张解释**属于文义解释的一种情形，因条文的文义不足以表达立法意旨，而扩张条文中的词语意义，但该扩张并未超出规范文义的范围 （2）**目的论扩张**所适用之案件，已经超越了规范文义所涵盖的范围，因为该案件满足规范目的而适用该规范

（二）目的论限缩

目的论限缩	**目的论限缩**，指法律规范的文义涵盖了某类案件，但依据规范目的，不应涵盖该类案件，因而限缩规范的适用范围，将该类案件排除在外 目的论限缩是规范文义所指的范围宽于规范目的所指的范围，也即“言过其实”。基本原理是不同案件应作不同处理，排除掉不同类案件在同一规范的适用
目的论限缩与限制解释	**目的论限缩与限制解释的区别：** （1）**限缩解释**是该规范已经适用于案件，但文义过于宽泛，从而限缩该规范的文义，以便正确适用 （2）**目的论限缩**增添了新的限制性规范，限缩解释则压缩了规范的文义范围

【经典题目】

A公司认为其生产的球形罐装饮料“老王茶”被B公司“茶道道”抄袭其罐子的球形外观，遂以侵犯实用新型专利权为由，将B公司诉至法院。法院认为，无论依何种法律解释方法，均无法将这种球形外观认定为《专利法》所规定的实用新型专利，故存在法律漏洞。但是，鉴于《专利法》旨在保护专利的独创性，而球形外观具有独创性，且符合《专利法》中对专利的定性，因此，法院适用《专利法》对专利定性的法条，对本案作出判决。关于本案，下列选项正确的是（　　）。（2022**年考生回忆版**）

A. 该案的法律漏洞是隐藏漏洞

B. 法院进行了目的论扩张

C. 法院运用了类比推理

D. 此案表明法律没有规定即可认定存在法律漏洞

解析要点：

A项：明显漏洞是指关于某个法律问题，法律依其规范目的或立法计划，应积极地加以规定却未设规定。隐藏漏洞是指关于某个法律问题，法律虽已有规定，但依其规范目的或立法计划，应对该规定设有例外却未设例外。本案中，关于球形外观的保护应该规定却未设规定，属于明显漏洞。A项错误。

B项：目的论扩张，是指法律规范的文义未能涵盖某类案件，但依据其规范目的应该将相同的法律后果赋予它，因而扩张该规范的适用范围，以将它包含进来。本案中，法院依据《专利法》的立法目的，扩张《专利法》的适用范围，对本案作出判决，体现了目的论扩张。B项正确。

C项：类比推理是从个别到个别的推论。它又称“相似性论证”，即根据两个或两类不同事物的相似性，或者说在某些属性上是相同的，从而推导出它们在另一个或另一些属性上也是相同的。本案中，法院认为球形外观和《专利法》中对专利的定性存在相似性，因此适用《专利法》，体现了类比推理。注意：无论依何种法律解释方法，均无法将这种球形外观认定为《专利法》所规定的实用新型专利，因此，法院无法直接将《专利法》法条作为推理的大前提，因此，该推理不是演绎推理。C 项正确。

D 项：任何社会，即使是法治社会，都存在一些法律不能调整、无须调整或不宜调整的社会关系或领域，如友谊和爱情。因此，法律没有规定的问题既可能是法律漏洞，也可能是法外空间。D 项错误。

综上所述，本题答案是 BC 项。

【答案】 BC

第三章　法的演进

第一节　法的起源与历史类型★

应试导读

本节内容是法考的一星级考点，重要性一般，在客观题考试中，一般每套卷每五到十年出1道题，分值1—2分。同时，本节以及本章其他节内容相对简单，考生应认真掌握，稳拿相应分数。

知识点

一、法的产生

马克思主义法学认为，法不是从来就有的，也不是永恒存在的，它是人类历史发展到奴隶社会阶段才出现的社会现象。总结世界不同民族和地区法产生的历史，可以归纳出如下**一般规律**：

调整机制上	法的产生经历了从**个别调整**到**一般规范性调整**，再到**法的调整**的发展过程
形式上	法的产生经历了由**习惯**到**习惯法**，再到**制定法**的发展过程
内容上	法的产生经历了法与宗教规范、道德规范的**浑然一体**到**不断分化、相对独立**的发展过程

二、法的历史类型

以阶级意志和经济基础为标准进行分类：**奴隶制法—封建制法—资本主义法—社会主义法**。

前三类是建立在生产资料私有制基础上的剥削阶级类型的法，社会主义法建立在生产资料公有制基础上，反映广大劳动人民意志，因此是**更高历史类型的法**。

【经典题目】

有学者这样解释法的产生：最初的纠纷解决方式可能是双方找到一位共同信赖的长者，向他讲述事情的原委并由他作出裁决；但是当纠纷多到需要占用一百位长者的全部时间时，一种制度化的纠纷解决机制就成为必要了，这就是最初的法律。对此，下列哪一说法是正确的？（　　）（2017-01-13）

A. 反映了社会调整从个别调整到规范性调整的规律

B. 说明法律始终是社会调整的首要工具

C. 看到了经济因素和政治因素在法产生过程中的作用

D. 强调了法律与其他社会规范的区别

解析要点：

A 项：学者的解释说明社会纠纷由个别存在演变成普遍存在，而制度化纠纷解决机制的出现，可以将一个制度应用到同一类型的多个纠纷之中，不针对具体的人和事，可以被反复适用，反映了社会调整从个别调整到规范性调整的规律。A 项正确。

B 项：法律并非始终是社会调整的首要工具，例如在法律产生之前，人们依靠道德、宗教、习惯等进行社会调整。B 项错误。

C 项：题干中没有体现经济因素和政治因素在法产生过程中的作用。C 项错误。

D 项：题干中没有体现法律和其他社会规范的区别。D 项错误。

综上所述，本题答案是 A 项。

【答案】 A

第二节　法的继承与法的移植★★

应试导读

本节内容是法考的二星级考点，重要性一般，在客观题考试中，一般每套卷每三到五年出 1 道题，分值 1—2 分。重难点提示：通过本节学习，考生应重点掌握“法的继承和法的移植的区别”。

知识点

法的继承	含义	**不同历史时代**的法律制度之间的延续和继受，一般表现为旧法对新法的影响和新法对旧法的继受
	理由	社会生活条件的历史延续性 法的相对独立性 法作为人类文明成果决定了法的继承的必要性
法的移植	含义	在鉴别、认同、调适、整合的基础上，引进、吸收、采纳、摄取、同化外国法，使之成为本国法律体系的有机组成部分
	理由	社会和法的发展的不平衡性 经济全球化 推动法的现代化发展，各个国家相互借鉴，形成更优良的法律制度
	注意事项	要选择优秀的、适合本国国情和需要的法律进行移植 要注意国外法与本国法之间的同构性和兼容性 注意法律体系的系统性 要有适当的超前性

法律移植的范围，除了外国的法律外还包括国际法和国际惯例。

【背诵口诀】

继承和移植的区别：不同时代是继承，同一时代是移植。

第三节　法系★

应试导读

本节内容是法考的一星级考点，重要性一般，在客观题考试中，一般每套卷每五到十年出1道题，分值1—2分。重难点提示：通过本节学习，考生应重点掌握“大陆法系和英美法系”的不同特点。

知识点

根据历史传统和外部特征的不同对法进行的分类，是比较法上的概念。人类历史上的法系有中华法系、印度法系、伊斯兰法系、大陆法系和英美法系等。当今世界最有影响的是**大陆法系和英美法系**。

法系	大陆法系（民法法系）	英美法系（普通法系）
正式渊源	制定法	制定法和判例法
思维方式	演绎型思维	归纳式思维，注重类比推理
法律分类	公法、私法	普通法、衡平法
诉讼程序	纠问制	对抗制
法典编纂	法典	不倾向法典，但近代以来制定法的数量也在增加

第四节　法的现代化★★

应试导读

本节内容是法考的二星级考点，重要性一般，在客观题考试中，一般每套卷每三到五年出1道题，分值1—2分。重难点提示：通过本节学习，考生应重点掌握“内发型法的现代化和外源型法的现代化的区别”。

知识点

一、法的现代化的标志

内涵	**法与道德的相互分离**。法成为实证化的法律，道德成为理性的道德 **法成为形式法**。法的合法性来源于法自身，依赖于确立和证成它的形式程序，而不是伦理或者神学因素 **法对现代价值的体现和保护**。不断彰显社会的基本价值准则，如人人平等、政治民主化、保障人的权利与自由 **法具有形式合理性**。即可理解性、精确性、一致性、普遍性、公开性，一般来说是成文的，以及不具有溯及既往的效力，等等

<table>
<tr><td rowspan="2">类型</td><td>内发型法的现代化：特定社会力量产生的法的创新，自发的、缓慢的、自下而上、渐进变革的过程</td></tr>
<tr><td>外源型法的现代化：外部环境影响下，社会受外力冲击，引起思想、政治、经济领域的变革，最终导致法律领域的变革与转型
特点：
1. 被动性：外部因素压力（外来干涉、殖民统治、经济依附关系）
2. 依附性：带有明显的工具色彩，服务于政治、经济变革
3. 反复性：由于不是通过社会自身力量演变的自然结果，与本土文化存在尖锐矛盾，现代化的过程经常出现反复</td></tr>
</table>

二、当代中国法的现代化

起点	以收回领事裁判权为契机的**清末修律**，开启了中国法的现代化之门
特点	1. 由被动接受到主动选择 2. 由模仿大陆法系到建立中国特色的社会主义法律制度 3. 法的现代化的启动形式是立法主导型 4. 法律制度变革在前，法律观念更新在后

【要点对比】

内发型法的现代化关键词——内部孕育、自下而上、渐变过程。

外源型法的现代化关键词——外部压迫（被动性、依附性）、自上而下、突变过程（反复性）。

【命题角度】

法的现代化常见命题角度：考查内发型法的现代化和外源型法的现代化的各方面区别。

【经典题目】

关于法的现代化，下列哪一说法是正确的？（　　）（2017－01－14）

A. 内发型法的现代化具有依附性，带有明显的工具色彩

B. 外源型法的现代化是在西方文明的特定历史背景中孕育、发展起来的

C. 外源型法的现代化具有被动性，外来因素是最初的推动力

D. 中国法的现代化的启动形式是司法主导型

解析要点：

A项：外源型法的现代化是外部环境影响下的现代化，具有依附性和明显的工具色彩。A项错误。

B项：内发型法的现代化是在西方文明的特定历史背景中孕育、发展起来的。B项错误。

C项：外源型法的现代化具有被动性，即在法的外源型现代化中，现代化最初是迫于某种外来压力而进行的。C项正确。

D项：中国法的现代化属于立法主导型，清末修律活动开启了中国法的现代化之门。D项错误。

综上所述，本题答案是C项。

【答案】C

第五节 法治理论★

应试导读

本节内容是法考的一星级考点，重要性一般，在客观题考试中，一般每套卷每五到十年出1道题，分值1—2分。重难点提示：学习本节，考生应重在理解，同时明确“法治与法制的区别”。

知识点

一、法制与法治

“法制”基本可以和广义上的“法律”通用，指一国法律和制度的总称。

“法治”是指以民主为基础，以法律为最高权威，尊重和保障人权的现代政治文明，是“良法善治”。

注意 有国家一定有法制，但未必有法治。

二、现代法治的内涵

法律至上	法律在社会生活中具有**最高权威**。任何人都要在宪法和法律范围内活动
良法之治	良法必须是以民众的福祉为目的，必须与社会公认的价值保持一致
人权保障	**人权**应得到尊重和保障，确保所有人平等地享有法律规定的各项自由
权力制约	**国家权力必须依法行使**，法无规定即禁止

第四章　法与社会

第一节　法与经济★★

应试导读

本节内容是法考的二星级考点，重要性一般，在客观题考试中，一般每套卷每三到五年出1道题，分值1—2分。同时，本节以及本章其他节内容相对简单，考生应认真掌握，稳拿相应分数。重难点提示：通过本节学习，考生应重点掌握“法与科学技术”的关系。

知识点

一、法与经济

经济基础对法有**决定作用**。

法对经济基础有**反作用**。

二、法与科学技术

科技进步对法的影响	**立法**：扩大了法律调整的社会关系的范围；提高了立法的质量和水平；新技术的出现也导致了伦理困境和法律评价上的困难 **司法**：司法过程中事实认定和法律适用环节越来越深刻地受到了现代科学技术的影响。例1：电子证据的出现挑战了既有的证据法则和事实认定的基础；例2：人工智能和大数据技术的发展改变了法官的思维方式，减轻了法官的工作负担，提高了同案同判的可能性
法对科技进步的作用	1. 运用法律管理科技活动，推动科技的进步 2. 通过法律促进科技成果商品化。例1：通过立法规范知识产权制度；例2：通过立法构建公平有序的竞争规则 3. 法律对科技可能导致的问题进行必要的限制，以防止产生不利的社会后果。例如，《刑法》第336条之一【非法植入基因编辑、克隆胚胎罪】规定：将基因编辑、克隆的人类胚胎植入人体或者动物体内，或者将基因编辑、克隆的动物胚胎植入人体内，情节严重的，处3年以下有期徒刑或者拘役，并处罚金；情节特别严重的，处3年以上7年以下有期徒刑，并处罚金

【经典题目】

无人驾驶汽车是人工智能在汽车行业的具体应用。随着人工智能的不断发展，无人驾驶汽车热度持续升温，无人驾驶汽车上路行驶是否合法、出现事故如何担责、如何进行规范等问题引发公众热议。对此，下列哪一说法是正确的？（ ）（2018年考生回忆版）

A. 我国道路交通安全法对无人驾驶汽车上路行驶尚无规定，体现了法律的局限性

B. 科技发展应尽量避免法律干预，从而为科技营造宽松的发展环境，促进科技进步

C. 科技发展如果引发了问题，只能通过法律手段解决

D. 只有当科技发展造成了实际危害后果时，才能动用法律手段进行干预

解析要点：

A 项：法律受其他社会规范、社会条件和环境制约，因此，立法具有一定的滞后性，这是法律局限性的体现。A 项正确。

B 项：应当运用法律管理科技活动，推动科技的进步，而非避免干预。B 项错误。

C 项：科技发展如果引发了问题，法律手段只是解决问题的手段之一，也可以运用道德、政策手段解决问题。C 项错误。

D 项：法律不仅能解决实际问题，还能预防问题，防止产生不利的社会后果。D 项错误。

综上所述，本题答案是 A 项。

【答案】 A

第二节 法与政治★

应试导读

本节内容是法考的一星级考点，重要性一般，在客观题考试中，一般每套卷每五到十年出 1 道题，分值 1—2 分。重难点提示：通过本节学习，考生应重点掌握“法与政策”的区别。

知识点

一、一般关系

法与政治都属于**上层建筑**，都受制于和反作用于一定的经济基础。二者相互作用，相辅相成，政治直接影响、约束法，法确认和调整政治关系，影响政治的发展。

二、法与政策

	法	执政党政策
联系	1. 党的政策对法的**指导作用** 2. 社会主义法对党的政策有**制约作用**	

续表

		法	执政党政策
区别	意志属性	国家意志	全党意志
	规范形式	规范性法律文件 或者其他渊源形式	决议、宣言、决定、声明等
	实施方式	国家强制力保障	宣传和纪律
	调整范围	交涉性和可诉性的社会关系	范围广于法律 要求高于法律
	稳定性 程序化	稳定性更高、程序更严格	灵活性

三、法与国家

1. 法与国家权力相互依存、相互支撑。

2. 法与国家权力存在紧张、冲突关系：国家权力天然具有扩张性，总想凌驾于法之上；法对国家权力进行约束和限制。

注意 近现代法治的实质和精义在于**控权**，强调权力形式和实质的合法性。

【经典题目】

我国于2015年公布了全面实施一对夫妇可生育两个孩子的政策，《人口与计划生育法》随即作出修改。对此，下列哪些说法是正确的？(　　)（2016－01－51）

A. 在我国，政策与法律具有共同的指导思想和社会目标

B. 立法在实践中总是滞后的，只能“亡羊补牢”而无法适度超越和引领社会发展

C. 越强调法治，越要提高立法质量，通过立法解决改革发展中的问题

D. 修改《人口与计划生育法》有助于缓解人口老龄化对我国社会发展的压力

解析要点：

A项：在我国，政党政策与法律在赖以建立的经济基础、指导思想、基本精神和历史使命等方面，都是相同的，二者应当是一致的，A项正确。

B、C项：虽然立法具有一定的滞后性，但是，建设中国特色社会主义法治体系，必须坚持立法先行，发挥立法的引领和推动作用，B项错误，C项正确。

D项：修改《人口与计划生育法》，实施全面两孩政策，可以通过进一步释放生育潜力，减缓人口老龄化压力，增加劳动力供给，促进人口均衡发展，D项正确。

综上所述，本题答案是ACD项。

【答案】ACD

第三节　法与道德★★★★

应试导读

本节内容是法考的四星级考点，比较重要，在客观题考试中，一般每套卷每一到

两年出 1 道题，分值 1—2 分。同时，本节内容有可能和法的概念、习近平法治思想等知识点结合命题。重难点提示：通过本节学习，考生应重在理解，在理解的基础上掌握法与道德的联系和区别。

知识点

一、法与道德的联系

概念联系	**非实证主义法学**：法与道德在概念上存在必然联系 **实证主义法学**：法与道德在概念上不存在必然联系
内容联系	几乎所有学者都认为，法与道德在内容上相互渗透 **古代**：法与道德内容重合程度极高 **近现代**：法律是最低限度的道德
功能联系	法律与道德在功能上相辅相成，共同调整社会关系 古代法学家强调道德在社会调控中的首要地位 近现代法学家强调法律在社会中的首要作用

二、法与道德的区别

	法	道德
产生方式	形式上是国家机关按照法定程序主动制定或认可的，是立法者**自觉建构的产物**	是在社会生产生活中自然演进生成的，是**自发和非建构的产物**
表现形式	通常表现为**规范性文件**	通常存在于人的**内心和社会舆论**
调整范围	关注和规范外在行为，不问动机	调整外在行为，关注内在动机
内容结构	规则为主	原则为主
实施方式	**国家强制力**保证实施	主要依靠人的**内心信念和社会舆论**等方式加以强制实施

【经典题目】

《摩奴法典》是古印度的法典，《法典》第五卷第一百五十八条规定："妇女要终生耐心、忍让、热心善业、贞操，淡泊如学生，遵守关于妇女从一而终的卓越规定。"第一百六十四条规定："不忠于丈夫的妇女生前遭诟辱，死后投生在豺狼腹内，或为象皮病和肺痨所苦。"第八卷第四百一十七条规定："婆罗门贫困时，可完全问心无愧地将其奴隶首陀罗的财产据为己有，而国王不应加以处罚。"第十一卷第八十一条规定："坚持苦行，纯洁如学生，凝神静思，凡十二年，可以偿赎杀害一个婆罗门的罪恶。"结合材料，判断下列哪一说法是错误的？（　　）（2009-01-08）

A.《摩奴法典》的规定表明，人类早期的法律和道德、宗教等其他规范是浑然一体的

B.《摩奴法典》规定苦修可以免于处罚，说明《法典》缺乏强制性

C.《摩奴法典》公开维护人和人之间的不平等

D.《摩奴法典》带有浓厚的神秘色彩，与现代法律精神不相符合

解析要点：

A项：《摩奴法典》是典型的奴隶制法，奴隶社会处于人类社会的早期，此时，法与宗教、道德等社会规范是浑然一体的，A项正确。

B项：《摩奴法典》作为法律，具有强制性，受到奴隶制国家强制力的保障，B项错误。

C项：作为奴隶制法，《摩奴法典》严格保护奴隶主的所有制，例如“婆罗门贫困时，可完全问心无愧地将其奴隶首陀罗的财产据为己有”等规定都是公开反映和维护贵族的等级特权，C项正确。

D项：“不忠于丈夫的妇女……死后投生在豺狼腹内……”等规定带有浓厚的神秘色彩，与现代法律精神不相符合，D项正确。

综上所述，本题答案是B项。

【答案】 B

第二编 宪法

概述 宪法考情与备考要点

一、考试分值

法考改革后，司法部官方不再公布真题以及答案，根据考生回忆：

在客观题考试中，宪法每年每套卷考查15分左右。

在主观题考试中，法考时代的主观题均直接针对中国特色社会主义法治理论以及习近平法治思想命题，不直接考查宪法。

二、命题特点

宪法命题，既有**重者恒重**、**新修必考**、**热点常考**等法考科目命题的共性特点，还有如下个性特点：

（一）命题较直接，很少绕弯子

宪法命题较为直接，经常考查**法条原文**或者**官方辅导用书原文**。以2021年一道考生回忆版题目为例：

国家标志又称国家象征，代表了一个国家的主权、独立和尊严，反映了一个国家的历史传统、民族精神。关于国家标志，下列哪些选项是正确的？（　　）（2021年考生回忆版）

A. 国家标志包括国歌、国旗、国徽、国家主席和首都

B. 举行宪法宣誓仪式时，应当在宣誓场所悬挂国旗

C. 各级人民政府均应悬挂国徽

D. 机场、港口、火车站应当每日升挂国旗

分析：

A项：官方辅导用书原文表述为："国旗、国歌、国徽、首都是国家的标志，是国家的主权、独立和尊严的象征。""中华人民共和国主席是我国国家机构的重要组成部分，对内对外代表国家，依法行使宪法规定的国家主席职权。"因此，A项错误。

B项：《国旗法》第7条第3款规定："举行宪法宣誓仪式时，应当在宣誓场所悬挂国旗。"B项正确。

C项：《国徽法》第4条规定："下列机构应当悬挂国徽：（一）各级人民代表大会常务委员会；（二）各级人民政府……"C项正确。

D项：《国旗法》第5条规定："下列场所或者机构所在地，应当每日升挂国旗：……（四）出境入境的机场、港口、火车站和其他边境口岸，边防海防哨所。"D项错误。

本题答案为BC项。

（二）注重考细节，背准即得分

宪法命题经常考查法条或官方辅导用书中的细节词句，以2022年一道考生回忆版题目为例：

某省某自治州拟任命自治州人大常委会主任（甲）、自治州中级人民法院院长（乙），自治州人民检察院检察长（丙）和自治州州长（丁）。对此，下列哪些说法是正确的？（　　）（**2022年考生回忆版**）

A. 甲须由本自治州实行区域自治的民族的公民担任

B. 乙须由省人大常委会选举

C. 丙的任命须由省检察院检察长提请省人大常委会批准

D. 丁须由本自治州实行区域自治的民族的公民担任

分析：

A项：《民族区域自治法》第16条第3款规定："民族自治地方的人民代表大会常务委员会中应当有实行区域自治的民族的公民担任主任或者副主任。"A项错误。

B项：《法官法》第18条第4款规定："地方各级人民法院院长由本级人民代表大会选举和罢免……"因此，乙须由自治州人大而非省人大常委会选举。B项错误。

C项：《检察官法》第18条第3、4款规定："地方各级人民检察院检察长由本级人民代表大会选举和罢免……地方各级人民检察院检察长的任免，须报上一级人民检察院检察长提请本级人民代表大会常务委员会批准。"C项正确。

D项：《民族区域自治法》第17条第1款规定："自治区主席、自治州州长、自治县县长由实行区域自治的民族的公民担任。"D项正确。

上述四个法条，在官方辅导用书也能找到原文。总之，宪法命题人每年会针对法条以及官方辅导用书的细节出多道题目，考生应该重视细节，精准记忆。

三、备考建议

学习目标：对宪法考点**重点记忆**＋**精准记忆**。

具体做法：

（一）结合本书以及配套课程，明确重点

通过看书以及听课，一方面，考生可以对考点达成初步理解，先理解，再记忆；另一方面，明确哪些是重点，通过实时勾画，画出重点，标注关键字词，以便在后期复习时，能够迅速定位重点，针对性背诵。

（二）配套做题

宪法真题至少做两遍。第一遍做题是配合听课做题，学习一节知识点，配套做一节题目，考生不要在意做题正确率，做题的目的是调动思考，增进理解。第二遍做题在宪法课程完整听完之后，做题的目的是发现薄弱点，针对性强化。

（三）考前背诵

考生要把本书宪法部分强调的重点，在考前多背几遍，尽量做到精准记忆。

特别提示：法考改革后，宪法学科纯粹考查死记硬背的题目逐渐减少，理解和记忆相结合的题目逐渐增多。因此，考生如果没有经过听课和做题的铺垫直接背诵，会导致如下问题：一方面，背诵过程比较痛苦；另一方面，即使背会了可能也不会运用。考生正确的备考方法是“听课＋做题＋背诵”三步走，先理解，后记忆，在理解的基础上进行记忆。

第一章　宪法基本理论

第一节　宪法的概念★★★

应试导读

本节内容是法考的三星级考点，比较重要，在客观题考试中，一般每套卷每两到三年出1道题，分值1—2分。同时，本节内容也可能和其他章节内容综合命题。另外，本节内容也是整个宪法学科的基础，考生应当认真对待。

知识点

一、宪法的基本特征

<table>
<tr><td rowspan="6">国家根本法</td><td>内容上，规定国家最根本、最核心的问题</td><td>宪法规定国家最根本、最核心的问题，诸如国家性质、国家政权组织形式、国家结构形式等
其他法律规定国家生活中具体领域的问题</td></tr>
<tr><td rowspan="3">效力上，具有最高法律效力</td><td>宪法是普通法律的制定依据，普通法律是宪法的具体化</td></tr>
<tr><td>任何普通法律、法规不得与宪法规范、原则和精神相违背</td></tr>
<tr><td>宪法是一切国家机关、社会团体和全体公民的最高行为准则</td></tr>
<tr><td rowspan="2">制定与修改程序上，比其他法律更严格</td><td>制定和修改宪法的机关往往是特别成立的机关。例如，1787年美国宪法由55名代表组成的制宪会议制定</td></tr>
<tr><td>通过或批准宪法或其修正案的程序更加严格。例如，我国宪法规定，宪法的修改，由全国人民代表大会常务委员会或者五分之一以上的全国人民代表大会代表提议，并由全国人民代表大会以全体代表的三分之二以上的多数通过
【背诵口诀】
“常委”“五一”提修宪，三分之二才通过</td></tr>
<tr><td>公民权利保障书</td><td colspan="2">在内容上，分为对国家权力的限制和对公民权利的保障两个部分，其中核心是保障公民权利</td></tr>
<tr><td>民主事实法律化</td><td colspan="2">宪法与民主紧密相连，民主事实的普遍化是宪法得以产生的前提之一</td></tr>
</table>

【背诵口诀】

宪法的基本特征是什么？

国家根本法、公民权利保障书、民主事实法律化。

宪法为什么是国家根本法？

内容根本、效力最高、制修严格。

宪法为什么效力最高？

立法依据、不得违背、行为准则。

二、宪法的分类

（一）传统的宪法分类

分类标准	具体类型	举例
是否具有统一法典的形式	**成文宪法：具有统一法典形式**的宪法，又称为文书宪法或制定宪法	世界历史上第一部成文宪法是**1787年美国宪法** 欧洲大陆第一部成文宪法是**1791年法国宪法** 注意 世界上绝大多数国家都是成文宪法国家
	不成文宪法：不具有统一的法典形式，内容散见于多种法律文书、宪法判例或宪法惯例的宪法	英国、新西兰、以色列、沙特阿拉伯等少数国家 **英国**是典型的不成文宪法国家，英国宪法包括大量宪法惯例和宪法判例，还包括1628年《权利请愿书》、1679年《人身保护法》、1689年《权利法案》、1701年《王位继承法》、1928年《男女选举平等法》等
有无严格的制定、修改机关和程序	**刚性宪法**：制定机关往往是**特别成立**的，制定或修改的**程序更严格**	实行成文宪法的国家往往也是刚性宪法国家
	柔性宪法：制定、修改的机关和程序**与一般法律相同，效力亦无差异**	最典型的是英国宪法
制定宪法的机关不同	**钦定宪法**：由君主或以君主的名义制定和颁布的宪法	1889年日本明治宪法 1908年清政府的《钦定宪法大纲》
	民定宪法：由民意机关或全民公决制定的宪法	世界上大多数国家
	协定宪法：由君主和国民或国民的代表机关协商制定的宪法	1215年英国《自由大宪章》 1830年法国宪法

（二）马克思主义宪法学的分类

以国家的类型和宪法的阶级本质为标准	资本主义类型宪法 社会主义类型宪法
以宪法是否与现实相一致为标准	如果法律同现实脱节，宪法是虚假的 如果法律同现实一致，宪法便不是虚假的

【命题角度】

宪法的分类常见命题角度：

1. 给考生一部宪法，请考生判断属于哪种宪法。(例如，1830 年法国宪法是钦定宪法。正确吗?)

2. 给考生一种宪法类型，问考生该种宪法类型的内在特点。(例如，不成文宪法的特点是其内容不见于制定法。正确吗?)

【经典题目】

成文宪法和不成文宪法是英国宪法学家提出的一种宪法分类。关于成文宪法和不成文宪法的理解，下列哪一选项是正确的?（　　）(2017-01-21)

A. 不成文宪法的特点是其内容不见于制定法

B. 宪法典的名称中必然含有“宪法”字样

C. 美国作为典型的成文宪法国家，不存在宪法惯例

D. 在程序上，英国不成文宪法的内容可像普通法律一样被修改或者废除

解析要点：

A 项：不成文宪法的特点是没有统一法典的形式，内容散见于多种法律文书、宪法判例和宪法惯例，而非内容不见于制定法。A 项错误。

B 项：宪法典的名称一般含有“宪法”字样，但有例外，例如澳大利亚联邦基本法、德国基本法。B 项错误。

C 项：美国虽然是世界上最早颁布成文宪法的国家，但同时也存在着大量的宪法惯例，而最为人们熟悉的司法审查权，就是由宪法惯例形成的。C 项错误。

D 项：英国宪法是柔性宪法，因此英国的宪法性法律在修改程序上与普通法律无异。D 项正确。

综上所述，本题答案是 D 项。

【答案】 D

三、宪法的制定

宪法的制定即制宪，是指制宪主体按照一定的程序创制宪法的活动。**人民作为制宪主体**是现代宪法发展的基本特点，表明了人民在政治社会中的地位。为了保障制宪工作的严肃性和权威性，各国在制宪过程中一般遵守如下程序：

设立制宪机关	为使制宪权的实现程序具体化，各国通常成立制宪机关。制宪机关通常包括： (1) **宪法起草机关**。例如，我国 1954 年成立的中华人民共和国宪法起草委员会 (2) **宪法通过机关**。例如美国的制宪议会、我国的全国人民代表大会等
提出宪法草案	宪法草案的起草要遵循一定的指导思想或原则，以保证草案内容的民主性和科学性。宪法草案的提出**以广泛的民主讨论为基础**。例如，我国在 1954 年宪法的制定过程中，确立了社会主义原则、民主原则，把领导意见和群众意见有机结合，使宪法草案具有广泛的民主基础
通过宪法草案	为了保证宪法的权威性和稳定性，大多数国家对宪法草案的通过程序作出严格规定，通常要求宪法通过机关成员的 2/3 以上或 3/4 以上的多数赞成才有效。有的国家规定要通过全体国民投票、全民公决的方式批准

公布宪法	宪法草案经过一定程序通过后，由国家元首或代表机关公布。例如，我国 1954 年宪法由第一届全国人民代表大会第一次会议以**全国人民代表大会公告**的形式公布，自通过之日起生效

【经典题目】

宪法的制定是指制宪主体按照一定程序创制宪法的活动。关于宪法的制定，下列哪一选项是正确的？（　　）（2015－01－20）

A. 制宪权和修宪权是具有相同性质的根源性的国家权力

B. 人民可以通过对宪法草案发表意见来参与制宪的过程

C. 宪法的制定由全国人民代表大会以全体代表的 2/3 以上的多数通过

D. 1954 年《宪法》通过后，由中华人民共和国主席根据全国人民代表大会的决定公布

解析要点：

A 项：制宪权和修宪权都是本源性的国家权力，但两者性质不同，修宪权受制宪权的约束，不得违背制宪权的基本精神和原则。A 项错误。

B 项：人民可以通过对宪法草案发表意见来参与制宪，但是人民作为制宪主体并不意味着人民直接参与制宪的过程。B 项正确。

C 项：我国的制宪主体是人民，制宪机关是第一届全国人大第一次全体会议，全国人民代表大会是修宪机关。C 项错误。

D 项：我国 1954 宪法是第一届全国人大第一次全体会议以全国人大公告的形式公布。D 项错误。

综上所述，本题答案是 B 项。

【答案】 B

第二节　宪法的历史★★★

应试导读

本节内容是法考的三星级考点，比较重要，在客观题考试中，一般每套卷每两到三年出 1 道题，分值 1—2 分。重难点提示："1982 年宪法的历次修改"记忆量很大，考生应优先掌握最近一次修宪，即 2018 年宪法修正案的内容。

知识点

一、新中国宪法的历史发展

	时间	文件名称	说明
1	1949 年	**共同纲领**	1949 年**中国人民政治协商会议**制定了起**临时宪法作用**的《中国人民政治协商会议共同纲领》

续表

	时间	文件名称	说明
2	1954 年	**1954 年宪法**	1954 年 9 月 20 日，**第一届全国人民代表大会第一次全体会议**在北京召开，会议主要任务之一是通过宪法，即 1954 年宪法。1954 年宪法是**新中国第一部社会主义类型的宪法**
3	1975 年	**1975 年宪法**	第二部宪法。内容很不完善，指导思想上存在严重错误
4	1978 年	**1978 年宪法**	第三部宪法。从总体上说仍然不能适应当时社会发展的需要
5	1982 年	**1982 年宪法**	1982 年 12 月 4 日，第五届全国人大第五次会议通过了新中国的第四部宪法，即**现行宪法**

注意 **1975 年、1978 年和 1982 年**对宪法进行了**全面修改**。1988 年、1993 年、1999 年、2004 年和 2018 年对宪法进行了**部分修改**，共通过 52 条修正案。

二、1982 年宪法的结构和特点

1982 年宪法的结构	序言、正文（正文包括四章：总纲，公民的基本权利和义务，国家机构，国旗、国歌、国徽、首都）
1982 年宪法的基本特点	1. 总结“文化大革命”的历史教训，以**四项基本原则**为指导思想 2. 进一步完善国家机构体系，**扩大全国人大常委会的职权，恢复设立国家主席**等 3. 扩大公民权利和自由范围，**恢复“公民在法律面前人人平等”原则**等 4. 确认经济体制改革的成果，如**发展多种经济形式、扩大企业自主权**等 5. 维护国家统一和民族团结，**完善民族区域自治制度**，根据“一国两制”原则**规定特别行政区制度**

三、1982 年宪法的历次修改

时间	修改的内容
1988 年	1. 国家允许私营经济在法律规定的范围内存在和发展。私营经济是社会主义公有制经济的**补充**。国家保护私营经济的合法权利和利益，对私营经济实行**引导、监督和管理** 2. **土地的使用权**可以依照**法律**的规定转让 **【背诵口诀】** 土地使用可转让、私营经济是补充
1993 年	1. 我国正处于**社会主义初级阶段**，建设有中国特色社会主义，坚持改革开放（序言） 2. 中国共产党领导的**多党合作和政治协商制度**将长期存在和发展（序言） 3. 国营经济修改为**国有经济** 4. **家庭联产承包责任制**是农村集体经济组织的基本形式 5. 将**社会主义市场经济**确定为国家的基本经济制度 6. 县级人民代表大会的任期由 3 年改为 5 **年** **【背诵口诀】** 初级阶段有特色，改革开放多合作 国有经济重市场，家庭联产限（县）5 年

续表

时间	修改的内容
1999 年	1. **长期处于**社会主义初级阶段，沿着建设有中国特色社会主义道路，在**邓小平理论**指导下，发展社会主义市场经济（序言） 2. 实行**依法治国**，建设社会主义法治国家 3. 公有制为主体、多种所有制经济共同发展的**基本经济制度**，按劳分配为主体、多种分配方式并存的**分配制度** 4. **农村集体经济组织**实行家庭承包经营为基础、统分结合的双层经营体制 5. 非公有制经济是社会主义市场经济的**重要组成部分**，国家对个体经济、私营经济实行**引导、监督和管理** 6. 镇压“反革命的活动”修改为镇压**“危害国家安全的犯罪活动”** **【背诵口诀】** 长期初级搞法治，小平理论需坚持 公有按劳双主体，统分结合双层制 非公经济要组成，国家安全要重视
2004 年	1. **“三个代表”重要思想**（序言） 2. 爱国统一战线中增加**“社会主义事业的建设者”**（序言） 3. 国家为了公共利益的需要，可以依照法律规定，对土地实行征收或者征用，并给予补偿 4. 国家**鼓励、支持和引导**非公有制经济的发展，并对非公有制经济依法实行**监督和管理** 5. 公民**合法的私有财产不受侵犯**，保护公民的**私有财产权和继承权**；国家为了公共利益，可以依照法律规定对公民的私有财产实行征收或者征用并给予补偿 6. 建立健全同经济发展水平相适应的**社会保障制度** 7. 国家尊重和保障**人权** 8. 全国人大代表中**增加特别行政区选出的代表** 9. 将全国人大常委会、国务院对戒严的决定权改为**对紧急状态的决定权** 10. 国家主席职权中增加**“进行国事活动”** 11. 乡镇人民代表大会的任期由 3 年改为 5 **年** 12. 在宪法中增加关于国歌的规定，**将《义勇军进行曲》作为国歌** **【背诵口诀】** 特区选出三个代表，决定进入紧急状态 征收土地给予补偿，私有财产不受侵犯 鼓励支持非公经济，建立社保保障人权 乡镇任期改为 5 年，国事活动奏唱国歌
2018 年	1. 增加**科学发展观、习近平新时代中国特色社会主义思想**，“健全社会主义法制”修改为**“健全社会主义法治”**，写入“贯彻新发展理念”、“社会文明、生态文明”和“把我国建设成为富强民主文明和谐美丽的社会主义现代化强国，实现中华民族伟大复兴”（序言） 2. “在长期的革命和建设过程中”修改为“在长期的革命、建设、**改革**过程中”，在爱国统一战线增加了**“致力于中华民族伟大复兴的爱国者”**（序言） 3. “平等团结互助**和谐**的社会主义民族关系已经确立，并将继续加强”“国家保障各少数民族的合法的权利和利益，维护和发展各民族的平等团结互助**和谐**关系”（序言） 4. “中国革命、建设、**改革**的成就是同世界人民的支持分不开的”，增加了“坚持和平发展道路，坚持互利共赢开放战略”和“推动构建**人类命运共同体**”（序言） 5. **中国共产党领导**是中国特色社会主义最本质的特征 6. 国家倡导**社会主义核心价值观**，提倡爱祖国、爱人民、爱劳动、爱科学、爱社会主义的公德 7. 国家工作人员就职时应当依照法律规定公开进行**宪法宣誓** 8. 国家主席、副主席任期**删掉了“连续任职不得超过两届”** 9. 设区的市的人民代表大会和它们的常务委员会，在不同宪法、法律、行政法规和本省、自治区的地方性法规相抵触的前提下，可以依照法律规定制定地方性法规，报本省、自治区人民代表大会常务委员会批准后施行 10. 在国家机构中增加了**“监察委员会”** 11. 全国人大下设的法律委员会改名为**“宪法和法律委员会”**

【命题角度】

1982年宪法的历次修改常见命题角度：

1. 给考生一条宪法修正案，请考生判断该条修正案对应的年份。

2. 给考生一条宪法修正案，请考生判断该条修正案的位置（序言还是正文）。

【经典题目】

下列关于宪法修改的说法，哪些选项是正确的？（　　）（2019年考生回忆版）

A. 2018年宪法修正案首次将核心价值观写入宪法序言

B. 2018年宪法修正案首次将党的领导写进宪法正文

C. 2018年宪法修正案在爱国统一战线中增加了“致力于中华民族伟大复兴的爱国者”

D. 2018年宪法修正案把“我国正处于社会主义初级阶段”改为“我国将长期处于社会主义初级阶段”

解析要点：

A项：2018年宪法修正案将核心价值观写入宪法正文（第24条），而非宪法序言。A项错误。

B项：2018年宪法修正案首次将党的领导写进宪法正文（第1条“中国共产党领导是中国特色社会主义最本质的特征”）。B项正确。

C项：2018年宪法修正案在爱国统一战线中增加了“致力于中华民族伟大复兴的爱国者”。C项正确。

D项：1999年宪法修正案把“我国正处于社会主义初级阶段”改为“我国将长期处于社会主义初级阶段”。D项错误。

综上所述，本题答案是BC项。

【答案】BC

第三节　宪法的基本原则和基本功能★

 **应试导读**

本节内容是法考的一星级考点，重要性一般，在客观题考试中，一般每套卷每五到十年出1道题，分值1—2分。同时，本节内容比较宏观，考生学习时应重在理解。

知识点

一、宪法的基本原则

原则	含义	原则在我国宪法中的体现
人民主权原则	**主权**是指国家的最高权力	1.《宪法》第1条第1款规定：“中华人民共和国是工人阶级领导的、以工农联盟为基础的人民民主专政的社会主义国家。”第2条第1款规定：“中华人民共和国的一切权力属于人民。”

续表

原则	含义	原则在我国宪法中的体现
人民主权原则	**人民主权**是指国家中**绝大多数人**拥有国家的最高权力	2. 宪法规定了人民主权的**具体实现形式与途径**。如规定："人民行使国家权力的机关是全国人民代表大会和地方各级人民代表大会。""人民依照法律规定，通过各种途径和形式，管理国家事务，管理经济和文化事业，管理社会事务。" 3. 宪法**对公民基本权利和义务的规定**是人民主权原则的具体体现 4. 为体现人民主权原则，宪法规定了**选举制度**的基本原则和选举的具体程序
基本人权原则	人权是指作为一个人所应该享有的权利 人权在本质上首先属于**应有权利、道德权利**	1. 基本人权原则在我国宪法中的体现从 1949 年《共同纲领》开始，我国历部宪法都**规定公民的基本权利和义务** 2. 2004 年将"国家尊重和保障人权"写入宪法后，基本人权原则成为**国家的基本价值观** 3. 我国宪法还规定了公民参与国家政治生活的权利和自由、人身自由和宗教信仰自由、社会经济文化方面的权利等**具体的基本权利**
法治原则	法治是指统治阶级按照民主原则，把国家事务法律化、制度化，并严格依法进行管理的一种方式	1. 2018 年宪法修改将序言第 7 自然段中"健全社会主义法制"修改为"健全社会主义法治" 2.《宪法》第 5 条第 1 款规定："中华人民共和国实行依法治国，建设社会主义法治国家。"
权力制约原则	权力制约原则是指国家权力各部分之间互相监督，彼此牵制，从而保障公民权利 在资本主义国家的宪法中，权力制约原则主要表现为**分权原则**；在社会主义国家宪法中，权力制约原则主要表现为**监督原则**	1. 宪法规定了**人民对国家权力活动进行监督**的制度。例如，规定"全国人民代表大会和地方各级人民代表大会都由民主选举产生，对人民负责，受人民监督" 2. 宪法规定了**公民对国家机关及其工作人员的监督权**。例如，规定"中华人民共和国公民对于任何国家机关和国家工作人员，有提出批评和建议的权利" 3. 宪法规定了**不同国家机关之间、国家机关内部不同的监督形式**。例如，规定"监察机关办理职务违法和职务犯罪案件，应当与审判机关、检察机关、执法部门互相配合，互相制约"；"人民法院、人民检察院和公安机关办理刑事案件，应当分工负责，互相配合，互相制约，以保证准确有效地执行法律"

二、宪法的基本功能

确认功能	确认宪法赖以存在的经济基础 确认国家权力的归属 确认国家法制统一的原则 确认社会共同体的基本价值目标与原则
保障功能	宪法对**民主制度**和**人权发展**提供有效的保障

限制功能	宪法是**授权法**，确立授予国家权力的原则与程序，使国家权力运行具有合宪性 宪法是**限权法**，规定限制国家权力行使的原则与程序，确立公权力活动的界限
协调功能	宪法能够以合理的机制平衡利益，寻求**多数社会成员**普遍认可的规则，以此作为社会成员普遍遵循的原则 对**少数人利益**的保护，宪法也规定了相应的救济制度

第四节　宪法的渊源和结构★★★

应试导读

本节内容是法考的三星级考点，比较重要，在客观题考试中，一般每套卷每两到三年出1道题，分值1—2分。同时，本节内容也可能和其他章节内容结合命题。

知识点

一、宪法的渊源

宪法的渊源即宪法的表现形式。

宪法典	宪法典是绝大多数国家采用的形式，是指将一国最根本、最重要的问题由**统一的法律文本**加以明确规定而形成的成文宪法。**拥有宪法典是成文宪法国家的标志**
宪法性法律	不成文宪法国家：国家最根本的问题由**多部单行法律文书予以规定**，制定和修改的机关和程序与普通法律相同
	成文宪法国家：国家立法机关制定的、**有关宪法内容的具体规定的法律**。例如，组织法、选举法、代表法等
宪法惯例	宪法惯例是指宪法条文虽无明确规定，但在实际政治生活中**已经存在**，并为国家机关、政党及公众所**普遍遵循**，且与宪法具有**同等效力**的习惯或传统
宪法判例	在**不成文宪法国家**，法律没有明文规定的前提下，判决乃是宪法的表现形式
	在**某些成文宪法国家**，法院享有宪法解释权，其判决对下级法院具有拘束力
国际条约	国际条约是国际法主体之间就权利义务关系缔结的一种书面协议，其宪法上的效力取决于各个国家的参与和认可

【经典题目】

宪法的渊源即宪法的表现形式。关于宪法渊源，下列哪一表述是错误的？（　　）(2015－01－21)

A. 一国宪法究竟采取哪些表现形式，取决于历史传统和现实状况等多种因素

B. 宪法惯例实质上是一种宪法和法律条文无明确规定、但被普遍遵循的政治行为规范

C. 宪法性法律是指国家立法机关为实施宪法典而制定的调整宪法关系的法律

D. 有些成文宪法国家的法院基于对宪法的解释而形成的判例也构成该国的宪法渊源

解析要点：

A项：一国的宪法采用哪些渊源形式，取决于其本国的历史传统和现实政治状况等综合因素。A项正确。

B项：宪法惯例是指宪法条文虽无明确规定，但在实际政治生活中已经存在，并为国家机关、政党及公众所普遍遵循，且与宪法具有同等效力的习惯或传统。B项正确。

C项：宪法性法律主要有两种形式：一是指在不成文宪法国家中，国家最根本、最重要的问题不采用宪法典的形式，而是由多部单行法律文书予以规定；二是指在成文宪法国家中，国家立法机关为实施宪法典而制定的调整宪法关系的法律。C项未考虑第一种情况，故错误。

D项：在某些成文法国家，法院享有宪法解释权，其判决对下级法院具有拘束力，宪法判例也构成宪法渊源。D项正确。

综上所述，本题答案是C项。

【答案】C

二、宪法的结构

结构	说明	我国情况
序言	1. 宪法序言是**宪法精神和内容的高度概括**，内容包括揭示制宪的机关和依据、揭示制宪的基本原则、揭示制宪的目的和价值体系等 2. 从形式上看，各国宪法序言的**长短不尽相同** 3. 从内容上看，通常涉及制宪权的来源、宪法性质、国家独立、正义与和平价值的阐述、社会和公共利益的维护、民族主义价值等不同的理念	**我国宪法序言主要包括如下内容：** 1. 历史发展的叙述 2. 国家的根本任务 3. 国家的基本国策 4. 宪法的根本法地位和最高效力
正文	宪法正文是宪法典的主要部分，是**宪法的主体内容** 基本内容大概包括以下方面： 1. 国家和社会生活诸方面的基本原则 2. 公民的基本权利和义务 3. 国家机构 4. 国旗、国歌、国徽、首都	**我国宪法的正文排列顺序：** 1. 总纲 2. 公民的基本权利和义务 3. 国家机构 4. 国旗、国歌、国徽、首都
附则	1. 宪法对于特定事项需要特殊规定而作出的**附加条款** 2. 宪法附则的**法律效力与一般宪法条文相同** 3. 宪法附则法律效力的特点：**特定性、临时性**	**我国现行宪法无附则**

【经典题目】

综观世界各国成文宪法，结构上一般包括序言、正文和附则三大部分。对此，下列哪一表述是正确的？（　　）（2016－01－21）

A. 世界各国宪法序言的长短大致相当

B. 我国宪法附则的效力具有特定性和临时性两大特点

C. 国家和社会生活诸方面的基本原则一般规定在序言之中

D. 新中国前三部宪法的正文中均将国家机构置于公民的基本权利和义务之前

解析要点：

A项：各国宪法序言的长短不尽相同。例如，美国1787年宪法的序言，只有65个单词。前南斯拉夫1974年宪法的序言，长达2万余字。A项错误。

B项：宪法的附则虽具有特定性和临时性的特点，但是，我国现行宪法没有规定附则。B项错误。

C项：国家和社会生活诸方面的基本原则一般规定在正文之中。C项错误。

D项：新中国成立后的前三部宪法均将国家机构置于公民的基本权利和义务之前，1982年宪法调整了这种结构，将公民的基本权利和义务一章提到国家机构之前，这一调整表明我国宪法对公民权利的保护居于核心地位，合理定位了公民与国家之间的关系，符合人民主权原则。D项正确。

综上所述，本题答案是D项。

【答案】 D

第五节　宪法规范与宪法效力★★

应试导读

本节内容是法考的二星级考点，重要性一般，在客观题考试中，一般每套卷每三到五年出1道题，分值1—2分。

知识点

一、宪法规范

宪法规范是宪法的基本要素。宪法规范所调整的社会关系具有两个基本特点：一是**调整的对象非常广泛**，涉及国家社会生活各个方面最基本的社会关系；二是**调整的社会关系的一方通常是国家和国家机关**。宪法规范的主要特点是：根本性、最高性、原则性、纲领性和稳定性。

宪法规范的分类：

确认性规范	确认性规范是对已经存在的事实的认定，以**肯定性规范**为主要特征。例如，《宪法》第1条第1款规定："中华人民共和国是工人阶级领导的、以工农联盟为基础的人民民主专政的社会主义国家。"第2条第1款规定："中华人民共和国的一切权力属于人民。"
禁止性规范	禁止性规范是指对特定主体或行为的一种限制，也称为**强制性规范**。例如，《宪法》第65条第4款规定："全国人民代表大会常务委员会的组成人员**不得**担任国家行政机关、监察机关、审判机关和检察机关的职务。"第140条规定："人民法院、人民检察院和公安机关办理刑事案件，**应当**分工负责，互相配合，互相制约，以保证准确有效地执行法律。"这里的"应当"指强制性要求

权利性规范与义务性规范	权利性规范与义务性规范主要是在调整公民基本权利与义务的过程中形成的，同时为行使权利与履行义务提供依据。从我国宪法看，权利性规范与义务性规范有下列三种形式： 一是**权利性规范**。宪法赋予特定主体权利，使之具有权利主体资格。例如，《宪法》第35条规定："中华人民共和国公民有言论、出版、集会、结社、游行、示威的自由。" 二是**义务性规范**。集中表现在公民应履行的基本义务。例如，《宪法》第52条规定："中华人民共和国公民有维护国家统一和全国各民族团结的义务。" 三是**宪法中的权利性规范与义务性规范相互结合为一体**。例如，宪法规定，我国公民有劳动的权利和义务，有受教育的权利和义务
程序性规范	程序性规范具体规定宪法制度运行过程的程序，主要涉及国家机关活动程序方面的内容。程序性规范主要有两种表现形式： 一是**直接的程序性规范**，即宪法中对有关行为的程序作了具体规定。例如，全国人大召开临时会议的程序、全国人大延长本届任期的规定、有关宪法修改程序的规定、全国人大代表质询权的规定等 二是**间接的程序性规范**，即宪法本身对程序性规范不作具体规定，而通过法律规定具体程序。例如，法律的制定程序、国家机关负责人的选举罢免程序等，宪法只作原则性规定，具体程序由法律规定

【经典题目】

我国《宪法》第5条规定：一切法律、行政法规和地方性法规都不得同宪法相抵触。关于该条文，下列哪一说法是正确的？（ ）（2021年考生回忆版）

A. 该条文在逻辑上只规定了行为模式

B. 该条文表达了确认性规范

C. 该条文在逻辑上未规定法律后果

D. 该条文表达了强制性规范

解析要点：

A、C项：根据法律规则"新三要素"说，法律规则由假定条件、行为模式和法律后果三个部分构成。法律规则的三要素在逻辑上缺一不可，在实践中可能被省略。本条规定在逻辑上同时具备三要素，因此，A、C项错误。

B、D项：确认性规范是对已经存在的事实的认定，其主要意义在于根据一定原则和程序，确立具体宪法制度和权力关系，以肯定性规范为主要特征。禁止性规范是指对特定主体或行为的一种限制，也称为强制性规范。在我国《宪法》中，禁止性规范主要以"禁止""不得"等形式加以表现。本条中出现关键词"不得"，同时体现出对规范性法律文件的限制，因此属于强制性规范。B项错误，D项正确。

综上所述，本题答案是D项。

【答案】D

二、宪法效力

宪法的效力指宪法作为法律规范所发挥的约束力与强制性。

宪法效力具有**最高性、直接性与强制性**。在整个法律体系中，宪法效力是最高的，不仅成为立法的基础，同时对立法行为与依据宪法进行的各种行为产生直接约束力。

对人效力	我国宪法适用于**所有中国公民**
	外国人和法人在一定条件下也可以成为某些基本权利的主体
领土效力	任何一个主权国家的宪法的空间效力都及于**国土的所有领域**，因此我国宪法当然适用于港澳台地区

【经典题目】

关于宪法效力的说法，下列选项正确的是（　　）。（2014－01－94）

A. 宪法修正案与宪法具有同等效力

B. 宪法不适用于定居国外的公民

C. 在一定条件下，外国人和法人也能成为某些基本权利的主体

D. 宪法作为整体的效力及于该国所有领域

解析要点：

A 项：宪法修正案是宪法修改的一种方式，构成现行宪法的有机组成部分。所以，宪法修正案一旦生效通过，与宪法具有同等效力。A 项正确。

B 项：中华人民共和国宪法适用于所有中国公民，自然包括定居在国外的中国公民。B 项错误。

C 项：外国人和法人在一定条件下也可以成为某些基本权利的主体。C 项正确。

D 项：任何一个主权国家的宪法的空间效力都及于国土的所有领域，这是由主权的唯一性和不可分割性所决定的。D 项正确。

综上所述，本题答案是 ACD 项。

【答案】 ACD

第二章 国家的基本制度

第一节 人民民主专政制度★

应试导读

本节内容是法考的一星级考点，重要性一般，在客观题考试中，一般每套卷每五到十年出1道题，分值1—2分。

知识点

一、人民民主专政的内涵

1. 人民民主专政的**根本标志是工人阶级成为国家政权的领导力量**。
2. 人民民主专政的国家政权**以工农联盟为阶级基础**。
3. 人民民主专政是**对人民实行民主**与**对敌人实行专政**的统一。

二、人民民主专政的主要特色

中国共产党领导的**多党合作和政治协商制度**	1.《宪法》序言指出："中国共产党领导的多党合作和政治协商制度将**长期存在和发展**。" 2. 中国共产党是**执政党**，各民主党派是**参政党**，区别于西方的两党制和多党制 3. 中国共产党对各民主党派的领导是**政治领导**，即政治原则、政治方向和重大方针政策的领导 4. 各民主党派有在宪法规定范围内的政治自由、组织独立和**法律地位平等**的权利
爱国统一战线	1. 统一战线是我国新民主主义革命和社会主义革命时期，中国共产党为取得革命和建设的胜利，而与各阶级组成的**政治联盟** 2. 我国新时期的爱国统一战线是由中国共产党领导的，有各民主党派和各人民团体参加的，包括全体社会主义劳动者、社会主义事业的建设者、拥护社会主义的爱国者、拥护祖国统一和致力于中华民族伟大复兴的爱国者的广泛的政治联盟 3. 爱国统一战线的**组织形式**是中国人民政治协商会议，简称"政协"。政协不是国家机关，也不同于一般的人民团体，它是在我国政治体制中具有重要地位和影响的政治性组织

【经典题目】

根据《宪法》，关于中国人民政治协商会议，下列哪些选项是正确的？（　　）(2013-01-62)

A. 中国人民政治协商会议是具有广泛代表性的统一战线组织

B. 中国人民政治协商会议是重要的国家机关

C. 中国共产党领导的多党合作和政治协商制度将长期存在和发展

D. 中国共产党领导的爱国统一战线将继续巩固和发展

解析要点：

A项：中国人民政治协商会议是爱国统一战线的组织形式，爱国统一战线由全体社会主义劳动者、社会主义事业的建设者、拥护社会主义的爱国者、拥护祖国统一和致力于中华民族伟大复兴的爱国者组成，具有广泛的代表性。A项正确。

B项：政协是爱国统一战线的组织形式，属于人民团体，不属于国家机关。B项错误。

C项：1993年宪法修正案规定："中国共产党领导的多党合作和政治协商制度将长期存在和发展。"C项正确。

D项：《宪法》序言中明确规定，中国共产党领导的爱国统一战线将继续巩固和发展。D项正确。

综上所述，本题答案是ACD项。

【答案】 ACD

第二节　国家的基本经济制度★★★★

应试导读

本节内容是法考的四星级考点，比较重要，在客观题考试中，一般每套卷每一到两年出1道题，分值1—2分。

知识点

经济制度包括生产资料的所有制形式、各种经济成分的相互关系及其宪法地位、国家发展经济的基本方针、基本原则等内容。自1919**年德国《魏玛宪法》**以来，经济制度便成为现代宪法调整的重要内容之一。

一、中国特色的社会主义市场经济体制的特殊性

<table>
<tr><td colspan="2">社会主义市场经济体制是市场对资源配置起决定性作用的一种经济体制</td></tr>
<tr><td colspan="2">社会主义市场经济的本质上是法治经济</td></tr>
<tr><td rowspan="3">社会主义市场经济体制的特殊性的主要表现</td><td>所有制：公有制为主体、多种所有制经济共同发展</td></tr>
<tr><td>分配制度：按劳分配为主体、多种分配方式并存</td></tr>
<tr><td>在宏观调控上，更好发挥计划与市场两种手段的长处</td></tr>
</table>

二、中国特色的社会主义市场经济体制组成部分

社会主义市场经济体制	**公有制**（基础）	全民所有制经济（国有经济）：国民经济的主导力量
		集体所有制经济：国民经济的基础力量
	非公有制（重要组成部分）	劳动者个体经济
		私营经济
		外商投资

附：自然资源

自然资源	专属国有（全民所有）	矿藏、水流、城市土地
	专属集体所有	宅基地、自留山、自留地

注意　以上六种之外的自然资源，既可能归国有，也可能归集体所有。

【背诵口诀】

自然资源的归属：国有矿城水，集体宅自留。

三、国家保护社会主义公共财产和公民合法私有财产

公共财产	社会主义**公共财产神圣不可侵犯**
私有财产	1. 公民的**合法私有财产**不受侵犯 2. 国家依照法律规定保护公民的私有**财产权和继承权** 3. 国家为了公共利益的需要，可以依照法律规定对公民的私有财产实行征收或者征用并给予**补偿**

【经典题目】

根据《宪法》规定，关于我国基本经济制度的说法，下列选项止确的是（　　）。(2014-01-95)

A. 国家实行社会主义市场经济

B. 国有企业在法律规定范围内和政府统一安排下，开展管理经营

C. 集体经济组织实行家庭承包经营为基础、统分结合的双层经营体制

D. 土地的使用权可以依照法律的规定转让

解析要点：

A 项：1993 年宪法修正案明确规定“国家实行社会主义市场经济”。A 项正确。

B 项：1993 年宪法修正案将“国营经济”修改为“国有经济”，国有企业在法律规定的范围内有权自主经营，而非由政府统一安排经营管理。B 项错误。

C 项：农村集体经济组织实行家庭承包经营为基础、统分结合的双层经营体制，但是城市集体经济组织则不然，C 项说法以偏概全。C 项错误。

D 项：宪法规定，土地的使用权可以依照法律的规定转让。D 项正确。

综上所述，本题答案是 AD 项。

【答案】 AD

第三节 国家的基本文化制度★

应试导读

本节内容是法考的一星级考点，重要性一般，在客观题考试中，一般每套卷每五到十年出1道题，分值1—2分。重难点提示：本节中，考生应重点掌握我国基本文化制度的具体内容。

知识点

近代意义的宪法产生以来，文化制度便成为宪法不可缺少的重要内容。**1919年德国《魏玛宪法》**不仅详尽地规定公民的文化权利，而且还明确地规定了国家的基本文化政策。这部宪法**第一次比较全面系统地规定了文化制度**，后为许多资本主义国家宪法所效仿。

我国宪法对文化制度的原则、内容等作了比较全面和系统的规定。具体内容包括：

国家发展教育事业	国家举办各种学校，**普及初等义务教育**，发展中等教育、职业教育和高等教育，并且发展学前教育 国家发展各种教育设施，扫除文盲，对工人、农民、国家工作人员和其他劳动者进行政治、文化、科学、技术、业务的教育，鼓励自学成才 国家鼓励集体经济组织、国家企业事业组织和其他社会力量依照法律规定举办各种教育事业
国家发展科学事业	国家发展自然科学和社会科学事业，普及科学和技术知识，奖励科学研究成果和技术发明创造
国家发展文学艺术及其他文化事业	国家发展为人民服务、为社会主义服务的文学艺术事业、新闻广播电视事业、出版发行事业、图书馆博物馆文化馆和其他文化事业，开展群众性的文化活动 国家保护名胜古迹、珍贵文物和其他重要历史文化遗产
国家倡导社会主义核心价值观，开展公民道德教育	国家通过普及理想教育、道德教育、文化教育、纪律和法制教育，通过在城乡不同范围的群众中制定和执行各种守则、公约，加强社会主义精神文明的建设。**公民道德教育**是国家文化建设的基础，并对整个国家文化制度发展的方向具有**决定性意义** 国家倡导**社会主义核心价值观**

【背诵口诀】

文化制度，科教文道。

【命题角度】

基本文化制度常见命题角度：给考生一项制度，请考生判断属于政治、经济、文化还是社会制度。

【经典题目】

关于国家文化制度，下列哪些表述是正确的？（　　）（2015-01-62）

A. 我国宪法所规定的文化制度包含了爱国统一战线的内容
B. 国家鼓励自学成才，鼓励社会力量依照法律规定举办各种教育事业
C. 是否较为系统地规定文化制度，是社会主义宪法区别于资本主义宪法的重要标志之一
D. 公民道德教育的目的在于培养有理想、有道德、有文化、有纪律的社会主义公民

解析要点：

A 项：爱国统一战线属于政治制度。A 项错误。

B 项：宪法规定："国家发展各种教育设施，扫除文盲，对工人、农民、国家工作人员和其他劳动者进行政治、文化、科学、技术、业务的教育，鼓励自学成才。"B 项正确。

C 项：资本主义国家德国的《魏玛宪法》第一次系统规定了文化制度，社会主义国家中国的现行宪法同样系统地规定了文化制度。C 项错误。

D 项：宪法规定："国家通过普及理想教育、道德教育、文化教育、纪律和法制教育，通过在城乡不同范围的群众中制定和执行各种守则、公约，加强社会主义精神文明的建设。"D 项正确。

综上所述，本题答案是 BD 项。

【答案】 BD

第四节　国家的基本社会制度★

应试导读

本节内容是法考的一星级考点，重要性一般，在客观题考试中，一般每套卷每五到十年出 1 道题，分值 1—2 分。重难点提示：本节中，考生应重点掌握我国基本社会制度的具体内容。

知识点

社会制度是指一国通过宪法和法律调整以**基本生活保障**及**社会秩序维护**为核心的各种基本关系的准则、原则和政策的综合。

社会制度以维护平等为基础，以保障公平为核心，以维护和谐稳定的法治秩序为使命。

我国宪法关于基本社会制度的规定如下：

社会保障制度	社会保障制度是基本社会制度的**核心内容**，狭义的社会制度就是指社会保障制度 **宪法规定：**1. 国家建立健全**同经济发展水平相适应**的社会保障制度；2. 中华人民共和国公民在**年老、疾病或者丧失劳动能力**的情况下，有从国家和社会获得物质帮助的权利

医疗卫生事业	良好的医疗、卫生条件是公民正常生活的基础，是社会健康运转的必要条件 **宪法规定**：国家发展医疗卫生事业，发展现代医药和我国传统医药，鼓励和支持农村集体经济组织、国家企业事业组织和街道组织举办各种医疗卫生设施，开展群众性的卫生活动，保护人民健康
劳动保障制度	劳动是公民的一项基本权利，也是社会维持正常运转和持续发展的基础。**公民有劳动的权利和义务** **宪法规定**：国家通过各种途径，创造劳动就业条件，加强劳动保护，改善劳动条件，并在发展生产的基础上，提高劳动报酬和福利待遇。国家对就业前的公民进行必要的劳动就业训练
人才培养制度	人才是推动社会发展的动力，是保持社会活力以及创新力的关键 **宪法规定**：国家培养为社会主义服务的各种专业人才，扩大知识分子的队伍，创造条件，充分发挥他们在社会主义现代化建设中的作用
婚姻家庭制度	家庭是社会的基石 **宪法规定**："婚姻、家庭、母亲和儿童受国家的保护"，"禁止破坏婚姻自由，禁止虐待老人、妇女和儿童"，并明确了家庭成员的相互义务 在立法层面，国家对婚姻家庭中女性、儿童、老人提供特殊保护，为此制定了《妇女权益保障法》《未成年人保护法》《老年人权益保障法》《反家庭暴力法》《母婴保健法》等法律
计划生育制度	社会人口数量及其结构的合理性是社会健康稳定发展的重要因素，因而国家应该通过宪法、法律建立科学、合理的计划生育制度，并对公民的生育观进行积极的引导 **宪法规定**：国家推行计划生育，**使人口的增长同经济和社会发展计划相适应** 党的十八大以来，为适应我国经济社会发展需要，特别是应对人口老龄化趋势，我国的计划生育制度多次调整。2021年8月，全国人大常委会对《人口与计划生育法》作出修改，规定了"三孩"生育政策，取消了针对超生的处罚措施，并完善了**对积极生育的支持政策**
维护社会秩序	安定有序的社会秩序是社会存在与发展的前提和基础 **宪法规定**：国家维护社会秩序，国家加强武装力量的革命化、现代化、正规化的建设，增强国防力量

【经典题目】

国家的基本社会制度是国家制度体系中的重要内容。根据我国宪法规定，关于国家基本社会制度，下列哪一表述是正确的？（　　）（2015－01－22）

A. 国家基本社会制度包括发展社会科学事业的内容

B. 社会人才培养制度是我国的基本社会制度之一

C. 关于社会弱势群体和特殊群体的社会保障的规定是对平等原则的突破

D. 社会保障制度的建立健全同我国政治、经济、文化和生态建设水平相适应

解析要点：

A项：发展社会科学事业属于文化制度。A项错误。

B项：我国宪法关于基本社会制度的规定包括了社会人才培养制度等六方面的内容。B项正确。

C项：社会制度以保障公平为核心，保障弱势群体和特殊群体，有助于促进社会实质公平的形成。C项错误。

D项：宪法规定，国家建立健全同经济发展水平相适应的社会保障制度，社会保障制度未规定与“政治、文化和生态建设水平”相适应。D项错误。

综上所述，本题答案是B项。

【答案】B

第五节 选举制度★★★★★

应试导读

本节内容是法考的五星级考点，非常重要，在客观题考试中，一般每套卷每年出1道题，分值1—2分。重难点提示：本节中，“选举程序”“代表的罢免、辞职”内容较多，细节需要记忆。

知识点

一、选举原则

原则	含义
普遍性原则	1. 享有选举权的条件： (1)具有中国国籍；(2)年满18周岁；(3)依法享有政治权利 2. 停止行使选举权： (1)**精神病人**不能行使选举权利的，**经选举委员会确认**，**不列入选民名单** (2)因犯**危害国家安全罪**或其他**严重刑事犯罪**被羁押、正在受侦查、起诉、审判的人，经法院或检察院决定，在**被羁押期间停止行使选举权利**
平等性原则	1. 选民平等地享有选举权与被选举权 2. 对特定主体的选举权进行保护。我国对特定主体（残疾人、旅居国外的中国公民、少数民族）的选举权加以特别保护。人口特少的民族，至少应有一名代表，体现民族平等 3. 一人一票，代表所代表人数相同，2010年选举法修正，城乡比例相同
直接选举与间接选举并用的原则	1. 不设区的市、市辖区、县、自治县、乡、民族乡、镇的人民代表大会的代表，由**选民直接选举** 2. 全国人民代表大会的代表，省、自治区、直辖市、设区的市、自治州的人民代表大会的代表，由**下一级人民代表大会选举** **【背诵口诀】** 间接选举国省市，直接选举县和乡
秘密投票的原则	秘密投票包括：(1)秘密填写选票；(2)在选票上不标识身份；(3)投票时不显露选举意向 各级人大代表的选举，一律采用无记名投票的方法，选举时设秘密写票处

二、选举程序

	直接选举	间接选举
级别	县乡	国省市
主持机构	选举委员会 注意 选举委员会受县级人大常委会任命和领导，受省市人大常委会指导	人大常委会 注意 本级人大常委会主持本级代表选举，具体工作交由下级人大主席团主持
选区划分	直接选举设选区 每个选区选 1—3 名代表 本行政区域内各选区每一代表所代表的人口数应当大体相等	间接选举无选区
选民登记	原则：**一次登记，长期有效** 选民名单： 1. 选举日的 20 日以前公布选民名单 2. 有不同意见的，可自公布之日起 5 日内**向选举委员会申诉**；选委会应当 3 日内作出处理决定；申诉人如果不服，可以在选举日的 5 日以前**向人民法院起诉**，人民法院在选举日以前作出判决。**人民法院的判决为最后决定**	间接选举无选民
提名候选人	各政党、各人民团体可以联合或单独推荐 选民 10 人以上联名推荐	各政党、各人民团体可以联合或单独推荐 代表 10 人以上联名推荐
候选人数量	差额为 1/3—1 倍	差额为 1/5—1/2 倍
候选人确定	选举委员会将代表候选人名单及代表候选人的基本情况在选举日的 15 日以前公布，并交各该选区的选民小组讨论、协商，确定正式代表候选人名单 如果所提代表候选人的人数超过法定的最高差额比例，由选举委员会交各该选区的选民小组**讨论、协商**，根据较多数选民的意见，确定正式代表候选人名单；对正式代表候选人不能形成较为一致意见的，进行**预选**，根据预选时得票多少的顺序，确定正式代表候选人名单 正式代表候选人名单及代表候选人的基本情况应当在选举日的 7 日以前公布	提名、酝酿候选人的时间不得少于 2 天 各该级人大主席团将依法提出的代表候选人名单及其基本情况印发全体代表，由全体代表酝酿、讨论 如果所提代表候选人的人数超过法定的最高差额比例，进行**预选**，根据预选时得票多少的顺序，再按照法定的具体差额比例，确定正式代表候选人名单，进行投票选举
投票	普通情况→设立**投票站** 选民居住比较集中→可以召开**选举大会** 行动或交通不便者→可以设立**流动投票箱** **代写**：文盲或者因残疾不能写选票的，可以委托他信任的人代写 **代投**：选民在选举期间外出，经过**选举委员会同意，书面委托**其他**选民**代为投票；每一选民接受的委托不得超过 3 **人**	

续表

	直接选举	间接选举
当选	**双过半**：选区全体选民过半数参加，候选人获得选民过半数选票	**单过半**：候选人获得全体代表过半数选票

三、代表的罢免、辞职与补选

	直接选举	间接选举
罢免	**县人大代表罢免**：原选区选民 50 人以上联名 **乡人大代表罢免**：原选区选民 30 人以上联名 ——向**县人大常委会**提罢免要求，罢免须经过半数选民通过	**人大开会期间**：主席团或 1/10 代表联名 **人大闭会期间**：人大常委会主任会议或 1/5 常委联名 ——提出由**该级选出的上一级人大代表的罢免案**，罢免须经过半数通过
辞职	**县人大代表辞职**：向县人大常委会书面辞职 **乡人大代表辞职**：向乡人大书面辞职 辞职须经过半数通过	**国省市代表辞职**：向选举他的人大常委会书面辞职 辞职须经过半数通过
补选	代表在任期内**因故出缺**，由原选区或者原选举单位补选 代表在任期内**调离或者迁出本行政区域的**，其代表资格自行终止，缺额另行补选 间接选举的代表，在人大闭会期间，可由本级人大常委会补选上一级人大代表 补选出缺的代表时，代表候选人的人数可以多于应选代表的名额，也可以同应选代表的名额相等	

【背诵口诀】

五十提罢县，三十提罢乡。都找县人常，过半数通过。

【经典题目】

根据《选举法》和相关法律的规定，关于选举的主持机构，下列哪一选项是正确的？(　　)（2016－01－24）

A. 乡镇选举委员会的组成人员由不设区的市、市辖区、县、自治县的人大常委会任命

B. 县级人大常委会主持本级人大代表的选举

C. 省人大在选举全国人大代表时，由省人大常委会主持

D. 选举委员会的组成人员为代表候选人的，应当向选民说明情况

解析要点：

根据《选举法》的规定：

A 项：乡、民族乡、镇的选举委员会的组成人员由不设区的市、市辖区、县、自治县的人民代表大会常务委员会任命。A 项正确。

B 项：不设区的市、市辖区、县、自治县、乡、民族乡、镇设立选举委员会，主持本级人民代表大会代表的选举。B 项错误。

C 项：县级以上的地方各级人民代表大会在选举上一级人民代表大会代表时，由各该级人民代表大会主席团主持。因此，省人大在选举全国人大代表时，应由省人民

代表大会主席团主持。C项错误。

D项：选举委员会的组成人员为代表候选人的，应当辞去选举委员会的职务。D项错误。

综上所述，本题答案是A项。

【答案】A

第六节 国家结构形式★★

应试导读

本节内容是法考的二星级考点，重要性一般，在客观题考试中，一般每套卷每三到五年出1道题，分值12分。重难点提示：本节中，“行政区划的变更”相对重要，考生应相对重点关注。

知识点

一、国家结构形式的种类

	单一制	联邦制
含义	国家由若干个普通行政单位或自治单位组成，这些组成单位都是国家不可分割的一部分	国家由两个或者两个以上的成员单位（邦、州、共和国）组成
法律制度	只有一部宪法	联邦的宪法与成员国或加盟国的宪法并存
政权组织形式	中央和地方采用相同的政府体制	多套政府体制，一般不要求成员国或加盟国与联邦政府体制相一致
权力配置	地方权力来源于中央	联邦权力来源于成员国或加盟国的让与
对外关系	只有一个国际法主体 公民具有统一的国籍 地方作为国家的行政区域单位，无独立性	有些国家允许其成员国作为完全的国际法主体参与国际关系 公民既有联邦的国籍，又有成员国的国籍 有些联邦制国家，成员国或加盟国有脱离联邦的权力

我国实行单一制国家结构形式，主要特点有：

1. 通过建立**民族区域自治制度**解决单一制下的民族问题。
2. 通过建立**特别行政区制度**解决单一制下的历史遗留问题。

二、当代中国的行政区划

省级：省、自治区、直辖市。

市级：设区的市、自治州。

县级：县、不设区的市、市辖区、自治县。

乡级：乡、镇、民族乡。

三、行政区划的变更

审批机关	权限
全国人大	省、自治区、直辖市的建置（设立、撤销、更名），特别行政区的成立，应由全国人大审议决定
国务院	省、自治区、直辖市行政区域界线的变更，自治州、县、自治县、市、市辖区的设立、撤销、更名或者隶属关系的变更，自治州、自治县的行政区域界线的变更，县、市的行政区域界线的重大变更，都须经国务院审批
省级人民政府	县、市、市辖区部分行政区域界线的变更，由国务院授权省、自治区、直辖市人民政府审批
	乡、民族乡、镇的设立、撤销、更名或者变更行政区域的界线，由省、自治区、直辖市人民政府审批

【背诵口诀】

省级建置全人大，特区设立全人大。

县市部分省政府，乡镇一切省政府。

其他全归国务院。

【经典题目】

根据《宪法》和法律法规的规定，关于我国行政区划变更的法律程序，下列哪一选项是正确的？（　　）（2015-01-23）

A. 甲县欲更名，须报该县所属的省级政府审批

B. 乙省行政区域界线的变更，应由全国人大审议决定

C. 丙镇与邻近的一个镇合并，须报两镇所属的县级政府审批

D. 丁市部分行政区域界线的变更，由国务院授权丁市所属的省级政府审批

解析要点：

A 项：县的更名应由国务院审批。A 项错误。

B 项：省级行政区域界线的变更应由国务院审批。B 项错误。

C 项：镇的合并应报省级人民政府审批。C 项错误。

D 项：县、市、市辖区的部分行政区域界线的变更，由国务院授权省、自治区、直辖市人民政府审批。D 项正确。

综上所述，本题答案是 D 项。

【答案】 D

第七节　民族区域自治制度★★★★

应试导读

本节内容是法考的四星级考点，非常重要，在客观题考试中，一般每套卷每一到

两年出1道题，分值1—2分。重难点提示：本节中，“民族自治地方的自治权”是重中之重，考生应重点掌握。

知识点

民族区域自治制度是指在国家的统一领导下，以少数民族聚居区为基础，建立相应的自治地方，设立自治机关，行使自治权，使实行区域自治的民族的人民自主地管理本民族地方性事务的制度。

一、民族自治地方和民族自治机关

民族自治地方	民族区域自治必须以少数民族聚居区为基础，是**民族自治与区域自治**的结合 民族自治地方：**自治区、自治州、自治县**，民族乡不是民族自治地方
民族自治机关	自治区、自治州、自治县的**人大和政府** 民族自治地方的人大常委会中主任或副主任应当由实行区域自治的民族的公民担任；自治区主席、自治州州长、自治县县长由实行区域自治的民族的公民担任

二、民族自治地方的自治权

上级国家机关批准	自治机关根据当地民族的实际情况，贯彻执行国家的法律和政策。如果上级国家机关的决议、决定、命令和指示，有不适合民族自治地方实际情况的，自治机关可以报经该**上级国家机关批准**，变通执行或者停止执行；该上级国家机关应当在收到报告之日起60**日**内给予答复
人大常委会批准	制定**自治条例**和**单行条例**： 1. 自治区制定的自治条例和单行条例须报**全国人大常委会批准**后才能生效 2. 自治州、自治县制定的自治条例和单行条例，须报**省或者自治区的人大常委会批准**后生效 **【背诵口诀】** 事先审查三批准，区级条例全人常。州县条例省人常，市州法规省人常
国务院批准	1. 开辟**对外贸易口岸** 2. 开展**边境贸易** 3. 组织本地方维护社会治安的**公安部队**
省级政府批准	**自治州、自治县**决定**减税或者免税**，须报省或者自治区人民政府批准
自主管理	1. 自主管理**地方财政**（凡是依照国家财政体制属于民族地方的财政收入，都应当由民族自治地方的自治机关自主地安排使用） 2. 自主地管理**地方性经济建设** 3. 自主管理**教育、科学、文化、卫生、体育**事业，使用本民族的**语言文字** （**自治区、自治州**的自治机关依照国家规定，可以和国外进行教育、科学技术、文化艺术、卫生、体育等方面的交流）

【经典题目】

根据我国民族区域自治制度，关于民族自治县，下列哪一选项是错误的？（　　）(2017-01-23)

A. 自治机关保障本地方各民族都有保持或改革自己风俗习惯的自由

B. 经国务院批准，可开辟对外贸易口岸

C. 县人大常委会中应有实行区域自治的民族的公民担任主任或者副主任

D. 县人大可自行变通或者停止执行上级国家机关的决议、决定、命令和指示

解析要点：

根据《民族区域自治法》的规定：

A 项：民族自治地方的自治机关保障本地方各民族都有使用和发展自己的语言文字的自由，都有保持或者改革自己的风俗习惯的自由。A 项正确。

B 项：民族自治地方依照国家规定，可以开展对外经济贸易活动，经国务院批准，可以开辟对外贸易口岸。B 项正确。

C 项：民族自治地方的人民代表大会常务委员会中应当由实行区域自治的民族的公民担任主任或者副主任。根据上述规定，自治县属于民族自治地方，其人大常委会中应有实行区域自治的民族的公民担任主任或者副主任，C 项正确。

D 项：县人大要变通或者停止执行上级国家机关的决议、决定、命令和指示，必须报经该上级国家机关的批准，本项中“自行变通或者停止执行”的说法错误，D 项错误。

综上所述，本题答案是 D 项。

【答案】 D

第八节 特别行政区制度★★★★★

应试导读

本节内容是法考的五星级考点，非常重要，在客观题考试中，一般每套卷每年至少出 1 道题，分值至少 1—2 分。重难点提示：（1）本节中，“中央与特别行政区的关系”是重中之重，也是近年热点问题。（2）“香港特别行政区行政长官产生办法”“特别行政区维护国家安全的宪制责任”是法考改革后大纲新增内容，需要重点掌握。

知识点

一、特别行政区的特点

特别行政区是指在我国主权范围内，根据宪法和基本法的规定而设立的，具有特殊的法律地位，实行特别的政治、经济制度的行政区域。其特点主要表现在：

享有高度自治权	行政管理权；立法权；独立的司法权和终审权；经国务院授权自行处理有关对外事务的权力
特别行政区保持原有资本主义制度和生活方式 50 年不变	在特别行政区不实行社会主义制度和政策，保持原有的资本主义制度和生活方式 50 年不变。这充分体现了“一国两制”的基本方针

特别行政区的行政机关和立法机关由该地区永久性居民组成	特别行政区的行政机关和立法机关由该地区永久性居民依照基本法的有关规定组成 注意 "永久性居民"是指在特别行政区享有居留权和有资格依照特别行政区法律取得载明其居留权的永久性居民身份证的居民
特别行政区原有的法律基本不变	香港原有法律，即普通法、衡平法、条例、附属立法和习惯法，除同基本法相抵触或经香港特别行政区的立法机关作出修改者外，予以保留 澳门原有的法律、法令、行政法规和其他规范性文件，除同基本法相抵触或经澳门特别行政区的立法机关或其他有关机关依照法定程序作出修改者外，予以保留

二、中央与特别行政区的关系

中央与特别行政区的关系，是一个主权国家内**中央与地方的关系**，或者说是中央对特别行政区进行管辖和特别行政区在中央监督下实行高度自治而产生的相互关系。这种关系的核心在于中央与特别行政区的权力划分和行使。

全国人大	1. 全国人大决定特别行政区**设立**及其**制度** 2. 全国人大对特别行政区基本法享有**修改权**
全国人大常委会	1. 全国人大常委会享有对特别行政区基本法的**解释权** 2. 全国人大常委会有权决定特别行政区进入**紧急状态** 3. 全国人大常委会如认为特别行政区立法机关制定的法律不符合基本法，**可将法律发回，但不修改** 4. 全国人大常委会可将有关国防、外交和不属于特别行政区自治范围的全国性法律，**列入基本法附件三**，在特别行政区生效适用
中央人民政府	1. 中央人民政府负责管理与特别行政区有关的**外交**事务 2. 中央人民政府负责管理特别行政区的**防务** 3. 中央人民政府**任命**特别行政区行政长官和行政机关的主要官员 4. 全国人民代表大会常务委员会决定宣布战争状态或决定特别行政区进入紧急状态，中央人民政府可**发布命令将有关全国性法律在特别行政区实施**

三、特别行政区的政治体制

	香港	澳门
行政长官	性质：行政长官是特别行政区的首长，代表特别行政区，既对中央政府负责，又对特别行政区负责 任期：任期5年，可连任一次 任职资格：年满40周岁＋连续满20年＋永久性居民＋中国公民（香港行政长官要求"在外国无居留权"；澳门行政长官要求"任职期内不得具有外国居留权"） **【背诵口诀】** 行政长官任职资格：四十二十无居留，永久居民中国人	

续表

<table>
<tr><th></th><th>香港</th><th>澳门</th></tr>
<tr><td>行政机关</td><td colspan="2">性质：特别行政区政府是特别行政区的行政机关
组成：首长是行政长官。下设政务司、财务司、律政司和各局、厅、处、署等。特别行政区政府的主要官员均由行政长官提名并报请中央人民政府任命和免职</td></tr>
<tr><td rowspan="4">立法机关（立法会）</td><td colspan="2">立法权：1. 立法会有权依照基本法的规定和法定的程序制定、修改和废除法律。立法会制定的法律由行政长官签署、公布，须报全国人大常委会备案，备案不影响该法律的生效
2. 全国人大常委会认为特别行政区制定的法律同基本法冲突，可以发回，不能修改，一旦发回该法律就立即失效，但对以前的判决不具有溯及力</td></tr>
<tr><td colspan="2">财政权：立法会通过的财政预算案须由行政长官签署并由行政长官报送中央人民政府备案</td></tr>
<tr><td colspan="2">监督权：1. 行政长官如有严重违法或渎职行为而不辞职，可以进行弹劾
2. 香港特别行政区立法会全体议员的 1/4 以上，澳门特别行政区立法会全体议员的 1/3 以上可以提出弹劾联合动议
3. 经立法会通过以后，立法会应组成调查委员会进行调查，如调查以后认定有足够的证据证明行政长官有严重违法和渎职行为，立法会以全体议员 2/3 多数通过，可以提出弹劾案，报请中央政府决定</td></tr>
<tr><td colspan="2">其他职权：立法会有权接受当地居民申诉，并进行处理</td></tr>
<tr><td rowspan="3">司法机关</td><td>香港属英美法系地区，司法机关只有法院，没有检察院；律政司主管刑事检察工作</td><td>澳门属于大陆法系地区，司法机关包括检察机关</td></tr>
<tr><td>终审法院、高等法院、区域法院、裁判司署法庭和其他专门法庭</td><td>终审法院、中级法院、初级法院和行政法院</td></tr>
<tr><td>香港终审法院法官和高等法院首席法官的任免，需要行政长官征得立法会同意，并报全国人大常委会备案</td><td>澳门终审法院法官的免职由行政长官根据立法会议员组成的审议委员会建议决定，终审法院法官的任免须报全国人大常委会备案</td></tr>
</table>

附：香港特别行政区行政长官产生办法

行政长官产生的具体办法由基本法附件一《香港特别行政区行政长官的产生办法》规定。

<table>
<tr><td>选举委员会的职责</td><td>2021 年 3 月 11 日，第十三届全国人大第四次会议通过全国人民代表大会《关于完善香港特别行政区选举制度的决定》，香港特别行政区设立一个具有广泛代表性、符合香港特别行政区实际情况、体现社会整体利益的选举委员会，负责选举行政长官候任人、立法会部分议员，以及提名行政长官候选人、立法会议员候选人等事宜</td></tr>
<tr><td>选举委员会的组成</td><td>选举委员会委员共 1 500 人，由下列各界人士组成：
第一界别：工商、金融界，300 人
第二界别：专业界，300 人
第三界别：基层、劳工和宗教等界，300 人
第四界别：立法会议员、地区组织代表等界，300 人
第五界别：香港特别行政区全国人大代表、香港特别行政区全国政协委员和有关全国性团体香港成员的代表界，300 人
选举委员会委员必须由香港特别行政区永久性居民担任</td></tr>
<tr><td>行政长官选举</td><td>选举委员会以一人一票无记名投票选出行政长官候任人，候任人须获得选举委员会全体委员过半数支持；香港特别行政区行政长官由选举委员会选出，由中央人民政府任命</td></tr>
</table>

四、特别行政区公职人员就职宣誓

特别行政区公职人员就职宣誓是公职人员就职的法定条件和必经程序，未进行合法有效宣誓或者拒绝宣誓，不得就任相应公职，不得行使相应职权和享受相应待遇	
宣誓主体	**香港**：行政长官、主要官员、行政会议成员、立法会议员、各级法院法官和其他司法人员
	澳门：行政长官、主要官员、行政会委员、立法会议员、法官和检察官
宣誓内容	**香港**：拥护中华人民共和国香港特别行政区基本法，效忠中华人民共和国香港特别行政区
	澳门：拥护中华人民共和国澳门特别行政区基本法，尽忠职守，廉洁奉公，效忠中华人民共和国澳门特别行政区，效忠中华人民共和国
宣誓结果	宣誓必须在法律规定的**监誓人**面前进行，监誓人负有确保宣誓合法进行的责任 ——对符合法律规定的宣誓，应确定为**有效宣誓** ——对不符合法律规定的宣誓，应确定为**无效宣誓**，并**不得重新安排宣誓**

五、特别行政区的法律制度

特别行政区基本法	由**全国人大制定**，在我国社会主义法律体系中，**地位仅低于宪法**，在特别行政区法律体系中，处于最高法律地位 体现的是包括港澳同胞在内的**全国人民的意志，是社会主义性质的法律** 特区立法机关制定的任何法律，均不得同该基本法律相抵触
予以保留的原有法律	原有法律除以下情形外予以保留： 1. 同基本法相抵触 2. 经特别行政区的立法机关作出修改 3. 属殖民统治性质或带有殖民主义色彩、有损我国主权的法律
特区立法机关制定的法律	除国防、外交和其他根据基本法有关规定不属于特别行政区自治范围的法律之外，立法会可以制定任何它有权制定的法律。比如民法、刑法等
适用于特区的全国性法律	全国性法律一般不在特别行政区实施。但特别行政区作为中华人民共和国不可分离的一部分，有些**体现国家主权和统一的全国性法律**又有必要在特别行政区实施。因此，在特别行政区实施的全国性法律也是特别行政区的法律渊源之一 例如，根据《香港特别行政区基本法》附件三的规定，在香港特别行政区实施的全国性法律现有14部，包括《关于中华人民共和国国都、纪年、国歌、国旗的决议》《关于中华人民共和国国庆日的决议》《中华人民共和国国籍法》《中华人民共和国国旗法》《中华人民共和国国徽法》《中华人民共和国国歌法》《中华人民共和国香港特别行政区维护国家安全法》等

【经典题目】

关于特别行政区的法律制度，下列哪些说法是正确的？（　　）（2020年考生回忆版）

A. 特别行政区保持其原有的法律制度，全国性法律一律不在特别行政区实施

B. 特别行政区原有的法律、法令、行政法规等，同基本法抵触的，经立法会同意可以继续保留

C. 特别行政区基本法在特别行政区具有最高法律效力

D.《国籍法》列入《香港特别行政区基本法》附件三

解析要点：

A 项：体现国家主权和统一的全国性法律有必要在特别行政区实施。A 项错误。

B 项：香港原有法律，即普通法、衡平法、条例、附属立法和习惯法，除同基本法相抵触或经香港特别行政区的立法机关作出修改者外，予以保留。因此，同基本法抵触的原有法律需要废止或修改。B 项错误。

C 项：特别行政区基本法由全国人大制定，在我国社会主义法律体系中，地位仅低于宪法，在特别行政区法律体系中，处于最高法律地位。C 项正确。

D 项：《国籍法》是体现国家主权和统一的全国性法律，有必要在特别行政区实施，故列入香港、澳门基本法附件三。D 项正确。

综上所述，本题答案是 CD 项。

【答案】 CD

六、特别行政区维护国家安全的宪制责任

（一）全国人民代表大会关于建立健全香港特别行政区维护国家安全的法律制度和执行机制的决定

背景	1. 维护国家安全是全中国人民的**共同义务**，是国家和香港特别行政区的**共同责任** 2. “一国两制”在香港取得前所未有的成功，也遇到了新情况新问题 其中**最突出的问题**就是香港特别行政区国家安全风险日益凸显，成为制度短板
意义	1. 有助于改变特区国家安全领域长期“不设防”状况 2. 有助于推进国家安全法律制度建设 3. 有助于确保“一国两制”事业行稳致远
重点内容	1. 在坚持**“一国两制”、“港人治港”、高度自治的方针**的前提下，建立健全香港特别行政区维护国家安全的法律制度和执行机制，依法防范、制止和惩治危害国家安全的行为和活动 2. 国家坚决反对任何外国和境外势力以任何方式干预香港特别行政区事务，采取必要措施予以反制，依法防范、制止和惩治外国和境外势力利用香港进行分裂、颠覆、渗透、破坏活动 3. 维护国家主权、统一和领土完整是香港特别行政区的**宪制责任**。香港特别行政区应当尽早完成香港特别行政区基本法规定的维护国家安全立法。香港特别行政区行政机关、立法机关、司法机关应当依据有关法律规定有效防范、制止和惩治危害国家安全的行为和活动 4. 中央人民政府维护国家安全的有关机关根据需要在香港特别行政区**设立机构**，依法履行维护国家安全相关职责 5. 香港特别行政区**行政长官**应当就香港特别行政区履行维护国家安全职责、开展国家安全教育、依法禁止危害国家安全的行为和活动等情况，定期向中央人民政府提交报告 6. **授权全国人大常委会制定相关法律**；全国人大常委会决定将上述相关法律**列入基本法附件三**，由香港特别行政区在当地公布实施

（二）《中华人民共和国香港特别行政区维护国家安全法》（简称《香港国安法》）

立法目的	防范、制止和惩治分裂国家、颠覆国家政权、组织实施恐怖活动和勾结外国或境外势力危害国家安全等犯罪行为，保持香港特别行政区的繁荣和稳定，以及保障香港特别行政区居民的合法权益
立法过程	**通过**：2020年6月30日，第十三届全国人大常委会通过《香港国安法》 **生效**：《香港国安法》通过后，全国人大常委会决定将其列入《香港特别行政区基本法》附件三。《香港国安法》已于2020年6月30日当晚在香港特别行政区生效
职责	**中央人民政府**对香港特别行政区有关的国家安全事务负有**根本责任** **香港特别行政区**负有维护国家安全的**宪制责任**，应当履行维护国家安全的职责。香港特别行政区尽早完成《香港特别行政区基本法》规定的维护国家安全立法，完善相关法律。香港特别行政区行政长官应当就香港特别行政区履行维护国家安全职责的情况向中央人民政府提交年度报告
法治原则	《香港国安法》规定了防范、制止和惩治危害国家安全犯罪应当坚持的法治原则，包括**依照法律定罪处刑、无罪推定、一事不二审和保障犯罪嫌疑人诉讼权利**等 香港特别行政区维护国家安全应当尊重和保障人权，依法保护香港特别行政区居民依法享有的各项权利和自由
机构	**维护国家安全委员会**：**香港特别行政区设立**由**行政长官担任主席**的香港特别行政区维护国家安全委员会，负责维护国家安全事务，承担维护国家安全的主要责任，并接受中央人民政府的监督和问责。委员会设**国家安全事务顾问**，由**中央人民政府指派** **香港特别行政区政府警务处和律政司**：香港特别行政区政府警务处和律政司作为**主要执行部门**，设立专门处理维护国家安全事务的部门。《香港国安法》规定的犯罪案件，除特定情形外，由香港特别行政区行使管辖权，包括立案侦查、检控、审判和刑罚的执行等诉讼程序 **警务处维护国家安全部门**办理国家安全犯罪案件时，可采取特别行政区现行法律准予警方调查严重犯罪案件的各种措施以及其他《香港国安法》规定的措施 **律政司专门的国家安全犯罪检控部门**负责国家安全犯罪案件的检控工作；未经律政司司长书面同意，任何人不得就危害国家安全犯罪案件提出检控 **各级法院**指定法官负责审理危害国家安全犯罪案件，除涉及国家秘密、公共秩序等情形不宜公开审理的以外，审判应当公开进行，但判决结果应当一律公开宣布
罪行	《香港国安法》防范、制止和惩治**分裂国家罪、颠覆国家政权罪、恐怖活动罪以及勾结外国或者境外势力危害国家安全罪**等四类危害国家安全的罪行
维护国家安全公署	《香港国安法》规定，**中央人民政府**在香港特别行政区设立**维护国家安全公署**，人员由中央人民政府维护国家安全的有关机关联合派出，须遵守全国性法律和香港特别行政区法律，依法接受国家监察机关的监督 有下列情况之一的，经**香港特别行政区政府**或者**中央人民政府驻香港特别行政区维护国家安全公署**提出，并报**中央人民政府**批准，公署对《香港国安法》规定的危害国家安全犯罪案件行使管辖权： 1. 案件涉及外国或境外势力介入的复杂情况，香港特别行政区管辖**确有困难**的 2. 出现香港特别行政区政府无法有效执行《香港国安法》的**严重情况**的 3. 出现国家安全面临**重大现实威胁**的情况的

第九节　基层群众自治制度★★★★★

应试导读

本节内容是法考的五星级考点，非常重要，在客观题考试中，一般每套卷每年出1道题，分值1—2分。重难点提示：考生在学习本节时，应重点掌握“村民委员会、村民会议和村民代表会议”的关系，以及“村民委员会和居民委员会”的异同。

知识点

一、基层群众自治组织的含义及特点

基层群众自治组织是指依照有关法律规定，以城乡居民（村民）一定的居住地为纽带和范围设立，并由居民（村民）选举产生的成员组成的，实行自我管理、自我教育、自我服务的社会组织。

基层群众自治组织有以下特点：

群众性	基层群众自治组织不同于国家政权组织和其他政治、经济等社会组织，目的是解决居住地范围内的公共事务和公益事业方面的社会问题
自治性	基层群众自治组织具有自身组织上的独立性，不是国家机关，也不是国家机关的下属或下级组织
基层性	基层群众自治组织只存在于居住地范围的基层社区

二、村民委员会、村民会议和村民代表会议

村民委员会	**设置**	乡级政府提建议＋村民会议同意＋县级政府批准 **【背诵口诀】**乡提县批，村民同意
	组织	1. 主任＋副主任＋委员（3—7人） 2. 应当有妇女成员，多民族村民居住的村应当有人口较少的民族的成员
	选举罢免	1. **选举**：村民委员会成员由**年满18周岁未被剥夺政治权利的村民**直接选举产生，选民过半数投票并需参加投票选民过半数通过（**双过半**）；村民委员会每届任期5年，其成员可以连选连任 2. **罢免**：本村1/5以上有选举权的村民或者1/3以上的村民代表联名，可以要求罢免村民委员会成员，罢免须有登记参加选举的村民过半数投票，并须经投票的村民过半数通过 **【背诵口诀】**五姨（1/5）三姨（1/3）提罢免，选举罢免双过半
	下属委员会	村民委员会根据需要设人民调解、治安保卫、公共卫生与计划生育等委员会；人口少的村的村民委员会可以不设下属委员会

<table>
<tr><td rowspan="3">村民委员会</td><td rowspan="3">监督</td><td>村务公开：一般事项至少每季度公布一次；集体财务往来较多的，财务收支情况应当每月公布一次；涉及村民利益的重大事项应当随时公布</td></tr>
<tr><td>民主评议：由村民会议或村民代表会议进行评议，每年至少一次；连续两次不称职，其职务终止</td></tr>
<tr><td>审计：村民委员会成员实行任期和离任经济责任审计</td></tr>
<tr><td rowspan="2">村民会议和村民代表会议</td><td>组成</td><td>村民会议：由本村18周岁以上的村民组成
村民代表会议：人数较多或者居住分散的村，可以设立村民代表会议，讨论决定村民会议授权的事项
村民代表会议人员构成：1. 村委会成员＋村民代表（4/5以上）
2. 妇女村民代表1/3以上</td></tr>
<tr><td>职权</td><td>1. 村民委员会向村民会议、村民代表会议负责并报告工作
2. 村民会议、经村民会议授权的村民代表会议审议村民委员会的年度工作报告，评议村民委员会成员的工作；有权撤销或者变更村民委员会不适当的决定
3. 涉及全村村民利益的问题，经村民会议讨论决定方可办理（村民会议也可以授权村民代表会议讨论决定）
4. 村民自治章程、村规民约由村民会议制定和修改，并报乡级（乡、民族乡、镇）政府备案，若与宪法、法律、法规和国家的政策相抵触，则由乡级政府责令改正
总结：监督村委会，讨论决定大事，制定章程文件</td></tr>
</table>

三、村民委员会和居民委员会的主要区别

	村民委员会	居民委员会
设立、撤销、范围调整	由乡、民族乡、镇的政府提出，经村民会议讨论同意后，报县级人民政府批准	不设区的市、市辖区的人民政府决定
组织	主任、副主任和委员共3—7人组成。应有妇女成员	主任、副主任和委员共5—9人组成
产生	年满18周岁未被剥夺政治权利的村民直接选举产生	1. 由本居住地区全体有选举权的居民选举产生 2. 由每户派代表选举产生 3. 由每个居民小组选举代表2—3人选举产生

【命题角度】

基层群众自治制度常见命题角度：

1. 考查基层群众自治组织和国家机关的关系。

2. 考查村民委员会和村民会议的关系。

【经典题目】

根据《村民委员会组织法》的规定，下列说法错误的是（　　）。（2020年考生回忆版）

A. 村民委员会成员实行任期和离任经济责任审计，由县级政府农业、财政部门或者乡、镇政府负责组织

B. 村民委员会成员两次被评议不称职的，其职务终止

C. 村民会议由本村 18 周岁以上的没有被剥夺政治权利的村民组成

D. 村民会议向村民委员会负责并报告工作

解析要点：

A 项：根据《村民委员会组织法》的规定，村民委员会成员的任期和离任经济责任审计，由县级人民政府农业部门、财政部门或者乡、民族乡、镇的人民政府负责组织。A 项正确。

B 项：村民委员会成员连续两次被评议不称职的，其职务终止。B 项错误。

C 项：村民会议由本村 18 周岁以上的村民组成，不要求未被剥夺政治权利的条件。C 项错误。

D 项：村民委员会向村民会议负责并报告工作。D 项错误。

综上所述，本题答案是 BCD 项。

【答案】 BCD

第十节　国家标志★★★

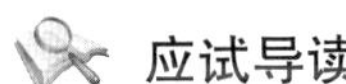 **应试导读**

本节内容是法考的三星级考点，虽然过往命题不多，但属于法考改革后的命题热点，考生应结合常识进行记忆，不要死记硬背。

知识点

国旗	中华人民共和国国旗是**五星红旗**
	应当每日升挂国旗的场所或者机构所在地： 1. 北京天安门广场、新华门 2. 中国共产党中央委员会，全国人民代表大会常务委员会，国务院，中央军事委员会，中国共产党中央纪律检查委员会、国家监察委员会，最高人民法院，最高人民检察院；中国人民政治协商会议全国委员会 3. 外交部 4. 出境入境的机场、港口、火车站和其他边境口岸，边防海防哨所 （总结："两央""两高""一监""四委""外交""对外"）
	应当在工作日升挂国旗的机构所在地： 1. 中国共产党中央各部门和地方各级委员会 2. 国务院各部门 3. 地方各级人民代表大会常务委员会 4. 地方各级人民政府 5. 中国共产党地方各级纪律检查委员会、地方各级监察委员会 6. 地方各级人民法院和专门人民法院

国旗	7. 地方各级人民检察院和专门人民检察院 8. 中国人民政治协商会议地方各级委员会 9. 各民主党派、各人民团体 10. 中央人民政府驻香港特别行政区有关机构、中央人民政府驻澳门特别行政区有关机构
	学校除寒假、暑假和休息日外，应当每日升挂国旗。有条件的幼儿园参照学校的规定升挂国旗。图书馆、博物馆、文化馆、美术馆、科技馆、纪念馆、展览馆、体育馆、青少年宫等公共文化体育设施应当在开放日升挂、悬挂国旗
国歌	中华人民共和国国歌是**《义勇军进行曲》**
	应当奏唱国歌的场合： 1. 全国人民代表大会会议和地方各级人民代表大会会议的开幕、闭幕；中国人民政治协商会议全国委员会会议和地方各级委员会会议的开幕、闭幕 2. 各政党、各人民团体的各级代表大会等 3. 宪法宣誓仪式 4. 升国旗仪式 5. 各级机关举行或者组织的重大庆典、表彰、纪念仪式等 6. 国家公祭仪式 7. 重大外交活动 8. 重大体育赛事 9. 其他应当奏唱国歌的场合
国徽	中华人民共和国国徽，中间是**五星照耀下的天安门**，周围是**谷穗和齿轮**
	应当悬挂国徽的机构： 1. 各级人民代表大会常务委员会 2. 各级人民政府 3. 中央军事委员会 4. 各级监察委员会 5. 各级人民法院和专门人民法院 6. 各级人民检察院和专门人民检察院 7. 外交部 8. 国家驻外使馆、领馆和其他外交代表机构 9. 中央人民政府驻香港特别行政区有关机构、中央人民政府驻澳门特别行政区有关机构 国徽应当悬挂在机关正门上方正中处
	应当悬挂国徽的场所： 1. 北京天安门城楼、人民大会堂 2. 县级以上各级人民代表大会及其常务委员会会议厅，乡、民族乡、镇的人民代表大会会场 3. 各级人民法院和专门人民法院的审判庭 4. 宪法宣誓场所 5. 出境入境口岸的适当场所
首都	中华人民共和国首都是**北京**

【经典题目】

下列关于国歌的说法，哪些是错误的？（　　）（2020 年考生回忆版）

A. 各级机关举行或组织的重大庆典上应当奏唱国歌

B. 国歌可以作为公共场所的背景音乐

C. 国歌应当纳入中小学教育

D. 公民可以在国庆节等重要的国家法定节日，在广播电台、电视台点播国歌

解析要点：

A 项：《国歌法》规定：各级机关举行或者组织的重大庆典、表彰、纪念仪式等，应当奏唱国歌。A 项正确。

B 项：《国歌法》规定：国歌不得用于或者变相用于商标、商业广告，不得在私人丧事活动等不适宜的场合使用，不得作为公共场所的背景音乐等。B 项错误。

C 项：《国歌法》规定：国歌纳入中小学教育。中小学应当将国歌作为爱国主义教育的重要内容，组织学生学唱国歌，教育学生了解国歌的历史和精神内涵、遵守国歌奏唱礼仪。C 项正确。

D 项：《国歌法》规定：国庆节、国际劳动节等重要的国家法定节日、纪念日，中央和省、自治区、直辖市的广播电台、电视台应当按照国务院广播电视主管部门规定的时点播放国歌。D 项错误。

综上所述，本题答案是 BD 项。

【答案】 BD

第三章　公民的基本权利和义务

第一节　公民基本权利和义务概述★★★

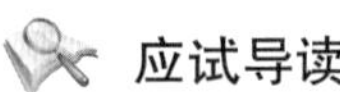

本节内容是法考的三星级考点，比较重要，法考改革前，命题人很少针对本节内容直接命题，法考改革后，本节命题重要性有所上升。此外，本节整体内容比较宏观，考生学习本节时，应重在理解。

知识点

一、基本权利和基本义务的概念

基本权利	基本权利是指由宪法规定的公民享有的**最重要的、必不可少的权利**
基本义务	基本义务也称宪法义务，是指由**宪法规定的公民必须遵守的法律义务**
基本权利的主体	基本权利的主体主要是**公民**，公民是指具有一国国籍的自然人

二、基本权利与人权

人权与基本权利的区别	1. 人权是**自然权**，基本权利是**实定法上的权利** 2. 人权具有**道德和价值上的效力**，基本权利是**法律和制度上保障的权利**，其效力与领域受到限制 3. 人权表现为价值体系，而基本权利是具体的权利体系 4. 人权源于自然法，而基本权利源于人权
人权的法定化	人权与基本权利的区别决定了宪法文本中的**人权需要法定化**，并转化为具有具体权利内容的基本权利形态 人权所体现的基本价值是**宪法制定与修改过程中的最高目标**，表明人类生存与发展的要求、理念与期待。《宪法》在规定基本权利的同时，2004 年《宪法修正案》写入“国家尊重和保障人权”的规定

三、基本权利效力

基本权利效力，是指基本权利对社会生活领域产生的拘束力，基本权利的效力**直接拘束国家权力活动**。

基本权利效力的特点	1. **广泛性**：基本权利拘束**一切国家权力活动与社会生活领域** 2. **具体性**：基本权利效力通常在具体的事件中得到实现，通过具体的事件解决围绕效力而发生的宪法争议 3. **现实性**：基本权利为未来立法活动提供法律基础
基本权利效力的体现	1. **对立法权的制约**：基本权利的效力**直接约束立法者与立法过程**，以防止立法者制定侵害人权的法律。立法者在立法过程中应遵循**比例原则**，严格规范立法裁量权，以保证立法的民主性 2. **对行政权的制约**：基本权利对行政权的活动产生**直接的约束力**，有关行政的一切活动都要体现基本权利的价值，以保障行政权运行的合法性与合宪性 3. **对司法权的制约**：基本权利**直接拘束一切司法权的活动**

四、基本权利限制

限制基本权利的目的	1. 维护社会秩序；2. 保障国家安全；3. 维护公共利益 《宪法》第 51 条规定："中华人民共和国公民在行使自由和权利的时候，不得损害国家的、社会的、集体的利益和其他公民的合法的自由和权利。"这一条是对公民行使自由和权利的总的限制性规定，同时也表明限制的基本目标
限制基本权利的形式	1. 基本权利的**内在限制**。基本权利内在限制主要指基本权利内部已确定限制的范围，而不是从外部设定条件。例如，行使集会游行示威权利时不得侵犯他人的权利与自由。享有宗教信仰自由时不能破坏社会秩序、损害公民身体健康、妨碍国家教育制度 2. **宪法和法律对基本权利的限制（外部限制）**。例如，国家为了公共利益的需要，可以依照法律规定对土地实行征收或者征用并给予补偿
紧急状态下公民基本权利的限制	限制基本权利只能基于维护公共利益和他人的基本权利的目的才具有**正当性**。同时，限制公民基本权利应当体现**合理原则**，不超过必要的限度 例如，《传染病防治法》将传染病分为甲类、乙类和丙类，其第 42 条规定，传染病暴发、流行时，**县级以上地方人民政府在必要时，报经上一级人民政府决定，可以采取的紧急措施包括**：限制或者停止集市、影剧院演出或者其他人群聚集的活动，停工、停业、停课，封闭或者封存被传染病病原体污染的公共饮用水源、食品以及相关物品，控制或者扑杀染疫野生动物、家畜家禽，封闭可能造成传染病扩散的场所

五、我国基本权利和基本义务的特点

广泛性	1. 享有基本权利和自由的**主体非常广泛**。我国现阶段的权利主体包括占全国人口绝大多数的社会主义劳动者，社会主义事业的建设者，拥护社会主义的爱国者，拥护祖国统一和致力于中华民族伟大复兴的爱国者等 2. 公民享有的权利和自由的**范围非常广泛**。包括政治权利，人身权利，宗教信仰自由，社会经济权利，文化教育权利等
平等性	1. **公民**在享有权利和履行义务方面一律平等 2. **司法机关**在适用法律上一律平等
现实性	1. 公民基本权利和义务的内容具有现实性 2. 法律对于公民基本权利和义务的规定，既有物质保障又有法律保障，因而是可以实现的

一致性	1. 享有权利和承担义务的主体是一致的 2. 公民某些基本权利和基本义务是互相结合的，例如，劳动、受教育既是公民的基本权利，又是公民的基本义务 3. 公民的基本权利和基本义务相互促进，相辅相成

第二节　我国公民的基本权利★★★★★

应试导读

本节内容是法考的五星级考点，非常重要，在客观题考试中，一般每套卷每年出1道题，分值1—2分。同时，本节内容相对简单，考生应重点掌握，稳拿相应分数。

知识点

一、平等权

概念	平等权是公民依法平等地享有权利，不受任何差别对待，要求国家给予同等保护的权利。平等权是我国宪法所保护的公民的一项基本权利，同时也是**公民行使其他权利的基础**
内容	法律面前一律平等；禁止差别对待；允许合理差别
我国宪法保护的特定主体	保障妇女权利 保障退休人员和军烈属的权利 保护婚姻、家庭、母亲、儿童、老年人 关怀青少年和儿童的成长 保护华侨、归侨和侨眷的正当权利

二、政治权利和自由

选举权和被选举权		我国公民享有的选举权是一种普选权 享有选举权和被选举权的条件：**年满18周岁＋中国公民＋未被剥夺政治权利**
政治自由	言论自由	1. 言论自由是指公民有权通过**各种语言形式**，针对国家政治和社会中各种问题，表达其思想和见解的自由 2. 言论自由在政治自由中居于**首要地位**，延伸出其他的政治自由
	出版自由	1. 通过**公开出版物**表达自己的见解和看法 2. 包括**著作自由**和**出版单位的设立和管理要遵循法律规定** 3. 各国对出版物管理主要有两种制度：**事前审查制**和**追惩制**，我国采用二者结合的制度
	结社自由	1. 主要指**组织政治性团体**的自由 2. 我国社会团体的成立实行**核准登记制度**，登记管理机关是**县级以上民政部门**

政治自由	集会游行示威自由	1. 都是言论自由的延伸和具体化 2. 都源于公民的**请愿权**，都是公民表达强烈意愿的自由；主要在公共场所行使，必须是多个公民共同行使，属于**集合性权利**

【命题角度】

公民的基本权利常见命题角度：给考生一项权利，请考生判断是公民的哪种基本权利。

【经典题目】

某市执法部门发布通告："为了进一步提升本市市容和环境卫生整体水平，根据相关规定，全市范围内禁止设置各类横幅标语。"根据该通告，关于禁设横幅标语，下列哪一说法是正确的？（　　）（2017－01－25）

A. 涉及公民的出版自由

B. 不构成对公民基本权利的限制

C. 在目的上具有正当性

D. 涉及宪法上的合理差别问题

解析要点：

A 项：公民享有出版自由，但是本题中设置各类横幅标语的限制并不涉及出版自由，设置横幅标语并不是出版行为。A 项错误。

B 项：该市禁止公民设置各类横幅标语的通告明显是对公民言论的限制。B 项错误。

C 项：该市禁止设置横幅标语的通告是出于提升本市市容和环境卫生整体水平的目的，在目的上具有正当性。C 项正确。

D 项：宪法上的合理差别是为了实现公民在宪法和法律面前实质的平等而存在，本题中该市通告禁止设置横幅标语，与合理差别问题无关。D 项错误。

综上所述，本题答案是 C 项。

【答案】 C

三、宗教信仰自由

宗教信仰自由的含义	宗教信仰自由是指公民依据内心的信念，自愿地信仰宗教的自由。其含义包括： 1. 公民有信教或者不信教的自由 2. 有信仰这种宗教或者那种宗教的自由 3. 有信仰同宗教中的这个教派或者那个教派的自由 4. 有过去不信教而现在信教或者过去信教而现在不信教的自由
我国宪法对宗教信仰自由的规定	1. 任何国家机关、社会团体和个人不得强制公民信仰宗教或者不信仰宗教，不得歧视信仰宗教的公民和不信仰宗教的公民 2. 国家保护正常的宗教活动。任何人不得利用宗教进行破坏社会秩序、损害公民身体健康、妨碍国家教育制度的活动 3. 宗教团体和宗教事务**不受外国势力的支配**

四、人身自由（广义）

生命权	宪法**没有明确规定**，但价值上是充分尊重和保障生命权的 基本内容：防御权、享受生命的权利、生命保护请求权、不可处分性 主体：自然人。法人不能成为生命权的主体
人身自由（狭义）	公民的身体不受非法限制、搜查、拘留和逮捕 任何公民，非经**人民检察院**批准、决定或者**人民法院**决定，并由公安机关执行，不受逮捕
人格尊严	禁止用任何方法对公民进行侮辱、诽谤和诬告陷害 包括姓名权、肖像权、名誉权、荣誉权和隐私权
住宅不受侵犯	属于人身自由的延伸，禁止**非法搜查**或者**非法侵入**公民的住宅，公安和检察机关搜查住宅须依法进行
通信自由和通信秘密	除因**国家安全**或者**追查刑事犯罪**的需要，由**公安机关**或者**检察机关**依照法律规定的程序对通信进行检查外，任何组织或者个人不得以任何理由侵犯公民的通信自由和通信秘密

五、社会经济权利

财产权	1. 公民的**合法的私有财产不受侵犯** 2. 国家依照法律规定保护公民的**私有财产权**和**继承权** 3. 国家为了**公共利益**的需要，可以依照法律规定对公民的私有财产实行征收或者征用并给予补偿
劳动权和休息权	公民有劳动的权利和义务 **劳动者**有休息的权利
获得物质帮助权	公民在**年老、疾病、丧失劳动能力**时，有从国家和社会获得物质帮助的权利

六、文化教育权利

受教育的权利	学龄前儿童有接受学前教育的机会 适龄儿童有接受**初等教育**的**权利和义务** 公民有接受中等教育、职业教育和高等教育的权利和机会 成年人有接受成人教育的权利 公民有从集体经济组织、国家企业事业组织和其他社会力量举办的教育机构接受教育的机会 就业前的公民有接受必要的**劳动就业训练**的**权利和义务**
进行科学研究、文艺创作和其他文化活动的自由	国家对于从事教育、科学、技术、文学、艺术和其他文化事业的公民的有益于人民的创造性工作，给予鼓励和帮助 国家通过立法的形式，促进文化艺术事业发展，有助于推动公民文化权利的实现。例如《电影产业促进法》《公共文化服务保障法》

积极受益权与消极防御权

积极受益权——公民的社会经济权利（财产权和继承权除外）、文化教育权利都属于公民的积极受益权，即公民**可以积极主动地向国家提出请求**、国家也应积极予以保障的权利。

消极防御权——主要包括财产权和继承权，公民**不可以积极主动地向国家提出请求**，国家不侵害公民合法行使权利，公民合法权利受到侵害时，国家有救济的义务。

【经典题目】

为坚持立德树人，发展素质教育，切实解决人民群众反映强烈的中小学生课外负担过重问题，国务院办公厅发布《国务院办公厅关于规范校外培训机构发展的意见》。关于这一《意见》，下列哪些说法是正确的？（　　）（2020 年考生回忆版）

A.《意见》属于行政法规

B.《意见》构成了对公民的基本权利的限制

C. 受教育既是公民的基本权利，又是公民的基本义务

D. 受教育权属于公民的积极受益权

解析要点：

A 项：行政法规的制定主体是国务院，不是国务院办公厅。A 项错误。

B 项：《意见》规范培训机构发展，目的是更好地保障而非限制公民受教育权，也未限制公民其他基本权利。B 项错误。

C 项：《宪法》规定，受教育既是公民的基本权利，又是公民的基本义务。C 项正确。

D 项：公民的文化教育权利属于公民的积极受益权，即公民可以积极主动地向国家提出请求、国家也应积极予以保障的权利。D 项正确。

综上所述，本题答案是 CD 项。

【答案】 CD

七、监督权和获得赔偿权

监督权	**批评权**，是指公民有对**国家机关和国家工作人员**工作中的**缺点和错误**提出批评意见的权利 **建议权**，是指公民有对国家机关和国家工作人员的工作**提出合理化建议**的权利 **控告权**，是指公民对任何国家机关和国家工作人员的**违法失职行为**，有向有关机关进行揭发和指控的权利 **检举权**，是指公民对于违法失职的国家机关和国家工作人员，有向有关机关**揭发事实、请求依法处理**的权利 **申诉权**，是指公民合法权益因国家工作人员的**违法失职行为**受到侵害时，有向有关机关**申述理由，要求重新处理**的权利
获得赔偿权	**获得赔偿权**，是指公民的合法权益因国家机关或者国家机关工作人员违法行使职权而受到侵害的，公民有要求国家赔偿的权利 致人精神损害、造成**严重后果**的，赔偿义务机关应当支付“精神损害抚慰金”

【经典题目】

张某对当地镇政府干部王某的工作提出强烈批评，引起群众热议，被公安机关以

诽谤他人为由行政拘留 5 日。张某的精神因此受到严重打击，事后相继申请行政复议和提起行政诉讼，法院依法撤销了公安机关的《行政处罚决定书》。随后，张某申请国家赔偿。根据《宪法》和法律的规定，关于本案的分析，下列哪些选项是正确的？（　　）(2016-01-63)

A. 王某因工作受到批评，人格尊严受到侵犯

B. 张某的人身自由受到侵犯

C. 张某的监督权受到侵犯

D. 张某有权获得精神损害抚慰金

解析要点：

A 项：张某对王某工作提出强烈批评，是行使监督权的表现，并未使用侮辱、诽谤和诬告陷害等方式侵犯王某人格尊严。A 项错误。

B 项：张某因行使正当权利被公安机关行政拘留，人身自由受到侵犯。B 项正确。

C 项：张某因批评王某的工作而被行政拘留，导致监督权被侵犯。C 项正确。

D 项：根据《国家赔偿法》的相关规定，张某的精神受到严重打击，因此，有权获得精神损害抚慰金。D 项正确。

综上所述，本题答案是 BCD 项。

【答案】 BCD

第三节　我国公民的基本义务★

应试导读

本节内容是法考的一星级考点，重要性一般，在客观题考试中，一般每套卷每五到十年出 1 道题，分值 1 分左右。

知识点

根据宪法的规定，我国公民的**基本义务**包括：

1. 维护国家统一和民族团结
2. 遵守宪法和法律，保守国家秘密，爱护公共财产，遵守劳动纪律，遵守公共秩序，尊重社会公德
3. 维护祖国的安全、荣誉和利益
4. 保卫祖国、依法服兵役和参加民兵组织
5. 依法纳税
6. 其他义务。例如劳动的义务、受教育的义务、夫妻双方计划生育的义务、父母抚养教育未成年子女的义务、成年子女赡养扶助父母的义务等

【经典题目】

根据现行《宪法》的规定，关于公民权利和自由，下列哪一选项是正确的？（　　）(2008-01-17)

A. 劳动、受教育和依法服兵役既是公民的基本权利又是公民的基本义务

B. 休息权的主体是全体公民

C. 公民在年老、疾病或者未丧失劳动能力的情况下，有从国家和社会获得物质帮助的权利

D. 2004年《宪法修正案》规定，国家尊重和保障人权

解析要点：

A项：劳动、受教育既是公民的基本权利又是公民的基本义务，但是服兵役是公民的义务而非权利。A项错误。

B项：中华人民共和国劳动者有休息的权利。因此，休息权的主体是劳动者而非全体公民。B项错误。

C项：中华人民共和国公民在年老、疾病或者丧失劳动能力的情况下，有从国家和社会获得物质帮助的权利。C项多了一个“未”字，C项错误。

D项：2004年《宪法修正案》规定：“国家尊重和保障人权。”D项正确。

综上所述，本题答案是D项。

【答案】 D

第四章　国家机构

第一节　国家机构概述★

应试导读

本节内容是法考的一星级考点，重要性一般，其整体内容比较宏观，很少直接命题。考生学习本节时，应重在理解。其中，“民主集中制原则”和“责任制原则”相对重要。

知识点

一、国家机构的概念和特点

国家机构是国家为实现其职能而建立起来的一整套有机联系的国家机关的总和，其特点是：阶级性、历史性、强制性和组织性。

二、我国国家机构的组织和活动原则

民主集中制原则	1. 国家机构与人民的关系方面：由人民组织国家机构体现了**国家权力来自人民** 2. 同级国家机构之中：**国家权力机关居于主导地位** 3. 中央与地方国家机构的关系方面：实行“中央和地方的国家机构职权的划分，遵循在中央的统一领导下，充分发挥地方的主动性、积极性的原则”。中央统一领导和地方的主动性与积极性体现了民主集中制原则的**地方服从中央的要求** 4. 国家机关内部：无论是实行合议制还是实行首长负责制，在作出决策和决定时，都在**不同程度上实行民主集中制**
社会主义法治原则	1. **社会主义法治原则的含义**：国家机构在组织和活动中必须依法办事，不以领导人的个人意志为转移，也不能以政策代替法律 2. **社会主义法治原则的基本要求**：有法可依、有法必依、执法必严、违法必究
责任制原则	1. **集体负责制**是指由全体组成人员集体讨论，并且按照少数服从多数的原则作出决定，集体承担责任的一种体制。集体组织中每个成员的地位平等 **实行集体负责制的机关**：各级人大及其常委会、监察委员会、人民法院和人民检察院等 **集体负责制的特点**：能够集思广益，充分发挥集体的智慧和作用，避免主观性、片面性，而且还可以避免国家权力过多地集中于个人或者极少数人手中，防止个人独断专行

责任制原则	2. **个人负责制**是指由首长个人决定问题并承担相应责任的领导体制 **实行个人负责制的机关**：国务院及其各部委，中央军委和地方各级人民政府等 **个人负责制的特点**：权责界限明确，果断迅速，讲究效率，适合国家行政机关和军事机关的性质和工作特点
为人民服务原则	**在思想上**：国家工作人员应能够认识国家权力来自人民的授予，树立密切联系群众、一切为人民服务的意识 **在活动中**：1. 一切工作都要从最大多数人的最大利益出发，为人民的根本利益服务 2. 认真贯彻"从群众中来，到群众中去"的工作方法 3. 要开辟各种途径，广泛地吸引人民群众参加国家管理，这既是我国政权本质的要求，也是贯彻群众路线的重要形式和有效方法。例如，组织人民群众参加宪法以及其他重要法律草案的讨论、接受人民来信来访、建立人民代表联系选民的制度等
精简和效率原则	根据《宪法》的规定，一切国家机关实行**精简的原则**，实行工作人员的培训和考核制度，不断提高工作质量和工作效率，反对官僚主义 国家机构是否精简，直接影响着工作效率。因此，推动国家机构改革，有助于克服官僚主义，做到廉政、勤政，提高工作质量和效率，是精简和效率原则的基本要求

第二节 全国人民代表大会★★★★★

应试导读

本节内容是法考的五星级考点，非常重要，在客观题考试中，一般每套卷每年至少出1道题，分值至少1—2分。重难点提示：考生学习本节时，应重点掌握两部分，一是"全国人民代表大会和全国人民代表大会常务委员会的职权、会议制度和工作程序"，这部分是本节的重中之重；二是"专门委员会"部分，法考改革后大纲有新修内容。

知识点

一、人民代表大会制度的基本内容和性质

基本内容	我国的政权组织形式是人民代表大会制度 人民代表大会制度的基本内容包括以下方面： 1. 人民主权原则（人民代表大会制度最核心的基本原则） 2. 人民掌握和行使国家权力的组织形式的制度 3. 人大代表由人民选举，受人民监督 4. 各级人大是国家权力机关，其他国家机关都由人大选举产生，对其负责，受其监督
性质	1. 人民代表大会制度是我国的**根本政治制度** 2. 人民代表大会制度是**实现社会主义民主的基本形式**

二、全国人民代表大会和全国人民代表大会常务委员会

	全国人民代表大会	全国人民代表大会常务委员会
性质和地位	**最高国家权力机关、最高国家立法机关**，在我国国家机构体系中处于**首要地位**，任何国家机关都不能超越全国人大，也不能和它并列	全国人大的**常设机关**，是最高国家权力机关的**组成部分**，对全国人大负责并报告工作，行使**国家立法权** 在全国人大闭会期间，国务院、最高人民法院、最高人民检察院必须对全国人大常委会负责并报告工作，中央军委和国家监察委除对全国人大负责外，也要对全国人大常委会负责
组成和任期	1. 全国人大由各省、自治区、直辖市人大、军队和特别行政区选出的代表组成，**每届任期** 5 **年** 2. 在任期届满前的 2 **个月以前**，全国人大常委会必须完成下届全国人大代表的选举工作。如果遇到不能进行选举的非常情况，由全国人大常委会以全体委员 2/3 **以上的多数通过**，可以**推迟选举**，延长本届全国人大的任期；但在非常情况结束后 1 年以内，全国人大常委会必须完成下届全国人大代表的选举	1. 委员长，副委员长若干人，秘书长，委员若干人，必须是人大代表，由全国人大选举产生 2. 每届任期与全国人大相同，即 5 **年，可以连选连任**，但是委员长、副委员长连续任职不得超过两届
职权	1. **修改宪法、监督宪法实施** 2. **制定基本法律**，包括刑法、刑事诉讼法、民法、民事诉讼法等 3. **选举、决定和罢免**国家机关的重要组成人员 4. **决定国家重大问题**：审查和批准国民经济和社会发展计划和计划执行情况的报告；审查和批准国家预算和预算执行情况的报告；改变或者撤销全国人民代表大会常务委员会不适当的决定；批准省、自治区和直辖市的建置；决定特别行政区的设立及其制度；决定战争与和平 5. **最高监督权**：全国人大有权监督由其产生的国家机关的工作，全国人大常委会、国务院、最高人民法院、最高人民检察院必须对全国人大负责并报告工作，中央军委和国家监察委对全国人大负责	1. **解释宪法、监督宪法实施** 2. **解释法律**、制定基本法律以外的**其他法律**，在全国人大闭会期间部分修改基本法律 3. **审查和监督**规范性文件 4. **预算管理权**：对国民经济和社会发展计划、国家预算部分调整方案和国家决算的审批权，审议审计工作报告 5. **监督国家机关工作**：提出质询案；听取工作报告；检查法律法规实施情况 6. **决定、任免**国家机关组成人员 7. **其他重大事项决定权**：在全国人大闭会期间，决定**战争状态的宣布**；决定任免**驻外全权代表**；决定同外国缔结的**条约和重要协定**的批准和废除；规定军人和外交人员的**衔级制度**和其他专门衔级制度；规定和决定授予国家的**勋章和荣誉称号**；决定**特赦**；决定全国总**动员**或者局部动员；决定全国或者个别省、自治区、直辖市进入**紧急状态** 总结：紧急重要，荣誉称号

续表

	全国人民代表大会	全国人民代表大会常务委员会
会议制度和工作程序	1. 全国人大开展工作的主要方式是**举行会议**，全国人大会议每年举行一次 2. 如果全国**人大常委会**认为有必要或者 1/5 **以上的全国人大代表**提议，可以**临时召集** 3. 全国人大会议均由全国人大常委会召集 4. 全国人大的会议形式主要有**预备会议、全体会议和小组会议**等。首先是由全国人大常委会主持召集预备会议，选举产生本次大会主席团和秘书长，讨论本次会议的议程以及其他准备事项。预备会议后，全国人大便由主席团正式主持全体会议。在全体会议期间，根据需要举行小组会议，审议和讨论有关事项。全体会议一般公开举行，在必要时经**主席团和各代表团团长会议**决定，可以举行**秘密会议**	1. 全国人大常委会主要通过**举行会议、作出会议决定**的形式行使职权 2. 全国人大常委会全体会议一般每两个月举行一次，由委员长召集并主持 3. 由委员长、副委员长、秘书长组成**委员长会议**，处理全国人大常委会重要的日常工作，但委员长会议有其职权的界限，不能代替常委会行使职权

附：国家的勋章和荣誉称号制度

国家勋章和国家荣誉称号	1. 国家勋章和国家荣誉称号为国家最高荣誉。**国家勋章**包括“共和国勋章”和“友谊勋章”，**国家荣誉称号**的具体名称由全国人大常委会在决定授予时确定 2. 授予国家勋章、国家荣誉称号的议案由**全国人大常委会委员长会议及国务院、中央军事委员会**向**全国人大常委会**提出，由**全国人大常委会**作出决定，由**国家主席**授予和签发证书 3. 国家主席进行国事活动，可以直接授予外国政要、国际友人等人士“友谊勋章”
国家功勋簿	国家设立国家功勋簿，记载国家勋章和国家荣誉称号**获得者及其功绩**

【经典题目】

关于国家勋章和国家荣誉，下列说法正确的是（　　）。（2021 年考生回忆版）

A. 国家勋章和国家荣誉称号为国家法定的最高荣誉

B. 国务院可以向全国人民代表大会常务委员会提出授予国家勋章、国家荣誉称号的议案

C. 全国人民代表大会常务委员会决定授予国家勋章和国家荣誉称号

D. 全国人民代表大会常务委员会有权决定撤销国家勋章、国家荣誉称号

解析要点：

根据《国家勋章和国家荣誉称号法》的规定：

A 项：国家勋章和国家荣誉称号为国家最高荣誉。A 项正确。

B 项：全国人民代表大会常务委员会委员长会议根据各方面的建议，向全国人民代表大会常务委员会提出授予国家勋章、国家荣誉称号的议案。国务院、中央军事委员会可以向全国人民代表大会常务委员会提出授予国家勋章、国家荣誉称号的议案。B 项正确。

C项：全国人民代表大会常务委员会决定授予国家勋章和国家荣誉称号。C项正确。

D项：国家勋章和国家荣誉称号获得者因犯罪被依法判处刑罚或者有其他严重违法、违纪等行为，继续享有国家勋章、国家荣誉称号将会严重损害国家最高荣誉的声誉的，由全国人民代表大会常务委员会决定撤销其国家勋章、国家荣誉称号并予以公告。D项正确。

综上所述，本题答案是ABCD项。

【答案】 ABCD

附：全国人民代表大会、全国人民代表大会常务委员会的人事权对比

全国人民代表大会人事权	全国人民代表大会常务委员会人事权
1. 选举全国人民代表大会常务委员会的组成人员（委员长、副委员长、秘书长、委员） 2. 选举中华人民共和国主席、副主席、中央军事委员会主席 3. 选举国家监察委员会主任、最高人民法院院长、最高人民检察院检察长 4. 根据中华人民共和国主席的提名，决定国务院总理的人选 5. 根据国务院总理的提名，决定国务院副总理、国务委员、各部部长、各委员会主任、审计长、秘书长的人选 6. 根据中央军事委员会主席的提名，决定中央军事委员会其他组成人员的人选	1. 在全国人民代表大会闭会期间，根据国务院总理的提名，决定国务院其他组成人员的任免 2. 在全国人民代表大会闭会期间，根据中央军事委员会主席的提名，决定中央军事委员会其他组成人员的任免 3. 根据最高人民法院院长的提请，任免最高人民法院副院长、审判员、审判委员会委员和军事法院院长 4. 根据最高人民检察院检察长的提请，任免最高人民检察院副检察长、检察员、检察委员会委员和军事检察院检察长，并且批准省、自治区、直辖市的人民检察院检察长的任免 5. 根据国家监察委员会主任的提请，任免国家监察委员会副主任、委员 6. 决定驻外全权代表的任免

三、全国人民代表大会各委员会

组织名称	性质	组成
调查委员会	临时性委员会	1. 开会时，主席团、3个以上代表团或者1/10以上代表提议设立，由主席团在代表中提名，大会通过 2. 闭会时，委员长会议或者1/5以上常委会组成人员提议设立，在全国人大常委会组成人员和全国人大代表中提名，提请常委会审议通过 3. 调查委员会由主任委员、副主任委员若干人和委员若干人组成
专门委员会	常设性委员会	1. 由主任1人、副主任和委员若干人组成，由主席团在代表中提名，大会通过 2. 全国人大闭会期间，常委会可以补充任命**副主任委员和委员** 3. 可由全国人大常委会任命**若干不是人大代表的专家**担任**兼职顾问**或**专职顾问**

各专门委员会的工作：

1. 审议全国人民代表大会主席团或者全国人民代表大会常务委员会交付的议案

（审议议案）；

2. 向全国人民代表大会主席团或者全国人民代表大会常务委员会提出属于全国人民代表大会或者全国人民代表大会常务委员会职权范围内同本委员会有关的议案，组织起草法律草案和其他议案草案（提出议案）；

3. 承担全国人民代表大会常务委员会听取和审议专项工作报告有关具体工作（听取审议专项工作报告）；

4. 承担全国人民代表大会常务委员会执法检查的具体组织实施工作（执法检查）；

5. 承担全国人民代表大会常务委员会专题询问有关具体工作（专题询问）；

6. 按照全国人民代表大会常务委员会工作安排，听取国务院有关部门和国家监察委员会、最高人民法院、最高人民检察院的专题汇报，提出建议（听取专题汇报）；

7. 对属于全国人民代表大会或者全国人民代表大会常务委员会职权范围内同本委员会有关的问题，进行调查研究，提出建议（调查研究提建议）；

8. 审议全国人民代表大会常务委员会交付的被认为同宪法、法律相抵触的规范性文件，提出意见（审议文件）；

9. 审议全国人民代表大会主席团或者全国人民代表大会常务委员会交付的质询案，听取受质询机关对质询案的答复，必要的时候向全国人民代表大会主席团或者全国人民代表大会常务委员会提出报告（审议质询）；

10. 研究办理代表建议、批评和意见，负责有关建议、批评和意见的督促办理工作（研究办理建议批评）；

11. 按照全国人民代表大会常务委员会的安排开展对外交往（对外交往）；

12. 全国人民代表大会及其常务委员会交办的其他工作（其他工作）。

注意 各专门委员会的任务是在全国人大及其常委会的领导下，**研究、审议、拟订有关议案**。各专门委员会在讨论其所属的专门问题之后，虽然也作出决议，但**专门委员会的决议必须经过全国人大或者全国人大常委会审议通过之后，才具有国家权力机关所作的决定的效力**。在此之前，它只是向全国人大或全国人大常委会**提供审议的意见或报告**。

【经典题目】

根据《宪法》的规定，关于全国人大的专门委员会，下列哪一选项是正确的？（ ）（2013-01-26）

A. 各专门委员会在其职权范围内所作决议，具有全国人大及其常委会所作决定的效力

B. 各专门委员会的主任委员、副主任委员由全国人大及其常委会任命

C. 关于特定问题的调查委员会的任期与全国人大及其常委会的任期相同

D. 全国人大及其常委会领导专门委员会的工作

解析要点：

A 项：专门委员会虽然也作出决议，但这种决议必须经过全国人大或者全国人大常委会审议通过以后才具有国家权力机关所作决定的效力。A 项错误。

B项：各委员会的人选由全国人大主席团在代表中提名，由大会表决通过。在全国人大闭会期间，全国人大常委会可以任免副主任委员和委员。因此，主任委员不能由全国人大常委会任命。B项错误。

C项：作为临时性委员会，调查委员会并无一定的任期，对特定问题的调查任务一经完成，该委员会予以撤销。C项错误。

D项：《宪法》规定：各专门委员会在全国人民代表大会和全国人民代表大会常务委员会领导下，研究、审议和拟订有关议案。D项正确。

综上所述，本题答案是D项。

【答案】D

四、全国人民代表大会代表

<table>
<tr><td>权利</td><td>1. 出席全国人大会议，参加审议各项议案、报告和其他议题，发表意见
2. 提出议案、质询案、罢免案等
（1）提出议案：一个代表团或者30名以上代表联名，可以向全国人大提出属于全国人大职权范围内的议案
（2）提出质询案：在全国人大会议期间，一个代表团或者30名以上代表联名，有权书面提出对国务院及其部委、国家监察委员会、最高人民法院、最高人民检察院的质询案。质询案按照主席团的决定由受质询机关答复。提出质询案的代表半数以上对答复不满意的，可以要求受质询机关再作答复
（3）提出罢免案：全国人民代表大会主席团、3个以上的代表团或者1/10以上的代表，可以提出对全国人民代表大会常务委员会的组成人员，中华人民共和国主席、副主席，国务院和中央军事委员会的组成人员，国家监察委员会主任，最高人民法院院长和最高人民检察院检察长的罢免案，由主席团提请大会审议
3. 提出对各方面工作的建议、批评和意见
4. 参加各项选举和表决
5. 获得信息、物质等各项保障
6. 人身受特别保护
（1）在全国人大会议期间，没有经过全国人大主席团的许可，在全国人大闭会期间，没有经过全国人大常委会的许可，全国人大代表不受逮捕或者刑事审判
（2）如果因为全国人大代表是现行犯而被拘留的，执行拘留的公安机关必须立即向全国人大主席团或者全国人大常委会报告
（3）如果依法对全国人大代表采取除逮捕和刑事审判等法律规定之外的限制人身自由的措施，如行政拘留、监视居住等，应当经全国人大主席团或者全国人大常委会许可
7. 言论免责权。宪法规定，全国人大代表在全国人大各种会议上的发言和表决不受法律追究。全国人大的会议包括大会全体会议、小组会议、代表团会议、专门委员会会议、主席团会议、常委会全体会议和分组会议
8. 其他权利，如参观、视察等。代表在参观或者视察工作中发现问题，可以提交有关国家机关处理，必要时可以报全国人大常委会处理</td></tr>
</table>

义务	1. 模范地遵守宪法和法律，保守国家秘密，并且在自己参加的生产、工作和社会活动中，协助宪法和法律的实施 2. 按时出席全国人大会议，认真审议各项议案、报告和其他议题，发表意见，做好会议期间的各项工作 3. 积极参加统一组织的视察、专题调研、执法检查等履职活动 4. 加强履职学习和调查研究，不断提高执行代表职务的能力 5. 与原选举单位和人民群众保持密切联系，听取和反映他们的意见和要求，努力为人民服务 6. 自觉遵守社会公德，廉洁自律，公正道德，勤勉尽责 7. 法律规定的其他义务

【经典题目】

根据《宪法》和法律的规定，关于全国人大代表的权利，下列哪些选项是正确的？（　　）（2016－01－64）

A. 享有绝对的言论自由

B. 有权参加决定国务院各部部长、各委员会主任的人选

C. 非经全国人大主席团或者全国人大常委会许可，一律不受逮捕或者行政拘留

D. 有五分之一以上的全国人大代表提议，可以临时召集全国人民代表大会会议

解析要点：

A 项：全国人民代表大会代表在全国人民代表大会和全国人民代表大会常务委员会各种会议上的发言和表决，不受法律追究，而非享有绝对自由。A 项错误。

B 项：全国人民代表大会根据中华人民共和国主席的提名，决定国务院总理的人选；根据国务院总理的提名，决定国务院副总理、国务委员、各部部长、各委员会主任、审计长、秘书长的人选。B 项正确。

C 项：全国人民代表大会代表如果因为是现行犯被拘留，执行拘留的公安机关应当立即向全国人大主席团或者全国人大常委会报告。因此 C 项表述过于绝对，忽略了“现行犯”情况，C 项错误。

D 项：如果全国人民代表大会常务委员会认为必要，或者有五分之一以上的全国人民代表大会代表提议，可以临时召集全国人民代表大会会议。D 项正确。

综上所述，本题答案是 BD 项。

【答案】 BD

第三节 国家主席★★

应试导读

本节内容是法考的二星级考点，重要性一般，在客观题考试中，一般每套卷每五到十年出 1 道题，分值 1—2 分。同时，本节内容也可能和其他章节内容结合命题。其中，“国家主席的职权”相对重要。

知识点

性质和地位	中华人民共和国主席是**我国国家机构的重要组成部分**，对内对外代表中华人民共和国
组成和任期	中华人民共和国主席、副主席由全国人民代表大会选举产生 候选人条件：年满 45 周岁并具有选举权和被选举权的中国公民 每届任期 5 年，没有任届限制
职权	1. **公布法律，发布命令**。法律在全国人大或全国人大常委会正式通过后，由国家主席予以颁布施行。国家主席根据全国人大常委会的决定，发布特赦令、动员令、宣布进入紧急状态、宣布战争状态等 2. **任免国务院的组成人员和驻外全权代表**。国务院总理、副总理、国务委员、各部部长、各委员会主任、审计长、秘书长，经全国人大或全国人大常委会正式确定人选后，由国家主席宣布其任职或免职。国家主席根据全国人大常委会的决定，派出或召回驻外大使 3. **外事权**。国家主席代表国家，进行国事活动，接受外国使节，接受外国使节的仪式也叫递交国书仪式。国家主席根据全国人大常委会的决定，宣布批准或废除条约和重要协定 4. **荣典权**。国家主席根据全国人大常委会的决定，向国家勋章和国家荣誉称号获得者授予国家勋章、国家荣誉称号奖章，签发证书。国家主席进行国事活动，可以直接授予外国政要、国际友人等人士“友谊勋章”

【经典题目】

根据《国家勋章和国家荣誉称号法》的规定，下列哪一选项是正确的？（　　）(2017-01-26)

A. 共和国勋章由全国人大常委会提出授予议案，由全国人大决定授予

B. 国家荣誉称号为其获得者终身享有

C. 国家主席进行国事活动，可直接授予外国政要、国际友人等人士“友谊勋章”

D. 国家功勋簿是记载国家勋章和国家荣誉称号获得者的名录

解析要点：

根据《国家勋章和国家荣誉称号法》的规定：

A 项：授予国家勋章、国家荣誉称号的议案由全国人大常委会委员长会议及国务院、中央军事委员会向全国人大常委会提出，由全国人大常委会作出决定。A 项错误。

B 项：如果国家荣誉称号的获得者因犯罪等严重违法违纪行为，继续享有国家荣誉称号将会严重损害国家最高荣誉的声誉的，全国人大常委会可以决定撤销其国家荣誉称号，因此，国家荣誉称号并不一定是终身享有。B 项错误。

C 项：中华人民共和国主席进行国事活动，可以直接授予外国政要、国际友人等人士“友谊勋章”。C 项正确。

D 项：国家设立国家功勋簿，记载国家勋章和国家荣誉称号获得者及其功绩。D 项缺少了“记载功绩”。D 项错误。

综上所述，本题答案是 C 项。

【答案】 C

第四节 国务院★

应试导读

本节内容是法考的一星级考点，重要性一般，在客观题考试中，一般每套卷每五到十年出1道题，分值1—2分。同时，本节内容也可能和其他章节内容结合命题。其中，“国务院的职权”这一知识点相对重要。

知识点

性质和地位	**最高国家权力机关的执行机关，最高国家行政机关**
组成和任期	1. 总理，副总理若干人，国务委员若干人，各部部长，各委员会主任，审计长，秘书长 2. 国务院总理根据国家主席提名，由全国人大决定，其他由总理提名经全国人大决定，决定之后由主席宣布任免 3. 每届任期均为5年，正副总理、国务委员连任不得超过两届
职权	1. 制定和发布行政法规 2. 行政措施的规定权：采取各种具体办法和实施手段执行法律和全国人大的决议 3. 提出议案权：提出有关法律草案和国民经济和社会发展计划，报告计划的执行情况，报告国家的预算和预算的执行情况等 4. 对所属部委和地方各级行政机关的领导权及监督权 5. 对国防、民政、文教、经济等各项工作的领导权和管理权，对外事务的管理权 6. 行政人员的任免、奖惩权
领导体制	**总理负责制**是指国务院总理对其主管的工作负全部责任，与负全部责任相联系的是其对自己主管的工作有**完全决定权** 具体表现在： 1. **领导权** 2. **提名权**。国务院其他组成人员的人选由总理提名，由全国人大或全国人大常委会决定。在必要时，总理有权向全国人大或全国人大常委会提出免除他们职务的请求 3. **召集主持会议权**。国务院的常务会议和全体会议由总理召集和主持，会议议题由总理确定，重大问题必须经全体会议或常务会议讨论，总理在集体讨论的基础上形成国务院的决定 4. **签署权**。国务院发布的决定、命令，国务院制定的行政法规，国务院向全国人大或者全国人大常委会提出的议案，国务院任免的政府机关工作人员，均须由总理签署才有法律效力
会议制度	1. 国务院的会议分为国务院**全体会议**和国务院**常务会议** 2. **国务院全体会议**由国务院全体成员组成，一般每两个月召开一次，主要讨论和部署国务院的重要工作，或者通报国内形势和协调各部门的工作 3. **国务院常务会议**由总理、副总理、国务委员、秘书长组成，一般每周召开一次，主要是讨论、决定国务院工作中的重大问题，如讨论议案的提出、讨论行政法规、讨论各部门的请示事项 4. 总理召集和主持国务院的全体会议和常务会议。根据《国务院组织法》，国务院工作中的重大问题，必须经国务院常务会议或者国务院全体会议讨论决定

【经典题目】

预算制度的目的是规范政府收支行为，强化预算监督。根据《宪法》和法律的规定，关于预算，下列表述正确的是（　　）。(2015-01-93)

A. 政府的全部收入和支出都应当纳入预算

B. 经批准的预算，未经法定程序，不得调整

C. 国务院有权编制和执行国民经济和社会发展计划、国家预算

D. 全国人大常委会有权审查和批准国家的预算和预算执行情况的报告

解析要点：

A 项：根据《预算法》的规定，政府的全部收入和支出都应当纳入预算。A 项正确。

B 项：根据《预算法》的规定，政府编制预算之后，经过人大批准，未经法定程序，不得调整。B 项正确。

C 项：根据《宪法》的规定，国务院编制和执行国民经济和社会发展计划和国家预算。C 项正确。

D 项：就预算的审批权而言，全年的审批权在人大手里，在执行过程中需要作部分调整的，审批权在人大常委会手里。D 项错误。

综上所述，本题答案是 ABC 项。

【答案】 ABC

第五节　中央军事委员会★

应试导读

本节内容是法考的一星级考点，重要性一般，在客观题考试中，一般每套卷每五到十年出 1 道题，分值 1—2 分。同时，本节内容也可能和其他章节内容结合命题。其中，“中央军委的职权”这一知识点相对重要。

知识点

性质和地位	全国武装力量的最高领导机关，享有对国家武装力量的决策权和指挥权
组成和任期	1. 主席，副主席若干，委员 2. 中央军委主席由全国人大选举产生；根据中央军委主席提名决定其他人选；全国人大闭会期间，全国人大常委会根据中央军委主席提名决定其他人选 3. 每届任期 5 年，无任届限制
职权	实行**主席负责制** 1. 中央军事委员会作为一个集体来领导国家武装力量 2. 中央军委主席在对重大问题作出决策之前，必须进行集体研究和讨论，然后再集中正确意见作出决策 3. 中央军委主席有权对中央军事委员会职权范围内的事务作出最后决策

【经典题目】

中华人民共和国中央军事委员会领导全国武装力量。关于中央军事委员会，下列哪一表述是错误的？（　　）（2015-01-26）

A. 实行主席负责制

B. 每届任期与全国人大相同

C. 对全国人大及其常委会负责

D. 副主席由全国人大选举产生

解析要点：

A 项：中央军委作为军事机关，实行首长负责制。A 项正确。

B 项：中央军委每届任期 5 年，与全国人大相同。B 项正确。

C 项：《宪法》规定，中央军委主席对全国人大及其常委会负责，由于中央军委实行首长负责制，亦可推出中央军委对全国人大及其常委会负责。C 项正确。

D 项：军委主席由全国人大选举产生，并向它负责。全国人大根据军委主席的提名，决定副主席、委员等其他组成人员的人选。可见，军委副主席是决定产生而非选举产生，D 项错误。

综上所述，本题答案是 D 项。

【答案】 D

第六节　地方人大及政府★★★

应试导读

本节内容是法考的三星级考点，比较重要，在客观题考试中，一般每套卷每两到三年出 1 道题，分值 1—2 分。近年来针对本节内容单独命题虽然较少，但经常与全国人大等章节结合命题。此外，“地方各级人民政府的机构设置”为 2022 年大纲新修订内容，值得考生重视。

知识点

一、地方人大及政府

（一）概述

	地方人大		地方人大常委会（乡级无人常）	地方人民政府
	省、市人大	县、乡人大		
性质	地方国家权力机关＋地方立法机关	地方国家权力机关	地方国家权力机关的常设机关省级、市级的人大常委会是地方立法机关	地方各级国家权力机关的执行机关，向本级国家权力机关负责，也向上一级政府负责

续表

	地方人大		地方人大常委会（乡级无人常）	地方人民政府
	省、市人大	县、乡人大		
组成	下一级人大选举的代表组成	选民选举的代表组成	主任、副主任、委员、秘书长（县级人大常委会无秘书长） 常委会组成人员不得担任国家行政机关、审判机关和检察机关的职务	1. 各级都有正副首长 2. 县乡两级无秘书长
任期	5年		5年	5年

注意 1. 全国人大与地方各级人大之间以及地方各级人大之间**没有隶属关系**，上级人大有权依照宪法和法律**监督**、**指导**下级人大的工作。

2. 省级、市级人大及其常委会根据区域协调发展的需要，可以开展协同立法。

【背诵口诀】

乡级无“人常”，县无“秘书长”。

（二）地方人大和地方人大常委会的会议制度

	地方人大	地方人大常委会
会议制度	地方各级人大主要以召开会议的方式进行工作。地方各级人民代表大会会议**每年至少举行一次**。乡、民族乡、镇的人民代表大会会议一般**每年举行两次** 县级以上的地方各级人民代表大会**常务委员会**或者乡、民族乡、镇的人民代表大会**主席团**认为必要，或者经过**1/5以上代表提议**，可以临时召集本级人民代表大会会议。地方各级人民代表大会会议有**2/3以上的代表出席**，始得举行 **【背诵口诀】** 常委会五一，临时提开会。 （备注：乡级无人常，为主席团或1/5以上代表临时提开会）	县级以上人大常委会会议分常委会会议和主任会议 常委会会议由主任召集，至少每两个月举行一次，常务委员会会议有常务委员会全体组成人员**过半数出席**，始得举行。常务委员会的决议，由常务委员会以全体组成人员的**过半数通过** 主任会议由常委会主任、副主任、秘书长（县级由主任、副主任）组成，处理常委会日常工作 省、自治区的人大常委会可以在地区设立工作机构。市辖区、不设区的市的人大常委会可以在街道设立工作机构。县级以上的地方各级人民代表大会常务委员会通过建立**基层联系点、代表联络站**等方式，密切同人民群众的联系，听取对立法、监督等工作的意见和建议

二、地方各级人大代表

（一）地方各级人大代表的权利和义务

权利	1. 出席本级人大会议，参加审议各项议案、报告和其他议题，发表意见 2. 参加本级人大的选举和表决 3. 提出议案、质询案、罢免案等 （1）**提出议案**：县级以上地方各级人大举行会议时，主席团、常务委员会、各专门委员会、本级人民政府可以向大会提案；县级以上人大代表10人以上，乡镇人大代表5人以上联名，也可以向人大提出属于本级人大职权范围内的议案

权利	(2) **提出质询案**：代表10人以上联名，有权提出对本级人民政府及其所属各工作部门、监察委员会、人民法院、人民检察院的质询案。乡、民族乡、镇的人民代表大会代表有权依照法律规定的程序提出对本级人民政府的质询案 (3) **提出罢免案**：县级以上人大会议期间，主席团、常务委员会或者1/10以上代表联名，可以提出对本级人大常委会组成人员、人民政府组成人员、监察委员会主任、人民法院院长、人民检察院检察长的罢免案，由主席团提请大会审议。乡镇人大会议期间，主席团或者1/5以上代表联名，可以提出对人大（副）主席、（副）乡长、（副）镇长的罢免案，由主席团提请乡镇人大会议审议 罢免案均须经全体代表**过半数通过** 4. 提出对各方面工作的建议、批评和意见 5. 进行视察 6. 人身受特别保护 县级以上的人大代表：非经本级人大主席团许可，闭会期间非经本级人大常委会许可，**不受逮捕或刑事审判**以及**被限制人身自由** 县级以上的人大代表：如果因为是**现行犯**被拘留，执行拘留的机关应当**立即**向该级人民代表大会主席团或者人民代表大会常务委员会**报告** 乡、民族乡、镇的人大代表：如果被逮捕、受刑事审判，或者被采取法律规定的其他限制人身自由的措施，执行机关应当**立即报告**乡、民族乡、镇的人民代表大会 7. 言论免责权：各级人民代表大会代表、常务委员会组成人员，**在人民代表大会和常务委员会会议上的发言和表决**，不受法律追究 8. 获得信息、物质等各项保障
义务	参考全国人大代表的义务

（二）代表资格的终止

终止	地方各级人民代表大会代表迁出或者调离本行政区域的
	辞职被接受的
	未经批准**两次不出席**本级人民代表大会会议的
	被罢免的
	丧失中华人民共和国国籍的
	依照法律被剥夺政治权利的
	丧失行为能力的

【经典题目】

我国《宪法》第2条明确规定："人民行使国家权力的机关是全国人民代表大会和地方各级人民代表大会。"关于全国人大和地方各级人大，下列选项正确的是（　　）。(2015-01-91)

A. 全国人大代表全国人民统一行使国家权力

B. 全国人大和地方各级人大是领导与被领导的关系

C. 全国人大在国家机构体系中居于最高地位，不受任何其他国家机关的监督

D. 地方各级人大设立常务委员会，由主任、副主任若干人和委员若干人组成

解析要点：

A项：全国人大是最高国家权力机关，代表全国人民统一行使国家权力。A项

正确。

B项：上下级人大之间没有隶属关系，是监督与被监督的关系。B项错误。

C项：全国人大是最高国家权力机关，因此不受任何“其他国家机关”的监督，但受到人民监督。C项正确。

D项：乡级人大不设立常委会。D项错误。

综上所述，本题答案是AC项。

【答案】AC

三、地方各级人民政府的机构设置

工作部门	地方各级人民政府根据工作需要和优化协同高效以及精干的原则设立各工作部门，如厅、局、委员会、办公室、科等。同时，这些工作部门的设立、增加、减少或者合并，按照规定程序报请批准，并报**本级人大常委会备案** **县级以上**的地方各级人民政府设立**审计机关**，依法独立行使审计监督权，对本级人民政府和上一级审计机关负责
协同发展工作机制	县级以上的地方各级人民政府根据国家区域发展战略，结合地方实际需要，可以共同建立**跨行政区划的区域协同发展工作机制**，加强区域合作。上级人民政府应当对下级人民政府的区域合作工作进行指导、协调和监督 县级以上的地方各级人民政府根据应对重大突发事件的需要，可以建立**跨部门指挥协调机制**
派出机关	1. **行政公署**：**省、自治区的人民政府**在必要的时候，经**国务院批准**，可以设立若干行政公署，作为它的派出机关 2. **区公所**：**县、自治县的人民政府**在必要的时候，经**省、自治区、直辖市的人民政府批准**，可以设立若干区公所，作为它的派出机关 3. **街道办事处**：**市辖区、不设区的市的人民政府**，经**上一级人民政府批准**，可以设立若干街道办事处，作为它的派出机关 **街道办事处**在本辖区内办理派出它的人民政府交办的公共服务、公共管理、公共安全等工作，依法履行综合管理、统筹协调、应急处置和行政执法等职责，反映居民的意见和要求 乡、民族乡、镇的人民政府和市辖区、不设区的市的人民政府或者街道办事处对基层群众性自治组织的工作给予**指导、支持和帮助**。基层群众性自治组织**协助**乡、民族乡、镇的人民政府和市辖区、不设区的市的人民政府或者街道办事处开展工作 乡、民族乡、镇的人民政府和街道办事处可以根据实际情况建立居民列席有关会议的制度

第七节　监察委员会★★★

应试导读

本节内容是法考的三星级考点，比较重要，在客观题考试中，近年来每套卷每两到三年出1道题，分值1—2分。同时，本节内容也是法考改革后的新增内容，值得考生重点关注。

知识点

一、监察委员会概述

性质和地位	监察委员会是国家的监察机关，专司国家监察职能，是**行使国家监察职能的专责机关**，其他任何机关、团体和个人都无权行使监察权
组成和任期	1. 主任，副主任若干人，委员若干人；国家监察委员会主任由全国人大选举，副主任、委员由国家监察委员会主任提请全国人大常委会任免 2. 主任每届任期 5 年，连续任职不得超过两届 3. 地方监察委员会人员产生方式与国家监察委一致，但是没有任届限制；监察委对本级人大及常委会负责，上下级之间为领导关系
领导体制	1. 监察委员会既要**对同级国家权力机关负责**，又要**对上一级监察委员会负责** 2. 监察委员会上下级之间为**领导和被领导关系**。例如，上级监察机关可以办理下一级监察机关管辖范围内的监察事项，必要时也可以办理所管辖各级监察机关范围内的监察事项
监察法规	国家监察委员会有权根据宪法和法律，制定监察法规，监察法规不得与宪法、法律相抵触 监察法规可以就下列事项作出规定：(1) 为执行法律的规定需要制定监察法规的事项；(2) 为履行领导地方各级监察委员会工作的职责需要制定监察法规的事项 监察法规应当经**国家监察委员会全体会议决定，由国家监察委员会发布公告**予以公布。监察法规应当在公布后的 30 日内报全国人大常委会备案。全国人大常委会有权撤销同宪法和法律相抵触的监察法规 2021 年 9 月 20 日起施行的《监察法实施条例》是国家监察委员会成立后制定的第一部监察法规

【经典题目】

2019 年 10 月 26 日，第十三届全国人大常委会第十四次会议通过《全国人民代表大会常务委员会关于国家监察委员会制定监察法规的决定》。根据该决定，国家监察委员会有权根据宪法和法律，制定监察法规。关于监察法规，下列哪些说法是正确的？（　　）(**2022 年考生回忆版**)

A. 监察法规应由全国人大常委会公布

B. 监察法规可以对《监察法》变通

C. 监察法规由国家监察委员会全体会议决定

D. 监察法规应报全国人大常委会备案

解析要点：

A、C 项：监察法规应当经国家监察委员会全体会议决定，由国家监察委员会发布公告予以公布。A 项错误，C 项正确。

B 项：国家监察委员会有权根据宪法和法律，制定监察法规，监察法规不得与宪法、法律相抵触。B 项错误。

D 项：监察法规应当在公布后的 30 日内报全国人大常委会备案。D 项正确。

综上所述，本题答案是 CD 项。

【答案】 CD

二、监察委员会与审判机关、检察机关、执法部门的关系

监察委员会依照法律规定独立行使监察权，不受行政机关、社会团体和个人的干涉。监察机关办理职务违法和职务犯罪案件，应当与审判机关、检察机关、执法部门相互配合、相互制约。

<table>
<tr><td rowspan="2">独立行使监察权</td><td rowspan="2">监察委员会依法独立行使监察权是前提</td><td>监察委员会成立后，法院、检察院、公安机关、审计机关等国家机关在工作中发现公职人员涉嫌贪污贿赂、失职渎职等职务违法或者职务犯罪的问题线索，应当移送监察机关，由监察机关依法调查处置</td></tr>
<tr><td>被调查人既涉嫌严重职务违法或者职务犯罪，又涉嫌其他违法犯罪的，一般应当由监察机关为主调查，其他机关予以协助</td></tr>
<tr><td rowspan="2">各机关互相配合</td><td rowspan="2">各机关间的互相配合是各机关在各司其职的基础上，通力合作、密切配合，依法办理职务违法犯罪案件</td><td>监察机关在工作中需要协助的，有关机关和单位应当根据监察机关的要求依法予以协助</td></tr>
<tr><td>在办理职务违法犯罪案件的程序上，对涉嫌职务犯罪的行为，监察委员会享有监督调查处置权限，监察委员会调查终结后移送检察机关依法审查、提起公诉，由法院审判</td></tr>
<tr><td rowspan="4">各机关互相制约</td><td rowspan="4">各机关间的互相制约是监督原则的体现，也是监督权依法行使的制度保障</td><td>对监察机关移送的案件，检察院认为犯罪事实已经查清，证据确实、充分，依法应当追究刑事责任的，应当作出起诉决定</td></tr>
<tr><td>检察院经审查后，认为需要补充核实的，应当退回监察机关补充调查，必要时可以自行补充侦查</td></tr>
<tr><td>检察院对于有刑事诉讼法规定的不起诉的情形的，经上一级检察院批准，依法作出不起诉的决定</td></tr>
<tr><td>对于监察委员会所作结论，检察院认为不构成犯罪的可以退回补充调查，也可以作出不起诉的决定。监察机关认为不起诉决定有误，可要求复议</td></tr>
</table>

三、对监察委员会的监督

<table>
<tr><td>国家权力机关的监督</td><td>1. 各级人大常委会听取和审议本级监察机关的专项工作报告，根据需要可以组织执法检查
2. 县级以上各级人大及其常委会举行会议时，人大代表或者常委会组成人员可以依照法定程序就监察工作中的有关问题提出询问或者质询</td></tr>
<tr><td>社会监督</td><td>监察委员会应当依法公开监察工作信息，接受民主监督、社会监督、舆论监督</td></tr>
<tr><td>自我监督</td><td>监察委员会通过设立内部专门的监督机构等方式，加强对监察人员执行职务和遵守法律情况的监督，建设忠诚、干净、担当的监察队伍
监察机关及其工作人员有违法行为的，被调查人及其近亲属有权向该机关申诉；受理申诉的监察机关应当及时处理。申诉人对处理不服的，可以在法定期限内向上一级监察机关申请复查，上一级监察机关应当在法定期限内处理，情况属实的，及时予以纠正</td></tr>
</table>

【经典题目】

根据《宪法》和《监察法》的规定，下列说法错误的是（　　）。(2019年考生回忆版）

A. 监察委员会依照法律规定独立行使监察权，不受行政机关、社会团体和个人的干涉

B. 监察机关办理职务违法和职务犯罪案件，应当与审判机关、检察机关、执法部门互相配合，互相制约

C. 国家监察委员会对全国人大及其常委会负责并接受其监督

D. 国家监察委员会副主任、委员，由国家监察委员会主任提名，全国人民代表大会决定

解析要点：

根据《监察法》的规定：

A、B、C项：均是《监察法》法条原文，均正确。

D项：国家监察委员会由主任、副主任若干人、委员若干人组成，主任由全国人民代表大会选举，副主任、委员由国家监察委员会主任提请全国人民代表大会常务委员会任免，并不是全国人民代表大会决定，D项错误。

综上所述，本题答案是D项。

【答案】D

第五章　宪法的实施与保障

第一节　宪法实施概述★

应试导读

本节内容是法考的一星级考点，重要性一般，其整体内容比较宏观，很少直接命题。考生学习本节时，应重在理解。

知识点

一、宪法实施的概念

宪法实施是指宪法规范在实际生活中的具体落实，是宪法制定、颁布后的运行状态。宪法实施通常包括宪法的遵守、宪法的适用和宪法实施的保障三个方面。

宪法的遵守	1. **宪法的执行**，是指国家机关贯彻落实宪法内容的活动 2. **狭义的宪法遵守**，是指社会组织和公民个人遵守宪法的禁止性规定，行使宪法规定的权利和履行宪法规定的义务
宪法的适用	宪法的适用主要有两种途径： 1. 通过**宪法解释**，消除分歧，保证宪法规范的准确适用 2. 通过**宪法监督**，纠正违宪行为，维护宪法秩序
宪法实施的保障	1. **政治保障**：主要是指作为执政党的中国共产党，对于宪法的遵守 2. **社会保障**：即宪法本身没有规定，但在其所处的社会中，可以推动宪法实施的社会心理与制度环境。例如，公民良好的宪法意识，稳定的政治环境等 3. **法律保障**：是指由宪法本身所规定的维护宪法尊严、保障宪法实施的理念宣示与制度程序。例如，宪法明确宣示它是国家的根本法，具有最高法律效力 注意　政治保障与社会保障是外在保障，法律保障是内在保障

二、宪法实施的特点

广泛性	实施范围的广泛性，实施主体的广泛性
综合性	宪法实施不可能单纯是宪法本身或者社会某一方面的问题，而是**整个国家具有高度综合性的社会问题**

最高性	1. 宪法直接约束国家法律和其他法律性文件的制定和实施 2. 宪法对于一切国家机关、社会组织和公民的活动也具有最高的约束力
原则性	1. 宪法确定社会关系主体的**基本方向和原则标准**，一般不涉及行为的具体模式，这些具体模式通常由普通法律调整 2. 宪法在实施过程中，对于人们的行为后果往往只是从**总体上作出肯定与否定的评价**，从而为普通法律对人们行为进行具体评价和追究法律责任提供基础和依据
直接性	**直接制裁**是指直接根据宪法来追究违宪行为的法律责任，主要适用于**国家机关**以及**国家机关负责人**的违宪行为
间接性	**间接制裁**是指宪法对于违宪行为不直接规定制裁措施，而是通过普通法律来追究法律责任

第二节　宪法解释★★

应试导读

本节内容是法考的二星级考点，重要性一般，在客观题考试中，一般每套卷每五到十年出1道题，分值1—2分。同时，本节内容也可能和其他章节内容结合命题。重难点提示：考生学习本节时，应重点掌握三种宪法解释模式的特点。

知识点

宪法解释由**特定的国家机关**作出，它是宪法直接规定的或者由宪法惯例认可的。

代议机关解释	1. 代议机关解释源自**英国**，由代议机关行使宪法解释权，不允许司法机关推翻议会制定的法律 2. 代议机关行使宪法解释权要按照**立法程序**进行 3. 既可以**主动**对宪法进行解释，也可应其他机关或政党等的**请求**进行解释 4. 宪法解释既可以单独以代议机关的决议、决定的形式出现，也可寓于代议机关的立法文件之中 5. 在我国，**全国人大常委会**有权解释宪法，其解释和宪法具有同等效力
司法机关解释	1. 起源于**美国**，1803年美国联邦最高法院首席法官马歇尔通过马伯里诉麦迪逊案开创了司法审查制度的先河，确立了“违宪的法律不是法律” 2. 按照**司法程序**解释 3. 一般遵循**“不告不理”**和**附带性审查原则** 4. 因为是在个案的附带性审查中进行的解释，所以该解释只对审理的具体案件产生法律效力，**一般没有普遍的约束力**
专门机关解释	1. 最早提出设立宪法法院的是奥地利规范法学派代表人物汉斯·凯尔森 2. 目前，奥地利、西班牙、德国、意大利、俄罗斯、韩国等国均建立了**宪法法院**，而法国等国家建立了**宪法委员会** 3. 专门机关解释宪法普遍采用**司法积极主义**原则 4. 德国宪法法院既可以结合具体案件对宪法含义进行说明，即**具体性解释**；也可以在不存在个案的情况下进行解释，即**抽象性解释**。法国宪法委员会主要进行**抽象性解释**

【经典题目】

宪法解释是保障宪法实施的一种手段和措施。关于宪法解释，下列选项正确的是（　　）。（2015-01-94）

A. 由司法机关解释宪法的做法源于美国，也以美国为典型代表

B. 德国的宪法解释机关必须结合具体案件对宪法含义进行说明

C. 我国的宪法解释机关对宪法的解释具有最高的、普遍的约束力

D. 我国国务院在制定行政法规时，必然涉及对宪法含义的理解，但无权解释宪法

解析要点：

A项：由司法机关按照司法程序解释宪法的体制起源于美国。1803年美国联邦最高法院首席法官马歇尔在马伯里诉麦迪逊一案中确立了“违宪的法律不是法律”“阐释宪法是法官的职责”的宪法规则，从此开创了由司法机关进行违宪审查的制度先河。A项正确。

B项：德国属于宪法法院解释模式，不一定非得结合具体个案才开展解释。美国的司法解释模式才需要结合司法个案开展解释。B项错误。

C项：全国人大常委会既可以在出现具体宪法争议时解释宪法，也可以在没有出现宪法争议时抽象地解释宪法，它对宪法的解释应当具有最高的、普遍的约束力。C项正确。

D项：我国由全国人大常委会解释宪法，属于立法机关解释宪法的体制，其他国家机关无权解释宪法。D项正确。

综上所述，本题答案是ACD项。

【答案】ACD

第三节　宪法监督★★★★★

应试导读

本节内容是法考的五星级考点，非常重要，在客观题考试中，一般每套卷每年至少出1道题，分值至少1—2分。重难点提示：“我国的宪法监督制度”是重中之重，也是宪法中的难点。学习该部分内容时，考生应先回顾掌握法理学“法的渊源”一节的内容，在此基础上，对“我国的宪法监督制度”尽量做到理解性记忆。

知识点

一、宪法监督体制

代议机关作为宪法监督机关	1. 由代议机关作为宪法监督机关的体制起源于**英国** 2. 社会主义国家大多采取由代议机关负责保障宪法实施的体制 3. 我国现行宪法规定，全国人大及其常委会负有监督宪法实施的职责

司法机关作为宪法监督机关	1. 由普通司法机关作为宪法监督机关的体制起源于 1803 年**美国**联邦最高法院就马伯里诉麦迪逊一案的判决 2. 普通司法机关在具体案件的审理中，审查确定其所适用的法律是否符合宪法
专门机关作为宪法监督机关	1. 由专门机关作为宪法监督机关的体制起源于 1799 年**法国**宪法设立的护法元老院 2. **宪法法院**和**宪法委员会**是专门机关负责保障宪法实施体制的两种主要形式

注意 谁解释，谁监督。

二、宪法监督方式

事先审查	法律、法规和法律性文件**颁布实施之前**，由特定机关对其是否合宪进行审查
事后审查	法律、法规和法律性文件**颁布实施之后**，由特定机关对其是否合宪进行审查
附带性审查	**司法机关在审理案件过程中**，因提出对所适用的规范性文件是否违宪的问题，而对该文件所进行的审查
宪法控诉	又称宪法诉讼、宪法诉愿，指当公民的基本权利受到侵害后，**公民**向宪法法院或其他有权机关提出基于宪法的控诉的制度

三、我国的宪法监督制度

1. 我国属于**代议机关作为宪法监督机关**的模式，是 1954 年宪法确立的模式。

2. 我国采取**事先审查与事后审查相结合**的方式，**事先审查**主要体现为自治条例和单行条例、地方性法规等规范性文件经批准生效；**事后审查**主要体现为有权机关接受规范性文件备案后进行合宪性审查，并可要求原制定机关作出处理。

（一）事先审查

规范性文件	制定机关	批准机关
自治条例和单行条例	自治区人大	全国人大常委会
自治条例和单行条例	自治州、自治县人大	省、自治区、直辖市人大常委会
地方性法规	设区的市、自治州人大及其常委会	省、自治区人大常委会

【背诵口诀】

事先审查三批准，区级条例全人常。

州县条例省人常，市州法规省人常。

（二）事后审查

1. 规范性文件的备案

规范性文件	制定机关	接受备案机关
行政法规	国务院	全国人大常委会

续表

规范性文件	制定机关	接受备案机关
监察法规	国家监察委员会	全国人大常委会
地方性法规	省级人大、人大常委会	全国人大常委会、国务院
	市级人大、人大常委会	全国人大常委会、国务院
自治条例和单行条例	自治州、自治县人大	全国人大常委会、国务院
部门规章	国务院部门	国务院
地方政府规章	省级政府	国务院、省级人大常委会
	市级政府	国务院、省级人大常委会、省级政府、市级人大常委会
授权法规	被授权机关	授权决定规定的机关
司法解释	最高人民法院、最高人民检察院	全国人大常委会

【背诵口诀】

原则：

备案找上级机关，法律不需要备案。

人大不接受备案，规章不到全人常。

例外：

事先批准视同批准机关立法，由批准机关报送备案。

区级条例不备案。

【命题角度】

宪法监督常见命题角度：给考生一部规范性法律文件，请考生判断该文件批准和备案的主体是谁（找谁批准/找谁备案）。

2. 规范性文件的审查

要求审查	国务院、中央军事委员会、国家监察委员会、最高人民法院、最高人民检察院和各省、自治区、直辖市的人民代表大会常务委员会（主体）认为行政法规、地方性法规、自治条例和单行条例（对象）同宪法或者法律相抵触，或者存在合宪性、合法性问题的，可以向全国人民代表大会常务委员会书面提出进行审查的要求
建议审查	其他国家机关和社会团体、企业事业组织以及公民（主体）认为行政法规、地方性法规、自治条例和单行条例（对象）同宪法或者法律相抵触的，可以向全国人民代表大会常务委员会书面提出进行审查的建议
主动审查、专项审查	1. 全国人民代表大会专门委员会、常务委员会工作机构（主体）可以对报送备案的行政法规、地方性法规、自治条例和单行条例等（对象）进行主动审查，并可以根据需要进行专项审查 2. 国务院备案审查工作机构（主体）可以对报送备案的地方性法规、自治条例和单行条例，部门规章和省、自治区、直辖市的人民政府制定的规章（对象）进行主动审查，并可以根据需要进行专项审查

（三）违宪制裁措施

关系	措施	举例
领导关系	领导机关有权**改变或撤销**被领导机关制定的规范性文件	1. 人大对同级常委会 2. 上下级行政机关 3. 政府和工作部门
监督关系	监督机关有权**撤销**被监督机关制定的规范性文件	1. 上级人大常委会与下级人大及其常委会 2. 人大常委会与同级人民政府 3. 授权机关与被授权机关

举例：

机关	改变或撤销	只能撤销
全国人大	全国人大常委会制定的法律、决定	**全国人大常委会批准的自治条例、单行条例**
全国人大常委会		行政法规、国务院的决定和命令 监察法规 地方性法规、省级人大及其常委会决议 省级人大常委会批准的自治条例、单行条例
国务院	部门规章 地方政府规章 各部委发布的命令、指示 地方各级行政机关的决定	

【经典题目】

根据《立法法》，关于规范性文件的备案审查制度，下列哪些选项是正确的？（　　）（2017－01－66）

A. 全国人大有关的专门委员会可对报送备案的规范性文件进行主动审查

B. 自治县人大制定的自治条例与单行条例应按程序报全国人大常委会和国务院备案

C. 设区的市市政府制定的规章应报本级人大常委会、市所在的省级人大常委会和政府、国务院备案

D. 全国人大法律委员会经审查认为地方性法规同宪法相抵触而制定机关不予修改的，应向委员长会议提出予以撤销的议案或者建议

解析要点：

根据《立法法》的规定：

A 项：有关的专门委员会和常务委员会工作机构可以对报送备案的规范性文件进行主动审查。A 项正确。

B 项：自治州、自治县的人民代表大会制定的自治条例和单行条例，由省、自治区、直辖市的人民代表大会常务委员会报全国人民代表大会常务委员会和国务院备案。B 项正确。

C 项：备案找上级机关，规章不到全人常，因此，设区的市市政府制定的规章应

报本级人大常委会、市所在的省级人大常委会和政府、国务院备案。C项正确。

D项：全国人民代表大会法律委员会（2018年修宪后改为宪法和法律委员会）认为行政法规、地方性法规、自治条例和单行条例同宪法或者法律相抵触而制定机关不予修改的，应当向委员长会议提出予以撤销的议案、建议，由委员长会议决定提请常务委员会会议审议决定。D项正确。

综上所述，本题答案是ABCD项。

【答案】ABCD

第四节　宪法宣誓★

应试导读

本节内容是法考的一星级考点，重要性一般，在客观题考试中，一般每套卷每五到十年出1道题，分值1—2分。

知识点

宪法宣誓，是指经过合法、正当的选举程序后，当选的国家元首或其他国家公职人员在就职时，公开宣读誓词、承诺遵守宪法的制度。

宣誓主体	各级人大以及县级以上各级人大常委会选举或者决定任命的国家工作人员，以及各级政府、监察委员会、法院、检察院任命的国家工作人员
组织机构	**原则：谁产生，谁组织** **例外：** 最高人民法院除院长外，其他组成人员由最高人民法院自己组织宣誓 最高人民检察院除检察长外，其他组成人员由最高人民检察院自己组织宣誓 国家监察委员会除主任外，其他组成人员由国家监察委员会自己组织宣誓 驻外全权代表由外交部组织宣誓
宣誓方式	1. 可以采取单独宣誓或者集体宣誓的形式 2. 宣誓场所应当庄重、严肃，悬挂国旗和国徽，奏唱国歌

第三编　司法制度和法律职业道德

概述　司法制度和法律职业道德考情与备考要点

一、考试分值

法考改革后，司法部官方不再公布真题以及答案，根据考生回忆：

在客观题考试中，司法制度和法律职业道德每年每套卷**大约考查** 10 **分**。

在主观题考试中，法考时代，理论法主观题均直接针对中国特色社会主义法治理论以及习近平法治思想命题，没有考过司法制度和法律职业道德大题。司考时代，2016 年卷四考过一道民事诉讼法案例题，共六小问，前五问考查民事诉讼法，最后一问考查司法制度和法律职业道德。因此，未来法考主观题不排除司法制度和法律职业道德与诉讼法结合命题的可能性，但概率较低。

二、命题特点

司法制度和法律职业道德命题既有**重者恒重**、**新修必考**、**热点常考**等法考科目命题的共性特点，还有如下个性特点：

(一) 司法制度——命题比较直接，注重考查细节

司法制度部分经常考查法条或官方辅导用书中的细节词句，试举一道典型题目：

关于检察官的惩戒，下列哪一说法是正确的？(　　)(**2020 年考生回忆版**)

A. 检察官惩戒委员会负责从专业角度审查认定检察官是否存在违反检察职责的行为，依照有关规定作出是否予以惩戒的决定，并给予相应处理

B. 检察官惩戒委员会由检察官代表、其他从事法律职业的人员和有关方面代表组成，其中检察官代表不少于1/3

C. 检察官惩戒委员会审议惩戒事项时，当事检察官有权申请有关人员回避，有权进行陈述、举证、辩解

D. 当事检察官对检察官惩戒委员会作出的审查意见有异议的，可以向上级检察院申诉

分析：本题四个选项，分别依据《检察官法》第49条、第50条和第51条设计，以上三条在官方辅导用书也能找到原文。正确答案是C项，属于法条原文引用。A项的正确表述为“检察官惩戒委员会提出审查意见后，**人民检察院**依照有关规定作出是否予以惩戒的决定，并给予相应处理”，B项中“检察官代表不少于1/3”应改为**“检察官代表不少于半数”**，D项的正确表述为“当事检察官对检察官惩戒委员会作出的审查意见有异议的，可以**向惩戒委员会提出**”。三个错误选项，均是命题人在细节上设置陷阱。

（二）法律职业道德——命题贴近常识

法律职业道德部分的命题比起司法制度部分相对简单，贴近常识，试举两例：

例1：李法官被法院开除后，可以去律师事务所应聘律师事务所信息技术岗位。（2022年考生回忆版某选项）

分析：该说法错误。根据《关于进一步规范法院、检察院离任人员从事律师职业的意见》的规定，被开除公职的人民法院、人民检察院工作人员，不得在律师事务所从事任何工作。

例2：张法官在办案过程中遇到同事询问案件情况，刚询问开庭时间就被张法官明确拒绝回答，对于此事，张法官无须记录在案。（2022年考生回忆版某选项）

分析：该说法错误。根据《司法机关内部人员过问案件的记录和责任追究规定》的规定，对司法机关内部人员过问案件的情况，办案人员应当全面、如实记录，做到全程留痕，有据可查。因此，即使拒绝回答，张法官也应全面、如实记录同事的过问案件的情况。

三、备考建议

学习目标：对司法制度和法律职业道德部分的考点**有选择、有针对地背诵**。

具体做法：

（一）结合本书以及配套课程，明确重点

通过看书以及听课，一方面，考生可以初步理解考点，之后记忆；另一方面，明确哪些是重点，通过实时勾画，画出重点，标注关键字词，以便在后期复习时，能够迅速定位重点，针对性背诵。

（二）配套做题

司法制度和法律职业道德部分的真题至少做两遍。第一遍做题要配合听课，学习一节知识点，配套做一节题目，考生不要在意做题正确率，做题的目的是调动思考，

增进理解。第二遍做题在课程完整听完之后，做题的目的是发现薄弱点，针对性强化。

（三）有选择、有针对地背诵

司法制度和法律职业道德内容较多，考生切勿“眉毛胡子一把抓，大点小点统统背”，在背诵阶段应结合本书“应试导读”，对内容做出区分，有选择、有针对地背诵。

首先，**符合常识的考点，不用刻意背诵**。例如“律师不得扰乱法庭、仲裁庭秩序，干扰诉讼、仲裁活动的正常进行，不得煽动、教唆当事人采取扰乱公共秩序、危害公共安全等非法手段解决争议”，这个考点符合社会大众的常识，不用死记硬背，熟悉即可。

其次，**超出常识的考点，进行重点背诵**。例如：“申请律师执业，应当向**设区的市级**或者**直辖市的区**人民政府**司法行政部门**提出申请，并提交材料。”这个考点已经超出社会大众的常识，应当重点背诵，精准记忆套色强调的关键词句。

第一章 概述

第一节 中国特色社会主义司法制度概述★★★★

应试导读

本节内容是法考的四星级考点，非常重要，在客观题考试中，一般每套卷每一到两年出1道题，分值1—2分。同时，本节内容也是整个司法制度和法律职业道德学科的基础，考生学习本节时无须死记硬背，应在理解基础上记忆关键点。

知识点

一、司法的概念和特征

司法通常是指国家司法机关根据法定职权和法定程序，具体应用法律处理案件的专门活动。

司法和行政都属于法律实施的具体形式，行政是实现国家目的的**直接活动**，而司法是实现国家目的的**间接活动**。司法具有区别于行政的如下特点：

独立性	司法机关只服从法律，不受上级机关、行政机关的干涉 司法的独立性是**法治的基本要求**
被动性	“不告不理”，司法程序的启动离不开权利人或特定机构的提请或诉求，但司法者从来都**不能主动发动一个诉讼**
交涉性	法律适用过程离不开多方当事人的诉讼参与，刑事诉讼中控辩双方辩驳、质证、对抗，民商事诉讼中原被告双方协商、交涉、辩论；司法者所作的裁判必须是在受判决直接影响的有关各方参与下，通过提出证据并进行理性说服和辩论的基础上制作的，**不能像行政管理一样单方调查取证而形成决定**
程序性	司法机关依照法定程序处理案件，法定程序是保证司法机关正确、合法、及时地适用法律的前提，是司法公正的重要保证
普遍性	在现代社会，司法构成社会纠纷解决体系中**最具普适性的方式**
终极性	法律适用是解决纠纷、处理冲突的最后环节，是**最终性的决定**；相对于其他纠纷解决方式，司法成为现代社会中最重要的解决争端的手段

【经典题目】

司法与行政都是国家权力的表现形式，但司法具有一系列区别于行政的特点。下

列哪些选项体现了司法区别于行政的特点？（ ）（2014-01-83）

A. 甲法院审理一起民事案件，未按照上级法院的指示作出裁判

B. 乙法院审理一起刑事案件，发现被告人另有罪行并建议检察院补充起诉，在检察院补充起诉后对所有罪行一并作出判决

C. 丙法院邀请人大代表对其审判活动进行监督

D. 丁法院审理一起行政案件，经过多次开庭审理，在原告、被告及其他利害关系人充分举证、质证、辩论的基础上作出判决

解析要点：

A项：表明了司法的独立性，法院上下级之间是监督与被监督的关系，有别于行政机关上下级之间领导与被领导的关系。A项正确。

B项：表明司法活动的被动性，司法的裁判权性质决定司法奉行“不告不理”原则，有别于行政执法的主动性。B项正确。

C项：人大代表既可以对司法机关的司法活动进行监督，又可以对行政机关的执法活动进行监督。C项未体现司法和行政的区别，错误。

D项：表现了司法活动的交涉性，有别于行政机关一些行政行为的单向性。D项正确。

综上所述，本题答案是ABD项。

【答案】 ABD

二、司法的功能

直接功能	**解决纠纷**	解决纠纷是司法的直接功能、主要功能，此外，惩罚犯罪也是我国司法机关的功能 解决纠纷是**审判制度的首要任务**，是司法的普遍特征，它构成司法制度的基础、运作的内容和直接任务，是**其他功能发挥的先决条件**
间接功能	**人权保障**	司法机关是保障人权的责任主体，保障人权是司法机关的重要职责
	调整社会关系	通过司法机关和司法组织的各项司法活动发挥出来；人民法院通过审理民事、商事等案件，解决纠纷，以调整人身关系、财产关系等社会关系，维护社会秩序
	解释补充法律	法律相对于其调整的社会关系具有滞后性，所以法官在司法过程中不应当机械性地适用法律，应根据社会生活的变化正确阐释法律 法官自由裁量应力求达到合法与合理高度统一，尽可能减少法律适用中的不确定性
	形成公共政策	我国法院在形成公共政策方面的功能主要表现在：司法对法律与政策没有规定的问题的妥善处理，符合法律与政策精神，符合社会公众的一般愿望，促进裁判结果形成相关法律、政策

三、中国特色社会主义司法制度

司法制度是关于司法功能、司法机构、司法组织、司法程序、司法机制等方面规范的总称。

在大多数西方国家，司法制度仅指审判制度；在我国，一般认为司法制度是指**审**

判制度和检察制度。不过，从我国法律实践具体考量，对司法制度宜作较广泛的理解，可认为司法制度包括**审判制度、检察制度、律师制度、公证制度**等。

全面推进依法治国总目标是建设中国特色社会主义法治体系、建设社会主义法治国家。中国特色社会主义司法制度是**高效的法治实施体系的有机组成部分**。中国特色社会主义司法制度已经建成。具体如下：

司法规范体系	包括建构中国特色社会主义司法制度、司法组织以及规范司法活动的**各种法律规范**
司法组织体系	主要是指**审判组织体系和检察组织体系**，我国司法组织体系和相关组织体系已经建成并不断完善
司法制度体系	我国各项司法制度已经比较完善并基本适应司法实践需要，主要包括侦查、检察、审判、监狱、律师和公证六大制度，还有人民调解、人民陪审、死刑复核、审判监督、案例指导等独具中国特色的司法制度
司法人员管理体系	我国司法人员是指有**侦查、检察、审判、监管**职责的工作人员和辅助人员

【背诵口诀】

中国特色社会主义司法制度："规""组""制""管理"。

我国司法人员："侦""检""审""管"。

四、司法公正

司法公正	**实体公正**	实体公正表现为结果公正，主要体现在事实认定真实和法律适用正确两方面
	程序公正	程序公正主要包括法官中立、当事人平等地参与和主体性地位、程序公开以及对于法官裁判的尊重
	程序公正与实体公正尽管存在某些一致之处，但在不少场合也存在矛盾和冲突，需要进行协调	
司法公正的具体体现	司法活动的合法性	合法性是指司法机关审理案件要严格按照法律的规定办事，不仅要按实体法办事，而且要按程序法办事
	司法人员的中立性	中立性原则是**现代程序的基本原则**，是"程序的基础" 中立是对法官的最基本要求，即法官与争议的事实和利益没有关联性，法官不得对任何一方当事人存在歧视或偏爱
	司法活动的公开性	为实现司法公正，法院应当努力实现立案公开、庭审公开、审判结果公开、裁判文书公开和执行过程公开，检察院应当实行检务公开
	当事人地位的平等性	1. 当事人享有平等的诉讼权利 2. 法院平等保护当事人诉讼权利的行使
	司法程序的参与性	参与性要求争议主体的当事人能够有充分的机会参与诉讼程序，提出自己的主张和有利于自己的证据，并反驳对方的证据、进行交叉询问和辩论
	司法结果的正确性	1. 适用法律时，事实要调查清楚，证据要确凿可靠 2. 案件定性准确 3. 处理适当，宽严适度，合法合情合理

司法公正的具体体现	司法人员的廉洁性	严禁司法人员与当事人、律师、特殊关系人、中介组织有下列接触交往行为： 1. 泄露司法机关办案工作秘密或者其他依法依规不得泄露的情况 2. 为当事人推荐、介绍诉讼代理人、辩护人，或者为律师、中介组织介绍案件，要求、建议或者暗示当事人更换符合代理条件的律师 3. 接受当事人、律师、特殊关系人、中介组织请客送礼或其他利益 4. 向当事人、律师、特殊关系人、中介组织借款、租借房屋，借用交通工具、通讯工具或者其他物品 5. 在委托评估、拍卖等活动中徇私舞弊，与相关中介组织和人员恶意串通、弄虚作假、违规操作等行为 6. 司法人员与当事人、律师、特殊关系人、中介组织的其他不正当接触交往行为 其他事项： 1. 司法人员在案件办理过程中，应当在**工作场所、工作时间**接待当事人、律师、特殊关系人、中介组织。因办案需要，确需与当事人、律师、特殊关系人、中介组织在**非工作场所、非工作时间**接触的，应**依照相关规定办理审批手续并获批准** 2. 司法人员在案件办理过程中因不明情况或者其他原因在非工作时间或非工作场所接触当事人、律师、特殊关系人、中介组织的，应当在3日内向本单位纪检监察部门**报告有关情况**

【经典题目】

司法公正体现在司法活动各个方面和对司法人员的要求上。下列哪一做法体现的不是司法公正的内涵？（　　）（2014－01－45）

A. 甲法院对社会关注的重大案件通过微博直播庭审过程

B. 乙法院将本院公开审理后作出的判决书在网上公布

C. 丙检察院为辩护人查阅、摘抄、复制案卷材料提供便利

D. 丁检察院为暴力犯罪的被害人提供医疗和物质救助

解析要点：

A项：甲法院对社会关注的重大案件通过微博直播庭审过程，有利于实现社会对案件的实时监督，属于审判过程的公开，通过公开保障公正。A项正确。

B项：乙法院将本院公开审理后作出的判决书在网上公布，属于审判结果的公开，通过公开保障公正。B项正确。

C项：丙检察院为辩护人查阅、摘抄、复制案卷材料提供便利，有利于保障辩护人的阅卷权，维护辩护人的正当权利，体现了当事人地位平等原则，是司法公正的内涵。C项正确。

D项：丁检察院为暴力犯罪的被害人提供医疗和物质救助，体现人道主义，与司法公正无关。D项错误。

综上所述，本题的答案是D项。

【答案】D

五、司法效率

司法效率强调的是司法机关在司法活动中，在正确、合法前提下，提高办案效率，

不拖延积压案件，及时审理和结案，合理利用和节约司法资源。

司法效率的组成	包括时间效率、资源利用效率和司法活动的成本效率
效率与公正的关系	公正优先，兼顾效率

【经典题目】

关于法官在司法活动中如何理解司法效率，下列哪一说法是不正确的？（　　）(2014-01-46)

A. 司法效率包括司法的时间效率、资源利用效率和司法活动的成本效率

B. 在遵守审理期限义务上，对法官职业道德上的要求更加严格，应力求在审限内尽快完成职责

C. 法官采取程序性措施时，应严格依法并考虑效率方面的代价

D. 法官应恪守中立，不主动督促当事人或其代理人完成诉讼活动

解析要点：

A项：司法效率包括司法的时间效率、资源利用效率和司法活动的成本效率三个方面。A项正确。

B项：近年来，我国法院努力提高司法效率，强化审限意识，严格禁止超审限审理案件。B项正确。

C项：在司法过程中，“公正优先，兼顾效率”是基本原则，因此自然要求合理地进行诉讼程序的制度设计，在采取程序性措施时，严格依法并考虑效率方面的代价。C项正确。

D项：法官在保障司法公正的同时，也应提高司法效率，严格遵守法定办案时限，节约司法资源，监督当事人及时完成诉讼活动。法官应在不违反其中立地位的前提下，积极督促当事人或其代理人提高效率，减少拖延。D项错误。

综上所述，本题答案是D项。

【答案】 D

六、审判独立和检察独立

审判独立与检察独立是现代法治国家普遍承认的一项基本法律准则。

人民法院、人民检察院依法独立公正行使审判权、检察权是保障国家法律统一正确实施的关键。这种独立性不意味着法官、检察官可以根据个人主张作决定，而是表明，他们可以**依法裁决**。

根据宪法和法律的规定，审判独立与检察独立的基本内容为：

1. 国家的审判权和检察权只能分别由人民法院和人民检察院依法**统一行使**，其他机关、团体或个人无权行使这两项权力，也不允许在司法机关之外另设特别法庭。

2. 司法机关依照法律**独立行使职权**，不受行政机关、社会团体和个人的干涉。行政机关等不得使用任何权力干涉司法程序。

3. 司法机关在司法活动中必须**依照法律规定，正确地适用法律**。

【经典题目】

关于司法制度的表述，下列说法正确的是（　　）。(2019年考生回忆版)

A. 解决纠纷是司法的主要功能，它构成司法制度的基础、运作的主要内容和直接任务，是其他功能发挥的先决条件

B. 司法具有解决纠纷、调整社会关系的直接功能，人权保障、解释和补充法律、形成公共政策、秩序维持、文化支持等间接功能

C. 司法人员应当在工作场合、工作时间与当事人接触，这体现了司法效率的要求

D. 司法人员不得向当事人借用交通工具、通讯工具

解析要点：

A项：解决纠纷是审判制度的首要任务，也是主要功能，是司法的普遍特征，它构成司法制度的基础、运作的内容和直接任务，是其他功能发挥的先决条件。A项正确。

B项：调整社会关系是司法的间接功能而非直接功能。B项错误。

C项：司法人员应当在工作场合、工作时间与当事人接触，这体现了司法人员的廉洁性，从而体现了司法公正的要求，和司法效率无关。C项错误。

D项：司法人员不得向当事人借用交通工具、通讯工具，也体现了司法人员的廉洁性。D项正确。

综上所述，本题答案是AD项。

【答案】AD

第二节　法律职业道德概述★

应试导读

本节内容是法考的一星级考点，重要性一般，其整体内容比较宏观，很少直接命题。考生学习本节时，应结合常识，重在理解。

知识点

<table>
<tr><td>法律职业</td><td colspan="2">法律职业是以法官、检察官、律师、法学家为核心的人员所组成的特殊的社会群体，他们受过专门的法学教育，具有较高的法律知识水准、掌握法律职业技能、具有法律职业伦理
在我国法律职业主要包括：法官，检察官，律师，公证员，法律顾问，仲裁员（法律类），政府部门从事行政处罚审核、行政复议、行政裁决的人员，从事法律法规起草的立法工作者，其他行政执法人员，法学教育研究工作者等</td></tr>
<tr><td rowspan="3">法律职业道德的特征</td><td>政治性</td><td>法治工作是政治性很强的业务工作，也是业务性很强的政治工作
政治性是法律职业人员首要的职业道德</td></tr>
<tr><td>职业性</td><td>法律职业道德规范的是法律职业从业人员的职业行为，在特定职业范围内发挥作用</td></tr>
<tr><td>实践性</td><td>只有在法律职业实践过程中，才能体现出法律职业道德的水准</td></tr>
</table>

<table>
<tr><td rowspan="2">法律职业道德的特征</td><td>正式性</td><td>表现形式比较正式，除了一般职业道德的规章制度、工作守则、服务公约、劳动规程、行为须知等表现形式以外，还通过法律、法规、规范性文件等形式表现出来</td></tr>
<tr><td>更高性</td><td>要求法律职业人员具有更高的法律职业道德水准，要求明确，约束力和强制力更明显</td></tr>
<tr><td>法律职业道德的基本原则</td><td colspan="2">忠于党、忠于国家、忠于人民、忠于法律
以事实为根据，以法律为准绳
严明纪律，保守秘密
互相尊重，互相配合
恪尽职守，勤勉尽责
清正廉洁，遵纪守法</td></tr>
</table>

【经典题目】

关于法律职业道德的特殊性，社会上存在不同观点。对此，下列哪些说法是正确的？（　　）（2021 **年考生回忆版**）

A. 法律职业道德的问题可以运用大众朴素的道德观察视角找到正确答案

B. 法律职业道德更关注法律规范适用于法律实务问题

C. 法律职业人员的程序性思维等可能与大众观念存在差异

D. 立法本身存在的矛盾直接导致了法律职业道德与大众观念的差异

解析要点：

A、D 项：由于法律职业的特殊性，法律职业道德具有不同于一般职业道德的特征，包括政治性、职业性、实践性、正式性和更高性。这些特征导致了法律职业道德与大众朴素道德存在差异，如果运用大众朴素道德的观察视角，有可能和法律职业道德视角找到相同答案，也有可能找到不同的答案。立法确实不可避免存在矛盾，但立法本身存在的矛盾不能直接导致法律职业道德与大众观念的差异，法律职业的特殊性导致了法律职业道德与大众观念的差异。A、D 项错误。

B 项：在进行法律职业活动过程中，法律职业人员必须更关注法律规范适用于法律实务问题，才能正确适用法律规范，获得合理的法律决定。B 项正确。

C 项：程序性是指法的创制、执行、适用、监督等都必须严格按照程序进行，程序性是法的特征。因此，法律职业人员在进行法律职业活动过程中会形成程序性思维，而大众更看重的道德、习俗等规范一般不具有程序性。所以，法律职业人员的程序性思维等可能与大众观念价值存在差异。C 项正确。

综上所述，本题答案是 BC 项。

【答案】BC

第二章　审判制度与法官职业道德

第一节　审判制度★★★★★

应试导读

本节内容是法考的五星级考点，非常重要，在客观题考试中，一般每套卷每年出1道题，分值1—2分。重难点提示：本节中，“法官”部分（包括法官的任职条件、任免、遴选等）是重中之重，需要考生重点掌握，精准记忆。

知识点

一、审判制度概述

我国审判制度的基本原则	司法公正	人民法院坚持司法公正，以事实为依据，以法律为准绳，遵守法定程序
	审判独立	人民法院依照法律规定独立行使审判权，不受行政机关、社会团体和个人的干涉
	不告不理	未经控诉一方提起，法院不得自行主动对案件进行裁判 法院审理案件的范围由当事人确定，法院无权变更、撤销 在审理中只能按照当事人提出的事实和主张进行审理
	直接言词	**直接原则**：要求参加审判的法官必须亲自参加证据审查，亲自聆听法庭辩论，强调审理法官和判决法官的一体化 **言词原则**：要求当事人等在法庭上必须用言词形式开展质证辩论
	及时审判	及时审理案件，提高办案效率
我国主要审判制度	两审终审	一个案件经过两级人民法院审理即宣告终结
	审判公开	只有评议过程是秘密进行，案件审判其他工作原则上公开
	人民陪审员制度	审判员和人民陪审员共同对案件进行审判，**逐步实行人民陪审员只参与事实认定，不参与法律适用**
	审判监督制度	又称再审制度，是人民法院对已经发生法律效力的判决和裁定依法重新审判的制度

【经典题目】

法院的下列哪些做法是符合审判制度基本原则的？（　　）（2016－01－84）

A. 某法官因病住院，甲法院决定更换法官重新审理此案

B. 某法官无正当理由超期结案，乙法院通知其三年内不得参与优秀法官的评选

C. 对某社会高度关注案件，当地媒体多次呼吁法院尽快结案，丙法院依然坚持按期审结

D. 因人身损害纠纷，原告要求被告赔付医疗费，丁法院判决被告支付全部医疗费及精神损害赔偿金

解析要点：

A 项：在我国诉讼制度中，审理一般采取直接言词原则，直接原则要求参加审判的法官必须亲自参加证据审查，亲自聆听法庭辩论；言词原则要求当事人等在法庭上必须用言词形式开展质证辩论。A 项中法院更换法官重新审理此案，符合直接言词原则，正确。

B 项：某法官无正当理由超期结案，乙法院对其进行处罚，符合及时审判原则。B 项正确。

C 项：丙法院不受社会媒体的影响，坚持按期审结，体现了审判独立原则。C 项正确。

D 项：原告没有主张精神损害赔偿，而丁法院主动判决被告支付精神损害赔偿金，违反了不告不理原则。D 项错误。

综上所述，本题答案是 ABC 项。

【答案】 ABC

二、审判机关

最高人民法院	最高人民法院是中华人民共和国的**最高审判机关** 最高人民法院的主要职权包括：一审管辖权、上诉管辖权、审判监督权、**司法解释权、死刑核准权** 注意　最高人民法院可以设**巡回法庭**，审理最高人民法院依法确定的案件。巡回法庭是最高人民法院的组成部分。巡回法庭的判决和裁定即最高人民法院的判决和裁定
地方各级人民法院	地方各级人民法院分为基层人民法院、中级人民法院和高级人民法院 1. **基层人民法院**，包括县、自治县人民法院，不设区的市人民法院，市辖区人民法院。其职权主要包括：一审管辖权、庭外处理权（处理不需要开庭审判的案件）、调解指导权（指导人民调解委员会的工作） 2. **中级人民法院**，包括省、自治区辖市的中级人民法院，在直辖市内设立的中级人民法院，自治州中级人民法院，在省、自治区内按地区设立的中级人民法院。其职权主要包括：一审管辖权、上诉管辖权、审判监督权 3. **高级人民法院**，包括省高级人民法院、自治区高级人民法院、直辖市高级人民法院。其职权主要包括：一审管辖权、上诉管辖权、审判监督权
专门人民法院	专门人民法院是人民法院组织体系中的一个特殊组成部分。它们是设在特定部门或者针对特定案件而设立，受理与设立部门相关的专业性案件的法院。目前，我国的专门人民法院包括：**军事法院、海事法院、知识产权法院、金融法院等**

三、法官

(一)法官的任职条件

一般条件	1. 具有中华人民共和国国籍 2. 拥护中华人民共和国宪法，拥护中国共产党领导和社会主义制度 3. 具有良好的政治、业务素质和道德品行 4. 具有正常履行职责的身体条件 5. 法学学士/非法学类的学士（具有法律专业知识），从事法律工作满五年 法律硕士/法学硕士，从事法律工作满四年 法学博士，从事法律工作满三年 **【背诵口诀】** 本硕博，五四三 注意 学历条件确有困难的地方，经最高人民法院审核确定，在一定期限内，可以将担任法官的学历条件放宽为高等学校本科毕业 6. **初任法官**应当通过国家统一法律职业资格考试取得法律职业资格
禁止条件	下列人员不得担任法官： 1. 因**犯罪**受过刑事处罚的 2. 被**开除**公职的 3. 被**吊销**律师、公证员执业证书或者被仲裁委员会**除名**的 4. 有法律规定的其他情形的
限制条件	法官不得兼任人民代表大会常务委员会组成人员，不得兼任行政机关、检察机关以及企事业单位的职务，不得兼任律师、仲裁员和公证员

注意 1. 人民法院可以根据审判工作需要，从律师或者法学教学、研究人员等从事法律职业的人员中公开选拔法官。

除应当具备法官任职条件外，参加公开选拔的律师应当**实际执业不少于五年**，执业经验丰富，从业声誉良好；参加公开选拔的法学教学、研究人员应当具有**中级以上职称，从事教学、研究工作五年以上**，有突出研究能力和相应研究成果。

2. 检察官任职条件参照法官任职条件记忆。

(二)法官的任免

最高人民法院	院长	全国人大选举和罢免
	副院长、审判委员会委员、正副庭长、审判员	院长提请全国人大常委会任免
地方各级人民法院	院长	本级人大选举和罢免
	副院长、审判委员会委员、正副庭长、审判员	院长提请本级人大常委会任免
在省、自治区内按地区设立的和在直辖市内设立的中级人民法院	院长	由省、自治区、直辖市人民代表大会常务委员会根据主任会议的提名决定任免
	副院长、审判委员会委员、正副庭长、审判员	由高级人民法院院长提请省、自治区、直辖市人民代表大会常务委员会任免

（三）法官的遴选

省级法官遴选委员会	1. 省、自治区、直辖市设立**法官遴选委员会**，负责**初任法官**人选专业能力的审核 2. 省级法官遴选委员会的组成人员应当包括地方各级人民法院法官代表、其他从事法律职业的人员和有关方面代表，其中法官代表不少于 1/3
最高法法官遴选委员会	遴选最高人民法院法官应当设立**最高人民法院法官遴选委员会**，负责法官人选专业能力的审核
遴选方式	1. 初任法官**一般到基层人民法院**任职 2. 上级人民法院法官**一般逐级遴选** 3. 最高人民法院和高级人民法院法官**可以从下两级人民法院遴选** 4. 参加上级人民法院遴选的法官应当在下级人民法院担任法官一定年限，并具有遴选职位相关工作经历

注意 检察官的遴选参照法官的遴选记忆。

（四）法官的回避

任职回避	法官之间有夫妻关系、直系血亲关系、三代以内旁系血亲以及近姻亲关系的，不得同时担任下列职务： 同一人民法院的院长、副院长、审判委员会委员、庭长、副庭长 同一人民法院的院长、副院长和审判员 同一审判庭的庭长、副庭长、审判员 上下相邻两级人民法院的院长、副院长 **【背诵口诀】** 不在同院当领导，不在同一审判庭，院长回避审判员，上下院长不相邻
	法官的**配偶、父母、子女**有下列情形之一的，法官应当实行任职回避： 1. 担任该法官所任职人民法院辖区内律师事务所的**合伙人或者设立人**的 2. 在该法官所任职人民法院辖区内**以律师身份担任诉讼代理人、辩护人**，或者为诉讼案件当事人提供**其他有偿法律服务**的
离职回避	1. 法官从人民法院**离任后，两年内不得以律师身份担任**诉讼代理人或者辩护人 2. 法官从人民法院**离任后，（终身）不得担任**原任职法院办理案件的诉讼代理人或者辩护人，但是作为当事人的监护人或者近亲属代理诉讼或者进行辩护的除外 3. 法官**被开除后，（终身）不得担任**诉讼代理人或者辩护人，但是作为当事人的监护人或者近亲属代理诉讼或者进行辩护的除外

注意 检察官的回避参照法官的回避记忆。

【经典题目】

关于法官、检察官的任职条件，下列说法错误的是（　　）。（2019 年考生回忆版）

A. 甲律师的律师执业证书被注销，因此，甲未来不得担任法官或者检察官

B. 乙法官可以兼职担任仲裁员，但不得收取任何费用

C. 丙法官从法院离任后，一律不得担任原任职法院的诉讼代理人或者辩护人

D. 丁检察官被免职后，不得担任诉讼代理人或者辩护人，但是作为当事人的监护人或者近亲属代理诉讼或者进行辩护的除外

解析要点：

A 项：律师执业证书被注销不是法官职业的禁止条件，律师执业证书被吊销才是禁止条件。A 项错误。

B 项：无论是否收费，法官不得兼任仲裁员。B 项错误。

C 项：法官从人民法院离任后，不得担任原任职法院办理案件的诉讼代理人或者辩护人，但是作为当事人的监护人或者近亲属代理诉讼或者进行辩护的除外。C 项未考虑例外情况，故错误。

D 项：检察官被免职后可以担任诉讼代理人或者辩护人，如被开除，则不得担任诉讼代理人或者辩护人，但是作为当事人的监护人或者近亲属代理诉讼或者进行辩护的除外。D 项错误。

综上所述，本题答案是 ABCD 项。

【答案】ABCD

（五）法官的考核

人民法院设立**法官考评委员会**，负责对本院法官的考核工作。法官考评委员会的组成人员为五至九人。法官考评委员会主任由本院院长担任。

考核内容	审判工作实绩、职业道德、专业水平、工作能力、审判作风。**重点考核审判工作实绩**
考核结果	分为优秀、称职、基本称职和不称职，可作为奖惩、辞退、工资的依据

检察官的考核参照法官的考核记忆。

（六）法官的奖惩

法官的奖励	对于法官的奖励，法律规定实行精神鼓励和物质鼓励相结合的原则 奖励一般分为集体奖励和个人奖励
法官的惩戒	惩戒制度：广义的惩戒制度包括法官的**弹劾制度**和**惩戒制度**，一般国家都规定有弹劾制度，有的国家则既存在弹劾制度，也规定有惩戒制度。为保障法官队伍的廉洁公正，我国法律规定了**法官的惩戒制度** 法官惩戒委员会： 1. 设立：**最高人民法院**和**省、自治区、直辖市**设立法官惩戒委员会 2. 组成：法官惩戒委员会由法官代表、其他从事法律职业的人员和有关方面代表组成，其中法官代表不少于**半数** 3. 审查意见：负责从专业角度审查认定法官是否存在违反审判职责的行为，提出构成故意违反职责、存在重大过失、存在一般过失或者没有违反职责等**审查意见** 4. 处理决定：法官惩戒委员会提出审查意见后，**人民法院**依照有关规定作出是否予以惩戒的**决定**，并给予相应处理 注意　法官惩戒委员会作出的审查意见应当送达当事法官。当事法官对审查意见有异议的，可以向惩戒委员会提出，惩戒委员会应当对异议及其理由进行审查，作出决定

<table>
<tr><td rowspan="2">法官的处分</td><td>根据《公务员法》及《法官法》的规定，处分包括下列六种：
1. 警告，期间为 6 个月
2. 记过，期间为 12 个月
3. 记大过，期间为 18 个月
4. 降级，期间为 24 个月
5. 撤职，期间为 24 个月
6. 开除，受开除处分的，自处分决定生效之日起，解除与人民法院的人事关系，不得再担任公务员职务（最严重）</td></tr>
<tr><td>免予处分：违纪违法行为情节轻微，经过批评教育后改正的，可以免予处分
从重、加重处分：1. 在共同违纪违法行为中起主要作用的；2. 隐匿、伪造、销毁证据的；3. 串供或者阻止他人揭发检举、提供证据材料的；4. 包庇同案人员的；5. 法律、法规和人民法院工作人员处分条例分则中规定的其他从重情节
从轻处分：1. 主动交代违纪违法行为的；2. 主动采取措施，有效避免或者挽回损失的；3. 检举他人重大违纪违法行为，情况属实的；4. 法律、法规和人民法院工作人员处分条例分则中规定的其他从轻情节
减轻处分：主动交代违纪违法行为，并主动采取措施有效避免或者挽回损失的，应当在人民法院工作人员处分条例分则规定的处分幅度以外降低一个档次给予减轻处分
处分的解除、变更和撤销：受开除以外处分的，在受处分期间有悔改表现，并且没有再发生违纪违法行为的，处分期满后应当解除处分。解除处分后，晋升工资档次、级别、职务不再受原处分的影响。但是，解除降级、撤职处分的，不视为恢复原级别、原职务</td></tr>
</table>

检察官的奖惩参照法官的奖惩记忆。

【经典题目】

关于检察官的惩戒，下列哪一说法是正确的？（　　）（2020 年考生回忆版）

A. 检察官惩戒委员会负责从专业角度审查认定检察官是否存在违反检察职责的行为，依照有关规定作出是否予以惩戒的决定，并给予相应处理

B. 检察官惩戒委员会由检察官代表、其他从事法律职业的人员和有关方面代表组成，其中检察官代表不少于 1/3

C. 检察官惩戒委员会审议惩戒事项时，当事检察官有权申请有关人员回避，有权进行陈述、举证、辩解

D. 当事检察官对检察官惩戒委员会作出的审查意见有异议的，可以向上级检察院申诉

解析要点：

A 项：检察官惩戒委员会提出审查意见后，由人民检察院依照有关规定作出是否予以惩戒的决定，并给予相应处理。检察官惩戒委员会无权作出处理决定。A 项错误。

B 项：检察官惩戒委员会中检察官代表不少于半数。B 项错误。

C 项：检察官惩戒委员会审议惩戒事项时，当事检察官有权申请有关人员回避，有权进行陈述、举证、辩解。C 项正确。

D 项：检察官惩戒委员会作出的审查意见应当送达当事检察官。当事检察官对审查意见有异议的，可以向惩戒委员会提出，惩戒委员会应当对异议及其理由进行审查，作出决定。D项错误。

综上所述，本题答案是C项。

【答案】C

（七）法官的职业保障

根据《法官法》的有关规定，对法官的保障主要有履行职务保障、人身和财产保障、工资保险福利保障等。

履行职务保障	法官依法审判案件不受行政机关、社会团体和个人的干涉，**有权拒绝**任何单位或者个人违反法定职责或者法定程序、有碍司法公正的要求 司法机关依法独立公正行使职权，**不得执行**任何领导干部违反法定职责或者法定程序、有碍司法公正的要求 对领导干部干预司法活动、插手具体案件处理的情况，司法人员**应当全面、如实记录**，做到全程留痕，有据可查 对于司法机关内部人员的干预、说情或者打探案情，法官**应当予以拒绝** 对于不依正当程序转递涉案材料或者提出其他要求的，**应当告知其依照程序办理** 非因法定事由，非经法定程序，不得将法官调离、免职、辞退或者作出撤职等处分
人身和财产保障	法官依法履行职责，受法律保护 法官的人身、财产和住所安全受法律保护
工资保险福利保障	根据审判工作特点，国家规定了法官的工资制度和工资标准 法官实行**定期增资制度** 经考核确定为**优秀、称职**的，可以按照规定晋升工资档次 法官享受国家规定的津贴、补贴、奖金、保险和福利待遇

第二节 法官职业道德★★★★

应试导读

本节内容是法考的四星级考点，比较重要，在客观题考试中，一般每套卷每两到三年出1道题，分值1—2分。同时，法官职业道德也可能和检察官、律师、公证员职业道德结合命题。本节内容不难，考生无须死记硬背，应结合常识，重在理解。

知识点

法官职业道德的核心是**公正、廉洁、为民**，基本要求是忠诚司法事业、保证司法公正、确保司法廉洁、坚持司法为民、维护司法形象。

忠诚司法事业	1. 牢固树立社会主义法治理念，忠于党、忠于国家、忠于人民、忠于法律 2. 坚持和维护中国特色社会主义司法制度，认真贯彻落实依法治国基本方略 3. 热爱司法事业，珍惜法官荣誉，坚持职业操守，恪守法官良知 4. 维护国家利益，遵守政治纪律

保证 司法公正	1. 维护审判独立 2. 确保案件裁判结果公平公正 3. 实体公正与程序公正并重：实体公正是程序公正的目的，程序公正是实体公正的保障 4. 提高司法效率：严守时限，充分考虑效率因素，监督当事人及时完成诉讼 5. 公开审判 6. 遵守回避制度，保持中立地位 7. 不办人情案、关系案、金钱案
确保 司法廉洁	1. 自重、自省，坚守廉洁底线 2. 不得接受诉讼当事人的钱物和其他利益 3. 不得从事或者参与营利性的经营活动 4. 不得以其身份谋取特殊利益
坚持 司法为民	1. 以人为本 2. 发挥司法的能动作用 3. 司法便民 4. 尊重当事人及其他诉讼参与人
维护 司法形象	1. 坚持学习，精研业务 2. 坚持文明司法，遵守司法礼仪 3. 加强自身修养，约束业外活动 4. 退休及辞职法官谨慎行为

第三章　检察制度与检察官职业道德

第一节　检察制度★★★

应试导读

本节内容是法考的三星级考点，比较重要，在客观题考试中，一般每套卷每两到三年出1道题，分值1—2分。重难点提示：检察官相关考点有很多内容和法官内容一致，这部分在上一节已作了说明，本节重点展示检察制度的特殊规定。

知识点

一、检察制度概述

检察是一种由特定机关代表国家向法院提起诉讼及维护法律实施的司法职能，检察制度是司法制度的重要组成部分。

<table>
<tr><td rowspan="5">我国检察制度的主要特征</td><td>独立的宪法地位</td><td>检察机关是人民代表大会下与行政机关、监察机关、审判机关平行的国家机关</td></tr>
<tr><td>国家的法律监督机关</td><td>通过履行审批起诉、诉讼监督等职能，维护国家法制的统一，定位不仅仅是公诉机关，其拥有明显的法律监督的性质</td></tr>
<tr><td rowspan="3">实行检察一体化原则</td><td>检察长统一领导检察院工作</td></tr>
<tr><td>各级检察院设立检察委员会。检察委员会实行民主集中制，在检察长的主持下，讨论决定重大案件和其他重大问题</td></tr>
<tr><td>最高检察院领导地方各级检察院和专门检察院的工作，上级检察院领导下级检察院的工作</td></tr>
<tr><td rowspan="3">我国检察制度的基本原则</td><td>检察权统一行使</td><td>又称检察一体原则，是指各级检察机关、检察官依法构成统一的整体，在行使职权、执行职务的过程中实行“上命下从”，即根据上级检察机关、检察官的指示和命令进行工作</td></tr>
<tr><td>检察权独立行使</td><td>检察机关依照法律规定独立行使检察权，不受其他机关、社会团体和个人的非法干涉</td></tr>
<tr><td>检察机关对诉讼活动实行法律监督</td><td>检察机关依法对各种诉讼的进行以及诉讼中国家机关和诉讼参与人的诉讼活动进行监督，其重点是对诉讼中的国家机关及其工作人员的违法行为进行监督</td></tr>
</table>

二、检察机关

<table>
<tr><td rowspan="3">组织体系</td><td colspan="2">最高人民检察院</td></tr>
<tr><td colspan="2">地方各级人民检察院（省级人民检察院；市级人民检察院；基层人民检察院）</td></tr>
<tr><td colspan="2">专门人民检察院包括军事检察院等</td></tr>
<tr><td rowspan="6">领导体制</td><td>双重从属制</td><td>人民检察院实行双重从属制，既要对同级国家权力机关负责，又要对上级人民检察院负责</td></tr>
<tr><td>国家权力机关对人民检察院的领导</td><td>国家权力机关对人民检察院的领导，主要表现在：人大及其常委会选举、罢免或者任免人民检察院主要组成人员，审议工作报告，进行各种形式的监督等</td></tr>
<tr><td>上级人民检察院对下级人民检察院的垂直领导体制</td><td>1. 人事任免
2. 业务领导：
上级人民检察院认为下级人民检察院的决定错误的，指令下级人民检察院纠正，或者依法撤销、变更
上级人民检察院可以对下级人民检察院管辖的案件指定管辖；上级人民检察院可以办理下级人民检察院管辖的案件
上级人民检察院可以统一调用辖区的检察人员办理案件
下级人民检察院应当执行上级人民检察院的决定，有不同意见的，可以在执行的同时向上级人民检察院报告</td></tr>
<tr><td>检察长</td><td>1. 检察官在检察长领导下开展工作，重大办案事项由检察长决定
2. 检察长可以将部分职权委托检察官行使，可以授权检察官签发法律文书
3. 人民检察院检察长领导本院检察工作，管理本院行政事务。人民检察院副检察长协助检察长工作</td></tr>
<tr><td>检察委员会</td><td>检察委员会的组成：检察长、副检察长和若干资深检察官组成，成员人数应当为单数
检察委员会的职能：
1. 总结检察工作经验
2. 讨论决定重大、疑难、复杂案件
3. 讨论决定其他有关检察工作的重大问题
注意 最高人民检察院对属于检察工作中具体应用法律的问题进行解释、发布指导性案例，应当由检察委员会讨论通过</td></tr>
<tr><td>检察长和检察委员会的关系</td><td>检察委员会会议由检察长或者检察长委托的副检察长主持
检察委员会实行民主集中制
地方各级人民检察院的检察长不同意本院检察委员会多数人的意见时：
1. 属于办理案件的，可以报请上一级人民检察院决定
2. 属于重大事项的，可以报请上一级人民检察院或者本级人民代表大会常务委员会决定</td></tr>
</table>

【经典题目】

检察一体原则是指各级检察机关、检察官依法构成统一的整体，下级检察机关、下级检察官应当根据上级检察机关、上级检察官的批示和命令开展工作。据此，下列哪一表述是正确的？（　　）（2016-01-47）

A. 各级检察院实行检察委员会领导下的检察长负责制

B. 上级检察院可建议而不可直接变更、撤销下级检察院的决定

C. 在执行检察职能时，相关检察院有协助办案检察院的义务

D. 检察官之间在职务关系上可相互承继而不可相互移转和代理

解析要点：

A 项：人民检察院内部实行的是检察长负责制与检察委员会集体领导相结合的领导体制。A 项错误。

B 项：最高人民检察院领导地方各级人民检察院和专门人民检察院的工作，上级人民检察院领导下级人民检察院的工作。因此，上下级检察院是领导关系，故上级检察院可直接变更、撤销下级检察院的决定。B 项错误。

C、D 项：检察一体原则是指各级检察机关、检察官依法构成统一的整体，各级检察机关、检察官在履行职权、职务中，应当根据上级检察机关、上级检察官的批示和命令进行工作和活动，因此，各地和各级检察机关之间具有职能协助的义务，检察官之间在职务关系上可以发生相互移转和代理，C 项正确，D 项错误。

综上所述，本题答案是 C 项。

【答案】C

三、检察官

我国检察官的任免采取选举和任命相结合的方式：各级检察院的检察长采**选举制**，其他检察人员采**任命制**。

最高人民检察院	检察长	全国人大选举和罢免
	副检察长、检察委员会委员、检察员	检察长提请全国人大常委会任免
地方各级人民检察院	检察长	本级人大选举和罢免＋**上一级人民检察院检察长**提请**本级人民代表大会常务委员会**批准
	副检察长、检察委员会委员、检察员	检察长提请本级人大常委会任免
在省、自治区内按地区设立的和在直辖市内设立的检察院分院	检察长、副检察长、检察委员会委员和检察员	由**省级检察院检察长**提请省级人大常委会任免

【经典题目】

某省某自治州拟任命自治州人大常委会主任（甲）、自治州中级人民法院院长（乙），自治州人民检察院检察长（丙）和自治州州长（丁）。对此，下列哪些说法是正确的？（　　）（2022 年考生回忆版）

A. 甲须由本自治州实行区域自治的民族的公民担任

B. 乙须由省人大常委会选举

C. 丙的任命须由省检察院检察长提请省人大常委会批准

D. 丁须由本自治州实行区域自治的民族的公民担任

解析要点：

A 项：《民族区域自治法》第 16 条规定："民族自治地方的人民代表大会常务委员会中应当有实行区域自治的民族的公民担任主任或者副主任。"A 项错误。

B 项：《法官法》第 18 条规定："地方各级人民法院院长由本级人民代表大会选举和罢免。"因此，乙须由自治州人大而非省人大常委会选举。B 项错误。

C 项：《检察官法》第 18 条规定："地方各级人民检察院检察长由本级人民代表大会选举和罢免……地方各级人民检察院检察长的任免，须报上一级人民检察院检察长提请本级人民代表大会常务委员会批准。"C 项正确。

D 项：《民族区域自治法》第 17 条规定："自治区主席、自治州州长、自治县县长由实行区域自治的民族的公民担任。"D 项正确。

综上所述，本题答案是 CD 项。

【答案】 CD

第二节　检察官职业道德★★

应试导读

本节内容是法考的二星级考点，重要性一般，在客观题考试中，一般每套卷每三到五年出 1 道题，分值 1—2 分。同时，检察官职业道德也可能和法官、律师、公证员职业道德结合命题。重难点提示：本节中，"检察官职业责任"是法考改革后大纲新增点，考生应重点关注。

知识点

一、检察官职业道德

检察官职业道德的基本要求为"忠诚、为民、担当、公正、廉洁"五方面。

忠诚	忠于党；忠于国家；忠于人民；忠于宪法和法律；忠于检察事业
为民	坚持以人民为中心的理念 坚持严格、规范、公正、文明司法 坚持融入群众、倾听群众呼声、解决群众诉求、接受群众监督
担当	坚决打击发生在群众身边损害群众利益的各类犯罪 要坚守良知、公正司法、司法公开，自觉接受人民群众和社会的监督，以公开促公正 要直面矛盾，正视问题
公正	独立履职；理性履职；履职回避；重视证据；遵循程序；保障人权；尊重律师和法官；遵守纪律；提高效率
廉洁	坚持廉洁操守；避免不当影响；妥善处理个人事务

【经典题目】

关于检察官的行为，下列哪一观点是正确的？（　　）（2012-01-49）

A. 房检察官在同乡聚会时向许法官打听其在办案件审理情况，并让其估计判处结果。根据我国国情，房检察官的行为可以被理解

B. 关检察长以暂停工作要挟江检察官放弃个人意见，按照陈科长的判断处理某案。关检察长的行为与依法独立行使检察权的要求相一致

C. 容检察官在本地香蕉滞销，蕉农面临重大损失时，多方奔走将10万斤香蕉销往外地，为蕉农挽回了损失，本人获辛苦费5 000元。容检察官没有违反有关经商办企业、违法违规营利活动的规定

D. 成检察官从检察院离任5年后，以律师身份担任各类案件的诉讼代理人或者辩护人，受到当事人及其家属的一致肯定。成检察官的行为符合《检察官法》的有关规定

解析要点：

A项：检察官必须遵守宪法和法律，严格执行宪法和法律的规定，不得违法过问、干预办案。房检察官插手过问案件的做法是错误的。A项错误。

B项：检察官应当依法履行检察职责，不受行政机关、社会团体和个人的干涉。检察官既不能非法干预他人办理案件，也不能为他人的非法干预所左右。B项错误。

C项：法律、法规禁止检察官从事营利性经营活动。容检察官的行为违反有关经商办企业、违法违规营利活动的规定。C项错误。

D项：检察官从人民检察院离任后2年内，不得以律师身份担任诉讼代理人或者辩护人。成检察官的行为符合《检察官法》的有关规定。D项正确。

综上所述，本题答案是D项。

【答案】 D

二、检察官职业责任

检察官职业责任，是指检察官违反法律法规、职业道德规范和检察工作纪律所应当承担的不利后果，包括检察官执行职务中违纪行为的**司法责任**和检察官执行职务中犯罪行为的**刑事责任**。

（一）检察官执行职务中的司法责任

1. 追责范围

故意违反法律法规责任	例如：（1）隐瞒、歪曲事实，违规采信关键证据，错误适用法律；（2）毁灭、伪造、变造、隐匿、篡改证据材料或者法律文书
重大过失责任	例如：（1）认定事实、适用法律等方面出现错误，导致案件错误处理；（2）遗漏重要犯罪嫌疑人或者重大罪行，或者使无罪的人受到刑事追究；（3）对明显属于采取非法方法收集的证据未予排除造成错案
监督管理责任	在行使检察权过程中，检察长、副检察长、业务部门负责人以及其他负有监督管理职责的检察人员，因**故意或者重大过失**怠于行使或者不当行使监督管理权，在职责范围内对检察人员违反检察职责的行为失职失察、隐瞒不报、措施不当，导致司法办案工作出现**严重错误**的，应当承担相应的司法责任

注意 (1) 检察人员在司法履职中，**虽有错误后果发生，但尽到必要注意义务，对后果发生没有故意或者重大过失**，具有下列情形之一的，不予追究司法责任：①因法律法规、司法解释发生变化或者有关政策调整等原因而改变案件定性或者处理决定的；②因法律法规、司法解释规定不明确，存在对法律法规、司法解释理解和认识不一致，但在专业认知范围内能够予以合理说明的；③因当事人故意作虚假陈述、供述，或者毁灭、伪造证据等过错，导致案件事实认定或者处理出现错误的；④出现新证据或者证据发生变化而改变案件定性或者处理决定的；⑤因技术条件限制等客观原因或者不能预见、无法抗拒的其他原因致使司法履职出现错误的；⑥其他事由。

(2) **司法瑕疵**：检察人员在事实认定、证据采信、法律适用、办案程序、文书制作以及司法作风等方面不符合法律和有关规定，**但不影响案件结论的正确性和效力的**，属于司法瑕疵，不承担司法责任，可以视情节对其进行谈话提醒、批评教育、责令检查、通报或者予以诫勉。

2. 责任认定

检察官	(1) **独任检察官**承办并作出决定的案件，由**独任检察官**承担司法责任 (2) **检察官办案组**承办的案件，由**主办检察官、检察官共同承担**司法责任。主办检察官对其职责范围内决定的事项承担司法责任，其他检察官对自己的行为承担司法责任 (3) 检察官故意隐瞒、歪曲事实，遗漏重要事实、证据或者情节，导致检察委员会、检察长（副检察长）作出错误决定的，主要由检察官承担司法责任。**业务部门负责人**因**故意或者重大过失**怠于行使或者不当行使监督管理权，承担相应的司法责任
检察长	(1) **检察长（副检察长）**对职权范围内作出的有关办案事项的决定承担司法责任，对于检察官在职权范围内作出决定的事项，检察长（副检察长）不因签发法律文书承担司法责任 (2) **检察长（副检察长）**不同意检察官的处理意见，要求检察官复核，检察官根据检察长（副检察长）的要求进行复核并改变原处理意见的，**检察长（副检察长）与检察官共同承担司法责任** (3) **检察长（副检察长）**改变检察官决定的，**对改变部分承担司法责任**
检察院	(1) 上级人民检察院改变下级人民检察院正确意见的，上级人民检察院有关人员应当承担相应的司法责任 (2) 下级人民检察院有关人员故意隐瞒、歪曲事实，遗漏重要事实、证据或者情节，导致上级人民检察院作出错误命令、决定的，由下级人民检察院有关人员承担司法责任；上级人民检察院有关人员有过错的，应当承担相应的司法责任

总结：谁决定，谁担责。

（二）检察官执行职务中犯罪行为的刑事责任

检察官执行职务行为构成犯罪的，依照刑法有关规定追究其刑事责任。

第四章　律师制度与律师职业道德

第一节　律师制度★★★★★

应试导读

本节内容是法考的五星级考点，非常重要，在客观题考试中，一般每套卷每年至少出1道题，分值至少1—2分。重难点提示：(1) 律师制度有很多程序细节，需要考生在理解基础上记忆要点；(2)《关于进一步规范法院、检察院离任人员从事律师职业的意见》为2022年法考大纲新增内容，值得考生重视。

知识点

一、律师制度概述

律师的概念	律师是指依法取得律师执业证书，接受委托或者指定，为当事人提供法律服务的执业人员
律师的分类	**律师**可分为社会律师、公司律师、公职律师和军队律师 **社会律师**又可分为专职律师与兼职律师
律师管理体制	目前世界各国的律师管理体制： 1. 以日本、法国为代表的律师协会行业自律模式 2. 以德国为代表的司法行政机关监督、指导下的律师协会行业管理模式 3. 以英国、美国为代表的律师协会行业管理与法院监督结合的管理模式 我国的律师管理体制：**司法行政机关行政管理**和**律师协会行业管理**相结合

二、律师

(一) 律师的执业许可条件

执业资格	一般条件：1. 拥护宪法；2. 通过法律职业资格考试；3. 在律所实习满1年；4. 品行良好
	特殊条件：本科以上学历，在法律服务人员紧缺领域从事专业工作**满15年**，具有**高级职称或同等专业水平**的人员，经国务院司法行政部门考核合格
	禁止条件： 1. 无民事行为能力或者限制民事行为能力的 2. 受过刑事处罚的，但**过失犯罪的除外** 3. 被**开除公职**或者被吊销律师、公证员执业证书的
	限制条件： 1. 只能在一个律师事务所执业 2. 不能兼任公务员；可兼任人大常委会组成人员，但任职期间不得从事诉讼代理或辩护

（二）律师的执业许可程序

申请	申请律师执业，应当向**设区的市级**或者**直辖市的区**人民政府**司法行政部门**提出申请，并提交下列材料： 1. 国家统一法律职业资格证书 2. 律师协会出具的申请人实习考核合格的材料 3. 申请人的身份证明 4. 律师事务所出具的同意接收申请人的证明 申请兼职律师执业的，还应当提交所在单位的同意证明
审查决定	1. 受理申请的部门应当自受理之日起 20 日内予以审查，并将审查意见和全部申请材料报送省、自治区、直辖市人民政府司法行政部门 2. **省、自治区、直辖市人民政府司法行政部门**应当自收到报送材料之日起 10 日内予以审核，作出是否准予执业的决定。准予执业的，向申请人颁发律师执业证书；不准予执业的，向申请人书面说明理由（总结：省级决定，下级审查） 注意 首次取得或者重新申请取得律师执业证书的执业律师应当进行律师宣誓。宣誓仪式由地市一级律师协会或者省级律师协会组织实施。律师协会应当在律师取得执业证书之日起 3 个月内组织律师宣誓

（三）律师的权利

接受委托权	犯罪嫌疑人自**被侦查机关第一次讯问**或者**采取强制措施之日**起，有权委托辩护人；在侦查期间，只能委托律师作为辩护人。被告人有权随时委托辩护人
会见权	1. 受委托律师凭**律师执业证书、律师事务所证明和委托书或者法律援助公函**，有权会见犯罪嫌疑人、被告人并了解有关案件情况。律师会见犯罪嫌疑人、被告人时**不被监听** 2. 辩护律师在侦查期间可以为犯罪嫌疑人提供法律帮助；代理申诉、控告；申请变更强制措施；向侦查机关了解犯罪嫌疑人涉嫌的罪名和案件有关情况，提出意见 3. 辩护律师可以同在押的犯罪嫌疑人、被告人会见和通信。其他辩护人经人民法院、人民检察院许可，也可以同在押的犯罪嫌疑人、被告人会见和通信
阅卷权	辩护律师自**人民检察院对案件审查起诉之日**起，有权查阅、摘抄、复制本案的案卷材料
调查取证权	律师自行调查取证的，凭律师执业证书和律师事务所证明，可以向有关单位或者个人调查与承办法律事务有关的情况 辩护律师经人民法院或者人民检察院**许可**，并经**被害人或者其近亲属、被害人提供的证人同意**，可以向他们收集与本案有关的材料
受保障权	律师在执业活动中的人身权利不受侵犯。律师**在法庭上发表的代理、辩护意见不受法律追究**，但是，发表危害国家安全、恶意诽谤他人、严重扰乱法庭秩序的言论除外
拒绝权	1. 接受委托前，有权拒绝委托 2. 接受委托后，无正当理由不得拒绝辩护或者代理 但是以下情形可以拒绝辩护和代理：委托事项违法；委托人利用律师提供的服务从事违法活动；委托人故意隐瞒与案件有关的重要事实
在法庭审理阶段的权利	在法庭审理时律师享有广泛的权利，具体包括：对法庭不当询问的拒绝回答权、发问权、提出新证据的权利、质证权、参加法庭辩论的权利等

其他权利	要求回避、申请复议权；得到人民法院开庭通知权；代为上诉的权利；代理申诉或控告权；获取本案诉讼文书副本的权利；为犯罪嫌疑人、被告人申请变更和要求解除强制措施的权利

（四）律师的义务

1. 只能在一个律师事务所执业。律师变更执业机构的，应当申请换发律师执业证书。律师执业**不受地域限制**。

2. 加入所在地的地方律师协会，并履行律师协会章程规定的义务。

3. **不得私自接受委托、收取费用**。律师承办业务，**由律师事务所统一接受委托**，与委托人签订书面委托合同，按照国家规定统一收取费用并如实入账。

4. 不得利用提供法律服务的便利谋取当事人争议的权益，或者接受对方当事人的财物。

5. 不得在同一案件中，为双方当事人担任代理人。

6. 律师接受委托后，无正当理由的，不得拒绝辩护或代理。

7. 不得违反规定会见法官、检察官、仲裁员以及其他有关工作人员；不得向法官、检察官、仲裁员以及其他有关工作人员行贿、介绍贿赂或者指使、诱导当事人行贿。

8. 不得提供虚假证据，隐瞒事实或者威胁、利诱他人提供虚假证据，隐瞒事实以及妨碍对方当事人合法取得证据。

9. 不得以不正当方式影响依法办理案件。

10. 不得扰乱法庭、仲裁庭秩序，干扰诉讼、仲裁活动的正常进行。

11. 不得煽动、教唆当事人采取扰乱公共秩序、危害公共安全等非法手段解决争议。

12. 不得发表危害国家安全、恶意诽谤他人、严重扰乱法庭秩序的言论。

13. **保守商业秘密，不得泄露当事人的隐私**。

原则	律师应当保守在执业活动中知悉的国家秘密、商业秘密，不得泄露当事人的隐私
例外	委托人或者其他人**准备**或者**正在实施**危害**国家安全**、**公共安全**以及**严重危害他人人身安全**的犯罪事实和信息除外 **【背诵口诀】**准备正在国公人

14. **曾担任法官、检察官的律师，从人民法院、人民检察院离任后2年内，不得担任诉讼代理人或者辩护人**。

《关于进一步规范法院、检察院离任人员从事律师职业的意见》还规定：

开除	被**开除公职**的人民法院、人民检察院工作人员**不得在律师事务所从事任何工作**
辞职退休	**辞去公职**或者**退休**的人民法院、人民检察院领导班子成员，四级高级及以上法官、检察官，四级高级法官助理、检察官助理以上及相当职级层次的审判、检察辅助人员在**离职3年内**，其他辞去公职或退休的人民法院、人民检察院工作人员在**离职2年内**，不得到原任职人民法院、人民检察院管辖地区内的律师事务所从事律师职业或者担任“法律顾问”、行政人员等，不得以律师身份从事与原任职人民法院、人民检察院相关的有偿法律服务活动

关系待遇	人民法院、人民检察院退休人员在不违反前项从业限制规定的情况下，确因工作需要从事律师职业或者担任律师事务所“法律顾问”、行政人员的，应当严格执行中共中央组织部《关于进一步规范党政领导干部在企业兼职（任职）问题的意见》规定和审批程序，并**及时将行政、工资等关系转出人民法院、人民检察院，不再保留机关的各种待遇**
报告承诺	人民法院、人民检察院工作人员拟在离任后从事律师职业或者担任律师事务所“法律顾问”、行政人员的，应当在**离任时**向所在人民法院、人民检察院**如实报告**从业去向，签署承诺书，对遵守从业限制规定、在从业限制期内主动报告从业变动情况等作出**承诺** 人民法院、人民检察院离任人员向律师协会申请律师实习登记时，应当**主动报告**曾在人民法院、人民检察院工作的情况，并作出遵守从业限制的**承诺**

15. 按照国家规定承担法律援助义务。

16. 依法纳税。

附：公职律师和公司律师的义务：

1. **接受所在单位的管理、监督**，根据委托或者指派办理法律事务。

2. **不得从事有偿法律服务**，不得在律师事务所等法律服务机构兼职，**不得**以律师身份办理**所在单位以外**的诉讼或者非诉讼法律事务。

3. 《律师法》等法律法规规定的其他义务。

三、律师事务所

（一）律师事务所的设立

<table>
<tr><td rowspan="5">律师事务所设立条件</td><td>资格条件</td><td>1. 有自己的名称、住所和章程
2. 符合规定的律师
3. 设立人应当具有一定的执业经历，且 3 年内未受过停止执业处罚
4. 有符合国务院司法行政部门规定数额的财产</td></tr>
<tr><td>合伙律师事务所</td><td>普通合伙：书面合伙协议；3 名以上合伙人作为设立人；设立人有 3 年以上执业经历；30 万元资产
注意 合伙人对律师事务所债务承担无限连带责任
特殊合伙：书面合伙协议；20 名以上合伙人作为设立人；设立人有 3 年以上执业经历；1 000 万元资产
注意 一个或数个合伙人因故意或重大过失造成律师事务所债务的，承担无限连带责任，其他合伙人以在律所资产为限承担有限责任</td></tr>
<tr><td>个人律师事务所</td><td>设立人有 5 年以上执业经历；10 万元资产
注意 设立人对律师事务所的债务承担无限责任
【背诵口诀】
普通所设立：3 人 3 年 30 万
特殊所设立：20 人 3 年 1 000 万
个人所设立：1 人 5 年 10 万</td></tr>
<tr><td>国资律师事务所</td><td>国家出资设立
注意 以该律师事务所的全部资产对其债务承担责任</td></tr>
</table>

律师事务所设立程序	1. 申请：设立律师事务所，应当向**设区的市级**或者**直辖市的区**人民政府**司法行政部门**提出申请 2. 审查：**受理申请的部门**应当自受理之日起 20 日内予以审查，并将审查意见和全部申请材料报送省、自治区、直辖市人民政府司法行政部门 3. 决定：**省、自治区、直辖市人民政府司法行政部门**应当自收到报送材料之日起 10 日内予以审核，作出是否准予设立的决定。准予设立的，向申请人颁发律师事务所执业证书；不准予设立的，向申请人书面说明理由（总结：省级决定，下级审查） 注意　成立 3 年以上并具有 20 名以上执业律师的合伙律师事务所，可以设立分所。设立分所，须经拟设立分所所在地的省、自治区、直辖市人民政府司法行政部门审核

（二）律师事务所的变更、终止

律师事务所的变更	律师事务所变更**名称、负责人、章程、合伙协议**的，应当报原审核部门批准 律师事务所变更**住所、合伙人**的，应当自变更之日起 15 日内报原审核部门备案
律师事务所的终止	律师事务所有下列情形之一的，应当终止： 1. 不能保持法定设立条件，经限期整改仍不符合条件的 2. 律师事务所执业证书被依法吊销的 3. 自行决定解散的 4. 法律、行政法规规定应当终止的其他情形 注意　1. 设立许可后，6 个月内未开业或者无正当理由停止业务活动满 1 年的，视为自行停办，应当终止 2. 律师事务所终止的，由颁发执业证书的部门注销该律师事务所的执业证书

第二节　法律援助制度★★★★★

应试导读

本节内容是法考的五星级考点，非常重要，在客观题考试中，一般每套卷每年出 1 道题，分值至少 1—2 分。2022 年 1 月 1 日起《中华人民共和国法律援助法》施行，因此，法律援助制度为 2022 年法考大纲新修内容，值得考生重视。

知识点

一、法律援助制度的概念

法律援助是国家建立的为经济困难公民和符合法定条件的其他当事人**无偿**提供法律咨询、代理、刑事辩护等法律服务的制度，是公共法律服务体系的组成部分。

二、法律援助的机构和人员

机构和人员	县级以上人民政府司法行政部门应当设立法律援助机构 法律援助机构负责组织实施法律援助工作，受理、审查法律援助申请，指派**律师、基层法律服务工作者、法律援助志愿者**等法律援助人员提供法律援助，支付法律援助补贴

值班律师	法律援助机构可以在**人民法院、人民检察院**和**看守所等场所**派驻值班律师，依法为没有辩护人的犯罪嫌疑人、被告人提供法律援助
律师、基层法律服务工作者	律师事务所、基层法律服务所、律师、基层法律服务工作者负有依法提供法律援助的义务 律师事务所、基层法律服务所应当支持和保障本所律师、基层法律服务工作者履行法律援助义务
法律援助志愿者	国家鼓励和规范法律援助志愿服务；支持符合条件的个人作为法律援助志愿者，依法提供法律援助 高等院校、科研机构可以组织**从事法学教育、研究工作的人员**和**法学专业学生**作为法律援助志愿者，在司法行政部门指导下，为当事人提供**法律咨询、代拟法律文书**等法律援助

三、法律援助的形式和范围

（一）法律援助的形式

法律援助机构可以组织法律援助人员依法提供下列形式的法律援助服务：

1. 法律咨询；
2. 代拟法律文书；
3. 刑事辩护与代理；
4. 民事案件、行政案件、国家赔偿案件的诉讼代理及非诉讼代理；
5. 值班律师法律帮助；
6. 劳动争议调解与仲裁代理；
7. 法律、法规、规章规定的其他形式。

（二）法律援助的范围

刑事案件	申请援助	刑事案件的犯罪嫌疑人、被告人因经济困难或者其他原因没有委托辩护人的，本人及其近亲属可以向法律援助机构申请法律援助 注意 申请应当采用书面形式，填写申请表；以书面形式提出申请确有困难的，可以口头申请 总结：“应当书面，可以口头”
	通知援助	刑事案件的犯罪嫌疑人、被告人属于下列人员之一，没有委托辩护人的，人民法院、人民检察院、公安机关**应当通知**法律援助机构指派律师担任辩护人： 1. 未成年人 2. 视力、听力、言语残疾人 3. 不能完全辨认自己行为的成年人 4. 可能被判处无期徒刑、死刑的人 5. 申请法律援助的死刑复核案件被告人 6. 缺席审判案件的被告人 强制医疗案件的被申请人或者被告人没有委托诉讼代理人的，人民法院应当通知法律援助机构指派律师为其提供法律援助 **【背诵口诀】**通知援助：盲聋哑人未成年，无期死刑精神病，死刑复核缺席判，强制医疗应通知

刑事案件	无须经济状况审查	法律援助机构无须进行经济状况审查的四种情形： 1. 犯罪嫌疑人、被告人属于一级或者二级智力残疾的 2. 共同犯罪案件中，其他犯罪嫌疑人、被告人已委托辩护人的 3. 人民检察院抗诉的 4. 案件具有重大社会影响的 **【背诵口诀】**无须经济状况审查：智力残疾共同犯，检察抗诉影响大
民事、行政案件	下列事项的当事人，因经济困难没有委托代理人的，可以向法律援助机构申请法律援助： 1. 依法请求国家赔偿 2. 请求给予社会保险待遇或者社会救助 3. 请求发给抚恤金 4. 请求给付赡养费、抚养费、扶养费 5. 请求确认劳动关系或者支付劳动报酬 6. 请求认定公民无民事行为能力或者限制民事行为能力 7. 请求工伤事故、交通事故、食品药品安全事故、医疗事故人身损害赔偿 8. 请求环境污染、生态破坏损害赔偿	
不受经济困难条件限制	有下列情形之一，当事人申请法律援助的，不受经济困难条件的限制： 1. 英雄烈士近亲属为**维护英雄烈士的人格权益** 2. 因**见义勇为**行为主张相关民事权益 3. **再审改判无罪请求国家赔偿** 4. 遭受**虐待、遗弃或者家庭暴力的受害人**主张相关权益 5. 法律、法规、规章规定的其他情形 **【背诵口诀】**不受经济困难条件的限制：英烈亲属见义为，受害无罪求国赔	

四、法律援助的程序和实施

（一）法律援助的申请

诉讼事项法律援助申请	对诉讼事项的法律援助，由申请人向**办案机关所在地**的法律援助机构提出申请。例如，家住 A 县的乙在邻县涉嫌犯罪被邻县检察院批准逮捕，其因经济困难，可向邻县法律援助中心申请法律援助
非诉讼事项法律援助申请	对非诉讼事项的法律援助，由申请人向**争议处理机关所在地**或者**事由发生地**的法律援助机构提出申请

（二）法律援助的审查

审查	1. 法律援助机构应当自收到法律援助申请之日起 7 日内进行审查，作出是否给予法律援助的决定。决定给予法律援助的，应当自作出决定之日起 3 日内指派法律援助人员为受援人提供法律援助；决定不给予法律援助的，应当书面告知申请人，并说明理由 2. 申请人提交的申请材料不齐全的，法律援助机构应当一次性告知申请人需要补充的材料或者要求申请人作出说明。申请人未按要求补充材料或者作出说明的，视为撤回申请

（三）法律援助的实施

先行提供	法律援助机构收到法律援助申请后，发现有下列情形之一的，可以决定先行提供法律援助： 1. 距法定时效或者期限届满不足 7 日，需要及时提起诉讼或者申请仲裁、行政复议 2. 需要立即申请财产保全、证据保全或者先予执行 3. 法律、法规、规章规定的其他情形
终止援助	有下列情形之一的，法律援助机构应当作出终止法律援助的决定： 1. 受援人以欺骗或者其他**不正当手段**获得法律援助 2. 受援人**故意隐瞒与案件有关的重要事实**或者提供**虚假证据** 3. 受援人利用法律援助从事**违法活动** 4. 受援人的**经济状况发生变化**，不再符合法律援助条件 5. 案件**终止审理**或者已经**被撤销** 6. 受援人**自行委托**律师或者其他代理人 7. 受援人有**正当理由**要求终止法律援助 8. 法律法规规定的其他情形
异议程序	1. 申请人、受援人对法律援助机构不予法律援助、终止法律援助的决定有异议的，可以**向设立该法律援助机构的司法行政部门提出** 2. 司法行政部门应当自收到异议之日起 5 日内进行审查，作出维持法律援助机构决定或者责令法律援助机构改正的决定 3. 申请人、受援人对司法行政部门维持法律援助机构决定不服的，可以依法申请行政复议或者提起行政诉讼

（四）法律援助的救济

检察机关法律监督	**人民检察院**审查批准逮捕时，认为犯罪嫌疑人具有应当通知辩护的情形，公安机关未通知法律援助机构指派律师的，应当通知公安机关予以纠正，公安机关应当将纠正情况通知人民检察院
申诉控告程序	犯罪嫌疑人、被告人及其近亲属、法定代理人，强制医疗案件中的被申请人、被告人的法定代理人认为**公安机关、人民检察院、人民法院**应当告知其可以向法律援助机构申请法律援助而没有告知，或者应当通知法律援助机构指派律师为其提供辩护或者诉讼代理而没有通知的，有权**向同级或者上一级人民检察院申诉或者控告**。人民检察院应当对申诉或者控告及时进行审查，情况属实的，通知有关机关予以纠正 申请人对**法律援助机构**不予援助或者终止援助的决定有异议的，可以向主管该法律援助机构的**司法行政机关**提出。司法行政机关应当在收到异议之日起 5 个工作日内进行审查

【经典题目】

某检察院对王某盗窃案提出二审抗诉，王某未委托辩护人，欲申请法律援助。对此，下列哪一说法是正确的？（　　）（2015－01－49）

A. 王某申请法律援助只能采用书面形式

B. 法律援助机构应当严格审查王某的经济状况

C. 法律援助机构只能委派律师担任王某的辩护人

D. 法律援助机构决定不提供法律援助时，王某可以向该机构提出异议

解析要点：

A 项：申请法律援助，如果以书面形式提出申请确有困难的，申请人可以口头申请。A 项错误。

B 项：人民检察院抗诉的情形下，犯罪嫌疑人、被告人申请法律援助的，法律援助机构无须进行经济状况审查。B 项错误。

C 项：根据《刑事诉讼法》的规定，刑事辩护的法律援助只能委派律师。C 项正确。

D 项：申请人对法律援助机构不予援助或者终止援助的决定有异议的，可以向主管该法律援助机构的司法行政机关提出，而非向该机构提出。D 项错误。

综上所述，本题答案是 C 项。

【答案】C

第三节　律师职业道德★★★★

应试导读

本节内容是法考的四星级考点，比较重要，在客观题考试中，一般每套卷每一到两年出 1 道题，分值 1—2 分。同时，律师职业道德也可能和法官、检察官、公证员职业道德结合命题。重难点提示：本节中，“律师与委托人或者当事人关系规范”相对重要，需要考生结合常识进行理解性记忆。

知识点

一、律师职业道德基本准则

忠诚、为民、法治、正义、诚信、敬业。

二、律师业务推广规范

推广原则	1. 律师和律师事务所可以依法以**广告**方式宣传律师和律师事务所以及自己的业务领域和专业特长 2. 律师和律师事务所可以通过发表**学术论文、案例分析、专题解答、授课、普及法律**等活动，宣传自己的专业领域 3. 律师和律师事务所可以通过举办或者参加各种形式的**专题、专业研讨会**，宣传自己的专业特长 4. 律师可以以自己或者其任职的律师事务所名义参加各种**社会公益活动** 5. 律师和律师事务所在业务推广中不得为不正当竞争行为
推广广告	1. 律师广告应具**可识别性**，应能够使社会公众辨明是律师广告 2. 律师广告可以以律师**个人名义**发布，也可以以**律师事务所名义**发布 注意　以律师个人名义发布的律师广告应当注明律师个人所任职的执业机构名称，应当载明律师执业证号

<table>
<tr><td rowspan="2">推广广告</td><td>3. 律师个人广告的内容：应当限于律师的姓名、肖像、年龄、性别、学历、学位、专业、律师执业许可日期、所任职律师事务所名称、在所任职律师事务所的执业期限；收费标准、联系方法；依法能够向社会提供的法律服务业务范围；执业业绩
4. 律师事务所广告的内容：应当限于律师事务所名称、住所、电话号码、传真号码、邮政编码、电子信箱、网址；所属律师协会；所内执业律师及依法能够向社会提供的法律服务业务范围简介；执业业绩</td></tr>
<tr><td>具有下列情况之一的，律师和律师事务所不得发布律师广告：
1. 没有通过年度考核的
2. 处于停止执业或停业整顿处罚期间的
3. 受到通报批评、公开谴责未满 1 年的
律师和律师事务所不得以有悖律师使命、有损律师形象的方式制作广告，不得采用一般商业广告的艺术夸张手段制作广告
律师和律师事务所不得进行歪曲事实和法律，或者可能使公众对律师产生不合理期望的宣传
律师和律师事务所可以宣传所从事的某一专业法律服务领域，但不得自我声明或者暗示其被公认或者证明为某一专业领域的权威或专家
律师和律师事务所不得进行律师之间或者律师事务所之间的比较宣传
总结：不得夸张不歪曲，不称专家不比较</td></tr>
</table>

三、律师与委托人或者当事人关系规范

（一）委托代理关系

按照法律规定，委托代理关系为一种合同关系。同时，律师应当谨慎、诚实、客观地告知委托人拟委托事项可能出现的法律风险。

（二）禁止虚假承诺

律师根据委托人提供的事实和证据，依据法律规定进行分析，向委托人提出分析性意见。**律师的辩护、代理意见未被采纳，不属于虚假承诺**。

（三）禁止非法谋取委托人利益

律师和律师事务所不得利用提供法律服务的便利，谋取当事人争议的权益。

律师和律师事务所不得违法与委托人就争议的权益产生经济上的联系，不得与委托人约定将争议标的物出售给自己；不得委托他人为自己或为自己的近亲属收购、租赁委托人与他人发生争议的标的物。

律师事务所可以依法与当事人或委托人签订以回收款项或标的物为前提，按照一定比例收取货币或实物作为律师服务费用的协议。

注意 律师事务所可以实行风险代理收费。

禁止风险代理收费的情形：

1. 婚姻、继承案件；
2. 请求给予社会保险待遇或者最低生活保障待遇的；
3. 请求给付赡养费、抚养费、扶养费、抚恤金、救济金、工伤赔偿的；
4. 请求支付劳动报酬的；

5. 刑事诉讼案件、行政诉讼案件、国家赔偿案件以及群体性诉讼案件。

（四）利益冲突审查

律师事务所在接受委托之前，应当进行利益冲突审查并作出是否接受委托决定。

不得建立或维持委托关系	1. 律师在**同一案件中为双方当事人**担任代理人，或代理与本人或者其近亲属有利益冲突的法律事务的 2. 律师办理诉讼或者非诉讼业务，其**近亲属是对方当事人的法定代表人或者代理人**的 3. **曾经亲自处理或者审理过某一事项或者案件**的行政机关工作人员、审判人员、检察人员、仲裁员，**成为律师后又办理该事项或者案件**的 4. **同一律师事务所的不同律师**同时担任**同一刑事案件**的被害人的代理人和犯罪嫌疑人、被告人的辩护人，但在该县区域内只有一家律师事务所且事先征得当事人同意的除外 5. 在**民事诉讼、行政诉讼、仲裁案件**中，**同一律师事务所的不同律师**同时担任争议双方当事人的代理人，或者本所或其工作人员为一方当事人，本所其他律师担任对方当事人的代理人的 6. 在**非诉讼业务**中，除各方当事人共同委托外，同一律师事务所的律师同时担任彼此有利害关系的各方当事人的代理人的 7. 在**委托关系终止**后，同一律师事务所或同一律师在**同一案件**后续审理或者处理中**又接受对方当事人委托**的 8. 其他相似情况
非经委托人同意，不得建立或维持委托关系	1. 接受**民事诉讼、仲裁案件**一方当事人的委托，而**同所的其他律师**是该案件中**对方当事人的近亲属**的 2. 担任**刑事案件**犯罪嫌疑人、被告人的辩护人，而**同所的其他律师**是该案件**被害人的近亲属**的 3. 同一律师事务所接受正在代理的诉讼案件或者非诉讼业务当事人的**对方当事人所委托的其他法律业务**的 4. 律师事务所与委托人存在**法律服务关系**，在某一诉讼或仲裁案件中该委托人**未要求**该律师事务所律师担任其代理人，而该律师事务所律师**担任该委托人对方当事人的代理人**的 5. 在**委托关系终止后1年内**，律师又就**同一法律事务**接受与原委托人有利害关系的**对方当事人**的委托的 6. 其他相似情况

【背诵口诀】

律师利益冲突审查：直接冲突不能干，间接冲突经同意。

【经典题目】

某律师事务所一审代理了原告张某的案件。一年后，该案再审。该所的下列哪一做法与律师执业规范相冲突？（ ）（2014-01-48）

A. 在代理原告案件时拒绝与该案被告李某建立委托代理关系

B. 在拒绝与被告李某建立委托代理关系时，承诺可在其他案件中为其代理

C. 得知该案再审后，主动与原告张某联系

D. 张某表示再审不委托该所，该所遂与被告李某建立委托代理关系

解析要点：

A 项：律师在同一案件中拒绝为双方当事人担任代理人，符合律师执业规范要求。A 项正确。

B 项：律师执业规范并未禁止律师向对方当事人承诺可在其他案件中为其代理。B 项正确。

C 项：该律师事务所一审代理了原告张某的案件，再审中仍然可以代理原告张某的案件，符合律师执业规范要求。C 项正确。

D 项：律师执业行为规范规定，律师在委托关系终止后，不得在同一案件后续审理或者处理中又接受对方当事人的委托。D 项错误。

综上所述，本题答案是 D 项。

【答案】 D

（五）保管委托人财产

律师事务所可以与委托人签订书面保管协议，妥善保管委托人财产，严格履行保管协议。

律师事务所受委托保管委托人财产时，应当将委托人财产与律师事务所的财产、律师个人财产严格分离。

（六）转委托

未经委托人同意，律师事务所不得将委托人委托的法律事务转委托其他律师事务所办理。但在紧急情况下，为维护委托人的利益可以转委托，但应当及时告知委托人。

（七）委托关系的解除与中止

律师事务所**应当终止委托关系**	1. 委托人提出终止委托协议的 2. 律师受到吊销执业证书或者停止执业处罚的，经过协商，委托人不同意更换律师的 3. 当发现有《律师执业行为规范（试行）》第 51 条规定的利益冲突情形（利益冲突审查中的直接冲突情形）的 4. 受委托律师因健康状况不适合继续履行委托协议的，经过协商，委托人不同意更换律师的 5. 继续履行委托协议违反法律、法规、规章或者律师执业行为规范的
经提示委托人不纠正，律师事务所**可以解除委托**	1. 委托人利用律师提供的法律服务从事违法犯罪活动的 2. 委托人要求律师完成无法实现或者不合理的目标的 3. 委托人没有履行委托合同义务的 4. 在事先无法预见的前提下，律师向委托人提供法律服务将会给律师带来不合理的费用负担，或给律师造成难以承受的、不合理的困难的 5. 其他合法理由

【经典题目】

王某和李某斗殴，李某与其子李二将王某打伤。李某在王某提起刑事自诉后聘请省会城市某律师事务所赵律师担任辩护人。关于本案，下列哪一做法符合相关规定？（　　）（2015－01－48）

A. 赵律师同时担任李某和李二的辩护人，该所钱律师担任本案王某代理人

B. 该所与李某商定辩护事务按诉讼结果收取律师费

C. 该所要求李某另外预交办案费

D. 该所指派实习律师代赵律师出庭辩护

解析要点：

A项：同一律所的不同律师原则上不能同时担任同一刑事案件的被害人的代理人和犯罪嫌疑人、被告人的辩护人。A项错误。

B项：刑事诉讼、行政诉讼、国家赔偿案件以及群体性诉讼案件不得适用风险代理收费。B项错误。

C项：办案费用是指律师事务所在提供法律服务过程中代委托人支付的诉讼费、仲裁费、鉴定费、公证费和查档费等费用，其不属于律师服务费，由委托人另行支付。因此，律所可以要求委托人预交办案费，律师应本着节俭的原则合理使用。C项正确。

D项：辩护人只能由律师担任，实习律师不得担任。D项错误。

综上所述，本题答案是C项。

【答案】C

第五章 公证制度与公证员职业道德

第一节 公证制度★★

应试导读

本节内容是法考的二星级考点，重要性一般，在客观题考试中，一般每套卷每三到五年出1道题，分值1—2分。

知识点

一、公证制度的概念与特征

公证是公证机构根据自然人、法人或者其他组织的申请，依照法定程序对民事法律行为、有法律意义的事实和文书的真实性、合法性予以证明的活动。

公证制度是国家司法制度的重要组成部分，属于**民事程序法的范畴**。公证制度是一种司法证明制度，它在民事活动和经济交往中具有预防纠纷、化解矛盾的特殊社会功能。

我国公证制度的特征主要表现为以下两方面：

（一）公证是一种特殊的证明活动

公证主体的特定性	只有公证机构按照法律规定的程序出具的证明才称为“公证” **公证职能**只能由依法设立的证明机构——**公证机构统一行使** 公证机构以**国家名义**进行公证证明活动，其出具的公证文书在法律上具有特定的效力、普遍的法律约束力，在**国际国内都能通行使用**
公证对象和内容的特定性	公证对象是没有争议的民事法律行为、有法律意义的事实和文书 公证的内容是证明公证对象的**真实性与合法性**
公证效力的特殊性	公证机构出具的公证文书具有**证据效力、强制执行效力、法律行为成立的形式要件效力**，这是其他证明所不具备的 例如，《民事诉讼法》第72条规定：经过法定程序公证证明的法律事实和文书，人民法院应当作为认定事实的根据，但有相反证据足以推翻公证证明的除外
公证程序的法定性	公证机构、公证员和公证当事人必须严格遵守《公证法》《公证程序规则》等，公证的申请和证明活动必须依法律规定的程序进行，符合法律的要求

（二）公证是一种非讼司法活动

公证是一种具有预防性的法律制度，旨在通过公正活动预防纠纷、消除隐患，平衡当事人之间的利害冲突，防患于未然。

二、公证制度的管理体制

根据法律规定，我国实行**司法行政机关行政管理**与**公证协会行业管理**相结合的公证管理体制。

三、公证机构

公证机构的设立原则	统筹规划、合理布局 可以在县、不设区的市、设区的市、直辖市或者市辖区设立；在设区的市、直辖市可以设立一个或者若干个公证机构。公证机构不按行政区划层层设立
公证机构的设立条件	1. 有自己的名称 2. 有固定的场所 3. 有 2 名以上公证员（负责人应当在有 3 年以上执业经历的公证员中推选产生） 4. 有开展公证业务所必需的资金
公证机构的设立程序	设立公证机构，由所在地的司法行政部门报**省、自治区、直辖市人民政府司法行政部**门按照规定程序批准后，颁发公证机构执业证书 省、自治区、直辖市司法行政机关应当自收到申请材料之日起 30 日内，完成审核，作出批准设立或者不予批准设立的决定。对准予设立的，颁发公证机构执业证书；对不准予设立的，应当在决定中告知不予批准的理由。批准设立公证机构的决定，应当报司法部备案

四、公证业务范围

我国法律规定了较为广泛的公证业务范围，大致包括证明民事法律行为、证明有法律意义的事实、证明有法律意义的文书、其他公证事务四类。

证明民事法律行为	我国公证机构的主要公证业务为证明民事法律行为，如合同、继承、委托、声明、赠与、遗嘱、财产分割、招标投标、拍卖等。公证机构根据当事人的申请办理合同公证、继承公证、遗嘱公证、财产分割公证、委托公证、声明公证、赠与公证、招标投标公证、拍卖公证等事项，对民事法律行为的真实性、合法性予以证明
证明有法律意义的事实	除民事法律行为外，有些事实能够引起民事法律关系产生、变更或消灭，具有法律意义 公证机构根据当事人的申请办理婚姻状况公证（包括已婚公证、未婚公证、离婚公证和丧偶公证）、亲属关系公证、收养关系公证（包括确认收养关系公证和解除收养关系公证）、出生公证、生存公证、死亡公证、身份公证、经历公证、学历和学位公证、职务和职称公证、有无犯罪违法记录公证、保全证据等事项，对有法律意义事实的真实性、合法性予以证明

证明有法律意义的文书	各种文件、证书、文字材料在法律上具有特定意义，公证机构根据当事人的申请办理公司章程公证，文书的签名、印鉴、日期公证（包括学位证书、技术等级证书、夫妻关系证明书、驾驶证等），文书的副本、影印本与原本相符公证等事项，对有法律意义的文书的真实性、合法性予以证明
其他公证事务	公证机构根据当事人的申请办理其他公证事务，包括法律、行政法规规定由公证机构登记的事务 例如提存、保管遗嘱、遗产或者其他与公证事项有关的财产、物品、文书；代书与公证事项有关的法律事务文书；提供公证法律咨询

五、公证员

（一）公证员的任职条件

一般条件	中国国籍 25—65 周岁 公道正派、遵纪守法、品行良好 通过国家统一法律职业资格考试 在公证机构实习 2 年以上或具有 3 年以上其他法律职业经历并在公证机构实习 1 年以上，经考核合格
特殊条件	从事法学教学、研究工作，具有高级职称的人员或本科以上学历，从事审判、检察、法制工作满 10 年的公务员、律师，离开原岗位后经考核合格
禁止条件	无民事行为能力或者限制民事行为能力的 因**故意犯罪**或者**职务过失犯罪**受过刑事处罚的 被**开除公职**的 被**吊销**公证员、律师执业证书的

（二）公证员的任命和免职

公证员的任命	担任公证员，应当由符合公证员条件的人员提出申请，经公证机构推荐，由所在地的司法行政部门报**省、自治区、直辖市人民政府司法行政部门审核同意**后，报请**国务院司法行政部门任命**，并由**省、自治区、直辖市人民政府司法行政部门颁发公证员执业证书**
公证员的免职	公证员有下列情形之一的，由所在地的司法行政部门报省、自治区、直辖市人民政府司法行政部门提请**国务院司法行政部门**予以免职： 1. 丧失中华人民共和国国籍的 2. 年满 65 周岁或者因健康原因不能继续履行职务的 3. 自愿辞去公证员职务的 4. 被吊销公证员执业证书的

【经典题目】

公证制度是司法制度重要组成部分，设立公证机构、担任公证员具有严格的条件及程序。关于公证机构和公证员，下列哪一选项是正确的？（　　）（2017-01-50）

A. 公证机构可接受易某申请为其保管遗嘱及遗产并出具相应公证书

B. 设立公证机构应由省级司法行政机关报司法部依规批准后，颁发公证机构执业

证书

C. 贾教授在高校讲授法学 11 年，离职并经考核合格，可以担任公证员

D. 甄某交通肇事受过刑事处罚，因此不具备申请担任公证员的条件

解析要点：

A 项：公证机构可接受易某申请为其保管遗嘱及遗产，但保管遗嘱及遗产不是公证事项，不能出具公证书。A 项错误。

B 项：设立公证机构，由所在地的司法行政部门报省、自治区、直辖市人民政府司法行政部门按照规定程序批准后，颁发公证机构执业证书。B 项错误。

C 项：从事法学教学、研究工作，具有高级职称的人员，或者具有本科以上学历，从事审判、检察、法制工作、法律服务满 10 年的公务员、律师，已经离开原工作岗位，经考核合格的，可以担任公证员。贾教授符合条件，可以担任公证员。C 项正确。

D 项：因故意犯罪或者职务过失犯罪受过刑事处罚的不得担任公证员。交通肇事罪既非故意犯罪，也非职务过失犯罪。D 项错误。

综上所述，本题答案是 C 项。

【答案】 C

第二节　公证员职业道德★★

应试导读

本节内容是法考的二星级考点，在客观题考试中，一般每套卷每三到五年出 1 道题，分值 1—2 分。同时，公证员职业道德也可能和法官、检察官、律师职业道德结合命题。

知识点

忠于法律尽职履责	1. 忠于宪法和法律，恪守客观、公正原则。以事实为根据，以法律为准绳 2. 遵守法定回避制度。不得办理本人及近亲属或与本人及近亲属有利害关系的公证 3. 履行执业保密义务。保守国家秘密、商业秘密、个人隐私 4. 积极采取措施纠正、制止违法违规行为。公证员在履行职责时，对发现的违法、违规或违反社会公德的行为，应当按照法律规定的权限，**积极采取措施予以纠正、制止**
爱岗敬业规范服务	1. 强化服务意识 2. 履行告知义务。公证员在履行职责时，应当告知当事人、代理人和参与人的权利和义务，并就权利和义务的真实意思和可能产生的法律后果作出**明确解释**，避免形式上的简单告知 3. 平等、热情地对待公证当事人、代理人和参与人 4. 依法提高办证质量和效率 5. 注重文明礼仪，维护职业形象 6. 积极履行监督义务。公证员如果发现**已生效的公证文书存在问题或其他公证员有违法、违规行为，应当及时向有关部门反映** 7. 不发表不当评论

加强修养 提高素质	遵守社会公德；注重个人修养和品行；忠于职守；热爱集体、团结协作；提高自身业务能力和职业素养；终身学习、勤勉进取
廉洁自律 尊重同行	1. 廉洁自律。公证员**不得从事有报酬的其他职业**和与公证员职务、身份不相符的活动 2. 妥善处理个人事务。公证员应当妥善处理个人事务，**不得利用公证员的身份和职务为自己、亲属或他人谋取利益** 3. 不得接受不当利益。公证员**不得索取或接受**当事人及其代理人、利害关系人的答谢款待、馈赠财物或其他利益 4. 相互尊重。公证员应当相互尊重，与同行保持良好的合作关系，公平竞争，同业互助，共谋发展 5. 避免不当干预。公证员不得以不正当方式或途径对其他公证员正在办理的公证事项进行干预或施加影响 6. 不从事不正当竞争行为： 公证员不得利用媒体或其他手段炫耀自己，贬损他人，排斥同行，为自己招揽业务 公证员不得以支付介绍费、给予回扣、许诺提供利益等方式承揽业务 公证员不得利用与行政机关、社会团体的特殊关系进行业务垄断

【经典题目】

法律职业人员应自觉遵守回避制度，确保司法公正。关于法官、检察官、律师和公证员四类法律职业人员的回避规定，下列哪些判断是正确的？（　　）（2015-01-85）

A. 与当事人（委托人）有近亲属关系，是法律职业人员共同的回避事由

B. 法律职业人员的回避，在其《职业道德基本准则》中均有明文规定

C. 法官和检察官均有任职回避的规定，公证员则无此要求

D. 不同于其他法律职业，律师回避要受到委托人意思的影响

解析要点：

A项：律师与当事人之间有近亲属关系并不构成回避的理由，律师可以与当事人（委托人）有近亲属关系。A项错误。

B项：中华全国律师协会2014年6月5日制定了《律师职业道德基本准则》，全文只有6条，其中没有规定回避制度。B项错误。

C项：《法官法》《检察官法》均规定了法官、检察官的任职回避，但《公证法》对于公证员任职回避没有要求。C项正确。

D项：《律师执业行为规范》第52条罗列了在一些情形下，律师应当告知委托人并主动提出回避，但委托人同意其代理或者继续承办的除外。也就是说，律师和律师事务所发现存在上述情形的，应当告知委托人利益冲突的事实和可能产生的后果，由委托人决定是否建立或维持委托关系。D项正确。

综上所述，本题答案是CD项。

【答案】CD

第四编　习近平法治思想

概述　习近平法治思想考情与备考要点

一、考试分值

法考改革后，司法部官方不再公布真题以及答案。“习近平法治思想”是2021年法考大纲新增科目，替换了原科目“中国特色社会主义法治理论”，两个科目在内容上一脉相承，在命题上风格类似，根据考生对“中国特色社会主义法治理论”以及“习近平法治思想”的题目回忆：

在客观题考试中，“习近平法治思想”**每年每套卷考查**12**分左右**。

在主观题考试中，法考时代前三年（2018—2020年）的主观题均直接针对“中国特色社会主义法治理论”命题，2021年开始的法考主观题直接针对“习近平法治思想”命题，分值为30—40分。

二、命题特点（客观题）

（一）命题高度结合时事政治，重在考查对知识的积累和理解

根据考生回忆和试题分析，“习近平法治思想”的命题难度相比“中国特色社会主义法治理论”的命题难度有所上升。“习近平法治思想”命题高度结合时事政治，重在考查考生的积累和理解。试举一道典型题目：

习近平总书记深刻指出，“贯彻新发展理念，实现经济从高速增长转向高质量发展，必须坚持以法治为引领”，要“以良法促进发展、保障善治”“运用法治思维和法治方式解决经济社会发展面临的深层次问题”。关于促进良法善治，下列哪些说法是正

确的？（　　）（2022年考生回忆版）

A. 坚持立法先行，坚持立改废释并举，加快完善法律、行政法规、地方性法规体系

B. 明确地方立法权限和范围，鼓励有立法权的地方制发带有立法性质的文件

C. 贯彻落实新发展理念，实现经济高质量发展，在实践中就要做到“发展要上、法治要让”

D. 完善党内法规制定体制机制，注重党内法规同国家法律的衔接和协调

分析：

A项：建设中国特色社会主义法治体系，必须坚持立法先行，以良法促进发展、保障善治。同时，习近平总书记强调，要抓住立法质量这个关键，深入推进科学立法、民主立法、依法立法，统筹立改废释纂，提高立法效率，增强立法系统性、整体性、协同性。A项正确。

B项：《中共中央关于全面推进依法治国若干重大问题的决定》指出，完善全国人大及其常委会宪法监督制度，健全宪法解释程序机制。加强备案审查制度和能力建设，把所有规范性文件纳入备案审查范围，依法撤销和纠正违宪违法的规范性文件，禁止地方制发带有立法性质的文件。B项错误。

C项：法治和改革有着内在的必然联系，必须在法治下推进改革，在改革中完善法治。立足新发展阶段，必须坚持以法治为引领，坚决纠正“发展要上、法治要让”的认识误区，杜绝立法上“放水”、执法上“放弃”的乱象，用法治更好地促进发展，实现经济高质量发展。C项错误。

D项：党内法规体系是中国特色社会主义法治体系的重要组成部分，要完善党内法规体系，从全面依法治国和全面从严治党相统一的高度，科学认识党内法规及其与国家法律的关系，确保党内法规与国家法律的衔接与协调。D项正确。

本题正确答案为AD项。

（二）结合法理学、宪法等考点，综合命题

根据考生回忆，命题人考查习近平法治思想时，不少题目体现了习近平法治思想考点和法理学、宪法等考点综合命题。试举一道典型题目：

2020年，全国人大常委会共收到报送备案的行政法规、地方性法规、自治条例和单行条例、经济特区法规、司法解释、特别行政区法律1 310件，全国人大常委会法工委逐件开展了主动审查。同时，法工委对5 146件公民、组织提出的审查建议，也在逐一审查后，向审查建议人作了反馈。对此，下列哪一说法是正确的？（　　）（2021年考生回忆版）

A. 备案审查制度是加快形成有力的法治保障体系的重要举措

B. 维护宪法尊严、保证宪法实施，应加强备案审查制度和能力建设

C. 所有规范性文件都必须报送全国人大常委会才能提高立法的水平

D. 公民可以向全国人大常委会提出对行政法规和地方性法规进行备案审查的要求

分析：本题是习近平法治思想考点和宪法考点结合考查的综合性题目，C、D两项通过宪法考点设置干扰项，本题正确答案为B项。

三、备考建议（客观题）

学习目标：对“习近平法治思想”知识点深入理解，充分熟悉。

具体做法：

结合本书以及配套课程，明确重点，课后至少认真做一到两遍配套试题。

说明：“习近平法治思想”命题重在考查考生对知识的理解和积累，所以，在客观题备考阶段，考生无须花太多精力背诵本学科的细节内容。从应试角度，考生应结合真题，对知识点做到深入理解和充分熟悉。到了主观题备考阶段再重点背诵，同时训练论述题写作，背练结合。

第一章　习近平法治思想的形成发展及重大意义

第一节　习近平法治思想的形成发展★★★

应试导读

本节内容是法考的三星级考点，比较重要，在客观题考试中，一般每套卷每两到三年出1道题，分值1—2分。本节内容相对宏观，考生不应死记硬背，重在深入理解，充分熟悉，在此基础上记忆要点。

知识点

一、习近平法治思想形成的时代背景

2020年11月16日至17日召开的中央全面依法治国工作会议，明确了习近平法治思想在全面依法治国工作中的指导地位。

习近平法治思想是马克思主义法治理论中国化的最新成果，是中国特色社会主义法治理论的重大创新发展，是习近平新时代中国特色社会主义思想的重要组成部分，是新时代推进全面依法治国必须长期坚持的指导思想。习近平法治思想是着眼中华民族伟大复兴战略全局和当今世界百年未有之大变局，顺应实现中华民族伟大复兴时代要求应运而生的重大战略思想。

国际背景	当今世界**正经历百年未有之大变局**，新冠疫情全球大流行使这个大变局加速演进，经济全球化遭遇逆流，保护主义、单边主义上升，世界经济低迷，国际贸易和投资大幅萎缩，国际经济、科技、文化、安全、政治等格局都在发生深刻调整
国内背景	我国正处在**中华民族伟大复兴的关键时期**，中华民族迎来了从站起来、富起来到强起来的伟大飞跃 我国经济正处在转变发展方式、优化经济结构、转换增长动力的攻关期，经济已由高速增长阶段转向**高质量发展阶段**，经济长期向好，市场空间广阔，发展韧性强大，正在形成以**国内大循环为主体、国内国际双循环相互促进**的新发展格局，改革发展稳定任务日益繁重

面对新形势新任务，着眼于统筹国内国际两个大局，科学认识和正确把握我国发展的重要战略机遇期，必须把全面依法治国摆在更加突出的全局性、战略性的重要地位。习近平法治思想从历史和现实相贯通、国际和国内相关联、理论和实际相结合上，**深刻回答了新时代为什么要实行全面依法治国、怎样实行全面依法治国等一系列重大**

问题，为深入推进全面依法治国、加快建设社会主义法治国家，运用制度威力应对风险挑战，实现党和国家长治久安，全面建设社会主义现代化国家、实现中华民族伟大复兴的中国梦，提供了科学指南。

二、习近平法治思想形成发展的逻辑

历史逻辑	习近平法治思想凝聚着中国共产党人在法治建设长期探索中形成的经验积累和智慧结晶，标志着我们党对共产党执政规律、社会主义建设规律、人类社会发展规律的认识达到了新高度，开辟了中国特色社会主义法治理论和实践的新境界
理论逻辑	习近平法治思想坚持**马克思主义法治理论的基本原则**，贯彻运用马克思主义法治理论的立场、观点和方法，继承我们**党关于法治建设的重要理论**，传承**中华优秀传统法律文化**，系统总结**新时代中国特色社会主义法治实践经验**，是马克思主义法治理论与新时代中国特色社会主义法治实践相结合的产物，是马克思主义法治理论中国化的新发展新飞跃，反映了创新马克思主义法治理论的内在逻辑要求
实践逻辑	习近平法治思想是从统筹中华民族伟大复兴战略全局和世界百年未有之大变局、实现党和国家长治久安的战略高度，在推进伟大斗争、伟大工程、伟大事业、伟大梦想的实践之中完善形成的，并会随着实践的发展而进一步丰富

三、习近平法治思想形成发展的历史进程

党的十八大以来，习近平总书记高度重视法治建设，亲自谋划、亲自部署、亲自推动全面依法治国。

党的十八届四中全会	专门研究全面依法治国，出台了**关于全面推进依法治国若干重大问题的决定**
党的十九大	提出到**2035年基本建成法治国家、法治政府、法治社会**
党的十九届二中全会	专题研究**宪法修改**，推动宪法与时俱进、完善发展
党的十九届三中全会	决定成立**中央全面依法治国委员会**，加强党对全面依法治国的集中统一领导
党的十九届四中全会	从推进国家治理体系和治理能力现代化的角度，对坚持和完善中国特色社会主义法治体系，提高党依法治国、依法执政能力作出部署
党的十九届五中全会	对立足新发展阶段、贯彻新发展理念、构建新发展格局的法治建设工作提出新要求
党的十九届六中全会	总结党的百年奋斗重大成就和历史经验，再次强调“法治兴则国家兴，法治衰则国家乱”

习近平总书记在领导全党全国各族人民深化依法治国的伟大实践中，创造性地提出了关于全面依法治国的一系列新理念新思想新战略，形成了内涵丰富、论述深刻、逻辑严密、系统完备的思想体系，为建设法治中国指明了前进方向。

四、习近平法治思想的鲜明特色

习近平法治思想体系完整、理论厚重、博大精深，用“十一个坚持”对全面依法治国

进行阐释、部署，都是涉及理论和实践的方向性、根本性、全局性的重大问题，具有鲜明特色。

原创性	马克思主义创造性地揭示了人类社会发展规律，并随着实践的变化而发展。习近平总书记以马克思主义政治家、思想家、战略家的深刻洞察力、敏锐判断力和战略定力，在理论上不断拓展新视野、提出新命题、作出新论断、形成新概括，为发展马克思主义法治理论作出了重大原创性贡献
系统性	系统观点是马克思主义基本原理的重要内容。习近平总书记强调全面依法治国是一个系统工程，注重用整体联系、统筹协调、辩证统一的科学方法谋划和推进法治中国建设，科学指出当前和今后一个时期推进全面依法治国十一个重要方面的要求，构成了系统完备、逻辑严密、内在统一的科学思想体系
时代性	时代性是马克思主义的一个基本特性。习近平总书记立足中国特色社会主义进入新时代的历史方位，立时代之潮头，发思想之先声，科学回答了新时代我国法治建设向哪里走、走什么路、实现什么目标等根本性问题，在新时代治国理政实践中开启了法治中国新篇章
人民性	人民性是马克思主义最鲜明的品格。习近平总书记强调法治建设要为了人民、依靠人民、造福人民、保护人民，推动把体现人民利益、反映人民愿望、维护人民权益、增进人民福祉落实到全面依法治国各领域全过程，不断增强人民群众获得感、幸福感、安全感
实践性	实践性是马克思主义理论区别于其他理论的显著特征。习近平总书记明确提出全面依法治国并将其纳入“四个全面”战略布局，以破解法治实践难题为着力点，作出一系列重大决策部署，解决了许多长期想解决而没有解决的难题，办成了许多过去想办而没有办成的大事，社会主义法治国家建设发生历史性变革、取得历史性成就

【经典题目】

习近平法治思想体系完整、理论厚重、博大精深，具有鲜明特色。下列关于习近平法治思想特色的论述，正确的是（　　）。（模拟题）

A. 习近平法治思想注重用整体联系、统筹协调、辩证统一的科学方法谋划和推进法治中国建设，这是习近平法治思想系统性的体现

B. 习近平法治思想科学回答了新时代我国法治建设向哪里走、走什么路、实现什么目标等根本性问题，这是习近平法治思想时代性的体现

C. 习近平法治思想强调法治建设要为了人民、依靠人民、造福人民、保护人民，这是习近平法治思想原创性的体现

D. 习近平法治思想将全面依法治国纳入“四个全面”战略布局，以破解法治实践难题为着力点，这是习近平法治思想实践性的体现

解析要点：

C 项：习近平法治思想强调法治建设要为了人民、依靠人民、造福人民、保护人民，这是习近平法治思想人民性的体现。原创性是指习近平总书记以马克思主义政治家、思想家、战略家的深刻洞察力、敏锐判断力和战略定力，在理论上不断拓展新视野、提出新命题、作出新论断、形成新概括，为发展马克思主义法治理论作出了重大原创性贡献。C 项错误。

A、B、D 项正确。

综上所述，本题答案是 ABD 项。

【答案】 ABD

第二节 习近平法治思想的重大意义★★★

应试导读

本节内容是法考的三星级考点，比较重要，在客观题考试中，一般每套卷每两到三年出1道题，分值1—2分。本节内容相对宏观，考生不应死记硬背，重在深入理解，充分熟悉。

知识点

习近平法治思想是**马克思主义法治理论同中国实际相结合、同中华优秀传统法律文化相结合的最新成果**	习近平法治思想坚持马克思主义立场观点方法，坚持科学社会主义基本原则，植根于中华优秀传统法律文化，借鉴人类法治文明有益成果，在理论上有许多重大突破、重大创新、重大发展，同我们党长期形成的法治理论既一脉相承又与时俱进，为发展马克思主义法治理论作出了重大原创性、集成性贡献 习近平法治思想是马克思主义法治理论中国化的最新成果，是中国特色社会主义法治理论的重大创新发展，是习近平新时代中国特色社会主义思想的重要组成部分，是全面依法治国必须长期坚持的指导思想，形成了习近平新时代中国特色社会主义思想的“法治篇”
习近平法治思想是**对党领导法治建设丰富实践和宝贵经验的科学总结**	习近平法治思想以新的高度、新的视野、新的认识赋予中国特色社会主义法治建设事业以新的时代内涵，深刻回答了事关新时代我国社会主义法治建设的一系列重大问题，实现了中国特色社会主义法治理论的历史性飞跃；既是提炼升华党领导法治建设丰富实践和宝贵经验的重大理论创新成果，更是引领新时代全面依法治国不断从胜利走向新的胜利的光辉思想旗帜
习近平法治思想是**在法治轨道上全面建设社会主义现代化国家的根本遵循**	习近平法治思想贯穿经济、政治、文化、社会、生态文明建设的各个领域，涵盖改革发展稳定、内政外交国防、治党治国治军各个方面，科学指明了在法治轨道上推进国家治理现代化的正确道路，为依法应对重大挑战、抵御重大风险、克服重大阻力、解决重大矛盾，在法治轨道上推进国家治理体系和治理能力现代化提供了根本遵循
习近平法治思想是**引领法治中国建设实现高质量发展的思想旗帜**	习近平法治思想从全面建设社会主义现代化国家的目标要求出发，立足新发展阶段、贯彻新发展理念、构建新发展格局的实际需要，提出了当前和今后一个时期全面依法治国的目标任务，为实现新时代法治中国建设高质量发展提供了强有力的思想武器

第二章　习近平法治思想的核心要义

第一节　坚持党对全面依法治国的领导★★★★★

应试导读

本节内容是法考的五星级考点，非常重要，在客观题考试中，一般每套卷每一到两年出1道题，分值1—2分。同时，本节内容有可能和“十一个坚持”的其他内容结合命题。对于本节内容，考生不应死记硬背，应认真学习，深入理解，充分熟悉，在此基础上记忆要点。

知识点

一、党的领导是中国特色社会主义法治之魂

党政军民学、东西南北中，党是领导一切的。

坚持党的领导，是社会主义法治的根本要求，是党和国家的根本所在、命脉所在，是全国各族人民的利益所系、幸福所系，是全面推进依法治国的题中应有之义。习近平总书记强调：“全党同志必须牢记，**党的领导是我国社会主义法治之魂，是我国法治同西方资本主义国家法治最大的区别**。离开了党的领导，全面依法治国就难以有效推进，社会主义法治国家就建不起来。”

党的领导是中国特色社会主义最本质的特征，是社会主义法治最根本的保证。党的领导和社会主义法治是一致的；社会主义法治必须坚持党的领导，党的领导必须依靠社会主义法治。

二、全面依法治国是要加强和改善党的领导

全面依法治国，必须坚持党总揽全局、协调各方的领导核心地位不动摇。必须不断加强和改善党的领导，巩固党的执政地位，完成党的执政使命。

加强和改善党对全面依法治国的领导，**是由全面依法治国的性质和任务决定的**	习近平总书记指出：“全面推进依法治国是一个系统工程，是国家治理领域一场广泛而深刻的革命。” **“深刻革命”**意味着许多改革事项都是难啃的“硬骨头”，迫切需要**党中央层面**加强顶层设计、统筹协调，需要**各级党委**加强对法治工作的组织领导和政治引领

加强和改善党对全面依法治国的领导，**是由全面依法治国的性质和任务决定的**	**"系统工程"**不仅意味着全面依法治国具有复杂性、长期性、艰巨性，涉及经济建设、政治建设、文化建设、社会建设、生态文明建设、国防军队建设、党的建设等各领域，涉及改革发展稳定、内政外交国防、治党治国治军各个方面，**而且意味着全面依法治国是长期历史任务**；只有发挥党总揽全局、协调各方的领导核心作用，才能完成全面依法治国这一"系统工程"的总规划，才能实现全面依法治国的总目标
加强和改善党对全面依法治国的领导，**是由党的领导和社会主义法治的一致性决定的**	全面推进依法治国需要通过法定程序**把党的意志转化为国家意志，把党的路线方针政策转化为国家的法律法规** 只有坚持党的领导，才能使立法符合党的基本理论、基本路线、基本方略，符合国家经济社会发展战略，适应全面深化改革需要 党带头厉行法治，把法治作为治国理政的基本方式，各级党组织和广大党员带头模范守法，才能在全社会普遍形成尊法守法风尚，为社会主义法治建设创造浓厚氛围

三、坚持党的领导、人民当家作主、依法治国有机统一

坚持党的领导、人民当家作主、依法治国有机统一，是对中国特色社会主义法治本质特征的科学概括，是对中国特色社会主义民主法治发展规律的本质把握。

坚持党的领导、人民当家作主、依法治国有机统一，**最根本的是坚持党的领导**。习近平总书记强调："**党的领导是人民当家作主和依法治国的根本保证，人民当家作主是社会主义民主政治的本质特征，依法治国是党领导人民治理国家的基本方式**，三者统一于我国社会主义民主政治伟大实践。"只有坚持党的领导，人民当家作主才能充分实现，国家和社会生活制度化、法治化才能有序推进。

人民代表大会制度是坚持党的领导、人民当家作主、依法治国有机统一的**根本制度安排**。人民代表大会制度是实现党的领导和执政的制度载体和依托，是人民当家作主的根本途径和实现形式。

【背诵口诀】

党是保证，人是本质，法治是方式。

【要点对比】

坚持党的领导、人民当家作主、依法治国有机统一，**最根本**的是坚持党的领导。

坚持党的领导、人民当家作主、依法治国有机统一，**根本制度安排**是人民代表大会制度。

四、坚持党领导立法、保证执法、支持司法、带头守法

推进全面依法治国，必须把党的领导贯彻落实到全面依法治国全过程和各方面。

三个统一	必须坚持党领导立法、保证执法、支持司法、带头守法，把依法治国基本方略**同**依法执政基本方式**统一起来** 把党总揽全局、协调各方**同**人大、政府、政协、监察机关、审判机关、检察机关依法依章程履行职能、开展工作**统一起来** 把党领导人民制定和实施宪法法律**同**党坚持在宪法法律范围内活动**统一起来**

四个善于	善于使党的主张通过法定程序成为国家意志 善于使党组织推荐的人选通过法定程序成为国家政权机关的领导人员 善于通过国家政权机关实施党对国家和社会的领导 善于运用民主集中制原则维护中央权威、维护全党全国团结统一

五、健全党领导全面依法治国的制度和工作机制

加强党对全面依法治国的领导，必须健全党领导全面依法治国的制度和工作机制。

习近平总书记强调："要健全党领导全面依法治国的制度和工作机制，推进党的领导制度化、法治化，通过法治保障党的路线方针政策有效实施。"

组建中央全面依法治国委员会，目的就是从体制机制上加强党对全面依法治国的**集中统一领导**，统筹推进全面依法治国工作；这既是加强党的领导的应有之义，也是法治建设的重要任务。

党委政法委员会是**党委**领导和管理政法工作的职能部门，是实现党对政法工作领导的重要组织形式，要带头在宪法法律范围内活动，善于运用法治思维和法治方式领导政法工作，在推进国家治理体系和治理能力现代化中发挥重要作用。

【经典题目】

近年来，一些党员领导干部利用手中权力和职务便利收受巨额贿赂，根据党内法规和法律被开除党籍和公职，并依法移送司法机关处理。对此，下列哪一说法是错误的？（　　）（2015－01－08）

A. 这表明党员领导干部在行使权力、履行职责时要牢记法律底线不可触碰

B. 依照党内法规惩治腐败，有利于督促党员领导干部运用法治思维依法办事

C. 要注重将党内法规与国家法律进行有效衔接和协调，以作为对党员违法犯罪行为进行法律制裁的依据

D. 党规党纪严于国家法律，对违反者必须严肃处理

解析要点：

C项：对党员实施法律制裁的依据只能是法律法规，党内法规不能适用于法律制裁，因为党内法规并非法的正式渊源。C项错误，正确的表述是"以国家法律作为对党员违法犯罪行为进行法律制裁的依据"。

A、B、D项正确。

综上所述，本题答案是C项。

【答案】 C

第二节　坚持以人民为中心★★★★★

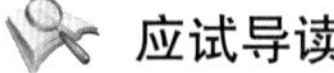

应试导读

本节内容是法考的五星级考点，非常重要，在客观题考试中，一般每套卷每一到

两年出1道题，分值1—2分。同时，本节内容有可能和“十一个坚持”的其他内容结合命题。对于本节内容，考生不应死记硬背，应认真学习，深入理解，充分熟悉，在此基础上记忆要点。

知识点

一、以人民为中心是中国特色社会主义法治的根本立场

党的十九届六中全会总结了一百年来党领导人民进行伟大奋斗积累的宝贵历史经验，“坚持人民至上”就是其中之一。人民群众是我们党的力量源泉，**人民立场**是中国共产党的**根本政治立场**。习近平总书记指出，“必须牢记我们的共和国是中华人民共和国，始终要把人民放在心中最高的位置，始终全心全意为人民服务，始终为人民利益和幸福而努力工作”。

以人民为中心是新时代坚持和发展中国特色社会主义的根本立场，是中国特色社会主义法治的本质要求。坚持以人民为中心，深刻回答了推进全面依法治国，建设社会主义法治国家**为了谁、依靠谁**的问题。

全面依法治国最广泛、最深厚的基础是人民，**推进全面依法治国的根本目的**是依法保障人民权益。习近平总书记强调：“我们党的宏伟奋斗目标，离开了人民支持就绝对无法实现。我们党的执政水平和执政成效都不是由自己说了算，**必须而且只能由人民来评判**。人民是我们党的工作的**最高裁决者和最终评判者**。”

我国社会主义制度保证了**人民当家作主的主体地位**，也保证了人民在全面推进依法治国中的主体地位。这是我们的制度优势，也是**中国特色社会主义法治区别于资本主义法治的根本所在**。

【要点对比】

依法治国的**根本保证**——党的领导。

推进全面依法治国的**根本目的**——依法保障人民权益。

二、坚持人民主体地位

坚持人民主体地位，必须把以人民为中心的发展思想融入到全面依法治国的伟大实践中。一方面，要保证人民在党的领导下依照法律规定通过各种途径和形式管理国家事务，管理经济和文化事业，管理社会事务。另一方面，要保证人民依法享有广泛的权利和自由、承担应尽的义务。

坚持人民主体地位，要求用法治保障人民当家作主。

三、牢牢把握社会公平正义的价值追求

公平正义是法治的生命线，是中国特色社会主义法治的内在要求。

坚持全面依法治国，建设社会主义法治国家，切实保障社会公平正义和人民权利，是社会主义法治的价值追求。全面依法治国必须紧紧围绕保障和促进社会公平正义，把公平正义贯穿到立法、执法、司法、守法的全过程和各方面，紧紧围绕保障和促进社会公平正义来推进法治建设和法治改革，创造更加公平正义的法治环境，努力让人

民群众在每一项法律制度、每一个执法决定、每一宗司法案件中都感受到公平正义。加强人权法治保障，非因法定事由、非经法定程序不得限制、剥夺公民、法人和其他组织的权利。

坚持以人民为中心，维护社会公平正义，必须坚持**法律面前人人平等**。习近平总书记在党的十九大报告中要求："树立宪法法律至上、法律面前人人平等的法治理念。"**平等是社会主义法律的基本属性，是社会主义法治的基本要求。**

四、推进全面依法治国的根本目的是依法保障人民权益

我们党全心全意为人民服务的根本宗旨，决定了必须始终把人民作为一切工作的中心。

推进全面依法治国，要切实保障公民的人身权、财产权、人格权和基本政治权利，保证公民经济、文化、社会等各方面权利得到落实。必须着力解决人民群众最关切的公共安全、权益保障、公平正义问题，努力维护最广大人民的根本利益，保障人民群众对美好生活的向往和追求。

【经典题目】

坚持人民主体地位，必须把以人民为中心的发展思想融入到全面依法治国的伟大实践中。对此，下列哪一说法是正确的？(　　)(2022 **年考生回忆版**)

A. 坚持以人民为中心，继承了"民惟邦本、本固邦宁"的民本理念

B. 坚持依法治国与以德治国相结合，体现了"屈法申恩、以德去刑"的儒家观念

C. 坚持抓住领导干部这个"关键少数"，反映了"有治人，无治法"的法家智慧

D. 坚持和发展新时代"枫桥经验"，表达了"和为贵、忍为高"的价值追求

解析要点：

A 项："民惟邦本、本固邦宁"的意思是人民才是国家的根基，根基牢固，国家才能安定。这句话体现了民本理念，也体现了以人民为中心的发展思想，应当继承和发扬。A 项正确。

B 项："屈法申恩、以德去刑"的意思是放宽刑罚，法外开恩，通过道德教化预防犯罪乃至消灭犯罪。这句话体现了"重德治，轻法治"的思想，没有体现依法治国与以德治国相结合。B 项错误。

C 项："有治人，无治法"的意思是有能够治理好国家的人才，没有能够使国家治理好的法律。这句话体现了"重人治，轻法治"的精神，和现代法治精神相违背。C 项错误。

D 项："和为贵、忍为高"的意思是和气是为人的法宝，忍让是处事的高招。"枫桥经验"坚持"小事不出村、大事不出镇、矛盾不上交、就地化解"，重点坚持人民主体地位，而发动和依靠群众，就地解决问题，并非一味要求群众通过忍让避免矛盾。D 项错误。

综上所述，本题答案是 A 项。

【答案】 A

第三节　坚持中国特色社会主义法治道路★★★★★

应试导读

本节内容是法考的五星级考点，非常重要，在客观题考试中，一般每套卷每一到两年出1道题，分值1—2分。同时，本节内容有可能和“十一个坚持”的其他内容结合命题。对于本节内容，考生不应死记硬背，应认真学习，深入理解，充分熟悉，在此基础上记忆要点。

知识点

一、中国特色社会主义法治道路是建设中国特色社会主义法治体系、建设社会主义法治国家的唯一正确道路

道路决定成败。习近平总书记指出：“全面推进依法治国，必须走对路。如果路走错了，南辕北辙了，那再提什么要求和举措也都没有意义了。”“中国特色社会主义法治道路是一个管总的东西。具体讲我国法治建设的成就，大大小小可以列举出十几条、几十条，但**归结起来就是开辟了中国特色社会主义法治道路这一条**。”“中国特色社会主义法治道路，是社会主义法治建设成就和经验的集中体现，**是建设中国特色社会主义法治体系、建设社会主义法治国家的唯一正确道路**。”

中国特色社会主义法治道路是最适合中国国情的法治道路。在坚持和拓展中国特色社会主义法治道路这个根本问题上，要树立自信、保持定力，必须从我国实际出发，同推进国家治理体系和治理能力现代化相适应，突出中国特色、实践特色、时代特色，**既不能罔顾国情、超越阶段，也不能因循守旧、墨守成规**。要学习借鉴世界上优秀的法治文明成果，但必须坚持**以我为主、为我所用**，认真鉴别、合理吸收，**不能搞“全盘西化”，不能搞“全面移植”，不能囫囵吞枣、照搬照抄**。

二、中国特色社会主义法治道路的核心要义

坚定不移走中国特色社会主义法治道路，必须深刻把握其核心要义。习近平总书记指出：“全面推进依法治国这件大事能不能办好，最关键的是方向是不是正确、政治保证是不是坚强有力，具体讲就是要**坚持党的领导，坚持中国特色社会主义制度，贯彻中国特色社会主义法治理论。”这三个方面实质上是中国特色社会主义法治道路的核心要义**，规定和确保了中国特色社会主义法治体系的制度属性和前进方向。

坚持党的领导	坚定不移走中国特色社会主义法治道路，**最根本的是坚持中国共产党的领导**。抓住了这个根本问题，就抓住了中国特色社会主义法治道路的本质。**党的领导是实现全面推进依法治国总目标的最根本保证**，必须始终坚持党总揽全局、协调各方的领导核心地位不动摇

坚持中国特色社会主义制度	中国特色社会主义制度是中国特色社会主义法治体系的根本制度基础，是全面推进依法治国的**根本制度保障**
贯彻中国特色社会主义法治理论	中国特色社会主义法治理论是中国特色社会主义法治体系的**理论指导和学理支撑**，是全面推进依法治国的行动指南

第四节　坚持依宪治国、依宪执政★★★★★

应试导读

本节内容是法考的五星级考点，非常重要，在客观题考试中，一般每套卷每一到两年出1道题，分值1—2分。同时，本节内容有可能和“十一个坚持”的其他内容结合命题。对于本节内容，考生不应死记硬背，应认真学习，深入理解，充分熟悉，在此基础上记忆要点。

知识点

一、坚持依法治国首先要坚持依宪治国，坚持依法执政首先要坚持依宪执政

坚持依法治国首先要坚持依宪治国，坚持依法执政首先要坚持依宪执政，这是宪法的地位和作用决定的。

坚持**依宪治国**，是推进全面依法治国、建设社会主义法治国家的基础性工作，科学回答了宪法如何更好促进全面建设社会主义现代化国家的关键性问题。坚持依宪治国，既强调宪法的根本法地位，又强调在全面依法治国过程中，必须依据宪法精神、宪法原则以及宪法所确定的各项制度推进依法治理。

坚持**依宪执政**，体现了中国共产党作为执政党的执政理念，体现了我们党对执政规律和执政方式的科学把握。我国宪法坚持党的领导、人民当家作主、依法治国有机统一，发扬人民民主，集中人民智慧，体现了全体人民共同意志，得到最广大人民的拥护和遵行。

坚持依宪治国、依宪执政，要坚持宪法确定的中国共产党领导地位不动摇，坚持宪法确定的人民民主专政的国体和人民代表大会制度的政体不动摇。

二、宪法是国家的根本法，是治国理政的总章程

宪法是国家的根本法，是治国理政的总章程，是党和人民意志的集中体现，具有最高的法律地位、法律权威、法律效力。

党的十八大以来，以习近平同志为核心的党中央高度重视宪法在国家政治生活和治国理政中的重要作用，强调**依宪治国、依宪执政是建设社会主义法治国家的首要任务**，全面系统地提出了依宪治国、依宪执政的重要举措，作出全面实施宪法与维护宪法权威的一系列重大战略部署，有力地推进了宪法实施和监督工作。

三、全面贯彻实施宪法

全面贯彻实施宪法，是建设社会主义法治国家的首要任务和基础性工作。习近平总书记指出："宪法的生命在于实施，宪法的权威也在于实施。"全面贯彻实施宪法，切实维护宪法尊严和权威，是维护国家法制统一、尊严、权威的前提，也是维护最广大人民根本利益、确保国家长治久安的重要保障。

国家宪法日	2014 年，全国人大常委会通过立法把每年 12 月 4 日设立为国家宪法日，开展国家宪法日活动，在全社会弘扬宪法精神
宪法宣誓制度	2015 年，全国人大常委会作出《关于实行宪法宣誓制度的决定》，并于 2018 年进行修订，规定各级人大及县级以上各级人大常委会选举或者决定任命的国家工作人员，以及各级人民政府、监察委员会、人民法院、人民检察院任命的国家工作人员，在就职时应当公开进行宪法宣誓，激励和教育国家工作人员忠于宪法、遵守宪法、维护宪法
宪法和法律委员会	2018 年，全国人大法律委员会更名为全国人大宪法和法律委员会，增加推动宪法实施、开展宪法解释、推进合宪性审查、加强宪法监督、配合宪法宣传等工作职责

四、推进合宪性审查工作

完善宪法监督制度，必须积极稳妥推进合宪性审查工作，加强备案审查制度和能力建设，依法撤销和纠正违宪违法的规范性文件，维护宪法权威。

监督宪法的实施	监督宪法的实施，是宪法赋予全国人大及其常委会的重要职责。全国人大及其常委会和国家有关监督机关要担负起宪法和法律监督职责，加强对宪法和法律实施情况的监督检查，健全监督机制和程序，坚决纠正违宪违法行为
加强宪法解释工作	推进合宪性审查工作，必须加强宪法解释工作，积极回应涉及宪法有关问题的关切，努力实现宪法稳定性和适应性的统一。要健全宪法解释程序机制，确保宪法解释准确、可靠
健全备案审查制度	通过健全备案审查制度，使所有的法规规章、司法解释和各类规范性文件出台后依法依规纳入备案审查范围 全国人大常委会的备案审查工作，包括审查有关规范性文件是否存在不符合宪法规定、不符合宪法精神的内容 其他国家机关发现规范性文件可能存在合宪性问题的，要及时报告全国人大常委会或者依法提请全国人大常委会审查 地方各级人大及其常委会要依法行使职权，保证宪法在本行政区域内得到遵守和执行

五、深入开展宪法宣传教育

习近平总书记强调，"宪法法律的权威源自人民的内心拥护和真诚信仰，加强宪法学习宣传教育是实施宪法的重要基础。要在全社会广泛开展尊崇宪法、学习宪法、遵守宪法、维护宪法、运用宪法的宣传教育，弘扬宪法精神，弘扬社会主义法治意识，增强广大干部群众的宪法意识，使全体人民成为宪法的忠实崇尚者、自觉遵守者、坚定捍卫者"。

具体做法	1. **要紧密结合党的理论和路线方针政策的宣传教育**。解读好宪法的精神、原则、要义，解读好宪法所规定的重大制度和重大事项 2. **要使宪法真正走入日常生活、走入人民群众**。通过灵活多样的形式和手段、鲜活生动的语言和事例，使广大人民群众真正认识到宪法不仅是全体公民必须遵循的行为规范，而且是保障公民权利的法律武器。坚持从青少年抓起，把宪法法律教育纳入国民教育体系 3. **要抓住领导干部这个"关键少数"**。把宪法教育作为党员干部教育的重要内容，使各级领导干部和国家机关工作人员掌握宪法的基本知识。完善国家工作人员学习宪法法律的制度，推动领导干部加强宪法学习，增强宪法意识，带头尊崇宪法、学习宪法、遵守宪法、维护宪法、运用宪法，做尊法学法守法用法的模范

第五节　坚持在法治轨道上推进国家治理体系和治理能力现代化★★★★

应试导读

本节内容是法考的四星级考点，比较重要，在客观题考试中，一般每套卷每一到两年出1道题，分值1—2分。同时，本节内容有可能和"十一个坚持"的其他内容结合命题。对于本节内容，考生不应死记硬背，应认真学习，深入理解，充分熟悉，在此基础上记忆要点。

知识点

全面依法治国是国家治理的一场广泛而深刻的革命。我国社会主义法治凝聚着我们党治国理政的理论成果和实践经验，是制度之治最基本最稳定最可靠的保障。

法治是国家治理体系和治理能力的重要依托	历史和现实都告诉我们，法治是治国理政的基本方式，是社会文明进步的显著标志。法治兴则民族兴，法治兴则国家兴，法治强则国家强。习近平总书记指出："法治是国家治理体系和治理能力的重要依托。只有全面依法治国才能有效保障国家治理体系的系统性、规范性、协调性，才能最大限度凝聚社会共识。" **国家治理体系**是在党领导下管理国家的制度体系，包括经济、政治、文化、社会、生态文明和党的建设等各领域的体制机制、法律法规安排，是一整套紧密相连、相互协调的国家制度 **国家治理能力**是运用国家制度管理社会各方面事务的能力，是改革发展稳定、内政外交国防、治党治国治军等各个方面国家制度执行能力的集中体现 面对世界百年未有之大变局，在法治轨道上推进国家治理能力现代化，最关键是要发挥党总揽全局、协调各方的领导核心作用
更好发挥法治固根本、稳预期、利长远的保障作用	全面推进依法治国，是着眼于实现中华民族伟大复兴中国梦、实现党和国家长治久安的长远考虑。习近平总书记指出："我们提出全面推进依法治国，坚定不移厉行法治，一个重要意图就是为了子孙万代计、为长远发展谋。"为此，必须更加重视法治、厉行法治，更好发挥法治固根本、稳预期、利长远的重要作用 坚持依法应对重大挑战、抵御重大风险、克服重大阻力、解决重大矛盾。要打赢防范化解重大风险攻坚战，必须坚持和完善中国特色社会主义制度、推进国家治理体系和治理能力现代化，运用制度威力应对风险挑战的冲击 新冠疫情就是一场突如其来的重大风险挑战，能不能坚持依法、科学、有序防控至关重要

坚持依法治军、从严治军	坚持党对军队的绝对领导，这是依法治军的核心和根本要求，是中国特色军事法治的最大优势。坚持构建完善中国特色军事法治体系；坚持按照法治要求转变治军方式；坚持从严治军铁律；坚持抓住领导干部这个“关键少数”
坚持依法保障“一国两制”实践与推进祖国统一	“一国两制”是党领导人民实现祖国和平统一的一项重要制度，是中国特色社会主义的一个伟大创举 必须高度重视依法保障“一国两制”实践，善于运用法治思维和法治方式进行治理，牢牢掌握宪法和基本法赋予的**中央对特别行政区全面管治权** 必须始终严格依照宪法和基本法办事，自觉维护宪法的最高法律地位和最高法律效力，坚决维护宪法和基本法权威 坚定不移并全面准确贯彻“一国两制”、“港人治港”、“澳人治澳”、高度自治的方针 必须坚持“一国”是实行“两制”的前提和基础，“两制”从属和派生于“一国”并统一于“一国”之内，绝不容忍任何挑战“一国两制”底线的行为
坚持依法治网	网络空间不是“法外之地”，同样要讲法治。网络空间是虚拟的，但运用网络空间的主体是现实的。习近平总书记指出：“网络空间同现实社会一样，既要提倡自由，也要保持秩序。**自由是秩序的目的，秩序是自由的保障。**” **完善网络立法**：加快制定完善互联网领域法律法规。要加强信息技术领域立法，及时跟进研究数字经济、互联网金融、人工智能、大数据、云计算等相关法律制度，完善互联网信息内容管理、关键信息基础设施保护等法律法规，抓紧补齐短板 **加强安全管理**：依法加强数据安全管理。加大个人信息保护力度，规范互联网企业和机构对个人信息的采集使用，特别是做好数据跨境流动的安全评估和监管。要加强关键信息基础设施安全保护，强化国家关键数据资源保护能力，增强数据安全预警和溯源能力。加强国际数据治理政策储备和治理规则研究，提出中国方案 **打击违法犯罪**：依法严厉打击网络违法犯罪行为，对利用网络鼓吹推翻国家政权、煽动宗教极端主义、宣扬民族分裂思想、教唆暴力恐怖活动等行为，要坚决制止和打击。对利用网络进行欺诈活动、散布色情材料、进行人身攻击、兜售非法物品等言行，要坚决管控和治理。对网络黑客、电信网络诈骗、侵犯公民个人隐私等违法犯罪行为，要切断网络犯罪利益链条，持续形成高压态势，维护人民群众合法权益 **推动国际合作**：共同维护网络空间和平安全，要倡导尊重网络主权，加强对话交流，有效管控分歧，同各国一道推动制定各方普遍接受的网络空间国际规则，制定网络空间国际反恐公约，健全打击网络犯罪司法协助机制

第六节　坚持建设中国特色社会主义法治体系★★★★★

应试导读

本节内容是法考的五星级考点，非常重要，在客观题考试中，一般每套卷每一到两年出1道题，分值1—2分。同时，本节内容有可能和“十一个坚持”的其他内容结合命题。对于本节内容，考生不应死记硬背，应认真学习，深入理解，充分熟悉，在此基础上记忆要点。

知识点

全面推进依法治国涉及立法、执法、司法、普法、守法各个环节、各个方面，必须有一个总揽全局、牵引各方的**总抓手**，这个总抓手就是建设中国特色社会主义法治体系。

中国特色社会主义法治体系，是中国特色社会主义制度的法律表现形式，是国家治理体系的骨干工程。

建设中国特色社会主义法治体系，就是在中国共产党领导下，坚持中国特色社会主义制度，贯彻中国特色社会主义法治理论，形成**完备的法律规范体系、高效的法治实施体系、严密的法治监督体系、有力的法治保障体系，形成完善的党内法规体系**。

全面推进依法治国，要求各项工作都要围绕建设中国特色社会主义法治体系、建设社会主义法治国家这个总目标来部署、来展开，都要围绕中国特色社会主义法治体系这个总抓手来谋划、来推进。

【背诵口诀】

中国特色社会主义法治体系：规范实施需监督，党内法规应保障。（具体指形成完备的法律规范体系、高效的法治实施体系、严密的法治监督体系、有力的法治保障体系，形成完善的党内法规体系）

建设完备的法律规范体系	经过长期努力，**中国特色社会主义法律体系已经形成**，国家和社会生活各方面总体上实现了有法可依。法律体系必须随着时代变化、理论创新和实践需要不断发展、不断完善 要不断完善以宪法为核心的中国特色社会主义法律体系，**坚持立法先行**，坚持立改废释并举，健全完善法律、行政法规、地方性法规，为全面推进依法治国提供遵循 要深入推进科学立法、民主立法、依法立法，提高立法质量和效率，以良法保善治、促发展 要加快我国法域外适用的法律体系建设，更好维护国家主权、安全、发展利益
建设高效的法治实施体系	法治实施体系是执法、司法、守法等宪法法律实施的工作体制机制 高效的法治实施体系，**最核心的是健全宪法实施体系**。全面贯彻实施宪法，是建设社会主义法治国家的首要任务和基础性工作 **执法**：要深入推进执法体制改革，完善执法程序，推进综合执法，严格执法责任，建立权责统一、权威高效的行政执法体制 **司法**：要深化司法体制改革，完善司法管理体制和司法权力运行机制，规范司法行为，加强对司法活动的监督，切实做到公正司法 **普法守法**：坚持把全民普法和守法作为全面依法治国的长期基础性工作，采取有力措施加强法治宣传教育，不断增强全民法治观念
建设严密的法治监督体系	**法治监督体系**是由党内监督、人大监督、民主监督、行政监督、司法监督、审计监督、社会监督、舆论监督等构成的权力制约和监督体系 **党的领导**：要加强党对法治监督工作的集中统一领导，把法治监督作为党和国家监督体系的重要内容，保证行政权、监察权、审判权、检察权依法正确行使，保证公民、法人和其他组织合法权益得到切实保障 **监督合力**：加强国家机关监督、民主监督、群众监督和舆论监督，形成法治监督合力，发挥整体监督效能 **完善机制**：加强执纪执法监督，坚持把纪律规矩挺在前面，推进执纪执法贯通，建立有效衔接机制。建立健全立法监督工作机制，完善监督程序。建立健全与执法司法权运行机制相适应的制约监督体系，构建权责清晰的执法司法责任体系，健全政治督察、综治督导、执法监督、纪律作风督查巡查等制度机制 **人民监督**：要拓宽人民监督权力的渠道，公民对于任何国家机关和国家工作人员有提出批评和建议的权利，对于任何国家机关和国家工作人员的违法失职行为有向有关国家机关提出申诉、控告或者检举的权利

建设有力的法治保障体系	**法治保障体系**包括党领导全面依法治国的制度和机制、队伍建设和人才保障等。有力的法治保障体系，是推进全面依法治国的重要支撑 **党的领导**：坚持党的领导，把党的领导贯穿于依法治国各领域全过程，是社会主义法治的根本保证 **制度自信**：坚定中国特色社会主义制度自信，坚持走中国特色社会主义法治道路，健全完善中国特色社会主义法治体系，筑牢全面依法治国的制度保障 **队伍建设**：大力加强法治工作队伍建设，用习近平法治思想武装头脑，切实提高法治工作队伍思想政治素质、业务工作能力、职业道德水准，切实提高运用法治思维和法治方式的能力水平，夯实社会主义法治建设的组织和人才保障 **科技手段**：要充分运用大数据、云计算、人工智能等现代科技手段，全面建设"智慧法治"，推动法治中国建设的数据化、网络化、智能化
建设完善的党内法规体系	党内法规既是管党治党的重要依据，也是建设社会主义法治国家的有力保障 必须完善党内法规制定体制机制，完善党的组织法规制度、党的领导法规制度、党的自身建设法规制度、党的监督保障法规制度 要加大党内法规备案审查和解释力度，注重党内法规同国家法律的衔接和协调 要完善党内法规制度体系，确保内容科学、程序严密、配套完备、运行有效，形成制度整体效应，强化制度执行力，为提高党的领导水平和执政能力提供有力的制度保障

【要点对比】

中国特色社会主义法律体系**已经形成**。

法治国家、法治政府、法治社会**尚未建成**。

【经典题目】

2020年，全国人大常委会共收到报送备案的行政法规、地方性法规、自治条例和单行条例、经济特区法规、司法解释、特别行政区法律1 310件，全国人大常委会法工委逐件开展了主动审查。同时，法工委对5 146件公民、组织提出的审查建议，也在逐一审查后，向审查建议人作了反馈。对此，下列哪一说法是正确的？（　　）（2021年考生回忆版）

A. 备案审查制度是加快形成有力的法治保障体系的重要举措

B. 维护宪法尊严、保证宪法实施，应加强备案审查制度和能力建设

C. 所有规范性文件都必须报送全国人大常委会才能提高立法的水平

D. 公民可以向全国人大常委会提出对行政法规和地方性法规进行备案审查的要求

解析要点：

A项：法治保障体系包括党领导全面依法治国的制度和机制、队伍建设和人才保障等。备案审查制度属于宪法监督制度，是法治监督体系的组成部分。A项错误。

B项：加强备案审查制度和能力建设能够纠正违宪违法行为，从而维护宪法尊严，保证宪法实施。B项正确。

C项：并非所有规范性文件都必须报送全国人大常委会备案。全国人大常委会接受行政法规、监察法规、地方性法规、自治州和自治县的自治条例和单行条例以及司法解释的备案，不接受规章等规范性文件的备案。因此，C项说法过于绝对，故错误。

D项：规范性文件的审查请求包括要求审查和建议审查两种情况。公民可以向全国人大常委会书面提出审查建议，而非审查要求。D项错误。

综上所述，本题答案是B项。

【答案】B

第七节　坚持依法治国、依法执政、依法行政共同推进，法治国家、法治政府、法治社会一体建设★★★★★

应试导读

本节内容是法考的五星级考点，非常重要，在客观题考试中，一般每套卷每一到两年出1道题，分值1—2分。同时，本节内容有可能和“十一个坚持”的其他内容结合命题。对于本节内容，考生不应死记硬背，应认真学习，深入理解，充分熟悉，在此基础上记忆要点。

知识点

全面依法治国是一个系统工程。全面依法治国涉及改革发展稳定、内政外交国防、治党治国治军等各个领域，必须立足全局和长远来统筹谋划。系统观念是具有基础性的思想和工作方法。要坚持系统观念，准确把握**全面依法治国工作布局**，坚持依法治国、依法执政、依法行政共同推进，法治国家、法治政府、法治社会一体建设。

依法治国、依法执政、依法行政是一个有机整体，**关键在于党要坚持依法执政、各级政府要坚持依法行政**。法治国家、法治政府、法治社会三者各有侧重、相辅相成：**法治国家是法治建设的目标，法治政府是建设法治国家的主体，法治社会是构筑法治国家的基础。**全面推进依法治国，必须着眼全局、统筹兼顾，在共同推进上着力，在一体建设上用劲。

法治国家是法治建设的目标	建设社会主义法治国家，是我们党确定的建设社会主义现代化国家的重要目标。历史和现实都告诉我们，法治兴则国兴，法治强则国强。从我国古代看，凡属盛世都是法制相对健全的时期。从世界历史看，国家强盛往往同法治相伴而生 党的十八届四中全会明确提出，全面推进依法治国，总目标是建设中国特色社会主义法治体系，建设社会主义法治国家
法治政府是建设法治国家的主体	习近平总书记强调，“推进全面依法治国，法治政府建设是重点任务和主体工程，对法治国家、法治社会建设具有示范带动作用” **全面依法治国，法治政府建设要率先突破。**必须深入推进依法行政，加快建设法治政府，构建职责明确、依法行政的政府治理体系 各级政府必须坚持在党的领导下、在法治轨道上开展工作，创新执法体制，完善执法程序，推进综合执法，严格执法责任，建立权责统一、权威高效的依法行政体制。加快建设职能科学、权责法定、执法严明、公开公正、智能高效、廉洁诚信、人民满意的法治政府
法治社会是构筑法治国家的基础	全面依法治国需要全社会共同参与，需要增强全社会法治观念，必须在全社会弘扬社会主义法治精神，建设社会主义法治文化 **要在全社会树立法律权威**，使人民认识到法律既是保障自身权利的有力武器，也是必须遵守的行为规范 **广泛开展依法治理活动，提高社会治理法治化水平**，培育社会成员办事依法、遇事找法、解决问题用法、化解矛盾靠法的良好环境

【要点对比】

建设社会主义法治国家的**首要任务和基础性工作**——全面贯彻实施宪法。

社会主义法治的**根本保证**——党的领导。

中国特色社会主义法治的**根本立场**——以人民为中心。

中国特色社会主义法治的**本质要求**——以人民为中心。

推进全面依法治国的**根本目的**——依法保障人民权益。

全面推进依法治国**总目标**——建设中国特色社会主义法治体系、建设社会主义法治国家。

全面推进依法治国**总抓手**——建设中国特色社会主义法治体系。

全国推进依法治国的**工作布局**——坚持依法治国、依法执政、依法行政共同推进，法治国家、法治政府、法治社会一体建设。

【经典题目】

关于法治社会、法治国家、法治政府间的关系，下列说法错误的是（　　）。(2019 年考生回忆版)

A. 法治国家、法治政府、法治社会三者相互联系、相互支撑

B. 法治社会是建设法治国家的基础

C. 法治社会是法治建设的目标

D. 法治政府的建设对法治国家的建设具有示范作用

解析要点：

C 项：法治国家是法治建设的目标，法治政府是建设法治国家的重点，法治社会是构筑法治国家的基础。C 项错误。

A、B、D 项正确。

综上所述，本题答案是 C 项。

【答案】C

第八节　坚持全面推进科学立法、严格执法、公正司法、全民守法★★★★★

应试导读

本节内容是法考的五星级考点，非常重要，在客观题考试中，一般每套卷每一到两年出 1 道题，分值 1—2 分。同时，本节内容有可能和“十一个坚持”的其他内容结合命题。对于本节内容，考生不应死记硬背，应认真学习，深入理解，充分熟悉，在此基础上记忆要点。

知识点

全面依法治国是一项长期而重大的历史任务，党的十一届三中全会确立了“有法可依、有法必依、执法必严、违法必究”的社会主义法制建设的**“十六字方针”**。

习近平总书记在党的十九大报告中指出，全面依法治国是国家治理的一场深刻革命，必须坚持厉行法治，推进科学立法、严格执法、公正司法、全民守法。**“科学立法、严格执法、公正司法、全民守法”**是全面依法治国的重要环节，成为指引新时代法治中国建设的**“新十六字方针”**。

推进科学立法	法律是治国之重器，良法是善治之前提 建设中国特色社会主义法治体系，**必须坚持立法先行**，深入推进科学立法、民主立法、依法立法，提高立法质量和效率，以良法促进发展、保障善治 **立法内容**：要注重加强重点领域、新兴领域、涉外领域立法，注重将社会主义核心价值观融入立法，注重健全国家治理急需、满足人民日益增长的美好生活需要必备的法律制度 **立法程序**：要优化立法职权配置，发挥人大及其常委会在立法工作中的主导作用；要扩大公众有序参与，创新公众参与立法方式；要明确立法权力边界，从体制机制和工作程序上有效防止部门利益和地方保护主义法律化
推进严格执法	执法是行政机关履行政府职能、管理经济社会事务的主要方式 **要加强宪法和法律实施**，维护社会主义法制的统一、尊严、权威，形成人们不愿违法、不能违法、不敢违法的法治环境，做到有法必依、执法必严、违法必究 行政机关是实施法律法规的重要主体，**要带头严格规范文明执法** 要加强对执法活动的监督，严禁过度执法、逐利执法、粗暴执法 **坚决排除对执法活动的非法干预**，坚决防止和克服地方保护主义和部门保护主义 **坚决惩治腐败现象**，做到有权必有责、用权受监督、违法必追究 **要严格执法资质**，严格实行行政执法人员持证上岗和资格管理制度 进一步整合行政执法队伍，推动执法重心下移，提高行政执法能力水平 **继续探索实行跨领域跨部门综合执法**，建立执法队伍主管部门和相关行业管理部门相互支持、密切配合、信息共享的联动机制 **全面落实行政执法责任制**，严格确定不同部门及机构、岗位执法人员执法责任和责任追究机制 **要加强行政执法与刑事司法有机衔接**，坚决克服有案不移、有案难移、以罚代刑等现象 **要健全行政纠纷解决体系**，推动构建行政调解、行政裁决、行政复议、行政诉讼有机衔接的纠纷解决机制
推进公正司法	公正司法事关人民切身利益，事关社会公平正义，事关全面推进依法治国。各级司法机关要紧紧围绕努力让人民群众在每一个司法案件中都感受到公平正义这个目标来改进工作，坚持做到严格司法、规范司法 **体制机制改革**：要紧紧抓住影响司法公正、制约司法能力的深层次问题，深化司法体制和工作机制改革，加强党对司法工作的领导，确保审判机关、检察机关依法独立公正行使审判权、检察权，全面落实司法责任制。健全公安机关、检察机关、审判机关、司法行政机关各司其职，侦查权、检察权、审判权、执行权相互配合、相互制约的体制机制 **完善诉讼制度**：要拓展公益诉讼案件范围，完善公益诉讼法律制度，探索建立民事公益诉讼惩罚性赔偿制度，强化诉讼过程中当事人和其他诉讼参与人的知情权、陈述权、辩护辩论权、申请权、申诉权的制度保障，完善人民监督员制度，依法规范司法人员与当事人、律师、特殊关系人、中介组织的接触、交往行为 **改进工作作风**：要改进司法工作作风，通过热情服务切实解决好老百姓打官司难问题，特别是要加大对困难群众维护合法权益的法律援助 **加大司法公开**：加大司法公开力度，以回应人民群众对司法公正公开的关注和期待

推进全民守法	法律要发生作用，全社会首先要信仰法律 **要深入开展法治宣传教育**，在全社会弘扬社会主义法治精神，传播法律知识，培养法律意识，在全社会形成宪法至上、守法光荣的良好社会氛围 要引导全体人民遵守法律，有问题依靠法律来解决，使法治成为社会共识和基本准则 **要突出普法重点内容**，努力在增强普法的针对性和实效性上下功夫，不断提升全体公民法治意识和法治素养 **要坚持法治教育与法治实践相结合**，广泛开展依法治理活动，提高社会治理法治化水平 **要坚持依法治国和以德治国相结合**，把法治建设和道德建设紧密结合起来，把他律和自律紧密结合起来，做到法治和德治相辅相成、相互促进

【经典题目】

增强全民法治观念，推进法治社会建设，使人民群众内心拥护法律，需要健全普法宣传教育机制。某市的下列哪一做法没有体现这一要求？(　　)(2015－01－07)

A. 通过《法在身边》电视节目、微信公众号等平台开展以案释法，进行普法教育

B. 印发法治宣传教育工作责任表，把普法工作全部委托给人民团体

C. 通过举办法治讲座、警示教育报告会等方式促进领导干部带头学法、模范守法

D. 在暑期组织“预防未成年人违法犯罪模拟法庭巡演”，向青少年宣传《未成年人保护法》

解析要点：

B 项：“把普法工作全部委托给人民团体”做法不妥。政府应坚持普法责任制，谁执法、谁普法，普法工作可以部分委托但不能完全交给人民团体。B 项错误。

A、C、D 项正确。

综上所述，本题答案是 B 项。

【答案】 B

第九节　坚持统筹推进国内法治和涉外法治★★★

应试导读

本节内容是法考的三星级考点，比较重要，在客观题考试中，一般每套卷每两到三年出 1 道题，分值 1—2 分。同时，本节内容有可能和“十一个坚持”的其他内容结合命题。对于本节内容，考生不应死记硬背，应认真学习，深入理解，充分熟悉，在此基础上记忆要点。

知识点

一、统筹推进国内法治和涉外法治是全面依法治国的迫切任务

当今世界正面临百年未有之大变局，国际社会经济发展和地缘政治安全发生深刻变化。国家主权、安全、发展利益是国家核心利益，**切实维护国家主权、安全、发展利益是涉外法治工作的首要任务。**

当前，随着我国经济实力和综合国力快速增长，对外开放全方位深化，“一带一路”建设深入推进，我国日益走近世界舞台中央，深度融入全球化进程，维护我国国家利益和公民、法人境外合法权益的任务日益繁重。

统筹推进国内法治和涉外法治，协调推进国内治理和国际治理，是全面依法治国的必然要求，是建立以**国内大循环为主体、国内国际双循环**相互促进的新发展格局的客观需要，是维护国家主权、安全、发展利益的迫切需要。

二、加快涉外法治工作战略布局

统筹国内国际两个大局是我们党治国理政的基本理念和基本经验，统筹推进国内法治和涉外法治、加快涉外法治工作战略布局即是这一理念和经验在法治领域的具体体现。

立法	要加快形成系统完备的涉外法律法规体系，积极构建更加完善的涉外经济法律体系，逐步形成法治化、国际化、便利化的营商环境
执法司法	要提升涉外执法司法效能，引导企业、公民在“走出去”过程中更加自觉遵守当地法律法规和风俗习惯，提高运用法律和规则维护自身合法权益的意识和能力
理论制度	要加强反制裁、反干涉和反制“长臂管辖”的理论研究和制度建设，努力维护公平公正的国际环境
人才培养	要加大涉外法治人才培养力度，尽快建设一支精通国内法治和涉外法治，既熟悉党和国家方针政策、了解我国国情又具有全球视野、熟练运用外语、通晓国际规则的高水平法治人才队伍，为我国参与国际治理提供有力人才支撑

三、加强对外法治交流合作

法治是人类政治文明的重要成果，是现代社会治理的基本手段；既是国家治理体系和治理能力的重要依托，也是维护世界和平与发展的重要保障。

维护引导国际秩序	要旗帜鲜明地坚定维护以联合国为核心的国际体系，坚定维护以联合国宪章宗旨和原则为基础的国际法基本原则和国际关系基本准则，坚定维护以国际法为基础的国际秩序 引导国际社会共同塑造更加公正合理的国际新秩序，推动构建人类命运共同体
执法安全国际合作	积极参与执法安全国际合作，共同打击暴力恐怖势力、民族分裂势力、宗教极端势力和贩毒走私、跨国有组织犯罪
司法领域国际合作	坚持深化司法领域国际合作，完善我国司法协助体制，扩大国际司法协助覆盖面
反腐败国际合作	加强反腐败国际合作，加大海外追赃追逃、遣返引渡力度
提高国际法斗争能力	要提高国际法斗争能力，坚持国家主权平等，坚持反对任何形式的霸权主义，坚持推进国际关系民主化法治化，综合利用立法、执法、司法等法律手段开展斗争，坚决维护国家主权、安全、发展利益

参与引领国际规则制定	要主动参与并努力引领国际规则制定，对不公正不合理、不符合国际格局演变大势的国际规则、国际机制提出中国的改革方案，推动形成公正、合理、透明的国际规则体系，提高我国在全球治理体系变革中的话语权和影响力

四、为构建人类命运共同体提供法治保障

党的十八大以来，习近平总书记着眼中国人民和世界人民的共同利益，高瞻远瞩地提出构建人类命运共同体重要理念。

构建人类命运共同体，需要有与其内含意旨相符合、反映当今时代特色、体系结构合理和谐的调整国际社会关系的法律规则。必须坚持民主、平等、正义，建设国际法治。不断实现国际法治内容和路径变革，在国际社会确立良法和推行善治，有助于推动人类命运共同体从理想变为现实。

第十节　坚持建设德才兼备的高素质法治工作队伍★★★

应试导读

本节内容是法考的三星级考点，比较重要，在客观题考试中，一般每套卷每两到三年出1道题，分值1—2分。同时，本节内容有可能和“十一个坚持”的其他内容结合命题。对于本节内容，考生不应死记硬背，应认真学习，深入理解，充分熟悉，在此基础上记忆要点。

知识点

一、建设一支德才兼备的高素质法治工作队伍至关重要

法治工作队伍是国家治理队伍的一支重要力量，处于法治实践的最前沿。他们的素质如何，直接影响和制约着国家治理法治化的进程。

要坚持把法治工作队伍建设作为**全面依法治国的基础性工作**，大力推进法治专门队伍革命化、正规化、专业化、职业化，培养造就一大批高素质法治人才及后备力量。

二、加强法治专门队伍建设

我国的法治专门队伍主要包括在人大和政府从事立法工作的人员、在行政机关从事执法工作的人员、在司法机关从事司法工作的人员。全面推进依法治国，首先必须把这几支法治专门队伍建设好。

政治标准	**要坚持把政治标准放在首位**，加强科学理论武装，坚持用习近平新时代中国特色社会主义思想特别是习近平法治思想武装头脑，深入开展理想信念教育，深入开展社会主义核心价值观教育

公正廉洁	**要把强化公正廉洁的职业道德作为必修课**，自觉用法律职业伦理约束自己，信仰法治、坚守法治，培育职业良知，坚持严格执法、公正司法，树立惩恶扬善、执法如山的浩然正气，杜绝办“金钱案”“权力案”“人情案”
职业准入资格管理	**完善法律职业准入、资格管理制度**，建立法律职业人员统一**职前培训制度**和在职法官、检察官、警官、律师**同堂培训制度** 完善从符合条件的律师、法学专家中招录立法工作者、法官、检察官、行政复议人员制度
交流机制	加强立法工作队伍建设。建立健全立法、执法、司法部门干部和人才**常态化交流机制**，加大法治专门队伍与其他部门具备条件的干部和人才交流力度
边疆民族基层建设	加强边疆地区、民族地区和基层法治专门队伍建设
员额管理	健全法官、检察官员额管理制度，规范遴选标准、程序
辅助人员队伍建设	加强执法司法辅助人员队伍建设
职业保障	建立健全符合职业特点的法治工作人员管理制度，完善职业保障体系 健全执法司法人员依法履职免责、履行职务受侵害保障救济、不实举报澄清等制度

三、加强法律服务队伍建设

法律服务队伍是全面依法治国的重要力量，由律师、公证员、司法鉴定人、仲裁员、人民调解员、基层法律服务工作者、法律服务志愿者等构成。

律师队伍建设	要充分发挥**律师**在全面依法治国中的重要作用，加强律师队伍思想政治建设，完善律师执业保障机制，增强广大律师走中国特色社会主义法治道路的自觉性和坚定性 要落实党政机关、人民团体、国有企业事业单位普遍建立**法律顾问制度和公职律师、公司律师制度**，健全相关工作规则，理顺管理体制机制，重视发挥法律顾问和公职律师、公司律师作用
其他队伍建设	要加快发展公证员、司法鉴定人、仲裁员、人民调解员、基层法律服务工作者、法律服务志愿者等几支法律服务队伍，满足人民群众日益增长的法律服务需求和法治社会建设的需要
人才流动	建立激励**法律服务人才跨区域流动机制**，逐步解决基层和欠发达地区法律服务资源不足和高端人才匮乏问题

四、加强法治人才培养

高校教育	**高校作为法治人才培养的第一阵地**，要充分利用学科齐全、人才密集的优势，加强法治及其相关领域基础性问题的研究，对复杂现实进行深入分析、作出科学总结，提炼规律性认识，为完善中国特色社会主义法治体系、建设社会主义法治国家提供理论支撑 办好法学教育，必须加强法学教师队伍建设，打造一支政治立场坚定、理论功底深厚、熟悉中国国情的高水平法学专家队伍 要大力加强法学学科体系建设，认真总结法学教育和法治人才培养经验和优势，深入研究和解决好为谁教、教什么、教给谁、怎样教的问题，探索建立适应新时代全面依法治国伟大实践需要的法治人才培养机制

实践教育	要强化法学教育实践环节，处理好法学知识和法治实践教学的关系，将立法执法司法实务工作部门的优质法治实践资源引进高校课堂。加强法学教育、法学研究工作者和法治实务工作者之间的交流
借鉴吸收	坚持以我为主、兼收并蓄、突出特色，积极吸收借鉴世界上的优秀法治文明成果，有甄别、有选择地吸收和转化，不能囫囵吞枣、照搬照抄，努力以中国智慧、中国实践为世界法治文明建设作出贡献

【经典题目】

某市律师协会与法院签订协议，选派 10 名实习律师到法院从事审判辅助工作 6 个月，法院为他们分别指定一名资深法官担任导师。对此，下列哪一说法是正确的？（　　）（2017-01-07）

A. 法官与律师具有完全相同的职业理想和职业道德

B. 是对法院审判活动进行监督的一种新途径

C. 有助于加深律师和法官相互的了解和信任

D. 是从律师中招录法官、充实法官队伍的一种方式

解析要点：

A 项：法官与律师的职业理想与职业道德，既有共性要求，也有各自的个性特点。“完全相同”说法过于绝对，A 项错误。

B 项：实习律师到法院从事审判辅助工作目的是辅助工作和学习而不是监督。B 项错误。

C 项：实习律师到法院从事审判辅助工作有助于加深律师和法官相互的了解和信任。C 项正确。

D 项：《法官法》规定，初任法官采用严格考核的办法，按照德才兼备的标准，从通过国家统一法律职业资格考试取得法律职业资格，并具备法官条件的人中择优提出人选，实行统一招考制度，而不是直接从律师中招录法官。D 项错误。

综上所述，本题答案是 C 项。

【答案】 C

第十一节　坚持抓住领导干部这个“关键少数”★★★

应试导读

本节内容是法考的三星级考点，比较重要，在客观题考试中，一般每套卷每两到三年出 1 道题，分值 1—2 分。同时，本节内容有可能和“十一个坚持”的其他内容结合命题。对于本节内容，考生不应死记硬背，应认真学习，深入理解，充分熟悉，在此基础上记忆要点。

知识点

领导干部是全面依法治国的关键	领导干部是全面推进依法治国的重要组织者、推动者、实践者，是全面依法治国的关键。习近平总书记指出："各级领导干部作为具体行使党的执政权和国家立法权、行政权、司法权的人，在很大程度上决定着全面依法治国的方向、道路、进度。党领导立法、保证执法、支持司法、带头守法，**主要是通过各级领导干部的具体行动和工作来体现、来实现**。因此，高级干部做尊法学法守法用法的模范，是实现全面推进依法治国目标和任务的关键所在。"**领导干部对法治建设既可以起到关键推动作用，也可能起到致命破坏作用**。必须把领导干部作为全面依法治国实践的重中之重予以高度重视，牢牢抓住领导干部这个"关键少数"
领导干部要做尊法学法守法用法的模范	尊崇法治、敬畏法律，是领导干部必须具备的基本素质 1. **领导干部必须做尊法的模范**，带头尊崇法治、敬畏法律，彻底摒弃人治思想和长官意识，决不搞以言代法、以权压法 2. **领导干部必须做学法的模范**，深入学习贯彻习近平法治思想，带头了解法律、掌握法律，充分认识法治在推进国家治理体系和治理能力现代化中的重要地位和重大作用 3. **领导干部必须做守法的模范**，牢记法律红线不可逾越、法律底线不可触碰，带头遵纪守法、捍卫法治 4. **领导干部必须做用法的模范**，带头厉行法治、依法办事，真正做到在法治之下而不是法治之外更不是法治之上想问题、作决策、办事情 **领导干部做尊法学法守法用法的模范，要靠自觉，也要靠制度保证**。我们党就此提出了一系列制度安排，包括完善党政部门依法决策机制，建立行政机关内部重大决策合法性审查机制，建立重大决策终身责任追究制度及责任倒查机制，建立领导干部干预司法活动、插手具体案件处理的记录、通报和责任追究制度，建立法治建设成效考核制度等
领导干部要提高运用法治思维和法治方式的能力	善用法治思维和法治方式可以促进法治实践，法治实践又会激发人们自觉能动地运用法治思维和法治方式 党政主要负责人要履行推进**法治建设第一责任人职责**，统筹推进科学立法、严格执法、公正司法、全民守法 **领导干部要守法律、重程序、讲规矩**，带头营造办事依法、遇事找法、解决问题用法、化解矛盾靠法的法治环境，善于用法治思维谋划工作，用法治方式处理问题 **要牢记职权法定**，牢记权力来自哪里、界线划在哪里，做到法定职责必须为、法无授权不可为 **要坚持以人民为中心**，牢记法治的真谛是保障人民权益，权力行使的目的是维护人民权益 **要加强对权力运行的制约监督**，依法设定权力、规范权力、制约权力、监督权力，把权力关进制度的笼子里 **要把法治素养和依法履职情况作为重要内容纳入干部考核评价**，让尊法学法守法用法成为领导干部自觉行为和必备素质
党政主要负责人要履行推进法治建设第一责任人职责	党政主要负责人要履行推进法治建设第一责任人职责，这是推进法治建设的重要组织保证 **党委主要负责人**：党委主要负责人在推进法治建设中应当充分发挥党委在推进本地区法治建设中的领导核心作用，定期听取有关工作汇报，及时研究解决有关重大问题，将法治建设纳入地区发展总体规划和年度工作计划，与经济社会发展同部署、同推进、同督促、同考核、同奖惩 **政府主要负责人**：政府主要负责人在推进法治建设中应加强对本地区法治政府建设的组织领导，制定工作规划和年度工作计划，及时研究解决法治政府建设有关重大问题，为推进法治建设提供保障、创造条件 **约束机制**：要完善党政主要负责人履行推进法治建设第一责任人职责的约束机制，党政主要负责人不履行或者不正确履行推进法治建设第一责任人职责的，应当依照《中国共产党问责条例》等有关党内法规和国家法律法规予以问责

【经典题目】

实施依法治国方略，要求各级领导干部善于运用法治思维思考问题，处理每项工作都要依法依规进行。下列哪一做法违反了上述要求？（　　）（2014－01－03）

A. 某市环保部门及时发布大型化工项目的环评信息，回应社会舆论质疑

B. 某市法院为平息来访被害人家属及群众情绪签订保证书，根据案情承诺加重处罚被告人

C. 某市人大常委会就是否在地方性法规中规定“禁止地铁内进食”举行立法听证

D. 某省推动建立涉法涉诉信访依法终结制度

解析要点：

A 项：某市环保部门及时发布环评信息回应社会舆论质疑的行为，体现了政府依法公开信息的要求。A 项正确。

B 项：某市法院为平息群众情绪签订承诺加重处罚被告人的保证书的行为违反了司法公正，没有做到“以事实为依据，以法律为准绳”。B 项错误。

C 项：在制定地方性法规前，对某项规定举行立法听证，确保了公众的知情权和参与权，符合依法治国原则。C 项正确。

D 项：对信访采取法律程序进行终结，体现了以法治思维解决矛盾的要求。D 项正确。

综上所述，本题答案是 B 项。

【答案】B

第三章　习近平法治思想的实践要求

第一节　充分发挥法治对经济社会发展的保障作用★★★★★

应试导读

本节内容是法考的五星级考点，非常重要，在客观题考试中，一般每套卷每一到两年出1道题，分值1—2分。对于本节内容，考生不应死记硬背，应认真学习，深入理解，充分熟悉，在此基础上记忆要点。

知识点

一、以法治保障经济发展

意义	厉行法治是发展社会主义市场经济的内在要求，也是社会主义市场经济良性运行的根本保障 习近平总书记在中央全面依法治国委员会第一次会议上指出："贯彻新发展理念，**实现经济从高速增长转向高质量发展，必须坚持以法治为引领**。"习近平总书记在中央全面依法治国委员会第二次会议上强调："**法治是最好的营商环境**。"
措施	1. **要根据新发展阶段的特点，围绕推动高质量发展、构建新发展格局**，加快转变政府职能，加快打造市场化、法治化、国际化营商环境，打破行业垄断和地方保护，打通经济循环堵点，推动形成全国统一、公平竞争、规范有序的市场体系 2. **要不断完善社会主义市场经济法律制度**，加快建立和完善现代产权制度，推进产权保护法治化，加大知识产权保护力度 3. **要积极营造公平有序的经济发展法治环境**，依法平等保护各类市场主体合法权益，营造各种所有制主体依法平等使用资源要素、公开公平公正参与竞争、同等受到法律保护的市场环境 4. **要切实贯彻实施好《民法典》**，更好保障人民权益，推进全面依法治国、建设社会主义法治国家

二、以法治保障政治稳定

意义	保障政治安全、政治稳定是法律的重要功能 党的十八大以来，党和国家通过修改宪法，依法保障人民当家作主，依法维护国家政治安全，党心民心进一步提振和凝聚，党的领导地位和人民民主专政政权更加稳固 习近平总书记指出："国际国内环境越是复杂，改革开放和社会主义现代化建设任务越是繁重，越要运用法治思维和法治手段巩固执政地位、改善执政方式、提高执政能力，保证党和国家长治久安。"

措施	推进全面依法治国，必须要加强和改善党的领导，健全党领导全面依法治国的制度和工作机制，推进党的领导制度化、法治化，通过法治保障党的路线方针政策有效实施，以法治方式巩固党的执政地位，以党的领导维护和促进政治稳定和国家长治久安

三、以法治保障文化繁荣

意义	文化是民族血脉和人民的精神家园，是一个国家的灵魂 党的十八大以来，紧紧围绕建立健全坚持社会主义先进文化前进方向、遵循文化发展规律、有利于激发文化创造力、保障人民基本文化权益的文化法律制度，深化文化体制改革，依法保障社会主义文化事业建设，促进社会主义文化大发展、大繁荣
措施	当前，我国文化建设进入一个新的发展阶段，文化事业日益繁荣，文化产业快速发展，特别是互联网新技术新应用日新月异，由此带来的相关法律问题日益突出 **要坚持用社会主义核心价值观引领文化立法**，完善社会主义先进文化的法治保障机制，依法规范和保障社会主义先进文化发展方向，进一步完善中国特色社会主义文化法律制度体系 **要深入推进社会主义文化强国建设**，加快公共文化服务体系建设，运用法治方式保障人民文化权益，满足人民群众的基本文化需求 **要坚持依法治网、依法办网、依法上网，加快网络法治建设**，加强互联网领域立法，完善网络信息服务、网络安全保护、网络社会管理等方面的法律法规，依法规范网络行为，促进互联网健康有序发展

四、以法治保障社会和谐

意义	社会和谐稳定是人民群众的共同心愿，是改革发展的重要前提 随着改革开放和社会主义现代化建设不断推进，我国经济社会发生深刻变化，民生和社会治理领域出现一些新情况、新问题。妥善处理好这些矛盾和问题，处理好各方面利益关系，充分调动各方面积极性，从根本上还是要靠法律、靠制度
措施	**要充分发挥法治作为保障和改善民生制度基石的作用，加强民生法治保障**，破解民生难题，着力保障和改善民生 **要更加注重社会建设**，推进社会体制改革，扩大公共服务，完善社会管理，促进社会公平正义，满足人民日益增长的美好生活需要 **要坚持和完善共建共治共享的社会治理制度**，完善党委领导、政府负责、社会协同、公众参与、法治保障的社会治理体制，畅通公众参与重大公共决策的渠道，切实保障公民、法人和其他组织合法权益 **要贯彻落实总体国家安全观**，加快国家安全法治建设，提高运用法治手段维护国家安全的能力 **切实做好新冠疫情依法防控工作**，抓紧构建系统完备、科学规范、运行有效的疫情防控和公共卫生法律体系，依法保障人民群众生命健康安全

五、以法治保障生态良好

意义	生态环境是关系党的使命宗旨的**重大政治问题**，也是关系民生的**重大社会问题** 党的十八大描绘了生态文明建设的宏伟蓝图，勾勒出“美丽中国”的美好愿景
措施	**要加大生态环境保护执法司法力度**，大幅度提高破坏环境违法犯罪的成本，强化各类环境保护责任主体的法律责任，强化绿色发展法律和政策保障，用严格的法律制度保护生态环境 **要建立健全自然资源产权法律制度**，完善国土空间开发保护法律制度，完善生态环境保护管理法律制度，加快构建有效约束开发行为和促进绿色发展、循环发展、低碳发展的生态文明法治体系

第二节 正确认识和处理全面依法治国一系列重大关系★★★★★

应试导读

本节内容是法考的五星级考点，非常重要，在客观题考试中，一般每套卷每一到两年出1道题，分值1—2分。对于本节内容，考生不应死记硬背，应认真学习，深入理解，充分熟悉，在此基础上记忆要点。

知识点

一、政治和法治

政治和法治的关系	正确处理政治和法治的关系，是法治建设的一个根本问题 有什么样的政治就有什么样的法治，政治制度和政治模式必然反映在以宪法为统领的法律制度体系上，体现在立法、执法、司法、守法等法治实践之中 习近平总书记指出：**“法治当中有政治，没有脱离政治的法治。”**
党和法的关系	**“党大还是法大”是一个伪命题**。习近平总书记强调：“我们说不存在‘党大还是法大’的问题，是把党作为一个执政整体而言的，是指党的执政地位和领导地位而言的，具体到每个党政组织、每个领导干部，就必须服从和遵守宪法法律，就不能以党自居，就不能把党的领导作为个人以言代法、以权压法、徇私枉法的挡箭牌。” **“权大还是法大”则是一个真命题**。各级领导干部尤其要弄明白法律规定怎么用权，什么事能干，什么事不能干，把权力运行的规矩立起来、讲起来、守起来，真正做到谁把法律当儿戏，谁就必然要受到法律的惩罚
党的政策和国家法律的关系	两者在本质上是一致的 **党的政策是国家法律的先导和指引，是立法的依据和执法司法的重要指导** 要善于通过法定程序使党的政策成为国家意志、形成法律，并通过法律保障党的政策有效实施，从而确保党发挥总揽全局、协调各方的领导核心作用。党的全面领导在法治领域，就是党领导立法、保证执法、支持司法、带头守法

二、改革和法治

法治和改革有着内在的必然联系，二者相辅相成、相伴而生，如鸟之两翼、车之两轮。必须在法治下推进改革，在改革中完善法治。

党的十八大以来，习近平总书记就改革和法治的关系作出了一系列重要论述，强调全面深化改革需要法治保障，全面推进依法治国也需要深化改革，把法治改革纳入全面深化改革的总体部署。

要坚持改革决策和立法决策相统一、相衔接，确保改革和法治实现良性互动	立法主动适应改革需要，积极发挥引导、推动、规范、保障改革的作用，做到重大改革于法有据，改革和法治同步推进，增强改革的穿透力 ——**对实践证明已经比较成熟的改革经验和行之有效的改革举措**，要尽快上升为法律，先修订、解释或者废止原有法律之后再推行改革 ——**对部门间争议较大的重要立法事项**，要加快推动和协调，不能久拖不决

要坚持改革决策和立法决策相统一、相衔接，确保改革和法治实现良性互动	——**对实践条件还不成熟、需要先行先试的**，要按照法定程序作出授权，在若干地区开展改革试点，既不允许随意突破法律红线，也不允许简单以现行法律没有依据为由迟滞改革 ——**对不适应改革要求的现行法律法规**，要及时修改或废止，不能让一些过时的法律条款成为改革的“绊马索”
善于通过改革和法治推动贯彻落实新发展理念	习近平总书记指出：“要深入分析新发展理念对法治建设提出的新要求，深入分析贯彻落实新发展理念在法治领域遇到的突出问题，有针对性地采取对策措施，**运用法治思维和法治方式贯彻落实新发展理念**。” 立足新发展阶段，必须坚持以法治为引领，坚决纠正“发展要上、法治要让”的认识误区，杜绝立法上“放水”、执法上“放弃”的乱象，用法治更好地促进发展，实现经济高质量发展
法治领域也必须深化改革	**目标**：要围绕让人民群众在每一项法律制度、每一个执法决定、每一宗司法案件中都感受到公平正义这个目标，深化司法体制综合配套改革，加快建设公正高效权威的社会主义司法制度 **具体措施**：1. **要健全社会公平正义法治保障制度**，完善公益诉讼制度，健全执法权、监察权、司法权运行机制，加强权力制约和监督 2. **要加快构建系统完备、规范高效的执法司法制约监督体系**，加强对立法权、执法权、监察权、司法权的监督，健全纪检监察机关、公安机关、检察机关、审判机关、司法行政机关各司其职，侦查权、检察权、审判权、执行权相互制约的体制机制，确保执法司法各环节、全过程在有效制约监督下进行 3. **要加强统筹谋划，完善法治人才培养体系**，加快发展律师、公证、司法鉴定、仲裁、调解等法律服务队伍，着力建设一支忠于党、忠于国家、忠于人民、忠于法律的社会主义法治工作队伍 4. **要深化执法司法人员管理体制改革**，加强法治专门队伍管理教育和培养 5. **要深化政法队伍教育整顿**，继续依法打击执法司法领域腐败行为，推动扫黑除恶常态化

三、依法治国和以德治国

习近平总书记指出：“**法律是准绳，任何时候都必须遵循；道德是基石，任何时候都不可忽视。**在新的历史条件下，我们要把依法治国基本方略、依法执政基本方式落实好，把法治中国建设好，必须坚持依法治国和以德治国相结合，使法治和德治在国家治理中相互补充、相互促进、相得益彰，推进国家治理体系和治理能力现代化。”

中国特色社会主义法治道路的一个鲜明特点，就是**坚持依法治国与以德治国相结合**，既重视发挥**法律的规范作用**，又重视发挥**道德的教化作用**，这是历史经验的总结，也是对治国理政规律的深刻把握。**要提高全民法治意识和道德自觉**，使全体人民成为社会主义法治的忠实崇尚者、自觉遵守者、坚定捍卫者，争做社会主义道德的示范者、良好风尚的维护者。**要发挥领导干部在依法治国和以德治国中的关键作用**，以实际行动带动全社会崇德向善、尊法守法。

强化法律对道德建设的促进作用	**立法、执法、司法都要体现社会主义道德要求**，都要把社会主义核心价值观贯穿其中，使社会主义法治成为良法善治： 立法：要把实践中广泛认同、较为成熟、操作性强的道德要求及时上升为法律规范，引导全社会崇德向善 执法：要坚持严格执法，弘扬真善美、打击假恶丑 司法：要坚持公正司法，发挥司法断案惩恶扬善功能 **要运用法治手段解决道德领域突出问题：** **要加强相关立法工作**，明确对失德行为的惩戒措施 **要依法加强对群众反映强烈的失德行为的整治**。对突出的诚信缺失问题，既要抓紧建立覆盖全社会的征信系统，又要完善守法诚信褒奖机制和违法失信惩戒机制，使人不敢失信、不能失信。对见利忘义、制假售假的违法行为，要加大执法力度，让败德违法者受到惩治、付出代价
强化道德对法治的支撑作用	坚持依法治国和以德治国相结合，就要重视发挥**道德的教化作用**，提高全社会文明程度，为全面依法治国创造良好人文环境 要在道德体系中体现法治要求，**发挥道德对法治的滋养作用**，努力使道德体系同社会主义法律规范相衔接、相协调、相促进 **要在道德教育中突出法治内涵**，注重培育人们的法律信仰、法治观念、规则意识，引导人们自觉履行法定义务、社会责任、家庭责任，营造全社会都讲法治、守法治的文化环境

【经典题目】

相传，清朝大学士张英的族人与邻人争宅基，两家因之成讼。族人驰书求助，张英却回诗一首："一纸书来只为墙，让他三尺又何妨？万里长城今犹在，不见当年秦始皇。"族人大惭，遂后移宅基三尺。邻人见状亦将宅基后移三尺，两家重归于好。根据上述故事，关于依法治国和以德治国的关系，下列哪一理解是正确的？（ ）（2016-01-02）

A. 在法治国家，道德通过内在信念影响外部行为，法律的有效实施总是依赖于道德

B. 以德治国应大力弘扬"和为贵、忍为高"的传统美德，不应借诉讼对利益斤斤计较

C. 道德能够令人知廉耻、懂礼让、有底线，良好的道德氛围是依法治国的重要基础

D. 通过立法将"礼让为先""勤俭节约""见义勇为"等道德义务全部转化为法律义务，有助于发挥道德在依法治国中的作用

解析要点：

A项：法律是约束人们行为的，却不能因此认为法律的有效实施总是依赖于道德，法律与道德二者应该是相辅相成。A项错误。

B项：在法治国家，追逐合法利益是无可厚非的，而通过诉讼等合法方式也是被允许的。"斤斤计较"往往是权利意识觉醒的体现，如消费者权益的保障，这些是要提倡的。B项错误。

C项：坚持依法治国与以德治国相结合，必须坚持一手抓法治、一手抓德治，以道德滋养法治精神、强化道德对法治文化的支撑作用，实现法律和道德相辅相成、法

治和德治相得益彰。C 项正确。

D 项：道德与法律互有区别，相对独立发展，不能认为道德义务可以完全转化为法律义务。D 项错误。

综上所述，本题答案是 C 项。

【答案】 C

四、依法治国和依规治党

国有国法，党有党规。依法治国、依法执政，既要求党依据宪法法律治国理政，也要求党依据党内法规管党治党。

依规管党治党是依法治国的重要前提和政治保障。 正确处理依法治国和依规治党的关系，是中国特色社会主义法治建设的鲜明特色。

党的十九大提出要坚持**依法治国和依规治党有机统一**，并将其纳入新时代中国特色社会主义基本方略。习近平总书记指出："要发挥依法治国和依规治党的**互补性作用**，确保党既依据宪法法律治国理政，又依据党内法规管党治党、从严治党。"

要完善党内法规体系	党内法规体系是**中国特色社会主义法治体系重要组成部分**。党内法规是党的**中央组织、中央纪律检查委员会**以及**党中央工作机关和省、自治区、直辖市党委**制定的体现党的统一意志、规范党的领导和党的建设活动、依靠党的纪律保证实施的专门规章制度 党内法规体系是**以党章为根本，以民主集中制为核心，以准则、条例等中央党内法规为主干**，由各领域各层级党内法规制度组成的有机统一整体。要从全面依法治国和全面从严治党相统一的高度，科学认识党内法规及其与国家法律的关系，**确保党内法规与国家法律的衔接与协调**
坚持依规治党带动依法治国	习近平总书记指出："依规治党深入党心，依法治国才能深入民心。" 只有坚持依规治党，切实解决党自身存在的突出问题，才能使中国共产党始终成为中国特色社会主义事业的坚强领导核心，才能为全面依法治国确立正确的方向和道路，才能发挥好党领导立法、保证执法、支持司法、带头守法的政治优势 只有坚持依规治党，使各级党组织和全体党员牢固树立法治意识、规则意识、程序意识，弘扬宪法精神和党章精神，才能对科学立法、严格执法、公正司法、全民守法实行科学有效的领导，在全面依法治国中起到引领和保障作用

第五编　中国法律史

概述　中国法律史考情与备考要点

一、考试分值

法考改革后，司法部官方不再公布真题以及答案，根据考生回忆：

在客观题考试中，中国法律史每年每套卷**考查 4 分左右**。

在主观题考试中，不考查中国法律史。

二、命题特点

（一）内容庞杂，命题重点不够突出

中国法律史内容很多，从纵向看，时间跨度长，包括先秦、秦汉、魏晋南北朝、隋唐、宋元、明清、中华民国各个历史时期的法律思想和制度；从横向看，内容范围广，每个历史时期既考查法律思想，又考查法律制度（刑事法律制度、民事法律制度、司法制度等）。

但是，中国法律史命题重点不够突出，给考生备考造成一定的压力。

（二）命题直接，考查细节

中国法律史命题经常考查官方辅导用书中的细节词句。试举几例：

例 1：《大明律》由朱元璋在建国初年开始编修，其律文简于唐律，其精神宽于宋律。（2022 年考生回忆版某选项）

分析：该选项表述错误。《大明律》由朱元璋在建国初年开始编修，其律文简于唐

律，其精神**严于**宋律。

例 2：隋代正式设置大理寺，以大理寺卿和少卿为正副长官。（2021 年考生回忆版某选项）

分析：该选项表述**错误**，应为**北齐**时期正式设置大理寺。命题人有意混淆了朝代。

例 3：古代成语“大逆不道”中，“大逆”和“不道”是十恶中两种罪名。（2020 年考生回忆版某选项）

分析：该选项表述**正确**。十恶分别是谋反、**谋大逆**、谋叛、恶逆、**不道**、大不敬、不孝、不睦、不义、内乱。

综上所述，中国法律史内容多，考得细，分值低，属于备考性价比较低的学科。

三、备考建议

学习目标：其他科目学有余力时，再背诵中国法律史要点。

具体做法：

对于中国法律史，整体不建议考生投入太多备考时间和精力。

考生在其他科目学有余力的前提下，首先，可以结合本书以及配套课程，明确中国法律史相对重要的考点；其次，将本学科配套习题做一遍；最后，到了在客观题冲刺阶段，建议优先背诵其他科目，有余力时再背诵中国法律史。

第一章　中国古代法律史

第一节　中国古代法律思想演变★★

应试导读

本节内容是法考的二星级考点，重要性一般，在客观题考试中，一般每套卷每三到五年出1道题，分值1分。

知识点

基础知识：历史朝代顺序表

夏商与西周，东周分两段。

春秋和战国，一统秦两汉。

三分魏蜀吴，两晋前后延。

南北朝并立，隋唐五代传。

宋元明清后，皇朝至此完。

一、西周时期的法律思想

以德配天 明德慎罚	周初统治者认为，“上天”将统治人间的“天命”授予那些有“德”者；一旦统治者“失德”，就会失去上大的庇护，新的有德者即应运而生，取而代之 **“德”**的要求：敬天、敬祖、保民 **“明德慎罚”**：实施德教，用刑宽缓 注意　西周“以德配天，明德慎罚”——汉代中期“德主刑辅，礼刑并用”——唐代“礼律合一”
出礼入刑	礼的含义： 1. **抽象的精神原则**。可归纳为**“亲亲”**与**“尊尊”**两方面。“亲亲父为首，尊尊君为首” 2. **具体的礼仪形式**。西周时期主要有五个方面，通称**“五礼”**：吉礼（祭祀之礼）、凶礼（丧葬之礼）、军礼（行兵仗之礼）、宾礼（迎宾待客之礼）、嘉礼（冠婚之礼） 注意　西周的礼已经具备法的性质，具有规范性、国家意志性和强制性 礼刑关系：

出礼入刑	1. **“出礼入刑”** “礼”正面、积极地规范人们言行 “刑”对一切违礼的行为进行处罚 两者共同构成西周法律的完整体系 2. **“礼不下庶人，刑不上大夫”** **“礼不下庶人”**强调礼有等级差别，禁止任何越礼的行为 **“刑不上大夫”**强调贵族官僚在适用刑罚上的特权 整体强调平民百姓与贵族官僚之间的不平等，强调官僚贵族的法律特权

【经典题目】

《汉书·陈宠传》就西周礼刑关系描述说：“礼之所去，刑之所取，失礼则入刑，相为表里。”关于西周礼刑的理解，下列哪一选项是正确的？（　　）（2017－01－15）

A. 周礼分为五礼，核心在于“亲亲”“尊尊”，规定了政治关系的等级

B. 西周时期五刑，即墨、劓、剕（刖）、宫、大辟，适用于庶民而不适用于贵族

C. “礼”不具备法的性质，缺乏国家强制性，需要“刑”作为补充

D. 违礼即违法，在维护统治的手段上“礼”“刑”二者缺一不可

解析要点：

A项：周礼的核心在于“亲亲”“尊尊”，即“亲亲父为首”和“尊尊君为首”，既规定了政治关系等级，又规定了血缘亲属关系等级。A项错误。

B项：西周所谓“刑不上大夫”，指的是贵族在适用刑罚上可以享有某些特权，一般犯罪能够获得宽宥，但贵族若有严重犯罪，也会受到刑罚制裁。B项错误。

C项：西周的礼已经具备法的性质，具有规范性、国家意志性和强制性。C项错误。

D项：西周时期，礼刑互为表里，“礼”正面、积极地规范人们言行，“刑”对一切违礼的行为进行处罚；刑与礼是个统一体，共同构成西周法制的完整体系。D项正确。

综上所述，本题答案是D项。

【答案】D

二、东周时期的法律思想

商鞅变法与法家思想	1. **改法为律，扩充法律内容**：“改法为律”强调法律规范的普遍性 2. **运用法律手段推行“富国强兵”的措施**：“富国强兵”是变法的终极目的，颁布《分户令》与《军爵律》 3. **运用法律手段剥夺旧贵族特权**：废除世卿世禄，按军功授爵；取消分封制，实行郡县制 4. **以法治国，明法重刑**：以法治国、轻罪重刑、不赦不宥、鼓励告奸、实行连坐

三、汉代的法律思想

上请	1. 始于西汉，即通过请示皇帝给**有罪贵族官僚**某些优待 2. 东汉时，上请成为官僚贵族的一项**普遍特权**，从**徒刑二年**到**死刑**都可以适用

恤刑	1. 以“为政以仁”相标榜，贯彻**儒家矜老恤幼**的思想 2. 年 80 岁以上的老人，8 岁以下的幼童，以及怀孕未产的妇女、老师、侏儒等，在有罪监禁期间，给予不戴刑具的优待 3. 老人、幼童及连坐妇女，除犯大逆不道诏书指明追捕的犯罪外，一律不再拘捕监禁
亲亲得首匿	背景：汉宣帝时期确立，主张亲属间首谋藏匿犯罪可以不负刑事责任
	内容：对**卑幼亲属首匿尊长亲属**的犯罪行为，不追究刑事责任 对**尊长亲属首匿卑幼亲属**的犯罪行为，罪应处死的，可上请皇帝宽贷
	评价：反映出汉律的儒家化（来源于儒家“父为子隐，子为父隐，直在其中”的理论），并且成为以后中华法系的主要特点之一，一直影响着中国及其周边东亚、东南亚各国的后世立法

四、唐代的法律思想

礼律合一	《唐律》开篇载明：**“德礼为政教之本，刑罚为政教之用。”** 把封建伦理道德的精神力量与政权法律统治力量紧密糅合在一起 法的强制力加强了礼的**束缚作用**，礼的约束力增强了法的**威慑力量**，从而构筑了**严密的统治法网**
科条简要 宽简适中	**秦汉**：以往秦汉法律，向以**繁杂**著称。西汉武帝以后，因一事立一法，导致律令杂乱 **魏晋南北朝**：西晋修律对汉律令作了大幅度的**缩减**，《北齐律》定为 12 篇 949 条，较之前又有所进步 **隋唐**：唐朝沿袭隋制，实行**精简、宽平**的原则，定律 12 篇 502 条，并为后世所继承
立法技术 完善	唐律在立法技术上表现出**高超的水平**。如自首、化外人相犯、类推原则的确定等都有充分体现

五、明清的法律思想

明刑弼教	“明刑弼教”一词最早见于《尚书》，宋代朱熹作出新的阐释：提高了礼刑关系中刑的地位，认为**礼律二者对治国同等重要**，刑与德的关系不再是“德主刑辅”中的“从属”关系，德对刑不再有制约作用，而只是刑罚的目的，刑罚也不必拘泥于“先教后刑”的框框，而可以“先刑后教” 经朱熹阐发、朱元璋身体力行的“明刑弼教”思想，则完全是借“弼教”之口实，为推行**重典治国政策**提供思想理论依据
刑罚 从重从新	凡律自颁降日为始，若犯在以前者，并**依新律拟断**
重其所重 轻其所轻	**重其所重**：对于**贼盗及有关钱粮**等事，明律较唐律处刑为重，不分情节，一律处以重刑，且扩大株连范围 **轻其所轻**：为了突出“重其所重”的原则，对于**“典礼及风俗教化”等一般性犯罪**，处罚轻于唐律 **发展**：清代继承了这一原则，扩大加重对“谋反”“谋大逆”等侵犯皇权犯罪的惩罚。“文字狱”按谋反大逆定罪，多被处以极刑并株连最广

第二节 中国古代重要法典★★★

应试导读

本节内容是法考的三星级考点，比较重要，在客观题考试中，一般每套卷每两到三年出1道题，分值1分。重难点提示：考生学习本节时，要相对重视记忆考点中的"第一次""第一部""最后一部"。

知识点

一、春秋战国时期的重要法典

<table>
<tr><td>铸刑书</td><td colspan="2">郑国子产"铸刑书"：中国历史上第一次公布成文法</td></tr>
<tr><td>铸刑鼎</td><td colspan="2">晋国赵鞅"铸刑鼎"：中国历史上第二次公布成文法
意义：成文法的公布，否定了"刑不可知，则威不可测"的旧传统，明确了"法律公开"这一新兴地主阶级的立法原则</td></tr>
<tr><td rowspan="3">《法经》</td><td>内容</td><td>《法经》是中国历史上第一部比较系统的成文法典。它是战国时期魏国李悝在总结春秋以来各国成文法的基础上制定的，在中国立法史上具有重要历史地位。《法经》共六篇：
1. 盗法：侵犯财产
2. 贼法：危害人身、危害国家安全、破坏社会秩序
注意 李悝将盗、贼两篇放在法典之首，认为"王者之政莫急于盗贼"
3. 网法：囚禁和审判罪犯，又名囚法
4. 捕法：追捕盗贼及其他犯罪者
注意 网、捕两篇多属于诉讼法
5. 杂法："盗贼"以外的其他犯罪与刑罚，主要规定了"六禁"（淫禁、狡禁、城禁、嬉禁、徒禁、金禁）
6. 具法：定罪量刑中从轻从重等法律原则的规定，起着"具其加减"的作用，相当于近代刑法典中的总则部分</td></tr>
<tr><td>基本特征</td><td>1. 贯彻了法家"轻罪重刑"的法治理论
2. 充分反映了新兴地主阶级的意志与利益</td></tr>
<tr><td>历史地位</td><td>1.《法经》是战国时期政治制度变革的重要成果，是战国时期封建立法的典型代表和全面总结
2.《法经》的体例和内容，为后世传统封建成文法典的进一步完善奠定了重要的基础</td></tr>
</table>

二、魏晋南北朝时期的重要法典

<table>
<tr><td rowspan="2">《魏律》
（《曹魏律》）</td><td>结构</td><td>魏明帝下诏改定刑制，作新律18篇，将"具律"改为"刑名"，置于律首</td></tr>
<tr><td>重要内容</td><td>"八议"入律：对特定人物犯罪实行减免处罚（议亲、议故、议贤、议能、议功、议贵、议勤、议宾）</td></tr>
</table>

《晋律》 （泰始律）	结构	西晋晋武帝诏颁《晋律》，20 篇 总则：在刑名后增加**“法例律”**，丰富了刑法总则的内容 分则：分则重新编排，向**“刑宽”“禁简”**方向迈进
	重要内容	1. **“准五服以制罪”**的确立：《晋律》与《北齐律》中相继确立“准五服以制罪”的制度。这项制度影响广泛，直到明清 服制是中国封建社会以丧服为标志，按服制依亲属从近到远分为五等：斩衰、齐衰、大功、小功、缌麻 服制不但确定继承与赡养等权利义务关系，同时也是**亲属相犯时确定刑罚轻重的依据** 例如，斩衰亲服制最高，尊长犯卑幼减免处罚，卑幼犯尊长加重处罚。缌麻亲服制最疏，尊长犯卑幼处罚相对从重，卑幼犯尊长处罚相对从轻 2. **“张杜律”**：张斐、杜预为《晋律》作注，经晋武帝批准颁行，成为与《晋律》具有**同等法律效力的官方法律解释**；《晋律》及该注解合称“张杜律” 例如，张斐对一些法律名词作了说明，如“故意”是“知而犯之谓之故意”；“过失”是“不意误犯谓之过失”
《北魏律》	结构	20 篇
	重要内容	**“官当”**制度：允许官吏以官职爵位折抵徒刑的特权制度 北朝《北魏律·法例篇》规定：每一爵级抵当徒罪 2 年 南朝《陈律》规定：凡以官抵折徒刑，同赎刑结合使用 “八议”与“官当”制度实质上是**适用刑罚的特殊原则**的体现
《北齐律》	结构	总则：将“刑名”与“法例律”合为**“名例律”**1 篇，充实了刑法总则 分则：精炼了分则，成为 11 篇 共 12 篇
	重要内容	规定**“重罪十条”**，置于律首，作为严厉打击的对象。“其犯此十者，不在八议论赎之限” **反逆**（造反）；**大逆**（毁坏皇帝宗庙、山陵与宫殿）；**叛**（叛变）；**降**（投降）；**恶逆**（殴打谋杀尊亲属）；**不道**（凶残杀人）；**不敬**（盗用皇室器物及对皇帝不尊重）；**不孝**（不侍奉父母，不按礼制服丧）；**不义**（杀本府长官与授业老师）；**内乱**（亲属间乱伦行为）
	评价	《北齐律》是当时最有水准的法典，在中国法律史上起着承先启后的作用，对后世的立法影响深远

三、隋唐时期的重要法典

《开皇律》	结构	隋文帝杨坚颁行，继承了北齐律“法令明审、科条简要”的特点，共 12 篇，500 条
	重要内容	1. **确立传统五刑**：以**笞、杖、徒、流、死**作为基本的刑罚手段，上述五刑通称为帝制时期的五刑，以有别于西周时期的墨、劓、剕、宫、大辟旧五刑 2. **创设十恶之条**：《开皇律》在北齐律“重罪十条”的基础上加以删增，创设了“十恶”条款。把十种严重危害统治秩序及悖逆传统纲常名教的犯罪归纳起来，称为“十恶”，置于律之首篇《名例律》予以特别规定，作为刑罚的重点 3. **议请减赎当免之法**：继承发展贵族官僚特权法律的**“议请减赎当免之法”** **【背诵口诀】** 五刑十恶开皇创，特权议请减赎当

《武德律》	结构	唐高祖李渊颁行，共12篇，500条，是**唐代首部法典**
《贞观律》	结构	唐太宗李世民在《武德律》基础上修订，共12篇，500条
	重要内容	对《武德律》进行了较大修改，基本上确定了唐律的主要内容和风格
《永徽律疏》	结构	唐高宗李治在《贞观律》的基础上修订，共12篇，502条
	重要内容	**《律疏》**：鉴于当时中央、地方在审判中对法律条文理解不一，每年科举考试中明法科考试也无统一的权威标准的情况，唐高宗在永徽三年（公元652年）下令，召集律学通才和一些重要臣僚对《永徽律》进行**逐条逐句的解释** 唐高宗批准，将疏议分附于律文之后颁行，计分12篇，共30卷，称为《永徽律疏》，又称为《唐律疏议》
	评价	《永徽律疏》的完成，**标志着中国古代立法达到了最高水平**，是中国历史上迄今保存下来的最完整、最早、最具有社会影响的古代成文法典，在中国古代立法史上占有最为重要的地位

附：唐律的历史地位

唐律是我国传统法典的楷模	唐律是我国传统法典的楷模，在中国法律史上具有继往开来、承前启后的重要地位，对**东南亚各国**均有影响 唐朝承袭秦汉立法成果，吸收汉晋律学成就，集古代中国传统法典之大成也，对宋元明清产生了深刻影响
唐律是中华法系的代表作	作为中华法系的代表作，唐律超越国界，对亚洲诸国产生了重大影响： 1. **朝鲜**《高丽律》篇章内容都取法于唐律 2. **日本**文武天皇制定《大宝律令》，也以唐律为蓝本 3. **越南**李太宗时期颁布的《刑书》，大多参用唐律

【经典题目】

元代人在《唐律疏议序》中说："乘之（指唐律）则过，除之则不及，过与不及，其失均矣。"表达了对唐律的敬畏之心。下列关于唐律的哪一表述是错误的？（　　）(2016-01-17)

A. 促使法律统治"一准乎礼"，实现了礼律统一

B. 科条简要、宽简适中、立法技术高超，结构严谨

C. 是我国传统法典的楷模与中华法系形成的标志

D. 对古代亚洲及欧洲诸国产生了重大影响，成为其立法渊源

解析要点：

A项：《唐律疏议》承袭和发展了以往礼法并用的统治方法，使得法律统治"一准乎礼"，真正实现了礼与律的统一。A项正确。

B项：《唐律疏议》以科条简要、宽简适中为特点；在立法技术上，表现出高超的水平，且结构严谨，如自首、化外人有犯、类推原则的确定都有充分的体现。B项正确。

C、D项：作为中国传统法制的最高成就，《唐律疏议》全面体现了中国法律制度的水平、风格和基本特征，成为中华法系的代表性法典。但是，《唐律疏议》的影响尚未到达欧洲等国。C项正确，D项错误。

综上所述，本题答案是D项。

【答案】D

四、宋元时期的重要法典

《宋刑统》	宋太祖建隆三年（公元 962 年）开始修订宋朝新的法典，次年完成，由太祖诏“付大理寺刻板摹印，颁行天下”，是历史上**第一部刊印颁行的封建法典** 《宋刑统》的编纂体例可追溯至唐宣宗时颁行的《大中刑律统类》，在具体编纂上，仍以传统的刑律为主，同时将有关敕、令、格、式和朝廷禁令、州县常科等条文，都分类编附于后，使其成为一部具有**统括性和综合性的法典**
编敕	**敕**在南北朝以后成为**皇帝诏令**的一种。宋代的敕是指皇帝对特定的人或事所做的命令，**效力往往高于律**，成为断案的依据
	编敕是将一个个单行的**敕令整理成册**，上升为一般法律形式的立法过程，是宋代一项重要和频繁的立法活动。特点为： 1. 宋仁宗前基本是“敕律并行”，编敕一般依律的体例分类，独立于《宋刑统》之外 2. 宋神宗时敕的地位提高，已到足以**破律、代律**的地步 3. 敕主要是关于犯罪与刑罚方面的规定

五、明清时期的重要法典

《大明律》	背景：《大明律》是**明太祖朱元璋**在建国初年开始编修，于洪武三十年（公元 1397 年）完成并颁行天下的法典 **结构**：一改唐、宋旧律的传统体例，形成了以名例、吏、户、礼、兵、刑、工**七篇为构架**的格局 **评价**：《大明律》律文简于唐律，精神严于宋律
《明大诰》	**背景**：为防止“法外遗奸”，**明太祖手订四编《大诰》**，将其亲自审理的案例加以整理汇编，并加上因案而发的“训导”，作为训诫臣民的特别法令颁布天下，具有**与《大明律》相同的法律效力** **特点**：1. **重典治世：大诰集中体现了朱元璋“重典治世”**的思想，对律中原有的罪名，一般都加重处罚 2. **滥用法外之刑**：大诰中开列有族诛、枭首、断手、斩趾等酷刑 3. **重典治吏**：大多数条文专为惩治贪官污吏而定，以强化统治效能 4. **空前普及**：大诰是中国法制史上空前普及的法规，每户一册，也列入科举考试的内容 明太祖死后，大诰被束之高阁，不具法律效力
《大清律例》	**结构**：乾隆年间修订颁行，结构、形式、体例、篇目与《大明律》基本相同，共 7 篇，自乾隆五年（公元 1740 年）颁律以后律文部分基本定型，极少修订，后世只是不断增修后面的“附例” **评价**：中国历史上**最后一部传统成文法典**，是中国传统法典的集大成者
清代的例	清代最重要的法律形式之一就是**例**。例是统称，可分为条例、则例、事例、成例等名目，引例断案是**成文法适用的补充形式** **以律为宗，例以辅律**：有清一代，至乾隆朝，定法律“五年一小修，十年一大修”。律文高度稳定，甚少大的改动，条例则随时增删，以补律文之不足；此时的“例”并非“案例”，已是**高度抽象条文化**（而非案件故事叙述式）的表达。与律典密切相关的“条例”则更是如此。《大清律例》代表了传统中国帝制时期的基本“律例”关系。形成了“以律为宗，例以辅律”的体例传统

【经典题目】

明太祖朱元璋主持编修了《大明律》《明大诰》。关于上述法律典籍，下列哪一说法是正确的？（　　）（2022年考生回忆版）

A.《明大诰》乃开国之作，其在明代的作用可以与《大明律》相提并论

B.《大明律》由朱元璋在建国初年开始编修，其律文简于唐律，其精神宽于宋律

C.《大明律》自明初开始编修，几易其稿，从未颁行，表明统治者的慎重态度

D.《明大诰》是明初特别刑事法规，其具有滥用法外之刑和重典治吏的特点

解析要点：

A、B项：《大明律》在法律史上具有重要地位，其律文简于唐律，其精神严于宋律，成为终明之世通行不改的基本法典。而《明大诰》在明太祖死后，被束之高阁，不具法律效力。因此，《明大诰》在明代的作用不能与《大明律》相提并论。A、B项错误。

C项：《大明律》是明太祖朱元璋在建国初年开始编修，于洪武三十年（公元1397年）完成并颁行天下的法典。C项错误。

D项：《明大诰》是明初的一种特别刑事法规，其特点之一是“滥用法外之刑”：四编大诰中开列的刑罚如族诛、枭首、断手、斩趾等，都是汉律以来久不载于法令的酷刑。“重典治吏”是其又一特点，其中大多数条文专为惩治贪官污吏而定，以此强化统治效能。D项正确。

综上所述，本题答案是D项。

【答案】D

第三节　中国古代刑事制度★★★

应试导读

本节内容是法考的三星级考点，比较重要，在客观题考试中，一般每套卷每两到三年出1道题，分值1分。

知识点

一、罪名

（一）秦代的罪名

危害皇权罪	谋反；泄露机密；偶语《诗》《书》、以古非今；诅咒、诽谤；妄言、妖言；非所宜言；投书；不行君令等
侵犯财产和人身罪	**盗**（侵犯财产）：共盗（五人以上）、群盗（聚众反抗） **贼**（侵犯人身）：贼杀、伤人

渎职罪	1. 官吏失职造成经济损失的犯罪 2. 军职罪 3. 司法官员渎职犯罪： 见知不举 不直（罪应重而故意轻判，应轻而故意重判） 纵囚（应当论罪而故意不论罪） 失刑（因过失而量刑不当）

（二）隋唐的罪名

隋	十恶	**谋反**：谋害皇帝、危害国家
		谋大逆：图谋破坏国家宗庙、皇帝陵寝以及宫殿
		谋叛：背叛本朝、投奔敌国
		恶逆：殴打或谋杀祖父母、父母等尊亲属
		不道：杀一家非死罪三人、肢解人及造畜蛊毒、厌魅
		大不敬：损害皇帝尊严的行为。例如盗窃皇帝祭祀物品或皇帝御用物、伪造或盗窃皇帝印玺、调配御药误违原方、御膳误犯食禁以及指斥皇帝、无人臣之礼等
		不孝：控告祖父母、父母，未经祖父母、父母同意私立门户、分异财产，对祖父母、父母供养有缺，为父母尊长服丧不如礼等不孝行为
		不睦：谋杀或卖五服以内亲属，殴打或控告丈夫大功以上尊长等行为
		不义：杀本管上司、授业师及夫丧违礼的行为
		内乱：奸小功以上亲属等乱伦行为
		总结：“十恶”制度所规定的犯罪大致可以分为两类：一为**侵犯皇权与特权的犯罪**；二为**违反伦理纲常的犯罪** 唐律将这些犯罪集中规定在名例律之首，并在分则各篇中对这些犯罪相应规定了最严厉的刑罚 注意　唐律规定凡犯十恶者，不适用八议等规定，且为常赦所不原
		评价：这些特别规定充分体现了唐律的本质和重点在于维护皇权、特权、传统的伦理纲常及伦理关系
唐	六杀	谋杀：预谋杀人
		故杀：事先无预谋，临时起意杀人
		斗杀：斗殴过程中激愤失手杀人
		误杀：对象错误的杀人
		戏杀：以力共戏导致杀人
		过失杀：过失杀人

<table>
<tr><td rowspan="7">唐</td><td rowspan="6">六赃</td><td>受财枉法：官吏收受财物，导致枉法裁判</td></tr>
<tr><td>受财不枉法：官吏收受财物，但无枉法裁判</td></tr>
<tr><td>受所监临：官吏利用职权，非法收受所辖范围内百姓或下属财物</td></tr>
<tr><td>强盗：以暴力获取公私财物的行为</td></tr>
<tr><td>窃盗：以隐蔽的手段将公私财物据为己有的行为</td></tr>
<tr><td>坐赃：官吏或常人非因职权之便非法收受财物的行为</td></tr>
<tr><td>保辜</td><td>内容：伤人罪要求加害方在一定期限内对被害方伤情变化负责的制度
在限定的时间内受伤者死去，伤人者承担杀人的刑责。限外死去或者限内以他故死亡者，伤人者只承担伤人的刑事责任
《唐律》规定：“手足殴伤人限十日，以他物殴伤人者二十日，以刃及汤火伤人者三十日，折跌肢体及破骨者五十日。”
评价：保辜制度，不够科学，也是进步</td></tr>
</table>

（三）明清的罪名

奸党罪	明太祖时期创设，用以惩办官吏结党危害皇权统治的犯罪 该罪无确定内容，实际是为皇帝任意杀戮功臣宿将提供合法依据
充军刑	强迫犯人到边远地区服苦役，并有**本人终身充军**与**子孙永远充军**的区分

二、刑罚

（一）西周的刑罚

1. 西周的刑罚种类

奴隶制五刑：墨、劓、剕（刖）、宫、大辟。

2. 西周的刑罚适用原则

（1）虽有刑书，但不布之于众：“灵活用刑”“刑不可知，则威不可测”。

（2）区分故意（非眚）与过失（眚）。

（3）区分惯犯（惟终）与偶犯（非终）。

（二）秦代的刑罚

1. 秦代的刑罚种类

笞刑	以竹、木板责打犯人背部的轻刑
徒刑	剥夺罪犯人身自由，强制服劳役的刑罚。主要包括以下五种： 1. 城旦舂：男犯筑城，女犯舂米，实际从事的劳役不限于此 2. 鬼薪、白粲：男犯伐薪，女犯择米，实际从事的劳役不限于此 3. 隶臣妾：将罪犯及其家属罚为官奴婢 4. 司寇：伺察寇盗 5. 候：发往边地充当斥候
流放刑	包括迁刑和谪刑，都是将犯人迁往边远地区，比后世的流刑要轻
肉刑	黥（墨）、劓、刖、宫

死刑	弃市、戮、磔、腰斩、车裂、枭首、族刑、具五刑
耻辱刑	髡（剃光犯人的头发和胡须）、耐
赀赎刑	赀：一是纯属罚金性质的“赀甲”“赀盾”；二是“赀戍”，即发往边地做戍卒；三是“赀徭”，即罚服劳役 赎：犯人缴纳一定金钱或者服一定劳役免除刑罚。例如“赎宫”“赎死”
株连刑	族、收（在对犯人判处某种刑罚时，还同时将其妻子、儿女等家属没收为官奴婢）

注意　笞刑、徒刑、流放刑、肉刑、死刑相当于主刑。

羞辱刑、赀赎刑、株连刑相当于附加刑。

2. 秦代的刑罚适用原则

刑事责任能力的规定	未成年犯罪，不负刑事责任或减轻刑事处罚 以身高判定是否成年：以大约**六尺五寸**为标准
区分故意和过失	区分故意（端）与（过失） 故意诬告者，实行反坐；主观没有故意，按告不审从轻处罚
盗窃按赃值定罪	盗窃罪依据不同数目分为**三等赃值**（110 钱、220 钱、660 钱），分别定罪
共犯罪与集团犯罪加重处罚	在处罚侵犯财产罪上共犯罪较个体犯罪处罚从重 集团犯罪（5 人以上）较一般犯罪处罚从重
累犯加重处罚	本身已犯罪，再犯诬告他人罪，加重处罚
教唆犯加重处罚	教唆未成年人犯罪者加重处罚。例如，教唆未成年人抢劫杀人，虽分赃仅为 10 文钱，教唆者也要处以碎尸刑
自首减轻	凡携带所借公物外逃，主动自首者，不以盗窃论处，而以逃亡论处；若犯罪后能主动消除犯罪后果，可以减免处罚
诬告反坐	以被诬告人所受的处罚，反过来制裁诬告者

【经典题目】

关于秦代的刑事罪名和刑罚，下列哪一说法是错误的？（　　）（2020 年考生回忆版）

A. 偶语《诗》《书》、以古非今、非所宜言都是危害皇权的犯罪

B. 赎刑是秦代附加刑的一种，是指已被判刑的犯人通过金钱或者劳役来赎免刑罚

C. 秦代年满 14 岁即需承担刑事责任，不能减轻刑事处罚

D. 秦代区分故意犯罪与过失犯罪，分别称为“端”和“不端”

解析要点：

C 项：秦代未成年者犯罪不负刑事责任或减轻刑事处罚。秦律以身高判定是否成年，大约六尺五寸为成年身高标准，低于六尺五寸的为未成年人。C 项错误。

A、B、D 项正确。

综上所述，本题答案是 C 项。

【答案】C

（三）汉代的刑罚

<table>
<tr><td rowspan="6">汉文帝
汉景帝
废肉刑</td><td rowspan="4">汉文帝</td><td>背景</td><td>总结秦亡教训，继续沿用肉刑，不利于政权的稳固</td></tr>
<tr><td>起因</td><td>缇萦救父</td></tr>
<tr><td>内容</td><td>1. 黥刑改为髡钳城旦舂（去发颈部系铁圈服苦役五年）
2. 劓刑改为笞三百
3. 斩左趾改笞五百
4. 斩右趾改为弃市（死刑）</td></tr>
<tr><td>评价</td><td>具有重要意义，但也有由轻改重的现象，因而班固称其为“外有轻刑之名，内实杀之”</td></tr>
<tr><td rowspan="2">汉景帝</td><td>内容</td><td>1. 笞三百改为笞二百
2. 笞五百改为笞三百
3. 颁布《箠令》，规定笞杖尺寸，以竹板制成，削平竹节，以及行刑不得换人等</td></tr>
<tr><td>评价</td><td>顺应了历史发展，为结束传统肉刑制度、建立新的刑罚制度奠定了重要基础</td></tr>
<tr><td colspan="2" rowspan="2">秋冬
行刑</td><td>内容</td><td>1. 根据“天人感应”理论，规定春、夏不得执行死刑
2. 除谋反、大逆等“决不待时”者外，一般死刑犯须在秋天霜降以后、冬至以前执行。因为这时“天地始肃”，杀气已至，便可“申严百刑”，以示所谓“顺天行诛”</td></tr>
<tr><td>评价</td><td>对后世有着深远影响，唐律规定“立春后不决死刑”，明清律中的“秋审”制度亦溯源于此</td></tr>
</table>

（四）魏晋南北朝时期的刑罚

<table>
<tr><td>刑罚制度改革</td><td>1. 规定绞、斩等死刑制度
2. 规定流刑。把流刑作为死刑的一种宽贷措施
3. 规定鞭刑与杖刑。北魏时期开始改革以往五刑制度，增加鞭刑与杖刑，后北齐、北周相继采用
4. 废除宫刑制度，西魏与北齐相继宣布废除宫刑，自此结束了使用宫刑的历史</td></tr>
<tr><td>死刑附奏制度</td><td>北魏太武帝正式确立，奏请皇帝批准执行死刑。这一制度的建立既加强了皇帝对司法审判的控制，又体现了皇帝对民众的体恤</td></tr>
<tr><td>妇女犯罪
行刑特殊规定</td><td>魏明帝时，为免对女犯用刑使身体裸露，改妇人加笞还从鞭督之例，以罚金代之
《晋律》规定：女人当罚金杖罚者，皆令半之
《梁律》规定：女人当鞭杖罚者，皆半之（沿用《晋律》且扩大对女子的照顾）
《北魏律》规定：妇人当刑而孕，产后百日乃决</td></tr>
</table>

（五）唐代的刑罚

1. 五刑

笞刑；杖刑；徒刑；流刑；死刑。（隋《开皇律》确立，唐律承用）

2. 刑罚原则

<table>
<tr><td>区分公私罪
原则</td><td>公罪：“缘公事致罪而无私曲者”，即在执行公务中，由于公务上的关系造成某些失误或差错，而不是为了追求私利而犯罪
私罪：1. “不缘公事私自犯者”，即所犯之罪与公事无关，如盗窃、强奸。2. “虽缘公事，意涉阿曲”的犯罪，即利用职权，徇私枉法，如受人嘱托枉法裁判
公罪从轻，私罪从重</td></tr>
</table>

自首原则	**自首**：犯罪**未发**，主动交代。自首可以免罪 **自新**：犯罪**已发**，然后投案。自新可以减轻
	谋反等重罪，不适用自首 造成严重危害后果无法挽回，不适用自首
	“自首不实”：交代不**真实** **“自首不尽”**：交代不**彻底** 自首不实及自首不尽者，各依不实不尽之罪罪之。至死者，听减一等 如实交代的部分，不再追究
类推原则	断罪而无正条的情况下： 出罪者，则举重以明轻 入罪者，则举轻以明重
化外人原则	**属人主义**：具有相同国籍外国侨民之间发生的诉讼，依其**本国法**处理 **属地主义**：不同国籍的人之间发生诉讼的，依**唐律**处理

（六）宋代的刑罚

折杖法	宋太祖建隆四年（公元963年）颁行**“折杖法”**，意在笼络人心，改变五代以来用刑严苛的弊端 “折杖法”规定：除死刑外，其他笞、杖、徒、流四刑均折换成**臀杖**和**脊杖**。对反逆、强盗等重罪不予适用
配役	配役刑在两宋多为**刺配**。刺是刺字，配是流刑的配役 宋初并不常行，《宋刑统》也无此规定。宋太祖时偶一用之，宋仁宗以后，刺配之刑滥用，成为常制 刺配是刑罚制度的倒退，在宋代和后世多受非议
凌迟	凌迟始于五代时的**辽** 宋仁宗时使用，宋神宗以后成为常刑，南宋后成为法定死刑的一种（直到《大清现行刑律》被废止）

【经典题目】

《唐律·名例律》规定：“诸断罪而无正条，其应出罪者，则举重以明轻；其应入罪者，则举轻以明重。”关于唐代类推原则，下列哪一说法是正确的？（　　）（2014-01-17）

A. 类推是适用法律的一般形式，有明文规定也可“比附援引”

B. 被类推定罪的行为，处罚应重于同类案件

C. 被类推定罪的行为，处罚应轻于同类案件

D. 唐代类推原则反映了当时立法技术的发达

解析要点：

A项：“诸断罪而无正条，其应出罪者，则举重以明轻；其应入罪者，则举轻以明重。”意思是说，对律文无明文规定的同类案件，凡应减轻处罚，则列举重罪处罚规定，比照以解决轻案；凡应加重处罚的罪案，则列举轻罪处罚规定，比照以解决重案。可见，类推针对的是法无明文规定的情形。A项错误。

B、C项：类推定罪，既可能举轻以明重，也可能举重以明轻，也就是说对犯罪行为的处罚既可能重于同类案件，也可能轻于同类案件。B、C两项说法片面，故

错误。

D项：唐代类推原则的完善反映了当时立法技术的发达。D项正确。

综上所述，本题答案是D项。

【答案】D

第四节　中国古代民事制度★★

应试导读

本节内容是法考的二星级考点，重要性一般，在客观题考试中，一般每套卷每三到五年出1道题，分值1分。

知识点

一、西周的民事制度

<table>
<tr><td rowspan="2">契约</td><td>质剂
（买卖契约）</td><td>质：买卖奴隶、牛马所使用的较长的契券
剂：买卖兵器、珍异之物所使用的较短的契券
质剂都由官府制作，并由“质人”专门管理</td></tr>
<tr><td>傅别
（借贷契约）</td><td>傅：把债的标的和双方权利义务等写在契券上
别：在简札中间写字，然后一分为二，双方各执一半</td></tr>
<tr><td rowspan="5">婚姻</td><td>婚姻缔结原则</td><td>1. 一夫一妻：虽然古代男子可以有妾有婢，但法定的妻子只能是一个。正妻所生子女为嫡出，其他皆为庶出
2. 同姓不婚：一方面，“男女同姓，其生不蕃”；另一方面，附远厚别，即通过联姻加强与异姓贵族的联系，巩固家族与宗法制度
3. 父母之命，媒妁之言：在宗法制下，必然要求由父母家长决定子女的婚姻大事，否则称为“淫奔”</td></tr>
<tr><td>婚姻“六礼”</td><td>西周时期“六礼”是婚姻成立的必要条件。合礼合法的婚姻，必须通过“六礼”程序来完成。“六礼”包括：
纳采：男家请媒人向女家提亲
问名：男方询问女子名字、生辰等，卜于祖庙以定吉凶
纳吉：卜得吉兆后即与女家订婚
纳征（纳币）：男方派人送聘礼至女家
请期：商请女方择定婚期
亲迎：婚期之日男方迎娶女子至家</td></tr>
<tr><td rowspan="2">婚姻关系解除</td><td>七出：
不顺父母、无子、淫、妒、恶疾、多言、窃盗
为人妻者若有此七项之一，丈夫或公婆即可休弃之</td></tr>
<tr><td>三不去：
“有所娶无所归”是指女子出嫁时有娘家可依，但休妻时已无本家亲人可靠，故不能休妻
“与更三年丧”是指女子入夫家后与丈夫一起为公婆守过3年孝，如此已尽子媳之道，故不能休妻
“前贫贱后富贵”是指娶妻时贫贱，但以后变得富裕。按礼制夫妻应为一体，贫贱时娶之，富贵时休之，义不可取，故不能休妻</td></tr>
</table>

继承	嫡长子继承制	“立嫡以长不以贤，立子以贵不以长” 主要是**政治身份的继承**，土地、财产的继承是其次

二、宋代的民事制度

契约	买卖契约	绝卖：一般买卖 活卖：附条件的买卖，条件达成买卖才成立 赊卖：采取类似商业信用或预付方式，而后收取出卖物的价金
	租赁契约	对房屋的租赁：租、赁或借 对人畜车马的租赁：庸、雇
	借贷契约	借：使用借贷。不付息的使用借贷称为负债 贷：消费借贷。付息的消费借贷称为出举，又称“出息”
婚姻	结婚	**婚龄**：“男年十五、女年十三以上，并听婚嫁” 诸州县官人在任之日，不得共部下百姓交婚；但订婚在前，任官居后，及三辅内官门阀相当情愿者，并不在禁限
	离婚	实行“七出”与“三不去”制度，但也有少许变通： 1. 夫外出三年不归，六年不通问，准妻改嫁或离婚；但是“妻擅走者徒三年，因而改嫁者流三千里，妾各减一等” 2. 夫亡，妻“不守志”者，“若改嫁，其现在的部曲、奴婢、田宅不得费用”，从而严格维护家族财产不得转移的固有传统
		“义绝”原则：“义绝”是唐律中首次规定的一种**强制离婚原则**，宋代继承。指夫妻间或夫妻双方亲属间或夫妻一方对他方亲属凡有殴、骂、杀、伤、奸等行为，依律视为夫妻恩义断绝，无论夫妻双方是否同意离婚，均由官府审断强制离异，对任何不离婚的一方依律处罚。“义绝”构成的条件明显偏袒夫家，对于夫妻双方并不对等
继承	绝户财产继承制度	1. **立继**（夫亡妻在——从妻） 2. **命继**（夫妻俱亡——从其尊长亲属）
	在室女 出嫁女 遗腹子	允许在室女、出嫁女享受部分继承权： 1. 只有在室女（未嫁女）的：在室女 3/4，继子 1/4 2. 只有出嫁女（已婚女）的：出嫁女 1/3，继子 1/3，官府 1/3 3. 遗腹子与亲生子享有同样的继承权

【经典题目】

关于先秦时期的法律思想和法律制度，下列哪一说法是正确的？（　　）（2018 年考生回忆版）

A. 西周时期，法律思想的特征是德主刑辅，对于德的要求包括三个方面：敬天、尊祖、保民

B. 西周时期，婚姻关系解除的法定理由称为“七出”，如果有七种理由之一，男女即可离婚

C. 西周时期，甲、乙就买卖一头黄牛所签订之契约称为“傅别”，因此产生的纠纷法官审理称为“听讼”

D. 战国时期，《法经》是中国历史上第一部比较系统的成文法典，具有六篇制的法典结构，其中《具法》相当于现代刑法的总则部分，置于法典最后

解析要点：

A 项：西周的法律思想是“以德配天，明德慎罚”，“德主刑辅”是汉代法律思想。A 项错误。

B 项：“七出”是指有七种理由之一，夫家可以休妻，而非男女即可离婚。B 项错误。

C 项：买卖契约称为“质剂”，借贷契约称为“傅别”。C 项错误。

D 项正确。

综上所述，本题答案是 D 项。

【答案】 D

第五节　中国古代司法制度★★★

应试导读

本节内容是法考的三星级考点，比较重要，在客观题考试中，一般每套卷每两到三年出 1 道题，分值 1 分。

知识点

一、司法机关

	审判、复核机关		监察机关
	中央机关	地方	
西周	**周天子**：最高裁判者 **大司寇**：中央设大司寇，负责实施法律法令，辅佐周王行使司法权 **小司寇**：辅佐大司寇审理具体案件 **司法属吏**：大、小司寇下设专门的司法属吏	**乡士、遂士**：基层设有乡士、遂士等负责处理具体司法事宜	
秦汉	**皇帝**：掌握最高审判权 **廷尉**：中央司法机关的长官，审理全国案件	**郡守**：郡守为地方行政长官也是当地司法长官，负责全郡案件审理 **县令**：兼理本县司法，负责全县审判工作 **乡里组织**：基层设乡里组织，负责本地治安与调解工作	秦：**御史大夫、监察御史** 汉：**御史大夫**（西汉）、**御史中丞**（东汉）、**司隶校尉**（监督中央百官与京师辖地的司法官吏）、**刺史**（专司各地的行政与法律监督之职）

续表

	审判、复核机关		监察机关
	中央机关	地方	
魏晋南北朝	**大理寺**：北齐设置，大理寺卿和少卿为正副长官。增强了中央司法机关的审判职能 **“三公曹”与“二千石曹”**：执掌司法审判，同时掌囚帐，为隋唐时期刑部尚书执掌审判复核提供了前提		**御史台**：晋以御史台主监察，有权纠举一切不法案件 **治书侍御史**：纠举审判官吏的不法行为
唐	**大理寺**：大理寺以正卿和少卿为正副长官，行使中央司法审判权 **刑部**：刑部以尚书、侍郎为正副长官，负责司法行政事务、复核案件、狱囚管理	唐代地方司法机关仍由**行政长官兼理**	**御史台**：御史台以御史大夫和御史中丞为正副长官，作为中央监察机构
宋	**大理寺**审判 **刑部**复核（宋沿唐制）	**提点刑狱司**：宋太宗时设立提点刑狱司，作为中央在地方的司法派出机构，定期巡视州县，监督审判，详录囚徒	**台谏合一**：宋代将**御史台**纠举百官职权与**谏院**规谏君主职权合二为一
明	**刑部**审判 **大理寺**复核	**明代地方司法机关**一般分为省、府、县三级 **申明亭**：明朝还在各州县及乡设立“申明亭”，张贴榜文，申明教化，由民间德高望重的耆老受理当地民间纠纷，加以调处解决，有力地维护了社会秩序	**都察院**：都察院是全国最高监察机关，负责督察百官风纪、纠弹不法，同时负有监督刑部、大理寺之责
清	**刑部**审判 **大理寺**复核	**清代地方司法机关**一般分州县、府、省按察司、督抚四级	**都察院**（清承明制）

注意 明清时期的中央司法机关为刑部、大理寺、都察院。一改隋唐以降的大理寺、刑部、御史台体系。刑部、大理寺、都察院三大司法机关统称“三法司”。对重大疑难案件三法司共同会审，称“三司会审”。

二、诉讼制度

（一）西周的诉讼制度

听讼 断狱	民事案件称为“讼”，审理民事案件叫作“听讼” 刑事案件称为“狱”，审理刑事案件叫作“断狱”

五听	辞听、色听、气听、耳听、目听 “五听”说明西周时期已经注意到司法心理问题，并将其应用到审判实践中
三刺	西周凡遇重大疑难案件，一刺群臣、再刺群吏、三刺万民 “三刺”说明西周对司法判案的慎重，是**“明德慎罚”**思想在司法实践中的体现
三宥	因主观上不识，过失，遗忘而犯罪者，应减刑
三赦	幼弱，老耄，蠢愚者（智障者），犯罪从赦

（二）汉代的诉讼制度

《春秋》决狱	**含义**：依据儒家经典《春秋》等著作中提倡的精神原则审判案件，而不仅仅依据汉律审案
	内容：1. 强调审断时应**重视行为人的主观动机**；同时**还要依据事实**，分别首犯、从犯和已遂、未遂 2. 实行**“论心定罪”**原则 犯罪人主观动机符合儒家“忠”“孝”精神，即使其行为构成社会危害，也可以减免刑事处罚 犯罪人主观动机严重违背儒家倡导的精神，即使没有造成严重危害后果，也要认定犯罪给予严惩
	评价：1. 法律儒家化在司法领域的反映 2. 对传统的司法和审判是一种积极的补充 3. 如果专以主观动机“心”“志”的“善恶”，判断有罪无罪或罪行轻重，在某种程度上为司法擅断提供了依据

（三）唐代的诉讼制度

刑讯	1. 刑讯的条件与证据： （1）在拷讯之前，必须先审核口供的真实性；然后反复查验证据 （2）证据确凿，仍狡辩否认的，经主审官与参审官共同决定，可以刑讯 （3）对人赃俱获，经拷讯仍拒不认罪的，也可“据状断之”，即根据证据定罪 2. **刑讯方法**： （1）刑讯必须使用符合标准规格的**常行杖**，以杖外他法拷打甚至造成罪囚死亡者，承审官要负刑事责任 （2）**拷囚不得超过3次**，每次应间隔**20天**，总数不得超过**200次**，杖罪以下不得超过所犯之数 （3）拷讯数满仍不招供者，必须取保释放。此时**应当反拷告状之人**，以查明有无诬告等情形，同时规定了反拷的限制 3. **禁止刑讯的情形**： 对具有**特权身份的人**和**老幼废疾之人**（老幼分指70岁以上、15岁以下者），禁止使用刑讯，只能根据证据定罪
回避	回避制度：《狱官令》第一次规定了司法官的回避制度，当时称为**“换推”**

（四）宋代的诉讼制度

翻异别勘	**“翻异”**：在诉讼中，人犯否认口供 **“别勘”**：面对“翻异”，事关重大案情的，由另一法官或另一司法机关重审
证据勘验	原被告均有举证责任 重视现场勘验。南宋地方司法机构制有专门的“检验格目”，并产生了《洗冤集录》等世界最早的法医学著作

（五）明代的诉讼制度

三司会审	中央刑部、大理寺、都察院三大司法机关统称“三法司”，对重大疑难案件三法司共同会审，称“三司会审”
九卿会审	又称“圆审”。是由六部尚书及通政使司的通政使、都察院左都御使、大理寺卿九人会审皇帝交付的案件或已判决但囚犯仍翻供不服之案
朝审	霜降之后，三法司会同公侯、伯爵，在吏部尚书（或户部尚书）主持下会审重案囚犯。清代秋审、朝审皆渊源于此
大审	司礼监一员在堂居中而坐，尚书各官列居左右，会同三法司在大理寺共审囚徒，“每五年辄大审”

（六）清代的诉讼制度

秋审	**对象**：针对全国上报的斩、绞监候案件 **时间**：每年秋天8月 **审理**：在天安门金水桥西，由九卿、詹事、科道以及军机大臣、内阁大学士等重要官员会同审理。秋审是最重要的死刑复审制度
朝审	**对象**：对**刑部判决的重案**及**京师附近绞、斩监候案件**进行复审 **时间**：每年霜降后10日举行 **审理**：秋审或朝审后，分四种情况处理： 其一**情实**，指罪情属实、罪名恰当者，奏请执行死刑 其二**缓决**，案情虽属实，但危害性不大者，可减为流三千里，或发烟瘴极边充军，或再押监候 其三**可矜**，指案情属实，但有可矜或可疑之处，可免予死刑，一般减为徒流刑罚 其四**留养承祀**，指案情属实、罪名恰当，但有亲老丁单情形，合乎申请留养条件者，按留养奏请皇帝裁决
热审	**对象**：对发生在**京师的笞杖刑案件**进行重审 **时间**：每年**小满后10日至立秋前1日** **审理**：由大理寺官员会同各道御史及刑部承办司共同进行，快速决放在监笞杖刑案犯

注意　会审制度是一种慎刑思想的反映，但却导致多方干预司法，以致法律文本与司法实际日益脱节，加速了封建王朝整个政体的衰落。

【经典题目】

关于中国古代的法律制度，下列哪一说法是正确的？（　　）（2019年考生回忆版）

A. 奴隶制五刑以肉刑为中心，包括墨、劓、刖、宫、大辟

B. 封建制五刑中，最轻一级刑罚是杖刑

C. 大理寺在中国古代属于中央审判机构

D. 明代治世，对风俗伦理方面的犯罪处罚比前代较重

解析要点：

A、B项：奴隶制五刑以肉刑为中心，包括墨、劓、刖、宫、大辟。封建制五刑包括笞、杖、徒、流、死五种刑罚，笞刑最轻。A项正确，B项错误。

C项：大理寺在中国古代曾经作为中央审判机构，明朝以来改为复核机构。C项错误。

D项，明代重典治世，但是采用“轻其轻罪，重其重罪”的原则，对风俗伦理方面的犯罪处罚比唐代较轻。D项错误。

综上所述，本题答案是A项。

【答案】A

第二章 中国近代法律史

第一节 清末时期的法律思想与制度★

应试导读

本节内容是法考的一星级考点，重要性一般，在客观题考试中，一般每套卷每五到十年出 1 道题，分值 1 分。同时，清末修律可能和古代变法结合命题。

知识点

一、清末"预备立宪"

《钦定宪法大纲》	1. 定义与性质：清廷宪政编查馆编订，于 1908 年 8 月颁布，是**中国近代史上第一个宪法性文件** 2. 结构与内容：共 23 条，分正文**"君上大权"**和附录**"臣民权利义务"**两部分 3. 特点：皇帝专权，人民无权 4. 实质：给皇权专制制度披上"宪法"的外衣，以法律的形式确认君主的绝对权力，体现了满洲贵族维护专制统治的意志及愿望
"十九信条"	1. 定义：全称《宪法重大信条十九条》，是清政府于辛亥革命武昌起义爆发后抛出的**最后一个宪法性文件** 2. 背景：1911 年清王朝迫于武昌革命风暴，匆匆命令资政院迅速起草宪法，企图度过危机，资政院仅用 3 天时间即拟定，并于 1911 年 11 月 3 日公布 3. 内容：形式上被迫缩小了皇帝的权力，相对扩大了议会和总理的权力，但仍强调皇权至上，对人民权利只字未提

二、清末修律

《大清现行刑律》	1. **制定过程**：《大清现行刑律》是清政府在《大清律例》的基础上稍加修改，作为《大清新刑律》完成前的一部**过渡性法典**，于 1910 年 5 月 15 日颁行 2. **内容及变化**： 《大清现行刑律》**内容**基本秉承旧律例，**变化**包括： （1）结构：改律名为"刑律"，取消了六律总目，将法典各条按其性质分隶 30 门 （2）内容：纯属民事性质的条款不再科刑；废除酷刑，如凌迟；增加新罪名，如妨害国交罪、妨害选举罪、破坏交通罪、破坏电讯罪等 3. **评价**：只是在形式上对《大清律例》稍加修改而已，不是一部近代意义上的专门刑法典。例如，最能体现封建旧律本质的"十恶""八议"尚还保留，诸法合体的形式也未废除

《大清新刑律》	1. **制定过程**：《大清新刑律》起草工作始于1906年，由于引发了礼教派的攻击和争议，至1911年1月才正式公布，但**并未真正施行** 2. **篇章结构**：《大清新刑律》分总则和分则两篇，附《暂行章程》5条 3. **内容及变化**： （1）**体例**：抛弃了旧律诸法合体的编纂形式，以罪名和刑罚等专属刑法范畴的条文作为法典的唯一内容；抛弃了旧律的结构形式，将法典分为总则和分则 （2）**刑罚**：确立了新刑罚制度，规定刑罚分主刑、从刑 （3）**思想制度**：采用了一些近代西方资产阶级的刑法原则和刑法制度，如罪刑法定原则和缓刑制度等 4. **评价**：**中国历史上第一部近代意义上的专门刑法典**，但仍保持着旧律维护专制制度和封建伦理的传统
《大清民律草案》	1. **制定过程**：沈家本、伍廷芳、俞廉三等人主持的修订法律馆着力进行的工作，自1907年即正式着手，1911年8月编纂完成全部草案条文稿，但**未能正式颁布与施行** 2. **篇章结构**：**共分五编**：总则、债权、物权、亲属、继承 3. **内容及变化**： （1）**总则、债权、物权三编**：由**松冈义正**等人仿照德、日民法典的体例和内容草拟而成，吸收了大量的西方资产阶级民法的理论、制度和原则 （2）**亲属、继承两编**：由**修订法律馆**会同保守的**礼学馆**起草，其制度、风格带有浓厚的封建色彩，保留了许多封建法律的精神 4. **评价**：修订民律的基本思路，仍然没有超出**“中学为体、西学为用”**的思想格局
商事立法	**第一阶段（1903—1907年）**：商事立法主要由新设立的**商部**负责。颁布《钦定大清商律》（《商人通例》《公司律》）《公司注册试办章程》《商标注册试办章程》《破产律》 **第二阶段（1907—1911年）**：主要商事法典改由**修订法律馆**主持起草，单行法规仍由各有关机关拟订，修订法律馆于1908年9月起草了《大清商律草案》

【经典题目】

中国历史上曾进行多次法制变革以适应社会的发展。关于这些法制变革的表述，下列哪一选项是错误的？（　　）（2013－01－19）

A. 秦国商鞅实施变法改革，全面贯彻法家“明法重刑”的主张，加大量刑幅度，对轻罪也施以重刑，以实现富国强兵目标

B. 西汉文帝为齐太仓令之女缇萦请求将自己没官为奴、替父赎罪的行为所动，下令废除肉刑

C. 唐代废除了宫刑制度，创设了鞭刑和杖刑，以宽减刑罚，缓解社会矛盾

D.《大清新刑律》抛弃了旧律诸法合体的编纂形式，采用了罪刑法定原则，规定刑罚分为主刑、从刑

解析要点：

A项：商鞅变法全面贯彻法家“以法治国”“明法重刑”的主张，强调“轻罪重刑”。A项正确。

B项：汉文帝废除肉刑的起因是缇萦上书，文帝、景帝时期的刑制改革，为结束传统肉刑制度，建立新的刑罚制度奠定了重要基础。B项正确。

C项：南北朝的刑罚改革废除宫刑，创设了鞭刑和杖刑，而不是唐代。C项错误。

D项：《大清新刑律》结构上分总则和分则两篇，后附《暂行章程》5条，抛弃了

旧律诸法合体的编纂形式，以罪名和刑罚等专属刑法范畴的条文作为法典的唯一内容，确立了新刑罚制度，规定刑罚分主刑、从刑，采用了一些近代西方资产阶级的刑法原则和刑法制度，如罪刑法定原则和缓刑制度等。D项正确。

综上所述，本题答案是C项。

【答案】C

三、清末司法体制的变化

清末司法机关的变化	1. **改刑部为法部**，掌管全国司法行政事务 2. **改大理寺为大理院**，为全国最高审判机关 3. 实行**审检合署**
四级三审制及诉讼制度	确立一系列近代意义上的诉讼制度： 1. 实行四级三审制 2. 规定了刑事案件公诉制度、证据、保释制度 3. 审判制度上实行公开、回避等制度 4. 初步规定了法官及检察官考试任用制度 5. 改良监狱及狱政管理制度
领事裁判权	领事裁判权是外国侵略者在强迫中国订的不平等条约中所规定的一种**司法特权**。凡在中国享有领事裁判权的国家，其在中国的侨民不受中国法律管辖，只由该国的领事或设在中国的司法机构依其本国法律裁判 1. **确立**：1843年7月22日在香港公布的《中英五口通商章程》《海关税则》及随后签订的《虎门条约》，并在其后签订的一系列不平等条约中得以扩充 2. **内容**：(1) 中国人与享有领事裁判权国家的侨民间的诉讼，依被告主义原则 (2) 享有领事裁判权国家的侨民之间的诉讼，由所属国审理；不同国家的侨民之间的争讼，适用被告主义原则 (3) 享有领事裁判权国家的侨民与非享有领事裁判权国家的侨民之间的争讼，前者是被告，则适用被告主义原则，后者是被告，则由中国法院管辖 总结：领事裁判权，对列强有利 3. **审理机构**：(1) 一审案件，由各国在华领事法院或法庭审理 (2) 二审上诉案件，由各国建立的上诉法院审理 (3) 终审案件，则由本国最高审判机关受理 4. **评价**：严重破坏了中国的司法主权，同时也是外国侵略者进行各种犯罪的护身符和镇压中国人民革命运动的工具
观审制度	1. **内容**：外国人是原告的案件，其所属国领事官员也有权前往观审，如认为审判、判决有不妥之处，可以提出新证据等 2. **评价**：观审制度是原有领事裁判权的扩充，是对中国司法主权的粗暴践踏
会审公廨	会审公廨是1864年清廷与英、美、法三国驻上海领事协议在租界内设立的特殊审判机关 1. **内容**：(1) 凡涉及外国人案件，必须有领事官员参加会审 (2) 凡中国人与外国人诉讼案，由本国领事裁判或陪审 (3) 租界内纯属中国人之间的诉讼也由外国领事审判并操纵判决 2. **评价**：会审公廨的确立，是外国在华领事裁判权的扩充和延伸

四、清末变法修律的特点及影响

特点	1. **立法指导思想**：借用西方近现代法律制度的形式，坚持中国固有的专制制度内容 2. **内容**：皇权专制主义传统与西方资本主义法学最新成果的混合 3. **法典编纂形式**：改变“诸法合体”形式，明确了实体法之间、实体法与程序法之间的差别，形成了近代法律体系的雏形 4. **实质**：清末修律是统治者为维护其反动统治，在保持皇权专制政体的前提下进行的，因而既不能反映人民群众的要求和愿望，也没有真正的民主形式
影响	1. 标志着延续几千年的中华法系开始解体 2. 为中国法律的近代化奠定了初步基础 3. 一定程度上引进和传播了西方近现代的法律学说和法律制度，促进了部分中国人的法治观念的形成 4. 客观上有助于推动中国资本主义经济的发展和教育制度的近代化

【经典题目】

下列关于会审公廨的说法，哪一选项是错误的？（　　）（2019 年考生回忆版）

A. 会审公廨是 1864 年清廷与英、美、法三国驻上海领事协议在租界内设立的特殊审判机关

B. 凡涉及外国人案件，必须有领事官员参加会审，中国人之间的案件，仍由清朝司法机关独立审理

C. 会审公廨是领事裁判权的扩充和延伸

D. 会审公廨是对中国司法主权的严重践踏

解析要点：

B 项：会审公廨是 1864 年清廷与英、美、法三国驻上海领事协议在租界内设立的特殊审判机关，不仅涉及外国人案件，必须有领事官员参加会审；凡中国人与外国人诉讼案，由本国领事裁判或陪审；甚至租界内纯属中国人之间的诉讼也由外国领事审判并操纵判决。B 项错误。

A、C、D 项正确。

综上所述，本题答案是 B 项。

【答案】 B

第二节　中华民国时期的法律思想与制度★

应试导读

本节内容是法考的一星级考点，重要性一般，在客观题考试中，一般每套卷每五到十年出 1 道题，分值 1 分。

知识点

一、法律思想

<table>
<tr><th>人物</th><th colspan="3">思想内容</th></tr>
<tr><td rowspan="7">孙中山</td><td rowspan="6">三民主义</td><td rowspan="2">民族主义</td><td>旧：驱除鞑虏，还我中华</td></tr>
<tr><td>新：民族自求解放；民族平等</td></tr>
<tr><td rowspan="2">民权主义</td><td>旧：创立民国</td></tr>
<tr><td>新：各革命阶级的共同民主专政</td></tr>
<tr><td rowspan="2">民生主义</td><td>旧：平均地权</td></tr>
<tr><td>新：耕者有其田；节制资本</td></tr>
<tr><td>五权宪法</td><td colspan="2">1. **权能分治理论：“政”**权，管理政府的力量，交由人民执掌；**“治”**权，政府自身的力量，完全交由政府实施
2. **五权宪法理论**：行政权、立法权、司法权、考试权、监察权</td></tr>
<tr><td>章太炎</td><td colspan="3">推崇民主共和，坚决反对君主专制与国家至上的观念</td></tr>
<tr><td>宋教仁</td><td colspan="3">1. 主张**民主的立宪政体**，推行**议会政治**，以监督政府机关
2. 法律上的国家主权属于**国民**，事实上发出意思或指示的是**政党**
3. 主张**责任内阁制**
4. 地方行政主体划分为**地方自治行政主体**与**地方官治行政主体**
(1) 对外的行政多归于中央，对内的行政多归于地方
(2) 消极的维持安宁的行政多归于中央，积极的增进幸福的行政多归于地方</td></tr>
</table>

二、南京临时政府的法律制度

修正中华民国临时政府组织大纲	1. **产生**：武昌起义后，1912年1月2日在南京公布 2. **内容**：受美国宪法影响，基本采用总统共和政体；三权分立；一院制（参议院是国家立法机关） 3. **意义**：实际上是政府组织法，起着临时宪法的作用，以孙中山为首的中华民国第一届政府得以依法成立
中华民国临时约法	1. **产生**：1912年3月11日由临时大总统孙中山颁布，清帝退位，袁世凯继任总统，换取形式上民国南北统一 2. **目的**：用法律制约袁氏，防范其专权，维护民国政体 3. **内容**：以孙中山民权学说为指导思想；确定资产阶级民主共和国的国家制度；肯定资产阶级共和国的政治体制和组织原则（三权分立原则）；体现一般民主自由原则，规定人民享有各项权利；保护私有财产 4. **特点**：责任内阁制代替总统制，限制袁世凯权力；扩大参议院权力；规定特别修改程序防止袁世凯擅自变更约法 5. **意义**：**中国历史上第一部资产阶级共和国性质的宪法文件**，彻底否定封建帝制，肯定了资产阶级民主共和制度和资产阶级民主自由原则，使民主共和观念深入人心

南京临时政府的司法制度	1. **建立新型的司法机关**：中央设“临时中央审判所”作为全国最高审判机关，地方审判机构的设置未及制定新法；法官独立审判，不受上级官厅干涉 2. **改革审判制度**：废除刑讯体罚，不论何种案件一概不准刑讯 3. **采用律师制度**：仿照西方国家律师制度草拟了《律师法草案》 事实上，律师辩护制度、公审制度、陪审制度在临时政府司法实践中已经采用

三、北京政府的法律制度

中华民国宪法草案（“天坛宪草”）	1913年4月8日首届国会正式召开，组成宪法起草委员会，开始起草宪法 “天坛宪草”采用了资产阶级宪法的形式和原则，肯定中华民国为资产阶级共和国，规定国会有较大的权力，还规定采取责任内阁制 1914年1月10日袁世凯下令解散国会，“天坛宪草”未及公布便胎死腹中
中华民国约法（“袁记约法”）	1914年5月1日正式公布，其特点为： 1. 废除责任内阁制，行总统制 2. 无限扩张总统权力 3. 废除国会制，设立立法院
中华民国宪法（“贿选宪法”）	1922年6月，直系军阀控制北京，曹锟继续修订宪法。1923年10月10日，《中华民国宪法》公布，其特点为： 1. 以资产阶级共和国粉饰军阀独裁 2. 以资产阶级民主自由掩盖军阀独裁
北京政府的司法制度	**北京政府的司法机关体系**： 1. **普通法院系统**：大理院（最高审判机关）、高等审判厅、地方审判厅、初等审判厅（1915年被废除，改四级三审制为三级三审制） 2. **兼理司法法院**：未设普通法院的各县所设 3. **特别法院**：军事审判机关和地方特别审判机关，后者是临时在少数民族地区或特别区域设立的 4. **平政院**：主管行政诉讼

四、南京国民政府的法律制度

南京国民政府法律体系	1. **法律体系**：南京国民政府的法律体系由制定法、判例、解释例和党规党法、蒋氏手谕等构成 2. **六法全书**：南京国民政府成立后，从1928年始进行大规模立法活动，先后制定了宪法、民法、刑法、商事法、诉讼法、法院组织法及其他单行法规、特别法规，通称“六法全书” 3. **特点**： （1）法律内容：法律制度是继受法与固有法的混合 （2）立法权限：受制于国民党中央 （3）文本层次：特别法效力高于普通法 （4）立法文本与司法实践层面：脱节严重

训政时期约法	1. **立法背景**：1928 年，南京国民政府宣布“军政时期”结束，“训政时期”开始，实行“约法之治”。1931 年 5 月 12 日“国民会议”讨论并通过《中华民国训政时期约法》，6 月 1 日由国民政府正式公布 2. **主要内容**： (1) 中华民国“主权属于国民全体”，国体“永为统一共和国” (2) 采取五院制的政权组织形式，“国民政府设行政院、立法院、司法院、考试院、监察院及各部会” (3) 规定了一系列公民的民主自由权利，国民“在法律上一律平等”。但人民的政权，即选举、罢免、创制、复决四种权力的行使，由国民党政府训导之 3. **核心精神**：以根本法形式确认训政时期国民党为最高“训政”者，代行国民大会的统治权
中华民国宪法	1. **背景**：抗战胜利后，南京国民政府慑于全国各界、各党派要求和平、民主的呼声压力，以及共产党关于成立联合政府的宣言，不得不召开政协会议，通过政治协商，解决召开国民大会、改组政府、制定宪法等问题。1946 年 12 月 25 日国民大会通过《中华民国宪法》，1947 年 1 月 1 日公布 2. **特点**： (1) 表面上的“民有、民治、民享”和实际上的个人独裁，即人民无权、党国一体、个人集权 (2) 政权体制不伦不类：既非国会制、内阁制，又非总统制。实际上是用不完全责任内阁制与实质的总统制的矛盾条文，掩盖总统即蒋介石的个人集权专制统治的本质 (3) 罗列人民各项民主自由权利，比以往任何宪法性文件都充分。但依据宪法颁布的《维持社会秩序临时办法》《戒严法》《紧急治罪法》等，把宪法抽象的民主自由条款加以具体切实的限制否定
南京国民政府的司法制度	**司法机关体系**： 1. **司法院**：司法院为国家最高司法机关，有掌握民事、刑事、行政诉讼之审判及公务员之惩戒、解释宪法，并有统一解释法律及命令之权。司法院之下设立各级法院 2. **普通法院**：分地方、高等、最高法院三级，实行三级三审制。对“危害民国”经司法警察官署移送的案件，不须经检察官提起公诉，法院可径行判决，且不得上诉，只能申请复判，复判后还可作出重于原判的刑罚 3. **特别法庭**：依据特别法规设置，如特种刑事法庭、军事审判组织 4. **其他特殊审判机关**：国民党各级党部操纵司法审判权；南京国民政府军事机关在戒严时期也有司法审判权

【经典题目】

关于《中华民国临时约法》，下列哪一选项是正确的？(　　)(2011－01－21)

A.《临时约法》是辛亥革命后正式颁行的宪法

B.《临时约法》设立临时大总统，采行总统制

C.《临时约法》是中国历史上唯一一部具有资产阶级共和国性质的宪法性文件

D.《临时约法》确立了五权分立的原则

解析要点：

A、C 项：《临时约法》是中国第一部也是唯一一部具有资产阶级共和国性质的宪法性文件，但不是正式颁行的宪法，首部正式颁行的宪法是“贿选宪法”，即北洋政府于 1923 年公布的《中华民国宪法》。A 项错误，C 项正确。

B项：革命党人希望利用《临时约法》制约袁世凯，保护革命成果，所以在国家政权体制上，改总统制为责任内阁制，以限制袁世凯的权力。B项错误。

D项：《临时约法》依照资产阶级三权分立原则，采用责任内阁制，规定临时大总统、副总统和国务员行使行政权力，参议院是立法机关，法院是司法机关。D项错误。

综上所述，本题答案是C项。

【答案】 C

五、新民主主义革命时期中国共产党民主政权宪法性文件与审判制度的特点

（一）《中华苏维埃共和国宪法大纲》

制定经过	1930年7月党中央成立“中华工农兵苏维埃第一次全国代表大会中央准备委员会”，负责草拟宪法 1931年11月7日第一次代表大会在江西瑞金召开，通过《中华苏维埃共和国宪法大纲》 1934年1月第二次代表大会作某些修改，最主要的是在第1条内增加**“同中农巩固的联合”**条文
主要内容	《中华苏维埃共和国宪法大纲》遵循党中央提出的**“制宪七大原则”**，规定苏维埃政权的性质、政治制度、公民权利义务、外交政策等内容，共17条。主要内容是： 1. **国家性质**：规定苏维埃国家性质是**“工人和农民的民主专政国家”**。所谓专政，一是将地主资产阶级（军阀、官僚、地主、资本家、豪绅、僧侣及一切剥削者）拒绝于政权之外；二是剥夺他们的言论、出版、集会、结社等自由；三是使用革命武力和法庭镇压一切反革命复辟活动 2. **政治制度**：规定苏维埃国家政治制度是**工农兵苏维埃代表大会制度**。它保证工农大众参加国家管理，便于工人阶级及其政党的领导，实行民主集中制和议行合一原则。它是根据革命实践及苏联经验建立的新式民主制度 3. **公民权利义务**：规定苏维埃国家公民的**权利和义务**，包括政治、经济、文化等各方面。工农兵及一切劳苦民众享有广泛民主权利。各级政府采取切实有效措施，提供力所能及的物质保障条件 4. **外交政策**：规定苏维埃国家**外交政策**。宣布中华民族完全自由独立，不承认帝国主义在中国的特权及不平等条约。与世界无产阶级和被压迫民族站在一起，苏联是巩固的同盟者。对受迫害的世界革命者给予保护。对居住在苏区从事劳动的外国人给予法定的政治权利
制定意义	1. 它是**第一部由劳动人民制定，确保人民民主制度的根本大法**，是共产党领导人民反帝反封建的工农民主专政的伟大纲领 2. 它同民国政府制定的“约法”“宪法”有本质的区别 3. 它肯定革命胜利成果，提出斗争方向。尽管受到**“左”的影响**，但仍是划时代的宪法性文件 4. 它的颁行调动了苏区人民的革命积极性，为以后制定民主宪法提供了宝贵经验

（二）《陕甘宁边区施政纲领》

制定经过	中国共产党领导的**地方抗日民主政权**以1937年8月25日公布的《抗日救国十大纲领》为准绳，继承发扬苏区法制传统，建立起**切合国情**的抗日民主法制，**标志着新民主主义法制的形成和重大发展** 陕甘宁边区政府于1939年1月公布《陕甘宁边区抗战时期施政纲领》 1941年抗日根据地制定了新的《陕甘宁边区施政纲领》，完善了原有的保障抗战，加强团结，健全民主，发展经济，普及文化教育的规定。增加了**“三三制”政权组织形式**和**保障人权**等崭新内容

主要内容	1. **保障抗战**：团结边区内各阶级、党派，发动一切人力、物力、财力抗战。严厉镇压汉奸及反共分子 2. **加强团结**：坚持抗日民族统一战线方针，团结边区内各抗日阶级、工人、农民、地主、资本家。主要措施是：调节各阶级的关系，**地主减租息，农民交租息**；改善工农生活，资本家有利可图；一致对外，共同抗日 3. **健全民主制度**：将其提到保证全国人民团结的高度。规定几项重大措施： 其一，普遍、直接、平等、无记名投票的选举制度 其二，保障**一切抗日人民**的选举权与被选举权 其三，**“三三制”政权组织原则**（共产党员占 1/3，非党左派进步人士占 1/3，中间派占 1/3） 其四，保障**一切抗日党派、团体、人民**的人权、财权及各项自由 其五，人民享有**用任何方式控告任何公务人员非法行为的权利** 其六，男女平等，提高妇女地位，保护其特殊利益 其七，反对民族歧视，实行民族平等、自治，尊重宗教信仰、风俗习惯 4. **发展经济**：从“发展经济，保障供给”总方针出发，发展农、林、牧业、手工业和工业，奖励扶助私人企业，保障经营自由。实施外贸统治。贯彻统筹统支的财政制度。征收统一累进税，**巩固边币，维护法币** 5. **普及文化教育**：举办各类学校，普及免费义务教育。尊重知识分子，提高边区人民政治文化水平
制定意义	1. 以反对日本帝国主义，保护抗日人民，调节各抗日阶级利益，改善工农生活，镇压汉奸反动派为基本出发点 2. 全面系统反映了抗日民族统一战线的要求和抗战时期的宪政主张，是实践经验的科学概括与总结

（三）《陕甘宁边区宪法原则》

制定经过	1945 年抗日战争结束，国共两党于 10 月 10 日签订“双十协定” 1946 年 1 月南京国民政府在重庆召开政治协商会议，通过《关于宪草问题的协议》，规定了制定省宪的原则。因此，**各解放区**政府开始制定宪法原则与施政纲领。其中，有代表性的是 1946 年 4 月 23 日陕甘宁边区第三届参议会通过的《陕甘宁边区宪法原则》。其结构分为“政权组织”“人民权利”“司法”“经济”“文化”五部分，共二十余条
主要内容	1. 确立**边区、县、乡人民代表会议**为**管理政权机关**，各级权力机关开始由抗日时的参议会过渡为人民代表会议制度。为新中国基本政治制度奠定了初步基础 2. 规定人民**政治上行使的各项自由权利**，受政府指导与物质帮助。边区人民不分民族一律平等 3. 规定除司法机关、公安机关依法执行职务外，任何机关、团体不得有逮捕审讯行为。人民有权用任何方式控告失职的任何公务人员。司法独立不受任何干涉 4. 应保障**耕者有其田**的原则。劳动者有职业，企业者有发展机会。经济上采取**公营、合作、私营三种方式**，组织一切人力、财力促进经济繁荣，为消灭贫穷而斗争 5. 普及提高人民文化水准。从速消灭文盲，减少疾病与死亡

【经典题目】

关于《陕甘宁边区施政纲领》的表述，下列说法正确的是（　　）。（模拟题）

A.《陕甘宁边区施政纲领》是第一部由劳动人民制定，确保人民民主制度的根本大法

B.《陕甘宁边区施政纲领》规定的政权组织形式为人民代表会议制度

C.《陕甘宁边区施政纲领》调节各阶级关系，农民免租息；改善工农生活

D.《陕甘宁边区施政纲领》规定，人民享有任何方式控告任何公务人员非法行为的权利

解析要点：

A项：《中华苏维埃共和国宪法大纲》是第一部由劳动人民制定，确保人民民主制度的根本大法。A项错误。

B项：《陕甘宁边区施政纲领》规定的政权组织形式为“三三制”，人民代表会议制度规定于《陕甘宁边区宪法原则》。B项错误。

C项：《陕甘宁边区施政纲领》调节各阶级关系，地主减租息，农民交租息；改善工农生活，农民是“少交”而非“免交”租息。C项错误。

D项正确。

综上所述，本题答案是D项。

【答案】 D

（四）马锡五审判方式

背景	马锡五在担任陕甘宁边区陇东专署专员兼边区高等法院陇东分庭庭长期间，在巡回审判中的工作经验被总结为“马锡五审判方式”。戏剧《刘巧儿》里的人物原型封芝琴（乳名捧儿）与张柏的婚姻案，就是马锡五审理的典型案例
特点	1. 深入农村、调查研究，实事求是地了解案情 2. 依靠群众、教育群众，尊重群众意见 3. 方便群众诉讼，手续简便，不拘于形式 4. 坚持原则，依法办事，廉洁公正 5. 强调审判与调解相结合，明确司法工作的目的是解决纠纷，维护秩序 **总结：调研、群众、灵活、依法、调解**
评价	马锡五审判方式是把**中国共产党群众路线的工作方针**创造性地运用到**审判工作**中去的**司法民主的崭新形式**

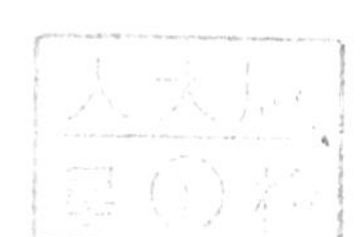

国家统一法律职业资格考试

百日通关攻略

三国法

嗨学法考　组编　　庚欣　编著

中国人民大学出版社

·北京·

图书在版编目（CIP）数据

国家统一法律职业资格考试·百日通关攻略. 三国法/嗨学法考组编；庚欣编著. -- 北京：中国人民大学出版社，2023.11

ISBN 978-7-300-32188-2

Ⅰ. ①国… Ⅱ. ①嗨… ②庚… Ⅲ. ①国际法－资格考试－自学参考资料②国际私法－资格考试－自学参考资料③国际经济法－资格考试－自学参考资料 Ⅳ. ①D92

中国国家版本馆 CIP 数据核字（2023）第 174388 号

国家统一法律职业资格考试·百日通关攻略·三国法

嗨学法考　组编

庚欣　编著

Guojia Tongyi Falü Zhiye Zige Kaoshi • Bairi Tongguan Gonglüe • Sanguofa

出版发行	中国人民大学出版社		
社　　址	北京中关村大街 31 号	**邮政编码**	100080
电　　话	010－62511242（总编室）		010－62511770（质管部）
	010－82501766（邮购部）		010－62514148（门市部）
	010－62515195（发行公司）		010－62515275（盗版举报）
网　　址	http://www.crup.com.cn		
经　　销	新华书店		
印　　刷	涿州市星河印刷有限公司		
开　　本	787 mm×1092 mm　1/16	**版　　次**	2023 年 11 月第 1 版
印　　张	5.25	**印　　次**	2024 年 4 月第 3 次印刷
字　　数	111 000	**定　　价**	258.00 元（全 8 册）

目　录

国际经济法

国际私法

国际法

国际经济法

第一章　国际货物买卖法

第一节　《国际贸易术语解释通则》

考点一：2010/2020《国际贸易术语解释通则》概览

<table>
<tr><td>项目</td><td colspan="11">内容</td></tr>
<tr><td>完税后交货</td><td></td><td></td><td></td><td></td><td></td><td>DDP</td><td></td><td></td><td rowspan="3">D</td><td rowspan="5">卖方运</td><td rowspan="10">↑由下至上合同价格递增↑</td></tr>
<tr><td>目的地卸货后交货/终端交货</td><td></td><td></td><td></td><td></td><td></td><td></td><td></td><td>DPU/DAT2010</td></tr>
<tr><td>目的地交货</td><td></td><td></td><td></td><td></td><td></td><td>DAP</td><td></td><td></td></tr>
<tr><td>运费+保险费付至/成本+保险费+运费</td><td></td><td>CIP</td><td></td><td>CIF</td><td></td><td></td><td></td><td></td><td rowspan="2">C</td></tr>
<tr><td>运费付至/成本+运费</td><td></td><td>CPT</td><td></td><td>CFR</td><td></td><td></td><td></td><td></td></tr>
<tr><td>货交承运人/船上交货</td><td></td><td>FCA</td><td></td><td>FOB</td><td></td><td></td><td></td><td></td><td rowspan="2">F</td><td rowspan="3">买方运</td></tr>
<tr><td>船边交货</td><td></td><td></td><td>FAS</td><td></td><td></td><td></td><td></td><td></td></tr>
<tr><td>工厂交货</td><td>EXW</td><td></td><td></td><td></td><td></td><td></td><td></td><td></td><td>E</td></tr>
<tr><td></td><td>卖方工厂</td><td>第一承运人地</td><td>船边</td><td>船上</td><td>途中</td><td>目的地卸货前</td><td>目的地卸货后</td><td>终端卸货后</td><td></td><td></td></tr>
<tr><td>**风险转移**</td><td>交货时</td><td>货交承运人</td><td>交货时</td><td>装运上船</td><td></td><td>交货时</td><td>交货时</td><td>交货时</td><td></td><td></td><td></td></tr>
<tr><td colspan="12">→由左到右交货地点逐渐远离卖方营业地，靠近买方营业地，卖方责任递增，合同价格递增→
EXW 术语下进出口清关等手续均由买方办理；DDP 术语下进出口清关等手续均由卖方办理。其余所有术语均是由卖方办理出口清关手续，买方办理进口清关手续。</td></tr>
</table>

考点二：FOB（FCA）、CFR（CPT）、CIF（CIP）及 FAS 术语

<table>
<tr><td rowspan="5">1. 常用术语比较</td><td></td><td colspan="2">价格构成</td><td>安排运输责任</td><td colspan="2">投保责任</td></tr>
<tr><td>CIF
（CIP）</td><td>成本
＋保险费
＋运费</td><td rowspan="3">↑价渐高责任多↑</td><td>卖方</td><td>合同价包含保费，卖方有义务投保。</td><td>CIF（2010/2020）和 CIP（2010）：卖方最低投保平安险，除非另有协议。
CIP（2020）：卖方最低投保义务是一切险。</td></tr>
<tr><td>CFR
（CPT）</td><td>成本
＋运费</td><td rowspan="2">买方</td><td colspan="2" rowspan="2">卖方不具有投保义务，买方可自行安排投保。</td></tr>
<tr><td>FOB
（FCA）</td><td>成本</td></tr>
<tr><td colspan="6">FOB 和 CFR 的特殊通知事项：
①FOB 术语下买方租船后要将船名、装货地点、装货时间等充分通知卖方，以便卖方交货。
②FOB、CFR 术语下卖方在装运港将货物装船时应给予买方充分通知，以便买方为货物安排投保，若卖方不通知则风险不转移。</td></tr>
<tr><td>2. 相关术语</td><td>FAS</td><td colspan="5">FAS 交货地点是船边，免除了 FOB 术语下的卖方装船义务及装船过程中的风险承担。</td></tr>
</table>

<table>
<tr><td rowspan="4">3. 常用术语与相似术语比较</td><td></td><td>FOB、CFR、CIF</td><td>FCA、CPT、CIP</td></tr>
<tr><td>风险转移</td><td>装运港装运上船时风险转移</td><td>货交承运人时风险转移</td></tr>
<tr><td>交货地点</td><td>船上交货</td><td>在约定地点交承运人</td></tr>
<tr><td>运输方式</td><td>适用于海运和河运</td><td>适用于各种运输方式</td></tr>
</table>

考点三：DAP、DAT、DPU 术语

<table>
<tr><td>1. DAP</td><td colspan="2">当卖方将货物运抵指定目的地，并做好卸载准备时，即交由买方处置并转移风险。</td></tr>
<tr><td rowspan="2">2. DAT、DPU</td><td colspan="2">当卖方将货物运抵指定的目的地，在指定的运输终点将货物从载货运输工具上卸下，交由买方处置时，方为交货。DAT 是 2010 版中卖方承担目的地卸货义务的术语，DPU 是 2020 版本中卖方承担目的地卸货义务的术语。二者区别如下：</td></tr>
<tr><td>DAT（2010）交货地点只能是国际运输的终端，卸货后即交货。</td><td>DPU（2020）术语下作为目的地的交货地点可以是任何地方，而不仅仅是国际运输的终端。</td></tr>
</table>

考点四：EXW 和 DDP 术语

1. EXW	卖方在工厂或仓库将货物交由买方即完成交货。买方办理出口清关手续，即进出口手续均由买方办理。
2. DDP	当卖方将货物运抵指定目的地，完成进口清关，并做好卸载准备时，即交由买方处置并转移风险，即进出口手续均由卖方办理。

考点五：各术语所适用的运输方式

1. 适用于多种或单一运输方式	EXW、FCA、CPT、CIP、DAP、DDP、DAT、DPU。
2. 仅适用于海运或河运	FAS、FOB、CFR、CIF。

练一练　法国甲公司与中国乙公司签订合同向中国出口一批货物，合同选用了《2020年国际贸易术语解释通则》的CIP术语，下列哪一判断是正确的？（2020年考生回忆版）①

A. CIP约定适用2020通则，但是当事人约定投保相当于平安险的最低险别为有效

B. 货物风险自装运港装运上船时转移

C. 如果双方合同未约定保险险别，则甲公司只需要投保平安险

D. 即使双方合同约定保平安险，甲公司也应投保一切险

第二节　《联合国国际货物销售合同公约》（CISG）

考点一：《公约》的适用范围

1. 主体	公约适用于**营业地**在不同国家的当事人订立的货物销售合同。
2. 客体	公约适用于国际**货物**销售合同。
3. 公约适用的任意性	（1）当事人可以通过选择其他法律排除公约的适用，贸易术语的选择并不排除公约适用，二者相互补充。 （2）当事人可以在买卖合同中约定部分地适用公约，或对公约的内容进行改变。

考点二：卖方的义务

1. 交货义务	交货时间、地点，双方合同中有约定的按照其约定（如选择某贸易术语）。 未约定交货时间的，则应在订立合同后一段合理时间内交货。 未约定交货地点的，如果合同涉及货物运输，则在第一承运人所在地交货；如果合同所指定的货物在一批货物中还未特定化，则该批货物存放地为交货地；其他情况下，在卖方营业地交货。
2. 质量担保	卖方要保证其交付的货物与合同的约定相符： （1）适用于通常使用目的；（2）适用于合同约定的特定目的；（3）与样品或样式相符；（4）按照同类货物通用的方式装箱或包装，如果没有通用方式，装箱或包装要足以保全和保护货物。

① 【答案】A

<table>
<tr><td rowspan="3">3. 权利担保</td><td>（1）所有权担保</td><td colspan="2">卖方保证对其出售的货物享有完全的所有权，必须是第三方不能提出任何权利或要求的货物。</td></tr>
<tr><td rowspan="2">（2）知识产权担保</td><td>地域限制</td><td>①依买方营业地所在国法律。
②依订立合同时预期的货物使用地或转售地法律。</td></tr>
<tr><td>免责情形</td><td>①买方在订立合同时已知道或不可能不知道此项权利或要求，此时买方若不在合理时间通知卖方则卖方免责。
②卖方所销售的货物要遵照买方所提供的技术图样、图案、程式或其他规格，而引起第三方主张权利或要求。</td></tr>
<tr><td>4. 交付单据</td><td colspan="3">（1）卖方必须按照合同约定的时间、地点和方式移交与货物有关的单据。
（2）卖方若在约定时间以前已移交单据，则可以在时间届满前纠正单据中任何与合同不符的情形，但买方有权就因此遭受的损失主张损害赔偿。</td></tr>
</table>

考点三：买方的义务

<table>
<tr><td>1. 支付货款</td><td>（1）约定优先：付款地点或时间一般依据买卖双方合同约定或选择的支付规则。
（2）未约定付款地点的，在卖方营业地支付，如凭移交货物或单据支付货款，则移交货物或单据的地点为支付地。
（3）未约定付款时间的，在货物置于买方控制下时付款；涉及运输的，在收到银行的付款通知时付款；买方在没有机会检验货物前，无义务付款。</td></tr>
<tr><td>2. 接收货物</td><td>（1）采取一切理应采取的行动，如为卖方指定准确的发货地点，按时接收货物，依贸易术语作出相应的运输安排等。
（2）按时提取货物。但接收≠接受，接收不表明买方对于货物质量没有异议，即使经检验与合同不符，也应接收货物，然后再进行索赔。</td></tr>
</table>

考点四：《公约》其他内容

<table>
<tr><td>1. 风险转移</td><td>（1）合同一般对风险转移时间、地点作出约定（如选用贸易术语），若无约定，货交承运人时风险由卖方转移至买方承担。
（2）在运输途中销售的货物的风险，自买卖合同成立时起转移给买方。</td></tr>
<tr><td>2. 中止履行</td><td>当一方预期违约时，另一方可中止履行义务。中止履行义务的一方当事人不论是在货物发运前还是发运后，都必须立即通知另一方当事人，如另一方当事人对履行义务提供充分保证，则中止履行义务的一方必须继续履行义务。</td></tr>
<tr><td>3. 保全货物</td><td>如遇买卖合同一方履行合同不符合约定，如买方不付款或不接收货物，或卖方交货不符合约定，买方准备退货，另一方应采取保全措施减损。保全货物的方式有：将货物寄存于仓库；将易坏货物出售。</td></tr>
</table>

练一练 中国甲公司与法国乙公司签订了向中国进口服装的合同，价格条件为CIF。货到目的港时，甲公司发现有两箱货物因包装不当途中受损，因此拒收，该货物在目的港码头又被雨淋受损。依1980年《联合国国际货物销售合同公约》及相关规则，下列哪一选项是正确的？（2015－1－40）[①]

① 【答案】D

A. 因本合同已选择了 CIF 贸易术语，则不再适用《公约》

B. 在 CIF 条件下应由法国乙公司办理投保，故乙公司也应承担运输途中的风险

C. 因甲公司拒收货物，乙公司应承担货物在目的港码头雨淋造成的损失

D. 乙公司应承担因包装不当造成的货物损失

练一练 某国甲公司向中国乙公司出售一批设备，约定贸易术语为“FOB（Incoterms 2010）”，后设备运至中国。依《国际贸易术语解释通则》和《联合国国际货物销售合同公约》，下列哪一选项是正确的？（2013－1－40）①

A. 甲公司负责签订货物运输合同并支付运费

B. 甲、乙公司的风险承担以货物在装运港越过船舷为界

C. 如该批设备因未按照同类货物通用方式包装造成损失，应由甲公司承担责任

D. 如该批设备侵犯了第三方在中国的专利权，甲公司对乙公司不承担责任

① 【答案】C

第二章　国际货物运输与保险

第一节　国际货物运输

考点一：班轮运输

<table>
<tr><td rowspan="2">1. 提单</td><td>(1) 特征</td><td>提单是班轮运输中的重要法律文件，是用以证明海上运输合同由承运人接管或装载货物，以及承运人保证据以交付货物的凭证。其特征如下：
①提单是海上运输合同的证明。
②提单是承运人出具的接收货物的收据。
③提单是向承运人提取货物的物权凭证。</td></tr>
<tr><td>(2) 种类</td><td>①根据货物是否已装船，分为已装船提单和收货待运提单。
②依发货人抬头，可将提单分为记名提单、不记名提单和指示提单。
记名提单：正面载明收货人名称，一般不能转让。
不记名提单：未载明收货人名称，交付即转让。
指示提单：载明凭指示交货，必须经过背书转让。
③根据提单有无批注，分为清洁提单和不清洁提单。</td></tr>
<tr><td>2. 海运单</td><td colspan="2">海运单是证明海上运输货物由承运人接管或装船，且承运人保证将货物交给指定的收货人的一种不可流通的书面运输单证。海运单不是物权凭证。</td></tr>
</table>

考点二：承运人无正本提单交付货物的问题

<table>
<tr><td>1. 法律依据</td><td colspan="2">最高人民法院《关于审理无正本提单交付货物案件适用法律若干问题的规定》（以下简称《规定》）</td></tr>
<tr><td rowspan="3">2. 承运人责任</td><td>(1) 责任性质</td><td>①《规定》采用竞合责任制，即正本提单持有人可以要求承运人承担违约责任，或者要求承担侵权责任。
②可要求承运人与无正本提单提货人承担连带赔偿责任。</td></tr>
<tr><td>(2) 责任限制</td><td>无正本提单放货，承运人存在主观故意，不得主张海事赔偿责任限额。</td></tr>
<tr><td>(3) 赔偿范围</td><td>承运人赔偿额依货物装船时的价值＋运费＋保险费计算。</td></tr>
<tr><td>3. 免责情形</td><td colspan="2">①承运人依照卸货港所在地法律，必须将货物交付给当地海关或者港口当局。
②承运到港的货物超过法律规定的期限无人向海关申报，被海关提取并依法变卖处理，或法院依法裁定拍卖承运人留置的货物。
③承运人按照记名提单托运人的要求中止运输、返还货物、变更到达地或将货物交给其他收货人。
④其他正本提单已提货。</td></tr>
<tr><td>4. 时效</td><td colspan="2">诉讼时效适用《海商法》为 1 年。</td></tr>
</table>

练一练 中国甲公司从国外购货，取得了代表货物的单据，其中提单上记载“凭指示”字样，交货地点为某国远东港，承运人为中国乙公司。当甲公司凭正本提单到远东港提货时，被乙公司告知货物已不在其手中。后甲公司在中国法院对乙公司提起索赔诉讼。乙公司在下列哪些情形下可免除交货责任？(2013－1－81)[①]

A. 在甲公司提货前，货物已被同样持有正本提单的某公司提走

B. 乙公司按照提单托运人的要求返还了货物

C. 根据某国法律要求，货物交给了远东港管理当局

D. 货物超过法定期限无人向某国海关申报，被海关提取并变卖

考点三：调整班轮运输的国际公约

	《海牙规则》	《维斯比规则》（对《海牙规则》的修改和补充）	《汉堡规则》
1. 承运人最低限度义务	（1）适航义务。承运人在开航前和开航时要谨慎检查，保障船舶适航。 （2）管货义务。承运人应适当谨慎地装载、运送、保管、卸载所承运的货物。		
2. 责任期间	“装到卸”		“接到交”
3. 承运人免责	**（1）承运人无过失免责。** **（2）航海过失免责：承运人的雇佣人在驾驶船舶和管理船舶时所造成的货物损失，承运人免责。** **（3）火灾免责，但由于承运人实际过失或私谋造成的火灾除外。**		**承运人无过失免责。**
4. 关于延迟交货的责任	没有规定承运人延迟交货责任。		延迟交货的赔偿责任限额为迟交货物应付运费的2.5倍，但不应超过应付运费总额。
5. 保函效力	没有规定保函效力问题。		善意保函只在托运人与承运人之间有效。
6. 索赔时效	时效为1年。		时效为2年。

练一练 一批货物由甲公司运往中国青岛港，运输合同适用《海牙规则》。运输途中因雷击烧毁部分货物，其余货物在目的港被乙公司以副本提单加保函提走。丙公司为该批货物正本提单持有人。根据《海牙规则》和我国相关法律规定，下列哪一选项是正确的？(2010－1－45)[②]

A. 甲公司应对雷击造成的货损承担赔偿责任，因损失在其责任期间发生

B. 甲公司可限制因无正本提单交货的赔偿责任

C. 丙公司可要求甲公司和乙公司承担连带赔偿责任

D. 甲公司应以货物成本加利润赔偿因无正本提单交货造成的损失

---

① 【答案】ACD

② 【答案】C

考点四：其他方式的国际货物运输的主要内容

<table>
<tr><td rowspan="4">其他运输方式的要点</td><td>航空运单、铁路运单和多式联运单据都不是货物物权凭证，只有提单可作为物权凭证。</td></tr>
<tr><td>国际铁路货物运输中，按运单承运货物的铁路部门应对货物承担连带责任。</td></tr>
<tr><td>航空运输承运人的责任期间：依《华沙公约》，货物在承运人保管下的整个期间都是责任期间。</td></tr>
<tr><td>依《联运公约》，多式联运经营人应对货物在其掌管期间发生的损失承担赔偿责任，而不论该损失发生在哪个运输区段。</td></tr>
</table>

练一练 中国伟业公司与甲国利德公司签订了采取铁路运输方式由中国出口一批货物的合同。后甲国法律发生变化，利德公司在收货后又自行将该批货物转卖到乙国，现乙国一公司声称该批货物侵犯了其知识产权。中国和甲国均为《国际货物销售合同公约》和《国际铁路货物联运协定》缔约国。依相关规则，下列哪一选项是正确的？（2017－1－40）[①]

A. 伟业公司不承担该批货物在乙国的知识产权担保义务

B. 该批货物的风险应于订立合同时由伟业公司转移给利德公司

C. 铁路运输承运人的责任期间是从货物装上火车时起至卸下时止

D. 不同铁路运输区段的承运人应分别对在该区段发生的货损承担责任

第二节 国际货物运输保险

考点一：中国海洋货物运输保险的基本险别

<table>
<tr><td rowspan="4">1. 货损形态</td><td colspan="10">（1）实际全损；（2）推定全损；（3）部分损失。</td></tr>
<tr><td colspan="10">（1）共同海损。共同海损的条件有：船货共同危险、有意造成损失、措施合理。共同海损可能造成被保险人货物的全部损失，也可能造成部分损失。
（2）单独海损：货物由于意外造成的部分损失。</td></tr>
<tr><td colspan="5">全部损失</td><td colspan="5">部分损失</td></tr>
<tr><td colspan="4">实际全损/推定全损</td><td colspan="3">共同海损</td><td colspan="3">单独海损</td></tr>
<tr><td rowspan="8">2. 基本险别</td><td rowspan="2"></td><td colspan="3">海上自然灾害</td><td colspan="3">海上意外事故</td><td colspan="3">外来风险（附加险）</td></tr>
<tr><td>全部损失</td><td>共损</td><td>单损</td><td>全部损失</td><td>共损</td><td>单损</td><td>一般</td><td>特别</td><td>特殊</td></tr>
<tr><td rowspan="2">（1）平安险</td><td>✔</td><td>✔</td><td>×</td><td colspan="3">✔</td><td colspan="3">×</td></tr>
<tr><td colspan="9">“单独海损不赔”：航行中由自然灾害引起的单独海损不在平安险的承保范围。</td></tr>
<tr><td rowspan="2">（2）水渍险</td><td colspan="6">✔</td><td colspan="3">×</td></tr>
<tr><td colspan="9">“单独海损要赔”：该险的承保范围除平安险的各项责任外，还包括“自然灾害”所造成的单独海损。</td></tr>
<tr><td rowspan="2">（3）一切险</td><td colspan="6">✔</td><td>✔</td><td>×</td><td>×</td></tr>
<tr><td colspan="9">除承保水渍险的责任范围，还承保被保险货物在运输途中由一般外来原因所致的全部或部分损失，即水渍险加一般附加险。</td></tr>
</table>

① 【答案】A

练一练　中国甲公司与某国乙公司签订茶叶出口合同，并投保水渍险，议定由丙公司“天然号”货轮承运。下列哪些选项属于保险公司应赔偿范围？（2011－1－80）[①]

A. 运输中因茶叶串味等外来原因造成货损

B. 运输中因“天然号”货轮过失与另一轮船相撞造成货损

C. 运输延迟造成货损

D. 运输中因遭遇台风造成部分货损

考点二：中国海洋货物运输保险的附加险

1. 一般附加险	投保各种一般外来原因导致的货物损失。一般附加险包括：偷窃提货不着险，淡水雨淋险，短量险，混杂、沾污险，渗漏险，碰损、破碎险，串味险，受潮受热险，钩损险，包装破裂险，锈损险等11种。
2. 特别附加险	特别附加险对因特别风险造成的保险标的的损失负赔偿责任，包括：交货不到险、进口关税险、舱面货物险、拒收险、黄曲霉素险、出口货物到香港或澳门存仓火险6种。
3. 特殊附加险	特殊附加险包括海洋运输货物战争险和货物运输罢工险。

考点三：中国海洋货物运输保险的除外责任和索赔时效

1. 除外责任	（1）被保险人的故意或过失致损。 （2）发货人责任致损。 （3）保险责任开始前，被保险货物已存在的品质不良或数量短差致损。 （4）被保险货物的自然耗损、本质缺陷、市价跌落、运输迟延等致损。
2. 索赔时效	索赔时效为2年，从被保险货物在最后卸货港全部卸离运输工具后起算。

① 【答案】BD

第三章　国际贸易支付

考点一：托收

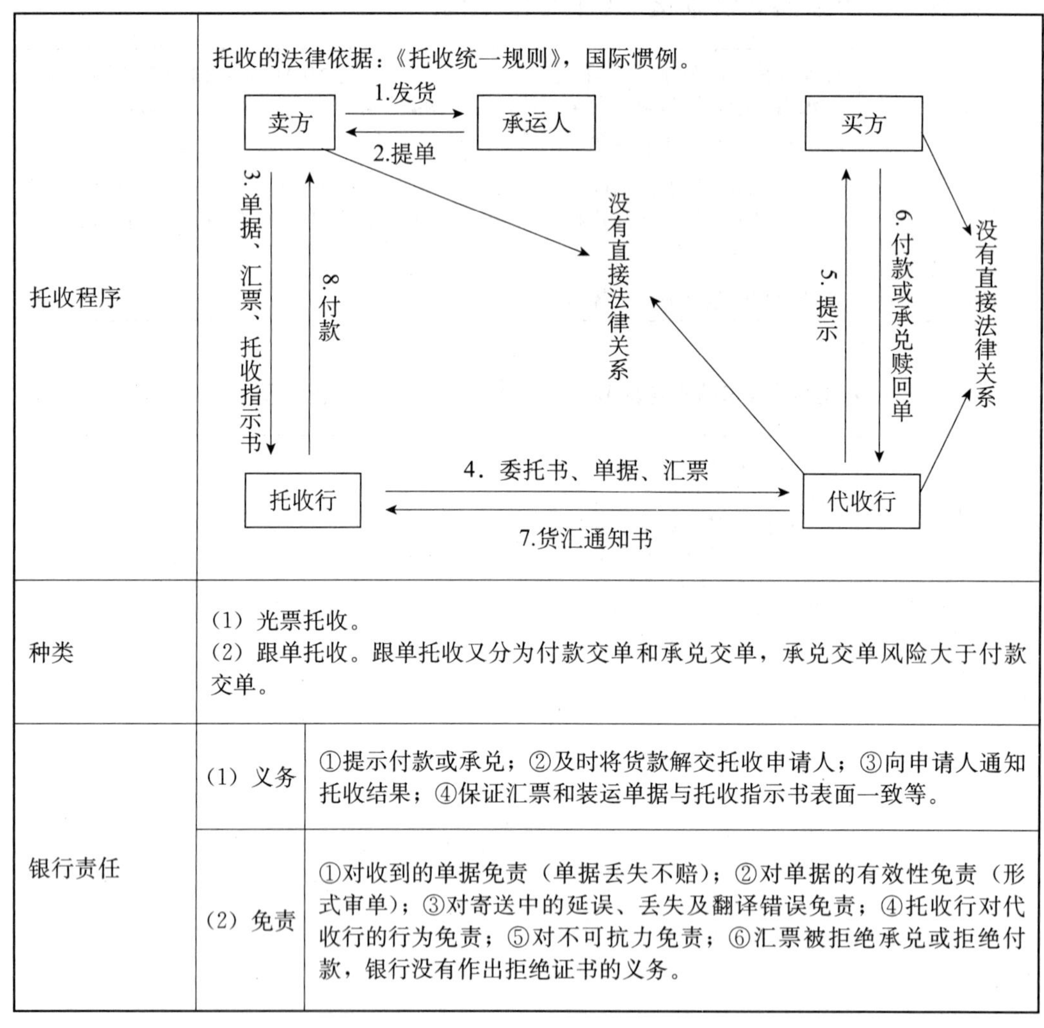

托收程序	托收的法律依据：《托收统一规则》，国际惯例。	
种类	（1）光票托收。 （2）跟单托收。跟单托收又分为付款交单和承兑交单，承兑交单风险大于付款交单。	
银行责任	（1）义务	①提示付款或承兑；②及时将货款解交托收申请人；③向申请人通知托收结果；④保证汇票和装运单据与托收指示书表面一致等。
	（2）免责	①对收到的单据免责（单据丢失不赔）；②对单据的有效性免责（形式审单）；③对寄送中的延误、丢失及翻译错误免责；④托收行对代收行的行为免责；⑤对不可抗力免责；⑥汇票被拒绝承兑或拒绝付款，银行没有作出拒绝证书的义务。

考点二：信用证

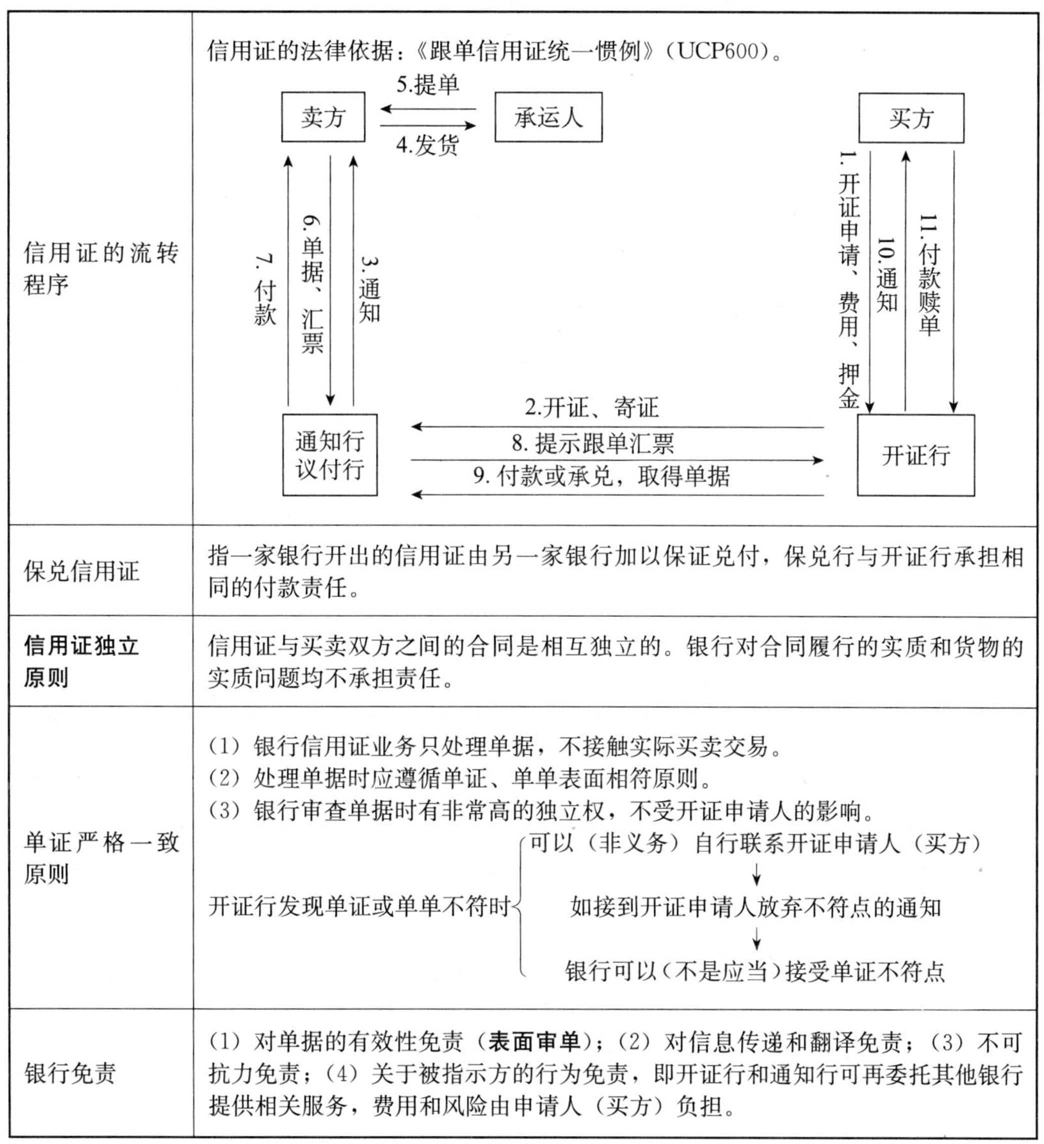

信用证的流转程序	信用证的法律依据：《跟单信用证统一惯例》（UCP600）。 卖方 承运人 买方 5.提单 4.发货 1.开证申请、费用、押金 10.通知 11.付款赎单 7.付款 6.单据、汇票 3.通知 2.开证、寄证 8.提示跟单汇票 9.付款或承兑，取得单据 通知行议付行 开证行
保兑信用证	指一家银行开出的信用证由另一家银行加以保证兑付，保兑行与开证行承担相同的付款责任。
信用证独立原则	信用证与买卖双方之间的合同是相互独立的。银行对合同履行的实质和货物的实质问题均不承担责任。
单证严格一致原则	（1）银行信用证业务只处理单据，不接触实际买卖交易。 （2）处理单据时应遵循单证、单单表面相符原则。 （3）银行审查单据时有非常高的独立权，不受开证申请人的影响。 开证行发现单证或单单不符时：可以（非义务）自行联系开证申请人（买方）→如接到开证申请人放弃不符点的通知→银行可以（不是应当）接受单证不符点
银行免责	（1）对单据的有效性免责（**表面审单**）；（2）对信息传递和翻译免责；（3）不可抗力免责；（4）关于被指示方的行为免责，即开证行和通知行可再委托其他银行提供相关服务，费用和风险由申请人（买方）负担。

练一练　中国甲公司与法国乙公司订立了服装进口合同，信用证付款，丙银行保兑。货物由“铂丽号”承运，投保了平安险。甲公司知悉货物途中遇台风全损后，即通知开证行停止付款。依《海牙规则》《跟单信用证统一惯例》（UCP600）及相关规则，下列哪一选项是正确的？（2016－1－41）①

A. 承运人应承担赔偿甲公司货损的责任

B. 开证行可拒付，因货已全损

C. 保险公司应赔偿甲公司货物的损失

---

① 【答案】C

D. 丙银行可因开证行拒付而撤销其保兑

练一练 中国A公司从甲国埃拉公司以DPU术语进口一批货物，信用证方式付款。根据国际经济法的相关规则和实践，下列哪项判断是正确的？（2020年考生回忆版）①

A. 埃拉公司有义务为中国A公司投保货物运输险

B. 卖方应在“运输终端”完成交货

C. 埃拉公司应承担运输中的风险

D. 中国A公司可以埃拉公司货物质量不符合同约定，要求银行拒付部分货款

考点三：信用证欺诈及例外原则

<table>
<tr><td>1. 信用证欺诈的种类</td><td colspan="2">（1）开立假信用证；（2）“软条款”信用证，即以信用证附加条件等方式加重受益人（卖方）风险；（3）伪造单据；（4）以保函换取与信用证相符的提单；（5）受益人（卖方）恶意不交货或交付的货物无价值等。</td></tr>
<tr><td rowspan="2">2. 信用证欺诈例外（止付信用证项下款项）</td><td>（1）止付条件</td><td>①必须由有管辖权的法院审理判决终止支付信用证项下款项。
②申请人须提供证据材料证明有信用证欺诈情形。
③不中止支付将会使申请人合法权益遭到难以弥补的损失。
④申请人提供了可行、充分的担保。</td></tr>
<tr><td>（2）禁止止付情形</td><td>若存在如下情形，则不能再通过司法手段干预信用证下的付款：①开证行的指定人、授权人已按照开证行的指令善意地进行了付款或承兑；②保兑行善意地履行了付款义务；③议付行善意地进行了议付。</td></tr>
</table>

练一练 根据《最高人民法院关于审理信用证纠纷案件若干问题的规定》，中国法院认定存在信用证欺诈的，应当裁定中止支付或者判决终止支付信用证项下款项，但存在除外情形。关于除外情形，下列哪些表述是正确的？（2012-1-81）②

A. 开证行的指定人、授权人已按照开证行的指令善意地进行了付款

B. 开证行或者其指定人、授权人已对信用证项下票据善意地作出了承兑

C. 保兑行善意地履行了付款义务

D. 议付行善意地进行了议付

---

① 【答案】C

② 【答案】ABCD

第四章　对外贸易管理制度

考点一：我国《对外贸易法》

<table>
<tr><td>1. 适用范围</td><td>我国对外贸易管理制度以《对外贸易法》为基本框架，管理我国大陆（不包括港澳台地区）的货物、技术、服务的进出口。</td></tr>
<tr><td>2. 外贸经营资格</td><td>依法办理工商登记或其他执业手续的法人、其他组织或者个人。
（1）外贸经营者包括自然人。
（2）外贸经营权的获得实行登记制，依法不需要登记的除外。</td></tr>
</table>

考点二：《出口管制法》

<table>
<tr><td>1. 职能部门</td><td colspan="2">国务院、中央军事委员会</td></tr>
<tr><td>2. 管制目的</td><td colspan="2">维护国家安全和利益、履行防（核）扩散、防恐怖主义等国际义务。</td></tr>
<tr><td rowspan="2">3. 管制对象</td><td>主体对象</td><td>我国：出口经营者。应当向出口管制管理部门提交最终用户及最终用途证明文件，证明文件由最终用户或最终用户所在国政府出具。
外国（进口国）：进口商、最终用户。违反管制要求的，列入管控名单（将被禁止、限制有关交易）；最终用户应承诺不得擅自改变管制物项的最终用途或者向任何第三方转让。</td></tr>
<tr><td>客体对象</td><td>两用物项（既有民事又有军事用途）、军品、核等相关的货物、技术、服务等。</td></tr>
<tr><td rowspan="3">4. 管制清单</td><td colspan="2">出口管制清单</td></tr>
<tr><td>临时管制</td><td>临时管制期限不超过两年，届满前应评估决定取消或延长管制，或将相关物项列入出口管制清单。</td></tr>
<tr><td colspan="2">禁止出口</td></tr>
<tr><td>5. 管制措施</td><td colspan="2">国家对管制物项的出口实施许可制度。</td></tr>
</table>

练一练　中国上海甲公司与A国乙公司签订CFR合同，出口某种与军民两用物项相关的货物，双方约定货物运输前存放在甲公司位于上海的某仓库，乙公司为该批货物最终用户。下列哪一选项是正确的？（2022年考生回忆版）①

A. 上海的某仓库为该批货物的交货地点

---

① 【答案】B

B. 中国甲公司应为该批货物的出口申请许可

C. 乙公司应当为该批货物投保平安险

D. 乙公司收到货物后可自行转卖第三方

考点三：反倾销

商务部主动发起或依国内产业申请发起调查→
- 倾销、损害、因果的证据
- 足够的国内生产者支持
  - $\frac{\text{支持者的产量}}{\text{支持者的产量+反对者的产量}}>50\%$
  - $\frac{\text{支持者的产量}}{\text{国内同类产品总产量}}\geqslant 25\%$
- 利害关系方提供的信息不真实的，商务部可根据已获得的事实和可获得的最佳信息作出裁定。

临时措施前90天→

初步裁定→临时反倾销措施
- 临时税或担保（进口经营者承担）
- 终裁确定不征税或不追溯征收：退临时税；解除担保
- 终裁确定追溯征收临时税“多退少不补”

终局裁定→
- 价格承诺
  - 出口经营者可以作出
  - 主管机关可以接受
  - 主管机关在初裁之前不能寻求或接受价格承诺
- 或
- 反倾销税（海关）
  - 进口经营者缴纳
  - 原则上不追溯征收
  - 一般不超过5年
  - 税率不超过倾销幅度

终局裁定→国内司法审查：利害关系人诉商务部

终局裁定→行政复审（依申请或依职权主动发起）→国内司法审查

原则上的征税期间

终局裁定后5年期满→

反倾销税的征税期间
- 原则上只对终局裁定公告后再进口的产品征收（不追溯）
- 有实质损害并且已采取临时措施，可以追溯至临时措施期间
- 有倾销历史或进口商明知）并且短期大量进口，可以追溯至临时措施前90天

练一练 应国内化工产业的申请，中国商务部对来自甲国的某化工产品进行了反倾销调查。依《反倾销条例》，下列哪一选项是正确的？（2016－1－42）[①]

A. 商务部的调查只能限于中国境内

B. 反倾销税税额不应超过终裁确定的倾销幅度

C. 甲国某化工产品的出口经营者必须接受商务部有关价格承诺的建议

D. 针对甲国某化工产品的反倾销税征收期限为5年，不得延长

① 【答案】B

考点四：反补贴

1. 适用条件	（1）专向补贴： 出口国政府提供（直接或间接）的财政资助（现金或非现金） 接受者获得利益 专向性：给予特定对象（企业或产业） 依据 WTO《补贴与反补贴措施协定》，如果中国政府提供的补贴主要接受者是国有企业，或者国有企业接受了补贴中的绝大多数，该补贴视为专向补贴 （2）损害（同反倾销）：实质损害、实质损害威胁、实质阻碍。 （3）因果关系：专向补贴是损害的原因之一。
2. 措施	（1）调查程序：同反倾销（临时反补贴税、价格承认、反补贴税）。 （2）反补贴措施： 基本同反倾销 区别：承诺主体包括：出口国政府：承诺取消或限制补贴或其他有关措施；出口经营者：承诺修改价格

练一练　根据《中华人民共和国反补贴条例》，下列哪些选项属于补贴？（2014－1－82）①

A. 出口国政府出资兴建通向口岸的高速公路

B. 出口国政府给予企业的免税优惠

C. 出口国政府提供的贷款

D. 出口国政府通过向筹资机构付款，转而向企业提供资金

考点五：保障措施

1. 适用条件	（1）进口数量增加（绝对增加和相对增加）。 （2）进口国相同或竞争产品生产者受到严重损害或严重损害威胁。 （3）因果关系。
2. 调查程序	基本同反倾销，但没有司法审查程序。
3. 措施	（1）初裁：临时保障措施（提高关税）。 （2）终裁：保障措施（提高关税或数量限制）。 （3）措施细节基本同反倾销。
4. 期限	不超过 4 年，特殊情况下也不得超过 10 年。
5. 限制	（1）针对进口产品实施，不区分来源国或地区。 （2）实施期限超过一年的，应当在实施期间内按固定时间间隔逐年放宽。

练一练　根据《中华人民共和国保障措施条例》，下列哪一说法是不正确的？（2013－1－44）②

---

① 【答案】BCD

② 【答案】D

A. 保障措施中“国内产业受到损害”，是指某种进口产品数量增加，并对生产同类产品或直接竞争产品的国内产业造成严重损害或严重损害威胁

B. 进口产品数量增加指进口数量的绝对增加或与国内生产相比的相对增加

C. 终裁决定确定不采取保障措施的，已征收的临时关税应当予以退还

D. 保障措施只应针对终裁决定作出后进口的产品实施

第五章　世界贸易组织

考点一：世界贸易组织的法律框架

<table>
<tr><td>1. 法律框架</td><td>（1）多边协议：
章程：《世界贸易组织协定》
附件 1：
附件 1A：货物贸易多边协定《关贸总协定》
附件 1B：《服务贸易总协定》
附件 1C：《与贸易有关的知识产权协定》
附件 2：《关于争端解决规则和程序的谅解》
附件 3：《贸易政策审议机制》
（以上）所有成员均受其约束
（2）诸边贸易协定：附件 4：
《民用航空器贸易协议》（中国未参加）
《政府采购协议》（中国未参加）
《信息技术产品协定》
《国际奶制品协议》（已失效）
《国际牛肉协议》（已失效）</td></tr>
<tr><td>2. 中国义务</td><td>（1）WTO 成员不仅包括国家，还包括单独关税区政府。中国在 WTO 有四个成员席位。
（2）中国在 WTO 中的权利和义务由各协议条款规定的义务和《中国加入世界贸易组织议定书》中中国作出的承诺组成。</td></tr>
</table>

考点二：《关税与贸易总协定》（GATT）

<table>
<tr><td>1. 国民待遇</td><td colspan="2">国民待遇是 WTO 的基本原则。外国进口产品所享受的待遇不低于本国同类产品、直接竞争或替代产品所享受的待遇。</td></tr>
<tr><td rowspan="3">2. 最惠国待遇（MFN）</td><td>（1）概述</td><td>对最惠国待遇原则的修改，必须经全体成员同意才有效。</td></tr>
<tr><td>（2）特点</td><td>①普遍性。
②相互性。
③自动性。
④同一性。</td></tr>
<tr><td>（3）例外</td><td>边境贸易、普遍优惠制度（对发展中国家的优惠待遇）、关税同盟和区域经济安排。</td></tr>
</table>

考点三：《与贸易有关的投资措施协议》（TRIMs）

1. 宗旨	维护货物贸易的**国民待遇原则**和**取消数量限制原则**。
2. 禁止性投资措施	（1）当地成分要求：购买或使用东道国产品作为生产投入。 （2）贸易平衡要求：将企业的进口限制在与出口相当的水平。 （3）进口用汇限制：限制企业进口所需外汇的使用。 （4）国内销售要求：企业的产品必须有一部分在国内销售。

练一练 针对甲国一系列影响汽车工业的措施，乙、丙、丁等国向甲国提出了磋商请求，四国均为世界贸易组织成员。关于甲国采取的措施，下列哪些是《与贸易有关的投资措施协议》禁止使用的？（2009－1－84）①

A. 要求汽车生产企业在生产过程中必须购买一定比例的当地产品

B. 依国产化率对汽车中使用的进口汽车部件减税

C. 规定汽车生产企业的外资股权比例不应超过60％

D. 要求企业购买进口产品的数量不能大于其出口产品的数量

考点四：《服务贸易总协定》（GATS）

1. 服务贸易方式	《服务贸易总协定》通过四种服务贸易方式来调整服务贸易： （1）跨境交付。 （2）境外消费。 （3）商业存在。 （4）自然人存在。
2. 非歧视原则	**框架性协议**。是否给予市场准入及国民待遇依据每一成员具体列出的承诺表来确定。服务贸易领域也要求完全的最惠国待遇（既适用于服务，也适用于服务提供者）。

练一练 《服务贸易总协定》规定了服务贸易的方式，下列哪一选项不属于协定规定的服务贸易？（2012－1－40）②

A. 中国某运动员应聘到美国担任体育教练

B. 中国某旅行公司组团到泰国旅游

C. 加拿大某银行在中国设立分支机构

D. 中国政府援助非洲某国一笔资金

---

① 【答案】ABD

② 【答案】D

考点五：WTO 争端解决制度

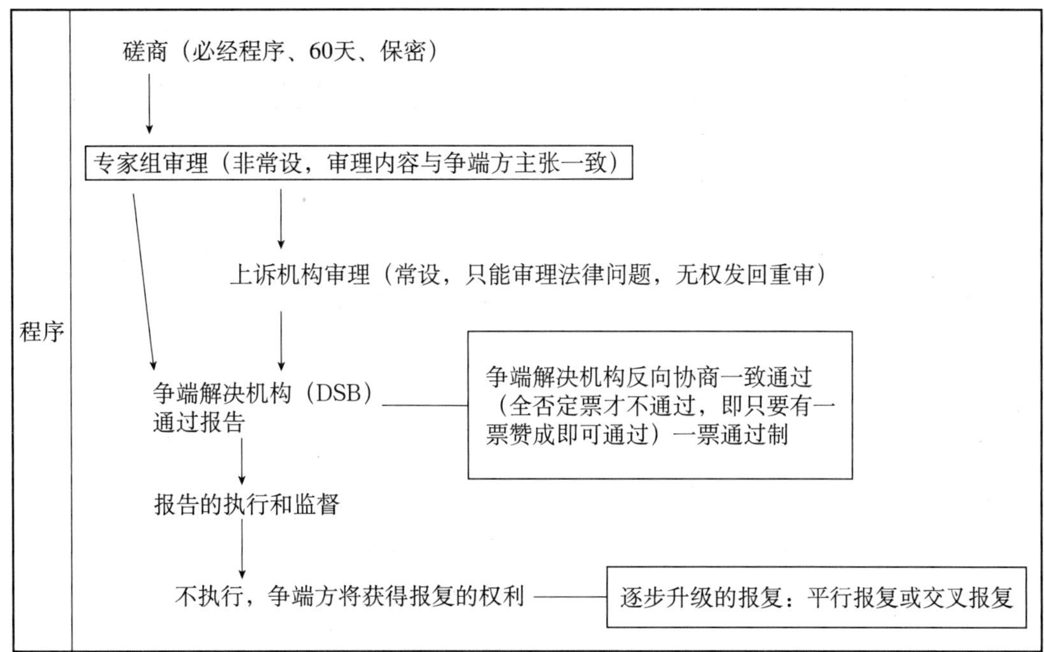

练一练　甲、乙、丙三国均为世界贸易组织成员，甲国对进口的某类药品征收 8% 的国内税，而同类国产药品的国内税为 6%。针对甲国的规定，乙、丙两国向世界贸易组织提出申诉，经裁决甲国败诉，但其拒不执行。依世界贸易组织的相关规则，下列哪些选项是正确的？（2015－1－80）①

A. 甲国的行为违反了国民待遇原则

B. 乙、丙两国可向上诉机构申请强制执行

C. 乙、丙两国经授权可以对甲国采取中止减让的报复措施

D. 乙、丙两国的报复措施只限于在同种产品上使用

① 【答案】AC

第六章　国际经济法领域的其他法律制度

第一节　国际知识产权法

考点一：《保护工业产权巴黎公约》的基本原则

<table>
<tr><td colspan="2">1. 保护范围：专利权、商标权等工业产权</td></tr>
<tr><td>2. 基本原则</td><td>国民待遇原则
优先权：
　适用范围：专利权（发明、实用新型、外观设计）和**商品**商标
　适用条件：
　　已经在一个成员国正式提出申请
　　在规定期限内（发明、实用新型 12 个月；外观设计、商标 6 个月）在其他成员国再次提出申请
　　申请人于在后申请中提出优先权申请
　效力：
　　在优先权期限内每一个在后申请的申请日均为第一个申请的申请日
　　在先申请的撤回、放弃或驳回不影响该申请的优先权地位
　展品在临时保护期间申请专利或商标注册，优先权日从公开展出之日起算
临时保护原则：缔约国对成员国举办或官方承认的国际展会展出的商品给予临时保护
独立性原则
最低标准原则</td></tr>
</table>

练一练　2011 年 4 月 6 日，张某在广交会上展示了其新发明的产品，4 月 15 日，张某在中国就其产品申请发明专利（后获得批准）。6 月 8 日，张某在向《巴黎公约》成员国甲国申请专利时，得知甲国公民已在 6 月 6 日向甲国就同样产品申请专利。下列哪一说法是正确的？（2013－1－41）[①]

A. 如张某提出优先权申请并加以证明，其在甲国的申请日至少可以提前至 2011 年 4 月 15 日

B. 2011 年 4 月 6 日这一时间点对张某在甲国以及《巴黎公约》其他成员国申请专利没有任何影响

C. 张某在中国申请专利已获得批准，甲国也应当批准他的专利申请

D. 甲国不得要求张某必须委派甲国本地代理人代为申请专利

---

① 【答案】A

考点二：《保护文学艺术作品伯尔尼公约》的基本原则

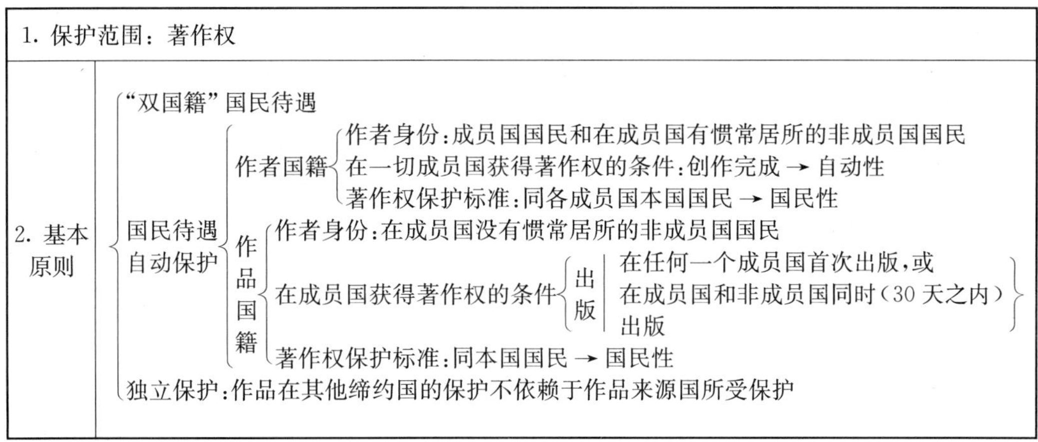

1. 保护范围：著作权	
2. 基本原则	“双国籍”国民待遇 国民待遇自动保护： 作者国籍：作者身份：成员国国民和在成员国有惯常居所的非成员国国民；在一切成员国获得著作权的条件：创作完成 → 自动性；著作权保护标准：同各成员国本国国民 → 国民性 作品国籍：作者身份：在成员国没有惯常居所的非成员国国民；在成员国获得著作权的条件：出版｛在任何一个成员国首次出版，或在成员国和非成员国同时（30 天之内）出版｝；著作权保护标准：同本国国民 → 国民性 独立保护：作品在其他缔约国的保护不依赖于作品来源国所受保护

练一练　甲国人柯里在甲国出版的小说流传到乙国后出现了利用其作品的情形，柯里认为侵犯了其版权，并诉诸乙国法院。尽管甲、乙两国均为《伯尔尼公约》的缔约国，但依甲国法，此种利用作品不构成侵权，另外，甲国法要求作品要履行一定的手续才能获得保护。根据相关规则，下列哪一选项是正确的？（2014－1－43）①

A. 柯里须履行甲国法要求的手续才能在乙国得到版权保护

B. 乙国法院可不受理该案，因作品来源国的法律不认为该行为是侵权

C. 如该小说在甲国因宗教原因被封杀，乙国仍可予以保护

D. 依国民待遇原则，乙国只能给予该作品与甲国相同水平的版权保护

考点三：《WTO 与贸易有关的知识产权协议》（TRIPs）

1. 概要	（1）首先将最惠国待遇原则纳入知识产权国际保护。 （2）首次规定了知识产权执法程序（民事、行政和刑事程序）。 （3）进一步提高了知识产权保护水平，以《巴黎公约》《伯尔尼公约》为基础。
2. 保护提升	著作权：对计算机程序和有独创性的数据汇编进行版权保护；增设计算机程序和电影作品的出租权 专利：权利内容：增加专利进口权和许诺销售权；保护期限：不少于自提交专利申请之日起的 20 年（最低标准） 商标：提高驰名商标保护标准：驰名商品商标→驰名商品商标＋驰名服务标志；相对（同类）保护→绝对（跨类）保护

---

① 【答案】C

考点四：国际知识产权许可协议的种类

1. 普通许可	在合同规定的期限和地域内，被许可方和许可方都对该技术及其产品拥有制造、使用和销售的权利，而且许可方还可以把技术许可给第三方。
2. 独占许可	独占许可是指技术的被许可方在协议的有效期内，在特定地区，对许可协议规定的技术拥有独占的使用权；同时，技术的许可方不得在该地区使用该技术制造和销售商品，更不能把该技术再授予该地区的任何第三方。
3. 排他许可	在合同规定的期限和地域内，被许可方和许可方都对该技术及其产品拥有制造、使用和销售的权利，但许可方不能再将技术许可给第三方。

练一练 中国甲公司与德国乙公司签订了一项新技术许可协议，规定在约定期间内，甲公司在亚太区独占使用乙公司的该项新技术。依相关规则，下列哪一选项是正确的？（2016－1－43）①

A. 在约定期间内，乙公司在亚太区不能再使用该项新技术

B. 乙公司在全球均不能再使用该项新技术

C. 乙公司不能再将该项新技术允许另一家公司在德国使用

D. 乙公司在德国也不能再使用该项新技术

第二节　国际投资法

考点一：外商投资法

<table>
<tr><td>1. 积极促进外商投资</td><td colspan="2">（1）明确对外商投资实行准入前国民待遇加负面清单管理制度。
（2）提高外商投资政策的透明度。
（3）明确给予外国投资者国民待遇。
（4）国家建立健全外商投资服务体系。</td></tr>
<tr><td>2. 加强对外商投资的保护</td><td colspan="2">（1）加强对外商投资企业的产权保护。
（2）强化对涉及外商投资规范性文件制定的约束。
（3）促使地方政府守约践诺。
（4）完善外商投资企业投诉维权机制。</td></tr>
<tr><td rowspan="3">3. 外商投资安全审查办法（2021 年起实施）</td><td>（1）审查投资类型</td><td>影响或可能影响国家安全的外商投资，包括直接和间接投资。</td></tr>
<tr><td>（2）审查机构</td><td>国家发改委、商务部牵头。</td></tr>
<tr><td>（3）审查范围</td><td>①投资军工、军事相关领域及其周边地域。
②投资关系国家安全的重要领域，并取得所投资企业的实际控制权。</td></tr>
</table>

① 【答案】A

考点二：《多边投资担保机构公约》（《汉城公约》）

1. 险别（政治风险）	货币汇兑险：禁止或拖延汇兑或汇出 征收或类似措施险：剥夺投资者对其投资的所有权和控制权；剥夺投资产生的大量收益 战争内乱险：不论东道国是否为战争一方，也不论战争是否发生在东道国境内 政府违约险：东道国违约且投资者无法寻求当地救济
2. 适格投资者	以商业营利为目的从事经营的非东道国自然人或法人。 （1）原则：适格投资者不得具有东道国国籍，法人的国籍和主要营业地均不在东道国。 （2）例外：若用于投资的资本来自境外，适格投资者可以扩大到东道国自然人和法人。
3. 适格东道国	发展中国家成员。
4. 代位权	机构一经向投保人支付或同意支付赔偿，即代位取得投保人对东道国或其他债务人所拥有的有关承保投资的各种权利或索赔权。但担保人在向机构要求支付前，应当寻求东道国的行政补救办法。

练一练　甲国T公司与乙国政府签约在乙国建设自来水厂，并向多边投资担保机构投保。下列哪一选项是正确的？（2016-1-44）①

A. 乙国货币大幅贬值造成T公司损失，属货币汇兑险的范畴

B. 工人罢工影响了自来水厂的正常运营，属战争内乱险

C. 乙国新所得税法致T公司所得税增加，属征收和类似措施险的范畴

D. 乙国政府不履行与T公司签订的合同，乙国法院又拒绝受理相关诉讼，属政府违约险

考点三：《关于解决国家和他国国民之间投资争端公约》（《华盛顿公约》）

<table>
<tr><td>1. 中心</td><td colspan="2">该公约设立“解决国际投资争端中心”（ICSID），作为世界银行下属的一个独立机构。中心为解决缔约国与他国国民之间的投资争端提供调解和仲裁的便利。</td></tr>
<tr><td rowspan="4">2. 中心的管辖权</td><td colspan="2">中心管辖权具有排他效力。裁决的效力：终局性，有约束力。</td></tr>
<tr><td>（1）争端主体</td><td>原则：争议当事人一方必须是缔约国政府（东道国）；另一方当事人是其他缔约国国民（外国投资者），包括自然人、法人、其他经济实体。
例外：如双方同意，投资者也可以是直接受另一缔约国利益控制的东道国法人。</td></tr>
<tr><td>（2）争端性质</td><td>直接因投资而产生的任何法律争端。</td></tr>
<tr><td>（3）主观要求</td><td>争端双方书面同意提交给中心裁决。</td></tr>
<tr><td>3. 法律适用</td><td colspan="2">争端双方如选择通过法律解决争端，中心则按照其选择的法律审理。若无选择，中心适用作为争端一方的东道国国内法及可适用的国际法规则。</td></tr>
</table>

① 【答案】D

练一练 甲、乙均为《关于解决国家和他国国民之间投资争端公约》缔约国。甲国A公司拟将与乙的争端提交根据该公约成立的解决国际投资争端中心。对此，下列哪一选项是不正确的？(2012－1－43)①

A. 该中心可根据A公司的单方申请对该争端行使管辖权

B. 该中心对该争端行使管辖权，须以A公司和乙书面同意为条件

C. 如乙没有特别规定，该中心对争端享有管辖权不以用尽当地救济为条件

D. 该中心对该争端行使管辖权后，可依争端双方同意的法律规则作出裁决

第三节 国际融资法

考点一：国际货币基金组织与特别提款权

1. 国际货币基金组织	国际货币基金组织的宗旨之一是通过发放贷款调整成员国国际收支的失衡。
2. 普通提款权	发放贷款的对象仅限成员国政府机构，不对私人企业组织贷款。 与成员国在基金中所分得或认缴的股份成正比（0～125%）。
3. 特别提款权	是基金组织在普通贷款权之外，按各国认缴的份额比例分配给会员国的一种使用资金的特别权利。 （1）**可与黄金、外汇一样作为储备资产**，亦称“纸黄金”。 （2）**可用于办理政府间结算，偿付政府间结算逆差**。 （3）**可作为记账单位**。

考点二：国际融资的信用担保

1. 见索即付的保函	又称独立保函，担保人与受益人之间以保函为根据而形成的独立的债权债务关系。
2. 备用信用证	指担保人（开证银行）应债务人的要求，向债权人开具备用信用证，当债权人向担保人出示备用信用证及债务人违约证明时，担保人（银行）须按信用证的规定支付款项的保证。
3. 意愿书	又称“安慰信”，只有道义上的约束力，**不具有法律约束力**。

练一练 甲国公司承担乙国某工程，与其签订工程建设合同。丙银行为该工程出具见索即付的保函。后乙国发生内战，工程无法如期完工。对此，下列哪些选项是正确的？(2011－1－82)②

A. 丙银行应对该合同因战乱而违约的事实进行实质审查后，方可履行保函义务

B. 因该合同违约原因是乙国内战，丙银行可以此为由不履行保函义务

C. 丙银行出具的见索即付保函独立于该合同，只要违约事实出现即须履行保函义务

① 【答案】A

② 【答案】CD

D. 保函的被担保人无须对甲国公司采取各种救济方法，便可直接要求丙银行履行保函义务

考点三：《关于审理独立保函纠纷案件若干问题的规定》

<table>
<tr><td>1. 单证审查</td><td colspan="2">《规定》明确了保函的独立性和单据性的特征，保证付款的快捷性和确定性。
只要受益人提交的单据与独立保函条款、单据与单据之间在表面上相符，开立人就必须独立承担付款义务。</td></tr>
<tr><td rowspan="2">2. 保函欺诈</td><td>（1）欺诈情形</td><td>受益人欺诈是法定的唯一的开立人拒绝承担付款义务的情形。
①无真实基础交易；②单据欺诈；③明显滥用付款请求权（法院判决或仲裁裁决认定基础交易债务人没有付款义务、基础交易债务已经得到完全履行、保函载明的付款到期事件并未发生等）。</td></tr>
<tr><td>（2）止付条件</td><td>法院裁定中止支付独立保函项下的款项，必须同时具备下列条件：
①止付申请人提交的证据证明欺诈存在；
②情况紧急，不立即采取止付措施，将给止付申请人的合法权益造成难以弥补的损害；
③止付申请人提供了足以弥补被申请人因止付可能遭受损失的担保。
④开立人未善意付款。
法院受理止付申请后，应当在 48 小时内作出书面裁定。</td></tr>
</table>

练一练　中国某工程公司在甲国承包了一项工程，中国某银行对甲国的发包方出具了见索即付的保函，后甲国发包方以中国公司违约为由向中国某银行要求支付保函上的款项遭到拒绝，遂诉至人民法院。关于本案，根据相关法律和司法解释，以下说法正确的是哪一项？（2018 年考生回忆版）①

A. 如果工程承包公司是我国政府独资的国有企业，则银行可以以此为由拒绝向受益人付款

B. 中国某银行可以主张保函受益人先向中国承包公司主张求偿，待其拒绝后再履行保函义务

C. 中国某银行应对施工合同进行实质性审查，后方可决定是否履行保函义务

D. 如甲国发包方提交的书面文件与保函要求相符，中国某银行应承担付款责任

第四节　国际税法

考点一：国际税收管辖权

	居民税收管辖权	所得来源地税收管辖权
1. 管辖权	属人管辖权	属地管辖权
2. 纳税主体	**纳税居民**	非纳税居民

① 【答案】D

3. 征税对象	境内外所得（**无限纳税义务**）	来源于本国的所得（营业所得、投资所得、劳务所得和财产所得）
4. 纳税居民	自然人{国籍标准、住所标准、居所标准和居住时间标准等 我国兼采住所标准和居住时间（183 天）标准} 法人{登记注册地、实际控制中心所在地、总（实际管理）机构所在地等标准 我国兼采登记注册地和总（实际管理）机构所在地标准}	

考点二：国际双重征税

	国际重复征税	国际重叠征税
征税主体	两个或两以上国家	
纳税主体	同一纳税人	不同纳税人（公司和股东）
征税对象	同一所得或税源	
税种	相同税种	税种相同或不同

练一练 甲、乙两国均为 WTO 成员，甲国纳税居民马克是甲国保险公司的大股东，马克从该保险公司在乙国的分支机构获利 35 万美元。依《服务贸易总协定》及相关税法规则，下列哪些选项是正确的？（2016－1－82）①

A. 甲国保险公司在乙国设立分支机构，属于商业存在的服务方式

B. 马克对甲国承担无限纳税义务

C. 两国均对马克的 35 万美元获利征税属于重叠征税

D. 35 万美元获利属于甲国人马克的所得，乙国无权对其征税

考点三：国际逃避税和"共同申报准则"（CRS）

1. 国际逃税和国际避税	国际逃税是指纳税人采用非法手段或措施，逃避或减少就其跨国所得本应承担的纳税义务的行为。 国际避税是指纳税人利用各国税法的差异或国际税收协定的漏洞，以形式上合法的方式躲避或减少就其跨国所得本应承担的纳税义务的行为。	
2. "共同申报准则"（CRS）	经合组织发布的《金融账户涉税信息自动交换标准》旨在打击跨国逃税。其中 CRS 是遏制跨境逃税的有效国际合作。	
	方式	国家间相互交换对方纳税居民在本国的金融账户信息。由金融机构收集信息并上报本国相关政府部门，与其他国家相关政府部门进行信息交换。负责收集信息的金融机构包括存款机构、托管机构、投资机构、特定保险机构等。
	特点	①自动性：无需理由和申请。 ②定期进行：每年一次。 ③以税收居民身份作为属人依据进行交换，即本国税收居民信息无须向外交换，非本国税收居民，依据税收身份来判定与何国交换。

① 【答案】AB

练一练　中国和新加坡都接受了《金融账户信息自动交换标准》中的“共同申报准则”（CRS），定居在中国的王某在新加坡银行和保险机构均有账户，同时还在新加坡拥有房产和收藏品等，下列哪些判断是正确的？（2019 年考生回忆版）[①]

A. 王某可以自己持有巴拿马护照，要求新加坡不向中国报送其在新加坡的金融账户信息

B. 如中国未提供正当理由，新加坡无须向中国报送王某的金融账户信息

C. 新加坡应向中国报送王某在特定保险机构的账户信息

D. 新加坡可不向中国报送王某在新加坡的房产和收藏品信息

① **【答案】**CD

国际私法

第一章 国际私法的基本问题

考点一：国际私法主体

<table>
<tr><td rowspan="3">1. 自然人属人连结点</td><td colspan="2">(1) 国籍</td></tr>
<tr><td>(2) 住所</td><td>自然人以户籍登记或者其他有效身份登记记载的居所为住所；经常居所与住所不一致的，经常居所视为住所。</td></tr>
<tr><td>(3) 经常居所</td><td>经常居所是《涉外民事关系法律适用法》中主要的属人法连结点。自然人在涉外民事关系产生或者变更、终止时已经连续居住一年以上且作为其生活中心的地方，人民法院可以认定为涉外民事关系法律适用法规定的自然人的经常居所地，但就医、劳务派遣、公务等情形除外。</td></tr>
<tr><td rowspan="3">2. 法人属人连结点</td><td>(1) 国籍</td><td>我国以法人登记成立地作为其国籍国。</td></tr>
<tr><td>(2) 住所</td><td>我国将法人的主要办事机构所在地认定为其住所。</td></tr>
<tr><td>(3) 经常居所</td><td>法人的经常居所地为其主营业地。法人有两个以上营业所的，应以与产生纠纷的民事关系有最密切联系的营业所为准。</td></tr>
</table>

练一练 张某居住在深圳，2008 年 3 月被深圳某公司劳务派遣到马来西亚工作，2010 年 6 月回深圳，转而受雇于香港某公司，其间每周一到周五在香港上班，周五晚上回深圳与家人团聚。2012 年 1 月，张某离职到北京治病，2013 年 6 月回深圳，现居该地。依《涉外民事关系法律适用法》（不考虑该法生效日期的因素）和司法解释，关于张某经常居所地的认定，下列哪一表述是正确的？（2013－1－37）[①]

---

① 【答案】D

A. 2010 年 5 月，在马来西亚

B. 2011 年 12 月，在香港

C. 2013 年 4 月，在北京

D. 2008 年 3 月至今，一直在深圳

考点二：冲突规范和准据法

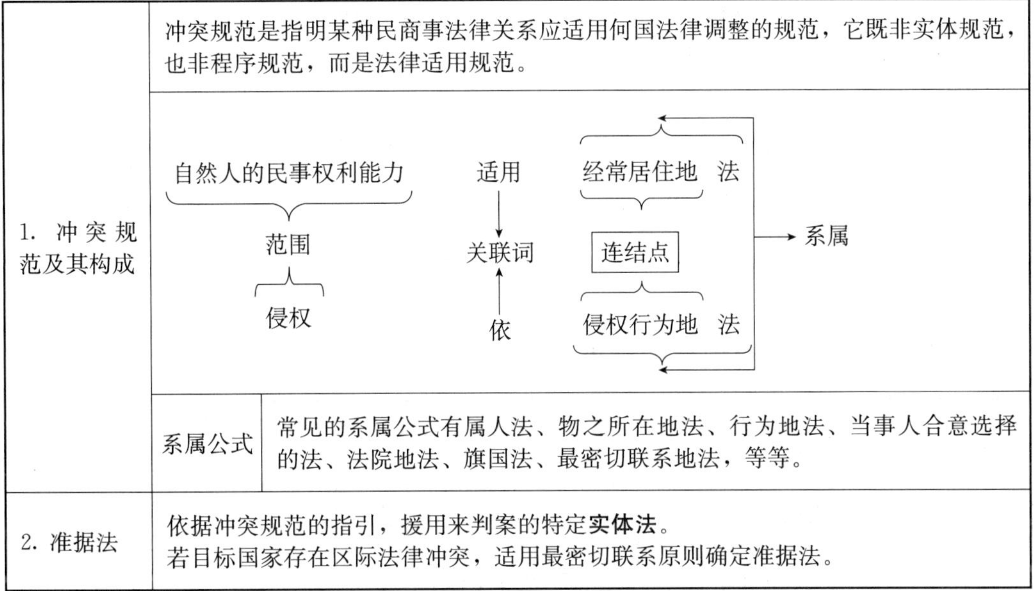

<table>
<tr><td rowspan="3">1. 冲突规范及其构成</td><td colspan="2">冲突规范是指明某种民商事法律关系应适用何国法律调整的规范，它既非实体规范，也非程序规范，而是法律适用规范。</td></tr>
<tr><td colspan="2">自然人的民事权利能力 适用 经常居住地 法
范围 关联词 连结点 系属
侵权 依 侵权行为地 法</td></tr>
<tr><td>系属公式</td><td>常见的系属公式有属人法、物之所在地法、行为地法、当事人合意选择的法、法院地法、旗国法、最密切联系地法，等等。</td></tr>
<tr><td>2. 准据法</td><td colspan="2">依据冲突规范的指引，援用来判案的特定实体法。
若目标国家存在区际法律冲突，适用最密切联系原则确定准据法。</td></tr>
</table>

练一练　关于冲突规范和准据法，下列哪一判断是错误的？(2010－1－33)[①]

A. 冲突规范与实体规范相似

B. 当事人的属人法包括当事人的本国法和住所地法

C. 当事人的本国法指的是当事人国籍所属国的法律

D. 准据法是经冲突规范指引，能够具体确定国际民事法律关系当事人权利义务的实体法

考点三：冲突规范的种类

1. 单边冲突规范	直接规定适用某国法律的冲突规范。 例：合营企业合同的订立、效力、解释、执行及其争议的解决均应适用中国法律。
2. 双边冲突规范	只是规定一个可推定的连结点，再根据这个连结点并结合民商事法律关系的具体情况去推定应适用某法律的冲突规范。 例：不动产所有权适用不动产所在地法律。

① 【答案】A

3. 重叠适用的冲突规范	是指连结点有两个或两个以上，并且同时适用于某种民商事法律关系的冲突规范。 例：收养的条件和手续适用收养人经常居所地法律和被收养人经常居所地法律。
4. 选择适用的冲突规范	指有两个或两个以上连结点，但只选择其中之一来调整民商事法律关系的冲突规范。 ①**无条件**选择适用的冲突规范：各系属所提供的可供选择的法律并无先后顺序，任意选择适用。 例：结婚手续，符合婚姻缔结地法律、一方当事人经常居所地法律或国籍国法律的，均为有效。 ②**有条件**选择适用的冲突规范：各系属所供选择的法律有主次轻重之分，只允许依次序或有条件地选择其一作为国际民商事法律关系的准据法。 例：当事人可以协议选择动产物权适用的法律，当事人没有选择的，适用法律事实发生时动产所在地法律。

考点四：适用冲突规范的制度

1. 定性	**《涉外民事关系法律适用法》第 8 条规定，涉外民事关系的定性，适用法院地法律。**	
2. 反致	包括：直接反致、转致、间接反致、包含直接反致的转致等。我国不采用转反致。 《涉外民事关系法律适用法》第 9 条规定，涉外民事关系适用的外国法律，**不包括该国的法律适用法**。	B　C A
3. 外国法查明	（1）当事人选择适用外国法律的，应当提供该国法律。此时审案机关没有补充查明义务。 （2）并非当事人选择适用外国法的情况下，由人民法院、仲裁机构或行政机关查明。 （3）不能查明外国法律或者该国法律没有规定的，适用中华人民共和国法律。	
4. 公共秩序保留	外国法律的适用将损害中华人民共和国社会公共利益的，适用中华人民共和国法律。	
5. 直接适用的法	直接适用的法是指无须冲突规范指引而直接适用于涉外民事关系的法律、行政法规。有关以下**“一保护、两反、三安全”**的法律和行政法律，人民法院应认定为直接适用的强制性规定。 ①涉及劳动者权益保护的；②涉及反垄断、反倾销的；③涉及食品或公共卫生安全的、涉及环境安全的、涉及外汇管制等金融安全的。	
6. 法律规避	最高人民法院关于适用《〈中华人民共和国涉外民事关系法律适用法〉若干问题的解释（一）》第 9 条规定，一方当事人故意制造涉外民事关系的连结点，规避中华人民共和国法律、行政法规的强制性规定的，人民法院应认定为不发生适用外国法律的效力。	

考点五：准据法的选择方法

1. 根据当事人协议确定准据法（意思自治）	（1）中国法律没有明确规定当事人可以选择涉外民事关系适用的法律，当事人选择适用法律的，选择无效。 （2）选择方式包括书面、口头、各方援引相同法律且未提出法律适用异议的行为等。 （3）应在**一审法庭辩论终结前**进行选择。 （4）除非法律规定，被选择法律与系争涉外民事关系不要求存在实际联系。 （5）当事人可以选择尚未对中国生效的国际条约及国际惯例。
2. 根据分割方法来确定准据法	案件涉及两个或两个以上涉外民事关系时，法院应**分别确定应适用的法律**。诉讼时效，适用相关涉外民事关系应当适用的法律。

第二章　国际民商事关系的法律适用

考点一：权利能力和行为能力的法律适用

1. 自然人	（1）一般自然人	①自然人的民事权利能力和民事行为能力、宣告失踪和宣告死亡、人格权的内容，适用**经常居所地法律**。 ②自然人从事民事活动，依照经常居所地法律为无民事行为能力，依照行为地法律为有民事行为能力的，适用**行为地法律**，但涉及婚姻家庭、继承的除外。
	（2）票据债务人	①票据债务人的民事行为能力，适用其**本国法律**（即国籍国法）。 ②票据债务人的民事行为能力，依照其本国法律为无民事行为能力或者为限制民事行为能力，而依照行为地法律为完全民事行为能力的，适用**行为地法律**。
2. 法人	法人及其分支机构的民事权利能力、民事行为能力、组织机构、股东权利义务等事项，适用**登记地法律**。法人的主营业地与登记地不一致的，可以适用**主营业地法律**。	

考点二：物权的法律适用

1. 一般物权	（1）不动产	不动产物权，适用**不动产所在地**法律。
	（2）动产	当事人**协议选择**动产物权适用法律的，选择优先。当事人没有选择的，适用法律事实发生时**动产所在地**法律。
2. 特殊物权	（1）船舶物权	①船舶的所有权和一般抵押权适用**船旗国**法。 ②船舶优先权适用**法院地**法。 ③特殊抵押权，即船舶光船租赁以前或期间设立船舶抵押权的，适用**原船舶登记国**法。
	（2）民用航空器物权	①民用航空器的所有权和抵押权适用**国籍登记国**法。 ②民用航空器优先权适用**法院地**法。
	（3）运输中的动产	当事人**协议选择**运输中动产物权发生变更所适用的法律的，选择优先。当事人没有选择的，适用**运输目的地**法律。
	（4）有价证券	有价证券，适用有价证券**权利实现地**法律或者其他与该有价证券有**最密切联系**的法律。
	（5）权利质权	权利质权，适用**质权设立地**法律。

练一练　2014 年 1 月，北京居民李某的一件珍贵首饰在家中失窃后被窃贼带至甲国。同年 2 月，甲国居民陈某在当地珠宝市场购得该首饰。2015 年 1 月，在获悉陈某

将该首饰带回北京拍卖的消息后，李某在北京某法院提起原物返还之诉。关于该首饰所有权的法律适用，下列哪一选项是正确的？(2015－1－36)①

A. 应适用中国法

B. 应适用甲国法

C. 如李某与陈某选择适用甲国法，不应支持

D. 如李某与陈某无法就法律选择达成一致，应适用甲国法

考点三：合同的法律适用

1. 一般合同	**当事人协议选择**的法律优先。当事人没有选择的，适用与该合同有**最密切联系**的法律（依特征性履行原则确定最密切联系地）。	
2. 特殊合同	(1) 在中国履行的特殊合同	在中国境内履行的中外合资经营企业合同、中外合作经营企业合同、中外合作勘探开发自然资源合同等，适用**中国**法律。
	(2) 消费者合同	①消费者**选择适用商品、服务提供地**法律的，选择优先； ②若消费者未选择，经营者在消费者经常居所地从事相关经营活动的，适用**消费者经常居所地**法律； ③经营者在消费者经常居所地没有从事相关经营活动的，适用**商品、服务提供地**法律。
	(3) 劳动合同	劳动合同，适用劳动者**工作地**法律；难以确定劳动者工作地的，适用**用人单位主营业地**法律。劳务派遣，可以适用劳务派出地法律。

练一练　甲国公司与乙国航运公司订立海上运输合同，由丙国籍船舶“德洋号”运输一批货物，有关“德洋号”的争议现在中国法院审理。根据我国相关法律规定，下列哪一选项是正确的？(2010－1－35)②

A. 该海上运输合同应适用船旗国法律

B. 有关“德洋号”抵押权的受偿顺序应适用法院地法律

C. 有关“德洋号”船舶优先权的争议应适用丙国法律

D. 除法律另有规定外，甲国公司与乙国航运公司可选择适用海上运输合同的法律

练一练　甲国公民大卫被乙国某公司雇佣，该公司主营业地在丙国，大卫的工作内容为巡回于东亚地区进行产品售后服务，后双方因劳动合同纠纷诉诸中国某法院。关于该纠纷应适用的法律，下列哪一选项是正确的？(2014－1－38)③

A. 中国法　　B. 甲国法　　C. 乙国法　　D. 丙国法

---

① 【答案】D

② 【答案】D

③ 【答案】D

考点四：侵权行为的法律适用

1. 一般侵权		(1) 侵权行为发生后，当事人**协议选择**适用法律的，选择优先。 (2) 当事人未选择，但当事人有共同经常居所地的，适用**共同经常居所地**法律。 (3) 否则适用**侵权行为地**法律。
2. 特殊侵权	(1) 海事侵权	①同一国籍的船舶，不论碰撞发生于何地，碰撞船舶之间的损害赔偿适用**船旗国**法律。 ②船舶在公海上发生碰撞的损害赔偿，适用**法院地**法律。 ③船舶在领水发生碰撞的损害赔偿，适用**侵权行为地**法律。 ④海事赔偿责任限制，适用**法院地**法律。 ⑤共同海损理算，适用**理算地**法律。
	(2) 民航侵权（空对地）	①民用航空器对地面第三人的损害赔偿，适用**侵权行为地**法律。 ②民用航空器在公海上空对水面第三人的损害赔偿，适用**法院地**法律。
	(3) 产品责任	①被侵权人**选择适用侵权人主营业地法律、损害发生地**法律的，选择优先。 ②若被侵权人未选择，侵权人在被侵权人经常居所地从事相关经营活动的，适用**被侵权人经常居所地**法律。 ③若被侵权人未选择，侵权人在被侵权人经常居所地没有从事相关经营活动的，适用**侵权人主营业地法律或者损害发生地**法律。
	(4) 侵犯人格权	通过网络或者采用其他方式侵害姓名权、肖像权、名誉权、隐私权等人格权的，适用**被侵权人经常居所地**法律。

练一练 中国甲公司将其旗下的“东方号”货轮光船租赁给韩国乙公司，为便于使用，“东方号”的登记国由中国变更为巴拿马。现“东方号”与另一艘巴拿马籍货轮在某海域相撞，并被诉至中国某海事法院。关于本案的法律适用，下列哪一选项是正确的？(2017-1-37)①

A. 两船碰撞的损害赔偿应适用中国法

B. 如两船在公海碰撞，损害赔偿应适用《联合国海洋法公约》

C. 如两船在中国领海碰撞，损害赔偿应适用中国法

D. 如经乙公司同意，甲公司在租赁期间将东方号抵押给韩国丙公司，该抵押权应适用中国法

考点五：知识产权、不当得利和无因管理的法律适用

1. 知识产权	(1) 归属和内容	知识产权的归属和内容，适用**被请求保护地**法律。
	(2) 转让和许可	①知识产权的转让和许可，本质上属于技术转让和许可合同关系，与一般合同法律适用相同。 ②当事人**协议选择**的法律优先。当事人没有选择的，适用与该合同有**最密切联系**的法律（依特征性履行原则确定最密切联系地）。

① 【答案】D

	（3）侵权	①在侵权行为发生后当事人**协议选择适用法院地**法律的，选择优先。 ②没有选择的，知识产权的侵权责任，适用**被请求保护地**法律。
2. 不当得利和无因管理	（1）**当事人协议选择**的法律优先适用。 （2）当事人没有选择的，适用当事人**共同经常居所地**法律。 （3）当事人没有共同经常居所地的，适用**不当得利、无因管理发生地**法律。	

练一练　韩国甲公司为其产品在中韩两国注册了商标。中国乙公司擅自使用该商标生产了大量仿冒产品并销售至中韩两国。现甲公司将乙公司诉至中国某法院，要求其承担商标侵权责任。关于乙公司在中韩两国侵权责任的法律适用，依中国法律规定，下列哪些选项是正确的？（2016－1－79）①

A. 双方可协议选择适用中国法

B. 均应适用中国法

C. 双方可协议选择适用韩国法

D. 如双方无法达成一致，则应分别适用中国法与韩国法

练一练　张某在法国巴黎留学，中国明星李某经常居所地在德国柏林。张某偷拍李某很多照片并上传到中国某网站，李某在中国某人民法院起诉张某侵犯其隐私权。下列哪一判断是正确的？（2022 年考生回忆版）②

A. 张某和李某可在一审法庭辩论终结前选择适用法国法

B. 若依德国冲突规范该案应适用被侵权人国籍国法，法院应适用中国法

C. 本案的诉讼时效应适用中国法

D. 本案适用的法律应由法院查明

考点六：商事关系的法律适用

1. 票据	（1）票据行为方式	①票据行为（出票、背书、承兑、付款和保证行为），适用**行为地**法律。 ②**支票出票时的记载事项**，当事人**协议选择适用付款地法**的，选择优先。没有选择的，仍适用行为地法（即出票地法律）。
	（2）追索权行使期限	票据追索权的行使期限，适用**出票地**法律。
	（3）持票人责任	票据的提示期限、有关拒绝证明的方式、出具拒绝证明的期限，适用**付款地**法律。
	（4）保全程序	票据丧失时，失票人请求保全票据权利的程序，适用**付款地**法律。

① 【答案】AD

② 【答案】D

2. 代理	(1) 委托代理当事人**协议选择**法律的，选择优先。 (2) 代理（包括委托代理未选择法律情形和所有法定代理情形）中，被代理人与代理人的民事关系，适用**代理关系发生地**法律。 (3) 代理中的其他问题（如代理人与第三人之间的民事关系），适用**代理行为地**法。
3. 信托	(1) 当事人**协议选择**信托所适用法律的，选择优先。 (2) 当事人未选择的，适用信托**财产所在地**法律或者**信托关系发生地**法律。
4. 涉外独立保函	(1) 开立人（担保人）和受益人的涉外独立保函纠纷：双方**协议选择**法律优先 → 开立人**经常居所地**法律，独立保函由金融机构依法登记设立的分支机构开立的，适用**分支机构登记地**法律。 (2) 涉外独立保函欺诈纠纷：双方**协议选择**法律优先 → 当事人**共同经常居所地**法律 → 被请求止付的独立保函的**开立人经常居所地**法律；独立保函由金融机构依法登记设立的分支机构开立的，适用**分支机构登记地**法律。 (3) 涉外独立保函止付保全程序，适用中华人民共和国法律。

练一练 中国公民李某在柏林签发一张转账支票给德国甲公司用于支付货款，付款人为中国乙银行北京分行；甲公司在柏林将支票背书转让给中国丙公司，丙公司在北京向乙银行请求付款时被拒。关于该支票的法律适用，依中国法律规定，下列哪一选项是正确的？(2017－1－36)①

A. 如李某依中国法为限制民事行为能力人，依德国法为完全民事行为能力人，应适用德国法

B. 甲公司对该支票的背书行为，应适用中国法

C. 丙公司向甲公司行使票据追索权的期限，应适用中国法

D. 如丙公司不慎将该支票丢失，其请求保全票据权利的程序，应适用德国法

考点七：婚姻关系的法律适用

1. 结婚	(1) 条件	依以下顺序： ①适用当事人**共同经常居所地**法律； ②没有共同经常居所地的，适用**共同国籍国**法律； ③没有共同国籍的，在一方当事人经常居所地或者国籍国缔结婚姻的，适用**婚姻缔结地**法律。
	(2) 手续	结婚手续，符合婚姻缔结地法律、一方当事人经常居所地法律或者国籍国法律的，均为有效。(**无条件选择适用**)
2. 夫妻关系	(1) 人身关系	①适用当事人**共同经常居所地**法律； ②没有共同经常居所地的，适用**共同国籍国**法律。
	(2) 财产关系	①夫妻双方**协议选择**适用一方当事人经常居所地法律、国籍国法律或者主要财产所在地法律的，选择优先； ②未选择时，适用当事人**共同经常居所地**法律； ③没有共同经常居所的，适用**共同国籍国**法律。

① 【答案】A

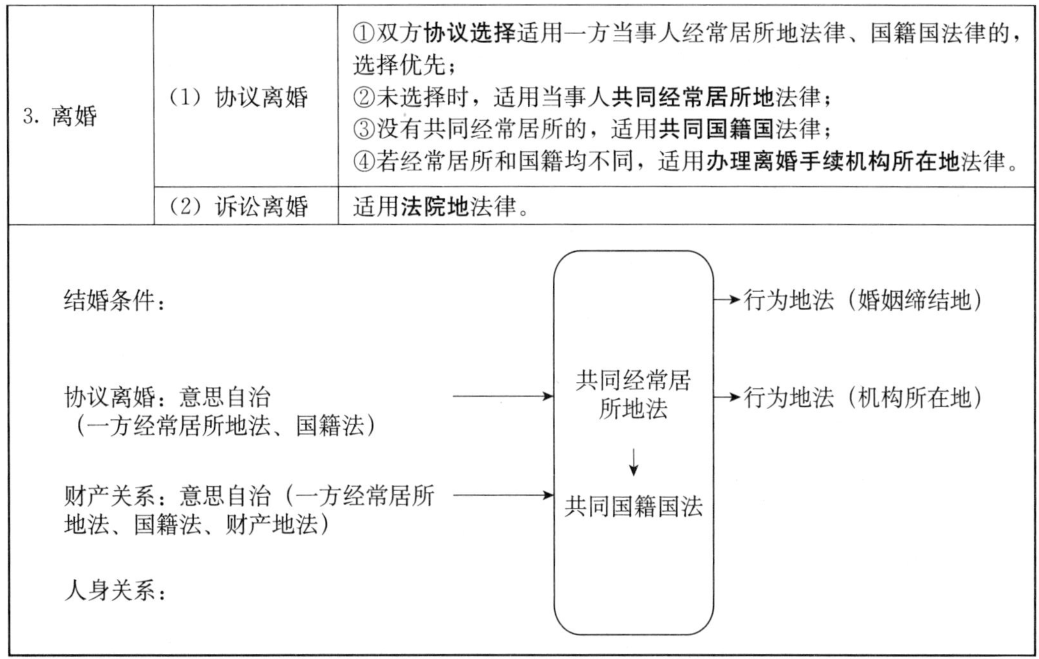

3. 离婚	（1）协议离婚	①双方**协议选择**适用一方当事人经常居所地法律、国籍国法律的，选择优先； ②未选择时，适用当事人**共同经常居所地**法律； ③没有共同经常居所的，适用**共同国籍国**法律； ④若经常居所和国籍均不同，适用**办理离婚手续机构所在地**法律。
	（2）诉讼离婚	适用**法院地**法律。

考点八：家庭关系的法律适用

1. 父母子女关系	（1）父母子女人身、财产关系，适用**共同经常居所地**法律； （2）没有共同经常居所地的，适用**一方当事人经常居所地法律或者国籍国法律中有利于保护弱者权益的法律**。
2. 收养	（1）收养的条件和手续，适用收养人和被收养人经常居所地法律。 （2）收养的效力，适用收养时收养人经常居所地法律。 （3）收养关系的解除，适用收养时被收养人经常居所地法律或者法院地法律。 （4）收养程序： 外国人应该通过外国收养组织向中国收养组织转交申请，并提供家庭情况报告证明 外国人应亲自来华办理登记手续（夫妻共同收养应**共同**来，一方不能来应**书面委托另一方**） 外国人来华收养子女，应当与送养人订立**书面**收养协议
3. 扶养	适用一方**当事人经常居所地**法律、**国籍国**法律或者**主要财产所在地**法律中**有利于保护被扶养人权益**的法律。
4. 监护	适用一方当事人**经常居所地**法律或者**国籍国**法律中**有利于保护被监护人权益**的法律。

练一练　中国公民王某将甲国公民米勒诉至某人民法院，请求判决两人离婚、分割夫妻财产并将幼子的监护权判决给她。王某与米勒的经常居所及主要财产均在上海，其幼子为甲国籍。关于本案的法律适用，下列哪些选项是正确的？（2017－1－78）[①]

A. 离婚事项，应适用中国法

① 【答案】ABC

B. 夫妻财产的分割，王某与米勒可选择适用中国法或甲国法

C. 监护权事项，在甲国法与中国法中选择适用有利于保护幼子利益的法律

D. 夫妻财产的分割与监护权事项均应适用中国法

练一练 经常居住于英国的法国籍夫妇甲和乙，想来华共同收养某儿童。对此，下列哪一说法是正确的？（2014－1－37）①

A. 甲、乙必须共同来华办理收养手续

B. 甲、乙应与送养人订立书面收养协议

C. 收养的条件应重叠适用中国法和法国法

D. 若发生收养效力纠纷，应适用中国法

考点九：继承的法律适用

1. 法定继承	（1）不动产法定继承，适用**不动产所在地**法律。 （2）其他财产的法定继承，适用**被继承人死亡时经常居所地**法律。
2. 遗嘱继承	（1）遗嘱方式，符合遗嘱人**立遗嘱时或者死亡时经常居所地法律、国籍国法律或者遗嘱行为地**法律的，遗嘱均为成立。 （2）遗嘱效力，适用遗嘱人**立遗嘱时或者死亡时经常居所地法律或者国籍国法律**。
3. 遗产管理	遗产管理等事项，适用**遗产所在地**法律。
4. 无人继承的财产	无人继承遗产的归属，适用**被继承人死亡时遗产所在地**法律。

练一练 经常居所在上海的瑞士公民怀特未留遗嘱死亡，怀特在上海银行存有100万元人民币，在苏黎世银行存有10万欧元，且在上海与巴黎各有一套房产。现其继承人因遗产分割纠纷诉至上海某法院。依中国法律规定，下列哪些选项是正确的？（2016－1－78）②

A. 100万元人民币存款应适用中国法

B. 10万欧元存款应适用中国法

C. 上海的房产应适用中国法

D. 巴黎的房产应适用法国法

① 【答案】B

② 【答案】ABCD

第三章　国际民商事争议的解决

第一节　国际商事仲裁

考点一：仲裁协议有效性的认定

1. 认定机构	当事人对仲裁协议的效力有异议的，可以请求仲裁委员会作出决定或者请求人民法院作出裁定。一方请求仲裁委员会作出决定，另一方请求人民法院作出裁定的，由人民法院裁定。
2. 法院认定仲裁协议效力的法律适用	(1) 当事人**协议选择**仲裁协议所适用法律的，协议优先。 (2) 当事人没有选择的，适用**仲裁机构所在地**法律或者**仲裁地**法律中认定仲裁协议有效的法律。 (3) 既没有选择适用的法律，又无法得知仲裁机构或仲裁地的，适用**中国**法律认定仲裁协议的效力。
3. 我国认定仲裁协议无效的**报核**制度	各中级人民法院或者专门法院经审查认定涉外、涉港澳台仲裁协议无效的，应当向本辖区所属高级人民法院报核；高级人民法院经审查拟同意的，应当向最高人民法院报核。待最高人民法院审核后，方可依最高人民法院的审核意见作出裁定。

练一练　中国A公司与甲国B公司签订货物买卖合同，约定合同争议提交中国C仲裁委员会仲裁，仲裁地在中国，但对仲裁条款应适用的法律未作约定。后因货物质量问题双方发生纠纷，中国A公司依仲裁条款向C仲裁委员会提起仲裁，但B公司主张仲裁条款无效。根据我国相关法律规定，关于本案仲裁条款的效力审查问题，下列哪些判断是正确的？(2012－1－78)①

A. 对本案仲裁条款的效力，C仲裁委员会无权认定，只有中国法院有权审查

B. 对本案仲裁条款的效力，如A公司请求C仲裁委员会作出决定，B公司请求中国法院作出裁定的，由中国法院裁定

C. 对本案仲裁条款效力的审查，应适用中国法

D. 对本案仲裁条款效力的审查，应适用甲国法

---

① 【答案】BC

考点二：涉外仲裁程序中的财产保全和证据保全

1. 财产保全	（1）管辖	涉外仲裁机构应将当事人财产保全申请提交被申请人住所地或其财产所在地的中级人民法院作出裁定。
	（2）担保	申请人应当提供担保，否则驳回申请。
2. 证据保全	（1）管辖	涉外仲裁机构应将当事人证据保全申请提交证据所在地的中级人民法院作出裁定。
	（2）担保	法院经审查认为无须提供担保的，申请人可不提供担保。

考点三：申请撤销本国仲裁机构所作的涉外仲裁裁决

1. 程序	对于中国的涉外仲裁裁决，当事人可以在收到裁决书之日起 6 个月内，向仲裁机构所在地的中级人民法院申请撤销。 人民法院应当组成合议庭审理，并询问当事人。	
2. 撤销情形	（1）无协议	当事人在合同中没有订立仲裁条款或者事后没有达成书面仲裁协议。
	（2）未保障被申请人程序性权利	被申请人没有得到指定仲裁员或进行仲裁程序的通知，因不属于个人的原因未能陈述意见。
	（3）组庭或庭审程序不合规	仲裁庭的组成或者仲裁程序与仲裁规则不符。
	（4）超裁	裁决的事项不属于仲裁协议的范围或者仲裁机构无权仲裁。
3. 法院裁定撤销涉外仲裁裁决的应**内部报核**。		

考点四：外国仲裁裁决的承认与执行

1. 申请与管辖	国外仲裁机构的裁决，需要中国法院承认和执行的，应当由当事人直接向被执行人住所地或者其财产所在地的中级人民法院申请。
2. 依据	依据条约，或者按照互惠原则办理。
3.《纽约公约》	我国已加入 1958 年《纽约公约》，因此对于另一缔约国领土内作出的仲裁裁决应适用公约的有关规定。我国对公约作出两项保留。 ①互惠保留，即我国只对在另一缔约国领土内作出的裁决适用该公约。 ②商事保留，即我国仅对由契约性或非契约性商事法律关系引起的争议所作的裁决适用公约的规定。
4. 程序	（1）法院应在受理申请之日起 2 个月内作出裁定，裁定承认的，如无特殊情况，应在裁定后 6 个月内执行完毕。 若当事人只申请承认的，法院予以承认后，当事人申请执行的期限为 2 年。 （2）决定不予承认和执行的，实行内部报核制度。

练一练 2015 年 3 月，甲国公民杰夫欲向中国法院申请承认并执行一项在甲国境内作出的仲裁裁决。中国与甲国均为《承认与执行外国仲裁裁决公约》成员国。关于

该裁决的承认和执行，下列哪一选项是正确的？（2015－1－38）①

A. 杰夫应通过甲国法院向被执行人住所地或其财产所在地的中级人民法院申请

B. 如该裁决系临时仲裁庭作出的裁决，人民法院不应承认与执行

C. 如承认和执行申请被裁定驳回，杰夫可向人民法院起诉

D. 如杰夫仅申请承认而未同时申请执行该裁决，人民法院可以对是否执行一并作出裁定

第二节 国际民事诉讼

考点一：外国人的民事诉讼地位

1. 诉讼代理	（1）一般	①外国当事人需要委托律师代理诉讼的，必须委托我国律师。 ②委托其本国律师或公民：涉外民事诉讼中的当事人，可以委托其本国人为诉讼代理人，也可以委托其本国律师以非律师身份代理诉讼。
	（2）领事代理制	①外国当事人可以委托其本国驻华使领馆官员以个人名义担任诉讼代理人，但诉讼中不享有外交或领事特权与豁免。 ②外国当事人本国驻华使领馆可授权其本馆官员，以外交代表身份为其本国国民聘请中国律师或公民代理民事诉讼，此种外交代表代为聘任代理人的行为是行使外交或领事职权，享有特权与豁免。
2. 身份证明	（1）外国人	外国人参加诉讼，应当向人民法院提交护照等身份证明。
	（2）外国企业或组织	须向法院出示两份证明：外国**企业的身份证明、代表人的身份证明**。证明手续如下： ①外国企业或组织参加诉讼，向法院提交的身份证明，应当经所在国公证机关公证（再依该国与中国是否有外交关系分以下两种认证）： 其一，再经中国驻该国使领馆认证。 其二，若中国与该国间没有外交关系，则通过与中国有外交关系的第三国驻该国使领馆认证，再转由中国驻该第三国使领馆认证。 ②或者依照两国共同参加的有关条约中规定的证明手续。
	（3）授权委托书	外国当事人委托代理人进行诉讼的授权委托书，符合下列情形，我国法院予以认可：①在我国法官的见证下签署；②外国当事人在中国境内签署，经我国公证机构公证；③在我国境外签署，依上述身份证明有关公证与使领馆认证的手续或依有关条约。

① 【答案】C

3. 诉讼语言	当事人向人民法院提交的外文书面材料，**应当同时提交中文翻译件**。对中文翻译件有异议的，当事人应共同委托翻译机构提供翻译文本，对翻译机构的选择不能达成一致的，由人民法院确定。

练一练 英国人施密特因合同纠纷在中国法院涉诉。关于该民事诉讼，下列哪一选项是正确的？(2015－1－39)①

A. 施密特可以向人民法院提交英文书面材料，无须提供中文翻译件

B. 施密特可以委托任意一位英国出庭律师以公民代理的形式代理诉讼

C. 如施密特不在中国境内，英国驻华大使馆可以授权本馆官员为施密特聘请中国律师代理诉讼

D. 如经调解双方当事人达成协议，人民法院已制发调解书，但施密特要求发给判决书，应予拒绝

考点二：管辖权

1. 拒绝管辖	又称**不方便法院**原则，指当案件与中国关联不大，我国法院不方便管辖，外国法院享有管辖权且方便管辖时，我国法院可以裁定驳回起诉，告知向更方便的外国法院起诉。
2. 平行诉讼	我国允许平行诉讼，但适用以下原则。 ①**判决在先原则**。 ②**一事不再理原则**。
3. 国际商事法庭管辖权	根据最高人民法院《关于设立国际商事法庭若干问题的规定》，国际商事法庭受理下列五类案件。 ①当事人协议选择最高人民法院管辖，且标的额3亿元以上的一审国际商事案件。 ②高级人民法院管辖的第一审国际商事案件，认为需由最高人民法院审理并获准许。 ③在全国有重大影响的第一审国际商事案件。 ④经最高人民法院选定与国际商事法庭“一站式”解决纠纷的国际商事仲裁机构所仲裁案件的仲裁保全、仲裁裁决的撤销与执行。 ⑤最高人民法院认为应当由国际商事法庭管辖的。 **注：**当事人提交的证据材料系英文且经对方当事人同意的，可以不提交中文翻译件。

练一练 中国甲公司和美国乙公司签订1亿美元标的额的买卖合同，合同约定纠纷由中国国际商事法庭管辖。根据我国相关法律规定，以下表述正确的是哪一项？(2019年考生回忆版)②

A. 因为违反级别管辖，合同中选择国际商事法庭的约定无效

B. 若国际商事法庭受理此案，可以直接委托国际商事专家委员会调解

① 【答案】C

② 【答案】C

C. 若国际商事法庭受理此案并作出判决，败诉方不能上诉

D. 若国际商事法庭受理此案，双方视为均同意可以用英文进行案件的审理

考点三：域外送达

1. 送达方式	我国法院对在中国境内没有住所的当事人送达诉讼文书的方式有： ①依**条约**规定的送达方式向缔约国送达。 ②没有条约关系的，通过**外交途径**送达。 ③委托我国驻受送达人所在国**使领馆**送达（只能向具有中国国籍的人送达）。 ④向受送达人委托的有权代其接收送达的**诉讼代理人**送达。 ⑤向受送达人在中国境内的**代表机构**或有权接收送达的**分支机构、业务代办人**送达。 ⑥**邮寄**送达（前提是受送达人所在国法律允许）。 ⑦以**传真、电子邮件**等能够确认受送达人收悉的方式送达。 ⑧向在**我国境内出现**的受送达人或其法定代表人、主要负责人（董事、监事、高管）送达。 ⑨不能用上述方式送达的，**公告**送达（兜底）。
	外国法院向我国境内的受送达人送达的方式有： ①依该国与我国缔结或共同参加的**条约**所规定的方式送达。 ②没有条约关系的，通过**外交**途径送达。 ③外国驻我国**使领馆**可以向其本国公民送达文书，但不得违反我国法律，不得采取强制措施。
2. 是否送达的认定	（1）邮寄方式送达的，自邮寄之日起满 3 个月，若根据各种情况都不足以认定已送达的，视为不能送达。 （2）以公告方式送达的，公告之日起满 3 个月视为已送达。 （3）留置送达：法院向受送达人在中国领域内的法定代表人、主要负责人、诉讼代理人、代表机构以及有权接受送达的分支机构、业务代办人送达司法文书，可以适用留置送达的方式。
3.《海牙送达公约》	（1）缔约国不得因案件属于该国专属管辖而拒绝送达。 （2）对于国外按照公约提交的未附有中文译本，但附有英文、法文译本的文书，法院仍应予以送达，但当事人有权以未附有中文译本为由拒收。 （3）送达途径。 外国文书向中国：外国法院→该国驻华使领馆→司法部→最高人民法院→有关法院→受送达人 我国文书向外国：有关人民法院→最高人民法院→司法部（或我国驻该国使馆）→被请求国中央机关

练一练　中国某法院审理一起涉外民事纠纷，需要向作为被告的外国某公司进行送达。根据《关于向国外送达民事或商事司法文书和司法外文书公约》（《海牙送达公约》）、中国法律和司法解释，关于该案件的涉外送达，法院下列哪一做法是正确的？(2013-1-39)[①]

A. 应首先按照《海牙送达公约》规定的方式进行送达

① 【答案】D

B. 不得对被告采用邮寄送达方式

C. 可通过中国驻被告所在国使领馆向被告进行送达

D. 可通过电子邮件方式向被告送达

考点四：域外调取证据

1. 代为取证	以公约为基础，以**请求书**的方式进行，通过被请求国指定的中央机关（司法部）提出，仅限于调取司法程序的证据。
2. 领事取证	通过本国驻他国领事或外交人员在驻在国直接调取证据，但只能向本国国民调查取证，且不得违反当地法律，不得采取强制措施。
3. 特派员取证、当事人或诉讼代理人自行取证是我国原则上不允许的两种取证方式。	

考点五：外国法院判决的承认与执行

<table>
<tr><td>1. 依据</td><td colspan="2">有条约和互惠关系是我国承认外国法院判决的前提。
外国法院离婚判决中解除夫妻身份关系的判项除外，财产分割、生活费负担、子女抚养方面的内容仍然以条约或互惠关系为前提。</td></tr>
<tr><td rowspan="3">2. 程序</td><td>（1）申请主体</td><td>由当事人、外国法院按照条约的规定或者互惠原则请求我国法院承认和执行。</td></tr>
<tr><td>（2）管辖</td><td>由被执行人住所地或财产所在地的中级人民法院管辖。</td></tr>
<tr><td>（3）期间</td><td>①当事人申请承认和执行外国法院判决、裁定的期间为 2 年。
②当事人仅申请承认的，自法院作出承认的裁定生效之日起重新计算 2 年申请执行的期间。</td></tr>
<tr><td>3. 条件</td><td colspan="2">（1）请求承认与执行的判决或裁定必须是已经发生法律效力的判决或裁定。
（2）外国判决、裁定不违反我国法律的基本原则，或者不违反我国的公共利益。
（3）如系缺席判决，申请人应同时提交外国法院已经合法传唤和送达的证明文件，或在判决、裁定中对以上情况作出说明。
（4）判决在先原则。若我国法院已经对当事人之间相同诉因作出判决，则不予承认外国法律的判决和裁定。
（5）案件不属于我国法院专属管辖。</td></tr>
</table>

练一练 Y 国人朴某与中国人杨某在 Y 国诉讼离婚，朴某向杨某住所地的中国某法院申请承认和执行 Y 国法院的判决。中国和 Y 国之间没有关于法院判决承认和执行的双边协议，也没有相应的互惠关系。根据我国相关法律法规，下列哪一判断是正确的？(2019 年考生回忆版)①

A. 法院应依两国既无双边协议也无互惠关系，拒绝承认和执行 Y 国离婚判决

B. 若 Y 国离婚判决是在杨某缺席且未得到合法传唤情况下作出的，法院应拒绝承认

C. 若法院已经受理了朴某的申请，杨某向同一法院起诉离婚的，法院应当受理

D. 若法院已经受理了朴某的申请，朴某不得撤回其申请

---

① 【答案】B

第四章　区际司法协助

考点一：区际文书送达

<table>
<tr><td rowspan="3">区际文书送达与外国文书送达比较</td><td rowspan="3">涉
台
送
达
共
八
种</td><td rowspan="2">涉
港
澳
送
达
共
七
种</td><td>涉
外
送
达
后
六
种</td><td>涉外送达共九种，其中后六种也适用于内地（大陆）与港澳台之间。
①向受送达人委托的有权代其接收送达的诉讼代理人送达。
②向受送达人在我国内地的代表机构或有权接收送达的分支机构、业务代办人送达。
③邮寄送达（前提是受送达人所在地法律允许）。
④以传真、电子邮件等能够确认受送达人收悉的方式送达。
⑤向在内地出现的受送达人或其法定代表人、主要负责人（董事、监事、高管等）送达。
⑥不能用其他方式送达的，公告送达（兜底）。</td></tr>
<tr><td colspan="2">⑦委托送达（见考点二）。涉港澳台都有委托送达途径。</td></tr>
<tr><td colspan="3">⑧指定代收人送达。仅适用于涉台送达。</td></tr>
</table>

考点二：区际委托送达司法文书

<table>
<tr><td rowspan="2">1. 委托送达途径</td><td>（1）涉港</td><td>①双方各级法院均有权委托送达司法文书，但须通过内地各高级人民法院和香港特区高等法院进行。
②内地最高人民法院的司法文书可直接委托香港高等法院。</td><td>最高人民法院 → 香港高等法院
高级人民法院 ⇆ 香港高等法院</td></tr>
<tr><td>（2）涉澳</td><td>①澳门与内地法院相互委托送达司法文书，均须经内地各高级人民法院和澳门特区终审法院进行。
②最高人民法院与澳门终审法院可直接相互委托送达。
③最高人民法院可以授权部分中级人民法院、基层人民法院与澳门特别行政区终审法院相互委托送达和调取证据。经授权的内地中级人民法院、基层人民法院收到澳门终审法院委托书后，认为不属于木院管辖的，应当报请高级人民法院处理。
④请求送达司法文书的委托书应盖有法院印章或由法官签名。</td><td>最高人民法院 ⇆ 澳门终审法院
↓
高级人民法院 ⇆ 澳门终审法院
中级或基层法院 ⇆ 澳门终审法院
网络委托平台：相互委托送达司法文书通过内地与澳门司法协助网络平台以电子方式转递，若不能用网络平台转递的，采用邮寄方式。</td></tr>
</table>

	(3) 涉台	台湾地区法院与大陆法院相互委托司法文书送达须经各高级人民法院和台湾地区法院进行。	‖高级人民法院⇆‖台湾地区法院
2. 期限	上述内地与港澳台所涉法院在收到委托书之日起的2个月内完成送达。 受托法院无法送达的，应当及时书面回复委托方法院。		

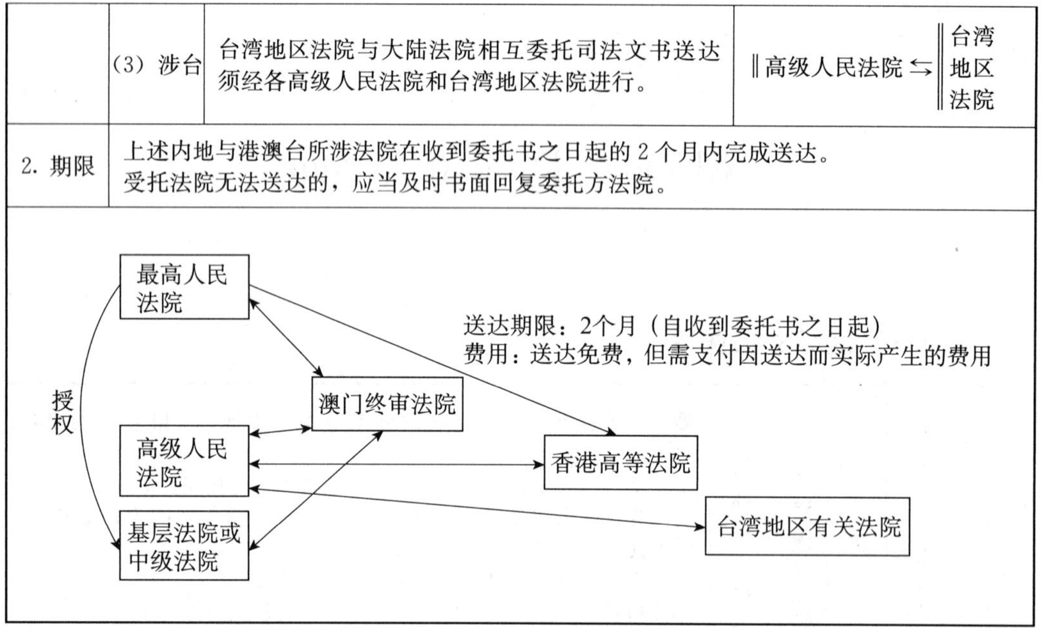

考点三：区际委托调查取证

1. 委托取证途径	(1) 涉港	①内地法院与香港法院就民商事案件相互委托提取证据，须通过各自指定的联络机关进行。内地联络机关为各高级人民法院，香港指定特区政府政务司司长办公室所辖行政署为联络机关。 ②最高人民法院可直接通过香港特区指定的以上联络机关提取证据。 ③香港特区法院委托内地取证的委托书应加盖香港高等法院印章。	‖最高人民法院→ ‖高级人民法院⇆ ‖香港政务司行政署
		期限：内地与香港间委托调取证据最迟不得超过自收到委托书之日起6个月。	
	(2) 涉澳	①涉澳委托取证途径与涉澳委托送达一致（同上表涉澳委托送达途径①②③）。 **②受委托方法院可以根据委托方法院的请求，并经证人、鉴定人同意，协助安排其辖区的证人、鉴定人通过视频、音频作证。**	‖最高人民法院⇆ ↓ 高级人民法院⇆ 中级或基层法院⇆ **网络委托平台** ‖澳门终审法院
		期限：内地与澳门间委托取证时间最迟不得超过自收到委托书之日起3个月。	
2. 其他	(1) 材料语言：涉港澳委托书及相关材料应以中文文本提出。没有中文文本，应当提供中文译本。 (2) 如果委托方请求在受委托方取证时到场，以及参与录取证言的程序，受委托方可以按照其辖区内相关法律规定予以考虑批准。		

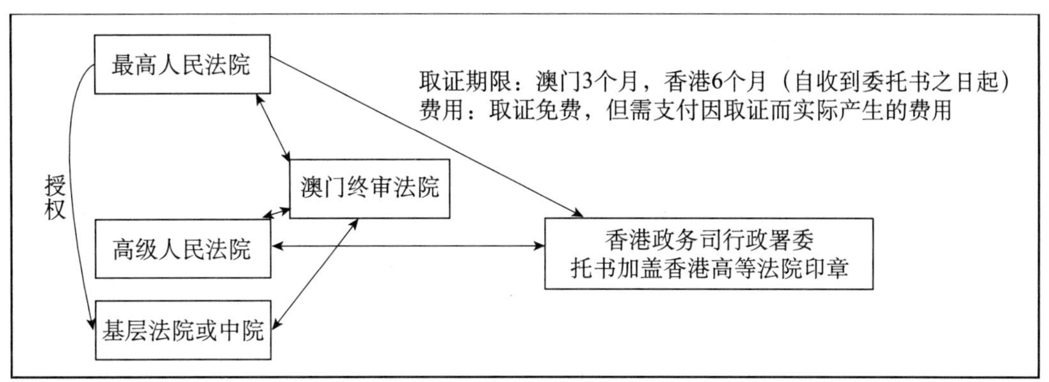

练一练 内地某中级人民法院审理一起涉及澳门特别行政区企业的商事案件，需委托澳门特别行政区法院进行司法协助。关于该司法协助事项，下列哪些表述是正确的？（2013－1－79）①

A. 该案件司法文书送达的委托，须通过该中级人民法院所属高级法院转交澳门特别行政区终审法院

B. 澳门特别行政区终审法院有权要求该中级人民法院就其中文委托书提供葡萄牙语译本

C. 该中级人民法院可以请求澳门特别行政区法院协助调取与该案件有关的证据

D. 在受委托方法院执行委托调取证据时，该中级人民法院司法人员经过受委托方允许可以出席并直接向证人提问

考点四：内地（大陆）与港澳台相互认可与执行民商事判决

<table>
<tr><td rowspan="3">1. 适用范围</td><td>港</td><td colspan="3">(1)《关于内地与香港特别行政区法院相互认可和执行民商事案件判决的安排》(2019)
(2)《关于内地与香港特别行政区法院相互认可和执行婚姻家庭民事案件判决的安排》(2019)</td></tr>
<tr><td>澳</td><td colspan="3">《内地与澳门特别行政区关于相互认可和执行民商事判决的安排》(2006)</td></tr>
<tr><td>台</td><td colspan="3">《关于认可和执行台湾地区法院民事判决的规定》(2015)</td></tr>
<tr><td rowspan="6">2. 管辖</td><td rowspan="3">涉港</td><td></td><td>涉港民商事案件</td><td>涉港婚姻家庭案件</td></tr>
<tr><td>（1）内地</td><td>向申请人住所地或者被申请人住所地、财产所在地的中级人民法院提出。</td><td>向申请人住所地、经常居住地或者被申请人住所地、经常居住地、财产所在地的中级人民法院提出。</td></tr>
<tr><td>（2）香港</td><td>向香港高等法院提出。</td><td>向香港区域法院提出。</td></tr>
<tr><td rowspan="2">涉澳</td><td>（1）内地</td><td colspan="2">向被申请人住所地、经常居住地或者财产所在地的中级人民法院提出。</td></tr>
<tr><td>（2）澳门</td><td colspan="2">有权受理认可内地判决申请的法院为澳门中级法院，有权执行的法院为澳门初级法院。</td></tr>
<tr><td>涉台</td><td colspan="3">申请认可台湾地区法院民事判决的案件，由申请人或者被申请人住所地、经常居住地、财产所在地中级人民法院或者专门人民法院受理。</td></tr>
</table>

① 【答案】ACD

<table>
<tr><td rowspan="4">3. 多地执行</td><td></td><td>跨区同时执行</td><td>向多个人民法院提出</td></tr>
<tr><td>涉港</td><td>**可**：被申请人在内地和香港特别行政区均有可供执行的财产的，申请人可以分别向两地法院申请执行。</td><td rowspan="3">可，但由最先立案的人民法院管辖。</td></tr>
<tr><td>涉澳</td><td>**不可**：被申请人在内地和澳门特别行政区均有可供执行的财产的，申请人只能向一地法院提出执行申请。
申请人向一地法院提出执行申请的同时，可向另一地法院申请查封、扣押或者冻结被执行人的财产。</td></tr>
<tr><td>涉台</td><td>未涉及跨区执行。</td></tr>
<tr><td>4. 其他</td><td colspan="3">(1) 承认与执行需按各地程序法缴纳诉讼费。
(2) 申请所提交的材料均须以中文制成或提供中文译本。
(3) 关于平行诉讼参照承认与执行外国法院判决，适用判决在先和一事不再理原则。</td></tr>
</table>

考点五：内地（大陆）与港澳台相互执行仲裁裁决

<table>
<tr><td rowspan="5">1. 管辖</td><td rowspan="2">涉港</td><td>内地</td><td>向被申请人住所地、财产所在地的中级人民法院提出。</td></tr>
<tr><td>香港</td><td>向香港高等法院提出。</td></tr>
<tr><td rowspan="2">涉澳</td><td>内地</td><td>向被申请人住所地、经常居住地或财产所在地的中级人民法院提出。</td></tr>
<tr><td>澳门</td><td>有权受理认可仲裁裁决申请的法院为澳门中级法院，有权执行的法院为澳门初级法院。</td></tr>
<tr><td>涉台</td><td colspan="2">申请由申请人或被申请人住所地、经常居住地或者被申请人财产所在地中级人民法院或者专门人民法院受理。</td></tr>
<tr><td rowspan="2">2. 区际执行</td><td>涉港</td><td colspan="2">**(2021年变化) 可**：申请人可以分别向两地法院申请执行。应对方要求，两地法院应相互提供本方执行的情况。两地法院执行财产的总额不得超出裁决确定的数额。</td></tr>
<tr><td>涉澳</td><td colspan="2">**可**：当事人分别向两地法院提出申请的，两地法院都应当依法进行审查。仲裁地法院应当先进行执行清偿；另一地法院对申请人未获清偿的部分进行执行清偿。</td></tr>
</table>

考点六：内地与港澳相互协助仲裁保全

<table>
<tr><td>1. 保全范围</td><td colspan="3">财产保全、证据保全、行为保全。</td></tr>
<tr><td rowspan="4">2. 管辖</td><td>涉港</td><td>内地</td><td>向被申请人住所地、财产所在地或证据所在地的中级人民法院提出。</td></tr>
<tr><td rowspan="3">**涉澳**</td><td>香港</td><td>向香港**高等法院**提出。</td></tr>
<tr><td>内地</td><td>向被申请人住所地、财产所在地或证据所在地的中级人民法院提出。</td></tr>
<tr><td>澳门</td><td>向澳门**初级法院**提出。</td></tr>
</table>

国际法

第一章 导论

考点一：国际法的渊源

<table>
<tr><td rowspan="1">1. 概要</td><td colspan="2">(1) 国际法的渊源包括三类：国际条约、国际习惯和一般法律原则。
(2) 司法判例、国际法权威学者的学说和政府间国际组织的决议不是国际法的渊源，只是确立国际法原则时的辅助方法。</td></tr>
<tr><td rowspan="3">2. 内容</td><td>(1) 国际条约</td><td>对缔约国具有法律拘束力。</td></tr>
<tr><td>(2) 国际习惯</td><td>具有法律拘束力，原则上所有国际法主体都应遵守。</td></tr>
<tr><td colspan="2">(3) 一般法律原则</td></tr>
</table>

练一练 甲、乙、丙、丁四国是海上邻国，2000 年四国因位于其海域交界处的布鲁兰海域的划分产生了纠纷。同年，甲国进入该区域构建了石油平台，并提出了划界方案；2001 年乙国立法机关通过法案，对该区域作出了划定；2002 年丙、丁两国缔结划界协定，也对该区域进行划定。2004 年某个在联合国拥有“普遍咨商地位”的非政府国际组织通过决议，提出了一个该区域的划定方案。上述各划定方案差异较大。根据国际法的相关原则和规则，下列哪一选项是正确的？(2008 延-1-31)①

A. 甲国的行为不构成国际法中的先占，甲国的划界方案对其他国家没有拘束力

B. 乙国立法机构的法案具有涉外性，构成国际法的一部分，各方都应受其拘束

C. 丙、丁两国缔结的协定是国际条约，构成国际法的一部分，对各方均有拘束力

D. 上述非政府组织的决议，作为国际法的表现形式，对各方均有拘束力

① 【答案】A

考点二：国际法的基本原则

<table>
<tr><td>1. 基本原则的特征</td><td colspan="2">（1）各国公认，普遍接受；
（2）适用于国际法律关系的所有领域，贯穿国际法的各个方面；
（3）具有**强行法**性质。</td></tr>
<tr><td rowspan="6">2. 基本原则的主要内容</td><td colspan="2">（1）国家主权平等原则</td></tr>
<tr><td>（2）不干涉内政原则</td><td>①**内政**：本质上属于国内管辖的事项；不违背已经确立的国际法规则及所承担的国际义务
②不干涉：约束主体：任何国家不得干涉他国内政；例外：人道主义干涉：有公认的法律作为依据；严格在国际法律框架中进行</td></tr>
<tr><td>（3）不使用武力威胁或武力原则</td><td rowspan="2">不是禁止一切武力的使用，**和平 ≠ 非武力**。
国家对侵略行为进行的自卫行动
联合国集体安全制度下的武力使用</td></tr>
<tr><td>（4）和平解决国际争端原则</td></tr>
<tr><td>（5）民族自决原则</td><td>①**殖民地民族的独立权**：只严格适用于殖民地民族的独立；
②呼吁国家通过国内法和措施增进国内各民族的平等与自由。</td></tr>
<tr><td colspan="2">（6）善意履行国际义务原则</td></tr>
</table>

练一练 2001年，甲国新政府上台后，推行新的经济政策和外交政策，在国内外引起强烈反应。乙国议会通过议案，谴责甲国的政策，并要求乙国政府采取措施，支持甲国的和平反政府运动；同时乙国记者兰摩也撰写了措辞严厉的批评甲国政策的文章在丙国报纸上发表；甲国的邻国丁国暗自支持甲国反政府武装的活动。根据上述情况和国际法的相关原则，下列哪一选项是正确的？（2008延-1-32）①

A. 乙国记者的行为，涉嫌违反国际法

B. 乙国议会的议案一旦被执行，则涉嫌违反国际法

C. 丙国的行为涉嫌违反国际法

D. 丁国的行为不涉嫌违反国际法

---

① 【答案】B

第二章　国际法的主体与国际法律责任

考点一：国家的管辖权与国家主权豁免

<table>
<tr><td rowspan="4">1. 国家的管辖权</td><td colspan="2">（1）属地管辖权</td></tr>
<tr><td>（2）属人管辖权</td><td>国家对具有其国籍的人（包括自然人、法人，还包括船舶、航空器、航天器等获得国籍的特定物），具有管辖的权利，不论其是在领土范围内还是领土范围外。</td></tr>
<tr><td colspan="2">（3）保护性管辖权</td></tr>
<tr><td colspan="2">（4）普遍性管辖权</td></tr>
<tr><td rowspan="3">2. 国家主权豁免</td><td>（1）绝对豁免主义
（国际习惯规则）</td><td>①一国本身及其财产在另一国法院享有管辖豁免。
②国家管辖豁免放弃（一次放弃仅针对特定事项或特定案件）
明示放弃
默示放弃：主动起诉、介入诉讼或提起反诉
不属于默示放弃的情形：同意适用另一国法律；为主张豁免而介入诉讼；出庭作证</td></tr>
<tr><td>（2）限制豁免理论
（国际条约规则）</td><td>①该公约未生效：2004 年《联合国国家及其财产管辖豁免公约》。
②限制豁免主张一国因某些商业行为而引发的诉讼，不得向另一国法院援引管辖豁免，但对主权行为仍然有管辖豁免。</td></tr>
<tr><td>（3）财产执行豁免</td><td>不论是绝对豁免主义，还是限制豁免理论都主张绝对执行豁免，即除非国家明示同意放弃执行豁免，否则另一国法院不得对该国财产采取任何强制措施。</td></tr>
</table>

练一练　乘坐乙国航空公司航班的甲国公民，在飞机进入丙国领空后实施劫机，被机组人员制服后交丙国警方羁押。甲、乙、丙三国均为 1963 年《东京公约》、1970 年《海牙公约》及 1971 年《蒙特利尔公约》缔约国。据此，下列哪一选项是正确的？(2017－1－32)[①]

A. 劫机发生在丙国领空，仅丙国有管辖权

B. 犯罪嫌疑人为甲国公民，甲国有管辖权

C. 劫机发生在乙国航空器上，仅乙国有管辖权

D. 本案涉及国际刑事犯罪，应由国际刑事法院管辖

① 【答案】B

练一练 甲国某公司与乙国驻甲国使馆因办公设备合同产生纠纷，并诉诸甲国法院。根据相关国际法规则，下列哪些选项是正确的？（2014－1－75）[①]

A. 如合同中有适用甲国法律的条款，则表明乙国放弃了其管辖的豁免

B. 如乙国派代表出庭主张豁免，不意味着其默示接受了甲国的管辖

C. 如乙国在本案中提起了反诉，则是对管辖豁免的默示放弃

D. 如乙国曾接受过甲国法院的管辖，甲国法院即可管辖本案

考点二：国际法上的承认

1. 概念	国家或国际组织对于新国家、新政府或其他态势的出现，以一定的方式表示接受或同时表明愿意与其发展正常关系的单方面行为。
2. 承认方式	（1）法律承认，是正式的和不可撤销的，包括： 明示承认，通过正式通知、函电、声明、条约或国际文件等 默示：与承认对象建立正式外交关系；正式接受领事；与承认对象缔结正式的政治性条约；投票支持参加仅对国家开放的国际组织 （2）事实承认：是不完全的、非正式的和暂时的，它比较模糊并可以随时撤销。
3. 新国家和新政府	（1）新国家产生的四种情况：独立（殖民地）、合并、分立、分离。 （2）新政府的承认：只有一国由于剧烈的社会变革或政变而产生的新政府才可能带来政府的承认问题。对新政府的承认意味着对旧政府承认的撤销。

练一练 甲、乙两国建立正式外交关系数年后，因两国多次发生边境冲突，甲国宣布终止与乙国的外交关系。根据国际法相关规则，下列哪一选项是正确的？（2010－1－29）[②]

A. 甲国终止与乙国的外交关系，并不影响乙国对甲国的承认

B. 甲国终止与乙国的外交关系，表明甲国不再承认乙国作为一个国家

C. 甲国主动与乙国断交，则乙国可以撤回其对甲国作为国家的承认

D. 乙国从未正式承认甲国为国家，建立外交关系属于事实上的承认

考点三：国际法上的继承

1. 条约继承	（1）继承范围：依相关国家达成的协议或依条约法解决条约继承，如无协议，只继承有关领土边界、河流交通、水利灌溉等**“非人身性条约”**。 （2）不予继承的条约类型：与国际法主体人格有关的所谓“人身性条约”以及政治性条约，如和平友好、同盟互助、共同防御等条约。
2. 国家财产的继承	（1）基本标准：被继承的财产应与领土有关联。 （2）两种继承方式：所涉领土内的财产(特别是不动产)：随领土一并转属或分别转属继承；所涉领土外的财产(动产)：依所涉领土的实际生存原则

① 【答案】BC

② 【答案】A

3. 国家债务的继承	(1) 国家债务是指**一国**对他国、国际组织等**国际法主体**所负担的财政义务。 (2) 所需继承的**国家债务**包括两类：国债 地方化债务 (3) **“恶债”不予继承**。

考点四：联合国主要机关

1. 大会	(1) 大会职权	①大会可以讨论宪章范围内或联合国任何机关的任何问题，但安理会正在审议的除外。 ②大会不是立法机关。
	(2) 大会表决	大会表决实行一国一票制。对于一般决议采取简单多数通过；对于重要问题决议采取 2/3 多数通过。
	(3) 大会决议的效力	**根据《联合国宪章》，大会对于联合国组织内部的事务通过的决议对会员国具有拘束力；对于其他一般事项作出的决议属于建议性质，不具有法律拘束力。**
2. 安全理事会	(1) 安理会的组成	①安理会是联合国中**唯一有权采取行动**的机关。 ②安理会由 15 个理事国组成，其中中、法、俄、英、美五国为常任理事国。
	(2) 表决机制	①程序事项（如国际法官的选举）：采取 9 个同意票即可通过。 ②非程序事项（又叫实质性事项）：要求包括所有常任理事国在内的 9 个同意票才可通过，又称**“大国一致原则”**，即常任理事国有**一票否决权**，但常任理事国弃权和缺席不影响决议的通过。 ③适用非程序（实质性）事项表决程序的问题：和平解决争端、推荐秘书长人选、接纳新会员国、建议中止会员国权利和开除会员国等问题。 ④**关于和平解决争端的决议**，作为争端当事国的理事国不得投票。但有关采取执行行动的决议，其可以投票，并且常任理事国可以行使否决权。
	(3) 决议的约束力	安理会作出的决议，对于当事国和所有会员国都具有约束力。
3. 秘书处	(1) 秘书长是联合国的行政首长，任期 5 年，可以连任。 (2) 秘书长经安理会推荐（实质性表决程序），并经大会简单多数票通过后委任。	

练一练　联合国会员国甲国出兵侵略另一会员国。联合国安理会召开紧急会议，讨论制止甲国侵略的决议案，并进行表决。表决结果为：常任理事国 4 票赞成、1 票弃权；非常任理事国 8 票赞成、2 票否决。据此，下列哪一选项是正确的？(2016－1－32)①

A. 决议因有常任理事国投弃权票而不能通过

---

① 【答案】C

B. 决议因非常任理事国两票否决而不能通过

C. 投票结果达到了安理会对实质性问题表决通过的要求

D. 安理会为制止侵略行为的决议获简单多数赞成票即可通过

练一练 联合国大会由全体会员国组成，具有广泛的职权。关于联合国大会，下列哪一选项是正确的？(2015-1-32)①

A. 其决议具有法律拘束力

B. 表决时安理会5个常任理事国的票数多于其他会员国

C. 大会是联合国的立法机关，三分之二以上会员国同意才可以通过国际条约

D. 可以讨论《联合国宪章》范围内或联合国任何机关的任何问题，但安理会正在审议的除外

考点五：非政府国际组织

1. 主要特点	(1) 跨国性；(2) 非政治性和非政府性，其性质为社会团体，不是国际法主体；(3) 非营利性；(4) 志愿性。
2. 成立和活动依据	国际非政府组织的成立及其活动，目前主要由各相关国家的国内法加以规范。

考点六：国际法律责任的构成和新发展

1. 构成	(1) 归因于国家	下列行为，包括作为和不作为，是可以归因于国家的行为： ①国家机关的行为； ②经授权行使政府权力的其他实体的行为； ③实际上代表国家行事的**个人**的行为，分为两类： {国家元首、政府首脑、外交部部长及外交使节的行为归因于国家 其他人员仅执行职务的行为(包括越权和不法行为)归因于国家 ④别国或国际组织交与一国支配的机关的行为； ⑤被承认为叛乱运动机关的行为，分两类区别对待： {一国领土上的叛乱运动机关自身的行为，不视为该国的国家行为 已经和正在组成新国家的叛乱运动，被视为该新国家的行为
	(2) 违背国际义务	①国际不法行为； ②国际罪行。
	(3) 不法性的排除	①明确并自愿同意的，且不属于国际强行法规则范畴； ②**必要和适度**的对抗（非武力）与自卫（武力）； ③不可抗力和偶然事件； ④危难和紧急状况。

① 【答案】D

2. 新发展	**(1) 责任主体扩大**	第二次世界大战后发展的“双罚原则”将国际法律责任的主体扩大到了个人，即对于从事严重违反国际法的国际罪行的国家，在国家承担国际责任的同时，也追究负有责任国家的领导人的个人刑事责任。
	(2) 无过错责任	核污染和外太空探索行为导致的损害，虽不违背国际义务，但产生国家赔偿责任。 ①外太空探索行为：完全国家责任制度； ②核损害：双重责任制度，即国家承担对营运人的补充责任。

练一练 甲国某核电站因极强地震引发爆炸后，甲国政府依国内法批准将核电站含低浓度放射性物质的大量污水排入大海。乙国海域与甲国毗邻，两国均为《关于核损害的民事责任的维也纳公约》缔约国。下列哪一说法是正确的？(2011-1-32)①

A. 甲国领土范围发生的事情属于甲国内政

B. 甲国排污应当得到国际海事组织同意

C. 甲国对排污的行为负有国际法律责任，乙国可通过协商与甲国共同解决排污问题

D. 根据“污染者付费”原则，只能由致害方，即该核电站所属电力公司承担全部责任

① 【答案】C

第三章　国际法上的空间划分

第一节　国家领土

考点一：领土及其取得方式

1. 领土的构成	（1）领陆。 （2）领水。 （3）领空。 （4）底土。	
2. 领土的取得方式	（1）获取领土的传统方式	①先占。现在世界上已不存在先占的对象。 ②时效。争议大，没有普遍适用意义，**我国不承认**。 ③添附。合法，人工添附不得损害他国的利益。 ④征服。已经被现代国际法所废弃。 ⑤割让。分为强制性割让和非强制性割让。强制性割让已失去合法性；非强制性割让包括买卖、赠予及互换等，是合法的。
	（2）新发展	①殖民地独立带来的领土变更合法。 ②公民投票方式。相关国家的国内法或有关国家间的具体协议是构成可否运用公民投票方式以及投票效力的法律依据。

练一练　关于领土的合法取得，依当代国际法，下列哪些选项是正确的？(2016－1－75)[①]

A. 甲国围海造田，未对他国造成影响

B. 乙国屯兵邻国边境，邻国被迫与其签订条约割让部分领土

C. 丙国与其邻国经平等协商，将各自边界的部分领土相互交换

D. 丁国最近二十年派兵持续控制其邻国部分领土，并对外宣称拥有主权

---

① 【答案】AC

考点二：边境及河流制度

1. 边境制度	（1）界标的维护	①相邻国家对界标的维护负有**共同的责任**。 ②若一方发现界标被移动、损坏或灭失，应尽速通知另一方，在双方代表在场的情况下修复或重建。
	（2）边境土地的利用不得损害邻国权利（**相邻权**）。	
	（3）界河	①界河以主航道或河道中心线为界。 ②沿岸国对界水有共同的使用权，不得损害邻国利益，包括不得单方使河水改道，一方如欲在界水上修建工程设施，应该取得另一方同意。 ③除遇难或其他特殊情形，一方船舶未经允许不得在对方靠岸停泊，渔民应在界水的本国一侧捕鱼。
	（4）边民往来的便利化	
2. 河流制度	（1）多国河流	①地理位置：流经两个或两个以上国家领土的河流。 ②主权归属：各国分别对流经其领土的河段拥有主权。 ③管理和利用：一般由有关国家协议解决，各国不得从事河流改道或阻塞河流等有害利用行为。 ④航行：多国河流一般对**所有沿岸国**开放，而非沿岸国船舶未经许可不得航行。
	（2）国际河流	①国际河流是通过条约规定对所有国家开放航行的多国河流。 ②国际河流一般允许**所有国家的商船**无害通过。 ③国际河流的管理一般由条约成立的专门机构进行。
	（3）国际运河	国际运河的地位和航行制度由有关条约确定，一般**对所有国家开放**。

练一练 甲、乙两国边界附近爆发部落武装冲突，致两国界标被毁，甲国一些边民趁乱偷渡至乙国境内。依相关国际法规则，下列哪一选项是正确的？（2016－1－33）①

A. 甲国发现界标被毁后应尽速修复或重建，无须通知乙国

B. 只有甲国边境管理部门才能处理偷渡到乙国的甲国公民

C. 偷渡到乙国的甲国公民，仅能由乙国边境管理部门处理

D. 甲、乙两国对界标的维护负有共同责任

考点三：南极地区的法律地位

原则	目前南极地区法律制度《南极条约》的主要内容包括： ①南极只用于和平目的；②科学考察自由和科学合作；③维持南极地区水域的公海制度；**④冻结对南极的领土要求**。

① 【答案】D

第二节 海洋法

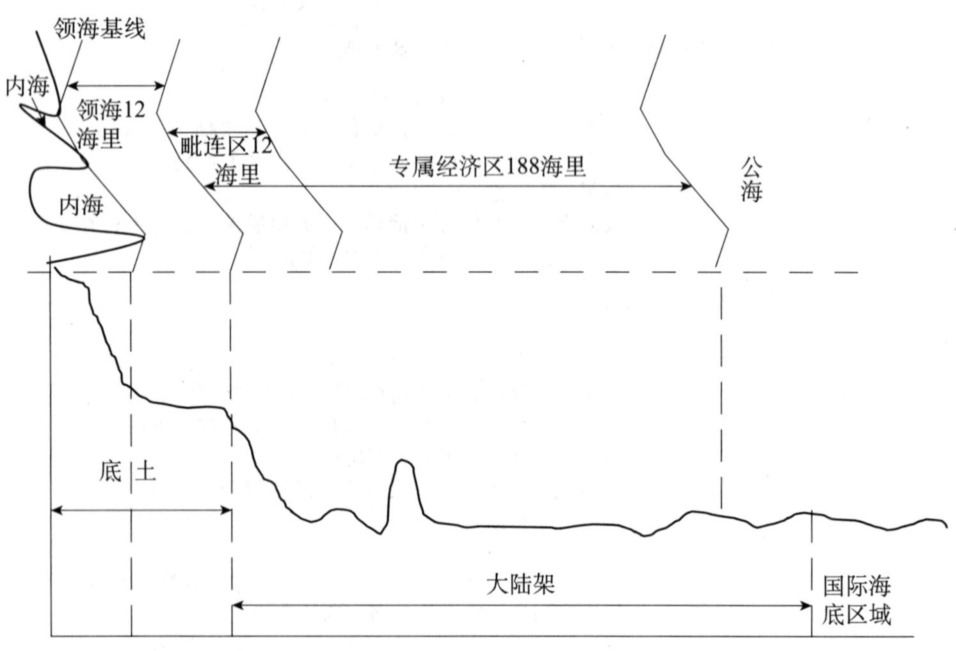

考点一：内海和领海

1. 内海	(1) 内海	完全排他的**主权**，外国船舶非经沿海国同意，不得进入其内海。 渤海湾是我国内海湾，琼州海峡位于我国领海基线以内，是我国内海峡。
	(2) 港口管辖权	在刑事管辖方面，通常只对扰乱港口安宁、受害者是沿岸国或其国民、案情重大或船旗国领事或船长请求时，沿岸国才予以管辖。
2. 领海	(1) 领海主权	领海是国家领土的一部分，但外国船舶在领海中享有无害通过权。
	(2) 领海无害通过权	无害通过要满足以下条件：①要求连续不停地迅速通过，不得停泊或下锚，除非不可抗力、遇难或救助；②通过必须是**无害的**；③我国不允许军用船舶在领海的无害通过。

练一练 “青田号”是甲国的货轮，“前进号”是乙国的油轮，“阳光号”是丙国的科考船，三船通过丁国领海。依《联合国海洋法公约》，下列哪些选项是正确的？(2016－1－76)[①]

① 【答案】BC

A. 丁国有关对油轮实行分道航行的规定是对“前进号”油轮的歧视
B. “阳光号”在丁国领海进行测量活动是违反无害通过的
C. “青田号”无须事先通知或征得丁国许可即可连续不断地通过丁国领海
D. 丁国可以对通过其领海的外国船舶征收费用

考点二：毗连区

毗连区	（1）法律地位	毗连区不是国家领土，国家不享有领土主权。
	（2）管辖权	国家可以在毗连区内进行为下列事项所必要的管制： 防止或惩处在其领土或领海内违反其**海关、财政、移民或卫生**（中国还包括**国家安全**）的法律规章的行为。

考点三：专属经济区和大陆架的法律制度

1. 专属经济区	（1）构成	专属经济区是领海以外毗邻领海的一定宽度的水域，它从领海基线量起不得超过 200 海里（注意扣减领海的宽度剩下的才是专属经济区的宽度）。
	（2）法律制度	①沿海国拥有对专属经济区**自然资源**的专属勘探、开发和管理的权利；此外其他国家享有航行、飞越、铺设海底电缆和管道等合法活动的权利。 ②沿海国对外国船舶违法行为采取措施时，应遵循以下规则： 被捕的船只及船员在提出适当的保证书或担保后，应迅速释放 对于仅违反渔业法规的处罚，不得包括监禁和体罚 沿海国应将逮捕、扣留船只的措施和处罚迅速通知船旗国 ③在我国管辖海域实施非法猎杀濒危野生动物或非法捕捞海产品等犯罪的，追究刑事责任。
2. 大陆架	（1）构成	200 海里之外的大陆架如果存在，称为外大陆架。 200＜地理大陆架＜350→法律大陆架＝地理大陆架－12 地理大陆架＜200→法律大陆架＝200－12 地理大陆架＞350→法律大陆架＝350－12
	（2）法律制度	①沿海国对大陆架的权利不取决于占领或公告，而取决于向大陆架委员会提交的**科学信息和证据**所证明的大陆架的构成。 ②沿海国具有勘探和开发大陆架**自然资源**的专属权利。 ③所有国家可以在他国大陆架铺设电缆和管道，但线路划定须经沿海国同意。 ④沿海国开发 200 海里以外大陆架的**非生物资源**，应通过**国际海底管理局**并缴纳一定的费用或实物，发展中国家在某些条件下可以免缴。

练一练　甲国在其宣布的专属经济区水域某暗礁上修建了一座人工岛屿。乙国拟铺设一条通过甲国专属经济区的海底电缆。根据《联合国海洋法公约》，下列哪一选项

是正确的？(2010－1－31)①

A. 甲国不能在该暗礁上修建人工岛屿

B. 甲国对建造和使用该人工岛屿拥有管辖权

C. 甲国对该人工岛屿拥有领土主权

D. 乙国不可在甲国专属经济区内铺设海底电缆

考点四：公海与国际海底区域

<table>
<tr><td rowspan="3">公海</td><td>(1) 公海管辖权</td><td colspan="2">①船旗国管辖。
②普遍管辖权。海盗行为；非法广播；防止和禁止贩运奴隶及贩运毒品。</td></tr>
<tr><td rowspan="2">(2) 临检权和紧追权</td><td>主体</td><td>一国军舰、军用飞机或其他得到正式授权、有清楚标志可识别的政府船舶或飞机。</td></tr>
<tr><td>区别</td><td>①临检权，又称登临权。
对象：公海上的外国船舶（军舰等享有豁免权的除外）
法律依据：行使公海普遍管辖权；船舶无国籍
②紧追权。沿海国拥有对违反其法规并从该国管辖范围内的海域向公海行驶的外国船舶进行追逐的权利。
对象：一国内海、领海、毗连区或专属经济区上的外国船舶
法律依据：违背沿海国有关内海、领海、毗连区、专属经济区及大陆架权利有关的法规。
限制：紧追前应在被紧追船舶的视听范围内发出视觉或听觉停止信号
追入公海可继续进行，但必须连续不断
紧追在被追船舶进入其本国或第三国领海时立即终止</td></tr>
<tr><td colspan="4">国际海底区域“平行开发制”</td></tr>
</table>

练一练 乙国军舰A发现甲国渔船在乙国领海走私，立即发出信号开始紧追，渔船随即逃跑。当A舰因机械故障被迫返航时，令乙国另一艘军舰B在渔船逃跑必经的某公海海域埋伏。A舰返航半小时后，渔船出现在B舰埋伏的海域。依《联合国海洋法公约》及相关国际法规则，下列哪一选项是正确的？(2009－1－30)②

A. B舰不能继续A舰的紧追

B. A舰应从毗连区开始紧追，而不应从领海开始紧追

C. 为了紧追成功，B舰不必发出信号即可对渔船实施紧追

D. 只要B舰发出信号，即可在公海继续对渔船紧追

① 【答案】B

② 【答案】A

考点五：群岛水域

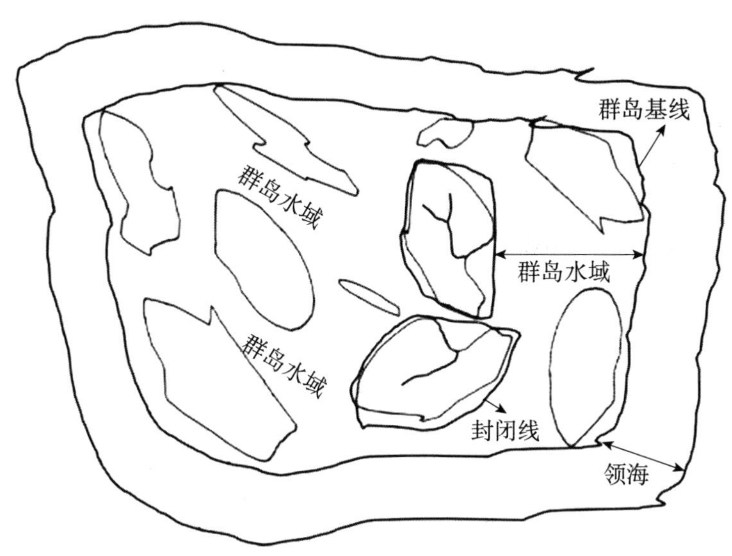

<table>
<tr><td rowspan="2">群岛水域</td><td>（1）划定</td><td>群岛基线不能明显偏离群岛轮廓，不能将其他国家的领海与公海或专属经济区隔断。</td></tr>
<tr><td>（2）法律制度</td><td>①群岛国对其群岛水域包括其上空和底土拥有主权，可在基线之外划定领海、毗连区、专属经济区和大陆架。
②无害通过制度。所有国家享有通过除群岛国内水以外的群岛水域的无害通过权。
③群岛海道通过制度。群岛国可指定适当的海道和其上的空中通道，以便其他国家的船舶或飞机连续不停地迅速通过或飞越群岛水域及邻接的领海。</td></tr>
</table>

练一练　甲国是群岛国，乙国是甲国的隔海邻国，两国均为《联合国海洋法公约》的缔约国。根据相关国际法规则，下列哪一选项是正确的？（2014－1－33）①

A. 他国船舶通过甲国的群岛水域均须经过甲国的许可

B. 甲国为连接其相距较远的两岛屿，其群岛基线可隔断乙国的专属经济区

C. 甲国因已划定了群岛水域，则不能再划定专属经济区

D. 甲国对其群岛水域包括上空和底土拥有主权

① 【答案】D

考点六：国际海峡

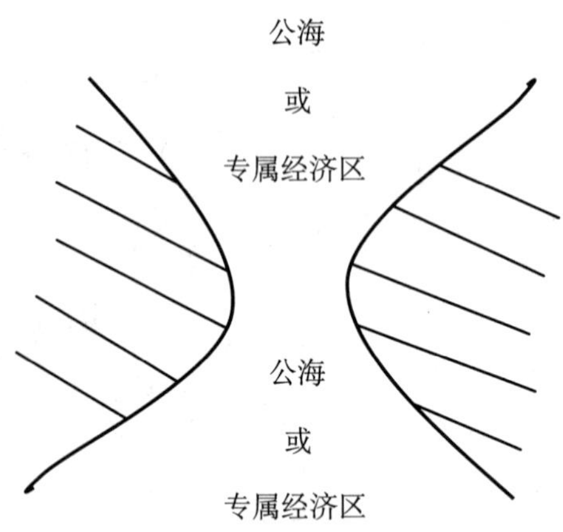

国际海峡	（1）构成	国际航行海峡。主要是指两端都是公海或专属经济区，而又用于国际航行的海峡。
	（2）通行制度	①**过境通行制度**：所有国家的**船舶和飞机**都可以以迅速通过为目的，连续不停地在国际海峡航行和飞越。过境通行不影响沿岸国其他方面的任何权利。 ②**无害通过制度**（只适用于**船舶**）：适用于由一国大陆和该国的岛屿构成的海峡，且该岛屿向海一面的海域有一条在航行和水文特征方面同样方便地穿过公海或专属经济区的航道，但此类海峡外国飞机非经许可不得穿越，需要绕行。 ③公海自由航行制度。 ④特别协定制度。

第三节　国际航空法、外层空间法与国际环境保护法

考点一：国际航空法与外层空间法

1. 国际航空法	（1）领空主权	国家对其领空拥有完全的和排他的主权。外国航空器进入某国领空需经该国许可并遵守领空国有关法律。
	（2）民航安全	**或引渡或起诉原则**：针对危害民航安全的罪行，如果嫌疑人所在国没有相关协议引渡义务，并决定不予引渡，则应在本国作为严重的普通刑事案件进行起诉。
2. 外层空间法	（1）登记制度	①发射的空间物体由联合国秘书长在总册登记。 ②若有多个发射国，应由其共同决定其中的一个国家进行登记。 ③外空物体的登记国对该外空物体拥有所有权和管辖控制权。

	（2）营救制度	①援救：对本国领土范围内发现的外国宇航员的营救和帮助。 ②通知：对所知的外国外空遇难立即通知发射国和联合国秘书长。 ③送还：向发射国送还意外落入本国的空间物体和宇航员。
	（3）责任制度	主体是发射国，包括：发射或促使发射空间物体的国家；从其领土或设施发射空间物体的国家 类型： 绝对责任：致损对象为地球表面或飞行中的飞机 过错责任：致损对象为地球表面以外的第三国外空物体 不适用《空间物体造成损害的国际责任公约》的人员：发射国国民；受邀参加发射或回收的外国人

练一练　甲国发生内战，乙国拟派民航包机将其侨民接回，飞机需要飞越丙国领空。根据国际法相关规则，下列哪些选项是正确的？（2011－1－75）①

A. 乙国飞机因接其侨民，得自行飞越丙国领空

B. 乙国飞机未经甲国许可，不得飞入甲国领空

C. 乙国飞机未经允许飞越丙国领空，丙国有权要求其在指定地点降落

D. 丙国军机有权在警告后将未经许可飞越丙国领空的乙国飞机击落

练一练　乙国与甲国航天企业达成协议，由甲国发射乙国研制的“星球一号”卫星。因发射失败，卫星碎片降落到甲国境内，造成人员和财物损失。甲、乙两国均为《空间物体造成损害的国际责任公约》缔约国。下列哪些选项是正确的？（2009－1－98）②

A. 如“星球一号”发射成功，发射国为技术保密可不向联合国办理登记

B. 因“星球一号”由甲国的非政府实体发射，甲国不承担国际责任

C. “星球一号”对甲国国民的损害不适用《责任公约》

D. 甲国和乙国对“星球一号”碎片造成的飞机损失承担绝对责任

考点二：国际环境保护法的主要制度

1. 大气环境保护	（1）法律依据	防止气候变化的公约主要是《联合国气候变化框架公约》《京都议定书》《〈联合国气候变化框架公约〉巴黎协定》及其实施细则。
	（2）共同但有区别责任原则	①责任的共同性。保护环境需要所有国家的合作与努力。 ②责任的区别性。公约把参加国分为三类，分别规定了不同的义务： 工业化国家：承担削减温室气体排放的义务 发达国家：不承担具体削减义务，但承担为发展中国家进行资金和技术援助的义务 发展中国家：不承担削减义务，可以接受发达国家的资金、技术援助，不得出卖排放指标

① 【答案】BC

② 【答案】CD

<table>
<tr><td rowspan="2"></td><td>（3）减排方式</td><td colspan="3">①以净排放量计算温室气体排放量。
②排放权交易：仅适用于发达国家之间。
③绿色开发机制：折抵温室气体排放量。
④集团方式：仅适用于欧盟。</td></tr>
<tr><td>（4）《巴黎协定》</td><td colspan="3">《〈联合国气候变化框架公约〉巴黎协定》明确了 2020 年以后应对气候变化致力于降低碳排放国际机制的整体框架，各国定期提交“国家自主贡献”的“自下而上”的灵活减排机制；重申全球气温升高的控制目标为 2 摄氏度。</td></tr>
<tr><td rowspan="5">2. 生物资源</td><td>（1）条约</td><td colspan="3">《濒危野生动植物种国际贸易公约》建立了濒危物种清单基础上的许可证制度。</td></tr>
<tr><td>（2）清单</td><td>受影响因素</td><td>管制程度</td><td>许可证</td></tr>
<tr><td>附件一</td><td>贸易 → 濒于灭绝</td><td>最严格管制，但并非绝对禁止</td><td>进口、出口均须获得许可证</td></tr>
<tr><td>附件二</td><td>不管理 → 濒于灭绝</td><td>必须加以限制</td><td>出口须获得许可证</td></tr>
<tr><td>附件三</td><td>一般保护物种</td><td>各国自行决定管理</td><td></td></tr>
<tr><td>3. 危险废物</td><td colspan="4">《控制危险废物越境转移及其处置巴塞尔公约》（简称《巴塞尔公约》）对有关危险废物越境转移规定了严格的条件，主要包括：
①只能在缔约国之间进行危险废物的越境转移。
②进口国没有禁止该废物进口，并以书面形式就某一特定进口向出口国表示同意。
③该废物在进口国有无害环境的处置方法。
④危险废物的任何越境转移都必须有相关的保险、保证或担保。</td></tr>
</table>

第四章　国际法上的个人

考点一：《国籍法》

<table>
<tr><td>1. 中国国籍的取得</td><td colspan="2">我国《国籍法》规定因出生获得国籍，采取双系血统主义与出生地主义的混合制。
①父母双方或一方为中国公民，本人不论出生在中国或外国，具有中国国籍。但父母双方或一方为中国公民并定居在外国，本人出生时即具有外国国籍的，不具有中国国籍。
②定居中国的无国籍或国籍不明的人，其出生于中国的子女具有中国国籍。</td></tr>
<tr><td>2. 中国国籍的丧失</td><td colspan="2">(1) 自动丧失中国国籍：定居外国的中国公民，自愿加入或取得外国国籍的，即自动丧失中国国籍。
(2) 有关国家工作人员和现役军人的强制性规定：国家工作人员和现役军人，不得退出中国国籍。</td></tr>
<tr><td rowspan="2">3. 国籍冲突的解决</td><td>(1) 积极冲突</td><td>①我国不承认中国公民拥有外国国籍。
②国际私法对外国人国籍积极冲突的解决：自然人具有两个以上国籍的，以经常居所对应的国籍为准；在所有国籍国均无经常居所的，适用最密切联系原则确定国籍。</td></tr>
<tr><td>(2) 消极冲突</td><td>国际私法中，自然人无国籍或国籍不明的，以其经常居所地代替国籍。</td></tr>
</table>

练一练　中国公民李某与俄罗斯公民莎娃结婚，婚后定居北京，并育有一女李莎。依我国《国籍法》，下列哪些选项是正确的？(2017-1-75)①

A. 如李某为中国国家机关公务员，其不得申请退出中国国籍

B. 如莎娃申请中国国籍并获批准，不得再保留俄罗斯国籍

C. 如李莎出生于俄罗斯，不具有中国国籍

D. 如李莎出生于中国，具有中国国籍

① 【答案】ABD

考点二：《出入境管理法》

<table>
<tr><td>1. 出入境管理机构</td><td colspan="3">(1) 驻外签证机关（驻外使领馆等）负责在境外签发外国人入境签证；(2) 出入境边防检查机关负责实施出境入境边防检查；(3) 县级以上公安机关及其出入境管理机构负责外国人停留居留管理。</td></tr>
<tr><td rowspan="2">2. 中国公民的出入境</td><td colspan="3">(1) 定居国外的中国公民可以凭本人的护照证明其身份。</td></tr>
<tr><td colspan="3">(2) 禁止中国公民出境的情形：①被判处刑罚尚未执行完毕或者属于刑事案件被告人、犯罪嫌疑人的；②有未了结的民事案件，人民法院决定不准出境的等。</td></tr>
<tr><td rowspan="6">3. 外国人出入境</td><td>(1) 拒签和禁止入境</td><td colspan="2">①被处驱逐出境或者被决定遣送出境，未满不准入境规定年限的；②患有严重精神障碍、可能对公共卫生造成重大危害的传染病的；③可能危害中国国家安全和利益的；④不能提交签证机关要求提交的相关材料或材料造假的等。
对不予签发签证及禁止入境的，无须说明理由。</td></tr>
<tr><td>(2) 免签</td><td colspan="2">①有互免签证协议的；②持有效的外国人居留证件的；③在中国境内停留不超过 24 小时且不离开口岸等。</td></tr>
<tr><td>(3) 居留</td><td colspan="2">①外国人在中国境内住旅馆，旅馆应向所在地公安机关报送外国人住宿登记信息。外国人在旅馆以外的其他住所居住或者住宿的，应当在入住后 24 小时内由本人或者留宿人，向居住地的公安机关办理登记。
②对中国经济社会发展作出突出贡献或者符合其他在中国境内永久居留条件的外国人，经本人申请和公安部批准，取得永久居留资格。</td></tr>
<tr><td>(4) 就业</td><td colspan="2">①取得工作许可和工作类居留证件；②持留学类居留证的外国人勤工助学或实习的，应当经所在学校同意，并由公安机关出入境管理机构在居留证件上加注相关信息。</td></tr>
<tr><td rowspan="2">(5) 出境</td><td>禁止出境</td><td>禁止外国人出境情形：①有未了结的刑事案件的；②有未了结的民事案件，人民法院决定不准出境的；③拖欠劳动者的劳动报酬，经国务院有关部门或者省级人民政府决定不准出境的等。</td></tr>
<tr><td>强制出境</td><td>①限期出境。
②遣送出境：被遣送出境的人员，自被遣送出境之日起 1 至 5 年内不准入境。
③驱逐出境：由公安部决定。被驱逐出境的外国人，自被驱逐出境之日起 10 年内不准入境。</td></tr>
</table>

练一练 马萨是一名来华留学的甲国公民，依中国法律规定，下列哪些选项是正确的？(2017-1-76)[①]

A. 马萨入境中国时，如出入境边防检查机关不准其入境，可以不说明理由

B. 如马萨留学期间发现就业机会，即可兼职工作

C. 马萨留学期间在同学家中短期借住，应按规定向居住地的公安机关办理登记

D. 如马萨涉诉，则不得出境

① 【答案】AC

考点三：外交保护

1. 条件	(1) 一国国民权利受到侵害是由于所在国的**国家不当行为**所致，即该侵害行为可以引起国家责任。 (2) **国籍继续原则**：受害人自受害行为发生起到外交保护结束的期间内，必须持续拥有保护国国籍。 (3) 在提出外交保护前，受害人必须**用尽当地救济**，包括行政和司法救济手段。
2. 范围	(1) 国民被非法逮捕或拘禁； (2) 国民财产或利益被非法剥夺； (3) 国民受到歧视性待遇； (4) 国民被"拒绝司法"等情况。

练一练　甲国公民廖某在乙国投资一家服装商店，生意兴隆，引起一些从事服装经营的当地商人不满。一日，这些当地商人煽动纠集一批当地人，涌入廖某的商店哄抢物品。廖某向当地警方报案，警察赶到后并未采取措施控制事态，而是袖手旁观。最终廖某的商店被洗劫一空。根据国际法的有关规则，下列对此事件的哪些判断是正确的？(2006－1－77)①

A. 该哄抢行为可以直接视为乙国的国家行为

B. 甲国可以立即行使外交保护权

C. 乙国中央政府有义务调查处理肇事者，并追究当地警察的渎职行为

D. 廖某应首先诉诸乙国行政当局和司法机构，寻求救济

考点四：引渡

1. 引渡的主体	(1) 引渡的主体只能是**国家**。 (2) 我国要求有引渡相关**条约或互惠**关系。
2. 对象	(1) 各国有权拒绝引渡本国公民。 (2) 不构成双重犯罪不引渡。 (3) 政治犯不引渡。犯以下罪行的人不应被视为政治犯：①战争罪、反和平罪和危害人类罪；②种族灭绝或种族隔离罪；③非法劫持航空器罪；④侵害包括外交代表在内的受国际保护人员的罪行等。
3. 程序	联系机关:外交部 决策机关{引出:最高人民法院指定的高级人民法院裁定,最高人民法院核准 决策机关{引入承诺{量刑:最高人民法院 决策机关{引入承诺{限制追诉:最高人民检察院
4. 引渡效果	(1) 罪名特定。 (2) 将被引渡人转引给第三国，应经原引出国同意。

① 【答案】CD

5. 联合国“两公约”中的引渡规则	《联合国反腐败公约》及《联合国打击跨国有组织犯罪公约》两个公约明确和充实了多边引渡制度。其主要内容包括： ①成员国可自主决定是否将两公约作为缔约国之间产生引渡义务的条约依据； ②公约所规定的可引渡犯罪应扩展普适于缔约方的其他引渡条约； ③公约所涉罪名可突破双重犯罪要求； ④若被请求引渡者为本国人，缔约国可采取引渡或起诉原则，若同意引渡，可以附加回国执行刑罚作为引渡条件。

练一练 甲国公民汤姆于 2012 年在本国故意杀人后潜逃至乙国，于 2014 年在乙国强奸一名妇女后又逃至中国。乙国于 2015 年向中国提出引渡请求。经查明，中国和乙国之间没有双边引渡条约。依相关国际法及中国法律规定，下列哪一选项是正确的？(2015-1-33)①

A. 乙国的引渡请求应向中国最高人民法院提出

B. 乙国应当作出互惠的承诺

C. 最高人民法院应对乙国的引渡请求进行审查，并由审判员组成合议庭进行

D. 如乙国将汤姆引渡回本国，则在任何情况下都不得再将其转引

考点五：庇护

1. 庇护的构成	庇护是指一国对遭到外国追诉或迫害而前来避难的外国人，**准予其入境和居留**，给予保护，并**拒绝将其引渡**给另一国的行为。
2. 庇护对象	对从事侵略战争、种族灭绝和种族隔离、劫机、侵害外交代表等国际罪行的人，不得进行庇护。
3. 有关域外庇护	域外庇护指利用国家在外国的外交或领事机构馆舍、船舶或飞机等场所进行的庇护。域外庇护**没有国际法依据**，是违背国际义务的。

练一练 甲国人亨利持假护照入境乙国，并以政治避难为名进入丙国驻乙国的使馆。甲、乙、丙三国都是《维也纳外交关系公约》的缔约国，此外，彼此间没有相关的其他协议。根据国际法的有关规则，下列哪些选项是正确的？(2007-1-78)②

A. 亨利目前位于乙国领土上，其身份为非法入境者

B. 亨利目前位于丙国领土内，丙国有权对其提供庇护

C. 丙国有义务将亨利引渡给甲国

D. 丙国使馆有义务将亨利交由乙国依法处理

① 【答案】B

② 【答案】AD

第五章　外交关系和领事关系法

考点一：外交代表机关

1. 外交机关	(1) 中央外交机关：国家元首、政府和外交部门。 (2) 外交代表机关：使馆（常驻）和特别使团（临时）。
2. 使馆和外交代表	(1) 使馆由使馆馆长、其他外交人员、行政技术人员及服务人员等组成。 (2) 使馆馆长分为大使、公使、代办三级，大使（最高一级使节）和公使（第二级使节）是派遣国元首向接受国元首派出的使节，代办是派遣国外交部部长向接受国外交部部长派遣的使节。 (3) 外交人员包括馆长、参赞、武官、秘书、随员。
3. 礼遇	对于派遣国的使馆馆长及外交人员，接受国可以随时不加解释地宣布其为**“不受欢迎的人”**。对于使馆的其他人员，包括行政技术人员和服务人员，接受国可宣布其为**“不能接受”**。

考点二：使馆和领馆的特权与豁免

<table>
<tr><th></th><th>使馆</th><th>领馆</th></tr>
<tr><td>1. 馆舍不得侵犯</td><td>(1) 接受国人员非经使馆馆长许可，不得进入使馆馆舍，没有任何例外。
(2) 使馆财产及档案不得侵犯，使馆馆舍、设备及其他财产免受搜查、征用、扣押或强制执行。</td><td>(1) 非经馆长同意，接受国人员不能进入领馆的工作区域，遇紧急情况须迅速采取保护时，可推定馆长同意。
(2) 领馆馆舍、设备及其他财产一般免受征用，如接受国确有征用必要，应向派遣国作出迅速、充分的补偿。</td></tr>
<tr><td rowspan="2">2. 通讯自由</td><td colspan="2">接受国应保护使馆的通讯自由，不得干扰或妨碍。但非经接受国同意，不得装置使用无线电发报机。
外交信差和领事信差执行职务时应受接受国保护。</td></tr>
<tr><td>接受国对外交邮袋不得予以开拆或扣留，并应保障迅速送达。</td><td>领馆邮袋不得予以开拆或扣留，但如有重大理由可在派遣国授权代表在场下开拆邮袋。若派遣国拒绝开拆，邮袋应退回原发送地。</td></tr>
</table>

考点三：外交人员和领事官员的特权与豁免

	外交人员	领事官员
1. 人身不可侵犯	不受接受国搜查、逮捕和拘留，除非为制止正在进行的犯罪行为或实施正当防卫而采取的措施。	原则上不得限制领事官员的人身，但对犯有严重罪行或执行已生效裁判的除外。
2. 管辖豁免	**(1) 完全的刑事管辖的豁免。 (2) 外交人员一般也享有对接受国民事和行政管辖的豁免，但下列情形除外：①私有不动产之物权诉讼；②以私人身份参与的继承诉讼；③公务范围以外从事专业或商业行为引起的诉讼；④主动起诉而被反诉。 (3) 外交人员完全免除作证义务。**	**(1) 领事官员执行职务行为不受接受国司法和行政管辖。 (2) 领事官员对执行职务所涉及的事项没有作证义务。除此之外，领事官员不得拒绝作证。**
	以上特权与豁免可以由其派遣国放弃，且**放弃只能由派遣国明示作出**，外交人员和领事官员本身无权放弃。	

练一练 甲、乙、丙3国均为《维也纳外交关系公约》缔约国。甲国人汤姆长期旅居乙国，结识甲国驻乙国大使馆参赞杰克，2人在乙国与丙国人汉斯发生争执并互殴，汉斯被打成重伤。后，杰克将汤姆秘匿于使馆休息室。关于事件的处理，哪一选项是正确的？(2012-1-32)[①]

A. 杰克的行为已超出职务范围，乙国可对其进行逮捕

B. 该使馆休息室并非使馆工作专用部分，乙国警察有权进入逮捕汤姆

C. 如该案件在乙国涉及刑事诉讼，杰克无作证义务

D. 因该案发生在乙国，丙国法院无权对此进行管辖

考点四：外交人员特权与豁免的适用范围

1. 人员范围	(1) 使馆馆长和其他外交人员； (2) 与外交人员共同生活的配偶与未成年子女； (3) 外国派遣至中国的外交代表如果是中国公民或者获得在中国永久居留资格的外国人，仅就其执行公务的行为，在中国享有特权与豁免和不受侵犯； (4) 使馆中的行政人员和服务人员如不具有接受国国籍及永久居留资格，也享有一定范围的特权与豁免。
2. 时间范围	(1) 享有外交特权与豁免的人员自其被接受国接受而入境就任时，开始享有此等特权与豁免，离境或给予离境的合理时间结束时终止。 (2) 如遇使馆人员死亡，其家属应继续享有其应享有的特权与豁免，直至给予其离境的合理期间结束时为止。

① 【答案】C

练一练 甲、乙两国均为《维也纳外交关系公约》缔约国，甲国拟向乙国派驻大使馆工作人员。其中，杰克是武官，约翰是二秘，玛丽是甲国籍会计且非乙国永久居留者。依该公约，下列哪一选项是正确的？（2017－1－33）①

A. 甲国派遣杰克前，无须先征得乙国同意

B. 约翰在履职期间参与贩毒活动，乙国司法机关不得对其进行刑事审判与处罚

C. 玛丽不享有外交人员的特权与豁免

D. 如杰克因参加斗殴意外死亡，其家属的特权与豁免自其死亡时终止

考点五：外交和领事官员的派遣

派遣和任职	（1）使馆馆长、领馆馆长、武官、特别使团和不具有派遣国国籍的人：派遣之前应先征得**接受国同意**后才能正式派遣。针对不具有派遣国国籍的人的同意可随时撤销。 （2）使馆馆长到达接受国后，递交国书或委任书是接受国接受其履行职务的依据。 （3）领馆馆长由接受国外交部向其颁发领事证书。 （4）其他人员可直接派遣，无须征得同意。

练一练 甲国与乙国基于传统友好关系，兼顾公平与效率原则，同意任命德高望重并富有外交经验的丙国公民布朗作为甲、乙两国的领事官员派遣至丁国。根据《维也纳领事关系公约》，下列哪一选项是正确的？（2015－1－34）②

A. 布朗既非甲国公民也非乙国公民，此做法违反《公约》

B. 《公约》没有限制，此做法无须征得丁国同意

C. 如丁国明示同意，此做法是被《公约》允许的

D. 如丙国与丁国均明示同意，此做法才被《公约》允许

① 【答案】B

② 【答案】C

第六章　条约法

考点一：条约成立的实质要件

<table>
<tr><td rowspan="2">1. 缔约能力和缔约权</td><td>（1）缔约能力</td><td>缔约能力又称为缔约资格，指国家和其他国际法主体拥有的合法缔结条约的能力。</td></tr>
<tr><td>（2）缔约权</td><td>①缔约权是指拥有缔约能力的主体，根据内部规则赋予某个机关或个人对外缔结条约的权限。
②全权证书。国家元首、政府首脑、外交部部长、使馆馆长及国家向国际会议或国际组织派遣的代表，在其职务范围内进行谈判缔约的，无须出示全权证书，但仅限于上述五种人的正职。</td></tr>
<tr><td colspan="3">2. 自由同意</td></tr>
<tr><td colspan="3">3. 符合强行法规则</td></tr>
</table>

考点二：缔约程序

1. 签署	如签署即生效，无须经国内缔约程序。
2. 批准	由全国人民代表大会**常务委员会**决定。批准书由中华人民共和国**主席签署**，外交部部长副署。
3. 核准	由**国务院**核准，国务院**总理或外交部部长**签署核准书。
4. 加入	由全国人民代表大会**常务委员会**（条约或重要协定）或者**国务院**（其他协定）决定。加入书由**外交部部长**签署。
5. 接受	由**国务院**决定。接受书由**外交部部长**签署。

练一练　根据《维也纳条约法公约》和《中华人民共和国缔结条约程序法》，关于中国缔约程序，下列哪些表述是正确的？（2013－1－74）①

A. 中国外交部长参加条约谈判，无须出具全权证书

B. 中国谈判代表对某条约作出待核准的签署，即表明中国表示同意受条约约束

C. 有关引渡的条约由全国人大常委会决定批准，批准书由国家主席签署

D. 接受多边条约和协定，由国务院决定，接受书由外交部部长签署

---

① 【答案】ACD

考点三：条约保留

1. 禁止保留	(1) 条约规定禁止保留；(2) 条约仅准许特定的保留而有关保留不在其内；(3) 保留与条约的目的及宗旨不符。
2. 保留的接受	(1) 条约明确允许的保留，一般不需接受自然生效。 (2) 若谈判国数目有限，条约目的和宗旨又表明所有缔约国应当遵守，保留须经全体当事国接受。 (3) 条约为国际组织约章，保留须经该组织有权机构接受。 (4) 不属于上述情况的，由缔约国决定是否接受一项保留。

练一练 甲、乙、丙三国为某投资公约的缔约国，甲国在参加该公约时提出了保留，乙国接受该保留，丙国反对该保留，后乙、丙、丁三国又签订了涉及同样事宜的新投资公约。根据《维也纳条约法公约》，下列哪些选项是正确的？(2014－1－76)①

A. 因乙、丙、丁三国签订了新公约，导致甲、乙、丙三国原公约失效

B. 乙、丙两国之间应适用新公约

C. 甲、乙两国之间应适用保留修改后的原公约

D. 尽管丙国反对甲国在原公约中的保留，甲、丙两国之间并不因此而不发生条约关系

考点四：条约的效力、解释

1. 条约的效力	(1) 对缔约国的效力	①对于有效的条约，缔约国必须遵守。 ②条约冲突的解决：适用条约本身关于解决条约冲突的规定；新旧两个条约当事国完全相同时，适用后约取代前约的原则；当新旧两个条约当事国不完全相同时，个案处理。 先约：甲、乙、丙。 后约：乙、丙、丁。
	(2) 对第三国的效力	①如果一个条约有意为第三国创设一项义务，必须经第三国以书面形式明示接受，才对第三国产生义务。 ②当一个条约有意为第三国创设一项权利，如果第三国没有表示反对，应推断其同意接受这项权利。 ③权利和义务一般必须经第三国同意方得取消或变更。
2. 条约的解释	(1) 一般规则	①根据通常含义和上下文解释。 ②作符合条约目的和宗旨的解释。 ③**善意解释。**
	(2) 辅助方法	两种以上语言文字的条约解释：以**作准文本为解释依据**，其他非作准文本仅可以在解释条约时作为参考。

① 【答案】BCD

第七章　国际争端的和平解决

考点一：解决国际争端的方法

1. 强制方法	（1）战争或武力解决争端，违法。 （2）干涉，不符合现代国际法。 （3）平时封锁，只能由**安理会决定**才能采取的一种措施。 （4）反报和报复。
2. 非强制方法（政治方法）	非强制性方法是指在争端各方自愿的基础上，解决国际争端的方法，分为政治解决方法和法律解决方法。
	政治方法，又称为外交方法，主要包括以下三种： ①谈判与协商。争端当事国进行交涉，交换意见。 ②斡旋与调停。 ③调查与和解。

练一练　根据国际法相关规则，关于国际争端解决方式，下列哪些表述是正确的？(2011－1－76)①

A. 甲、乙两国就界河使用发生纠纷，丙国为支持甲国可出面进行武装干涉

B. 甲、乙两国发生边界争端，丙国总统可出面进行调停

C. 甲、乙两国可书面协议将两国的专属经济区争端提交联合国国际法院，国际法院对此争端拥有管辖权

D. 国际法院可就国际争端解决提出咨询意见，该意见具有法律拘束力

考点二：国际争端的法律解决方法

1. 国际常设仲裁法院	国际常设仲裁法院是专门受理国家间仲裁案件，**常设**于荷兰海牙的仲裁机构。裁决为终局性的。	
2. 国际法院	（1）组成	①法院由15名法官组成，任期9年，可以连选连任。 ②法官在联合国大会和安理会中分别独立进行选举，只有在这两个机关同时获得绝对多数票方可当选（安理会9票即通过，常任理事国对法官选举没有否决权）。 ③法官对于涉及其国籍国的案件，不适用回避制度，除非其就任法官前曾参与该案件。 ④**专案法官制。**

① 【答案】BC

2. 国际法院	（2）管辖权	①诉讼管辖权。只有国家可以作为国际法院的诉讼当事国。 国际法院的**判决是终局性的**，判决一经作出，即产生拘束力，当事国必须履行。判决如需执行由安理会决定。 ②咨询管辖权。联合国机构可以就执行其职务中的任何法律问题请求国际法院发表咨询意见。法院作出的咨询意见虽有重要影响，但**没有法律拘束力。**
3. 国际海洋法法庭	（1）对人管辖	根据《联合国**海洋法**公约》，海洋法庭的诉讼当事人主要包括：①公约所有缔约国；②海底管理局和依据"平行开发制"勘探和开发海底矿物资源合同的自然人或法人；③自愿接受海洋法法庭管辖的其他协定的当事者。
	（2）任择强制管辖	只有争端双方都选择了法庭程序，法庭才有管辖权。 法庭判案适用《联合国海洋法公约》和其他与该公约不相抵触的国际法原则、规则。

练一练 关于国际法院，依《国际法院规约》，下列哪一选项是正确的？（2016－1－34）①

A. 安理会常任理事国对法官选举拥有一票否决权

B. 国际法院是联合国的司法机关，有诉讼管辖和咨询管辖两项职权

C. 联合国秘书长可就执行其职务中的任何法律问题请求国际法院发表咨询意见

D. 国际法院作出判决后，如当事国不服，可向联合国大会上诉

练一练 甲、乙、丙三国对某海域的划界存在争端，三国均为《联合国海洋法公约》缔约国。甲国在批准公约时书面声明海洋划界的争端不接受公约的强制争端解决程序，乙国在签署公约时口头声明选择国际海洋法法庭的管辖，丙国在加入公约时书面声明选择国际海洋法法庭的管辖。依相关国际法规则，下列哪一选项是正确的？（2017－1－34）②

A. 甲国无权通过书面声明排除公约强制程序的适用

B. 国际海洋法法庭对该争端没有管辖权

C. 无论三国选择与否，国际法院均对该争端有管辖权

D. 国际海洋法法庭的设立排除了国际法院对海洋争端的管辖权

练一练 约翰为甲国籍，拟参选联合国国际法院法官，常任理事国乙国坚决反对。下列关于联合国国际法院法官的说法，哪项是正确的？（2022 年考生回忆版）③

A. 约翰若当选国际法院法官，对涉及甲国的案件不需要申请回避

B. 国际法院法官在大会和安理会投票表决均超过 2/3 才可当选

C. 乙国对约翰当选国际法院法官具有一票否决权

D. 甲国驻联合国代表团可提名约翰为国际法院法官

---

① 【答案】B

② 【答案】B

③ 【答案】A

第八章　战争与武装冲突法

考点一：战争状态与战时中立

1. 战争开始	(1) 标志	战争开始可以交战双方或一方的宣战为标志，也可因一方使用武力的行为被另一方、第三方或国际社会认为已构成战争行为为标志。
	(2) 法律后果	①外交和领事关系断绝，但特权与豁免在人员离境前的合理期间不减损。 ②条约关系发生变化： 交战国间：维持共同政治行动或友好关系的条约立即废止；一般政治和经济类条约停止效力；领土等缔约国间固定或永久状态的条约持续有效 ③经贸往来禁止。
2. 战时中立国的义务	(1) 不作为。 (2) 防止。 (3) 容忍。	

练一练　甲、乙两国发生战争，丙国发表声明表示恪守战时中立义务。对此，下列哪一做法不符合战争法？(2012－1－34)①

A. 甲、乙战争开始后，除条约另有规定外，两国间商务条约停止效力

B. 甲、乙不得对其境内敌国人民的私产予以没收

C. 甲、乙交战期间，丙可与其任一方保持正常外交和商务关系

D. 甲、乙交战期间，丙同意甲通过自己的领土过境运输军用装备

考点二：对作战手段的限制和对战时平民及战争受难者的保护

1. 对作战手段和方法的限制	(1) 禁止使用具有过分杀伤力和滥杀滥伤作用的武器，包括： 极度残酷的武器 有毒化学和生物武器 有关核武器：国际法并未对核武器作出全面明确的禁止 禁止杀伤人员的地雷的使用、生产、储存等 (2) 禁止不分皂白的战争手段和作战方法，区分对象原则。 (3) 禁止改变环境的作战手段和方法。 (4) 禁止背信弃义的作战手段和方法。

① 【答案】D

2. 保护平民和战争受难者	**交战国要依法保护战时平民、伤病员及战俘的人身、财产及人格尊严**，战争停止后，战俘应立即予以释放并遣返，不得迟延。

练一练　甲、乙两国因边境冲突引发战争，甲国军队俘获数十名乙国战俘。依《日内瓦公约》，关于战俘待遇，下列哪些选项是正确的？（2009－1－78）①

A. 乙国战俘应保有其被俘时所享有的民事权利

B. 战事停止后甲国可依乙国战俘的情形决定遣返或关押

C. 甲国不得将乙国战俘扣为人质

D. 甲国为使本国某地区免受乙国军事攻击，可在该地区安置乙国战俘

考点三：国际刑事法院

1. 成立	国际刑事法院依《国际刑事法院罗马规约》于 2002 年 7 月成立，法院所在地为荷兰海牙。	
2. 管辖权	（1）对事	①法院是对各国国内司法制度的补充，其管辖范围限于：**灭绝种族罪、战争罪、危害人类罪、侵略罪**等几大严重的国际罪行。 ②所管辖的犯罪限于发生在规约生效后的犯罪，即 2002 年 7 月之后。
	（2）对人	法院只追究个人的刑事责任，最高刑为无期徒刑。

① 【答案】AC

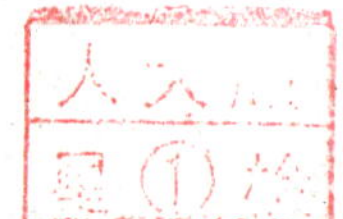

国家统一法律职业资格考试

百日通关攻略

民诉法

嗨学法考 组编 郭翔 编著

中国人民大学出版社

·北京·

图书在版编目（CIP）数据

国家统一法律职业资格考试·百日通关攻略．民诉法/嗨学法考组编；郭翔编著．--北京：中国人民大学出版社，2023.11

ISBN 978-7-300-32188-2

Ⅰ．①国… Ⅱ．①嗨… ②郭… Ⅲ．①民事诉讼法－中国－资格考试－自学参考资料 Ⅳ．①D92

中国国家版本馆 CIP 数据核字（2023）第 174387 号

国家统一法律职业资格考试·百日通关攻略·民诉法

嗨学法考　组编

郭翔　编著

Guojia Tongyi Falü Zhiye Zige Kaoshi • Bairi Tongguan Gonglüe • Minsufa

出版发行	中国人民大学出版社		
社　　址	北京中关村大街 31 号	**邮政编码**	100080
电　　话	010－62511242（总编室）		010－62511770（质管部）
	010－82501766（邮购部）		010－62514148（门市部）
	010－62515195（发行公司）		010－62515275（盗版举报）
网　　址	http://www.crup.com.cn		
经　　销	新华书店		
印　　刷	涿州市星河印刷有限公司		
开　　本	787 mm×1092 mm　1/16	**版　　次**	2023 年 11 月第 1 版
印　　张	7.5	**印　　次**	2024 年 4 月第 3 次印刷
字　　数	163 000	**定　　价**	258.00 元（全 8 册）

目　录

第一章　诉的理论

一、诉讼标的

1. 是什么：民事权利义务关系。

2. 判断步骤：原告→权利→（不可再细分的）权利义务关系。

［考点练习］

案情：张老大和张老二是兄弟。张老大喜欢半夜看恐怖片。张老二喜欢吓唬张老大。农历7月14日晚上11点，张老大如往常一样，戴着耳机坐在电脑前看恐怖片。张老二匍匐到张老大脚下，用力紧紧地抓住张老大的腿往后拽。正好这个时候电影中的情节是地上出现了女鬼的手抓主人公的腿。一时间张老大被吓得大小便失禁，还用东西砸张老二的头，导致张老二头部受伤。

问题：如果张老二起诉张老大赔医疗费2 000元，本案的诉讼标的是什么？

答案：人身侵权法律关系。诉讼标的是双方有争议的原告起诉时要求法院审理的权利义务关系。案件中所涉及的各种法律关系不可能都成为本案的诉讼标的。在本案中，张老大和张老二之间的兄弟关系就不是诉讼标的。

［考点练习］

甲和乙订立借款合同，约定甲到期返还本金20万元和利息1万元，如逾期不还，应支付罚息2万元，后乙向法院提起诉讼，请求：(1) 返还本金20万元；(2) 甲支付利息1万元、罚息2万元。关于本案的诉讼标的，下列说法正确的是：(2021年考生回忆版真题/单选题)

A. 有三个诉讼标的

B. 只有一个诉讼标的

C. 有本息返还和罚息支付两个诉讼标的

D. 有本金20万元返还和利息3万元支付两个诉讼标的

答案：D

解析：诉讼标的是（不可再细分的）民事法律关系。借款合同关系，在本案中还可以具体分为主合同关系和从合同关系，所以借款合同关系不是本案的诉讼标的。主合同关系和从合同关系是两个法律关系，因此本案中有两个诉讼标的。2万元罚息，是合同中主合同关系中的约定，也是从合同关系中的约定。无论是违反主合同还是违反从合同，都应当承担罚息。遵守合同约定，就不会承担罚息。

3. 需要区别的几个概念。

（1）诉讼标的物：有争议的具体东西（表现为金钱、财产或行为）。

（2）诉讼请求：作出特定判决的具体要求。

①不同之处：诉讼请求是具体的要求，诉讼标的是抽象的双方争议的权利义务关系。

②相同之处：（恰当的）诉讼请求＝诉讼标的。

［考点练习］

案情：甲因咨询合同纠纷起诉乙，要求乙支付咨询费2万元，法院审理中发现，该合同约定的咨询费共20万元，乙从未支付，法院遂问甲是否主张20万元，甲明确表示，乙的拖欠行为违反诚信，因此要分10次起诉惩罚乙。（根据2021年考生回忆版真题改编）

问题1：本案的诉讼请求和诉讼标的分别是什么？

答案：本案的诉讼请求是要求乙支付咨询费2万元。本案的诉讼标的是咨询合同关系。

问题2：原告的诉讼请求是否恰当？

答案：原告请求不完整。基于咨询合同关系，原告应当主张20万元。如果原告只主张2万元，法院针对咨询合同关系作出了生效判决，则余下18万元原告不得另行起诉。

（3）诉讼标的额：双方当事人争议的金钱数额。

二、诉的分类

1. 判断方式。

按照当事人诉讼请求的目的和内容的不同，诉讼案件可以分为三类。

2. 具体类型。

（1）确认之诉：确认法律关系。

（2）给付之诉：给付内容是财物或行为，不能是人身。

（3）变更之诉：变更现有法律关系。

三、反诉

1. 概念。

（1）独立的诉。法院准许本诉原告撤诉的，应当对反诉继续审理。［《最高人民法院关于适用〈中华人民共和国民事诉讼法〉的解释》（以下简称《民诉法解释》）第239条］

（2）与反驳不同：反驳是被告的单纯防御行为，而反诉则是被告通过发动进攻进行防御。

［解题技巧］ 如果没有原告提起的本诉，看被告的请求能不能单独存在，能够单独存在，则被告提的就是反诉；不能单独存在，被告提的就是反驳。

[考点练习]

案情：王某和刘某订立房屋租赁合同，后王某向法院起诉，要求刘某依照合同支付租金。而刘某则向法院提出，王某支付租金的请求已经过了诉讼时效。

问题：刘某的陈述可不可以构成反诉？

答案：不可以。因为刘某没有自己的要求，作为反诉必须要有诉讼请求，这只是反驳。

2. 反诉的构成要件。（《民诉法解释》第233条）

（1）本诉的被告对本诉的原告提出。反诉的当事人应当限于本诉的当事人的范围。

（2）反诉与本诉有牵连关系。反诉与本诉的诉讼请求基于相同法律关系、诉讼请求之间具有因果关系，或者反诉与本诉的诉讼请求基于相同事实的，人民法院应当合并审理。

[解题技巧] 反诉与本诉是否有牵连关系的判断方法：证据是否共通。

[考点练习]

案情：甲被乙打伤，现在甲起诉乙要求赔偿医疗费，在法院审理过程中，乙起诉甲要求偿还借款3 000元。

问题：乙提起的诉讼与甲提起的诉讼之间，是否具有牵连关系？

答案：没有。在两个诉讼中，尽管当事人相同，但证据方面不具有共通性。无论欠不欠钱，都不应该打人，借贷纠纷案件中的证据，在侵权纠纷案件中用不上。因此，乙提起的诉讼不是反诉。

（3）在本诉进行中提出。在案件受理后，法庭辩论结束前。（《民诉法解释》第232条）

（4）向受理本诉的法院提出，且受诉法院对反诉有管辖权。反诉应由其他人民法院专属管辖，裁定不予受理，告知另行起诉。

（5）反诉应与本诉适用同一诉讼程序。

3. 法院对反诉的处理。

（1）在一审过程中：可以合并审理。

（2）在二审过程中：调解不成的，告知当事人另行起诉。

四、诉的合并

1. 诉的合并的概念和类型。

（1）诉的合并的概念。诉的合并，是指法院将两个或两个以上彼此之间有牵连的诉合并到一个诉讼程序中审理和裁判。

（2）诉的合并的类型。

①诉的合并，分为诉的主体（即当事人）的合并和诉的客体（即诉讼标的）的合并。

②诉的合并，有狭义和广义之分。狭义的诉的合并，专指诉的客体的合并；广义的诉的合并，除包括诉的客体的合并外，还包括诉的主体的合并。

2. 诉的主体的合并。

（1）概念：诉的主体的合并，是指将数个当事人合并到同一诉讼程序中审理和裁判。

（2）类型：在一个原告对数个被告或数个原告对一个或数个被告提起诉讼时，均会产生诉的主体的合并。

（3）引起诉的主体合并的原因：①必要共同诉讼或普通共同诉讼；②原告或被告于诉讼进行中死亡，数个继承人承受诉讼。

3. 诉的客体的合并。

（1）概念：诉的客体的合并，是指将同一原告对同一被告提起的两个以上的诉或者反诉与本诉合并到同一诉讼程序中审理和裁判。

（2）引起诉的客体合并的原因：彼此独立的几个诉在主体或客体上具有关联性。

（3）类型：单纯合并（仅主体牵连）、预备合并（客体牵连）、重叠合并（客体牵连）、选择合并（客体牵连）。

①单纯合并：被合并的数个诉之间，不存在牵连关系。如原告既诉请被告返还借款，又诉请被告交付买卖标的物，还诉请被告返还租用的房屋。对单纯合并，法院应在同一诉讼程序中分别审理并作出判决。

②预备合并：其中一诉是其他诉的先决问题。如原告既起诉离婚，又起诉分割共同财产。法院应先审理该诉，然后才有可能进一步审理其他各诉。即法院应先审理离婚之诉，在离婚之诉有理由的情况下，才有必要进一步审理分割共同财产之诉。

③重叠合并：诉讼请求相同（即诉讼目的相同），诉讼标的不同。如原告基于多个不同的离婚理由提出离婚诉讼，法院应根据当事人的主张，对诉讼标的全部审理，法院需就每一个离婚理由作出判决。

④选择合并：诉讼请求相同（即诉讼目的相同），诉讼标的不同。如原告基于买卖关系和票据关系请求被告给付同一笔价款。法院应根据当事人的主张，对诉讼标的择一审理，法院可就票据关系或买卖关系择一审理。

［考点练习］

李某以与王某夫妻感情不和为由起诉离婚，王某表示自己并无过错，向同一法院起诉，要求李某承担离婚损害赔偿责任。法院受理后，合并审理。就王某的起诉，下列说法正确的是：（2022 年考生回忆版延考真题/多选题）

A. 属于反诉

B. 属于形成之诉

C. 属于诉的预备合并

D. 属于给付之诉

答案：ACD

解析：基于同一婚姻关系感情破裂提起本诉与反诉。离婚损害赔偿以解除婚姻关系为前提，属于诉的预备合并，属于给付之诉。

第二章　基本原则

一、诉讼权利平等原则

1. 双方当事人拥有完全相同的权利，如原告和被告都有权委托诉讼代理人。
2. 双方当事人拥有相对应的权利，如原告有权起诉，被告有权反诉。

二、同等原则与对等原则

1. 同等原则：外国主体与中国主体有同样的待遇。
2. 对等原则：我国法院对该外国主体加以同样的限制。

三、辩论原则

1. 可以是口头的，也可以是书面的。
2. 可以是实体方面的，也可以是程序方面的，还可以是证据方面的。
3. 贯穿审判程序（一、二、再审）的始终。但特别程序、非讼程序和执行程序无法辩论。
4. 辩论权是当事人的权利，证人没有辩论权。

四、处分原则：自行处分实体权利和程序权利

1. 判决内容不能超出原告的请求范围。
2. 调解协议内容超出诉讼请求的，人民法院可以准许。
3. 处分权的行使，法院可进行必要的监督。

［考点练习］

案情：张某和李某是同一个宿舍的同学，两人逐渐产生感情，不顾众人反对于1990年在老家举行了婚礼。最近张某怀疑李某移情别恋，到法院起诉离婚。在法院审理本案过程中，张某决定向法院撤回离婚诉讼。

问题：对于张某的撤诉申请，法院是否应当准许?

答案：不应当准许。张某和李某是同一个宿舍的同学，这属于不符合结婚条件的情形。由于本案属于无效婚姻，即便原告要撤回离婚诉讼，法院也不应当准许，应当判决宣告婚姻关系无效。

五、法院调解自愿和合法的原则

六、诚实信用原则（《民事诉讼法》第13条）

七、检察监督原则（《民事诉讼法》第14条）

1. 行使主体：人民检察院。
2. 监督对象：法院或者法官的审判权。
3. 监督方式。
（1）抗诉：生效裁判。
（2）检察建议。
①生效裁判；
②审判人员的违法行为；
③执行活动。

[解题技巧] 抗诉只能针对错误的生效裁判。但是生效裁判有错误，既可以抗诉，也可以提检察建议。

[考点练习]

案情：王法官在审理一起合同纠纷案件时接受了原告5万元的礼品。

问题：检察机关可不可以对王法官的行为进行抗诉？

答案：不可以，抗诉只能针对错误的生效裁判。这种情况下只能提出检察建议。

八、在线诉讼与线下诉讼具有同等效力原则

1. 条件。
（1）经当事人同意；
（2）通过信息网络平台。
2. 效力：与线下诉讼活动具有同等法律效力。（《民事诉讼法》第16条）

第三章　基本制度

一、合议制度

（一）独任制

1. 含义：由审判员一人独任审理。（《民事诉讼法》第 40 条第 2 款）

2. 独任制的适用案件。

（1）简易程序案件（包括小额诉讼程序案件）。（《民事诉讼法》第 40 条第 2 款）

（2）适用普通程序审理的第一审民事案件（需要同时满足）。（《民事诉讼法》第 40 条第 2 款）

①基层人民法院；

②基本事实清楚、权利义务关系明确。

（3）第二审民事案件（需要同时满足）。（《民事诉讼法》第 41 条第 2 款）

①中级人民法院；

②对第一审适用简易程序审结或者不服裁定提起上诉；

③事实清楚、权利义务关系明确；

④经双方当事人同意。

（4）特别程序案件，但是选民资格案件或者重大、疑难案件应适用合议制。

（5）督促程序案件。

（6）公示催告阶段案件。

3. 不得独任审理的案件。（《民事诉讼法》第 42 条）

（1）涉及国家利益、社会公共利益的案件。

（2）涉及群体性纠纷，可能影响社会稳定的案件。

（3）人民群众广泛关注或者其他社会影响较大的案件。

（4）属于新类型或者疑难复杂的案件。

（5）法律规定应当组成合议庭审理的案件（重审＋再审）。

（6）其他不宜由审判员一人独任审理的案件。

4. 适用法院：基层法院＋中级法院。

（1）一审（简易＋普通）：基层法院。

（2）二审：中级法院。

5. 独任转合议。（《民事诉讼法》第 43 条）

（1）法院裁定转由合议庭审理：发现案件不宜由审判员一人独任审理。

（2）当事人向人民法院提出异议。

①异议理由：由审判员一人独任审理违反法律规定。

②法院审查：异议成立的，裁定转由合议庭审理；异议不成立的，裁定驳回。

[考点练习]

甲公司与乙公司合同纠纷约定某基层法院管辖，一审适用简易程序，甲公司不服上诉，二审法院指定吴法官适用独任制审理，乙公司当庭表示异议，对此说法正确的是：（2022年考生回忆版真题/单选题）

A. 上诉案件应组成合议庭审理

B. 简易程序一审终审不得上诉

C. 二审法院有权直接指定法官适用独任制审理

D. 二审法院应裁定转为合议庭审理

答案：D

解析：二审原则上应当组成合议庭审理。简易程序的案件可以上诉。只有经双方当事人同意，第二审才可以由审判员一人独任审理，第二审法院不能依职权适用独任制审理。当事人认为案件由审判员一人独任审理违反法律规定的，可以向人民法院提出异议。异议成立的，裁定转由合议庭审理。

（二）合议制

1. 适用的案件：不能独任审理的。

2. 合议制的组成方式。

（1）第一审合议庭。

①可以由审判员组成合议庭；

②也可以由审判员和人民陪审员组成合议庭；

③选民资格案件或特别程序中的重大、疑难的案件，必须由审判员组成合议庭审理。

（2）第二审合议庭：必须由审判员组成。

（3）二审发回重审或再审程序：原审合议庭成员或独任审判员不得参加重审或再审合议庭。

[原理解释]

发回重审，指的是用一审程序重新审。

对于发回重审的案件和用一审程序再审的案件来讲，本质上是在用一审程序审理案件，因此，一审合议庭是允许由审判员和陪审员共同组成的。

[考点练习]

案情：原告诉被告的借款纠纷案件，由马法官独任审理，并作出一审判决。后来这个案件上诉到二审法院以后被发回重审。

问题：这个合议庭可不可以有陪审员参加？

答案：可以。因为只要是一审程序就可以由审判员和陪审员共同组成合议庭。

3. 审判长。

(1) 院长或者庭长参加审判的，由院长或者庭长担任。

(2) 由院长或者庭长指定审判员 1 人担任。

4. 合议庭评议。

(1) 实行少数服从多数的原则。

(2) 形成不了多数意见时，提交审委会讨论。

(3) 不同意见，必须如实记入笔录。

二、回避制度

1. 回避的对象。

(1) 审判人员（包括审判员和人民陪审员）、法官助理、书记员、司法技术人员、翻译人员、鉴定人、勘验人。（《民事诉讼法》第 47 条、《民诉法解释》第 48 条）

(2) 执行员适用审判人员回避的有关规定。（《民诉法解释》第 49 条）

2. 回避的决定权。

(1) 院长担任审判长时的回避：审判委员会决定。

(2) 审判人员、法官助理、执行员和书记员的回避：院长决定。

(3) 其他人员（司法技术人员、翻译人员、鉴定人、勘验人）的回避：审判长决定。

3. 法定原因。（《民事诉讼法》第 47 条）

(1) 是本案当事人或者当事人、诉讼代理人近亲属的。

(2) 与本案有利害关系的；担任过本案的证人、鉴定人、辩护人、诉讼代理人、翻译人员的。（《民诉法解释》第 43 条）

(3) 与本案当事人、诉讼代理人有其他关系，可能影响对案件公正审理的。

(4) 接受当事人、诉讼代理人请客送礼，或者违反规定会见当事人、诉讼代理人的（这种情况不仅要回避，还应追究法律责任）。

4. 回避方式。

(1) 审判人员自行回避。

(2) 当事人申请回避。

(3) 院长或者审判委员会决定其回避的情形：审判人员有应当回避的情形，没有自行回避，当事人也没有申请其回避的，由院长或者审判委员会决定其回避。（《民诉法解释》第 46 条）

5. 申请回避的期间。

(1) 通常：开始审理时提出。

(2) 回避事由在案件开始审理后知道的：在法庭辩论终结前提出。

6. 申请回避的效果。

被申请回避的人员应当暂停参与本案的工作。

7. 回避决定的复议。

(1) 回避决定可以复议一次。

(2) 复议期间，被申请回避的人员，不停止参与本案的工作。

8. 决定回避的法律后果。

诉讼程序继续进行。

三、两审终审

1. 诉讼案件：两审终审。

2. 以下情况：一审终审。

(1) 最高人民法院作为一审法院审理的案件。

(2) 人民法院按照特别程序以及督促程序、公示催告程序、破产还债程序审理的案件。

(3) 民事诉讼法规定的不得上诉的裁定。

(4) 调解书。

(5) 小额诉讼案件。

四、公开审判制度

1. 审理公开。(《民事诉讼法》第137条)

(1) 通常公开审理。

(2) 一律不公开审理的案件。

①涉及国家秘密的案件；

②涉及个人隐私的案件。

(3) 经过当事人申请才不公开审理的案件。

①离婚案件；

②涉及商业秘密的案件。

2. 合议庭评议一律不公开。

3. 判决一律公开。

第四章　当　事　人

第一节　谁有资格成为民诉当事人

（一）自然人

（二）法人

（三）可以作为民事诉讼当事人的其他组织（《民诉法解释》第 52 条）

1. 依法登记领取营业执照的个人独资企业。

2. 依法登记领取营业执照的合伙企业。

（1）依法登记领取营业执照的合伙企业：该合伙企业是当事人。

（2）未依法登记领取营业执照的个人合伙：全体合伙人为共同诉讼人。（《民诉法解释》第 60 条）

3. 依法设立并领取营业执照的法人的分支机构。

第二节　谁是本案的真正当事人

1. 通常标准：争议的民事法律关系（诉讼标的）的主体，就是适格当事人。

2. 扩大标准：

（1）失踪人的财产代管人；（《最高人民法院关于适用〈中华人民共和国民法典〉总则编若干问题的解释》第 15 条）

（2）股东代表诉讼中的股东；（《公司法》第 152 条）

（3）遗产管理人、遗嘱执行人；（《民法典》第 1145 条）

（4）能够提起公益诉讼的法定机关和组织；（《民事诉讼法》第 58 条）

（5）在确认之诉中，对诉讼标的有确认利益的人。

第三节　具体案件中的原告与被告

1. 个体工商户。（《民诉法解释》第 59 条）

（1）有登记的字号时：以营业执照上登记的字号为当事人，但应同时注明该字号

经营者的基本信息。个体工商户可以起字号。(《民法典》第54条)

(2)没有登记的字号时:

①个体工商户以营业执照上登记的经营者为当事人。

②营业执照上登记的经营者与实际经营者不一致的,以登记的经营者和实际经营者为共同诉讼人。

[考点练习]

案情:个体户张三经营了一家饭店,领有营业执照。后来因为张三的儿子生病急需用钱,张三将这个饭店转让给了李四,但双方没有及时到工商局办理营业执照的变更手续。李四在经营过程中,导致顾客王五食物中毒。

问题:现在王五打算向法院起诉要求赔偿,请问本案能不能以张三和李四为共同被告?简要说明理由。

答案:能。本案中没有出现登记的字号,并且张三和李四双方没有到工商局办理营业执照的变更手续,两人应当作为共同被告。

[考点练习]

刘某经营一家个体餐馆,取字号"刘大厨私家菜",进行了工商登记。后刘某与张某达成协议将餐馆交由张某实际经营。餐馆经营管理中因供货质量问题与供货商甲公司发生争议,拟向法院提起诉讼。关于本案原告,下列说法正确的是:(2020年考生回忆版真题/单选题)

A. "刘大厨私家菜"为原告

B. 刘某、张某为共同原告

C. 张某为原告

D. 刘某为原告

答案:A

解析:个体工商户有字号的,以营业执照上登记的字号为当事人。

2. 老板当被告。

(1)法人或者其他组织的工作人员执行工作任务造成他人损害的,该法人或者其他组织为当事人。(《民诉法解释》第56条)

(2)提供劳务一方因劳务造成他人损害,受害人提起诉讼的,以接受劳务一方为被告。(《民诉法解释》第57条)

(3)在劳务派遣期间,被派遣的工作人员因执行工作任务造成他人损害的,以接受劳务派遣的用工单位为当事人。当事人主张劳务派遣单位承担责任的,该劳务派遣单位为共同被告。(《民诉法解释》第58条)

[考点练习]

案情:某保安公司,将刚刚招聘的保安派到某小区物业公司工作。该保安在巡逻过程中,不小心将某个业主的轿车刮坏。

问题：如果该业主在起诉时，只以该保安公司为本案的被告，法院应当如何处理？

答案：因为保安公司只能在本案中做共同被告。既然业主已经告了该保安公司，法院就必须将该物业公司追加为本案共同被告。

3. 企业法人。

（1）企业合并分立：合并分立后的企业是当事人。（《民诉法解释》第 63、334 条）

①企业法人合并的，因合并前的民事活动发生的纠纷，以合并后的企业为当事人；

②企业法人分立的，因分立前的民事活动发生的纠纷，以分立后的企业为共同诉讼人。

［考点练习］

案情：原告海洋公司和被告南方公司因买卖合同，到法院进行诉讼。一审判决，原告海洋公司胜诉，被告南方公司不服，提起上诉。在二审程序中海洋公司分立成大江公司和大湖公司。被告南方公司向法院提出：原来的原告海洋公司已经注销，大江公司和大湖公司并不是买卖合同的相对方，希望二审法院以本案当事人错误为由，将整个案件发回一审法院重审。

问题：在这样的情况下，法院应当如何处理本案当事人的问题？

答案：二审法院应当将大江公司和大湖公司列为共同诉讼人，进行调解或者判决。不得以当事人错误为由，将本案发回一审法院重审。

（2）企业法人解散的：（《民诉法解释》第 64 条）

①依法清算并注销前，以该企业法人为当事人；

②未依法清算即被注销的，以该企业法人的股东、发起人或者出资人为当事人。

［考点练习］

案情：王老板开了一家个体餐饮店，因认识贸易公司大股东钱老板，每日给贸易公司提供午餐，餐费每月月底结算。贸易公司因为业务不好，拖欠餐费。不久之后，王老板发现贸易公司已经被注销，由于没有依法清算，贸易公司欠王老板的午餐费没有得到解决。

问题：根据上述案情，如果王老板要通过诉讼的方式行使权利，应当以谁为被告？简要说明理由。

答案：王老板可以起诉该贸易公司的股东钱老板。由于贸易公司已经被注销，不得以贸易公司为被告。由于贸易公司没有依法清算，所以可以以股东钱老板为被告。

4. 涉及保证合同的诉讼。（《民诉法解释》第 66 条、《最高人民法院关于审理民间借贷案件适用法律若干问题的规定》第 4 条）

（1）保证人为借款人提供连带责任保证：

①出借人仅起诉借款人的，人民法院可以不追加保证人为共同被告；

②出借人仅起诉保证人的，人民法院可以追加借款人为共同被告。

（2）保证人为借款人提供一般保证：

①出借人仅起诉借款人的，人民法院可以不追加保证人为共同被告；

②出借人仅起诉保证人的，人民法院应当追加借款人为共同被告。

（3）当事人在保证合同中对保证方式没有约定或者约定不明确的，按照一般保证承担保证责任。（《民法典》第686条）

5. 常考的侵权案件当事人（责任人为被告）。

（1）机动车一方责任：

①因租赁、借用等情形机动车所有人、管理人与使用人不是同一人时，发生交通事故造成损害，属于该机动车一方责任的：由机动车使用人承担赔偿责任；机动车所有人、管理人对损害的发生有过错的，承担相应的赔偿责任。（《民法典》第1209条）

②盗窃、抢劫或者抢夺的机动车发生交通事故造成损害的：由盗窃人、抢劫人或者抢夺人承担赔偿责任。盗窃人、抢劫人或者抢夺人与机动车使用人不是同一人，发生交通事故造成损害，属于该机动车一方责任的，由盗窃人、抢劫人或者抢夺人与机动车使用人承担连带责任。（《民法典》第1215条）

［考点练习］

刘某的摩托车被苏某偷走，苏某将车卖给李某，李某又将车借给好友牛某，牛某骑车撞到了朱某。现朱某向法院提起诉讼，下列说法正确的是：（2022年考生回忆版真题/多选题）

A. 将苏某和牛某列为共同被告

B. 苏某为被告

C. 刘某为被告

D. 牛某为被告

答案：ABD

解析：苏某是盗窃人，牛某是使用人，两者承担连带责任，为共同被告。

（2）第三人引起的校园事故责任：无民事行为能力人或者限制民事行为能力人在幼儿园、学校或者其他教育机构学习、生活期间，受到幼儿园、学校或者其他教育机构以外的第三人人身损害的：（《民法典》第1201条）

①由第三人承担侵权责任；

②幼儿园、学校或者其他教育机构未尽到管理职责的，承担相应的补充责任；

③幼儿园、学校或者其他教育机构承担补充责任后，可以向第三人追偿。

［考点练习］

案情：小明是一个3岁的男孩，在某幼儿园上学期间，踢了给幼儿园送水果的王某一下，因此王某踹了小明一脚，小明摔在地上，造成骨折。

问题：如果小明的父亲作为法定代理人，打算向法院起诉，应当以谁作为本案的被告？

答案：王某和幼儿园是共同被告。在考试中只要问到“应当”以谁作为本案的被告，问的就是正确的被告有哪些。如果只告其中一部分被告，这种答案拿不到满分。

（3）公共场所管理者责任：（《民法典》第 1198 条）

①侵权责任：经营场所、公共场所的经营者、管理者或者群众性活动的组织者，未尽到安全保障义务，造成他人损害的，应当承担侵权责任。

②补充责任：因第三人的行为造成他人损害的，由第三人承担侵权责任；经营者、管理者或者组织者未尽到安全保障义务的，承担相应的补充责任。经营者、管理者或者组织者承担补充责任后，可以向第三人追偿。

（4）建筑物、构筑物或者其他设施及其搁置物、悬挂物发生脱落、坠落造成他人损害：所有人、管理人或者使用人不能证明自己没有过错的，应当承担侵权责任。（《民法典》第 1253 条）

第四节　第三人

1. 第三人的特点。

（1）第三人包括有独立请求权第三人（有独三）和无独立请求权第三人（无独三），其参加诉讼的时间：被告应诉时起，到法庭辩论终结止。

（2）第三人不能提出管辖权异议。

2. 有独立请求权第三人。

（1）有独三参加诉讼的依据：对本诉的诉讼标的有独立请求权。（《民事诉讼法》第 59 条）

（2）有独三的判断：既反对原告，又反对被告；有不同于原告请求权的另一个请求权。

第 1 步：找到原告的诉讼请求（民事实体权利）。

第 2 步：找到第三人的诉讼请求（民事实体权利）。

第 3 步：进行对比：如果是同一民事实体权利，属于必要共同原告；如果不是同一民事实体权利，就是有独立请求权第三人。

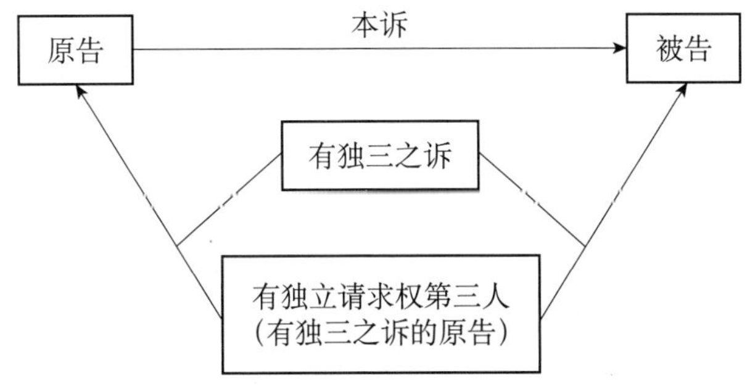

[考点练习]

案情：赵某与刘某将共有商铺出租给陈某。刘某瞒着赵某，与陈某签订房屋买卖合同，将商铺转让给陈某，后因该合同履行发生纠纷，刘某将陈某诉至法院。赵某得知后，坚决不同意刘某将商铺让与陈某。

问题：如果赵某申请参加诉讼，法院应当如何确定赵某的诉讼地位？简要说明理由。

答案：赵某是本案中的有独立请求权第三人，不是共同原告。①本案中刘某是基于合同关系起诉陈某，主张的是债权请求权。②赵某是物权人参加诉讼，主张的是物权请求权。③由于物权请求权和债权请求权是两个不同的请求权，因此赵某是有自己独立请求权的第三人。由于请求权的性质不同，赵某不可以作为普通共同原告。

[考点练习]

案情：原告张三起诉被告李四，要求法院确认古董花瓶是原告张三所有。在法院审理过程中，案外人王五对法院说，古董花瓶是自己和张三共有的，自己是共有人，希望加入诉讼。

问题：在这种情况下，法院应当如何确定王五的诉讼地位？简要说明理由。

答案：王五只是必要共同原告之一。王五所主张的请求权，与原告起诉时所主张的请求权，在民法上是同一个请求权，王五并没有主张独立于原告请求权的另一个请求权。

（3）有独三参加诉讼的方式：提起诉讼。（《民事诉讼法》第59条、《民诉法解释》第81条）

（4）有独三的案件中有两个诉：本诉与第三人之诉。

（5）有独三的诉讼地位：有独三相当于原告。

3. 无独立请求权第三人。

（1）无独三参加诉讼的依据：对本诉的诉讼标的没有独立请求权，但案件处理结果同他有法律上的利害关系。（《民事诉讼法》第59条）

（2）无独三的判断：跟无独三有法律关系的当事人败诉的结果，对无独三不利。

①三个人（原告、被告、无独三）；

②两个法律关系；

③向同一方向诉讼。

原告 —本诉→ 被告 —牵连关系→ 无独三	无独三 —牵连关系→ 原告 —本诉→ 被告
（这种情况的无独三常考）	（这种情况的无独三不常考）

[考点练习]

案情：钱某起诉某汽车贸易公司，认为该汽车贸易公司合同违约，因为其所交付的汽车外观有破损。在诉讼过程中，汽车贸易公司称汽车之所以存在问题，是因为汽车厂在运输过程中将汽车损坏了，希望将汽车厂追加到诉讼中，作为当事人。

问题：如果法院将汽车厂追加到诉讼中来，汽车厂的诉讼地位是什么？简要说明理由。

答案：汽车厂是本案的无独立请求权第三人。钱某和汽车贸易公司之间有合同关系，钱某向汽车贸易公司提出了诉讼请求。汽车贸易公司与汽车厂之间有买卖合同关系。汽车贸易公司能够向汽车厂提出赔偿的要求。由于是向同一个方向提请求，即钱某能够向汽车贸易公司提请求，汽车贸易公司能够向汽车厂提请求，汽车厂为本案的无独立请求权第三人。

（3）不属于无独三的典型情况：与原被告双方争议的诉讼标的无直接牵连和不负有返还或者赔偿等义务的人。

（4）无独三参加诉讼的方式：自己申请参加；由法院通知参加。（《民诉法解释》第 81 条）

其中，法院通知：①可以是基于法院职权通知无独立请求权第三人参加；②也可以是应当事人的申请而通知无独立请求权第三人参加。

（5）判决承担民事责任的无独三有权提出上诉。

①不是完全独立的当事人，因此不享有与当事人相等的诉讼权利：无权提出管辖异议，无权放弃、变更诉讼请求或者申请撤诉。

②被判决承担民事责任的，有权提起上诉。（《民诉法解释》第 82 条）

第五节　第三人撤销之诉

1. 第三人撤销之诉起诉条件。（《民事诉讼法》第 59 条、《民诉法解释》第 290 条）

（1）当事人：（《民诉法解释》第 296 条）

①原告：应当参加前诉但没能够参加的有独立请求权第三人和无独立请求权第三人。

[考点练习]

案情：原告张某起诉被告李某返还古砚一案。二审法院将古砚判归原告张某所有。判决生效后，案外人王某认为，他是古砚的共有人，应当作为共同原告参加诉讼，而没有参加诉讼。

问题：案外人王某能否提起第三人撤销之诉？简要说明理由。

答案：王某不能提第三人撤销之诉。因为王某不是前案中的第三人。

②被告：前诉的当事人。

③生效判决、裁定、调解书中没有承担责任的无独立请求权的第三人列为第三人。

[考点练习]

甲对乙有20万元债权到期，乙对丙有20万元债权到期。甲对丙提起代位权诉讼，法院依法将乙列为第三人。诉讼中甲、丙达成调解协议，约定丙将一条价值20万元的手链交付给甲，用于清偿该笔债务，法院依法制作调解书送达当事人。丁主张手链是自己的，欲提出第三人撤销之诉。下列关于本案当事人的表述正确的是：(2019年考生回忆版真题/单选题)

A. 甲、乙、丙为被告

B. 甲、丙为被告，乙是第三人

C. 甲、乙是被告，丙为第三人

D. 甲为被告，乙和丙是第三人

答案：B

解析：生效调解书中没有承担责任的无独立请求权第三人乙，在第三人撤销之诉中应当被列为第三人。

(2) 理由：(《民诉法解释》第290条)

①因不能归责于本人的事由未参加诉讼。

②发生法律效力的判决、裁定、调解书的全部或者部分内容错误。

③发生法律效力的判决、裁定、调解书内容错误损害其民事权益。

(3) 有证据材料。

(4) 对象：对已经发生法律效力的判决、裁定、调解书提起撤销之诉。

(5) 时间：应当自知道或者应当知道其民事权益受到损害之日起6个月内。

(6) 管辖：向作出生效判决、裁定、调解书的人民法院提出。

2. 不会中止执行。

(1) 原则上：不影响要撤销的判决书、裁定书、调解书的执行。

(2) 例外时中止执行：受理第三人撤销之诉案件后，原告提供相应担保，请求中止执行的，人民法院可以准许。(《民诉法解释》第297条)

3. 第三人撤销之诉的裁判：撤销+确认。(《民诉法解释》第298条)

(1) 请求成立且确认其民事权利的主张全部或部分成立的，改变原判决、裁定、调解书内容的错误部分。

(2) 请求成立，但确认其全部或部分民事权利的主张不成立，或者未提出确认其民事权利请求的，撤销原判决、裁定、调解书内容的错误部分。

(3) 请求不成立的，驳回诉讼请求。

(4) 原判决、裁定、调解书的内容未改变或者未撤销的部分继续有效。

	撤销请求	确认请求	处理
(1)	√	√	改变
(2)	√	×	撤销
(3)	×	×	驳回

第六节　共同诉讼

（一）普通共同诉讼与必要共同诉讼的区分

1. 普通共同诉讼。

（1）当事人一方或双方为 2 人以上。

（2）诉讼标的为同一种类。

①诉讼标的为 2 个以上；

②2 个以上诉讼标的同类。

2. 必要共同诉讼。

（1）当事人一方或者双方为 2 人以上。

（2）当事人之间的诉讼标的是共同的。

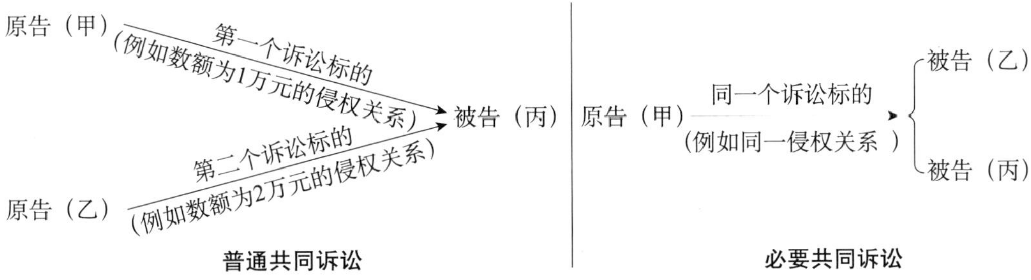

（二）必要共同诉讼当事人的追加与不追加

1. 必须共同进行诉讼的当事人没有参加诉讼的，应当追加：（《民诉法解释》第 73 条）

（1）法院通知追加；

（2）当事人申请追加。

2. 对必须共同原告的不追加：（《民诉法解释》第 74 条）

（1）应当追加的原告，已明确表示放弃实体权利的，可不予追加；

（2）既不愿意参加诉讼，又不放弃实体权利的，仍应追加为共同原告，其不参加诉讼，不影响人民法院对案件的审理和依法作出判决。

（三）常见的必要共同诉讼案件

1. 挂靠方与被挂靠方作为共同诉讼人：以挂靠形式从事民事活动，当事人请求由挂靠人和被挂靠人依法承担民事责任的，该挂靠人和被挂靠人为共同诉讼人。（《民诉法解释》第 54 条）

［考点练习］

案情：张山开了一家个体打印店，为了对外更好地开展经营活动，与大成广告公司签订了一份协议，约定张山的个体打印店以大成广告公司名义对外从事广告业务，张山每年向大成广告公司交管理费5万元。一天，某餐饮公司到张山的打印店打印一批菜单，出现质量纠纷。餐饮公司向法院起诉。

问题：本案应当以谁为被告?

答案：被告的确定有两种情况：

(1) 如果原告餐饮公司不提到挂靠关系，基于合同的相对性，就以大成广告公司为被告。

(2) 如果原告餐饮公司提到了挂靠关系，应当将挂靠人张山以及被挂靠人大成广告公司列为本案的共同被告。

2. 无民事行为能力人、限制民事行为能力人造成他人损害的：无民事行为能力人、限制民事行为能力人和其监护人为共同被告。(《民诉法解释》第67条)

3. 继承遗产类案件：(《民诉法解释》第70条)

①部分继承人起诉的，人民法院应通知其他继承人作为共同原告参加诉讼。

②被通知的继承人不愿意参加诉讼又未明确表示放弃实体权利的，人民法院仍应将其列为共同原告。

③应当追加的原告，已明确表示放弃实体权利的，可不予追加为共同原告。(《民诉法解释》第74条)

4. 共有人可以作为共同原告：共有财产权受到他人侵害，部分共有权人起诉的，其他共有权人为共同诉讼人。(《民诉法解释》第72条)

5. 赡养费诉讼应当追加所有的义务人为共同被告。

第七节　诉讼代表人

1. 代表人诉讼的特点。

(1) 当事人一方人数众多的共同诉讼：一般指10人以上。(《民诉法解释》第75条)

(2) 代表人为2～5人，每位代表人可以委托1～2人作为诉讼代理人。(《民诉法解释》第78条)

2. 人数确定的代表人诉讼。

起诉时当事人人数已经确定。

3. 人数不确定的代表人诉讼。

(1) 起诉时当事人人数尚未确定。

(2) 人数不确定的诉讼代表人的产生。(《民诉法解释》第77条)

①推选：由当事人推选代表人；

②协商：可以由人民法院提出人选与当事人协商；

③指定：可以由人民法院在起诉的当事人中指定代表人。

4. 诉讼代表人的权限。

(1) 通常当然生效。

（2）四项必须经被代表的当事人同意才生效：代表人变更、放弃诉讼请求，承认对方当事人的诉讼请求，进行和解。

5. 证券纠纷代表人诉讼的调解。

（1）调解书对被代表的原告发生效力。

（2）对申请退出调解的原告，诉讼继续审理，并依法判决。（《最高人民法院关于证券纠纷代表人诉讼若干问题的规定》第 21 条）

第八节 当事人变更

1. 因当事人死亡。（《民诉法解释》第 55 条）

（1）在诉讼中，一方当事人死亡，需要等待继承人表明是否参加诉讼的，裁定中止诉讼。

（2）人民法院应当及时通知继承人作为当事人承担诉讼。

（3）被继承人已经进行的诉讼行为对承担诉讼的继承人有效。

［考点练习］

案情：李大爷起诉公交公司要求其承担侵权责任的诉讼中，李大爷在开庭以后因病情加重死亡，法院需要中止诉讼，并通知李大爷的儿子小李来参加诉讼。

问题：李大爷已经提交过相关证据，小李还需不需要重复提交？

答案：不需要。因为被继承人李大爷已经进行的诉讼行为，对承担诉讼的继承人有效。

2. 因在诉讼中争议的民事权利义务转移。（《民诉法解释》第 249 条）

（1）原则上：

①当事人恒定。受让人申请以无独立请求权的第三人身份参加诉讼的，人民法院可予准许。

②人民法院作出的发生法律效力的判决、裁定对受让人具有拘束力。

（2）例外时，当事人变更：受让人申请替代当事人承担诉讼的，人民法院可以根据案件的具体情况决定是否准许。

①不予准许的：可以追加其为无独立请求权的第三人。

②人民法院准许受让人替代当事人承担诉讼的，裁定变更当事人：诉讼程序以受让人为当事人继续进行，原当事人应当退出诉讼。原当事人已经完成的诉讼行为对受让人具有拘束力。（《民诉法解释》第 250 条）

［解题技巧］在诉讼中争议的民事权利义务转移之后，在判断受让人的诉讼地位时要分成三种情况考虑：

（1）如果法院准许其替代，受让人成为诉讼中的当事人。

(2) 受让人作为无独立请求权第三人参加诉讼。

(3) 受让人不进入本案的诉讼中。

[考点练习]

案情：钱老板以商铺漏水为由起诉物业公司，要求损害赔偿。在第一次开庭以后，钱老板将该商铺转让给了马老板，马老板申请替代钱老板作为本案当事人承担诉讼。

问题：法院如何列明马老板的诉讼地位？

答案：(1) 法院可以裁定变更马老板为本案当事人。(2) 法院也可以追加马老板为本案的无独立请求权第三人。由于马老板已经申请承担诉讼，就不必再考虑不进入诉讼的情况了。

第九节　诉讼代理人

1. 法定诉讼代理人的确定。(《民诉法解释》第 83 条)

无民事行为能力人、限制民事行为能力人的监护人是他的法定代理人。

2. 委托诉讼代理人的确定。

(1) 下列人员可以被委托为诉讼代理人：(《民事诉讼法》第 61 条)

①律师、基层法律服务工作者；

②当事人的近亲属或者工作人员；

③当事人所在社区、单位以及有关社会团体推荐的公民。

(2) 通常要提交授权委托书，但简易程序中可以当场口头委托。

(3) 特别授权：诉讼代理人代为承认、放弃、变更诉讼请求，进行和解，参加调解，提出反诉或者提起上诉，必须有委托人的特别授权。(《民诉法解释》第 89、147 条)

(4) 一般授权：授权委托书仅写“全权代理”而无具体授权的，不是特别授权。

3. 离婚案件的特殊问题。(《民诉法解释》第 147 条)

(1) 在离婚诉讼中，即使有委托诉讼代理人，本人仍然需要出庭。

(2) 离婚案件当事人确因特殊情况无法出庭参加调解的，应当出具书面意见。

(3) 本人不能表达意志的，不用出庭参加调解，也不用出具书面意见。但他的法定代理人应当到庭。(《民诉法解释》第 148 条)

[考点练习]

案情：钱某起诉张某离婚的案件，如果在开庭时，张某的法定代理人已经到庭。

问题：请问张某本人是否需要到庭？

答案：张某本人不必到庭，既然张某已经有法定代理人，则张某属于不能表达意志的人。

第五章　主管与管辖

第一节　主管

1. 民事诉讼与民商事仲裁（具有民间性）的关系。（《民诉法解释》第 215 条）

情形	处理	说明
(1) 有**仲裁协议**	**不得**向法院起诉	当事人在书面合同中订有仲裁条款，或者在发生纠纷后达成书面仲裁协议，一方向人民法院起诉的，人民法院应当告知原告向仲裁机构申请仲裁，其坚持起诉的，裁定不予受理
(2) 没有**仲裁协议**	法院**受理**	仲裁条款或者仲裁协议不成立、无效、失效、内容不明确无法执行的，法院有权依法受理
(3) 法院受理后，有仲裁协议的	应当裁定驳回起诉	在人民法院**首次开庭**前，被告以有书面仲裁协议为由对受理民事案件提出异议，仲裁协议有效的，人民法院应当裁定驳回起诉（《民诉法解释》第 216 条）

2. 民事诉讼与劳动仲裁的关系。

(1) 可以不经过劳动争议调解委员会调解而直接申请仲裁。

(2) 不经过劳动仲裁委员会的仲裁，人民法院不予受理。

第二节　级别管辖

根据诉讼标的额，确定管辖法院。

一、基层法院管辖：第一审民事案件原则上由基层法院管辖

二、中级法院管辖

(一) 重大的涉外案件

(二) 本辖区内有重大影响的案件：诉讼标的额大或诉讼单位为省、自治区、直辖市以上（《最高人民法院关于调整中级人民法院管辖第一审民事案件标准的通知》第 1、2 条）

1. 诉讼标的额 5 亿元以上：当事人住所地均在或者均不在受理法院所处省级行政

辖区的。

2. 诉讼标的额 1 亿元以上：当事人一方住所地不在受理法院所处省级行政辖区的。

[考点练习]

案情：原告李某住所地在北京，被告张某住所地在上海。双方之间发生了争议金额为 3 亿元的投资合同纠纷。

问题：原告李某打算向上海法院起诉，应当向哪一级法院起诉？

答案：中级人民法院。当事人一方住所地不在受理法院所处省级行政辖区的，中级人民法院管辖诉讼标的额 1 亿元以上的第一审民事案件。本案中原告李某住所地在北京，被告张某住所地在上海，争议金额为 3 亿元。

(三) 最高人民法院确定由中级法院管辖的案件

1. 海事、海商案件：由海事法院管辖。(《民诉法解释》第 2 条)

2. 专利纠纷案件：(《民诉法解释》第 2 条)

(1) 北京、上海和广州：由知识产权法院管辖。(《最高人民法院关于北京、上海、广州知识产权法院案件管辖的规定》第 1、2 条)

(2) 其他地方：由最高人民法院确定的中级人民法院和基层人民法院管辖。

3. 申请确认仲裁协议效力案件的管辖法院：由仲裁协议约定的仲裁机构所在地、仲裁协议签订地、申请人住所地、被申请人住所地的中级人民法院或者专门人民法院管辖。(《最高人民法院关于审理仲裁司法审查案件若干问题的规定》第 2 条)

三、高级法院管辖：在本辖区内有重大影响的案件

高级人民法院管辖诉讼标的额 50 亿元（人民币）以上（包含本数）或者其他在本辖区有重大影响的第一审民事案件。(《最高人民法院关于调整高级人民法院和中级人民法院管辖第一审民事案件标准的通知》)

四、最高法院管辖

1. 在全国有重大影响的案件。

2. 认为应当由本院审理的案件。

四级法院管辖的案件			
最高法院	①在全国有重大影响的案件		②认为应当由本院审理的案件
高级法院	50 亿元（人民币）以上（包含本数）或者其他在本辖区有重大影响的第一审案件		
中级法院	①5 亿元以上+1 亿元以上	②**重大**的涉外案件	③最高人民法院**确定**由中级法院管辖的案件
基层法院	5 亿元以下+1 亿元以下		

第三节 地域管辖

根据诉讼标的，按照以下顺序，确定管辖法院。

①专属管辖（不动产纠纷＋继承遗产纠纷）；

②约定管辖（协议管辖＋应诉管辖）；

③特殊地域管辖（合同纠纷＋侵权纠纷＋公司诉讼）；

④一般地域管辖（被告法院管辖＋原告法院管辖）。

一、专属管辖

1. 国内案件专属管辖。（《民事诉讼法》第 34 条、《民诉法解释》第 28 条）

（1）因不动产纠纷提起的诉讼，由不动产所在地人民法院管辖。

①不动产纠纷是指因不动产的权利确认、分割、相邻关系等引起的物权纠纷。

②农村土地承包经营合同纠纷、房屋租赁合同纠纷、建设工程施工合同纠纷、政策性房屋买卖合同纠纷，按照不动产纠纷确定管辖。

（2）因继承遗产纠纷提起的诉讼，由被继承人死亡时住所地或者主要遗产所在地人民法院管辖。

［考点练习］

案情：北京的张某去世，留下了 90 万元的存款在上海。张某有两个儿子张大和张二，都住在四川。

问题 1：如果张大要向法院起诉张二侵犯其继承权，本案是什么纠纷案件？

答案：本案是一个继承遗产纠纷案件。

问题 2：在确定管辖法院的时候，本案属于专属管辖、约定管辖、特殊地域管辖和一般地域管辖中的哪一种情况？

答案：专属管辖。

问题 3：本案应当由何地法院管辖？

答案：本案应由北京法院或上海法院管辖。因继承遗产纠纷提起的诉讼，由被继承人死亡时住所地或者主要遗产所在地人民法院管辖。北京法院是被继承人张某死亡时住所地法院，而上海法院是主要遗产所在地法院。

2. 涉外案件专属管辖。

因在中华人民共和国履行中外合资经营企业合同、中外合作经营企业合同、中外合作勘探开发自然资源合同发生纠纷提起的诉讼，由中华人民共和国人民法院管辖。这是对外国法院管辖的排斥。

二、约定管辖

（一）协议管辖（《民事诉讼法》第35条）

1. 适用案件：财产类。

2. 只能以书面合同形式。（《民诉法解释》第29条）

3. 与争议有实际联系的地点的人民法院。（《民事诉讼法》第35条、《民诉法解释》第529条）

（1）国内：可以书面协议选择原告住所地、被告住所地、合同签订地、合同履行地、标的物所在地等与争议有实际联系的地点的人民法院管辖。（《民事诉讼法》第35条）

（2）涉外：可以书面协议选择原告住所地、被告住所地、合同签订地、合同履行地、标的物所在地、侵权行为地等与争议有实际联系地点的外国法院管辖。（《民诉法解释》第529条）

4. 应当明确：（《民诉法解释》第30条）

（1）以起诉时为准：根据管辖协议，起诉时能够确定管辖法院的，从其约定；不能确定的，依照民事诉讼法的相关规定确定管辖。

（2）可以选多个法院：管辖协议约定两个以上与争议有实际联系的地点的人民法院管辖，原告可以向其中一个人民法院起诉。

5. 按格式条款处理，未提请消费者注意无效：经营者使用格式条款与消费者订立管辖协议，未采取合理方式提请消费者注意，消费者主张管辖协议无效的，人民法院应予支持。（《民诉法解释》第31条）

6. 不得违反民事诉讼法对级别管辖和专属管辖的规定。

7. 合同转让。

合同的管辖协议对合同受让人：

（1）通常：有效。

（2）两种无效：转让时受让人不知道有管辖协议，或者转让协议另有约定且原合同相对人同意的。（《民诉法解释》第33条）

（二）应诉管辖（《民事诉讼法》第130条）

1. 案件：无论什么案件均适用。

（1）国内与涉外。

（2）各类案件，包括财产与人身。

2. 条件：

（1）对于原告提起的诉讼，本院原本没有管辖权。

（2）被告未提出管辖异议，并应诉答辩或者提出反诉的。

［考点练习］

案情：陈某向原本没有管辖权的乙县法院提起违约之诉，要求邵某赔偿经济损失

50 万元。邵某向乙县法院提出了管辖权异议之后，担心自己的管辖权异议不会被法院采纳，第二天，邵某又向乙县法院提交了答辩状。

问题：乙县法院能否取得本案的管辖权？简要说明理由。

答案：不能。因为被告提出了管辖权异议，法院不能应诉管辖。

3. 例外：违反级别管辖和专属管辖规定的除外。

三、特殊地域管辖

（一）合同纠纷的管辖

1. 明确约定了合同履行地的合同纠纷：由被告住所地或者合同履行地人民法院管辖。

［考点练习］

A 县的甲与 B 县的乙签订货物买卖合同，约定合同履行地在 C 县，发生争议去守约方法院进行诉讼。乙发货后产生纠纷，甲诉至 A 县法院，乙提出管辖异议称自己才是守约方。本案有管辖权的法院包括：（2022 年考生回忆版真题/多选题）

A. 由于甲、乙都可能是守约方，所以 A、B 两县法院都有权管辖

B. B 县法院有权管辖

C. A 县法院有权管辖

D. C 县法院有权管辖

答案：BD

解析：根据管辖协议，起诉时能够确定管辖法院的，从其约定；不能确定的，依照民事诉讼法的相关规定确定管辖。在起诉时，无法确定守约方，需要经过审理后才能确定，因此无法按照管辖协议确定管辖法院。由于本案中双方已经约定了合同履行地在 C 县，甲起诉时应当由被告乙所在地 B 县法院或者约定的合同履行地 C 县法院管辖。原告住所地 A 县法院对于本案没有管辖权。只有在被告没有发货的情况下产生的纠纷，才只能由被告住所地 B 县法院管辖。

2. 没有明确约定合同履行地的合同纠纷，根据案件性质确定管辖法院：

（1）财产租赁合同、融资租赁合同：由被告住所地或者租赁物使用地法院管辖。（《民诉法解释》第 19 条）

（2）以信息网络方式订立的买卖合同：（《民诉法解释》第 20 条）

①通过信息网络交付标的的：由被告住所地或者买受人住所地法院管辖；

②通过其他方式交付标的的：由被告住所地或者收货地法院管辖。

［解题技巧］网购合同的管辖法院，首先看双方有没有明确约定履行地点或者交付地点：

（1）如果有，由被告住所地或者约定的履行地法院管辖。

（2）如果双方没有明确约定履行地点或者交付地点，则需要看具体的交付方式：

①如果所买的东西是通过网上交付的，由被告住所地或者买受人住所地法院管辖。

②如果所买的东西是通过线下交付的，由被告住所地或者收货地法院管辖。

［考点练习］

案情：广州的张某通过淘宝网向深圳的卖家订购了一台存储容量为4T的移动硬盘。为了检验该硬盘是否能够使用，张某要求卖家用移动硬盘拷满影片。卖家承诺，保证硬盘和影片张某都喜欢，如有任何不满意，可以无条件调换。张某在江西老家收到硬盘后，发现该硬盘中的影片全是喜羊羊等动画片，非常失望，要求卖家更换硬盘，并特别强调一定要拷上最新的法考资料。卖家表示硬盘本身无质量问题，因此不予更换，如张某一定要求更换影片，张某必须承担运费。张某表示卖家出尔反尔属于不诚信的行为，决定向法院起诉，不仅要求解除合同而且要求卖家承担违约责任。

问题：对于本案何地法院有管辖权？

答案：深圳法院或江西法院有管辖权。本案属于网购合同，双方没有约定具体的交付地点，并且是通过线下的方式交付的，因此应当由被告住所地深圳法院或者收货地江西法院管辖。

（3）因财产保险合同纠纷提起的诉讼，如果保险标的物是运输工具或者运输中的货物，可以由被告住所地、运输工具登记注册地、运输目的地、保险事故发生地法院管辖。（《民诉法解释》第21条）

（4）因人身保险合同纠纷提起的诉讼，可以由被告住所地或者被保险人住所地法院管辖。

（5）因铁路、公路、水上、航空运输和联合运输合同纠纷提起的诉讼，由运输始发地、目的地或者被告住所地法院管辖。

3. 没有明确约定合同履行地的合同纠纷，根据争议标的确定管辖法院：（《民诉法解释》第18条）

（1）争议标的为给付货币的：由被告住所地或者接收货币一方所在地法院管辖；

（2）交付不动产的：由被告住所地或者不动产所在地法院管辖；

（3）其他标的：由被告住所地或者履行义务一方所在地法院管辖；

（4）即时结清的合同：由被告住所地或者交易行为地法院管辖。

4. 合同没有实际履行，当事人双方住所地都不在合同约定的履行地的：（《民诉法解释》第18条）

（1）仅由被告住所地法院管辖；

（2）合同履行地法院没有管辖权。

5. 担保合同的管辖：（《最高人民法院关于适用〈中华人民共和国民法典〉有关担

保制度的解释》第21条）

（1）有仲裁条款的合同不得起诉：主合同或者担保合同约定了仲裁条款的，人民法院对约定仲裁条款的合同当事人之间的纠纷无管辖权。

（2）同时起诉主从合同时根据主合同确定管辖法院：债权人一并起诉债务人和担保人的，应当根据主合同确定管辖法院。

（3）仅就连带保证合同起诉时根据从合同确定管辖法院：债权人依法可以单独起诉担保人且仅起诉担保人的，应当根据担保合同确定管辖法院。

［考点练习］

案情：甲向丙借款100万元，乙承担一般保证责任，甲到期未能归还借款。

问题1：如果债权人丙与保证人乙之间存在有效的仲裁协议，约定有关担保合同的一切纠纷由A仲裁委员会仲裁。现在债权人丙与保证人乙之间就保证合同的效力发生了争议，应如何解决？

答案：应当向约定的A仲裁委员会申请仲裁。债权人丙与保证人乙之间的保证合同纠纷，法院没有管辖权。

问题2：债权人丙与债务人甲之间订立了有效的管辖协议，约定有关借款合同的一切纠纷由合同签订地法院即B法院管辖。债权人丙与保证人乙之间订立了有效的管辖协议，约定有关担保合同的一切纠纷由合同履行地法院即C法院管辖。债权人丙能否向C法院起诉保证人乙要求其承担保证责任？

答案：不能。本案是一般保证，不能只起诉保证人乙，因此不能根据保证合同确定管辖法院。无论是只起诉债务人甲，还是一并起诉债务人甲和保证人乙，本案都应当根据主合同即借款合同确定管辖法院，即由B法院管辖。

（二）侵权纠纷的管辖

1. 常考的侵权案件管辖法院：

（1）因产品质量不合格造成他人财产、人身损害提起的诉讼：产品制造地、产品销售地、侵权行为地、被告住所地人民法院都有管辖权。

（2）因铁路、公路、水上和航空事故请求损害赔偿提起的诉讼：由事故发生地或者车辆、船舶最先到达地、航空器最先降落地或者被告住所地人民法院管辖。

2. 其他侵权案件的管辖法院：由侵权行为地（包括侵权行为实施地、侵权结果发生地）或者被告住所地人民法院管辖。

（三）公司诉讼的管辖

公司诉讼由公司住所地人民法院管辖。（《民事诉讼法》第27条）

四、一般地域管辖

1. 被告所在地法院管辖。

（1）双方当事人都被监禁或者被采取强制性教育措施的：（《民诉法解释》第8条）

①被告被监禁或者被采取强制性教育措施不到1年的，由被告原住所地法院管辖。

②被告被监禁或者被采取强制性教育措施1年以上的，由被告被监禁地或者被采取强制性教育措施地法院管辖。

（2）夫妻双方离开住所地超过1年，一方起诉离婚的案件：（《民诉法解释》第12条）

①被告有经常居住地的，由被告经常居住地法院管辖。

②被告没有经常居住地的，由原告起诉时被告居住地法院管辖。

［考点练习］

案情：一对四川的夫妇到广州打工，5年没回家。某天丈夫在街边的电线杆上看到了一则悬赏广告："一个香港富婆，因为丈夫没有生育能力，希望在内地找一个男子帮助其怀孕，见面即付定金30万元，借精生子成功再付120万元酬谢。"丈夫决定和妻子离婚之后去应聘。

问题：如果丈夫决定提起离婚诉讼，对于本案何地法院有管辖权？

答案：广州法院。本案属于双方都离开住所地1年以上的离婚案件。如果妻子在广州住了1年以上，广州有管辖权，理由是广州属于被告妻子的经常居住地。如果妻子在广州住的时间不到1年，广州仍然有管辖权，理由是广州属于妻子的居住地。

2. 原告所在地法院管辖。

（1）对不在我国领域内居住的人，提起的有关身份关系的诉讼。

（2）对下落不明或者宣告失踪的人，提起的有关身份关系的诉讼。

（3）只有被告一方被监禁或者被采取强制性教育措施的。

（4）只有被告一方被注销户籍的。（《民诉法解释》第6条）

3. 双方都能管辖。

（1）追索赡养费、扶养费、抚养费案件，几个被告住所地不在同一辖区的。（《民诉法解释》第9条）

（2）夫妻一方（即被告方）离开住所地超过1年，另一方（即原告方）起诉离婚的案件。（《民诉法解释》第12条）

第四节 裁定管辖

一、移送管辖

1. 移送管辖的适用条件。

（1）本院已经受理了案件。

（2）本院对受理的案件没有管辖权或者其他有管辖权的法院已经先立案。

（3）受移送法院对该案有管辖权。

2. 不能适用移送管辖的情形。

（1）受移送法院不能再行移送。

(2) 两个以上人民法院都有管辖权的诉讼，先立案的人民法院不得将案件移送给另一个有管辖权的人民法院。(《民诉法解释》第 36 条)

(3) 管辖恒定：以起诉时为准，起诉时对案件享有管辖权的法院，不因确定管辖的因素在诉讼过程中发生变化而丧失管辖权。

①案件受理后，受诉人民法院的管辖权不受当事人住所地、经常居住地变更的影响。(《民诉法解释》第 37 条)

②有管辖权的人民法院受理案件后，不得以行政区域变更为由，将案件移送给变更后有管辖权的人民法院。(《民诉法解释》第 38 条)

二、指定管辖

1. 指定管辖的适用情形：

(1) 各自的上级法院指定：

①受移送的法院认为对受移送的案件没有管辖权：此时没有与其他法院发生争议。

②有管辖权的人民法院由于特殊原因不能行使管辖权的。

(2) 共同的上一级法院指定：法院之间因管辖权发生争议，协商解决不了。例如：受移送法院与原来法院发生争议。(《民诉法解释》第 40 条)

2. 指定管辖的，应当作出裁定。(《民诉法解释》第 41 条)

三、管辖权转移（《民事诉讼法》第 39 条）

1. 由下级法院向上级法院转移：可以报请上级人民法院审理。

(1) 适用情形：新类型、疑难复杂或者具有普遍法律适用指导意义的案件。(《最高人民法院关于调整中级人民法院管辖第一审民事案件标准的通知》第 4 条)

(2) 两种类型：

①由上级人民法院决定由其审理；

②根据下级人民法院报请决定由其审理。

2. 由上级法院向下级法院转移。

第五节　管辖权异议

1. 提出异议主体：被告。

2. 对象：地域管辖与级别管辖。(《最高人民法院关于审理民事级别管辖异议案件若干问题的规定》第 1 条)

3. 提出异议的时间及其处理。

(1) 异议提出的时间：

①应当在提交答辩状期间提出。(《民事诉讼法》第 130 条)

②提交答辩状期间届满后，原告增加诉讼请求金额致使案件标的额超过受诉人民法院级别管辖标准，被告提出管辖权异议，请求由上级人民法院管辖的，人民法院应

当裁定移送有管辖权的人民法院（这种情况属于管辖恒定的例外）。(《最高人民法院关于审理民事级别管辖异议案件若干问题的规定》第 3 条)

（2）逾期后果：未提出管辖异议，并应诉答辩或者提出反诉的，视为受诉人民法院有管辖权。

（3）对异议的处理：异议成立的，裁定将案件移送有管辖权的人民法院；异议不成立的，裁定驳回异议。

4. 救济：对管辖权异议裁定不服，可以上诉，但不能申请再审。

［考点练习］

案情：二审法院认为一审法院违反了法定程序，裁定将本案发回一审法院重审。在一审法院重审本案时，一审法院让被告重新提交答辩状。

问题：此时被告是否有权提出管辖权异议？

答案：被告无权提出管辖权异议。只有第一次的一审前的提交答辩状期间才能提出管辖权异议。

第六章　证　　据

一、证明对象

（一）主张方无须举证：由对方用相反证据反驳或者推翻［《最高人民法院关于民事诉讼证据的若干规定》（以下简称《民事证据规定》）第10条］

	主张方无须举证证明的事实	是否允许对方用相反证据反驳或推翻
(1)	自然规律以及定理、定律	不允许对方用相反证据反驳或推翻
(2)	众所周知的事实	允许对方用相反证据反驳或推翻
(3)	根据法律规定推定的事实	
(4)	根据已知的事实和日常生活经验法则推定出的另一事实	
(5)	已为仲裁机构的生效裁决所确认的事实	
(6)	已为人民法院发生法律效力的裁判所确认的基本事实	
(7)	已为有效公证文书所证明的事实	

（二）自认制度

1. 自认的效果：当事人免于举证。

2. 自认的时间：在诉讼过程中。（《民诉法解释》第92条、《民事证据规定》第3条）

（1）在证据交换、询问、调查过程中。

（2）在起诉状、答辩状、代理词等书面材料中。

3. 自认的类型。

（1）明示的自认。（《民事证据规定》第3条）

①先承认：一方当事人陈述的于己不利的事实，另一方当事人无须举证证明。

②后承认：一方当事人对于己不利的事实明确表示承认的，另一方当事人无须举证证明。

（2）默示的自认：不否认，视为承认。（《民事证据规定》第4条）

①一方当事人对于另一方当事人主张的于己不利的事实既不承认也不否认；

②经审判人员说明并询问后；

③其仍然不明确表示肯定或者否定的，视为对该事实的承认。

（3）委托代理人代为自认：只要授权委托书没有明确排除的事项，都可以。（《民

事证据规定》第5条）

①原则上：当事人委托诉讼代理人参加诉讼的，诉讼代理人的自认视为当事人的自认。

②不视为自认的两种情况：授权委托书明确排除的事项＋当事人在场对诉讼代理人的自认明确否认的。

（4）共同诉讼人的自认。（《民事证据规定》第6条）

①普通共同诉讼中，共同诉讼人中一人或者数人作出的自认，对作出自认的当事人发生效力。

②必要共同诉讼中，共同诉讼人中一人或者数人作出自认而其他共同诉讼人予以否认的，不发生自认的效力。其他共同诉讼人既不承认也不否认，经审判人员说明并询问后仍然不明确表示意见的，视为全体共同诉讼人的自认。

普通共同诉讼中和必要共同诉讼中，共同诉讼人中一人或者数人作出的自认			
	对于自己	对于其他共同诉讼人	总结
普通共同诉讼中	构成自认	不构成自认	对自己，算自认，对他人，无影响
必要共同诉讼中	其他共同诉讼人不否认的：对所有的人，发生自认的效力（既不承认也不否认＋经审判人员说明并询问后仍然不明确表示意见的）		一致承认，才自认
	其他共同诉讼人否认的：对所有的人，不发生自认的效力		若有分歧，算否认

[考点练习]

案情：张某同时起诉某甲和某乙侵害其名誉权。在庭审中，某甲承认曾经在微博中发帖捏造事实侮辱张某。

问题1：如果本案是普通共同诉讼，某甲在法庭中的承认，对某乙是否构成自认？

答案：不构成自认。普通共同诉讼原本是多个案件。

问题2：如果本案是必要共同诉讼，某甲在法庭中的承认，对某乙是否构成自认？

答案：只要某乙不否认，就会对某乙产生自认的效力。在必要共同诉讼中，尽管被告有两人，但他们是同一个案件的同一方当事人，因此任何一个人的行为，通常都会被看成这一方当事人共同的行为。

问题3：如果本案是必要共同诉讼，某甲在法庭中的承认，某乙否认，对某甲是否构成自认？

答案：不构成自认。必要共同诉讼，采取整体承认或者整体否认的原则，只要其他共同诉讼人予以否认的，就不构成自认。

4. 不允许自认的事实。（《民事证据规定》第8条）

（1）法院依职权主动调查收集证据的事实，不适用有关自认的规定：

①涉及可能损害国家利益、社会公共利益的；

②涉及身份关系的；

③涉及《民事诉讼法》第58条规定诉讼的（即公益诉讼案件）；

④当事人有恶意串通损害他人合法权益可能的；

⑤涉及依职权追加当事人、中止诉讼、终结诉讼、回避等程序性事项的。

（2）自认的事实与已经查明的事实不符的：人民法院不予确认。

（3）调解或者和解中因妥协认可的事实：在诉讼中，当事人为达成调解协议或者和解协议作出妥协而认可的事实，不得在后续的诉讼中作为对其不利的根据，但法律另有规定或者当事人均同意的除外。（《民诉法解释》第107条）

5. 自认的撤销。（《民事证据规定》第9条）

（1）截止时间：在法庭辩论终结前。

（2）两种情形：

①经对方当事人同意的；

②自认是在受胁迫或者重大误解情况下作出的。

（3）应当裁定：人民法院准许当事人撤销自认的，应当作出口头或者书面裁定。

二、法院调查收集证据

1. 法院依职权主动调查收集证据，限于：（《民诉法解释》第96条）

（1）涉及可能损害国家利益、社会公共利益的；

（2）涉及身份关系的；

（3）涉及《民事诉讼法》第58条规定诉讼的（即公益诉讼案件）；

（4）当事人有恶意串通损害他人合法权益可能的；

（5）涉及依职权追加当事人、中止诉讼、终结诉讼、回避等程序性事项的。

2. 当事人申请人民法院调查收集。

（1）情形：（《民诉法解释》第94条）

①证据由国家有关部门保存，当事人及其诉讼代理人无权查阅调取的；

②涉及国家秘密、商业秘密或者个人隐私的；

③当事人及其诉讼代理人因客观原因不能自行收集的其他证据。

（2）在举证期限届满前申请。（《民事证据规定》第20条）

（3）书面申请人民法院调查收集。

（4）可以申请再审。

三、证明责任

1. 证明责任的概念。（《民诉法解释》第90条）

（1）行为意义上的：当事人对自己提出的诉讼请求所依据的事实或者反驳对方诉讼请求所依据的事实，应当提供证据加以证明，但法律另有规定的除外。

（2）结果意义上的：在作出判决前，当事人未能提供证据或者证据不足以证明其事实主张的，由负有举证证明责任的当事人承担不利的后果。

2. 分配规则：人民法院应当依照下列原则确定举证证明责任的承担，但法律另有规定的除外（无过错责任＋过错推定＋因果关系倒置）。（《民诉法解释》第 91 条）

（1）主张法律关系**存在**的当事人	应当对**产生**该法律关系的基本事实承担举证证明责任
（2）主张法律关系**变更**的当事人	应当对该法律关系**变更**的基本事实承担举证证明责任
（3）主张法律关系**消灭**的当事人	应当对该法律关系**消灭**的基本事实承担举证证明责任
（4）主张权利受到**妨害**的当事人	应当对该权利受到**妨害**的基本事实承担举证证明责任

背诵要点	说明
（1）需要证明的事实分四类	需要证明的争议事实共有四类，产生、变更、消灭法律关系的事实和权利受到妨害的事实
（2）法律关系＝权利	原告主张有债权，就是在主张有债权债务关系
（3）谁主张，谁举证	否定方，不举证 ①主张有权利的当事人证明的是产生；主张没有权利的当事人证明的是消灭，而不是不产生权利 ②权利受到妨害的基本事实，是指影响行使权利的各种事实，如影响原告权利行使的各种事实，比如已经过了诉讼时效，就是妨害事实
（4）解题时，讲顺序	第 1 步：根据原告诉讼请求确定本案争议的法律关系（无过错责任＋过错推定＋因果关系倒置等） 第 2 步：原告举证证明产生请求权的基本事实 第 3 步：被告举证证明原告请求权变更、消灭、受到妨害的事实

[考点练习]

案情：原告李明起诉被告王华要求返还 5 万元借款。

问题 1：对于是否存在 5 万元的借贷关系，应当由谁负举证证明责任？

答案：原告李明应当对存在借贷关系的事实负举证证明责任。

问题 2：如果被告王华不愿意还钱，主张已经还钱，借贷关系已经消灭。对于被告王华是否已经还钱的事实，应当由谁负举证证明责任？

答案：被告王华要对已经还钱的事实负举证证明责任。

（1）污染环境、破坏生态的规定。

①侵权人过错，无须双方举证证明。（《民法典》第 1229 条）

②因污染环境、破坏生态发生纠纷，行为人应当就法律规定的不承担责任或者减轻责任的情形及其行为与损害之间不存在因果关系承担举证责任。（《民法典》第 1230 条）

[考点练习]

甲公司和某村签订了服务合同，用飞机低空飞行为该村喷洒农药，每次飞行都会途经李某的养鸡场，三个月后，李某向吴某履行合同时发现鸡的重量低于合同要求，认为是甲公司的飞机低空飞行产生的噪声导致鸡食欲下降进而影响了鸡的生长，遂向法院起诉甲公司，请分析本案证明责任分配。(2020 年考生回忆版真题/单选题)

A. 李某应当对飞机噪声与鸡食欲下降有因果关系承担举证证明责任

B. 甲公司应当对飞机噪声与鸡食欲下降没有因果关系承担举证证明责任

C. 李某应当对甲公司有过错承担举证证明责任

D. 甲公司应当对自己没有过错承担举证证明责任

答案：B

解析：本案属于环境污染案件，应由被告甲公司举证证明没有因果关系，原告李某不必证明有因果关系。被告甲公司的主观过错，原被告双方均无须举证证明。

(2) 堆放物倒塌、滚落或者滑落造成他人损害。

过错推定：堆放人不能证明自己没有过错的，应当承担侵权责任。(《民法典》第 1255 条)

[考点练习]

夏某在宿舍的楼道里，被季某堆放在楼道的倒塌的衣柜绊倒受伤，夏某向法院起诉季某，要求损害赔偿。在诉讼中对本案被告季某是否存在过错产生争议，关于该争议事实的证明责任分配，下列表述正确的是：(2019 年考生回忆版真题/单选题)

A. 法院承担举证证明责任

B. 过错不是本案的证明对象

C. 由季某证明自己没有过错

D. 由夏某证明季某有过错

答案：C

解析：堆放在楼道的衣柜是堆放物。《民法典》第 1255 条规定，堆放物倒塌、滚落或者滑落造成他人损害，堆放人不能证明自己没有过错的，应当承担侵权责任。因此应当由堆放人季某证明自己没有过错。

四、证据的法定分类

(一) 法定证据的八类 (《民事诉讼法》第 66 条)

1. 当事人的陈述。
2. 书证。
3. 物证。
4. 视听资料。
5. 电子数据。
6. 证人证言。

7. 鉴定意见。

8. 勘验笔录。

（二）当事人到庭签署保证书（《民诉法解释》第110条）

1. 当事人签署并宣读保证书。（《民事证据规定》第65条）

（1）人民法院应当在询问前责令当事人签署保证书并宣读保证书的内容。

（2）当事人有正当理由不能宣读保证书的，由书记员宣读并进行说明。

2. 保证书的内容。（《民事证据规定》第65条）

保证书应当载明保证据实陈述，绝无隐瞒、歪曲、增减，如有虚假陈述应当接受处罚等内容。当事人应当在保证书上签名、捺印。

3. 拒绝的后果是作出不利于该当事人的认定。（《民事证据规定》第66条）

当事人无正当理由拒不到场、拒不签署或宣读保证书或者拒不接受询问的，人民法院应当综合案件情况，判断待证事实的真伪。待证事实无其他证据证明的，人民法院应当作出不利于该当事人的认定。

（三）书证

1. 文书提出命令。（即申请法院责令对方当事人提交书证）

（1）条件。（《民诉法解释》第112条）

①书证在对方当事人控制之下的，也适用于视听资料、电子数据。（《民事证据规定》第99条）

②在举证期限届满前。

③承担举证证明责任的当事人可以书面申请人民法院责令对方当事人提交。

［考点练习］

根据《民事诉讼法》和有关司法解释的规定，以下哪种证据，当事人无权申请法院责令对方当事人提交？

A. 书证

B. 物证

C. 视听资料

D. 电子数据

答案：B

解析：根据《民事证据规定》，目前三类证据都可以申请文书提出命令：书证、视听资料、电子数据。在德日等大陆法系国家，有关书证的规则也适用于视听资料和电子数据，《民事证据规定》第99条作了同样的规定：关于书证的规定适用于视听资料、电子数据。

（2）控制书证的当事人应当提交的书证。（《民事证据规定》第47条）

①引用书证：控制书证的当事人在诉讼中曾经引用过的书证；

②利益书证：为对方当事人的利益制作的书证；

③权利书证：对方当事人依照法律规定有权查阅、获取的书证；

④账簿凭证：账簿、记账原始凭证。

(3) 违反的结果。(《民事证据规定》第48条、《民诉法解释》第113条)

①控制书证的当事人无正当理由拒不提交书证的，人民法院可以认定对方当事人所主张的书证内容为真实。

②持有书证的当事人以妨碍对方当事人使用为目的，毁灭有关书证或者实施其他致使书证不能使用行为的，人民法院可以认定对方当事人主张以该书证证明的事实为真实，对其处以罚款、拘留。

[考点练习]

案情：哥哥熊大起诉弟弟熊二遗产纠纷一案，哥哥熊大向法院提交了一份遗嘱复印件，该复印件只有一页即父亲生前所立遗嘱的最后一页。在该遗嘱上有“现金800万元归熊大”以及“原件由熊二保管”的字样。哥哥熊大跟法院说，按照这个遗产分配方案，自己应该分到现金800万元和一套房，现在给法院看的复印件只是其中一部分，只有分给自己800万元的内容，只要弟弟熊二提供了原件，就能证明自己应该分到800万元和一套房。弟弟熊二承认有这样一份遗嘱存在，但以各种理由拒绝提供。哥哥熊大在举证期限内书面申请法院责令弟弟熊二提交遗嘱原件，法院通知弟弟熊二提交，但弟弟熊二无正当理由拒绝提交。

问题1：通常情况下，法院将如何认定本案的事实?

答案：法院将认定哥哥熊大分到800万元的事实是真实的。

问题2：如果弟弟熊二故意毁灭原件，法院将如何认定本案的事实?

答案：法院将认定哥哥熊大分到800万元和一套房的事实是真实的。

2. 公文书推定为真实。(《民诉法解释》第114条)

(1) 只要公文书是真实的，文书所记载的事项就推定为真实。

(2) 对方当事人可以用相反证据推翻。

(3) 必要时，人民法院可以要求制作文书的机关或者组织对文书的真实性予以说明。

3. 私文书证真实性的判断。(《民事证据规定》第92条)

	法条原文	记忆要点
(1) 对未署名书证的规定	私文书证的真实性，由主张以私文书证证明案件事实的当事人承担举证责任	引用方对内容真实性举证
(2) 对已署名书证的规定	私文书证由制作者或者其代理人签名、盖章或捺印的，推定为真实	引用方对署名(即签名、盖章或捺印)真实性举证 反对方证明：①署名并非本人真实意思；②在空白处增加了内容

续表

	法条原文	记忆要点
要点说明	（1）签名、盖章或捺印的真实性：由引用方举证，反对方不举证 （2）只要证明签名、盖章或捺印是真的，法院将认定文书是真的；对方若要反对，必须举证，否则法院仍认定文书是真的 （3）引用方证明：①签名、盖章或捺印的真实性；②未署名私文书证内容的真实性 （4）反对方证明署名书证署名并非本人真实意思或在空白处增加了内容，不证明未署名书证内容的真实性	

［考点练习］

案情：原告张某起诉被告李某要求返还借款100万元。在诉讼中原告张某向法院提交了一份借款合同。该借款合同记载的借款金额为100万元，并且还款期为起诉前一个月届满，在该借款合同上，有原告张某和被告李某双方的签名捺印。

问题1：如果被告李某在诉讼中主张借款合同上自己的签名是原告张某伪造的。对于借款合同是否真实，应当由谁负举证责任？

答案：应当由原告举证。私文书证的真实性，由主张以私文书证证明案件事实的当事人承担举证责任。原告是主张借贷关系的一方，应当对借贷关系是否产生的事实举证。借款合同是用来证明借贷关系产生的证据，对于借款合同的真实性，由原告负举证责任。

问题2：如果签名是真的，法院是否会认为被告李某向原告张某借款100万元的事实是真实的？

答案：法院会认为借款100万元的事实是真实的。借款合同由双方当事人签名捺印后，将推定借款合同所记载的内容为真实。

［考点练习］

陈北以任青欠款到期未还诉至法院，任青主张已还，提供有“陈北”签名的收条。陈北主张签名系伪造，关于收条的证明，以下说法正确的是：（2021年考生回忆版真题/多选题）

A. 陈北对收条的真实性承担举证责任

B. 任青对签名为真提供证据

C. 陈北对签名为假提供证据

D. 任青对收条的真实性承担举证责任

答案：BD

解析：应当由引用方举证证明收条为真实，反对方无须举证证明。由于该收条有“陈北”签名，只要签名是真实的，就推定收条所记载的内容是真实的。引用方须证明签名为真实，反对方无须证明。

4. 当事人提供的公文书证系在中华人民共和国领域外形成的：该证据应当经所在国公证机关证明，或者履行中华人民共和国与该所在国订立的有关条约中规定的证明手续。（《民事证据规定》第16条）

（四）证人证言

1. 证人应当出庭作证。（《民事证据规定》第 68 条）

（1）证人应当出庭接受询问：人民法院应当要求证人出庭作证，接受审判人员和当事人的询问。

（2）未出庭不得作为认定案件事实的根据：无正当理由未出庭的证人以书面等方式提供的证言，不得作为认定案件事实的根据。

2. 证人签署并宣读保证书。（《民事证据规定》第 71 条）

（1）通常需要签署和宣读保证书：人民法院应当要求证人在作证之前签署保证书，并在法庭上宣读保证书的内容。

（2）两种例外情况：

①无民事行为能力人和限制民事行为能力人作为证人的除外。

②证人确有正当理由不能宣读保证书的，由书记员代为宣读并进行说明。

［考点练习］

案情：王某（女）与周某（男）是夫妻，但由于工作不在同一城市，长期两地分居。最近王某向法院起诉与周某离婚，理由是周某与邻居陈某（女，已经离异）之间有婚外情。王某说，左邻右舍早就知道这个情况，只是自己最近才知道。邻居家的小孩李某，早上出门上学时经常看见周某从陈某家出来。法院根据当事人申请通知邻居李某（11 岁）出庭作证。

问题：如果李某出庭时没有签署保证书，是否能够作证？

答案：能够作证。虽然证人出庭应当签署保证书，否则不能作证，但未成年人是可以不签署保证书的。

（3）保证书的内容：保证书应当载明保证据实陈述，绝无隐瞒、歪曲、增减，如有虚假陈述应当接受处罚等内容。证人应当在保证书上签名、捺印。（《民事证据规定》第 65 条）

（4）违反的后果：证人拒绝签署或者宣读保证书的，不得作证，并自行承担相关费用。（《民事证据规定》第 71 条）

（五）视听资料与电子数据

1. 视听资料，包括录音资料和影像资料。（《民诉法解释》第 116 条）

2. 电子数据。

（1）范围：信息、电子文件。（《民事证据规定》第 14 条）

①信息包括形成或者存储在电子介质中的信息。

②电子文件包括文档、图片、音频、视频、数字证书、计算机程序等。

［考点练习］

根据《民事诉讼法》和相关司法解释的规定，以下哪些属于电子数据？

A. 在微博“民诉郭翔”中置顶的“民诉考点总结”的帖子

B. 存在电脑硬盘中的《郭翔讲民诉》的书稿

C. 在八达岭长城的城墙上用小刀刻的“王某到此一游”

D. 硬盘中存放的office2016盗版软件

答案：ABD

解析：只要是信息和电子文件，就属于电子数据。

（2）提交：应当提供原件。（《民事证据规定》第15条）

直接来源于电子数据的打印件，视为电子数据的原件。

3. 电子数据优先：存储在电子计算机等电子介质中的视听资料，适用电子数据的规定。（《民诉法解释》第116条、《民事证据规定》第99条）

[解题技巧] 八种法定证据的判断，遵守以下两个步骤：

（1）电子数据优先：只要是存储在电子介质中的信息，或者形成在电子介质中的信息，不管这些信息原本是合同书还是针对侵权案件的现场所拍的照片，都要认定为电子数据。

（2）不是电子数据的时候，才根据原始证据来判断题目中的证据是书证、物证还是别的证据。

[考点练习]

案情：甲公司职工黎某因公司拖欠其工资，多次与公司法定代表人王某发生争吵，王某一怒之下打了黎某耳光。为报复王某，黎某找到江甲的儿子江乙（17岁），唆使江乙将王某办公室的电脑、投影仪等设备砸坏，承诺事成之后给其一台数码相机为报酬。事后，甲公司对王某办公室损坏的设备进行了清点登记和拍照，并委托、授权律师尚某全权处理本案。原告甲公司向法院提交了对损坏设备拍摄的照片。

问题1：如果提交给法院的照片是用数码相机拍的，该照片是哪一类法定证据？

答案：由于照片是形成于电子介质中的，因此属于电子数据。

问题2：如果提交给法院的照片是用胶片相机拍的，该照片又是哪一类法定证据？

答案：照片是物证。（1）由于该照片不是电子数据，所以要根据原始证据来判断。（2）在本案中，作为证明案件经过的原始证据是损坏的电脑和投影仪，胶片冲印出的照片只是展示电脑和投影仪的一种方式而已，本质上是根据电脑和投影仪所形成的传来证据。（3）照片不是书证，因为真正起证明作用的是照片所反映的损坏的电脑和投影仪，而不是照片本身。

（六）鉴定意见

1. 申请鉴定。

（1）申请：

①法院应当向当事人释明：法院认为待证事实需要通过鉴定意见证明的，应当向

当事人释明，并指定提出鉴定申请的期间。(《民事证据规定》第30条)

②另一方当事人申请：对于一方当事人就专门性问题自行委托有关机构或者人员出具的意见，另一方当事人有证据或者理由足以反驳并申请鉴定的，人民法院应予准许。(《民事证据规定》第41条)

(2) 预交鉴定费用：当事人申请鉴定，应当在人民法院指定期间内提出，并预交鉴定费用。(《民事证据规定》第31条)

(3) 逾期不提出申请或者不预交鉴定费用的：(《民事证据规定》第31条)

①视为放弃申请。

②对需要鉴定的待证事实负有举证责任的当事人，无正当理由不提出鉴定申请，应当承担举证不能的法律后果。

(4) 鉴定人的协商与指定：当事人协商不成的，由人民法院指定。(《民事证据规定》第32条)

2. 职权委托。

(1) 适用的情形：应当由法院依职权调查收集的证据。

(2) 指定鉴定人：可以在询问当事人的意见后，指定具备相应资格的鉴定人。

3. 鉴定人签署承诺书。(《民事证据规定》第33条)

(1) 时间：鉴定开始之前，人民法院应当要求鉴定人签署承诺书。

(2) 违反的后果：鉴定人故意作虚假鉴定的，人民法院应当责令其退还鉴定费用，并进行处罚。

4. 鉴定人必须出庭。(《民事诉讼法》第81条)

(1) 两种情况必须出庭：

①当事人对鉴定意见有异议，经鉴定人书面答复后，仍然有异议；(《民事证据规定》第37、38条)

②人民法院认为鉴定人有必要出庭的。

(2) 出庭的方式：委托机构鉴定的，应当由从事鉴定的人员代表机构出庭。(《民事证据规定》第79条)

(3) 询问鉴定人：

①经法庭许可，当事人可以询问鉴定人。(《民事证据规定》第82条)

②鉴定人必要时可以询问当事人、证人。(《民事诉讼法》第80条)

[解题技巧] 民事诉讼中鉴定人出庭的情况：

(1) 在民事诉讼中，有两个情况，鉴定人都需要出庭。

(2) 要求鉴定人出庭，并不需要同时满足两个条件。

(3) 只要当事人对鉴定意见不认可，或者法院认为有必要，鉴定人都需要出庭。

[考点练习]

案情：在债权人张小泉起诉债务人马小勇要求返还欠款5万元的诉讼中，对于借款合同的真实性，双方有分歧。法院委托鉴定人方国华对合同的真实性进行鉴定。随后鉴定人方国华出国探亲，但是债务人马小勇对鉴定意见一直有异议。

问题：在这种情况下，鉴定人方国华是否必须要出庭？

答案：鉴定人方国华必须要出庭。

5. 鉴定人拒不出庭作证的后果。（《民事证据规定》第 81 条）

（1）鉴定意见不得作为认定事实的根据：鉴定人拒不出庭作证的，鉴定意见不得作为认定案件事实的根据。

（2）处罚：人民法院应当建议有关主管部门或者组织对拒不出庭作证的鉴定人予以处罚。

（3）退还鉴定费用：当事人要求退还鉴定费用的，人民法院应当在 3 日内作出裁定，责令鉴定人退还；拒不退还的，由人民法院依法执行。

（4）重新鉴定：当事人因鉴定人拒不出庭作证申请重新鉴定的，人民法院应当准许。

6. 通知有专门知识的人出庭。（《民事诉讼法》第 82 条、《民诉法解释》第 122 条）

（1）法院通知：依当事人申请。

（2）申请时间：在举证期限届满前。

（3）人数：一至二名具有专门知识的人。

（4）代表当事人对鉴定意见进行质证，或者对案件事实所涉及的专业问题提出意见。

（5）性质：具有专门知识的人在法庭上就专业问题提出的意见，视为当事人的陈述。

（6）费用：由提出申请的当事人负担。

（7）询问与对质：（《民诉法解释》第 123 条、《民事证据规定》第 84 条）

①人民法院和当事人，可以对出庭的具有专门知识的人进行询问。

②当事人各自申请的具有专门知识的人，可以就案件中的有关问题进行对质。

［考点练习］

案情：陈某是当地知名的房地产商，喜欢喝高度酒。某日陈某从当地的古玩商店“紫轩斋”购买了一个明朝的青花瓷用于盛酒。陈某的朋友李某告诉陈某，该青花瓷不是明朝的酒具。随后，陈某起诉古玩商店“紫轩斋”要求解除合同，返还货款。“紫轩斋”则坚持认为自己所出售的青花瓷不是仿制品。经“紫轩斋”申请，法院通知当地文博院研究员王教授出庭就该青花瓷的真假及用途提供专门意见。王教授告诉法院，该青花瓷是明朝的，之所以外观与一般的明朝青花瓷有差异，是因为该青花瓷是明朝官宦人家的夜壶。最终法院结合王教授的意见，认定“紫轩斋”并没有出售仿制品。

问题：王教授出庭的费用应当由谁负担？

答案：由提出申请的“紫轩斋”负担。不是由败诉方陈某负担。

五、证据的理论分类

证据名称	分类方法	解题技巧
（1）本证与反证	对证据所证明的事实，提出方是否负举证证明责任： ①负举证证明责任的人提供的为本证 ②不负举证证明责任的人提供的为反证	第一步，该证据是证明什么事实的 第二步，该事实由谁负举证证明责任 第三步，该证据是由谁提供的
（2）直接证据与间接证据	该证据是否能够单独证明案件主要事实： ①能单独证明为直接证据 ②不能单独证明为间接证据	看内容，不看效力
（3）原始证据与传来证据	是否源于案件事实： ①案件中形成的为原始证据 ②根据原始证据产生的为传来证据	效力上，原始证据的证明力大于传来证据

六、证据的保全

1. 诉前证据保全。（《民事诉讼法》第 84 条）

（1）适用条件：

①证据可能灭失；

②证据以后难以取得。

（2）启动方式：利害关系人申请。

（3）管辖：证据所在地、被申请人住所地或者对案件有管辖权的法院。

①法院不会因为采取保全措施而获得管辖权。

②人民法院采取诉前证据保全措施后，当事人向其他有管辖权的人民法院提起诉讼的：采取保全措施的人民法院应当根据当事人的申请，将保全的证据及时移交受理案件的人民法院。（《民事证据规定》第 29 条）

2. 诉讼证据保全。

（1）适用条件：

①证据可能灭失；

②证据以后难以取得。

（2）启动方式：

①诉讼参加人（即当事人）申请；

②法院主动采取。

（3）当事人申请的时间：在举证期限届满前书面提出。（《民诉法解释》第 98 条）

（4）管辖：受案法院。

3. 诉前与诉中的担保要求。

（1）诉前：申请人应当提供担保。

（2）诉中：可以责令申请人提供担保。当事人或者利害关系人申请采取查封、扣押等限制保全标的物使用、流通等保全措施，或者保全可能对证据持有人造成损失的，

人民法院应当责令申请人提供相应的担保。(《民诉法解释》第 98 条、《民事证据规定》第 26 条)

4. 法律效果。

对该证据能证明的相关事实，可以免除提供证据的责任。

七、举证期限（《民事诉讼法》第 68 条）

1. 举证期限由法院确定：人民法院应当在答辩期届满后的审理前的准备阶段确定当事人的举证期限，并向当事人送达举证通知书。(《民诉法解释》第 99、224 条，《民事证据规定》第 50 条)

2. 举证期限可以由当事人协商，并经人民法院准许。(《民事证据规定》第 51 条)

3. 再次确定举证期限：诉讼过程中，当事人主张的法律关系性质或者民事行为效力与人民法院根据案件事实作出的认定不一致的，人民法院应当将法律关系性质或者民事行为效力作为焦点问题进行审理。当事人根据法庭审理情况变更诉讼请求的，人民法院应当准许并可以根据案件的具体情况重新指定举证期限。(《民事证据规定》第 53 条)

4. 当事人逾期提供证据的：(《民诉法解释》第 101、102 条)

(1) 人民法院应当责令其说明理由，必要时可以要求其提供相应的证据。

(2) 当事人因客观原因逾期提供证据，或者对方当事人对逾期提供证据未提出异议的，视为未逾期。

(3) 当事人因故意或者重大过失逾期提供的证据：该证据与案件基本事实有关的，人民法院应当采纳，并依照规定予以训诫、罚款。

(4) 当事人非因故意或者重大过失逾期提供的证据，人民法院应当采纳，并对当事人予以训诫。

八、质证

1. 质证的作用：未经当事人质证的证据，不得作为认定案件事实的根据。(《民诉法解释》第 103 条)

2. 质证的对象：

(1) 当事人向法院提出的证据。

(2) 当事人申请法院调查的证据。

(3) 法院依照职权调查收集的证据，不属于质证对象。由审判人员对调查收集证据的情况进行说明后，听取当事人的意见。(《民事证据规定》第 62 条)

3. 公开质证问题。

(1) 原则上都应当公开质证。

(2) 公开质证的例外：涉及国家秘密、商业秘密、个人隐私或者法律规定应当保密的证据。(《民诉法解释》第 103 条)

［**解题技巧**］涉及国家秘密、商业秘密、个人隐私的证据的质证，要区分两个问题：（1）需要质证；（2）质证不公开进行。

［**考点练习**］

案情：原告认为被告违反了买卖合同的约定，起诉被告要求赔偿违约金50万元，在诉讼中，原告向法院申请文书提出命令，要求被告提交会计账簿。被告在提交了会计账簿之后，告诉法院，该会计账簿涉及本公司的一些商业秘密，希望法院保密。

问题：关于该会计账簿的质证应当如何进行？

答案：需要质证，但质证活动不能公开举行。

4. 免于质证：当事人在审理前的准备阶段或者人民法院调查、询问过程中发表过质证意见的证据，视为质证过的证据。（《民诉法解释》第103条、《民事证据规定》第60条）

九、认定

1. 不能单独作为认定案件事实根据的证据：（《民事证据规定》第90条）

（1）当事人的陈述；

（2）无民事行为能力人或者限制民事行为能力人所作的与其年龄、智力状况或者精神健康状况不相当的证言；

（3）与一方当事人或者其代理人有利害关系的证人陈述的证言；

（4）存有疑点的视听资料、电子数据；

（5）无法与原件、原物核对的复制件、复制品。

［**考点练习**］

根据《民事诉讼法》和相关司法解释的规定，以下哪些证据不能单独作为认定案件事实的根据？

A. 原告李某所作的对自己不利的陈述

B. 原告马富贵的女儿所提供的对原告不利的证据

C. 被重新编辑过的录音带

D. 原件已经灭失的合同复印件

答案：BCD

解析：A选项是解题的难点。当事人的陈述是不能单独作为认定案件事实根据的，但是原告李某所作的对自己不利的陈述已经构成自认，可以单独作为法院认定案件事实的根据。B选项中原告马富贵的女儿所提供的对原告不利的证据，能不能作为单独认定案件事实的根据呢？是不可以的。因为只要是有利害关系的证人所出具的证言，都不能单独作为认定事实的根据，可以想一想，女儿怎么会提供对原告不利的证据呢？一定是有某个原因的。记住只要有关系就不能单独认定，不考虑有利不利。录音带被重新编辑过，会让录音带的内容令人怀疑。原件已经灭失，会导致复印件无法与原件核对。C、D选项中的证据也不能单独作为认定案件事实的根据。

2. 私录证据原则上可以采纳。对以严重侵害他人合法权益、违反法律禁止性规定或者严重违背公序良俗的方法形成或者获取的证据，不得作为认定案件事实的根据。（《民诉法解释》第 106 条）

十、证明标准

证明标准，是指法院在诉讼中认定案件事实所要达到的证明程度，是法院判断待证事实的基准。

1. 通常的证明标准是高度可能性：对负有举证证明责任的当事人提供的证据，人民法院经审查并结合相关事实，确信待证事实的存在具有高度可能性的，应当认定该事实存在。（《民诉法解释》第 108 条）

2. 有两种例外情况：（《民事证据规定》第 86 条）

（1）5 种情况提高到排除合理怀疑：当事人对于欺诈、胁迫、恶意串通事实的证明，以及对于口头遗嘱或赠与事实的证明，人民法院确信该待证事实存在的可能性能够排除合理怀疑的，应当认定该事实存在。

（2）程序事项降低为存在的可能性较大：与诉讼保全、回避等程序事项有关的事实，人民法院结合当事人的说明及相关证据，认为有关事实存在的可能性较大的，可以认定该事实存在。

［考点练习］

李老太通过证券公司购买了一份投资理财产品，但由于市场原因财产利益清零了。李老太诉至法院要求证券公司退还本金，并主张证券公司告知自己购买的理财产品是保本型，但无法提供证据证明。证券公司为证明未欺骗李老太，向法院提供了一份原始合同，上面有李老太亲笔书写的“本人知晓本理财产品存在损失风险”。李老太则辩说此系应销售人员要求所为。关于本案中李老太是否知悉本金风险这一争点，下列哪一选项是正确的？

A. 对“产品的本金风险是否告知”的证明标准应达到“排除合理怀疑”

B. 原始合同是间接证据

C. 证券公司举证证明后，行为意义上的举证责任转移至李老太

D. 本案中李老太应对是否知悉本金风险承担举证证明责任

答案：A

解析：是否存在欺诈，证明标准是能够排除合理怀疑，不是高度可能性。原始合同能证明是否存在欺诈，是直接证据。李老太是否知悉本金风险，属于李老太权利消灭的事实，应当由证券公司承担举证证明责任。证券公司原始合同的真伪，应当由主张方证券公司承担举证责任。“本人知晓本理财产品存在损失风险”这句话，如果有李老太的本人签名，证券公司只需证明签名是真实的就可推定这句话是基于李老太真实意思书写的。如果没有李老太本人的签名，证券公司需要证明这句话是基于李老太真实意思书写的。

第七章　诉讼保障制度

第一节　保全制度

一、诉前保全

1. 适用条件。

（1）时间：诉讼或者申请仲裁前。

（2）情形：不立即申请保全将会使其合法权益受到难以弥补的损害的。

（3）启动：需要利害关系人申请。

（4）应当担保：申请人应当提供担保，不提供担保的，裁定驳回申请。

2. 诉前财产保全类案件的管辖。

（1）管辖法院：

①财产保全：被保全财产所在地、被申请人住所地或者对案件有管辖权的法院。

②行为保全：被申请人住所地或者对案件有管辖权的法院。（《最高人民法院关于审查知识产权纠纷行为保全案件适用法律若干问题的规定》第3条）

（2）如果30日内没有起诉或者申请仲裁，由此引发的赔偿诉讼由采取该保全措施的人民法院管辖。

①时间：采取保全措施后30日内应提起诉讼或者申请仲裁。

②没有提起诉讼或者申请仲裁的后果：法院应当解除保全。

③给被申请人造成损失引起诉讼的管辖：由采取该保全措施的法院管辖。

（3）保全手续移送：（《民诉法解释》第160条）

①当事人向采取诉前保全措施以外的其他有管辖权的人民法院起诉的，采取诉前保全措施的人民法院应当将保全手续移送受理案件的人民法院。

②诉前保全的裁定视为受移送人民法院作出的裁定。

3. 对申请的裁定时间。

必须在48小时内作出。

二、诉讼中保全

1. 适用条件。

（1）时间：诉讼中。

（2）情形：判决难以执行或者造成当事人其他损害的案件。

（3）启动：①当事人申请；②法院依职权。

（4）担保：可以责令申请人提供担保，申请人不提供担保的，裁定驳回申请。

2. 管辖。

（1）向受案人民法院提出。

（2）上诉案件：在二审法院接到报送的案件前，由一审人民法院采取。

3. 对申请的裁定时间。

（1）情况紧急的：必须在48小时内作出裁定。

（2）通常，5日内处理。（《最高人民法院关于人民法院办理财产保全案件若干问题的规定》第4条）

三、诉讼后保全（《民诉法解释》第163条）

1. 时间：法律文书生效后，进入执行程序前。

2. 条件：①债权人因对方当事人转移财产等紧急情况＋②不申请保全将可能导致生效法律文书不能执行或者难以执行的。

3. 只能依申请：债权人可以申请采取保全措施。

4. 管辖法院：向执行法院申请采取保全措施。

5. 解除：债权人在法律文书指定的履行期间届满后5日内不申请执行的，人民法院应当解除保全。

四、财产保全的特别规定

1. 人民法院对抵押物、质押物、留置物可以采取财产保全措施，但不影响抵押权人、质权人、留置权人的优先受偿权。（《民诉法解释》第157条）

（1）查封、扣押、冻结担保物权人占有的担保财产，一般由担保物权人保管；

（2）由人民法院保管的，质权、留置权不因采取保全措施而消灭。（《民诉法解释》第154条）

2. 担保数额。（《最高人民法院关于人民法院办理财产保全案件若干问题的规定》第5条）

（1）诉中：不超过请求保全数额的30%。

（2）诉前：相当于请求保全数额。

（3）担保不足以赔偿可以责令其追加财产。

3. 人民法院对不宜长期保存的物品采取保全措施时，由人民法院保存价款。（《民诉法解释》第153条）

4. 申请解除财产保全。（《民诉法解释》第167条）

（1）条件：财产保全的被保全人提供其他等值担保财产且有利于执行的。

（2）裁定：法院可以裁定变更保全标的物为被保全人提供的担保财产。

（3）例外：被保全人请求对作为争议标的的财产解除保全的，须经申请保全人同意。（《最高人民法院关于人民法院办理财产保全案件若干问题的规定》第22条）

5. 债务人的财产不能满足保全请求，但对他人有到期债权的：（《民诉法解释》第159条）

（1）人民法院可以依债权人的申请裁定该他人不得对本案债务人清偿。

（2）该他人要求偿付的，由人民法院提存财物或者价款。

第二节 先予执行

一、先予执行

1. 适用案件范围：（《民事诉讼法》第 109 条、《民诉法解释》第 170 条）
（1）追索赡养费、扶养费、抚养费、抚恤金、医疗费用的；
（2）追索劳动报酬的；
（3）需要立即停止侵害、排除妨碍的；
（4）需要立即制止某项行为的；
（5）追索恢复生产、经营急需的保险理赔费的；
（6）需要立即返还社会保险金、社会救助资金的；
（7）不立即返还款项，将严重影响权利人生活和生产经营的。
2. 适用条件：
（1）当事人之间权利义务关系明确。
（2）不先予执行将严重影响申请人的生活或者生产经营的。
（3）被申请人有履行能力。
（4）先予执行必须依当事人的申请适用，人民法院不得依职权适用。
（5）在受理案件后终审判决作出前采取。（《民诉法解释》第 169 条）
3. 担保：不是必需的。

二、对保全裁定与先予执行裁定的救济

1. 复议程序。（《民诉法解释》第 171、172 条）
（1）复议对象：保全或者先予执行裁定。
（2）申请法院：作出裁定的人民法院。
2. 再审。
（1）只能由法院主动再审。
（2）当事人不可以申请再审。

第三节 对妨害民事诉讼的强制措施

1. 拘传的适用条件。
（1）原告和被告都可以适用。（《民诉法解释》第 174 条）
①被告：负有赡养、抚育、扶养义务和不到庭就无法查清案情的被告。
②原告：必须到庭才能查清案件基本事实的原告。
③无民事行为能力的当事人的法定代理人：经传票传唤无正当理由拒不到庭，必

要时，人民法院可以拘传其到庭。

（2）经两次传票传唤。

（3）无正当理由拒不到庭。

（4）拘传必须用拘传票，并直接送达被拘传人。（《民诉法解释》第175条）

2. 拘留与罚款。

（1）罚款、拘留应当用决定书。（《民事诉讼法》第119条）

（2）拘传、罚款、拘留必须经院长批准。（《民事诉讼法》第119条）

（3）可以向上一级人民法院申请复议一次。复议期间不停止执行。（《民诉法解释》第185、186条）

3. 虚假诉讼（《民事诉讼法》第115条）

（1）两种情形

①当事人之间恶意串通，企图通过诉讼、调解等方式侵害国家利益、社会公共利益或者他人合法权益的。

②当事人单方捏造民事案件基本事实，向人民法院提起诉讼，企图侵害国家利益、社会公共利益或者他人合法权益的。

（2）处理方式

人民法院应当驳回其请求，并根据情节轻重予以罚款、拘留；构成犯罪的，依法追究刑事责任。

第四节　期间制度

1. 期间的计算：在途时间不包括在内，诉讼文书在期满前交邮的，不算过期。

2. 期间的顺延：（《民事诉讼法》第86条）

（1）法定情形：因不可抗拒的事由或者其他正当理由耽误期限的；

（2）需要当事人申请；

（3）申请时间：在障碍消除后的10日内；

（4）是否准许，由人民法院决定。

第五节　送达制度

1. 直接送达。

（1）受送达人本人。（《民事诉讼法》第88条）

（2）受送达人是公民的，本人不在交他的同住成年家属签收，也是直接送达。（《民事诉讼法》第88条）

（3）人民法院直接送达诉讼文书的，可以通知当事人到人民法院领取：当事人到达人民法院，拒绝签署送达回证的，视为送达。审判人员、书记员应当在送达回证上注明送达情况并签名。（《民诉法解释》第131条第1款）

（4）人民法院可以在当事人住所地以外向当事人直接送达诉讼文书：当事人拒绝签署送达回证的，采用拍照、录像等方式记录送达过程即视为送达。审判人员、书记员应当在送达回证上注明送达情况并签名。（《民诉法解释》第 131 条第 2 款）

2. 留置送达。

（1）条件：受送达人或者他的同住成年家属拒绝接收诉讼文书。

（2）方式：（《民事诉讼法》第 89 条）

第一种方式：由送达人、见证人签名或者盖章，把诉讼文书留在受送达人的住所。

第二种方式：把诉讼文书留在受送达人的住所，并采用拍照、录像等方式记录送达过程。

（3）调解书不适用留置送达：调解书应当直接送达当事人本人，不适用留置送达。当事人本人因故不能签收的，可由其指定的代收人签收。（《民诉法解释》第 133 条）

3. 委托送达。

只能委托其他法院，而不能委托其他机构。

4. 转交送达。

受送达人，只能是军人或者犯人。（《民事诉讼法》第 92、93 条）

5. 邮寄送达。

以回执上注明的收件日期为送达日期。（《民事诉讼法》第 91 条）

6. 公告送达。（《民诉法解释》第 138 条）

（1）情形：受送达人下落不明，或者用其他方式无法送达的。

（2）期限：

①国内：自发出公告之日起，经过 30 日，即视为送达。（《民事诉讼法》第 95 条第 1 款）

②涉外：自发出公告之日起，经过 60 日，即视为送达。（《民事诉讼法》第 283 条）

（3）不适用公告送达：适用简易程序的案件，不适用公告送达。（《民诉法解释》第 140 条）

（4）公告方式：公告送达可以在法院的公告栏和受送达人住所地张贴公告，也可以在报纸、信息网络等媒体上刊登公告。

7. 电子送达。（《民事诉讼法》第 90 条）

（1）条件：经受送达人同意。

（2）方式：能够确认受送达人收悉的电子方式。

[考点练习]

案情：由于被告下落不明，某法院在“新浪网”上发布了开庭通知。

问题：这种送达方式，属于公告送达还是电子送达？

答案：这是公告送达。

（3）电子送达判决书、裁定书、调解书：受送达人提出需要纸质文书的，人民法院应当提供。

（4）送达日期：送达信息到达受送达人特定系统的日期。

第八章　法院调解制度

第一节　法院调解的适用范围

1. 适用的情形：审判程序（包括一审、二审和再审程序），一般都适用调解。

2. 不适用的情形：（《民诉法解释》第 143 条）

（1）执行程序。

（2）适用特别程序、督促程序、公示催告程序的案件（注意：破产程序中的劳动争议纠纷、债权债务纠纷可以调解）。

（3）婚姻等身份关系确认案件。（《最高人民法院关于适用〈中华人民共和国民法典〉婚姻家庭编的解释（一）》第 11 条）

①对婚姻效力的审理不适用调解，应当依法作出判决。

②涉及财产分割和子女抚养的，可以调解。调解达成协议的，另行制作调解书；未达成调解协议的，应当一并作出判决。

第二节　法院调解程序的进行

1. 调解不公开原则。（《民诉法解释》第 146 条）

2. 委托调解。

经各方当事人同意，人民法院可以委托有关的单位或者个人对案件进行调解，达成调解协议后，人民法院应当依法予以确认。

3. 调解协议的担保。（《最高人民法院关于人民法院民事调解工作若干问题的规定》第 9 条）

（1）调解协议约定一方提供担保或者案外人同意为当事人提供担保的，人民法院应当准许。

（2）当事人或者案外人提供的担保符合民法典规定的条件时生效。

（3）案外人提供担保的，人民法院制作调解书应当列明担保人，并将调解书送交担保人。

（4）担保人不签收调解书的，不影响调解书生效（但不得留置送达）。

（5）调解书确定的担保条款条件成就时，当事人申请执行的，人民法院应当依法执行。

第三节 法院调解程序的结束

1. 调解达成协议是否需要制作调解书结案：

（1）通常来讲：调解达成协议，人民法院应当制作调解书（不能反悔的是调解书，能够执行的也是调解书）。

（2）以下三种情况，法定可以不制作调解书（不需要执行）：

①调解和好的离婚案件；

②调解维持收养关系的案件；

③能够即时履行的案件。

（3）双方当事人协议不制作调解书的，可不制作调解书，用调解协议结案（不能反悔的是调解协议，能够执行的是调解书）。（《民诉法解释》第151条）

①需要当事人同意：当事人各方同意在调解协议上签名或者盖章后即发生法律效力。

②经人民法院审查确认后：应当记入笔录或者将调解协议附卷。

③由当事人、审判人员、书记员签名或者盖章后调解协议具有法律效力。

④当事人请求制作调解书的：人民法院审查确认后可以制作调解书送交当事人。

<table>
<tr><td rowspan="4">调解达成协议</td><td>是否需要制作调解书结案</td><td>不能反悔的</td><td>能够执行的</td><td></td></tr>
<tr><td>（1）通常法院应当制作调解书</td><td>调解书</td><td>调解书</td><td>《民事诉讼法》第100条</td></tr>
<tr><td>（2）法定可以不制作调解书：只有三种情况</td><td>调解笔录</td><td>不需要执行</td><td>《民事诉讼法》第101条</td></tr>
<tr><td>（3）协议可以不制作调解书：当事人各方同意</td><td>调解协议</td><td>调解书</td><td>《民诉法解释》第151条</td></tr>
</table>

［考点练习］

案情：原告林青苗诉被告王文军要求赔偿医疗费2万元的诉讼中，在法院主持下，双方达成调解协议。被告王文军在1个月内向原告支付医疗费15 000元，原告林青苗放弃了5 000元的诉讼请求。在结案方式上，双方均同意在调解协议上签名或者盖章后即发生法律效力。

问题：此时可否用调解协议结案？

答案：可以。本案不属于能够即时履行的案件，原则上是需要制作调解书的。但是由于双方已经同意，可以用调解协议结案。

2. 不得请求法院制作判决书：

（1）通常：当事人自行和解或者调解达成协议后，请求人民法院按照和解协议或者调解协议的内容制作判决书的，人民法院不予准许。（《民诉法解释》第148条）

（2）例外：可以请求根据调解协议内容制作判决书：

①无民事行为能力人的离婚案件，由其法定代理人进行诉讼。法定代理人与对方达成协议要求发给判决书的，可根据协议内容制作判决书。

②涉外民事诉讼中，经调解双方达成协议，应当制发调解书。当事人要求发给判决书的，可以依协议的内容制作判决书送达当事人。（《民诉法解释》第528条）

第九章　一审普通程序

第一节　程序启动

一、起诉的积极条件

1. 具体要求：法院依职权调查。(《民事诉讼法》第122条)

(1) 原告是与本案有直接利害关系的公民、法人和其他组织。

(2) 有明确的被告。注意：这里是明确的被告，而非正确的被告。(《民诉法解释》第209条)

[解题技巧] 作为起诉条件的被告明确：

(1) 被告必须在起诉时还活着：如果被告在起诉时已经死亡，则不符合起诉条件。

(2) 被告必须在起诉时能够明确：名称＋住所。

①原告提供被告的姓名或者名称、住所等信息具体明确，足以使被告与他人相区别的，可以认定为有明确的被告。

②原告提供的被告住址是否明确，关键是看法院能否向被告的住址进行送达。

[考点练习]

案情：李大梅晚上骑自行车没注意翻到山沟里骨折，花掉医疗费5 000元，决定向法院起诉。

问题1：法官问李大梅起诉谁，李大梅说估计是死去多年的张成功缠上自己了，起诉张成功。此时法院是否应受理本案?

答案：法院不受理。起诉时被告已经死亡，本案没有被告。

问题2：法官问李大梅起诉谁，李大梅说起诉王小宝。事实上李大梅骑自行车翻山沟里时王小宝正在国外度假。请问此时法院能否受理?

答案：法院会受理。即便被告是错误的，法院也会受理。但原告把被告弄错了，会导致原告败诉。

问题3：法官问李大梅起诉谁，李大梅说起诉王小宝。法院送达时，发现原告李大梅所提供的被告王小宝的地址有误，经多方了解和查证也无法确定准确地址。此时法院应当如何处理?

答案：法院将裁定驳回起诉。这种情况下，原告其实是胡乱提供了一个地址。从形式上看是具体的地址，但实质上这个地址不是被告的地址。由于发现不符合起诉条件是在法院立案后，法院应裁定驳回起诉。

（3）有具体的诉讼请求和事实、理由。

（4）属于人民法院受理民事诉讼的范围和受诉人民法院管辖。

2. 起诉状内容：案由并非起诉状的法定内容。（《民事诉讼法》第124条）

（1）双方当事人的基本情况。

（2）诉讼请求和所根据的事实与理由。

（3）证据和证据来源，证人姓名和住所。

3. 处理方式：

（1）符合条件：立案受理。

（2）立案前发现不符合条件：裁定不予受理。

（3）立案后发现不符合条件：

①通常：裁定驳回起诉。

②立案后发现本院没有管辖权的，应当将案件移送有管辖权的人民法院。（《民诉法解释》第211条）

二、起诉的消极条件：不得重复起诉

1. 重复起诉的判断：当事人就已经提起诉讼的事项在诉讼过程中或者裁判生效后再次起诉，同时符合下列条件的，构成重复起诉：（《民诉法解释》第247条）

（1）后诉与前诉的当事人相同；

（2）后诉与前诉的诉讼标的相同；

（3）后诉与前诉的诉讼请求相同，或者后诉的诉讼请求实质上否定前诉裁判结果。

<table>
<tr><td rowspan="3">构成要件</td><td rowspan="2">（1）后诉与前诉的当事人相同</td><td>=①前诉张三起诉李四，后诉张三起诉李四</td></tr>
<tr><td>=②前诉张三起诉李四，后诉李四起诉张三</td></tr>
<tr><td>（2）后诉与前诉的诉讼标的相同</td><td>=后诉与前诉围绕同一个民事法律关系进行诉讼</td></tr>
<tr><td rowspan="2">基本类型</td><td>（1）诉讼请求相同型重复起诉</td><td>=后诉与前诉的诉讼请求相同</td></tr>
<tr><td>（2）诉讼请求不同型重复起诉</td><td>=后诉的诉讼请求实质上否定前诉裁判结果</td></tr>
<tr><td>判断步骤</td><td colspan="2">①找出两个诉讼的当事人，做对比：当事人不同，不是重复起诉；前诉原告又成了后诉当事人，可能是重复起诉
②找出两个诉讼的诉讼标的（即一个诉讼标的=一个民事权利义务关系），相同：重复起诉；不同：不是重复起诉
※不要根据诉讼请求是否相同判断是否构成重复起诉，重复起诉有两个类型：诉讼请求相同型（反复要）和诉讼请求不同型（想反悔）。诉讼请求不同型重复起诉，是考试重点</td></tr>
</table>

[考点练习]

案情：张成功起诉李大梅，要求李大梅履行房屋买卖合同交付房屋。法院经审理后认为，买卖合同不成立，判决张成功败诉。

问题1：1个月后，张成功基于同一房屋买卖合同，再次起诉李大梅要求交付房屋，这属于重复起诉吗？

答案：这属于重复起诉。当事人相同+诉讼标的相同。后诉请求与前诉请求相同。

问题2：2个月后，张成功基于同一房屋买卖合同，起诉李大梅要求承担违约责任。这属于重复起诉吗？

答案：这也属于重复起诉。当事人相同+诉讼标的相同。此时尽管后诉请求与前诉请求不同，但后诉请求属于实质上在否定前诉裁判结果：前诉已经认定没有合同关系，根本不会违约，后诉仍然请求法院认定被告违约。

2. 重复起诉的处理。

(1) 原则上：不允许	①裁定不予受理；②已经受理的，裁定驳回起诉
(2) 有例外：允许重复起诉	四种情况

3. 以下属于重复起诉的案件，基于特殊原因，可以再次起诉：

(1) 离婚案件和解除收养关系案件。(《民事诉讼法》第127条、《民法典》第1079条)

①起诉条件：判决不准离婚和调解和好的离婚案件，判决、调解维持收养关系的案件，原告有新情况、新理由，或者6个月后原告又起诉的，法院受理。

②胜诉条件：经人民法院判决不准离婚后，双方又分居满1年，一方再次提起离婚诉讼的，应当准予离婚。

[考点练习]

案情：蒋某与钱某是夫妻，结婚3天以后，蒋某到法院起诉要求与钱某离婚。审理本案的法官告诉两人，法院认为双方感情没有破裂，不会判决离婚。

问题1：如果法院判决不准离婚，被告钱某在判决生效之后，能否马上起诉离婚？

答案：可以。被告起诉不受任何限制。

问题2：如果法院判决不准离婚，原告蒋某要再次起诉离婚，应当满足什么条件？

答案：如果原告蒋某要再次起诉离婚，需要过6个月。如果原告蒋某在6个月内能提出新的情况或者新的理由，法院也会受理离婚诉讼。

(2) <u>赡养费、扶养费、抚养费案件</u>，裁判发生法律效力后，因新情况、新理由，

一方当事人再行起诉要求增加或者减少费用的，人民法院应作为新案受理。（《民诉法解释》第218条）

（3）裁判发生法律效力后，发生新的事实，当事人再次提起诉讼的，人民法院应当依法受理。（《民诉法解释》第248条）

［考点练习］

案情：A公司和B销售公司签订买卖合同，B公司一直没有发货，A公司向甲市乙区法院起诉B公司要求履行合同。法院经过审理后查明是B公司的供货商C公司由于疫情原因停工，故B公司无法发货。遂判决驳回了A公司的诉讼请求。双方当事人均未上诉。三个月后，A公司发现C公司已经全面复工，但B公司仍未履行合同。（根据2020年考生回忆版真题改编）

问题：A公司可否再次起诉B公司要求其履行合同？

答案：可以。按照《民法典》第590条的规定，当事人一方因不可抗力不能履行合同的，根据不可抗力的影响，部分或者全部免除责任。由于疫情C公司停工，B公司无法发货，法院判决驳回了A公司的诉讼请求，判决没有错误，不得再审。C公司已经全面复工后，B公司仍未履行合同，属于裁判生效后发生的新的违约事实，A公司可以再次起诉。

（4）强制反诉：反诉与本诉的诉讼请求基于相同法律关系的，人民法院应当合并审理。（《民诉法解释》第233条）

①基于同一个法律关系，如果被告提出了反诉，法院应当受理；

②但如果被告不在本诉中提反诉，而就反诉的请求另行起诉，则法院不应当受理。

4. 不属于重复起诉的情形：因未经过实体审理，可以另行起诉。

（1）裁定不予受理、驳回起诉的案件，原告再次起诉，符合起诉条件的，人民法院应予受理。（《民诉法解释》第212条）

（2）原告撤诉或者人民法院按撤诉处理后：（《民诉法解释》第214条）

①原告以同一诉讼请求再次起诉的：人民法院应予受理。

②原告撤诉或者按撤诉处理的离婚案件，没有新情况、新理由，6个月内又起诉的，不予受理。（原告受限制，被告不受限；原告要有新情况、新理由或者6个月后）

第二节　程序进行与结束

一、撤诉

1. 申请撤诉的考点。

（1）撤诉的时间：案件受理后，判决宣告前。

（2）是否准许，由人民法院裁定。

2. 视为撤诉的条件。

(1) 未预交案件受理费：原告应当预交而未预交案件受理费，人民法院应当通知其预交，通知后仍不预交或者申请减、缓、免未获批准而仍不预交的，裁定按撤诉处理。(《民诉法解释》第213条)

(2) 经传票传唤无正当理由不到庭或未经法庭许可退庭。

3. 不准许撤诉的情况。(《民诉法解释》第238条)

(1) 当事人申请撤诉或者依法可以按撤诉处理的案件，如果当事人有违反法律的行为需要依法处理的，人民法院可以不准许撤诉或者不按撤诉处理。

如：法院受理请求确认婚姻无效案件后，原告申请撤诉的，不予准许。(《最高人民法院关于适用〈中华人民共和国民法典〉婚姻家庭编的解释（一）》第11条)

(2) 法庭辩论终结后原告申请撤诉，被告不同意的，人民法院可以不予准许。

[考点练习]

案情：原告张某起诉被告李某要求返还借款5万元的诉讼，法院开庭审理，在法庭辩论终结后，原告张某感觉自己败诉已成定局，打算向法院撤回起诉。

问题：对于原告张某此时提出的撤诉申请，法院如何处理？

答案：法院应当根据被告是否同意分别处理：如果被告李某不同意，法院将不予准许撤回起诉；如果被告李某同意，法院可以准予撤回起诉。

二、缺席判决

1. 缺席判决的适用对象：原告、被告和无独三。(《民诉法解释》第235、240条)

2. 对原告适用缺席判决的情形：

(1) 被告提起反诉时，原告经传票传唤，无正当理由拒不到庭，或者未经法庭许可中途退庭的。

(2) 原告申请撤诉，人民法院裁定不准许撤诉，原告经传票传唤，无正当理由拒不到庭的。

三、审理阻碍

1. 延期审理的情形。

(1) 必须到庭的当事人和其他诉讼参与人有正当理由没有到庭的；

(2) 当事人临时提出回避申请的；

(3) 需要通知新的证人到庭，调取新的证据，重新鉴定、勘验，或者需要补充调查的；

(4) 其他应当延期的情形。

2. 诉讼中止的情形。

(1) 一方当事人死亡，需要等待继承人表明是否参加诉讼的；

(2) 一方当事人丧失诉讼行为能力，尚未确定法定代理人的；

［考点练习］

王某在与明辉公司的诉讼中，突发脑梗，经抢救成为“植物人”，王某的父亲老王认为应当撤诉专心为王某治病，王某的妻子张某认为应当继续审理，下列说法正确的是：（2021 年考生回忆版真题/单选题）

A. 裁定诉讼中止

B. 裁定撤诉

C. 应追加张某为共同原告，继续审理

D. 应裁定张某为代理人，继续审理

答案：A

解析：应当先确定法定代理人，由法定代理人代为诉讼时决定撤诉还是继续审理。民事诉讼中，只有法定诉讼代理人和委托诉讼代理人两类，法院无权依职权裁定代理人。

（3）作为一方当事人的法人或者其他组织终止，尚未确定权利义务承受人的；

（4）一方当事人因不可抗拒的事由，不能参加诉讼的；

（5）本案必须以另一案的审理结果为依据，而另一案尚未审结的。

3. 诉讼终结的情形。

（1）原告死亡，没有继承人，或者继承人放弃诉讼权利的；

（2）被告死亡，没有遗产，也没有应当承担义务的人的；

（3）离婚案件一方当事人死亡的；

（4）追索赡养费、扶养费、抚育费以及解除收养关系案件的一方当事人死亡的。

4. 适用文书。

（1）延期审理：决定书。

（2）诉讼中止和诉讼终结：裁定书。

四、裁判

1. 判决的错误。

（1）笔误（即误写、误算）用裁定补正：

①笔误是指法律文书误写、误算，诉讼费用漏写、误算和其他笔误。（《民诉法解释》第 245 条）

②当事人以民事调解书与调解协议的原意不一致为由提出异议，人民法院审查后认为异议成立的，应当根据调解协议裁定补正民事调解书的相关内容。（《最高人民法院关于人民法院民事调解工作若干问题的规定》第 13 条）

（2）判决的实质错误：原审人民法院发现判决有错误。（《民诉法解释》第 242 条）

①当事人在上诉期内提出上诉的，原审人民法院可以提出原判决有错误的意见，报送第二审人民法院，由第二审人民法院按照第二审程序进行审理；

②当事人不上诉的，按照审判监督程序处理。

2. 既判力。

判决生效后所具有的确定效力，分为形式上的确定力（判决生效后不得上诉）和实质上的确定力（生效判决确定的实体权利义务，当事人不得争执，法院不得改变）。

（1）诉讼请求（诉讼标的）。

[考点练习]

甲公司和乙公司签订租赁合同，后来国内暴发“新冠”疫情导致合同目的无法实现，甲公司向乙公司发出解除合同的通知，乙公司未对此提出异议。后乙公司起诉甲公司要求支付租金，甲公司主张合同已经解除。关于本案表述正确的是：

A. 甲公司可以抗辩的方式主张解除合同

B. 甲公司可以反诉的方式主张合同已经解除

C. 甲公司如果以抗辩的方式解除合同，法院的判决对解除合同有既判力

D. 甲公司如果以反诉的方式解除合同，法院的判决对解除合同有既判力

答案：ABD

解析：反诉是独立的诉。法院对诉讼请求所作的判决有既判力。抗辩不是诉讼，法院对抗辩所作的判决没有既判力。

（2）诉讼抵销（以反诉方式提起时，有既判力；以抗辩方式提起时，没有既判力）。

[考点练习]

案情：原告起诉被告要求返还借款 20 万元。被告在一审审理中主张原告欠被告借款 15 万元已到期，要求抵销。法院经审理认为，原告所主张的借款 20 万元，以及被告要求抵销的借款 15 万元，均真实存在，并且已经到期。最终一审判决被告向原告返还借款 5 万元，双方均没有上诉。

问题：在一审判决生效后，对于被告在一审中主张过并且被判决过的 15 万元借款，被告能否另行起诉？

答案：以反诉方式提起时，由于有既判力，不得另行起诉。以抗辩方式提起时，没有既判力，可另行起诉。

（3）部分请求。

①含义：原告就同一个请求权仅提出了部分请求。

②法院应当释明：可以提出其余的诉讼请求。

③原告不增加其余请求：法院只对部分请求作出判决。

④原告增加其余请求：法院就全部请求作出判决。

⑤其余的诉讼请求：不得另行起诉。

[考点练习]

甲因咨询合同纠纷起诉乙，要求乙支付咨询费 2 万元。法院在审理中发现，该

合同约定的咨询费共20万元，乙从未支付，法院遂问甲是否主张20万元，甲明确表示，乙的拖欠行为违反诚信，因此要分10次起诉惩罚乙。以下法院处理正确的是：(2021年考生回忆版真题/不定项)

A. 就20万元咨询费一并审判，并不违反处分原则

B. 征求甲的意见后，再决定是否将18万元纳入审理范围

C. 就2万元咨询费进行审理，判决的既判力客观范围扩张至20万元

D. 就2万元咨询费进行审理，判决的既判力客观范围限于2万元

答案：BC

解析：本案的诉讼标的是咨询合同关系。一方面，根据原告诉讼请求作出判决；另一方面，无论原告的诉讼请求是否完整，咨询合同关系已被裁判过，判决的既判力客观范围扩张至20万元。

3. 执行力。

需要有给付内容。

[考点练习]

案情：原告张某起诉被告王某要求解除婚姻关系一案，二审法院判决维持婚姻关系。

问题：这样的判决书是否具有执行力?

答案：由于该判决没有给付内容，不可以申请强制执行，故没有执行力。

五、法院审理离婚案件的特殊要求（《民法典》第1079条）

1. 人民法院审理离婚案件，应当进行调解。

2. 如果感情确已破裂，调解无效的，应当准予离婚。

3. 一方被宣告失踪，另一方提起离婚诉讼的，应当准予离婚。

4. 经人民法院判决不准离婚后，双方又分居满1年，一方再次提起离婚诉讼的，应当准予离婚。

第十章 简易程序

一、简易程序的适用范围

1. 适用的法院和审级。

(1) 基层人民法院及其派出法庭。

(2) 第一审。

2. 适用的案件范围。(《民事诉讼法》第160条)

(1) 法定：基层人民法院和它派出的法庭审理事实清楚、权利义务关系明确、争议不大的简单的民事案件，适用简易程序。

(2) 约定：当事人双方也可以约定适用简易程序。

3. 不得适用简易程序的案件：当事人约定适用简易程序的，人民法院不予准许。(《民诉法解释》第257、264条，《最高人民法院关于适用简易程序审理民事案件的若干规定》第1条)

(1) 起诉时被告下落不明的；

(2) 发回重审的；

(3) 当事人一方人数众多的；

(4) 适用审判监督程序的；

(5) 涉及国家利益、社会公共利益的；

(6) 第三人起诉请求改变或者撤销生效判决、裁定、调解书的；

(7) 其他不宜适用简易程序的案件：包括法律规定应当适用特别程序、督促程序、公示催告程序和企业法人破产还债程序的非讼案件。

[考点练习]

案情：原告李某起诉被告王某要求返还古董花瓶一案，法院作出生效判决后，案外人钱某认为自己对古董花瓶有所有权，于是向法院提起了第三人撤销之诉。

问题：双方当事人同意后，法院能否适用简易程序审理本案?

答案：不能。第三人撤销之诉是法定不能适用简易程序的案件。即便当事人都同意，也不可以适用简易程序审理。

4. 当事人就案件适用简易程序提出异议：(《民诉法解释》第269条)

(1) 人民法院经审查，异议成立的，裁定转为普通程序。

(2) 异议不成立的，裁定驳回。

（3）裁定以口头方式作出的，应当记入笔录。

二、简易程序的特点

1. 传唤方式简便。（《民诉法解释》第 261 条）

（1）适用简易程序审理案件，人民法院可以采取捎口信、电话、短信、传真、电子邮件等简便方式传唤双方当事人、通知证人和送达诉讼文书。

（2）以简便方式送达的开庭通知，未经当事人确认或者没有其他证据证明当事人已经收到的，人民法院不得缺席判决。

2. 无法通知被告应诉的：法院按照原告提供的被告的送达地址或者其他联系方式无法通知被告应诉的，分以下两种情况处理：（《最高人民法院关于适用简易程序审理民事案件的若干规定》第 8 条）

（1）原告提供了被告准确的送达地址，但人民法院无法向被告直接送达或者留置送达应诉通知书的，应当将案件转入普通程序审理。

（2）原告不能提供被告准确的送达地址，人民法院经查证后仍不能确定被告送达地址的，可以被告不明确为由裁定驳回原告起诉。

［考点练习］

案情：夏某因借款纠纷起诉陈某，法院决定适用简易程序审理。法院依夏某提供的被告地址送达时，发现有误，经多方了解和查证也无法确定准确地址。

问题：此时法院应当如何处理？

答案：法院应裁定驳回起诉。这种情况下，原告其实是胡乱提供了一个地址，从形式上看是具体的地址，但实质上这个地址不是被告的地址。

3. 可以没有举证期限、答辩期间。（《民诉法解释》第 266 条）

（1）当事人双方均表示不需要举证期限、答辩期间的，人民法院可以立即开庭审理或者确定开庭日期。

（2）适用简易程序案件的举证期限：不得超过 15 日。

（3）被告要求书面答辩的，人民法院可在征得其同意的基础上，合理确定答辩期间。

4. 简易程序中，六类案件法院在开庭审理时应当先行调解：（《最高人民法院关于适用简易程序审理民事案件的若干规定》第 14 条）

（1）婚姻家庭纠纷和继承纠纷；

（2）劳务合同纠纷；

（3）交通事故和工伤事故引起的权利义务关系较为明确的损害赔偿纠纷；

（4）宅基地和相邻关系纠纷；

（5）合伙合同纠纷；

（6）诉讼标的额较小的纠纷。

5. 开庭方式灵活。（《民诉法解释》第 259 条）

（1）当事人双方可就开庭方式向人民法院提出申请，由人民法院决定是否准许。

（2）经当事人双方同意，可以采用视听传输技术等方式开庭。

6. 庭审程序简便：应当一次开庭审结；确有必要再次开庭的除外。

7. 审限很短：3＋1。

（1）人民法院适用简易程序审理案件，应当在立案之日起 3 个月内审结。（《民事诉讼法》第 164 条）

（2）适用简易程序审理的案件，审理期限到期后，有特殊情况需要延长的，经本院院长批准，可以延长审理期限。延长后的审理期限累计不得超过 4 个月。（《民诉法解释》第 258 条）

三、简易程序的裁判

1. 简化裁判文书。（《民诉法解释》第 270 条、《最高人民法院关于适用简易程序审理民事案件的若干规定》第 32 条）

人民法院在制作判决书、裁定书、调解书时，对认定事实或者裁判理由部分可以适当简化：

（1）当事人达成调解协议并需要制作民事调解书的；

（2）一方当事人在诉讼过程中明确表示承认对方全部诉讼请求或者部分诉讼请求的；

（3）当事人对案件事实没有争议或者争议不大的；

（4）涉及自然人的隐私、个人信息，或者商业秘密的案件，当事人一方要求简化裁判文书中的相关内容，人民法院认为理由正当的；

（5）当事人双方一致同意简化裁判文书的。

2. 简易程序的宣判。（《最高人民法院关于适用简易程序审理民事案件的若干规定》第 27 条）

（1）原则：应当当庭宣判。

（2）例外：不宜当庭宣判的，定期宣判 。

第十一章　小额诉讼程序

一、适用的条件

1. 小额诉讼程序适用的法院：

（1）基层人民法院及其派出的法庭。

（2）海事法院：海事法院可以适用小额诉讼的程序审理海事、海商案件。（《民诉法解释》第273条）

2. 适用小额诉讼程序审理的案件：简单金钱给付民事案件。（《民事诉讼法》第165条）

［考点练习］

案情：张某驾车上班途中与李某所驾驶的汽车发生剐蹭，双方的损失总计不超过500元，但双方对于责任认定有分歧。

问题：如果张某向法院起诉，法院能否适用小额程序审理本案？

答案：不能。双方对责任认定有分歧，这说明本案并非纯粹金钱给付案件。

（1）必须适用：标的额为各省、自治区、直辖市上年度就业人员年平均工资50％以下的。

（2）当事人双方可以约定适用：标的额超过各省、自治区、直辖市上年度就业人员年平均工资50％但在2倍以下的。

3. 不适用小额诉讼程序审理的案件：（《民事诉讼法》第166条）

（1）人身关系、财产确权案件；

（2）涉外案件；

（3）需要评估、鉴定或者对诉前评估、鉴定结果有异议的案件；

（4）一方当事人下落不明的案件；

（5）当事人提出反诉的案件；

（6）其他不宜适用小额诉讼的程序审理的案件。

4. 小额诉讼程序转为其他程序：（《民事诉讼法》第169条、《民诉法解释》第279条）

（1）法院在审理过程中发现：案件不宜适用小额诉讼的程序的，应当适用简易程序的其他规定审理或者裁定转为普通程序。

（2）当事人异议＋法院裁定：

①当事人对按照小额诉讼案件审理有异议的，应当在开庭前提出。

②法院对当事人提出的异议应当审查：异议成立的，应当适用简易程序的其他规定审理或者裁定转为普通程序；异议不成立的，裁定驳回。裁定以口头方式作出的，应当记入笔录。

二、审理的特点

1. 实行一审终审。（《民诉法解释》第271条）

（1）当事人对小额诉讼案件提出管辖异议的，人民法院应当作出裁定。裁定一经作出即生效。（《民诉法解释》第276条）

（2）人民法院受理小额诉讼案件后，发现起诉不符合民事诉讼法规定的起诉条件的，裁定驳回起诉。裁定一经作出即生效。（《民诉法解释》第277条）

2. 人民法院可立即开庭审理：（《民诉法解释》第275条）

（1）当事人到庭后表示不需要举证期限和答辩期间的。

（2）举证期限一般不超过7日。

（3）答辩期间最长不得超过15日。

3. 可以一次开庭审结并且当庭宣判。（《民事诉讼法》第167条）

4. 小额诉讼案件的裁判文书可以不写认定事实和裁判理由：（《民诉法解释》第280条）

（1）对于当庭作出裁判的案件，人民法院在制作裁判文书时可以不再载明裁判理由。

（2）其他的案件，裁判文书记载简要裁判理由。（《民事诉讼程序繁简分流改革试点实施办法》第9条）

［考点练习］

C市为民事诉讼繁简分流的改革试点城市。苏强对其子苏明提起诉讼，要求其支付赡养费3 000元。苏明答辩称其没有固定收入，支付不起赡养费。请问在这个诉讼程序中，以下哪几项说法是正确的？

A. 本案可一审终审

B. 经双方当事人同意，可不开庭审理

C. 经双方当事人同意，判决书可不载明判决理由

D. 经双方当事人同意，可在线视频审理

答案：AD

解析：小额诉讼程序一审终审，必须开庭。裁判书是否载明裁判理由，并不以当事人同意为条件。当庭裁判的案件，法院在制作裁判文书时可以不再载明裁判理由。其他的案件，裁判文书记载简要裁判理由。经双方同意，可以采取在线视频方式开庭审理案件。

5. 小额诉讼程序的审限：2＋1。（《民事诉讼法》第168条）

（1）人民法院适用小额诉讼的程序审理案件，应当在立案之日起2个月内审结。

（2）有特殊情况需要延长的，经本院院长批准，可以延长1个月。

三、小额诉讼案件的上诉和再审

1. 不得上诉：实行一审终审。（《民事诉讼法》第165条）

2. 小额诉讼案件的再审：（《民诉法解释》第424条）

（1）管辖法院：向原审人民法院申请再审。

（2）对小额诉讼案件的判决、裁定，当事人以《民事诉讼法》第211条规定的事由（即通常的再审事由）向原审人民法院申请再审的，人民法院应当受理。

①申请再审事由成立的，应当裁定再审，组成合议庭进行审理。

②作出的再审判决、裁定，当事人不得上诉。

（3）当事人以不应按小额诉讼案件审理为由向原审人民法院申请再审的，人民法院应当受理。

①理由成立的，应当裁定再审，组成合议庭审理。

②作出的再审判决、裁定，当事人可以上诉。

第十二章　公益诉讼

一、通常规定

1. 案件类型：污染环境、侵害众多消费者合法权益等损害社会公共利益的行为。(《民事诉讼法》第 58 条)

2. 提起公益诉讼的主体：3＋1。

(1) 社会组织作为环境公益诉讼的原告，必须同时满足三个条件：(《环境保护法》第 58 条)

①（行政级别为）设区的市级以上人民政府民政部门登记的社会团体、基金会以及社会服务机构。(《最高人民法院关于审理环境民事公益诉讼案件适用法律若干问题的解释》第 2 条)

②专门从事环境保护公益活动连续 5 年以上。

③无违法记录。

(2) 消费者公益诉讼的原告：省级以上消费者协会。(《消费者权益保护法》第 47 条)

(3) 英雄烈士的近亲属作原告。(《英雄烈士保护法》第 25 条)

(4) 检察院作为起诉人：在没有原告提起民事公益诉讼的情况下。

3. 公益诉讼的提起并不以存在实际损害为前提条件。

4. 公益诉讼案件由侵权行为地或者被告住所地中级人民法院管辖。

5. 共同原告：人民法院受理公益诉讼案件后，依法可以提起诉讼的其他机关和有关组织，可以在开庭前向人民法院申请参加诉讼。人民法院准许参加诉讼的，列为共同原告。(《民诉法解释》第 285 条)

6. 可另行提起私益诉讼：人民法院受理公益诉讼案件，不影响同一侵权行为的受害人根据《民事诉讼法》第 122 条规定提起诉讼。(《民诉法解释》第 286 条)

7. 和解与调解：(《民诉法解释》第 287 条)

(1) 允许：对公益诉讼案件，当事人可以和解，人民法院可以调解。

(2) 公告：当事人达成和解或者调解协议后，人民法院应当将和解或者调解协议进行公告。公告期间不得少于 30 日。

(3) 审查：公告期满后，人民法院经审查，和解或者调解协议不违反社会公共利益的，应当出具调解书；和解或者调解协议违反社会公共利益的，不予出具调解书，继续对案件进行审理并依法作出裁判。

8. 撤诉：

(1) 通常准许撤诉。

（2）两种情况不准：

①公益诉讼案件的原告在法庭辩论终结后申请撤诉的，人民法院不予准许。（《民诉法解释》第288条）

②环境民事公益诉讼当事人以达成和解协议为由申请撤诉的，不予准许。（《最高人民法院关于审理环境民事公益诉讼案件适用法律若干问题的解释》第25条第2款）

9. 禁止反诉。（《最高人民法院关于审理消费民事公益诉讼案件适用法律若干问题的解释》第11条、《最高人民法院关于审理环境民事公益诉讼案件适用法律若干问题的解释》第17条）

10. 环境公益诉讼的特别规定。

（1）法院向原告释明：人民法院认为原告提出的诉讼请求不足以保护社会公共利益的，可以向其释明变更或者增加停止侵害、修复生态环境等诉讼请求。（《最高人民法院关于审理环境民事公益诉讼案件适用法律若干问题的解释》第9条）

（2）法院告知环保部门：人民法院受理环境民事公益诉讼后，应当在10日内告知对被告行为负有环境资源保护监督管理职责的部门。（《最高人民法院关于审理环境民事公益诉讼案件适用法律若干问题的解释》第12条）

（3）原告诉讼请求全部实现：负有环境资源保护监督管理职责的部门依法履行监管职责而使原告诉讼请求全部实现，原告申请撤诉的，人民法院应予准许。（《最高人民法院关于审理环境民事公益诉讼案件适用法律若干问题的解释》第26条）

二、对检察院的特别规定

1. 起诉人：人民检察院以公益诉讼起诉人身份提起公益诉讼。（《最高人民法院、最高人民检察院关于检察公益诉讼案件适用法律若干问题的解释》第4条）

2. 适用人民陪审制：人民法院审理人民检察院提起的第一审公益诉讼案件。（《最高人民法院、最高人民检察院关于检察公益诉讼案件适用法律若干问题的解释》第7条）

3. 检察院可以提起民事公益诉讼的案件：（《最高人民法院、最高人民检察院关于检察公益诉讼案件适用法律若干问题的解释》第13条）

（1）破坏生态环境和资源保护；

（2）食品药品安全领域侵害众多消费者合法权益；

（3）侵害英雄烈士的姓名、肖像、名誉、荣誉（英雄烈士的近亲属不作原告时）。（《英雄烈士保护法》第25条）

[解题技巧] 检察院只能在特定的案件中提起民事公益诉讼。

[考点练习]

案情：某品牌手机生产商在手机出厂前预装众多程序，大幅侵占标明内存。

问题：某省检察院能否以侵害消费者知情权为由提起公益诉讼？

答案：不能。检察院能够提起公益诉讼的案件，限于破坏生态环境和资源保护、食品药品安全领域侵害众多消费者合法权益等损害社会公共利益的案件。

4. 检察院提起民事公益诉讼的前置程序：（《最高人民法院、最高人民检察院关于检察公益诉讼案件适用法律若干问题的解释》第 13 条）

（1）应当公告 30 日：公告期满，法律规定的机关和有关组织、英雄烈士的近亲属不提起诉讼的，人民检察院可以向人民法院提起诉讼。

（2）也可以直接征询英雄烈士的近亲属的意见：人民检察院办理侵害英雄烈士的姓名、肖像、名誉、荣誉的民事公益诉讼案件。

<table>
<tr><th colspan="2">检察院提起民事公益诉讼的前置程序</th></tr>
<tr><td>破坏生态环境和资源保护</td><td rowspan="2">公告 30 日</td></tr>
<tr><td>食品药品安全领域侵害众多消费者合法权益</td></tr>
<tr><td>侵害英雄烈士的姓名、肖像、名誉、荣誉</td><td>公告 30 日或直接征询近亲属的意见</td></tr>
</table>

第十三章　二审程序

一、上诉

1. 可以上诉的案件。

（1）判决：

①原则上都能上诉；

②但特别程序和公示催告程序所作判决不能上诉。

（2）裁定：

①原则上不能上诉；

②但不予受理、驳回起诉、管辖权异议、驳回破产申请（《企业破产法》第 12 条）的裁定可以上诉。

（3）调解书不能上诉。

2. 上诉人与被上诉人的范围。

（1）一审原告和被告可以上诉。

（2）有独立请求权第三人可以作为上诉人和被上诉人。

（3）无独立请求权第三人：

①只有被判决承担责任时才有权上诉；

②可以作为被上诉人。

（4）委托代理人上诉时必须获得特别授权。

[考点练习]

案情：2016 年 12 月 20 日，8 岁的小明坐公交公司的汽车，因为行人陈某故意横穿马路，司机紧急刹车，致使小明受伤。2016 年 12 月 24 日，小明的父亲作为法定代理人起诉公交公司，法院将陈某列为本案的无独立请求权的第三人。最终法院判决公交公司赔偿小明医疗费及精神损失费 3 万元，但各方当事人对判决的结果都不满意，均表示要上诉。

问题 1：小明本人的上诉行为是否有效？

答案：无效。小明本人是无诉讼行为能力人，不可以亲自上诉，应当由法定代理人代为上诉。

问题 2：如果小明的父亲要上诉，是否需要获得小明的特别授权？

答案：不需要获得授权。小明的父亲作为法定代理人，有权上诉。

问题 3：如果小明的父亲聘请陈律师作为委托代理人，陈律师的上诉是否需要特别授权？

答案：需要特别授权。陈律师是委托代理人。

问题4：陈某能否作为本案的上诉人或者被上诉人？

答案：陈某作为本案的无独立请求权的第三人，一审判决没有让他承担民事责任，无权上诉，不能作上诉人。但是可以作为被上诉人。

3. 上诉人与被上诉人的列明。

（1）通常的案件：

①提起上诉的人是上诉人，没有提起上诉的人是被上诉人。

②双方当事人和第三人都提起上诉的，均列为上诉人。（《民诉法解释》第315条）

（2）必要共同诉讼案件以及有第三人的案件：上诉的是上诉人，针对的是被上诉人，不涉及的依原审诉讼地位列明。（《民诉法解释》第317条）

[解题技巧] 上诉人与被上诉人的列明方法：

（1）上诉的人为上诉人。

（2）找到上诉人的上诉请求以及一审判决的结果。

（3）与一审判决的结果相比：①一旦上诉人的上诉请求成立，没有上诉的人权利会减少或者义务会增加，他就是被上诉人。②不会出现这种情况，甚至会增加权利或者减少义务，按原审诉讼地位列明。

[考点练习]

案情：甲对乙享有10万元到期债权，乙无力清偿，且怠于行使对丙的15万元债权，甲遂对丙提起代位权诉讼，法院依法追加乙为无独立请求权的第三人。一审判决甲胜诉，丙应向甲给付10万元。乙、丙均提起上诉，乙请求法院判令丙向其支付剩余5万元债务，丙请求法院判令甲对乙的债权不成立。

问题1：甲在本案二审中是什么人？

答案：甲是被上诉人。甲没有上诉，不是上诉人。但是丙的上诉请求一旦成立，对甲来说，甲的债权将被否定，这就会损害甲的权利。因此甲是被上诉人。

问题2：乙在本案二审中是什么人？

答案：乙是原审无独立请求权第三人。①乙不是上诉人。乙作为无独立请求权第三人，一审并没有判决他承担民事责任，无权提起上诉。②乙也不是被上诉人。丙的上诉，对乙只有好处，没有坏处，因为一旦法院认定甲对乙的债权不成立，乙就不必再还钱给甲。

问题3：丙在本案二审中是什么人？

答案：丙已经提起了上诉，丙为上诉人。由于乙无权提起上诉，也就不可能对丙提出要求，丙就不是被上诉人。

4. 上诉期限：

（1）判决：15日；

（2）裁定：10 日。

5. 程序要求：

必须提交上诉状。当事人口头表示上诉，但未在法定上诉期间内递交上诉状的，视为未提起上诉。(《民诉法解释》第 318 条)

（1）上诉状应当通过原审人民法院提出，并按照对方当事人或者代表人的人数提出副本。

（2）当事人直接向第二审人民法院上诉的，第二审人民法院应当在 5 日内将上诉状移交原审人民法院。(《民事诉讼法》第 173 条)

6. 第二审人民法院判决宣告前，上诉人申请撤回上诉的：一审判决生效。

（1）文书：是否准许，由第二审人民法院裁定。(《民事诉讼法》第 180 条)

（2）通常情况下，法院会准许当事人撤回上诉。只有以下两种情况不准许：一审判决确有错误，或者当事人之间恶意串通损害国家利益、社会公共利益、他人合法权益的。(《民诉法解释》第 335 条)

（3）准许当事人撤回上诉的效果：一审判决生效。

7. 在第二审程序中，原审原告申请撤回起诉：一审判决被撤销。(《民诉法解释》第 336 条)

（1）条件：经其他当事人同意，且不损害国家利益、社会公共利益、他人合法权益的，人民法院可以准许。

（2）处理：

①准许撤诉的：应当一并裁定撤销一审裁判。

②原审原告在第二审程序中撤回起诉后重复起诉的：法院不予受理。

［解题技巧］ 撤回上诉与撤回起诉的区别

	受影响的程序	对一审判决的影响
撤回上诉	仅二审程序（一审程序不受影响）	一审判决会生效
撤回起诉	①一审程序+②二审程序	一审判决会撤销

［考点练习］

案情：王某诉赵某借款纠纷一案，法院一审判决赵某偿还王某债务，赵某不服，提出上诉。二审期间，案外人李某表示，愿以自己的轿车为赵某偿还债务提供担保。三人就此达成书面和解协议后，赵某撤回上诉，法院准许。1 个月后，赵某反悔并不履行和解协议。

问题：王某如何维护自己的合法权益？

答案：只能申请执行一审判决。诉讼中和仲裁中的和解协议，没有法律约束力，也没有执行力。因此不可以强制执行和解协议。但是，赵某撤回上诉的行为，会使一审判决生效，王某将来可以依一审判决对赵某向法院申请强制执行。

二、二审的审理

1. 二审审理方式：(《民事诉讼法》第 176 条、《民诉法解释》第 331 条)

(1) 原则上，开庭审理。

(2) 例外：不开庭审理。需要询问当事人。

①不服不予受理、管辖权异议和驳回起诉裁定的；

②当事人提出的上诉请求明显不能成立的；

③原判决、裁定认定事实清楚，但适用法律错误的；

④原判决严重违反法定程序，需要发回重审的。

2. 二审审理范围：(《民诉法解释》第 321 条)

(1) 仅对上诉请求的有关事实和适用法律进行审理。当事人没有提出请求的，不予审理。

(2) 例外：一审判决违反法律禁止性规定，或者损害国家利益、社会公共利益、他人合法权益的除外。

3. 二审法院审理上诉案件的地点：可以在本院进行，也可以到案件发生地或者原审人民法院所在地进行。(《民事诉讼法》第 176 条)

三、二审的调解与和解

1. 二审中的调解。

处理方式	具体情形	法条依据
调解不成的，应当**及时判决**	人民法院在审理二审案件时，可以进行调解，调解达成协议的，应当制作调解书。**调解书**送达后，原审人民法院的判决即**视为**撤销。调解不成的，应当及时判决	《民事诉讼法》第 179 条
调解不成的，**发回重审**	(1) 对当事人在第一审程序中**已经提出的诉讼请求**，原审人民法院未作审理、判决的，第二审人民法院可以根据当事人自愿的原则： ①进行调解； ②**调解不成的，发回重审**	《民诉法解释》第 324 条
	(2) **必须参加诉讼的当事人或者有独立请求权的第三人**，在第一审程序中未参加诉讼，第二审人民法院可以根据当事人自愿的原则： ①予以调解； ②**调解不成的，发回重审**； ③在发回重审的民事裁定书上，不应列被追加或更换的当事人	《民诉法解释》第 325 条
	(3) **一审判决不准离婚的案件**，上诉后，第二审人民法院认为应当判决离婚的： ①双方当事人**同意**由第二审人民法院一并审理的，第二审人民法院可以**一并裁判** ②可以根据当事人**自愿**的原则，与子女抚养、财产问题**一并调解** ③**调解不成的，发回重审**	《民诉法解释》第 327 条

续表

处理方式	具体情形	法条依据
调解不成的，**告知另行起诉**	在第二审程序中，**原审原告增加独立的诉讼请求或者原审被告提出反诉的**： ①双方当事人**同意**由第二审人民法院一并审理的，第二审人民法院可以**一并裁判** ②第二审人民法院可以根据当事人**自愿**的原则就新增加的诉讼请求或者反诉进行**调解** ③**调解不成的，告知当事人另行起诉**	《民诉法解释》第326条

[解题技巧] 二审中的调解，需要区分四种情况：

（1）遗漏诉讼请求和遗漏当事人的：

①调解不成，只能发回重审；

②即便双方当事人同意，也不能一并裁判。

（2）一审判决不准离婚的：

①经双方同意，可一并调解；

②经双方同意，可一并审理裁判；

③不同意调与判的，发回重审。

（3）二审中原审原告增加独立诉讼请求，原审被告提出反诉的：

①经双方同意，可一并调解；

②经双方同意，可一并审理裁判；

③不同意调与判的，告知另行起诉。

（4）除了上述三种情况以外的案件：调解不成的，应当及时判决。

[考点练习]

案情：二审法院审理继承纠纷上诉案时，发现一审判决遗漏另一继承人甲。甲应是本案的共同原告。

问题：此时二审法院应当如何处理？简要说明理由。

答案：二审法院可根据自愿原则进行调解，调解不成的，裁定撤销原判决，发回重审。但是即便各方当事人同意，二审法院也不能判决。

2. 当事人在二审中达成和解协议的后续处理。（《民诉法解释》第337条）

情形	救济
（1）请求法院制作**二审调解书**结案	对方反悔时，可以**执行**调解书
（2）申请**撤回起诉**	①本案以后不得重复起诉。②和解协议没有执行力，对方反悔时，**没有任何救济途径**
（3）申请**撤回上诉**	①本案以后不得重复起诉。②但一审判决有执行力，对方反悔时，可请求**执行一审判决**

[解题技巧] 二审中当事人达成和解协议后，有三种选择，法律效果完全不同，根据当事人的选择来做题。

[考点练习]

案情：经审理，一审法院判决被告王某支付原告刘某欠款本息共计 22 万元，王某不服提起上诉。二审中，双方当事人达成和解协议，约定：王某在 3 个月内向刘某分期偿付 20 万元，刘某放弃利息请求。案件经王某申请撤回上诉而终结。约定的期限届满后，王某只支付了 15 万元。

提示：被告向法院申请撤回了上诉，其效果是一审判决生效。

问题 1：此时刘某可否向法院申请执行和解协议？简要说明理由。

答案：刘某不可以向法院申请执行和解协议，因为二审中，双方当事人达成的和解协议没有强制执行力。

问题 2：此时刘某可否向法院申请执行一审判决？简要说明理由。

答案：刘某可以向一审法院申请执行一审判决。王某撤回上诉的行为会导致一审判决生效，该一审判决是有明确的给付内容的，因此在该一审判决生效之后，刘某可以申请执行。

四、二审的判决与裁定

1. 对判决的裁判。

	处理方式	适用情形（《民事诉讼法》第 177 条）
对判决的裁判	（1）判决驳回上诉，**维持原判决**	原判决认定事实清楚，适用法律正确
	（2）**依法改判**	①原判决认定事实错误
		②原判决适用法律错误
		③原判决认定基本**事实不清**
	（3）裁定撤销原判决，**发回原审人民法院重审**	①原判决认定基本**事实不清**
		②严重违反法定程序：（《民诉法解释》第 323 条） 原判决遗漏当事人或者违法缺席判决的； 审判组织的组成不合法的； 应当回避的审判人员未回避的； 无诉讼行为能力人未经法定代理人代为诉讼的； 违法剥夺当事人辩论权利的

2. 对裁定的裁定：对一审裁定进行处理时，二审一律用裁定书。（《民诉法解释》第 332 条）

错误原因		处理方式	对应法条
受理错误	（1）该案依法**不应由人民法院受理**	**可以**由第二审人民法院直接裁定撤销原裁判，**驳回起诉**	《民诉法解释》第328条
	（2）第一审人民法院受理案件**违反专属管辖规定**	**应当**裁定撤销原裁判并**移送有管辖权的人民法院**	《民诉法解释》第329条
没有受理	（3）第一审人民法院作出的不予受理裁定有错误	**应当**在撤销原裁定的同时，指令第一审人民法院立案受理	《民诉法解释》第330条
	（4）第一审人民法院作出的驳回起诉裁定有错误	**应当**在撤销原裁定的同时，指令第一审人民法院审理	

［考点练习］

郑某起诉林某，审理过程中林某提起反诉，后郑某撤回起诉，法院以原告撤回起诉为由裁定驳回了林某的反诉。林某对该裁定不服，提起上诉，二审法院应当如何处理？（2019年考生回忆版真题/单选题）

A. 组织当事人调解，调解不成，告知另行起诉

B. 裁定驳回上诉，维持原裁定

C. 二审法院撤销驳回反诉的裁定，同时发回重审

D. 二审法院撤销原裁定，同时指令原审法院审理

答案：D

解析：驳回反诉的裁定，实质上是驳回起诉的裁定。对于裁定的上诉用裁定处理，不得调解。由于驳回起诉的裁定是错误的，在撤销原裁定的同时，指令原审法院进行审理。

五、二审发回重审

1. 只能发回一次：原审人民法院对发回重审的案件作出判决后，当事人提起上诉的，第二审人民法院不得再次发回重审。

2. 二审裁定撤销一审判决发回重审的案件，当事人申请变更、增加诉讼请求或者提出反诉，第三人提出与本案有关的诉讼请求的，可以合并审理。（《民诉法解释》第251条）

第十四章　再审程序

[原理解释] 再审的特点：

(1) 目的方面，再审与一审或者二审不同：一、二审的目的是解决民事纠纷，再审的目的是纠正已经生效的（一审或者二审）判决的错误。

(2) 结构方面，再审分为两个阶段：

①启动阶段：主要目的是确定已生效裁判是否有错；

②审理阶段：对于已经审完的有错误的案件，重新给出正确的审理结果。

(3) 启动方面，再审启动的决定权在法院，但启动的方式有三种：

①当事人申请；

②法院主动再审；

③检察院启动再审。

第一节　再审的启动程序

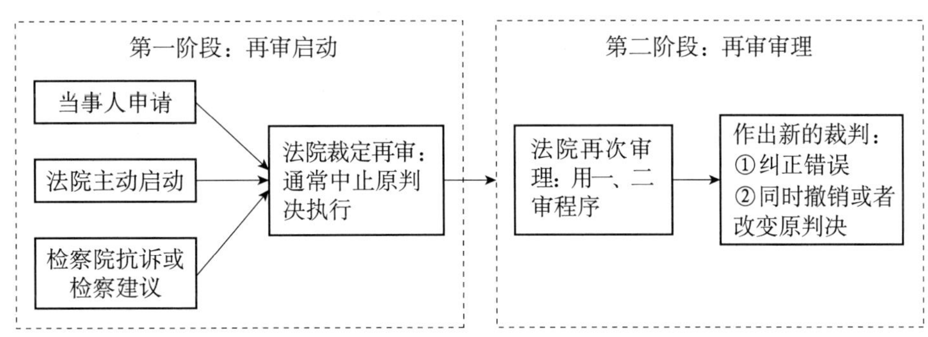

一、可以再审的裁判文书

1. 判决书：特别程序及公示催告程序作出的判决（即除权判决）不适用于再审程序。

2. 裁定书：仅限于不予受理的裁定、驳回起诉的裁定和按自动撤回上诉处理的裁定。（《民诉法解释》第379条）

3. 调解书：可以再审。（《民事诉讼法》第209条）

二、人民法院启动的再审（《民事诉讼法》第209条）

三、当事人申请再审

1. 不得申请再审的内容。

（1）当事人对已经发生法律效力的解除婚姻关系的判决、调解书，不得申请再审。（《民事诉讼法》第213条）

（2）当事人就离婚案件中的财产分割问题申请再审：①如涉及判决中已分割的财产，人民法院应当进行审查，符合再审条件的，应当裁定再审；②如涉及判决中未作处理的夫妻共同财产，应当告知当事人另行起诉。（《民诉法解释》第380条）

（3）适用特别程序、督促程序、公示催告程序、破产程序等非讼程序审理的案件，当事人不得申请再审。（《民诉法解释》第378条）

2. 申请再审的事由。

（1）判决、裁定：（《民事诉讼法》第211条）

①有新的证据，足以推翻原判决、裁定的；

②原判决、裁定认定的基本事实缺乏证据证明的；

③原判决、裁定认定事实的主要证据是伪造的；

④原判决、裁定认定事实的主要证据未经质证的；

⑤对审理案件需要的主要证据，当事人因客观原因不能自行收集，书面申请人民法院调查收集，人民法院未调查收集的；

⑥原判决、裁定适用法律确有错误的；

⑦审判组织的组成不合法或者依法应当回避的审判人员没有回避的；

⑧无诉讼行为能力人未经法定代理人代为诉讼或者应当参加诉讼的当事人，因不能归责于本人或者其诉讼代理人的事由，未参加诉讼的；

⑨违反法律规定，剥夺当事人辩论权利的；

⑩未经传票传唤，缺席判决的；

⑪原判决、裁定遗漏或者超出诉讼请求的，但当事人未对一审判决、裁定遗漏或者超出诉讼请求提起上诉的除外；（《民诉法解释》第390条）

⑫据以作出原判决、裁定的法律文书被撤销或者变更的；

⑬审判人员审理该案件时有贪污受贿，徇私舞弊，枉法裁判行为的。

（2）调解书：调解违反自愿原则或者调解协议的内容违反法律。（《民事诉讼法》第212条）

[考点练习]

案情：李某与王某签订借款合同，约定张某承担保证责任。借款到期后，李某以王某为被告、张某为第三人诉至法院。一审法院认为张某是连带保证人，判决王某与张某承担连带责任，张某不服提起上诉，二审法院认为张某是一般保证人，改判王某承担责任。后张某以自己订约时意思表示错误为由申请再审，请求确认保证合同无效。

问题：法院对张某的再审申请，应当如何处理？（根据 2020 年考生回忆版真题改编）

答案：张某以自己订约时意思表示错误为由申请再审，不是申请再审的法定事由，法院将不受理再审申请。

3. 时间：6 个月内。（《民事诉讼法》第 216 条）

4. 申请再审的法院。（《民事诉讼法》第 210 条）

（1）通常：只能向上一级人民法院申请再审。

（2）当事人一方人数众多（指 10 人以上）或者当事人双方为公民的案件：

①上一级人民法院和原审人民法院都行。（《民诉法解释》第 75 条）

②当事人分别向原审人民法院和上一级人民法院申请再审且不能协商一致的，由原审人民法院受理。（《民诉法解释》第 377 条）

5. 当事人申请再审的材料：再审申请书。

6. 法院对再审申请的审查。（《民事诉讼法》第 215 条）

（1）3 个月内审查。

（2）裁定再审；裁定驳回申请。

7. 再审案件的审理法院。（《民事诉讼法》第 215 条）

（1）通常：向谁申请，谁就审。

（2）例外：最高人民法院、高级人民法院裁定再审的案件，由本院再审或者交下一级人民法院再审（可以交原审人民法院再审，也可以交其他下一级人民法院再审）。

[考点练习]

案情：原告王某起诉被告陈某人身侵权损害赔偿案件，经青岛市市南区法院一审、青岛市中院二审，判决生效。

问题 1：如果被告陈某要申请再审，可以向哪些法院申请？

答案：由于本案的两方当事人都是公民，因此被告陈某要申请再审，既可以向原审法院青岛市中院申请，也可以向山东省高院申请。

问题 2：在被告陈某申请再审之后，如果法院决定再审本案，由哪个法院审理？

答案：如果被告陈某向原审法院青岛市中院申请，只能由青岛市中院审理。如果被告陈某向山东省高院申请，可以由山东省高院审理，也可以由青岛市中院审理，还可以由山东省的其他中院审理。

四、人民检察院启动的再审

1. 启动方式。（《民事诉讼法》第 219 条）

（1）抗诉方式：应当制作抗诉书。（《民事诉讼法》第 223 条）

①最高法院：最高检察院可直接抗诉。

②地方法院：同级检察院不能直接抗诉（提请上级人民检察院向同级人民法院提出抗诉）。

（2）检察建议：向同级人民法院提出检察建议，并报上级人民检察院备案（最高检察院不得向最高法院提）。

2. 当事人申请检察建议或者抗诉。（《民事诉讼法》第220条）

（1）情形：

①人民法院驳回再审申请的；

②人民法院逾期未对再审申请作出裁定的；

③再审判决、裁定有明显错误的。

（2）处理：在3个月内进行审查，作出提出或者不予提出检察建议或者抗诉的决定。

（3）只能申请1次。

（4）总结：当事人申请再审，最多2次。（先法院，后检察院）

3. 检察院调查权。（《民事诉讼法》第221条）

（1）原因：检察院因履行法律监督职责提出检察建议或者抗诉的需要。

（2）内容：可以向当事人或者案外人调查核实有关情况。

4. 抗诉的效果。（《民事诉讼法》第222条）

接受抗诉的人民法院应当自收到抗诉书之日起30日内作出再审的裁定。

5. 检察机关不是再审案件的当事人。

民事再审案件的当事人应为原审案件的当事人。原审案件当事人死亡或者终止的，其权利义务承受人可以申请再审并参加再审诉讼。（《最高人民法院关于适用〈中华人民共和国民事诉讼法〉审判监督程序若干问题的解释》第29条）

第二节　再审的审理程序

一、再审的审理

1. 裁定中止原判决、裁定、调解书的执行。（《民事诉讼法》第217条）

（1）当事人申请再审时，不会停止原判决、裁定的执行，法院决定再审后，通过裁定才中止原判决、裁定的执行。应当在再审裁定中同时写明中止原判决、裁定、调解书的执行。（《民诉法解释》第394条）

（2）追索赡养费、扶养费、抚养费、抚恤金、医疗费用、劳动报酬等案件，可以不中止执行。

2. 再审所适用的程序。

具体情形	适用程序	所作判决、裁定可否上诉
生效裁判是**一审**法院作的	**一审**程序	可以上诉
生效裁判是**二审**法院作的	**二审**程序	不得上诉
上级法院**提审**的		

［考点练习］

案情：甲公司诉乙公司合同纠纷案，南山市S县法院进行了审理并作出驳回甲公司诉讼请求的判决，甲公司未提出上诉。判决生效后，甲公司因收集到新的证据申请再审。

问题：如果法院根据甲公司的申请决定再审本案，应当适用第一审还是第二审程序进行再审？

答案：应适用二审程序进行再审。甲公司只能向南山市中院申请再审。由于是上级法院（南山市中院）审理下一级法院（S县法院）的生效判决，属于提审，南山市中院应适用二审程序审理。

3. 再审的审理范围。(《民诉法解释》第403条)

(1) 再审案件应当围绕申请人的再审请求进行审理和裁判。

(2) 当事人的再审请求超出原审诉讼请求的（包括原审原告提出新的诉讼请求，或者原审被告提出反诉）：

①原则上不予审理（包括不予调解）；

②构成另案诉讼的，应告知当事人可以提起新的诉讼。(《民诉法解释》第252条)

4. 裁定终结再审程序。(《民诉法解释》第404条)

(1) 再审申请人死亡或者终止，无权利义务承继者或者权利义务承继者声明放弃再审申请的；

(2) 在给付之诉中，负有给付义务的被申请人死亡或者终止，无可供执行的财产，也没有应当承担义务的人的；

(3) 当事人达成和解协议且已履行完毕的。

二、再审的调解

当事人在再审审理中经调解达成协议的，人民法院应当制作调解书。调解书经各方当事人签收后，即具有法律效力，原判决、裁定视为被撤销。(《最高人民法院关于适用〈中华人民共和国民事诉讼法〉审判监督程序若干问题的解释》第25条)

第十五章　特别程序

一、特别程序的特点

1. 特别程序的审判组织：只能由审判员组成。

（1）原则上：一名审判员独任审理；

（2）例外：三名审判员合议审理：①选民资格案件；②重大、疑难的案件。

2. 特别程序案件的管辖：6 基层＋1 例外。

案件	管辖法院
①选民资格案件	选区所在地基层人民法院
②宣告失踪、宣告死亡案件	下落不明人住所地基层人民法院
③指定遗产管理人案件	被继承人死亡时住所地或者主要遗产所在地基层人民法院
④认定公民无民事行为能力或者限制民事行为能力案件	被认定人住所地基层人民法院
⑤认定财产无主案件	财产所在地基层人民法院
⑥实现担保物权案件	担保财产所在地或者担保物权登记地基层人民法院
⑦确认调解协议案件	人民法院邀请调解组织开展先行调解的，向作出邀请的人民法院提出； 调解组织自行开展调解的，向当事人住所地、标的物所在地、调解组织所在地的基层人民法院提出；调解协议所涉纠纷应当由中级人民法院管辖的，向相应的中级人民法院提出

3. 特别程序实行一审终审：不能上诉。

4. 特别程序不再审。但特别程序所作裁判有错误，可以提异议。（《民诉法解释》第 372 条）

二、选民资格案件

1. 起诉人不一定是选民本人。

2. 应当开庭审理：起诉人、选举委员会的代表和有关公民必须参加。

三、宣告失踪、宣告死亡案件

失踪人的财产代管人的变更：（《民诉法解释》第 342 条）

1. 利害关系人向法院请求变更：利害关系人为原告，原指定的代管人为被告，按普通程序进行。

2. 代管人自己向法院请求变更：按照特别程序进行审理。

四、指定遗产管理人案件

1. 申请指定遗产管理人（《民事诉讼法》第194条）

（1）原因：对遗产管理人的确定有争议。

（2）依申请：利害关系人申请。

（3）书面申请：写明被继承人死亡的时间、申请事由和具体请求，并附有被继承人死亡的相关证据。

（4）管辖法院：被继承人死亡时住所地或者主要遗产所在地基层人民法院。

（5）判决指定遗产管理人：审查核实＋按照有利于遗产管理的原则。（《民事诉讼法》第195条）

2. 另行指定遗产管理人（《民事诉讼法》第196条）

（1）原因：被指定的遗产管理人死亡、终止、丧失民事行为能力或者存在其他无法继续履行遗产管理职责情形的。

（2）依申请：可以根据利害关系人或者本人的申请。

（3）另行指定遗产管理人。

3. 撤销资格依法指定新的遗产管理人（《民事诉讼法》第197条）

（1）原因：遗产管理人违反遗产管理职责，严重侵害继承人、受遗赠人或者债权人合法权益的。

（2）依申请：根据利害关系人的申请。

（3）撤销其遗产管理人资格，并依法指定新的遗产管理人。

五、认定公民无民事行为能力或者限制民事行为能力案件

1. 其他诉讼中当事人的民事行为能力的认定：由受诉人民法院按照特别程序立案审理，原诉讼中止。（《民诉法解释》第347条）

2. 指定监护人。（《民诉法解释》第349条、《民法典》第31条）

（1）两种情形：

①被指定的监护人不服居民委员会、村民委员会或者民政部门指定，应当自接到通知之日起30日内向人民法院提出异议。

②有关当事人直接向人民法院申请指定监护人。

（2）管辖法院：不服指定监护或者变更监护关系的案件，可以由被监护人住所地人民法院管辖。（《民诉法解释》第10条）

（3）适用特别程序。

（4）用判决书指定监护人。

六、确认调解协议案件（《民事诉讼法》第205、206条）

（一）人民调解协议：具有合同效力

1. 人民调解的启动：当事人申请；人民调解委员会也可以主动调解。（《人民调解

法》第 17 条)

2. 人民调解协议的效力：具有民事合同性质。

(二) 司法确认程序：赋予其执行力

1. 启动：

(1) 需要双方当事人（应当由本人或者符合规定的代理人）提出申请，才能启动特别程序。(《民诉法解释》第 351 条)

(2) 单方只能提起不履行人民调解协议的诉讼。(《民诉法解释》第 61 条)

2. 管辖：

由双方当事人共同向下列人民法院提出：(《民事诉讼法》第 205 条)

(1) 人民法院邀请调解组织开展先行调解的，向作出邀请的人民法院提出。

(2) 调解组织自行开展调解的，向当事人住所地、标的物所在地、调解组织所在地的基层人民法院提出；调解协议所涉纠纷应当由中级人民法院管辖的，向相应的中级人民法院提出。

(3) 调解组织自行开展的调解，有两个以上调解组织参与的，各调解组织所在地人民法院均有管辖权。(《民诉法解释》第 352 条)

(4) 双方当事人可以共同向其中一个有管辖权的人民法院提出申请；双方当事人共同向两个以上有管辖权的人民法院提出申请的，由最先立案的人民法院管辖。

3. 申请的方式：书面形式或者口头形式，均可以。(《民诉法解释》第 353 条)

4. 时间：自调解协议生效之日起 30 日内。

5. 当事人申请司法确认调解协议，人民法院裁定不予受理或者驳回申请的情形：(《民诉法解释》第 355 条)

(1) 申请确认婚姻关系、亲子关系、收养关系等身份关系无效、有效或者解除的；

(2) 涉及适用其他特别程序、公示催告程序、破产程序审理的；

(3) 调解协议内容涉及物权、知识产权确权的。

[考点练习]

案情：李云将房屋出售给王亮，后因合同履行发生争议，经双方住所地人民调解委员会调解，双方达成调解协议，明确王亮付清房款后，房屋的所有权归属王亮。为确保调解协议的效力，双方约定向法院提出司法确认申请。

问题：法院是否会受理双方的确认申请?

答案：房屋的所有权归属王亮的约定涉及物权的权利归属，法院对此不得予以确认。由于这是法院受理之前发现的，法院将不予受理确认申请。

七、实现担保物权案件（《民事诉讼法》第 207、208 条）

1. 申请人：担保物权人以及其他有权请求实现担保物权的人。

2. 管辖：担保财产所在地或者担保物权登记地基层人民法院。

3. 独任与合议：(《民诉法解释》第 367 条)

（1）实现担保物权案件可以由审判员一人独任审查。

（2）担保财产标的额超过基层人民法院管辖范围的，应当组成合议庭进行审查。

4. 处理：

（1）符合法律规定：

①裁定拍卖、变卖担保财产。

②可以向人民法院申请执行该裁定。

（2）不符合法律规定：

①裁定驳回申请。

②当事人可以向人民法院提起诉讼。

［考点练习］

案情：甲公司与东升银行之间订立了500万元的贷款合同，甲公司董事长张某以自己位于三河市的别墅作为抵押。贷款到期后甲公司无力归还贷款，东升银行向法院申请适用特别程序实现对别墅的抵押权。甲公司否认该抵押权的有效性。法院经过审查后，驳回了东升银行的申请。

问题：东升银行可以如何实现债权？

答案：东升银行可以就该抵押权向法院起诉。

第十六章　非 讼 程 序

第一节　督促程序

1. 适用条件。(《民诉法解释》第 427 条)

(1) 债权人请求债务人给付金钱、有价证券。

(2) 已到期且数额确定。

(3) 债权人与债务人没有其他债务纠纷。

①人民法院受理支付令申请后,债权人就同一债权债务关系又提起诉讼的,已发出支付令的,支付令自行失效。(《民诉法解释》第 430 条)

②对设有担保的债务的主债务人发出的支付令,对担保人没有拘束力。债权人就担保关系单独提起诉讼的,支付令自人民法院受理案件之日起失效。(《民诉法解释》第 434 条)

(4) 债务人在我国境内且未下落不明。

(5) 支付令能够送达债务人。

①债务人不在我国境内的,或者虽在我国境内但下落不明的,不适用督促程序。

②向债务人本人送达支付令,债务人拒绝接收的,人民法院可以留置送达。(《民诉法解释》第 429 条)

(6) 向有管辖权的法院申请:债务人住所地基层人民法院。(《民诉法解释》第 23、425 条)

(7) 债权人未向人民法院申请诉前保全。

2. 债务人异议。

(1) 提出异议的方式:书面形式。

①债务人的口头异议无效。(《民诉法解释》第 436 条)

②向其他人民法院起诉:债务人在收到支付令后,未在法定期间提出书面异议,而向其他人民法院起诉的,不影响支付令的效力。(《民诉法解释》第 431 条)

③债务人在法定期间内向本院就该借款关系起诉的,支付令失效。

(2) 异议的时间:

①收到支付令之日起 15 日内。

②15 日内不提异议,支付令将产生执行力。

(3) 异议的内容:必须是实体上的拒绝。

（4）对债务人异议的审查：形式审查。（《民诉法解释》第435条）
（5）审理后的处理：（《民事诉讼法》第228条）
①经审查，异议成立的：应当裁定终结督促程序，支付令自行失效。
②支付令失效的：转入诉讼程序。
③但申请支付令的一方当事人不同意提起诉讼的：不转入诉讼程序。
3. 支付令错误的救济。
本院裁定撤销支付令，驳回债权人的申请。（《民诉法解释》第441条）

第二节 公示催告程序

1. 适用范围。
（1）按照规定可以背书转让的票据；
（2）依照法律规定可以申请公示催告的其他事项，如记名股票、提单。（《公司法》第143条、《海事诉讼特别程序法》第100条）
2. 申请方式。
（1）申请原因：票据被盗、遗失或者灭失。
（2）申请人：票据持有人。
（3）管辖法院：票据支付地的基层人民法院。
3. 停止支付与公告。
（1）停止支付：法院认为符合受理条件的，通知予以受理，并同时通知支付人停止支付。（《民事诉讼法》第230、231条）
①支付人收到人民法院停止支付的通知，应当停止支付，至公示催告程序终结。
②公示催告期间，转让票据权利的行为无效。
（2）在3日内发出公告：催促利害关系人申报权利。
（3）公告期间：不得少于60日。（《民诉法解释》第447条）
4. 利害关系人申报权利。（《民事诉讼法》第232条、《民诉法解释》第448条）
（1）时间：除权判决作出前都可以申报权利。
（2）形式审查：仅审查申请公示催告的票据与利害关系人出示的票据是否一致。（《民诉法解释》第449条）
①出示票据：利害关系人申报权利，人民法院应当通知其向法院出示票据。
②查看票据：通知公示催告申请人在指定的期间查看该票据。
（3）处理：
①一致：裁定终结公示催告程序，申请人或者申报人可以向人民法院起诉。
②不一致：裁定驳回利害关系人的申报。
5. 除权判决。
（1）除权判决的作出：
①公示催告申请人申请；

②合议庭（公示催告阶段：独任制；除权判决阶段：合议制）。（《民诉法解释》第452条）

（2）申请除权判决的条件：

①在申报权利的期间无人申报权利，或者申报被驳回的；

②申请人应当自公示催告期间届满之日起1个月内申请。

（3）除权判决的效力：宣告票据无效。

6. 对除权判决错误的救济。（《民事诉讼法》第234条、《民诉法解释》第459条）

利害关系人因正当理由不能在判决前向人民法院申报的，自知道或者应当知道判决公告之日起1年内，可以向作出判决的人民法院起诉。诉请确认其为合法持票人。

（1）利害关系人请求人民法院撤销除权判决的，应当将申请人列为被告。

（2）利害关系人仅诉请确认其为合法持票人的，人民法院应当在裁判文书中写明，确认利害关系人为票据权利人的判决作出后，除权判决即被撤销。

第十七章　在线诉讼

一、在线诉讼的法律效力

1. 条件：

（1）经当事人同意；

（2）通过信息网络平台。

2. 效力：与线下诉讼活动具有同等法律效力。（《民事诉讼法》第 16 条）

二、互联网法院的集中管辖

1. 案件：（《最高人民法院关于互联网法院审理案件若干问题的规定》第 2 条）

（1）通过电子商务平台签订或者履行网络购物合同而产生的纠纷；

（2）在互联网上侵害他人人身权、财产权等民事权益而产生的纠纷；

（3）通过电子商务平台购买的产品，因存在产品缺陷，侵害他人人身、财产权益而产生的产品责任纠纷。

2. 原管辖法院：北京、广州、杭州基层法院。

3. 集中后：由本地互联网法院集中管辖，原基层法院不再管辖。

4. 可协议：当事人可以依法协议约定与争议有实际联系地点的互联网法院管辖。（《最高人民法院关于互联网法院审理案件若干问题的规定》第 3 条）

三、审理

1. 人民法院可以对以下案件适用在线诉讼，在线完成立案、调解、证据交换、询问、庭审、送达等全部或者部分诉讼环节：（《人民法院在线诉讼规则》第 3 条）

（1）民事诉讼案件；

（2）民事特别程序、督促程序、破产程序案件；

（3）民事执行案件。

2. 依职权转线下诉讼：在诉讼过程中，如存在当事人欠缺在线诉讼能力、不具备在线诉讼条件或者相应诉讼环节不宜在线办理等情形之一的，人民法院应当将相应诉讼环节转为线下进行。（《人民法院在线诉讼规则》第 5 条）

3. 当事人不同意在线诉讼：未经当事人及其他诉讼参与人同意，人民法院不得强制或者变相强制适用在线诉讼。（《人民法院在线诉讼规则》第 2 条）

（1）各方当事人均明确表示不同意的，不得适用在线庭审。（《人民法院在线诉讼规则》第 21 条）

（2）部分当事人同意适用在线诉讼，部分当事人不同意的，相应诉讼环节可以采取同意方当事人线上、不同意方当事人线下的方式进行。（《人民法院在线诉讼规则》第4条）

［考点练习］

甲乙纠纷中，针对质证环节，甲同意在线诉讼，乙表示己方不同意在线，法院以不同意的理由不正当为由视为乙放弃质证权利，最终判决乙败诉，违反了下列哪一原则？（2022年考生回忆版真题/单选题）

A. 同等原则

B. 对等原则

C. 诚信原则

D. 在线诉讼原则

答案：D

解析：部分当事人同意适用在线诉讼，部分当事人不同意的，不同意方当事人可以通过线下质证的方式进行。

4. 证人通过在线方式出庭的，人民法院应当通过指定在线出庭场所、设置在线作证室等方式，保证其不旁听案件审理和不受他人干扰。（《人民法院在线诉讼规则》第26条）

四、调解

1. 在线调解的适用时间：在立案前或者诉讼过程中。（《人民法院在线调解规则》第1条）

2. 在线调解方式应当征得当事人同意。（《人民法院在线调解规则》第4、15条）

（1）人民法院对当事人一方立案前申请在线调解的，应当征询对方当事人的调解意愿。

（2）对方当事人拒绝调解或者无法联系对方当事人的，终结在线调解程序。

3. 在线调解员。

（1）产生。（《人民法院在线调解规则》第10条）

①当事人一方在立案前同意在线调解的：由人民法院征求其意见后指定。

②当事人双方同意在线调解的：共同选择；（同意法院指定或者无法共同选择的）由人民法院指定。

（2）人数。（《人民法院在线调解规则》第11条）

①一般：一名调解员。

②案件重大、疑难复杂或者具有较强专业性的：可以由两名以上调解员调解，并由当事人共同选定其中一人主持调解。

4. 在线调解的结案。

（1）调解协议的生效时间：调解协议自各方当事人均完成电子签章之时起发生法

律效力，并通过人民法院调解平台向当事人送达。（《人民法院在线调解规则》第19条）

（2）调解期限：（《人民法院在线调解规则》第24条）

①立案前在线调解期限为30日。

②适用普通程序的调解期限为15日。

③适用简易程序的调解期限为7日。

第十八章　执 行 程 序

第一节　执行程序的启动

一、执行管辖法院

1. 发生法律效力的民事判决、裁定，以及刑事判决、裁定中的财产部分：由第一审人民法院或者与第一审人民法院同级的被执行的财产所在地人民法院执行。（《民事诉讼法》第235条、《民诉法解释》第460条）

2. 法律规定由人民法院执行的其他法律文书（公证债权文书、仲裁裁决书和仲裁调解书），由被执行人住所地或者被执行的财产所在地人民法院执行。

3. 执行管辖权异议：（《最高人民法院关于适用〈中华人民共和国民事诉讼法〉执行程序若干问题的解释》第3条）

（1）异议时间：当事人应当自收到执行通知书之日起10日内提出。

（2）处理方式：

①异议成立的，应当撤销执行案件。

②异议不成立的，裁定驳回。

（3）可以复议：向上一级人民法院。

二、法院的受理

1. 法院受理执行案件的条件：（《最高人民法院关于人民法院执行工作若干问题的规定（试行）》第16条）

（1）申请或移送执行的法律文书已经生效；

（2）申请执行人是生效法律文书确定的权利人或其继承人、权利承受人；

（3）申请执行的法律文书有给付内容，且执行标的和被执行人明确；

（4）义务人在生效法律文书确定的期限内未履行义务；

（5）属于受申请执行的人民法院管辖。

注意：已经删除了“申请执行人在法定期限内提出申请”的要求。

2. 执行通知的时间：

（1）通常情况：人民法院应当在收到申请执行书或者移交执行书后10日内发出执行通知。（《最高人民法院关于人民法院执行工作若干问题的规定（试行）》第22条）

（2）执行员立即采取强制执行措施的：可以同时或者自采取强制执行措施之日起3日内发送执行通知书。（《最高人民法院关于适用〈中华人民共和国民事诉讼法〉执行程序若干问题的解释》第22条）

三、代位申请执行

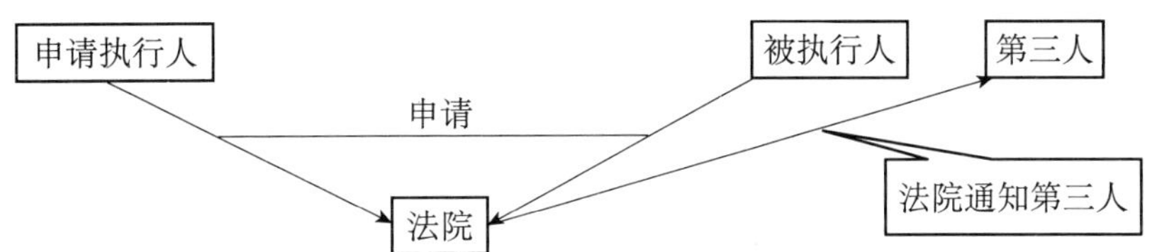

1. 适用条件：

（1）被执行人不能清偿债务，但对第三人享有到期债权；

（2）依申请执行人或被执行人的申请。注意：法院不得主动通知第三人履行债务。

2. 人民法院通知的效力：

（1）债务人15日内履行债务；

（2）债务人15日内提出异议；

（3）15日内不提出异议，也不履行的，法院有权裁定强制执行。

四、委托执行

执行法院经调查发现被执行人在本辖区内已无财产可供执行，且在其他省、自治区、直辖市内有可供执行财产的，可以将案件委托异地的同级人民法院执行。

1. 委托执行的条件：（《最高人民法院关于委托执行若干问题的规定》第1条）

（1）被执行人在执行法院辖区内已无财产可供执行；

（2）在其他省、自治区、直辖市内有可供执行财产；

（3）将案件委托异地的同级人民法院执行。

2. 不委托亲自异地执行的条件：执行法院确需赴异地执行案件的，应当经其所在辖区高级人民法院批准。（《最高人民法院关于委托执行若干问题的规定》第1条）

3. 委托执行的影响：（《最高人民法院关于委托执行若干问题的规定》第2条）

（1）受托法院应当依法立案。

（2）委托法院应当在收到受托法院的立案通知书后作销案处理。

五、执行回转

1. 执行回转的适用情形：

（1）据以执行的判决、裁定和调解书确有错误，被人民法院撤销的。

（2）其他法律文书执行完毕后，被有关机关或者组织依法撤销的。（《民诉法解释》第474条）

2. 执行回转的适用条件：

（1）执行根据（即据以执行的法律文书）已执行完毕。

（2）已经执行完毕的执行根据被撤销。

（3）根据新的生效法律文书启动。一定要有新的执行根据，仅仅是执行根据被撤销不会导致执行回转。

［考点练习］

案情：某侵犯名誉权的案件执行完毕后，过了1个月，被告认为该判决在适用法律上有错误。

问题：在这种情况下，被告是否有权申请执行回转？

答案：被告无权申请执行回转。因为没有需要执行回转的新的文书出现。

3. 执行回转的程序要求：

（1）法院依当事人申请或依职权启动。

（2）按照新的生效法律文书，作出执行回转的裁定：责令原申请执行人返还已取得的财产及其孳息。

（3）拒不返还的，强制执行。

第二节　执行程序的进行

一、执行中止

执行中止的情形：（《民事诉讼法》第267条、《最高人民法院关于人民法院办理仲裁裁决执行案件若干问题的规定》第7条）

（1）申请人表示可以延期执行的；

（2）案外人对执行标的提出确有理由的异议的；

（3）作为一方当事人的公民死亡，需要等待继承人继承权利或者承担义务的；

（4）作为一方当事人的法人或者其他组织终止，尚未确定权利义务承受人的；

（5）一方当事人申请执行仲裁裁决，另一方当事人申请撤销仲裁裁决的；

（6）仲裁裁决的被申请执行人向人民法院提出不予执行请求，并提供适当担保的。

注意：删除了“被执行人确无财产可供执行的”裁定中止执行的规定。

二、因执行担保而暂缓执行

1. 适用条件：

（1）被执行人或第三人向人民法院提供执行担保。（《民诉法解释》第468条、《最高人民法院关于执行担保若干问题的规定》第3条）

（2）申请执行人同意。（《最高人民法院关于执行担保若干问题的规定》第6条）

（3）人民法院准许。

2. 担保书中应当载明暂缓执行期限、担保期间等内容。(《最高人民法院关于执行担保若干问题的规定》第 4 条)

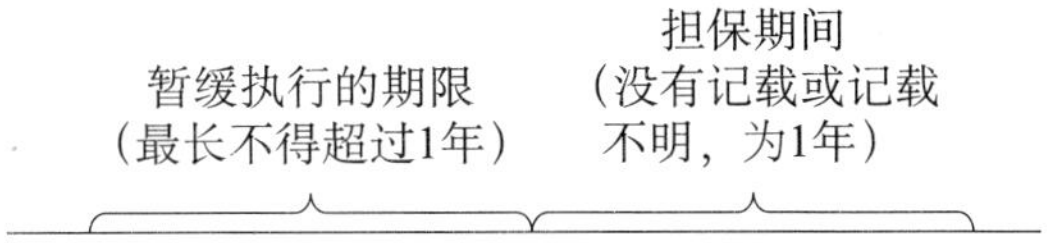

暂缓执行的期限（最长不得超过1年）

担保期间（没有记载或记载不明，为1年）

执行担保书的内容

(1) 担保期间：自暂缓执行期限届满之日起计算。(《最高人民法院关于执行担保若干问题的规定》第 12 条)

(2) 担保期间届满后，免责，并依其申请解除查封、扣押、冻结：担保期间届满后，申请执行人申请执行担保财产或者保证人财产的，人民法院不予支持。他人提供财产担保的，人民法院可以依其申请解除对担保财产的查封、扣押、冻结。(《最高人民法院关于执行担保若干问题的规定》第 13 条)

3. 恢复执行。(《最高人民法院关于执行担保若干问题的规定》第 11 条)

(1) 只能依申请，不能法院依职权恢复。

(2) 如果选择执行担保人：不得将担保人变更、追加为被执行人。

法院可以依申请执行人的申请恢复执行，并直接裁定执行担保财产或者保证人的财产（以担保人应当履行义务部分的财产为限）。

(3) 如果选择执行被执行人：被执行人有便于执行的现金、银行存款的，应当优先执行该现金、银行存款。

三、执行承担

1. 被执行人为公民，其死亡时的执行承担。(《最高人民法院关于民事执行中变更、追加当事人若干问题的规定》第 10 条、《民诉法解释》第 473 条)

(1) 变更、追加该自然人的遗产管理人、继承人、受遗赠人或其他取得遗产的主体为被执行人。

(2) 在遗产范围内承担责任。

2. 被执行人为法人或其他组织，其发生变更时的执行承担。(《民诉法解释》第 470 条)

(1) 执行中作为被执行人的法人或者其他组织分立、合并的，人民法院可以裁定变更后的法人或者其他组织为被执行人；

(2) 被注销的，如果依照有关实体法的规定有权利义务承受人的，可以裁定该权利义务承受人为被执行人。

3. 被执行人为其他组织（个人独资企业、合伙企业、法人的分支机构）时的执行承担。(《民诉法解释》第 471 条)

(1) 情形：其他组织在执行中不能履行法律文书确定的义务。

(2) 处理：人民法院可以裁定执行对该其他组织依法承担义务的法人或者公民个人的财产。

4. 在执行中，作为被执行人的法人或者其他组织名称变更的，人民法院可以裁定变更后的法人或者其他组织为被执行人。(《民诉法解释》第 472 条)

四、执行措施

1. 迟延履行利息和迟延履行金。

（1）被执行人未按判决、裁定和其他法律文书指定的期间履行给付金钱义务的，应当加倍支付迟延履行期间的债务利息。

（2）被执行人未按判决、裁定和其他法律文书指定的期间履行其他义务的，应当支付迟延履行金。

2. 执行标的物为特定物的：（《最高人民法院关于人民法院执行工作若干问题的规定（试行）》第41条、《民诉法解释》第492条）

（1）应当执行原物。

（2）原物被隐匿或非法转移的：人民法院有权责令其交出。

（3）原物确已毁损或灭失的：经双方当事人同意，可以折价赔偿。

（4）双方当事人对折价赔偿不能协商一致的：人民法院应当终结执行程序。申请执行人可以另行起诉。

3. 侵犯名誉权案件：侵权人拒不执行生效判决，不为对方恢复名誉、消除影响的，人民法院可以采取公告、登报等方式，将判决的主要内容及有关情况公布于众，费用由被执行人负担。并可依照《民事诉讼法》第114条第1款第6项的规定处理，即追究妨碍执行的责任。

4. 被执行人将其财产出卖给第三人，但根据合同约定被执行人保留所有权的：（《最高人民法院关于人民法院民事执行中查封、扣押、冻结财产的规定》第14条）

（1）第三人已经支付部分价款并实际占有该财产：人民法院可以查封、扣押、冻结。

（2）第三人要求继续履行合同的，向人民法院交付全部余款后：裁定解除查封、扣押、冻结。

第三节　执行程序的结束

一、不予执行

时间与管辖法院：当事人请求不予执行仲裁裁决或者公证债权文书的，应当在执行终结前向执行法院提出。（《民诉法解释》第479条）

（一）不予执行公证债权文书

1. 申请执行公证债权文书的材料：公证债权文书＋执行证书。（《最高人民法院关于公证债权文书执行若干问题的规定》第3条）

2. 公证债权文书不予执行的情形：确有错误。（《民诉法解释》第478条）

（二）不予执行国内仲裁裁决书

1. 国内仲裁裁决不予执行的情形：（《民事诉讼法》第248条）

（1）当事人在合同中没有订有仲裁条款或者事后没有达成书面仲裁协议的；

（2）裁决的事项不属于仲裁协议的范围或者仲裁机构无权仲裁的；

（3）仲裁庭的组成或者仲裁的程序违反法定程序的；

（4）裁决所根据的证据是伪造的；

（5）对方当事人向仲裁机构隐瞒了足以影响公正裁决的证据的；

（6）仲裁员在仲裁该案时有贪污受贿，徇私舞弊，枉法裁决行为的；

（7）人民法院认定执行该裁决违背社会公共利益的。

2. 仲裁裁决部分不予执行：（《民诉法解释》第 475 条）

（1）不予执行部分与其他部分可分的，法院应当裁定对该部分不予执行。

（2）不予执行部分与其他部分不可分的，法院应当裁定不予整个执行仲裁裁决。

3. 仲裁裁决不予执行的救济：法院裁定不予执行仲裁裁决后，当事人可以就该民事纠纷重新达成书面仲裁协议申请仲裁，也可以向人民法院起诉。（《民诉法解释》第 476 条）

二、执行和解

1. 执行和解的要求。

（1）时间：执行中。

（2）主体：双方当事人。注意：执行中法院不得进行调解。

（3）方式：只有三种：（《最高人民法院关于执行和解若干问题的规定》第 2 条）

①各方当事人共同向人民法院提交书面和解协议的；

②一方当事人向人民法院提交书面和解协议，其他当事人予以认可的；

③当事人达成口头和解协议，执行人员将和解协议内容记入笔录，由各方当事人签名或者盖章的。

［考点练习］

案情：法院受理甲出版社与乙报社著作权纠纷案，判决乙报社赔偿甲出版社 10 万元，并登报赔礼道歉。判决生效后，乙报社交付 10 万元，但未按期赔礼道歉，甲出版社申请强制执行。执行中，甲出版社、乙报社自行达成口头协议，约定乙报社免于赔礼道歉，但另付甲出版社 1 万元。

问题：该和解协议是否需要记入笔录？

答案：应当记入笔录。以口头方式达成执行和解协议，必须由执行人员将当事人协议内容记入笔录，由各方当事人签名或盖章。

2. 执行和解的效力：能够依法变更生效法律文书确定的内容。（《最高人民法院关于执行和解若干问题的规定》第 1 条）

（1）执行和解协议不具有强制执行力：当事人达成以物抵债执行和解协议的，人民法院不得依据该协议作出以物抵债裁定。（《最高人民法院关于执行和解若干问题的规定》第 6 条）

（2）和解协议达成后，法院可以裁定中止执行。

（3）执行和解协议履行完毕的，人民法院作执行结案处理。（《最高人民法院关于

执行和解若干问题的规定》第 8 条）

（4）被执行人一方不履行执行和解协议的，恢复执行与起诉，只能二选一：申请执行人可以申请恢复执行原生效法律文书，也可以就履行执行和解协议向执行法院提起诉讼。（《最高人民法院关于执行和解若干问题的规定》第 9 条）

3. 恢复执行。

（1）依对方当事人的申请。

（2）恢复执行的原因：（《民事诉讼法》第 241 条）

①申请执行人因受欺诈、胁迫与被执行人达成和解协议的；

②当事人不履行和解协议的。

（3）恢复执行的对象：原生效法律文书。注意：不是执行和解协议。

三、执行终结

1. 执行终结的情形。（《民事诉讼法》第 268 条）

（1）申请人撤销申请的：因撤销申请而终结执行后，当事人在民事诉讼法规定的申请执行时效期间内再次申请执行的，人民法院应当受理。（《民诉法解释》第 518 条）

（2）据以执行的法律文书被撤销的。

（3）作为被执行人的公民死亡，无遗产可供执行，又无义务承担人的。

（4）追索赡养费、扶养费、抚养费案件的权利人死亡的。

（5）作为被执行人的公民因生活困难无力偿还借款，无收入来源，又丧失劳动能力的。

（6）未发现可供执行的财产的。（《民诉法解释》第 517 条）

①经过财产调查未发现可供执行的财产，在申请执行人签字确认或者执行法院组成合议庭审查核实并经院长批准后，可以裁定终结本次执行程序。

②裁定终结本次执行程序后，申请执行人发现被执行人有可供执行财产的，可以再次申请执行。再次申请不受申请执行时效期间的限制。

2. 总结：作为被执行人的公民死亡对执行程序的影响。

（1）执行中止：等待继承人继承权利或者承担义务。

（2）变更、追加：申请执行人申请变更、追加该自然人的遗产管理人、继承人、受遗赠人或其他取得遗产的主体为被执行人，在遗产范围内承担责任。

注意：已经删除了“继承人放弃继承或受遗赠人放弃受遗赠，又无遗嘱执行人的，人民法院可以直接执行遗产”的规定。

3. 执行结案的方式包括：（《最高人民法院关于人民法院执行工作若干问题的规定（试行）》第 64 条）

（1）执行完毕；

（2）终结本次执行程序；

（3）终结执行；

（4）销案；

（5）不予执行；

（6）驳回申请。

第四节　执行错误的救济

一、案外人对执行标的的异议

1. 异议的条件。(《民事诉讼法》第238条)

(1) 执行过程中：在该执行标的执行程序终结前提出。(《民诉法解释》第462条)

(2) 提出异议的主体：必须是案外人，不能是申请执行人和被执行人。

(3) 针对执行标的：案外人对执行标的享有足以排除强制执行的权益。(《民诉法解释》第463条)

2. 程序问题。(《民事诉讼法》第238条)

(1) 异议方式：书面异议。

(2) 审查期限：法院应当自收到书面异议之日起15日内审查。

(3) 审查方式：执行法院应当进行实质性审查，以确认异议人是否真的对执行标的享有权利。(《民诉法解释》第463条)

(4) 可保全不处分：审查期间可以对财产采取查封、扣押、冻结等保全措施，但不得进行处分。(《最高人民法院关于适用〈中华人民共和国民事诉讼法〉执行程序若干问题的解释》第15条)

(5) 两种处理：(《民诉法解释》第463条)

①理由不成立的，裁定驳回其异议。

②理由成立的，裁定中止对该标的的执行：中止执行应当限于案外人依该条规定提出异议部分的财产范围。对被执行人的其他财产，不应中止执行。

3. 对裁定不服的救济。(《民事诉讼法》第238条)

(1) 判决房屋＋执行房屋：案外人、当事人对裁定不服，认为原判决、裁定错误的，依照审判监督程序办理。

(2) 判决给钱＋执行房屋：与原判决、裁定无关的，可以自裁定送达之日起15日内向执行法院提起诉讼(即执行异议之诉)。(《民诉法解释》第302条)

①案外人和申请执行人，可以提起执行异议之诉。

②被执行人，无权提起执行异议之诉。

[解题技巧] 案外人、当事人的进一步救济方式分三步：

第一步，找到案外人异议的物是什么。

第二步，找到判决的内容是什么。

第三步，分两种情况：①判过的，再审；②没判过的，执行异议之诉。

[考点练习]

案情：原告李某起诉被告王某要求返还借款5万元的诉讼，法院二审判决被告王某返还原告李某5万元借款。判决生效后，由于被告王某没有主动履行义务，原告李某向法院申请强制执行。进入执行程序以后，由于被告王某没有现金，法院扣押了王某的一辆汽车。即将拍卖前，案外人陈某向法院主张，该汽车是自己所有的，只是一直委托被告王某保管，法院不能强制执行。

问题1：如果法院驳回了案外人陈某的异议，案外人陈某如何进一步寻求救济？

提示：分三步：①案外人异议的是汽车；②判的是给5万元；③由于异议的是没判过的，只能提执行异议之诉。

答案：可以向执行法院提起执行异议之诉（案外人异议之诉）。

问题2：如果法院支持了案外人陈某的异议，申请执行人如何进一步寻求救济？

答案：可以向执行法院提起执行异议之诉（许可执行之诉）。

4. 因为异议导致的再审。（《民诉法解释》第422条）

（1）按照第一审程序再审的，应当追加异议人为当事人，作出新的判决、裁定；

（2）按照第二审程序再审，经调解不能达成协议的，应当撤销原判决、裁定，发回重审；

（3）重审时应追加异议人为当事人。

二、执行异议之诉

1. 原告与被告的确定。

（1）案外人提起执行异议之诉的，以申请执行人为被告。被执行人反对案外人异议的，被执行人为共同被告；被执行人不反对案外人异议的，可以列被执行人为第三人。（《民诉法解释》第305条）

（2）申请执行人提起执行异议之诉的，以案外人为被告。被执行人反对申请执行人主张的，以案外人和被执行人为共同被告；被执行人不反对申请执行人主张的，可以列被执行人为第三人。（《民诉法解释》第306条）

原告	被告	共同被告	第三人
案外人	申请执行人	被执行人反对时	被执行人不反对时
申请执行人	案外人	被执行人反对时	被执行人不反对时

［考点练习］

案情：甲公司申请强制执行乙公司的财产，法院将乙公司的一处房产列为执行标的。执行中，丙银行向法院主张，乙公司已将该房产抵押贷款，并以自己享有抵押权为由提出异议。乙公司否认将房产抵押给丙银行。经审查，法院驳回丙银行的异议。

问题：丙银行拟向法院起诉，应当以谁为被告？

答案：应当以甲公司和乙公司为共同被告。丙银行起诉时，甲公司为被告。乙公司否认过，应当作为共同被告。

2. 案外人的证明责任：案外人或者申请执行人提起执行异议之诉的，案外人应当就其对

执行标的享有足以排除强制执行的民事权益承担举证证明责任。(《民诉法解释》第 309 条)

3. 审理程序：人民法院审理执行异议之诉案件，适用普通程序。(《民诉法解释》第 308 条)

三、第三人撤销之诉、执行异议、再审的关系

1. 第三人撤销之诉与再审的关系。

由于在效果上都是纠正生效裁判的错误，对于当事人来讲，只能二选一。但法院和检察院也能启动再审，此时就需要处理第三人撤销之诉与再审的关系：并入再审或者只审第三人撤销之诉。

(1) 通常第三人撤销之诉要并入再审：第三人撤销之诉案件审理期间，人民法院对生效判决、裁定、调解书裁定再审的，受理第三人撤销之诉的人民法院应当裁定将第三人的诉讼请求并入再审程序。(《民诉法解释》第 299 条)

(2) 原案为虚假诉讼时，先审理第三人撤销之诉，并中止再审：有证据证明原审当事人之间恶意串通损害第三人合法权益的，人民法院应当先行审理第三人撤销之诉案件，裁定中止再审诉讼。(《民诉法解释》第 299 条)

(3) 并入再审后，对第三人诉讼请求的处理：(《民诉法解释》第 300 条)

①按照第一审程序审理的，人民法院应当对第三人的诉讼请求一并审理，所作的判决可以上诉；

②按照第二审程序审理的，人民法院可以调解，调解达不成协议的，应当裁定撤销原判决、裁定、调解书，发回一审法院重审，重审时应当列明第三人。

2. 主张独有时第三人撤销之诉、执行异议、再审的关系。(《民诉法解释》第 301 条)

(1) 第三人撤销之诉+执行异议：

①第三人提起撤销之诉后，未中止生效判决、裁定、调解书执行的；

②执行法院对第三人提出的执行异议，应予审查；

③第三人不服驳回执行异议裁定，申请对原判决、裁定、调解书再审的，人民法院不予受理。

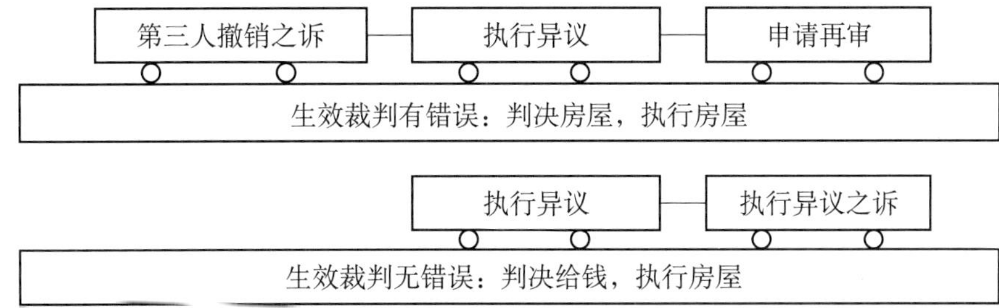

> 考试技巧：
> (1) 判决给钱，执行房屋，上两节小火车；判决房屋，执行房屋，上三节小火车。
> (2) 不能直接申请再审或者提执行异议之诉：申请再审或者提执行异议之诉，以驳回执行异议为前置条件。
> (3) 三节小火车，每次可以选两节，中间不能断：三撤+异议；异议+再审。

（2）执行异议＋再审：

①案外人对人民法院驳回其执行异议裁定不服，认为原判决、裁定、调解书内容错误损害其合法权益的；

②应当根据《民事诉讼法》第 238 条规定申请再审；

③提起第三人撤销之诉的，人民法院不予受理。

［解题技巧］对案外人的执行异议的处理：

（1）案外人对于执行标的物，提出的是独有，还是共有。

（2）案外人对执行标的物，提出独有之后，根据案外人有异议的物，原判决判没判。

①判过，上三节小火车：三撤＋异议；异议＋再审。

②没判，异议＋异议之诉。

（3）案外人对执行标的物，提出共有之后，根据案外人有异议的物，原判决判没判。

①判过，异议＋再审。

②没判，异议＋异议之诉。

［考点练习］

案情：汤某设宴为母祝寿，向成某借了一尊清代玉瓶装饰房间。毛某来祝寿时，看上了玉瓶，提出购买。汤某以 30 万元将玉瓶卖给了毛某，并要其先付钱，寿典后 15 日内交付玉瓶。毛某依约履行，汤某以种种理由拒绝交付。毛某诉至甲县法院，要求汤某交付玉瓶，得到判决支持。汤某未上诉，判决生效。在该判决执行时，成某知晓了上述情况。

提示：①成某是有独立请求权的第三人。②因生效判决而受到损害的第三人，有三种救济途径可以选择使用：提第三人撤销之诉；提执行异议；申请再审。

问题 1：成某能不能以案外人身份向甲县法院直接申请再审?

答案：不能。因为申请再审有前置程序，必须是提过执行异议，并且执行异议被驳回后才能申请再审。

问题 2：成某可不可以向甲县法院提出第三人撤销之诉?

答案：可以。尽管案情中说到了在执行该判决时，成某知晓了情况，但并没有提到成某提出了执行异议。由于成某没有作出任何选择，因此可以选择首先提起第三人撤销之诉，也可以选择首先提起执行异议。

问题 3：成某向执行法院提出异议之后被驳回，接下来如何寻求救济?

答案：可以向法院申请再审。题目给定的条件是首先选了执行异议，并且被驳回，则接下来只能选择申请再审，不可以提第三人撤销之诉。

四、对执行行为的异议

1. 情形：执行行为违反法律规定。（《民事诉讼法》第 236 条）

2. 主体：当事人、利害关系人。
3. 法院：向负责执行的人民法院提出。
4. 理由不成立的，裁定驳回。
5. 复议：自裁定送达之日起 10 日内向上一级人民法院申请复议。

第十九章　仲裁制度

一、仲裁范围

1. 可以仲裁：平等主体的公民、法人和其他组织之间发生的合同纠纷和其他财产权益纠纷。(《仲裁法》第2条)

2. 以下三类事项不得仲裁：(《仲裁法》第3条)

(1) 婚姻、收养、监护、扶养、继承纠纷。

［考点练习］

案情：张小山与张大山之间因继承父亲的5万元存款发生争议。

问题：若双方达成仲裁协议约定该纠纷仲裁解决，该仲裁协议是否有效？

答案：无效。本案属于继承纠纷，不得仲裁。

(2) 依法应当由行政机关处理的行政争议。

(3) 劳动争议（只能由劳动仲裁委员会仲裁）和农业承包合同纠纷（只能由农村土地承包仲裁委员会仲裁）。(《仲裁法》第77条)

3. 破产案件与民事诉讼、民事仲裁的关系。

(1) 有仲裁协议的：当事人之间在破产申请受理前订立有仲裁条款或仲裁协议的，应当向选定的仲裁机构申请确认债权债务关系。(《最高人民法院关于适用〈中华人民共和国企业破产法〉若干问题的规定（三）》第8条)

(2) 无仲裁协议的：人民法院受理破产申请后，有关债务人的民事诉讼，只能向受理破产申请的人民法院提起。(《企业破产法》第21条)

二、仲裁协议的形式与内容

1. 仲裁协议的形式。(《仲裁法》第16条)

(1) 仲裁条款。

(2) 其他书面形式：包括合同书、信件和数据电文等。[《最高人民法院关于适用〈中华人民共和国仲裁法〉若干问题的解释》(以下简称《仲裁法解释》) 第1条]

2. 仲裁协议应当具有的内容：(《仲裁法》第16条)

(1) 请求仲裁的意思表示；

(2) 仲裁事项；

(3) 选定的仲裁委员会。

3. 仲裁协议的内容欠缺对于仲裁协议效力的影响：无效＋补充＝有效。（《仲裁法》第18条）

（1）可以补充协议；

（2）达不成补充协议的，仲裁协议无效。

［考点练习］

案情：武当公司与洪湖公司签订了一份钢材购销合同，同时约定，因合同效力或合同的履行发生纠纷提交A仲裁委员会或B仲裁委员会仲裁解决。

问题1：因当事人约定了两个仲裁委员会，仲裁协议属于当然无效吗？

答案：不属于。当然无效的说法，忽视了可以通过补充协议变得有效这种情况。本案中的仲裁协议是无效的，但并不是当然无效，可通过补充协议变得有效。

问题2：洪湖公司如向法院起诉，法院应当受理吗？

答案：应当受理。双方在仲裁协议中约定了两个仲裁委员会，题目中没有出现“补充协议”的情节，那仲裁协议就是无效的。既然仲裁协议是无效的，洪湖公司向法院起诉，法院就应当受理。

4. 约定的仲裁委员会不明确的情形。

（1）仲裁协议约定的仲裁机构名称不准确，但能够确定具体的仲裁机构的，应当认定选定了仲裁机构。（《仲裁法解释》第3条）

（2）仲裁协议仅约定纠纷适用的仲裁规则的：按照约定的仲裁规则不能够确定仲裁机构的，视为未约定仲裁机构，但按照约定的仲裁规则能够确定仲裁机构的，属于约定了仲裁机构。（《仲裁法解释》第4条）

（3）仲裁协议约定两个以上仲裁机构的：当事人可以协议选择其中的一个仲裁机构申请仲裁；当事人不能就仲裁机构选择达成一致的，仲裁协议无效。（《仲裁法解释》第5条）

（4）仲裁协议约定由某地的仲裁机构仲裁：该地仅有一个仲裁机构的，该仲裁机构视为约定的仲裁机构；该地有两个以上仲裁机构的，仲裁协议无效。（《仲裁法解释》第6条）

情形	举例	仲裁协议是否有效	说明
（1）约定仲裁机构名称不准确	约定：“由北京市仲裁委员会仲裁”	有效	仲裁机构的名称中没有行政级别，多了“市”
（2）只约定了仲裁规则	约定：“适用《中国国际经济贸易仲裁委员会仲裁规则》进行仲裁”	无效	如果特别强调根据这个规则能够确定出一个具体的机构，此时仲裁协议有效
（3）约定两个以上仲裁机构	约定：“提交A仲裁委员会或B仲裁委员会仲裁”	无效	如果双方通过补充协议确定由其中一个机构仲裁：此时仲裁协议有效
（4）只约定了仲裁地点	约定：“由A市的仲裁机构仲裁”	可能有效，可能无效	①1地1个机构：有效；②1地多个机构：无效

三、仲裁协议的效力

1. 仲裁协议（或仲裁条款）独立存在。（《仲裁法》第 19 条）

（1）仲裁案件往往会有两个争议：

①仲裁协议效力争议；

②实体权利义务争议。

（2）合同未成立、合同成立后未生效或者被撤销的：不影响仲裁协议的效力。（《仲裁法解释》第 10 条）

2. 仲裁协议常考无效情形的总结。

（1）选择的仲裁机构不存在的（如：选择由 A 县仲裁委员会仲裁），仲裁协议无效。

（2）同时选择诉讼或者仲裁的协议（如：木材质量问题争议，可以由合同签订地南京市鼓楼区法院管辖，也可以向南京仲裁委员会申请仲裁）：

①原则上：仲裁协议无效，但管辖协议有效。

②例外时仲裁协议会变得有效，条件：一方向仲裁机构申请仲裁，另一方未在仲裁庭首次开庭前提出异议的。（《仲裁法解释》第 7 条）

3. 仲裁协议效力的确认。（《仲裁法》第 20 条）

（1）确认机关：（《最高人民法院关于审理仲裁司法审查案件若干问题的规定》第 2 条）

①人民法院：由仲裁协议约定的仲裁机构所在地、仲裁协议签订地、申请人住所地、被申请人住所地的中级人民法院管辖，应当组成合议庭。

②仲裁委员会：仲裁委员会可以自己作决定，也可以授权仲裁庭作出决定。

③同时向法院和仲裁委员会提出申请时：法院的确认权优先（仲裁机构无权再处理）。

（2）提出时间：

①仲裁庭首次开庭前提出。

②当事人在仲裁庭首次开庭前没有对仲裁协议的效力提出异议，而后向人民法院申请确认仲裁协议无效的，人民法院不予受理。（《仲裁法解释》第 13 条）

（3）向仲裁委员会申请确认的条件：未向法院提出申请。

（4）向法院申请确认的条件：仲裁机构对仲裁协议的效力尚未作出决定（因为仲裁委员会对仲裁协议的效力作出决定后将一裁终局）。（《仲裁法解释》第 13 条）

四、仲裁庭的组成

1. 当事人可以约定由 1 名仲裁员独任仲裁，也可约定由 3 名仲裁员组成仲裁庭。

（1）当事人约定由 3 名仲裁员组成仲裁庭的：

①应当各自选定或者各自委托仲裁委员会主任指定 1 名仲裁员；

②第 3 名仲裁员由当事人共同选定或者共同委托仲裁委员会主任指定。

（2）当事人约定由 1 名仲裁员成立仲裁庭的，应当由当事人共同选定或者共同委托仲裁委员会主任指定仲裁员。

2. 当事人没有在仲裁规则规定的期限内约定仲裁庭的组成方式或者选定仲裁员的，由仲裁委员会主任指定。

五、回避制度

1. 回避的适用范围。
(1) 是本案当事人或者当事人、代理人的近亲属；
(2) 与本案有利害关系；
(3) 与本案当事人、代理人有其他关系，可能影响公正仲裁的；
(4) 私自会见当事人、代理人，或者接受当事人、代理人的请客送礼的。
2. 仲裁回避的决定。(《仲裁法》第 36 条)
(1) 仲裁员是否回避，由仲裁委员会主任决定；
(2) 仲裁委员会主任，由仲裁委员会集体决定。
3. 仲裁员回避的法律后果。
(1) 当事人可以请求已进行的仲裁程序重新进行；
(2) 仲裁庭也可以自行决定已进行的仲裁程序是否重新进行；
(3) 按照上述规则重新选定或者指定仲裁员（不必更换其他的仲裁员）。

六、仲裁保全

<table>
<tr><td>1. 申请的程序</td><td colspan="4">当事人在仲裁程序中提出申请，由仲裁委员会将当事人的申请提交人民法院</td></tr>
<tr><td rowspan="4">2. 管辖的法院</td><td rowspan="2">证据保全</td><td rowspan="2">证据所在地法院</td><td>国内仲裁</td><td>基层法院</td></tr>
<tr><td>涉外仲裁</td><td>中级法院</td></tr>
<tr><td rowspan="2">财产保全</td><td rowspan="2">被申请人住所地或财产所在地法院</td><td>国内仲裁</td><td>基层法院</td></tr>
<tr><td>涉外仲裁</td><td>中级法院</td></tr>
</table>

七、仲裁程序

1. 仲裁程序的公开。
(1) 仲裁不公开进行。
(2) 当事人协议公开的，可以公开进行。
(3) 但涉及国家秘密的除外。
2. 仲裁的开庭。
(1) 仲裁应当开庭进行。
(2) 当事人协议不开庭的，仲裁庭可以根据仲裁申请书、答辩书以及其他材料作出裁决。

八、仲裁中的调解与和解

1. 调解的结果。
(1) 调解不成的，及时裁决。

（2）调解达成协议的，仲裁庭应当制作调解书或者根据协议的结果制作裁决书。

［考点练习］

案情：天南公司与海北公司因木材买卖合同发生纠纷，根据双方达成的仲裁协议申请仲裁，在仲裁中仲裁庭主持双方进行调解。仲裁调解达成协议后，天南公司认为经当事人、仲裁员在协议上签名后，仲裁协议即发生效力。

问题：天南公司的理解正确吗？

答案：这种理解是错误的。仲裁中达成调解协议的，不能通过调解协议结案，一定要变成法定的文书，即制作成调解书，或者根据需要将协议的结果制作成裁决书。

2. 调解书的生效。

（1）调解书经双方当事人签收后，即发生法律效力。

（2）在调解书签收前当事人可以反悔，仲裁庭应当及时作出裁决。

3. 仲裁中的和解。

（1）当事人申请仲裁后，可以自行和解；无须在仲裁庭主持下进行。

（2）达成和解协议的，当事人可以选择：

①请求仲裁庭根据和解协议作出裁决书。

②撤回仲裁申请。

九、仲裁裁决

1. 评议方式。

（1）实行少数服从多数的原则。

（2）不能形成多数意见时，裁决应当按照首席仲裁员的意见作出。

2. 仲裁裁决书。

（1）裁决书的内容：

①仲裁请求、争议事实、裁决理由、裁决结果、仲裁费用的负担和裁决日期。

②当事人协议不愿写明争议事实和裁决理由的，可以不写。

（2）裁决书的签名：

①裁决书由仲裁员签名，加盖仲裁委员会印章。

②对裁决持不同意见的仲裁员，可以签名，也可以不签名。（《仲裁法》第54条）

［考点练习］

案情：三名仲裁员组成合议庭裁决某一案件时，最终的裁决书只有一个人签名。

问题：请问这个签名的人是谁？

答案：首席仲裁员。三名仲裁员形成了三种不同意见，按首席仲裁员意见作出裁决。另外两名仲裁员持不同意见，是可以不签名的。

（3）裁决书的生效：裁决书自作出之日起发生法律效力。

3. 仲裁裁决的补正。

（1）情形：

①文字错误；

②计算错误；

③仲裁庭已经裁决但在裁决书中遗漏的事项。

（2）救济：

①仲裁庭应当补正；

②当事人可以请求仲裁庭补正。

十、撤销仲裁裁决

1. 依当事人申请：（《仲裁法》第 58 条）

（1）法院不能依职权撤销；

（2）仲裁调解书不可以申请撤销。

2. 管辖：仲裁委员会所在地的中级人民法院（合议庭审理）。

3. 法定情形：与不予执行仲裁裁决的情形相同。

（1）没有仲裁协议的；

（2）裁决的事项不属于仲裁协议的范围或者仲裁委员会无权仲裁的；

（3）仲裁庭的组成或者仲裁的程序违反法定程序的；

（4）裁决所根据的证据是伪造的；

（5）对方当事人隐瞒了足以影响公正裁决的证据的；

（6）仲裁员在仲裁该案时有索贿受贿，徇私舞弊，枉法裁决行为的。

4. 前置程序：当事人在仲裁程序中（即仲裁庭首次开庭前）对仲裁协议的效力提出过异议。（《仲裁法解释》第 27 条）

5. 申请期间：自收到裁决书之日起 6 个月内提出。（《仲裁法》第 59 条）

6. 通知仲裁庭重新仲裁，并裁定中止撤销程序。（这是修复裁决错误的机制，只有撤销程序中才有）（《仲裁法》第 60、61 条）

（1）适用的情形限于：

①仲裁裁决所根据的证据是伪造的；

②对方当事人隐瞒了足以影响公正裁决的证据的。

（2）通知应说明理由：法院应当在通知中说明要求重新仲裁的具体理由。（《仲裁法解释》第 21 条）

（3）重新仲裁的影响：（《仲裁法解释》第 22 条）

①仲裁庭在法院指定的期限内开始重新仲裁的：法院应当裁定终结撤销程序；

②未开始重新仲裁的：法院应当裁定恢复撤销程序。

7. 当事人向人民法院申请撤销仲裁裁决被驳回后，又在执行程序中以相同理由提出不予执行抗辩的，人民法院不予支持。（《仲裁法解释》第 26 条）

十一、执行与不执行仲裁裁决

（一）执行仲裁裁决

1. 申请执行仲裁裁决或者仲裁调解书的管辖法院。（《最高人民法院关于人民法院办理仲裁裁决执行案件若干问题的规定》第 2 条）

（1）管辖：由被执行人住所地或者被执行的财产所在地的中级人民法院管辖。

（2）指定：执行标的额符合基层人民法院一审民商事案件级别管辖受理范围，经上级人民法院批准，中级人民法院可以指定被执行人住所地或者被执行的财产所在地基层人民法院管辖。

2. 一方当事人申请执行裁决，另一方当事人申请撤销裁决的：优先处理撤销申请。

（1）法院应当裁定中止执行。

（2）法院裁定撤销裁决的，应当裁定终结执行。

（3）撤销裁决的申请被裁定驳回的，法院应当裁定恢复执行。

（二）不予执行国内仲裁裁决书

1. 国内仲裁裁决不予执行的情形：（《民事诉讼法》第 248 条）

（1）当事人在合同中没有订有仲裁条款或者事后没有达成书面仲裁协议的；

（2）裁决的事项不属于仲裁协议的范围或者仲裁机构无权仲裁的；

（3）仲裁庭的组成或者仲裁的程序违反法定程序的；

（4）裁决所根据的证据是伪造的；

（5）对方当事人向仲裁机构隐瞒了足以影响公正裁决的证据的；

（6）仲裁员在仲裁该案时有贪污受贿，徇私舞弊，枉法裁决行为的；

（7）人民法院认定执行该裁决违背社会公共利益的。

2. 申请不予执行的主体：被执行人、案外人。（《最高人民法院关于人民法院办理仲裁裁决执行案件若干问题的规定》第 2 条）

3. 和解与调解的结果必须执行：被执行人申请不予执行仲裁调解书或者根据当事人之间的和解协议、调解协议作出的仲裁裁决，人民法院不予支持，但该仲裁调解书或者仲裁裁决违背社会公共利益的除外。（《最高人民法院关于人民法院办理仲裁裁决执行案件若干问题的规定》第 17 条）

［考点练习］

案情：张某根据与刘某达成的仲裁协议，向某仲裁委员会申请仲裁。在仲裁审理中，双方达成和解协议并申请依和解协议作出裁决。裁决作出后，刘某拒不履行其义务，张某向法院申请强制执行，而刘某则向法院申请裁定不予执行该仲裁裁决。

问题：执行法院应当如何处理？

答案：法院应当继续执行，不予审查是否具有不予执行仲裁裁决的情形。因为当事人请求不予执行根据当事人之间的和解协议作出的仲裁裁决书的，人民法院不予支持。

4. 裁决被人民法院依法裁定撤销或者不予执行的：当事人就该纠纷可以根据双方重新达成的仲裁协议申请仲裁，也可以向人民法院起诉。

5. 不予执行或者撤销仲裁裁决的审核：(《最高人民法院关于仲裁司法审查案件报核问题的有关规定》第 2、3 条)

(1) 通常的案件：应当向本辖区所属高级人民法院报核；待高级人民法院审核后，方可依高级人民法院的审核意见作出裁定。

(2) ①涉外涉港澳台案件+②以违背社会公共利益为由：最终应当向最高人民法院报核。待最高人民法院审核后，方可依最高人民法院的审核意见作出裁定。

国家统一法律职业资格考试

百日通关攻略

刑　法

嗨学法考　组编　　张宇琛　编著

中国人民大学出版社

·北京·

图书在版编目（CIP）数据

国家统一法律职业资格考试·百日通关攻略. 刑法 / 嗨学法考组编 ；张宇琛编著. -- 北京 ：中国人民大学出版社，2023.11
ISBN 978-7-300-32188-2

Ⅰ. ①国… Ⅱ. ①嗨… ②张… Ⅲ. ①刑法－中国－资格考试－自学参考资料 Ⅳ. ①D92

中国国家版本馆 CIP 数据核字（2023）第 173197 号

国家统一法律职业资格考试·百日通关攻略·刑法
嗨学法考　组编
张宇琛　编著
Guojia Tongyi Falü Zhiye Zige Kaoshi • Bairi Tongguan Gonglüe • Xingfa

出版发行	中国人民大学出版社		
社　　址	北京中关村大街 31 号	**邮政编码**	100080
电　　话	010－62511242（总编室）		010－62511770（质管部）
	010－82501766（邮购部）		010－62514148（门市部）
	010－62515195（发行公司）		010－62515275（盗版举报）
网　　址	http://www.crup.com.cn		
经　　销	新华书店		
印　　刷	涿州市星河印刷有限公司		
开　　本	787 mm×1092 mm　1/16	**版　　次**	2023 年 11 月第 1 版
印　　张	15.5	**印　　次**	2024 年 4 月第 3 次印刷
字　　数	343 000	**定　　价**	258.00 元（全 8 册）

目　录

第一编　刑法基础论

第二编　犯罪论

第三编　刑罚论

第四编　刑法分论

第一编　刑法基础论

第一章　罪刑法定原则

《刑法》第 3 条：法律没有明文规定为犯罪行为的，不得定罪处刑。

"法无明文规定不为罪，法无明文规定不处罚。"（冯·费尔巴哈：《刑法教科书》）

一、罪刑法定原则的思想基础

（一）民主主义

民主意味着在一个国家内重大的公共事项要由人民来决定，而什么是犯罪以及如何处罚犯罪，在任何一个国家无疑都是重大事项，因此应当交由人民来决定。人民决定犯罪与刑罚的路径是：由民选的代表组成立法机关（在我国就是全国人民代表大会及其常务委员会），再根据法定的程序制定刑法，这样的刑法一经制定就是民意的凝结。遵守刑法就等于尊重民意。

（二）人权主义

人权主义也称为自由主义。所谓自由，就是做法律所许可的事情的权利。罪刑法定原则要求，什么行为是犯罪以及对犯罪将处以怎样的刑罚，必须以明确的方式写在成文的刑法典中，这不仅是对法官自由裁量权的限制，更是公民行动的指南。公民可以根据法律的规定，选择自己的行为，安排自己的生活，并且可以确信，只要自己没有实施法律所禁止的行为，就是安全的，就不会受到国家刑罚权的肆意侵犯。

二、罪刑法定原则的基本内容

（一）事前的罪刑法定【禁止溯及既往】

犯罪及其惩罚必须在行为前予以规定，刑法不得对其实施前的行为进行追诉，即禁止刑法具有溯及既往的效力。这是保障国民自由的要求，因为公民只能根据现有的法律规定来选择和安排自己的行为，公民不可能预见立法机关在将来会制定什么法律、禁止什么行为，也不可能知道明天的法律将会如何评价今天的行为，因此公民只对行为当时的法律负责即可。

例外 **不禁止有利于被告人的溯及既往，**如果新生效的法律对行为的评价更有利于被告人（新法不认为是犯罪或者新法的法定刑更轻），则可以适用新法，即新法具有溯及既往的效力。

（二）成文的罪刑法定【排斥习惯法】

规定犯罪及其后果的法律必须是成文的法律，犯罪与刑罚必须以文字形式记载下来，法官只能根据成文的法律定罪量刑。

1. **习惯法**不能作为刑法的渊源。“习惯法”是指独立于国家的制定法之外，依据某种社会权威确立的，具有强制性和习惯性的行为规范的总和。习惯法的内容、发生效力的范围不确定，难以被国民普遍知晓，难以防止法官的擅断。

2. 刑法必须用**本国通用的文字**表述。

3. **行政规章**不能规定犯罪与刑罚。

4. **判例**不得作为刑法的渊源。

（三）严格的罪刑法定【禁止类推解释】

类推解释就是指对于法律没有明文规定的行为，适用有类似规定的其他条文予以处罚。允许类推适用，刑法就有被滥用的危险：若只因两种行为具有相类似性，就将法律没有明文规定的行为作为犯罪处理，会导致国民难以预测自己的行为的法律后果，使自由受限。

例外 **不禁止有利于被告人的类推解释。**

行贿罪	对非国家工作人员行贿罪
第 389 条【行贿罪】为谋取不正当利益，给予国家工作人员以财物的，是行贿罪。 在经济往来中，违反国家规定，给予国家工作人员以财物，数额较大的，或者违反国家规定，给予国家工作人员以各种名义的回扣、手续费的，以行贿论处。 **因被勒索给予国家工作人员以财物，没有获得不正当利益的，不是行贿。**	第 164 条【对非国家工作人员行贿罪】为谋取不正当利益，给予公司、企业或者其他单位的工作人员以财物，数额较大的，处 3 年以下有期徒刑或者拘役，并处罚金；数额巨大的，处 3 年以上 10 年以下有期徒刑，并处罚金。

第 389 条（行贿罪）“因被勒索给予国家工作人员以财物，没有获得不正当利益的，不是行贿”这一规定可以类推适用于第 164 条（对非国家工作人员行贿罪）。

（四）确定的罪刑法定【刑法法规的适当】

1. 明确性：刑法的规定必须清楚、明了，不得含糊其词，更不得引起歧义。

（1）不明确的刑法无法排除法官作出主观擅断的判决；

（2）不明确的刑法不具有预测可能性；

（3）不明确的刑法为国家肆意侵犯国民自由找到了形式上的法律依据；

（4）明确性的实现与分则条文中的罪状模式（简单罪状、叙明罪状、空白罪状、引证罪状）和条文字数的多少无关。

例如，《刑法》第232条（故意杀人罪）规定，故意杀人的，处死刑、无期徒刑或者10年以上有期徒刑；情节较轻的，处3年以上10年以下有期徒刑。这里“故意杀人的”就属于简单罪状，立法者之所以没有对杀人行为做具体描述，是因为凭一般人的理性和生活经验就应当知道什么是杀人行为。

2. 禁止处罚不当罚的行为【犯罪圈】。

犯罪与刑罚由立法机关规定，但这不意味着立法机关可以随心所欲地确定犯罪范围，而只能将具有处罚依据或者值得科处刑罚的行为规定为犯罪，此为对立法权的制约。

（1）刑法的触角不应当深入到伦理和道德层面；

（2）刑法不应当用来规制轻微的或者极为罕见的法益侵害行为。

法治并不意味着一切琐细之事均由法律处理，更不意味着琐细之事要由刑法处理，法律排斥过剩的、矛盾的和不适当的规定。

3. 禁止绝对不定期刑【刑罚量】。

罪刑法定，不但是罪的法定，还是刑的法定。绝对不定期刑是指“……罪，处以刑罚”，国民无法根据这样的法律规定预测自己行为的准确法律后果，法官也被赋予了过大的自由裁量权力，是违反罪刑法定原则的。

4. 禁止不均衡的、残虐的刑罚。

（1）禁止不均衡的刑罚，即罪刑应当均衡，旨在防止轻罪重判；

（2）禁止残虐的刑罚，即禁止以不必要的精神、肉体的痛苦为内容，在人道上被认为是残酷的刑罚。

【命题角度1】判断关于罪刑法定原则的表述是否正确。

【真题训练（2012）】关于罪刑法定原则有以下观点：

①罪刑法定只约束立法者，不约束司法者

②罪刑法定只约束法官，不约束侦查人员

③罪刑法定只禁止类推适用刑法，不禁止适用习惯法

④罪刑法定只禁止不利于被告人的事后法，不禁止有利于被告人的事后法

下列哪一选项是正确的？[①]

A. 第①句正确，第②③④句错误

① 【答案】C

B. 第①②句正确，第③④句错误

C. 第④句正确，第①②③句错误

D. 第①③句正确，第②④句错误

【命题角度2】罪刑法定原则与社会主义法治理念结合考查。

【真题训练（2013）】关于社会主义法治理念与罪刑法定原则的关系有以下观点：

①罪刑法定的思想基础是民主主义与尊重人权主义，具备社会主义法治理念的本质属性

②罪刑法定既约束司法者，也约束立法者，符合依法治国理念的基本要求

③罪刑法定的核心是限制国家机关权力，保障国民自由，与执法为民的理念相一致

④罪刑法定是依法治国理念在刑法领域的具体表现

关于上述观点的正误，下列哪一选项是正确的？[①]

A. 第①句正确，第②③④句错误

B. 第①③句正确，第②④句错误

C. 第①②③句正确，第④句错误

D. 第①②③④句均正确

① 【答案】D

第二章　刑法的解释

刑法的解释是对刑法规定意义的说明。刑法的规定尽善尽美无须解释，当然是最理想的，但是刑法是抽象化、规范化的文字表达，对刑法的准确适用不可能离得开对于刑法规范、刑法概念的解释，因此，一切刑法都有解释的必要。

一、解释的理由

1. 文理解释：又称文义解释，是按照表述法律规范的文字的字面意义进行的一种法律解释，包括对条文中字词、概念、术语的文字字义的解释。

法律的载体是语言文字，因此文理解释是最基本的解释理由。如果文理解释的结论具有唯一性，并且是合理的，就不需要运用论理解释来得出结论；如果文理解释的结论不具有唯一性或者明显不合理，则需要运用论理解释来确定法律用语的含义。

但是，由于用语具有模糊性、多义性等特点，将文理解释作为解释的理由，其说服力是有限的。

例 1　《刑法》规定“以暴力、胁迫或者其他手段强奸妇女的”构成强奸罪。按照文理解释，可将丈夫强行与妻子性交的行为解释为“强奸妇女”。

例 2　招摇撞骗罪是指冒充国家机关工作人员招摇撞骗。按照文理解释，可将副乡长冒充市长招摇撞骗解释为“冒充”国家机关工作人员招摇撞骗。

2. 体系解释：根据刑法条文在整个刑法中的地位，联系相关法条的含义，阐明其规范旨意。

(1) 刑法是对国民及司法人员的行为指示，因此必须被体系性地加以理解，不能有内在矛盾，才能得到一体遵行。

例如，抢劫罪中的“胁迫”与强奸罪中的“胁迫”：

①抢劫罪中的胁迫只包括以暴力相威胁，财产性犯罪中除抢劫罪之外还有敲诈勒索罪，以非暴力的恶害相加相威胁，成立敲诈勒索罪。

②对妇女性决定权的犯罪中没有类似敲诈勒索罪的罪名，所以强奸罪的“胁迫”就必须包括类似敲诈勒索罪中的胁迫行为，如以揭发隐私、毁坏财物相威胁。

(2) 体系解释强调“协调合理”，只要是协调合理的，则：

①同一用语在不同条文中，应当保持相同含义。

例如，“入户”盗窃与“入户”抢劫中的“入户”就是相同含义。

②同一用语在不同条文中，也可以保持不同含义。

例如，传播淫秽物品罪与传播性病罪中“传播”就可以保持不同含义。

③不同用语在不同法条中，应当保持不同含义。

例如，“奸淫”与“猥亵”、“妇女”与“儿童”就应当保持不同含义。

④不同用语在不同法条中，可以保持相同含义。

例如，刑法中“出售”“销售”“倒卖”“贩卖”的含义是相同的，都是指有偿转让。

(3)“同类解释”从属于体系解释。立法者在设计罪状时采用“示例法”，即先列举几个例子，然后用“等”“其他”来兜底概括，对于这些兜底规定的含义不能随意扩大，而应当先概括出前面例子的“共同特征”，再用这些“共同特征”来解释兜底规定的意思。

例如，《刑法》第20条规定，对正在进行行凶、杀人、抢劫、强奸、绑架以及其他严重危及人身安全的暴力犯罪，采取防卫行为，造成不法侵害人伤亡的，不属于防卫过当，不负刑事责任。“其他严重危及人身安全的暴力犯罪”，应当是与杀人、抢劫、强奸、绑架行为相当，并具有致人重伤或者死亡的紧迫危险和现实可能的暴力犯罪。

3. 目的解释：目的解释是根据刑法保护法益的规范目的或刑法规范所要实现的宗旨，阐明刑法条文实质含义的具体解释方法。刑法是国家为了特定的目的而制定的，刑法的每个条文尤其是规定犯罪与法定刑的分则性条文的产生，都源于一个具体目的。刑法的最高使命，便是探究刑法目的。[①] 在进行刑法解释时，需要平衡目的解释与文理解释之间的关系：

(1) 法条用语可能具有的含义比较宽时，可以通过**目的解释**限制构成要件的适用范围，从而缩小处罚范围。

例如，《刑法》第345条（滥伐林木罪）规定：违反森林法的规定，滥伐森林或者其他林木，数量较大的，处3年以下有期徒刑。其中**“其他林木”**字面意义比较宽，但是，滥伐林木罪的规范保护目的是**保护森林资源**，因此应当对“其他林木”进行限制解释，解释为**“不包括行为人房前屋后、自留地种植的林木”**。

(2) 法条用语可能具有的含义比较窄时，不能因为目的解释扩大处罚范围。刑法文本的可能含义范围约束着刑法解释，刑法解释离不开刑法规范文本，法条用语的文义是解释的界限，不能为了实现处罚的目的将文义过度扩张，否则会伤害罪刑法定原则。

例如，《刑法》第245条（非法侵入住宅罪）规定：非法**侵入**他人住宅的，处3年以下有期徒刑。其中**“侵入”**字面意义比较窄，只包括有形闯入，而非法侵入住宅罪的规范保护目的是保护**“住宅安宁权”**，凌晨三点打骚扰电话，具有侵害他人生活安宁之虞，但“打电话”的行为在文义上无论如何不能被评价为“侵入”，进而不可能成立非法侵入住宅罪。因此不能根据目的解释，扩张“侵入”二字的基本含义，否则就违反罪刑法定原则。

注意 文理解释与目的解释是两项重要的解释理由，一个正确的解释结论需要在

① 张明楷．罪刑法定与刑法解释．北京：北京大学出版社，2009：164.

文理解释与目的解释中寻求平衡。

4. 历史解释： 历史解释是根据制定刑法时的历史背景以及刑法的发展潮流，阐明刑法条文的真实含义的解释方法。在进行历史解释时所使用的资料有：关于草案的说明、审议结果报告、立法机关的审议意见，等等。考察这些资料的目的是寻找刑法的真实含义，而不是探讨立法原意，即通过考察刑法制定时的历史背景，以及某个概念、法条的发展史，来探究该概念和法条的真实含义。

（1）尊重法条制定时的历史背景；

（2）根据社会生活的发展而与时俱进。

例如，《刑法》第252条（侵犯通信自由罪）规定，隐匿、毁弃或者非法开拆他人信件，侵犯公民通信自由权利，情节严重的，处1年以下有期徒刑或者拘役。此处的“信件”就应当随着时代的发展扩大解释为包括电子邮件、手机短信、微信聊天记录等非纸质版信件。

5. 比较解释： 即在解释我国刑法的规定时，将国外的相关立法、理论、判例作为参考资料，借以阐明我国刑法规范的真实含义。

6. 当然解释： “举重以明轻、举轻以明重”。

（1）某种行为是否被允许，举重以明轻，即重的行为被允许，则轻的行为当然被允许。

（2）某种行为是否被禁止，举轻以明重，即轻行为被禁止，则重的行为当然被禁止。

具体在刑法中：入罪时，“举轻以明重”，即轻的行为构成犯罪，则重的行为更应当构成犯罪。

例如，盗窃行为构成犯罪，抢劫行为也应该构成犯罪；猥亵妇女构成犯罪，强奸妇女也应该构成犯罪。

注意1　判断某个行为是否构成犯罪，不仅要考虑该行为社会危害性是否严重，还应当判断行为是否符合刑法所规定的构成要件，即是否被刑法明确禁止。如果仅因行为社会危害性大就直接认定构成犯罪，可能违反罪刑法定原则。**（当然解释是刑法所允许的解释理由，但是当然解释得出的结论，未必符合罪刑法定原则。）**

例如，醉酒驾驶是刑法明确禁止的行为，构成《刑法》第133条之一的危险驾驶罪；吸毒驾驶属于比醉酒驾驶更加严重的行为，根据当然解释的原理，更应当被禁止，但是“醉酒”的语义范围无法包含“吸毒”的语义，将“吸毒驾驶”强行评价为“醉酒驾驶”，违反罪刑法定原则，是不合理的。

注意2　当然解释一定是有两个事实，即甲事实（法律规定）和乙事实（案件事实），乙事实是甲事实在性质、种类上的**减少或者递增（明显的轻重关系）**，因此用“举轻以明重、举重以明轻”的原理来解决入罪与出罪的问题，如果两个事实之间并不存在明显的轻重关系，则不能运用当然解释。

注意3　在解释的理由中，刑法理论有文理解释与论理解释的划分，即文理解释之外的体系解释、当然解释、历史解释、比较解释、目的解释都属于论理解释，即按照立法精神，根据具体案件，从逻辑上进行的解释，既不拘于法律规范的字面含义，也不拘于制定法律当时的立法动机，而从现时社会关系发展的需要出发，以合理的目的所进行的解释。

二、解释的技巧

1. 平义解释：对于法律中的日常用语，按照该用语最平白的字义进行解释。

相对于其他解释技巧而言，平义解释较为简单，从某种意义上说如果对某个法条或者用语作出的平义解释是合理的，就意味着对该法条和用语不需要解释。

例 将“拐卖儿童罪”的对象“儿童”，平义解释为：“男童、女童”。

2. 缩小解释，又称限制解释，即刑法条文的字面通常含义，比刑法的真实含义广，于是限制字面含义，使其符合刑法的真实含义。

例1 将为境外窃取、刺探、收买、非法提供国家秘密、情报罪中的“情报”缩小解释为“关系国家安全和利益、尚未公开或者依照有关规定不应公开的事项”，如果不做这样的缩小解释将会限制中国人的对外交往，也会使刑法保护不值得刑法保护的事项。

例2 将聚众淫乱罪中的“聚众”缩小解释为“具有一定的公然性”，如果不进行这样的限制将会导致刑法介入国民的道德生活，伦理秩序成为刑法保护的法益，过分干预国民的自由。

3. 扩大解释：对用语通常含义的扩张，但不能超出用语可能具有的含义。

例1 将“开设赌场”扩大解释为包括以下情形：在计算机网络上建立赌博网站；为赌博网站担任代理，接受投注。

例2 将“金融机构”扩大解释为包括自动取款机。

4. 类推解释：将不符合法律规定的情形解释为符合法律规定的情形。

类推解释导致将刑法适用于相类似的事项上，而“相类似”本身就带有巨大的模糊性和不确定性，只要两种事项存在相同的地方，人们就可以说它们“相类似”，于是任何行为都有可能因为与刑法规定的行为“相类似”而面临被定罪的风险，国家刑罚权被滥用的风险在类推解释中被无限放大。导致入罪的类推解释因为违反罪刑法定原则而被现代刑法摒弃。

例1 将竞标人相互串通拍卖报价，损害拍卖人利益的行为，评价为串通投标罪。①

例2 将吸毒后驾驶的行为，评价为危险驾驶罪。

例3 将假冒他人未注册的商标的行为，评价为假冒注册商标罪。

例外 **不禁止有利于被告人的类推解释。**

例1 将“羁押期间流产的妇女”解释为“审判时怀孕的妇女”，从而不适用死刑。

---

① 依《刑法》第223条规定，串通投标罪，指投标者相互串通投标报价，损害招标人或者其他投标人利益，或者投标者与招标者串通投标，损害国家、集体、公民的合法权益，情节严重的行为。

招标投标是基本建设领域促进竞争的全面经济责任制形式。一般由若干施工单位参与工程投标，招标单位（建设单位）择优入选，谁的工期短、造价低、质量高、信誉好，就把工程任务包给谁，由承建单位与发包单位签订合同，一包到底，按交钥匙的方式组织建设。

例 2 将第 389 条行贿罪中“因被勒索给予国家工作人员以财物，没有获得不正当利益的，不是行贿”类推适用于第 163 条对非国家工作人员行贿罪。

注意 司法解释、立法解释都不得类推；若真有此解释也不能否认其类推解释的性质。

【命题角度】给出一个命题，要考生判断属于扩大解释还是类推解释。

例 1 将假冒他人未注册的商标的行为评价为假冒注册商标罪，违反罪刑法定原则。(2018 年网络回忆版)

解析：正确。假冒注册商标罪，明确要求假冒的是“注册商标”，将“未注册商标”等同于“注册商标”，将“假冒未注册商标”解释为“假冒注册商标”，属于类推解释，违反罪刑法定原则。

例 2 大炮的危险性比枪支严重，因此将非法制造大炮解释为非法制造枪支罪，属于扩大解释，不违反罪刑法定原则。(2018 年网络回忆版)

解析：正确。《枪支管理法》第 46 条规定，本法所称枪支，是指以火药或者压缩气体等为动力，利用管状器具发射金属弹丸或者其他物质，足以致人伤亡或者丧失知觉的各种枪支。显然大炮同样具有“以火药为动力，利用管状器具发射金属弹丸，并具有杀伤力”的特性，将“枪支”解释为包括“大炮”并不超出国民的预测可能性，是符合罪刑法定原则的扩大解释。

5. 宣言解释：当法条的含义不明确，或者对于法条的理解存在争议，或者以往对于法条的解释不妥当时，选择与以往不同的更为妥当的解释，即对法条概念的再定义，对法条含义的再选择。

例 “盗窃”：以非法占有为目的，违反被害人的意志，将他人占有的财产转移给自己或者第三人占有的行为。[①]

6. 补正解释：在刑法文字发生错误时，统观刑法全文加以补正以阐明刑法真实含义。

例如，《刑法》第 191 条，为掩饰、隐瞒毒品犯罪、黑社会性质的组织犯罪、恐怖活动犯罪、走私犯罪、贪污贿赂犯罪、破坏金融管理秩序犯罪、金融诈骗犯罪的所得及其产生的收益的来源和性质，有下列行为之一的，**没收**实施以上犯罪的所得及其产生的收益，处 5 年以下有期徒刑或者拘役，并处或者单处罚金；情节严重的，处 5 年以上 10 年以下有期徒刑，并处罚金……

“没收”补正解释为：没收或者返还被害人。

7. 反对解释：根据法条的正面表述，推导其反面含义。

(1) 当存在甲与乙两种相反的情形时，根据刑法条文的正面表述，推导其反面含义。

例 生产、销售假药罪中的假药是指完全没有疗效的药。

反对解释：有疗效的药不是假药。

(2) 当存在 A 与 B 两种类似的事实时，如果刑法仅就 A 事实作出规定，那么应当

① 张明楷．刑法学．6 版．北京：法律出版社，2023：48.

就B事实得出与A相反的结论

例 第236条（强奸罪）规定：以暴力、胁迫或者其他手段强奸妇女的，处3年以上10年以下有期徒刑。

反对解释：刑法仅规定妇女是强奸罪的对象，因此，可以得出男性不能成为强奸罪的对象结论。

【命题角度】给出一个命题，要考生判断运用何种解释方法。

例 怀孕妇女因涉嫌犯罪在羁押期间自然流产后，又因同一事实交付审判。根据体系解释，可以认为是“审判时怀孕的妇女”，不适用死刑。（2021年网络回忆版）

解析：错误。羁押期间自然流产的妇女视为审判时怀孕的妇女，不适用死刑，是根据立法目的（保护胎儿）得出的解释结论，而不是体系解释。

【重点复盘】

对于刑法上的概念用语，最基础的解释是**文理解释**；再将其置于整个刑法的语境下，联系上下文进行**体系解释**；进而探究立法者的本意，进行**目的解释**；同时还可在纵向时间维度进行解释，即**历史解释**，也可以在横向维度进行**比较解释**；最后再比较案件事实与法律规定，进行**当然解释**。通过以上诸多解释方法的运用，可以作出选择：字面意思应当扩充（**扩大解释**），或者字面意思应当限制（**缩小解释**），或者应当维持原状（**平义解释**），或者应当重新定义（**宣言解释**），或者应当修正原有偏差（**补正解释**），或者应当合理推导反面含义（**反对解释**）。

【真题训练（2019）】关于刑法的解释，下列说法正确的是（ ）。[①]

A. 按照体系解释，传播淫秽物品罪与传播性病罪的“传播”含义一致

B. 依据论理解释，倒卖文物罪中的“倒卖”是指以牟利为目的，出售或为出售而购买国家禁止经营的文物

C. 招摇撞骗罪是指冒充国家机关工作人员招摇撞骗。将副乡长冒充市长招摇撞骗解释为“冒充”国家机关工作人员招摇撞骗，不符合文理解释

D. 虐待被监管人罪是指殴打或体罚虐待被监管人。将其中的“体罚虐待”解释为“体罚或者虐待”，符合文理解释

① 【答案】BD

第二编　犯罪论

第三章　犯罪构成要件概说

第一节　犯罪构成要件要素

一、犯罪构成

我国刑法理论认为，犯罪构成是刑法规定的，决定某一行为的社会危害性及其程度，而为该行为成立犯罪所必须具备的一切客观要件与主观要件的有机整体。犯罪构成理论是对犯罪的一般成立要件进行分析、予以体系化的理论。

二、犯罪构成的要素

犯罪构成由具体要素组成，组成要件的要素，就是犯罪构成要件要素。行为主体、特殊身份、行为、结果等都属于构成要件要素。例如，故意杀人罪要求具备“年满 14 周岁的自然人”“剥夺他人生命的行为”“死亡结果”“故意”等要素；具体到贩卖毒品罪需要具备“贩卖”“毒品”“故意”等要素。这些构成要件要素可以分成下列类型。

（一）记述的构成要件要素、规范的构成要件要素

1. 记述的构成要件要素：只要通过感觉的、事实的判断就可以确定的要素，如人、妇女、毒品。

2. 规范的构成要件要素：只有通过精神的理解、价值的判断才能够确定的要素。规范的构成要件要素又可以分成下列几种类型：

（1）法律评价的要素：必须根据相关的法律、法规作出评价的要素，如依法、未成年人、货币、国家工作人员、公共财产、滥伐、辩护人等。

（2）经验法则评价的要素：必须根据经验法则作出评价的要素，如危险、危险方法、危害公共安全等。

（3）社会评价的要素：依据一般人的价值观念、感觉作出评价的要素，如住宅、公文、特别残忍、特别恶劣、淫秽物品、猥亵等。

注意　为了保护国民的预测可能性，刑法规范需要力求明确、具体，所以应当尽量采取记述的构成要件要素。但是，规范的构成要件要素是不可避免的，因为对于某些事实的判断与认定，永远与不同时代人们的价值观念相联系。

（二）积极的构成要件要素、消极的构成要件要素

1. 积极的构成要件要素：积极、正面地表明成立犯罪所需要具备的要素。

2. 消极的构成要件要素：对于原本已经满足犯罪构成要件的行为，否定犯罪成立的构成要件要素。

例　行贿罪中的积极构成要件要素和消极构成要件要素：

《刑法》第 389 条第 1 款：为谋取不正当利益，给予国家工作人员以财物的，是行贿罪。这是积极的构成要件要素。

《刑法》第 389 条第 3 款：因被勒索给予国家工作人员以财物，没有获得不正当利益的，不是行贿。这是消极的构成要件要素。

注意　消极的构成要件要素的作用：原本已经满足犯罪构成要件的行为由于具有消极构成要件要素而得以出罪。如果某种行为根本就不满足犯罪构成，则不存在消极构成要件要素的问题。

例如，甲为谋取不正当利益给予国家工作人员乙财物，原本已经构成行贿罪，但事后查明甲在行贿之时是由于被勒索，最终也没有取得不正当利益，则可以排除犯罪的成立。

（1）注意规定不是消极构成要件要素。

例如，第 243 条（诬告陷害罪）第 3 款规定，不是有意诬陷，而是错告，或者检举失实的，不构成诬告陷害罪。其中，“不是有意诬告，而是错告，或者检举失实”说明行为人本来就没有诬告陷害的故意，原本就不构成诬告陷害罪，因此“不构成诬告陷害罪”只是注意规定，而不是消极构成要件要素。

（2）处罚阻却事由不是消极的构成要件要素。处罚阻却事由是指，在行为人构成犯罪的情形下，由于具备某种情节而不再处罚。

例如，第 201 条（逃税罪）第 4 款规定，经税务机关依法下达追缴通知后，补缴应纳税款，缴纳滞纳金，已受行政处罚的，不予追究刑事责任。这只是一种处罚阻却事由，即构成犯罪但不再追究刑事责任（不再处罚），并不是可以导致犯罪不成立的消极构成要件要素。

（三）成文的构成要件要素、不成文的构成要件要素

1. 成文的构成要件要素：刑法明文规定的构成要件要素。绝大多数构成要件要素都是成文的构成要件要素。

2. 不成文的构成要件要素：刑法条文表面上没有明文规定，但根据刑法条文之间的相互关系、刑法条文对相关要素的描述所确定的，成立犯罪所必须具备的要素。就一些具体犯罪而言，由于众所周知的理由或者其他原因，刑法并没有将所有的构成要件要素完整地规定下来，而是需要法官在适用过程中进行补充。

例 《刑法》第 266 条规定，诈骗公私财物，数额较大的，处 3 年以下有期徒刑、拘役或者管制，并处或者单处罚金；数额巨大或者有其他严重情节的，处 3 年以上 10 年以下有期徒刑，并处罚金；数额特别巨大或者有其他特别严重情节的，处 10 年以上有期徒刑或者无期徒刑，并处罚金或者没收财产。本法另有规定的，依照规定。“被害人基于错误认识处分财物”就是不成文的构成要件要素。

注意 无论是成文的还是不成文的构成要件要素，都是构成犯罪必不可少的要素。

（四）共同的构成要件要素、非共同的构成要件要素

1. 共同的构成要件要素：任何犯罪的成立所必须具备的要素，如行为主体、行为是所有犯罪都必须具备的要素。

2. 非共同的构成要件要素：部分犯罪成立所必须具备的要素，如身份、时间、方法只是特定犯罪成立所必须具备的要素。

（五）客观的构成要件要素、主观的构成要件要素

1. 客观的构成要件要素：表明行为外在的、客观方面的构成要件要素，如行为、对象、结果。

2. 主观的构成要件要素：表明行为人内心的、主观方面的构成要件要素，如故意、过失、目的。

【命题角度】 判断构成要件要素的种类。

例 1 贩卖毒品罪的“毒品”是规范的构成要件要素。（2022 年网络回忆版）

解析： 错误。“毒品”有科学的检测标准，是记述的构成要件要素。

例 2 “侮辱”“诽谤”属于规范的构成要件要素。（2012－2－51）

解析： 正确。“侮辱”“诽谤”需要经过价值判断，需要结合每个人的经验和感受，不是单纯依据事实就可以作出判断的，所以是规范的构成要件要素。

【真题训练（2014）】 关于构成要件要素，下列哪一选项是错误的？①

A. 传播淫秽物品罪中的“淫秽物品”是规范的构成要件要素、客观的构成要件要素

B. 签订、履行合同失职被骗罪中的“签订、履行”是记述的构成要件要素、积极的构成要件要素

---

① 【答案】D

C.“被害人基于认识错误处分财产”是诈骗罪中的客观的构成要件要素、不成文的构成要件要素

D.“国家工作人员”是受贿罪的主体要素、规范的构成要件要素、主观的构成要件要素

第二节　犯罪构成体系

犯罪成立的条件，也即犯罪的构成体系，是由若干元素（犯罪构成要素）组成的有机系统。刑法理论界对于犯罪构成体系有着不同的观点，而不论采取哪种犯罪构成体系，其中的犯罪构成要素基本是一样的，区别只在于各个要素之间不同的排列组合，从而形成不同的犯罪构成体系。其实，不同的体系对于大部分问题的认定不会得出不同的结论，但是不同的犯罪构成体系体现着犯罪认定思路与次序的差别，也体现了刑法学方法论和基本立场的选择，当然在部分问题（如共同犯罪）上确实也会得出迥然不同的结论。

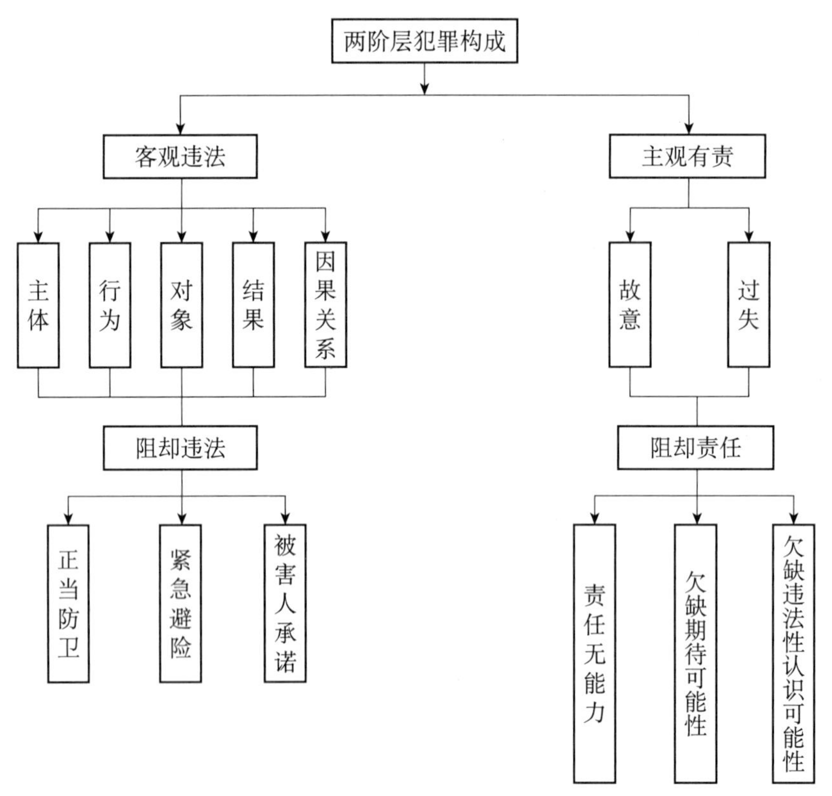

例1　甲在古董市场，为阻止乙的追杀，抓起丙价值10万元的花瓶砸向乙，对甲不处罚。

例2　13周岁的甲为图一时之快，故意将乙10万元的花瓶砸毁，对甲不处罚。

【思考】两个不处罚有什么区别？

【小结】 根据两阶层的犯罪构成体系，首先判断行为是否充足客观要件的各个元素：①主体；②行为；③对象；④结果；⑤因果关系。在全体满足的基础上，再判断是否具备违法阻却事由：①正当防卫；②紧急避险；③被害人承诺。如果一项都不具备，则说明犯罪具备了客观违法性要件。其次，判断行为人是否具备成立犯罪所需要具备的主观要件：①故意；②过失。在全体满足的基础上，再判断是否具备责任阻却事由：①责任无能力；②欠缺违法性认识可能性；③欠缺期待可能性。如果一项都不具备，则说明犯罪具备了主观有责性要件。客观违法性要件与主观有责性要件同时满足，则说明行为人的行为最终成立犯罪并且应当承担刑事责任。

【命题角度】 考查考生是否具备建立在两阶层犯罪构成体系上的客观主义刑法学立场。

例如，15周岁的甲非法侵入某尖端科技研究所的计算机信息系统，18周岁的乙对此知情，仍应甲的要求为其编写侵入程序。(2015－2－7)

不考虑年龄问题和责任问题，甲、乙在客观上确实是引起了法益侵害事实，客观上他们的行为共同引起了法益侵害，所以他们成立共犯。

【重点复盘】

1. 犯罪的成立，先看客观，再看主观。

2. 客观违法＋主观有责＝犯罪成立且应当负刑事责任。

第四章　犯罪的客观要件【违法】

第一节　犯罪主体

行为主体，是刑法规定的实施犯罪行为的主体，首先是自然人，其次是单位。

一、自然人

（一）自然人主体概述

法是人类共同体的规范，只有人的行为存在违法与否的问题。自然人主体当然包含在客观违法性构成要件中。既然是在客观的违法性构成要件的体系内讨论自然人主体，只要自然人的行为符合构成要件的要求，即使没有达到法定年龄、不具有责任能力，也不影响对其行为的违法性评价。因此，年龄、责任能力不是客观的违法性构成要件要素，而能够归属于自然人主体的、客观存在的、决定犯罪能否成立的要素，是主体的特殊身份。

（二）特殊身份的意义

“身份”，是指行为人在身份上的特殊资格，以及其他与一定的犯罪行为相关联的，行为主体在社会关系上的特殊地位或者状态，如男女性别、亲属关系、国籍、国家工作人员、司法工作人员、证人等。

注意　特殊身份必须是在行为主体实施犯罪的正犯行为时就已经具有的特殊资格，或者已经形成的特殊地位或状态，因此，行为主体因实施犯罪行为而形成的特殊地位不属于特殊身份。例如，在犯罪集团中起组织、策划、指挥作用的首要分子，不属于特殊身份。

“身份犯”，即对身份有要求的犯罪，包括真正身份犯和不真正身份犯。

	身份的意义	注意
真正的身份犯	犯罪的成立，对身份有要求的犯罪，即行为人只有具有某种特定身份才能构成的犯罪。（例如受贿罪、刑讯逼供罪、放纵走私罪）	对身份的要求只针对正犯：不具有身份的人可以成为该罪的共犯，**即帮助犯、教唆犯不要求有身份**
不真正的身份犯	刑罚的轻重，对身份有要求的犯罪，即行为人具有某种特定身份，不是犯罪成立的要素，但是影响刑罚的轻重	如诬告陷害罪，非法拘禁罪，非法侵入住宅罪，妨害作证罪，帮助毁灭、伪造证据罪

二、单位

《刑法》第 30 条【单位负刑事责任的范围】 公司、企业、事业单位、机关、团体实施的危害社会的行为，法律规定为单位犯罪的，应当负刑事责任。

《刑法》第 31 条【单位犯罪的处罚原则】 单位犯罪的，对单位判处罚金，并对其直接负责的主管人员和其他直接责任人员判处刑罚。本法分则和其他法律另有规定的，依照规定。

（一）单位犯罪的概念

单位犯罪，是指公司、企业、事业单位、机关、团体为本单位谋取非法利益或者以单位名义为本单位全体成员或者多数成员谋取非法利益，由单位决策机构按照单位的决策程序决定，由直接责任人员具体实施，且刑法明文规定单位应受刑罚处罚的犯罪。

（二）单位犯罪的特征

1. 犯罪主体是单位，即依法成立的公司、企业、事业单位、机关、团体。

①作为犯罪主体的单位，必须是拥有一定的财产和经费，能够以自己的名义承担责任的公司、企业、事业单位、机关、团体。

②单位必须是依法成立的，即单位成立的目的与宗旨合法（实体合法），且履行了必要的登记、报批手续（程序合法）。

③个人为进行违法犯罪活动而设立的公司、企业、事业单位实施犯罪的，或者公司、企业、事业单位设立后，以实施犯罪为主要活动的，不是单位犯罪。

注意　几个小问题：

问 1：单位犯罪是否要求单位必须具有法人资格？

答：只有独资企业、私营企业需要。

问 2：单位的分支机构、内设机构是否可以成为单位犯罪的主体？

答：具备两个条件即可：①以自己的名义实施犯罪；②违法所得归该机构。

问 3：国家机关能否成为单位犯罪的主体？

答：可以。

2. 单位犯罪是由单位的决策机构按照单位的决策程序决定的，由直接责任人实施的。

（1）单位犯罪体现单位意志。单位意志是单位成员在协调一致基础上形成的整体意志。

（2）单位犯罪由单位的直接责任人员，按照单位的整体意志具体实施。

（3）盗用、冒用单位名义实施犯罪，违法所得由个人私分，或者单位内部成员未经单位决策机构批准而实施的犯罪，或者单位内部成员实施的与职务活动无关的犯罪，都不是单位犯罪。

3. 单位犯罪一般表现为为本单位谋取非法利益或者以单位名义为本单位全体成员、多数成员谋取非法利益。

4. 单位犯罪以刑法明文规定单位应受刑罚处罚为前提。

只有当刑法明确规定单位可以成为某种犯罪的主体时，才能将单位认定为犯罪主体，刑法没有明文规定单位可做犯罪主体时，只能由自然人作为犯罪主体。

注意 当单位实施了只能由自然人构成，不能由单位构成的犯罪时，该如何处理?[①]

对组织、策划、实施该危害社会行为的人依法追究刑事责任。

5. 单位犯罪的法律后果具有特殊性。

对于单位犯罪，原则上除了处罚单位本身外，还要处罚单位直接负责的主管人员和其他直接责任人员。此即双罚制或两罚制。

（1）双罚制。

《刑法》第31条前段规定：单位犯罪的，对单位判处罚金，并对其直接负责的主管人员和其他直接责任人员判处刑罚。

（2）单罚制。

《刑法》第31条后段规定：本法分则和其他法律另有规定的，依照规定。

即如果刑法分则和其他法律规定没有规定双罚制，就实行单罚制，单罚即只处罚直接负责的主管人员与其他直接责任人员。

（三）单位行为主体变更后的处理

涉嫌犯罪的单位被撤销、注销、吊销营业执照或者宣告破产的，应当根据关于单位犯罪的相关规定，对实施犯罪行为的该单位直接负责的主管人员和其他直接责任人员追究刑事责任，对该单位不再追诉。

涉嫌犯罪的单位已被合并到一个新单位的，对原犯罪单位及其直接负责人员和其他直接责任人员应依法定罪量刑。

【命题角度1】针对单位犯罪的特征，判断各种表述的正误。

例1 单位分支机构或内设机构不是独立法人单位，不能成为单位犯罪的主体。(2015－2－54)

解析：错误。单位的分支机构、内设机构具备两个条件即可成为单位犯罪的主体：①以自己名义实施犯罪；②违法所得归该机构。

例2 单位只能成为故意犯罪的主体，不能成为过失犯罪的主体。(2010－2－53)

解析：错误。从刑法分则关于单位犯罪的具体规定来看，虽然大多数单位犯罪是故意犯罪，但也不可否认存在少数过失的单位犯罪，例如出具证明文件重大失实罪。

【命题角度2】单位犯罪的背后必然有自然人犯罪。

例 某电器公司与某物流公司是母公司与子公司的关系。两个公司共同实施吸收公众存款行为，涉嫌非法吸收公众存款罪，共吸收存款5亿元。关于此案，下列说法正确的是（　　）。[②]（2019年网络回忆版）

---

① 2014年《全国人民代表大会常务委员会关于〈中华人民共和国刑法〉第三十条的解释》。

② ABCD

A. 如果电器公司和物流公司均构成单位犯罪，则两个单位犯罪可构成共同犯罪

B. 如果电器公司构成单位犯罪，但无法认定物流公司构成单位犯罪，那么可以追究物流公司中直接责任人员的自然人犯罪，并且该直接责任人员与电器公司可以构成共同犯罪

C. 如果物流公司构成单位犯罪，但无法认定电器公司构成单位犯罪，那么可以追究电器公司中直接责任人员的自然人犯罪，并且该直接责任人员与物流公司可以构成共同犯罪

D. 如果无法认定电器公司、物流公司构成单位犯罪，那么可以追究电器公司、物流公司中直接责任人员的自然人犯罪，并且两个公司中的直接责任人员可以构成共同犯罪

解析： 四个选项说法都正确。当无法认定单位构成犯罪时，可以认定为自然人犯罪，从而形成“自然人＋自然人”或者“自然人＋单位”的组合。

【重点复盘】

1. 对于真正身份犯而言，自然人的特定身份，既是行为违法性的表达，也是犯罪成立的要件。

2. 单位犯罪是指，依法成立的公司、企业、事业单位、机关、团体，以单位名义，体现单位意志，为了单位利益所实施的，且刑法规定单位应受刑罚处罚的犯罪。

3. 对绝大部分单位犯罪采双罚制，少部分单位犯罪采单罚制。

第二节　危害行为（实行行为）

一、实行行为概述

实行行为，即刑法分则所规定的构成要件行为。实行行为是犯罪构成要件中的核心概念。

（一）实行行为是被刑法分则条文具体罪名所类型化的、具有法益侵害紧迫危险的行为

例　甲意欲使乙在跑步时被车撞死，便劝乙清晨在马路上跑步，乙果真在马路上跑步时被车撞死。

甲的劝说并不是具有通常的法益侵害紧迫危险，不是刑法中的实行行为。

（二）实行行为对法益所创设的危险，是刑法所不容许的

例　甲想要乙死，建议乙到某地旅行。因为甲通过媒体得知，最近很多旅客在该地被谋杀。甲希望乙在那里也遭遇到被谋杀的厄运。乙根本没有听说当地的谋杀事件而开始他的度假旅程，也真的成了杀人行为的被害者。

甲的建议为乙创设了一定的危险，但是并没有制造法律上有意义的死亡危险，即没有为乙创设不被刑法允许的风险。

（三）注意下列几种行为并不属于实行行为

1. 减少或者避免了法益侵害的行为，不是实行行为。

例 甲看见儿童马上要从6楼阳台摔下，遂伸手去接，因未能接牢，儿童摔成重伤。甲用手去接本身降低了法益侵害的危险，不能被评价为实行行为，尽管未能接牢，同样对儿童而言是有缓冲和保护作用的，整体不存在需要刑法评价的实行行为。

2. 对结果的发生没有做出贡献的行为，不是实行行为。

例 甲向丙的水杯投入100%致死量的毒药，丙喝下后，乙又向丙的水杯投入100%致死量的毒药，丙又喝了。如果能够证明乙投放的毒药还未起作用时丙就中毒身亡，则乙的行为不是实行行为。

3. 法益本身存在危险时，不具有防止结果发生义务的人，只要没有增加危险，就不存在实行行为。

例 路人嘲笑、打击、挖苦落水者的行为，不是实行行为。

二、作为

作为，即行为人以积极的身体活动实施某种被刑法禁止的行为。从表现形式看，作为是积极的身体动作；从违反法律规范的性质上看，作为直接违反了禁止性的罪刑规范。由于刑法绝大多数是禁止性规范，如不许杀人、强奸、抢劫、盗窃等，所以最常见的犯罪行为形式是作为。

三、不作为

不作为，即行为人消极地不履行法律义务而危害社会的行为。从表现形式看，不作为是消极的身体动作；从违反法律规范的性质看，不作为直接违反某种命令性规范。如遗弃罪的行为，表现为不扶养无独立生活能力的人，没有按法律的要求尽扶养义务。

（一）作为与不作为的区分

1. 如果法益没有面临危险，而行为人以积极动作制造危险，或者法益面临较小危险而行为人以积极动作制造更大的危险，就是作为。因为法律禁止行为人制造（更大）危险。

例 元宝因八岁的儿子严重残疾、生活完全不能自理而非常痛苦。一天，元宝往儿子喝的牛奶里放入“毒鼠强”，导致儿子中毒身亡。元宝以投毒的方式为儿子创设了刑法所禁止的危险，属于作为的故意杀人罪。

2. 如果法益已经面临危险，具有保证人地位的行为人不消除危险的，就是不作为。因为，法律要求行为人消除危险。

例 元宝夫妇因八岁的儿子严重残疾、生活完全不能自理而非常痛苦。一天，元宝往儿子要喝的牛奶里放入“毒鼠强”时被妻子看到，妻子说：“这是毒药吧，你给他喝呀?”见元宝不说话，妻子叹了口气就走开了。毒死儿子后，夫妻二人一起掩埋尸体并对外人说儿子因病而死。元宝的妻子在儿子面临死亡危险时，应当阻止而没有阻止投毒行为，导致儿子死亡，属于不作为的故意杀人罪。

注意 不能以单纯的身体举动作为区分作为与不作为的标准。

例如，元宝在交通肇事后，将被害人放到车上，拉着被害人狂奔 4 小时，被害人在被撞 2 小时后因失血过多而死亡，元宝构成不作为的故意杀人罪。尽管有“拉着被害人狂奔 4 小时”这样积极的身体举动，但是真正导致被害人死亡的原因是其没有得到及时救助，因此，元宝构成不作为犯罪。

（二）不作为的分类

1. 纯正不作为犯。

即行为人行为构成了法定的犯罪行为本身就是不作为的犯罪，如遗弃罪，拒不执行判决、裁定罪等。

纯正不作为犯中，刑法给行为人设定的义务属于“命令性义务”，即必须实施某种行为。

例如，丢失枪支不报罪，刑法要求行为人在丢失枪支后必须“及时报告”；拒不执行判决、裁定罪，刑法要求行为人对于生效裁判必须“执行”。

【小结】刑法中纯正不作为犯包括下列罪名：

《刑法》第 129 条丢失枪支不报罪；

《刑法》第 139 条之一不报、谎报安全事故罪；

《刑法》第 201 条逃税罪；

《刑法》第 261 条遗弃罪；

《刑法》第 276 条之一拒不支付劳动报酬罪；

《刑法》第 286 条之一拒不履行信息网络安全管理义务罪；

《刑法》第 311 条拒绝提供间谍犯罪、恐怖主义犯罪、极端主义犯罪证据罪；

《刑法》第 313 条拒不执行判决、裁定罪；

《刑法》第 395 条巨额财产来源不明罪；

《刑法》第 402 条徇私舞弊不移交刑事案件罪；

《刑法》第 416 条不解救被拐卖、绑架妇女、儿童罪。

2. 不纯正不作为犯。

即行为人因不作为而构成了法定犯罪行为本身应是作为的犯罪，例如因不作为而构成故意杀人罪、抢劫罪等。

（三）不纯正不作为犯的成立条件

1. 当为（作为义务的发生依据）。

（1）对于危险源的监督义务。

① 危险的物：危险动物、危险物品、危险设置、危险系统等。

例如，动物园管理者在动物撕咬游客时具有制止的义务；广告牌的设置者在广告牌可能坍塌或滑落之际有防止其砸伤路人的义务。

②危险的人：基于法律规定或者职业要求，对他人负有监督管理义务的人，对于他人的危险行为有监督、阻止的义务。

例如，父母、监护人有义务阻止年幼子女、被监护人的法益侵害行为。但是，夫妻之间、成年的兄弟姐妹之间不具有这样的监督义务。

③危险的自己（先前行为）：行为人自己的先行行为为法益创设刑法所不允许的危险时，行为人负有采取有效措施排除危险并防止结果发生的特定义务。

例如，销售者对其销售的危险商品具有召回的义务；黑夜将机动车停在高速公路上的司机有义务采取措施防止后车追尾。

【专题】正方防卫能否产生救助义务

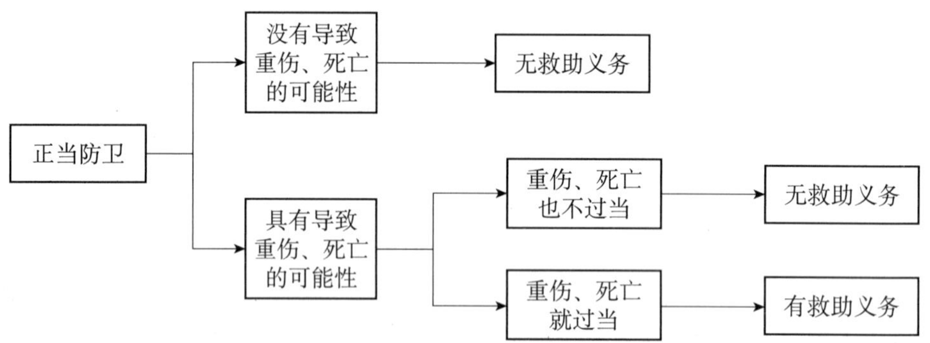

例如　甲对正在实施一般伤害的乙进行正当防卫，致乙重伤（仍在防卫限度之内）。乙已无侵害能力，求甲将其送往医院，甲不理会并离去。乙因流血过多死亡。

解析：甲实施了一个有过当可能性的正当防卫行为，该行为引起救助义务，即甲应当采取有效措施，防止过当结果的出现，甲的不救助造成乙死亡（过当），甲应当承担防卫过当的刑事责任。

（2）基于与法益的无助（脆弱）状态的特殊关系产生的保护义务。

首先法益要处于一种无助状态，其次行为人与处于无助（脆弱）状态法益之间具有某种特殊关系。注意，仅凭法益的无助状态很难认定行为人有作为的义务，更为重要的是与无助状态之间的特殊关系，而这种特殊关系来自以下几个方面：

①基于**法规范**产生的保护义务。在法规范将法益保护托付给特定的行为人时，行为人的不保护就成为结果发生的原因，例如母亲对婴儿的喂养义务，幼女被人猥亵时父母制止猥亵行为的义务等。但需要注意的是，根据法规范，发现火灾的人负有报警义务，但是法益保护并不具体地依赖于发现火灾的人，因此发现火灾的人没有刑法上的实质的法义务。

②基于**职务或者业务**产生的保护义务，例如，交警对于交通事故中的被害人的救助义务，医生对于病患的救治义务，消防队员对于火灾的扑救义务。

③因**自愿行为**而产生的保护义务。在法益处于无助或者脆弱状态时，行为人自愿承担保护义务，使法益的保护依赖于行为人时，行为人必须继续承担保护义务。例如将弃婴抱回家后，就有抚养的义务；数人形成的合法危险共同体，只要没有除外的约定，就意味着每个成员接受了保护其他成员的义务。

（3）对于危险发生领域的支配而产生的阻止义务。

①对于发生在自己支配的建筑物内、车内的危险具有防止的义务。

对于自家封闭的庭院内闯入的重病患者具有救助的义务；

对出租车内发生的猥亵或强奸行为，司机具有制止的义务；

嫖客在卖淫女的住所内突发心脏病，卖淫女具有救助义务。

②对于发生在自己身上的危险行为具有阻止义务。

例如，幼女趴到成年男子身上对其进行猥亵，该成年男子具有阻止的义务，否则就构成猥亵儿童罪。

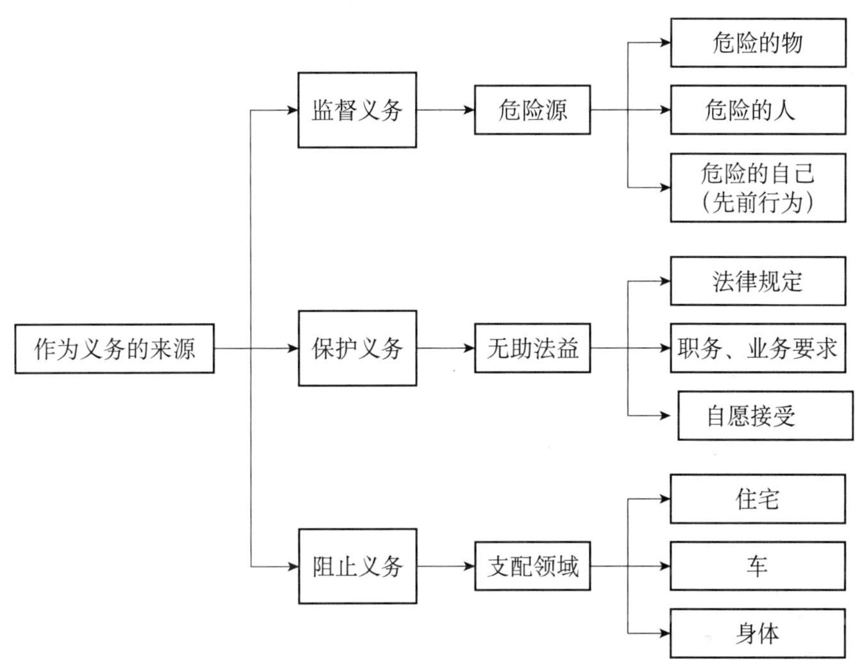

【命题角度】判断某个“不作为”是否属于刑法上的不作为犯罪，通常是对作为义务发生的依据进行判断。

例1　哥哥看到成年的弟弟杀死自己的父亲而不制止，构成故意杀人罪。（2020年网络回忆版）

解析：正确。成年的哥哥的制止义务来源于他与父亲的特殊关系，即与法益无助状态的特殊关系产生的义务，不制止的行为构成不作为的故意杀人罪。

例2　丈夫看到妻子伤害岳母而不制止，构成故意伤害罪。（2020年网络回忆版）

解析：错误。丈夫对于妻子不具有监督管理义务，丈夫对于岳母也没有法律上的扶养和救助义务，情感和道义上的救助义务不能成为不作为犯罪的义务来源。

例3　甲女看到女儿乙遗弃自己的小孩，不管不问，构成遗弃罪。（2020年网络回忆版）

解析：错误。甲女对于其成年子女不负有监督管理义务，成年子女的法益侵害行为不在父母的监管范围内，情感和道义上的救助义务不能成为不作为犯罪的义务来源。

2. 能为（作为的可能性）。

法律不强人所难，法规范和法秩序只要求能够履行义务的人履行义务，而不会强求不能履行义务的人履行义务。如果确实因为**客观原因**或者**主体能力**而导致不能履行作为义务，或者履行义务将会给行为人的生命带来重大危险，则法律不会苛责行为人不履行义务的行为。

3. 不为。

行为人没有实施按照其作为义务所应当实施的行为，从而导致侵害结果发生。

4. 结果回避可能性（倘若作为，则可避免结果发生）。

只有当行为人履行作为义务可以避免结果发生时，该不作为的行为才可以成立不作为犯罪。

例 甲在车间工作时，不小心使一根铁钻刺入乙的心脏，甲没有立即将乙送往医院而是逃往外地。医院证明，即使将乙送往医院，乙也不可能得到救治。

【结论】 甲的行为没有结果回避可能性，其不救助的行为不构成不作为犯罪，但是"不小心使一根铁钻刺入乙的心脏"的行为构成重大责任事故罪。

5. 不作为与作为的等价性（不纯正不作为犯）。

以不作为方式完成的犯罪，与通常以作为方式完成的犯罪行为具有同等之恶。

甲女将自己一岁幼女留在家中，锁门外出十日才回家，其年幼的孩子在家中饿死。	＝故意杀人罪＝	乙女故意给自己一岁幼女注射超量胰岛素，导致幼女死亡。

（四）不作为犯罪的主观责任

满足"当为—能为—不为"就具备了成立不作为犯罪的客观要件，同其他所有犯罪一样，最终成立犯罪还需要行为人主观上具有故意或者过失。不作为犯罪因此也分为故意的不作为犯罪和过失的不作为犯罪。

1. 故意的不作为犯罪。

例 元宝是游泳高手，某日带其子元小宝到河边玩耍。突然小宝落入水中，同时落入水中的还有另一个陌生孩子。当时情况紧急万分，元宝一次只能救助一个孩子。在稍作思考后，元宝"发扬风格"，先将陌生孩子救起，等到回过头来再去救元小宝时，元小宝已溺水身亡。元宝对于元小宝具有法律上的救助义务，其不救助行为成立不作为故意杀人罪。

2. 过失的不作为犯罪。

例 元宝路过家门口的水库时看到有小孩落水，能救助而未予救助，导致小孩死亡。后发现落水的是其未成年的儿子元小宝。元宝作为父亲，应当预见到家门口落水的小孩有可能是其未成年的儿子，即应当预见的自己的儿子有溺亡的危险，却没有预见到，具有过失，成立过失犯罪。

注意 不作为犯罪的主观方面有故意也有过失，因此就需要判断"不作为"当时的主观心态。

例 丙在办公室用电炉煮面，手中的文件**不慎**掉入电炉而着火。丙本来应该及时灭火，但是考虑到万一被他人发现可能会被单位辞退，于是及时逃离现场。后大火烧毁了丙的办公室及隔壁办公室。丙的行为导致电炉着火，明知不灭火可能引发火灾，仍然逃离现场，主观上是间接故意，因此应当成立不作为的放火罪。

【命题角度】 判断某个危害行为究竟是作为犯罪还是不作为犯罪。

例　孙某驾车不慎撞倒行人金某之后，为逃避法律责任，将昏迷的金某拖到隐蔽的山洞里，金某因无人救助而死亡。孙某构成不作为的故意杀人罪。

解析： 孙某将金某撞倒为法益创设危险，属于第一个先前行为；其将昏迷的金某拖到隐蔽的山洞里，属于第二个先前行为。金某最终因为没有得到救治而死亡，导致金某死亡的原因是不作为，孙某主观上也具有杀人故意，因此孙某构成不作为的故意杀人罪。

【真题训练（2019）】 关于不作为犯罪，下列说法正确的有（　　）。①

A. 警察李某抓捕吸毒人员王某（女），对其进行强制戒毒。王某有一个5岁女儿独自被王某锁在家里。王某将该情况告知李某，要求妥善安顿女儿。李某因疏忽而忘记此事。几天后，王某的女儿饿死在家中。李某成立不作为的玩忽职守罪

B. 吸毒人员吴某常常把自己年幼的孩子独自留在家中而出去吸毒。某次，吴某明知家中有孩子，出门十日才回家，其年幼孩子在被隔绝的家中饿死。吴某构成不作为的故意杀人罪

C. 赵某明知邻居钱某有癫痫，出于故意而与钱某吵架，使其发病，浑身抽搐。赵某见状故意不救助，钱某因无人救助而死亡。赵某构成不作为的故意杀人罪

D. 孙某驾车不慎撞倒行人金某之后，为逃避法律责任，将昏迷的金某拖到隐蔽的山洞里，金某因无人救助而死亡。孙某构成不作为的故意杀人罪

第三节　危害结果

一、概念

危害结果是指危害行为对法益造成的实际损害或现实危险状态。

二、实害

（一）概念

实害，是指行为给法益造成的实际损害事实，如交通肇事罪中致人伤亡的结果，故意杀人罪中被害人死亡的结果。

（二）实害结果在刑法中的意义

1. 过失犯罪都要求发生法定的物质性危害结果。

例如，过失致人死亡罪，必须发生死亡结果才能构成该罪。

2. 一些故意犯罪把发生法定结果规定为构成要素。

例如生产、销售劣药罪，需要“给人体健康造成严重危害”（轻伤以上后果或者轻

---

① 【答案】ABCD

度以上残疾或者器官组织一般功能障碍），犯罪才成立；再如滥用职权罪，需要“致使公共财产、国家和人民利益遭受重大损失”，犯罪才成立。

注意 以实害结果的出现作为犯罪成立标准的犯罪，在理论上被称为“实害犯”。

三、危险

（一）概念

危险，是指行为给法益带来的引起某种实害结果发生的危险，既可能是具体危险，也可能抽象危险。

（二）具体危险与抽象危险

1. 具体危险。

（1）性质：行为给法益带来的现实、紧迫具体危险，距离危害结果的发生仅一步之遥。例如生产、销售不符合安全标准的食品罪中，“足以造成严重食物中毒事故或者其他严重食源性疾病”即为具体危险。

（2）对危险的判断：司法机关在具体案件中，结合时间、地点、部位、手段对危险做出甄别判断。

具体危险犯如生产、销售不符合安全标准的食品罪，非法携带枪支危害公共安全罪。

2. 抽象危险。

（1）性质：行为给法益带来的抽象、潜在、或然的危险。

（2）对危险的判断：立法机关在立法中直接做出的设置，即直接将某种行为类型化为有危险的行为，行为完成，危险自然出现。

例如危险驾驶罪中，只要“醉酒驾驶”的行为出现，即可以认定危险出现。

抽象危险犯如组织恐怖组织罪，危险驾驶罪，生产、销售假药罪，煽动颠覆国家政权罪。

注意 以具体危险的出现作为犯罪成立标准的犯罪，在理论上被称为“具体危险犯”；以抽象危险的出现作为犯罪成立标准的犯罪，在理论上被称为“抽象危险犯”。

四、结果加重犯

（一）结果加重犯的概念

结果加重犯，指实施基本犯罪构成的行为，同时又造成个基本犯罪构成以外的结果，刑法对其规定较重法定刑的情况。

例如，《刑法》第234条规定，故意伤害他人身体的，处3年以下有期徒刑、拘役或者管制。

犯前款罪，**致人重伤的**，处3年以上10年以下有期徒刑；**致人死亡**或者以特别残忍手段致人重伤造成严重残疾的，处10年以上有期徒刑、无期徒刑或者死刑。本法另有规定的，依照规定。

故意伤害致人重伤、死亡，即属于故意伤害罪的结果加重犯。

（二）结果加重犯的特征

1. 实施基本犯罪构成的行为还造成了加重的结果。

（1）基本犯罪行为直接导致加重结果，加重结果无论从性质还是程度都重于基本犯罪所引起的基本结果。例如抢劫致人重伤、死亡，强奸致人重伤、死亡。

	基本行为	基本结果	加重结果
抢劫致人重伤、死亡	抢劫	劫得财物	重伤、死亡
强奸致人重伤、死亡	强奸	奸淫妇女	重伤、死亡

（2）基本犯罪行为与加重结果之间具有直接因果关系。

例 1　甲非法拘禁乙的过程中，由于捆绑过紧，导致乙突发性心脏衰竭而亡。

解析：拘禁行为与死亡结果之间具有直接因果关系。

例 2　甲非法拘禁乙，乙为了逃跑跳窗摔死。

解析：拘禁行为与死亡结果之间不具有直接因果关系。

（3）加重结果是基本行为的高度危险的直接现实化。如果具有高度危险的基本行为没有直接现实化为加重结果，即使产生所谓的“重结果”，也不能认定为结果加重犯。

例如，元宝欲制造火车出轨事故，破坏轨道时将螺栓砸飞，螺栓击中在附近玩耍的幼童，致其死亡。元宝破坏交通设施行为所引起的危险是导致交通工具发生倾覆、毁坏的危险，由此造成人员伤亡和财产损失才是该危险的现实化，进而成立结果加重犯，而此时元宝的行为只是偶然地、过失导致第三人死亡，只能成立破坏交通设施罪与过失致人死亡罪的想象竞合犯。

2. 分则条文对该种结果专门规定了较重法定刑。

例如，对强奸犯通常处 3 年以上 10 年以下有期徒刑，造成被害人重伤、死亡结果的，处 10 年以上有期徒刑、无期徒刑或死刑。

（1）结果加重犯的重要特征是法定性，必须由刑法明确对加重结果规定加重刑；

（2）刑法明确对加重结果规定加重其刑，在结果加重犯的场合就只能认定为一罪而不是数罪。

3. 行为人对加重的结果具有罪过（故意或过失）。

例如，故意伤害致人重伤、死亡，非法拘禁致人重伤、死亡，强奸致人重伤、死亡，拐卖妇女、儿童造成被拐卖的妇女、儿童或者其亲属重伤、死亡，这些犯罪中，对于加重结果通常为过失，但也可以是故意。

再如，抢劫致人死亡中，司法解释明确规定，为劫取财物而当场杀死被害人或者为劫取财物而有预谋的杀人的，都属于抢劫罪的结果加重犯，因此在抢劫罪的结果加重犯中，对于“死亡”这一加重结果完全可以是故意。

（三）结果加重犯的处断原则

以一罪处罚，不实行数罪并罚，因为该结果已经作为适用较重法定刑的依据。

小结：刑法分则中常见的“结果加重犯”：

1.【故意伤害罪】致人重伤、致人死亡

2.【抢劫罪】致人重伤、死亡

3.【强奸罪】致人重伤、死亡

4.【非法行医罪】严重损害就诊人身体健康，造成就诊人死亡

5.【拐卖妇女、儿童罪】造成被拐卖的妇女、儿童或者其亲属重伤、死亡或者其他严重后果

6.【暴力干涉婚姻自由罪】致使被害人死亡

7.【虐待罪】致人重伤、死亡

8.【非法拘禁罪】致人重伤、死亡

9.【组织他人偷越国（边）境罪】造成被组织人员重伤、死亡

10.【运送他人偷越国（边）境罪】造成被运送人重伤、死亡

【命题角度1】判断某一行为是否属于结果加重犯。

例 骗取他人财物致使被害人自杀身亡的，成立诈骗罪的结果加重犯。(2017-2-2)

解析：错误。《刑法》第266条关于诈骗罪的规定中，并无“诈骗导致被害人死亡”的结果加重犯的规定。

【命题角度2】将结果加重犯与因果关系中断结合考查。

例1 甲把欠钱不还的乙捆绑后装进自己汽车的后备厢内，正准备开车出发时，旁边的肖某倒车不慎撞到甲的后备厢，导致乙当场死亡。甲不属于非法拘禁致人死亡。(2021年网络回忆版)

解析：错误。甲非法拘禁乙并将其装进汽车后备厢的行为，属于非法拘禁的基本强制手段，后介入肖某倒车追尾这一介入因素，尽管“追尾”属于异常的介入因素，对于被害人死亡结果的作用也大，但是前实行行为（将被害人关押在后备厢）对于被害人被撞身亡的结果同样具有决定作用，因果关系没有中断，甲应当对死亡结果承担责任，即属于非法拘禁致人死亡。

例2 甲将乙拘禁在宾馆20楼，声称只要乙还债就放人。乙无力还债，深夜跳楼身亡。甲的行为不成立非法拘禁罪的结果加重犯。(2015-2-8)

解析：正确。自杀行为中断因果关系，自杀行为所引起的重结果一般不能归属于前实行行为，即不能成立前一犯罪的结果加重犯。

第四节　危害行为与危害结果之间的因果关系

一、刑法中的因果关系

（一）刑法中的因果关系的概念

刑法中的因果关系是危害行为（实行行为）与危害结果之间的一种客观的引起与被引起的联系。

注意　因果关系中的“因”与“果”，是“实行行为”与“危害结果”。

1. “因”，即实行行为。

（1）如果行为本身不具有法益侵害的危险甚至减少了法益侵害的危险，则不是实行行为，亦不能成为因果关系中的“因”。

例　元宝得知女友移情，送其一双旱冰鞋，希望女友摔伤，女友果真摔成重伤。元宝送旱冰鞋的行为不是实行行为，送鞋与女友的重伤结果之间不具有因果关系。

（2）如果行为是否实施结果都会发生，即缺乏结果回避可能性，则可以否定实行行为的存在进而否定因果关系的存在。

例 1　某地连降暴雨发生水灾，山洪咆哮着从山谷里奔涌而来，即将冲毁堤坝，在堤坝溃决的前 10 秒，甲向洪水中倒了一洗脸盆的水，肆虐的洪水最终淹没一切。甲倒水的行为（作为）缺乏结果回避可能性，对于决水结果没有作出贡献，不是实行行为。

例 2　欧洲某毛笔制造工厂老板将一些毛笔交给女工加工，根据规定，加工这些毛笔必须消毒，但老板没有这么做，4 个女工因为感染炭疽杆菌而死亡。事后发现，即使使用所规定的消毒剂消毒，仍然无法杀死在当时欧洲不曾有过的炭疽杆菌病毒。老板未消毒的行为（不作为）与死亡结果没有因果关系。

2. “果”，即危害结果。

（1）危害结果是具体的、特定样态的、特定时间、地点的结果。

元宝开车撞甲，甲受伤的程度是将在 5 小时后死亡，但是 2 小时后甲被乙开车撞死。那么这里因果关系中的“果”就是 2 小时死亡的结果，而不是 5 小时后死亡的结果。

（2）危害结果是规范保护范围内的结果。

比如制定交通法规的目的，是确保汽车正常通行，不至于在行驶过程中撞向行人或其他车辆，避免发生交通事故，导致人被车“撞死”或者“撞伤”。

例 1　甲违章驾驶导致撞车，汽车的猛烈撞击声把路旁的行人乙吓死。乙不是因为交通事故被车“撞死”，而是由于交通事故被“吓死”，该死亡结果不在交通法规的保护目的之内，不属于危害结果。

例 2　甲与乙两个摩托车驾驶者都停在红灯前，等候绿灯过十字路口。甲脾气急躁，在信号灯变绿前，就闯红灯过交叉路口，引发旁边另一位驾驶者乙误认为绿灯亮了，也随其后穿越交叉路口，不幸被丙所驾驶的卡车撞死。禁止闯红灯的注意规范的保护目的是维护路口的交通秩序，防止车辆行人发生碰撞，它不可能包含防止别人误识信号灯的情形。所以，乙死亡结果不是规范保护范围内的结果，也不可归责于甲。

（二）因果关系对于刑事责任的意义

1. 不存在因果关系，则不能把某结果归责于行为人。

2. 不存在因果关系，只是不能把某结果归责于行为人，但不意味着不需要承担任何刑事责任。

例 元宝追杀情敌甲，甲狂奔逃命。甲的仇人乙早就想杀甲，见甲慌不择路，在元宝赶到之前向甲开枪射击，甲中弹身亡。元宝的追杀行为与甲的死亡结果之间不存在因果关系，因此元宝不成立故意杀人罪既遂，但是由于其有杀人行为，该行为并未引起死亡结果，元宝成立故意杀人罪未遂。

3. 存在因果关系并不必然承担刑事责任。

例 1 元宝和甲是马戏团演员，两人长期合作，元宝表演飞刀精准，从未出错。某日元宝表演时，甲突然移动身体位置，飞刀掷进甲胸部致其死亡。元宝投掷飞刀的行为与甲的死亡结果之间具有因果关系，但是两人长期合作，元宝能够合理地信赖甲不会挪动身体，元宝既没有故意也没有过失，甲的死亡属于意外事件，元宝不负刑事责任。

二、刑法中的因果关系的认定

认定因果关系，就意味着将结果归属于某个实行行为，实行行为是具有法益侵害危险的行为，因此因果关系的发展过程，就是危险现实化的过程。关于认定因果关系有不同学说：

（一）条件说

条件说是因果关系判断的基本方法，当实行行为与实害结果之间存在“没有 A 就没有 B”的条件关系时，A 就是 B 的原因。

1. 根据条件说，对因果关系的判断不能离开特定的客观条件。

例 1 甲在医院门口造成乙濒临死亡的重伤，但因抢救及时，乙获救。

例 2 丙在荒郊野外造成丁重伤，但因抢救不及时，丁死亡。

注意 “荒郊野外”这个特定的客观条件下，丙的伤害行为就是丁死亡的原因，因果关系自然成立。

2. 被害人的特殊体质。

甲与乙发生口角后，甲对准乙的胸部轻轻打了一拳，乙倒地后抽搐，在送往医院途中死亡，后查明，乙是因为受到刺激，心脏病发作而死。乙的邻居都知道乙的疾病，但是甲对此毫不知情。

根据“条件说”：没有甲的伤害行为，乙不会受刺激后突然发病，所以因果关系存在。

（1）被害人的特殊体质并不是“介入因素”的问题，而是行为时已经存在的特定条件，因此不适用介入因素判断因果关系中断的法则。

（2）被害人特殊体质的情形下判定是否存在因果关系，只须在客观层面进行认定，至于行为人是否应当承担刑事责任还需要判断行为人有无故意、过失，即行为人是否认识到或者是否应当预见到被害人特殊体质的存在。

（二）“相当因果关系说”（行为→介入因素→结果）

相当因果关系说是基于“条件说”过于扩大因果关系的范围而产生的。该学说认为，根据一般社会生活经验，在通常情况下，某种行为产生某种结果被认为是相当的场合，行为与结果才具有因果关系。其实质就是在存在**介入因素**的情况下，根据介入因素是否异常、作用大小来判断因果关系是否中断，而这些判断都依赖生活经验。

1. 因果关系中断。

①因果关系中断的**法律效果**：前行为人对于最终结果，将不承担刑事责任。

②**引起因果关系中断的因素：介入因素。**

2. “介入因素”中断因果关系的判断。

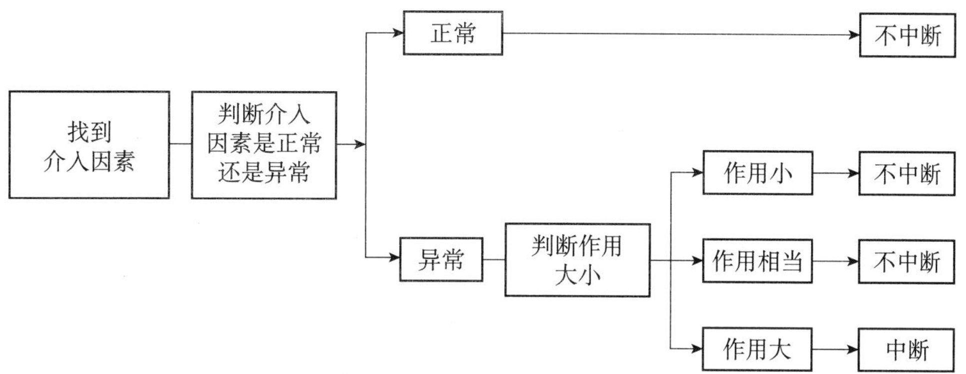

3. 常见的能够引起因果关系中断的介入因素有：被害人的行为、第三人的行为、某种自然事件。

（1）被害人的行为。

例 1 甲想要杀乙，乙仅受轻伤，但乙迷信鬼神，受伤后用香灰涂抹伤口，导致霉菌侵入身体而死亡。

介入因素：异常+作用大=中断【甲成立故意杀人罪（未遂）】

例 2 丙放火烧建筑，赵某见火势较小，便返回火场抢救自己放在该建筑物内的贵重物品。赵某进入后，火势突然加大，赵某被烧死。

介入因素：正常=不中断【死亡结果归属于丙的放火行为】

例 3 甲对乙施加暴力，劫取乙的财物后离去。乙受惊吓过度，回家途中因精神恍惚坠入河中溺亡。

介入因素：异常+作用大=中断【死亡结果不应当归属于甲的暴力】

例 4 甲伤害乙后，乙在医院治疗期间没有遵医嘱卧床休息，因伤情恶化而死亡。

介入因素：异常+作用小=不中断【死亡结果应当归属于甲的伤害行为】

（2）第三人的行为。

例 1 甲追杀情敌赵某，赵某狂奔逃命。赵某的仇人乙早就想杀赵某，见赵某慌不择路，在甲赶到之前向赵某开枪射击，赵某中弹身亡。

介入因素：异常+作用大=中断【甲成立故意杀人罪（未遂）】

例 2 乙基于杀害的意思用刀砍程某，见程某受伤后十分痛苦，便将其送到医院，但医生的治疗存在重大失误，导致程某死亡。

介入因素：异常+作用大=中断【甲成立故意杀人罪（中止）】

例 3 丁以杀人故意对赵某实施暴力，导致赵某遭受濒临死亡的重伤。赵某在医院接受治疗时，医生存在一定过失，未能挽救赵某的生命。

【观点 1】介入因素：正常=不中断

【观点 2】介入因素：异常+作用小=不中断

基于上述两个观点丁均成立故意杀人罪（既遂）。

例 4 乙夜间驾车撞倒李某后逃逸，李某被随后驶过的多辆汽车碾轧，但不能查明是哪辆车造成李某死亡。

介入因素：正常=不中断【乙的撞人行为与李某死亡的结果之间存在因果关系】

（3）某种自然事实。

例 1 甲欲杀害其女友，某日故意破坏其女友汽车的刹车装置，并唆使女友驾车外出，甲知道 15 分钟后会遇一陡坡，女友必定会坠崖身亡。但是女友在将车开出 5 分钟后，就遇到了山洪，泥石流将她冲下山，摔死。

介入因素：异常+作用大=中断【甲成立故意杀人罪（未遂）】

例 2 甲故意伤害乙并致其重伤，乙被送到医院救治，当晚，医院发生火灾，乙被烧死。

介入因素：异常+作用大=中断【甲成立故意伤害罪（重伤）】

例 3 甲、乙等人因琐事与丙发生争执，进而在电梯口相互厮打，电梯门受外力挤压变形开启，丙掉入电梯竖井摔死。

介入因素：正常=不中断【甲、乙等人的行为与丙的死亡之间有因果关系，构成故意伤害罪（致人死亡）】

【命题角度 1】判断因果关系时，先判断是否存在实行行为。

例 甲驾驶出租车搭载女乘客。途中，甲选择了一条与手机导航路线不同的偏航路线。女乘客误以为甲要侵害自己，迅速跳车，导致重伤。实际上甲没有加害意图。甲的偏航行为与女乘客的重伤有因果关系。（2021 年网络回忆版）

解析：说法错误。甲的偏航行为并不是刑法上的实行行为，该行为并无引发伤亡结果的现实危险，实行行为是因果关系中的“因”，没有实行行为，则没有因果关系。

【命题角度 2】判断因果关系时，还要判断是否存在危害结果。

例 1 乙偷了李某的救命钱，李某悲痛万分，遂自杀。乙的行为与李某的自杀结果之间有因果关系。（2021 年网络回忆版）

解析：错误。盗窃罪这一罪刑规范所要防止的结果是“被害人的财产损失”，被害人自杀不在盗窃罪的规范保护范围内，不存在因果关系的“果”，自然不存在因果关系。

例 2 丁在繁华路段飙车，2 名老妇受到惊吓致心脏病发作死亡，丁构成以危险方法危害公共安全罪。（2012－2－15）

解析：错误。刑法禁止“飙车”行为给公共安全带来的直接风险，路人受惊吓而

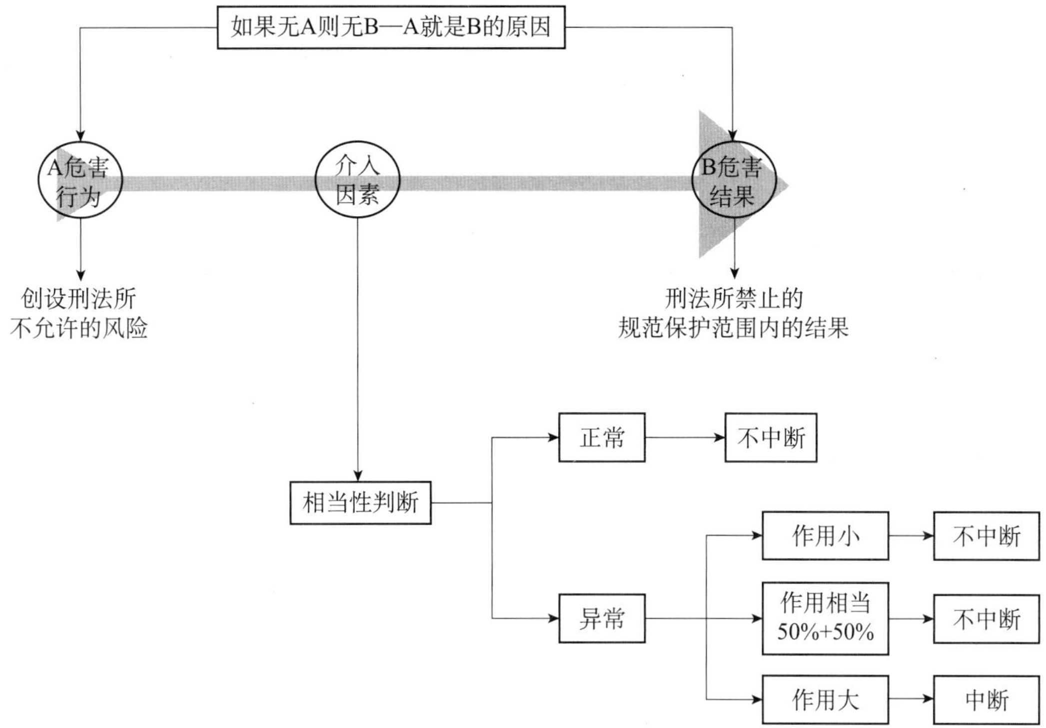

心脏病发作死亡，不在以危险方法危害公共安全罪的规范保护目的之内，死亡结果不能归属于丁的行为，所以丁不构成以危险方法危害公共安全罪。

【命题角度3】 在实行行为与危害结果都存在的基础上，再判断介入因素能否中断因果关系。

例1　甲违规将行人丙撞成轻伤，丙昏倒在路中央，甲驾车逃离。1分钟后，超速驾驶的乙发现丙时已来不及刹车，将丙轧死。甲的行为与丙的死亡没有因果关系。(2014-2-6)

解析： 错误。对十一个躺在路中央的人，被后车碾压属于高概率事件，乙的行为是正常的介入因素，不中断因果关系。

例2　甲对乙的住宅放火，乙为救出婴儿冲入住宅被烧死。乙的死亡由其冒险行为造成，与甲的放火行为之间没有因果关系。(2013-2-52)

解析： 错误。乙为救出婴儿冲入住宅的行为是正常的介入因素，不中断因果关系。

（三）合法则的因果关系（合法则的条件说）

合法则的条件说认为，只有根据科学知识，确定了前后现象之间是否存在一般的合法则的关联后，才能进行个别的、具体的判断。在认定因果关系时：

第一步：确认存在可以适用于特定个案的自然科学的因果法则（抽象）；

第二步：认定“具体的因果关系”，即确认具体的事实是否符合科学的因果法则。

合法则的条件说所称的“合法则”，是指当代知识水平所认可的法则性关系。易言之，因果法则关系的存在，必须得到当代**最高科学知识水平**的认可，如果根据这种科学知识难以理解，则不能承认因果关系。当然，如果**经验法则**与**科学法则**并不矛盾，这种经验法则也包含在“合法则”中。

“条件说”是反面的判断，之所以从“如果没有前者就没有后者”得出“正是因为有前者才有后者”的结论，其实是因为人们知道结果的形成过程；“合法则的条件说”则是正面判断，在与结果有联系的行为中，判断哪一个行为与结果之间存在能用自然法则或经验法则说明的引起与被引起的关系。①

1. 假定的因果关系：虽然某个行为导致结果发生，但即使没有该行为，其他情况也会产生同样结果，则结果应当归因于该行为。

例 1 在下午 1 时即将执行死刑之前，被害人的父亲甲推开执行人，自己扣动扳机击毙死刑犯乙。甲开枪行为合法则地引起了死亡结果，甲的行为与乙的死亡结果之间具有因果关系。

例 2 对一座处于烈火中的建筑物的未烧毁部分，放火予以烧毁，仍然构成故意毁坏财物罪，即使大火在很短的时间内将烧毁一切。放火行为合法则地引起了剩余部分的烧毁，二者之间具有因果关系。

2. 可替代的充分条件：在一个实行行为引起结果的过程中出现另一个实行行为，第二个实行行为成为引起结果发生的充分条件，合法则地引起结果发生。

例如，甲想杀死乙，便在乙穿越沙漠长途旅行的前夜，悄悄溜进乙的房间，把乙水壶里的水换成无色无味的毒药；丙也想杀死乙，于是同晚晚些时候溜进乙的房间，在乙的水壶底部钻了一个小孔。第二天乙出发了，他没有发现水壶上的小洞，两小时后乙在沙漠中想喝水，但是发现水壶是空的，于是脱水而亡。乙是脱水而死的，这一具体结果是由丙的行为合法则地造成的，则丙的行为与乙的死亡之间就有因果关系，而甲的行为与乙的死亡之间就没有因果关系。

3. 二重的因果关系（100%＋100%＝200%）：两个以上的行为分别都能导致结果的发生，但在行为人没有意思联络的情况下，行为竞合在一起导致了结果发生。其中，每个行为都与最终结果存在因果关系。

例 1 甲、乙没有意思联络，都欲杀丙，并同时向丙开枪，且均打中丙的心脏。

例 2 甲、乙没有意思联络，事先都向丙的水杯里投了 100%致死量的农药，丙喝了以后中毒身亡。

甲、乙的行为都是合法则地引起丙死亡的原因，因此二人的行为与丙的死亡都具有因果关系；如果存在时间先后顺序，后一行为对死亡并没有起作用，则应否定后行为与结果之间的因果关系。

4. 重叠的因果关系（50%＋50%＝100%）：两个以上独立的行为，单独不能导致结果的发生，但合并在一起同时造成了危害结果。其中，每个行为都与最终结果存在因果关系。

例如，甲、乙二人没有意思联络，事先都向丙的水杯里投了 50%致死量的农药，丙喝了以后中毒身亡。甲、乙的行为都是合法则地引起丙死亡的原因，因此都具有因果关系。

---

① 张明楷．刑法学．6 版．北京：法律出版社，2021：226.

5. 因果关系的回溯问题：第三人有意识地共同促进结果的发生，前行为人的行为所促成的对于结果具有原因力的因果关系，不会由于第三人的行为而中断。

例如，甲给丙注射了一剂毒药，在毒药药性刚开始发作时，乙对丙使用暴力，丙由于中毒虚弱而无法躲避乙的袭击，因而死亡。甲的行为客观上对于促成丙的死亡结果具有原因力，因而完全可以认为两者之间具有因果关系。

6. 救助性因果流程的中断：已经存在某种原因原本可以阻止结果的发生，行为人消除这种条件，导致结果发生。应当认为，中断救助性因果流程的行为，与结果之间具有因果关系。

例如，一个救生圈正漂向落水的被害人，被害人可以马上抓住这个救生圈，但是行为人拿走了救生圈，被害人溺水身亡。应当肯定拿走救生圈的行为与被害人的死亡结果之间具有因果关系

【命题视角】运用合法则的条件说，判断行为与结果之间是否具有因果关系。

例 1 甲以杀人故意向乙开枪，但由于不可预见的原因导致丙中弹身亡。甲的行为与丙的死亡没有因果关系。(2014－2－6)

解析：错误。按照合法则的因果关系理论，甲的子弹打中了丙，即甲的行为合法则地引起了丙的死亡，甲的行为与丙的死亡结果有因果关系。

例 2 甲、乙无意思联络，分别向丙开枪，均未击中要害，因两个伤口同时出血，丙失血过多死亡。甲、乙的行为与丙的死亡之间具有因果关系。(2013－2－52)

解析：正确。甲、乙的行为与丙的死亡之间具有因果关系，这属于重叠的因果关系。

【真题训练（2020）】下列情形中，死亡结果与甲的行为不具有因果关系的有（　　）。①

A. 甲对乙施加暴力，劫取乙的财物后离去。乙受过度惊吓，回家途中因精神恍惚坠入河中溺亡

B. 甲前往乙家讨债，甲敲门时，乙发现是甲，为了躲债，尝试从阳台爬入下一层的阳台，不慎失足坠亡

C. 甲、乙合谋，由乙将丙引诱至甲家地下室，由甲枪杀丙。乙驾车载丙前往甲家的途中，二人因琐事争吵起来，乙被丙的言语激怒，在车上将丙杀死

D. 黑社会性质组织成员乙听从组织领导甲的命令，负责对丙进行拘禁，却因疏忽致丙逃脱。乙恼羞成怒，来到丙的家中，将丙杀害

【重点复盘】

1. “条件说”：无 A 则无 B，A 就是 B 的原因。

2. “相当因果关系说”：尽管无 A 则无 B，但 A 与 B 之间介入 C，可能导致因果关系中断。(在具备“条件关系”的基础上，运用生活经验判断，介入因素能否中断因果关系)

3. “合法则的条件说”：正面判断，在与结果有联系的行为中，判断哪一个行为与结果之间存在能用自然法则或经验法则说明的引起与被引起的关系。

---

① 【答案】ABCD

第五章　违法阻却事由

第一节　正当防卫

《刑法》第 20 条【正当防卫】　为了使国家、公共利益、本人或者他人的人身、财产和其他权利免受正在进行的不法侵害，而采取的制止不法侵害的行为，对不法侵害人造成损害的，属于正当防卫，不负刑事责任。

一、正当防卫的成立条件

（一）起因条件：有不法侵害发生

所谓不法侵害，既包括犯罪行为，也包括一些侵犯人身、财产，破坏社会秩序的违法行为。

1. 不法性。

（1）范围：不法侵害包括但不限于犯罪行为。无论是面对一般违法行为，还是面对犯罪行为，都可以进行正当防卫。

（2）性质：**客观**层面的不法。无论是故意的、过失的不法侵害，还是未成年人的、精神病人的不法侵害，只要在客观上没有法律依据，就可以对其进行正当防卫，换言之，任何人都没有义务忍受他人的不法侵害。

例　元宝手持匕首寻找抢劫目标时，突遇精神病人甲持刀袭击。甲追赶元宝至一死胡同，元宝迫于无奈，与甲搏斗，将其打成重伤。元宝的行为属于正当防卫。

2. 侵害性。

（1）种类：不法侵害既可以表现为作为的侵害，也可以表现为不作为的侵害。

（2）性质：不法侵害通常具有进攻性、紧迫性、破坏性。

例　丙发现邻居刘某（女）正在家中卖淫，即将刘家价值 6 000 元的防盗门砸坏，阻止其卖淫。刘某的卖淫行为不具有显著的进攻性、紧迫性、破坏性，因此丙不成立正当防卫。

注意　对于侵害公法益的行为能否进行正当防卫？

我国刑法明文规定可以为了保护公共法益而进行正当防卫，既然如此，只要保护公共法益的防卫行为符合正当防卫的成立条件，就成立正当防卫。

例如，对于窃取、刺探国家秘密的行为，就可以进行正当防卫。[1]

3. 现实性。

必须存在现实的不法侵害，如果事实上并无不法侵害，行为人误以为存在不法侵害而进行“防卫”，就是假想防卫。假想防卫属于事实认识错误，不成立故意犯罪。

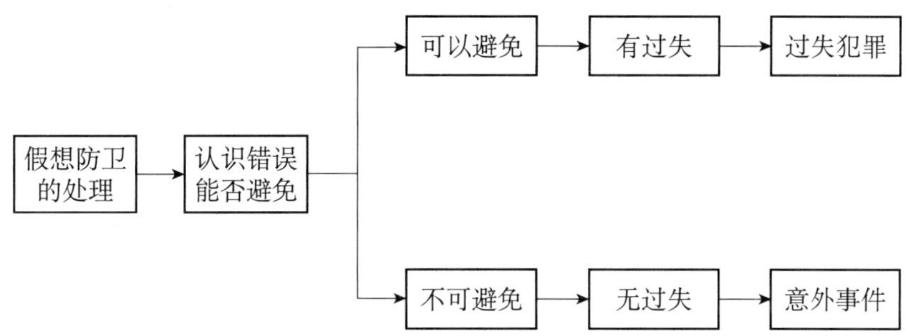

【有过失】元宝是个体眼镜商，在身带数万元现金外出采购途中，被便衣警察甲、乙拦住检查。乙表明身份时将工作证在元宝面前晃了一下，元宝要求去公安局或者派出所才让检查，甲、乙不理。元宝误以为二人是要抢劫的歹徒，即趁二人不备，抓起随身携带的小刀，将乙刺成重伤。元宝的行为构成假想防卫，在过失的范围内承担刑事责任。

【无过失】元宝在自家附近遇见两个男青年正在侮辱自己的女友如燕，便上前指责，遭到一名男青年殴打，被迫还手。在对打过程中，穿着便服的民警甲正好路过此地，未表明其公安人员身份，即抓住元宝的左肩，元宝误以为甲是两人的帮凶，便用脚向后蹬去，致甲重伤。本案中甲在执行公务中存在两点过错，一是没有亮明警察身份，二是没有对当时的情况进行仔细判断。元宝的行为属于假想防卫，由于其主观上没有故意也没有过失，危害结果是不能预见的原因引起的，属于意外事件，元宝应当无罪。

（二）时间条件：对正在进行的不法侵害进行防卫

不法侵害正在进行，即不法侵害已经开始尚未结束。不法侵害尚未开始或者已经结束而实行“防卫”的，是“防卫不适时”（事先防卫或事后防卫），不能成立正当防卫。

例 甲在自己家巷子口看到乙提着麻袋走出来，怀疑乙是偷狗的人，遂叫乙站住。乙放下麻袋就跑，甲紧追不舍，乙不慎被脚下石头绊倒。甲追上后，为了教训乙，对倒在地上的乙实施暴力，致其脑出血而死亡。经查明，乙确有偷狗行为，麻袋里是偷的狗。

乙的盗窃行为可以评价为不法侵害，但是该不法侵害在乙放下麻袋时就已经结束，甲穷追不舍的行为已经不能认为是正当防卫，当乙倒地时甲可以实施扭送行为，将其交给司法机关，对倒在地上的乙实施暴力不再具有必要性和正当性，甲的行为导致乙脑出血而死亡，就应当认定为故意伤害致人死亡。

---

① 张明楷．刑法学．6版．北京：法律出版社，2021：262.

注意 财产型犯罪的防卫时间：在财产型犯罪中，犯罪行为虽然已经既遂，但当场被发现并同时受到追捕的，认为“不法侵害尚未结束”；直到不法侵害人将其所取得的财物藏匿到安全场所为止，追捕者都可以实施正当防卫。

例如，甲劫持出租车司机元宝，用匕首刺元宝一刀，强行抢走财物后下车逃跑。元宝发动汽车追赶，在甲往前跑了40米处，元宝将甲撞成重伤并夺回财物，元宝成立正当防卫。

（三）对象条件：防卫行为必须是针对不法侵害者本人实行

正当防卫只能是通过给不法侵害人造成损害的方法来进行，而不能通过给第三者（包括侵害者的家属在内）造成损害的方法来进行。

例1 元宝在幕后唆使甲杀乙，在甲杀乙的过程中，乙只能对甲进行正当防卫，不能对场外的教唆犯元宝进行防卫。

例2 元宝在现场唆使甲杀乙，在甲正在杀乙的过程中，乙可以对甲进行正当防卫，也可以对现场的元宝进行防卫。

例3 元宝在现场教唆甲杀乙，甲致乙重伤后逃离现场，在元宝还在现场的情况下，丙可以使用暴力强迫元宝救助乙，但这是针对元宝的不作为的防卫，而不是针对元宝的教唆行为的防卫。

（四）主观条件：防卫必须是基于保护合法权利免受不法侵害的目的

正当防卫完整的主观条件，包括防卫认识与防卫意志两个部分。

1. 防卫认识，即认识到不法侵害正在进行；防卫意志，即为了保护合法利益。成立正当防卫是否需要防卫认识与防卫意志同时具备，理论上有不同观点，而不同观点的分歧，实质是“结果无价值”“行为无价值”“主观主义”的分歧。**三种观点对于违法本质的不同观点，决定它们对正当防卫主观方面的要求不同，也决定它们对“偶然防卫”的评价不同。**

2. 所谓“偶然防卫”，是指行为人在完全没有防卫认识和防卫意志的状态下实施的故意或者过失攻击性行为，但客观上具有防卫的效果，救助了刑法所保护的法益。

3. “结果无价值”和“行为无价值”是德日刑法学中就如何判断行为的违法性即社会危害性时使用的一对概念。所谓“无价值”，就是“违反刑法所意图保护的价值”，即反价值。

（1）“结果无价值”。

①认为行为是否违法，是否具有社会危害性，只能以行为所引起的侵害法益结果为基础加以判断，只要结果是好的，行为就是好的，一切都是正当的。即以法益侵害说为基础，以结果为中心，考虑违法性问题的理论。②根据“结果无价值”，成立正当防卫，既不需要防卫认识也不需要防卫意志，只要在客观上具有防卫效果，就是好的行为，就可以成立正当防卫。③“偶然防卫”可以成立正当防卫。

（2）“行为无价值”。

①**认为行为所引起的侵害法益结果，特定的行为形态以及行为人的故意、过失、动机、目的之类的主观心理状态**也都应纳入**违法性**的判断，且行为的好坏与结果的好

坏应当分别判断。②根据“行为无价值”，成立正当防卫需要防卫认识，即要认识到有不法侵害正在进行，因为只有在这种认识基础上，行为人的防卫才具有“善”的动机，才能被评价为“正当”，成立正当防卫。③“偶然防卫”由于不具有防卫认识，不成立正当防卫，属于犯罪行为，但是“偶然防卫”毕竟制造了好的结果，也不能成立故意犯罪既遂。

(3)“主观主义”。

①**认为刑罚针对的是行为人对法益的敌视或轻视态度**以及在此态度下实施的行为本身，在“主观主义”的观点中，违法行为就是带着坏的思想所实施的任何行为，即思想是坏的，行为就是坏的，一切都是坏的。②根据“主观主义”成立正当防卫，既需要防卫认识也需要防卫意志，否则难以成立正当防卫。③“偶然防卫”直接成立犯罪。

<table>
<tr><th></th><th>结果无价值</th><th>行为无价值</th><th>主观主义</th></tr>
<tr><td>基本立场：
什么是违法</td><td>只看结果
违法行为＝造成坏结果的行为
结果是好的，行为就是好的</td><td>既看行为，也看结果
违法行为＝主体基于过错实施的攻击行为
故意的攻击行为如果同时造成坏结果，成立故意犯罪既遂
过失的攻击行为如果同时造成坏结果，成立过失犯罪</td><td>看思想
违法行为＝带着过错所实施的任何行为
思想是坏的，行为就是坏的，一切都是坏的</td></tr>
<tr><td>成立正当防卫
主观方面的要求</td><td>无要求</td><td>至少要有防卫认识</td><td>防卫认识、防卫意志都需要</td></tr>
<tr><td>故意的
偶然防卫</td><td rowspan="2">正当防卫</td><td>故意犯罪未遂</td><td>故意犯罪既遂</td></tr>
<tr><td>过失的
偶然防卫</td><td>过失行为＋好结果＝无罪</td><td>过失犯罪</td></tr>
</table>

例1 甲杀害乙，乙被迫防卫。路过的丙看到了，以为乙在侵害甲，想起甲是自己的仇人，就过去帮乙一起伤害甲。乙以为丙是见义勇为，过来协助自己。两人共同把甲打成了重伤。

【观点1】丙成立正当防卫。丙与乙一起实施正当防卫行为，制止不法侵害，把甲打成了重伤的结果是刑法所允许的，结果不违反刑法，行为就是正当的，即不违法。

【观点2】丙成立故意伤害罪（未遂）。丙没有防卫认识，丙对甲的攻击带有伤害的故意，是违法行为，不成立正当防卫，但是丙没有制造刑法所不允许的伤害结果，因此成立故意伤害罪（未遂）。[①]

【观点3】丙成立故意伤害罪致人重伤。（乙是正当防卫，不能用丙的行为定义乙的行为。）

① 丙攻击甲时，带着伤害的故意，因此行为是坏的，但是结果是好的，所以成立故意伤害罪（未遂）。故意伤害罪既遂，是指伤害了不该伤害的人，而本案中丙伤害了可以伤害的人。

例 2 乙某日下午在自家庭院中擦拭自己合法持有的猎枪，由于疏忽不慎触动了扳机，将门外正在实施暴力抢劫行为的李某打成重伤。

【观点 1】乙成立正当防卫。乙的行为在客观上制止了不法侵害，将李某打成重伤的结果是刑法所允许的，结果不违反刑法，行为就是正当的，即不违法。

【观点 2】乙没有防卫认识，不成立正当防卫。乙由于疏忽不慎将李某打成了重伤是过失行为，没有制造刑法所不允许的伤害结果，即过失行为＋好结果＝无罪。

【观点 3】乙成立过失致人重伤罪。

（五）限度条件：正当防卫不能明显超过必要限度造成重大损害

1. 所谓“必要限度”，指足以制止正在进行的不法侵害所必需的限度。对于明显没有立即危及人身安全或者国家和人民重大利益的不法侵害，不允许用重伤、杀害的手段防卫；明显能用较缓和的手段制止不法侵害时，不允许采用激烈手段，更不允许为保护微小利益而采用激烈的防卫手段，因为这些手段显然不是有效地制止不法侵害所必需的。

2. 所谓“重大损害”指造成不法侵害人重伤、死亡。

二、防卫过当

（一）防卫过当的概念

防卫过当是指正当防卫明显超过必要限度造成重大损害的行为。

（二）防卫过当的基本特征

防卫过当的基本特征是客观上造成了不应有的损害，具有社会危害性；主观上对造成的过分损害存在过失甚至故意，具有罪过性，属于滥用防卫权对不法侵害人造成过分损害的非法行为。但是，防卫过当具有“防卫”性质，即具备了针对不法侵害事实防卫的基本条件，只是因为欠缺正当防卫的合理适度条件造成过分损害而构成犯罪承担刑事责任。

防卫过当＝防卫行为超过必要限度＋防卫结果造成重大损害。(同时具备)

例 1 元宝面对甲的一般不法侵害，掏出手枪向甲开枪，仅造成甲轻伤。元宝的行为虽然超出必要限度，但是没有造成重大损害，不属于防卫过当。

例 2 元宝面对甲的持刀行凶，夺刀自卫，造成甲死亡。元宝的行为虽然造成了重大损害，但是行为没有超过必要限度，也不属于防卫过当。

（三）防卫过当的刑事责任

防卫过当应当负刑事责任，但是应当酌情减轻或者免除处罚。防卫过当的罪过形式一般是过失。因为在一般情况下，防卫人是由于疏忽或者判断失误才造成了不应有的危害结果，并无犯罪故意，但也不排除在个别情况下的犯罪故意。因防卫过当而构成犯罪的，依照刑法分则的有关规定确定罪名、适用法定刑。致人重伤、死亡的，依法定过失致人重伤罪或过失致人死亡罪；如有犯罪故意，依法定故意伤害罪或者故意杀人罪。防卫过当本身不是罪名，不能定防卫过当罪。它实际是法定减轻或免除处罚的情节。

例如，面对盗窃行为，防卫人明知造成对方轻伤即可制止盗窃行为，却故意造成不法侵害人重伤以保护财产法益，则对于重伤的过当结果就是故意。

【最高人民检察院指导案例46号】朱某因不堪忍受丈夫骆某的虐待提起离婚诉讼并与骆某分居。朱某带儿子骆小雨（15周岁）和女儿骆小田（11岁）与朱某父母同住。骆某知错，但不同意离婚，为此经常到朱某父母家吵闹。一日23时许，骆某驾车至朱某父母家，攀爬院子大门，欲强行进入，朱某山（朱父）持铁叉阻拦后报警。骆某爬上院墙，在墙上用瓦片掷砸朱某山。朱某山躲到一边，并从屋内拿出宰羊刀防备。随后骆某跳入院内徒手与朱某山撕扯，朱某山刺中骆某胸部一刀。朱某山见骆某受伤把大门打开，民警随后到达。骆某因主动脉、右心房及肺脏被刺破致急性大失血死亡。①

三、特殊防卫

（一）特殊防卫的概念

《刑法》第20条规定：对正在进行行凶、杀人、抢劫、强奸、绑架以及其他严重危及人身安全的暴力犯罪，采取防卫行为，造成不法侵害人伤亡的，不属于防卫过当，不负刑事责任。

上述规定表明刑法对杀人、抢劫等危及人身安全的暴力犯罪采取极为严厉的态度，对于遭到这类犯罪侵害的防卫人采取鼓励与保护的态度。

（二）特殊防卫的属性

不是“无限”防卫权，仍要符合正当防卫的成立条件。

上述规定是提示性**注意规定**。（没有赋予当事人新的权利，只是对于最高级别的正当防卫情形的重申）

（三）注意事项

1. 行凶、杀人、抢劫、强奸、绑架。

（1）下列行为应当认定为“行凶”：①使用致命性凶器，严重危及他人人身安全的；②未使用凶器或者未使用致命性凶器，但是根据不法侵害的人数、打击部位和力度等情况，确已严重危及他人人身安全的。虽然尚未造成实际损害，但已对人身安全造成严重、紧迫危险的，可以认定为“行凶”。

（2）不包括以非暴力的方式实施的上述行为。

---

① 朱某山的行为具有防卫性质，属于防卫过当。首先，朱某山的行为具有防卫的正当性。骆某的行为从吵闹到侵入住宅、侵犯人身，呈现升级趋势，具有一定的危险性。骆某在深夜时段实施侵害，不法行为具有一定的紧迫性。朱某山始终没有与骆某斗殴的故意，提前准备工具也是出于防卫的目的，因此其反击行为具有防卫的正当性。其次，朱某山的行为属于防卫过当。骆某上门闹事的目的是不愿离婚，而不是报复。骆某虽实施了投掷瓦片、撕扯的行为，但整体仍在闹事的范围内，对朱某山人身权利的侵犯尚属轻微。朱某山已经报警，也有继续周旋的余地，但却选择使用刀具，最终造成了骆某伤重死亡的重大损害。综合来看，朱某山的防卫行为，在防卫措施的强度上不具有必要性，在防卫结果与所保护的权利对比上也相差悬殊，应当认定为明显超过必要限度造成重大损害，属于防卫过当。

例如，以麻醉方式抢劫虽然可以评价为抢劫行为，但是不属于严重危及人身安全的暴力犯罪。

(3) 运用实质解释原理。“杀人、抢劫、强奸、绑架”，是指具体犯罪行为而不是具体罪名，在实施不法侵害过程中存在杀人、抢劫、强奸、绑架等严重危及人身安全的暴力犯罪行为的，如以暴力手段抢劫枪支、弹药、爆炸物或者以绑架手段拐卖妇女、儿童的，可以实行特殊防卫。有关行为没有严重危及人身安全的，应当适用一般防卫的法律规定。

例如，元宝在拐卖如燕过程中，使用暴力强奸如燕，从分则条文来看，强奸行为不需要单独评价，只成立拐卖妇女罪一罪即可，但是强奸行为是客观存在的，且属于严重危及人身安全的暴力犯罪，因此对于元宝的强奸行为可以进行特殊防卫。

2. “暴力”：刑法中有很多种暴力，而这里的暴力属于严重程度的暴力，不包括轻微暴力。

暴力干涉婚姻自由罪中的暴力、妨害公务罪中的暴力、侮辱罪中的暴力都不属于严重危及人身安全的“暴力”。

3. “人身安全”：这里的人身安全仅指生命权、健康权以及性自由权，而不包括人格权和名誉权。

4. “其他严重危及人身安全的暴力犯罪”：应当是与杀人、抢劫、强奸、绑架行为相当，并具有致人重伤或者死亡的紧迫危险和现实可能的暴力犯罪。

注意 不符合特殊防卫起因条件的防卫行为致不法侵害人伤亡的，如果没有明显超过必要限度，也应当认定为正当防卫，不负刑事责任。

【做题思路】

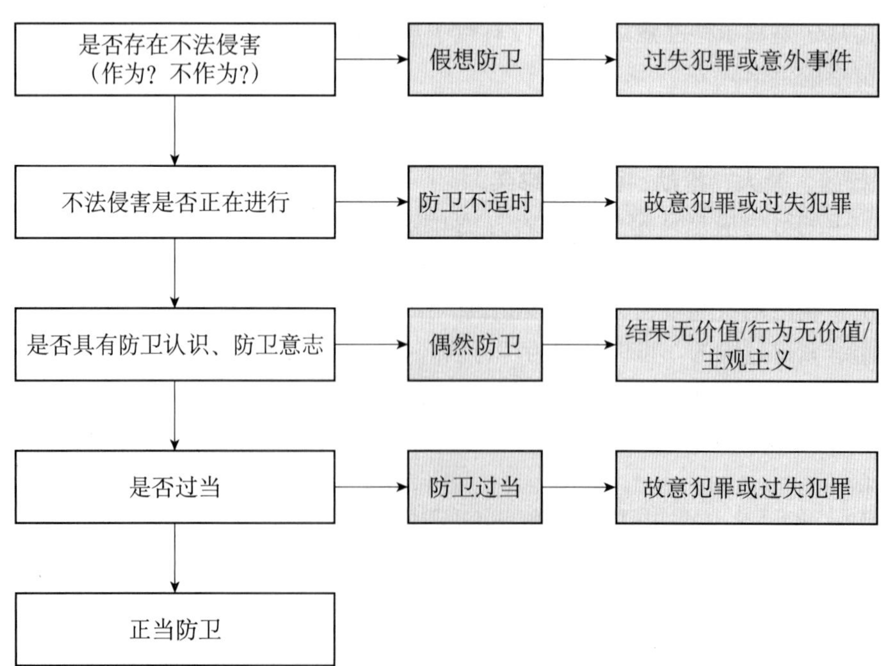

【命题角度1】 偶然防卫问题，不需要考生在不同观点之间抉择，但需要考生了解

每一观点的来龙去脉。

例　甲杀害乙，乙被迫防卫。路过的丙看到了，以为乙在侵害甲，想起甲是自己的仇人，就过去帮乙一起伤害甲。乙以为丙是见义勇为，过来协助自己。两人共同把甲打成了重伤。以下说法正确的有（　　）。(2019 年网络回忆版)

A. 虽然乙有正当防卫的意图，但是和丙一起把甲打成了重伤，属于防卫过当

B. 丙客观上在协助正当防卫。因此无论根据何种学说，丙都不构成犯罪

C. 乙、丙二人的主观认识内容不同，因此无论根据何种学说，都不能用丙的行为定义乙的行为的性质

D. 乙、丙二人的主观认识内容不同，因此无论根据何种学说，乙、丙都不构成共同犯罪

解析：乙是正当防卫，丙是偶然防卫，依结果无价值丙是正当防卫，但更多观点认为丙构成犯罪。CD 正确。

【命题角度 2】判断是否存在不法侵害，判断是否事后防卫、是否过当。

例 1　甲驾车不慎将行人乙撞成重伤，甲想逃离。行人丙看到这一情景，要求甲将乙送往医院，甲拒绝并欲逃离。丙便将甲打成轻伤，威胁并强迫甲将乙送往医院。甲害怕被丙继续殴打，便答应将乙送往医院。(2019 年网络回忆版)

解析：甲驾车将乙撞成重伤，该先前行为为乙创设了危险，甲对乙负有救助义务，如果不救助则是以“不作为”的方式对乙实施新的不法侵害，第三人丙将甲打成轻伤，威胁并强迫甲将乙送往医院，是对甲的不作为的不法侵害所实施的正当防卫。

例 2　张某和李某因互抢摊位发生争执，张某愤怒中操起菜刀欲伤害李某，李某慌乱中拿起扁担抵抗，击中张某小腿，致其摔倒在地。李某担心张某起身继续攻击自己，赶紧上前用扁担继续击打张某头部，致其死亡。事后查明，张某倒地后便陷入昏迷。

解析：首先，李某不是事后防卫，虽然事后查明，张某倒地后便陷入昏迷，但是李某在精神高度紧张的状态下，担心张某的继续攻击而实施“防卫”行为是合理的。其次，在李某的前后行为被评价为一个整体防卫行为的基础上，应当认为，李某的行为过当。张某小腿被击中，摔倒在地，不法侵害的能力已经大大降低，李某完全没有必要继续击打张某头部，即行为明显超过必要限度；同时导致张某死亡，属于造成重大损害，因此属于防卫过当。

【重点复盘】

1. 正当防卫成立条件：防卫起因；防卫时间；防卫意图（防卫认识与防卫意志）；防卫对象；防卫限度。

2. 防卫过当的公式：防卫行为超过必要限度＋防卫结果造成重大损害。（同时具备）

3. 特殊防卫：正当防卫的最高级。

第二节 紧急避险

一、紧急避险的概念

紧急避险，指为了使公共利益、本人或者他人的人身和其他权利免受正在发生的危险，不得已而采取的损害另一较小合法利益的行为。

紧急避险是在紧急情况下两种合法利益发生了冲突，顾此失彼，而不得不采取损害其中较小的利益保全较大利益的行为。紧急避险行为造成损害的，不负刑事责任。

二、紧急避险的成立条件

（一）起因条件

必须有危险发生，即出现了足以使合法权益遭受严重损害的危险情况，如自然灾害、动物侵袭、人的行为、生理或者病理原因等使合法利益面临紧迫的危险。

（二）时间条件

实际存在正在发生的危险，即危险已经发生且尚未消除，法益面临紧迫的危险。在危险尚未发生或者消除后进行避险，是避险不适时，与防卫不适时的处理相同。

（三）对象条件：另一法益

紧急避险通常是为了保全一方的较大合法利益而不得不损害另一方较小的合法利益。

【例】甲遭乙追杀，情急之下夺过丙的摩托车骑上就跑，丙被摔骨折。乙开车继续追杀，甲为逃命飞身跳下疾驶的摩托车奔入树林，丙一万元的摩托车被毁。

损害的另一法益不必须为第三者的法益，可以是危险发出方自身的法益。

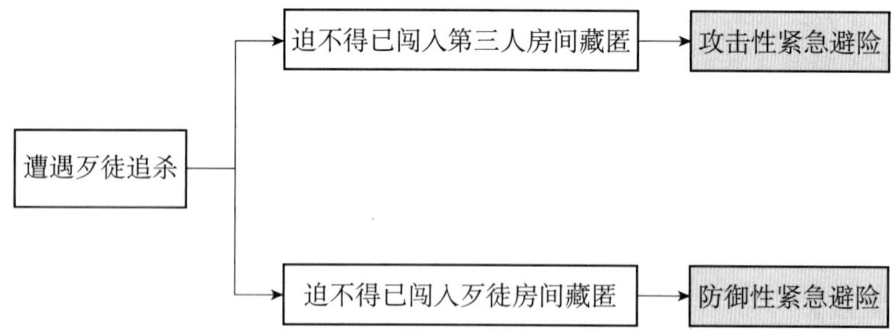

（四）主观条件

为了使合法利益免受正在发生的危险，包括避险认识与避险意志两个部分。

1. 避险认识。

（1）认识到有某种危险正在发生；

（2）认识到保护的利益与牺牲的利益分别是什么，以及两者孰重孰轻；

（3）认识到不可能有其他方法避免危险。

2. 避险意志：为了保全更加重大的利益。

注意 成立紧急避险是否要求避险认识与避险意志同时具备的问题跟正当防卫一样，也存在不同观点。

例如，学生陈某因对教师洪某心存不满，于某日晚九点扔石块砸碎洪某家中价值9 000元人民币的窗户玻璃，但由于当时洪某家中煤气泄漏，砸碎玻璃反而使得沉睡中的洪某免于煤气中毒死亡，对此陈某并不知情。如何评价陈某的行为？

观点1“结果无价值”：紧急避险。

观点2“行为无价值”：故意毁坏财物罪（未遂）。

观点3“主观主义”：故意毁坏财物罪（既遂）。

（五）避险限制：别无他法、迫不得已

没有其他合理的方法可以避免危险，牺牲另一法益是此时化险为夷的唯一方法。

（六）避险限度：没有超过必要限度造成不应有的损害

（1）保护的法益 ≧ 损害的法益。

衡量法益大小的规律：

①人身权大于财产权；

②生命权大于身体健康权，身体健康权大于自由权；

③财产权的冲突，通过财产价值大小来衡量。

（2）保护的法益与损害的法益，原则上可以是同等的。

例 鱼塘边工厂仓库着火，甲用水泵从乙的鱼塘抽水救火，致鱼塘中价值2万元的鱼苗死亡，仓库中价值2万元的商品因灭火及时未被烧毁。甲的避险行为没有导致社会整体法益减少，当然可以成立紧急避险。

（3）同等不包含为保全自己**生命**而牺牲他人**生命**的情形。

（4）足以排除危险所必需的限度。

虽然保护的法益大于或等于损害的法益，但是也可能超过必要限度。

例如，为了防止林火的蔓延，行为人砍出50米宽的隔离带，从法益保护的角度来看保护的法益显然大于损害的法益，但是事后证明只需要砍出10米宽的隔离带就可以防止火势蔓延，多砍出的40米就属于排除危险所不必需的，即超出了必要限度，因此成立避险过当。

（七）避险禁止

关于避免本人危险的规定，不适用于职务上、业务上负有特定责任的人。发生火灾时，消防员不能为避免火灾对本人的危险而进行紧急避险；执勤的警察面对罪犯对自己进行侵害时不得进行紧急避险；医护工作人员在传染病疫情暴发时，不得为防止自己被传染而进行紧急避险。

当然，上述情形中，职务上、业务上负有特定责任的人，为保全自己的生命而进行的紧急避险行为，也可因缺乏期待可能性而阻却责任。负有特定职责的人同时避免本人与他人危险的，成立紧急避险。

三、避险过当

紧急避险超过必要限度造成不应有的损害的，应当负刑事责任，但是应当减轻或者免除处罚。

1. 避险过当不是独立的罪名，需要结合过当人的罪过形式来确定具体罪名，如过失致人死亡罪、过失致人重伤罪等。

2. 避险过当的罪过形式，应当与防卫过当作相同的理解。

【命题角度1】近几年紧急避险通常与正当防卫进行比较考查。

例1 正当防卫中"不法侵害"与紧急避险中的"危险"的范围相同。(2017-2-4)

解析：错误。正当防卫的"不法侵害"只能是针对人的不法侵害，而紧急避险中的"危险"既包括人为制造的危险，也包括动物的袭击和自然灾害，甚至包括被害人自己导致的危险。

例2 对正当防卫中防卫行为"必要限度"的认定，与紧急避险中避险行为"必要限度"的认定相同。(2017-2-4)

解析：错误。正当防卫的必要限度是"尚未明显超过必要限度并且造成重大损害"，而紧急避险要求其保全的法益必须大于或等于其所损害的法益，二者的限度条件明显不同。

【命题角度2】判断一行为究竟是正当防卫还是紧急避险。

例 李某驾车不慎撞伤周某，导致重伤。李某的车坏了，无法行驶。为了尽快将周某送去医院，李某拦住了王某的车，要求王某帮忙送伤者去医院，王某拒绝。情急之下，李某将王某打成重伤，并抢走车辆将周某送去医院。李某成立正当防卫。(2019年网络回忆版)

解析：错误。首先，王某并非不法侵害人，李某将王某打成重伤也不是为了制止不法侵害，该行为不是正当防卫；其次，周某身受重伤面临危险，如果不及时送医更有死亡的危险，李某为了避免周某伤重身亡的结果出现，将王某打成重伤，并抢去车辆将周某送去医院，其实质是以造成王某重伤的代价，换取周某生命的保全，成立紧急避险。

【真题训练(2019)】关于不作为犯、正当防卫及紧急避险，说法正确的有（　　）。①

A. 父亲撞见歹徒持刀抢劫女儿，与歹徒发生激烈搏斗，搏斗中杀死歹徒。父亲成立正当防卫

B. 身材高大的郑某深夜在家中听到厨房有动静，走去一看，发现身材瘦小的小偷吴某正试图从窗户爬进来盗窃，下半身还卡在窗外，郑某拿起菜刀将不易躲避的吴某砍成重伤。郑某成立正当防卫

C. 田某与妻子在河边散步，后田某坐在河边玩手机游戏。妻子不慎失足跌入水中，大声呼救。田某见此情景仍玩手机游戏，不去施救。妻子溺水身亡。田某

① 【答案】AC

成立不作为故意杀人罪

D. 李某驾车不慎撞伤周某，导致重伤。李某的车坏了，无法行驶。为了尽快将周某送去医院，李某拦住了王某的车，要求王某帮忙送医院，王某拒绝。情急之下，李某将王某打成重伤，并抢去车辆将周某送去医院。李某成立正当防卫

第三节　其他违法阻却事由

一、被害人承诺

（一）承诺者对于被侵害的法益有处分权

对于国家、公共利益和他人利益不存在被害人承诺的问题，只有承诺侵害自己的法益时才能阻却违法。当然，承诺侵害自己的法益，也有一定限度。

1. 财产权：无限承诺。

2. 人身权。

（1）轻伤、自由、名誉可以承诺。

（2）重伤：原则上不可承诺，但如果是为了保护或救助另一法益，则承诺有效。

（3）生命：不可承诺。

例 1　儿童赵某生活在贫困家庭，甲征得赵某父母的同意，将赵某卖至富贵人家。儿童人身的不可买卖性属于社会公共利益，父母无权承诺，甲成立拐卖儿童罪。

例 2　孙某为戒掉网瘾，让妻子丙将其反锁在没有电脑的房间一星期。孙某对放弃自己人身自由的承诺是有效的，其妻子不构成犯罪。

（二）承诺者有承诺能力

1. 幼儿、精神病人的承诺无效。

2. 未成年人对于“重大事项”的承诺无效。

例如，医生甲征得乙（15 周岁）同意，将其肾脏摘出后移植给乙的叔叔丙。[①] 未成年人对于重大事项的承诺无效，甲成立故意伤害罪。

（三）承诺者意志真实

戏言性承诺，或者基于强制、恐吓、欺骗作出的承诺无效。

例 1　甲发现男友乙还穿着以前女友送给他的一套价值一万余元的高级西服，就威胁乙说：“你必须把这套西装烧掉，否则我就把你贪污的事情告诉法院。”乙说：“那你烧掉好了。”甲得到乙的承诺后烧掉了乙的高级西服。

解析：甲的“将贪污之事告诉法院”是一种胁迫，乙在这种胁迫下作出的承诺无效，法律要保障乙的财产不以这种形式消失，甲成立故意毁坏财物罪。

---

① 2013 年卷二第 59 题 A 选项，类似题目还有 2014 年卷二第 15 题 D 选项。

例 2 甲发现男友乙还穿着以前女友送给他的一套价值一万余元的高级西服，就威胁乙说："你必须把这套西服烧掉，否则我不与你结婚!"乙说："那你烧掉好了。"甲得到乙的承诺后烧掉了乙的高级西服。

解析：甲的"不与你结婚"不是一种胁迫，乙作出的承诺有效，甲不成立故意毁坏财物罪。

例 3 医生欺骗 A 说其患有肾病的儿子需要换肾，A 的肾脏刚好匹配，A 基于救儿子的动机毫不犹豫地同意换肾，而医生却将 A 的肾脏拿到黑市去卖了一个高价。

解析："救儿子"这一决定性动机是 A 放弃身体完整性的交换利益，医生的欺骗干扰了 A 进行决策的信息基础，导致该承诺从根本上违背 A 的意愿，承诺应当归于无效，医生构成故意伤害罪。

（四）既承诺行为也承诺结果

只有当法益主体承诺法益侵害的结果时，才能认为其放弃了法益。

例如，甲明知乙酒后驾驶，仍然坐在乙的车上，后乙发生交通事故导致甲重伤。对此不能认定存在被害人承诺，因为甲只承诺了行为，没有承诺结果。

（五）承诺者有现实承诺

对于现实的承诺是否需要表达出来，刑法理论中有"意思方向说"和"意思表示说"两种学说。

1. "意思方向说"认为只要被害人有现实的承诺，即使没有表现于外部，也是有效的承诺。因为既然被害人同意，就不存在受法律保护的法益，因此不要求行为人认识到被害人的承诺。这是"结果无价值"的立场。

2. "意思表示说"认为承诺的意思必须以语言、动作等方式表现出来，否则难以排除行为主体主观之恶，进而难以阻却行为违法。这是"行为无价值"的立场。

（六）损害没有超出承诺的范围

例如，李某同意丁砍掉自己的一根小手指，而丁却砍掉了李某的大拇指。丁的行为超出承诺范围，成立故意伤害罪。

（七）承诺至迟存在于结果发生时，被害人在结果发生前变更承诺的，原来的承诺无效

事后承诺无效，不影响犯罪的成立，否则国家的刑罚权就会受被害人的意志左右。

【命题角度】被害人有瑕疵的承诺是否具有效力?

例 1 乙误以为自己养的马患了疾病，要求兽医甲对其进行安乐死。甲知道市面上已经有治疗该疾病的药物，但不告知，仍实施了安乐死。乙的承诺无效。（2019 年网络回忆版）

解析：正确。兽医因其职务而形成的优势地位，使得其面对不知情的乙，具有告知真相的义务却没有告知真相，兽医甲应当告知而没有告知的不作为与其欺骗乙说马无药可救的作为具有等价性，可以说甲的不告知真相对于乙的错误认识具有支配力，乙在错误认识下（误以为自己的马无药可救）作出的承诺无效。

例2 甲组织贩卖人体器官，与乙约定以10万元的价格，将其肾脏移植给他人。乙的承诺无效。(2019年网络回忆版)

解析： 错误。组织出卖人体器官罪中的器官供体，都是自愿出卖器官的人。乙在没有被强制、恐吓，也没有陷入错误认识的状态下，所作出的的承诺有效。但是，承诺有效并不意味着甲无罪，甲成立组织出卖人体器官罪。

二、推定承诺

（一）概念

现实并没有被害人的承诺，但如果被害人知道真相后会当然承诺的情形。

（二）成立条件

1. 被害人没有现实的承诺。

2. 被害人知道真相后就会承诺，这种推理的依据是一般人的价值观念和社会生活的基本理性。

例1 乙出门时忘记关水龙头导致漏水，楼下的甲为了防止乙的财产损失，撬门进入乙家。甲无罪。

例2 没有亲属的患者昏迷不醒，不立即截肢就有生命危险，医生给其截肢，即便患者醒来反对截肢，医生也无罪。

3. 牺牲被害人一部分法益保护其另一部分法益。

4. 法益：被害人有处分权。

例如，在火灾发生之际，为避免烧毁被害人的贵重财物，闯入屋内搬出贵重物品的行为，就是基于推定承诺的行为。

三、危险接受①

（一）自己危险化的参与【被害人主导】

被害人意识到并实施危险行为，且遭受了侵害结果，但是被告人的参与行为与被害人的损害结果之间具有物理或者心理的因果性。简言之，被害人自陷风险，但是被告人参与。

被害人是正犯，正犯自冒风险，其行为不具备违法性，参与者也不应当构成犯罪。

例1 在校大学生甲、乙、丙相约来到一渡口游泳，丙提出到水最深的地方看河水到底有多深，甲、乙表示同意。因害怕危险，三人决定手牵手试水，由于三人手未拉稳，一起掉了下去，他人听到呼救赶到时，丙被冲向岸边，自己爬上岸，乙被人救起，而甲则沉入水中，直到次日下午尸体才被发现。

解析： 三人手牵手试水的行为，对各自都是一种危险行为，但死者甲的行为并不符合过失致人死亡罪的构成要件。既然如此，根据共犯从属性说，实施了参与行为的丙、乙就不可能成立过失的教唆犯与帮助犯。

---

① 张明楷．刑法学．6版．北京：法律出版社，2021：303-307.

例2 某日上午，警察依法将涉嫌寻衅滋事的A（25岁）传唤至派出所进行讯问。在去派出所之前，A让其妹B买点农药送到派出所，准备以喝农药的方式吓唬警察。B购买两小瓶农药后送到派出所交给A。A接到农药后提出去洗手间，并在洗手间喝了农药，后因抢救无效死亡。

解析：B帮助A实施自己危险化的行为。但是，B对A的死亡结果并没有故意，A虽然并不希望或者放任自己的死亡，却实施了喝农药的危险行为。由于A的行为并不符合过失致人死亡罪的构成要件，根据共犯从属性说，对于过失提供帮助的B也不得以过失致人死亡罪论处。

（二）基于合意的他者危险化【被告人主导】

被告人的行为给被害人造成危险，被害人认识并同意该危险，即被害人承诺危险，但没有承诺结果。当被告人的行为制造刑法所不允许的危险并产生危害结果时，被告人的行为在客观上就具有违法性，如果主观上具有过错（故意或者过失）被告人成立犯罪。

例 某年冬天，甲与乙驾驶夏利车到某水库南侧游玩。为了近距离观赏野鸭子，甲察看冰面后发现冰层厚约30厘米，又在冰面上走了七八米，便提议驾车穿过冰面到对岸，乙表示同意。甲驾驶该车载乙向水库北岸行驶，当车行至河中心偏北侧时，汽车落入冰下水中，乙溺水身亡。

解析：甲的行为引起了发生死亡结果的危险，并使危险现实化，即甲的过失行为支配了侵害结果的发生，乙虽然认识到了危险，但是没有接受结果，危险掌控在甲的手中，甲成立过失致人死亡罪。

【小结】谁主导，谁承担！

第六章　犯罪的主观要件【有责】

第一节　犯罪故意

《刑法》第 14 条　明知自己的行为会发生危害社会的结果，并且希望或者放任这种结果发生，因而构成犯罪的，是故意犯罪。

故意犯罪，应当负刑事责任。

犯罪故意＝【明知】认识因素＋【故犯】意志因素。认识因素表明行为人对于犯罪事实的认知和判断，意志因素表明行为人对于犯罪结果的态度。

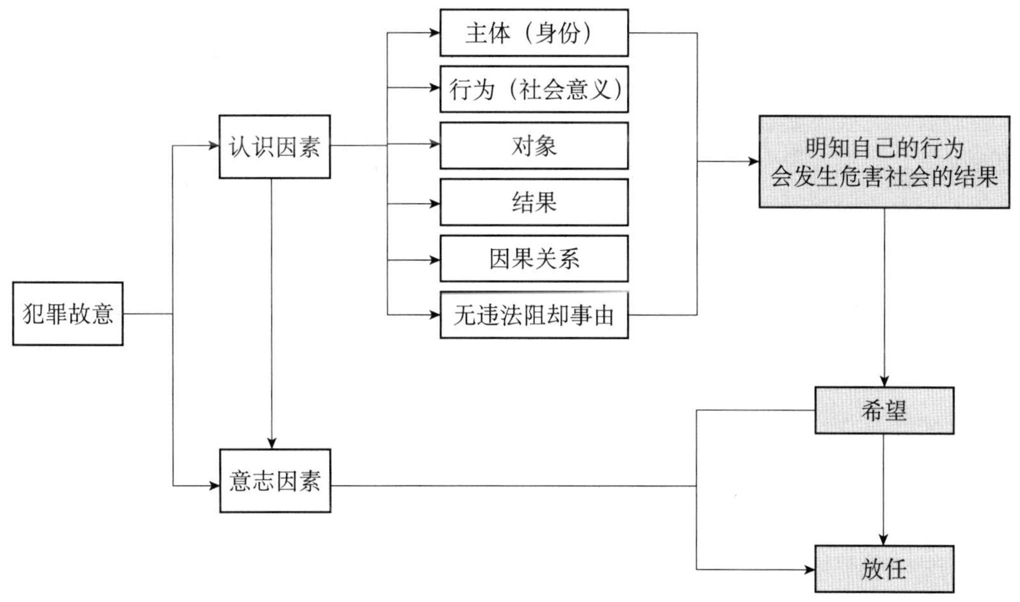

一、认识因素

明知自己的行为会发生危害社会的结果，达到“明知”的程度则需要认识到所有的客观构成要件要素：主体、行为、行为对象、危害结果、因果关系、无违法阻却事由。

1. 行为主体：在真正的身份犯中，需要对自己的身份有认识，如果没有认识到自己具有特定的身份，则不能认为行为人具有成立此罪的故意。

例如，非法行医罪的行为人需要认识到自己是“未取得医生执业资格的人”；传播性病罪的行为人需要认识到自己是“严重的性病患者”。

2. 行为：需要认识自己行为的内容和社会意义。

例如，甲持枪向他人头部开枪，必须认识到自己“在杀人”，否则就不具有杀人的故意。如果乙将一把装有子弹的手枪交给甲，谎称里面没有子弹，让甲开枪吓唬身旁的丙，甲信以为真向丙开枪致丙死亡，由于甲不知道自己“在杀人”，因此甲没有杀人的故意，甲只能成立过失致人死亡罪。

3. 行为对象：成立故意犯罪应当对行为对象有认识。举例如下。

掩饰、隐瞒犯罪所得罪	需要认识到对象是	**犯罪所得**
贩卖淫秽物品牟利罪		**淫秽物品**
非法持有毒品罪		**毒品**
侵犯通信自由罪		**他人信件**
猥亵儿童罪		**不满14周岁的儿童**

4. 行为结果：既包括侵害结果也包括危险结果，而对于结果只需要认识到某种性质的结果就可以（如会有人死亡），不需要具体认识到各种细节（如谁在什么时间死亡）。

5. 因果关系：需要对行为与结果之间的因果关系有认识，当然对于因果关系具体发展进程的错误认识，不影响故意的成立。

例如，元宝为使被害人溺死而将被害人推入井中，但井中没有水被害人被摔死。元宝对于“推入井中”和“被害人死亡”以及两者之间具有因果关系都有认识，只是对于前者如何对后者发生作用有不准确的认识，但这不影响故意的成立。

6. 无违法阻却事由：故意实际上是对为违法性提供依据的事实的认识与容忍，当行为人认识到自己的行为存在正当化事由时，就不可能存在犯罪故意。

例如，如果行为人以为对方正在进行不法侵害并对之进行防卫，则不可能成立故意犯罪。即：认识到自己的行为存在正当化事由 → 不存在故意 → 假想防卫（过失犯罪或者意外事件）。

二、意志因素

意志因素是行为人对于危害结果的态度，即希望或者放任危害结果的发生。这个危害结果是行为人已经认识到的危害结果。

三、犯罪故意的分类

（一）直接故意

明知自己的行为会发生危害社会的结果并且希望这种结果发生的心理态度。所谓“希望”危害结果发生，表现为行为人对这种结果的积极追求，把它作为自己行为的目的，并采取积极的行动为达到这个目的而努力，案情中通常有“宿怨、蓄意、复仇”这样的表达；也可能是根据案情可以判断出只要行为人实施A行为，必然会发生A结果，而行为人仍然为之，则可以推定其“希望”结果发生。

【公式】直接故意＝明知会（必然或可能）发生＋希望（真的希望、推定希望）

例如，甲、乙是擦高楼玻璃的工友。某日，甲、乙拴在同一条绳索上在高空作业，元宝欲杀死甲，却不愿看到乙死亡，犹豫再三最终仍解开绳索，甲、乙都摔死。元宝对于甲、乙的死亡结果，都是直接故意，其中对于甲的死亡是“真的希望”，对于乙的死亡是“推定希望”。

（二）间接故意

明知自己的行为可能会发生危害社会的结果，并且放任这种危害结果发生的心理态度。所谓“放任”危害结果的发生，就是听其自然，纵容危害结果的发生，对危害结果的发生虽然不积极追求但也不设法避免。

【公式】间接故意＝明知可能＋放任

注意 如果在认识因素中是明知必然发生，则意志因素直接推定为“希望”发生，而不可能是“放任”发生，因为只有当发生与否具有或然性、可能性时，才谈得上“放任”。

【命题角度 1】考查犯罪故意需要认识的范围。

例　成立故意犯罪，不要求行为人认识到自己行为的违法性。(2011－2－5)

解析：正确。对于行为的违法性，是不需要行为人有认识的。

【命题角度 2】判断某一行为中行为人是否具有犯罪故意。

例　行为人误将熟睡的孪生妻妹当成妻子，与其发生性关系。(2012－2－5)

解析：行为人是把妻妹误当成妻子，没有违背妇女意志与其发生性关系的故意，所以不可能成立故意犯罪。

第二节　犯罪过失

《刑法》第 15 条　应当预见自己的行为可能发生危害社会的结果，因为疏忽大意而没有预见，或者已经预见而轻信能够避免，以致发生这种结果的，是过失犯罪。

过失犯罪，法律有规定的才负刑事责任。

一、疏忽大意的过失【违反结果预见义务】

（一）应当预见到自己的行为会发生危害社会的结果

1. 有预见的义务。

2. 有预见的能力。

例 1　甲见楼下没人，将家中一块木板从窗户扔下，不料砸死躲在楼下玩耍的小孩乙。

解析：根据日常生活经验，甲应当预见将木板扔下有可能砸中路人，却没有预见，属于疏忽大意的过失，不是意外事件。

注意　应当预见≠已经预见

例 2　农民乙买了杀虫剂放在家里的餐桌上，临时有事出门，乙的儿子（10 岁）误食杀虫剂导致中毒身亡。

解析： 乙应当预见到自己没有妥善保管杀虫剂的行为有可能导致孩子中毒身亡，却因为疏忽大意没有预见，属于疏忽大意的过失。

（二）因为疏忽大意没有预见

既然没有预见，所以疏忽大意的过失又称为“无认识的过失”。

（三）发生了危害社会的结果

二、过于自信的过失【违反结果避免义务】

（一）已经预见到自己的行为会发生危害社会的结果

既然已经预见，所以过于自信的过失又称为“有认识的过失”。

（二）轻信能够避免

要有“轻信”的依据，这个依据可以是行为人为避免结果发生所做的努力，也可以是当时客观上可以依凭的条件。

例如，朱某因为婚外恋产生杀害妻子李某的想法。某日晨，朱某在给李某炸油饼时投放了可以致死的“毒鼠强”。朱某为防止其 6 岁的儿子吃饼中毒，将儿子送到幼儿园，并嘱咐其子等他来接。不料李某当日提前下班接其子回家，并与其子一起吃油饼。朱某得知后赶忙回到家中，其妻、其子已中毒身亡。

（三）发生了危害社会的结果

注意　疏忽大意的过失与过于自信的过失在心理现象中的不同位置。

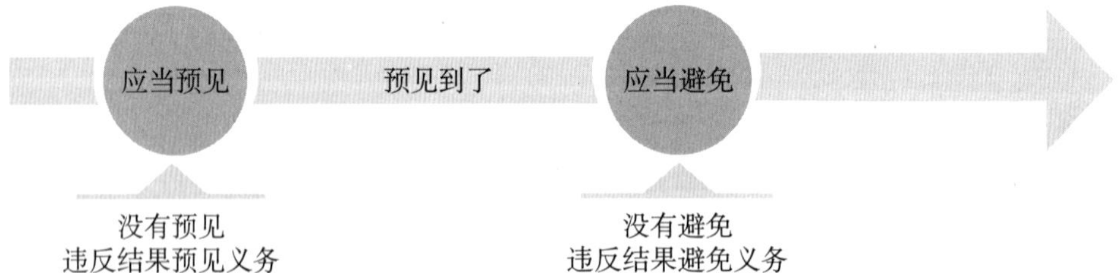

【命题角度 1】 判断某一行为是否成立过失犯罪。

例　夜里，甲在大街上欲杀害乙。乙打了几次报警电话，说有人杀自己。由于乙当时有点醉酒，口齿不清，警察以为乙是恶作剧，没有出警。乙被甲杀死。如果警察及时出警，乙不会被杀死。警察成立过失犯罪。（2019 年网络回忆版）

解析： 结论成立。警察应当预见到乙当时尽管口齿不清，也有可能发生危险，却因为疏忽大意没有预见，主观上具有过失，客观上作为警察应当出警而没有出警，导致乙被甲杀死，属于不作为，因此应当认定警察构成不作为的玩忽职守罪。

【命题角度 2】 判断某一行为究竟是故意犯罪还是过失犯罪。

例　汽车修理工恶作剧，将高压气泵塞入同事肛门充气，致其肠道、内脏严重破损。(2012－2－52)

解析： 汽车修理工实施了一个高度危险的行为，对于该行为产生的结果是不可能没有预见的，所以其主观方面至少是间接故意，构成故意伤害罪。

【命题角度 3】 有时貌似考查故意或过失，实质上考查实行行为。

例　邻居看见 6 楼儿童马上要从阳台摔下，遂伸手去接，因未能接牢，儿童摔成重伤。(2012－2－52)

解析： 邻居用手去接本身是降低了法益侵害的危险，不能被评价为实行行为，尽管未能接牢，同样对儿童而言是有缓冲和保护作用的，因此整体不存在需要刑法评价的实行行为，也就无须评价邻居主观上究竟是故意还是过失。

【真题训练 (2019)】 下列行为，成立过失犯罪的有（　　）。[①]

A. 夜里，甲在大街上欲杀害乙。乙打了几次报警电话，说有人杀自己。由于乙当时有点醉酒，口齿不是很清楚，警察以为乙是恶作剧，没有出警。乙被甲杀死。如果警察及时出警，乙不会被杀死

B. 法官甲知识储备不足，没有及时学习新理论，没有注意到理论更新，依据陈旧理论，将无罪的人判处 3 年有期徒刑

C. 某超市没有履行好检查职责，误以为销售的食品质量没问题，将过期食品卖给顾客，导致多名顾客受到轻伤

D. 甲欲杀害妻子乙，黑暗中误把女儿丙当作乙枪杀

第三节　故意、过失小结

认识到必然发生 → 希望发生 → 直接故意

认识到可能发生 → 放任发生 → 间接故意

认识到必然发生 / 认识到可能发生 → 反对发生（防果措施） → 过于自信的过失

没有认识到 → 反对发生 → 疏忽大意的过失

① 【答案】A

第四节　无罪过事件（既无故意也无过失）

《刑法》第 16 条　行为在客观上虽然造成了损害结果，但是不是出于故意或者过失，而是由于不能抗拒或者不能预见的原因所引起的，不是犯罪。

一、意外事件

（一）概念

行为人没有预见，也无法预见会发生危害社会的结果，以致发生了危害社会的结果。

（二）意外事件与疏忽大意的过失的异同

	意外事件	疏忽大意的过失
相同点	对于危害结果可能发生没有预见	
不同点	无法预见	应当预见
	缺乏结果预见可能性	违反结果预见义务

二、不可抗力

（一）概念

行为人已经预见会发生危害后果，但是无法避免，以致发生了危害社会的结果。

（二）不可抗力与过于自信的过失的异同

	不可抗力	过于自信的过失
相同点	已经预见到行为可能导致危害结果，却没有避免	
不同点	无法避免	可以避免
	缺乏结果避免可能性	违反结果避免义务

第五节　刑法中的认识错误

一、事实认识错误

所谓事实认识错误，指行为人的认识内容与客观发生的事实不相一致，即对于客观事实没有认识到位。事实认识错误理论所要解决的问题是能否让行为人对现实发生的结果承担责任。

事实认识错误包括两类：具体事实认识错误与抽象事实认识错误。

（一）具体事实认识错误

是在同一犯罪构成内的认识错误，即行为人所认识的事实与现实发生的事实虽然不一致，但是没有超出同一犯罪构成。

例 1　甲误以为前方是张三于是举枪射击，实际上杀死了李四，张三和李四都是人，甲的行为没有超出故意杀人罪的构成要件，法益性质没有发生变化。

例 2　丙以为出卖的是不满 14 周岁的男童，实际上出卖的是 15 周岁的少女，无论拐卖的是妇女还是儿童，丙的行为并没有超出拐卖妇女、儿童罪的犯罪构成，法益性质没有发生变化。

关于具体事实认识错误的解决，理论上存在两个学说：

“具体符合说”：行为人所认识的事实与实际发生的事实**具体地相一致**时，才成立故意犯罪。根据该学说，需要三点合一才能成立故意犯罪既遂。

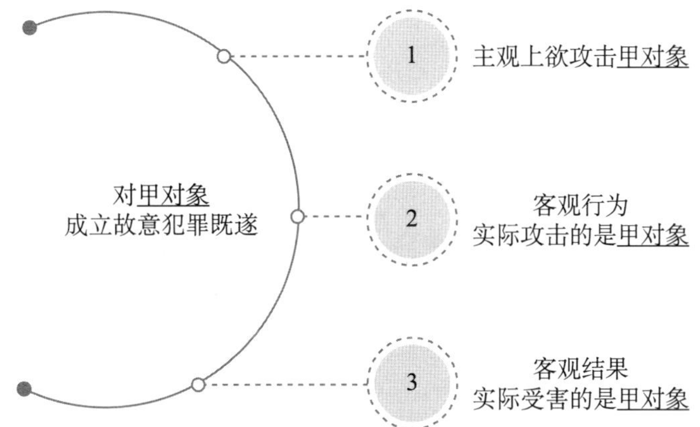

“法定符合说”：行为人所认识的事实与实际发生的事实，只要**在犯罪构成范围内是一致**的，就成立故意犯罪既遂。根据该学说，虽然三点不一致或者不完全一致，但是法益性质没有发生改变，可以成立故意犯罪既遂。法定符合说重视法益的性质，而不重视法益主体的区别。

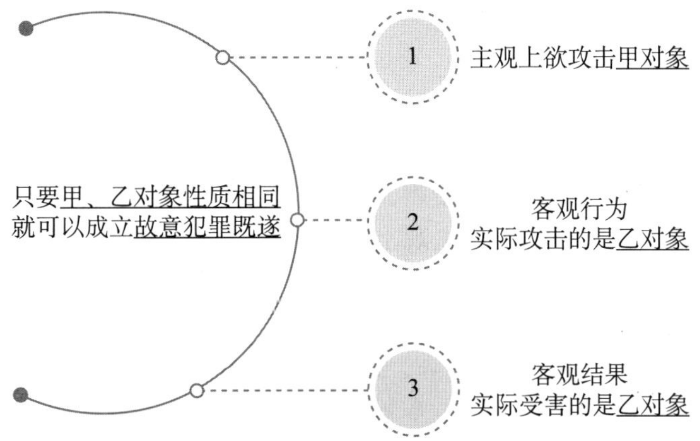

具体事实认识错误，包括对象错误、打击错误和因果关系认识错误三种错误类型。

1. 打击错误。

也叫方法错误，由于行为本身的误差，导致行为人所欲攻击的对象与实际攻击、实际受害的对象不一致。

例 甲欲杀乙，向乙开枪，子弹从乙身边擦过，导致乙旁边的丙中弹身亡。

【解析】 根据“具体符合说”，甲主观上想要杀死乙，客观行为与实际结果却都是针对丙，导致丙死亡，由于无法形成三点合一，对**误击的目标丙**只能成立**过失**犯罪。

根据“法定符合说”，只要法益性质没有发生变化，就可以成立故意犯罪既遂，即对**误击的目标丙**成立**故意**犯罪。

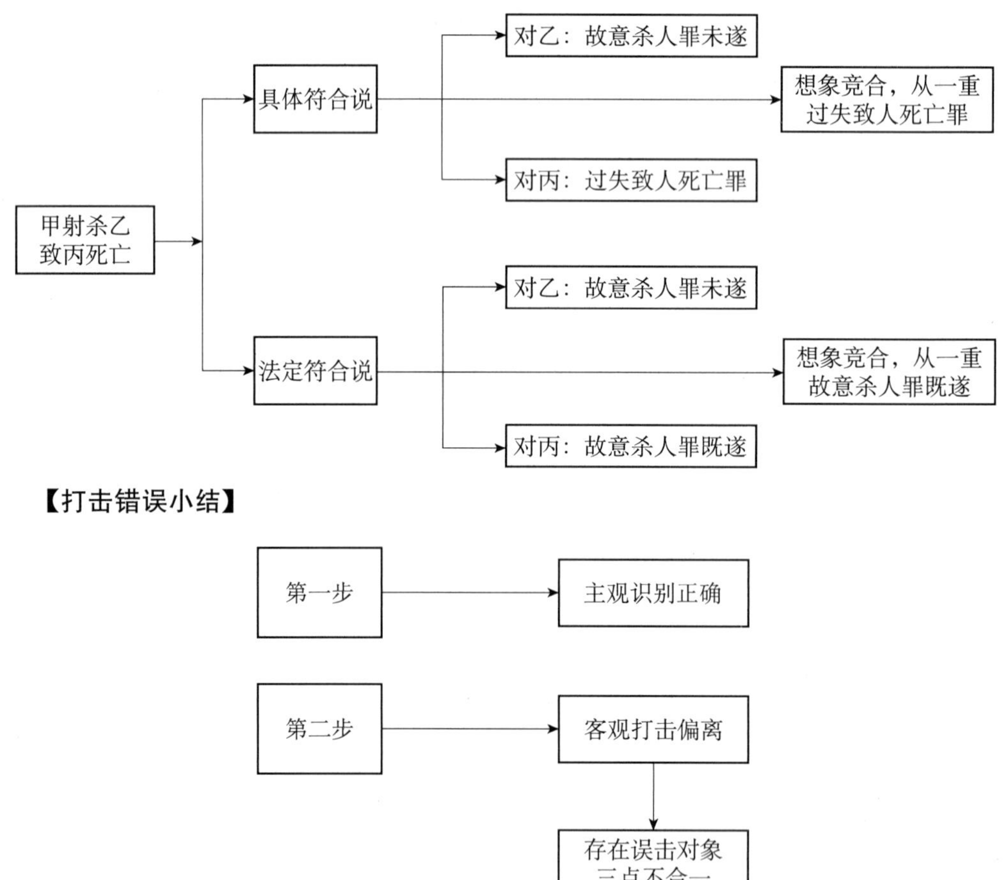

【打击错误小结】

2. 对象错误。

行为人误把甲对象当做乙对象侵害。在对象错误中，由于行为人误把甲对象当做乙对象，因此在发出实行行为时，主观上想攻击甲对象，客观实际攻击的和实际受害的也是甲对象，三点合一，因此无论根据“具体符合说”还是“法定符合说”都成立故意犯罪既遂。

例1 甲与乙因情生仇。一日黄昏，甲持锄头路过乙家院子，见甲妻正在院内与一男子说话，以为是乙举锄就打，对方重伤倒地后遂发现是乙的哥哥，甲心想打伤乙哥哥也算解恨。

解析： 对于本案“具体符合说”与“法定符合说”所得出的结论是一样的。首先，按照“法定符合说”乙和乙的哥哥所承载的法益是相同的，即人的生命健康权，既然法益的性质相同，法益主体的区别就可以忽略不计；其次，“具体符合说”虽然重视法益主体的差别，但是在本案中甲在行为当时追求的是对“与甲妻说话的这个人”的伤害，客观行为所针对的以及实际受伤害的都是“与甲妻说话的这个人”，因此甲成立故意伤害罪（致人重伤）。

例 2　甲本欲电话诈骗乙，但拨错了号码，对接听电话的丙实施了诈骗，骗取丙大量财物。

解析：拨号码仅仅是犯罪的预备，接通电话开始向接电话的人虚构事实、隐瞒真相才是实行行为，甲在实施诈骗行为时，想要诈骗“接电话的人”，客观行为所针对的以及实际受侵害的都是“接电话的人”，只不过甲对“接电话的人”是谁产生错误认识，甲以为是乙，而实际上丙，是主观判断的错误，因此甲的行为属于对象错误，成立诈骗罪既遂。

【对象错误小结】

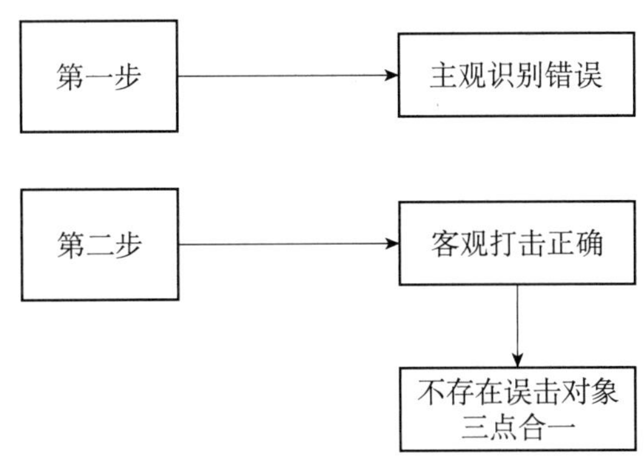

【结论】在对象错误的场合，“具体符合说”与“法定符合说”的结论无差别。

3. 因果关系认识错误。

（1）狭义的因果关系错误：因果关系发展进程的认识错误，即结果的发生不是按照行为人对于因果关系发展所预见的进程实现。

例如，甲为使被害人溺死而将被害人推入井中，但井中没有水，被害人被摔死。（故意杀人罪既遂）

（2）结果的推后发生（事前故意）：行为人误以为第一个行为已经造成危害结果，出于其他目的实施第二个行为，正是第二个行为导致预期结果的发生。

例如，甲意图勒死乙，将乙勒昏后，误以为乙已经死亡。为毁尸灭迹，甲又用利刃将所谓的“尸体”分尸。事实上，乙并非死于甲的勒杀行为，而是死于甲的“分尸”行为。

【观点 1】第一个行为是故意杀人罪（未遂），第二个行为是过失致人死亡罪，数罪并罚。该观点尊重了案件的客观事实，却违背了朴素的正义观：以杀人的故意杀害了想要杀害的人，却成立故意杀人罪未遂。

【观点 2】甲将乙勒昏的行为具有导致乙死亡的可能性，属于杀人的实行行为，杀人之后的毁尸灭迹行为具有通常性，不属于异常的因素，因此甲的第一个行为（勒昏）

与死亡结果之间的因果关系没有中断，只是客观上的因果关系进程与行为人所预想的进程不一致，不影响故意的认定，即现实发生的结果与行为人意欲实现的结果完全一致，应当成立故意杀人罪（既遂）。

（3）结果的提前实现：行为人实施两个行为，原计划第二个行为引起结果发生，结果第一个行为就引起了所预期的结果。

如何定罪：看第一个行为是否已经着手实行行为。

①已经着手：有不同观点。

例如，甲准备使被害人吃安眠药熟睡后将其勒死，但未待实施勒杀行为，被害人因吃了甲投放的安眠药死亡。

【观点1】等于没错，成立故意犯罪既遂。

【观点2】前一个行为缺乏既遂的故意，因而不能认定为故意犯罪既遂，只能成立故意犯罪未遂与过失犯罪的想象竞合，从一重处罚。

②尚未着手：故意犯罪（预备）与过失犯罪，想象竞合从一重。

例如，小芹菜想杀丈夫元宝，买了一瓶毒酒放在自己家的书柜里，想等三天以后元宝过生日时让元宝喝下。不料，第二天元宝发现家中这瓶酒，知道是妻子为他准备过生日用的，没忍住提前将酒喝了，元宝中毒身亡。

小芹菜成立故意杀人罪（预备）与过失致人死亡罪，想象竞合，从一重。

【小结】结果的提前实现。

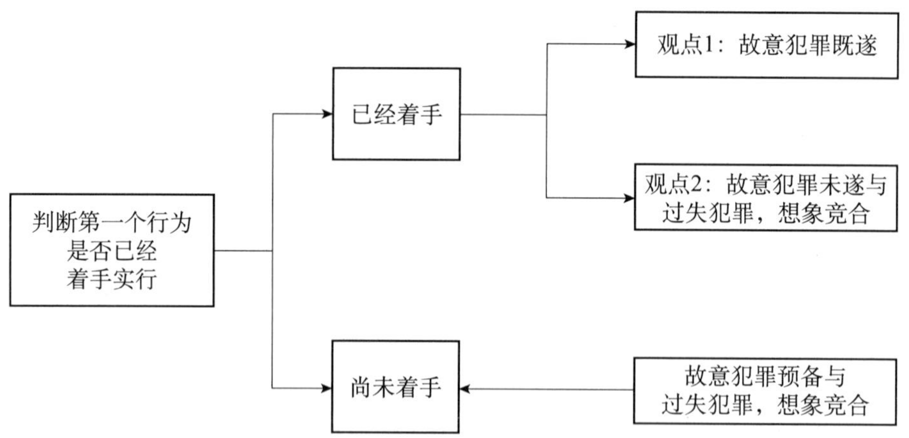

（二）抽象事实认识错误

超出同一犯罪构成的认识错误，即行为人所认识的事实与现实发生的事实分别属于不同的犯罪构成。

1. 主客观具有重合的内容。

（1）主观上想实施轻罪，客观上实施了重罪。

例 元宝以盗窃普通财物的意图，实施窃取财物的行为，实际上盗窃了枪支。

首先，元宝主观上想要实施盗窃财物的行为，客观上盗窃了枪支，而枪支具有财物属性，可以评价为财物，因此客观上元宝盗窃了财物，成立盗窃罪既遂。

其次，元宝虽然客观上实施了盗窃枪支的行为，但其主观上并无盗窃枪支的故意，因此不能成立盗窃枪支罪。

结论：元宝在主客观相统一的范围内，成立盗窃罪（既遂）。

（2）主观上想实施重罪，客观上实施了轻罪。

例 元宝意图盗窃警察配枪，潜入公安局办公室在放置枪支弹药的柜子里窃取一箱包，回到家打开一看，包中仅有普通财物。

首先，元宝主观上有盗窃枪支的故意，且潜入公安机关行窃，具有窃取枪支的现实危险，成立盗窃枪支罪（未遂）。

其次，元宝客观上盗窃了普通财物，但主观上具有盗窃枪支的故意，枪支可以评价为财物，盗窃枪支的故意可以评价为盗窃财物的故意，因此甲构成盗窃罪（既遂）。

结论：元宝成立盗窃枪支罪（未遂）与盗窃罪（既遂），属于想象竞合，从一重处罚。

2. 主客观没有重合的内容。

例 1 元宝想要杀死爱而不得的小芹菜，某夜持枪来到小芹菜家门口，误将小芹菜家里的元代缠枝牡丹青花瓷（珍贵文物）当成小芹菜，以枪射击，致使文物损毁。

首先，元宝主观上有杀人的故意，但是客观上并没有发生致人死亡的结果，成立故意杀人罪（未遂）。

其次，元宝虽然客观上实施了毁坏珍贵文物的行为，但是主观上没有毁坏文物的故意，成立过失损毁文物罪。

结论：元宝成立故意杀人罪（未遂）与过失损毁文物罪的想象竞合，从一重罪论处。

例 2 元宝想要杀死爱而不得的小芹菜，某夜持枪来到小芹菜家门口，误将小芹菜家里的某贵重财物当成小芹菜，以枪射击，致使财物损毁。

首先，元宝主观上有杀人的故意，但是客观上并没有发生致人死亡的结果，成立故意杀人罪（未遂）。

其次，元宝虽然客观上实施了毁坏财物的行为，但是主观上没有毁坏财物的故意，因此不构成故意毁坏财物罪；尽管元宝对于财物损毁具有过失，但是刑法中并没有过失毁坏财物罪，根据罪刑法定原则，毁坏财物的行为不构成犯罪。

结论：元宝成立故意杀人罪（未遂）。

【小结】

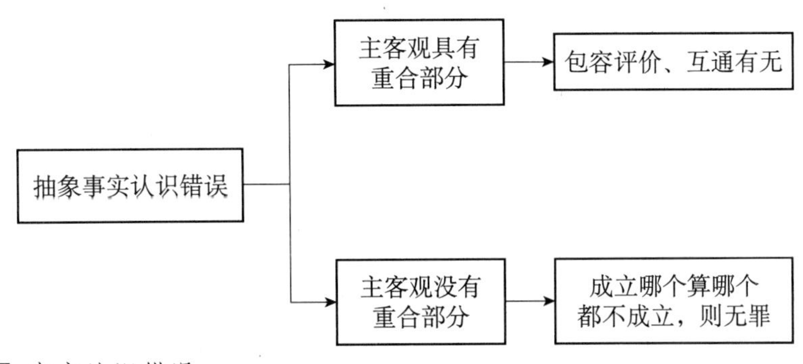

【总结】 事实认识错误

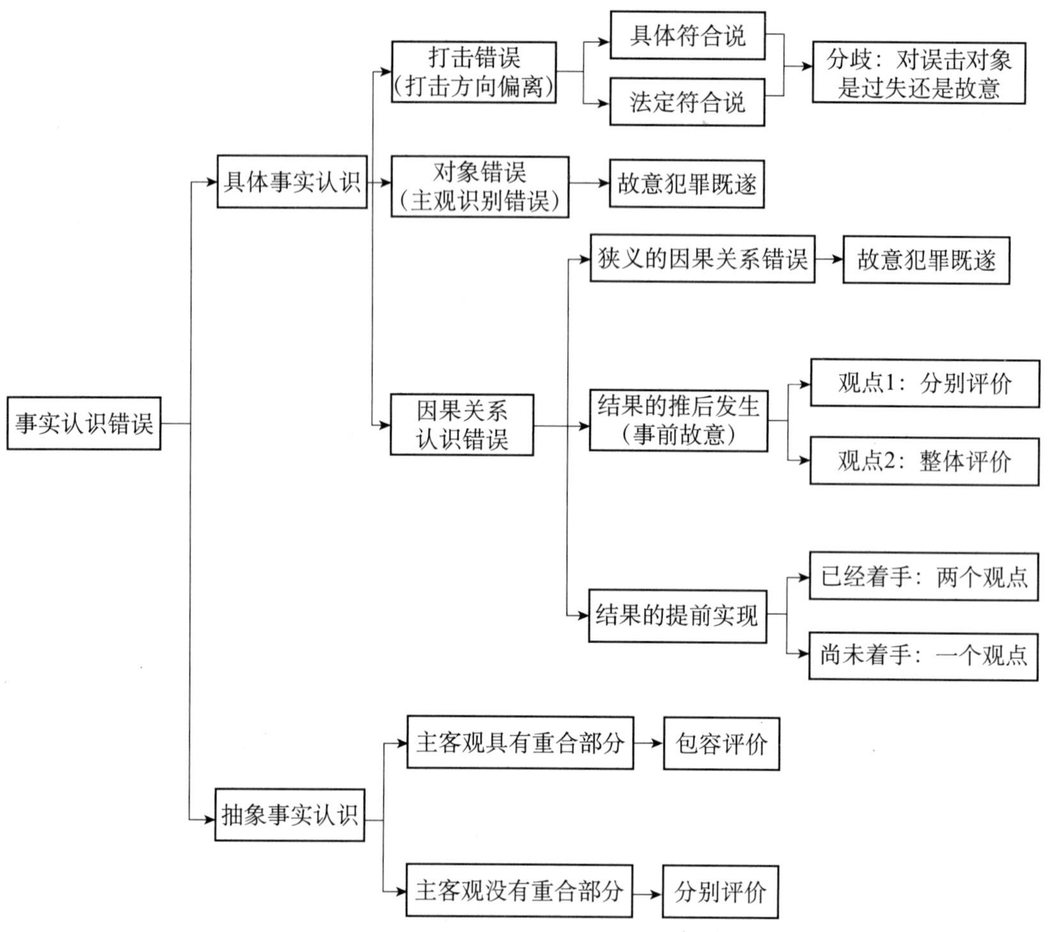

【命题角度1】考查某一事实认识错误属于具体事实认识错误还是抽象事实认识错误，以及如何定罪。

例1 乙误以为运输的是假美元，其实运输的是假欧元，属于具体的事实认识错误，仍成立运输假币罪。（2021年网络回忆版）

解析：正确。无论是假美元还是假欧元，都属于假币，没有超出运输假币罪的构成要件，属于具体的事实认识错误，不影响定罪，仍成立运输假币罪。

例2 丁以为出卖的是不满14周岁的男童，实际上出卖的是15周岁的少女，由于主客观不统一，不成立犯罪。（2021年网络回忆版）

解析：错误。丁客观上实施了拐卖妇女的行为，主观上存在拐卖儿童的故意，并没有超出拐卖妇女、儿童罪的犯罪构成，属于具体的事实认识错误中的对象错误，根据法定符合说，成立拐卖妇女罪。

【命题角度2】给出关于事实认识错误理论的各种命题，让考生判断正误。

例 事前的故意属于抽象的事实认识错误，按照法定符合说，应按犯罪既遂处理。

解析：错误。事前的故意是因果关系认识错误的一种，属于具体事实认识错误，而不是抽象事实认识错误。

【命题角度3】打击错误极容易与偶然防卫结合考查。

【2016-2-52（多选）】甲、乙共同对丙实施严重伤害行为时，甲误打中乙致乙重伤，丙乘机逃走。关于本案，下列哪些选项是正确的？（ ）[①]

A. 甲的行为属打击错误，按照具体符合说，成立故意伤害罪既遂

B. 甲的行为属对象错误，按照法定符合说，成立故意伤害罪既遂

C. 甲误打中乙属偶然防卫，但对丙成立故意伤害罪未遂

D. 不管甲是打击错误、对象错误还是偶然防卫，乙都不可能成立故意伤害罪既遂

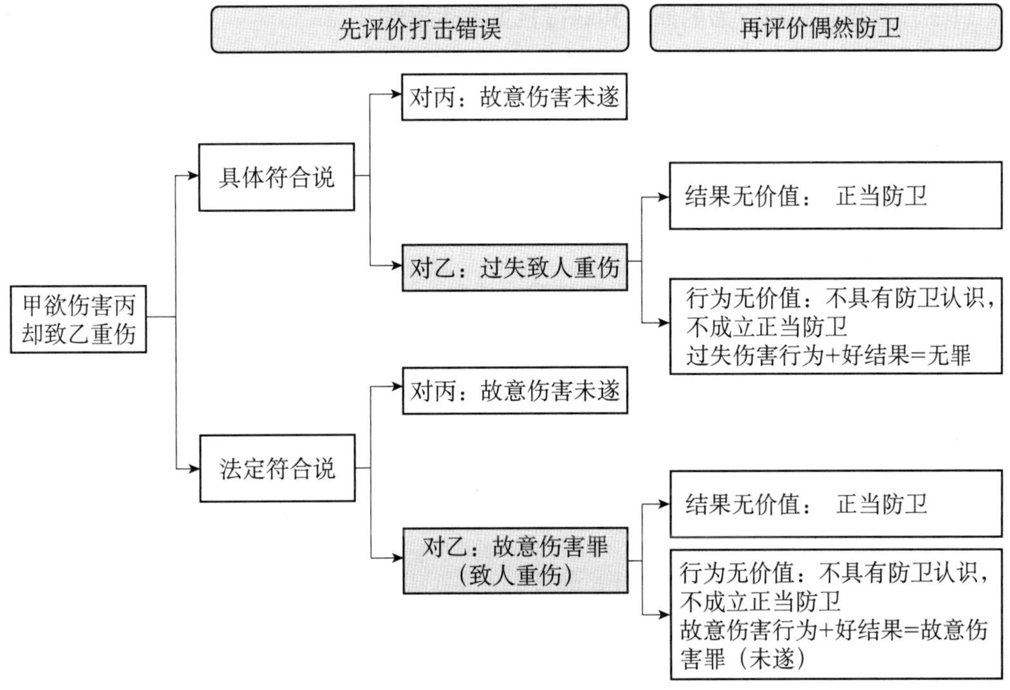

二、法律认识错误

法律认识错误，指行为人对自己行为的法律性质发生误解。表现为三种情况：

（一）假想非罪

行为被法律规定为犯罪，而行为人误认为不是犯罪。

例1 元宝未经许可收购珍贵树木制作家具，没有意识到该行为属于《刑法》第344条规定的非法收购、加工国家重点保护植物罪。

例2 元宝明知如燕只有13周岁，误以为法律并不禁止征得幼女同意后的性交行为，于是在征得如燕的同意后与如燕发生了性交。

一般认为，不知法律不是可接受的辩解理由，因此对“假想非罪”原则上不排除罪责，但是可以酌情减轻罪责，因为在假想非罪的场合，行为人毕竟不是明知不可为而为之，主观恶性较小。

① 【答案】CD

注意 考查法律认识错误，基本上就考查这一种情形。

（二）假想犯罪

行为并没有被规定为犯罪，而行为人误以为是犯罪。

例如，元宝与有夫之妇如燕通奸，本来不构成犯罪，但他却误以为构成犯罪。

因为判断行为性质的根据是法律，而不是行为人对法律的认识，所以行为人“假想犯罪”并不改变其行为的法律性质，不成立犯罪。这种误解对行为性质不发生影响。

（三）对自己犯罪行为的罪名和罪行轻重发生误解

例 1 元宝盗割正在使用的电线，他自以为是盗窃罪，而实际上是破坏电力设备罪。

例 2 元宝入户抢劫，他自以为该罪没有死刑，而实际上其法定最高刑为死刑。

对法律的误认不涉及行为人有无违法性意识（或者危害性意识），因此不影响罪过的有无及大小，也就不影响定罪判刑。

注意 事实认识错误与法律认识错误的区别。

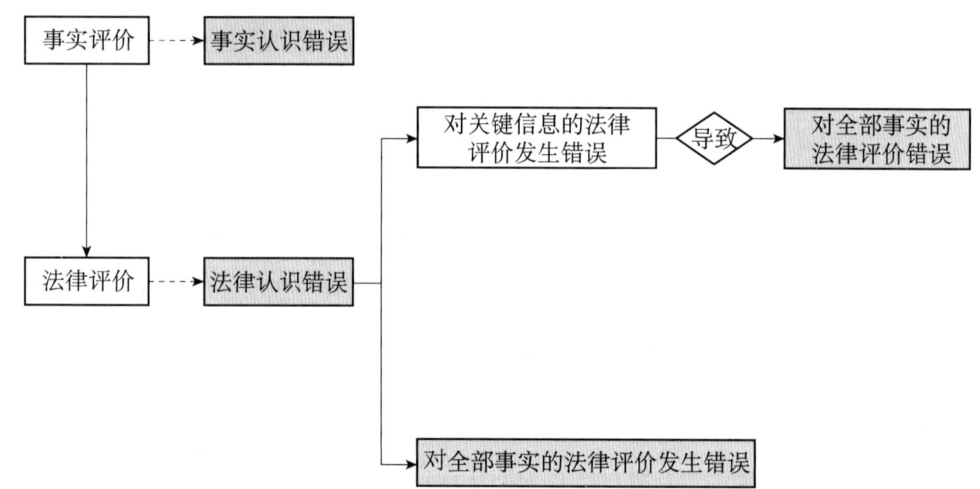

【例 1】 甲误以为“财物”的范围不包含动物，甲打死了乙所有的价值 5 万元的宠物狗，认为自己的行为不构成犯罪。①

【对比 1】 甲误以为乙身边的价值 5 万元的宠物狗只是一只普通玩具狗，将其砸死。②

【例 2】 甲误以为谎报灾情，造成危害结果，不属于犯罪行为，于是实施了该行为，事实上该行为构成编造、故意传播虚假信息罪。③

【对比 2】 甲误以为某灾害信息是实情而予以散布，造成危害后果。④

【例 3】 甲误以为为了保护自己的利益免遭乙的侵害，进而殴打乙致其重伤的行为

① 法律认识错误
② 事实认识错误
③ 法律认识错误
④ 事实认识错误

属于正当防卫，但实际上法院最终认定为防卫过当。[①]

【对比 3】甲误以为乙对自己实施不法侵害，因而对乙攻击致乙重伤，但实际上乙只是一个路人。[②]

【命题角度】判断某一认识错误属于事实认识错误还是法律认识错误。

例 1　农民甲醉酒在道路上驾驶拖拉机，其认为拖拉机不属于《刑法》第 133 条之一规定的机动车。（2016－2－4）

解析：甲对于自己醉酒驾驶拖拉机的事实有正确认识，不存在对事实的认识错误，只是对自己的行为是否触犯刑法有不正确的认识，属于法律认识错误。

例 2　甲误以为自己已经投入快递公司的快递仍属于自己的快递，将其偷偷取回，不成立犯罪。（2022 年网络回忆版）

解析：甲对自己将已经投入快递公司的快递取回的行为有正确认识，只是对自己的行为是否触犯刑法有不正确的认识，属于法律认识错误。

例 3　甲误以为“财物”的范围不包含动物，甲打死了乙所有的价值 5 万元的宠物狗，认为自己的行为不构成犯罪。（2022 年网络回忆版）

解析：甲对自己打死乙的价值 5 万元的宠物狗的行为有正确认识，而对自己的行为是否触犯刑法有不正确的认识，属于法律认识错误。

---

① 法律认识错误

② 事实认识错误

第七章　责任阻却事由

第一节　责任无能力

一、刑事责任能力概述

刑事责任能力，是指认识自己行为的社会性质及其意义并控制和支配自己行为的能力。简言之，就是辨认和控制自己行为的能力。所谓辨认能力，指一个人认识自己特定行为的社会性质、意义和后果的能力，包括对事实真相本身的认识能力和对事实是非善恶评价的认识能力。所谓控制能力，指一个人按照自己的意志控制和支配自己行为的能力。辨认和控制能力必须同时具备，才认为具备刑事责任能力。行为人只有在具有辨认和控制自己行为能力的情况下，有意识地实施危害社会的行为，才成立犯罪并负刑事责任。

在中国刑法中，影响一个人刑事责任能力大小、强弱的因素包括年龄、精神状况、生理功能。

二、刑事责任年龄

（一）概念

刑事责任年龄，指法律所规定的行为人对自己的犯罪行为负刑事责任必须达到的年龄。

（二）我国刑法对刑事责任年龄的规定

我国刑法对刑事责任年龄作了如下的具体规定：

1. 完全负刑事责任的年龄阶段：已满 16 周岁的人犯罪，应当负刑事责任。

2. 相对负刑事责任的年龄阶段：已满 14 不满 16 周岁的人只对法律规定的八种严重刑事犯罪承担刑事责任。

3. 最低刑事责任的年龄阶段。

已满 12 周岁不满 14 周岁的人，犯故意杀人、故意伤害罪，致人死亡或者以特别残忍手段致人重伤造成严重残疾，情节恶劣，经最高人民检察院核准追诉的，应当负刑事责任。

（1）犯“故意杀人、故意伤害罪，致人死亡”，并非特指犯故意杀人罪或者故意伤害罪（致人死亡），而是指犯罪类型。例如非法拘禁过程中使用暴力致人死亡，聚众斗

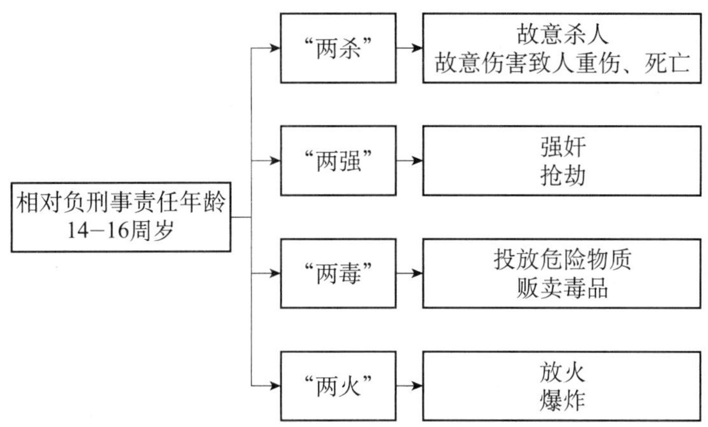

殴中致人死亡，绑架过程中故意杀死被绑架人。

（2）“以特别残忍手段致人重伤造成严重残疾”，指虽然没有造成死亡结果，但是手段特别残忍。

（3）“情节恶劣”应当结合客观与主观两个方面，进行综合判断。

（4）需要“经最高人民检察院核准追诉”这一程序性要件。

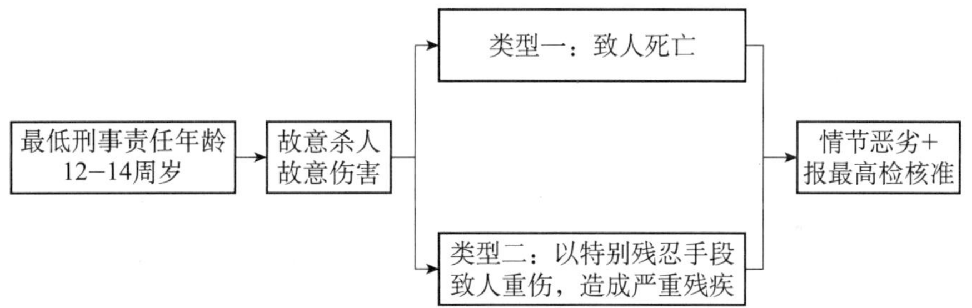

4. 绝对无刑事责任的年龄阶段。

不满 12 周岁的人，绝对不负刑事责任。

5. 减轻刑事责任的年龄阶段。

（1）已满 12 周岁不满 18 周岁的人犯罪，应当从轻或者减轻处罚。

（2）已满 75 周岁的人故意犯罪的，可以从轻或者减轻处罚；过失犯罪的，应当从轻或者减轻处罚。

因不满 16 周岁不予刑事处罚的，责令其父母或者其他监护人加以管教；在必要的时候，依法进行专门矫治教育。

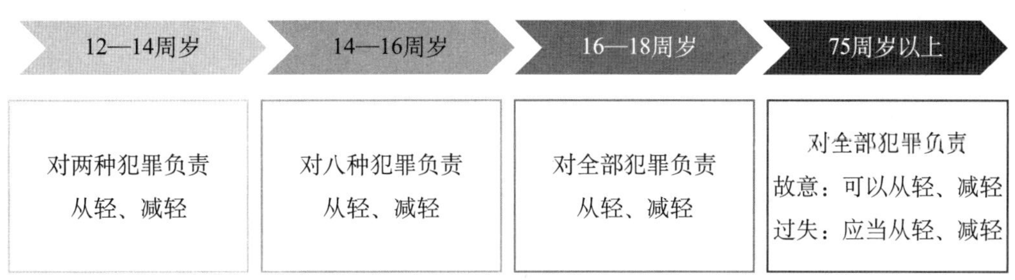

注意　年龄计算的基准。

（1）按公历计算。

（2）生日当天视为“未满”。

（3）年龄指行为时的年龄。

如果行为人在结果发生时具有防止结果发生的义务，则可计算不作为犯罪的时间。

例 1 元宝在不满 14 周岁时安放定时炸弹，炸弹于元宝已满 14 周岁后爆炸，导致多人伤亡。元宝满 14 周岁后，对于爆炸结果具有阻止发生的义务，其没有阻止爆炸结果发生，成立不作为的爆炸罪，即元宝在满 14 周岁后，实施了一个新的值得刑法评价的行为，即“不作为”。

例 2 元宝因爱生恨，在 14 周岁生日当晚故意砍杀如燕（没有情节恶劣），后心生悔意将其送往医院抢救，如燕仍于次日因伤势过重而死亡。元宝在实施作为的杀人行为时不满 14 周岁，当其已满 14 周岁后又没有不作为行为，则元宝在本案中不负刑事责任。

【命题角度 1】 14—16 周岁行为人的刑事责任问题。

例 15 周岁的丙运输、贩卖毒品的，成立运输、贩卖毒品罪。（2021 年网络回忆版）

解析： 错误。已满 14 周岁不满 16 周岁的人，仅对贩卖毒品行为承担刑事责任，对运输毒品行为不承担刑事责任，因此丙仅成立贩卖毒品罪。

【命题角度 2】 计算不作为行为的时间。

例 乙 14 周岁生日当晚故意伤害他人后离去，被害人于次日凌晨死亡。（2021 年网络回忆版）

解析： 乙 14 周岁生日当天属于不满 14 周岁，其伤害行为引发救助义务，乙没有履行救助义务，导致被害人死亡，成立不作为故意杀人罪，即乙从次日凌晨已满 14 周岁开始，实施了一个新的值得刑法评价的行为“不作为”，因此应当承担刑事责任。

三、精神障碍

（一）完全无刑事责任能力

完全丧失辨认或控制能力的精神病人：不负刑事责任，但是应当责令他的家属或者监护人严加看管和医疗；在必要的时候，由政府强制医疗。

（二）限制刑事责任能力

尚未完全丧失辨认或控制能力的精神病人：应当负刑事责任，但是可以从轻或者减轻处罚。

（三）完全刑事责任能力【应当负刑事责任】

1. 间歇性精神病人在精神正常的时候犯罪。

2. 大多数非精神病性精神障碍人。

（1）各种神经官能症（神经衰弱、焦虑症）；

（2）性变态（恋童癖、性虐待癖）；

（3）抑郁症。

【小专题】间歇性精神病人在精神正常情况下决定并着手实施犯罪，在实行过程中精神病发作并丧失责任能力，该如何处理？此时应当区分两种情形：

1. 行为人丧失责任能力前后所实现的是同一构成要件，即便结果是在丧失责任能力的情况下发生的，行为人也应当负既遂责任。

例 甲以杀人的故意用铁锤殴打被害人，但是没有致人死亡，之后甲陷入无责任能力的状态并继续殴打致被害人死亡。

2. 如果行为人具有责任能力时实施的是某一构成要件的实行行为，丧失责任能力后实施另一构成要件的行为，由后一行为导致结果发生，则行为人只对前行为承担未遂或既遂责任，对后行为不承担责任。

例1 甲以强奸故意对妇女实施暴力，后丧失责任能力强取妇女财物，只能认定强奸罪未遂。

例2 甲以伤害故意对乙实施暴力行为，后丧失责任能力并继续使用暴力强抢了乙的财物，并造成乙轻伤，只能认定故意伤害罪既遂。

四、生理功能

1. 又聋又哑的人。

2. 盲人。

行为人因为生理缺陷，丧失听力和语言表达能力或丧失视力，也可导致责任能力的减弱。一方面，这些生理缺陷会导致行为人的**辨认能力降低**；另一方面，这些生理缺陷**导致行为人受教育的机会减少，进而会间接导致行为人的控制能力下降**。所以，《刑法》第19条规定：又聋又哑的人或者盲人犯罪，可以从轻、减轻或者免除处罚。据此，又聋又哑的人或者盲人，由于生理机能丧失而对具体犯罪行为的辨认、控制能力有影响时，得从轻、减轻或者免除处罚；**如果没有影响，则可以不从轻、减轻或者免除处罚**。①

【命题角度】考查生理功能障碍是否导致辨认、控制能力降低，从而判断刑事责任能力是否完整。

例1 甲先天双目失明，在大学读书期间因琐事致室友重伤。甲具有限定刑事责任能力。(2017-2-3)

解析：错误。“在大学读书期间”说明甲没有因为双目失明而导致辨认能力降低或者受教育机会减少，应该说生理机能丧失对其辨认、控制能力没有影响，甲不属于限定刑事责任能力人，属于完全刑事责任能力人。

例2 乙是聋哑人，长期组织数名聋哑人在公共场所扒窃。乙属于相对负刑事责任能力人。(2017-2-3)

解析：错误。“长期组织数名聋哑人在公共场所扒窃”说明乙的辨认、控制能力没有因为生理机能丧失而受到影响，似乎比正常人更具有组织力与领导力，乙不属于相对负刑事责任能力人，属于完全刑事责任能力人。

① 张明楷．刑法学．6版．北京：法律出版社，2021：406-407.

第二节　违法性认识（可能性）的欠缺

违法性认识可能性的欠缺：如果行为人在行为时，不可能认识到行为的违法性或者不可避免地产生违法性认识的错误，则阻却责任，不成立犯罪。

犯罪主观要件即有责性的具备不要求行为人具有违法性认识，否则，任何人都可以自己“不知法、不懂法”而主张不具备非难可能性，不承担刑事责任。但是违法性认识的可能性是责任要素，如果行为人不具有违法性认识可能性，即合理地相信自己的行为并不被刑法所禁止，或者说违法性认识的欠缺是不可避免的，即使实施了客观违法的行为，也不能对其进行法的非难。一言以蔽之，缺乏违法性认识可能性，则阻却责任，进而不成立犯罪。

例　甲在从事生产经营的过程中，不知道某种行为是否违法，于是以书面形式向法院咨询，法院正式书面答复该行为合法，甲实施该行为，事后证明该行为违法。甲没有违法性认识的可能性，所以不成立犯罪。

详言之，即使行为人客观上实施了符合构成要件的行为，甚至认识到自己的行为侵犯了某种法益，但是合理地相信自己的行为并不被刑法所禁止，即违法性的错误认识不可回避时，就不具有非难可能性，进而阻却责任。

注意　在一个法制统一的国家里，一个有一般社会生活经验的公民，在没有特殊事由的情况下，都是具有违法性认识可能性的，除非在非常特异的情形下（如得到国家机关的正式答复），才可能导致违法性认识可能性的欠缺。

【命题角度】在具体案件中判断行为人是否欠缺违法性认识可能性。

例如　甲知道自己的行为有害，但不知是否违反《刑法》，遂请教中学语文教师乙，被告知不违法后，甲实施了该行为。事实上《刑法》禁止该行为。(2015-2-55)

解析：甲完全可以通过其他渠道查清该行为是否为刑法所禁止，这种错误认识并非不可避免，中学语文老师乙的答复并不会使甲欠缺违法性认识可能性，不阻却故意的成立。

第三节　期待可能性的欠缺

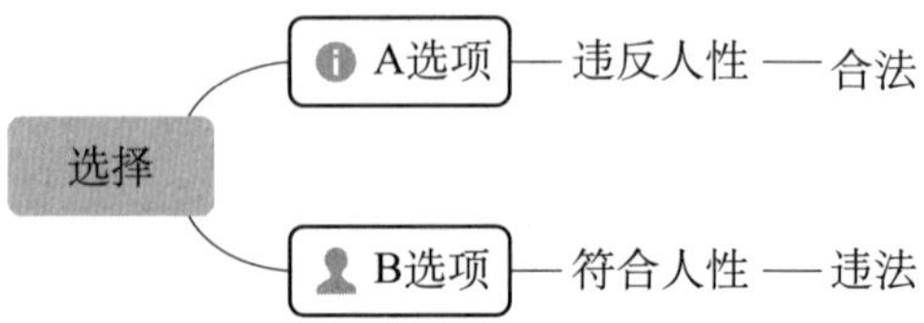

一、期待可能性

期待可能性，是指在具体情形下，可以期待行为人不实施违法行为而实施其他适法行为。

期待可能性理论认为，如果在当时的情况下不能期待行为人实施其他适法行为，就不能对其进行非难，因而不存在刑法上的行为。

欠缺期待可能性就成为阻却责任，进而阻却犯罪的成立。

期待可能性不仅存在有无的问题（是否阻却责任），还存在程度的问题（是否减轻责任）。

二、理论渊源

【1897 年德国“癖马案”】被告人为马车夫，他多年以来受雇驾驶一辆双匹马车，其中一匹名叫莱伦芳格的马有以其尾绕住缰绳并用力压低的恶癖，马车夫和雇主都知道莱伦芳格的这一癖性，马车夫也曾要求雇主更换一匹马，雇主不但不允，反以解雇相威胁。1896 年 7 月 19 日，马车夫在雇主的特别命令下，被迫使用了莱伦芳格，结果在途中它又像往常一样癖性发作，以其尾绕缰用力下压。马车夫极力使马尾脱离缰绳，却未成功。此时，马暴狂起来，马车夫完全失去了对该马的控制。狂奔的马撞倒了在路旁行走的铁匠，致其脚部骨折。检察官根据上述事实，以过失伤害罪对马车夫提起公诉，但是原审法院宣告被告无罪。检察官以原审判决不当为由，向德意志帝国法院提起上告，1897 年 3 月 23 日德意志帝国法院第四刑事部宣布了对于“癖马案”的判决，驳回了检察院上告。

【判决理由】本案马车夫虽然认识到该马有以尾绕缰的癖性并可能导致伤人的后果，但当他要求更换一匹马时，雇主不但不允，反以解雇相威胁。在这种情况下，很难期待被告人不惜失掉工作，违抗雇主的命令而拒绝驾驭该马车。因而，本案属于欠缺期待可能性的情形，阻却马车夫的责任，阻却犯罪的成立。

三、中国刑法中体现期待可能性的情形

1. 近亲属之间的窝藏、包庇行为，可以不追究窝藏、包庇罪的刑事责任。

2. 犯罪人自己毁灭、伪造证据，不成立帮助毁灭、伪造证据罪。

3. 犯罪后掩饰、隐瞒犯罪所得的行为，不成立掩饰、隐瞒犯罪所得罪。

4. 已婚妇女因为被拐卖、被严重虐待、自然灾害流落外地，因生活所迫而与他人重婚，不成立重婚罪。

第八章　故意犯罪的未完成形态

第一节　犯罪既遂（完成形态）

一、犯罪既遂的概念

犯罪既遂，指犯罪人的行为完整地实现了刑法分则条文所规定的全部犯罪构成的事实。

例如，张三要杀李四且将李四杀死，就完全实现了“故意杀人且已将人杀死”这一法定犯罪构成事实，把张三杀人的事实与法定的故意杀人罪的构成要件“对号入座”，就应判定张三故意杀人罪既遂，直接按照所触犯法条（第232条故意杀人罪）规定的法定刑处罚。

犯罪既遂是刑法分则规定的某种犯罪构成的完成形态，也是依照分则条文规定的法定刑（法律后果）进行处罚的标准形态。

二、犯罪既遂的形态

在刑法分则规定的数百种犯罪中，犯罪构成的既遂形态呈现出不同的情况，概括起来有以下几种既遂类型：

1. 行为必须已造成法定的实害后果，才是该罪的既遂。

例如《刑法》第232条规定的故意杀人罪，仅有杀人的行为尚不足以成立该罪的既遂，必须有杀人行为且致人死亡才能成立该罪的既遂，以“死亡”结果作为既遂的标准；盗窃罪等取得财产型犯罪，以“取得财物”作为既遂的标准。

（1）犯罪的既遂以实害结果的出现为要件，在结果出现之前，可以成立犯罪未遂、犯罪中止与犯罪预备。

（2）某些特殊犯罪中，不但要求实害结果的出现，还要求实害结果必须经由特定因果过程造成，在这样的犯罪中，倘若某种结果不是经由特定的因果过程造成的，应当认定为“未得逞”，不能成立犯罪既遂。

例　甲对元宝实施诈骗行为，被元宝识破骗局。但元宝觉得甲穷困潦倒，实在可怜，就给其3 000元钱，甲得款后离开。甲虽然取得财物，但并不是被害人基于错误认识处分财物，所以不是经由诈骗罪所要求的特定因果过程，属于“未得逞”，成立诈骗罪未遂。

【总结】需要经由特定因果过程引起危害结果的犯罪中，典型且常考的有：

①抢劫罪：强制手段→压制反抗→无法反抗，放弃财物→取得财物。

②敲诈勒索罪：威胁→恐惧→交付。

③诈骗罪：虚构事实、隐瞒真相→陷入错误认识→基于错误认识交付财物→取得财物。

④强奸罪：强制手段→压制反抗→违背妇女意志（客观上违背妇女意志，主观上行为人也明知违背妇女意志）→发生性关系。

2. 发生侵害法益的现实、紧迫危险是既遂的要件。只要行为足以造成某种严重后果发生的危险，就是该罪的既遂。

例如《刑法》第116条规定的破坏交通工具罪，只要破坏行为足以使交通工具有发生倾覆、毁坏的危险，即使尚未造成“倾覆、毁坏”的严重后果，也成立该罪的既遂。放火罪、爆炸罪、决水罪、投放危险物质罪、破坏电力设备罪等也属于这种情形。

在具体危险出现之前，也可以成立犯罪的未完成形态。

例如放火罪，如果对象物还没有达到“独立燃烧”的状态火就被人扑灭，则属于放火罪的未遂。①

3. 只要行为实施完毕，就给法益就带来抽象危险，犯罪就既遂。

例如《刑法》第133条之一规定的危险驾驶罪，只要实施危险驾驶的行为，就给交通运输安全带来抽象的危险，成立犯罪既遂。

【命题角度1】判断某一行为是完成形态还是未完成形态。

例1　甲在车棚盗窃电瓶车时，被管理员通过摄像头发现，但甲不知情。管理员在甲盗窃结束将车骑出车棚时开车追赶，并且成功将其抓获。（2021年网络回忆版）

解析：甲盗窃结束将电瓶车骑出车棚时，已经取得对财物的控制，犯罪已经既遂。

例2　丁资助林某从事危害国家安全的犯罪活动，但林某尚未实施相关犯罪活动即被抓获。（2016－2－53）

解析：资助危害国家安全犯罪活动罪是抽象的危险犯，只要资助行为完成，犯罪就既遂。

【命题角度2】犯罪既遂易与因果关系结合考查。

例　宋某杀害刘某，致刘某重伤昏迷，生命垂危。宋某心生怜悯，想要抱起刘某送去医院救治，不料脚下一滑，和刘某一起摔倒在地，刘某原本已经生命垂危，又摔了一下，很快死亡。（2020年网络回忆版）

解析：宋某未能有效防止犯罪结果发生，不应当成立犯罪中止；宋某将刘某摔在地上，属于异常的、作用小的介入因素，因果关系没有中断，刘某的死亡结果应当归因于宋某的杀害行为，宋某的行为应当综合评价为犯罪既遂。

---

①　本书对“独立燃烧说”进行修正，主张当放火行为导致对象物在离开媒介物的情况下已经开始独立燃烧时，就是放火既遂（修正的独立燃烧说）。

第二节 犯罪预备

一、犯罪预备的特征

1. 行为人具有为便利实行、完成某种犯罪的主观意图。

例如为了便利实行、完成故意杀人罪、强奸罪、抢劫罪的意图。

2. 客观上犯罪人进行了准备工具、制造条件等犯罪的预备活动。

所谓“准备工具”，指准备为实行犯罪使用的各种物品，如为杀人而购买刀、枪、毒药。

所谓“制造条件”，指为实行犯罪制造机会或创造条件，如进行犯罪前的调查，排除实行犯罪的障碍，前往犯罪现场或者诱骗被害人赶赴犯罪地点，跟踪或者守候被害人，引诱共同犯罪人，商议或者拟订实施犯罪的计划等。从某种意义上讲，准备工具也属于制造条件的一种方式。

例如，为杀人而准备了大量的毒药，尚未投放即被告发；埋伏在路旁伺机拦路抢劫，未遇到被劫者即被警察抓获。

3. 犯罪行为由于犯罪分子意志以外的原因被阻止在准备阶段，未能进入实行阶段并不是犯罪分子自愿选择的，而是被迫停留在预备阶段不再向前发展。

二、预备行为与实行行为的区别

预备行为与实行行为分界线是“着手”。

所谓“着手”，是指已经开始实行刑法分则条文所规定的某种犯罪的基本构成要件的行为，且给法益带来现实、紧迫、直接的危险。

例1 甲、乙二人合谋抢劫出租车，准备凶器和绳索后拦住一辆出租车，谎称去郊区某地。出租车行驶到检查站，检查人员见甲、乙二人神色慌张便进一步检查，在检查时甲、乙意图逃离出租车但被抓获。甲、乙上车后给出租车司机的人身安全带来一种潜在的、非紧迫的危险，抢劫罪实行行为中压制被害人反抗的行为还没有启动，因此，犯罪未着手。

例2 元宝意图趁同村的如燕的丈夫外出打工之际与如燕发生性关系，遂写信给如燕进行恐吓。如燕收到信后报警，元宝被抓获。元宝写信恐吓的行为无法直接侵害如燕的性权利，属于预备阶段被迫停止犯罪，成立犯罪预备。

例3 元宝意图杀害甲，经过跟踪，掌握了甲每天上下班的路线。某日，元宝准备了凶器，来到甲必经的路口等候。在甲经过的时间快要到时，元宝因口渴到旁边的小卖部买饮料。待元宝返回时，甲因提前下班已经过了路口。元宝等了一阵儿不见甲经过，就准备回家，在回家路上因凶器暴露被抓获。元宝的行为没有直接侵害甲的生命权，属于预备阶段被迫停止犯罪，成立犯罪预备。

注意 A罪的预备行为，可能是B罪的实行行为。

例如，为杀人而盗窃枪支，盗窃枪支行为本身属于盗窃枪支罪的实行行为。如果行为人盗枪之后又使用该枪支杀人的，构成两个犯罪，盗窃枪支罪（既遂）和故意杀人罪（既遂）数罪并罚；如果行为人盗枪之后，还没来得及杀人就被抓获，则既成立故意杀人罪（犯罪预备）又成立盗窃枪支罪（既遂），从一重处罚。

三、对预备犯的处罚

《刑法》第22条第2款规定，对于预备犯，可以比照既遂犯从轻、减轻处罚或者免除处罚。

【命题角度】考查行为属于犯罪预备还是犯罪未遂，即对于“着手”的判断。

例 以贩卖为目的，在网上订购毒品，付款后尚未取得毒品即被查获。(2015-2-5)

解析：为了贩卖毒品而购买毒品，属于贩卖毒品罪的预备行为。贩卖毒品罪的实行行为是出售，开始出售毒品才是贩卖毒品罪的“着手”，将毒品实际交易给购买者才是“既遂”。

第三节 犯罪未遂

一、犯罪未遂的概念和特征

（一）犯罪未遂的概念

犯罪未遂，指已经着手实行犯罪，由于犯罪分子意志以外的原因而未得逞的形态。犯罪未遂是犯罪未完成形态之一。

（二）犯罪未遂的特征

1. 犯罪分子已着手实行犯罪。

（1）“着手”的判断：开始实施刑法分则构成要件所规定的实行行为，并且给法益带来现实、紧迫、直接的危险。

（2）不同犯罪情形下的“着手”：

①不作为：不履行义务的行为给法益带来现实、紧迫、直接的危险。

例如，母亲不给自己的婴儿哺乳导致孩子被活活饿死的案件中，母亲的拒绝哺乳导致孩子生命出现紧迫危险时是“着手”。

②间接正犯：被利用者的行为给法益带来现实、紧迫、直接的危险。

例如，元宝指使邻居家男童甲（6岁）去盗窃，当甲的小手伸进被害人口袋时是“着手”。

③隔离犯。

例如，甲为了杀乙，于2020年8月1日从甲地通过邮局寄送有毒食物给乙地的乙，乙于8月3日收到邮件，但是没有打开，8月6日中午乙正要食用时发现食物有异味而将有毒食品扔弃。应当说只有当乙准备或者开始食用有毒食品时，才产生死亡的紧迫危险，因此应当认定“8月6日中午”为着手时间。

注意1 着手时间虽然是“8月6日中午”，但在此时可以溯及性地认定起初的寄送行为就是实行行为，那么此时实行行为在前，着手在后。[①]

注意2 倘若行为人寄送的毒药没有到达被害人或者被害人没有使用，则不能认定故意杀人罪的着手，此时也没有必要将寄送行为认定为实行行为。

注意3 如果行为人以杀人故意邮寄爆炸物，鉴于爆炸物具有随时爆炸的危险，“寄送时”就是着手。

2. 犯罪未得逞。

所谓“犯罪未得逞”，指犯罪没有既遂，即犯罪行为尚未完整地满足刑法分则规定的全部犯罪构成事实。

例1 元宝精心准备凶器，深夜潜入金融机构盗窃，他站在保险柜前试了几下，就发现用自己携带的工具完全无法打开这种新型保险柜，于是离开现场。**(实害结果未出现—犯罪未遂)**

例2 元宝潜入仓库企图放火，对象物刚被点燃还未独立燃烧火即熄灭，元宝随即被抓获。**(具体危险未出现—犯罪未遂)**

例3 元宝企图劫持航空器，但未能控制航空器，即被机组人员制服。**(行为未能完成—犯罪未遂)**

3. 犯罪未得逞是由于犯罪分子意志以外的原因。

所谓犯罪分子意志以外的原因，指违背犯罪分子本意的原因。犯罪未得逞并不是犯罪分子自愿的，而是由不可克服的客观障碍造成的。犯罪分子意志以外的原因主要有：

（1）抑止犯罪**意志**的原因。例如正在盗窃，忽闻警笛声，认识到警察来抓自己，于是赶忙逃离现场。

（2）抑止犯罪**行为**的原因。例如正在盗窃，被回家的主人制止、抓获。

（3）抑止犯罪**结果**的原因。例如将被害人打昏后拖入水中，以为被害人必死，过路人将被害人抢救脱险。

（三）犯罪未遂与犯罪预备的异同

	犯罪预备	犯罪未遂
相同点	被迫放弃	
不同点	着手前	着手后

① 【2011-2-53】丙打算将含有毒药的巧克力寄给王某，但因写错地址而寄给了汪某，汪某吃后死亡。本案中既然汪某已经中毒身亡，就意味着从汪某开始吃的时候就已经着手，那么就可以溯及性地认定之前“写地址寄送行为”是实行行为，“写错地址”就是打击偏离了方向，属于打击错误。

二、对未遂犯的处罚

《刑法》第23条第2款规定，对于未遂犯，可以比照既遂犯从轻或者减轻处罚。

【命题角度1】判断行为人是自愿放弃（中止）还是被迫放弃（未遂）。

例1 乙持刀拦路抢劫周某。周某说“把刀放下，我给你钱”。乙信以为真，收起刀子，伸手要钱。周某乘乙不备，一脚踢倒乙后逃跑。(2016-2-53)

解析：乙并非自愿放弃犯罪，而是由于意志以外的原因没有达到既遂状态，所以是犯罪未遂。

【命题角度2】判断行为是已经完成（既遂）还是被迫放弃（未遂）。

例1 为谋取不正当利益，将价值5万元的财物送给国家工作人员，但第二天被退回。(2015-2-5)

解析：只要是为谋取不正当利益，已经将财物送给国家工作人员的，就是行贿罪既遂。

例2 甲绑架幼女乙后，向其父勒索财物。乙父佯装不管乙安危，甲只好将乙送回。(2013-2-54)

解析：只要控制住被绑架人，就成立绑架罪既遂。

第四节 犯罪中止

一、犯罪中止的概念和特征

（一）犯罪中止的概念

犯罪中止，指在犯罪过程中，自动放弃犯罪或者自动有效地防止犯罪结果发生的形态。犯罪中止也是犯罪的未完成形态之一。

（二）犯罪中止的特征

1. 时间性。

可以出现在故意犯罪的各个阶段，从犯罪预备开始到犯罪既遂以前的全过程，但只能在终局性停顿之前。

（1）当犯罪已经既遂，不能成立中止。

例如，元宝乘在路上行走的妇女如燕不注意之际，将如燕价值12 000元的项链一把抓走，然后逃跑。跑了50米之后，元宝以为项链根本不值钱，就转身跑到如燕跟前，打了她两耳光，并说“出来混，也不知道戴条好项链”，然后将项链扔给如燕。元宝抓走项链跑出50米时，犯罪已经既遂，后将项链扔回的行为是既遂后返还财物的行为，不成立犯罪中止。

（2）犯罪已经未遂，不能成立中止。

例1 元宝对仇人王某猛砍20刀后离开现场。两小时后，元宝为销毁犯罪工具回到现场，见王某仍然没有死亡，但极其可怜，即将其送到医院治疗，后王某脱险。两小时后元宝回到现场发现王某没有死时，犯罪已经未遂，后送王某去医院的行为不能将犯罪形态逆转成为中止。

例 2 元宝用菜刀砍杀妻子如燕，被邻居阻止。事后，在邻居的批评、指责下，元宝随同邻居一起将如燕送医院抢救，如燕未死。元宝故意杀人罪已停止在未遂状态，所以事后的参与抢救行为不认为是犯罪中止。

(3) 在犯罪过程中，自动放弃可重复实施的加害行为，可以成立犯罪中止。

例如，元宝为了杀害甲，用枪支对准甲开枪，结果没有打中，在可以继续开枪的情况下，元宝心生悔意而放弃了继续开枪。元宝虽然开始没有打中甲，但是此时犯罪并不是终局性停顿，仍可以立刻追加新的伤害，此时放弃属于自愿放弃，成立犯罪中止。

2. 自动性。

所谓“自动放弃犯罪”，指犯罪分子在自认为能够完成犯罪的情况下，由本人自主地决定放弃犯罪。所谓“自动有效地防止犯罪结果发生”，指在犯罪行为实行终了、犯罪结果尚未发生的特定场合，行为人自动采取积极行动实际有效地阻止犯罪结果的发生。

注意 判断各种情形下“放弃犯罪”是否具有自动性。

①基于惊愕、恐惧而放弃：具备自动性。

例如，元宝基于杀人的意图向被害人猛砍数刀，被害人血流不止，此时元宝发现自己晕血，看到血流惊愕不已，于是放弃继续加害，元宝成立犯罪中止。

②基于嫌弃、厌恶而放弃：具备自动性。

例如，元宝对妇女小芹菜实施暴力意图强奸，发现小芹菜面容极其丑陋，产生厌恶之情，进而放弃奸淫行为。元宝成立犯罪中止。

③发现对方是熟人：判断是否因为熟人而压制了行为人的犯罪意图。

例 1 元宝夜间实施暴力意图强奸妇女，但发现对方是邻居小芹菜。客观上犯罪仍然可以继续进行，被害人是邻居会引起心理障碍，但是这一障碍不足以压制行为人的犯罪意图，属于轻微障碍，此时元宝选择放弃是出于自愿。

例 2 元宝夜间实施暴力意图强奸妇女，但发现对方是自己的亲妹妹小芹菜，尽管客观上犯罪仍然可以继续进行，但是由于被害人是至亲，会引起行为人巨大的心理障碍，足以压制任何人的犯罪意图，完全可以等同于客观障碍，属于被迫放弃。

【提示】主观心理障碍通常是能够克服的，因此属于轻微障碍，面对轻微障碍选择放弃，属于自愿放弃；如果是近乎客观障碍的巨大心理障碍，此时选择放弃则是被迫。

3. 客观有效性。

中止不仅仅是一个良好的愿望，还应当有客观的放弃犯罪或阻止结果发生的实际行动，并有效地阻止犯罪结果发生。在通常情况下，行为人自动放弃正在预备或实行的犯罪就具备客观有效性；在犯罪实行终了、犯罪结果将要发生的特定场合，行为人采取积极行动实际阻止犯罪结果发生，才能具备客观有效性。

例 药店营业员元宝与甲有仇，某日甲之妻到药店买药为甲治病，元宝将一包砒霜混在药中交给甲妻。后元宝后悔，于第二天到甲家欲取回砒霜，而甲谎称已服完。元宝见甲没有什么异常，就没有将真相告诉甲。几天后，甲因服用元宝提供的砒霜而死亡。元宝不成立犯罪中止，成立犯罪既遂。

注意1 行为人为防止结果发生做了真挚努力，但是危害结果还是发生了，能否成立犯罪中止？

(1) 如果最终结果是前行为所创设的危险的现实化，即因果关系没有中断，则行为人要对最终结果承担责任，成立犯罪既遂。（如被害人伤势过重，经抢救无效而死亡）

例 甲计划通过六次投放毒药致妻子乙慢性中毒死亡，投放四次后，甲心生悔意，放弃了进一步的投放行为，但因前四次投放毒药量过大致乙死亡。甲成立故意杀人罪既遂。

(2) 如果最终结果是介入的异常且独立的因素直接导致的，则因果关系中断，行为人不需要对最终结果承担责任，即成立犯罪中止。（如介入被害人的自杀、医生的重大过失、医院火灾）

例 甲以杀人故意放毒蛇咬乙，后见乙痛苦不堪，心生悔意，便开车送乙前往医院。途中等红灯时，乙声称其实自己一直想死，并突然跳车逃走，三小时后乙死亡。后查明，只要当时送医院就不会死亡。

甲虽然创设了危险，但这个危险只要把乙送到医院就可以消除，是乙的自杀行为又创设了新的危险而导致乙死亡的。所以甲具备了中止的有效性，可以成立犯罪中止。

注意2 犯罪中止的本质是没有遭遇阻止犯罪达到既遂状态的客观障碍时，自愿选择放弃；犯罪未遂的本质是遭遇到阻止犯罪达到既遂状态的客观障碍时，被迫放弃犯罪。但有时客观障碍是否存在与行为人的主观判断并不一致，即行为人的判断可能出现偏差，此时应当以行为人的主观认识为准。

(1) 客观上能够达到既遂状态，行为人主观上认为不能，进而选择放弃（＝被迫放弃＝犯罪未遂）

例 元宝入户盗窃，听到门外有声响误以为主人提前回家，急忙跳窗逃跑，实际上只是一个路人经过，此时属于被迫放弃，成立犯罪未遂。

(2) 客观上不能达到既遂状态，行为人主观上认为可以，还是选择放弃（＝自愿放弃＝犯罪中止）

例 元宝以杀人的故意，在1分钟内向甲体内注射70毫升空气，具有致人死亡的危险，后心生悔意将甲送往医院抢救，事实上由于甲体重大，即使不抢救也不会死亡。在元宝认识到自己的行为能够既遂的前提下，自愿有效防止犯罪结果的发生，属于自愿放弃犯罪，可以成立犯罪中止。

二、中止的法律后果

1. 没有造成损害的：应当免除处罚。

2. 造成损害的：应当减轻处罚。

【命题角度 1】综合判断行为是犯罪中止、犯罪未遂还是犯罪既遂。

例 甲以杀人故意将郝某推下过街天桥，见郝某十分痛苦，便拦下出租车将郝某送往医院。但郝某未受致命伤，即便不送医院也不会死亡。(2016－2－53)

解析：行为人自认为被害人会死亡，在自认为犯罪能够达到既遂的状态下，基于自愿而努力防止犯罪结果发生，可以认定为成立犯罪中止而不是未遂。

【命题角度 2】犯罪中止易与共同犯罪结合考查。

例 甲、乙共谋入户抢劫，由甲入户抢劫，由乙望风。甲入户后，乙看外面人多，心生怯意，打电话劝甲放弃。但甲执意继续，乙便声明离去。甲对主人丙实施暴力时，见丙穿着破烂，很可怜，便放弃暴力，没有拿走财物而离去。(2020 年网络回忆版)

解析：乙作为帮助犯，客观上已经离去不再为甲望风，并且甲也知道乙不再为他望风，乙有效地切断了自己的行为与甲的犯罪结果在物理、精神上的原因力，成立犯罪中止。甲作为实行犯，在实行阶段自动放弃犯罪，也成立犯罪中止。

【真题训练（2022）】关于犯罪中止，下列说法正确的是（　　）。①

A. 甲、乙系夫妻，因琐事发生争吵，乙提出离婚后欲上床睡觉。甲害怕离婚，遂起杀妻之念，边掐乙的脖子边问其是否离婚，乙连声回答“要离”。甲掐乙的脖子越掐越紧，导致乙昏迷休克。甲认为乙被掐死，于是松手观望。两分钟后乙醒来要喝水，甲递给乙水，没有继续实施杀害行为。甲成立故意杀人罪的犯罪中止

B. 甲打电话威胁乙，让乙向其银行卡打 30 万元，否则就杀了乙。后甲怕被抓，又发短信让乙不要打钱。乙为保安全还是往甲的银行卡上打了 30 万元。甲成立敲诈勒索罪的犯罪中止

C. 甲计划通过六次投放毒药致妻子乙慢性中毒死亡，投放四次后，甲心生悔意，放弃了进一步的投放行为，但因前四次投放毒药量过大致乙死亡。甲成立故意杀人罪的犯罪中止

D. 化学老师甲制造毒品后，因感到害怕，又将制造好的毒品倒入沟里。甲成立制造毒品罪的犯罪中止

---

① 【答案】A

【本章复盘】

	预备阶段	实行阶段	等待阶段 【实行终了后、结果发生前】
意志以内（停）	犯罪中止	犯罪中止	犯罪中止
意志以外（停）	犯罪预备	（未实行终了）犯罪未遂	（实行终了）犯罪未遂
没有停	进入实行阶段	实行终了犯罪既遂 或进入等待阶段	犯罪既遂

对于**未完成形态**的判断，应当分两步走：
1. 停在哪个阶段？
2. 为什么停？

第九章　共同犯罪

第一节　共同犯罪概述

根据两层次的犯罪构成体系，犯罪的成立首先是客观上的违法，其次是主观上的有责，因此共同犯罪中的“犯罪”首先是指客观层面共同的法益侵害事实，其次指主观上对于该事实的故意和意思联络。关于共同犯罪的认定，主要有三个要点。[①]

1. 以“违法”为重心。

共同犯罪，是指二人以上共同实施犯罪，是一种客观的违法形态，即二人以上共同实施了具有法益侵害性的客观行为，造成了法益侵害的事实，二人在违法层面上就是共犯。

例 1　16 周岁的甲应邀为 13 周岁的乙入室盗窃望风，并一同分赃。

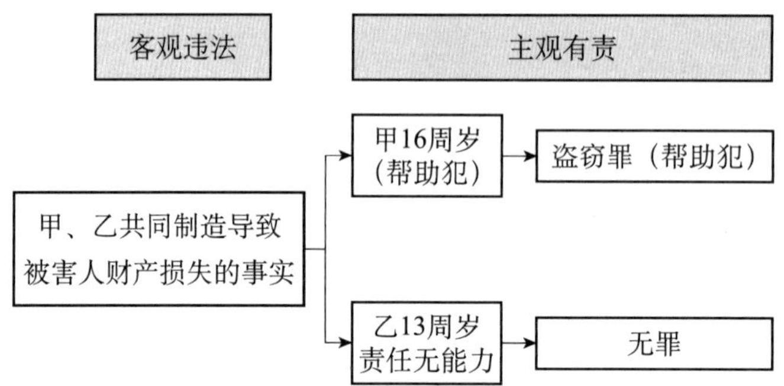

例 2　16 周岁的甲与 13 周岁的乙共同轮流强奸妇女。

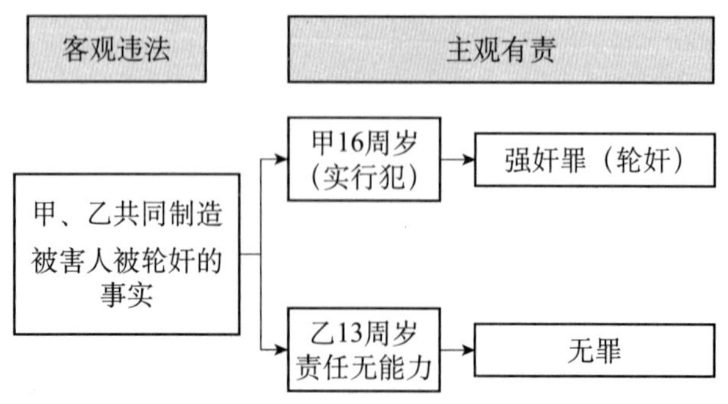

① 张明楷．刑法学．6 版．北京：法律出版社，2021：497.

2. 以“正犯”为中心。

正犯是实现构成要件的核心人物，是支配法益侵害结果发生的人，先判断正犯的行为是否符合构成要件且具有违法性，再判断共犯的行为是否汇入因果链条。

3. 以“因果性”为核心。

（1）将自己的行为链接在正犯的行为上，与正犯行为产生因果性：成立共犯。

（2）将自己的行为链接在正犯的行为上，并对结果作出贡献：成立共犯，并且既遂。

（3）一度将自己的行为链接在正犯的行为上，但在结果发生前消除影响：脱离共犯。

①自愿脱离：犯罪中止；

②非自愿脱离：犯罪预备或者犯罪未遂。

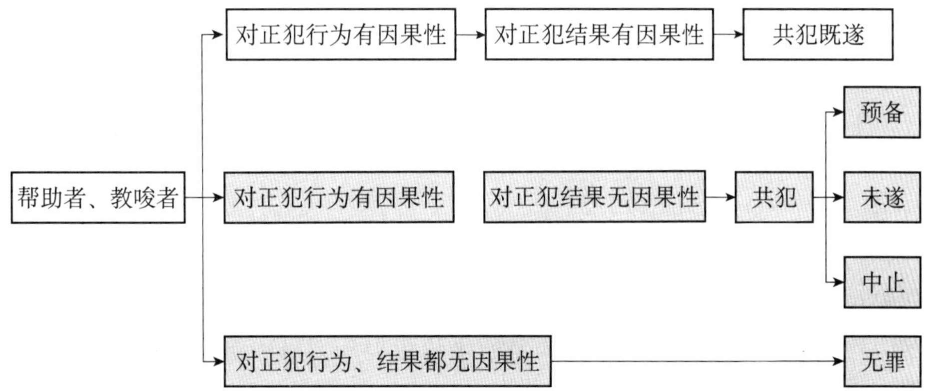

例 1　甲欲前往张某家中盗窃。乙送甲一把擅自配制的张家房门钥匙，甲用钥匙打开张家房门，进入张家窃走数额巨大的财物。[①]

例 2　甲欲前往张某家中盗窃。乙送甲一把擅自配制的张家房门钥匙，并告诉甲说，张家装有防盗设备，若钥匙打不开就必须放弃盗窃，不可入室。甲用钥匙无法打开张家房门，本欲依乙告诫离去，但又不甘心，思量后破窗进入张家窃走数额巨大的财物。[②]

例 3　乙看到李某私自进入某小区王某家，猜想李某是去盗窃，便在李某不知情的情况下为李某放风，其间什么也没发生，王某并没有回来。李某盗窃结束后，下楼时发现乙，才知道乙已经默默地为他“站岗”两个小时，便给乙 100 元。[③]

例 4　甲入户盗窃时邀约乙在楼下望风，丙知道乙在望风，而为乙提供被害人的照片，但被害人并没有出现。[④]

【真题训练（2021）】关于共同犯罪的认定，下列说法正确的是（　　）。[⑤]

A. 甲见赵某私入某小区王某家，猜想赵某是去盗窃，便在赵某不知情的情况下为

---

① 【分析】乙对甲的盗窃行为、盗窃结果都有因果性，成立盗窃罪既遂（帮助犯）。

② 【分析】乙一度将自己的行为链接在正犯的行为上，但是没有对结果作出贡献，成立盗窃罪未遂的帮助犯。

③ 【分析】乙对李某的盗窃结果没有物理上与精神上的原因力，不构成盗窃罪的共同犯罪。（无罪）

④ 【分析】丙无罪。因为丙提供照片的行为与正犯结果之间没有任何因果性，故丙不成立帮助犯，无罪。

⑤ 【答案】ACD

赵某放风。甲看到主人王某返回该小区，故意与王某聊天，拖延王某，为赵某盗窃争取时间，后赵某盗窃既遂。甲构成盗窃罪的共同犯罪

B. 乙看到李某私自进入某小区王某家，猜想李某是去盗窃，便在李某不知情的情况下为李某放风，其间什么也没发生，王某并没有回来。李某盗窃结束后，下楼时发现乙，才知道乙已经默默地为他“站岗”两个小时，便给乙 100 元。乙构成盗窃罪的共同犯罪

C. 丙实施网络诈骗有一定的经验，经常将其网络诈骗的经验在微信群分享。某日，丙将网络诈骗的“话术”资料送给王某。后丙反悔，觉得不应该将该资料传给王某，并打电话告知王某，不许使用自己送给他的“话术”。一个月之后，王某使用该“话术”实施诈骗。丙仍构成诈骗罪的共同犯罪

D. 丁承诺在马某实施杀人后会帮助其藏匿，马某杀人后找到丁，要丁帮助其逃匿，丁并没有实施任何帮助。丁虽不构成窝藏罪，但构成故意杀人罪的共同犯罪

第二节　正犯与共犯（理论分类）

在共同犯罪的理论架构中，可以将共同犯罪人分为共犯和正犯两类。正犯是在共同犯罪中对于法益侵害结果的发生起直接支配作用的人，除了实行犯外，通常还包括犯罪集团和聚众犯罪的首要分子；共犯是在共同犯罪中对法益侵害起间接作用的人，即诱使、协助正犯实施法益侵害行为的人。

正犯（主要是实行犯）	共犯（教唆犯、帮助犯）
直接正犯、间接正犯、共同正犯	教唆犯、帮助犯

正犯与共犯的关系（解决共犯可罚性的依据）。

“共犯从属性说”：共犯的可罚性依附于正犯，正犯的行为具有违法性和可罚性，共犯的行为才具有违法性和可罚性，正犯不构成犯罪，帮助犯、教唆犯也不构成犯罪。

例如，甲教唆乙去盗窃，乙没有实施盗窃，乙不构成犯罪，则甲的行为不构成犯罪。

所谓“从属”，有两层含义：（1）实行行为的从属。这是指教唆犯、帮助犯从属于正犯的实行行为。如果实行者没有实行行为，教唆犯、帮助犯也就没有实行行为，即整个共同犯罪就没有实行行为。（2）犯罪形态的从属。这是指实行犯的形态决定教唆犯、帮助犯的犯罪形态，实行者进入实行阶段，教唆者与帮助者也进入实行阶段；实行者停留在预备阶段，教唆者与帮助者也在预备阶段。

但是，共犯对于正犯的从属，只在客观阶层，即实行行为的从属，而不是最终是否成立犯罪的从属。

例如，16 周岁的甲应邀为 13 周岁的乙入室盗窃望风，并一同分赃。客观阶层中甲是帮助犯，乙是实行犯，有乙的实行行为存在，甲的帮助行为就具有可罚性，但应注意乙具有责任阻却事由而最终不构成犯罪，甲可以单独构成盗窃罪既遂。

一、正犯

正犯指直接或通过他人实施构成要件所规定的行为的人。

（一）直接正犯

直接正犯指亲手实施犯罪，实现了构成要件所规定的行为，并对此承担刑事责任的人。既遂的直接正犯是刑法分则设计具体犯罪构成的模板。例如，拐卖妇女、儿童罪中的直接正犯就是亲自实施拐骗、绑架、收买、贩卖、接送、中转行为之一的人。

（二）间接正犯

间接正犯指通过强制或者欺骗手段支配直接正犯，通过直接正犯的行为，完成构成要件，将他人作为犯罪工具，以实现自己犯罪目的的人。

1. 间接正犯的类型。

（1）利用无责任能力者的行为。

即利用幼儿、严重的精神病患者的身体活动去实现犯罪。被利用者虽然没有达到完全刑事责任能力，但具有一定的辨认、控制能力和规范意识，利用者对其没有绝对的控制支配力的，不能认定为间接正犯，而构成教唆犯。

例如，20 周岁的甲教唆 15 周岁的乙盗窃财物。乙虽然对盗窃罪不能承担刑事责任，但对于盗窃行为，具有一定的辨认、控制能力和规范意识，因此不属于被操控的工具，甲仅仅是盗窃罪的教唆犯而不是间接正犯。

（2）利用他人合法行为。

例如，甲为了使乙死亡，以如不听命将杀害乙相威胁，迫使乙攻击丙，同时命令丙正当防卫杀害乙，后丙正当防卫杀害了乙。

（3）利用行为时承担责任的人。

①他人的过失行为。

例如，具有杀人故意的医生甲将某种注射液交给护士乙，令其注射给病人丙，由于注射液与正常药品颜色有重大差异，乙稍加注意就应当发现，但是忙于下班的乙疏忽大意给丙注射了该药品，导致丙死亡。医生甲利用护士乙的过失行为实现了杀人的目的，属于故意杀人罪的间接正犯。

②有故意但无目的的人。

例如，甲具有传播淫秽物品牟利的目的，但是隐瞒牟利目的，说服乙传播淫秽物品，乙实施了传播淫秽物品的行为，但是没有牟利的目的，因此乙成立传播淫秽物品罪。甲利用乙（有传播淫秽物品的故意，没有牟利目的），甲属于传播淫秽物品牟利罪的间接正犯。

③具有轻罪的故意的人。

例如，甲明知丙坐在丙家贵重财物背后，但乙不知情，甲唆使乙开枪毁坏贵重财物，乙开枪致丙死亡。甲利用乙故意毁坏财物的故意（轻罪），实现了杀人的目的，属于故意杀人罪的间接正犯。

(4) 利用被害人的行为。

利用、控制、操纵被害人自杀、自伤、毁坏财物，分别成立故意杀人罪的间接正犯、故意伤害罪的间接正犯、故意毁坏财物罪的间接正犯。

2. 间接正犯也是一种正犯，无身份者不能构成身份犯的间接正犯。

例 甲极力劝说丈夫乙（国家工作人员）接受丙的贿赂，乙坚决反对，甲自作主张接受该笔贿赂。

受贿罪属于真正的身份犯，正犯要求具有国家工作人员身份，而正犯既包括直接正犯也包括间接正犯。甲不具有国家工作人员身份，不可能成立受贿罪的（间接）正犯。

3. 间接正犯与共同犯罪的成立。

间接正犯的成立，并不意味着对共同犯罪的否定。上例中甲、乙在传播淫秽物品罪的范围内成立共犯。

（三）共同正犯

1. 概念。

二人以上共同实行犯罪的情形，即简单共同犯罪。

（1）客观上，主体之间具有共同实行的事实，即各个主体都分担了导致结果发生的重要行为，或者对构成要件的实现起到了关键作用。

例1 甲、乙基于意思联络共同朝丙开枪。

例2 甲、乙基于意思联络共同伤害丙，乙在后面将丙抱住，甲在正面袭击丙致丙重伤。

例1、例2中的甲、乙都对构成要件的实现起到关键作用，属于共同正犯。

（2）主观上，主体之间具有共同实行的意思，即各个主体具有和他人共同实施行为的意思，而不要求故意内容完全一致。

例如，甲约乙共同对丙实施暴力，乙同意。甲与乙就具有共同实行的意思。

2. 共同正犯的处理原则【部分实行全部责任】。

例如，甲、乙共谋伤害丙，进而共同对丙实施伤害行为，导致丙身受一处重伤，但不能查明该重伤由谁的行为引起。甲、乙成立故意伤害罪（致人重伤）。

3. 共谋共同正犯。

（1）概念：二人以上**共谋**实施一定的犯罪，但实际上只有一部分共谋人实施了该犯罪，其他没有具体实施行为的人应当与实行行为人成立共同正犯的情形。

（2）成立条件。

①共同谋议：二人以上为了共同实施具体犯罪，以将各自的意思付诸实现为内容，互相就犯罪的实行进行意思沟通，并最终达成共识的过程。

②他人的实行：参与共谋的人当中必须有部分人在共同谋议的基础上直接实施了犯罪构成要件中的实行行为，没有具体实施的人就是共谋共同正犯。

（3）共谋共同正犯的本质。

共谋者虽然没有直接参与实行，但是因为之前的共谋，使得共谋者与实行者产生了一体化的联系，设定了相互利用的关系，共谋行为对于共同犯罪的实行行为形成了重要的参与关系，以至于能够被评价为实行行为的分担，由此被评价为正犯。

(4) 共谋共同正犯的处理原则。

①一人既遂，全体既遂。

例如，甲、乙、丙密谋抢劫妇女丁，一起商议作案计划、查看作案地点、购买犯罪工具，后丙因为害怕而退出。甲、乙实施抢劫既遂。丙成立抢劫罪既遂。

②共谋共同正犯无法独立脱离共犯，成立犯罪中止。

二、共犯

（一）教唆犯

1. 教唆的对象。

(1) 具有规范意识和一定的责任能力即可，不要求具有完全刑事责任能力。

(2) 特定人，否则为“煽动”。

2. 教唆的行为。

在客观上实施了教唆他人犯罪的行为，通常表现为怂恿、诱骗、劝说、请求、收买、强迫、威胁等方式。

3. 教唆的故意。

唆使他人实施犯罪的故意，即认识到自己的教唆行为会使被教唆人产生犯罪意图进而实施犯罪，以及被教唆人的行为会发生危害社会的结果，希望或放任被教唆人实施犯罪行为并发生危害结果。

【特殊问题 1】被教唆者已有犯意的情形：

①甲有犯杀人的故意，乙教唆甲实施盗窃，甲实施了盗窃：乙成立盗窃罪的教唆犯。

②甲本打算明年实施盗窃罪，乙教唆甲现在就去盗窃，甲现在就实施了盗窃：乙成立盗窃罪的教唆犯。

③甲有附条件的犯罪故意，乙谎称条件已经具备，于是甲实施了该罪：乙成立该罪的教唆犯。

例如，丙欠甲的钱，甲对乙说：“你去问丙是否还债，如果不还，我就关押他妻子。”乙明知丙会还钱，仍然对甲说“丙不还债”，于是甲关押了丙的妻子。乙是非法拘禁罪的教唆犯。

④甲有实施普通抢劫的故意，乙教唆甲去入户抢劫，甲果然实施了入户抢劫：乙成立入户抢劫的教唆犯。

⑤甲有实施普通抢劫的故意，乙教唆甲去入户抢劫，甲还是实施了普通抢劫，乙成立普通抢劫的心理帮助犯。

⑥甲有实施盗窃的故意，打算盗窃 5 000，乙教唆甲去盗窃 50 000，无论甲盗窃 5 000元还是 50 000 元，乙都成立盗窃罪的心理帮助犯。

【小结】构成要件的纵向穿越是教唆，数量、程度的横向推进是心理帮助。

【特殊问题 2】实行犯与教唆犯的认识错误。

实行犯的认识错误（对象错误、打击错误），对于教唆犯而言都是打击错误。

例 甲女与室友乙女素有冤仇，便以1万元唆使丙男强奸乙女。不料，丙男翻窗入室准备强奸乙女时，乙女因病去了医院，丙男误将甲女当作乙女实施了强奸行为。甲女、丙男该当何罪？

【答】甲女构成强奸罪（预备）的教唆犯，丙男构成强奸罪（既遂）。**丙男的行为只是对象错误，不影响强奸罪既遂的成立。甲女构成强奸罪（预备）的教唆犯。**首先，甲女不可能对自己成立强奸罪既遂的教唆犯。其次，由于乙女不在现场，丙男并未着手对乙女实施强奸行为，故丙男对乙女不成立强奸罪未遂，甲女也不构成强奸罪未遂的教唆犯。最后，由于丙男对乙女实施了强奸预备行为，甲女要对强奸罪的预备犯承担教唆犯的刑事责任。

（二）帮助犯

1. 帮助的方式。

（1）作为。

（2）不作为。

例如，甲、乙夫妇因8岁的儿子严重残疾，生活完全不能自理而非常痛苦。一天，甲往儿子要喝的牛奶里放入“毒鼠强”时被乙看到，乙说：“这是毒药吧，你给他喝呀?”见甲不说话，乙叹了口气就走开了。毒死儿子后，甲、乙二人一起掩埋尸体并对外人说儿子因病而死。无论乙是父亲还是母亲，对于儿子都有救助的义务，不救助的不作为行为恰恰是对于实行犯甲的帮助。

2. 帮助的内容。

（1）物质帮助。

（2）精神帮助。

例如，甲欲去乙的别墅盗窃，担心乙别墅结构复杂难以找到贵重财物，就请熟悉乙家的丙为其画图。甲入室后未使用丙提供的图纸就找到乙价值100万元的珠宝，即携珠宝逃离现场。甲与丙构成盗窃罪的共犯，尽管甲入室后未使用丙提供的图纸，但是丙的行为对于甲精神上的帮助作用始终存在，丙成立盗窃罪既遂。

3. 关于帮助犯的其他问题。

（1）外表无害的“中立”行为，客观上帮助了正犯，是否成立帮助犯?

应当综合判断正犯行为的紧迫性，帮助行为对法益侵害所起作用的大小，以及帮助者对于正犯行为的确定性。

①如果回答都是肯定的，则应当成立帮助犯。

例1 五金店的店员甲向正在斗殴的乙出售利刃，乙利用该利刃致被害人重伤：甲成立故意伤害罪的帮助犯。

例2 乙坐上甲的出租车后，发现车辆前方丙女手上提着包，就让甲靠近丙，甲知道乙的用意，仍然靠近丙行驶。乙夺取丙的提包后，让甲加速，甲立刻加速将乙送往目的地：甲成立抢夺罪的帮助犯。

②如果正犯的行为并不紧迫，或者只能大体估计对方将来可能实施犯罪行为，则不宜认定为帮助犯。

例如，五金店店员甲知道乙可能要用螺丝刀去盗窃，仍然将螺丝刀出售给乙。甲不成立盗窃罪的帮助犯。

（2）正犯没有犯罪故意，帮助者以帮助故意实施帮助行为的，根据“共犯从属性说”也可以成立帮助犯。

例 乙误以为甲女想杀死其丈夫，便将毒药交给甲女。甲女虽然给丈夫喂了毒药并且造成了丈夫死亡的结果，但她在行为时误以为自己喂的是一种治病的药物。

由于甲女客观上实施了符合构成要件的违法行为，乙也具有帮助行为和帮助故意，故乙成立故意杀人罪的帮助犯。[①]

三、共同犯罪的特殊形式

（一）片面的共同犯罪【单向意思联络】

所谓片面的共同犯罪，是指一方知道自己在与对方共同实施犯罪，而相对方却不知道有人在与自己共同实施犯罪的情形。即一方知情，而另一方不知情，只具有单向意思联络的情形。

1. 片面实行。

例 1 乙以抢劫的故意对丙实施暴力，知情的甲在乙背后举枪威胁（乙不知情），丙被迫交付财物。

2. 片面帮助。

例 2 甲发现多次盗窃的乙将要进入丙家，在乙不知情的情况下甲为乙望风，望风过程中见丙回来，甲主动上前跟丙聊天拖住丙，待乙取得财物离开，甲才离开。

3. 片面教唆。

例 3 甲偷偷将乙的妻子与丙通奸的照片放在乙的桌子上，同时放了一把枪，乙发现后火冒三丈，用手枪将丙打死。

注意 片面实行、片面帮助、片面教唆是否成立片面共犯[②]，理论上有“肯定说”与“否定说”两种观点。

1. “肯定说”认为，在例 1、例 2、例 3 中，客观上如果没有甲的实行、帮助和教唆行为，乙无法顺利完成法益侵害行为，因此甲应当对该法益侵害结果承担责任，以片面实行犯、片面帮助犯、片面教唆犯的身份承担责任。此时，知情方应当与不知情一方成立共犯，对两个人的行为承担责任；不知情一方并不与知情一方成立共犯，只对自己的行为承担责任。在“肯定说”的视野中，片面共犯包括片面实行犯（片面正犯）、片面帮助犯、片面教唆犯，即“肯定说”对于片面共犯全面承认。因此，例 1 甲成立抢劫罪（片面实行犯），例 2 甲成立盗窃罪（片面帮助犯），例 3 甲成立故意杀人罪（片面教唆犯）。

2. “否定说”不承认片面实行犯与片面教唆犯，只承认片面帮助犯，因此在例 1、例 2、例 3 中，无论甲起到什么作用，都可以评价为片面帮助犯。在“否定说”的视野中，片面共犯只有片面帮助犯，即“否定说”对片面共犯是有限承认。因此，例 1 甲

---

① 张明楷．刑法学．6 版．北京：法律出版社，2021：564.

② 即使成立也是片面的共犯，即共犯的身份只对知情方有效。

成立抢劫罪（片面帮助犯），例2甲成立盗窃罪（片面帮助犯），例3甲成立故意杀人罪（片面帮助犯）。

例4 甲明知乙（二人无共谋）将要入室抢劫丙的财物，便提前将丙打昏造成重伤。乙进入丙家后发现丙昏迷，便窃取了财物。

根据“肯定说”：甲是知情方，成立片面共犯（片面实行犯），应当对甲、乙两人的行为承担责任，成立抢劫罪；乙是不知情方，只对自己的行为承担责任，成立盗窃罪。

根据“否定说”：甲的片面实行不能成立片面共犯，只需要对自己的行为承担责任，因此成立故意伤害罪（致人重伤）；同时甲的故意伤害行为为乙的盗窃提供了帮助，可以以片面帮助犯的身份成立片面共犯，即同时成立乙的盗窃罪的帮助犯，想象竞合，从一重处罚。

例5 甲得知乙将要强奸丙女，便提前给丙投放了安眠药，并暗中观察乙的奸淫行为，但乙不知情。在乙离开后，甲又奸淫了丙。

根据“肯定说”：甲是知情方，成立片面共犯（片面实行犯），不仅要对自己的行为与结果承担责任，而且要对乙的行为与结果承担责任，因此属于强奸罪的加重情形，即二人以上轮奸；但是乙不构成共同正犯（轮奸），仅承担普通强奸罪既遂的责任。

根据“否定说”：甲的片面实行不能成立片面共犯，只需要对自己的行为承担责任，因此成立普通强奸罪既遂；但同时甲提前给丙投放安眠药的行为为乙的强奸提供了帮助，可以以片面帮助犯的身份成立片面共犯，即同时成立乙的强奸罪的帮助犯，想象竞合，从一重处罚。

3. “肯定说”与“否定说”在一个问题上是一致的，就是片面帮助可以成立片面共犯，即片面帮助犯。

注意 “肯定说”与“否定说”的分歧在于对知情方的行为如何认定，不知情方无论根据何种观点都不成立共犯，只需要对自己的行为承担责任。

【命题角度】片面的共同犯罪，根据“肯定说”“否定说”分别得出什么结论。

【2019年网络回忆版】乙请甲为自己的盗窃望风，仅要求甲看到主人丙回家就电话告知他。乙在户内盗窃时，甲看到丙回家，使用暴力阻拦，将丙打成重伤。乙顺利窃得4 000元后出门，甲告知乙自己殴打了丙，乙没表示异议。甲、乙一同离去。下列说法正确的有（ ）。①

A. 若承认片面共同正犯，则对甲应以抢劫罪（致人重伤）论处，对乙以盗窃罪论处

B. 若承认片面共同正犯，则根据部分实行全部负责原则，对甲、乙二人均以抢劫罪（致人重伤）论处

C. 若否认片面共同正犯，则甲既构成故意伤害罪，又构成盗窃罪的帮助犯，择一重罪论处

D. 若否认片面共同正犯，则甲既构成故意伤害罪，又构成盗窃罪的帮助犯，数罪并罚

---

① 【答案】AC

解析："肯定说"允许甲以实行犯的身份参与共犯，即要对两个人的实行行为承担责任，甲、乙的实行行为是"暴力＋取财"，因此对甲应以抢劫罪（致人重伤）论处，对乙以盗窃罪论处。"否定说"允许甲以帮助犯的身份参与共犯，对乙形成片面帮助，可以构成盗窃罪的帮助犯，同时对自己的行为承担责任，即构成故意伤害罪。想象竞合，择一重罪论处。

（二）承继的共同犯罪

1. 种类。

承继的共同正犯	承继的帮助犯
前行为人已经实施一部分正犯行为，后行为人以共同实施的意思参与犯罪，并对结果的发生起重要作用的情形	前行为人实施一部分实行行为后，知道真相的后行为人以帮助的故意实施了帮助行为
例 甲以抢劫的故意对被害人实施暴力，压制了被害人的反抗，此时知道真相的乙与甲共同强取财物	例 甲为劫取财物杀死被害人，途经此处的乙知道真相后，拿着手电筒为甲提供照明，使甲在更容易取得财物

2. 责任承担。

（1）后行为人对前行为人的犯罪（罪名）承担责任。

（2）后行为人对加入前，前行为人犯罪的加重结果不承担责任。

（3）前行为人对后行为人加入后引起的加重结果承担责任。

例 甲入室抢劫向被害人腹部猛踢一脚，被害人极力抓住甲，甲的朋友乙途经现场并被告知真相，乙也向被害人腹部猛踢一脚，二人取得财物后逃离现场，被害人因脾脏破裂而死亡，不能查明谁的行为导致脾脏破裂。

甲成立抢劫罪（致人死亡），因为不论是甲还是乙导致被害人死亡，甲都要承担致人死亡的责任。

对于乙有下列两种可能性：

第一，甲的行为导致被害人死亡，则乙对死亡结果不承担责任，仅成立普通抢劫罪。

第二，乙的行为导致被害人死亡，则乙对死亡结果承担责任，成立抢劫罪（致人死亡）。

由于无法查明究竟是哪种情况，因此需要作出对乙有利的推断，即乙成立普通抢劫罪，不对死亡结果承担责任。

【命题角度】承继的共犯，承担刑事责任的范围。

例 甲为劫财将陶某打成重伤，陶某拼死反抗。张某路过，帮甲掏出陶某随身财物。甲和张某2人构成共犯，均须对陶某的重伤结果负责。（2012－2－10）

解析：错误。张某属于承继的共犯，承继的共犯对前行为人（甲）的行为所造成的重伤结果并不承担责任，张某只需要承担普通抢劫罪的刑事责任。

第三节 共同犯罪的中止

共同犯罪中的部分共犯人退出或放弃犯罪的，可以成立犯罪中止。但除必须具备犯罪中止的一般要件外，还必须具备“有效性”，即**有效阻止**共同犯罪结果发生或者**有效脱离**共同犯罪（消除自己先前参与行为对共同犯罪的影响）。

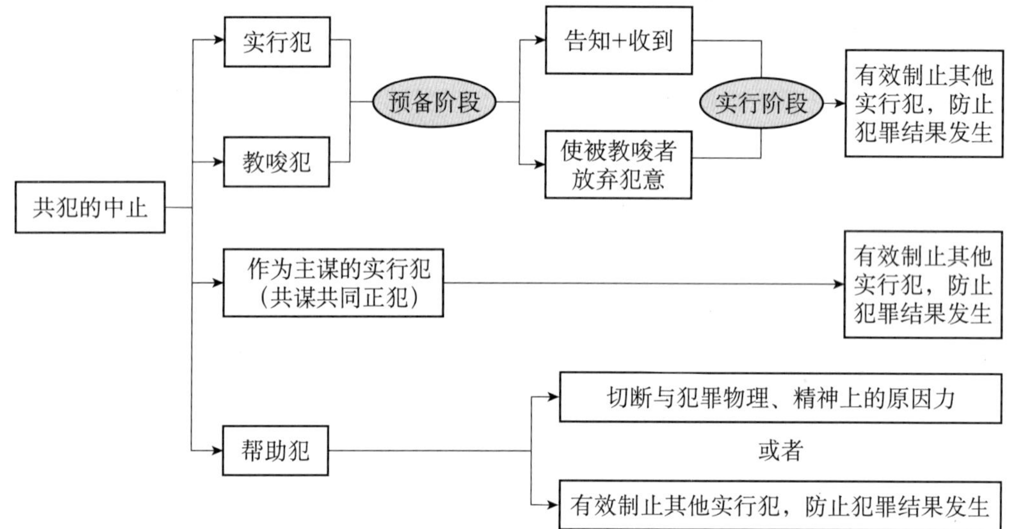

【小结】 中止的有效性可以是有效脱离（消除影响），也可以是有效制止。

例1 乙想要盗窃汽车，甲将盗车所需的钥匙交给乙。但甲后来向乙表明放弃犯罪之意，让乙还回钥匙。乙对甲说，“你等几分钟，我用你的钥匙配制一把钥匙后再还给你”，甲要回了自己原来提供的钥匙。后乙利用自己配制的钥匙盗窃了汽车（价值5万元）。

解析： 甲作为帮助犯，没有切断自己的帮助行为与盗窃结果之间物理上的原因力，不成立犯罪中止，成立犯罪既遂。

例2 乙想要盗窃汽车，甲将盗车所需的钥匙交给乙。但甲后来向乙表明放弃犯罪之意，让乙还回钥匙。乙只好还回钥匙，后乙利用其他方法盗窃了汽车（价值5万元）。

解析： 甲作为帮助犯，在乙盗车前要回钥匙，切实切断了自己的帮助行为与盗窃结果之间物理上、精神上的原因力，成立犯罪中止。

例3 乙想要盗窃汽车，甲将盗车所需的钥匙交给乙。但甲后来向乙表明放弃犯罪之意，让乙还回钥匙。乙偷偷配了一把钥匙后，将钥匙还给甲，甲要回了自己原来提供的钥匙。后乙利用自己配制的钥匙盗窃了汽车（价值5万元）。

解析： 甲作为帮助犯，没有切断自己的帮助行为与盗窃结果之间物理上的原因力，不成立犯罪中止，成立犯罪既遂。

例4 甲、乙二人在河边散步，偶遇朋友丙、丁前往抢劫作案现场，甲、乙受邀加入，后来丙提出参加人太多恐分赃太少，甲、乙自动提出退出。丙、丁抢劫完成，再回原地，驾驶摩托车带着甲、乙离开现场，甲、乙没有参与分赃。

解析：甲、乙作为实行犯，在预备阶段退出，只需要告知对方且对方收到即可，甲、乙成立犯罪中止，属于预备阶段的中止。

例5　元宝承诺给甲10万元让甲杀乙，并先付了5万元。在距离甲杀人还有3小时的时候，元宝后悔，打电话给甲让甲不要杀乙，甲在电话里说了一声“知道了”就挂断电话，3小时后，甲仍然杀了乙，并要元宝支付另外的5万元。

解析：元宝是教唆犯，既没有有效地阻止共同犯罪结果发生，也没有有效地消除自己先前的参与行为对共同犯罪的作用，不成立犯罪中止，成立故意杀人罪既遂。

例6　甲、乙共谋运输毒品，并且约定“如果被查，就开枪拒捕”。后二人在运输毒品时遇到警察抓捕，乙见此情景，当场举手投降，甲看到乙投降，仍决定开枪，打死一名警察。

解析：就拒捕行为而言，甲、乙都是实行犯。预备阶段，乙举手投降，属于实行犯在预备阶段自愿脱离共犯，因为实行犯在预备阶段只需要告知对方自己退出，且对方收到即可，乙“举手投降”就是向甲传达了退出的意思，甲也当场收到该意思，就可认为乙自愿脱离共犯，构成故意杀人罪预备阶段的中止。

第四节　共同犯罪人的量刑情节

一、主犯及其刑事责任

主犯，指组织、领导犯罪集团进行犯罪活动的或者在共同犯罪中起主要作用的犯罪分子。

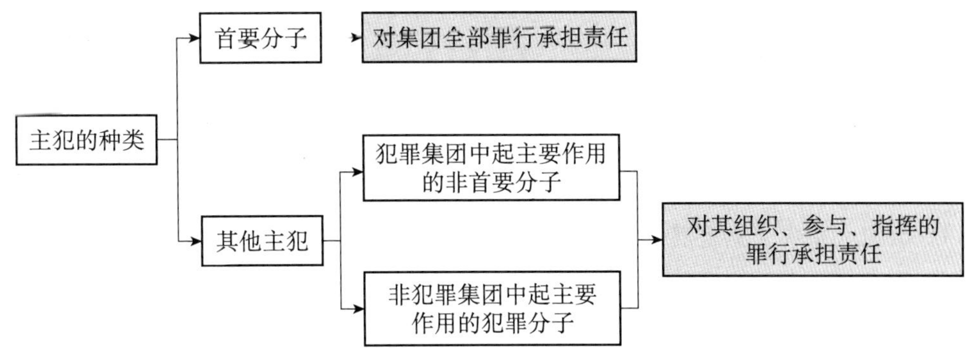

例如，孙某纠集李某等5人组成“天龙会”，自封“大天龙”。孙某要求李某等人“发挥主观能动性，为天龙会创收”。李某等人积极响应，在3个月内抢劫6次，杀死1人，重伤3人，劫得财物若干。上述罪行，有的孙某知道，有的不知道。孙某参加抢劫1次。孙某按照集团的全部罪行承担责任。

二、从犯及其刑事责任

从犯，指在共同犯罪中起次要或者辅助作用的犯罪分子。

1. 次要作用：次要实行犯。

2. 辅助作用：帮助犯。

对于从犯，应当从轻、减轻处罚或者免除处罚。

三、胁从犯及其刑事责任

胁从犯，指被胁迫参加犯罪的犯罪分子，即犯罪人是在他人的暴力强制或者精神威逼之下被迫参加犯罪的。犯罪人虽有一定程度选择的余地，但并非自愿。

排除胁从犯成立的情形：

1. 身体完全受强制。

例 歹徒将铁路工人甲捆绑起来，不允许其对轨道进行检修，由于甲未能履行职责，导致火车发生倾覆事故。甲身体完全受强制，不成立胁从犯。

2. 完全丧失意志自由。

例 抢劫犯持枪挟持出租车司机乙，令乙将其送往某银行进行抢劫。乙完全丧失意志自由，不成立抢劫罪的胁从犯。

3. 紧急避险。

例 飞机在航行过程中突遇歹徒劫持，机长丙为了避免机毁人亡，不得已将飞机开往歹徒指定地点。丙的行为属于紧急避险，不成立胁从犯。

对于胁从犯，应当按照他的犯罪情节减轻处罚或者免除处罚。

【命题角度】不结合案情，单独判断一个命题的正误。

例 犯罪集团中的组织者、领导者，其他共同犯罪中的组织者、指挥者，均须对全部罪行负责。(2019年网络回忆版)

解析：错误。犯罪集团的组织者、领导者需要对集团的全部罪行承担责任；其他共同犯罪中的组织者、指挥者只需要对自己参与的或者组织、指挥的全部犯罪承担刑事责任。

【2019年网络回忆版】关于共犯理论，下列说法正确的有（　　）。[①]

A. 虽然自杀不构成犯罪，但教唆精神病患者自杀应构成故意杀人罪的间接正犯

B. 在共同犯罪中，可能存在部分共犯人成立既遂，部分共犯人成立中止的情形

C. 共犯人中有人产生同一犯罪构成内的认识错误，可能会影响其他共犯人的犯罪形态

D. 犯罪集团中的组织者、领导者，其他共同犯罪中的组织者、指挥者，均须对全部罪行负责

【重点复盘】

1. 共同犯罪的认定：以“客观违法”为重心；以“正犯”为中心；以“因果性”为核心。

2. 正犯包括直接正犯、间接正犯、共同正犯（含共谋共同正犯）。

---

① 【答案】ABC

3. 共犯包括教唆犯与帮助犯。

4. 共同犯罪的特殊形式。

（1）片面的共同犯罪。

“肯定说”全面承认片面共犯（片面实行犯、片面帮助犯、片面教唆犯）。

“否定说”有限承认片面共犯（片面帮助犯）。

（2）承继的共同犯罪。

①后行为人对前行为人的犯罪（罪名）承担责任。

②后行为人对加入前前行为人犯罪的加重结果不承担责任。

③前行为人对后行为人加入后引起的加重结果承担责任。

第十章　罪数形态

第一节　一罪

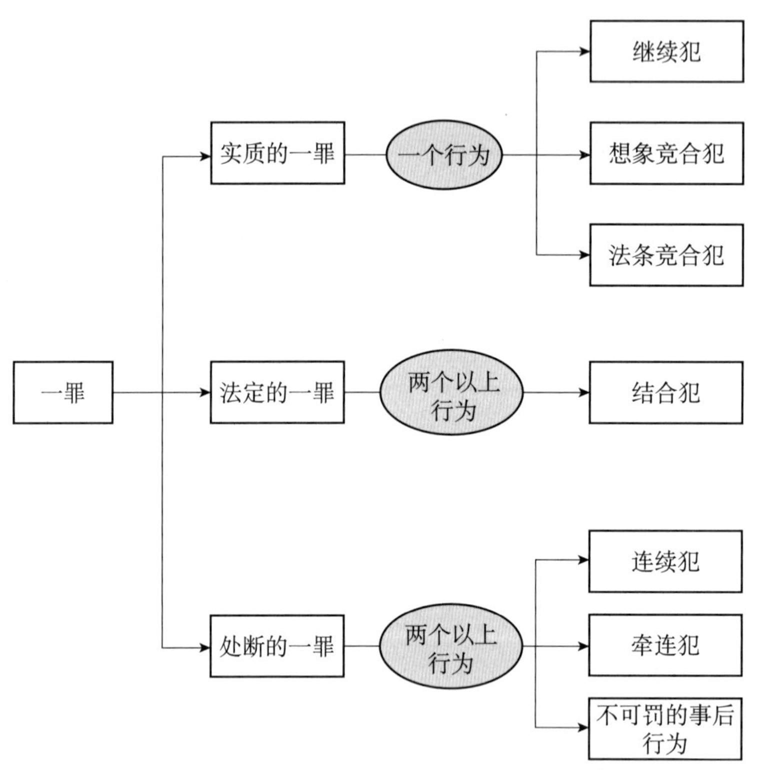

一、实质的一罪

（一）继续犯

1. 继续犯的概念。

继续犯，又称持续犯，是指作用于同一对象的一个犯罪行为从着手实行到实行终了，犯罪行为与不法状态在一定时间内同时处于继续状态的犯罪。最典型的是非法拘禁罪。

2. 继续犯的特征。

(1) 一个犯罪故意;

(2) 侵犯同一法益;

(3) 犯罪行为能够对法益形成持续、不间断的侵害;

(4) 犯罪既遂后,犯罪行为及其所引起的不法状态同时持续。

例如,非法拘禁罪,行为人一旦着手实行拘禁行为,犯罪行为与(被害人)被非法剥夺自由的不法状态便同时、持续地存在。行为人将被害人非法拘禁之后,犯罪就既遂。如果行为人继续扣押被害人,不仅意味着(被害人)被非法剥夺自由的不法状态持续存在,而且意味着其非法拘禁被害人的行为本身也在继续。

3. 继续犯的类型。

(1) 持有型犯罪:如非法持有毒品罪,非法持有枪支、弹药、爆炸物罪,非法持有假币罪。

(2) 不作为犯罪:如遗弃罪,拒不执行判决、裁定罪,战时拒绝、逃避兵役罪等。

(3) 侵犯人身自由的犯罪:如绑架罪,拐卖妇女、儿童罪,非法拘禁罪。

4. 继续犯的意义。

(1) 追诉期限的起算时间推后,不是从犯罪成立之日起计算,而是从犯罪行为终了之日起计算。一般犯罪,不法状态持续到何时与追诉时效无关,例如盗窃罪,行为人持有赃物 5 年以后,对其行为的追诉时效仍自犯罪成立之日起算。而继续犯则不同,根据《刑法》第 89 条规定,犯罪行为有连续或者继续状态的,追诉期限从犯罪行为终了之日起计算。

例如,行为人自 2006 年 12 月 1 日非法拘禁他人,到 2007 年 5 月 1 日释放受害人,则追诉期限自受害人获释之日起算。

(2) 正当防卫时机。在犯罪既遂以后,如果犯罪行为继续存在,属于正在进行的不法侵害,允许进行正当防卫。

例如,甲绑架乙,犯罪既遂,但在犯罪既遂之后继续扣押人质期间,人质对甲可实行正当防卫。

(3) 犯罪继续期间,其他人加入的可以成立共犯。

例如,甲非法拘禁他人数日后,乙参与进来帮助实施看守行为。

(4) 新法溯及力的问题。继续犯的行为持续时间跨越新旧刑法时,应当全案适用新法,依然成立一罪。

5. 继续犯的处断原则。

刑法分则对于继续犯设置了专门法条,规定了具体罪名,确定了相应法定刑,对于继续犯应当依据刑法分则的规定论处,不实行数罪并罚。犯罪行为和不法状态持续时间的长短,可以在量刑的时候加以考虑。

(二) 想象竞合犯

1. 想象竞合犯的概念。

想象竞合犯,指行为人实施一个犯罪行为同时触犯数个罪名的情况。

例如,甲偷盗机场的照明灯,一个偷盗行为同时触犯盗窃罪和破坏交通设施罪。

由于想象竞合犯只有一个行为，从重视行为在确认罪数方面的地位的观点看，以“一行为”而犯数罪，不是实际的数罪，而是观念上的数罪或者想象的数罪，所以想象竞合犯又称观念竞合犯或想象数罪，含有貌似数罪实为一罪的意味。

2. 想象竞合犯的特征。

（1）行为人只实施了一个犯罪行为。

（2）行为人同时触犯了数个罪名。

例 1 甲想谋杀在博物馆工作的元宝，一天夜里潜入博物馆，开枪向元宝射击，将元宝打死，同时打坏元宝身后的珍贵文物。甲的一个行为，同时触犯故意杀人罪和故意（过失）损毁文物罪。

例 2 乙盗窃电力设备，导致电力设备被破坏，因而危害公共安全。乙的一个行为，同时触犯盗窃罪和破坏电力设备罪。

例 3 元宝患有一罕见疾病，发病时必须服用一种从国外进口的价格昂贵的药物才能活命。与元宝有仇的丙对此知情。某日，丙在元宝发病时将元宝的药盗走，元宝由于没有服用药物而死亡。丙同时触犯故意杀人罪和盗窃罪。

3. 想象竞合犯的处断原则。

想象竞合犯是实际上的一罪，对其采取“从一重罪处罚”的原则。也就是在犯罪人同时触犯的数个罪名中，选择最重的一罪处罚。

4. 想象竞合犯与结果加重犯的区别。

	想象竞合犯	结果加重犯
相同点	一个行为	
不同点	无法定性（自然意义）	法定性
	另一结果的出现带有很大的偶然性	另一结果（重结果）是基本行为高度危险的现实化

（三）法条竞合犯

1. 概念：指一行为同时触犯存在竞合关系的数个法条的犯罪形态。

例 元宝以非法占有为目的，在签订合同过程中骗取对方当事人甲 50 万元定金后逃匿。元宝的行为既符合《刑法》第 224 条合同诈骗罪的构成要件，也符合《刑法》第 266 条诈骗罪的构成要件，二者存在法条竞合关系，导致元宝的一个行为不可避免地触犯这两个法条，属于法条竞合犯。

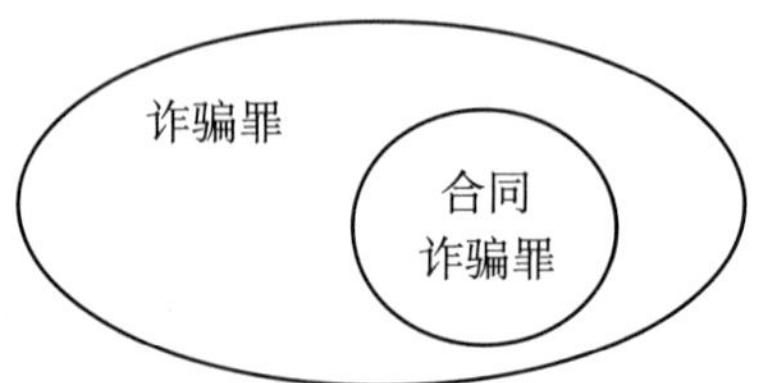

2. 法条竞合犯的两种基本类型。

（1）甲罪是乙罪的特别法。

特别法条（A+B）	一般法条（A）
集资诈骗罪	非法吸收公众存款罪
合同诈骗罪	诈骗罪
贷款诈骗罪	骗取贷款罪
生产、销售伪劣产品（假药、劣药、有毒有害食品、不符合安全标准的食品）的各种犯罪	**生产、销售伪劣产品罪**
故意杀人罪	故意伤害罪
强奸罪	强制猥亵罪
绑架罪	非法拘禁罪
拐卖儿童罪	拐骗儿童罪
结婚型的破坏军婚罪	重婚罪
袭警罪	妨害公务罪
传播淫秽物品牟利罪	传播淫秽物品罪

（2）一个罪名的加重构成要件是基本构成要件的特别法。

①“抢劫致人重伤、死亡”“入户抢劫”“持枪抢劫”相对于普通抢劫，属于特别法条。

②“二人以上轮奸”“在公共场所当众强奸妇女”相对于普通强奸，属于特别法条。

③“将妇女卖往境外”，相对于普通拐卖妇女，属于特别法条。

3. 法条竞合犯的处理原则。

（1）原则：特别法优于一般法。

（2）例外：在法律有明确规定的时候，重法优于轻法。

例如，《刑法》第149条规定，生产、销售本节第141条至第148条所列产品，构成各该条规定的犯罪，同时又构成本节第140条规定之罪的，依照处罚较重的规定定罪处罚。

元宝生产、销售劣药，已经给人体健康造成严重危害，成立生产、销售劣药罪，但是如果销售金额在5万元以上，也成立生产、销售伪劣产品罪，则依照处罚较重的规定定罪处罚。

【命题角度】近两年反复考查，一个罪名的加重构成要件是基本构成要件的特别法。

【2019年网络回忆版】“二人以上轮奸”只是强奸罪的法定刑升格条件，与强奸罪的关系不是特别法条与一般法条的关系。

解析：错误。“二人以上轮奸”是强奸罪法定刑升格条件，在满足强奸罪的基本构成要件的基础上，又具有二人以上连续进行的特别之处，属于加重构成要件。相对于普通强奸罪而言，“二人以上轮奸”并不成立新罪，但仍然属于特别法条。①

① 张明楷．刑法学．6版．北京：法律出版社，2021：625.

【专题】法条之间可能存在的关系：[①]

对立关系	属于A罪的情形不可能构成B罪 例如盗窃与诈骗	一行为针对同一具体对象不可能同时触犯两个法条
交叉关系	属于A罪的情形中有一部分属于B罪 属于B罪的情形中有一部分属于A罪 例如虐待罪与虐待被监护、看护人罪 再如招摇撞骗罪与诈骗罪	**想象竞合**
独立关系	两个法条不存在对立、交叉、包容关系，但一个行为可能同时触犯两个法条 例如故意杀人罪与盗窃罪	**想象竞合**
包容关系	属于A罪的所有情形都属于B罪，反之则不成立 例如故意杀人罪与故意伤害罪，合同诈骗罪与诈骗罪	**法条竞合**

【2022年网络回忆版】关于法条竞合，下列说法正确的是（　　）。[②]

A. 抢劫致人死亡和抢劫罪的基本犯不可能是法条竞合

B. 贷款诈骗罪必然涉及骗取贷款罪，但骗取贷款罪不必然涉及贷款诈骗罪。因此，贷款诈骗罪与骗取贷款罪不是法条竞合

C. 如果认为盗窃罪与诈骗罪是对立的，则不可能成立法条竞合

D. 甲冒充机关工作人员骗取大量财物。如果认为交叉关系不属于法条竞合，那么甲的行为属于招摇撞骗罪和诈骗罪的想象竞合

二、法定的一罪（结合犯）

（一）结合犯的概念

结合犯，指两个以上各自独立成罪的犯罪行为，根据刑法的明文规定，结合成另一独立的新罪的犯罪形态。

（二）结合犯的特征

1. 结合犯中的犯罪行为，是数个可以分别构成其他犯罪的行为结合而来的。

2. 结合的公式：甲罪＋乙罪＝甲罪。

例1　拐卖妇女的过程中，强奸被拐卖的妇女的，成立拐卖妇女罪一罪。（拐卖妇女罪＋强奸罪＝拐卖妇女罪）

例2　拐卖妇女的过程中，强迫被拐卖的妇女卖淫或者将被拐卖的妇女卖给他人迫使其卖淫的，成立拐卖妇女罪一罪。（拐卖妇女罪＋强迫卖淫罪＝拐卖妇女罪）

例3　绑架过程中杀害被绑架人的，成立绑架罪一罪（绑架罪＋故意杀人罪＝绑架罪）；故意伤害被绑架人，致其重伤、死亡的，成立绑架罪一罪。［绑架罪＋故意伤害

---

① 张明楷．刑法学．6版．北京：法律出版社，2021：623.

② 【解析】A项错误；贷款诈骗罪是特别法，骗取贷款罪是一般法，两者之间是法条竞合关系，B项错误；对立关系的两个罪之间，不可能存在法条竞合关系，C项正确；D项正确。

罪（致人重伤、死亡）=绑架罪]

例4 组织、运送他人偷越国（边）境的过程中，以暴力、威胁方法抗拒检查的，定组织、运送偷越国（边）境罪一罪。[组织、运送偷越国（边）境罪+妨害公务罪或袭警罪=组织、运送偷越国（边）境罪]

例5 走私、贩卖、运输、制造毒品的过程中，以暴力、威胁方法抗拒检查的，定走私、贩卖、运输、制造毒品罪一罪。（走私、贩卖、运输、制造毒品罪+妨害公务罪或袭警罪=走私、贩卖、运输、制造毒品罪）

3. 数个独立的犯罪结合成为一个新罪，是根据刑法的明文规定。

（三）结合犯的处断原则

结合犯是法定的一罪，不实行数罪并罚。

【小结】结合犯与结果加重犯的界分。

	结合犯	结果加重犯
相同点	法定性	
不同点	两个以上行为	一个行为
倘若取消法律的规定	数罪并罚	想象竞合犯

三、处断的一罪

处断的一罪，指数行为犯数罪按一罪定罪处罚的情况。数罪并罚是一般规则，但是对有些数罪予以并罚会不近情理，所以例外情况下不实行数罪并罚。主要有连续犯、牵连犯、吸收犯。

（一）连续犯

1. 连续犯的概念。

连续犯，指行为人基于同一或者概括的犯罪故意，连续多次实施犯罪行为，触犯相同罪名的犯罪形态。

2. 连续犯的特征。

（1）实施数个犯罪行为。

（2）数个犯罪行为具有连续性。

（3）数个犯罪行为出于同一或概括的故意。

① 同一的故意，指行为人主观上具有数次实施同一犯罪的故意；

② 概括的故意，指行为人主观上具备只要有条件就实施特定犯罪的故意。

（4）数个犯罪行为触犯相同罪名。

例1 甲基于行凶报复的意思，到乙家一连杀死乙家5口人。甲属于连续犯。

例2 甲基于盗窃的意思，一夜连续撬窃13户人家。甲属于连续犯。

3. 连续犯的意义。

（1）追诉期限起算。犯罪行为有连续状态的，追诉期限从行为终了之日计算。

（2）在刑法的溯及力方面，根据司法解释，犯罪行为由刑法生效前连续到刑法生效后，如果新旧刑法都认为是犯罪的，即使现行刑法规定的处罚较重也适用现行刑法，但是在量刑时可以适当从宽处罚。

4. 连续犯的处断原则。

连续犯实际上是以数行为犯同种数罪。鉴于连续犯只有一个概括或同一的犯罪故意，实施的数行为又具有连续性，在我国一般按一罪处罚。

（二）牵连犯

1. 牵连犯的概念。

牵连犯，指实施某个犯罪，该犯罪的手段行为或结果行为又触犯其他罪的情况。

2. 牵连犯的特征。

（1）有一个最终的犯罪目的。

（2）有两个以上的犯罪行为。

（3）触犯了两个以上不同的罪名。

（4）所触犯的两个以上罪名之间有牵连关系，即**方法与目的**或**原因与结果**的关系。

例1 为了实施招摇撞骗罪，伪造国家机关工作人员的证明文件，则会触犯伪造国家机关公文罪，两罪之间具有方法与目的的牵连关系。

例2 非法制造毒品后，再持有该毒品，即属于原因与结果的牵连。

注意 这里的“牵连关系”要具有类型化的特点，即实施A目的行为通常采取B方法行为，或者实施C原因行为，通常会引起D结果行为。如果行为之间不具有类型化的关联，只是在某个案件中偶尔出现原因与结果或者方法与目的的关联，则不成立牵连犯。

例 为驾车冲撞人群（以危险方法危害公共安全罪），采用了抢劫出租车的方法，虽然在具体案件中可有方法和目的的牵连，但这种牵连不具有通常性和稳定性，因此不属于牵连犯，而应当数罪并罚。

【命题角度】不具有类型化的牵连关系的数个行为，应当数罪并罚。

例 丙先后三次侵入军人家中盗窃军人制服，后身穿军人制服招摇撞骗。对丙应按牵连犯从一重罪处罚。

解析：错误。通常情况下，行为人为了招摇撞骗，不会侵入军人家中盗窃制服，丙前后两个行为不具备类型化的关联，应当数罪并罚。

3. 牵连犯的处断原则。

择一重罪处罚。牵连犯实际上是数行为犯数罪，但鉴于数行为间存在上述牵连关系，数罪并罚显得过重，所以一般按择一重罪处罚的原则处理，但是刑法明确规定数罪并罚的，则并罚。

例如，为了实施保险诈骗行为而故意造成财产损失的保险事故或者故意造成被保险人死亡、伤残或者疾病，虽然故意伤害、故意杀人是方法，保险诈骗是目的，两者之间具有方法与目的的牵连关系，但是《刑法》第198条明确规定，应当以故意伤害罪、故意杀人罪与保险诈骗罪数罪并罚。

（三）不可罚的事后行为

在某个犯罪既遂后，又实施了另一个行为，但是不处罚事后行为。不处罚事后行为的原因主要有：

1. 事后行为没有侵犯新的法益。

例如，将盗窃的财物予以毁坏的行为，虽然侵害了他人对财物的所有权，但盗窃罪的保护法益本身就包括所有权，所以，可以将事后行为概括评价在盗窃罪中，不另行认定为故意毁坏财物罪。

2. 事后行为侵犯了法益但缺乏期待可能性。

例1 盗窃犯将赃物出卖给对方时说明真相的，虽然侵犯了新的法益（妨碍了司法），但由于缺乏期待可能性，销赃行为不另行认定为掩饰、隐瞒犯罪所得罪。

例2 犯罪人毁灭、伪造自己的犯罪证据，虽然侵犯了新的法益（妨碍了司法），但由于缺乏期待可能性，不另行认定为帮助毁灭、伪造证据罪。

注意 如果事后行为侵犯了新的法益，且不缺乏期待可能性，则应认定为数罪。

例1 将盗窃的仿真品（价值数额较大）冒充文物出卖给他人骗取财物的，应将盗窃罪与诈骗罪实行并罚。

例2 盗窃他人生产的伪劣产品后又销售，销售金额达到法定数量的，应当将盗窃罪与销售伪劣产品罪实行数罪并罚。

例3 国有企业收受贿赂（如回扣款）归企业所有后，对此直接负责的主管人员又利用职务上的便利贪污回扣款的，也应当实行数罪并罚。

【命题角度】先判断行为的个数，再判断以一罪论处还是数罪并罚。

例1 乙走私毒品，又走私假币构成犯罪的，以走私毒品罪和走私假币罪实行数罪并罚。（2016－2－54）

解析：正确。乙实施了两个行为，侵犯了两个法益，在法律没有特殊规定的情况下，应当数罪并罚。

例2 丁明知黄某在网上开设赌场，仍为其提供互联网接入服务。丁触犯开设赌场罪与帮助信息网络犯罪活动罪，构成想象竞合犯。（2016－2－54）

解析：正确。丁的一个行为，既构成帮助信息网络犯罪活动罪，又构成开设赌场罪的帮助犯，想象竞合，从一重处罚。

第二节 数罪

一、异种数罪

没有形成连续关系、牵连关系、吸收关系的异种数罪均属于并罚的数罪。

二、同种数罪

（一）原则：数罪并罚

我国司法习惯上仅对异种数罪实行数罪并罚，而对一并审理的同种数罪不实行数罪并罚。但是，**根据命题人观点，一人犯同种数罪，原则上应当并罚**，尤其是在下列情形下，应当数罪并罚：

1. 当犯罪只有一个幅度的法定刑时，对同种数罪应当并罚。

例如，以暴力分别干涉两个人的婚姻自由的，应当实行并罚。

2. 犯罪虽有两个以上幅度的法定刑，但不可能将同种数罪作为法定刑升格的情节时，对同种数罪以一罪论处，不符合罪责刑相适应原则的要求，应当实行并罚。

例如，故意伤害罪虽然有3个幅度的法定刑，但不可能将同种数罪作为法定刑升格的情节。即使行为人3次造成3人轻伤且情节严重，也不可能按照"致人重伤"的法定刑处罚，仅以一罪论处就只能处3年以下有期徒刑、拘役或者管制。这样的处罚明显过轻，应当数罪并罚。

3. 当一个罪名包含了两种不同类型的行为，行为人实施了该罪名下的两种不同类型的行为时，应当实行数罪并罚。

例如，甲在一年内，第一次以暴力方法阻碍国家机关工作人员履行职责；第二次阻碍国家安全机关依法执行国家安全工作任务，造成严重后果。两次行为虽然都是妨害公务罪，但是应当数罪并罚。

4. 行为人个人实施某种犯罪，同时作为单位犯罪的直接负责的主管人员或者其他直接责任人员承担刑事责任时，应实行数罪并罚。

例如，甲个人实施了走私犯罪，构成自然人的走私犯罪，甲同时也是单位走私犯罪的直接责任人员，对甲应当实行数罪并罚。

5. 相隔时间长的同种数罪，应当实行并罚。

例如，被告人前后两次实施普通强奸行为，相隔10年，应当数罪并罚。

（二）例外：不实行数罪并罚

1. 刑法分则条文所规定的法定刑升格条件包含了多次犯罪时，不应当并罚。

例如，《刑法》第236条将强奸妇女、奸淫幼女多人作为法定刑升格的情节，行为人强奸妇女多人，直接以强奸罪一罪，法定刑升格论处即可；第263条将多次抢劫作为法定刑升格的情节，行为人两年内三次抢劫，不需要数罪并罚，直接以"多次抢劫"升级法定刑即可。

2. 刑法分则条文将数额（或数量）较大作为犯罪起点，并针对数额（数量）巨大、数额（数量）特别巨大的情形规定了加重法定刑时，不应当并罚。

例如，对于多次诈骗、多次走私、多次逃税、多次贪污、多次受贿等情形，不管刑法分则条文是否明文规定"累计"犯罪数额，都应当累计犯罪数额，以一罪论处，不实行并罚。

【2019年网络回忆版】 关于罪数的处理，下列说法正确的有（　　）。①

A. "二人以上轮奸"只是强奸罪的法定刑升格条件，与强奸罪的关系不是特别法条与一般法条的关系

① 【答案】C

B. 甲发现自己盗窃的是一件仿真品（价值 4 000 元），冒充真品以 2 万元卖给他人。甲的变卖行为是不可罚的事后行为

C. 钱某分别实施了一次入户抢劫，一次持枪抢劫。钱某分别触犯了抢劫罪的加重犯，应数罪并罚

D. 周某抢劫了陈某的财物后，担心暴露，杀害了陈某。周某构成抢劫罪致人死亡和故意杀人罪的想象竞合

【重点复盘】

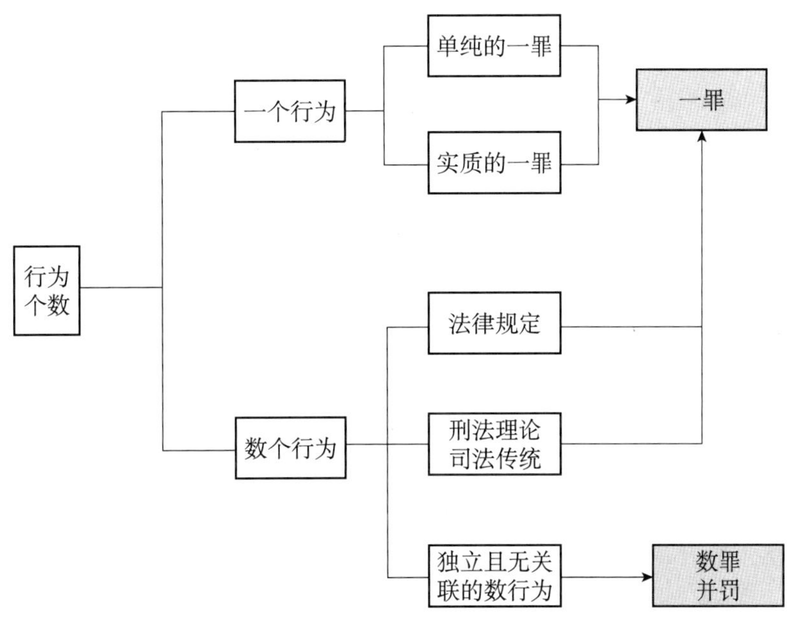

第三编　刑罚论

静态（刑罚的种类）		动态（刑罚的适用）	
主刑	附加刑	量刑	行刑
管制；拘役； 有期徒刑；无期徒刑； 死刑	罚金；没收财产； 剥夺政治权利； 驱逐出境	累犯； 自首、立功、坦白； 数罪并罚；缓刑	减刑；假释

第十一章　刑罚种类

第一节　主刑

一、管制（限制自由刑）

1. 概念：对罪犯不予关押，但限制人身自由，并进行社区矫正的刑罚方法。

2. 期限：3 个月以上 2 年以下；数罪并罚不得超过 3 年。【3－2－3】

3. 起算：从判决执行之日起计算。

4. 执行。

（1）执行方式：社区矫正（司法行政机关—司法局）。

（2）执行期间应当遵守的规定：①遵守法律、行政法规，服从监督；②未经执行机关批准，不得行使言论、出版、集会、结社、游行、示威的权利；③按照执行机关规定报告自己的活动情况；④遵守执行机关关于会客的规定；⑤离开所居住的市、县或者迁居，应当报经执行机关批准；⑥必要时可以禁止从事特定活动，进入特定区域、场所，接触特定的人。

禁止令：禁止犯罪分子在执行期间从事特定活动，进入特定区域、场所，接触特定的人。

1. 特点。

(1)“可有可无”：判处管制或者宣告缓刑的罪犯，“可以”适用禁止令，但不是“必须”。

(2)“因人而异”：禁止令的内容，根据案件的具体性质决定。

(3)“不得强人所难”：不得造成被适用者重大生存利益的剥夺。

2. 期限。

(1) 原则：等于或者短于管制（缓刑）期限。

(2) 例外：① 判处管制，禁止令不少于 3 个月（由于折抵刑期而使得管制执行刑期少于 3 个月的，不受此限制）；②宣告缓刑，禁止令不少于 2 个月。

3. 起算：管制（缓刑）执行之日。

二、拘役（剥夺人身自由）

1. 概念：短期剥夺罪犯人身自由，就近实行劳动改造的刑罚方法。

2. 期限：1—6 个月；数罪并罚不得超过 1 年。【1 - 6 - 1】

3. 起算：从判决执行之日。

4. 执行：公安机关就近执行（拘役所或看守所）；每月可回家 1—2 天；参加劳动，发放酌量报酬。

三、有期徒刑

1. 期限：6 个月—15 年（数罪并罚时总和刑期小于 35 年的，数罪并罚不得超过 20 年；总和刑期大于或等于 35 年的，数罪并罚不得超过 25 年）。

2. 起算：从判决执行之日。

3. 执行。

①执行场所：原则上在监狱执行；剩余刑期少于 3 个月的，在看守所执行。

②执行内容：凡有劳动能力的，都应当参加劳动，接受教育和改造。

四、无期徒刑

1. 概念。无期徒刑是剥夺犯罪分子的终身自由，强制其参加劳动并接受教育改造的刑罚方法。它是仅次于死刑的一种严厉的刑罚。

2. 特征。

(1) 没有刑期限制，罪犯终身被剥夺自由。

(2) 被判处无期徒刑的罪犯在判决执行以前的羁押时间不存在折抵刑期的问题。

【小结】 关于折抵刑期。

	管制	拘役	有期徒刑	无期徒刑
判决宣告前先行羁押	1日	1日	1日	不折抵
折抵刑期	2日	1日	1日	

(3) 对被判处无期徒刑的犯罪分子，必须剥夺政治权利终身。

3. 执行。被判处无期徒刑的罪犯，除了无劳动能力的以外，都要在监狱或其他执行场所中参加劳动，接受教育和改造。

五、死刑（中国刑法关于适用死刑的规定）

1. 限制死刑适用条件：死刑只适用于罪行极其严重的犯罪分子。

2. 限制死刑适用对象。

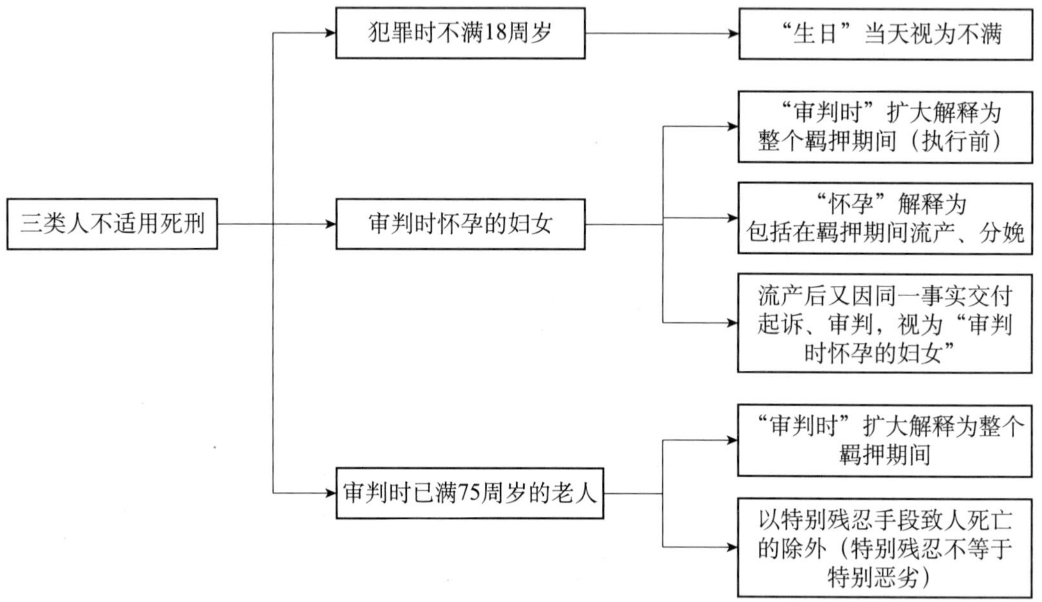

3. 限制死刑适用程序。判处死刑立即执行的，除依法由最高人民法院判决的以外，应当报请最高人民法院核准；判处死刑缓期二年执行的，可以由高级人民法院核准。

4. 限制死刑执行制度。对于应当判处死刑的犯罪分子，如果不是必须立即执行的，可以判处死刑同时宣告缓期二年执行。

死刑缓期二年执行，是执行死刑的一种制度，指对应当判处死刑，但又不是必须立即执行的犯罪分子，在判处死刑的同时宣告缓刑二年执行，实行劳动改造，以观后效。

【命题角度】 主要围绕禁止令与死刑。

例1 丙因在公共厕所猥亵儿童被判处缓刑，法院可同时宣告禁止其进入公共厕所。(2012－2－56)

解析： 错误。禁止令不能强人所难，不得剥夺一个人基本的生存权利。

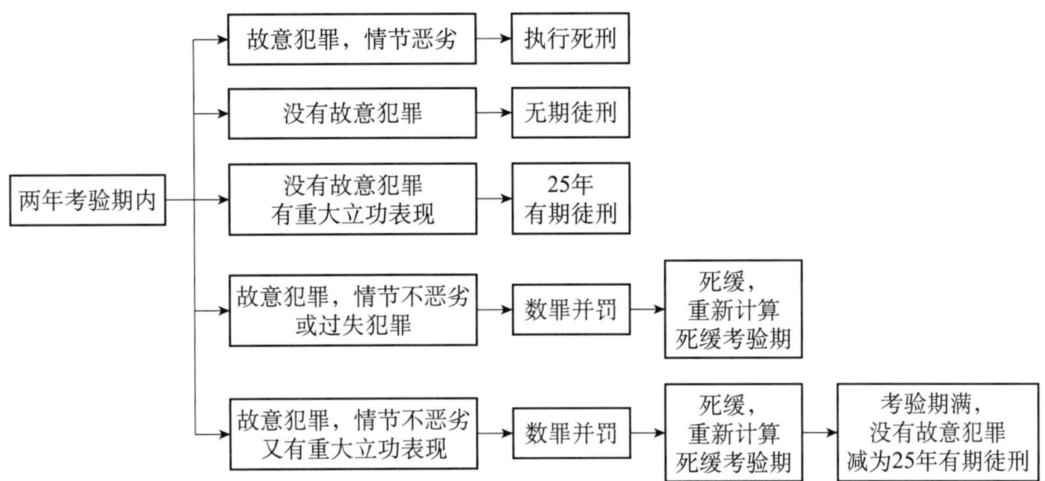

例 2　甲女因抢劫杀人被逮捕，羁押期间不慎摔伤流产。一月后，甲被提起公诉。(2010－2－9)

解析：对甲应当视为“审判时怀孕的妇女”，不适用死刑。

第二节　附加刑

一、罚金

(一) 缴纳方式

限期一次缴纳	“有钱”
限期分期缴纳	“有稳定收入”
强制缴纳	期满不缴纳的，强制缴纳
随时缴纳	不能全部缴纳罚金的，人民法院在任何时候发现被执行人有可以执行的财产
延期缴纳、酌情减少或者免除	由于遭遇不能抗拒的灾祸等原因缴纳确实有困难，经人民法院裁定

(二) 先“民”后“刑”

民事责任与刑事责任竞合时，民事优先。

二、没收财产【只能附加适用】

(一) 没收范围

1. 【人道主义】保留必需的生活费用（本人及其扶养的家属）。
2. 【罪责自负】家属财产不得没收。

(二) 以没收财产偿还债务

1. 判决生效以前犯罪分子所负的正当债务。

2. 需要以没收的财产偿还的。

3. 经债权人请求。

注意 财产刑的并罚。

①罚金刑的并罚：并科。

②没收财产的并罚：没收部分财产＋没收部分财产＝并科；没收部分财产＋没收全部财产＝吸收。

③罚金刑与没收财产并罚：分别执行，先执行罚金再执行没收财产。

（三）罚金与没收财产的区别

	罚金	没收财产
内容	金钱（现实或者将来）	现有财产
	不受判决时犯罪人个人合法财产数额的限制	受判决时犯罪人个人合法财产数额的限制
执行方式	一次或分期或减免	一次性没收
并罚	分别执行：先执行罚金刑，再执行没收财产	

三、剥夺政治权利

（一）剥夺的权利内容

1. 选举权、被选举权（含村委会）。

2. 言论、出版、集会、结社、游行、示威自由的权利。

3. 担任国家机关职务的权利。

4. 担任国有公司、企业、事业单位和人民团体领导职务的权利。

（二）适用对象

“应当”剥夺：①实施危害国家安全类犯罪的犯罪分子；②被判处死刑、无期徒刑的犯罪分子。

（三）期限

1. 死刑、无期徒刑：终身。

2. 有期徒刑、拘役、独立适用：1—5 年。

3. 死缓减为有期徒刑或者无期徒刑减为有期徒刑：3—10 年。

4. 管制：与管制同期。

（四）起算

1. 独立适用：判决执行之日。

2. 附加于死刑、无期徒刑：主刑执行之日。

3. 附加于有期徒刑、拘役：主刑执行完毕之日（剥夺政治权利的效力及于主刑执行期间）。

4. 死缓减为有期徒刑，无期徒刑减为有期徒刑：减刑后的有期徒刑执行完毕之日（剥夺政治权利的效力及于主刑执行期间）。

5. 管制：同时起算、同时执行。

6. 假释：假释之日。

四、驱逐出境

强迫犯罪的外国人离开中国国（边）境的刑罚方法。

1. 独立适用：从判决确定之日执行。

2. 附加适用：主刑执行完毕之日起执行。

注意 刑期的起算。

刑种	缓刑；死缓；独立适用驱逐出境	其余全部主刑；附加刑	禁止令
起算日	判决确定之日	判决执行之日	管制、缓刑执行之日

(1) 判决确定之日：判决生效之日。

(2) 判决执行之日：法院签发执行通知之日。

判决确定与判决执行之间，存在法院将生效判决交付执行机关（如监狱、公安机关）的间隔。

【命题角度】关于附加刑近十年来只考过没收财产。

例 甲受贿100万元，巨额财产来源不明200万元，被判处死刑并处没收财产。甲被没收财产的总额至少应为300万元。(2010－2－56)

解析：错误。甲两罪的涉案金额300万元应依法收缴，这是对于违法所得的收缴。而没收财产的数额取决于甲的合法财产数额，如果甲的全部合法财产不到300万元，那么甲被没收财产的总额必然少于300万元。

第三节 从业禁止与犯罪物品的处理

一、从业禁止

从业禁止，是指因利用职业便利实施犯罪，或者实施违背职业要求的特定义务的犯罪被判处刑罚的，人民法院可以根据犯罪情况和预防再犯罪的需要，禁止其自刑罚执行完毕之日或者假释之日起从事相关职业，期限为3年至5年。

1.“利用职业便利”：包括利用职务便利，有“职业”不等于有“职务”，“职业”的范畴大于“职务”，因此，利用职务便利一定是利用了职业便利，但利用职业便利则未必利用职务便利。

2. 起算日期：从刑罚执行完毕之日或者假释之日起开始计算。这里的“刑罚”是指主刑，不包括附加剥夺政治权利，即不是从剥夺政治权利执行完毕之日起开始从业禁止。

二、犯罪物品的处理

（一）违法所得的一切财物，应当予以追缴或者责令退赔

1.“违法所得”包括：

（1）违法所得的财物本身，如因受贿收受的贿赂，受雇杀人所得的酬金。

（2）违法所得财物产生的收益，如将收受的贿赂用于放贷所得利息、用于炒股所得的收益。

（3）违法所得及其收益，应扣除成本，是纯的所得收益。

注意　因犯罪而损失的财物不属于“违法所得”；共同犯罪的违法所得，为各个共同犯罪人所得之和，不必重复计算。

2.“追缴”：尚存的违法所得的财物，进行追缴。追缴后，属于被害人的，返还被害人，其余上缴国库。

3.“责令退赔”：违法所得的财物已被毁坏、挥霍，无法追回的，责令退赔。

（二）没收违禁品

“违禁品”：包括毒品、枪支、弹药、假币、淫秽物品等禁止个人持有的物品。

（三）没收供犯罪所用的本人财物

不仅包括一般所称的犯罪工具，而且包括组成犯罪行为之物。前者如杀人用的刀具、走私集团所用的船只、无行医执照的人在行医过程中所使用的器材；后者如聚众赌博的赌资、走私的货物或物品、行贿人用于行贿的财物。

【命题角度】近五年来分别考过一次从业禁止和一次对犯罪物品的处理，都是考查对基本制度的熟识和理解。

例1　利用职务上的便利实施犯罪的，不一定都属于“利用职业便利”实施犯罪。(2016－2－9)

解析：错误。“职业”是大的概念，“职务”是小概念，有职业的人，未必都有职务；“职务”往往是与管理、组织相关的工作，利用职务上的便利实施犯罪，一定都是利用职业便利实施犯罪。

例2　判处有期徒刑并附加剥夺政治权利，同时决定职业禁止的，在有期徒刑与剥夺政治权利均执行完毕后，才能执行职业禁止。(2016－2－9)

解析：错误。职业禁止应当从主刑执行完毕开始计算，而不是从附加刑执行完毕开始计算。

例3　乙挪用公款炒股获利500万元用于购买房产（案发时贬值为300万元），应责令乙退赔500万元。(2016－2－8)

解析：正确。乙挪用公款炒股获利的500万元已经用于购买房产，不复存在，无法追缴，只能责令退赔，而退赔数额应当是挪用公款的炒股获利，即500万元。

第十二章　量刑【刑罚的裁量】

第一节　累犯

一、一般累犯

（一）概念

一般累犯也称普通累犯，是指因犯罪受过一定的刑罚处罚，刑罚执行完毕或者赦免以后，在法定期限内又犯一定之罪的，刑法规定对其从重处罚。

（二）成立条件

1. 主观条件：前后两罪都是故意犯罪。

2. 刑度条件：前后两罪都被判处或应当判处有期徒刑以上刑罚。

3. 年龄条件：前后两罪都必须是满 18 周岁以后实施的。

4. 时间条件：后罪发生在前罪的刑罚执行完毕或赦免之日起的 5 年内。

所谓"刑罚执行完毕"，是指主刑执行完毕，不包括附加刑在内。主刑执行完毕后 5 年内又犯罪，即使附加刑未执行完毕，仍构成累犯。后罪发生在前罪的刑罚执行期间，则不构成累犯，而应适用数罪并罚。

注意　假释、缓刑与累犯。

1. 假释：（1）在假释考验期内犯新罪，不成立累犯，因为刑罚没有执行完毕，此时要撤销假释，数罪并罚；（2）在假释期满之日起 5 年内犯罪，可以成立累犯，因为成功的假释就视为原判刑罚已经执行完毕。

2. 缓刑：（1）在缓刑考验期内犯新罪，不成立累犯，因为刑罚没有执行完毕，此时要撤销缓刑，数罪并罚；（2）在缓刑考验期满后再犯新罪，也不能成立累犯。因为成功的缓刑，视为原判刑罚不再执行，而非视为原判刑罚已经执行完毕。

二、特别累犯

（一）概念

所谓特别累犯，是指因犯危害国家安全犯罪、恐怖活动犯罪、黑社会性质的组织犯罪受过刑罚处罚，刑罚执行完毕或者赦免以后，在任何时候再犯上述任一类罪的犯罪分子。

（二）成立条件

1. 前后两罪均为危害国家安全、恐怖活动、黑社会性质的组织犯罪。如果行为人实施的前后两罪都不是危害国家安全犯罪、恐怖活动犯罪、黑社会性质的组织犯罪的任一类犯罪，或者其中之一不是危害国家安全犯罪、恐怖活动犯罪、黑社会性质的组织犯罪的任一类犯罪，就不能构成特别累犯。

2. 前罪被判处的刑罚和后罪应判处的刑罚的种类及其轻重不受限制。即使前后两罪或者其中之一被判处或者应当判处管制、拘役或者单处某种附加刑，不影响特别累犯的成立。

3. 因危害国家安全犯罪、恐怖活动犯罪、黑社会性质的组织犯罪的任一类犯罪被判处刑罚，在刑罚执行完毕或者赦免以后的任何时候，再犯危害国家安全罪、恐怖活动犯罪、黑社会性质的组织犯罪的任一类犯罪，就构成特别累犯，不受前后两罪相距时间长短的限制。

注意 （1）特别累犯也要求主体已满18周岁；（2）特别累犯也要求在前罪执行完毕或者赦免之后，即主刑或附加刑执行完毕。如果前罪被判处主刑，则主刑执行完毕之后；如果前罪单处附加刑，则附加刑执行完毕之后。

三、累犯的法律后果

1. 应当从重处罚

无论具备一般累犯的构成条件者，还是具备特别累犯的构成条件者，都必须对其在法定刑的限度以内，判处相对较重的刑罚即适用较重的刑种或较长的刑期。

2. 不适用缓刑。

3. 不适用假释。

【命题角度】判断某种情形是否成立累犯（一般累犯、特别累犯）。

例 犯恐怖活动犯罪被判处有期徒刑4年，刑罚执行完毕后的第12年又犯黑社会性质的组织犯罪的，成立累犯。（2015-2-10）

解析：正确。属于特别累犯。

第二节 自首、立功、坦白

一、自首

（一）一般自首

一般自首，是指犯罪分子犯罪以后自动投案，如实供述自己罪行的行为。一般自首的成立条件为：

1. 自动投案。

即在犯罪事实或者犯罪嫌疑人未被司法机关发觉，或者虽被发觉，但犯罪嫌疑人尚未受到讯问、未被采取强制措施时，主动、直接向公安机关、人民检察院或者人民法院投案。

（1）投案对象：司法机关、所在单位、城乡基层组织、其他有关负责人。

（2）投案时间：尚未受到讯问、尚未被采取刑事诉讼强制措施（犯罪后逃跑，在被通缉、追捕过程中，主动投案的；经查实确已准备去投案；或者正在投案途中，被公安机关捕获的，应当视为自动投案）。

（3）投案方式：本人或者委托他人代投，通过信函、电话、电报报案，送子归案。

（4）投案动机：真诚悔改、争取宽大处理或者慑于法律威力、走投无路。

注意1 根据司法解释，犯罪嫌疑人具有以下情形之一的，也应当视为自动投案：

①犯罪后主动报案，虽未表明自己是作案人，但没有逃离现场，在司法机关询问时交代自己罪行的。

②明知他人报案而在现场等待，抓捕时无拒捕行为，供认犯罪事实的。

③在司法机关未确定犯罪嫌疑人，尚在一般性排查询问时主动交代自己罪行的。

④因特定违法行为被采取行政拘留、司法拘留、强制隔离戒毒等行政、司法强制措施期间，主动向执行机关交代尚未被掌握的犯罪行为的。

注意2 关于“送子归案”，根据司法解释：

①并非出于犯罪嫌疑人主动，而是经亲友规劝、陪同投案的，视为自动投案。

②公安机关通知犯罪嫌疑人的亲友，或者亲友主动报案后，将犯罪嫌疑人送去投案的，视为自动投案。

③犯罪嫌疑人被亲友采用捆绑等手段送到司法机关，或者在亲友带领侦查人员前来抓捕时无拒捕行为，并如实供认犯罪事实的，不能认定为自动投案，但可以参照法律对自首的有关规定酌情从轻处罚。

注意3 关于“形迹可疑”，根据司法解释：

罪行未被有关部门、司法机关发觉，仅因形迹可疑被盘问、教育后，主动交代犯罪事实的，应当视为自动投案；但有关部门、司法机关在其身上、随身携带的物品、驾乘的交通工具等处发现与犯罪有关的物品的，不能认定为自动投案。

注意4 交通肇事罪案件中的自首：

交通肇事后保护现场、抢救伤者，并向公安机关报告的，应认定为自动投案，构成自首的，因上述行为同时系犯罪嫌疑人的法定义务，对其是否从宽、从宽幅度要适当从严掌握。

交通肇事逃逸后自动投案，如实供述自己罪行的，应认定为自首，但应依法以较重法定刑为基准，视情况决定对其是否从宽处罚以及从宽处罚的幅度。

2. 如实供述自己的罪行。

（1）自己的主要犯罪事实。

供述自己实施并应由本人承担刑事责任的罪行。投案人所供述的犯罪，既可以是投案人单独实施的，也可以是与他人共同实施的；既可以是一罪，也可以是数罪，同时还包括同案犯的共同犯罪事实。

（2）如实。

下述情形均属不如实供述自己的犯罪事实，不能成立自首：犯罪人在供述犯罪的过程中推诿罪责，保全自己，意图逃避制裁；大包大揽，庇护同伙，意图包揽罪责；歪曲罪质，隐瞒情节，企图蒙混过关；掩盖真相，避重就轻，试图减轻罪责，等等。

注意 根据司法解释：

①如实供述自己的罪行，除供述自己的主要犯罪事实外，还应包括姓名、年龄、职业、住址、前科等情况；

②供述的身份等情况与真实情况虽有差别，但不影响定罪量刑的，应认定为如实供述自己的罪行；

③如实供述行为事实但对行为性质加以辩解的，应认定为如实供述自己的罪行；

④对于犯罪证据、凶器拒不交代，不影响认定为如实供述自己的罪行；

⑤如实供述后又翻供的，不是自首，但**一审宣判前**又如实供述的成立自首，应当认定为自首。

⑥不退还赃物的，原则上不影响自首的成立。

（二）特别自首的概念及成立条件

特别自首，亦称准自首，是指被采取强制措施的犯罪嫌疑人、被告人和正在服刑的罪犯，如实供述司法机关还未掌握的本人其他罪行的行为。特别自首的成立条件为：

1. 特别自首的主体必须是被采取强制措施的犯罪嫌疑人、被告人和正在服刑的罪犯。

所谓强制措施，是指我国刑事诉讼法规定的拘传、拘留、取保候审、监视居住和逮捕。所谓正在服刑的罪犯，是指已经人民法院判决、正在执行所判刑罚的罪犯。上述三种人以外的犯罪分子，不能成立特别自首。

2. 如实供述司法机关尚未掌握的本人其他异种罪行。

被采取强制措施的犯罪嫌疑人、被告人和正在服刑的罪犯，如实供述司法机关尚未掌握的罪行，与司法机关已掌握的或者判决确定的罪行属不同罪行的，以自首论；如实供述司法机关尚未掌握的罪行，与司法机关已掌握的或者判决确定的罪行属同种罪行的，可以酌情从轻处罚；如实供述的同种罪行较重的，一般应当从轻处罚。

（1）"尚未掌握"。

①如果该罪行已被通缉，一般应以该司法机关是否在通缉令发布范围内作出判断，不在通缉令发布范围内的，应认定为还未掌握，在通缉令发布范围内的，应视为已掌握。

②如果该罪行已录入全国公安信息网络在逃人员信息数据库，应视为已掌握。

③如果该罪行未被通缉，也未录入全国公安信息网络在逃人员信息数据库，应以该司法机关是否已实际掌握该罪行为标准。

（2）"异种罪行"：原则上指"罪名"不同。

①如果所交代罪行与司法机关掌握的罪行**密切相关**或者**属于选择性罪名**，视为"同种罪行"，不成立特别自首。

例 1 法官元宝因为收受甲的贿赂被逮捕，侦查阶段交代自己收受甲贿赂后，对甲的刑事案件违法作出无罪判决，由于徇私枉法罪与受贿罪密切相关，则元宝不成立特别自首。

例2　人贩子元宝因为拐卖儿童甲被逮捕后，侦查阶段交代自己另有拐卖妇女乙的事实，由于拐卖妇女、儿童罪属于选择性罪名，则元宝不成立特别自首。

②如果司法机关掌握的罪名证据不足、指控不能成立，在**此范围以外**交代**同种**罪行的，视为“异种罪行”，成立特别自首。

例　国家工作人员元宝因涉嫌在A工程上贪污公款而被逮捕，侦查机关在法定羁押期间无法搜集到确实、充分的证据，元宝主动交代自己在B工程上贪污公款的事实，元宝成立特别自首。

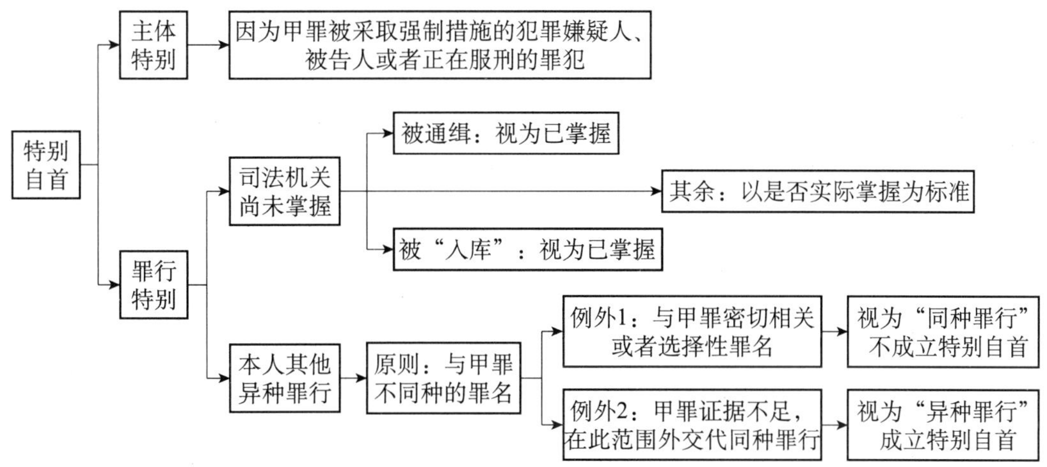

（三）自首的法律后果

对于自首的犯罪分子，可以从轻或者减轻处罚。其中，犯罪较轻的，可以免除处罚。

二、坦白

1. 概念：虽然没有自动归案，但是被动归案后如实供述自己的罪行。

2. 法律后果。

（1）坦白的：可以从轻处罚。

（2）因其如实供述自己罪行，避免特别严重后果发生的：可以减轻处罚。

三、立功

（一）一般立功

1. **检举、揭发**他人犯罪行为，包括共同犯罪案件中的犯罪分子揭发同案犯共同犯罪以外的其他犯罪，经查证属实。

2. **提供**侦破其他案件的重要线索，经查证属实。

3. **阻止**他人犯罪活动。

4. **协助**司法机关抓捕其他犯罪嫌疑人（含同案犯）。

5. 具有其他有利于国家和社会的突出表现的。

（二）重大立功

1. 检举、揭发他人**重大**犯罪行为，经查证属实。

2. 提供侦破其他**重大**案件的重要线索，经查证属实。

3. 阻止他人**重大**犯罪活动。

4. 协助司法机关抓捕其他**重大**犯罪嫌疑人（包括同案犯）。

5 对国家和社会有其他**重大**贡献等表现。

“重大犯罪” “重大案件” “重大犯罪嫌疑人”	犯罪嫌疑人、被告人可能被判处**无期徒刑**以上刑罚［客观上］或者案件在本省、自治区、直辖市或者全国范围内有较大影响。

（三）关于立功的其他问题

1. **立功线索来源**的具体认定。

（1）犯罪分子通过贿买、暴力、胁迫等非法手段，或者被羁押后与律师、亲友会见过程中违反监管规定，获取他人犯罪线索并“检举揭发”的，不能认定为有立功表现。

（2）犯罪分子将本人以往查办犯罪职务活动中掌握的，或者从负有查办犯罪、监管职责的国家工作人员处获取的他人犯罪线索予以检举揭发的，不能认定为有立功表现。

（3）犯罪分子亲友为使犯罪分子“立功”，向司法机关提供他人犯罪线索、协助抓捕犯罪嫌疑人的，不能认定为犯罪分子有立功表现。

例1 甲系某反贪局处长，因受贿被逮捕。甲在平时办案时收集了若干官员贪污线索，在自己被逮捕后提供给办案人员，经查证属实。甲不构成立功。

例2 乙因受贿被判决后，家人多方打点狱警。某日，狱警杨某通过眼线得知与乙一同服刑的三人计划越狱，便将此消息透露给乙。乙将此消息报告给监区长，经查证属实，阻止了一场组织精密的越狱计划。乙不构成立功。

2. 关于**“协助抓捕其他犯罪嫌疑人”**的具体认定。

犯罪分子具有下列行为之一，使司法机关抓获其他犯罪嫌疑人的，属于“协助司法机关抓捕其他犯罪嫌疑人”：

（1）按照司法机关的安排，以打电话、发信息等方式将其他犯罪嫌疑人（包括同案犯）约至指定地点的。

（2）按照司法机关的安排，当场指认、辨认其他犯罪嫌疑人（包括同案犯）的。

（3）带领侦查人员抓获其他犯罪嫌疑人（包括同案犯）的。

（4）提供司法机关尚未掌握的其他案件犯罪嫌疑人的联络方式、藏匿地址的，等等。

但是，犯罪分子提供同案犯姓名、住址、体貌特征等基本情况，或者提供犯罪前、犯罪中掌握、使用的同案犯联络方式、藏匿地址，司法机关据此抓捕同案犯的，不能认定为协助司法机关抓捕同案犯。

（四）立功的法律后果

1. 立功： 可以从轻或者减轻处罚。

2. 重大立功： 可以减轻或者免除处罚。

【命题角度】 判断某种情形是否属于自首（一般自首、特别自首）、立功（一般立功、重大立功）。

例 1 甲、乙构成共同犯罪，公安机关打电话通知甲到公安局。甲到公安机关后，如实供述自己的犯罪情况，但是并未如实供述同案犯乙的相关情况。（2021 年网络回忆版）

解析： 共同犯罪中部分共同犯罪人自动投案后，不但要如实供述自己的犯罪事实，还要如实供述同案犯的共同犯罪事实，才能成立自首。甲未如实供述同案犯乙的相关情况，不构成自首。

例 2 甲绑架他人作为人质并与警察对峙，经警察劝说放弃了犯罪。甲是在“犯罪过程中”而不是“犯罪以后”自动投案，不符合自首条件。（2017－2－9）

解析： 错误。当甲以实力控制人质之时，绑架罪便已经既遂，之后经警察劝说放弃继续犯罪，属于犯罪（既遂）以后自动投案，可以成立自首。

例 3 甲挪用公款后主动向单位领导承认了全部犯罪事实，并请求单位领导不要将自己移送到司法机关。（2015－2－11）

解析：“不要将自己移送到司法机关”，说明他不愿将自己置于司法机关的控制之下。自首不但要求如实供述，还要自愿将自己置于司法机关的控制之下，所以甲不成立自首。

例 4 甲是唯一知晓同案犯裴某手机号的人，其主动供述裴某手机号，侦查机关据此采用技术侦查手段将裴某抓获。（2012－2－57）

解析： 犯罪分子提供同案犯姓名、住址、体貌特征等基本情况，或者提供犯罪前、犯罪中掌握、使用的同案犯联络方式、藏匿地址，司法机关据此抓捕同案犯的，不能认定为协助司法机关抓捕同案犯。因此，甲不成立立功。

第三节 数罪并罚

数罪并罚，是指对一行为人所犯数罪合并处罚的制度。

一、中国刑法中的并罚原则

（一）吸收原则

1. 判决宣告的数个主刑中有数个死刑或最重刑为死刑的，采用吸收原则，仅应决定执行一个死刑。

2. 判决宣告的数个主刑中有数个无期徒刑或最重刑为无期徒刑的，采用吸收原则，只应决定执行一个无期徒刑。

3. 数罪中有判处有期徒刑和拘役的，执行有期徒刑，拘役不再执行。

例如，甲犯某罪被判处有期徒刑 2 年，犯另一罪被判处拘役 6 个月。对甲只须执行有期徒刑。

（二）并科原则

1. 数罪中有判处有期徒刑和管制，或者拘役和管制的，有期徒刑、拘役执行完毕后，管制仍须执行。

2. 数罪中有判处附加刑的，附加刑仍须执行，其中附加刑种类相同的，合并执行，种类不同的，分别执行。

例如，乙犯某罪被判处有期徒刑 2 年，犯另一罪被判处管制 1 年。对乙应在有期徒刑执行完毕后，继续执行管制。

（三）限制加重原则

1. 判决宣告的数个主刑均为有期徒刑的，应当在总和刑期以下，数刑中最高刑期以上，酌情决定执行的刑期；有期徒刑总和刑期不满 35 年的，最高不能超过 20 年，总和刑期在 35 年以上的，最高不能超过 25 年。

2. 判决宣告的数个主刑均为拘役的，应当在总和刑期以下，数刑中最高刑期以上，酌情决定执行的刑期，但是最高不能超过 1 年。

3. 判决宣告的数个主刑均为管制的，应当在总和刑期以下，数刑中最高刑期以上，酌情决定执行的刑期，但是最高不能超过 3 年。

二、不同情况下并罚原则的具体适用

1. 判决宣告以前一人犯数罪的。具体适用规则，与前述数罪并罚原则的基本适用规则完全一致。

2. 刑罚执行期间发现漏罪的。判决宣告以后，刑罚执行完毕以前，发现被判刑的犯罪分子在判决宣告以前还有其他罪没有判决的，应当对新发现的漏罪作出判决，把前后两个判决所判处的刑罚，依照数罪并罚原则进行合并，确定应当执行的刑罚，再减去已经执行的刑期，剩下就是还需要执行的刑期。

3. 刑罚执行期间又犯新罪的。判决宣告以后，刑罚执行完毕以前，被判刑的犯罪分子又犯罪的，应当对新犯的罪作出判决，把前罪没有执行的刑罚和后罪所判处的刑罚，依照数罪并罚原则，确定应执行的刑罚。

4. 刑罚执行期间发现漏罪，又再犯新罪的，对新发现的漏罪作出判决，把前后两个判决所判处的刑罚，依照数罪并罚原则进行合并，确定应当执行的刑罚，减去已经执行的刑期之后的剩余刑，与新罪所确定的刑期，依照数罪并罚原则，确定应执行的刑罚。

【小结】“追寻时间的脚步”

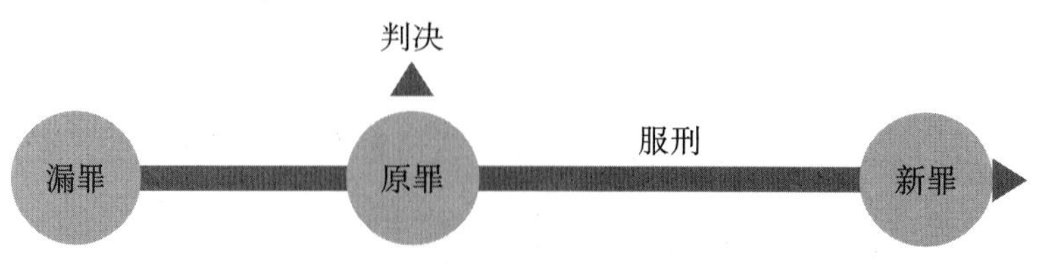

漏罪：原判刑罚＋漏罪刑罚－已经执行的刑期＝还应执行的刑期

新罪：原判刑罚－已经执行的刑期＋新罪刑罚＝还应执行的刑期

漏罪、新罪：原判刑罚＋漏罪刑罚－已经执行的刑期＋新罪刑罚＝还须执行的刑期

【真题训练（2017）】关于数罪并罚，下列哪些选项是正确的？（　　）①

A. 甲犯某罪被判处有期徒刑 2 年，犯另一罪被判处拘役 6 个月。对甲只须执行有期徒刑

B. 乙犯某罪被判处有期徒刑 2 年，犯另一罪被判处管制 1 年。对乙应在有期徒刑执行完毕后，继续执行管制

C. 丙犯某罪被判处有期徒刑 6 年，执行 4 年后发现应被判处拘役的漏罪。数罪并罚后，对丙只须再执行尚未执行的 2 年有期徒刑

D. 丁犯某罪被判处有期徒刑 6 年，执行 4 年后被假释，在假释考验期内犯应被判处 1 年管制的新罪。对丁再执行 2 年有期徒刑后，执行 1 年管制

第四节　缓刑

一、概念

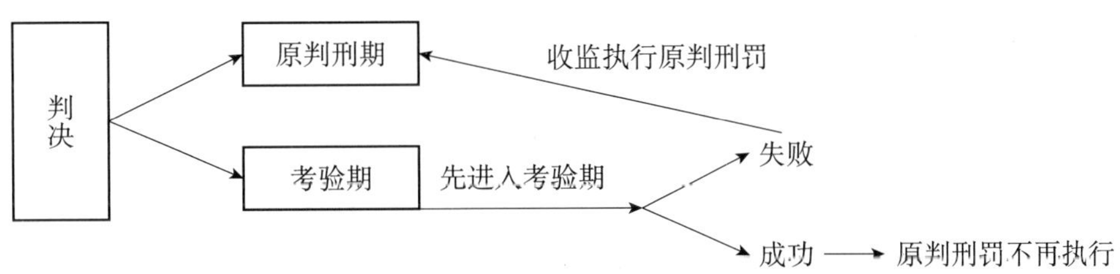

二、缓刑的适用条件

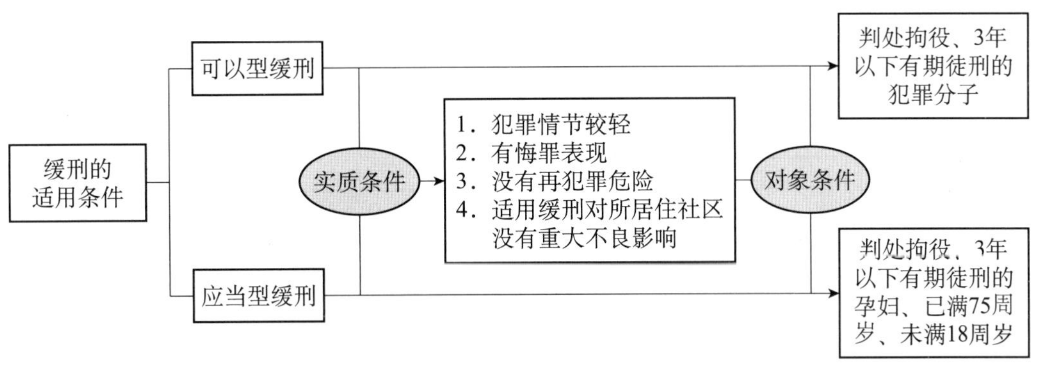

① 【答案】ABCD

三、缓刑考验期

1. 原判刑罚为拘役：原判刑罚以上1年以下（最低不少于2个月）。

例1 甲被判处拘役6个月，同时宣告缓刑；甲的缓刑考验期为6个月以上1年以下。

例2 乙被判处拘役1个月，同时宣告缓刑；乙的缓刑考验期为2个月至1年。

2. 原判刑罚为有期徒刑：原判刑罚以上5年以下（最低不少于1年）。

例1 甲被判处有期徒刑3年，同时宣告缓刑；甲的缓刑考验期为3年至5年。

例2 乙被判处有期徒刑8个月，同时宣告缓刑；乙的缓刑考验期为1年至5年。

四、执行

1. 执行方式：社区矫正。
2. 执行机关：司法行政机关——司法局、司法所。

五、执行期间应遵守的规定

1. 遵守法律、行政法规，服从监督。
2. 按照考察机关的规定报告自己的活动情况。
3. 遵守考察机关关于会客的规定。
4. 离开所居住的市、县或者迁居，应当报经考察机关批准。
5. 【禁止令】禁止从事特定活动，进入特定区域、场所，接触特定的人。

六、法律后果

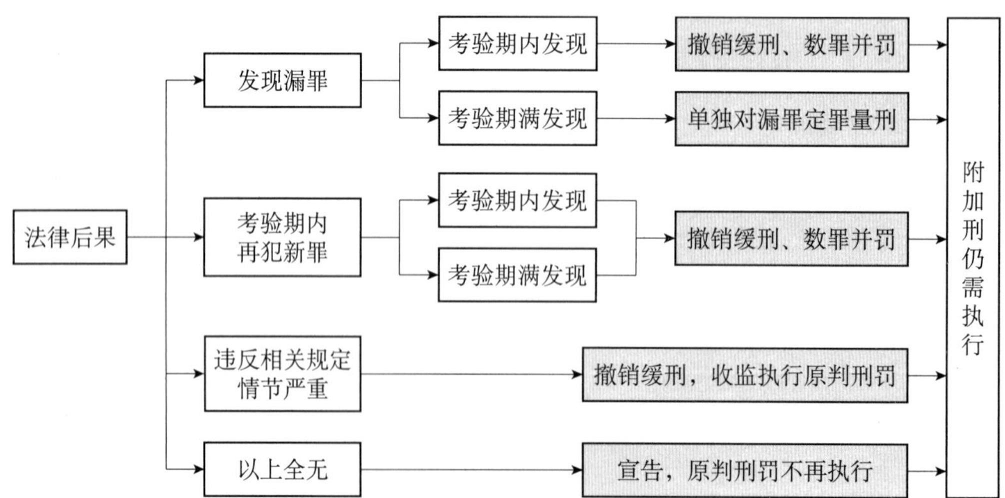

注意 1. 缓刑的效力不及于附加刑，即被宣告缓刑的犯罪分子，如果被判处附加刑，附加刑仍须执行；2. 即便是成功的缓刑，效力只及于刑而不及于罪，仍有刑事前科。

【命题角度】缓刑在个案中的运用。

例1 甲犯抢劫罪，所适用的是“三年以上十年以下有期徒刑”的法定刑，缓刑只

适用于被判处拘役或者3年以下有期徒刑的罪犯，故对甲不得判处缓刑。（2017-2-56）

解析： 错误。《刑法》第99条规定，本法所称以上、以下、以内，包括本数。如果以抢劫罪判处甲有期徒刑3年，可以宣告缓刑。

例2　丙犯为境外非法提供情报罪，被单处剥夺政治权利，执行完毕后又犯帮助恐怖活动罪，被判处拘役6个月。对丙不得宣告缓刑。（2017-2-56）

解析： 正确。为境外非法提供情报罪属于危害国家安全犯罪，帮助恐怖活动罪是恐怖活动犯罪，根据《刑法》第66条和第74条的规定，丙构成特别累犯。

【重点复盘】

1. 累犯：前罪刑罚执行完毕后，再犯新罪。

2. 自首：

（1）一般自首：自动投案＋如实供述自己罪行。

（2）特别自首：已被羁押＋如实供述未被掌握的其他异种罪行。

3. 立功：

（1）一般立功："出卖"一般犯罪分子。

（2）重大立功："出卖"重大犯罪分子。

4. 数罪并罚：漏罪刑罚＋原罪刑罚－已执行刑期＋新罪刑罚。

5. 缓刑：对于轻罪犯罪分子，暂缓执行原判刑罚。

第十三章　行刑【刑罚的执行】

第一节　减刑

一、概念

对被判处管制、拘役、有期徒刑或者无期徒刑的犯罪分子，因其在刑罚执行期间认真遵守监规，接受教育改造，确有悔改或者立功表现，而适当减轻其原判刑罚的制度。

二、适用条件

<table>
<tr><th></th><th>“可以型”减刑</th><th>“应当型”减刑</th></tr>
<tr><td>对象条件</td><td colspan="2">被判处管制、拘役、有期徒刑、无期徒刑的犯罪分子</td></tr>
<tr><td>实质条件</td><td>确有悔改表现或者立功表现</td><td>重大立功表现</td></tr>
<tr><td>限度条件</td><td colspan="2">犯罪分子经过减刑以后，应当实际执行的最低刑期：
1. 管制、拘役、有期徒刑：不少于原判刑期的 1/2
2. 无期徒刑：不少于 13 年
3. 死缓：不少于 15 年（死刑缓期执行期间不包括在内）</td></tr>
</table>

（一）悔改表现

根据有关司法解释，同时具备以下四个方面情形的，应当认为是确有悔改表现：

1. 认罪服法。
2. 认真遵守监规、接受教育改造。
3. 积极参加政治、文化、技术学习。
4. 积极参加生产，完成生产任务。

注意　根据2016年《最高人民法院关于办理减刑、假释案件具体应用法律的规定》，对职务犯罪、破坏金融管理秩序和金融诈骗犯罪、组织（领导、参加、包庇、纵容）黑社会性质组织犯罪等罪犯，不积极退赃、协助追缴赃款赃物、赔偿损失，或者服刑期间利用个人影响力和社会关系等不正当手段意图获得减刑、假释的，不认定其“确有悔改表现”。

（二）立功表现

1. 检举、揭发监狱内外犯罪活动，或者提供重要的破案线索，经查证属实。
2. 阻止他人犯罪活动；
3. 在生产、科研中进行技术革新，成绩突出。
4. 在抢险救灾或者排除重大事故中表现积极。
5. 有其他有利于国家和社会的突出事迹。

（三）重大立功表现

1. 阻止他人重大犯罪活动。
2. 检举监狱内外重大犯罪活动，经查证属实。
3. 有发明创造或者重大技术革新。
4. 在日常生产、生活中舍己救人。
5. 在抗御自然灾害或者排除重大事故中，有突出表现。
6. 对国家和社会有其他重大贡献的。

三、死缓犯的限制减刑

对于被限制减刑的死缓犯，缓期执行期满后依法减为无期徒刑的，今后再减刑，实际执行的刑期不能少于 25 年；缓期执行期满后依法减为 25 年有期徒刑的，今后再减刑，实际执行的刑期不能少于 20 年。

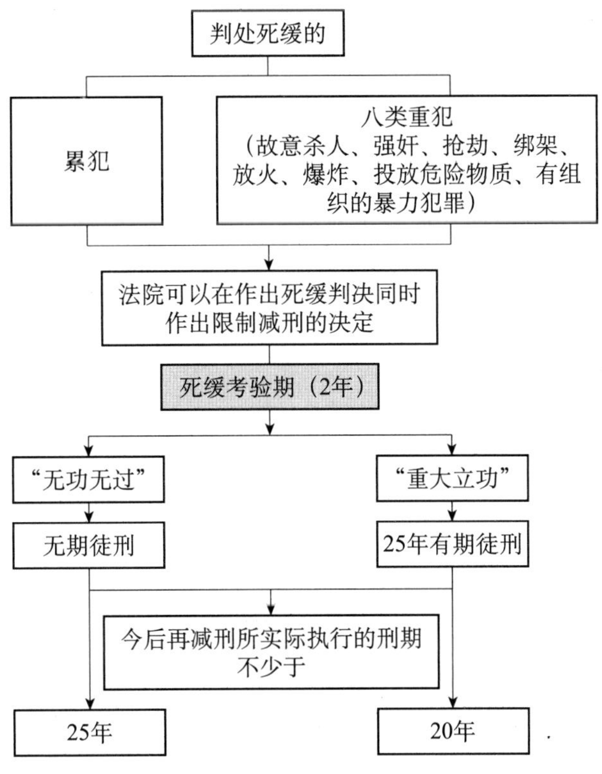

【小专题】普通死缓犯和被限制减刑死缓犯减刑后实际执行刑期比较。

	两年考验期表现	后果	实际服刑期
普通死缓犯	故意犯罪、情节恶劣	执行死刑	死刑
	没有故意犯罪 2 年期满	减为无期徒刑	不少于 15 年 （不含死缓 2 年考验期）
	重大立功表现 2 年期满	减为 25 年有期徒刑	
被限制减刑的死缓犯	故意犯罪、情节恶劣	执行死刑	死刑
	没有故意犯罪 2 年期满	减为无期徒刑	不少于 25 年 （不含死缓 2 年考验期）
	重大立功表现 2 年期满	减为 25 年有期徒刑	不少于 20 年 （不含死缓 2 年考验期）

【命题角度】判断关于减刑的表述是否正确。

例 减刑只适用于被判处拘役、有期徒刑、无期徒刑和死缓的犯罪分子。（2010－2－10）

解析：错误。减刑的适用对象是被判处管制、拘役、有期徒刑和无期徒刑的犯罪分子。判处死缓的犯罪分子，死缓考验期满之后，减为无期徒刑或者有期徒刑，虽然实际上减轻了刑罚，但是有特殊性，并不是《刑法》第 78 条所规定的基本减刑制度。而且即便认为死缓犯可以减刑，表述也遗漏了管制犯。

第二节 假释

一、概念

对被判处有期徒刑、无期徒刑的犯罪分子，在执行一定刑期之后，因其认真遵守监规，接受教育改造，确有悔改表现，没有再犯罪的危险，而附条件地将其予以提前释放的制度。

二、适用条件

对象条件	有期徒刑、无期徒刑
实质条件	认真遵守监规，接受教育改造，**确有悔改表现，没有再犯罪的危险** 所谓**“确有悔改表现”**是指同时具备以下四个方面情形：（1）认罪悔罪；（2）遵守法律法规及监规，接受教育改造；（3）积极参加思想、文化、职业技术教育；（4）积极参加劳动，努力完成劳动任务 所谓**“没有再犯罪的危险”**，是指罪犯在刑罚执行期间一贯表现好，确有悔改表现，不致违法、重新犯罪，或是年老、身体有残疾（不含自伤致残），并丧失犯罪能力
限制条件（已经执行一部分刑期）	（1）有期徒刑：已经执行原判刑罚的 1/2 （2）无期徒刑：已经执行 13 年 （3）死刑缓期执行减为无期徒刑或者有期徒刑后，已经执行 15 年

注意　两类人不得假释：

①累犯；②因八类重罪（故意杀人、强奸、抢劫、绑架、放火、爆炸、投放危险物质、有组织暴力犯罪）被判处10年以上有期徒刑、无期徒刑的犯罪分子。

三、假释考验期

1. 有期徒刑的考验期：没有执行完毕的刑期。
2. 无期徒刑的考验期：10年。

四、考验期应遵守的规定

1. 遵守法律、行政法规，服从监督。
2. 按照考察机关的规定报告自己的活动情况。
3. 遵守考察机关关于会客的规定。
4. 离开所居住的市、县或者迁居，应当报经考察机关批准。

五、执行

1. 执行方式：社区矫正。
2. 执行机关：司法行政机关（司法局）。

六、法律后果

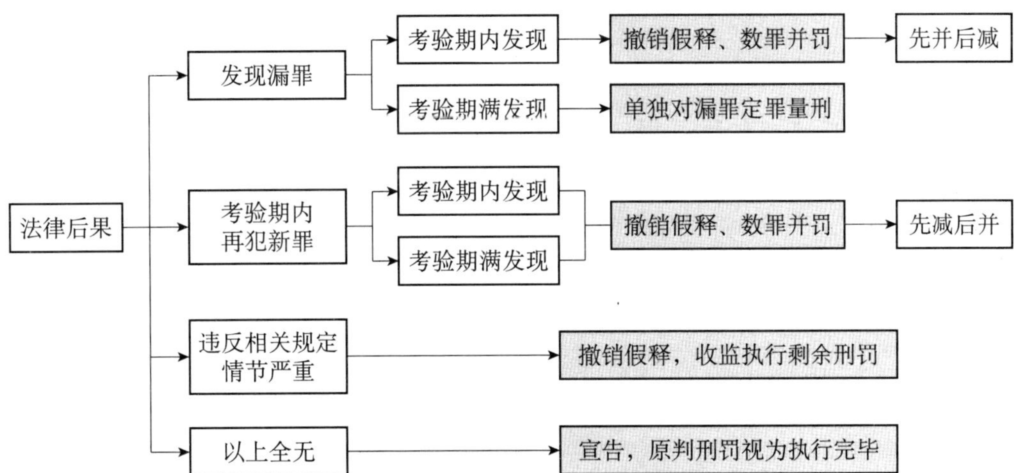

【命题角度】判断个案中的假释适用是否正确。

例　甲因爆炸罪被判处有期徒刑12年，已服刑10年，确有悔改表现，无再犯危险。对甲可以假释。（2017－2－11）

解析：错误。累犯以及因故意杀人、强奸、抢劫、绑架、放火、爆炸、投放危险物质或者有组织的暴力性犯罪被判处10年以上有期徒刑、无期徒刑的犯罪分子，不得假释。

【真题训练（2017）】 在符合“执行期间，认真遵守监规，接受教育改造”的前提下，关于减刑、假释的分析，下列哪一选项是正确的？（ ）[①]

A. 甲因爆炸罪被判处有期徒刑12年，已服刑10年，确有悔改表现，无再犯危险。对甲可以假释

B. 乙因行贿罪被判处有期徒刑9年，已服刑5年，确有悔改表现，无再犯危险。对乙可优先适用假释

C. 丙犯贪污罪被判处无期徒刑，拒不交代贪污款去向，一直未退赃。丙已服刑20年，确有悔改表现，无再犯危险。对丙可假释

D. 丁因盗窃罪被判处有期徒刑5年，已服刑3年，一直未退赃。丁虽在服刑中有重大技术革新，成绩突出，对其也不得减刑

---

① **【答案】** B

第十四章　刑罚消灭制度【时效】

刑罚消灭，是指针对特定犯罪人的刑罚权因法定事由而归于消灭。

一、时效的概念和意义

（一）时效的概念

时效，是指经过一定的期限，对犯罪不得追诉或者对所判刑罚不得执行的一项制度。

（二）追诉时效与行刑时效

时效分为追诉时效和行刑时效两种。我国刑法只规定追诉时效，即依法对犯罪分子追究刑事责任的有效期限。在法定的期限内，司法机关有权追究犯罪分子的刑事责任；超过这个期限，除法定最高刑为无期徒刑、死刑，经最高人民检察院特别核准必须追诉的以外，都不得再追究犯罪分子的刑事责任。

二、追诉期限

（一）追诉的期限

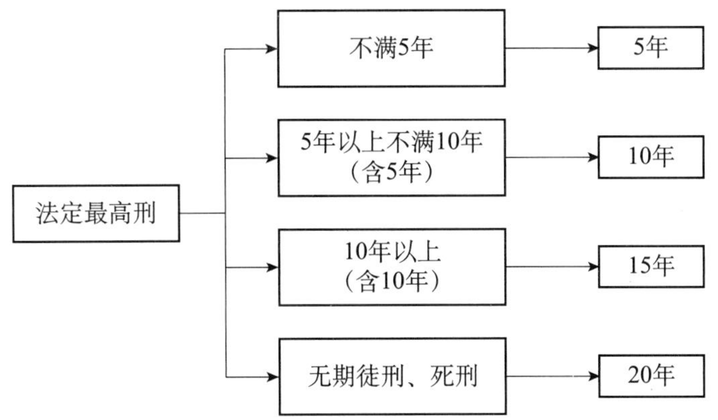

注意

（1）法定最高刑为 5 年，则时效为 10 年；法定最高刑为 10 年，则时效为 15 年；

（2）如果 20 年以后认为必须追诉的，须报请**最高人民检察院**核准。

（3）如果针对犯罪的刑法条文有几条或几款，按其罪行应当适用的条或款的法定最高刑计算。

例如，抢劫罪，既有对应普通抢劫罪的 3—10 年法定刑区间，也有对应入户抢劫、持枪抢劫10年以上至死刑的法定刑区间。如果行为人实施普通抢劫，其法定最高刑为10年，则追诉时效为15年；如果行为人实施入户抢劫，其法定最高刑为死刑，追诉时效为20年。

（二）追诉期限的起算

1. 追诉期限从犯罪之日起计算。

所谓“犯罪之日”，应理解为犯罪成立之日。

对预备犯、未遂犯、中止犯，应分别从犯罪预备、犯罪未遂、犯罪中止成立之日起计算。

2. 犯罪行为有连续或继续状态的：犯罪行为终了之日。

所谓犯罪行为有连续或者继续状态的，是指连续犯和继续犯，其追诉期限从犯罪行为终了之日起计算。

（三）追诉时效中断的概念及原因

1. 概念。

所谓时效中断，是指在追诉期限内，因发生法定事由而使已经过的时效期间归于无效，法定事由消失后重新计算追诉期限的制度。

2. 中断的原因。

《刑法》第89条规定：在追诉期限以内又犯罪的，前罪追诉的期限从犯后罪之日起计算。即只要犯罪分子在追诉期限内又犯罪，不论新罪的性质和刑罚轻重如何，前罪所经过的时效期间均归于无效，前罪的追诉期限从犯新罪之日起重新计算。

例 1999年11月，甲（17周岁）因邻里纠纷，将邻居杀害后逃往外地。2004年7月，甲诈骗他人5 000元现金。2014年8月，甲因扒窃3 000元现金，被公安机关抓获。在讯问阶段，甲主动供述了杀人、诈骗罪行。甲的三个罪：

1. 故意杀人罪的追诉时效是20年，刚开始是从1999年开始算，到2004年甲再犯新罪（诈骗）时又开始重新计算，到2024年的时候才届满。所以故意杀人罪还在追诉期限内。

2. 甲2004年诈骗5 000元，法定最高刑是3年，追诉时效是5年，因此到2009年就届满，但是一直没有追诉，到了2014年才供述，显然诈骗罪已过追诉时效，不能追究。

3. 盗窃罪追诉时效是3年，而且盗窃罪是被当场抓获的，所以不存在追诉时效的问题。

当甲被抓的时候故意杀人罪、盗窃罪在追诉时效期间内，诈骗罪已经经过了追诉时效。

（四）追诉时效延长的概念及计算方法

1. 概念。

所谓时效延长，是指在追诉期限内，因发生法定事由而使追究犯罪人的刑事责任不受追诉期限制的制度。延长即无限延长，案件摆脱时效的限制。

2. 延长的理由。

（1）在人民检察院、公安机关、国家安全机关立案侦查或者在人民法院受理案件以后，逃避侦查或者审判的，不受追诉期限的限制。

（2）被害人在追诉期限内提出控告，人民法院、人民检察院、公安机关应当立案而不予立案的，不受追诉期限的限制。

（五）共同犯罪中追诉时效的计算

1. 对于共同犯罪，追诉期限不具有连带性，应独立计算各个共同犯罪人的追诉期限。

2. 共同犯罪中，一个人超过了时效，另一人没超过时效的，只能对后者进行追诉。

3. 共同犯罪后，在追诉期限内又犯罪的共同犯罪人，其前罪的追诉期限发生中断，重新计算；但其他共同犯罪人的追诉期限并不发生中断，继续计算。

例 甲与乙共同实施合同诈骗。在合同诈骗罪的追诉期届满前，乙单独实施抢夺罪。对甲合同诈骗罪的追诉时效，从犯合同诈骗之日起计算；对乙合同诈骗罪的追诉时效，从犯抢夺罪之日起计算。

【命题角度1】考查共同犯罪的时效。

例 追诉期限为15年的共同犯罪案件，有的犯罪人被追究刑事责任，未被立案侦查的共同犯罪人，在追诉期满后可以立案追究其刑事责任。（2018网络回忆版）

解析：错误。共同犯罪中，各个共同犯罪人之间的追诉时效不具有连带性，每个人按照自己对应的法定刑量刑区间确定追诉时效。例如甲、乙入户盗窃3 000元，甲离开后，乙为了抗拒抓捕将物主打成重伤，甲对此不知情，甲构成盗窃罪，追诉时效是5年；乙转化为抢劫罪（致人重伤），追诉时效20年，10年后只能追究乙的刑事责任。

【命题角度2】在个案中判断时效能否延长。

例 丙于2000年故意轻伤李某，直到2008年李某才报案，但公安机关未立案。2014年，丙因他事被抓。不能追诉丙故意伤害的刑事责任。（2015－2－60）

解析：正确。2000年丙故意轻伤李某，法定最高刑是3年有期徒刑，追诉时效是5年。李某到了2008年才报案，公安机关未立案是对的，因为已经过了追诉时效，所以公安机关本来就不应当立案，追诉时效不能延长。2014年丙因他事被抓，不能追究丙故意伤害罪的刑事责任。

【命题角度3】在个案中判断时效能否中断。

例 刘某故意杀人后逃往国外18年，在国外因伪造私人印章（在我国不构成犯罪）被通缉时潜回国内。4年后，其杀人案件被公安机关发现。（2016－2－10）

解析：刘某伪造私人印章的行为在我国不构成犯罪，所以追诉时效不中断，不中断意味着时效连续计算。故意杀人罪法定最高刑为死刑，追诉时效为20年，显然已经过了追诉时效（18＋4＝22），未经最高人民检察院核准不应当追诉。

第四编　刑法分论

第十五章　刑法分论概说

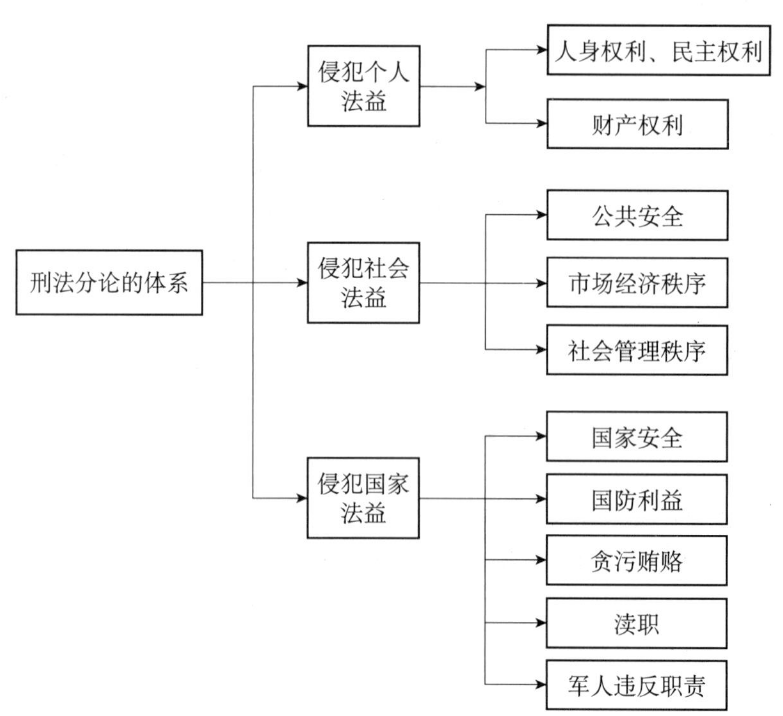

第一节　刑法分则条文的结构

一、刑法分则条文的构成

刑法分则的条文由罪状和法定刑两部分组成。

例如，《刑法》第 252 条规定，隐匿、毁弃或者非法开拆他人信件，侵犯公民通信自由权利，情节严重的，处 1 年以下有期徒刑或者拘役。

二、罪状

（一）概念

罪状是指刑法分则条文对某种具体犯罪特征的描述，罪状只存在于刑法分则条文中。

（二）类型

根据刑法分则条文对罪状描述方式的不同，可以把罪状分为简单罪状、叙明罪状、空白罪状、引证罪状。

1. 简单罪状：即在刑法分则条文中只简单描述具体犯罪的基本特征而不作更多的解释。公民完全可以凭借自己的日常生活经验把握犯罪的具体特征。

《刑法》第 170 条规定，伪造货币的，处 3 年以上 10 年以下有期徒刑，并处罚金。

《刑法》第 232 条规定，故意杀人的，处死刑、无期徒刑或者 10 年以上有期徒刑；情节较轻的，处 3 年以上 10 年以下有期徒刑。

《刑法》第 233 条规定，过失致人死亡的，处 3 年以上 7 年以下有期徒刑；情节较轻的，处 3 年以下有期徒刑。

2. 叙明罪状：即在刑法分则条文中详尽描述具体犯罪的基本特征。如果不详细加以描述，有可能难以区分罪与非罪以及此罪与彼罪的界限，必须对其犯罪构成要件详细说明。

《刑法》第 261 条规定，对于年老、年幼、患病或者其他没有独立生活能力的人，负有扶养义务而拒绝扶养，情节恶劣的，处 5 年以下有期徒刑、拘役或者管制。

《刑法》第 305 条规定，在刑事诉讼中，证人、鉴定人、记录人、翻译人对与案件有重要关系的情节，故意作虚假证明、鉴定、记录、翻译，意图陷害他人或者隐匿罪证的，处 3 年以下有期徒刑或者拘役；情节严重的，处 3 年以上 7 年以下有期徒刑。

3. 引证罪状：引证罪状即引用刑法分则的其他条款来说明某种犯罪的特征。引证罪状的条文本身并不描述犯罪的特征，而是引用其他条款已经描述过的某种犯罪的特征来认定该种犯罪。

《刑法》第 107 条规定，境内外机构、组织或者个人资助境内组织或者个人实施本章第 102 条、第 103 条、第 104 条、第 105 条规定之罪的，对直接责任人员，处 5 年以下有期徒刑、拘役、管制或者剥夺政治权利；情节严重的，处 5 年以上有期徒刑。

4. 空白罪状：在刑法分则条文中不直接叙明犯罪的特征，只是指出该犯罪行为所违反的其他法律、法规。

《刑法》第 322 条规定，违反国（边）境管理法规，偷越国（边）境，情节严重的，处 1 年以下有期徒刑、拘役或者管制，并处罚金。

《刑法》第 345 条规定，违反森林法的规定，滥伐森林或者其他林木，数量较大的，处 3 年以下有期徒刑、拘役或者管制，并处或者单处罚金；数量巨大的，处 3 年以上 7 年以下有期徒刑，并处罚金。

三、法定刑

（一）概念

法定刑即刑法分则条文对具体犯罪所规定的量刑标准，包括刑罚种类（即刑种）和刑罚幅度（即刑度）。

（二）类型

根据法定刑中的刑种和刑罚幅度的确定程度，可以把法定刑分为绝对确定的法定刑、相对确定的法定刑和浮动法定刑三种类型。

1. 绝对确定的法定刑：在刑法分则条文中对某种犯罪规定单一的刑种与固定的刑罚幅度的法定刑。我国刑法中只有极少数犯罪在其加重罪状中规定有绝对确定的法定刑。

《刑法》第 121 条规定，以暴力、胁迫或者其他方法劫持航空器的，处 10 年以上有期徒刑或者无期徒刑；致人重伤、死亡或者使航空器遭受严重破坏的，处死刑。

2. 相对确定的法定刑：在刑法分则条文中对某种犯罪规定一定的刑种和刑罚幅度的法定刑。我国刑法分则条文所规定的法定刑基本属于相对确定的法定刑。这种法定刑的好处是法官可以根据案件的具体情况，裁量轻重适当的刑罚，有利于实现刑罚的统一和刑罚的个别化。

《刑法》第 133 条规定，违反交通运输管理法规，因而发生重大事故，致人重伤、死亡或者使公私财产遭受重大损失的，处 3 年以下有期徒刑或者拘役；交通运输肇事后逃逸或者有其他特别恶劣情节的，处 3 年以上 7 年以下有期徒刑；因逃逸致人死亡的，处 7 年以上有期徒刑。

3. 浮动法定刑：法定刑的具体期限或具体数量并非确定的，而是根据一定的标准升降不拘，处于一种相对不确定的游移状态。

《刑法》第 227 条规定，伪造或者倒卖伪造的车票、船票、邮票或者其他有价票证，数额较大的，处 2 年以下有期徒刑、拘役或者管制，并处或者单处票证价额 1 倍以上 5 倍以下罚金；数额巨大的，处 2 年以上 7 年以下有期徒刑，并处票证价额 1 倍以上 5 倍以下罚金。

四、罪名

（一）概念

罪名即犯罪的名称，罪名所体现出来的是对犯罪本质特征的科学概括。

（二）分类

1. 单一罪名：所包含的犯罪构成的具体内容单一，只能反映一个犯罪行为，不能分解拆开使用的罪名。

例如，故意杀人罪，故意伤害罪，逃避商检罪，非法拘禁罪，诬告陷害罪。

2. 选择性罪名：所包含的犯罪构成具体内容复杂，反映出多种行为类型，既可以概括使用，也可以拆解分开使用的罪名。选择性罪名既有行为方式的选择，也有行为对象的选择，还有行为方式和行为对象一并选择的。

行为选择	引诱、容留、介绍卖淫罪
对象选择	拐卖妇女、儿童罪
行为、对象同时选择	非法制造、买卖、运输、邮寄、储存枪支、弹药、爆炸物罪

3. 概括性罪名：所包含的犯罪构成具体内容复杂，反映出多种行为类型，但是只能概括使用，不可以拆解分开使用的罪名。

例如，信用卡诈骗罪的行为方式包括四种类型，无法在罪名中将四种行为方式全部呈现，因此只能用一个概括性的罪名。

【命题角度】判断分则某个罪状属于何种类型的罪状，是否违反罪刑法定原则。

例 1　《刑法》第 232 条规定的罪状为“故意杀人的”，这种简单罪状虽然没有具体描述犯罪特征，但并不违反罪刑法定原则的明确性要求。

解析：正确。简单罪状描述的犯罪特征为众人所知，无须具体描述，具有简单概括、避免烦琐的特点，并未违反罪刑法定原则。

例 2　《刑法》第 340 条规定的罪状为“违反保护水产资源法规，在禁渔区、禁渔期或者使用禁用的工具、方法捕捞水产品，情节严重的”，这是空白罪状，它仅规定了部分构成要件要素，剩下的由其他法规规定，违反了罪刑法定原则中的成文化要求。

解析：错误。空白罪状是刑法的立法技巧之一，并不违反罪刑法定原则。

第二节　注意规定与法律拟制

一、注意规定

（一）概念

在刑法已经作出规定的前提下，提示司法人员注意，以免司法人员忽略的规定。

（二）基本特征

1. 并不改变基本规定的内容，只是对基本规定内容的重申。

2. 只具有提示性，不会导致将原本不符合规定的行为也按照相关规定论处。

《刑法》第 156 条规定，与走私罪犯通谋，为其提供贷款、资金、账号、发票、证明，或者为其提供运输、保管、邮寄或者其他方便的，以走私罪的共犯论处。

《刑法》第198条第4款规定，保险事故的鉴定人、证明人、财产评估人故意提供虚假的证明文件，为他人诈骗提供条件的，以保险诈骗的共犯论处。

二、法律拟制

（一）概念

将原本不符合某种规定的行为也按照该规定处理。尽管立法者明知T2与T1的事实并非完全相同，但是出于某种目的仍然赋予T2与T1相同的法律效果，从而向法律适用者指明，将T2视为T1的一种情形，对T2适用T1的法律后果。

（二）设置法律拟制的理由

1. 形式：基于法律经济性的考虑，避免重复，即直接规定“对T2适用T1的法律后果”而不用重复T1的法律后果。

2. 实质：两种行为对于法益侵害具有相同性或者相似性，即立法者意识到T2、T1之间不同，同时意识到T2、T1之间在本质上的类似性。

例如，第267条第2款规定，携带凶器抢夺的，依照本法第263条的规定定罪处罚。携带凶器抢夺，原本并不符合抢劫罪的构成要件（没有对人强制），但是抢夺本身是对于财产法益的侵害，携带凶器又具有侵犯人身的高度危险性，因此“携带凶器抢夺”对人身权和财产权双重法益都带来威胁，与抢劫罪的法益侵害具有相同性。

3. 注意规定与法律拟制核心区别。

	注意规定	法律拟制
倘若取消该条文，遇到这样的法律问题，是否还会如条文所指引的处理	会	不会
	该条文仅具有提示意义，即提示注意	该条文具有创设意义

例1 《刑法》第259条第2款规定，利用职权、从属关系，以胁迫手段奸淫现役军人的妻子的，依照本法第236条的规定定罪处罚。

解析： 即使没有第259条第2款的规定，以胁迫手段奸淫现役军人的妻子，也满足强奸罪的构成要件，应当以强奸罪论处。

例2 《刑法》第292条第2款规定，聚众斗殴致人重伤、死亡的，依照本法第234条、第232条的规定定罪处罚。

解析： 如果没有第292条第2款的规定，聚众斗殴致人重伤、死亡的，就有可能成立过失致人重伤罪、过失致人死亡罪。

【命题角度】 判断倘若取消某个条文，是否定罪不同。

例 关于《刑法》分则条文的理解，下列哪些选项是错误的？（ ）① （2011-2-58）

A. 即使没有《刑法》第269条的规定，对于犯盗窃罪，为毁灭罪证而当场使用暴

① 【答案】AB

力的行为，也要认定为抢劫罪

B. 即使没有《刑法》第 267 条第 2 款的规定，对于携带凶器抢夺的行为也应认定为抢劫罪

C. 即使没有《刑法》第 196 条第 3 款的规定，对于盗窃信用卡并在 ATM 取款的行为，也能认定为盗窃罪

D. 即使没有《刑法》第 198 条第 4 款的规定，对于保险事故的鉴定人故意提供虚假的证明文件为他人实施保险诈骗提供条件的，也应当认定为保险诈骗罪的共犯

解析：A、B 都属于法律拟制，倘若取消，将不再定抢劫罪；C、D 都属于注意规定，即使取消，也应如此定罪。

【重点复盘】

1. 罪状的四种类型简单罪状、叙明罪状、引证罪状、空白罪状，各有千秋，都不违反罪刑法定原则。

2. 法定刑的类型：绝对确定的法定刑、相对确定的法定刑和浮动法定刑三种类型。

3. 罪名的三种类型：单一罪名、选择性罪名、概括性罪名。其中选择性罪名既有行为方式的选择，也有行为对象的选择，还有行为方式和行为对象一并选择，在选择性罪名内部，不会数罪并罚。

4. 注意规定是在刑法已经作出规定的前提下，提示司法人员注意，以免司法人员忽略的规定；法律拟制是将原本不符合某种规定的行为也按照该规定处理的规定。

第十六章　危害公共安全罪

第一节　危害公共安全罪概述

一、公共

“公共”，即不特定或多数人。

1. “不特定”：事前难以预料、事中难以控制，随时可能扩大或增加。

2. “多数人”：不是一般意义上的 3 人以上，通常需要人数更多。

注意　**“不特定”**与**“多数人”**不必同时具备，即**特定的多数人**或者**不特定的少数人**都属于公共，当然**不特定多数人**更加具有公共性。

例如，夜间的长途汽车上仅有特定的 10 人，行为人破坏了汽车的刹车系统，足以导致汽车倾覆的，也会危害公共安全，成立破坏交通工具罪。

二、安全

即生命、健康、财产安全以及生活的平稳、安定。

【重点复盘】

“不特定”或者“多数人”只具其一，就满足“公共”的要求。

第二节　本章要求掌握的具体罪名

一、放火罪

（一）概念

故意放火焚烧公私财物，危害公共安全的行为。

（二）认定

1. 客观要件：实施放火焚烧公私财物，危害公共安全的行为。

（1）“放火”是指故意使对象物燃烧、引起火灾的行为。

（2）“火灾”是指在时间上或者空间上失去控制的燃烧状态。

使对象物燃烧的行为是否属于放火行为，关键在于这种燃烧有没有可能变成火灾，这便需要正确判断。

①要将所有**客观事实**作为判断基础，如行为本身的危险性，对象物本身的性质、结构、价值，对象物周围的状况，对象物与周围可燃物的距离，行为时的气候、气温等。

②要根据**客观的因果法则**进行判断，对象物燃烧的行为是否足以形成在时间上或空间上失去控制的燃烧状态。

如果行为确实引起了对象物的燃烧，但是综合考察燃烧的具体情状，发现不可能出现燃烧失控的状态，则该行为就不是“放火”，而只是以燃烧的方式故意毁坏财物或者故意杀人的行为。

例如，元宝因与邻居发生口角心生怨恨，意图报复邻居，便趁黑夜将邻居堆放在水泥稻场中央的前一天收割的稻子一把火烧光（稻堆周围20米范围内并无易燃易爆物）。元宝的行为并无危害公共安全的具体危险，仅构成故意毁坏财物罪。

2. 犯罪主体：已满14周岁、具有辨认和控制行为能力的自然人。

3. 既遂标准：当放火行为产生引起火灾的具体危险时，犯罪既遂。所谓“具体危险”是指，引火物点燃对象物后，将引火物撤离，对象物开始独立燃烧，此时可以认为具体危险出现，放火罪既遂。

（1）使对象物“燃烧”的行为在有可能发展成为“火灾”时，才能评价为“放火”。

（2）“燃烧”只需要达到“独立燃烧”的程度，放火罪就既遂。

（3）如果还没有将对象物点燃，或刚点燃还未能脱离引火物独立燃烧，过后随即熄灭的，不是既遂。

二、投放危险物质罪

（一）概念

故意针对不特定或者多数人或者重大公私财产投放毒害性、放射性、传染病病原体等物质，危害公共安全的行为。

（二）认定

1. 客观方面：投放毒害性、放射性、传染病病原体等物质。

（1）“投放”：

①是将危险物质投放于供不特定或多数人食用/饮用的食品/饮料中；

②将危险物质投放于供人、畜等使用的河流、池塘、水井等中；

③释放危险物质，如将传染病病原体释放于一定场所。

（2）“危险物质”：毒害性、放射性、传染病病原体等危险物质，包括危险气体、液体、固体。

2. 投放危险物质的行为，足以造成不特定或者多数人重伤、死亡以及财产重大损失的，就构成本罪。

三、以危险方法危害公共安全罪

（一）概念

使用与放火、爆炸、决水、投放危险物质危险性相当的其他危险方法，危害公共安全的行为。

（二）认定

1. 客观方面。

（1）使用放火、决水、爆炸、投放危险物质以外的其他危险方法危害公共安全，即仅限于与放火、决水、爆炸、投放危险物质相当的方法，而不是泛指任何危害公共安全的方法。

本书对本罪（以危险方法危害公共安全罪）的构成要件采取严格限制解释的态度。“其他危险方法”应当在行为的危险性质上与放火、决水、爆炸等同类，而放火、决水、爆炸的特点是，一旦发生就无法立即控制结果的数量，行为终了后结果范围还会扩大。换言之，对那些与放火、决水、爆炸等危险方法不相当的行为，即使危害公共安全，也不宜认定为本罪。①

【总结】以危险方法危害公共安全罪，需要同时具备两个特征：①危害公共安全；②具有瞬间的爆发性。

（2）根据司法解释，常见的危险方有：

①破坏矿井通风设备，危害公共安全。

②在多人通行的场所私拉电网，危害公共安全。

③在火灾现场破坏消防器材，危害公共安全。

④乘客在公共交通工具行驶过程中，抢夺方向盘、变速杆等操纵装置，殴打、拉拽驾驶人员，或者有其他妨害安全驾驶行为，危害公共安全。

⑤驾驶人员在公共交通工具行驶过程中，与乘客发生纷争后违规操作或者擅离职守，与乘客厮打、互殴，危害公共安全。

注意 上述④⑤两种情形，只有在给交通运输安全带来现实、紧迫、具体的危险，如导致公共交通工具发生激烈晃动，严重偏离线路，足以发生倾覆、毁坏的后果或者造成严重交通事故致人伤亡时才成立本罪，如果只是有“抢夺”“拉拽”“互殴”行为，而没有引发紧迫、具体危险，则以妨害安全驾驶罪定罪处罚。

⑥驾车冲撞人群，危害公共安全。

⑦醉酒后驾驶机动车在高速公路上逆向高速行驶。

⑧故意从高空抛弃物品，足以危害公共安全，且具有瞬间的爆发扩散性。

【命题角度】考查某一个高空抛物的行为是否构成以危险方法危害公共安全罪。注意：只有在从高空抛弃物品给公共安全带来现实、紧迫、具体的危险（如一次扔下一整块玻璃、一次性扔下一瓶浓硫酸）且该危险具有瞬间爆发扩散的可能性，才成立本

① 张明楷．刑法学．6版．北京：法律出版社，2021：891.

罪；如果仅是从高空抛弃物品，情节严重（如扔下一把菜刀，没有砸中人员与财物），则以高空抛物罪定罪处罚。

例　甲从人行天桥往下扔砖头，即使事前不能确定伤亡者是谁，但是该行为只能导致不特定少数人伤亡，不可能随时扩大或者增加被害人的范围，因此不应当构成本罪。[①]

2. 本罪是与放火罪、决水罪、爆炸罪并列的罪名，因此要求行为不但危及公共安全，还要具有瞬间的爆发性，损害结果会随时扩大或增加，只有这样才能认为与放火、决水、爆炸行为危险程度相当。

例　甲为寻求刺激，在某县多个乡镇，趁学生放学或上学之机，多次使用废弃的注射器、锥子、自制铁锐器（有倒钩）等凶器刺伤中小学女生的胸部，造成1人死亡、24名中小学女生不同程度受伤。甲每一次捅刺行为只能伤害一人，损害结果不具有随时扩大或增加的可能性，应当构成故意杀人罪和故意伤害罪，数罪并罚。

注意　**以危险方法危害公共安全罪的构成要件缺乏明确性，如果某一行为符合刑法分则第二章其他犯罪的构成要件，则应当优先认定为其他罪名。**

例　甲、乙二人出于毁坏车辆，以达到帮助别人修车、守车获取劳务费的目的，在某二级汽车专用公路的行车路面上放置了两块分别约80公斤和20公斤的石头。当晚23时许，元宝驾驶汽车途经此地，汽车撞在二被告人放置的石头上，致左前轮爆裂，车辆失控冲到公路旁的防洪沟内，造成车内二人死亡。甲、乙的行为构成破坏交通设施罪，不应当认定为以危险方法危害公共安全罪。

四、交通肇事罪

（一）概念

违反交通运输管理法规，在公共交通管理范围内发生重大事故，致人重伤、死亡或者使公私财产遭受重大损失的行为。

（二）认定

1. 客观方面：违反交通运输管理法规，在公共交通管理范围内发生重大事故，致人重伤、死亡或者使公私财产遭受重大损失的行为。

（1）有违反交通运输管理法规的行为。

“交通运输管理法规”，主要指公路、水上交通运输中的各种交通规则、操作规程、劳动纪律等。

（2）在公共交通管理范围内（陆路、水路），且在交通过程中以及与交通有直接关系的活动中。

例1　甲在施工场地卸货倒车时，不慎将一装卸工人轧死。甲的行为构成重大责任事故罪，而不是交通肇事罪。

例2　在高速公路上实施拉车门乞讨等行为，造成重大事故的，应认定为交通肇事罪。

例3　在城区或其他行人较多、有机动车来往的道路上违章骑三轮车，造成重大事

① 张明楷．刑法学．6版．北京：法律出版社，2021：893.

故的，应认定为交通肇事罪。

(3) 发生重大交通事故，致人重伤、死亡或者使公私财产遭受重大损失。

(4) 违反交通运输管理法规的行为与结果之间必须具有因果关系。换言之，即使行为人违反了交通运输管理法规，客观上也发生了危害结果，但如果危害结果与行为人违反交通运输管理法规的行为之间没有因果关系，则不能以本罪论处。

例 行为人并未按照交通运输管理法规之规定对车辆进行年检，但车辆并无故障。若因被害人自身横穿马路造成交通事故，行为人不构成交通肇事罪。

2. 犯罪主体：一般主体。

(1) 交通运输从业人员。

(2) 非交通运输从业人员。

根据2000年《关于审理交通肇事刑事案件具体应用法律若干问题的解释》，应注意：

(1) 单位主管人员、机动车辆所有人或者机动车辆承包人**指使**、**强令**他人违章驾驶造成重大交通事故，以**交通肇事罪**定罪处罚。此时，单位主管人员、机动车所有人、承包人与机动车驾驶者分别成立交通肇事罪，他们之间并不成立共同犯罪。

(2) 交通肇事后，单位主管人员、机动车辆所有人、承包人或者乘车人指使肇事人逃逸，致使被害人因得不到救助而死亡的，以**交通肇事罪的共犯**论。此时，单位主管人员、机动车辆所有人、承包人、乘车人与机动车驾驶者对于“被害人因得不到及时救助而死亡”这一结果有共同故意，因此以交通肇事罪的共犯论处。

3. 交通肇事罪的基本情形与加重情形。

(1) 基本情形。

主观责任	客观后果		法定刑
完全或主要责任	类型一	①死亡1人以上；②重伤3人以上；③造成公私直接财产损失30万元以上并无力赔偿	3年以下有期徒刑或者拘役
	类型二	重伤1人以上并具有下列情形之一：①酒后、吸毒后驾驶；②无驾驶资格；③明知车况不良；④明知是无牌证、报废车辆；⑤严重超载；⑥肇事后逃逸[1]	
同等责任	死亡3人以上		

(2) 加重情形。

交通肇事罪	逃逸[2]	一级加重	3年以上 7年以下有期徒刑
交通肇事	**逃逸且因逃逸[3]致人死亡**	**二级加重**	7年以上 有期徒刑

【一级加重】“交通运输肇事后逃逸”的基本要件：

① “逃逸”是交通肇事罪的成立条件，而非法定刑升格条件。

② 以“逃逸”前的行为构成交通肇事罪为前提，属于交通肇事罪一级加重情形。

③ 交通事故发生后，逃逸行为致被害人得不到及时救助而死亡，属于交通肇事罪二级加重情形。

①逃逸前的行为已经构成**交通肇事罪**；

② **行为人明知**发生了交通事故；

③ 逃逸的**目的**："逃避法律追究"。

【二级加重】"因逃逸致人死亡"的基本要件：

①逃逸前发生了交通事故（不需要构成交通肇事罪）；

②**行为人明知**发生了交通事故；

③逃逸的**目的**："逃避法律追究"；

④被害人死亡原因：得不到及时救助。

例 1　甲违章驾驶，肇事致 1 人重伤，为逃避法律追究而逃逸：交通肇事罪。

例 2　乙酒后开车，肇事致 1 人重伤，为逃避法律追究而逃逸：交通肇事罪（一级加重）。

例 3　丙酒后开车，肇事致 1 人重伤，为逃避法律追究而逃逸，被害人因失血过多而死亡：交通肇事罪（二级加重）。

例 4　丁超速驾驶，肇事致 1 人重伤，为逃避法律追究而逃逸，被害人因失血过多而死亡：交通肇事罪（二级加重）。

4. 罪数问题。

（1）行为人在交通肇事后，明知被害人伤重，将被害人带离事故现场后隐藏或者遗弃，致使被害人无法得到救助而死亡或者严重残疾的，应当分别以故意杀人罪或者故意伤害罪定罪处罚。

（2）行为人在交通肇事后，以为被害人已经死亡，为了隐匿罪迹，将被害人沉入河流中，事实上被害人溺死，应将后行为认定为过失致人死亡罪；如果前行为已构成交通肇事罪，则应实行数罪并罚。

【命题角度】"被害人事后死亡"的情形下，如何评价行为？

误以为 当场死亡	逃逸→没有得到及时救助	**"逃逸致人死亡"**
	将"尸体"带离事故现场后隐藏或者遗弃→没有得到及时救助	
	将"尸体"扔进河中→淹死	过失致人死亡罪（可与前面的交通肇事罪并罚）
明知 当场未死	逃逸→没有得到及时救助	**"逃逸致人死亡"**
	将被害人带离事故现场后隐藏或者遗弃→没有得到及时救助	（不作为）故意杀人罪[①]
	倒车再轧或者拔刀捅杀	故意杀人罪（可与前面的交通肇事罪并罚）

① 此时属于交通肇事罪（因逃逸致人死亡）与故意杀人罪的想象竞合，直接以故意杀人罪论处。将被害人隐藏或者遗弃的行为制造了更加严重的危险，只要行为人及时将被害人带回就可以消除危险，刑法处罚的是其不消除危险的行为，即将被害人隐藏或者遗弃的行为，不是杀人行为本身，而是不作为的先行行为。因此属于不作为故意杀人罪。

五、危险驾驶罪

（一）概念

在道路上驾驶机动车追逐竞驶，情节恶劣的，或者在道路上醉酒驾驶机动车的，或者从事校车业务或者旅客运输，严重超过额定乘员载客，或者严重超过规定时速行驶的，或者违反危险化学品安全管理规定运输危险化学品，危及公共安全的行为。

（二）认定

1. 客观方面。

（1）追逐竞驶且**情节恶劣**。

①“追逐竞驶”是指在道路上高速、超速行驶，随意追逐、超越其他车辆，频繁或突然并线，近距离驶入其他车辆之前的危险驾驶行为。

②可以是2人以上，也可由单个人实施。

（2）醉酒驾驶。指在道路上驾驶机动车，血液酒精含量达到80毫克/100毫升以上。

（3）从事校车业务或者旅客运输，严重超过额定乘员载客，或者严重超过规定时速行驶。

（4）违反危险化学品安全管理规定运输危险化学品，危及公共安全。

2. 犯罪主体：一般主体。

机动车所有人、管理人对第(3)(4)项中的行为负有直接责任的，同样构成本罪。

3. 罪数问题。

（1）危险驾驶致使发生交通事故，又构成交通肇事罪的：以交通肇事罪从重处罚；

（2）危险驾驶致使发生交通事故，又构成交通肇事罪，且行为人不顾周围群众拦截继续驾车行驶，又撞死撞伤多人的：以以危险方法危害公共安全罪从重处罚。

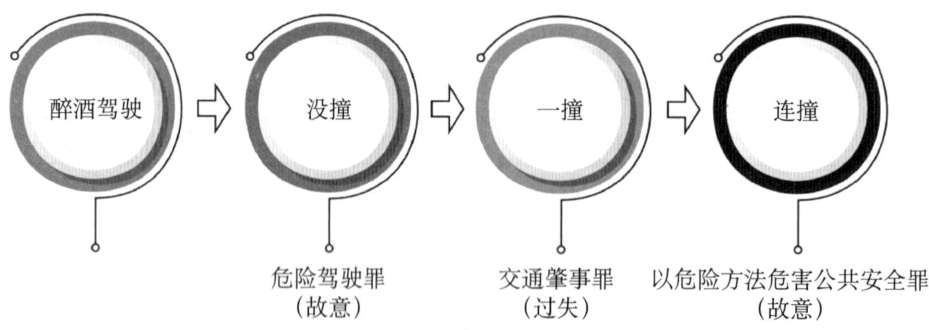

如果危险驾驶，但是在驾驶过程中由于其他原因导致发生事故，则与危险驾驶罪数罪并罚。例如：

（1）醉酒驾驶，但是由其他违反交通运输管理法规的行为（如闯红灯、超速）引发交通事故，构成交通肇事罪：危险驾驶罪与交通肇事罪数罪并罚。

（2）违规运输危险化学品，危及公共安全，构成危险驾驶罪；又由于闯红灯等原因造成交通事故，构成交通肇事罪：危险驾驶罪与交通肇事罪数罪并罚。

【**2022年网络回忆版（多选）**】关于危险驾驶罪，下列说法错误的是（　　）。[①]

A. 甲明知乙喝醉了酒，仍然将自己的车辆借给乙，让其独自开车回家。乙驾车回家途中，不慎撞死了行人丙。甲成立危险驾驶罪，不构成交通肇事罪

B. 甲喝醉酒后，打电话给妻子乙，让其过来代驾送自己回家。等待期间，甲因天气寒冷，在停车场发动机动车，坐在驾驶位取暖时，被交警大队执勤民警查获。甲成立危险驾驶罪

C. 某日深夜，乙突发疾病，救护车无法及时赶到，在场唯一会开车的甲也喝醉了酒。为了救乙，甲只能驾车将乙送到医院。甲成立危险驾驶罪

D. 乙向甲说明自己要参加酒会，向甲借车，甲予以出借，乙在酒会上喝醉，然后驾车回家。甲成立危险驾驶罪的帮助犯

六、妨害安全驾驶罪

（一）概念

对行驶中的公共交通工具的驾驶人员使用暴力或者抢控驾驶操纵装置，干扰公共交通工具正常行驶，或者驾驶人员在行驶的公共交通工具上擅离职守，与他人互殴或者殴打他人，危及公共安全的行为。

（二）认定

1. 实行行为包括两种类型。

（1）乘客对行驶中的公共交通工具的驾驶人员使用暴力或者抢控驾驶操纵装置，干扰公共交通工具正常行驶，危及公共安全；

（2）驾驶人员在行驶的公共交通工具上擅离职守，与他人互殴或者殴打他人，危及公共安全。

2. 如果因为实施本罪行为，给交通运输安全带来现实、紧迫、具体的危险，如导致公共交通工具发生剧烈晃动，严重偏离线路，足以发生倾覆、毁坏的后果或者造成严重交通事故致人伤亡，则同时成立以危险方法危害公共安全罪，依照处罚较重的规定定罪处罚。

七、帮助恐怖活动罪

（一）概念

资助恐怖活动组织、实施恐怖活动的个人，资助恐怖活动培训，以及为恐怖活动组织、实施恐怖活动或者恐怖活动培训招募、运送人员的行为。

（二）认定

1. 实行行为。

（1）资助恐怖活动组织、实施恐怖活动的个人：提供物质帮助，解决经济困难。

---

① 【答案】ABCD

（2）资助恐怖活动培训：为恐怖活动培训募集、提供经费、物资、场所或其他物质便利条件。

（3）为恐怖活动组织、实施恐怖活动或者恐怖活动培训招募、运送人员。

①招募：宣传、介绍、推荐、鼓动；

② 运送：利用各种交通手段接收、运输、中转。

2. 行为主体：自然人、单位。

3. 既遂标准：提供的资助被恐怖活动组织或者人员接收或者招募、运送完成。

注意 本罪的立法模式是帮助犯的正犯化，“帮助行为”本身就是本罪的正犯行为。因此：

（1）定罪：独立定罪，不必遵守共犯从属性原则，即本罪的成立不以恐怖活动组织或者人员实施具体的恐怖活动犯罪为前提。

（2）量刑：不属于共犯中的帮助犯，不适用从犯的规定。

（3）未完成形态：有自己独立的未完成形态（预备、未遂、中止）。

（4）共犯：有自己的帮助犯、教唆犯。

八、准备实施恐怖活动罪

（一）概念

为本人或者他人实施恐怖活动进行准备的行为。

（二）认定

1. 实行行为。

（1）为实施恐怖活动准备凶器、危险物品或者其他工具。

“准备”：购买、制造、租用等。准备凶器、危险物品或者其他工具的目的必须是为实施恐怖活动。

（2）组织恐怖活动培训或者积极参加恐怖活动培训。

“恐怖活动培训”，既包括传授、灌输恐怖主义思想、主张的培训，也包括实施具体恐怖活动的方法、技能的培训，如当面讲授、开办培训班、举办论坛、组织收听收看相关音视频资料等。

（3）为实施恐怖活动与境外恐怖活动组织或者人员联络。

“与境外恐怖活动组织或者人员联络”，既包括利用各种通讯方式（如电话、电子邮件、短信等）联络，也包括直接见面联络；联络的目的是“实施恐怖活动”，其内容既可以是参加境外恐怖活动组织或者具体恐怖活动，也可以是向对方提供相关情报，还可以是寻求支持、支援与帮助等。

（4）为实施恐怖活动进行策划或者其他准备。

为实施恐怖活动进行策划，是指就实施恐怖活动的时间、地点、目标、方法等进行筹划、谋划。

2. 罪数。

准备实施恐怖活动同时构成其他犯罪的，依照处罚较重的规定定罪处罚，如非法买卖枪支、弹药、爆炸物罪，故意杀人罪犯罪预备。

注意　本罪的立法模式是预备行为实行化，“准备实施恐怖活动”的行为就是本罪的实行行为。因此：

（1）定罪：独立定罪，即本罪的成立不以本人或者他人着手实施恐怖活动犯罪为前提。

（2）量刑：不属于犯罪预备，不适用预备犯的规定。

（3）未完成形态：有自己独立的未完成形态（预备、未遂、中止），如为购买实施恐怖活动的枪支而筹钱的行为，为策划实施恐怖活动而与相关人员联系的行为。此类行为如能被证实，应当以准备实施恐怖活动罪（预备）处罚。

（4）共犯：有自己的帮助犯、教唆犯。

【真题训练（2021）】《刑法》第120条之二（准备实施恐怖活动罪）规定，为实施恐怖活动准备凶器、危险物品或者其他工具构成准备实施恐怖活动罪。关于这一规定，下列理解正确的是（　　）。[①]

A. 为实施恐怖活动而非法购买爆炸物的，应依本罪论处

B. 本罪属于预备犯，应比照既遂犯从轻、减轻或免除处罚

C. 为他人实施恐怖活动而准备凶器的，不能依本罪论处

D. 本罪为目的犯，如果不是为实施恐怖活动而准备凶器的，不成立本罪

【重点复盘】

1.【一句话定罪】甲故意放火焚烧公私财物，危及公共安全，成立放火罪。

2.【一句话定罪】甲采用×××的方法，给公共安全带来现实、紧迫、直接的危险，达到与放火、决水、爆炸相当的程度，成立以危险方法危害公共安全罪。

3.【一句话定罪】甲违反交通运输管理法规，在公共交通管理范围内发生重大事故，致1人死亡（或3人重伤）且负事故主要责任，构成交通肇事罪。

4.【一句话定罪】甲醉酒驾驶机动车，成立危险驾驶罪。

5.【一句话定罪】甲对行驶中的公共交通工具的驾驶人员使用暴力、抢控驾驶操纵装置，干扰公共交通工具正常行驶，危及公共安全，成立妨害安全驾驶罪；乙在行驶的公共交通工具上擅离职守，与他人互殴或者殴打他人，危及公共安全，成立妨害安全驾驶罪。

6.【一句话定罪】甲资助恐怖活动组织（个人或者恐怖活动培训），成立帮助恐怖活动罪。

7.【一句话定罪】甲为本人（或者他人）实施恐怖活动，准备工具、参加培训、进行策划，成立准备实施恐怖活动罪。

---

① 【解析】A选项：准备实施恐怖活动罪法定最高刑为15年有期徒刑，同时构成非法买卖爆炸物罪（法定最高刑为死刑），想象竞合，择一重罪论处。（参见张明楷．刑法学．6版．北京：法律出版社，2021：706）；B选项：本罪属于预备行为实行化（预备犯的既遂化），行为人完成了本罪的行为，即构成犯罪既遂，不适用刑法总则关于预备犯的规定；C选项：本罪的实行行为并没有要求必须为自己实施恐怖活动做准备，因此为他人实施恐怖活动而准备凶器的，也成立本罪；D选项：本罪是目的犯，准备凶器、危险物品或者其他工具，必须是为实施恐怖活动。答案为D。

第十七章　破坏社会主义市场经济秩序罪

第一节　生产、销售伪劣商品罪

抽象危险犯	生产、销售、提供假药罪	第 141 条：**生产、销售假药的**，处 3 年以下有期徒刑或者拘役，并处罚金
	生产、销售有毒、有害食品罪	第 144 条：在生产、销售的食品中**掺入有毒、有害的非食品原料的**，或者**销售明知掺有有毒、有害的非食品原料的食品的**，处 5 年以下有期徒刑，并处罚金
具体危险犯	生产、销售不符合安全标准的食品罪	第 143 条：生产、销售不符合食品安全标准的食品，**足以造成严重食物中毒事故或者其他严重食源性疾病**的，处 3 年以下有期徒刑或者拘役，并处罚金
结果犯	生产、销售伪劣产品罪	第 140 条：生产者、销售者在产品中掺杂、掺假，以假充真、以次充好或者以不合格产品冒充合格产品，**销售金额 5 万元**以上不满 20 万元的，处 2 年以下有期徒刑或者拘役
	生产、销售、提供劣药罪	第 142 条：生产、销售劣药，**对人体健康造成严重危害的**，处 3 年以上 10 年以下有期徒刑

一、本节犯罪概述

（一）犯罪主体

本节全部罪名都可由**单位**构成。

（二）法条竞合

《刑法》第 149 条**【生产、销售伪劣商品行为的法条适用原则】**生产、销售本节第 141 条至第 148 条所列产品，不构成各该条规定的犯罪，但是销售金额在 5 万元以上的，依照本节第 140 条的规定定罪处罚。

生产、销售本节第 141 条至第 148 条所列产品，构成各该条规定的犯罪，同时又构成本节第 140 条规定之罪的，依照**处罚较重**的规定定罪处罚。

1. 生产、销售《刑法》第 141—148 条所列产品，如果不构成各该条规定的犯罪，但是销售金额在5万元以上，成立**生产、销售伪劣产品罪**。

例如，生产、销售劣药，没有给人体健康造成严重危害则不成立生产、销售劣药罪，但是如果销售金额在5万元以上，则以生产、销售伪劣产品罪定罪。

2. 构成各该条规定的犯罪，同时**又构成**生产、销售伪劣产品罪，依照**处罚较重**的规定定罪处罚。

例如，生产、销售劣药，已经给人体健康造成严重危害，成立生产、销售劣药罪，但是如果销售金额在5万元以上，也成立生产、销售伪劣产品罪，则依照**处罚较重**的规定定罪处罚。

（三）共犯

明知他人实施本节犯罪，而为其提供贷款、资金、账号、发票、证明、许可证件，生产经营场所，运输、仓储、保管、邮寄、网络销售条件，制假生产技术，食品原料、食品添加剂，广告宣传等**直接帮助的，以共犯论处**。

（四）罪数

1. 犯本节之罪，同时又构成**侵犯知识产权**、**非法经营**、**合同诈骗**等犯罪，属于想象竞合，依照处罚较重的犯罪处罚。

2. 犯本节之罪，同时以暴力、威胁方法抗拒检查，构成**妨害公务罪**的，数罪并罚。

二、生产、销售伪劣产品罪

（一）概念

生产者、销售者在产品中掺杂、掺假，以假充真，以次充好或者以不合格产品冒充合格产品，销售金额达5万元以上的行为。

（二）认定

1. 实行行为：在产品中掺杂、掺假，以假充真，以次充好或者以不合格产品冒充合格产品。

（1）“在产品中掺杂、掺假”，即在产品中掺入杂质或者异物，致使产品不符合质量要求，降低、失去应有使用性能。如在芝麻中掺沙子，在磷肥中掺入颜色相同的泥土等。

（2）“以假充真”，即以不具有某种使用性能的产品冒充具有该种使用性能的产品，如将党参冒充人参、将猪皮鞋冒充牛皮鞋等。

（3）“以次充好”，即以低等级、低档次产品冒充高等级、高档次产品，或者以残次、废旧零配件组合、拼装后冒充正品或者新产品。

（4）以不合格产品冒充合格产品。“不合格产品”，即不符合产品质量法规定的质量要求的产品。

上述四种行为有时很难绝对地区分，也没有必要硬性区分某种行为属哪一类。只要实施其中一种行为便可能构成生产、销售伪劣产品罪，同时实施多种行为的，也只以一罪论处。

2. 结果：销售金额达5万元以上的行为。

（1）“销售金额”，是指生产者、销售者出售伪劣产品后所得和应得的全部违法收入。

（2）多次实施生产、销售伪劣产品行为，未经处理的，伪劣产品的销售金额或货值金额累计计算。

（3）伪劣产品尚未销售，货值金额达到15万元的，以生产、销售伪劣产品罪（未遂）定罪处罚。

3. 犯罪主体：生产者与销售者。

（1）生产者、销售者是否取得了有关产品的生产许可证或营业执照，不影响本罪的成立。

（2）生产者与销售者既可以是自然人，也可以是单位。

4. 主观要件：故意。

明知自己生产、销售伪劣产品的行为会发生破坏国家产品质量监管秩序、侵害用户、消费者合法权益的危害结果，并且希望或者放任这种结果发生。

注意　行为人减价销售伪劣产品（价格与伪劣产品的价值相当），销售金额5万元以上的，应当如何处理？对此，可通过判断行为是否具有欺骗性、行为人是否具有本罪的故意来解决。

如果销售者将真相告诉消费者，其行为就不可能符合以假充真、以次充好的构成要件，不能认定行为人希望或者放任发生破坏市场经济秩序、侵害消费者权益的结果，因而不具有本罪的故意，不成立本罪。如果不说明真相，只是单纯减价销售的，不影响本罪的成立。[①]

【2022年网络回忆版（延考）】食品公司甲公司有一批过期食品，准备进行销毁处理。李某得知后，表示希望购买该批产品作为公司员工福利发放，甲公司称该批食品已经过期，虽然不会引起不良反应，但是仍不能进行销售，拒绝购买要求。李某多次向甲公司提出购买该批产品，甲公司同意，销售金额共计6万元。李某作为公司福利发放给公司员工后，没有收到不良反应。[②]

三、生产、销售、提供假药罪

（一）概念

生产、销售、提供假药罪是指生产者、销售者违反国家药品管理法规，生产、销售假药或者药品使用单位的人员明知是假药而提供给他人使用的行为。

（二）认定

1. 实行行为：生产、销售、提供假药的行为。

（1）“生产”：以生产、销售、提供假药为目的，合成、精制、提取、储存、加工

① 张明楷．刑法学．6版．北京：法律出版社，2021：947.

② 甲公司与李某都无罪。

炮制药品原料，或者在将药品原料、辅料、包装材料制成成品过程中，进行配料、混合、制剂、储存、包装。

（2）“销售”：一切有偿提供假药的行为，都是销售假药的行为。

根据司法解释，为出售而购买、储存的行为，应当认定为《刑法》第141、142条规定的“销售”。

（3）“提供”：药品使用单位的人员明知是假药而提供给他人使用。

（4）“假药”：根据药品管理法的规定，有下列情形之一的为假药：

①药品所含成份与国家药品标准规定的成份不符；

②以非药品冒充药品或者以他种药品冒充此种药品；

③变质的药品；

④药品所标明的适应症或者功能主治超出规定范围。

例如，某企业将面粉和白糖的混合物冒充避孕药予以销售，属于生产、销售假药。

注意 “假药”的关键问题是成分不符，没有疗效。

2.结果。

本罪属于抽象危险犯（行为犯），只要实施生产、销售、提供假药的行为，犯罪就成立。如果生产、销售、提供的假药对人体健康造成严重危害或者有其他严重情节，则是本罪法定刑升格的条件。

四、生产、销售、提供劣药罪

（一）概念

生产、销售、提供劣药罪是指违反国家药品管理制度，生产、销售劣药或者药品使用单位的人员明知是劣药而提供给他人使用，对人体健康造成严重危害的行为。

（二）认定

1.实行行为：生产、销售、提供劣药的行为。

有下列情形之一的为“劣药”：

（1）药品成份的含量不符合国家药品标准；

（2）被污染的药品；

（3）未标明或者更改有效期的药品；

（4）未注明或者更改产品批号的药品；

（5）超过有效期的药品；

（6）擅自添加防腐剂、辅料的药品；

（7）其他不符合药品标准的药品。

例如，某企业在其生产的六味地黄丸中擅自添加黄色着色剂并予以销售，属于生产、销售劣药。

注意1 “劣药”的关键问题是轻微瑕疵，可能不影响疗效。

2.结果：对人体健康造成严重危害。

本罪属于结果犯（实害犯），需要对人体健康造成严重危害，犯罪才成立。所谓

“严重危害”，指轻伤以上伤害、轻度以上残疾或者器官组织损伤导致一般功能障碍。

注意2 2022 年司法解释：根据民间传统配方私自加工药品或者销售上述药品，数量不大，且未造成他人伤害后果或者延误诊治的，或者不以营利为目的实施带有自救、互助性质的生产、进口、销售药品的行为，不应当认定为犯罪。

五、妨害药品管理罪

（一）概念

违反药品管理法规，实施法定行为，足以严重危害人体健康的情形。

（二）认定

1. 实行行为。

（1）生产、销售国务院药品监督管理部门禁止使用的药品的。

（2）未取得药品相关批准证明文件生产、进口药品或者明知是上述药品而销售的。

（3）药品申请注册中提供虚假的证明、数据、资料、样品或者采取其他欺骗手段的。

（4）编造生产、检验记录的。

2. 本罪是具体危险犯，实施上述行为，足以严重危害人体健康的，犯罪才成立。

3. 实施本罪，同时又构成生产、销售、提供假药罪，生产、销售、提供劣药罪或者其他犯罪的，依照处罚较重的规定定罪处罚。

注意 未取得药品相关批准证明文件生产、进口的药品，不是“假药”；国务院药品监督管理部门禁止使用的药品，不是“假药”。

【2021 年网络回忆版】关于药品犯罪的认定，下列说法正确的是（　　）。①

A. 生产、销售、提供假药罪是抽象危险犯，生产、销售、提供劣药罪是具体危险犯

B. 生产、销售国务院药品监督管理部门禁止使用的药品的，构成生产、销售假药罪

C. 药品使用单位或者单位的人员销售、提供假药给他人的，成立销售、提供假药罪

D. 擅自进口药品在国内销售的，不能成立销售假药罪，但可能成立妨害药品管理罪

---

① 【解析】A 选项：生产、销售、提供假药罪是抽象危险犯，生产、销售、提供劣药罪是结果犯，需要对人体健康造成严重危害，犯罪才成立。B 选项：生产、销售国务院药品监督管理部门禁止使用的药品，足以严重危害人体健康的，构成妨害药品管理罪。C 选项：根据《刑法》第 141 条的规定，药品使用单位或其人员销售、提供假药给他人的，成立销售、提供假药罪。D 选项：根据《药品管理法》的规定，未取得药品相关批准证明文件生产、进口的药品，不属于假药。但是根据《刑法》第 142 条之一的规定，未取得药品相关批准证明文件生产、进口药品或者明知是上述药品而销售，足以严重危害人体健康的，构成妨害药品管理罪。答案为 CD。

六、生产、销售不符合安全标准的食品罪

（一）概念

违反国家食品卫生安全管理法规，生产、销售不符合安全标准的食品，足以造成严重食物中毒事故或者其他严重食源性疾病的行为。

（二）认定

1. 实行行为：生产、销售不符合安全标准的食品。

“不符合安全标准的食品”，是指不符合食品安全法规定的安全标准的食品。

2. 结果内容。

本罪是具体危险犯，因此生产、销售不符合食品安全标准的食品，足以造成严重食物中毒事故或者其他严重食源性疾病的，犯罪才成立。

根据《最高人民法院、最高人民检察院关于办理危害食品安全刑事案件适用法律若干问题的解释》，具有下列情形之一的，应当认定“足以造成严重食物中毒事故或者其他严重食源性疾病”：

（1）含有**严重超出标准限量**的致病性微生物、农药残留、兽药残留、生物毒素、重金属等污染物质以及其他严重危害人体健康的物质的；

（2）属于**病死、死因不明**或者**检验检疫不合格**的畜、禽、兽、水产动物肉类及其制品的；

（3）属于国家为**防控疾病**等特殊需要明令禁止生产、销售的；

（4）**特殊医学用途配方食品、专供婴幼儿的主辅食品**营养成分严重不符合食品安全标准的；

（5）在食品生产、销售、运输、贮存等过程中，违反食品安全标准，超限量或者超范围滥用**食品添加剂**，足以造成严重食物中毒事故或者其他严重食源性疾病的；

（6）在食用农产品种植、养殖、销售、运输、贮存等过程中，违反食品安全标准，超限量或者超范围滥用**添加剂、农药、兽药**，足以造成严重食物中毒事故或者其他严重食源性疾病的；

（7）其他足以造成严重食物中毒事故或者严重食源性疾病的情形。

注意　“不安全的食品”，关键在于“滥用”和“不足”。

例　甲明知病死猪肉有害，仍大量收购病死猪肉并冒充合格猪肉在市场上销售，法院以销售有毒、有害食品罪定罪处罚。（2014－2－58）

解析：错误。甲销售病死猪肉，成立销售不符合安全标准的食品罪。

七、生产、销售有毒、有害食品罪

（一）概念

违反国家食品安全管理法律法规，在生产、销售的食品中掺入有毒、有害的非食品原料的，或者销售明知掺有有毒、有害的非食品原料的食品的行为。

（二）认定

1. 实行行为：生产、销售的食品中掺入有毒、有害的非食品原料，或者销售明知掺有有毒、有害的非食品原料的食品的行为。

（1）在生产的食品中**掺入**有毒、有害的非食品原料；

（2）在销售的食品中**掺入**有毒、有害的非食品原料。

例如，将工业用酒精勾兑成散装白酒出售给他人，将工业用猪油冒充食用油出售给他人的，成立生产、销售有毒食品罪。

（3）明知是掺有有毒、有害的非食品原料的食品而**销售**。

例如，行为人将自己打捞的有毒鱼虾拿到市场上出卖，没有经过任何加工的，可以成立销售有毒、有害食品罪。

此外，根据《最高人民法院、最高人民检察院关于办理危害食品安全刑事案件适用法律若干问题的解释》，下列行为成立本罪：

①在食品生产、销售、运输、贮存等过程中，掺入有毒、有害的**非食品原料**，或者使用有毒、有害的**非食品原料**生产食品的；

②在食用农产品种植、养殖、销售、运输、贮存等过程中，使用**禁用**农药、食品动物中**禁止使用**的药品及其他化合物等有毒、有害的非食品原料；

③在保健食品或者其他食品中非法添加国家**禁用**药物等有毒、有害的非食品原料的。

注意1 对于“有毒、有害”的理解，关键在于**非食品原料**和**禁用**。只要掺入的物质是**不能用做食品的原料**或者**国家明令禁止在食品中使用**的，就属于“有毒、有害”，至于该物质对人体究竟有多少直接损害，并不是定罪需要考虑的问题。

注意2 **关于“瘦肉精”**（盐酸克仑特罗）：在饲料和动物饮用水中**使用**该药品或者**使用**含有该类药品的饲料养殖供人食用的动物，或者**销售**明知是使用该类药品或者含有该类药品的饲料养殖的供人食用的动物的，以本罪论处。明知是使用该药品或者含有该类药品的饲料养殖的供人食用的动物，而提供**屠宰**等加工服务，或者**销售**其制品的，成立本罪。即**不能使用“瘦肉精”饲养供人食用的动物，不能卖、屠宰用“瘦肉精”养殖的动物。**

2. 结果：本罪是抽象危险犯（行为犯），只要实施生产、销售有毒、有害食品的行为，即构成本罪（既遂）。如果生产、销售的有毒、有害食品对人体健康造成严重危害或者有其他严重情节，则是本罪法定刑升格的条件。

第二节　走私罪

本节重点讲述走私普通货物、物品罪。

一、走私普通货物、物品罪的概念

违反海关法规，逃避海关监管，非法运输、携带、邮寄国家禁止进出口的武器、弹药、核材料、假币、珍贵动物及其制品、珍稀植物及其制品、淫秽物品以及国家禁止出口的文物、金银和其他贵重金属以外的其他货物、物品进出境，偷逃应缴纳关税数额较大或者一年内曾因走私被给予两次行政处罚后又走私的行为。

二、走私普通货物、物品罪的认定

1. 实行行为：违反海关法规，走私普通货物、物品，数量较大的行为。具体方式如下：

(1)“绕关走私”：未经国务院或国务院授权的部门批准，不经过设立海关的地点，非法运输、携带依法应当缴纳关税的货物、物品进出国（边）境。

(2)“瞒关走私”：虽然通过设立海关的地点进出国（边）境，但采取隐匿、伪装、假报等欺骗手段，逃避海关监管、检查，非法盗运、偷带或者非法邮寄依法应当缴纳关税的货物、物品。

(3)“变相走私”：即国家基于特定事由，允许特定种类的货物、物品免税或者减税进境，但是行为人违反规定未将减免税进口的货物、物品用于特定事项上，而是在境内销售牟利，实质上是变相掠取了国家的关税利益。

变相走私又有两种行为方式：

①**【特定的保税货物、物品】**未经国务院批准或者海关许可并补缴关税，擅自将批准进口的来料加工、来件装配、补偿贸易的原材料、零件、制成品、设备等保税货物或者海关监管的其他货物、进境的海外运输工具等，非法在境内销售牟利的。

“保税货物”，是指经海关批准，未办理纳税手续进境，在境内储存、加工、装配后应予复运出境的货物，包括通过加工贸易、补偿贸易等方式进口的货物，以及在保税仓库、保税工厂、保税区或者免税商店内等储存、加工、寄售的货物。

“销售牟利”，是指行为人主观上为了牟取非法利益而擅自销售海关监管的保税货物、特定减免税货物，偷逃税额在10万元以上。

②**【特定的减免税货物、物品】**假借捐赠名义进口货物、物品，或者未经海关许可并补缴关税，擅自将减税、免税进口捐赠货物、物品或者其他特定减税、免税进口用于特定企业、特定地区、特定用途的货物、物品，非法在境内销售牟利的。

(4)“间接走私”：直接向走私人非法收购走私进口的货物、物品，数额较大的；在内海、领海、界河、界湖运输、收购、贩卖走私进口的货物、物品，数额较大，没有合法证明的。

2. 刑事可罚性起点。成立本罪要求偷逃应缴税额较大（10万元）或者一年内曾因走私被给予二次行政处罚后又走私的。

3. 共犯：与走私罪犯通谋，为其提供贷款、资金、账号、发票、证明、运输、保管、邮寄等直接帮助，以走私罪的共犯论处。

4. 武装掩护走私，从重处罚。

5. 以暴力、威胁方法抗拒缉私，以本罪与妨害公务罪并罚。

6. 混合走私：走私的普通货物、物品中，藏匿武器弹药、核材料、假币、文物、贵重金属、珍贵动物、珍贵动物制品、国家禁止进出口的货物物品、淫秽物品、毒品、制毒物品的，数罪并罚。

7. 本罪与其他走私类犯罪的关系。

<table>
<tr><th>禁止进出境</th><th>禁止出境</th><th>禁止进境</th><th>不禁止但要交税</th></tr>
<tr><td>走私武器、弹药罪</td><td rowspan="3">走私文物罪</td><td rowspan="6">走私废物罪</td><td rowspan="6">走私普通货物、物品罪</td></tr>
<tr><td>走私核材料罪</td></tr>
<tr><td>走私假币罪</td></tr>
<tr><td>走私珍贵动物、珍贵动物制品罪</td><td rowspan="3">走私贵重金属罪</td></tr>
<tr><td>走私淫秽物品罪</td></tr>
<tr><td>走私国家禁止进出口的货物、物品罪</td></tr>
</table>

（1）禁止进出境的货物、物品：①武器、弹药；②核材料；③假币；④珍贵动物、珍贵动物制品；⑤淫秽物品；⑥国家禁止进出口的其他货物、物品。

违反规定运输、邮寄、携带此类货物、物品进出境，成立相应犯罪。

（2）禁止出境的货物、物品：①文物；②贵重金属。

违反规定运输、邮寄、携带文物或者贵重金属出境，成立走私文物罪、走私贵重金属罪。

（3）禁止进境的货物、物品：废物。

违反规定运输、邮寄、携带废物进境，成立走私废物罪。

（4）普通货物、物品：国家禁止进出境、国家限制进出境物品以外的货物、物品。

运输、邮寄、携带普通货物、物品进出境，偷逃关税在10万元以上的，成立走私普通货物、物品罪。

注意 将文物、贵重金属进口，将废物出口，偷逃关税在10万元以上的，成立走私普通货物、物品罪。

【命题角度】走私普通货物、物品罪与逃税罪存在法条竞合关系，前罪是特别法，后罪是一般法。

【真题训练（2017）】甲系外贸公司总经理，在公司会议上拍板：为物尽其用，将公司以来料加工方式申报进口的原材料剩料在境内销售。该行为未经海关许可，应缴税款90万元，公司亦未补缴。关于本案，下列哪一选项是正确的？（　　）[①]

A. 虽未经海关许可，但外贸公司擅自销售原材料剩料的行为发生在我国境内，不属于走私行为

B. 外贸公司的销售行为有利于物尽其用，从利益衡量出发，应认定存在超法规的犯罪排除事由

① **【解析】**甲将公司以来料加工方式申报进口的原材料剩料在境内销售，属于变相走私的行为，触犯了走私普通货物、物品罪。走私行为的本质就是逃避关税，本身也符合逃税罪的犯罪构成，但如税务机关（海关）下达补缴通知后，外贸公司补缴应纳税款，缴纳滞纳金，接受行政处罚，那么根据《刑法》的规定，不再追究外贸公司逃税罪的刑事责任，但是走私普通货物、物品罪的责任仍然要追究，因此，A、B、D选项错误，C选项正确。

C. 外贸公司采取隐瞒手段不进行纳税申报，逃避缴纳税款数额较大且占应纳税额的10%以上，构成逃税罪

D. 如海关下达补缴通知后，外贸公司补缴应纳税款，缴纳滞纳金，接受行政处罚，则不再追究外贸公司的刑事责任

【重点复盘】

【一句话定罪】甲违反海关法规，逃避海关监管，采用瞒关（或绕关、变相、间接）走私的方式，运输、携带、邮寄普通货物、物品进出境，偷逃应缴纳关税数额较大或者一年内曾因走私被给予两次行政处罚后又走私的，成立走私普通货物、物品罪。

第三节　破坏金融管理秩序罪

一、伪造货币罪

（一）概念

伪造货币罪是指违反国家货币管理法规，仿照货币的形状、色彩、图案等特征，使用各种方法非法制造出外观上足以乱真的假货币，破坏货币的公共信用，破坏金融管理秩序的行为。

（二）认定

1. 实行行为：制造外观上足以使一般人误认为是货币的假货币，即伪造货币的行为。

（1）“货币”：流通中的人民币（含纪念币，面额以初始发售价格记）和境外货币（含在我国尚无法兑换的境外货币）。

（2）“伪造”，是指制造外观上足以使一般人误认为是货币的假货币的行为。伪造的方法包括机器印制、影印、复印、手描等；同时采用伪造和变造手段，制造真伪拼凑货币的，以伪造货币罪定罪处罚。

根据司法解释，伪造货币必须是仿照真币的图案、形状、色彩等特征非法制造假币来冒充真币，因此必须存在与伪造的货币相对应的（或相当的）真币。

（3）伪造的货币：包括伪造正在流通的中国货币、外国货币，包括硬币（含普通纪念币和贵金属纪念币）与纸币。

（4）伪造的程度，应在外观上足以使一般人误认为是货币，即对于所伪造的货币必须特别加以注意，或者具有一定检测手段、具有专业知识方能发现。如果行为人制造出来的物品完全不可能被人们误认为是货币的，不成立伪造货币罪；如果实施了伪造行为，客观上可能制造出足以使一般人误认为真币的假币，但是没有完成全部印制工序，则成立犯罪未遂。

2. 犯罪主体：没有货币发行权的自然人。

3. **伪造货币罪与变造货币罪。**

	伪造货币罪	变造货币罪
原材料	非货币材料或者真币	真币
实行方法	对非货币材料进行加工或者对真币进行大改	对**真币**小改（不伤害同一性）：剪贴、挖补、揭层、涂改、移位、重印 所谓“小改”：①改面值（增加或者减少），不改基本形态；② 不改面值，只改非基本形态

下列行为，由于对基本形态造成破坏，因此全部成立伪造货币罪。

(1) 将金属货币熔化后，制作成较薄的、更多的金属货币；

(2) 以货币碎片为材料，加入其他纸张，制作成假币；

(3) 将日元改成美元。

4. 伪造货币罪与出售、运输假币罪，持有、使用假币罪属于各自独立的罪名，能否成立吸收犯，则要看是否针对同一批货。伪造货币并出售、运输或者持有、使用自己伪造的货币的，以伪造货币罪从重处罚，不另成立出售、运输假币罪，持有、使用假币罪，属于重行为吸收轻行为，但这仅限于行为人出售、运输或持有、使用自己伪造的假币的情形；如果行为人不仅伪造货币，而且出售、运输或者持有、使用他人伪造的货币，即伪造的假币与出售、运输的假币或持有、使用的假币不具有同一性时，应当数罪并罚。

注意 针对同一批货币，伪造货币罪可以吸收一切货币犯罪。

【命题角度】在多个货币犯罪行为中，让考生判断属于一罪还是数罪。

例 根据刑法规定，伪造货币并出售或者运输伪造的货币的，依照伪造货币罪从重处罚。据此，行为人伪造美元，并运输他人伪造的欧元的，应按伪造货币罪从重处罚。(2013-2-14)

解析：错误。存在吸收关系必须是针对同一批假币。如果甲伪造货币之后，运输了乙伪造的货币，或者使用丙伪造的货币，则要数罪并罚。

二、非法吸收公众存款罪

（一）概念

违反国家金融管理法规非法吸收公众存款或变相吸收公众存款，扰乱金融秩序的行为。

（二）认定

1. 实行行为：非法吸收公众存款或者非法变相吸收公众存款的行为。根据司法解释，无论是非法吸收还是变相吸收，都需要具备下列四个特性：

(1) 非法性：未经有关部门依法许可或者借用合法经营的形式吸收资金。

(2) 公开性：通过网络、媒体、推介会、传单、手机信息等途径向社会公开宣传。

（3）利诱性：承诺在一定期限内以货币、实物、股权等方式还本付息或者给付回报。

（4）社会性：向社会公众即社会不特定对象吸收资金。

①未向社会公开宣传，在亲友或者单位内部针对特定对象吸收资金的，不属于非法吸收或者变相吸收公众存款。

②在向亲友或者单位内部人员吸收资金的过程中，明知亲友或者单位内部人员向不特定对象吸收资金而予以放任的，或者以吸收资金为目的，将社会人员吸收为单位内部人员，并向其吸收资金的，属于向社会公众吸收资金。

注意　犯罪数额以吸收的资金全额计算。案发前后已归还的数额，可以作为量刑情节酌情考虑。

例如，甲在5月份吸收50万元，6月份吸收200万元，并以6月吸收资金偿还5月份借款。非法吸收公众存款的数额为250万元，而不是150万元。

2. 宽恕事由。

非法吸收或者变相吸收公众存款，主要用于正常的生产经营活动，能够在提起公诉前清退所吸收资金，可以免予刑事处罚；情节显著轻微危害不大的，不作为犯罪处理。

3. 共犯。

广告经营者、广告发布者明知他人从事欺诈发行证券，非法吸收公众存款，擅自发行股票、公司、企业债券，集资诈骗或者组织、领导传销活动等集资犯罪活动，为其提供广告等宣传的，以相关犯罪的共犯论处。

4. 罪数。

通过传销手段向社会公众非法吸收资金，构成非法吸收公众存款罪或者集资诈骗罪，同时又构成组织、领导传销活动罪的，依照处罚较重的规定定罪处罚。

三、洗钱罪

（一）概念

明知是毒品犯罪、黑社会性质的组织犯罪、恐怖活动犯罪、走私犯罪、贪污贿赂犯罪、破坏金融管理秩序犯罪、金融诈骗犯罪的违法所得及其产生的收益，而采用掩饰、隐瞒其来源和性质的方法，从而使其"合法化"的行为。

（二）认定

1. 实行行为：为法定的七类犯罪的犯罪所得及其产生的收益实施洗钱行为。

（1）"法定的七类犯罪"：毒品犯罪、黑社会性质的组织犯罪、恐怖活动犯罪、走私犯罪、贪污贿赂犯罪、破坏金融管理秩序犯罪、金融诈骗犯罪。

（2）"犯罪所得及其产生的收益"，是指由上述七类犯罪行为所获取的非法利益以及利用该非法利益所产生的经济利益。

注意1　洗钱罪应当以上游犯罪事实成立为认定前提。上游犯罪尚未依法裁判，但查证属实的，不影响对洗钱罪的审判；上游犯罪事实可以确认，因行为人死亡等原因依法不予追究刑事责任的，不影响洗钱罪的认定；上游犯罪事实可以确认，依法以其他罪名定罪处罚的，也不影响洗钱罪的认定。

（2）“洗钱行为”：

①提供资金**账户**。

②协助将财产**转换**为现金、金融票据、有价证券。

③通过转账或者其他**支付**结算方式转移资金的。

④**跨境**转移资产的。

⑤以**其他方法**掩饰、隐瞒犯罪所得及其收益的来源和性质，包括：

第一，通过**典当、租赁、买卖、投资**等方式，协助转移、转换犯罪所得及其收益；

第二，通过与**商场、饭店、娱乐场所**等现金密集型场所的经营收入**相混合**的方式，协助转移、转换犯罪所得及其收益的；

第三，通过**虚构交易、虚设债权债务、虚假担保、虚报收入**等方式，协助将犯罪所得及其收益转换为“合法”财物的；

第四，通过**买卖彩票、奖券**等方式，协助转换犯罪所得及其收益的；

第五，通过**赌博**方式，协助将犯罪所得及其收益转换为赌博收益的；

第六，协助将犯罪所得及其收益**携带、运输**或者**邮寄**出入境的。

2. 主观要件：故意，行为人必须明知是法定的七类犯罪的犯罪所得及其产生的收益。

如果行为人将此种上游犯罪的犯罪所得及其收益误认为是上游犯罪范围内的彼种犯罪所得及其收益，不影响本罪“明知”的认定。

注意2 如果行为人就是上游犯罪人，为自己的犯罪所得实施洗钱行为，即自洗钱行为，同样构成洗钱罪。

【2021年网络回忆版】关于洗钱罪，下列说法正确的是（　　）。①

A. 甲协助康康将贩毒所得转移到国外，甲构成洗钱罪与转移毒赃罪的想象竞合

B. 国家工作人员乙将受贿所得转移到国外，应以洗钱罪与受贿罪数罪并罚

C. 丙贩毒后将毒赃转移到国外，构成洗钱罪，不构成转移毒赃罪

D. 丁向国家工作人员乐某某行贿，乐某某让丁直接将款项打入其在国外的账户，丁照办。丁构成洗钱罪与行贿罪的想象竞合

【重点复盘】

【一句话定罪】甲明知A实施毒品犯罪（黑社会性质的组织犯罪、恐怖活动犯罪、走私犯罪、贪污贿赂犯罪、金融诈骗犯罪、破坏金融管理秩序犯罪）而为其提供资金账户，掩饰、隐瞒A犯罪所得的来源与性质，从而使其“合法化”的行为，成立洗钱罪。

第四节　金融诈骗罪

本节重点讲述信用卡诈骗罪。

---

① 【答案】ABCD

一、信用卡诈骗罪的概念

以非法占有为目的，使用法定方法进行信用卡诈骗活动，数额较大的行为。

二、信用卡诈骗罪的认定

（一）实行行为：利用信用卡进行诈骗活动

1. 根据《刑法》第196条的规定，信用卡诈骗罪的具体方式包括以下几种。

（1）使用伪造的信用卡或者使用以虚假的身份证明骗领的信用卡。

“使用”，是指按照信用卡的通常使用方法，将伪造的信用卡作为真实有效的信用卡予以利用。将伪造的信用卡予以出售的行为不属于使用。

此外，使用“变造的信用卡”（如磁条内的信息被变更的信用卡）的，应认定为使用伪造的信用卡。

（2）使用作废的信用卡。（同样是按照信用卡的通常使用方法加以使用）

（3）冒用他人信用卡。

“冒用”，是指非持卡人以持卡人名义使用合法持卡人的信用卡骗取财物。包括：拾得他人信用卡后使用的；骗取他人信用卡后使用的；窃取、收买、骗取或者以其他非法方式获取他人**信用卡信息资料**，并通过**互联网、通讯终端**等使用等。

【2019年网络回忆版】乙在某银行领取银行卡及配套的U盾，U盾中有银行卡信息资料。银行大厅经理甲假意指导乙使用U盾，借机偷换了乙的U盾，并欺骗乙说：只能在一周后使用U盾。乙信以为真。后甲利用乙的U盾在网上将乙银行卡账户内的3万元转入自己的银行卡账户。①

（4）恶意透支。根据相关司法解释，持卡人以非法占有为目的，超过规定限额或者规定期限透支，并且经发卡银行两次有效催收后超过3个月仍不归还的，应当认定为恶意透支。

“有效催收”，需要同时符合下列条件：在透支超过规定限额或者规定期限后进行；催收应当采用能够确认持卡人收悉的方式，但持卡人故意逃避催收的除外；两次催收至少间隔30日；符合催收的有关规定或者约定。

【2019年网络回忆版】甲伪造身份证，身份信息是虚假的，用该身份证申领了信用卡，持该信用卡到商场透支消费4万元，并在一周内还款。银行误以为甲信用良好，遂将甲的信用额度提高至10万元。甲透支消费10万元后，立即注销电话号码，后经银行两次催收后超过3个月仍不还款。②

2. 法律及司法解释的特别规定（不以信用卡诈骗罪论处的情况）。

（1）盗窃信用卡并使用的，定盗窃罪。

①“使用”可以分为本人使用，利用不知情的第三人使用以及按照信用卡通常的

---

① U盾实质上就是装着信用卡信息资料的U盘，甲偷换乙的U盾，其实就是盗窃了乙的信用卡信息资料，其通过互联网使用的行为成立信用卡诈骗罪。

② 甲触犯信用卡诈骗罪，属于“使用以虚假的身份证明骗领的信用卡”，不属于“恶意透支”。

方法使用（不包括出售）。

例如，张某窃得同事银行借记卡及身份证，向丈夫何某谎称路上所拾。张某与何某根据身份证号码试出了借记卡密码，持卡消费 5 000 元。张某成立盗窃罪，何某成立信用卡诈骗罪。

② 明知是他人盗窃的信用卡而使用的，也成立盗窃罪。

例如，甲盗窃信用卡后交给乙，乙知道真相后仍然使用，甲、乙均成立盗窃罪。

【命题角度】对于行为人以盗窃罪定罪处罚，但不能忽视在事实上可能存在的信用卡诈骗行为。

【2021 年网络回忆版】甲盗窃他人的银行卡，然后在银行柜台冒用该银行卡，欺骗柜员，将卡中资金 50 万元转入自己银行账户。次日，甲来到另一银行柜台，向柜员乙告知真相，指示乙将该 50 万元汇往境外。下列说法正确的有（　　）。[①]

A. 甲构成盗窃罪

B. 乙仅构成掩饰、隐瞒犯罪所得罪

C. 由于甲实施了信用卡诈骗罪的行为，所以乙构成洗钱罪

D. 如果对乙以洗钱罪论处，那么必须对甲以信用卡诈骗罪论处，否则违反罪刑法定原则

（2）抢劫信用卡并使用的，定抢劫罪。

① 数额认定：以行为人实际使用、消费的数额为抢劫数额；

② 抢劫信用卡并以实力控制被害人，当场提取现金的，成立抢劫罪；

③ 一方抢劫信用卡后控制被害人，知情的另一方帮助取款的，成立抢劫罪共犯。

3. 支付宝、蚂蚁花呗、蚂蚁借呗大总结。

（1）支付宝账户内的余额或余额宝（或微信的钱包）。

①盗窃他人手机，进入没有绑定信用卡的支付宝或者微信钱包。

第一类行为：直接将钱转出。

例如，甲盗窃乙的手机，乙手机微信钱包里有 1 万元，甲将乙微信钱包里的 1 万元转入自己微信。

【结论】甲成立盗窃罪。

第二类行为：商场消费。

例如，甲盗窃乙的手机，乙手机微信钱包里有 1 万元，甲持乙的手机到商场购物，并用乙的微信钱包向收银员支付 1 万元。

结论：甲成立盗窃罪。商家无须识别甲的身份，不存在错误认识，甲的行为属于盗刷他人微信钱包，成立**盗窃罪**。

②盗窃他人手机，进入绑定信用卡的支付宝或者微信钱包。[②]

第一类行为：直接将钱转出。

例如，盗窃他人手机，破解其微信账户、支付宝账户密码，发现手机上的微信、

① 【答案】AC

② 张明楷．刑法学．6 版．北京：法律出版社，2021：1253.

支付宝中没有钱，但是微信、支付宝绑定了银行卡，于是通过微信、支付宝将银行卡里的钱**转入行为人自己的微信、支付宝**。

结论：（命题人）使被害人遭受财产损失的是行为人从微信、支付宝转出“钱”的行为，该行为并没有使用信用卡账号和密码，故不能认定为信用卡诈骗罪，成立**盗窃罪**。认定财产犯罪取决于行为符合哪个罪的构成要件，而不是取决于财产最终源于何处。

第二类行为：商场消费。

例如，盗窃他人手机后，**使用他人手机**在商场购物，由于微信、支付宝余额不足，需要选择绑定的银行卡付款，行为人选择某一张银行卡付款。

结论：（命题人）商场不需要对消费者身份进行识别，不存在冒用的问题，行为人盗刷他人信用卡，成立盗窃罪。

③自己的支付宝、微信，绑定他人的信用卡（信息资料）。

第一类行为：直接将卡里的钱转出。

例如，甲窃取乙的信用卡信息资料，将乙信用卡与自己的微信、支付宝绑定，然后通过微信、支付宝将乙信用卡里的钱转入甲自己的微信、支付宝。

结论：甲将乙的信用卡与自己的微信、支付宝绑定，虽然使用了信用卡账号、密码，但是绑定行为不会转移被害人的财产，通过微信、支付宝将乙银行卡里的钱转入甲自己的微信、支付宝，并没有使用信用卡账号、密码，不构成信用卡诈骗罪，只能成立盗窃罪。

第二类行为：商场消费。

例如，甲为无户籍人员，借用同名同姓堂兄乙的户口信息，在公安局办理了身份证，随后用该身份证办理银行卡，并绑定支付宝，甲同时发现，该支付宝还可以绑定另外一张非自己的银行卡，甲猜到该银行卡应该是堂兄乙的（该卡未绑定支付宝），遂将该卡绑定至自己的支付宝。某日，甲前往某商场购物时支付宝消费 3 万元，致使乙的银行卡内被扣款 3 万元。

结论：甲的支付宝虽然绑定的是乙的银行卡，但是支付宝的账号、密码都是甲自己的，不存在非法取得他人信用卡信息资料并使用的问题。甲的行为，实质是在乙不知情的情况下，盗刷其银行卡，属于将他人财物不法转移为自己占有的行为，构成盗窃罪。

【命题视角】让被害人遭受财产损失的那一刻，是否使用了信用卡信息资料，如果没有使用，根据命题人观点，一律定**盗窃罪**。

（2）蚂蚁花呗、蚂蚁借呗。

①蚂蚁花呗。

蚂蚁花呗是蚂蚁金服公司为支付宝账户所有人提供的在线消费金融服务，通常是花呗服务商向支付宝账户所有人提供仅限于日常消费用途的融资服务和分期功能，花呗服务商属于金融机构。

第一，行为人冒用他人名义通过支付宝认证，开通花呗进而骗取借款的，符合贷款诈骗罪的条件。

第二，行为人冒用他人已经认证的蚂蚁花呗骗取贷款的行为，则需要分情形讨论。

例如，被告人何某趁吴某不备，秘密窃取吴某手机 SIM 卡，后使用该 SIM 卡登录吴某支付宝账户并擅自变更密码。何某登录吴某支付宝账户，通过花呗购买手机 1 部，消费 6 000 余元，又通过花呗在大众点评网消费 187 元。就该行为的定性，需要分情形探讨：

【观点 1】 如果被告人的上述行为不需要通过阿里巴巴公司的工作人员，而是直接通过机器非法占有阿里巴巴公司的资金，成立盗窃罪。

【观点 2】 如果上述行为需要对阿里巴巴公司的工作人员实施欺骗行为，进而使工作人员基于认识错误处分了财产，则属于对于花呗服务商的诈骗行为，成立贷款诈骗罪。

②蚂蚁借呗。

蚂蚁借呗是蚂蚁金服公司为支付宝账户所有人提供的借贷服务，申请人申请贷款，蚂蚁借呗批准后，将款项打入申请人的指定账户，申请人日后还款。借呗服务商属于金融机构，因此同蚂蚁花呗一样，欺骗借呗服务商处分资金，构成贷款诈骗罪。

例如，甲偷到乙的手机，破解了乙手机上的支付宝账户密码，使用里面的“蚂蚁借呗”申请贷款 3 万元，借呗服务商审核批准后，将款项打入甲的指定账户。

解析： 甲冒用乙的蚂蚁借呗账户，欺骗借呗公司，借呗服务商将贷款打给甲，因此遭受财产损失，借呗服务商属于其他金融机构，甲构成贷款诈骗罪。

欺骗
甲（犯罪人） ⇄ 借呗服务商（受害人）
打款

【电子支付复盘】

1. 电子账户

<table>
<tr><th></th><th>他人电子账户，没有绑卡</th><th>他人电子账户，绑卡</th><th>自己电子账户绑定他人的信用卡</th></tr>
<tr><td>直接转出</td><td rowspan="2">盗窃罪</td><td rowspan="2">盗窃罪</td><td rowspan="2">盗窃罪</td></tr>
<tr><td>去商场购物</td></tr>
</table>

2. 蚂蚁花呗、蚂蚁借呗

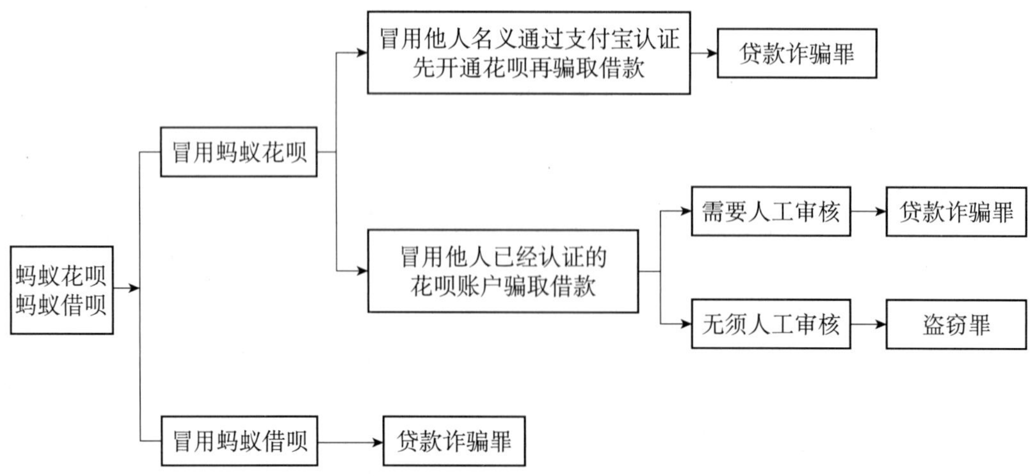

【真题训练（2021）】关于财产犯罪的认定，下列哪些选项是正确的（不考虑数额和情节）？（　　）①

A. 甲未经孙某同意，将孙某的银行卡与孙某的微信绑定，后甲在自己的手机上登录孙某的微信，从孙某的微信中，将 5 000 元转入自己的微信。甲的行为构成信用卡诈骗罪

B. 乙趁钱某熟睡时，将钱某银行卡中的 5 000 元转入钱某的微信中，后从钱某的微信中将 5 000 元转入自己的微信。乙的行为构成盗窃罪

C. 家长将小学生的生活费发到某个微信群里，在班主任接收该红包前，丙“抢”走了其中的 5 000 元红包，事后群内的家长纷纷谴责丙。丙的行为构成抢夺罪

D. 丁趁赵某熟睡时，将赵某微信中的 5 000 元转入自己的微信中。丁的行为构成盗窃罪

第五节　危害税收征管罪

一、逃税罪

（一）概念

纳税人采取欺骗、隐瞒手段进行虚拟的纳税申报或者不申报，逃避缴纳税款数额较大并且占应纳税额 10%以上，或者扣缴义务人采取欺骗、隐瞒手段，不缴或少缴已扣、已收税款，数额较大的行为。

（二）认定

1. 犯罪主体：纳税人、扣缴义务人。

（1）“纳税人”：法律、行政法规规定的负有纳税义务的单位或者个人。

（2）“扣缴义务人”：法律、行政法规规定的负有代扣代缴、代收代缴税款义务的单位或者个人，既可以是各种类型的企业，也可以是机关、社会团体、民办非企业单位、部队、学校和其他单位，或者是个体工商户、个人合伙经营者和其他自然人。例如个人所得税中，个人所得税以支付所得的单位或者个人为扣缴义务人。

2. 实行行为：采取欺骗、隐瞒手段进行虚假纳税申报或者不申报（手段行为），逃避缴纳税款（目的行为）。

（1）“虚假纳税申报”：可以通过伪造、变造、隐匿、擅自销毁账簿或记账凭证的方法进行虚假纳税申报，也可以通过在账簿上多列支出或者不列、少列收入的方式进行虚假纳税申报进。

（2）“不申报”：经税务机关通知申报而拒不申报，即拒绝按税务机关的通知申报纳税。

① 【答案】BD

3. 犯罪结果。

(1) 纳税人逃税：逃避缴纳税款数额较大（5万元）并且占应纳税额10%以上。

(2) 扣缴义务人逃税：不缴或少缴已扣、已收税款，数额较大（5万元）。

4. 针对纳税人的处罚阻却事由及例外。

有逃税行为，经税务机关依法下达追缴通知后，补缴应纳税款，缴纳滞纳金，已受行政处罚的，不予追究刑事责任；但是5年内因逃避缴纳税款受过刑事处罚或者被税务机关给予二次以上行政处罚的除外。

二、抗税罪

(一) 概念

抗税罪是指纳税人以暴力、威胁方法拒不缴纳税款的行为。

(二) 认定

1. 实行行为：以暴力、威胁方法拒不缴纳税款。

(1) 方法行为：暴力或者威胁。

①“暴力”：包括对人暴力（对履行税收职责的税务人员的人身不法行使有形力，使其不能正常履行职责）和对物暴力（冲击、打砸税务机关，使税务机关不能从事正常的税收活动）。

②“威胁”：对履行税收职责的税务人员实行精神强制，使其不敢正常履行税收职责。

(2) 目的行为：拒不缴纳税款。

2. 犯罪主体：自然人。

3. 罪数。

(1) 实施抗税行为，致人轻伤：抗税罪与故意伤害罪（轻伤）想象竞合，以抗税罪从重处罚。

(2) 实施抗税行为，致人重伤、死亡：抗税罪与故意伤害罪（重伤）或者故意杀人罪想象竞合，以故意伤害罪、故意杀人罪从重处罚。

【命题角度】处罚阻却事由只适用于逃税罪，不适用于抗税罪。

例 纳税人以暴力方法拒不缴纳税款，后主动补缴应纳税款，缴纳滞纳金，已受行政处罚的，不予追究刑事责任。(2012-2-61)

解析：错误。

【重点复盘】

1.【一句话定罪】甲采取欺骗、隐瞒手段进行虚拟的纳税申报（或不申报），逃避缴纳税款数额较大并且占应纳税额10%以上，成立逃税罪。

2.【一句话定罪】甲以暴力（或威胁）方法抗拒缴纳税款，成立抗税罪。

第十八章　侵犯公民人身权利、民主权利罪

一、故意杀人罪

（一）概念

故意杀人罪是指故意非法剥夺他人生命的行为。

（二）认定

1. 实行行为：非法剥夺他人生命的行为。

（1）“非法”，即剥夺他人生命的行为必须具有非法性。依法执行命令枪决罪犯、符合法定条件的正当防卫杀人等行为，不构成故意杀人罪。

（2）“他人”，首先必须是自己以外之人，自杀行为不成立本罪；其次必须是人，尸体不能成为故意杀人罪的对象。

2. 犯罪主体。

（1）已满 14 周岁，具有辨认、控制能力的自然人。

（2）已满 12 周岁不满 14 周岁的人，犯故意杀人罪，致人死亡或者以特别残忍手段致人重伤，造成严重残疾，情节恶劣，经最高人民检察院核准追诉的，应当负刑事责任。

3. 主观要件。

故意，即明知自己的行为会发生他人死亡的危害结果，并且希望或者放任这种结果的发生。

注意　刑法中很多故意犯罪，尤其是暴力犯罪，往往存在侵害他人生命的行为和结果，对此，要根据不同情况区别对待。

（1）法定的以故意杀人罪处理的情形【法律拟制】。

①非法拘禁过程中，使用暴力致人死亡的，认定为故意杀人罪；

②刑讯逼供、暴力取证过程中，致人死亡的，认定为故意杀人罪；

③虐待被监管人过程中，致人死亡的，认定为故意杀人罪；

④聚众斗殴，致人死亡的，认定为故意杀人罪；

⑤聚众“打砸抢”，致人死亡的，认定为故意杀人罪。

（2）某些暴力性犯罪中的“暴力”并不包括故意杀人内容，那么行为人实施此种犯罪过程中故意将被害人杀害的，应该按照想象竞合犯的原则处理。

例如抗税罪、妨害公务罪中都包括使用暴力的内容，如果使用的暴力导致被害人死亡的，则属于抗税罪或妨害公务罪与故意杀人罪的想象竞合，从一重罪论处。

（3）某些暴力性犯罪的构成要件或者处罚情节中已经包括故意杀人内容的，行为人实施该犯罪并杀害被害人的，直接按照该种犯罪定罪处罚。

例如，抢劫致人死亡的，绑架过程中杀害被绑架人的，强奸致人死亡的，拐卖妇女、儿童致人死亡的，都不再单独处罚其杀人的行为。但是，如果行为人在实施上述暴力犯罪之后，为了灭口、逃避侦查等杀害被害人的，按照故意杀人罪和有关的暴力犯罪进行并罚。

二、故意伤害罪

（一）概念

故意非法伤害他人身体的行为。

（二）认定

1. 实行行为：非法损害他人身体健康的行为。

（1）“非法”，即没有合法依据损害他人身体。因正当防卫、紧急避险而伤害他人，因治疗上的需要为病人截肢，体育运动项目中规则所允许的伤害等，都属于阻却违法的事由，都不构成犯罪。

（2）“伤害”，即侵害他人生理机能的行为。常规的伤害行为通常是使用暴力殴打、行凶等方法致人伤害，非常规的伤害如用传染疾病的方式伤害。

注意 用传染疾病的方式伤害，根据疾病本身性质的不同，可能成立不同的犯罪。

行为方式	疾病特性	定罪
故意传染淋病、梅毒、艾滋病	不具备高度扩散性	故意伤害罪
故意传染鼠疫、霍乱	具备高度扩散性	以危险方法危害公共安全罪
明知自己有性病而卖淫、嫖娼的	传播性病罪	

2. 犯罪结果。

根据我国刑法规定，伤害结果的程度分为轻伤、重伤与伤害致死。这三种情况直接反映伤害行为的罪行轻重，因而对量刑起重要作用。

3. 犯罪主体。

（1）故意伤害致人轻伤的主体：已满 16 周岁，并具有辨认、控制能力的自然人。

（2）故意伤害致人重伤或者死亡的主体：已满 14 周岁，具有辨认、控制能力的自然人。

（3）已满 12 周岁不满 14 周岁的人，犯故意伤害罪，致人死亡或者以特别残忍手段致人重伤造成严重残疾，情节恶劣，经最高人民检察院核准追诉的，应当负刑事责任。

4. 主观要件。

故意，对伤害结果具有认识，并希望或放任伤害结果的发生。

5. 罪数问题。

(1) 结果加重犯：“故意伤害致人死亡”属于典型的结果加重犯，

①客观上：伤害行为与死亡结果之间具有因果关系。

②主观上：行为人对死亡没有故意，但具有预见可能性。

(2) 法条竞合：故意杀人罪与故意伤害罪。

故意杀人罪与故意伤害罪之间具有法条竞合关系。前罪是特别法，后罪是一般法，杀人是最严重的伤害行为，属于结果具有特殊性的伤害行为。

【命题角度】考查杀人行为降级评价为伤害行为。

甲以伤害故意砍乙两刀，随即心生杀意又砍两刀，但四刀中只有一刀砍中乙并致其死亡，且无法查明由前后四刀中的哪一刀造成死亡。故意伤害罪与故意杀人罪不是绝对的对立关系，可以说杀害是一种伤害，是最高级别的伤害，此时前后的行为就可以变成一个故意伤害行为，死亡结果归结于这一个故意伤害行为，成立故意伤害罪（致人死亡）。

三、强奸罪

（一）概念

强奸罪是指违背妇女意志，以暴力、胁迫或者其他手段，强行与其发生性交或者奸淫不满 14 周岁的幼女的行为。

（二）认定

强奸罪分为两种类型：一类是强奸妇女型，即违背妇女意志，使用暴力、胁迫或者其他手段，强行与妇女发生性交的行为；另一类是奸淫幼女型，即与不满 14 周岁的幼女发生性交的行为。两种类型的强奸行为，最终定罪是一致的，即强奸罪。

【类型一】强奸妇女型

1. 客观要件。

(1) 实行行为：违背妇女意志，采用暴力、胁迫或者其他手段，强行与妇女发生性交。

① “违背妇女意志”，即要求事实上妇女对于与行为人发生性关系是不自愿的。

强奸罪的法益是妇女性的自主决定权，性的自主决定权的内容既包括是否发生性关系，也包括发生性关系的附随条件。

例　甲男使用 B 品牌的安全套，但妇女坚持要求使用 A 品牌的安全套，甲男以暴力、胁迫等手段强行使用 B 品牌安全套与妇女性交的，甲男能否成立强奸罪？

解析：可以成立强奸罪。因为强奸罪的保护法益是性行为自己决定权（性行为自主权）。具体而言，性行为自己决定权是指性交行为自己决定权，其中不仅包括是否与他人性交的决定权，也包括性交对象、时间、地点、方式等各方面的决定权。无论妇女基于何种原因不同意性交，行为人采取暴力、胁迫或者其他手段与之性交的，均成立强奸罪。[①]

---

① 张明楷．刑法学．6 版．北京：法律出版社，2021：1132.

② 手段行为：采用暴力、胁迫或者其他方法，压制妇女的反抗。

第一，“暴力”：对被害妇女行使有形力，即直接对被害妇女采取殴打、捆绑、堵嘴、卡脖子、按倒等方式压制妇女的反抗。暴力不能达到直接杀害的程度，如果故意杀死被害人之后奸淫尸体，则成立故意杀人罪与侮辱尸体罪，数罪并罚。

注意 行为人为了强奸妇女，不仅对被害妇女实施暴力，而且对阻止其实施强奸行为的第三者实施暴力时，对第三人的暴力应当另外评价为故意伤害罪。

第二，“胁迫”：以恶害相通告的方式，引起被害妇女的恐惧心理，实现对被害妇女的精神强制，使被害人不敢反抗。胁迫的内容有很多，既可以以暴力相威胁，也可以以非暴力的恶害相威胁，如揭发隐私、毁坏名誉，只要能够产生压制妇女反抗的效果都属于这里的“胁迫”。

第三，“其他手段”：暴力、胁迫以外的使被害妇女不知抗拒、不敢反抗或者不能抗拒的手段，具有与暴力、胁迫相同的强制性质。常见的其他手段，包括用酒灌醉或者用药物麻醉，利用妇女熟睡、患病之机，冒充妇女的丈夫，组织和利用会道门、邪教组织或者利用迷信奸淫妇女等。

③ 目的行为：奸淫妇女，即强行与妇女发生性交。

2. 犯罪主体：已满 14 周岁，具有辨认、控制能力的自然人，通常是男子，其中直接正犯只能是男子。妇女既可以成为强奸罪的教唆犯、帮助犯，也可以成为间接正犯与共同正犯。

3. 主观要件：故意，即明知自己的行为违背妇女意志，仍然决意强行实施奸淫行为。

【类型二】奸淫幼女型

1. 客观方面。

（1）实行行为：与不满 14 周岁的幼女发生性交的行为。

由于幼女身心发育不成熟，缺乏辨别是非的能力，不理解性行为的后果与意义，也没有抗拒能力，故不论行为人采用什么手段，亦不论幼女事实上是否愿意，只要与幼女发生性交，就属于奸淫幼女，成立强奸罪。因此，支付钱款后，与卖淫的幼女性交即嫖宿幼女的，同样构成强奸罪。

（2）行为对象：不满 14 周岁的幼女。

（3）行为主体：已满 14 周岁，具有辨认、控制能力的自然人，通常是男子，其中直接正犯只能是男子。妇女既可以成为强奸罪的教唆犯、帮助犯，也可以成为间接正犯与共同正犯。

2. 主观方面：故意，必须明知奸淫对象是不满 14 周岁的幼女。

“明知”包括明知对方一定是幼女，或者明知对方可能是幼女。

（1）对于不满 12 周岁的被害人实施奸淫等性侵害行为的，应当认定行为人“明知”对方是幼女。即只要客观上是不满 12 周岁的幼女，无须任何证明，直接认定行为人为“明知”。

（2）对于已满 12 周岁不满 14 周岁的被害人，从其身体发育状况、言谈举止、衣着特征、生活作息规律等观察可能是幼女，而实施奸淫等性侵害行为的，应当认定行为人“明知”对方是幼女；无法判断，则认定行为人是“不明知”。

此外，根据司法解释，已满 14 周岁不满 16 周岁的人偶尔与幼女发生性关系，情节轻微、未造成严重后果的，不认为是犯罪。这种情形是指已满 14 周岁不满 16 周岁的男少年，与幼女交往密切，双方自愿发生性交的，不认为是犯罪。

(三) 强奸罪的加重情形

所谓加重情形，是在强奸罪基本法定刑 3 年以上 10 年以下有期徒刑的基础上，升级为 10 年以上有期徒刑、无期徒刑或者死刑的情形。根据《刑法》第 236 条的规定，包括下列情形：

1. 强奸妇女、奸淫幼女情节恶劣的。

2. 强奸妇女、奸淫幼女多人的。

3. 在公共场所当众强奸妇女、奸淫幼女的。“当众强奸”是指明知能够为多数人或不特定人知晓或可能知晓仍实施强奸。“众”不要求必须是 3 人或以上，但不包括共犯人。

4. 二人以上轮奸的。(1) 轮奸是指强奸罪的共同正犯。(2) 时间上要求具有连续性，但空间上不要求是同一地点。(3) 轮奸也可有未遂，具体见下述案例。

张甲和张乙共谋强奸同村的杨某（女）。一日 13 时许，张乙到杨某家中，以请杨某帮忙做针线活儿为由，将杨某骗至张甲、张乙暂住的瓦房内。张乙对杨某实施暴力，欲强行与杨某发生性关系，遭到杨某激烈反抗，杨某挣脱并一脚将张乙踹开。而后，张甲强奸杨某，由于杨某体力不支，张甲得逞。张甲成立强奸罪既遂，基于“部分实行，全部责任”的原则，张乙也成立强奸罪既遂；两人属于“二人以上轮奸”，适用相应升格法定刑，同时由于轮奸未遂，再适用未遂犯的规定。

5. 奸淫不满 10 周岁的幼女或者造成幼女伤害的。

6. 致使被害人重伤、死亡或者造成其他严重后果的。(强奸罪的结果加重犯)“致使被害人重伤、死亡”，是指压制被害人反抗的暴力行为致使被害人重伤、死亡，也可以是奸淫行为本身导致被害人性器官严重损伤，或者造成其他严重伤害，甚至当场死亡或者经抢救无效死亡。

注意 被害人已满 14 周岁，属于强奸罪的基本情形；被害人已满 10 周岁不满 14 周岁，属于强奸罪从重处罚情形；被害人不满 10 周岁，属于强奸罪加重处罚情形。

四、负有照护职责人员性侵罪

(一) 概念

对已满 14 周岁不满 16 周岁的未成年女性负有监护、收养、看护、教育、医疗等特殊职责的人员，与该未成年女性发生性关系的行为。

(二) 认定

1. 实行行为：负有监护、收养、看护、教育、医疗等特殊职责的行为人对处于特定照护关系的已满 14 周岁不满 16 周岁的未成年女性发生性关系的行为。

注意 本罪行为方式并不要求采取暴力、胁迫，如果同时使用暴力、威胁方法构成强奸罪的，依照处罚较重的规定定罪处罚。

2. 犯罪主体：是对未成年女性负有监护、收养、看护、教育、医疗等特殊职责的人员。

五、非法拘禁罪

（一）概念

非法拘禁他人或者以其他方法非法剥夺他人人身自由的行为。

（二）认定

1. 实行行为：非法剥夺他人身体自由的行为。

（1）非法，即没有合法依据。司法机关根据法律规定，对于有犯罪嫌疑的人，依法拘留、逮捕，不成立本罪；公民将正在实行犯罪或犯罪后及时被发觉的、通缉在案的、越狱逃跑的、正在被追捕的人，依法扭送至司法机关的，不成立本罪；依法收容精神病患者的，不成立本罪。

（2）拘禁。

①直接拘禁，即直接拘束他人的身体，剥夺其身体活动自由，如以监禁、扣押、绑架等方式将被害人拘禁在封闭空间。

②间接拘禁，即虽然不将被害人关押在封闭空间，但是采用一些无形方法，使其难以离开。

例如，将进入浴池的妇女的衣服拖走，使其基于羞耻心不敢离开；驾驶汽车高速行驶，使被害人不敢跳车；取走双腿残疾者的拐杖、轮椅，使其无法离开；电梯工人欺骗乘梯者电梯坏了，需要检修，使其无法走出电梯。

2. 行为对象：他人，即具有身体活动自由的自然人。

例如，将已入睡的人反锁在房间，其醒来前又将锁打开的，不成立非法拘禁罪。因为非法拘禁罪不是危险犯，只有当行为侵犯了他人的现实自由时，才宜认定为非法拘禁罪。

3. 非法拘禁过程中发生重伤、死亡的结果的情形。

（1）非法拘禁所需的基本暴力导致重伤、死亡，属于非法拘禁罪的结果加重犯。

例如，捆绑过紧导致被害人血流不畅、脑供血不足而死亡。对此应适用《刑法》第238条第2款的规定，即非法拘禁致人重伤的，处3年以上10年以下有期徒刑；致人死亡的，处10年以上有期徒刑。

（2）超出非法拘禁所需的基本暴力导致重伤、死亡结果，直接拟制为故意伤害罪、故意杀人罪。

例如，将被害人捆绑起来，并用棍棒“教训”被害人，不慎将其打死，就是使用了超出非法拘禁本身所需的基本暴力而致人死亡的情形，直接拟制为故意杀人罪。

（3）在非法拘禁过程中另起犯意，又实施伤害、杀害的行为的，非法拘禁罪与故意伤害罪、故意杀人罪数罪并罚。

总结	行为	结果	主观
致人重伤、死亡【结果加重犯】	非法拘禁本身的暴力	重伤、死亡	过失
使用暴力致人重伤、死亡 【法律拟制为故意伤害罪、故意杀人罪】	非法拘禁之外的暴力	重伤、死亡	过失
另起犯意【数罪并罚】	独立的新行为	重伤、死亡	故意

六、绑架罪

（一）概念

以勒索财物为目的绑架他人，或者绑架他人作为人质，或者以勒索财物为目的偷盗婴幼儿的行为。在认定绑架罪时，要注意区分绑架罪与非法拘禁罪的界限。

（二）认定

1. 实行行为（两种类型的绑架）。

	索财型绑架	人质型绑架
第一步	使用暴力、胁迫、麻醉的方法劫持、控制他人	
第二步	向利害关系人勒索财物	要求利害关系人满足非法利益

无论是索财型绑架还是人质型绑架，都需要先使用暴力、胁迫或者麻醉方法劫持或以实力控制他人，之后再向利害关系人勒索财物或者要求利害关系人满足其他方面的非法利益。

2. 行为对象：任何他人，包括妇女、儿童、婴幼儿乃至行为人的子女或者父母。对于缺乏或者丧失行动能力的被害人，行为人采取偷盗、引诱等方法使其处于行为人或第三者实力支配下的，也可能成立绑架罪。例如，以勒赎为目的偷盗婴幼儿的，成立绑架罪。

3. 行为主体：已满 16 周岁，具有辨认、控制能力的自然人。已满 14 周岁不满 16 周岁的人实施绑架行为，故意杀害被绑架人的，应认定为故意杀人罪。

4. 既遂标准：以勒索财物或取得其他非法利益为目的劫持、控制他人。

5. 结合犯。《刑法》第 239 条第 2 款规定，犯前款罪，杀害被绑架人的，或者故意伤害被绑架人，致人重伤、死亡的，处无期徒刑或者死刑，并处没收财产。即指在绑架行为持续过程中故意杀人（既遂）、故意伤害致人重伤、死亡，直接认定为绑架罪一罪，属于结合犯。公式如下：

【公式 1】绑架罪＋故意杀人罪（既遂）＝绑架罪

【公式 2】绑架罪＋故意伤害罪（致人重伤、死亡）＝绑架罪

【2020 年网络回忆版】《刑法》第 239 条第 2 款规定：“犯前款罪，杀害被绑架人的，或者故意伤害被绑架人，致人重伤、死亡的，处无期徒刑或者死刑，并处没收财产。”下列情形中，属于“杀害被绑架人”的是（　　）。[①]

① 【答案】D

A. 绑架并控制被绑架人后，故意伤害被绑架人，致被绑架人死亡

B. 为勒索钱财而控制被绑架人，因害怕其出声，用毛巾塞住其嘴巴，被绑架人窒息而死

C. 为勒索钱财而绑架被绑架人，取得赎金后释放被绑架人，因害怕其报警，又开车追了三公里，追上后撞死被绑架人

D. 绑架被绑架人时遭到其激烈反抗，用绳子勒死被绑架人

6. 绑架罪过程中过失导致重伤、死亡结果。

（1）绑架行为本身的暴力致人重伤、死亡：绑架罪与过失致人重伤（死亡）罪，想象竞合，从一重处罚。

（2）绑架行为之外的暴力过失致人重伤、死亡：绑架罪与过失致人重伤（死亡）罪，数罪并罚。

【小结】 非法拘禁罪与绑架罪的重伤、死亡。

	非法拘禁罪	绑架罪
本身的暴力过失致人重伤、死亡	**结果加重犯（“致人重伤、死亡”）**	绑架罪与过失致人重伤（死亡）罪，想象竞合，从一重处罚
之外的暴力过失致人重伤、死亡	**拟制为故意伤害罪、故意杀人罪**	绑架罪与过失致人重伤（死亡）罪，数罪并罚
另起犯意的**故意**伤害、杀害	数罪并罚	**结合犯【公式 1、2】**

7. 绑架罪与非法拘禁罪的界分。

（1）绑架罪与非法拘禁罪之间是法条竞合关系，绑架罪是特别法，非法拘禁罪是一般法，绑架罪在非法拘禁罪的基础上，增加了特殊的目的，即勒索财物或者满足其他方面的非法利益。

（2）在**索取债务**的场合。

①**原则：**根据刑法及司法解释的规定，为索取债务非法扣押、拘禁他人的，构成**非法拘禁罪**，其中“债务”既包括合法债务，也包括高利贷、赌债等法律不予保护的债务。

②**例外 1【法益溢出】** 如果行为人为了索取**法律不予保护的债务或者单方面主张的债务**，以实力支配、控制被害人后，以**杀害、伤害**被害人向**利害关系人**威胁的，宜认定为**绑架罪**。

③**例外 2【殃及无辜】** 为了索取债务，使用**暴力、胁迫或者麻醉**方法将与债务人**没有共同财产关系、扶养、抚养关系的第三者**作为人质的，不管债务正当与否，均应认定为绑架罪。[①]

【命题角度 1】 判断索取债务的场合，究竟是非法拘禁罪还是绑架罪。

【2014－2－59】 甲为要回 30 万元赌债，将乙扣押，但 2 天后乙仍无还款意思。甲

① 张明楷．刑法学．6 版．北京：法律出版社，2021：1163.

等5人将乙押到一处山崖上，对乙说："3天内让你家人送钱来，如今天不答应，就摔死你。"乙勉强说只有能力还5万元。甲刚说完"一分都不能少"，乙便跳崖。众人慌忙下山找乙，发现乙已坠亡。[①]

【命题角度2】非法拘禁罪与绑架罪重合在非法拘禁罪。

【真题训练（2016）】甲为勒索财物，打算绑架富商之子吴某（5岁）。甲欺骗乙、丙说："富商欠我100万元不还，你们帮我扣押其子，成功后给你们每人10万元。"乙、丙将吴某扣押，但甲无法联系上富商，未能进行勒索。三天后，甲让乙、丙将吴某释放。吴某一人在回家路上溺水身亡。关于本案，下列哪一选项是正确的？（　　）[②]

A. 甲、乙、丙构成绑架罪的共同犯罪，但对乙、丙只能适用非法拘禁罪的法定刑

B. 甲未能实施勒索行为，属绑架未遂；甲主动让乙、丙放人，属绑架中止

C. 吴某的死亡结果应归责于甲的行为，甲成立绑架致人死亡的结果加重犯

D. 不管甲是绑架未遂、绑架中止还是绑架既遂，乙、丙均成立犯罪既遂

七、拐卖妇女、儿童罪

（一）概念

以出卖为目的，拐骗、绑架、收买、贩卖、接送、中转妇女、儿童的行为。

（二）认定

1. 实行行为：实施了拐骗、绑架、收买、贩卖、接送、中转妇女、儿童之一的行为。

（1）拐骗：以欺骗、利诱等方法将妇女、儿童拐走；

（2）绑架：使用暴力、胁迫或者麻醉方法劫持、控制妇女、儿童；

（3）收买：以金钱或其他财物买取妇女、儿童；

（4）贩卖：出卖妇女、儿童以获取非法利益；

（5）接送：为拐卖妇女、儿童的罪犯接收、运送妇女、儿童；

（6）中转：为拐卖妇女、儿童的罪犯提供中途场所或机会。

2. 行为对象：妇女，以及不满14周岁的男童、女童。

3. 行为主体：已满16周岁，具有辨认、控制能力的自然人（包括有血缘或者婚姻关系的人，以及医疗机构、社会福利机构的工作人员）。

已满14周岁不满16周岁的人在拐卖妇女、儿童的过程中强奸妇女或者奸淫幼女的，以强奸罪论处。

4. 主观方面：故意，而且必须以出卖为目的。

5. 根据司法解释，下列行为也成立本罪：

（1）以出卖为目的强抢儿童，或者捡拾儿童后予以出卖；

（2）以出卖为目的偷盗婴儿；

（3）以非法获利为目的，出卖亲生子女或者其他女性亲属的；

---

① 甲成立非法拘禁，但不属于非法拘禁致人死亡。

② 【答案】D

（4）以贩卖牟利为目的“收养”子女的；

（5）医疗机构、社会福利机构等单位的工作人员以非法获利为目的，将所诊疗、护理、抚养的儿童贩卖给他人的。

6. 以介绍婚姻为名，与被介绍妇女串通骗取他人钱财，数额较大的，应当以诈骗罪追究刑事责任。

例如，甲向乙表示自己愿意出高价“买”妻，乙与其妻丙商量，让丙假扮为被拐卖妇女，并将丙“出卖”给甲，三天后，乙协助丙逃离甲家。乙、丙构成诈骗罪。

（三）加重构成要件

拐卖妇女、儿童有下列情形之一的，处10年以上有期徒刑或者无期徒刑，并处罚金或者没收财产；情节特别严重的，处死刑，并处没收财产：

（1）拐卖妇女、儿童集团的首要分子。

（2）拐卖妇女、儿童3人以上的。

（3）奸淫被拐卖的妇女。

此规定属于结合犯，即拐卖妇女罪＋强奸罪＝拐卖妇女罪。

根据司法解释，拐卖妇女的犯罪分子在拐卖过程中，与被害妇女发生性关系的，不论行为人是否使用了暴力或者胁迫手段，也不论被害妇女是否有反抗行为，都应当按照该项规定处罚。

（4）诱骗、强迫被拐卖的妇女卖淫或者将被拐卖的妇女卖给他人迫使其卖淫的。

此规定属于结合犯，即拐卖妇女罪＋引诱卖淫罪、强迫卖淫罪＝拐卖妇女罪。

（5）以出卖为目的，使用暴力、胁迫或者麻醉方法绑架妇女、儿童的。

（6）以出卖为目的，偷盗婴幼儿的。

“偷盗”，不限于通常的盗窃婴幼儿，对婴幼儿采取欺骗、利诱等手段使其脱离监护人或者看护人的，视为偷盗婴幼儿。

（7）造成被拐卖的妇女、儿童或者其亲属重伤、死亡或者其他严重后果的。

即犯罪分子拐卖妇女、儿童的行为，直接、间接造成被拐卖的妇女、儿童或者其亲属重伤、死亡或者其他严重后果。例如，犯罪分子采取拘禁、捆绑、虐待等手段，致使被害人重伤、死亡或者造成其他严重后果的；拐卖行为以及拐卖中的侮辱、殴打等行为引起被害人或者其亲属自杀、精神失常的，可以评价为“其他严重后果”。

（8）将妇女、儿童卖往境外的。

【命题角度】行为人是否真正获利，不是本罪成立的要件；如果根本不存在“被拐卖”的妇女，则不能成立本罪。

【2021年网络回忆版】关于拐卖妇女、儿童罪，以下选项正确的是（　　）。[①]

A. 甲以拐卖妇女为目的，将妇女带至外省，后没人收买，便以夫妻名义与该妇女

---

① **【解析】**拐卖妇女罪只要以出卖为目的，将妇女控制，犯罪就既遂，并不需要实际贩卖出手。A、B选项都正确。C选项：收买被拐卖的妇女罪，是指明知是被拐卖的妇女而予以收买的行为。妇女小孟是自己在卖自己，并不存在被拐卖的妇女，因此不成立收买被拐卖的妇女罪。D选项：根据刑法的规定，收买被拐卖的妇女、儿童又出卖的，依照拐卖妇女、儿童罪定罪处罚。本题选ABD。

生活。甲构成拐卖妇女罪

B. 乙以拐卖妇女为目的，将妇女带至外省，后没人收买，还搭上了好几天的食宿费用。乙构成拐卖妇女罪

C. 妇女小孟不愿意在农村生活，便上街跪着，谎称“卖身葬母”。丙男便用50万元将妇女买回。丙构成收买被拐卖的妇女罪

D. 丁收买妇女乐某，后因经济困难，又将乐某卖出。丁构成拐卖妇女罪

八、收买被拐卖的妇女、儿童罪

（一）概念

不以出卖为目的，收买被拐卖的妇女、儿童的行为。

（二）认定

1. 实行行为：以金钱或财物收买被拐卖的妇女、儿童的行为。

“收买”：用金钱或者其他财物，作为被拐卖的妇女、儿童的代价，将妇女、儿童买归自己占有或支配。

2. 行为对象：被拐卖的妇女、儿童。

3. 主观方面：故意，明知是被拐卖的妇女、儿童。

成立本罪不能以出卖为目的，如果行为人具有出卖的目的，则成立拐卖妇女、儿童罪；如果收买被拐卖的妇女、儿童后，产生出卖的意图并出卖妇女、儿童的，以拐卖妇女、儿童罪论处。

4. 罪数问题：收买被拐卖的妇女、儿童后，又有强奸、非法拘禁、故意伤害、侮辱等行为的，数罪并罚。

5. 从宽处罚的规定。

对妇女：按照其意愿，不阻碍其返还原地	**对儿童**：无虐待行为，不阻碍对其进行解救
可以从轻或者减轻处罚	可以从轻处罚

注意 “从宽处罚”只针对收买被拐卖的妇女、儿童罪，如果又有强奸、非法拘禁、故意伤害、侮辱等犯罪行为的，不适用从宽处罚的规定。

九、拐骗儿童罪

（一）概念

拐骗不满14周岁的未成年人，使其脱离家庭或者监护人的行为。

（二）认定

1. 实行行为：采用蒙骗、利诱或其他方法，使不满14周岁的未成年人脱离家庭或者监护人的行为。

2. 行为对象：不满14周岁的未成年人。

3. 主观方面：故意，并具有收养为子女或者提供奴役性劳动的目的。

注意 刑法中拐骗儿童的行为如何定罪？

主观目的	定罪
出卖	拐卖儿童罪
勒索财物	绑架罪
收养为子女或者提供奴役性劳动	拐骗儿童罪

十、诬告陷害罪

（一）概念

捏造犯罪事实诬告陷害他人，意图使他人受刑事追究，情节严重的行为。

（二）认定

1. 实行行为：捏造他人犯罪的事实，向国家机关或有关单位告发，或者采取其他方法足以引起司法机关的追究活动。

（1）捏造犯罪事实。包括：

①无中生有，捏造犯罪事实陷害他人；

②栽赃陷害，在发生了某种犯罪事实的情况下，捏造证据陷害他人；

③借题发挥，将不构成犯罪的事实夸大为犯罪事实，进而陷害他人；

④歪曲事实，将轻罪的事实、一罪的事实杜撰为重罪的事实、数罪的事实。

捏造他人一般违法事实的，不成立诬告陷害罪。因为刑法明文要求行为人主观意图必须是“使他人受刑事追究”。

（2）向国家机关或有关单位告发，或者采取其他方法足以引起司法机关的追究活动。告发方式多种多样，如口头、书面、署名、匿名、直接、间接等。

（3）必须诬告特定的他人。

【命题角度】考查各种特殊情形下的“捏造+告发”是否构成诬告陷害罪。例如：

①向司法机关虚告自己犯罪的，不成立诬告陷害罪。

②所诬告的对象应当是特定、实在的人，否则就不可能导致司法机关追究某人的刑事责任，因而不会侵犯他人的人身权利。

③诬陷没有达到法定年龄或者没有辨认或控制能力的人犯罪，仍构成诬告陷害罪。虽然司法机关查明真相后不会对这些人科处刑罚，但将他们作为侦查的对象，使他们卷入刑事诉讼，就侵犯了其人身权利。

④形式上诬告单位犯罪，但所捏造的事实导致可能追究自然人刑事责任的，也成立本罪。

⑤由于本罪的法益是公民的人身权利，故征得他人同意或者经他人请求而诬告他人犯罪的，不成立本罪（如果将本罪规定在妨害司法活动罪中，则该行为可能成立犯罪）。

【真题训练（2017）】关于诬告陷害罪的认定，下列哪一选项是正确的（不考虑情

节)?(　　)[①]

A. 意图使他人受刑事追究，向司法机关诬告他人介绍卖淫的，不仅触犯诬告陷害罪，而且触犯侮辱罪

B. 法官明知被告人系被诬告，仍判决被告人有罪的，法官不仅触犯徇私枉法罪，而且触犯诬告陷害罪

C. 诬告陷害罪虽是侵犯公民人身权利的犯罪，但诬告企业犯逃税罪的，也能追究其诬告陷害罪的刑事责任

D. 15 周岁的人不对盗窃负刑事责任，故诬告 15 周岁的人犯盗窃罪的，不能追究行为人诬告陷害罪的刑事责任

2. 成立本罪要求情节严重，所谓“情节严重”，即足以引起司法机关的追究活动。

3. 既遂：公安司法机关收到诬告材料，准备启动调查程序时就既遂

4. 犯罪主体：一般主体。国家机关工作人员实施本罪，从重处罚。

5. 主观要件：故意，明知自己所告发的是虚假的犯罪事实，并具有使他人受到刑事追究的目的。

注意　主观上不具有陷害意图，由于其他原因在客观上夸大事实，不成立诬告陷害罪。

【2013-2-59】乙盗窃甲价值 4 000 余元财物，甲向派出所报案被拒后，向县公安局告发乙抢劫价值 4 000 余元财物。公安局立案后查明了乙的盗窃事实。对甲的行为不应以诬告陷害罪论处。

【重点复盘】

1.【一句话定罪】甲客观上实施剥夺他人生命的行为，并造成他人死亡的结果，主观上具有杀人的故意，成立故意杀人罪。

2.【一句话定罪】甲客观上实施伤害的行为，并造成他人重伤的结果，主观上具有伤害的故意，成立故意伤害罪（致人重伤）。

3.【一句话定罪】甲使用暴力压制妇女 A 反抗，违背妇女 A 意志强行与其发生性关系，成立强奸罪。

4.【一句话定罪】甲非法剥夺他人人身自由，成立非法拘禁罪；乙为索取债务非法扣押、拘禁他人，构成非法拘禁罪；丙在非法拘禁过程中，使用超出非法拘禁所需要的暴力致人死亡，根据刑法规定转化为故意杀人罪。

5.【一句话定罪】甲以勒索财物为目的绑架他人，成立绑架罪；乙在绑架过程中杀害被绑架人，成立绑架罪一罪。

6.【一句话定罪】甲以出卖为目的，实施拐骗（绑架、收买、贩卖、接送、中转）

---

① 【解析】A 选项：侮辱罪要求具有“公然性”，行为人向司法机关诬告他人介绍卖淫，不具有“公然性”，不成立侮辱罪。B 选项：法官并未实施捏造事实并向司法机关告发的行为，所以法官并不构成诬告陷害罪。C 选项：由于我国刑法中所有的单位犯罪都会处罚自然人，故行为人诬告单位犯罪的，也可能使自然人受到刑事追究（能侵犯他人的人身权利），所以可能成立诬告陷害罪。D 选项：只要行为人的诬告陷害行为达到可能使得被害人受到刑事责任追究的程度，即可成立本罪。不要求司法机关事实上采取了刑事追究活动，更不要求被害人被判处刑罚。因此，D 选项是错误的。

妇女、儿童行为，成立拐卖妇女、儿童罪。

7.【一句话定罪】甲明知A是被拐卖的妇女、儿童，而予以收买，成立收买被拐卖的妇女、儿童罪。

8.【一句话定罪】甲使用偷（抢、诱、骗）的方法，使得儿童A脱离家长或监护人，并置于自己控制之下的行为，成立拐骗儿童罪。

第十九章　侵犯财产罪

第一节　侵犯财产罪概述

一、侵犯财产罪保护的法益

1. 合法占有（绝对保护）：所有权及其他本权（本权，指合法占有的权利，如质权、留置权、租赁权）支撑的占有。

2. 非法占有（相对保护）：需要通过法定程序改变现状的占有。①

（1）面对所有权人恢复权利：不是法益，不受保护。

（2）面对司法机关的追缴：不是法益，不受保护。

（3）面对第三人：是法益，受保护（法律禁止黑吃黑）。

例1　盗窃的被害人从盗窃犯处盗窃回自己的财物，不成立盗窃罪。盗窃犯对于财物的占有，就是需要通过法定程序改变现状的占有，但是相对于被害人恢复权利的行为，该占有就不是法益。

例2　出租人（所有权人）未经承租人同意，擅自取回租赁物，成立盗窃罪。

例3　第三人从盗窃犯处盗窃走赃物，成立盗窃罪。

二、以非法占有为目的

即排除权利人，将他人财物作为自己的财物进行支配，并遵从财物的用途进行利用、处分。

非法占有目的要求具有排除的意思和利用的意思，且两者同时具备。

（一）排除的意思

排除权利人，将他人财物作为自己财物进行支配的意思，即严重妨害权利人的利用。因此，一时盗用、骗用随即返还的行为不具有可罚性。

（二）利用的意思

1. 如财物权利人般自由使用。

2. “遵从财物可能具有的用法进行利用、处分”，不限于遵从原本的用途进行利

① 需要通过法定程序改变现状的占有，意指如果要违背占有人的意思改变其占有现状（如没收、追缴、将财物转移给他人占有等）需要通过法定程序。如行为人盗窃淫秽物品，则他对于淫秽物品的占有就属于需要通过法定程序改变现状的占有，第三人再盗窃该淫秽物品的，就破坏了这种占有，构成盗窃罪。

用，除毁坏、隐匿以外的使用都属于“利用”。

例如，男性基于癖好窃取女性内衣、窃取他人木制家具后烧柴取暖，都认为具有利用的意思。

注意 利用的意思是**取得型**财产犯罪（盗窃）与**毁坏型**财产犯罪相区分的关键。

【2019年网络回忆版】甲公司将共享单车投放在街边。下列哪些行为构成盗窃？（　　）①

A. 乙将共享单车的锁拆掉，放在自家楼下，专供自己免费使用

B. 乙正常使用完共享单车后，将车停在自家楼下，方便自己下次扫码使用

C. 乙将市区的共享单车偷偷搬到偏远农村，供村民扫码使用

D. 乙将市区的共享单车偷偷搬到偏远农村，供村民免费使用

三、侵犯财产罪的分类

非法占有型	盗窃罪、诈骗罪、抢劫罪、抢夺罪、聚众哄抢罪、侵占罪、敲诈勒索罪
挪用型	挪用资金罪、挪用特定款物罪
破坏型	故意毁坏财物罪、破坏生产经营罪
不支付型	拒不支付劳动报酬罪

第二节　本章要求掌握的具体罪名

一、抢劫罪

（一）概念

以非法占有为目的，当场使用暴力、胁迫或者其他方法，强行劫取公私财物的行为。

（二）认定

1. 实行行为。

（1）方法行为：暴力、胁迫、其他方法。

第一，“暴力”：不法行使有形力，使被害人不能反抗的行为，如殴打、捆绑、伤害、禁闭等。

①暴力的目的：为当场劫取财物而排除、压制被害人的反抗。

②暴力的对象：财物的持有者、保管者以及其他具有保护占有的意思的人。

例如，对有权处分财物的人、财物的辅助占有者、财物占有者的家人以及其他协助占有、管理财物的人，对于具有一定看守能力的儿童，实施暴力强取财物的，同样成立抢劫罪。

① 【答案】AD

注意　对于无关的第三人使用暴力取得财物的，不成立抢劫罪。

例　乙将摩托车（价值数额较大）停在楼下后，没有取走钥匙就上楼取东西，路人丙站在摩托车旁。路经此地的甲误以为丙是车主，使用暴力将丙推倒在地致丙轻伤，骑着摩托车逃走。

解析：不能因为甲具有所谓抢劫的故意就认定其行为构成抢劫罪。换言之，甲的客观行为并不符合抢劫罪的构成要件，对摩托车仅成立盗窃罪。对丙造成伤害的行为，则应认定为故意伤害罪，与盗窃罪并罚。[①]

③暴力的程度：足以压制被害人反抗。

注意　抢劫中的"杀人"行为如何评价？

①为劫取财物而预谋故意杀人，或者在劫取财物过程中，为制服被害人反抗而故意杀人，成立抢劫罪一罪。[②]

②抢劫后，为灭口而故意杀人的，抢劫罪与故意杀人罪数罪并罚。

第二，"胁迫"：即以当场立即使用暴力相威胁，使被害人产生恐惧心理因而不敢反抗。抢劫罪中的胁迫具有下列两个特性：

①暴力性，即胁迫的内容是使用暴力的恶害相加。

②当场性，即以当场使用暴力相威胁要求对方当场交付财物。

第三，"其他方法"：除暴力、胁迫以外的造成被害人不能反抗的强制方法。例如使用麻醉、灌醉、催眠等方法，使被害人暂时丧失自由意志，然后劫走财物。

①直接针对人身实施。

②其他方法与被害人不能反抗的状态之间有因果关系；如果只是单纯利用被害人不能反抗的状态取走财物的，成立盗窃罪，而非抢劫罪。

（2）目的行为：当场劫取财物。

①"当场"：犯罪现场时间、空间不间断地延续；如对被害人实施暴力，迫使被害人交付财物，但被害人身无分文，行为人令被害人立即从家中取来财物，或者一道前往被害人家中取得财物的，也应认定为抢劫罪。

②"劫取"：违背被害人的意志将财物转移至自己或第三人占有。

③"财物"：包含财产性利益。

（3）方法行为与目的行为之间要有因果关系，否则难以成立抢劫罪既遂。

例 1　行为人实施暴力、胁迫行为，导致被害人逃跑时失落财物，行为人在追赶时拾得该财物。"被害人逃跑时失落财物"中断因果关系，暴力、胁迫行为与取得财物之间没有因果关系，只能成立抢劫罪未遂。(拾得财物的行为单独评价为侵占罪)

例 2　行为人实施的暴力、胁迫等行为虽然足以压制反抗，但实际上没有压制对方的反抗，对方基于怜悯而交付财物，只能成立抢劫罪未遂。

2. 犯罪主体：已满 14 周岁，具有辨认、控制能力的自然人。

---

① 张明楷．刑法学．6 版．北京：法律出版社，2021：1269.

② 最高人民法院 2001 年 5 月 23 日《关于抢劫过程中故意杀人案件如何定罪问题的批复》。

3. 主观要件：故意，且具有非法占有目的。

4. 既遂标准：抢劫罪既侵犯财产权利又侵犯人身权利，具备劫取财物或者造成他人轻伤以上后果两者之一的，均属抢劫罪既遂；既未劫取财物，又未造成他人人身伤害后果的，属抢劫罪未遂。据此，《刑法》第263条规定的八种处罚情节中除“抢劫致人重伤、死亡的”这一结果加重情节之外，其余七种处罚情节同样存在既遂、未遂问题，属抢劫罪未遂的，应当根据刑法关于加重情节的法定刑规定，结合未遂犯的处理原则量刑。

【真题训练（2021）】下列哪些行为成立抢劫（不考虑前一行为定性）？（ ）①

A. 甲基于报复动机将赵某打成重伤，后赵某要求甲将自己送去医院。甲要求赵某给自己1万元，否则不送赵某去医院。赵某出于无奈，遂给甲1万元

B. 乙基于报复动机伤害孙某，孙某为避免身受重伤，提出给乙5 000元，但乙要求孙某给1万元才可以不实施伤害行为，孙某遂给乙1万元，乙得款后离开

C. 丙基于报复动机殴打钱某，导致钱某倒地昏迷不醒。丙离开时发现钱某手机掉在地上，便顺手拿走该手机

D. 丁基于报复动机伤害李某，李某因受重伤倒地，手刚好放在口袋上。丁以为李某在保护口袋里的钱包，遂将李某手移开。李某敢怒不敢言，丁取走了该钱包

5. 抢劫罪与绑架罪的界分。

注意 在出现第三人的场合，如何区分两罪？

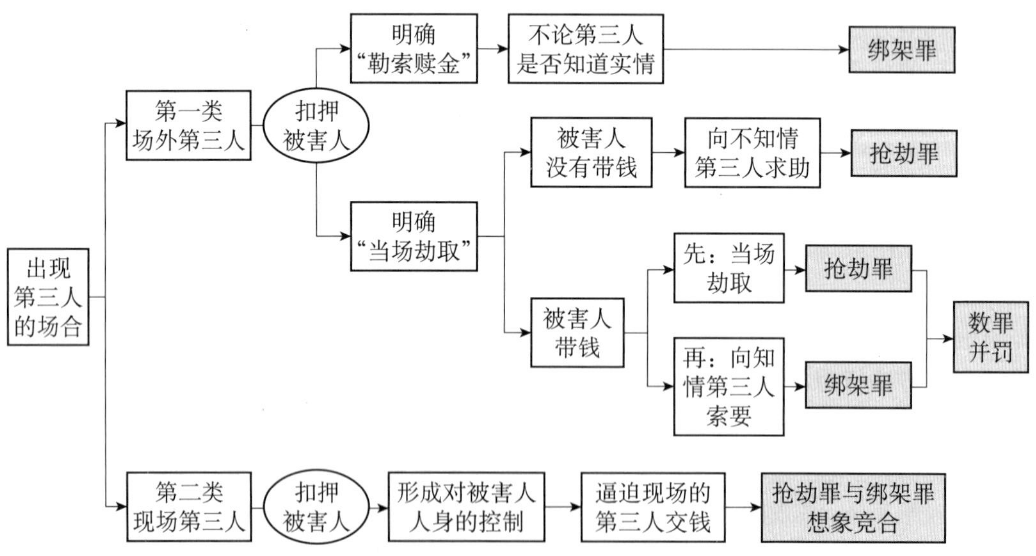

① 解析：B选项：乙要求孙某给他1万元，否则还要伤害，即以“继续伤害”相威胁，要求孙某给钱，这种行为已经属于“以暴力相胁迫”的行为，成立抢劫罪。D选项：李某处于未失去知觉的状态，丁取走钱包时，李某敢怒不敢言意味着之前的暴力所产生的压力和胁迫感依然在起作用，使得李某处于不敢反抗的状态，因此丁成立抢劫罪。本题选BD。

例1 A、B为了劫取Z的财物，使用暴力将Z拖入面包车，然后在面包车上劫取Z的财物。由于Z身上仅有100余元人民币，A、B二人觉得不划算，于是继续以暴力手段控制Z，逼着Z说出亲属的电话号码，然后向Z的亲属打电话索要赎金。在本案中，A、B二人的抢劫行为已经既遂，后来又实施了绑架行为，应当数罪并罚。①

例2 乙女带着幼儿行走时，甲男突然抱住幼儿，将刀架在幼儿脖子上，威胁乙女交付财物，否则杀害幼儿。应当认为，甲的行为同时触犯绑架罪与抢劫罪，但由于只有一个行为，故应认定为想象竞合，从一重罪处罚。②

（三）转化型抢劫

1. 事后抢劫【法律拟制】

第269条【抢劫罪】犯盗窃、诈骗、抢夺罪，为窝藏赃物、抗拒抓捕或者毁灭罪证而当场使用暴力或者以暴力相威胁的，依照本法第263条的规定定罪处罚。

（1）前提：犯盗窃、诈骗、抢夺罪。

①具有盗窃、诈骗、抢夺的犯罪故意。

②开始盗窃、诈骗、抢夺的实行行为（不要求既遂）。

既然盗窃罪、诈骗罪、抢夺罪是转化为抢劫罪的前提，则应当达到一定的程度，这个“程度”除了具有三罪的犯罪故意以及进入实行阶段以外，根据司法解释还要求达到数额较大标准，或者具有下列情节之一：①盗窃、诈骗、抢夺接近“数额较大”标准的；②入户或在公共交通工具上盗窃、诈骗、抢夺后在户外或交通工具外实施上述行为的；③使用暴力致人轻微伤以上后果的；④使用凶器或以凶器相威胁的；⑤具有其他严重情节的。

注意 行为人所实施的实质是盗窃、诈骗、抢夺行为，且对象物具有财产属性的，就可以成为转化抢劫罪的前提。

例 行为人以非法占有为目的盗伐林木（数额较大），为窝藏赃物、抗拒抓捕或者毁灭罪证而当场使用暴力或者以暴力相威胁。

解析：成立抢劫罪。由于林木属于财物，故盗伐林木的行为一般符合盗窃罪的犯罪构成。因此，应适用《刑法》第269条认定为事后抢劫。③

（2）目的：为了窝藏赃物、抗拒抓捕或者毁灭罪证。

①窝藏赃物，即保护已经取得的赃物不被恢复应有状态。

②抗拒抓捕，是指拒绝司法人员的拘留、逮捕和一般公民的扭送。

③毁灭罪证，是指毁坏、消灭本人犯罪证据。

注意 如果行为人在实行盗窃、诈骗、抢夺过程中，尚未取得财物时被他人发现，

---

① 张明楷．刑法学．6版．北京：法律出版社，2021：1286.

② 张明楷．刑法学．6版．北京：法律出版社，2021：1164.

③ 张明楷．刑法学．6版．北京：法律出版社，2021：1500.

为了非法取得财物，而使用暴力或者以暴力相威胁的，应直接认定为抢劫罪，不适用《刑法》第269条。

例 被告人赵某、龚某、刘某、王某等人结伙，在浙江省瑞安市以摆摊摸奖的方式设局诈骗钱财，且事先明确如果“摸奖”的人不愿交出钱款，即围住胁迫对方交付。2008年4月30日早晨，由赵某驾车与龚某、刘某、王某等人到超市前路边摆摊“摸奖”行骗。被害人陈某“摸奖”发现被骗后不愿交付钱款，龚某、刘某、王某等人即将陈某围住迫使陈某交出240元人民币。陈某遂从自行车上取下一个装有切料刀具的袋子挥打反击，龚某、王某夺下袋子，并从袋子里各取出一把刀具，伙同刘某持随身携带的铁棍共同殴打陈某。其中，龚某持刀朝陈某左大腿砍了一刀，致陈某左股动脉、左股静脉断裂大出血而死亡。随后，赵某驾车载龚某、刘某、王某等人逃离现场。①

（3）当场使用暴力或者以暴力相威胁。

①“当场”是指行为人实施盗窃、诈骗、抢夺行为的现场以及行为人刚离开现场即被他人发现并被人追捕的整个过程与现场。

②使用暴力或者以暴力相威胁，是指对抓捕者或者阻止其窝藏赃物、毁灭罪证的人使用暴力或者以暴力相威胁。这里的暴力和以暴力相威胁，也应达到足以抑制他人反抗的程度；以摆脱的方式逃脱抓捕，暴力强度较小，未造成轻伤以上后果的，不认定为“使用暴力”，不以抢劫罪论处。

例 甲在街头出售报纸时发现乙与一摊主因买东西发生纠纷，乙携带的箱子（内有贵重物品）放在身旁的地上，甲便提起该箱子悄悄溜走。乙发现后紧追不舍。为摆脱乙的追赶，甲将手中的几张报纸卷成一团扔向乙，击中乙脸，乙受惊吓几乎滑倒。乙随之又追，终于抓住甲。甲“将手中的几张报纸卷成一团扔向乙，击中乙脸”的行为，不足以压制被害人的反抗，不能评价为“使用暴力”，只能认定为盗窃罪。

【命题角度1】如果暴力出现打击错误，如何处理？

例 丁抢夺张某财物后逃跑，为阻止张某追赶，丁出于杀害故意向张某开枪射击。子弹未击中张某，但击中路人汪某，致其死亡。（2017-2-60）

解析：丁抢夺张某财物后，为阻止张某追赶而开枪，转化为抢劫罪，如果将张某打死，即为抢劫致人死亡；击中路人汪某属于打击错误，按照“法定符合说”丁对汪某的死亡是故意，构成抢劫（故意）致人死亡；按照“具体符合说”丁对汪某的死亡是过失，构成抢劫（过失）致人死亡；而抢劫致人死亡既包括故意致人死亡也包括过失致人死亡，因此虽然存在打击错误，但不影响丁抢劫致人死亡的认定。

---

① 《刑事审判参考》指导案例第581号。龚某等人欲摆摊行骗，在被害人识破骗局不愿交付钱财时上前将其围住，胁迫被害人交付钱款的行为目的是欲从被害人处获取财物，而非为了“窝藏赃物、抗拒抓捕、毁灭罪证”，因此，不构成转化型抢劫罪，而直接构成抢劫罪。

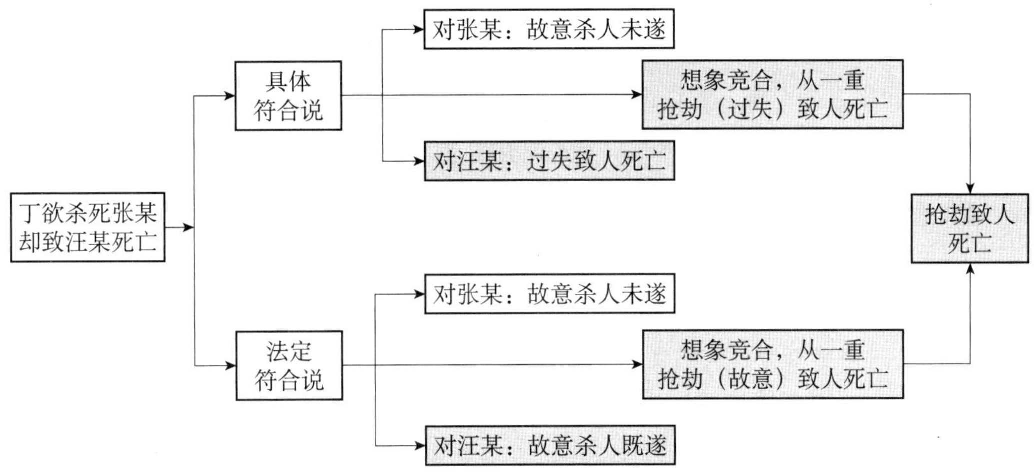

【命题角度 2】转化型抢劫中，出现加重结果如何评价？

例 刘某在公交车到站时，抢夺了乘客陈某的提包，刚下车，即被路过的民警王某发现，王某抓捕刘某，刘某为抗拒抓捕对王某实施暴力，将王某打倒在地。刘某趁机跑向马路对面。王某起身追赶，也跑向马路对面，不幸被过往车辆撞死。（2019 年网络回忆版）

解析：刘某在抢夺过程中，为了抗拒抓捕而当场使用暴力，应当转化为抢劫罪，刘某的抢劫行为与王某的死亡结果之间不具有刑法上的因果关系，刘某的行为不属于抢劫致人死亡的情形。

（4）时空条件：当场，即实施盗窃、诈骗、抢夺行为的当时当地，追击的过程视为“当场”。

注意1 根据司法解释，已满 14 周岁不满 16 周岁的人盗窃、诈骗、抢夺他人财物，为窝藏赃物、抗拒抓捕或者毁灭罪证，当场使用暴力，故意伤害致人重伤或者死亡，或者故意杀人的，应当分别以故意伤害罪或者故意杀人罪定罪处罚。

注意2 入户、在公共交通工具上盗窃（诈骗、抢夺）被发现，又为窝藏赃物、抗拒抓捕、毁灭罪证而使用暴力或以暴力相威胁，属于普通抢劫还是入户抢劫、在公共交通工具上抢劫？

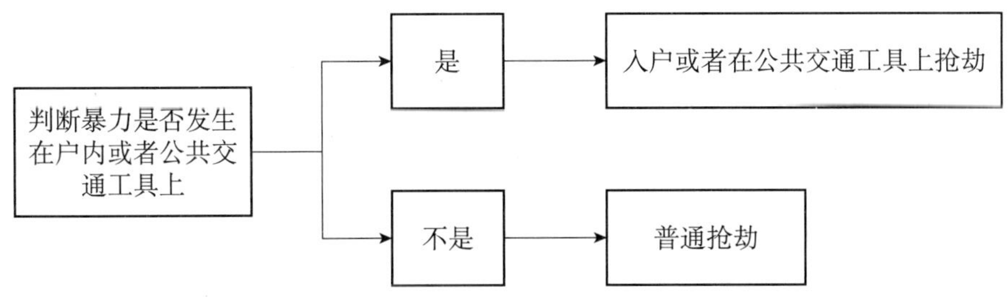

例 1 元宝在公交车上盗窃甲的财物，被甲发现，元宝跳下车甲也下车追赶，在追赶途中元宝将甲打成轻伤，元宝的行为转化为普通抢劫。

例 2 元宝在公交车上盗窃乙的财物，被乙发现，乙要将元宝扭送到公安机关，元宝在车上将乙打成轻伤，元宝的行为转化为在公共交通工具上抢劫。

【真题训练（2022）】 关于抢劫罪，下列说法正确的是（　　）。①

A. 甲在某小区入户盗窃珠宝，刚走出被害人家门就被保安发现，保安追赶甲，甲便殴打保安，后被保安制服并扣押了珠宝。甲的行为成立转化型抢劫

B. 甲在道路上盗窃行人元宝身上的钱包后逃跑，后被元宝发现并追赶。此时，甲遇到同乡乙便请求乙帮助殴打元宝，知情的乙帮助甲一同殴打元宝。乙成立抢劫罪的共犯

C. 甲在被害人元宝家盗窃珠宝成功离开后，想到还可以再把元宝家的平板电脑偷走，遂于一个小时后决定返回元宝家偷平板电脑，刚走到元宝家小区单元门口就遇到了元宝。元宝怀疑甲已经在家中盗窃了自己的财物，遂抓住甲不放，甲把元宝打晕后逃走。甲的行为构成转化型抢劫

D. 甲在公交车上盗窃元宝财物得手后下车，元宝当即发现并下车追赶，甲为抗拒抓捕殴打元宝致轻伤。甲的行为构成在交通工具上抢劫

2. 携带凶器抢夺【法律拟制】

第 267 条　携带凶器抢夺的，依照本法第 263 条的规定定罪处罚。

（1）“携带”，即带在身上或者置于身边，使凶器处于随时可用的状态。手持凶器、怀中藏着凶器、将凶器置于衣服口袋、将凶器置于随身的手提包等容器中的行为属于携带凶器。此外，使随从者实施这些行为的，也属于携带凶器。例如，甲使乙手持凶器与自己同行，即使由甲亲手抢夺丙的财物，也应认定甲的行为是携带凶器抢夺。

（2）“凶器”。

①性质上的凶器：枪支、管制刀具等本身用于杀伤他人的物品。性质上的凶器无疑属于《刑法》第 267 条第 2 款规定的凶器，因此只要携带并实施抢夺行为，就属于“携带凶器抢夺”。**（公式：携带＋抢夺＝携带凶器抢夺→抢劫罪）**

②用法上的凶器：从使用的方法来看，可能用于杀伤他人的物品。如家庭使用的菜刀，用于切菜时不是凶器，但用于或准备用于杀伤他人时则是凶器。行为人为了实施犯罪而携带此类凶器，进而又实施了抢夺行为的，则可以认定为携带凶器抢夺。如果有证据证明该器械确实不是为了实施犯罪而携带的，不以抢劫罪定罪。**（公式：携带＋抢夺＋为了犯罪而携带＝携带凶器抢夺→抢劫罪）**

注意 根据一般社会观念，该物品能够给一般人带来压力、紧张感、危险感。汽

① 【答案】AB

车撞人可能导致瞬间死亡，但开着汽车抢夺的，难以认定为携带凶器抢夺。这是因为一般人面对停在地面或者正常行驶的汽车时一般人不会产生压力、紧张感。

（3）不能对人使用。

①不能针对被害人使用凶器实施暴力。

②不能针对被害人使用凶器进行胁迫。

如果使用，则直接可以依据第263条认定为抢劫罪，而不适用第267条转化型抢劫的规定。

注意　“不能用”是指不能对人使用，但是可以对物使用。

例如，行为人携带凶器并直接针对财物使用凶器进而抢夺的，应适用《刑法》第267条第2款的规定。

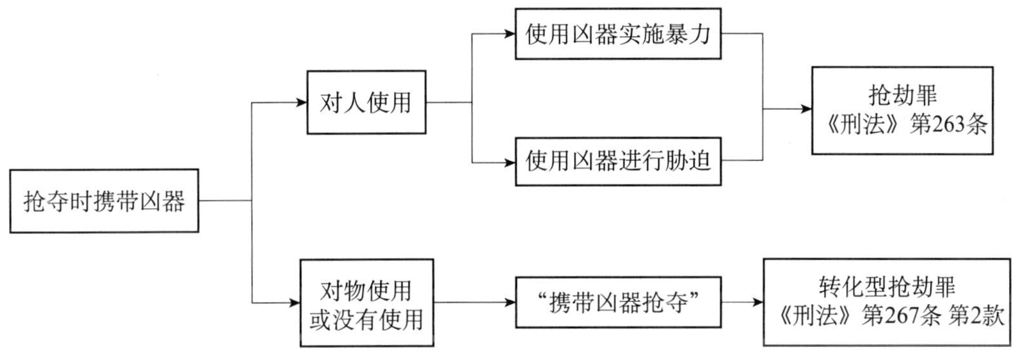

（四）加重型抢劫

1. 入户抢劫。

（1）“户”，即他人生活的与外界相对隔离的住所，包括封闭的院落、牧民的帐篷、渔民作为家庭生活场所的渔船、为生活租用的房屋等。集体宿舍、旅店宾馆、临时搭建的工棚不宜认定为“户”。

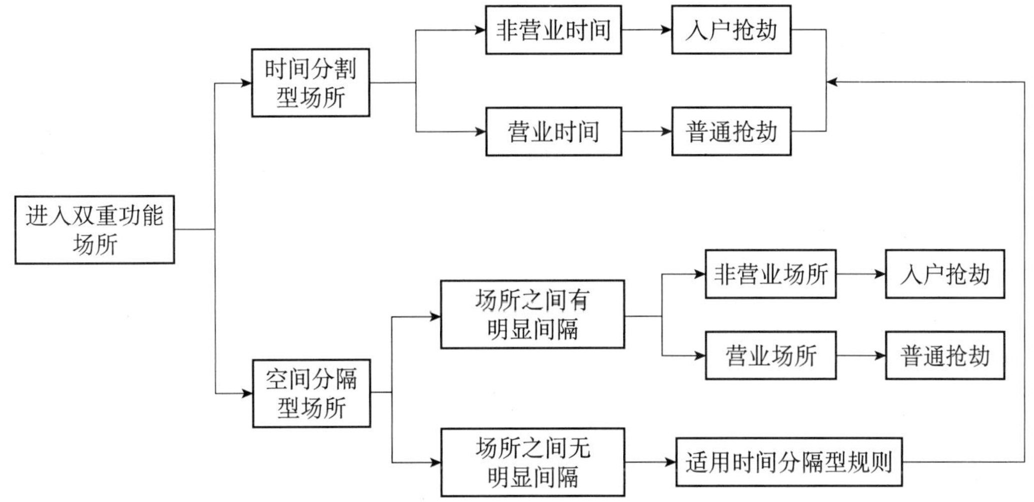

（2）“入户”目的。

① 以侵害户内人员的人身、财产为目的，入户后实施抢劫，包括入户实施盗窃、诈骗等犯罪而转化为抢劫的，应当认定为“入户抢劫”。

② 因访友办事等原因经户内人员允许入户后，临时起意实施抢劫，或者临时起意实施盗窃、诈骗等犯罪而转化为抢劫的，不应认定为“入户抢劫”。

（3）暴力或者暴力胁迫行为必须发生在户内。

2. 在公共交通工具上抢劫。

（1）“公共交通工具”。

包括：①从事旅客运输的公共汽车，大、中型出租车，火车，地铁，轻轨，轮船，飞机等；②虽不具有商业营运执照，但实际从事旅客运输的大中型交通工具；③接送职工的单位班车、接送师生的校车等大中型交通工具

小型出租车不属于公共交通工具。

（2）抢劫的方式。

① 在正在运营中的机动公共交通工具上对旅客、司售、乘务人员实施抢劫；

② 对运行途中的机动公共交通工具加以拦截后，对公共交通工具上的人员实施抢劫。

3. 抢劫银行或者其他金融机构。

（1）包含：经营资金、有价证券、客户资金、正在使用的运钞车等。

（2）不含：办公用品、个人物品。

4. 多次抢劫或者抢劫数额巨大。

（1）“多次抢劫”应指三次以上抢劫。

（2）“抢劫数额巨大”：3 万元至 10 万元，抢劫数额以实际抢劫到的财物数额为依据。

注意 以数额巨大的财物（如重要文物）为明确目标，由于意志以外的原因，未能抢到财物或实际抢得的财物数额不大的，应同时认定“抢劫数额巨大”和犯罪未遂的情节，根据刑法有关规定，结合未遂犯的处理原则量刑。

5. 抢劫致人重伤、死亡。

既包括行为人的暴力等行为过失致人重伤、死亡，也包括行为人为劫取财物而预谋故意杀人，或者在劫取财物过程中，为制服被害人反抗而故意杀人。抢劫罪的任何组成行为导致重伤、死亡的，都属于抢劫致人重伤、死亡。

在事后抢劫中，暴力等行为导致抓捕者等人重伤、死亡的，也应认定为致人重伤、死亡。

6. 冒充军警人员抢劫。

（1）对行为人是否穿着军警制服、携带枪支、是否出示军警证件等情节进行综合审查，判断是否足以使他人误以为是军警人员。

（2）行为人仅穿着**类似**军警的服装或仅**以言语宣称**系军警人员但未携带枪支、也未出示军警证件而实施抢劫的，要结合抢劫地点、时间、暴力或威胁的具体情形，依

照常人判断标准，确定是否认定为“冒充军警人员抢劫”。

（3）军警人员利用自身的真实身份实施抢劫的，不认定为“冒充军警人员抢劫”，应依法从重处罚。

7. 持枪抢劫。

行为人使用枪支或者向被害人显示持有、佩带的枪支进行抢劫。

“枪支”仅限于能发射子弹的真枪，不包括仿真手枪与其他假枪，但不要求枪中装有子弹。

8. 抢劫军用物资或者抢险、救灾、救济物资。

（1）“军用物资”仅限于武装部队（包括武警部队）使用的物资，不包括公安警察使用的物资。

（2）“抢险、救灾、救济物资”是指已确定用于或者正在用于抢险、救灾、救济的物资。

二、抢夺罪

（一）概念

以非法占有为目的，公然夺取公私财物，数额较大或者多次抢夺的行为。

（二）认定

1. 实行行为：公然夺取他人紧密占有的数额较大的财物，或者多次夺取他人紧密占有的公私财物。

（1）“公然”：在被害人当场可以得知财物被抢的情况下实施抢夺行为，被害人可以当场发觉但通常来不及抗拒。

（2）“夺取”：针对被害人紧密占有的财物，实施对物暴力，强行夺取。

（3）“数额较大”：公私财物价值人民币 1 000～3 000 元以上的。

（4）“多次”：2 年内抢夺 3 次以上。

2. 抢劫罪与抢夺罪的界分。

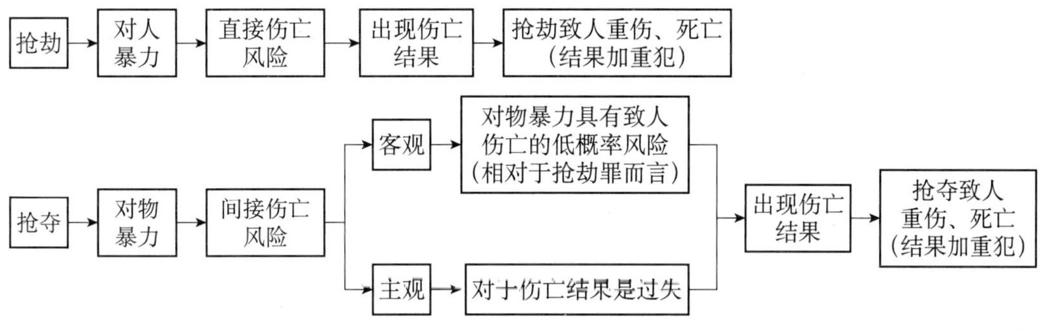

注意　飞车抢夺究竟构成抢夺罪还是构成抢劫罪？

根据《最高人民法院关于审理抢劫、抢夺刑事案件适用法律若干问题的意见》，对于驾驶车辆夺取他人财物的，一般以**抢夺罪从重**处罚。但具有下列情形之一，应当以

抢劫罪定罪处罚：

（1）驾驶车辆，**逼挤、撞击**或**强行逼倒**他人以排除他人反抗，乘机夺取财物的；

（2）驾驶车辆强抢财物时，因被害人不放手而采取**强拉硬拽**方法劫取财物的；

（3）行为人**明知**其驾驶车辆强行夺取他人财物的手段会造成他人伤亡的后果，仍然**强行夺取**并**放任**造成财物持有人轻伤以上后果的。

以抢劫罪定罪处罚的理由：客观上“逼挤、撞击、强行逼倒，强拉硬拽”已经属于对人暴力，主观上行为人对于伤亡结果属于故意。

三、敲诈勒索罪

（一）概念

以非法占有为目的，对公私财物的所有人、管理人实施威胁或者要挟的方法，多次强行索取公私财物或者索取数额较大的公私财物的行为。

（二）认定

1．实行行为。

（1）威胁：以恶害相通告迫使被害人处分财产，即如果不按照行为人的要求处分财产，就会当场或在将来的某个时间遭受恶害。

①威胁的内容：侵犯人身；毁坏财物或其他财产性利益；揭发隐私；毁坏名誉；追究责任。

例如，以在信息网络上发布、删除等方式处理不利于他人的网络信息为由，威胁他人，索取公私财物的，属于敲诈勒索行为。

② 恶害相加的时间：当场或者日后。

③ 恶害相加的对象：所有者、保管者本人；所有者、保管者亲属；与所有者、保管者有某种利害关系的人。

（2）恐惧：被害人产生恐惧心理，然后为了保护自己更大的利益而处分其数额较大的财产。

（3）交付。

①向本人交付或者向第三人交付。

②财物：被害人所有的或者保管的。

③现实交付或者简易交付。

例如，王某借用吴某的一辆夏利车，在借用一个月后，王某得知吴某正在从事文物走私的活动，王某便以向公安机关揭发相威胁，要求吴某将夏利车送给他算了，吴某无奈，只得答应王某的要求。

2．“数额较大”：2 000 元至 5 000 元以上。

3．“多次”：2 年内 3 次以上。

4．既遂与未遂。

敲诈勒索罪是取得型财产犯罪，因此被害人基于恐惧心理处分财产，行为人取得财物时，就是敲诈勒索罪的既遂。

如果被害人不是基于恐惧心理，而是基于怜悯心理提供财物，或者为了配合警察逮捕行为人而按约定时间与地点交付财物的（显然不属于处分财产的行为），只能认定为敲诈勒索罪的未遂。

（三）敲诈勒索罪与相关罪名的边界

1. 敲诈勒索罪与绑架罪。

绑架罪＝非法拘禁＋敲诈勒索；如果没有非法拘禁行为，则只成立敲诈勒索罪。

例如，甲、乙合谋后，由与元宝相识的甲将元宝骗往外地游玩，乙给元宝的家属打电话，声称已经“绑架”了元宝，要求家属支付“赎金”，甲、乙不成立绑架罪，而成立敲诈勒索罪。

2. 诈骗罪与敲诈勒索罪的边界。

	诈骗罪	敲诈勒索罪
相同点	都是交付型财产犯罪，行为人取得财物是基于被害人的交付	
不同点	基于错误认识交付财物	基于恐惧交付财物

虚假的威胁，也是一种虚构事实；错误的恐惧，也是一种恐惧；此时交付财物既是基于错误认识，也是基于恐惧，实行行为具有双重性质，被害人交付财物基于双重心理，行为属于敲诈勒索罪与诈骗罪的想象竞合。

例 2009 年 6 月 26 日，被告人赵某将钱某约至某大桥西侧泵房后，二人发生争执。赵某顿生杀意，突然勒钱某的颈部、捂钱某的口鼻，致钱某昏迷。赵某以为钱某已死亡，便将钱某的“尸体”缚重扔入河中。6 月 28 日凌晨，赵某将恐吓信置于钱某家门口，谎称钱某被绑架，让钱某之妻孙某拿 20 万元到某大桥赎人，如报警将杀死钱某。赵某既是讲故事的人（虚构事实的人），又是故事里的魔鬼（恶害相加人），因此构成敲诈勒索罪与诈骗罪的想象竞合。

四、盗窃罪

（一）概念

以非法占有为目的，盗窃公私财物数额较大的，或者多次盗窃、入户盗窃、携带凶器盗窃、扒窃的行为。

（二）认定

1. 实行行为：以和平的方式排除他人对财物的占有，建立新的支配关系的行为。

（1）“和平手段”：既不对人使用暴力，也不对物使用暴力。

（2）本罪核心：先有一个占有，即被害人的占有；后面又有一个占有，即行为人的占有。以和平的方式使两个占有发生更替，就是盗窃行为。

2. 行为对象：他人占有的财物，对于自己占有的他人财物不可能成立盗窃罪。

“占有”，即对财物事实上的支配、控制。

（三）刑事可罚性起点

在中国刑法中，盗窃罪的成立还需要达到较为严重的程度，要么是数额较大，要么是有其他严重情节，我们统称为“刑事可罚性起点”。

1.【普通盗窃】数额较大：1 000 元至 3 000 元以上。

注意：1000 元～3000 元，是最高人民法院给各个各省、自治区、直辖市高级人民法院的一个幅度，各高级人民法院可根据本地区经济发展状况，并考虑社会治安状况，在上述数额幅度内，分别确定本地区执行的“数额较大”标准。

2.【特殊盗窃】具有其他情节。

（1）多次盗窃：2 年内盗窃 3 次以上。

（2）入户盗窃：非法进入供他人家庭生活，与外界相对隔离的住所盗窃的，应当认定为“入户盗窃”。

（3）携带凶器盗窃。

①携带枪支、爆炸物、管制刀具等国家禁止个人携带的器械盗窃。**（公式：携带凶器＋盗窃＝携带凶器盗窃→盗窃罪）**

②为了实施违法犯罪携带其他足以危害他人人身安全的器械盗窃的。**（公式：携带其他器械＋盗窃＋为了犯罪而携带＝携带凶器盗窃→盗窃罪）**

注意 所携带的凶器不能对人使用，可以对物使用。

①明示、暗示带有凶器，或者行为人对被害人使用凶器强取财物的，成立抢劫罪。

②使用水果刀划开提包、使用镰刀盗割香蕉，属于“携带凶器盗窃”。

【总结】“携带凶器抢夺”与“携带凶器盗窃”。

	性质上的凶器	用法上的凶器	结局
“携带凶器抢夺”	携带＋抢夺	携带＋抢夺＋为了犯罪而携带	抢劫罪
“携带凶器盗窃”	携带＋盗窃	携带＋盗窃＋为了犯罪而携带	盗窃罪

（4）扒窃。

①必须发生在公共场所或者公共交通工具上。

②针对他人随身携带的财物；在火车、地铁、飞机上窃取他人置于行李架、座椅下或者床底下的财物的，属于扒窃；

【总结】盗窃罪的两种类型。

		犯罪成立标准	犯罪既遂标准
普通盗窃（客观价值）	客观	实施窃取**数额较大**财物的行为	实际取得**数额较大**的财物
	主观	具有窃取**数额较大**财物的意图	
特殊盗窃①（值得刑法保护的财物）②	客观	实施窃取**值得刑法保护**的财物的行为	实际取得**值得刑法保护**的财物
	主观	具有窃取**值得刑法保护**的财物的意图	

① “特殊盗窃”：第一，多次盗窃；第二，入户盗窃；第三，携带凶器盗窃；第四，扒窃。

② “值得刑法保护的财物”：第一，接近“数额较大标准”；第二，财物包含其他方面的法益。

（四）着手与既遂

1. 着手。

行为具有使他人丧失财物的紧迫危险时。例如扒窃案件，行为人的手接触到被害人实际上装有钱包或者现金的口袋外侧时，就是着手。

2. 盗窃罪既遂与未遂的界限。

以财物的所有人、管理人、保护人、持有人失去对财物的控制并为盗窃犯罪人所控制的状态为既遂，刑法理论上称为“失控加控制说”。

（1）空间上：财物处于自己实际控制范围内，可以与之保持一定的空间距离。

例 1 以非法占有为目的，从火车上将他人财物扔到偏僻的轨道旁，打算下车后再捡回来，属于既遂。

例 2 住在雇主家的雇员，将窃取的财物藏在雇主家隐蔽的场所，属于既遂。

（2）状态上，取得控制要求达到平稳状态。

【命题角度 1】单纯考查盗窃罪时，往往与公开盗窃相关。

例 甲骑摩托车载着乙，遇到一段路比较崎岖。甲下车推车，乙提出自己骑车过去，在前方等甲。甲答应，看着乙骑车前去。乙竟然骑车扬长而去。（2018 年网络回忆版）

解析：甲是摩托车的主人，由于甲一直在现场，摩托车就一直在甲的占有之下，乙将摩托车骑走的行为，成立盗窃罪。

【命题角度 2】盗窃罪极易与“电子支付”问题结合考查。

五、侵占罪

（一）概念

以非法占有为目的，将代为保管的他人财物或者将他人的遗忘物 、埋藏物非法占为己有，数额较大拒不退还或者拒不交出的行为。

（二）认定

1. 实行行为：合法占有＋非法侵吞。

（1）合法占有。

①合法占有“保管物”

保管关系通常是基于委托关系、租赁关系、借用关系、担保关系、无因管理关系以及不当得利关系而产生，即基于上述关系行为人合法占有他人财物。由此可见，侵占罪的行为没有侵犯财物的占有，只是侵犯了他人财产所有权。

②合法占有“脱离物”。

第一，脱离物之“遗忘物”：非基于他人本意而脱离他人占有，偶然由行为人占有或占有人不明的财物，如邮局误投的邮件，落在出租车上的财物，河流中的漂流物。

例 元宝某日乘坐出租车去往朋友家，下车时不慎将自己的手机落在车上。司机李某后来发现该手机，将其据为己有。李某属于合法占有后非法侵吞，成立侵占罪。

第二，脱离物之“埋藏物”：埋藏于地下、沉没在水中或隐藏于他物之中的，无人占有的，偶然由行为人发现的财物。

注意　如果是他人基于占有的意思，埋藏于地下的财物，则属于他人占有的财物，而非埋藏物，行为人不法取得的，成立盗窃罪。

（2）非法侵吞。

①现金：现金只要转移占有便转移所有，所以，乙将现金委托给甲管理时，甲完全可以使用该笔现金，只有乙要求甲退还而甲不退还时，才能认定为侵占。

②现金以外的财物：拒不返还或者已经处分（出卖、赠与、消费、抵偿债务等）。

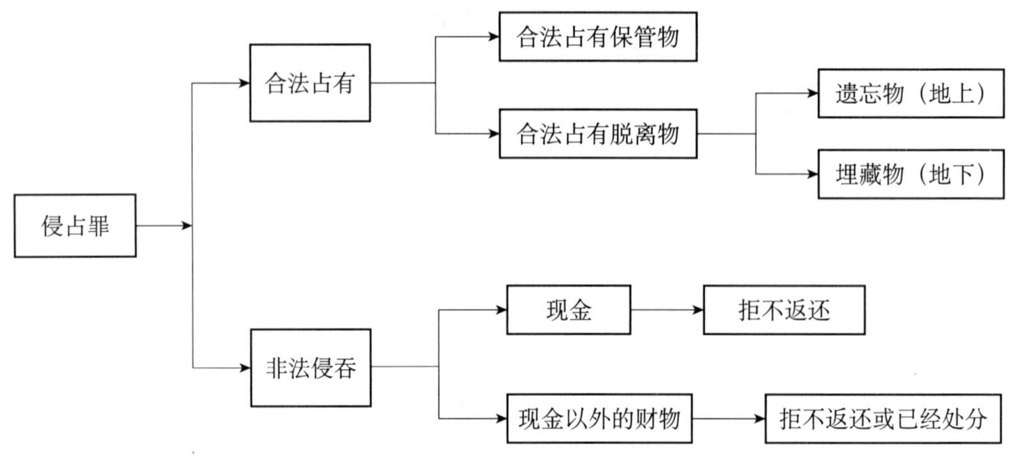

2. 行为对象：自己占有的财物或者无人占有的财物。

注意　侵占罪是侵犯所有权的犯罪。

【真题训练（2017）】下列哪一行为成立侵占罪？（　　）[①]

A. 张某欲向县长钱某行贿，委托甲代为将5万元贿赂款转交钱某。甲假意答应，拿到钱后据为己有

B. 乙将自己的房屋出售给赵某，虽收取房款却未进行所有权转移登记，后又将房屋出售给李某

C. 丙发现洪灾灾区的居民已全部转移，遂进入居民房屋，取走居民来不及带走的贵重财物

D. 丁分期付款购买汽车，约定车款付清前汽车由丁使用，所有权归卖方。丁在车款付清前将车另售他人

3. 盗窃罪与侵占罪的界限。

	盗窃罪	**侵占罪**
犯罪对象	他人占有的财物	自己占有的财物、无人占有的财物
两罪区分的关键：行为人产生**非法所有**意图时，该财物由谁**占有**		

① 丁基于约定合法占有汽车，但并不是汽车的所有权人，其在付清款项前将汽车予以出卖的行为，属于典型的变占有为所有的行为，侵犯了所有权人的所有权。因此，D选项是正确的。

（三）刑法中的“占有”

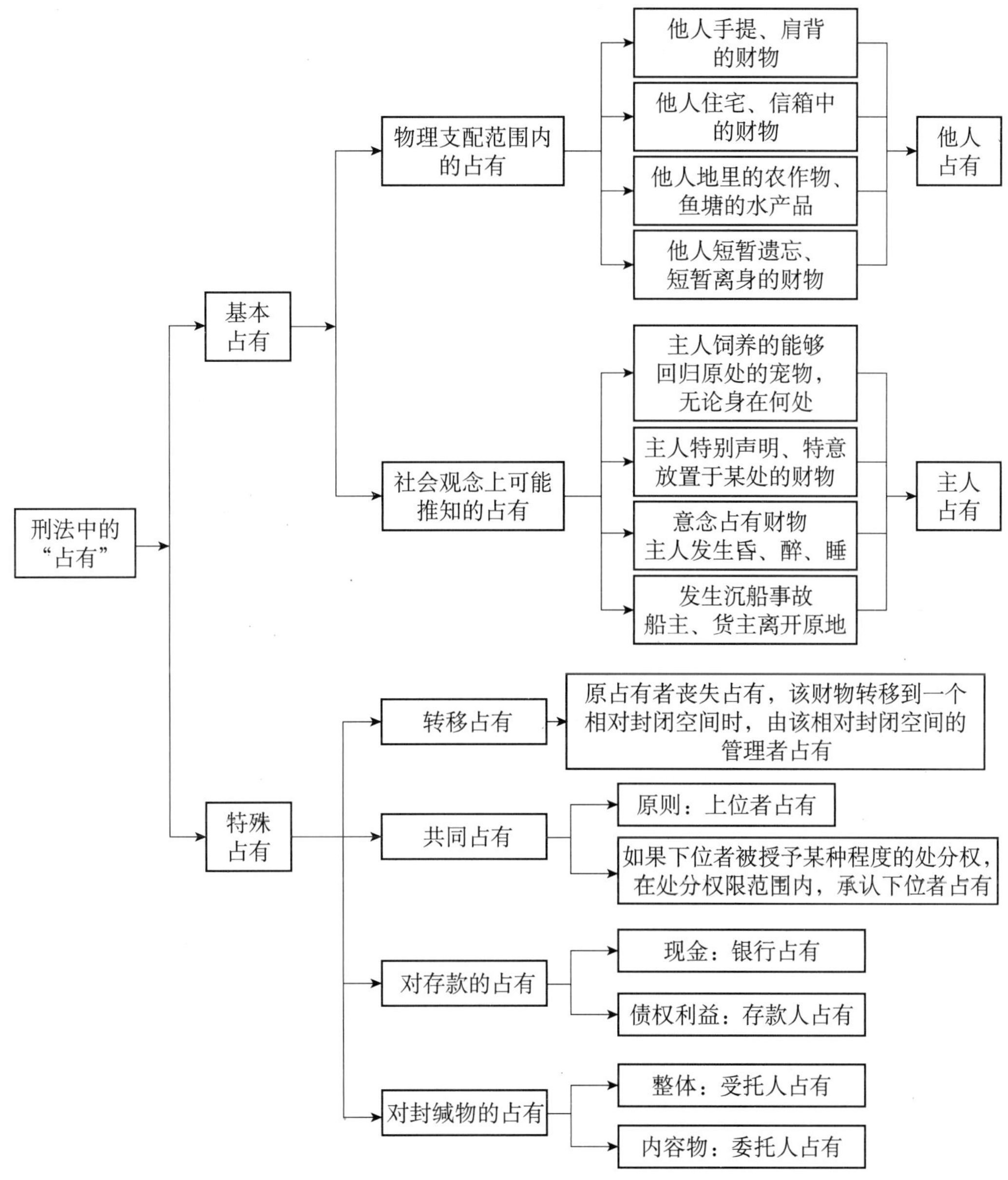

【命题角度】 通过对占有的判断，区分是盗窃罪还是侵占罪。

例1 菜贩刘某将蔬菜装入袋中，放在居民小区路旁的长条桌上，写明“每袋20元，请将钱放在铁盒内”。然后，刘某去3公里外的市场卖菜。小区理发店的店员经常好奇地出来看看是否有人偷菜。甲数次公开拿走蔬菜时假装往铁盒里放钱。(2015-2-19)

解析： 刘某虽距现场3公里，但根据社会生活经验，蔬菜仍然由刘某占有。

例 2 旅客将行李放在托运柜台旁，到相距 20 余米的另一柜台问事时，机场清洁工丙将该行李拿走据为己有。（2016－2－59）

解析： 旅客将行李放在托运柜台旁，到相距 20 余米的另一柜台问事时，行李是旅客在占有，丙将该行李拿走据为己有，构成盗窃罪。

注意 关于死者的占有问题，存在不同观点，属于主观题观点展示问题的命题素材。

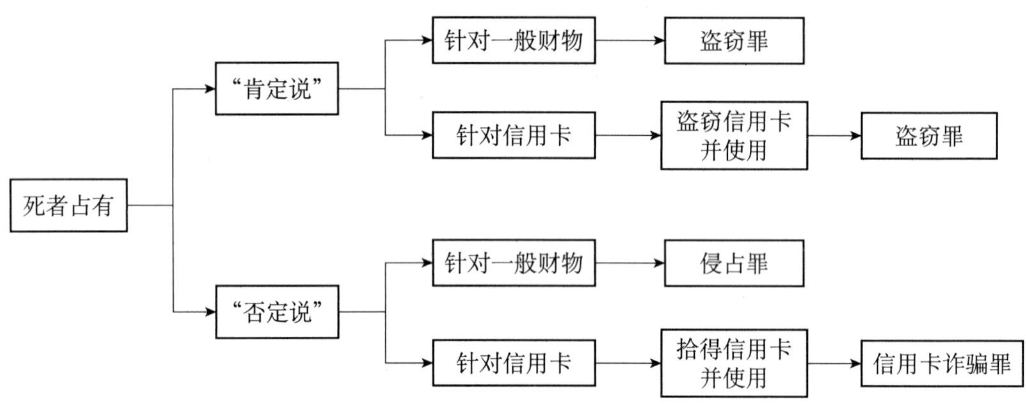

六、诈骗罪

（一）概念

以非法占有为目的，用虚构事实或者隐瞒真相的方法，骗取数额较大的公私财物的行为。

（二）认定

1. 实行行为。

（1）虚构事实、隐瞒真相。

（2）被害人陷入错误认识。

欺骗行为使对方产生、维持或强化错误认识，即对方的错误认识是行为人的欺骗行为所致。

例如，甲将一把壶的壶底落款“民國叁年”磨去，放在自己的古玩店里出卖。某日，钱某看到这把壶，误以为是明代文物。甲见钱某询问，谎称此壶确为明代古董，钱某信以为真，按明代文物交款买走。又一日，顾客李某看上一幅标价很高的赝品画，以为是名家亲笔，但又心存怀疑。甲遂拿出虚假证据，证明该画为名家亲笔。李某以高价买走赝品。[①] 第一次“谎称此壶确为明代古董”属于“维持”错误认识，第二次“拿出虚假证据，证明该画为名家亲笔”则属于“强化”错误认识。

（3）基于错误认识处分财物。

“处分财物”＝处分的行为＋处分的意思。

① 2011 年卷二不定项选择题（86－87）

①客观上有处分行为，即转移占有。

首先，占有即事实上的控制—— 较长时间内、相对稳定的、相对独立的控制。

例如，甲路过某自行车修理店，见有一辆名牌电动自行车（价值1万元）停在门口，欲据为己有。甲见店内货架上无自行车锁便谎称要购买，催促店主去50米之外的库房拿货。店主临走时对甲说："我去拿锁，你帮我看一下店。"店主离开后，甲骑走电动自行车。店主并没有将自己对于店内财物的独立、稳定的占有转移给甲，店主去50米之外的库房拿货时，店内财物仍在店主的占有之下，甲的行为成立盗窃罪。

其次，占有不一定是物理上的控制，物理上的控制未必是占有；转移物理上的控制，未必是转移占有。

例如，乙女听说甲男能将10元变成100元，便将家里的2 000元现金交给甲，让甲当场将2 000元变成2万元。甲用红纸包着2 000元钱，随后"变"来"变"去，趁机调换了红纸包，然后将调换过的红纸包交给乙，让乙2小时后再打开看。乙2小时后打开，发现红纸包内是餐巾纸。乙将2 000元现金交给甲时，并不是转移占有，因为所有权人（乙）在场，财物仍然是所有人在占有，2 000元钱虽然在甲手里，但甲仅是物理上的控制者，事实上真正的占有者是乙。甲趁机调包的行为，破坏了乙对财物的占有，建立起新的占有，因此甲成立盗窃罪。

②主观上有处分的意思，即对于转移占有和转移占有的财物的性质有认识。

对于转移占有有认识：认识到自己将对于财物稳定的、较长时间的、相对独立的控制，转移给对方。

对于转移占有的财物的性质有认识：认识到自己转移的财物"是什么"即可，不需要认识到财物的数量和价值。

例1 甲到超市后，把装满矿泉水的纸箱打开，取出里面的矿泉水，然后从另一柜台拿了一台照相机（价值1万元），塞进纸箱，再把纸箱用封条封上。结账时甲向收银员付了一箱矿泉水的钱便提着箱子离开。受骗人收银员对于财物的性质发生了根本的错误认识，他以为自己转移的是矿泉水，而事实上转移的是照相机，对照相机不存在处分的意思，也就没有发生处分财物的事实，因此甲的行为成立盗窃罪。

例2 乙到超市后，将便宜照相机的条码与贵重照相机的条码互换，使店员将贵重相机以便宜价格"出售"给甲。受骗人收银员对于财物的性质没有发生错误认识，他以为自己转移的是照相机，事实上转移的也是照相机，仅仅是对于财物的价值发生错误认识，不影响处分的意思，乙的行为成立诈骗罪。

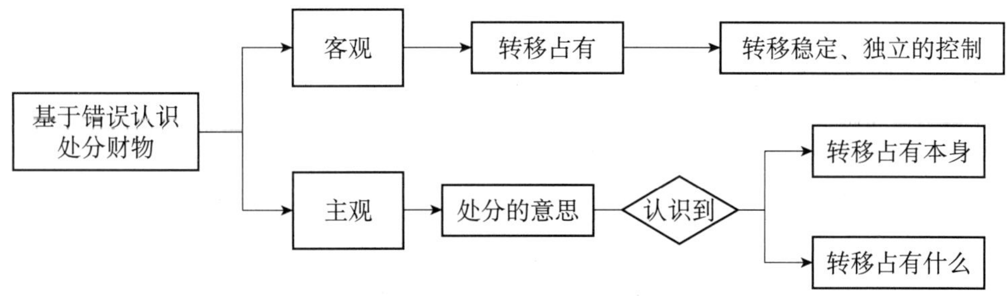

(4) 行为人取得数额较大的财物。

①“取得”既包括财产的积极增加，也包括财产的消极增加。

②“数额较大”：3000 元至 1 万元以上。

③“财物”：诈骗罪并不限于骗取有体物，还包括骗取无形物与财产性利益。

2. 犯罪主体：已满 16 周岁，具有辨认、控制能力的自然人。

【命题角度】 盗窃罪与诈骗罪区分的关键在于被害人基于错误认识处分财物，如果不存在被害人处分财物的事实，则不可能成立诈骗罪。

例 郑某冒充银行客服发送短信，称张某手机银行即将失效，须重新验证。张某信以为真，按短信提示输入银行卡号、密码等信息后，又将收到的编号为 135423 的“验证码”输入手机页面。后张某发现，其实是将 135 423 元汇入了郑某账户。[①]

3. 特殊类型的诈骗。

(1)“三角诈骗”。

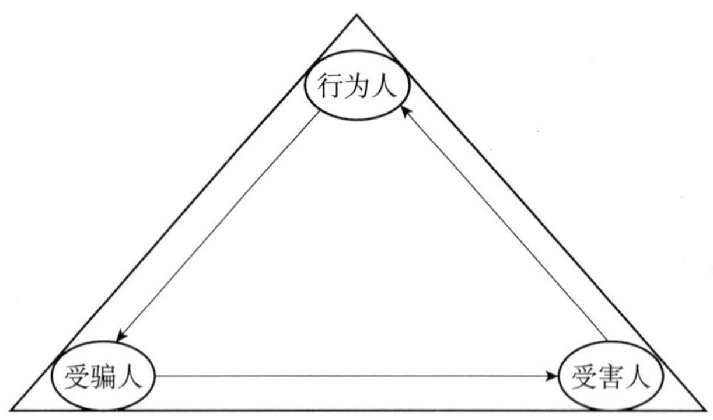

第一步：看“阵营”，明确受骗人属于哪个阵营。

① 受骗人属于行为人阵营：行为人成立盗窃罪。

② 受骗人属于被害人阵营：行为人成立诈骗罪。

例 1 甲女对自己的前男友怀恨在心，于是对现男友说某小区某房间是她的住宅（实为前男友的住宅），让现男友帮忙将该房间内的财物搬至某处，现男友信以为真，委托搬家公司将房间搬空。受骗人是现男友，现男友与甲女属同一阵营，甲女构成盗窃罪。

【小结】 现男友只是被甲女利用来实施盗窃的“工具”。

例 2 甲男趁同事乙上班时间，来到乙家欺骗乙的妻子说乙因工作原因急需家里的笔记本电脑，委托他来取，乙妻信以为真，将电脑交给甲带走。受骗人是乙妻，**乙妻**与乙是同一阵营，甲男构成诈骗罪。

【小结】 欺骗乙妻与欺骗乙的法律效果是一样的。

第二步：如果受骗人处于中立位置，再看受骗人对于被害人的财产有无强大的处分权。

---

① 被害人张某误以为自己是在客服的指引之下重新验证手机银行，并未产生处分财物的意思，因此不存在被害人基于错误认识处分财物的事实。郑某利用张某不知情的行为，转移张某对财产的占有，成立盗窃罪的间接正犯，而不成立诈骗罪。

① 受骗人对于被害人的财产有强大的处分权：行为人成立诈骗罪。

② 受骗人对于被害人的财产无强大的处分权：行为人成立盗窃罪。

例 1　甲伪造乙对自己有 10 万元借款的证据，并向法院提起诉讼，法院信以为真，判决乙偿还甲 10 万元借款。受骗人法院处于中立地位，法院对于乙的财物具有强大的处分权，甲构成诈骗罪。

【小结】法院拥有强大的处分权，法院处分相当于乙自己处分。

例 2　甲在会议结束后将自己的手机落在会议室的桌面上，清洁工进来收拾桌面时发现了遗落的手机，这时早有图谋的乙走进会议室对清洁工说，“阿姨，那是我的手机，麻烦您递给我”，清洁工信以为真，将手机递给乙。受骗人清洁工处于中立地位，清洁工对于甲的财物没有强大的处分权，乙构成盗窃罪。

【小结】清洁工的存在没有法律意义，可以被看做“透明”的。

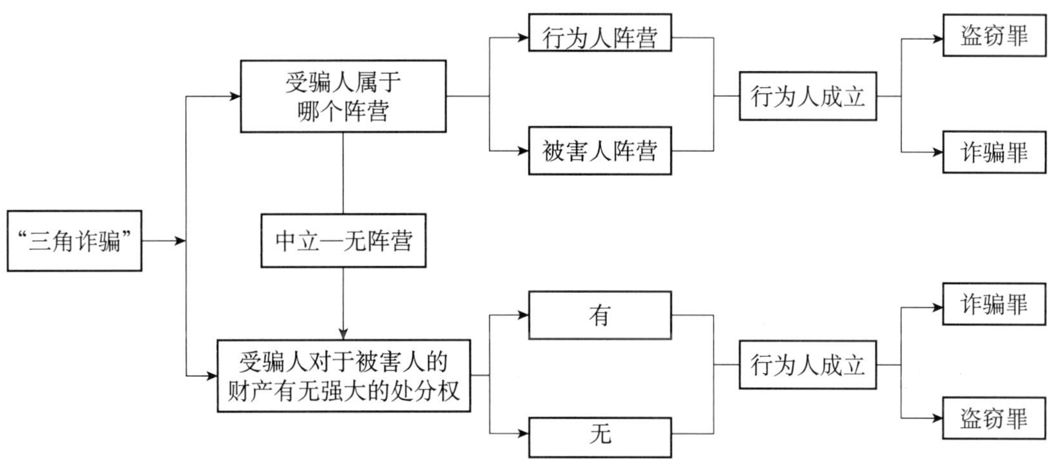

【命题角度】运用上述原理，判断究竟是构成盗窃罪还是构成诈骗罪。

例　甲冒充家电维修人员，想把王某家的冰箱骗到手。某日，甲来到王某家，开门的却是王某家保姆，甲误把保姆当成王某，谎称商家搞活动，正在以旧换新。保姆以为甲事前跟王某商量好了，就把冰箱给了甲。（2019 年网络回忆版）

解析：本案中，受骗人是王某家的保姆，保姆显然跟王某属于同一阵营，在处分地位上与王某相当，保姆的处分相当于王某自己的处分。甲构成诈骗罪。

（2）不支付饮食、住宿费用。

①原本没有支付饮食费、住宿费的意思，伪装具有支付意思，欺骗对方提供饮食、住宿，数额较大。此时，欺骗在先，取得财物在后，成立诈骗罪。

②原本具有支付饮食费、住宿费的意思，在饮食、住宿后，采用欺骗手段不支付费用。

例如，甲在高档酒店吃完后产生了不支付费用的意思，于是声称送走朋友后回来付款，但在将朋友送出酒店后乘机逃走。由于被害人并没有免除甲的债务，即没有处分行为，故对该行为难以认定为诈骗罪。

【观点1】行为人构成盗窃罪，盗窃财产性利益（餐费这种债权）。

【观点2】行为人不构成盗窃罪，属于民事纠纷，无罪。

（3）二重买卖。

例1 甲将自己的不动产卖给乙，在乙办理过户登记手续之后，甲又伪造证件，将该不动产卖给丙，丙支付对价。本案被害人是丙，丙陷入错误认识后处分财物，因此甲成立诈骗罪；

例2 甲将自己的电脑卖给乙，同时约定暂由甲保管电脑一个月，甲又将电脑卖与丙。本案被害人是乙，甲不法处分了自己占有但归乙所有的财产，使乙遭受财产损失，因此成立侵占罪。多数观点认为，甲对丙构成诈骗罪，丙用正常价买到赃物，有财产损失。甲的一个处分行为（出售行为）同时触犯两罪，想象竞合，择一重罪论处。

（4）"偷电"。

例1 甲在正常、大量用电之后，在电力部门工作人员即将上门收取电费时，产生不缴费用的意思，使用不法手段将电表数字调至极小，从而免除大部分电费。甲"将电表数字调至极小"属于"隐瞒真相"，电力部门工作人员陷入错误认识"免除大部分电费"属于处分财物，因此甲成立诈骗罪。

例2 甲为了不缴、少缴电费，事先采用不法手段使电表停止运行，从而免除大部分电费；电表的作用既是对用电数量的记录，又是电力公司关于用电的许可。当电表停止运行时，等于电力公司撤回了许可，在未经许可的状态下用电，显然属于偷电，因此甲成立盗窃罪。

【真题训练（2021）】关于诈骗罪中处分意思的判断，下列选项中，乙存在处分意思的是（　　）。①

A. 甲在超市购物，趁无人时打开饮料箱包装，把高档白酒放进去，收银员乙按饮料价格收款

B. 甲通过伪造购车发票、车辆行驶证，将在租车行租来的车冒充自己的车，质押给被害人乙，向被害人乙"借款"20万元，后逃匿

C. 甲请人吃饭后，产生逃单想法。在经过收银台时，甲欺骗收银员乙说："我把客人送走就来买单。"收银员乙信以为真，甲一去不回

D. 甲为了不缴电费，事先采用不法手段，使电表停止运行。电费收缴员乙来到甲家中查看电表时，发现电表度数为零，遂离开。甲通过此种方式少交5 000元电费

七、职务侵占罪

（一）概念

公司、企业或者其他单位的人员，利用职务上的便利，将本单位财物非法占有，数额较大的行为。

---

① **【答案】**B

（二）认定

1. 实行行为：公司、企业或者其他单位的人员，利用职务上的便利，将本单位财物非法占为已有，数额较大的行为。

（1）“利用职务上的便利”，即利用自己主管、管理、经营、经手单位财物的便利条件。如果是利用自己作为本单位职工，熟悉作案环境、方便进出单位、易于接触财物的便利条件，不属于利用职务之便，不成立职务侵占罪。

（2）“非法占有本单位财物”的方式：**“侵吞”**，即将基于职务原因而**独自管理**的本单位财物非法占为已有。

注意　**只有狭义的侵占行为才能构成职务侵占罪，即只有当行为人基于职务原因将独自占有的本单位财物非法据为己有，才成立职务侵占罪。**从解释论上来说，完全可以将利用职务便利实施的盗窃、诈骗行为排除在职务侵占罪之外，直接以盗窃、诈骗罪论处，从而使职务侵占罪与盗窃、诈骗罪之间保持协调。①

2. 行为对象：本单位财物。

3. 犯罪主体：公司、企业或者其他单位的人员（非国家工作人员）。

【命题角度】非国家工作人员利用职务之便的盗窃行为，只能认定为盗窃罪。

【2019年网络回忆版】某村有一片荒山，山上有30亩树木，属于村集体财产。在其他村委会成员不知情的情况下，村委会主任王某私下将这些树木卖给木材商李某。王某对李某谎称这些树木是自家的，以市场行情价予以出售，收到李某的货款后，王某让李某带人砍伐了树木，自行运走。关于本案，下列说法错误的有（　　）。②

A. 王某触犯职务侵占罪

B. 王某触犯盗窃罪

C. 王某触犯诈骗罪

D. 王某触犯盗伐林木罪

注意　村民委员会等村基层组织人员在日常工作中，利用职务便利侵吞集体财产的，成立职务侵占罪；在协助人民政府从事行政管理工作时，利用职务上的便利侵占公共财物，成立贪污罪。

八、故意毁坏财物罪

（一）概念

故意毁坏公私财物，数额较大或者有其他严重情节的行为。

（二）认定

1. 实行行为：毁坏公私财物，数额较大或者有其他严重情节的行为。

“毁坏”，指有损财物的效用的一切行为。

---

① 张明楷．刑法学．6版．北京：法律出版社，2021：1338.

② 【答案】A

①物理的毁坏，如砸烂、打坏；

②效用的毁坏，如功能受损；

③情感价值的毁坏，如将粪便装入餐具；

④占有的破坏，如放飞他人关在笼子里的金丝雀。

2. 行为对象：公私财物，既可以是动产，也可以是不动产。

3. 故意，不具有非法占有目的。

【命题角度】故意毁坏财物罪的本质：损人不利己。

例1 刘某炒股亏损，无意间获得同事宋某的股票交易账号和密码，出于好奇心理，擅自进入宋某的账户，发现宋某炒股获利甚多。出于嫉妒心理，刘某多次进入宋某的股票交易账户，擅自高进低出，将宋某的一些正在看涨的股票以低价抛出，给宋某造成经济损失5万多元。刘某构成故意毁坏财物罪。

例2 陈某系张家的保姆，但十分仇富。某日，趁张家没人，陈某用张家厨房中的餐具装盛粪便，然后用清水冲干净，但被录像监控发现。经鉴定，张家所用餐具均为名贵瓷器，价值2万余元。陈某构成故意毁坏财物罪。

【重点复盘】

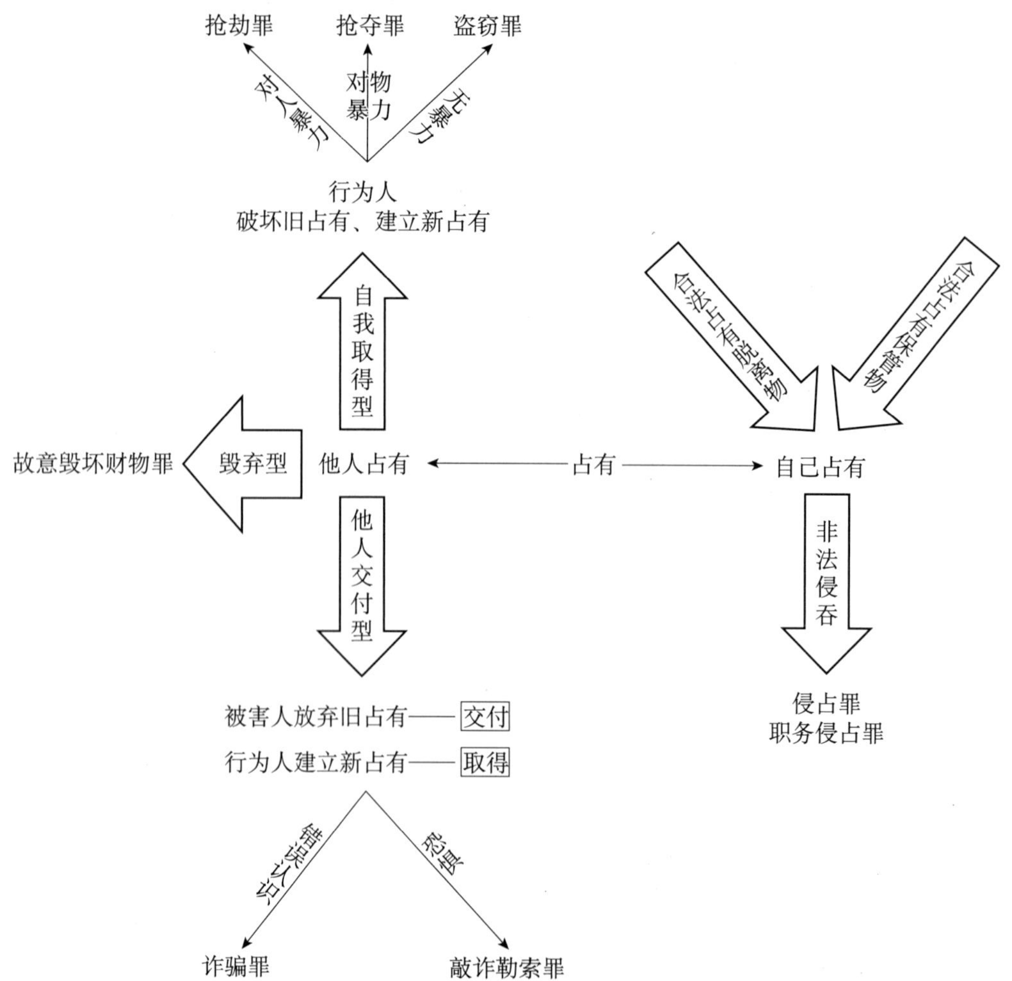

第二十章　妨害社会管理秩序罪

第一节　扰乱公共秩序罪

一、妨害公务罪

（一）概念

以暴力、威胁方法阻碍国家机关工作人员依法执行职务，阻碍人民代表大会代表依法执行代表职务，阻碍红十字会工作人员依法履行职责的行为，或者故意阻碍国家安全机关、公安机关依法执行国家安全工作任务，未使用暴力、威胁方法，造成严重后果的行为。

（二）认定

1. 客观方面。

<table>
<tr><th>方式</th><th>对象</th><th>职务</th><th>时空</th><th>后果</th></tr>
<tr><td rowspan="3">暴力、威胁</td><td>国家机关工作人员</td><td rowspan="3">相应职务</td><td rowspan="2"></td><td rowspan="3"></td></tr>
<tr><td>全国/地方人民
代表大会代表</td></tr>
<tr><td>红十字会工作人员</td><td>自然灾害、突发事件</td></tr>
<tr><td>未使用
暴力、威胁</td><td>国家安全机关
公安机关</td><td>国家安全
工作任务</td><td></td><td>严重后果</td></tr>
</table>

【类型一】使用暴力、威胁方法。

（1）以暴力、胁迫方法阻碍国家机关工作人员依法执行职务。

①“国家机关工作人员”：在各级立法机关、行政机关、司法机关、军事机关、监察机关中从事公务的人员，以及在中国共产党的各级机关、中国人民政治协商会议的各级机关中从事公务的人员。

根据立法解释，还应当包括：在依照法律、法规规定行使国家行政管理职权的组织中从事公务的人员，或者在受国家机关委托代表国家机关行使职权的组织中从事公务的人员，或者虽未列入国家机关人员编制但在国家机关中从事公务的人员。

②“职务”是指国家机关工作人员所处理的作为公务的一切事务。

（2）以暴力、胁迫方法阻碍全国人民代表大会和地方各级人民代表大会代表依法执行代表职务。

（3）在自然灾害、突发事件中以暴力、胁迫方法阻碍红十字会工作人员依法履行职责。

注意1 关于暴力：不可太重也不可太轻。

“不可太重”，如果暴力造成重伤、死亡，则不再定妨害公务罪，直接认定故意伤害罪、故意杀人罪。

“不可太轻”，通常情况下被执行人在面对国家机关执行公务时会有本能的抵触、情绪上的对抗以及身体的推搡，这属于人较为正常的反应，法律不应当苛责这类行为，因此轻微暴力不具有期待可能性，不应当构成犯罪。

注意2 关于胁迫，即以恶害相通告，迫使国家机关工作人员放弃职务行为或者不正确执行职务行为。

【类型二】未使用暴力、胁迫方法。

仅限于阻碍国家安全机关、公安机关依法执行国家安全工作任务，造成严重后果。

【命题角度】如果以暴力、胁迫方法阻碍国家安全机关、公安机关依法执行国家安全任务，没有造成严重后果的，应认定为阻碍国家机关工作人员依法执行职务，适用类型一。

2. 罪数问题。

行为人在实施某项犯罪行为时，面对国家机关的检查、抓捕，以暴力、胁迫的方法抗拒，构成妨害公务罪的，如何定罪？

（1）原则：与前面的犯罪数罪并罚。例如，在走私普通货物、物品的过程中，以暴力、威胁方法抗拒缉私的，以走私普通货物、物品罪与妨害公务罪数罪并罚。

（2）例外。

① 在实施组织他人偷越国（边）境罪，运送他人偷越国（边）境罪，走私、贩卖、运输、制造毒品罪的过程中以暴力、威胁抗拒检查、缉私的，就定前三罪，适用高一档法定刑。因为这三个罪的加重构成要件中就包括了以暴力、威胁抗拒检查、执行的内容。

② 抗税罪：以暴力、威胁方法抗拒缴纳税款的行为，就是抗税罪的基本实行行为，只成立抗税罪一罪即可。

二、袭警罪

（一）概念

以暴力或者使用枪支、管制刀具，或者以驾驶机动车撞击等手段袭击正在依法执行职务的人民警察，严重危及其人身安全的行为。

（二）认定

1. 实行行为：以暴力袭击正在依法执行职务的人民警察。

2. 加重情形：在暴力袭击正在依法执行职务的人民警察的过程中，使用枪支、管制刀具，或者以驾驶机动车撞击等手段，严重危及其人身安全。

注意 如果暴力造成重伤、死亡，则不再定本罪，直接认定故意伤害罪、故意杀人罪。

三、冒名顶替罪

（一）概念

盗用、冒用他人身份，顶替他人取得的高等学历教育入学资格、公务员录用资格、就业安置待遇的行为。

（二）认定

1. 实行行为：盗用、冒用他人身份，实施下列三种行为之一。

（1）顶替他人取得的高等学历教育入学资格；

（2）顶替他人公务员录用资格；

（3）顶替他人就业安置待遇。

2. 国家工作人员实施本罪行为，又有其他犯罪行为（如受贿、滥用职权等），则数罪并罚。

四、招摇撞骗罪

（一）概念

以谋取非法利益为目的，冒充国家机关工作人员进行招摇撞骗的行为。

（二）认定

1. 实行行为：冒充国家机关工作人员招摇撞骗。

（1）“冒充国家机关工作人员”：非国家机关工作人员冒充国家机关工作人员，也包括此种国家机关工作人员冒充他种国家机关工作人员。

【命题角度】冒充高干子弟、知名学者、权威专家、战斗英雄、劳动模范的，不成立本罪。

（2）“招摇撞骗”：以假冒的身份骗取各种利益，不限于财产性利益。

2. 招摇撞骗罪与诈骗罪。

两个罪名之间是交叉关系，属于想象竞合，择一重罪处罚。

五、组织考试作弊罪

（一）概念

在法律规定的国家考试中组织作弊，以及为组织作弊提供作弊器材或者其他帮助的行为。

（二）认定

1. “法律规定的国家考试”。

（1）普通高等学校招生考试、研究生招生考试、高等教育自学考试、成人高等学校招生考试等国家教育考试。

（2）中央和地方公务员录用考试。

（3）国家统一法律职业资格考试、国家教师资格考试、注册会计师全国统一考试、会计专业技术资格考试、资产评估师资格考试、医师资格考试、执业药师职业资格考试、注册建筑师考试、建造师执业资格考试等专业技术资格考试。

（4）其他依照法律由中央或者地方主管部门以及行业组织的国家考试。

前述考试涉及的特殊类型招生、特殊技能测试、面试等考试，属于“法律规定的国家考试”。

2. 组织作弊，不是仅仅指组织考生作弊。组织家长、监考人员或者相关辅导教师参与作弊的，也是组织作弊。

3. “其他帮助”包括非法获取、贩卖考生信息，制作、贩卖伪造的证件，为组织者运送作弊学生，安排替考者住宿，为被组织的考生、家长或监考人员传递与作弊有关的纸条或其他信息等情形。

4. 既遂的认定：在考试开始之前被查获，但已经非法获取考试试题、答案或者具有其他严重扰乱考试秩序情形的，应当认定为组织考试作弊罪既遂。

【命题角度】考查本罪与非法出售、提供试题、答案罪的关系。

（1）非法出售、提供试题、答案罪，是指为实施考试作弊行为，向他人非法出售或者提供法律规定的国家考试的试题、答案的行为。

（2）在组织考试作弊过程中，向他人非法出售或者提供法律规定的国家考试的试题、答案的，该行为是组织作弊罪的构成要件行为的组成部分，以组织考试作弊罪一罪论处。

5. 罪数：以窃取、刺探、收买方法非法获取法律规定的国家考试的试题、答案，又组织考试作弊或者非法出售、提供试题、答案，以非法获取国家秘密罪和组织考试作弊罪或者非法出售、提供试题、答案罪数罪并罚。

六、代替考试罪

（一）概念

代替他人或者让他人代替自己参加法律规定的国家考试的行为。

（二）认定

1. 犯罪主体。

（1）替考人：代替他人参加法律规定的国家考试的人。

（2）应考人：让他人代替自己参加法律规定的国家考试的人。

2. 罪数：代替他人考试，是指假冒他人名义参加法律规定的国家考试。此时，行为人一定要同时实施非法使用身份证件的行为。因此，本罪和使用虚假身份证件罪之间有想象竞合关系，应当从一重罪处断。

【命题角度】共犯问题。

原则：代替他人考试的人（替考人）与让他人代替自己参加考试的人（应考人）会形成共犯关系，即对向性的共同正犯。

例　应考人元宝因生病住院不能参加考试，元宝的父亲甲让乙代替元宝参加考试，但元宝并不知情。此时，乙构成代替考试罪，甲构成代替考试罪的教唆犯，元宝不知情不构成犯罪。

【真题训练（2016）】2016年4月，甲利用乙提供的作弊器材，安排大学生丙在地方公务员考试中代替自己参加考试。但丙考试成绩不佳，甲未能进入复试。关于本案，下列哪些选项是正确的？（　　）①

A. 甲组织他人考试作弊，应以组织考试作弊罪论处

B. 乙为他人考试作弊提供作弊器材，应按组织考试作弊罪论处

C. 丙考试成绩虽不佳，仍构成代替考试罪

D. 甲让丙代替自己参加考试，构成代替考试罪

七、高空抛物罪

（一）概念

从建筑物或者其他高空抛掷物品，情节严重的行为。

（二）认定

1. 本罪是情节犯，从建筑物或者其他高空抛掷物品，情节严重，犯罪就成立。

2. 如果实施本罪行为，给公共安全带来现实、紧迫、具体的危险或者造成不特定多数人伤亡（如一次性扔下一块玻璃、倒下一杯浓硫酸），则同时成立以危险方法危害公共安全罪，依照处罚较重的规定定罪处罚。

【命题角度】如何理解“高空”和“抛物”？

（1）高空，属于相对高空，从地面往井下抛物亦属于高空抛物。

（2）从地面向上抛，再落下，不属于高空抛物。

注意　容易与以危险方法危害公共安全罪结合考查。

例　2021年2月28日晚11时，甲从自家三楼向下扔四袋厨余垃圾，刚好砸到自家车上。（2021年网络回忆版）

解析：以危险方法危害公共安全罪是与放火罪、爆炸罪、决水罪并列的罪名，要求行为不但危及公共安全，还要具有瞬间的爆发性、扩散性。故意从高空抛掷物品，只有给公共安全带来现实、紧迫、具体的危险，且具有瞬间的爆发性才能成立以危险方法危害公共安全罪，而不是只要有高空抛物的行为，可能威胁到不特定的少数人就成立该罪。甲的行为发生在《刑法修正案（十一）》实施之前，但是难以构成以危险方法危害公共安全罪，根据当时的法律，甲无罪；甲的行为其实符合《刑法修正案（十一）》新增的高空抛物罪的构成要件，但是新法不得溯及既往，因此甲的行为最终无罪。

【真题训练（2021）】《刑法》第291条之二规定，“从建筑物或者其他高空抛掷物

---

① 【答案】CD

品，情节严重的，处一年以下有期徒刑、拘役或者管制”。根据上述法条，下列说法正确的是（　　）。[①]

A. 高空抛物罪仅从高空抛下，才可定罪

B. 行为人站在地面向上抛物品时，物品从高空掉落也构成高空抛物罪

C. 在建筑物抛掷物品不需要满足高空的要求

D. 抛掷的物品不需要满足足以致人重伤的重量和大小

八、帮助信息网络犯罪活动罪

（一）概念

明知他人利用信息网络实施犯罪，为其犯罪提供互联网接入、服务器托管、网络存储、通信传输等技术支持，或者提供广告推广、支付结算等帮助，情节严重的行为。

（二）认定

1. 本罪的立法主旨是，对特定的帮助犯规定独立的法定刑，而不再适用刑法总则关于帮助犯（从犯）的处罚规定。

2. 帮助对象实施的犯罪行为可以确认，但尚未到案、尚未依法裁判或者因未达到刑事责任年龄等原因依法未予追究刑事责任的，不影响帮助信息网络犯罪活动罪的认定。

【命题角度】帮助信息网络犯罪活动，可能同时构成本罪与其他犯罪，应当从一重罪处断。

例如，甲试图颠覆国家政权，委托乙利用其设立的网络接入服务机构从事互联网接入、通讯传输活动发布相关反动信息，乙同时构成本罪和颠覆国家政权罪的帮助犯，应当从一重罪处断。

九、聚众斗殴罪

（一）概念

出于报私仇、争霸或者其他不正当目的，成帮结伙打架斗殴，破坏公共秩序的行为。

（二）认定

1. 实行行为：纠集他人成帮结伙地互相进行殴斗，从而破坏公共秩序的行为。

2. 犯罪主体：一般主体；刑法只处罚聚众斗殴的首要分子和其他积极参加者，对于一般参加者，不以犯罪论处。成立聚众斗殴罪虽然需要多人参与，但不要求斗殴的双方都必须三人以上。

3. 转化犯（法律拟制）。聚众斗殴致人重伤、死亡的，以故意伤害罪、故意杀人罪定罪处罚。关于谁承担故意伤害罪、故意杀人罪的刑事责任，可依下述标准：

（1）查不出直接责任人员：首要分子承担；

---

① **【答案】**D

（2）查得出直接责任人员：首要分子与直接责任人一起承担。

4. 加重构成要件。

（1）多次聚众斗殴。

（2）聚众斗殴人数多、规模大，社会影响恶劣。

（3）在公共场所或者交通要道聚众斗殴，造成社会秩序严重混乱。此时构成本罪和聚众扰乱公共场所秩序、交通秩序罪的想象竞合犯。

（4）持械聚众斗殴的。

十、寻衅滋事罪

（一）概念

行为人为寻求刺激、发泄情绪、逞强耍横等，无事生非，进行扰乱破坏，情节恶劣的行为。

（二）认定

1. 行为方式。

（1）随意殴打他人，情节恶劣的。

“随意殴打”，主要是为了说明殴打不具有“大致说得通”的理由，可能是无端滋事，也可能是小题大做，一般情况下寻衅滋事的行为人没有明确的攻击目标，也没有具体的报复对象。

（2）追逐、拦截、辱骂、恐吓他人，情节恶劣的。

①“追逐”，一般是指妨碍他人停留在一定场所的行为。

②“拦截”，一般是指阻止他人转移场所的行为。

显然，这两种行为都是妨碍他人行动自由的行为。追逐与拦截可能以暴力方式实施，也可能以威胁等方式实施。

（3）强拿硬要或者任意损毁、占用公私财物，情节严重的。

①“强拿硬要”，是违背他人意志强行取得他人财物的行为，既可以表现为夺取财物，也可以表现为迫使他人交付财物。

②占用公私财物，是指不当、非法使用公私财物的一切行为，必须具有不正当性，但并不要求行为人具有非法占有目的。

（4）在公共场所起哄闹事，造成公共场所秩序严重混乱的。

①“公共场所”，是指不特定人或者多数人可以自由出入的场所。

②起哄闹事，是指用语言、举动等方式，扰乱公共场所秩序，使公共场所的活动不能顺利进行。

2. 司法解释。

《最高人民法院、最高人民检察院关于办理利用信息网络实施诽谤等刑事案件适用法律若干问题的解释》第 5 条规定，利用信息网络辱骂、恐吓他人，情节恶劣，破坏社会秩序的，依照《刑法》第 293 条第 1 款第（二）项的规定，以寻衅滋事罪定罪处罚。

编造虚假信息，或者明知是编造的虚假信息，在信息网络上散布，或者组织、指使人员在信息网络上散布，起哄闹事，造成公共秩序严重混乱的，依照《刑法》第293条第1款第（四）项的规定，以寻衅滋事罪定罪处罚。

【命题角度】实施本罪行为，同时触犯故意伤害罪、抢劫罪、敲诈勒索罪、故意毁坏财物罪的，应从一重罪论处。

例如，随意殴打他人造成他人重伤的，应认定为故意伤害罪；强拿硬要行为符合抢劫罪构成要件的，应认定为抢劫罪。

【真题训练（2015）】甲在公园游玩时遇见仇人胡某，顿生杀死胡某的念头，便欺骗随行的朋友乙、丙说："我们追逐胡某，让他出洋相。"三人捡起木棒追逐胡某，致公园秩序严重混乱。将胡某追到公园后门偏僻处后，乙、丙因故离开。随后甲追上胡某，用木棒重击其头部，致其死亡。关于本案，下列哪些选项是正确的？（　　）[1]

A. 甲触犯故意杀人罪与寻衅滋事罪

B. 乙、丙的追逐行为是否构成寻衅滋事罪，与该行为能否产生救助胡某的义务是不同的问题

C. 乙、丙的追逐行为使胡某处于孤立无援的境地，但无法预见甲会杀害胡某，不成立过失致人死亡罪

D. 乙、丙属寻衅滋事致人死亡，应从重处罚

十一、组织、领导、参加黑社会性质组织罪

（一）概念

组织、领导或者参加黑社会性质组织的行为。

（二）认定

1. 黑社会性质的组织应当同时具备以下特征。

（1）形成较稳定的犯罪组织，人数较多，有明确的组织者、领导者，骨干成员基本固定。

（2）有组织地通过违法犯罪活动或者其他手段获取经济利益，具有一定的经济实力，以支持该组织的活动。

（3）以暴力、威胁或者其他手段，有组织地多次进行违法犯罪活动，为非作恶，欺压、残害群众。

（4）通过实施违法犯罪活动，或者利用国家工作人员的包庇或者纵容，称霸一方，在一定区域或者行业内，形成非法控制或者重大影响，严重破坏经济、社会生活秩序。

【命题角度】判断某一组织是否属于黑社会性质组织。

2. 本罪包括组织行为、领导行为、积极参加行为与其他参加行为。

（1）组织者、领导者，是指黑社会性质组织的发起者、创建者，以及在组织中实际处于领导地位，对整个组织及其运行、活动起决策、指挥、协调、管理作用的犯罪

---

① 【答案】ABC

分子。

（2）积极参加者，是指接受黑社会性质组织的领导和管理，积极参与黑社会性质组织的违法犯罪活动的犯罪分子。

（3）其他参加者，是指除上述组织成员之外，其他接受黑社会性质组织的领导和管理的犯罪分子。

3. 组织、领导、参加黑社会性质的组织本身便是犯罪行为，如果行为人组织、领导、参加黑社会性质的组织，又实施了其他犯罪的，数罪并罚。

十二、赌博罪

（一）概念

以营利为目的，聚众赌博或者以赌博为业的。

（二）认定

1. 并非任何赌博行为都成立犯罪。根据刑法规定，成立赌博罪，仅限于两种类型：

（1）聚众赌博，即纠集多人从事赌博。

（2）以赌博为业，即将赌博作为职业或者兼业。

2. 主观要件：故意，具有营利目的。

营利目的主要有两种情况：通过在赌博活动中取胜进而获取财物的目的；通过抽头渔利或者收取各种名义的手续费、入场费等获取财物的目的。

3. 区分罪与非罪的界限。

（1）目的不在于营利而在于一时娱乐而参加赌博、聚众赌博的，不成立赌博罪。

（2）不以营利为目的，进行带有少量财物输赢的娱乐活动，以及提供棋牌室等娱乐场所并只收取固定的场所和服务费用的经营行为等，不以赌博罪论处。

4. 本罪与相关“涉赌”类犯罪的界限。

（1）未经国家批准擅自发行、销售彩票，构成犯罪的，以非法经营罪定罪处罚。

（2）通过赌博或者为国家工作人员赌博提供资金的形式实施行贿、受贿行为，应按照贿赂犯罪定罪处罚。

（3）设置圈套引诱他人“赌博”，使用欺骗方法获取钱财，胜负并不具有偶然性的，构成诈骗罪。

十三、开设赌场罪

（一）概念

为赌博提供场所，设定赌博方式，提供赌具、筹码、资金等组织赌博的行为。

（二）认定

1. 开设的无论是临时性的赌场还是长期性的赌场，均不影响本罪成立。

2. 根据司法解释，用互联网、移动通讯终端等传输赌博视频、数据，组织赌博活动，具有下列情形之一的，属于“开设赌场”行为：（1）建立赌博网站并接受投注的；（2）建立赌博网站并提供给他人组织赌博的；（3）为赌博网站担任代理并接受投注的；

(4) 参与赌博网站利润分成的。

例如，甲为境外赌球网站担任代理，开设个人微信公众号接受投注，情节严重，构成开设赌场罪。

3. 主观要件：故意。开设赌场的行为，虽然事实上一般以营利为目的，但刑法没有将营利目的规定为主观方面的要件。

十四、组织参与国（境）外赌博罪

第303条 组织中华人民共和国公民参与国（境）外赌博，数额巨大或者有其他严重情节的，依照前款的规定处罚。

注意 本罪是《刑法修正案（十一）》新增的罪名，容易与开设赌场罪混淆。

【真题训练（2021）】下列行为人，构成开设赌场罪的有（　　）（不考虑数额）。①

A. 王某等人在我国境内组织旅游团赴境外旅游，在境外旅游期间，组织人员前往当地合法开业的赌场参与赌博

B. 陈某以营利为目的，邀请人员加入微信群，以根据竞猜游戏网站的开奖结果"比大小"等方式进行赌博，利用微信群进行控制管理

C. 梁某等人明知是境外赌博网站，仍为其提供资金结算业务，并组织境内人员参与网络赌博

D. 方某等人建立微信群，邀请人员加入微信群，利用微信群进行控制管理，以抢红包方式进行赌博，并抽成获利

【重点复盘】

1.【一句话定罪】甲以暴力（威胁）方法阻碍国家机关工作人员依法执行职务，成立妨害公务罪。

2.【一句话定罪】甲暴力袭击正在依法执行职务的人民警察，成立袭警罪。

3.【一句话定罪】甲冒充国家机关工作人员，骗取×××利益，成立招摇撞骗罪。

4.【一句话定罪】甲从建筑物抛掷物品，情节严重，成立高空抛物罪。

第二节　妨害司法罪

一、伪证罪

（一）概念

在刑事诉讼中，证人、鉴定人、记录人、翻译人对与案件有重要关系的情节，故意作虚假证明、鉴定、记录、翻译，意图陷害他人或者隐匿罪证的行为。

---

① 【答案】BCD

（二）认定

1. 实行行为：对与案件有重要关系的情节，作虚假的证明、鉴定、记录、翻译。

“虚假”，既包括无中生有，即捏造或者夸大事实以使人入罪，也包括将有说无，即掩盖或者缩小事实以开脱罪责。

2. 行为对象：与案件有重要关系的情节，即影响定罪或者量刑的情节。

3. 时空条件：在刑事诉讼中，即在立案侦查后、审判终结前的全部过程。

（1）在诉讼前作假证明包庇犯罪人的，成立包庇罪。

（2）在诉讼前作虚假告发，意图使他人受刑事追究的，成立诬告陷害罪。

注意1 “在刑事诉讼中”可以扩大解释为包括“影响刑事诉讼能否启动的鉴定阶段”。

例如，甲为鉴定人，其在为一起伤害案进行伤情鉴定时，故意将被害人的轻伤鉴定为轻微伤，使得原本应当构成故意伤害罪的被告人无法被立案侦查。甲构成伪证罪。

4. 犯罪主体：证人、鉴定人、记录人、翻译人，但他们都必须是已满 16 周岁，具有辨认、控制能力的人。

注意2 “证人”扩大解释为包括被害人。

例如，乙为一起强奸案的被害人，其在向司法机关提供被害人陈述时，为了报复被告人，故意虚构事实，将被告人的强奸行为说成是在公共场所当众进行，使得被告人被判处有期徒刑 12 年。乙构成伪证罪。

5. 伪证罪与诬告陷害罪的界限。

	伪证罪	诬告陷害罪
时间	刑事诉讼过程中	刑事诉讼程序启动之前
针对的事实	与定罪量刑有重要关系的情节	整个案件事实
犯罪主体	证人、鉴定人、记录人、翻译人	一般主体
犯罪目的	陷害他人或者隐匿罪证	陷害他人，使他人受到刑事追究

二、妨害作证罪

（一）概念

以暴力、威胁、贿买等方法阻止证人作证或者指使他人作伪证的行为。

（二）认定

1. “证人”，不应限于狭义的证人，而应包括被害人、鉴定人、翻译人（限于对证人证言、被害人陈述的翻译）。

2. “以暴力、威胁、贿买等方法”的规定，既是对阻止证人作证的行为方式的限定，也是对指使他人作伪证的行为方式的限定。

注意 当事人自己实施上述行为，是否构成本罪，需要区分情形。

（1）如果犯罪嫌疑人、被告人采取一般的**嘱托、请求、劝诱**等方法阻止他人作证或者指使他人作伪证的，因缺乏期待可能性，不以妨害作证罪论处。

（2）如果犯罪嫌疑人、被告人采取**暴力、威胁、贿买**等方法阻止他人作证或者指使他人作伪证的，并不缺乏期待可能性，宜认定为妨害作证罪（但可以从轻处罚）。①

三、帮助毁灭、伪造证据罪

（一）概念

帮助当事人毁灭、伪造实物证据的行为。

（二）认定

1. “帮助”不同于帮助犯中的“帮助”，而是本罪的一种实行行为，使用“帮助”一词，主要是为了表明诉讼活动的当事人自己毁灭、伪造自己犯罪的证据，不成立本罪。

2. “毁灭”，并不限于从物理上使证据消失，而是包括妨碍证据显现，使证据的价值减少、消失的一切行为。例如将尸体、凶器藏于地下室的行为。

3. “伪造”，即制造出不真实的证据。将与犯罪无关的物改变成为证据的行为，也属于伪造。

4. 根据期待可能性理论，当事人毁灭、伪造自己犯罪的证据不成立本罪，即本罪的行为人必须是为当事人毁灭、伪造证据。因此，下列行为均属于帮助毁灭、伪造证据：

（1）单独为当事人毁灭、伪造证据；

（2）与当事人共同毁灭、伪造证据；

（3）为当事人毁灭、伪造证据提供各种便利条件；

（4）唆使当事人毁灭、伪造证据。

【真题训练（2014）】甲的下列哪些行为成立帮助毁灭证据罪（不考虑情节）？（　　）②

A. 甲、乙共同盗窃了丙的财物。为防止公安人员提取指纹，甲在丙报案前擦掉了两人留在现场的指纹

B. 甲、乙是好友。乙的重大贪污罪行被丙发现。甲是丙的上司，为防止丙作证，将丙派往境外工作

C. 甲得知乙放火致人死亡后未清理现场痕迹，便劝说乙回到现场毁灭证据

D. 甲经过犯罪嫌疑人乙的同意，毁灭了对乙有利的无罪证据

---

① 张明楷．刑法学．6版．北京：法律出版社，2021：1425.

② A选项，甲不但擦了自己的指纹，也擦了乙的指纹，但是甲擦乙的指纹不具有期待可能性，因为甲擦乙的指纹也是为了保护自己，乙的指纹是共同犯罪的证据，所以甲毁灭共同犯罪的证据不具有期待可能性。B选项，帮助毁灭证据必须是针对实物证据，而不能针对人证，甲将人证“调虎离山”不能认为是毁灭证据。C选项，乙不构成本罪，但是甲构成本罪。客观上甲、乙二人构成帮助毁灭证据罪的共犯，但在主观层面上，乙不构成本罪，因为乙不具有期待可能性，具备责任阻却事由。D选项，把对乙有利的无罪证据进行毁坏，同样会给司法秩序带来破坏，帮助毁灭证据罪保护的法益并不是某个人，而是司法秩序，所以无论毁坏的是有罪证据还是无罪证据，都是对于司法秩序的干扰和破坏，所以甲构成帮助毁灭证据罪。答案为CD。

四、窝藏、包庇罪

（一）概念

明知是犯罪的人而为其提供隐藏处所、财物，帮助其逃匿或者作假证明包庇的行为。

（二）认定

1. 实行行为。

（1）“窝藏”，既包括为犯罪的人提供隐藏处所、财物，帮助其逃匿，也包括向犯罪的人通报侦查或追捕的动静、提供化装的用具。总之，一切帮助犯罪分子隐匿、妨害司法机关发现的行为都可以评价为窝藏。包括：

①为犯罪的人提供房屋或者其他可以用于隐藏的处所的；

②为犯罪的人提供车辆、船只、航空器等交通工具，或者提供手机等通讯工具的；

③为犯罪的人提供金钱的；

④其他为犯罪的人提供隐藏处所、财物，帮助其逃匿的情形。

例1 甲杀人后打电话告诉好友元宝真相，并逃往外地。数月后，甲生活无着落准备投案自首时，元宝向甲汇款2万元，元宝构成窝藏罪。

例2 元宝路过偏僻路段，看到其友甲男强奸乙女的犯罪事实，用手机向甲通报公安机关抓捕甲的消息，属于帮助他人逃匿的行为，构成窝藏罪。

注意1 保证人在犯罪的人取保候审期间，协助其逃匿，或者明知犯罪的人的藏匿地点、联系方式，但拒绝向司法机关提供的，对保证人以窝藏罪定罪处罚。

（2）“包庇”，即向司法机关提供虚假证明掩盖犯罪人的行为。包括：

①故意顶替犯罪的人欺骗司法机关的；

②故意向司法机关作虚假陈述或者提供虚假证明，以证明犯罪的人没有实施犯罪行为，或者犯罪的人所实施行为不构成犯罪的；

③故意向司法机关提供虚假证明，以证明犯罪的人具有法定从轻、减轻、免除处罚情节的。

例1 元宝路过偏僻路段，看到其友甲男强奸乙女的犯罪事实，对侦查人员声称甲、乙是恋人，因甲另有新欢遭乙报案诬陷。元宝作假证明，构成包庇罪。

例2 甲驾车闯红灯，当场撞死乙。甲的朋友元宝闻讯后让甲离开，并在交警调查时谎称是自己开车肇事。元宝的行为应认定为包庇罪。

注意2 认定窝藏、包庇罪，以被窝藏、包庇的人的行为构成犯罪为前提。

被窝藏、包庇的人实施的犯罪事实清楚，证据确实、充分，但尚未到案、尚未依法裁判或者因不具有刑事责任能力依法未予追究刑事责任的，不影响窝藏、包庇罪的认定。但是，被窝藏、包庇的人归案后被宣告无罪的，应当依照法定程序宣告窝藏、包庇行为人无罪。

2. 主观方面。

故意，明知是犯罪的人而对其进行窝藏、包庇。

3. 罪数问题。

为帮助同一个犯罪的人逃避刑事处罚，实施窝藏、包庇行为，又实施洗钱行为，或者掩饰、隐瞒犯罪所得及其收益行为，或者帮助毁灭证据行为，或者做伪证行为的，依照处罚较重的犯罪定罪，并从重处罚，不实行数罪并罚。

4. 共同犯罪人之间互相实施的窝藏、包庇行为，不以窝藏、包庇罪定罪处罚。

【命题角度】帮助毁灭、伪造证据罪，窝藏、包庇罪，诬告陷害罪容易混合考查。

【真题训练（2016）】甲杀丙后潜逃。为干扰侦查，甲打电话让乙将一把未留有指纹的斧头粘上丙的鲜血放到现场。乙照办后报案称，自己看到“凶手”杀害了丙，并描述了与甲相貌特征完全不同的“凶手”情况，导致公安机关长期未将甲列为嫌疑人。关于本案，下列哪一选项是错误的？（　　）①

A. 乙将未留有指纹的斧头放到现场，成立帮助伪造证据罪

B. 对乙伪造证据的行为，甲不负刑事责任

C. 乙捏造事实诬告陷害他人，成立诬告陷害罪

D. 乙向公安机关虚假描述“凶手”的相貌特征，成立包庇罪

五、虚假诉讼罪

（一）概念

是指以捏造的事实提起民事诉讼，妨害司法秩序或者严重侵害他人合法权益的行为。

（二）认定

1. 客观方面。

（1）实行行为：以捏造的事实提起民事诉讼，即以虚假事实为根据，依照民事诉讼法向法院提起诉讼（含刑事附带民事诉讼）。

例如，通过伪造书证、物证，或者双方恶意串通提起民事诉讼。

（2）危害结果：妨害司法秩序或者严重侵害他人合法权益。

① 妨害司法秩序（抽象危险犯）：只要行为人向人民法院提起虚假的民事诉讼，法院已经受理，即使还没有开庭审理，也应当认定为本罪的既遂。

② 严重侵害他人合法权益（结果犯）：严重侵害他人财产或者使他人成为民事诉讼被告而卷入诉讼过程，都属于造成严重侵害他人合法权益的结果。

2. 虚假诉讼罪与其他犯罪的关系。

（1）通过伪造证据等方法提起民事诉讼欺骗法官，导致法官作出错误判决，使得他人交付财物或者处分财产，行为人非法占有他人财产或者逃避合法债务的，成立诈

---

① **【解析】**A选项：乙伪造的是有利于被告人的证据，所以成立帮助伪造证据罪。B选项：对乙伪造证据的行为，甲不负刑事责任。本犯毁灭、伪造自己的证据，或者说指使别人伪造对自己有利的证据，不会构成犯罪，因为没有期待可能性，所以甲不负刑事责任。C选项：诬告陷害罪针对的是一个具体的实在的人，而乙针对的是一个抽象的人，乙只想转移司法机关的视线，所以乙不成立诬告陷害罪。D选项：包庇罪是指，行为人为了保护“犯了罪的他人”，而对司法机关作假证明。乙报案称自己看到“凶手”，并描述了与甲相貌特征完全不同的“凶手”情况，就是在作假证明，满足包庇罪的构成要件，成立包庇罪。答案为C。

骗罪（典型的“三角诈骗”），属于诈骗罪与虚假诉讼罪想象竞合。

（2）司法工作人员利用职权，与他人共同实施虚假诉讼行为的，以虚假诉讼罪从重处罚；同时构成其他犯罪（如民事枉法裁判罪）的，依照处罚较重的规定定罪，从重处罚。

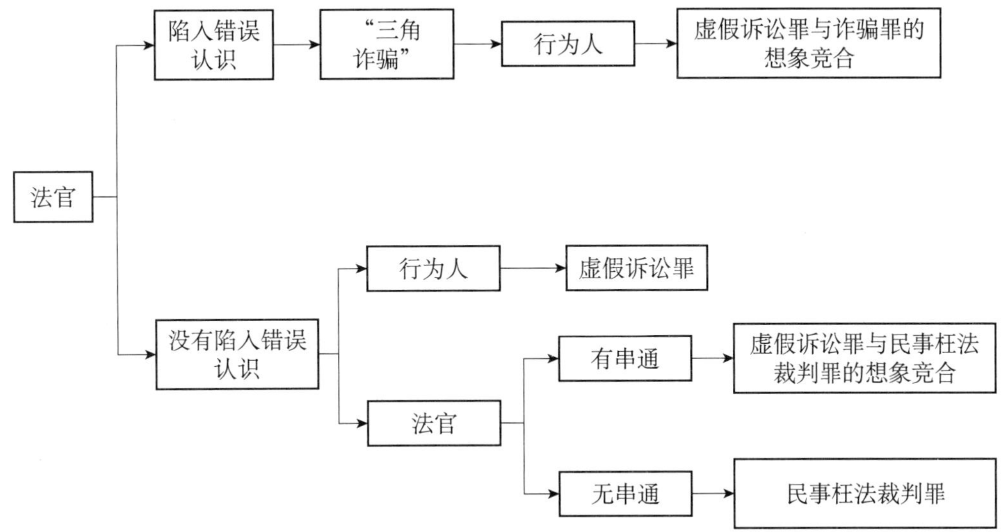

【真题训练（2019）】甲于2011年借给乙50万元。一年后乙通过银行转账将50万元转给甲。因为有银行转账记录，乙未向甲索要回欠条。甲将欠条涂改为2017年借给乙50万元，并向法院起诉，要求乙还款（本息52万元）。乙以银行转账记录为证据，主张自己已经还款。法官经过调查，最终作出乙败诉的判决，判决乙向甲还款52万元。关于本案，下列说法正确的有（　　）。①

A. 甲的行为构成虚假诉讼罪与诈骗罪，两罪在一审判决作出时便既遂

B. 甲的行为构成诉讼诈骗，法官是受骗人，乙是受害人

C. 甲的行为构成虚假诉讼罪和诈骗罪的想象竞合

D. 法官虽然受骗，但是不构成民事枉法裁判罪

六、掩饰、隐瞒犯罪所得、犯罪所得收益罪

（一）概念

明知是犯罪所得及其产生的收益而予以窝藏、转移、收购、代为销售或者以其他

---

① 【解析】A选项：诈骗罪是取得型财产犯罪，需要取得财物犯罪才达到既遂状态，在一审判决作出但是还未执行时，犯罪并没有既遂；虚假诉讼罪只要行为人向人民法院提起虚假的民事诉讼，法院已经受理，即使还没有开庭审理，也妨害了司法秩序，应当认定为本罪的既遂，而不是在一审判决作出时既遂。BC选项：通过伪造证据等方法提起民事诉讼欺骗法官，导致法官作出错误判决，使得他人交付财物或者处分财产，行为人非法占有他人财产或者逃避合法债务的，法官是受骗人，乙是受害人，是一种诉讼诈骗，甲成立诈骗罪，并且是诈骗罪与虚假诉讼罪的想象竞合。D选项：民事、行政枉法裁判罪，是指在民事、行政审判活动中故意违背事实和法律作枉法裁判，情节严重的行为。本案中，法官本身也被骗，并不是故意作出违背事实和法律的错误判决，不构成民事枉法裁判罪。答案为BCD。

方法掩饰、隐瞒的行为。

(二)认定

1. 实行行为：实施窝藏、转移、收购、代为销售等掩饰、隐瞒犯罪所得及其收益的行为。

(1)“窝藏”，以隐藏、保管等方法使司法机关不能或难以发现犯罪所得及其收益。

(2)“转移”，改变赃物的存放地，足以妨害司法机关追缴犯罪所得及其收益。

(3)“收购”，收买不特定的犯罪人的犯罪所得及其收益，或者一次性购买大量犯罪所得及其收益，或者一次性购买重大犯罪所得及其收益。

(4)“代为销售”，替本犯有偿转让犯罪所得及其收益。

2. 行为对象：犯罪所得及其产生的收益。

(1)“犯罪所得”：通过犯罪行为直接得到的赃款、赃物。(不含犯罪工具)

(2)“产生的收益”：利用犯罪所得的赃物获得的孳息、租金等利益，如贿赂款存入银行后所获得的利息，利用走私犯罪所得投资房地产所获取的利润。

3. 犯罪主体：本犯以外的自然人和单位，原犯罪的实行犯、教唆犯、帮助犯事后对其犯罪所得和收益进行掩饰、隐瞒，不成立本罪。

4. 主观方面：故意，即明知是犯罪所得及其产生的收益。“明知”包括明知必然是也包括明知可能是。

【命题角度】行为人事前与本犯没有通谋，仅是事后窝藏、转移、收购、代为销售的，成立本罪；如果行为人事前与本犯通谋，就事后窝藏、转移、收购、代为销售等掩饰、隐瞒犯罪赃物达成合意的，则成立共犯，同时成立本罪，依照想象竞合的原则，择一重罪论处。

【重点复盘】

1.【一句话定罪】甲为犯罪人A提供隐藏处所(财物)帮助其逃匿，成立窝藏罪；乙向司法机关提供虚假证明掩盖犯罪人B的罪行，成立包庇罪。

2.【一句话定罪】甲明知×××可能是犯罪所得、犯罪所得收益，而实施窝藏(转移、收购、代为销售行为)，成立掩饰、隐瞒犯罪所得、犯罪所得收益罪。

第三节 毒品犯罪

一、走私、贩卖、运输、制造毒品罪

(一)概念

明知是毒品而故意实施走私、贩卖、运输、制造的行为。

(二)认定

1. 实行行为：走私、贩卖、运输、制造毒品。

(1)“走私毒品”，即非法运输、携带、邮寄毒品进出国(边)境的行为。

【间接走私】在领海、内海运输、收购、贩卖国家禁止进出口的毒品，以及直接向走私毒品的犯罪人购买毒品的，属于走私毒品。

（2）“贩卖毒品”，即有偿转让毒品。

所谓有偿转让，意味着行为人交付毒品既可能是获取金钱，也可能是获取其他物质利益。具体方式主要有：

①将毒品买入，又出售。

【命题角度】如何理解出售之前的“买入”行为？

首先，刑法仅规定了贩卖毒品罪，而没有规定购买毒品罪，这意味着单纯购买毒品的行为不属于刑法的规制对象。其次，“贩卖”毒品并不以购买毒品为前提，如行为人拾到毒品后出卖给他人的，同样成立贩卖毒品罪。既然如此，出于贩卖目的而非法购买毒品的行为就不是贩卖毒品罪的实行行为，而是贩卖毒品罪的预备行为（当然，可能同时触犯非法持有毒品罪）。

②将家中祖传下来的鸦片等毒品出售牟利。

③制造毒品后，又出售。

④居中介绍，代买代卖。

【命题角度】根据有关司法解释，有证据证明行为人不以牟利为目的，为他人代购仅用于吸食的毒品，毒品数量超过非法持有毒品罪的最低数量标准的，对托购者、代购者应以非法持有毒品罪定罪。代购者从中牟利，变相加价贩卖毒品的，对代购者应以贩卖毒品罪定罪。

⑤依法从事生产、运输、管理、使用国家管制的麻醉药品、精神药品的单位和人员，以牟利为目的，向吸食、注射毒品的人提供麻醉药品、精神药品，或者明知对方是走私、贩卖毒品的犯罪分子，而向其提供麻醉药品、精神药品。

（3）“运输毒品”，即采用携带、邮寄、利用他人或者使用交通工具等方法在我国领域内转移毒品。运输毒品必须限制在国内，而且不是在领海、内海运输国家禁止进出口的毒品，否则便是走私毒品。

运输毒品具体表现为转移毒品的所在地，如将毒品从甲地运往乙地。但是，如果从结局上看没有变更毒品所在地，行为人先将毒品从甲地运往乙地，由于某种原因，又将毒品运回甲地，也属于运输毒品。

【命题角度】两人以上同行运输毒品的是否成立共犯？

第一，受雇于同一雇主同行运输毒品，但受雇者之间没有共同犯罪故意；

第二，明知他人受雇运输毒品，但各自的运输行为相对独立，既没有实施配合、掩护他人运输毒品的行为，又分别按照各自运输的毒品数量领取报酬；

第三，受雇于同一雇主分段运输同一宗毒品，但受雇者之间没有犯罪共谋。

以上三种情形，都不成立共犯，各自对自己运输毒品的数量承担责任。

（4）“制造毒品”，即把毒品原植物制作成毒品。包括以下几种情形：

①原料到成品：将毒品以外的物作为原料，提取或制作成毒品，如将罂粟制成鸦片。

②化学提纯：毒品的精制，即去掉毒品中的不纯物，使之成为纯毒品或纯度更高

的毒品。

③初级到高级：使用化学方法使一种毒品变为另一种毒品，如使用化学方法将吗啡制作成海洛因。

④私人订制：非法按照一定的处方针对特定人的特定情况调制毒品。

制造毒品通常是使毒品发生化学变化，而不是物理变化，因此上述四种行为都属于制造毒品。但是，如果是为便于隐蔽运输、销售、使用、欺骗购买者，或者为了增重，对毒品掺杂使假，添加或者去除其他非毒品物质，不属于制造毒品的行为。

【命题角度】对同一宗毒品实施了两种以上犯罪行为，应当按照所实施的犯罪行为的性质并列确定罪名，毒品数量不重复计算，不实行数罪并罚；对不同宗毒品分别实施了不同种犯罪行为的，应对不同行为并列确定罪名，累计毒品数量，不实行数罪并罚。

例 1 甲走私 100 克海洛因进境后，又予以出售的，成立走私、贩卖毒品罪一罪，毒品的数量是 100 克。

例 2 乙非法制造 100 克可卡因，又运输了甲走私进口的 100 克海洛因，成立运输、制造毒品罪一罪，毒品数量是 200 克。

2. 犯罪主体：自然人、单位。

（1）贩卖毒品罪：自然人主体，年满 14 周岁。

（2）走私、运输、制造毒品罪：自然人主体，年满 16 周岁。

3. 主观方面：故意，要求行为人认识到自己走私、贩卖、运输、制造的是毒品。根据司法解释，具有下列情形之一，并且犯罪嫌疑人、被告人不能作出合理解释的，可以认定其“应当知道”，但有证据证明确属被蒙骗的除外：

（1）执法人员在口岸、机场、车站、港口和其他检查站点检查时，要求行为人申报为他人携带的物品和其他疑似毒品物，并告知其法律责任，而行为人未如实申报，在其携带的物品中查获毒品的。

（2）以伪报、藏匿、伪装等蒙蔽手段，逃避海关、边防等检查，在其携带、运输、邮寄的物品中查获毒品的。

（3）执法人员检查时，有逃跑、丢弃携带物品或者逃避、抗拒检查等行为，在其携带或者丢弃的物品中查获毒品的。

（4）在体内或者贴身隐秘处藏匿毒品的。

（5）为获取不同寻常的高额、不等值报酬，为他人携带、运输物品，从中查获毒品的。

（6）采用高度隐蔽的方式携带、运输物品，从中查获毒品的。

（7）采用高度隐蔽的方式交接物品，明显违背合法物品惯常交接方式，从中查获毒品的。

（8）行程路线故意绕开检查站点，在其携带、运输的物品中查获毒品的。

（9）以虚假身份或者地址办理托运手续，在其托运的物品中查获毒品的。

（10）有其他证据足以认定行为人应当知道的。

4. 既遂标准。

行为类型	既遂标准
走私毒品罪	装载毒品的船舶到达港口或航空器到达领土内时
贩卖毒品罪	毒品实际上转移给买方
运输毒品罪	毒品进入运输状态
制造毒品罪	实际制造出毒品

5. 从重处罚。

根据刑法的规定，具有下列情节的应当从重处罚。

(1) 利用、教唆未成年人走私、贩卖、运输、制造毒品或者向未成年人出售毒品的，从重处罚。这里的未成年人是指未满 18 周岁的人。

(2) 因走私、贩卖、运输、制造、非法持有毒品被判过刑，又犯走私、贩卖、运输、制造毒品罪的，从重处罚。

贩卖毒品罪不需要行为人实际牟利，只需要毒品发生有偿转让。

【真题训练（2016）】 关于毒品犯罪，下列哪些选项是正确的？（　　）[①]

A. 甲无牟利目的，为江某代购仅用于吸食的毒品，达到非法持有毒品罪的数量标准。对甲应以非法持有毒品罪定罪

B. 乙为蒋某代购仅用于吸食的毒品，在交通费等必要开销之外收取了若干“劳务费”。对乙应以贩卖毒品罪论处

C. 丙与曾某互不知情，受雇于同一雇主，各自运输海洛因 500 克。丙将海洛因从一地运往另一地后，按雇主吩咐交给曾某，曾某再运往第三地。丙应对运输 1 000克海洛因负责

D. 丁盗窃他人 200 克毒品后，将该毒品出卖。对丁应以盗窃罪和贩卖毒品罪实行数罪并罚

二、非法持有毒品罪

（一）概念

违反国家毒品管理法规，非法持有毒品且数量较大的行为。

（二）认定

1. 实行行为：非法持有数量较大的毒品。

(1)“持有”是一种事实上的支配。

①具体表现为直接占有、携有、藏有或者以其他方法支配毒品。

②不要求物理上的握有，不要求行为人时时刻刻把控，只要行为人认识到它的存在，能够对之进行管理或者支配。

① 【答案】ABD

③不要求直接持有，可以由第三人持有。如行为人认为自己管理毒品不安全，将毒品委托给第三者保管时，行为人与第三者均持有该毒品，第三者为直接持有，行为人为间接持有。

④不要求单独持有，二人以上共同持有毒品的，也成立本罪。

⑤持有是一种持续行为，只有当毒品在一定时间内由行为人支配时，才构成持有；至于时间的长短，则并不影响持有的成立。

(2)“数量较大”：鸦片 200 克以上，海洛因或者甲基苯丙胺 10 克以上，或者其他毒品数量较大的。

2. 主观方面：故意，行为人必须明知自己持有的是毒品或者可能是毒品。

【命题角度】判断究竟构成非法持有毒品罪还是走私、贩卖、运输、制造毒品罪。

(1) 行为人持有毒品的行为是为了走私、贩卖、运输、制造的，应当以走私、贩卖、运输、制造毒品罪定罪处罚。

(2) 如果只有持有毒品的行为，而没有走私、贩卖、运输、制造毒品的行为，应当以非法持有毒品罪定罪处罚。

三、其他涉毒罪名

第 353 条**【引诱、教唆、欺骗他人吸毒罪】**引诱、教唆、欺骗他人吸食、注射毒品的，处 3 年以下有期徒刑、拘役或者管制，并处罚金；情节严重的，处 3 年以上 7 年以下有期徒刑，并处罚金。

【强迫他人吸毒罪】强迫他人吸食、注射毒品的，处 3 年以上 10 年以下有期徒刑，并处罚金。

引诱、教唆、欺骗或者强迫未成年人吸食、注射毒品的，从重处罚。

第 354 条**【容留他人吸毒罪】**容留他人吸食、注射毒品的，处 3 年以下有期徒刑、拘役或者管制，并处罚金。

注意 各种毒品犯罪的既遂标准。

【真题训练（2017）】关于毒品犯罪，下列哪些选项是正确的？（　　）①

A. 甲容留未成年人吸食、注射毒品，构成容留他人吸毒罪

B. 乙随身携带藏有毒品的行李入关，被现场查获，构成走私毒品罪既遂

C. 丙乘广州至北京的火车运输毒品，快到武汉时被查获，构成运输毒品罪既遂

D. 丁以牟利为目的容留刘某吸食毒品并向其出卖毒品，构成容留他人吸毒罪和贩卖毒品罪，应数罪并罚

【重点复盘】

【一句话定罪】甲明知是毒品而携带进（出）境，成立走私毒品罪；乙同 A 进行毒品交易的行为，实现了毒品的有偿转让，成立贩卖毒品罪；丙将毒品从 A 地运往 B 地，实现毒品的空间转移，成立运输毒品罪；丁使用毒品原植物制作成毒品，成立制造毒品罪。

---

① 【答案】ABCD

第二十一章　贪污贿赂罪

第一节　中饱私囊型

	贪污罪	挪用公款罪	私分国有资产罪、私分罚没财物罪
主观目的	非法占有	挪用	集体私分
共同点	中饱私囊		

一、贪污罪

（一）概念

国家工作人员利用职务上的便利，侵吞、窃取、骗取或者以其他手段非法占有公共财物的行为。

（二）认定

1. 实行行为：利用职务上的便利，侵吞、窃取、骗取或者以其他手段非法占有公共财物。

（1）“利用职务上的便利”，即利用职务权力与地位所形成的主管、管理、经营、经手本单位公共财物的便利条件。

①“主管”，即负责调拨、处置及其他支配公共财物的职务活动；

②“管理”，即负责保管、处理及其他使公共财物不被流失的职务活动；

③“经营”，即将公共财物作为生产、流通手段等使其增值的职务活动；

④“经手”，即领取、支出等经办公共财物的职务活动。

注意　“利用职务上的便利”，是指利用主管、管理、经营、经手本单位财物的便利条件，即据为己有的财物是基于行为人的职务原因所管理、支配的本单位财物；利用与职务无关仅因工作关系熟悉作案环境、易于接近财物、容易进出单位等方便条件非法占有公共财物的，不成立贪污罪。

（2）以侵吞、窃取、骗取或者其他手段非法占有公共财物。

①“侵吞”，与侵占是同义语，即将自己因为职务而独自占有、管理的公共财物据为己有，如财会人员收款不入账而据为己有，执法人员将罚没款据为己有。

②“窃取”，即职务上与他人共同保管公共财物的人员，将共同保管的财物秘密据

为己有。

③“骗取”，是指假借职务上的合法形式，采用虚构事实、隐瞒真相的办法取得公共财物。例如，国有保险公司工作人员利用职务上的便利，故意编造未曾发生的保险事故进行虚假理赔，骗取保险金归自己所有的，属于骗取形式的贪污。

④“其他手段”，即除侵吞、窃取、骗取以外的其他利用职务之便的手段，如挪用公款后携款潜逃。

【命题角度】判断是否构成贪污罪并在此基础上区分属于“侵吞”“窃取”“骗取”中的哪一类型。

例 某国有企业里，财务室的保险柜同时使用钥匙和密码共同才能打开，会计甲掌管钥匙，出纳乙掌管密码，甲、乙均是国家工作人员。下列说法正确的有（ ）。[①]（2019年网络回忆版）

A. 乙捡到甲的钥匙，打开保险柜，取走现金，属于利用职务便利侵吞公共财物

B. 乙骗到甲的钥匙，打开保险柜，取走现金，属于利用职务便利骗取公共财物

C. 甲偷看乙的密码，打开保险柜，取走现金，属于利用职务便利窃取公共财物

D. 甲和乙共谋打开保险柜，取走现金，属于利用职务便利侵吞公共财物

注意1 根据命题人的观点，职务侵占罪与贪污罪的区别，不仅在于主体，还在于行为方式。职务侵占罪的行为方式是公司、企业工作人员利用职务之便，实施侵占行为；贪污罪的行为方式是国家工作人员利用职务之便，实施侵占、盗窃、诈骗行为。

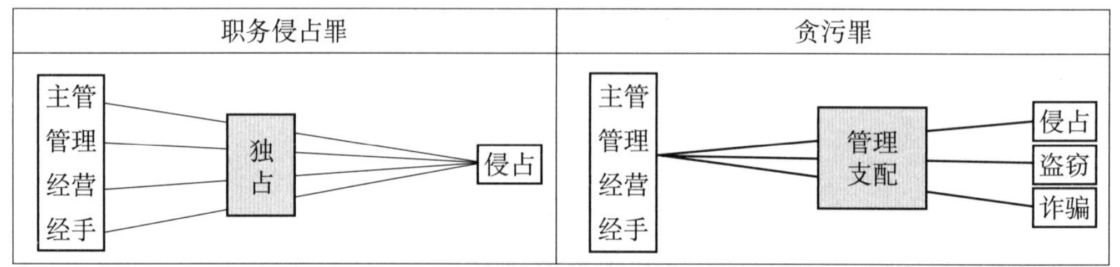

注意2 无论是职务侵占罪还是贪污罪，“利用职务之便”体现为行为人对于本单位财物的“独占”或“管理、支配”的状态，而不是指后面的侵占、盗窃、诈骗这些具体方式。

例如，国有加油站的负责人下班时将现金锁入加油站的铁皮柜后，深夜砸开铁皮柜取走巨额现金，而不使用自己手中掌管的钥匙的，构成何罪？

构成贪污罪。因为行为人原本基于职务占有该现金，对自己占有的财物不可能成立盗窃。[②]

2. 行为对象：本单位的公共财产。

（1）“本单位”。

例如，土地管理部门的工作人员元宝，为农民多报青苗数，在房地产开发商处多

---

① 【答案】CD

② 张明楷．刑法学．6版．北京：法律出版社，2021：1558.

领取20万元补偿金，自己分得10万元。由于元宝取得的不是本单位财产，因此不构成贪污罪，构成诈骗罪。

(2)“公共财产”。

①国有财产；

②劳动群众集体所有的财产；

③用于扶贫等公益事业的社会捐助等专项基金的财产；

④在国家机关、国有公司、企业、事业单位和人民团体管理、使用、运输中的私人财产。

3. 犯罪主体：两类主体。

(1) 国家工作人员。

①国家机关中从事公务的人员。

②国有公司、国有企业、事业单位、人民团体中从事公务的人员。(此处的“国有”指100%国家独资)

③国家机关、国有公司、企事业单位委派到非国有公司、企事业单位、社会团体中从事公务的人员。

④其他依照法律从事公务的人员，包括：

第一，依法履行职责的各级人民代表大会代表；

第二，依法履行审判职责的人民陪审员；

第三，协助乡镇人民政府、街道办事处从事行政管理工作的村民委员会、居民委员会等基层组织人员；①

第四，其他由法律授权从事公务的人员。

注意 上述人员只有在“从事公务”时才是国家工作人员。关于“从事公务”的判断：其一，事务具有公共管理性，即事务关系到多数人或不特定人的利益，仅与个别人或少数人相关的事务，不是公务；其二，事务具有行政职责性，即事务属于行政职务范畴，并承担行政责任。

例如，国有医院的院长在门诊为病患看病治疗，属于技术性职务范畴，不是从事公务，即属于非国家工作人员；但在代表医院对外签订医疗器械采购合同时，属于行政职务范畴，是从事公务，即属于国家工作人员。

(2) 受委托管理、经营国有财产的人。

①被委托人原本不是管理、经营国有财产的人员。

②委托单位必须是国家机关、国有公司、企业、事业单位、人民团体。

③委托的内容是以承包、租赁、临时聘用等方式管理、经营国有财产。

④被委托人不因委托而成为国家工作人员。

⑤只是例外地成为贪污罪的主体，即被委托人如果利用职务之便挪用本单位资

---

① 根据全国人大常委会《关于〈中华人民共和国刑法〉第九十三条第二款的解释》，村民委员会等基层组织人员协助人民政府从事救灾、抢险、防汛、优抚、扶贫、移民、救济款物的管理，社会捐助公益事业款物的管理，国有土地的经营和管理，土地征收、征用补偿费用的管理，代征、代缴税款，有关计划生育、户籍、征兵工作等行政管理工作，利用职务上的便利贪污公共财产的，应以贪污罪论处。

金的，成立挪用资金罪；利用职务之便，收受贿赂的，成立非国家工作人员受贿罪。

4. 主观方面：故意，且具有非法占有目的。

5. 区分贪污罪与非罪的界限，关键在于贪污是否达到刑法规定的数额或者虽然没有达到数额较大但是否属于刑法规定的情节较重的情形。贪污数额在 3 万元以上不满 20 万元的，应当认定为“数额较大”。

6. 贪污罪与盗窃罪、诈骗罪、侵占罪的界限：贪污罪的本质就是国家工作人员利用职务之便所实施的盗窃、诈骗、侵占行为。因此，贪污罪与盗窃罪、诈骗罪、侵占罪之间是法条竞合关系。

二、挪用公款罪

（一）概念

国家工作人员利用职务上的便利，挪用公款归个人使用，进行非法活动的，或者挪用公款数额较大，进行营利活动的，或者挪用公款数额较大，超过 3 个月未还的行为。

（二）认定

1. 实行行为：国家工作人员利用职务上的便利，挪用公款归个人使用的行为。

（1）“利用职务之便”，即利用职务权力与地位所形成的主管、管理、经营、经手公款或特定款物的便利条件。

（2）“挪用”，即未经合法批准，或者违反财经纪律，擅自使公款脱离单位。

（3）“归个人使用”，根据立法解释，有下列情形之一的，属于挪用公款“归个人使用”：

①将公款供本人、亲友或者其他自然人使用的；

②以个人名义将公款供其他单位使用的；

③个人决定以单位名义将公款供其他单位使用，谋取个人利益的。

注意1 这里的“个人”不限于一个人，可以是几个人或者少数人。例如，没有经过单位领导集体研究，只是由其中的少数领导违反决策程序决定将公款供其他单位使用的，属于“个人决定”；为单位少数人谋取利益的，也属于“谋取个人利益”。

注意2 刑事可罚性起点：刑法和司法解释根据所挪用公款用途的不同，设置了成立犯罪的不同标准。

（1）非法活动型：挪用公款进行非法活动，数额在 3 万元以上；挪用公款进行非法活动构成其他犯罪的，应当实行数罪并罚。

（2）营利活动型（含存银行生息）：挪用公款进行营利活动，数额在 5 万元以上。

“营利活动”：挪用公款存入银行、用于集资、购买股票或国债等，属于挪用公款进行营利活动；挪用公款归个人用于公司、企业注册资本验资证明的，也应认定为挪用公款进行营利活动。

(3) 超期未还型： 挪用公款进行一般活动，数额在 5 万元以上，且超过 3 个月未还。

	用途	数额	时间
非法活动型	非法活动	3 万元	
营利活动型	营利活动	5 万元	
超期未还型	一般活动	5 万元	超过 3 个月

【命题角度】 对不同类型挪用公款的包容评价。

例 1　甲挪用公款 2 万元进行非法活动，挪用公款 4 万元进行营利活动，挪用公款 4 万元进行一般活动，且都超过 3 个月未还。

解析： 可以认定为挪用公款 10 万元。挪用公款进行一般活动，超过 3 个月未还，成立挪用公款罪。

例 2　乙挪用公款 2 万元进行赌博活动，挪用公款 4 万元进行营利活动。

解析： 可以认定乙挪用公款 6 万进行营利活动，成立挪用公款罪。

例 3　丙挪用公款 1 万元进行非法活动，3 个月内归还；挪用公款 3 万进行营利活动，3 个月内归还；挪用公款 4 万元进行一般活动，超过 3 个月未还。

解析： 不构成挪用公款罪。

2. 挪用公款归还个人欠款的，应当根据产生欠款的原因，分别认定属于挪用公款的何种情形。归还个人进行非法活动或者进行营利活动产生的欠款，应当认定为挪用公款进行非法活动或者进行营利活动。

3. 犯罪对象是公款，包括用于救灾、抢险、防汛、优抚、扶贫、移民、救济款物使用。根据司法解释，对象还包括公有国库券、失业保险基金、下岗职工基本生活保障资金。

4. 犯罪主体：国家工作人员。

5. 主观方面：故意，且不具有非法占有目的。

6. 挪用公款的数额的计算。

(1) 挪用公款进行营利活动，所获取的利息、收益等违法所得应当追缴，但不计入挪用公款的数额；

(2) 多次挪用公款不还，数额累计计算；

(3) 多次挪用公款，并以后次挪用的公款归还前次挪用的公款，数额以案发时未还的实际数额认定。

7. 结果加重犯。挪用公款数额巨大不退还的，处 10 年以上有期徒刑或者无期徒刑。挪用公款数额巨大不退还是指因客观原因，在一审宣判前不能退还。

【重点复盘】

1. 【一句话定罪】甲作为国家工作人员，利用职务之便，采用侵吞（窃取、骗取）的方式，非法占有本单位公共财物，成立贪污罪。

2. 【一句话定罪】甲作为国家工作人员，挪用公款数额较大，归个人使用，且超过 3 个月未还，成立挪用公款罪。

第二节　权钱交易型

<table>
<tr><th>受贿型</th><th>居中型</th><th>行贿型</th></tr>
<tr><td>受贿罪</td><td rowspan="4">介绍贿赂罪</td><td>行贿罪</td></tr>
<tr><td>利用影响力受贿罪</td><td>对有影响力的人行贿罪</td></tr>
<tr><td rowspan="2">单位受贿罪</td><td>单位行贿罪</td></tr>
<tr><td>对单位行贿罪</td></tr>
</table>

一、受贿罪

（一）概念

国家工作人员利用职务上的便利，索取他人财物，或者非法收受他人财物，为他人谋取利益的行为。

（二）认定

1. 实行行为。

【类型一】普通受贿

利用职务上的便利，索取他人财物，或者非法收受他人财物为他人谋取利益。

<table>
<tr><th>利用职务之便【权】</th><th colspan="4">取得贿赂【“钱”】</th></tr>
<tr><td>利用本人职务之便：自己主管、负责、承办某项公共事务的职权</td><td rowspan="2">索取贿赂</td><td rowspan="2">收受贿赂</td><td rowspan="2">经济受贿</td><td rowspan="2">离职受贿</td></tr>
<tr><td>利用职务上有隶属、制约关系的其他国家工作人员（即下级）职务之便</td></tr>
</table>

（1）索取贿赂：即要求、索要与勒索贿赂。利用职务上的便利索取贿赂就成立受贿罪，不要求为他人谋取利益。

（2）收受贿赂：只有为他人谋取利益才成立受贿罪。

“为他人谋取利益”，最低要求是承诺为他人谋取利益，而“承诺”既包括明示承诺也包括默示承诺，明知他人有具体请托事项而收受其财物，视为承诺（默示承诺）。

根据司法解释，具有下列情形之一的，应当认定为“为他人谋取利益”：①实际或者承诺为他人谋取利益的；②明知他人有具体请托事项的；③履职时未被请托，但事后基于该履职事由收受他人财物的。

此外，国家工作人员索取、收受具有上下级关系的下属或者具有行政管理关系的被管理人员的财物价值3万元以上，可能影响职权行使的，视为承诺为他人谋取利益。

（3）经济受贿：《刑法》第385条第2款规定，国家工作人员在经济往来中，违反国家规定，收受各种名义的回扣、手续费，归个人所有的，以受贿论处。

（4）离职受贿：国家工作人员利用职务上的便利为请托人谋取利益之前或者之后（但应限定为在职时），约定在其离职后收受请托人财物，并在离职后收受的，以受贿论处。国家工作人员利用职务上的便利为请托人谋取利益，离职前后连续收受请托人财物的，离职前后收受部分均应计入受贿数额。

【命题角度】"贿赂"，仅指财物，即具有经济价值的可以管理的有体物（如货币、物品）、无体物（如热能）以及财产性利益。财产性利益包括可以折算为货币的物质利益，如房屋装修、债务免除等，以及需要支付货币的其他利益，如会员服务、旅游等。

例　请托人甲女直接为国家工作人员元宝提供性服务，元宝是否构成受贿罪？

解析：不能认定元宝的行为构成受贿罪，因为我国刑法将贿赂的内容限定为财物，不包括非财产性利益。国家工作人员在色情场所嫖宿或者接受其他性服务，由请托人支付费用的，或者请托人支付费用雇请卖淫者为国家工作人员提供性服务的，国家工作人员实际上收受了财产性利益，属于受贿。[①]

注意　"为他人谋取利益"中的"利益"既可以是正当利益，也可以是不正当利益。

【类型二】斡旋受贿

利用国家工作人员的职权或者地位形成的便利条件，就其他国家工作人员的职务行为进行斡旋，使其他国家工作人员利用职务上的便利为请托人谋取不正当利益，从而索取或者收受贿赂的受贿方式。

（1）索取或收受贿赂。

（2）为他人谋取不正当利益。

"不正当利益"，即不完全属于请托人的利益。

（3）通过其他国家工作人员的职务行为。

（4）利用本人职权或地位形成的便利条件。

"便利条件"：①与本人的职务、地位有关；②对其他国家工作人员产生一定影响；③与其他国家工作人员不存在行政隶属关系，即不是其他国家工作人员的上级，如果上级国家工作人员利用下级国家工作人员的职务之便为请托人谋取利益，相当于利用自己的职务之便，不属于斡旋受贿，而是普通受贿。

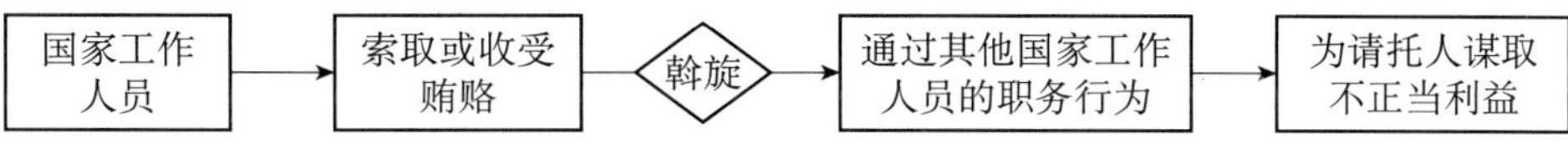

	普通受贿	斡旋受贿
利用什么	"利用职务上的便利" 本人职权或者下级职权	"利用职权或者地位形成的便利条件" 影响力
谋取什么	正当利益或者不正当利益	不正当利益

① 张明楷．刑法学．6版．北京：法律出版社，2021：1590.

2. 犯罪主体：国家工作人员。

3. 主观方面：故意，具有接受（包括索取）贿赂的意图。

如果只是不得已暂时收下，准备交给组织处理或者退还给行贿人，不成立受贿罪。但是，收受他人财物之后，将财物用于单位公务支出或者社会捐赠的，不影响受贿罪的成立。

二、行贿罪

（一）概念

为谋取不正当利益，给予国家工作人员以财物的行为。

（二）认定

1. 实行行为：为谋取不正当利益，给予国家工作人员以财物的行为。

2. 排除犯罪性事由：被勒索并且没有获得不正当利益。

3. 主观方面：故意，并具有谋取不正当利益的目的。

“不正当利益”包括非法利益和经济、组织人事管理中的不公平竞争优势，即只要不是完全属于行贿方的利益，就是不正当利益。

4. 行贿罪与受贿罪的对向关系。

行贿罪与受贿罪属于必要共同犯罪中的对向型必要共同犯罪，因此在行贿、受贿双方都成立犯罪的情况下，双方具有共犯关系。但是，这并不意味着一方行为成立犯罪时另一方行为也必然成立犯罪，仅一方的行为成立犯罪的现象是大量存在的。

（1）因被勒索给予财物，没有获得不正当利益的，行贿人不构成行贿罪，但国家工作人员索贿的行为仍然构成受贿罪；

（2）为谋取正当利益而给予国家工作人员以财物的，行贿人不构成行贿罪，但国家工作人员接受财物的行为成立受贿罪；

（3）为谋取不正当利益而给予国家工作人员以财物的，行贿人构成行贿罪，但国家工作人员没有受贿的故意，立即将财物送交有关部门处理的，不构成受贿罪。

【命题角度1】判断行为是否构成行贿罪或者受贿罪。

例1　国家工作人员不符合购买股票条件，甲通过运作使其获得了资格。公司上市后，国家工作人员抛售股票获益2 000万元。（2021年网络回忆版）

解析：甲使国家工作人员获得一种资格，资格本身不属于财物也不属于财产性利益，所以甲不构成行贿罪。

例2　国家工作人员的妻子赵某的公司因运营不良，无法扭亏为盈。甲明知该情况而向该公司投资500万元，后该公司破产。

解析：赵某的公司运营不良，无法扭亏为盈，向该公司投资具有极大血本无归的可能性，甲仍然执意投资，其实就是给予国家工作人员以财物，构成行贿罪。

【命题角度2】判断行贿与受贿的数额以及是否既遂。

例1　甲向国家工作人员乙行贿，给了乙一张空白支票，支票最高金额为999万元，

甲账户上也有千万元余额，直至案发时，乙也没有填写支票上的数字。（2020 年网络回忆版）

解析：甲有行贿的故意、乙有受贿的故意。甲客观上已经将 999 万元的支配权（空白支票）交给了乙，乙事实上获得了 999 万元的支配权；甲主观上对行贿金额有概括的故意，乙主观上也知道自己对该 999 万元有支配权。因此，甲的行贿金额为 999 万元，乙的受贿金额为 999 万元。乙没有填写数字不影响受贿 999 万元既遂的认定。

例 2　甲向国家工作人员乙行贿，带了 100 万元现金去乙的办公室，乙对甲说："钱先放你那里吧。"甲遂将现金带回并放进自己的保险箱里，直至案发时也没有移动。（2020 年网络回忆版）

解析：甲、乙之间行贿、受贿行为已经完成，虽然 100 万元现金放在甲的保险箱里，但乙形成对 100 万元现金的控制，实质上已经认可、收受了该 100 万元，甲、乙之间的权钱交易已经完成。甲行贿 100 万元既遂，乙受贿 100 万元既遂。

三、利用影响力受贿罪

（一）概念

国家工作人员的近亲属或者其他与该国家工作人员关系密切的人，通过该国家工作人员职务上的行为，或者利用该国家工作人员职权或者地位形成的便利条件，通过其他国家工作人员职务上的行为，为请托人谋取不正当利益，索取或者收受请托人财物，数额较大或者有其他较重情节的行为，或者离职的国家工作人员或者其近亲属以及与其关系密切的人，利用该离职的国家工作人员原职权或者地位形成的便利条件，通过其他国家工作人员职务上的行为，为请托人谋取不正当利益，索取或者收受请托人财物，数额较大或者有其他较重情节的行为。

（二）认定

【类型一】国家工作人员的近亲属或者其他与该国家工作人员关系密切的人，通过该国家工作人员职务上的行为，或者利用该国家工作人员职权或者地位形成的便利条件，通过其他国家工作人员职务上的行为，为请托人谋取不正当利益，索取或者收受请托人财物，数额较大或者有其他较重情节的行为。

1. 主体：（在职的）国家工作人员的近亲属、关系密切的人。

2. 利用：即利用国家工作人员的职权或者影响力（需要通过其他国家工作人员的职务行为）。

3. 为请托人谋取不正当利益。

4. 索取或者收受请托人财物。

例　市政府工作人员甲接受请托人乙的 30 万元，通过妹夫刘某（市公安局干警）违规撤销了对乙的网上追逃信息。甲的行为应认定为利用影响力受贿罪。

甲是国家工作人员刘某的姻亲，其身份是与国家工作人员关系密切的人，符合利用影响力受贿罪的主体要件，甲通过刘某的职务行为，为请托人谋取不正当利益，构成利用影响力受贿罪。

注意1 如果国家工作人员对于“收受贿赂”知情，则国家工作人员与近亲属、关系密切的人成立受贿罪共犯；近亲属、关系密切的人同时还构成利用影响力受贿罪，属于想象竞合，应从一重罪处断。

例 副县长赵某负责拆迁、评估工作的验收，村民李某为了能够获得本不属于他的补偿款，给赵某的父亲送去5万元现金，请其帮忙说话。赵某得知父亲收钱后答应关照李某，令人将邻近山坡的树苗都算到李某名下。赵某得知父亲收钱后答应关照李某，说明赵某具有受贿的故意，与其父成立受贿罪的共犯，赵某的父亲同时构成利用影响力受贿罪，属于想象竞合，应从一重罪处断。

注意2 “关系密切的人”并不限于“亲朋好友”，包括一定具有掣肘、制约关系的人。

例 乙的孙子丙因涉嫌抢劫被刑拘。乙托甲设法使丙脱罪，并承诺事成后付其10万元。甲与公安局副局长丁早年认识，但多年未见面。甲托丁对丙作无罪处理，丁不同意，甲便以揭发隐私要挟，丁被迫按甲的要求处理案件，后甲收到乙10万元现金。甲构成利用影响力受贿罪。

注意3 利用影响力受贿罪，也是钱权交易型犯罪，请托人花钱交易的是国家工作人员的职务行为，因此成立本罪，要求国家工作人员承诺为请托人谋取不正当利益。

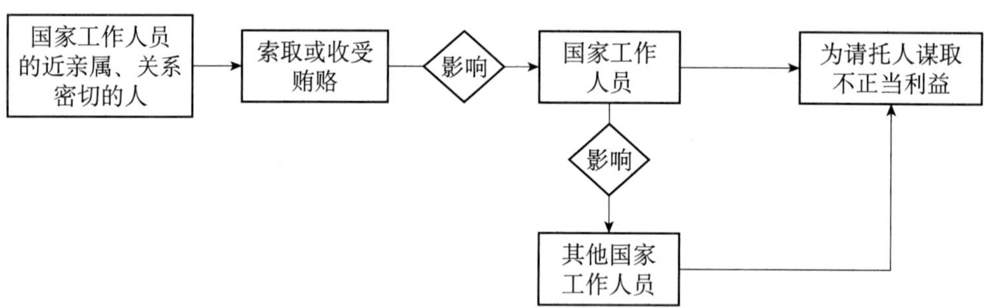

【类型二】离职的国家工作人员或者其近亲属以及其他与其关系密切的人，利用该离职的国家工作人员原职权或者地位形成的便利条件，通过其他国家工作人员职务上的行为，为请托人谋取不正当利益，索取或者收受请托人财物，数额较大或者有其他较重情节的行为。

1. 主体：离职的国家工作人员本人、离职的国家工作人员的近亲属、其他与离职的国家工作人员关系密切的人。

2. 利用：即利用离职的国家工作人员的影响力（需要通过其他国家工作人员的职务行为）。

3. 为请托人谋取不正当利益。

4. 索取或者收受请托人财物。

注意 离职的国家工作人员本人、近亲属、关系密切的人都可以成立本罪。

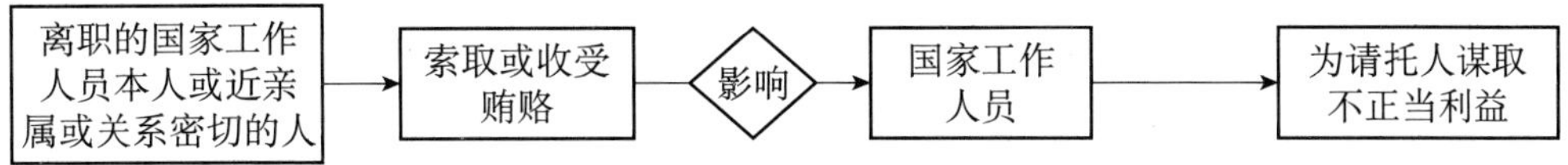

(三) 本罪与受贿罪的界限

	利用影响力受贿罪	受贿罪
主体	国家工作人员的近亲属或者关系密切的人； 离职的国家工作人员本人及其近亲属以及其他与其关系密切的人	在职的国家工作人员
利用的内容	国家工作人员的近亲属或者关系密切的人的**影响力**；或者离职的国家工作人员的**影响力**	**本人职权**或者**本人职权所形成的便利条件**

四、对有影响力的人行贿罪

(一) 概念

为谋取不正当利益，向国家工作人员的近亲属或者其他与该国家工作人员关系密切的人行贿，或者向离职的国家工作人员或者其近亲属以及其他与其关系密切的人行贿的行为。

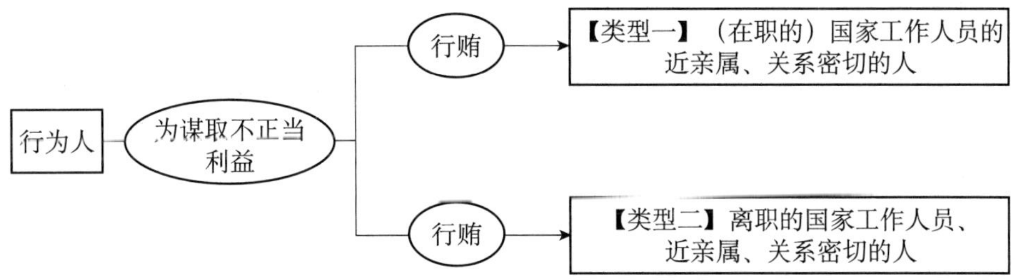

(二) 行为模式

注意 在类型一中，需要注意下列几种情形：

1. 行为人将财物交给国家工作人员的近亲属、关系密切的人，国家工作人员对于收受贿赂并不知情，则行为人成立对有影响力的人行贿罪，国家工作人员的近亲属、关系密切的人成立利用影响力受贿罪。

2. 行为人将财物交付给国家工作人员的近亲属、关系密切的人，国家工作人员对于收受贿赂知情，则近亲属、关系密切的人与国家工作人员构成受贿罪的共犯，如果行为人没有认识到该受贿共犯事实时，仍然成立对有影响力的人行贿罪。

3. 行为人将财物交付给国家工作人员的近亲属、关系密切的人，后者与国家工作人员构成受贿罪的共犯，行为人也明知该受贿共犯事实时，不管财物最终是否由国家工作人员占有，行为人均成立行贿罪。

【重点复盘】

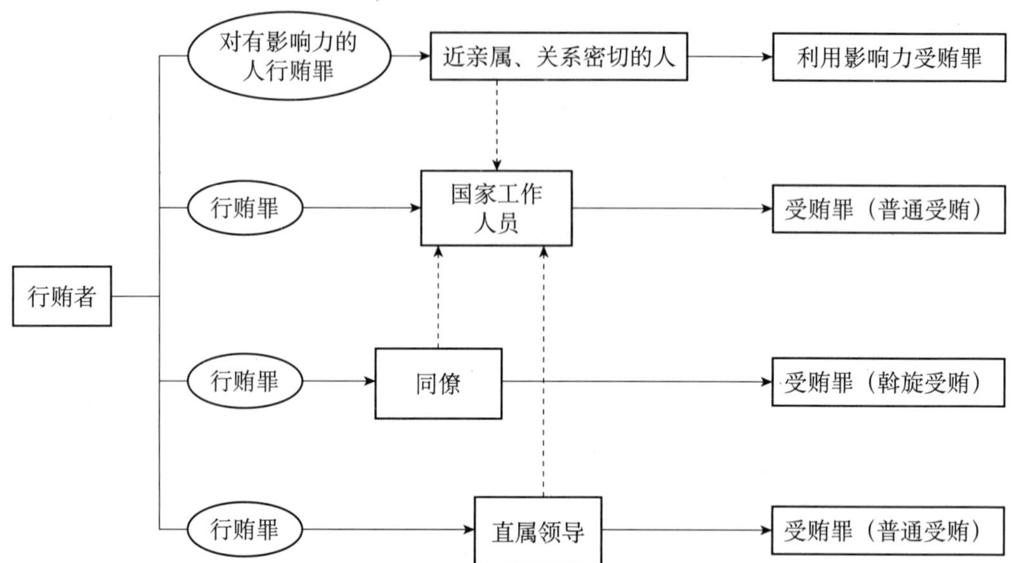

1. 【一句话定罪】 甲作为国家工作人员，利用职务上的便利，索取他人财物，成立受贿罪；乙作为国家工作人员，利用职务上的便利，非法收受他人财物，为他人谋取利益，成立受贿罪；丙作为国家工作人员，利用其职权、地位形成的便利条件，就其他国家工作人员 A 的职务行为进行斡旋，使 A 利用职务上的便利为请托人谋取不正当利益，丙收受请托人财物，成立受贿罪，即斡旋受贿型受贿。

2. 【一句话定罪】 甲作为国家工作人员 A 的近亲属，通过 A 职务上的行为，为请托人谋取不正当利益，甲收受请托人财物，数额较大，成立利用影响力受贿罪；乙作为离职的国家工作人员，利用自己原职权形成的便利条件，通过其他国家工作人员 B 职务上的行为，为请托人谋取不正当利益，乙收受请托人财物，数额较大，成立利用影响力受贿罪。

3. 【一句话定罪】 甲为谋取不正当利益，给予国家工作人员 A 以财物，数额较大，成立行贿罪。

4. 【一句话定罪】 甲为谋取不正当利益，给予国家工作人员的近亲属 A 以财物，数额较大，成立对有影响力的人行贿罪。

第二十二章　渎职罪

一、滥用职权罪

（一）概念

国家机关工作人员滥用职权，致使公共财产、国家和人民利益遭受重大损失的行为。

（二）认定

1. 实行行为：滥用职权。

（1）擅权：擅自行使职权。

（2）越权：超越职权范围，行使职权。

（3）弃权：应当行使职权时，不行使职权。

2. 结果。本罪是结果犯。成立本罪要求造成“公共财产、国家和人民利益遭受重大损失”的危害结果，根据司法解释，具有下列情形之一的，应当认定为“致使公共财产、国家和人民利益遭受重大损失”：

（1）人员伤亡：①造成死亡 1 人以上；②重伤 3 人以上；③轻伤 9 人以上；④重伤 2 人、轻伤 3 人以上；⑤重伤 1 人、轻伤 6 人以上。

（2）造成经济损失 30 万元以上。

（3）造成恶劣社会影响。

例 1　省渔政总队验船师元宝明知有 8 艘渔船存在套用船号等问题，按规定应注销，却为船主办理船检证书，船主领取国家柴油补贴 640 万元。元宝构成滥用职权罪。

例 2　负责建房审批工作的干部元宝，徇情为拆迁范围内违规修建的房屋补办了建设许可证，房主凭此获得补偿款 90 万元。元宝触犯滥用职权罪。

3. 犯罪主体：国家机关工作人员。根据立法解释，还包括在依法或受委托行使国家行政管理职权的组织（公司、企业、事业单位）中从事公务的人员，以及虽未列入国家机关人员编制，但在国家机关中从事公务的人员（合同制民警）。

4. 在刑法分则第九章规定的渎职罪中，还有其他一些滥用职权的犯罪行为，但由于《刑法》第 397 条规定了“本法另有规定的，依照规定”，因此第 397 条是普通法条，规定其他滥用职权犯罪行为的条文是特别法条，当行为人的行为同时符合《刑法》第 397 条和其他法条的规定时，应按照其他法条即特别法条规定的犯罪论处。

二、玩忽职守罪

（一）概念

国家机关工作人员严重不负责任，不履行或者不正确履行职责，致使公共财产、国家和人民利益遭受重大损失的行为。

（二）认定

1. 实行行为：不履行或者不正确履行职责。

（1）不履行，是指行为人应当履行且有条件、有能力履行职责，但违背职责没有履行，其中包括擅离职守的行为。

（2）不正确履行，是指在履行职责的过程中，违反职责规定，马虎草率、粗心大意。

2. 结果。本罪是结果犯。成立本罪要求造成“公共财产、国家和人民利益遭受重大损失”的危害结果。“致使公共财产、国家和人民利益遭受重大损失”的认定同滥用职权罪。

3. 犯罪主体：国家机关工作人员。根据立法解释，还包括在依法或受委托行使国家行政管理职权的组织（公司、企业、事业单位）中从事公务的人员，以及虽未列入国家机关人员编制，但在国家机关中从事公务的人员（如合同制民警）。

4. 在刑法分则第九章规定的渎职罪中，还有其他一些玩忽职守的犯罪行为，但由于《刑法》第397条规定了“本法另有规定的，依照规定”，因此第397条是普通法条，规定其他玩忽职守犯罪行为的条文是特别法条，当行为人的行为同时符合《刑法》第397条和其他法条的规定时，应按照其他法条即特别法条规定的犯罪论处。

【真题训练（2022）】甲、乙是没有正式编制的辅警，夜间巡逻期间看到身体虚弱、口角流血的元宝，把他送到了救助站门口，但甲、乙未进救助站办理交接手续，而是打开车门让元宝自行下车。元宝行走数步摔倒在地，甲、乙并未发现即驾车离开。第二天早晨，元宝被救助站人员发现并送往医院，最后因失血过多而死。事后查明，如果当时甲、乙及时将元宝送医而不是直接驾车离开，元宝能够被救活。关于甲、乙的行为，下列说法正确的是（　　）。[①]

A. 因为甲、乙已经把元宝送到救助站，所以不能认定玩忽职守罪

B. 甲、乙的行为构成不作为犯罪

C. 因为甲、乙没有正式编制，所以不是国家工作人员，不满足玩忽职守罪的主体要件

D. 甲、乙的行为与元宝的死亡之间存在因果关系

三、徇私枉法罪

（一）概念

司法工作人员徇私枉法，徇情枉法，在刑事诉讼中，使明知是无罪的人受到追诉，对明知是有罪的人而故意包庇使其不受追诉，或者在刑事审判活动中故意违背事实和法律作枉法裁判的行为。

---

① 【答案】BD

（二）认定

1. 实行行为：徇私枉法，包括三种类型。

【类型一】 对明知是无罪的人而使他受追诉，即对无罪的人采取伪造、隐匿、毁灭证据或者其他隐瞒事实、违背法律的手段，以追究刑事责任为目的进行立案侦查（含采取强制性措施）、起诉、审判等追诉活动。

【类型二】 对明知是有罪的人而故意包庇不使他受追诉，即对有罪的人采取伪造、隐匿、毁灭证据或者其他隐瞒事实、违背法律的手段，故意包庇使其不受立案、侦查（含采取强制措施）、起诉、审判；或者在立案后，故意违背事实和法律，应该采取强制措施而不采取强制措施，或者虽然采取强制措施，但无正当理由解除强制措施。

【类型三】 在刑事审判活动（含附带民事诉讼）中故意违背事实和法律作枉法裁判，即枉法进行判决、裁定，使有罪判无罪、使无罪判有罪、使此罪判彼罪或者重罪轻判、轻罪重判。

例1 法官元宝为报复被告人对自己的出言不逊，故意在刑事附带民事判决中提高被告人对被害人的赔偿数额，致使被告人多付10万元。元宝成立徇私枉法罪。

例2 刘某以赵某对其犯故意伤害罪，向法院提起刑事附带民事诉讼。因赵某妹妹曾拒绝本案主审法官元宝的求爱，故元宝在明知证据不足、指控的犯罪不能成立的情况下，毁灭赵某无罪的证据，认定赵某构成故意伤害罪。元宝构成徇私枉法罪。

2. 犯罪主体：司法工作人员，即具有侦查、检察、审判、监管职责的工作人员。根据司法实践，司法机关专业技术人员也可以成为本罪主体。

3. 主观方面：故意，并要求具有下列两种动机之一。

（1）徇私利，即为了谋取个人利益、小集体利益而枉法；

（2）徇私情，即出于私情而枉法，主要表现为出于照顾私人关系或感情、袒护亲友或者泄愤报复而枉法。

4. 本罪与受贿罪的关系：司法工作人员收受贿赂，有徇私枉法等行为，同时又构成受贿罪的，依照处罚较重的规定定罪处罚。

注意 本罪与帮助毁灭、伪造证据罪的界限。

	徇私枉法罪	帮助毁灭、伪造证据罪
法益	刑事案件的追诉和审判工作	司法秩序
客观方面	利用司法职权	没有利用司法职权
主体	司法工作人员	一般主体

四、帮助犯罪分子逃避处罚罪

（一）概念

有查禁犯罪活动职责的国家机关工作人员，向犯罪分子通风报信、提供便利，帮助犯罪分子逃避处罚的行为。

（二）认定

1. 实行行为：向犯罪分子通风报信、提供便利，帮助犯罪分子逃避处罚。

“通风报信、提供便利”即为使犯罪分子逃避处罚，向犯罪分子泄露有关部门查禁犯罪活动的部署情况，或者为使犯罪分子逃避处罚，向犯罪分子泄露案情，帮助、指示其隐匿、毁灭、伪造证据及串供、翻供等。

2. 行为主体：有查禁犯罪活动职责的国家机关工作人员，如司法机关、监察机关、国家安全机关、海关、税务机关等国家机关的工作人员。

注意 司法工作人员利用职务之便帮助犯罪分子逃避处罚，成立本罪还是徇私枉法罪？

（1）在刑事追诉（立案、判决）中直接利用司法职权：徇私枉法罪；

（2）在刑事追诉过程之外，主要利用获取信息的便利条件：帮助犯罪分子逃避处罚罪。

五、徇私舞弊不移交刑事案件罪

（一）概念

行政执法人员徇私舞弊，对依法应当移交司法机关追究刑事责任的案件不移交，情节严重的行为。

（二）认定

1. 实行行为：对依法应当移交司法机关追究刑事责任的案件不移交。

2. 行为主体：行政执法人员，即依法具有行政管理职权的行政机关（如工商、税务、监察等）的工作人员。

【命题角度】公安机关工作人员利用职务之便包庇犯罪人，成立本罪还是徇私枉法罪？

履行侦查职责时	履行行政执法职责时
故意包庇使其不受追诉	明知行为已经构成犯罪，应当移送公安机关侦查部门而不移送，仅给予治安管理处罚
徇私枉法罪	徇私舞弊不移交刑事案件罪

【真题训练（2021）】关于渎职犯罪，下列说法正确的有（　　）。①

A. 市场监管执法人员甲明知王某生产的口罩是伪劣产品，涉嫌犯罪，向其通风报信，帮助其逃避处罚。甲构成包庇罪

B. 铁路警察乙发现李某盗窃，因收了李某的钱财，对李某不予立案。乙构成徇私枉法罪和受贿罪，择一重罪论处

C. 监狱管理人员丙在罪犯赵某执行有期徒刑期间，利用职权私下让其回家，要求

① 【答案】BCD

其按时返回。丙构成私放在押人员罪

D. 警察丁利用职权，使无资格获取驾驶证的田某取得驾驶证。某日，田某违章驾车，酿成车祸，致人死亡。丁构成滥用职权罪

【重点复盘】

	滥用职权罪	玩忽职守罪
主观	故意	过失
行为	擅权、越权、弃权	严重不负责任，不履行或不认真履行职责
法条竞合	本章**故意类**渎职行为的**一般法**	本章过失类渎职行为的一般法
主体	1. 国家机关工作人员 2. 在依法或受委托行使国家行政管理职权的组织（公司、企业、事业单位）中**从事公务**的人员 3. 虽未列入国家机关人员编制，但在国家机关中从事公务的人员（如合同制民警）	
定罪	**“致使公共财产、国家和人民利益遭受重大损失”**	

	徇私枉法罪	帮助犯罪分子逃避处罚罪	徇私舞弊不移交刑事案件罪
主体	司法工作人员	有查禁犯罪活动职责的国家机关（司法、监察、国安、海关、税务等）工作人员	具有行政管理职权的行政机关（公安、监察、国安、海关、税务）的工作人员
时空	刑事诉讼中	刑事诉讼之外	刑事诉讼之外
行为	使明知是无罪的人受到追诉，对明知是有罪的人而故意包庇使其不受追诉，或者在刑事审判活动中故意违背事实和法律作枉法裁判	向犯罪分子通风报信、提供便利，帮助犯罪分子逃避处罚	对依法应当移交司法机关追究刑事责任的不移交，情节严重（纯正不作为）

国家统一法律职业资格考试

百日通关攻略

商经法

嗨学法考　组编　　张倩　编著

中国人民大学出版社
·北京·

图书在版编目（CIP）数据

国家统一法律职业资格考试·百日通关攻略. 商经法/嗨学法考组编；张倩编著. -- 北京：中国人民大学出版社，2023.11

ISBN 978-7-300-32188-2

Ⅰ. ①国… Ⅱ. ①嗨… ②张… Ⅲ. ①商法—中国—资格考试—自学参考资料②经济法—中国—资格考试—自学参考资料 Ⅳ. ①D92

中国国家版本馆 CIP 数据核字（2023）第 174392 号

国家统一法律职业资格考试·百日通关攻略·商经法

嗨学法考　组编

张倩　编著

Guojia Tongyi Falü Zhiye Zige Kaoshi • Bairi Tongguan Gonglüe • Shangjingfa

---

出版发行	中国人民大学出版社		
社　　址	北京中关村大街 31 号	**邮政编码**	100080
电　　话	010－62511242（总编室）		010－62511770（质管部）
	010－82501766（邮购部）		010－62514148（门市部）
	010－62515195（发行公司）		010－62515275（盗版举报）
网　　址	http://www.crup.com.cn		
经　　销	新华书店		
印　　刷	涿州市星河印刷有限公司		
开　　本	787 mm×1092 mm　1/16	**版　　次**	2023 年 11 月第 1 版
印　　张	11.25	**印　　次**	2024 年 4 月第 3 次印刷
字　　数	252 000	**定　　价**	258.00 元（全 8 册）

目　录

第一部分　商法

第二部分　经济法

第三部分　环境资源法

第四部分　劳动与社会保障法

第五部分　知识产权法

第一部分　商法

第一章　公司法

第一节　公司法概述

一、公司的概念与特征☆☆☆

<table>
<tr><td colspan="4">公司是指股东依照《公司法》的规定，以其认缴的出资额或认购的股份为限对公司承担责任，公司以其全部法人财产对公司债务承担责任的企业法人</td></tr>
<tr><td rowspan="5">特征</td><td rowspan="3">1. 公司具有独立的法人资格</td><td>（1）独立名义</td><td>公司以自己的名义进行各种民事活动以及诉讼等</td></tr>
<tr><td>（2）独立财产</td><td>公司是企业法人，有独立的法人财产，享有法人财产权</td></tr>
<tr><td>（3）独立责任</td><td>公司以其全部财产对自己的债务承担责任，股东仅以出资为限对公司承担责任</td></tr>
<tr><td colspan="2">2. 公司具有社团性</td><td>公司是社团组织，具有社团性</td></tr>
<tr><td colspan="2">3. 公司具有营利性</td><td>公司以营利为目的，具有营利性</td></tr>
</table>

股东 —所有权换股权 / 有限责任→ 公司 —债 / 无限责任→ 债权人

二、公司法人人格否认制度☆☆☆☆

（一）制度规则

1. 概念。※[①]

纵向法人人格否认制度	公司股东滥用公司法人独立地位和股东有限责任，逃避债务，严重损害公司债权人利益的，应当对公司债务承担连带责任
横向法人人格否认制度	股东利用其控制的两个以上公司实施逃避债务、严重损害公司债权人利益行为的，各公司应当对任一公司的债务承担连带责任

2. 常见案情：股东具有“滥用权利”行为，包括人格混同[②]、过度支配与控制[③]、资本显著不足[④]等。

（二）诉讼地位列明

人民法院在审理公司人格否认纠纷案件时，应当根据不同情形确定当事人的诉讼地位。

1. 债权人对债务人公司享有的债权已经由生效裁判确认，其另行提起公司人格否认诉讼，请求股东对公司债务承担连带责任的，列股东为被告，公司为第三人。

2. 债权人对债务人公司享有的债权提起诉讼的同时，一并提起公司人格否认诉讼，请求股东对公司债务承担连带责任的，列公司和股东为共同被告。

3. 债权人对债务人公司享有的债权尚未经生效裁判确认，直接提起公司人格否认诉讼，请求公司股东对公司债务承担连带责任的，人民法院应当向债权人释明，告知其追加公司为共同被告。债权人拒绝追加的，人民法院应当裁定驳回起诉。

（三）举证责任分配※

原则	谁主张、谁举证即受损害的债权人举证证明存在“法人人格否认”的适用
例外	一人公司举证责任倒置，即只有一个股东的公司，股东不能证明公司财产独立于股东自己的财产的，应当对公司债务承担连带责任

① 公司法增修考点后均标注※字样，请考生多加关注。由于新配套的公司法司法解释暂未出台，故部分内容依然按照旧的司法解释进行解读，若大纲发布前公布新司法解释，再进行修订。

② 认定公司人格与股东人格是否存在混同，最根本的判断标准是公司是否具有独立意思和独立财产，最主要的表现是公司的财产与股东的财产是否混同且无法区分。

③ 公司控制股东对公司过度支配与控制，操纵公司的决策过程，使公司完全丧失独立性，沦为控制股东的工具或躯壳，严重损害公司债权人利益，应当否认公司人格，由滥用控制权的股东对公司债务承担连带责任。

④ 资本显著不足指的是，公司设立后在经营过程中，股东实际投入公司的资本数额与公司经营所隐含的风险相比明显不匹配。

三、公司分类

（一）法定分类

有限责任公司	股东以其**认缴**的出资额为限对公司承担责任，公司以其全部资产对公司债务承担责任的企业法人
股份有限公司	由一定人数以上股东组成，公司全部资本分为等额股份，股东以其认购的股份对公司承担责任，公司以其全部资产对公司债务承担责任的企业法人

（二）学理分类

1. 以公司之间的组织关系为标准分类。☆

总—分公司	分公司是指在业务、资金、人事等方面受到本公司管辖而**不具有法人资格的分支机构**
	分公司不具有法人资格，不能独立承担责任，其民事责任由总公司承担 **【有诉讼能力，有缔约能力，无独立承担责任能力】**
母—子公司	子公司是指一定数额的股份被另一公司控制或依照协议被另一公司实际控制、支配的公司
	子公司具有法人资格，依法独立承担民事责任 **【财产独、名义独、责任独】**
分（子）公司应当领取营业执照，是独立诉讼主体，可成为独立原告、被告	

2. 以公司股东的责任范围为标准分类：无限责任公司、两合公司、股份两合公司。
3. 以公司股份转让方式为标准分类：封闭式公司、开放式公司。
4. 以公司的信用基础为标准分类：人合公司、资合公司、人资兼合公司。

四、公司权利能力与行为能力

（一）一般规则

公司权利能力与行为能力具有一致性。二者均始于公司营业执照签发之日，终于公司注销登记之日。

（二）超越经营范围订立的合同

1. 原则上，公司经营范围由公司章程规定。公司可以修改章程，变更经营范围，并且办理相应的变更登记。

2. 公司超越经营范围订立的合同，并非当然无效。

（三）公司对外代表☆☆※

选任	法定代表人按照公司章程的规定，由代表公司执行公司事务的董事或者经理担任
辞任	1. 担任法定代表人的董事或者经理辞任的，视为同时辞去法定代表人
	2. 法定代表人辞任的，公司应当在法定代表人辞任之日起 30 内确定新的法定代表人

执行职务	1. 法定代表人以公司名义从事的民事活动，其法律后果由公司承受
	2. 公司章程或者股东会对法定代表人职权的限制，不得对抗善意相对人
	3. 法定代表人因执行职务造成他人损害的，由公司承担民事责任。公司承担民事责任后，依照法律或者公司章程的规定，可以向有过错的法定代表人追偿

（四）公司对外投资

1. 公司可以向其他企业投资。一般情况下，公司可以作为合伙人，普通合伙人和有限合伙人均可。

2. 公司向其他企业投资，按照公司章程的规定由董事会或者股东会决议。

（五）公司担保☆☆☆※

1. 内部决议规则

对外担保	公司为他人提供担保，按照公司**章程**的规定由**董事会或者股东会决议**
对内担保	（1）公司为公司**股东**或者实际控制人提供担保的，必须经**股东会决议** （2）被担保的股东或者受实际控制人支配的股东，不得参加对该担保事项进行的表决 （3）该项表决由**出席会议的其他股东所持表决权的过半数通过**
记忆	**保外人：股董决，章程定；保内人：股决议，关联股东表决权排除**

2. 越权担保

越权担保	（1）法定代表人未经授权擅自为他人提供担保的，构成**越权担保** （2）人民法院应当区分订立合同时债权人是否善意分别认定合同效力：**债权人善意的，合同有效；债权人恶意的，合同无效**	
对善意相对人的判断	**形式审查**	
	对内担保	要求债权人必须对**股东会决议**进行审查且**股东会决议**经出席会议的**无关联股东所持表决权过半数同意**
	对外担保	无论章程如何规定，**只要债权人对董事会决议或股东会决议进行了审核即可**
无需机关决议的例外情况	（1）金融机构开立保函或者**担保公司提供担保** （2）公司为其全资子公司开展经营活动提供担保 （3）**担保合同系由单独或者共同持有公司 2/3** 以上对担保事项有表决权的股东签字同意 上市公司对外提供担保，不适用前款第（2）项、第（3）项的规定	

3. 上市公司特殊规则

禁止交叉持股※	（1）上市公司控股子公司不得取得该上市公司的股份 （2）上市公司控股子公司因公司合并、质权行使等原因持有上市公司股份的，不得行使所持股份对应的表决权，并应当及时处分相关上市公司股份

规模限制	上市公司在 1 年内购买、出售重大资产或者向他人提供担保的金额超过公司资产总额 **30%的**，应当由股东会作出决议，并经出席会议的股东所持表决权的 2/3 以上通过
信赖保护	**债权人根据上市公司公开披露的关于担保事项已经董事会或者股东大会决议通过的信息订立的担保合同，法院应当认定为有效**

第二节　公司的设立

公司的设立是公司设立人依照法定的条件和程序，为组建公司并取得法人资格而必须采取和完成的行为。

一、设立方式

设立方式	有限责任公司	只能采取发起设立的方式，由全体股东出资设立
	股份有限公司	可以采取发起设立或者募集设立的方式
募集设立	（1）发起人认购股份。发起人认购的股份不得少于公司设立时应发行股份总数的 **35%** （2）**公告招股说明书、制作认股书** （3）**发起人与证券公司签订承销协议，与银行签订代收股款协议** （4）**发起人、认股人缴清股款并验资** （5）召开成立大会 发起人应当在发行股款缴足后 30 日内主持召开成立大会。成**立大会应当由代表股份总数过半数的认股人出席，方可举行。** （6）**董事会授权代表向公司登记机关申请设立登记**	
成立大会	成立大会行使下列职权： （1）审议发起人关于公司筹办情况的报告 （2）通过公司章程 （3）选举董事、监事 （4）**对公司的设立费用进行审核** （5）**对发起人以非货币财产出资的作价进行审核** （6）发生不可抗力或者经营条件发生重大变化直接影响公司设立的，可以作出不设立公司的决议 成立大会对前款所列事项作出决议，应当经**出席会议的认股人所持表决权过半数通过**	
认股人股款返还	公司设立时应发行的股份未募足，或者发行股份的股款缴足后，发起人在 30 日内未召开成立大会的，认股人可以按照所缴股款并加算银行同期存款利息，要求发起人返还	

二、公司登记

<table>
<tr><td rowspan="2">公司登记※</td><td>1. 公司登记事项包括：
（1）名称
（2）住所
（3）注册资本
（4）经营范围
（5）法定代表人的姓名
（6）有限责任公司股东、股份有限公司发起人的姓名或者名称
2. 公司登记机关应当将前款规定的公司登记事项通过国家企业信用信息公示系统向社会公示</td></tr>
<tr><td>公司登记事项发生变更的，应当依法办理变更登记。公司登记事项未经登记或者未经变更登记，不得对抗善意相对人</td></tr>
<tr><td>营业执照</td><td>公司营业执照应当载明公司的名称、住所、注册资本、经营范围、法定代表人姓名等事项</td></tr>
<tr><td>公司名称</td><td>行政区划＋字号＋行业或经营特点＋组织形式</td></tr>
</table>

三、发起人

（一）发起人的概念、人数与资格

1. 概念

<table>
<tr><td>概念</td><td>为设立公司而签署公司章程、向公司认购出资或者股份并履行公司设立职责的人
自然人、法人、非法人组织、国家均可以作为公司的发起人</td></tr>
<tr><td>考点</td><td>（1）发起人应当签订发起人协议，明确各自在公司设立中的权利和义务※
（2）发起人之间属于合伙性质</td></tr>
</table>

2. 发起人人数与资格

<table>
<tr><td>有限责任公司</td><td colspan="2">1—50人，无资格要求</td></tr>
<tr><td rowspan="2">股份有限公司</td><td>人数</td><td>1—200人</td></tr>
<tr><td>资格要求</td><td>（1）半数以上的发起人在中国境内有住所
（2）发起人承担公司筹办事务
（3）发起人签订发起人协议，明确权利与义务
（4）发起人共同制定公司章程</td></tr>
</table>

（二）发起人责任与公司责任的区分☆☆☆※

<table>
<tr><th>情形</th><th>责任承担</th></tr>
<tr><td rowspan="2">公司设立时的股东为设立公司从事的民事活动</td><td>（1）法律后果由公司承受</td></tr>
<tr><td>（2）公司未成立的，法律后果由公司设立时的股东承受；设立时的股东为2人以上的，享有连带债权，承担连带债务</td></tr>
</table>

续表

情形	责任承担
设立时的股东为设立公司以自己的名义从事民事活动	第三人有权选择请求公司或者公司设立时的股东承担责任
设立时的股东因履行公司设立职责造成他人损害	公司或者无过错的股东承担赔偿责任后，可以向有过错的股东追偿

四、公司章程

概念	公司所**必备**的，规定其名称、宗旨、资本、组织机构等对内对外事务的基本法律文件
效力	1. 设立公司必须依法制定公司章程 2. 公司章程对**公司、股东、董事、监事、高级管理人员**具有约束力 3. 公司设立时制定的初始章程，于公司成立时方可生效（设立登记）
变更程序	董事会提议修改→通知其他股东→股东会表决→公司登记机关变更登记（不登记不得对抗善意第三人）

五、公司的资本

（一）公司资本与公司资产

1. 公司资本

公司资本也称为股本，它在公司法上的含义是指由公司章程确定并载明的、全体股东的出资总额。公司资本的具体形态包括：注册资本、发行资本、认购资本、实缴资本。

就公司资本制度而言，包含法定资本制与授权股份发行制（授权资本制）。

（1）法定资本制：是指公司设立时，必须在章程中明确规定公司资本总额，并一次性发行，全部认足或募足。注册资本＝章定资本（章程记载资本）＝发行资本＝认购资本。

（2）授权股份发行制：公司设立时公司章程记载公司资本总额，而股东（发起人）仅需要认足发行资本总额中由公司章程规定部分的资本总额，因此，在授权资本制国家，注册资本不等于其股东首次认购资本，其公司资本项下区分章定资本、发行资本、认购资本等不同形态。就剩余的待认购余额资本部分，可授权董事会根据公司营业状况或市场情况随时发行。在我国股份有限公司实施授权股份发行制下，章定资本≥发行资本≥认购资本。

2. 公司资产

公司资产是公司拥有或控制的能以货币计量的经济资源，包括各种财产、债权和其他权利。

公司的信用特别是公司的偿债能力其实与公司成立时的注册资本关系甚微，因为公司是以其全部资产（而不是注册资本）对外承担债务清偿责任的。

3. 注册资本☆☆※

共同规则	(1) 原则上：无最低注册资本要求，可分期缴纳，无货币出资比例要求，不需要法定验资 (2) 例外：**募集设立的股份公司、银行、证券公司、保险公司，要求实缴并且法定验资** (3) **注册资本的变更，以变更登记时间为准**
有限责任公司	(1) 有限责任公司的**注册资本**为在公司登记机关登记的全体股东**认缴**的出资额 (2) 全体股东认缴的出资额由股东按照公司章程的规定自公司成立之日起**5年内缴足**
股份有限公司	股份有限公司的注册资本为在公司登记机关登记的**已发行股份的股本总额**。在发起人认购的股份缴足前，不得向他人募集股份

（二）出资方式☆☆☆☆※

出资方式※	股东可以用货币出资，也可以用实物、知识产权、土地使用权、股权、**债权**等可以用货币估价并可以依法转让的非货币财产作价出资；但是，法律、行政法规规定不得作为出资的财产除外
货币	1. **无金额限制、无须评估** 2. 无来源限制。占有即所有（出资人以贪污、受贿、侵占、挪用等违法犯罪所得的货币出资后取得股权的，对违法犯罪行为予以追究、处罚时，应当采取**拍卖或者变卖的方式处置其股权**）
非货币	1. **以非货币财产出资的，应当依法办理财产的转移手续**
	2. 出资人以不享有处分权的财产出资，参照**无权处分认定**
	3. 以知识产权、土地使用权、房屋等出资：**交付＋登记** (1) 已交付，但未登记的，应当登记，自**交付**之日实际享有相应的股东权利 (2) 已登记，但未交付的，应当交付，实际**交付**前不享有相应的股东权利
股权	出资人以其他公司股权出资，需要同时满足以下条件： (1) 出资的股权由出资人**合法**持有并依法可以转让 (2) 出资的股权**无权利瑕疵**或者权利负担 (3) 出资人已履行关于股权转让的法定**手续** (4) 出资的股权已依法进行了**价值评估** **记忆：合法性＋无瑕疵＋手续全＋已评估**
土地使用权	1. 以出让方式获得的国有土地使用权、集体经营性建设用地使用权可以出资 2. 该土地使用权上无权利负担

（三）出资瑕疵及其法律后果☆☆☆☆※

表现形式	1. 股东未按期足额缴纳出资 2. 公司设立时，实际出资的非货币财产的实际价额显著低于所认缴的出资额①

① 注意：公司成立后由市场原因导致的财产贬值，不属于出资瑕疵。

对公司的责任承担※	补足出资（其他发起人承担连带责任）+赔偿： (1) 应当向公司足额缴纳，设立时的其他股东与该股东在出资不足的范围内承担连带责任 (2) 给公司造成损失的应当承担赔偿责任
对债权人的责任承担	承担补充赔偿责任（出资不足范围内），其他发起人承担连带责任： (1) 公司债权人可以要求瑕疵出资的股东在瑕疵出资本息范围内对公司债务不能清偿部分承担**补充赔偿责任** (2) 股东已经承担上述责任，其他债权人提出相同请求的，法院不予支持 (3) 公司的发起人与该出资瑕疵股东承担**连带责任** (4) 发起人承担责任后，可以向瑕疵出资股东**追偿**

（四）催缴制度※

董事会核查与催缴	1. 公司成立后，董事会应当对股东的出资情况进行**核查** 2. 发现股东未按期足额缴纳公司章程规定的出资的，应当由公司向该股东发出书面催缴书，催缴出资 3. 未及时履行前述义务，给公司造成损失的，**负有责任的董事**应当承担赔偿责任
宽限期	公司依照前述催缴制度发出书面催缴书催缴出资的，可以载明缴纳出资的宽限期；宽限期自公司发出催缴书之日起，不得少于60日
失权通知	1. 宽限期届满，股东仍未履行出资义务的，公司经董事会决议可以向该股东发出失权通知 2. 通知应当以书面形式发出 3. 自通知发出之日起，该股东丧失其未缴纳出资的股权
对失权股权的处理	依照前述规定丧失的股权应当依法转让，或者相应减少注册资本并注销该股权；6个月内未转让或者注销的，由公司其他股东按照其出资比例足额缴纳相应出资
异议处理	股东对失权有异议的，应当自接到失权通知之日起30日内，向人民法院提起诉讼

（五）瑕疵股权转让出资义务的承担

原则	未按照公司章程规定的出资日期缴纳出资或者作为出资的非货币财产的实际价额显著低于所认缴的出资额的股东转让股权的，转让人与受让人在出资不足的范围内承担连带责任
例外	受让人不知道且不应当知道存在上述情形的，由转让人承担责任

（六）未届出资缴纳期限股权转让出资义务的承担

受让人承担	股东转让已认缴出资但未届出资期限的股权的，由受让人承担缴纳该出资的义务
转让人补充	受让人未按期足额缴纳出资的，转让人对受让人未按期缴纳的出资承担补充责任

（七）非破产加速到期

公司不能清偿到期债务的，公司或者已到期债权的债权人有权要求已认缴出资但未届出资期限的股东提前缴纳出资。

第三节　公司的股东与股东权利

一、股东资格的一般认定☆☆

股东是**指向公司出资、持有公司股份、享有股东权利和承担股东义务的人。**

形式要件	股东名册	记载于股东名册的股东，可以依照股东名册主张行使股东权利。股东名册是股东身份或者资格的**法定证明文件**
	公司登记	1. 公司应当将股东的**姓名或者名称**向公司登记机关登记 2. 登记事项发生变更的，应当办理变更登记。未经登记或者变更登记，不得**对抗善意相对人**
	出资证明书	1. 出资证明书是**证权证书。**有限责任公司成立后，应当向股东签发出资证明书，**出资证明书由法定代表人签名，并由公司盖章** 2. 出资证明书记载下列事项： （1）公司名称 （2）公司成立日期 （3）公司注册资本 （4）股东的姓名或者名称 （5）认缴和实缴的出资额 （6）出资方式和出资日期 （7）出资证明书的编号和核发日期
综合认定	当事人之间对股权归属发生争议，一方请求法院确认其享有股权的，应当证明以下事实之一： 已经向公司出资或者认缴出资，且不违反法律、行政法规的强制性规定 已经受让或者以其他形式继受公司股权，且不违反法律、行政法规的强制性规定	

二、股东资格的特殊问题☆☆☆☆

（一）实际出资人与名义股东（有限责任公司）

1. 定义

（1）名义股东是指登记于股东名册及公司登记机关的登记文件，但事实上并没有向公司出资的人。

（2）实际出资人是实际出资并实际享有股东权利，但其姓名或者名称并未记载于公司股东名册及公司登记机关的登记文件的人，也即公司的真实出资人。

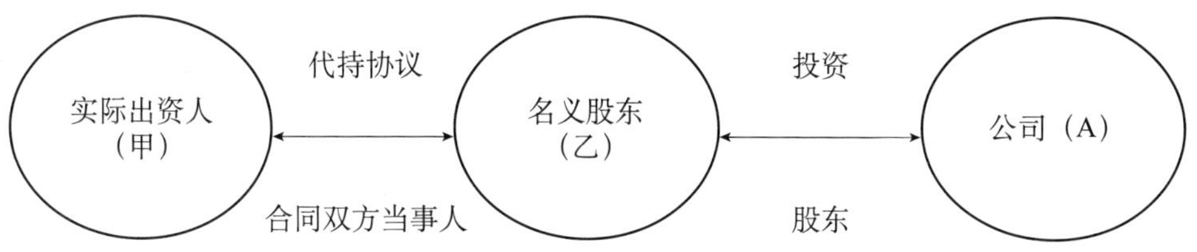

2. 具体规则

实际出资人—名义股东	（1）**承认代持股协议的效力** （2）实际出资人可以其实际履行了出资义务为由向名义股东主张权利，即“投资权益”属于实际出资人而非名义股东
实际出资人—公司	（1）一般规则：**实际出资人请求公司改变股东名义，应当经其他股东半数以上同意（原则）** （2）自动上浮：实际出资人能够提供证据证明有限责任公司过半数的其他股东知道其实际出资的事实，且对其实际行使股东权利未曾提出异议的，对实际出资人提出的登记为公司股东的请求，人民法院依法予以支持（例外）
名义股东处分股权	名义股东将登记于其名下的股权转让、质押或者以其他方式处分： （1）定性→有权处分 （2）处理规则：受让人符合**善意取得**构成要件时，可以取得股权 （3）实际出资人可以请求名义股东承担赔偿责任
与债权人的关系	当公司债务不能清偿时，债权人可以请求名义股东在未出资本息范围内承担补充赔偿责任。名义股东承担赔偿责任后，可以向实际出资人追偿

（二）冒名股东☆

冒名登记行为人应当承担相应责任。

（三）一股二卖☆☆

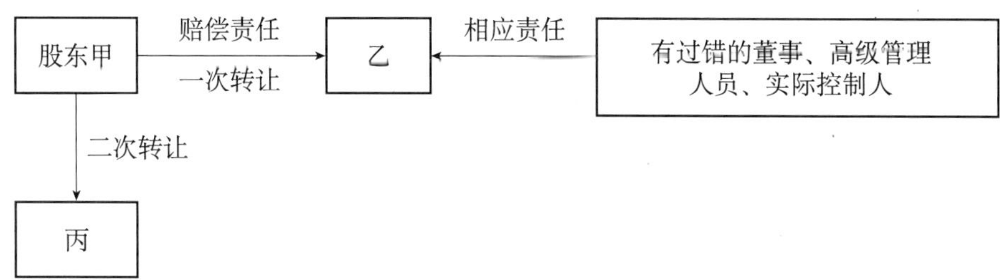

一股二卖，是指股权转让后尚未向公司登记机关办理变更登记，原股东又将登记于其名下的股权转让、质押或者以其他方式处分的行为。

对一股二卖的处理规则：

（1）合同有效，股权转让效力参照善意取得制度处理。

（2）原股东处分股权造成受让股东损失，受让股东可以请求原股东承担赔偿责任，对未及时办理变更登记有过错的董事、高级管理人员或者实际控制人承担相应责任；受让股东对于未及时办理变更登记也有过错的，可以适当减轻上述董事、高级管理人员或者实际控制人的责任。

（四）股东资格诉讼☆☆

股东资格纠纷，均以公司为被告，与案件争议股权有利害关系的人作为第三人参加诉讼。

三、股东权利☆☆☆

股东权利简称股权，是指公司股东依据法律和公司章程享有的自益权和共益权的总称。

	股东权利	有限责任公司	股份有限公司
自益权	**利润**分配请求权	按照**实缴**出资比例分配利润，全体股东约定可排除	按照股东持有的股份比例分配利润，公司章程另有规定的除外
	新股优先认购权	股东有权优先按照**实缴**的出资比例认缴出资，全体股东约定可排除	无优先认购权
	优先购买权	股东向股东之外的人转让股权时，其他股东**有同等条件下的优先购买权**	无优先购买权
	剩余财产分配请求权		
共益权	知情权	有限责任公司的股东可以要求**查阅**公司**会计账簿**，但不能复制	股份有限公司股东**无查账权**
		有权查阅、复制公司章程、股东名册、股东会会议记录、董事会会议决议、监事会会议决议和**财务会计报告**	**有权查阅**公司章程、股东名册、公司债券存根、股东大会会议记录、董事会会议决议、监事会会议决议、**财务会计报告**
	表决权	按出资比例行使表决权；但是，公司章程另有规定的除外	**出席会议的股东一股一权**
		以投票表决的方式通过股东（大）会行使	
	选择权	选举和更换非由职工代表担任的董事、监事	

四、股东诉权☆☆☆☆

（一）知情权之诉☆☆☆※

股东可以要求查阅公司会计账簿、会计凭证。

程序要求	股东要求查阅公司会计账簿、会计凭证的，应当向公司提出书面请求，说明目的
不正当目的可驳回	公司有合理根据认为股东查阅会计账簿、会计凭证有不正当目的，可能损害公司合法利益的，可以拒绝提供查阅，并应当自股东提出书面请求之日起15日内书面答复股东并说明理由

不正当目的可驳回	不正当目的包括： （1）股东自营或者为他人经营与公司主营业务有**实质性竞争**关系业务的，但公司章程另有规定或者全体股东另有约定的除外 （2）股东为了向他人**通报**有关信息查阅公司会计账簿，可能损害公司合法利益的 （3）股东在向公司提出查阅请求之日前的**3年内**，曾通过查阅公司会计账簿，向他人通报有关信息损害公司合法利益的 （4）股东有**不正当目的**的其他情形
诉权	公司拒绝提供查阅的，股东可以向人民法院提起诉讼
允许委托专业人士查询	股东查阅规定的材料，可以委托会计师事务所、律师事务所等中介机构进行
	股东及其委托的会计师事务所、律师事务所等中介机构查阅、复制有关材料，应当遵守有关保护国家秘密、商业秘密、个人隐私、个人信息等法律、行政法规的规定
查阅范围扩展到全资子公司	股东要求查阅、复制公司全资子公司相关材料的，适用上述所有规则

（二）利润分配请求权☆☆☆

1. 公司财务会计报告：公司应当在每一会计年度终了时编制财务会计报告，并依法经会计师事务所审计。

2. 公司的收益分配制度

弥补亏损	在公司已有的法定公积金不足以弥补以前年度亏损时，先用当年利润弥补亏损
提取法定公积金	见下文公积金制度部分
提取任意公积金	公司从税后利润中提取法定公积金后，经股东会决议，还可以从税后利润中提取任意公积金
支付股利	公司弥补亏损和提取公积金后所余税后利润，有限责任公司按照股东实缴的出资比例分配利润，**全体股东约定**不按照出资比例分配利润的除外；股份有限公司按照股东所持有的股份比例分配利润，公司章程另有规定的除外
	公司持有的本公司股份不得分配利润
违法分配	公司违反《公司法》规定向股东分配利润的，股东应当将违反规定分配的利润退还公司；给公司造成损失的，股东及负有责任的董事、监事、高级管理人员应当承担赔偿责任

3. 公积金制度

含义	公积金是指公司根据法律和公司章程的规定提留备用，不作为股利分配的部分所得或收益

分类	（1）根据**来源**可分为盈余公积金和资本公积金 （2）根据**提取依据**可分为法定公积金和任意公积金
提取	（1）公司分配当年税后利润时，应当提取**利润的 10%**列入公司法定公积金 （2）公司**法定公积金累计额为公司注册资本的 50%以上的**，可以不再提取 （3）法定公积金转为资本时，**所留存的该项公积金不得少于转增前公司注册资本的 25%**
使用	（1）公司的公积金用于**弥补公司的亏损、扩大公司生产经营或者转为增加公司注册资本** （2）公积金弥补公司亏损，应当先使用任意公积金和法定公积金；仍不能弥补的，可以按照规定使用资本公积金※

4. 利润分配请求权之诉

当事人	原告：股东 **被告：公司**
	其他股东：在一审法庭辩论结束前，提出相同的诉讼请求的，列为共同原告
依据（股东会决议）	（1）**具体利润分配请求权之诉**：股东提交载明具体分配方案的股东（大）会的有效决议，请求公司分配利润，公司拒绝分配利润且其关于无法执行决议的抗辩理由不能成立的，判决公司分配利润 （2）**抽象利润分配请求权之诉**：股东**未提交载明具体分配方案的股东会或者股东大会决议**，请求公司分配利润的，人民法院应当驳回其诉讼请求，但违反法律规定滥用股东权利导致公司不分配利润，给其他股东造成损失的除外
利润分配期限※	股东会作出分配利润的决议的，董事会应当在股东会决议作出之日起 6 个月内进行分配

（三）股东代表诉讼与股东直接诉讼☆☆☆

1. 股东代表诉讼

（1）基本规则

概念	股东代表诉讼，又称派生诉讼、股东代位诉讼，是指当公司的**合法权益受到不法侵害而公司却怠于起诉时**，公司的股东即**以自己的名义起诉**，而**所获赔偿归于公司**的一种诉讼形态
主体	① **有限责任公司的股东** ② **股份有限公司连续 180 日单独或联合持有 1%以上股份的股东**
适用情形	董事、监事、高级管理人员、其他人侵害公司利益
救济路径	【第 1 步】“交叉请求”。**董事、高级管理人员或者第三人**侵害公司利益，股东可以**书面请求**监事会或者不设监事会的有限责任公司的监事向法院提起诉讼；**监事**有该种情形的，前述股东可以书面请求董事会或者不设董事会的有限责任公司的执行董事向法院提起诉讼 【第 2 步】上述董事会（监事会）接受股东书面请求，则公司提起诉讼，原告是公司，监事会主席或董事长为诉讼代表人；被告是侵权人 【第 3 步】若前置程序失灵（董事会/监事会收到上述规定的股东书面请求后**拒绝提起诉讼**，或者自收到请求之日起 **30 日内未提起诉讼**，或者**情况紧急，不立即提起诉讼将会使公司利益受到难以弥补的损害的**），上述规定的**股东有权为了公司的利益以自己的名义直接向法院提起诉讼**

（2）诉讼中的具体安排

<table>
<tr><td>当事人</td><td>① 股东为原告，加害人为被告，公司作为第三人参加诉讼
② 一审法庭辩论终结前，符合条件的其他股东，以相同的诉讼请求申请参加诉讼的，应当列为共同原告</td></tr>
<tr><td>反诉</td><td>① 提起股东代表诉讼后，被告以原告股东恶意起诉，侵犯其合法权益为由提起反诉的，人民法院应予受理
② 被告以公司在案涉纠纷中应当承担侵权或者违约等责任为由对公司提出的反诉，因不符合反诉的要件，人民法院应当裁定不予受理；已经受理的，裁定驳回起诉</td></tr>
<tr><td>诉讼中调解</td><td>① 只有在调解协议经公司股东（大）会、董事会决议通过后，人民法院才能出具调解书予以确认
② 具体决议机关，取决于公司章程的规定；公司章程没有规定的，应当以股东（大）会为决议机关</td></tr>
<tr><td rowspan="2">后果</td><td>股东代表诉讼的后果由公司承担，归于公司，股东不得请求被告直接向其承担民事责任</td></tr>
<tr><td>股东胜诉或部分胜诉后，可以请求公司承担合理的律师费以及为诉讼支出的调查费、评估费、公证费等合理费用</td></tr>
</table>

（3）双层股东代表诉讼制度※

公司全资子公司的董事、监事、高级管理人员有《公司法》第188条规定情形，或者他人侵犯公司全资子公司合法权益造成损失的，有限责任公司的股东、股份有限公司连续180天以上单独或者合计持有公司1%以上股份的股东，可以依照前述股东代表诉讼规定书面请求全资子公司的监事会、董事会向人民法院提起诉讼或者以自己的名义直接向人民法院提起诉讼。

（四）决议效力瑕疵诉讼☆☆☆

股东（大）会、董事会决议的效力，根据《公司法》的规定可分为：决议不成立、决议无效、决议可撤销、决议有效。

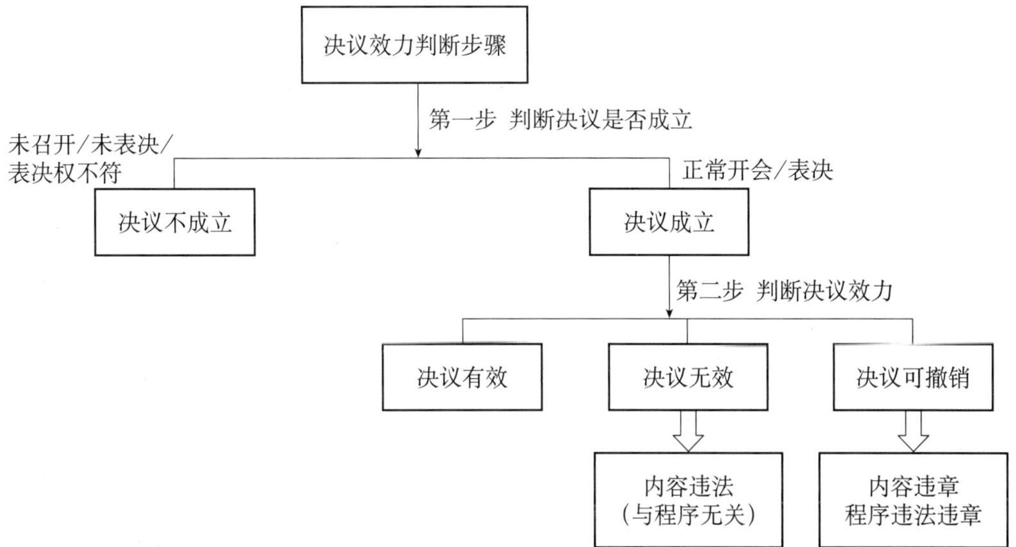

1. 决议效力瑕疵分类

类型	情形
决议不成立	有下列情形之一的，公司股东会、董事会的决议不成立： （1）未召开股东会、董事会会议作出决议① （2）股东会、董事会会议未对决议事项进行表决 （3）出席会议的人数或者所持表决权数未达到《公司法》或者公司章程规定的人数或者所持表决权数 （4）同意决议事项的人数或者所持表决权数未达到《公司法》或者公司章程规定的人数或者所持表决权数。
决议无效	决议内容违反法律、行政法规
决议撤销事由	（1）**会议召集程序、表决方式违反法律、行政法规或者公司章程，或者决议内容违反公司章程** （2）轻微瑕疵撤销豁免（可撤销的裁量驳回制度）：股东会、董事会的会议召集程序或者表决方式仅有轻微瑕疵，对决议未产生实质影响的不撤销
保护善意相对人	股东会或者股东大会、董事会决议被人民法院判决**确认无效或者撤销的**，公司依据该决议与善意相对人形成的民事法律关系不受影响

2. 决议效力瑕疵诉讼※

	确认之诉	**可撤销之诉**
时效	——	（1）股东自决议作出之日起 60 日内，可以请求人民法院撤销 （2）未被通知参加股东会会议的股东自知道或者应当知道股东会决议作出之日起 60 日内，可以请求人民法院撤销；自决议作出之日起 1 年内没有行使撤销权的，撤销权消灭
原告	利害关系人	股东（起诉时具有股东资格）
被告	公司	
后果	（1）公司股东会、董事会决议被人民法院宣告无效、撤销或者确认不成立的，公司应当向公司登记机关申请撤销根据该决议已办理的登记 （2）股东会、董事会决议被人民法院宣告无效、撤销或者确认不成立的，公司根据该决议与善意相对人形成的民事法律关系不受影响	

五、股东义务☆☆

一般义务：（1）出资义务；（2）不得抽逃出资；（3）不得干涉公司正常经营；（4）不得滥用职权。

对抽逃出资的认定	1. 制作虚假财务会计报表**虚增利润**进行**分配** 2. 通过**虚构债权债务关系**将其出资转出 3. 利用**关联交易**将出资转出 4. 其他未经法定程序将出资抽回的行为

① 但依据会签制度或者公司章程规定可以不召开股东会或者股东大会而直接作出决定，并由全体股东在决定文件上签名、盖章的除外。

抽逃出资的后果	1. 股东应当返还抽逃的出资 2. 给公司造成损失的，负有责任的董事、监事、高级管理人员应当与该股东承担连带赔偿责任

第四节　公司的董事、监事、高级管理人员☆☆

一、董事、监事、高级管理人员的范围及任职资格

高级管理人员的范围	公司的**经理、副经理、财务负责人、上市公司董事会秘书和公司章程**规定的其他人员
担任董事、监事、高级管理人员的消极条件	1. **无**民事行为能力或者**限制**民事行为能力 2. 因贪污、贿赂、侵占财产、挪用财产或者破坏社会主义市场经济秩序，被判处刑罚，或者因犯罪被剥夺政治权利，执行期满**未逾 5 年，被宣告缓刑的，自缓刑考验期满之日起未逾 2 年**※ 3. 担任破产清算的公司、企业的**董事或者厂长、经理**，对该公司、企业的破产**负有个人责任的**，自该公司、企业破产清算完结之日起**未逾 3 年** 4. 担任因违法被吊销营业执照、责令关闭的公司、企业的**法定代表人**，并**负有个人责任**的，自该公司、企业被吊销营业执照、责令关闭之日起**未逾 3 年** 5. **个人所负数额较大的债务到期未清偿，被人民法院列为失信被执行人** 公司**违反**前款规定选举、委派董事、监事或者聘任高级管理人员的，该选举、委派或者聘任**无效**。董事、监事、高级管理人员**在任职期间**出现上述情形的，公司应当**解除**其职务

二、董事、监事、高级管理人员的义务和责任★※

董事、监事、高级管理人员的**共有义务**	**董事、监事、高级管理人员**对公司负有**忠实义务**①**和勤勉义务**②
禁止行为	董事、监事、高级管理人员不得有下列行为： （1）侵占公司财产、挪用公司资金 （2）将公司资金以其个人名义或者以其他个人名义开立账户存储 （3）利用职权贿赂或者收受其他非法收入 （4）接受他人与公司交易的佣金归为己有 （5）擅自披露公司秘密 （6）违反对公司忠实义务的其他行为

① 董事、监事、高级管理人员对公司负有忠实义务，应当采取措施避免自身利益与公司利益冲突，不得利用职权牟取不正当利益。

② 董事、监事、高级管理人员对公司负有勤勉义务，执行职务应当为公司的最大利益尽到管理者通常应有的合理注意。

自我交易	1. 董事、监事、高级管理人员，直接或者间接与本公司订立合同或者进行交易，应当就与订立合同或者进行交易有关的事项**向董事会或者股东会报告，**并按照公司章程的规定经董事会或者股东会**决议通过** 2. 董事、监事、高级管理人员的近亲属，董事、监事、高级管理人员或者其近亲属直接或者间接控制的企业，以及与董事、监事、高级管理人员有其他关联关系的关联人，与公司订立合同或者进行交易，适用前述规定
对谋取公司商业机会的限制	董事、监事、高级管理人员，不得利用职务便利为自己或者他人谋取属于公司的商业机会。但是，有下列情形之一的除外： （1）向董事会或者股东会**报告**，并按照公司章程的规定经董事会或者股东会**决议通过** （2）根据法律、行政法规或者公司章程的规定，公司不能利用该商业机会
同业竞争	董事、监事、高级管理人员未向董事会或者股东会**报告**，并按照公司章程的规定经董事会或者股东会**决议通过**，不得自营或者为他人经营与其任职公司同类的业务
关联董事 表决权排除	董事会对自我交易、谋取公司商业机会、同业竞争事项作出决议时，关联董事不得参与表决，其表决权不计入表决权总数。出席董事会会议的无关联关系董事人数不足3人的，应当将该事项提交股东会审议
归入权	董事、监事、高级管理人员违反上述规定所得的收入应当归公司所有

第五节　公司的变更、合并、分立、增资、减资与解散、清算

一、公司组织形式变更

有限责任公司变更为股份有限公司时，折合的实收股本总额不得高于公司净资产额。有限责任公司变更为股份有限公司，为增加资本公开发行股份时，应当依法办理。

二、公司合并与分立

<table>
<tr><td rowspan="4">概念</td><td rowspan="4">合并</td><td colspan="2">合并是指两个或两个以上的公司、订立合并协议、依照《公司法》的规定，**不经过清算的程序，**直接结合为一个公司的法律行为，包括吸收合并①和新设合并②</td></tr>
<tr><td rowspan="3">特殊规则※</td><td>1. 公司与其持股90%以上的公司合并，被合并的公司不需经股东会决议，但应当通知其他股东，其他股东有权请求公司按照合理的价格收购其股权或者股份</td></tr>
<tr><td>2. 公司合并支付的价款不超过本公司净资产10%的，可以不经股东会决议；但是，公司章程另有规定的除外</td></tr>
<tr><td>3. 公司依照上述规定合并不经股东会决议的，应当经董事会决议</td></tr>
</table>

① 一个公司吸收其他公司为吸收合并，被吸收的公司解散。

② 两个以上公司合并设立一个新的公司为新设合并，合并各方解散。

概念	分立	分立是指一个公司通过依法签订分立协议，不经过清算程序，分为两个或两个以上公司的法律行为，包括派生分立和新设分立
相同规则	1. 均需董事会制定方案提交股东会表决，2/3 以上表决权通过（合并中的特殊规则是例外） 2. 均需要编制资产负债表和财产清单 3. 均不需要进行法定清算 4. 均需要自决议作出之日起 10 日内通知债权人，并于 30 日内在报纸或者国家企业信用信息公示系统公告	
不同规则	合并	1. 债权人自接到通知书之日起 30 日内，未接到通知书的自公告之日起 45 日内，可以要求公司**清偿债务或者提供相应的担保** 2. 合并各方的债权、债务，应当由合并后存续的公司或者新设的公司承继
	分立	公司分立前的债务由分立后的**公司承担连带责任**。但是，公司在分立前与债权人就债务清偿达成的书面协议另有约定的除外

三、公司增资

方式	有限责任公司	有限责任公司增加注册资本时，股东在同等条件下有权优先按照实缴的出资比例认缴出资。但是，全体股东约定不按照出资比例优先认缴出资的除外
	股份有限公司	股份有限公司为增加注册资本发行新股时，股东不享有优先认购权，公司章程另有规定或者股东会决议决定股东享有优先认购权的除外
法律责任	有限责任公司增加注册资本时，股东认缴新增资本的出资，依照《公司法》设立有限责任公司缴纳出资的有关规定执行※	

四、公司减资

一般减资	1. 公司减少注册资本，**应当编制资产负债表及财产清单** 2. 公司应当自股东会作出减少注册资本决议之日起 **10 日内通知债权人**，并于 30 日内在报纸上或者国家企业信用信息公示系统公告。债权人自接到通知之日起 30 日内，未接到通知的自公告之日起 45 日内，有权要求公司清偿债务或者提供相应的担保 3. 公司减少注册资本，应当按照股东出资或者持有股份的比例相应减少出资额或者股份，法律另有规定、有限责任公司全体股东另有约定或者股份有限公司章程另有规定的除外
简易减资（以补亏为目的的减资）※	1. 公司依照规定弥补亏损后，仍有亏损的，可以减少注册资本弥补亏损。减少注册资本弥补亏损的，公司不得向股东分配，也不得免除股东缴纳出资或者股款的义务 2. 依照前述规定减少注册资本的，**不适用通知公告债权人的规定，**但应当自股东会作出减少注册资本决议之日起 30 日内在报纸上或者国家企业信用信息公示系统公告 3. 公司依照前两项的规定减少注册资本后，**在法定公积金和任意公积金累计额达到公司注册资本 50%前，**不得分配利润

违法减资	1. 违法减资的，股东应当退还其收到的资金，减免股东出资的应当恢复原状 2. 给公司造成损失的，股东及负有责任的董事、监事、高级管理人员应当承担赔偿责任

五、公司解散

公司解散是指已成立的公司基于一定合法事由而使公司消灭的法律行为，包括一般解散、强制解散、司法解散。

（一）前提→公司僵局

公司僵局	公司**经营管理发生严重困难，继续存续会使股东利益受到重大损失**，通过其他途径不能解决的，**持有公司全部股东表决权10%以上的股东**，可以请求人民法院解散公司
对公司僵局的理解	1. 公司持续**2年以上无法召开股东会或者股东大会**，公司经营管理发生严重困难的 2. 股东**表决时**无法达到法定或者公司章程规定的比例，**持续2年以上**不能作出有效的股东会或者股东大会决议，公司经营管理发生严重困难的 3. 公司**董事长期冲突**，且**无法通过股东会或者股东大会解决**，公司经营管理发生严重困难的 4. 经营管理发生其他严重困难，公司继续存续会使股东利益受到重大损失的情形

（二）司法解散之诉

原告	1. 单独或者合计持有公司全部股东**表决权10%以上的股东** 2. 其他股东可以申请以共同原告或第三人身份参加诉讼
被告	1. 应当以**公司**为被告 2. 原告以其他股东为被告一并提起诉讼的，法院应当告知原告将其他股东变更为第三人
先解散，后清算	股东提起解散公司诉讼，同时又申请人民法院对公司进行清算的，人民法院对其提出的清算申请不予受理
诉讼保全	股东提起解散公司诉讼时，向法院申请财产保全或者证据保全的，在股东提供担保且不影响公司正常经营的情形下，法院**可以**予以保全
诉讼调解	1. 法院审理解散公司诉讼案件，应当注重调解 2. **经法院调解公司收购原告股份的，公司应当自调解书生效之日起6个月内将股份转让或注销**

六、公司清算

（一）清算程序

清算是终结已解散公司的一切法律关系，处理公司剩余财产的程序。

<table>
<tr><td rowspan="2">成立清算组</td><td>自行清算※</td><td>1. 公司解散后，应当清算。董事为公司清算义务人，应当在解散事由出现之日起 15 日内组成清算组进行清算
2. 清算组由董事组成，但是公司章程另有规定或者股东会决议另选他人的除外
3. 清算义务人未及时履行清算义务，给公司或者债权人造成损失的，应当承担赔偿责任</td></tr>
<tr><td>指定清算</td><td>1. 公司依照自行清算规定应当清算，逾期不成立清算组进行清算或者成立清算组后不清算的，利害关系人可以申请人民法院指定有关人员组成清算组进行清算。人民法院应当受理该申请，并及时组织清算组进行清算
2. 公司因被吊销营业执照等原因而解散的，作出吊销营业执照、责令关闭或者撤销决定的部门或者公司登记机关，可以申请人民法院指定有关人员组成清算组进行清算</td></tr>
<tr><td>通知、公告债权人申报债权</td><td colspan="2">1. 清算组应当自成立之日起10 日内通知债权人，并于60 日内在报纸上或者国家企业信用信息公示系统公告
2. 债权人应当自接到通知书之日起 30 日内，未接到通知书的自公告之日起 45 日内，向清算组申报其债权
3. 在申报债权期间，清算组不得对债权人进行清偿</td></tr>
<tr><td>清算财产</td><td colspan="2">清理财产、清偿债务，资不抵债时向法院申请宣告破产，法院裁定破产后，将清算事务移交给法院指定的破产管理人</td></tr>
<tr><td>分配剩余财产</td><td colspan="2"></td></tr>
<tr><td>清算终结</td><td colspan="2"></td></tr>
</table>

（二）诉讼当事人

1. 企业法人解散，清算并注销前，以该企业法人为当事人。

2. 未依法清算即被注销的，以该企业法人的股东、发起人或者出资人为当事人。

3. 公司成立清算组的，由清算组负责人代表公司参加诉讼。

4. 尚未成立清算组的，由原法定代表人参加诉讼。

（三）清算义务人的责任※

清算组成员怠于履行清算职责，给公司造成损失的，应当承担赔偿责任；因故意或者重大过失给债权人造成损失的，应当承担赔偿责任。

（四）简易注销※

1. 公司在存续期间未产生债务，或者已清偿全部债务的，经**全体股东承诺**，可以按照规定通过简易程序注销公司登记。

2. 通过简易程序注销公司登记，应当通过国家企业信用信息公示系统予以公告，公告期限不少于 20 日。公告期限届满后，未有异议的，公司可以在 20 日内向公司登记机关申请注销公司登记。

3. 公司通过简易程序注销公司登记，股东对公司债权债务清偿内容承诺不实的，应当对注销登记前的债务承担连带责任。

第六节　有限责任公司与股份有限公司

一、两类公司的概念与特征

	有限责任公司	股份有限公司
概念	股东以其**认缴**的出资额为限对公司承担责任，公司以其全部资产对公司债务承担责任的企业法人	由一定人数以上股东组成，公司全部资本分为等额股份，股东以其认购的股份对公司承担责任，公司以其全部资产对公司债务承担责任的企业法人
股东人数	1—50 个股东	发起人 1—200 人，股东人数无限制
设立方式	发起设立	发起设立或募集设立
股份转让	对外转让，其他股东有优先购买权	原则上可自由转让
开放程度	封闭性（设立程序、经营状况）	开放性和社会性
法律规制	以任意性规范为主	以强制性规范为主

二、股权转让规则

（一）有限责任公司股权转让规则

1. 协议转让

（1）章程优先

公司章程对股权转让另有规定的，从其规定。

（2）股东之间转让股权

有限责任公司的股东之间可以自由转让股权；其他股东无优先购买权。

（3）股东向第三人转让股权※

通知	股东向股东以外的人转让股权的，应当将股权转让的数量、价格、支付方式和期限等事项书面通知其他股东
优先购买权的行使	①其他股东在同等条件下有优先购买权。股东自接到书面通知之日起 30 日内未答复的，视为放弃优先购买权 ②两个以上股东行使优先购买权的，协商确定各自的购买比例；协商不成的，按照转让时各自的出资比例行使优先购买权
转让股东反悔	在其他股东主张优先购买权后，转让股东**明确表示放弃转让的，其他股东无优先购买权，转让股东赔偿其他股东损失**

对损害优先购买权的救济	①有限责任公司的股东向股东以外的人转让股权，未就其股权转让事项征求其他股东意见，或者以欺诈、恶意串通等手段，损害其他股东的优先购买权，**其他股东可以主张按照同等条件购买该转让股权**；其他股东自知道或者应当知道行使优先购买权的**同等条件之日起 30 日内没有主张，或者自股权变更登记之日起超过 1 年，则不再享有优先购买权** ②上述情形中其他股东不得**仅提出确认股权转让合同及股权变动效力等请求**，而不同时主张按照同等条件购买转让股权，但其他股东非因自身原因导致无法行使优先购买权，请求损害赔偿的除外
对第三人的救济	股东以外的股权受让人，因股东行使优先购买权而不能实现合同目的的，可以依法**请求转让股东**承担相应民事责任

（4）变更登记※

①股东转让股权的，应当书面通知公司，请求变更股东名册；需要办理变更登记的，请求公司向公司登记机关办理变更登记。公司拒绝或者在合理期限内不予答复的，转让人、受让人可以依法向人民法院提起诉讼。

②股权转让的，受让人自记载于股东名册时起可以向公司主张行使股东权利。

2. 强制执行

人民法院依照法律规定的强制执行程序转让股东的股权时，应当通知公司及全体股东，其他股东在同等条件下有优先购买权。其他股东自人民法院通知之日起满20 日不行使优先购买权的，视为放弃优先购买权。

3. 纵向回购☆☆

纵向回购包括因异议股东回购请求权的行使引发的股权回购以及因控股股东滥用权利导致的股权回购。

（1）异议股东回购请求权

异议股东回购请求权是指在法定情况下，对股东会决议投反对票的股东可以请求公司按照合理的价格收购其股权。

条件（满足以下之一即可）	①公司连续 **5 年**不向股东分配利润，而公司该 5 年连续盈利，并且符合《公司法》规定的分配利润条件的 ②公司**合并、分立、转让**主要财产的 ③公司章程规定的营业期限届满或者章程规定的其他解散事由出现，股东会会议通过**决议修改章程使公司存续的**
主体	对股东会该项决议**投反对票的股东，以及非因本人过错而未能出席股东会的异议股东**
程序	①协商：自**股东会会议决议通过之日**起 60 日内向公司提出回购股份请求
	②起诉：协商不成，股东可以**自股东会会议决议通过之日**起 90 日内向人民法院提起诉讼

（2）控股股东滥用权利导致的股权回购※

公司的控股股东滥用股东权利，严重损害公司或者其他股东利益的，其他股东有权请求公司按照合理的价格收购其股权。

(3)股权回购后的处理

公司因法律规定的情形回购的本公司股权，应当在6个月内依法转让或者注销。

4. 死亡继承

自然人股东死亡后，其合法继承人可以继承股东资格；但是，公司章程另有规定的除外。

(二)股份有限公司股份的发行与转让规则

1. 股份发行

(1)股份发行类别※

<table>
<tr><td rowspan="3">面额股与无面额股</td><td>择一选择</td><td colspan="2">公司的全部股份，根据公司章程的规定择一采用面额股或者无面额股。采用面额股的，每一股的金额相等</td></tr>
<tr><td>相互转换</td><td colspan="2">公司可以根据公司章程的规定将已发行的面额股全部转换为无面额股或者将无面额股全部转换为面额股</td></tr>
<tr><td>财务处理</td><td colspan="2">采用无面额股的，应当将发行股份所得股款的1/2以上计入注册资本</td></tr>
<tr><td rowspan="5">普通股与类别股</td><td colspan="3">公司可以按照公司章程的规定发行下列与普通股权利不同的类别股：</td></tr>
<tr><td colspan="3">①优先或者劣后分配利润或者剩余财产的股份</td></tr>
<tr><td colspan="2">②每一股的表决权数多于或者少于普通股的股份[①]</td><td rowspan="2">公开发行股份的公司不得发行这两种类别股；公开发行前已发行的除外</td></tr>
<tr><td colspan="2">③转让须经公司同意等转让受限的股份</td></tr>
<tr><td colspan="3">④国务院规定的其他类别股</td></tr>
</table>

(2)授权股份发行制(授权资本制)※

授权	①公司章程或者股东会可以授权董事会在**3年内**决定发行不超过已发行股份50%的股份 ②以非货币财产作价出资的应当经股东会决议
表决	公司章程或者股东会授权董事会决定发行新股的，**董事会决议应当经全体董事2/3以上通过**
章程修改	董事会依照上述规定决定发行股份导致公司注册资本、已发行股份数发生变化的，对公司章程该记载事项的修改不需再由股东会表决

2. 股份转让

(1)一般规则

一般规则	除章程另有规定外，股份有限公司的股东持有的股份可以向其他股东转让，也可以向股东以外的人转让
对原始股东的限制※	公司公开发行股份前已发行的股份，自公司股票在证券交易所上市交易之日起1年内不得转让

① 对于监事或者审计委员会成员的选举和更换，该种类别股与普通股每一股的表决权数相同。

对董事、监事、高级管理人员的限制	①应当向公司申报所持有的本公司的股份及其变动情况 ②在就任时确定的任职期间每年转让的股份不得超过其所持有本公司股份总数的25% ③所持本公司股份自公司股票上市交易之日起1年内不得转让 ④离职后半年内，不得转让其所持有的本公司股份 ⑤公司章程可以对公司董事、监事、高级管理人员转让其所持有的本公司股份作出其他限制性规定
对质权人的限制	股份在限制转让期限内出质的，质权人不得在限制转让期限内行使质权

（2）异议股东回购请求权※

事项	有下列情形之一的，对股东会该项决议**投反对票的股东**可以请求公司按照合理的价格收购其股份，**公开发行股份的公司除外：** ①公司连续5年不向股东分配利润，而公司该5年连续盈利，并且符合《公司法》规定的分配利润条件 ②公司转让主要财产 ③公司章程规定的营业期限届满或者章程规定的其他解散事由出现，股东会通过决议修改章程使公司存续
期限	自股东会决议作出之日起60日内，股东与公司不能达成股份收购协议的，股东可以自股东会决议作出之日起90日内向人民法院提起诉讼
回购后的处理	公司因异议股东回购请求权情形收购的本公司股份，应当在6个月内依法转让或者注销

（3）纵向回购

允许回购的法定情形	决议	回购后的处理	上市公司特殊要求
①减少公司注册资本	**股东会决议**，必须经出席会议的股东所持**表决权的2/3以上通过**	收购之日起**10日内**注销	信息披露
②与持有本公司股份的其他公司**合并**		**6个月内**转让或注销	
③**股东**因对股东大会作出公司**合并、分立**决议持异议，要求公司收购其股份			
④将股份用于员工持股或者**股权激励**	依照公司**章程**的规定或者**股东会的授权**，经**2/3以上董事出席的董事会会议决议**	公司合计持有的本公司股份数不得超过本公司已经发行股份总额的**10%**，并应当在**3年内**转让或者注销	①信息披露 ②通过公开的集中交易方式进行
⑤将股份用于转换上市公司发行的**可转换为股票的公司债券**			
⑥上市公司为维护公司价值及股东权益所必须			

3. 禁止财务资助※

原则	公司不得为他人取得本公司或者其母公司的股份提供赠与、借款、担保以及其他财务资助，公司实施员工持股计划的除外
例外	**为公司利益**，经股东会决议，或者董事会按照公司章程或者股东会的授权作出决议，公司可以为他人取得本公司或者其母公司的股份提供财务资助，但财务资助的**累计总额不得超过已发行股本总额的10%**。董事会作出决议应当经全体董事的2/3以上通过
责任	违反上述规则给公司造成损失的，负有责任的董事、监事、高级管理人员应当承担赔偿责任

三、公司组织机构

（一）公司治理结构概览

1. 有监事会/监事，无审计委员会

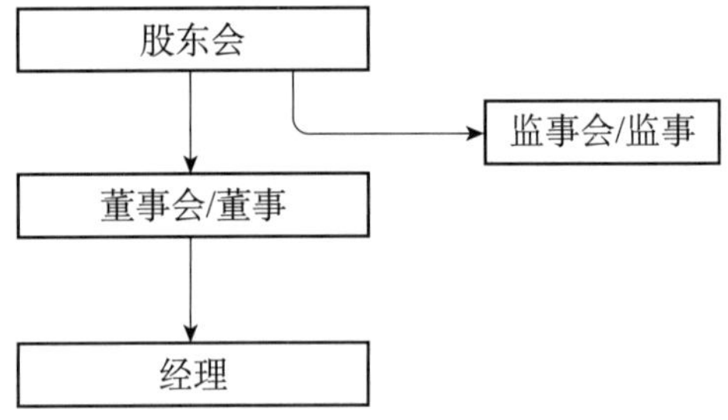

2. 无监事会/监事，有审计委员会

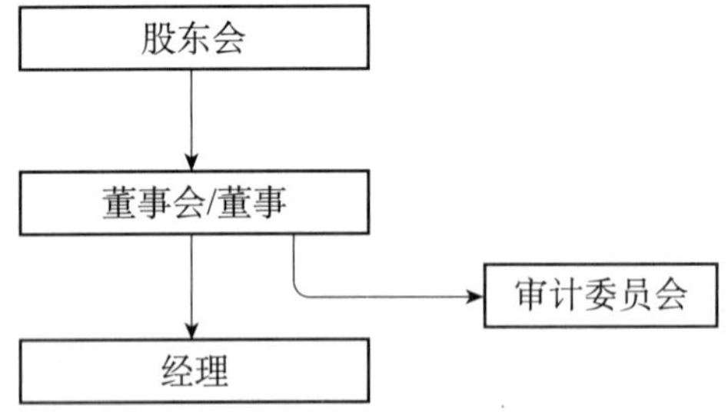

3. 既有监事会/监事，又有审计委员会

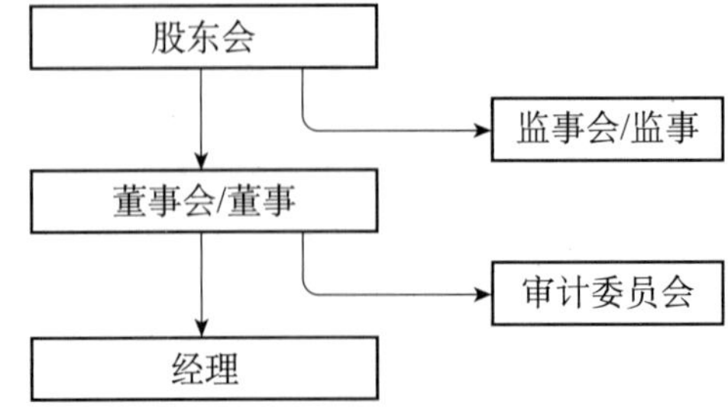

4. 既无监事会/监事，又无审计委员会（有限责任公司）

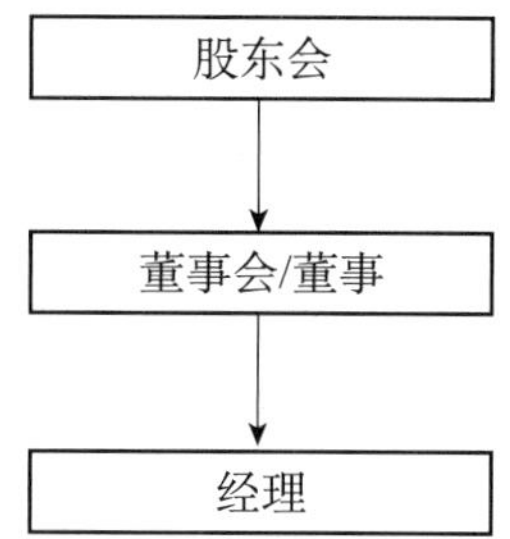

（二）组织机构设置与职权划分

	股东会	董事会	监事会
性质	权力机构（非常设）	业务执行机构（常设）	监督机构（常设）
设置的特殊规则	只有一个股东的公司、国有独资公司不设股东会	（1）规模较小或者股东人数较少的公司，**可以不设董事会，设1名董事**，行使董事会的职权 （2）该董事可以兼任公司经理	（1）规模较小或者股东人数较少的有公司，可以不设监事会，设一名监事，行使监事会职权 （2）**有限责任公司经全体股东一致同意，也可以不设置监事**
战略规划	——	决定公司的**经营计划和投资方案**	检查监督，发现经营异常可以进行调查，**费用由公司承担**
人事任命	选举和更换**董事、监事**，决定有关董事、监事的报酬事项	（1）决定聘任或者解聘公司**经理**①及其报酬事项 （2）根据经理的提名**决定**聘任或者解聘公司**副经理、财务负责人及其报酬事项**	（1）对董事、高级管理人员执行职务行为进行监督，可**建议解任**违法违章董事、高级管理人员 （2）董事、高级管理人员行为损害公司利益时，有权要求其纠正
机构设置	——	决定公司内部管理机构的设置	——
制度制定	——	制定公司基本管理制度	——

① 经理对董事会负责，根据公司章程的规定或者董事会的授权行使职权。经理列席董事会会议。

续表

	股东会	董事会	监事会
相互关系	审议批准董事会、监事会（监事）的报告①	召集股东会会议，向股东会报告工作；执行董事会决议	——
可授权事项	股东会可以授权董事会对发行公司债券作出决议		

（三）股东会

	有限责任公司	股份有限公司
定期会议	章程规定	一年一次
临时会议（提议召集权）	1. 代表1/10以上表决权的股东 2. 1/3以上的董事 3. 监事会提议	应当在**2个月内**召开股东会会议 （1）**董事会人数不足《公司法》规定人数（3人）**或者公司章程所定人数的**2/3时（<2/3＊n）** （2）公司未弥补亏损达**股本总额1/3时** （3）单独或者合计持有公司**10%以上股份**的股东请求时 （4）**董事会认为必要时** （5）**监事会提议召开时**
	【注意】股东请求判令公司召开股东（大）会的，人民法院应当告知其按照《公司法》规定的程序自行召开。股东坚持起诉的，人民法院应当裁定不予受理；已经受理的，裁定驳回起诉	
召集、主持	1. 董事会（执行董事）召集：董事长——副董事长——**过半数的董事推举1名董事主持** 2. 监事会 3. 代表1/10以上表决权的股东召集和主持 【注】召开15日前通知全体股东	1. 董事会召集：董事长——副董事长——过半数的董事推举1名董事主持 2. 监事会 3. **连续90日**以上单独或者合计持有公司10%以上股份的股东② 【注】 （1）股东年会于会议召开前20日通知 （2）临时股东会提前15日通知
决议程序	**章程决定**	**所持每一股份有一表决权，**类别股股东除外（公司持有的本公司股份无表决权）

① 有关公司增减资、合并、分立、变更公司形式、发行债券、解散等事项由董事会起草报告，提交股东会审议。国有独资公司除上述事项外，其他事项可以授权公司董事会行使股东会的部分职权。

② 单独或者合计持有公司10%以上股份的股东请求召开临时股东会会议的，董事会、监事会应当在收到请求之日起10日内作出是否召开临时股东会会议的决定，并书面答复股东。

续表

	有限责任公司	股份有限公司
会签制度	股东以**书面形式一致表示同意**，可以不召开股东会会议，直接作出决定，并由全体股东在决定文件上签名、盖章	无
临时提案制度	无	1. 单独或者合计持有公司**1%以上股份的股东**，可以在股东大会召开10日前提出临时提案并书面提交董事会 2. 董事会应当在收到提案后2日内通知其他股东，并将该临时提案提交股东会审议 3. 临时提案的内容应当有明确议题和具体决议事项 4. 股东大会不得对通知中未列明的事项作出决议
一般表决	1. 股东按照出资比例行使表决权，章程另有规定的除外① 2. 股东会作出决议，应当经代表过半数表决权的股东通过	1. 股东出席股东会会议，所持有每一股份有一表决权，类别股股东除外，公司持有的本公司股份没有表决权 2. 股东会作出决议，应当经出席会议的股东所持表决权过半数通过
特别决议	**修改公司章程、增加或者减少注册资本的决议，以及公司合并、分立、解散或者变更公司形式的决议**	
	经代表2/3以上表决权的股东通过	1. 经**出席会议的股东**所持表决权的2/3以上通过 2. 还应当经出席类别股股东会决议的股东所持表决权的2/3以上通过※

（四）董事会☆☆★

1. 人数、组成、任期※

董事会	有限责任公司	股份有限公司
人数	≥3人	
组成	（1）一般可以有职工代表 （2）职工300人以上且监事会无职工代表的，董事会中应当有职工代表	

① 如果股东会作出不按认缴出资比例而按实际出资比例或者其他标准确定表决权的决议，必须经代表2/3以上表决权的股东通过。

续表

董事会	有限责任公司	股份有限公司
董事长	章程规定	（副）董事长：由董事会议全体董事的**过半数选举产生**
任期	每届任期**不得超过 3 年**。董事任期届满，**连选可以连任**	
原董事履职	董事**任期届满未及时改选**，或者董事在**任期内辞职导致董事会成员低于法定人数的**，在改选出的董事就任前，原董事仍应履行董事职务	
无因解除	（1）股东会可以决议解任董事，决议作出之日解任生效① （2）无正当理由，在任期届满前解任董事的，该董事可以要求予以赔偿	

2. 召开和表决

<table>
<tr><td rowspan="5">相同</td><td colspan="2">（1）董事会会议由董事长召集和主持</td></tr>
<tr><td colspan="2">（2）董事长不能履行职务或者不履行职务的，由副董事长召集和主持；副董事长不能履行职务或者不履行职务的，由过半数董事共同推举一名董事召集和主持</td></tr>
<tr><td colspan="2">（3）董事会决议的表决，实行一人一票</td></tr>
<tr><td colspan="2">（4）董事会会议应有过半数的董事出席方可举行。董事会作出决议，必须经全体董事的过半数通过※</td></tr>
<tr><td colspan="2">（5）董事会应当对会议所议事项的决定做成会议记录，出席会议的董事应当在会议记录上签名</td></tr>
<tr><td rowspan="5">区别</td><td>股份有限公司</td><td>有限责任公司</td></tr>
<tr><td>（1）每年度至少召开 2 次会议，每次会议应当于会议召开 10 日前通知全体董事和监事</td><td rowspan="4">董事会的议事方式和表决程序，除《公司法》另有规定外，由公司章程规定（可由章程规定）</td></tr>
<tr><td>（2）代表 1/10 以上表决权的股东、1/3 以上董事或者监事会，可以提议召开董事会临时会议。董事长应当自接到提议后 10 日内，召集和主持董事会会议</td></tr>
<tr><td>（3）董事会会议可书面委托其他董事代为出席，委托书中应载明授权范围</td></tr>
<tr><td>（4）董事应当对董事会的决议承担责任
董事会的决议违反法律、行政法规或者公司章程、股东会决议，给公司造成严重损失的，参与决议的董事对公司负赔偿责任；经证明在表决时曾表明异议并记载于会议记录的，该董事可以免除责任</td></tr>
</table>

---

① 理论上认为，公司与董事之间为“委托关系”，合同双方均有任意解除权，即公司可以随时解除董事职务，无论任期是否届满，董事也可以随时辞任。

3. 审计委员会

	有限责任公司	股份有限公司
设置	(1) 公司可以按照公司章程的规定在董事会中设置由董事组成的审计委员会，行使监事会的职权，不设监事会或者监事 (2) 董事会成员中的职工代表可以成为审计委员会成员	
人数	——	3 名以上
独立性	——	过半数成员不得在公司担任除董事以外的其他职务，且不得与公司存在任何可能影响其独立客观判断的关系
表决	——	一人一票
决议	——	经审计委员会成员的过半数通过

(五) 监事会☆

监事会	有限责任公司	股份有限公司
人数	≥3 人	
组成	(1) 股东代表＋职工代表（≥1/3） (2) 监事会主席：**全体监事过半数选举产生**	
会议召开	**每年度至少召开一次**	每 6 个月至少召开一次
议事方式和表决程序	(1) 监事会决议的表决，应当一人一票 (2) 监事会决议应当经全体监事过半数通过 (3) 除《公司法》有规定的外，由公司章程规定	
任期	(1) 每届 3 年，连选可以连任 (2) 监事未及时改选或辞任，导致监事会成员低于法定人数的，在新监事就任前，原监事仍要履行监事职务	
兼职禁止	董事、高级管理人员不得兼任监事	

(六) 上市公司组织机构的特别规定

1. 上市公司中的审计委员会

上市公司**在董事会中设置审计委员会的**，董事会对下列事项作出决议前应当经审计委员会全体成员过半数通过：

(1) 聘用、解聘承办公司审计业务的会计师事务所；

(2) 聘任、解聘财务负责人；

(3) 披露财务会计报告；

（4）国务院证券监督管理机构规定的其他事项。

2. 董事会秘书

上市公司设董事会秘书，董事会秘书属于高级管理人员。

3. 关联董事表决权排除

上市公司董事与董事会会议决议事项所涉及的企业或者个人有关联关系的，该董事应当及时向董事会书面报告。有关联关系的董事不得对该项决议行使表决权，也不得代理其他董事行使表决权。该董事会会议由过半数的无关联关系董事出席即可举行，董事会会议所作决议须经无关联关系董事过半数通过。出席董事会会议的无关联关系董事人数不足三人的，应当将该事项提交上市公司股东会审议。

4. 禁止交叉持股

（1）上市公司控股子公司不得取得该上市公司的股份。

（2）上市公司控股子公司因公司合并、质权行使等原因持有上市公司股份的，不得行使所持股份对应的表决权，并应当及时处分相关上市公司股份。

（七）国家出资公司组织机构的特别规定

1. 一般规定

概念	国家出资公司，是指国家出资的国有独资公司、国有资本控股公司，包括国家出资的有限责任公司、股份有限公司
出资人	国家出资公司，由国务院或者地方人民政府分别代表国家依法履行出资人职责，享有出资人权益。国务院或者地方人民政府可以授权国有资产监督管理机构或者其他部门、机构代表本级人民政府对国家出资公司履行出资人职责

2. 国有独资公司

股东会	（1）国有独资公司不设股东会，由履行出资人职责的机构行使股东会职权 （2）履行出资人职责的机构可以授权公司董事会行使股东会的部分职权，但公司章程的制定和修改，公司的合并、分立、解散、**申请破产**，增加或者减少注册资本，**分配利润**，应当由履行出资人职责的机构决定
董事会	（1）国有独资公司的董事会成员中，应当过半数为外部董事，并应当有公司职工代表。 （2）董事会成员由履行出资人职责的机构委派；但是，董事会成员中的职工代表由公司职工代表大会选举产生 （3）董事会设董事长一人，可以设副董事长。董事长、副董事长由履行出资人职责的机构从董事会成员中指定
经理	（1）国有独资公司的经理由董事会聘任或者解聘 （2）经履行出资人职责的机构同意，董事会成员可以兼任经理

兼职	国有独资公司的董事、高级管理人员，未经履行出资人职责的机构同意，不得在其他有限责任公司、股份有限公司或者其他经济组织兼职
审计委员会	国有独资公司在董事会中设置由董事组成的审计委员会行使《公司法》规定的监事会职权的，不设监事会或者监事

四、公司经营中的特殊合同

（一）对赌协议

对赌协议，又称估值调整协议，是指投资方与融资方在达成股权性融资协议时，为解决交易双方对目标公司未来发展的不确定性、信息不对称以及代理成本而设计的包含了股权回购、金钱补偿等对未来目标公司的估值进行调整的协议。

与目标公司“对赌”	1. **协议有效** 2. **能否“实际履行”要分情况：** （1）股权回购型：投资方请求目标公司回购股权的，应当先减资再回购 （2）金钱补偿型：投资方请求目标公司**承担金钱补偿义务的，**法院应当依法审查是否构成“股东抽逃出资”和是否符合“利润分配”的强制性规定，有利润方可分配，如果目标公司没有利润或者虽有利润但不足以补偿投资方的，法院应当驳回或者部分支持其诉讼请求。今后目标公司有利润时，投资方还可以依据该事实另行提起诉讼
与目标公司的“股东”签订对赌协议	1. **协议有效** 2. **支持实际履行**

（二）股权让与担保

情形	规则
合同效力	1. 债务人与债权人约定，将财产形式上转移至债权人名下，债务人不履行到期债务，债权人有权对财产折价或者以拍卖、变卖该财产所得价款偿还债务的，该约定有效
	2. 约定将财产形式上转移至债权人名下，债务人不履行到期债务，财产归债权人所有的，应当认定该约定无效，但是不影响当事人有关提供担保的意思表示的效力
不履行债务的后果	债务人不履行到期债务，已经完成财产权利变动的公示，债权人有权对财产折价或者以拍卖、变卖该财产所得的价款优先受偿

续表

情形	规则
债权人并非“名义股东”	股东以将其股权转移至债权人名下的方式为债务履行提供担保，公司或者公司的债权人以股东未履行或者未全面履行出资义务、抽逃出资等为由，请求作为名义股东的债权人与股东承担连带责任的，人民法院不予支持

第二章　合伙企业法

一、合伙企业的设立

		普通合伙企业	有限合伙企业
合伙人		**有 2 个以上合伙人**。合伙人为自然人的，应当具有完全民事行为能力	**由 2 个以上 50 个以下合伙**人设立，至少要有 1 个普通合伙人和 1 个有限合伙人
		国有独资公司、国有企业、上市公司以及公益性的事业单位、社会团体不得成为普通合伙人，但可以成为有限合伙企业中的有限合伙人	
出资	出资形式	合伙人可以用货币、实物、知识产权、土地使用权或者其他财产权利出资，**也可以用劳务出资；既可以用所有权出资，也可以以使用权出资**	有限合伙人不得以劳务出资，其余与普通合伙人相同
	价值评估	需要评估作价的出资财产，可以由全体合伙人**协商确定**，也可以由全体合伙人委托法定评估**机构评估**	
	出资违约	未按期足额缴纳的，应当承担**补缴义务**，并对其他合伙人承担**违约责任**	
合伙协议		有书面合伙协议；合伙协议经全体合伙人**签名、盖章后生效**	
名称		（1）应当标明“普通合伙”“有限合伙”“特殊普通合伙”字样 （2）可以使用投资人姓名作字号	

二、普通合伙企业的财产与合伙人的财产份额

合伙财产是指合伙存续期间，合伙人的出资和所有以合伙企业名义取得的收益和依法取得的其他财产

（一）合伙财产的性质

以所有权出资的归全体合伙人共有，以使用权出资的归合伙人单独所有。

（二）利润分配与亏损分担

	普通合伙企业	有限合伙企业
顺序	约定——协商——实缴出资比例——平均	
利润分配	**合伙协议不得约定将全部利润分配给部分合伙人**	**不得将全部利润分配给部分合伙人，但合伙协议另有约定的除外**
亏损分担	合伙协议不得约定**由部分合伙人承担全部亏损**	

（三）增减资

合伙人按照合伙协议约定或者经全体合伙人决定，可以增加或者减少对合伙企业的出资。

（四）合伙人财产份额转让与强制执行

		普通合伙企业	有限合伙企业
转让	对内转让	通知	无限制
	对外转让	（1）约定优先 （2）**一致同意** （3）**其他合伙人在同等条件下有优先购买权**	提前30日通知，其他合伙人无优先购买权
出质		**普通合伙人将其财产份额出质的，须经其他合伙人一致同意，否则出质行为无效**，由此给善意第三人造成损失的，由行为人依法承担赔偿责任	有限合伙人可以将其在有限合伙企业中的财产份额出质
强制执行		财产份额被强制执行时，其他合伙人有优先购买权	

三、合伙企业的治理

（一）合伙企业的决议规则

一般规则	约定优先；实行合伙人**一人一票**并经全体合伙人**过半数**通过的表决办法
全票决事项	除合伙协议另有约定外，合伙企业的下列事项应当经**全体合伙人一致同意**： （1）**改变**合伙企业的**名称** （2）改变合伙企业的**经营范围**、主要经营场所的**地点** （3）**处分**合伙企业的**不动产** （4）转让或者处分合伙企业的知识产权和其他财产权利 （5）以合伙企业名义**为他人提供担保** （6）**聘任合伙人以外的人担任合伙企业的经营管理人员**① （7）补充和修改合伙协议 （8）新合伙人入伙

（二）合伙企业的事务执行

	普通合伙企业	**有限合伙企业**
执行规则	1. 合伙人对合伙事务享有同等的权利，但执行方式多样（共同执行、分别执行、委托执行） 2. 执行合伙事务人对外代表合伙企业 3. 在约定合伙事务执行的情况下，非合伙事务执行人不再执行合伙事务；但非执行人以企业名义签订的合同并非当然无效	1. 有限合伙企业由普通合伙人执行合伙事务，有限合伙人不执行合伙事务，不得对外代表有限合伙企业。 2. 【表见普通合伙】第三人有理由相信有限合伙人为普通合伙人并与其交易的，**该有限合伙人对该笔交易承担与普通合伙人同样的责任**

① 第一，被聘任的合伙企业的经营管理人员应当在合伙企业授权范围内履行职务。
第二，被聘任的合伙企业的经营管理人员，超越合伙企业授权范围履行职务，或者在履行职务过程中因故意或者重大过失给合伙企业造成损失的，依法承担赔偿责任。

续表

	普通合伙企业	有限合伙企业
合伙事务执行人的权利	1. **合伙事务执行权** 2. **异议权**：合伙人分别执行合伙事务的，执行事务的合伙人可以对其他合伙人执行的事务提出异议。提出异议时，应当暂停该项事务的执行	——
非合伙事务执行人的权利	1. 监督权：有权监督执行事务的合伙人执行合伙事务的情况 2. 查阅权：为了解合伙企业的经营状况和财务状况，有权**查阅合伙企业会计账簿等财务资料** 3. 撤销权：可以决定撤销委托	有限合伙人有权参与决定普通合伙人入伙、退伙；监督权、**查账权（与自身利益相关的）**、诉讼权、经营建议权；代位诉讼权

四、债务清偿规则

（一）合伙企业债务的清偿

补充责任	合伙企业对其债务，**应先以其全部财产进行清偿**
普通合伙人→无限责任、连带责任	1. 合伙企业不能清偿到期债务的，**合伙人承担无限连带责任** 2. 合伙人由于承担无限连带责任，清偿数额超过其亏损分担比例的，有权向其他合伙人**追偿**
有限合伙人→有限责任	有限合伙人，以其**认缴**的出资额为限对合伙企业债务承担责任

（二）合伙人个人债务的清偿

规则一【禁抵销禁代位】

合伙人发生与合伙企业无关的债务，相关债权人不得以其债权抵销其对合伙企业的债务，也不得代位行使合伙人在合伙企业中的权利。

规则二【强制执行】

1. 合伙人的自有财产不足清偿其与合伙企业无关的债务的，该合伙人可以以其从合伙企业中分取的收益用于清偿。

2. 债权人也可以依法请求人民法院强制执行该合伙人在合伙企业中的财产份额用于清偿。

3. 人民法院强制执行合伙人的财产份额时，应当通知全体合伙人，其他合伙人有优先购买权；其他合伙人未购买，又不同意将该财产份额转让给他人的，依照规定为该合伙人办理退伙结算，或者办理削减该合伙人相应财产份额的结算。

五、入伙、退伙与身份关系转变

（一）入伙

	普通合伙人	有限合伙人
入伙程序	1. 新合伙人入伙，除合伙协议另有约定外，应当经**全体合伙人一致同意，并依法订立书面入伙协议** 2. 订立入伙协议时，原合伙人应当向新合伙人**如实告知**原合伙企业的经营状况和财务状况	
入伙的后果	入伙的新合伙人与原合伙人**享有同等权利，承担同等责任**。入伙协议另有约定的，从其约定	
	新入伙的合伙人和普通合伙人对入伙前合伙企业的债务承担**无限连带责任**	新入伙的有限合伙人，对入伙前有限合伙企业的债务，以其认缴的出资额为限承担责任

（二）退伙

1. 自愿退伙

退伙的分类	退伙理由
约定经营期限的退伙	**合伙协议约定合伙期限的，在合伙企业存续期间**，有下列情形之一的，合伙人可以退伙： （1）**合伙协议约定的退伙事由出现** （2）经全体合伙人**一致同意** （3）发生合伙人难以继续参加合伙的事由 （4）其他合伙人严重违反合伙协议约定的义务
没有约定经营期限的退伙	合伙协议未约定合伙期限的，合伙人在不给合伙企业事务执行造成不利影响的情况下，可以退伙，但应当**提前 30 日通知其他合伙人**

2. 当然退伙

退伙事由	普通合伙企业（普通合伙人）	有限合伙企业（有限合伙人）
作为合伙人的自然人死亡或者被依法宣告死亡	（1）该合伙人当然退伙 （2）其合法继承人＋合伙协议另有约定（或一致同意），可继承合伙人资格① （3）继承人为无民事行为能力人或限制民事行为能力人的，或转或退②	（1）该有限合伙人当然退伙 （2）其继承人可以依法取得该有限合伙人在有限合伙企业中的资格

① 若出现继承人不愿意成为合伙人或者合伙协议规定合伙人需要相关资格而继承人并无资格的，合伙企业应当向合伙人的继承人退还被继承合伙人的财产份额。

② 合伙人的继承人为无民事行为能力人或者限制民事行为能力人的，经全体合伙人一致同意，可以依法成为有限合伙人，普通合伙企业依法转为有限合伙企业。全体合伙人未能一致同意的，合伙企业应当将被继承合伙人的财产份额退还该继承人。

续表

退伙事由	普通合伙企业（普通合伙人）	有限合伙企业（有限合伙人）
个人丧失偿债能力	当然退伙	不得退伙
作为合伙人的法人或者其他组织依法被吊销营业执照、责令关闭、撤销，或者被宣告破产	当然退伙	
法律规定或者合伙协议约定合伙人必须具有相关**资格**而丧失该资格	当然退伙	
合伙人在合伙企业中的**全部财产份额被人民法院强制执行**	当然退伙	
合伙人被依法认定为无民事行为能力人或者限制民事行为能力人的	（1）或转或退：经其他合伙人**一致同意**，可以依法转为有限合伙人，普通合伙企业依法转为有限合伙企业。其他合伙人未能一致同意的，该无民事行为能力或者限制民事行为能力的合伙人退伙 **（2）退伙事由实际发生之日为退伙生效日**	不得要求其退伙

3. 除名

合伙人有下列情形之一的，经其他合伙人一致同意，可以决议将其除名：

（1）未履行出资义务。

（2）因故意或者重大过失给合伙企业造成损失。

（3）执行合伙事务时有不正当行为。

（4）发生合伙协议约定的事由。

对合伙人的除名决议应当书面通知被除名人。被除名人接到除名通知之日，除名生效，被除名人退伙。被除名人对除名决议有异议的，可以自接到除名通知之日起30日内，向人民法院起诉。

4. 退伙后果

普通合伙企业（普通合伙人）	有限合伙企业（有限合伙人）
对基于退伙前的原因发生的合伙企业债务，承担无限连带责任	以其从合伙企业取回的财产为限承担责任
（1）按照退伙时候的企业财产状况进行结算 （2）退还办法：退钱或者退物品	

（三）有限合伙与普通合伙的转换

企业转换	1. 当有限合伙企业仅剩普通合伙人时，有限合伙企业转为普通合伙企业，并应当进行相应的变更登记
	2. 当有限合伙企业仅剩有限合伙人时，则该企业不再是合伙企业，**故应解散**

身份变更	1. 除合伙协议另有约定外，身份变更，须经全体合伙人**一致同意**
	2. 无限连带责任：**身份变更，需对原债务承担无限连带责任** （1）有限变普通——对任有限合伙人期间的债务承担无限连带责任 （2）普通变有限——对任普通合伙人期间的债务承担无限连带责任

六、有限合伙人的特殊权利【总结】

	有限合伙人	普通合伙人
利润分配	有限合伙企业**不得将全部利润分配给部分合伙人；但是，合伙协议另有约定的除外**	合伙协议不得约定将全部利润分配给部分合伙人
自我交易	允许；合伙协议另有约定的除外	受限制，一致同意
同业竞争	允许；合伙协议另有约定的除外	禁止
合伙份额对外转让	允许，但应当**提前30日通知其他合伙人**。其他合伙人**无优先购买权**	除合伙协议另有约定外，须经其他合伙人**一致同意**。其他合伙人**有优先购买权**
合伙份额的出质	允许；但是，合伙协议另有约定的除外	除合伙协议另有约定外，须经其他合伙人**一致同意**
对企业债务的承担	有限合伙人，以其**认缴**的出资额为限对合伙企业债务承担责任	普通合伙人，承担**无限连带责任**
退伙后责任的承担	有限合伙人，以其退伙时从有限合伙企业中**取回的财产承担责任**	退伙人对基于其退伙前的原因发生的合伙企业债务，**承担无限连带责任**
行为能力	作为有限合伙人，在合伙企业存续期间丧失民事行为能力的，其他合伙人不得因此要求其退伙	合伙人被认为是无民事行为能力人或限制民事行为能力人，其他合伙人一致同意，转为有限合伙人；未能一致同意，该人退伙

七、特殊普通合伙企业

适用范围	以专门知识和专门技能为客户提供有偿服务的专业服务机构
名称	应当标明“特殊普通合伙”字样
特殊普通合伙企业合伙人的责任形式	一个合伙人或者数个合伙人在执业活动中**因故意或者重大过失**造成合伙企业债务的： 1. **合伙企业承担首位责任** 2. **无限（连带）责任+财产份额为限责任**，即对合伙财产不足清偿的债务部分，故意/重大过失的合伙人应当承担无限责任或者无限连带责任，其他合伙人以其在合伙企业中的财产份额为限承担责任 3. 以合伙企业财产对外承担责任后，该合伙人应当按照合伙协议的约定对给合伙企业造成的损失承担赔偿责任

第三章　个人独资企业法

一、个人独资企业的概念与特征

<table>
<tr><td>概念</td><td colspan="2">简称独资企业，是指由一个自然人投资，全部资产为投资人所有，投资人以其个人财产对企业债务承担无限责任的经营实体</td></tr>
<tr><td rowspan="4">特征</td><td>投资主体</td><td>个人独资企业仅由一个自然人投资设立，并有完全民事行为能力</td></tr>
<tr><td>企业财产</td><td>个人独资企业的全部财产为投资人个人所有。不缴纳企业所得税</td></tr>
<tr><td>法人资格</td><td>个人独资企业不具有法人资格</td></tr>
<tr><td>责任承担</td><td>1. 个人独资企业的投资人以其个人财产对企业债务承担无限责任
2. 若申请企业设立登记时明确以其家庭共有财产作为个人出资的，应当以家庭共有财产对企业债务承担无限责任
3. 分支机构的民事责任由设立该分支机构的个人独资企业承担
4. 个人独资企业解散后，原投资人对个人独资企业存续期间的债务仍应承担偿还责任，但债权人在 5 年内未向债务人提出偿债请求的，该责任消灭</td></tr>
</table>

二、个人独资企业事务管理

1. 个人独资企业投资人可以自行管理企业事务，也可以委托或者聘用其他具有民事行为能力的人负责企业的事务管理。

2. 投资人委托或者聘用他人管理个人独资企业事务，应当与受托人或者被聘用的人签订书面合同，明确委托的具体内容和授予的权利范围。

3. 投资人对受托人或者被聘用的人员职权的限制，不得对抗善意第三人。

4. 未经投资人同意，受托人、被聘用人不得从事下列行为：（1）将企业资金以个人名义存储；（2）擅自以企业财产提供担保；（3）同业竞争；（4）自我交易；（5）将企业商标等知识产权转让。

第四章　外商投资法

一、外商投资的种类

1. 外国投资者单独或者与其他投资者共同在中国境内设立的外商投资企业。
2. 外国投资者取得中国境内企业的股份、股权、财产份额或者其他类似权益。
3. 外国投资者单独或者与其他投资者共同在中国境内投资的新建项目。
4. 其他方式的投资。

二、投资促进法律制度

准入前国民待遇	是指在投资准入阶段给予外国投资者及其投资不低于本国投资者及其投资的待遇
优惠待遇	外国投资者、外商投资企业可以依照法律、行政法规或者国务院的规定享受优惠待遇
强制性标准适用	国家制定的**强制性标准平等适用**于外商投资企业
公平参与政府采购	国家保障外商投资企业依法通过公平竞争参与政府采购活动。政府采购依法对外商投资企业在中国境内生产的产品、提供的服务平等对待
融资	外商投资企业**可以依法通过公开发行股票、公司债券**等证券和其他方式进行融资

三、投资保护法律制度☆

征收	国家对外国投资者的投资**不实行征收**
	在特殊情况下，国家为了公共利益的需要，可以依照法律规定对外国投资者的投资实行征收或者征用。征收、征用应当依照法定程序进行，**并及时给予公平、合理的补偿**
外汇管理	**外国投资者**在中国境内的出资、利润、资本收益、资产处置所得、知识产权许可使用费、依法获得的补偿或者赔偿、清算所得等，可以依法以人民币或者外汇**自由汇入、汇出**
知识产权保护	国家保护外国投资者和外商投资企业的知识产权
	行政机关及其工作人员不得利用行政手段强制转让技术
	行政机关及其工作人员对于履行职责过程中知悉的外国投资者、外商投资企业的商业秘密，应当依法予以保密，不得泄露或者非法向他人提供

规范性文件制定	各级人民政府及其有关部门制定涉及外商投资的规范性文件，应当符合法律法规的规定；没有法律、行政法规依据的，**不得减损**外商投资企业的合法权益或者增加其义务，**不得设置市场准入和退出条件**，不得干预外商投资企业的正常生产经营活动
信赖保护	地方各级人民政府及其有关部门应当履行向外国投资者、外商投资企业依法作出的政策承诺以及依法订立的各类合同
	因国家利益、社会公共利益需要改变政策承诺、合同约定的，应当依照法定权限和程序进行，并依法对外国投资者、外商投资企业因此受到的损失予以补偿

四、投资管理法律制度

<table>
<tr><td rowspan="4">负面清单制度</td><td>概念</td><td>是指国家规定在特定领域外对外商投资实施的准入特别管理措施。负面清单由国务院发布或者批准发布</td></tr>
<tr><td rowspan="2">禁止</td><td>外商投资准入负面清单规定禁止投资的领域，外国投资者不得投资</td></tr>
<tr><td>外国投资者投资外商投资准入负面清单规定禁止投资的领域的，由有关主管部门责令停止投资活动，限期处分股份、资产或者采取其他必要措施，恢复到实施投资前的状态；有违法所得的，没收违法所得</td></tr>
<tr><td>限制</td><td>外商投资准入负面清单规定限制投资的领域，外国投资者进行投资应当符合清单规定的条件</td></tr>
<tr><td>信息报告制度</td><td colspan="2">国家建立外商投资信息报告制度：
（1）外国投资者或者外商投资企业应当通过企业登记系统以及企业信用信息公示系统向商务主管部门报送投资信息
（2）外商投资信息报告的内容和范围按照确有必要的原则确定；通过部门信息共享能够获得的投资信息，不得再行要求报送</td></tr>
<tr><td>审核审查制度</td><td colspan="2">1. 有关主管部门应当按照与内资一致的条件和程序，审核外国投资者的许可申请，法律、行政法规另有规定的除外
2. 国家建立外商投资安全审查制度，对影响或者可能影响国家安全的外商投资进行安全审查。依法作出的安全审查决定为最终决定</td></tr>
<tr><td>活动准则</td><td colspan="2">1. 外商投资企业的组织形式、组织机构及其活动准则，适用《公司法》《合伙企业法》等法律的规定
2. 外国投资者并购中国境内企业或者以其他方式参与经营者集中的，应当依照《反垄断法》的规定接受经营者集中审查</td></tr>
</table>

第五章　企业破产法[①]

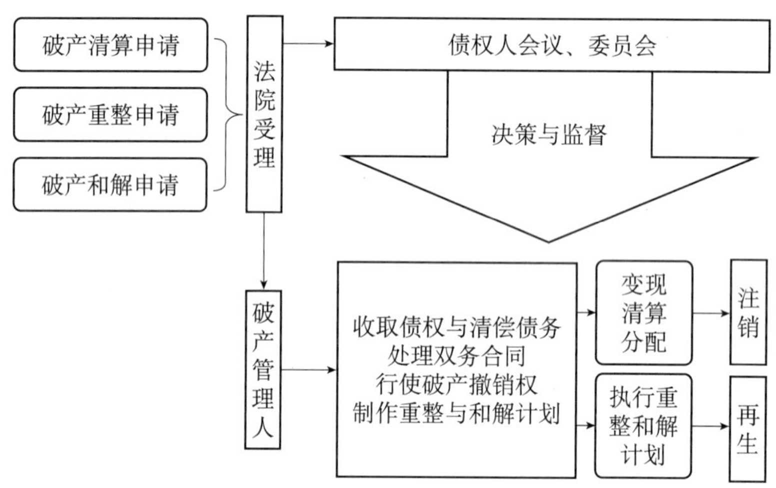

第一节　破产法总论

一、破产案件的申请与受理

（一）破产原因

<table>
<tr><th>分类</th><th>考点提示</th></tr>
<tr><td colspan="2">1. 不能清偿到期债务，并且资产不足以清偿全部债务</td></tr>
<tr><td>2. 不能清偿到期债务，并且明显缺乏清偿能力</td><td>对明显缺乏清偿能力的认定：
（1）因资金严重不足或者财产不能变现等原因，无法清偿债务
（2）法定代表人下落不明且无其他人员负责管理财产，无法清偿债务
（3）经人民法院强制执行，无法清偿债务
（4）长期亏损且经营扭亏困难，无法清偿债务
（5）导致债务人丧失清偿能力的其他情形</td></tr>
<tr><td>3. 明显丧失清偿能力的可能（此原因仅仅可以启动重整程序）</td><td>“明显丧失清偿能力的可能”是指虽然尚未出现不能清偿的客观事实，但已经出现经营危机</td></tr>
</table>

① 《企业破产法》适用于企业法人。非企业法人，属于破产清算的，参照适用《企业破产法》规定的程序。

（二）破产案件申请人

申请人	具体规定
债务人	债务人有出现**破产原因**情形，可以申请**重整、和解或者破产清算**
债权人	债务人**不能清偿到期债务**，债权人可以向法院申请对债务人企业进行**重整或者破产清算**
清算人	企业法人**已解散但未清算或者未清算完毕**，资产不足以清偿债务的，依法负有清算责任的人应当向人民法院申请**破产清算**
出资人	1. 原则上：企业的股东（出资人）不得以股东名义申请企业破产 2. 例外：**债权人申请债务人进行破产清算，法院受理破产申请后，宣告破产前，债务人或者出资额占债务人注册资本 10%以上的出资人，可以向人民法院申请重整**

（三）破产案件受理后的法律效果☆☆

破产案件的受理又称“立案”，法院裁定受理破产申请，是破产程序开始的标志。

1. 破产管理人

破产管理人，是指在破产受理时，由法院选任成立的，用来接管破产企业，负责破产财产的保管、清理、估价、处理和分配的专门机构。

产生	管理人应当在**法院裁定受理破产的同时指定**
更换	债权人会议认为管理人不能依法、公正执行职务或者有其他不能胜任职务情形的，可以**申请法院**予以更换
辞任	管理人没有正当理由不得辞去职务。管理人辞去职务应当**经法院许可**

2. 程序衔接

执行与保全中止	保全措施解除、执行程序中止
诉讼仲裁中止	正在进行的民事诉讼或者仲裁中止，在管理人接管债务人的财产后，该诉讼或者仲裁继续进行
专属管辖	破产申请受理后当事人新提起的有关债务人的民事诉讼，**均由受理破产申请的法院管辖**
仲裁条款有效	当事人在破产申请受理前订立有仲裁条款，应当向选定的仲裁机构申请确认债权债务关系

3. 实体法律效果

个别清偿无效	债务人对个别债权人的债务清偿无效，由管理人按清偿方案统一清偿
向管理人为给付	债务人的债务人或者财产持有人应当向管理人清偿债务或者交付财产
待履行合同处理——管理人决定	（1）管理人对破产申请受理前成立而债务人和对方当事人均未履行完毕的合同**有权决定**解除或者继续履行，并通知对方当事人

<table>
<tr><td>待履行合同处理——管理人决定</td><td>（2）管理人决定继续履行合同的，对方当事人应当履行：
① 对方当事人有权要求管理人提供担保。管理人不提供担保的，视为解除合同。
② 决定继续履行合同的，因此带来的合同义务，对方可以主张共益债务
（3）管理人自破产申请受理之日起 2 个月内未通知对方当事人，或者自收到对方当事人催告之日起 30 日内未答复的，视为解除合同。因合同解除给对方当事人带来的损失，确认为破产债权，对方可以向管理人申报</td></tr>
<tr><td>新借款的处理</td><td>（1）法院受理破产申请后，管理人可以为债务人继续营业而借款
（2）新借款可优先于普通破产债权清偿，但不得优先于此前已就债务人特定财产享有担保的债权清偿
（3）管理人或债务人可以为前述新借款设定抵押担保</td></tr>
</table>

（四）破产费用和共益债务

<table>
<tr><td rowspan="3">破产费用</td><td>概念</td><td colspan="2">是指破产程序开始后，为破产程序的进行以及为全体债权人的共同利益而从债务人财产中优先支付的费用（程序性费用）</td></tr>
<tr><td rowspan="2">类型</td><td>受理后</td><td>1. 破产案件的诉讼费用
2. 管理、变价和分配债务人财产的费用
3. 管理人执行职务的费用、报酬和聘用工作人员的费用</td></tr>
<tr><td>受理前</td><td>1. 法院裁定受理破产申请的，此前债务人尚未支付的公司强制清算费用以及未终结的执行程序中产生的评估费、公告费、保管费等执行费用，可以参照破产费用的规定，以债务人财产随时清偿
2. 此前债务人尚未支付的案件受理费、执行申请费，可以作为破产债权清偿</td></tr>
<tr><td rowspan="6">共益债务</td><td>概念</td><td colspan="2">是指破产程序中为全体债权人的共同利益而管理、变价和分配破产财产所负担的债务，与之相对应的权利为共益债权（法院受理破产申请后发生的新债）</td></tr>
<tr><td rowspan="5">类型</td><td>合同之债</td><td>因管理人或者债务人请求对方当事人履行双方均未履行完毕的合同所产生的债务</td></tr>
<tr><td>无因管理</td><td>债务人财产受无因管理所产生的债务</td></tr>
<tr><td>不当得利</td><td>因债务人不当得利所产生的债务</td></tr>
<tr><td>劳动报酬、社保</td><td>为债务人继续营业而应支付的劳动报酬和社会保险费用以及由此产生的其他债务</td></tr>
<tr><td>侵权之债</td><td>管理人或者相关人员执行职务致人损害所产生的债务、债务人财产致人损害所产生的债务</td></tr>
<tr><td>清偿规则</td><td colspan="3">对外按类别；对内按比例：
（1）破产费用和共益债务由债务人财产随时清偿
（2）债务人财产<（破产费用+共益债务）：先清偿破产费用
（3）债务人财产<所有破产费用，破产费用每一项按比例清偿
（4）债务人财产<所有共益债务，共益债务每一项按比例清偿
（5）债务人财产<破产费用：终结破产程序</td></tr>
</table>

二、债务人财产

（一）债务人财产概述

概念	在破产程序中被纳入破产管理的为债务人所拥有的财产
范围	包括破产申请受理时属于债务人的全部财产，以及破产申请受理后至破产程序终结前债务人取得的财产
判断标准	**是否拥有所有权**

（二）取回权

取回权是指从管理人接管的财产中取回不属于债务人财产的请求权。

1. 一般取回权

一般取回权	受理破产申请后，债务人占有的不属于债务人的财产，该财产的权利人可以**通过管理人取回**。但是，法律另有规定的除外①
行使时间	（1）应在破产财产变价方案或和解协议、重整计划草案**提交债权人会议表决之前** （2）上述期限后主张取回相关财产的，应当承担延迟行使取回权增加的相关费用
价金取回权	对债务人占有的权属不清的鲜活易腐等不易保管的财产或者不及时变现价值将严重贬损的财产，管理人及时变价并提存变价款后，有关权利人**可就该变价款行使取回权**
行使前提	权利人行使取回权应支付相关运输、保管等费用，未支付的，保管人可拒绝其取回

2. 债务人占有的他人财产被违法转让给第三人

第三人善意取得，权利人无法取回的	（1）**转让行为发生在破产申请受理前的**，原权利人因财产损失形成的债权，**作为普通破产债权清偿**
	（2）**转让行为发生在破产申请受理后的**，因管理人或者相关人员执行职务导致原权利人损害产生的债务，作为**共益债务清偿**
第三人支付对价，但未善意取得，原权利人取回财产的，对第三人已支付的对价的处理	（1）转让行为发生在破产申请受理前的，作为普通破产债权清偿
	（2）转让行为发生在破产申请受理后的，作为共益债务清偿

3. 债务人占有的他人财产毁损、灭失，获得的保险金、赔偿金、代偿物

尚未**交付**给债务人	权利人可主张取回就此获得的保险金、赔偿金、代偿物
代偿物虽已交付给债务人但能与债务人财产予以**区分**的	

① 重整时，应当按照合同约定行使取回权。

保险金、赔偿金已经交付给债务人，或者代偿物已经交付给债务人且不能与债务人财产予以区分的	（1）财产毁损、灭失发生在**破产申请受理前的**，权利人因财产损失形成的债权，作为**普通破产债权**清偿
	（2）财产毁损、灭失发生在**破产申请受理后的**，因管理人或者相关人员执行职务导致权利人损害产生的债务，作为**共益债务清偿**

4. 出卖人的取回权

概念	出卖人的取回权是一种特殊取回权，是指在**异地交易中**，出卖人已经发运标的物，**买受人还没有收到并且也没有付清价款时**，买受人就进入破产程序，此时出卖人享有取回权
处理规则	（1）货物在途中且买受人未全额付款：**出卖人可取回；管理人可以支付全部价款，要求交付货物** （2）出卖人主张了取回权但未实现，在货物到达管理人后，出卖人向管理人主张取回的，管理人应予准许 （3）**出卖人对在途标的物未及时行使取回权，标的物到达管理人后，不能再主张取回权**

5. 基于保留所有权买卖协议的取回权

买卖合同双方当事人在合同中约定标的物所有权保留，在标的物所有权未依法转移给买受人前，一方当事人破产的，该买卖合同属于双方均未履行完毕的合同，管理人有权决定继续履行合同或者解除合同。

（三）管理人的撤销权

（可撤销的）欺诈破产行为	法院**受理破产申请前 1 年内**，涉及债务人财产的下列行为，管理人有权请求人民法院予以撤销： （1）无偿转让财产的 （2）以明显不合理的价格进行交易的 （3）对没有财产担保的债务提供财产担保的 （4）对未到期的债务提前清偿的**（且该债务到期日晚于破产申请受理日）** （5）放弃债权的
（可撤销的）个别清偿行为	1. 原则：法院受理**破产申请前六个月内，债务人出现破产原因**，仍对**个别**债权人进行**清偿**的，管理人有权请求人民法院予以撤销
	2. 例外： （1）对以**自有财产设定担保物权的债权**进行的个别清偿，不能撤销[①] （2）债务人**经诉讼、仲裁、执行程序对债权人进行的个别清偿**，不予撤销 （3）其他个别清偿不予撤销的情形：债务人**为维系基本生产需要而支付水费、电费等的；债务人支付劳动报酬、人身损害赔偿金的**；使债务人财产受益的其他个别清偿
管理人行使撤销权的后果	1. 被撤销后，债务人所实施的交易行为失去效力 2. 管理人行使撤销权对应的财产，列入债务人财产 3. 管理人未行使撤销权的，债权人可请求撤销债务人上述行为，并将因此追回的财产归入债务人财产

① 注意：此种情形下，债务清偿时担保财产的价值应当高于债权额。

【例】 若甲公司于2017年7月1日被法院受理破产，则处理规则如下：

（1）在①时间段内清偿一笔债权且该债权到期日早于破产受理日→不可撤销。

（2）在②时间段内清偿一笔债权→出现破产原因→可以撤销。

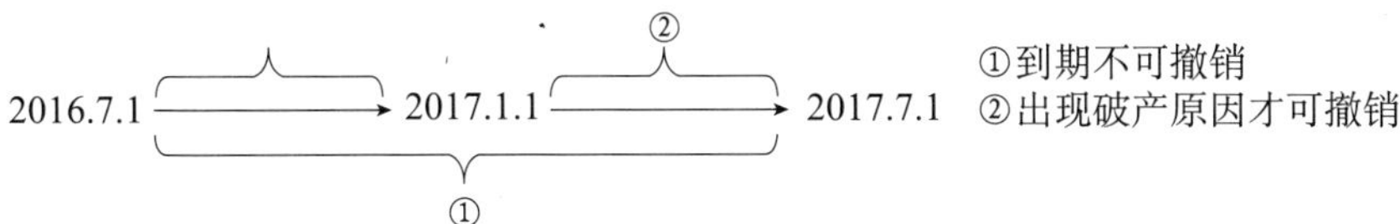

（四）管理人的追回权

1. 对出资的追回

人民法院受理破产申请后，债务人的出资人尚未完全履行出资义务的，管理人应当要求该出资人缴纳所认缴的出资，而不受出资期限的限制。

2. 管理人对企业管理层的特别追回权☆

<table>
<tr><td>概念</td><td colspan="2">特别追回权是指债务人的董事、监事和高级管理人员利用职权从企业获取的非正常收入和侵占的企业财产，管理人应当追回</td></tr>
<tr><td rowspan="4">范围</td><td colspan="2">债务人有破产原因时，债务人的董事、监事和高级管理人员利用职权获取的以下收入，应当认定为非正常收入</td></tr>
<tr><td>（1）普遍拖欠职工工资情况下获取的工资性收入</td><td>因返还该项非正常收入形成的债权，按照该企业职工平均工资计算的部分作为拖欠职工工资清偿；高出该企业职工平均工资计算的部分，可以作为普通破产债权清偿</td></tr>
<tr><td>（2）绩效奖金</td><td rowspan="2">债务人的董事、监事和高级管理人员因返还该项非正常收入形成的债权，可以作为普通破产债权清偿</td></tr>
<tr><td>（3）其他非正常收入</td></tr>
</table>

三、破产债权

（一）债权申报

1. 一般规则

可申报的债权（同时满足）	（1）须为以**财产**给付为内容的请求权 （2）须为法院**受理破产申请前**成立的对债务人享有的债权。至于债权的到期时间，不影响申报资格 （3）须为**平等民事主体之间**的请求权 （4）诉讼时效已经届满的债权、无效债权，均不得申报 总结：发生在法院受理破产前、平等民事主体之间、未过诉讼时效的金钱债权
不可申报的债权	（1）职工债权不必申报，由管理人调查后列出清单并予以公示 （2）诉讼时效已经届满的债权 （3）罚金、罚款、违约金 （4）破产申请受理后，债务人欠缴款项产生的滞纳金，包括债务人未履行生效法律文书应当加倍支付的迟延利息和劳动保险金的滞纳金，不作为破产债权申报 （5）债权人参加债权人会议的费用

2. 具体可申报的债权

未到期的债权	未到期的债权，在破产案件受理时**视为已到期**
利息请求权	附利息的债权自**破产申请受理时起停止计息。破产申请受理前的利息，随本金一同申报**
待定债权	附条件、附期限的债权和诉讼、仲裁未决的债权，**债权人可以申报**
损害赔偿请求权	管理人或者债务人依照待履行合同的处理解除合同的，对方当事人因合同解除所产生的损害赔偿请求权，可申报债权
票据付款人的请求权	债务人是票据的出票人，该票据的付款人继续付款或者承兑的，付款人以由此产生的请求权，可申报债权
连带债务人的代位求偿权	(1) 债务人的保证人或者其他连带债务人**已经代替债务人清偿债务的，以其对债务人的求偿权申报债权** (2) 债务人的保证人或者其他连带债务人**尚未代替债务人清偿债务的，以其对债务人的将来求偿权申报债权**，但是，债权人已经向管理人申报全部债权的除外 (3) 破产人的保证人和其他连带债务人，在破产程序终结后，对债权人依照破产清算程序未受清偿的债权，依法继续承担清偿责任
保证债权	(1) 债权人**有权申报**其对保证人的保证债权 (2) 主债务未到期的，**保证债权在保证人破产申请受理时视为到期。**一般保证的保证人不得主张行使先诉抗辩权，**但债权人在一般保证人破产程序中的分配额应予提存，待一般保证人应承担的保证责任确定后再按照破产清偿比例予以分配** (3) 保证人被确定应当承担保证责任的，保证人的管理人可以就保证人实际承担的清偿额向主债务人或其他债务人行使求偿权
保证人、债务人均被裁定进入破产程序的	(1) 债务人、保证人均被裁定进入破产程序的，**债权人有权向债务人、保证人分别申报债权** (2) 债权人对债务人、保证人均申报全部债权的，从一方破产程序中获得清偿后，其对另一方的债权额不作调整，但债权人的受偿额不得超过其债权总额。**保证人履行保证责任后不再享有求偿权**

3. 申报期限

(1) 由法院确定，自人民法院发布受理破产申请公告之日起计算，30天到3个月。

(2) 未在法律规定的期限内申报债权的，可以进行补充申报。但是此前已经进行的分配，不再对其进行补充分配。为审查和确认补充申报债权的费用，由补充申报人承担。

(二) 破产抵销权

1. 概念

破产抵销权，是指破产债权人在破产申请受理前对债务人负有债务的，无论其债权与所负债务种类是否相同，也不论该债权债务是否到期或者附有条件，均可以向破产管理人主张用该债权抵销其对债务人所负的债务。

2. 不得抵销的债务[①]

债权人恶意负债	**债权人已知**债务人有不能清偿到期债务或者破产申请的事实，**对债务人负担债务的**
次债务人恶意取得债权	**债务人的债务人已知债务人**有不能清偿到期债务或者破产申请的事实，对债务人取得债权的
股东的特殊债权	债务人的股东**不得以下列债务与债务人对其负有的债务抵销：** （1）债务人股东因欠缴债务人的**出资或者抽逃出资对债务人所负的债务** （2）债务人股东滥用股东权利或者关联关系**损害公司利益对债务人所负的债务**

3. 债权人提出

（1）债权人依据规定行使抵销权，应当向管理人提出抵销主张。

（2）管理人不得主动抵销债务人与债权人的互负债务，但抵销使债务人财产受益的除外。

4. 抵销生效

（1）管理人收到债权人提出的主张债务抵销的通知后，经审查无异议的，抵销自管理人收到通知之日起生效。

（2）管理人对抵销主张有异议的，应当在约定的异议期限内或者自收到主张债务抵销的通知之日起3个月内向人民法院提起诉讼。无正当理由逾期提起的，人民法院不予支持。

（3）人民法院判决驳回管理人提起的抵销无效诉讼请求的，该抵销自管理人收到主张债务抵销的通知之日起生效。

（4）行使抵销权后，未抵销的债权列入破产债权，参与破产分配。

四、债权人会议与债权人委员会

1. 管理人、债权人会议、债权人委员会的职权划分

	财产权	经营权	诉讼权
管理人	（1）接管债务人的财产、印章和账簿、文书资料 （2）调查债务人的财产状况，制作财产状况报告 （3）管理和处分债务人的财产 （4）决定债务人的日常开支和其他必要开支	（1）决定债务人的内部管理事务 （2）**在第一次债权人会议召开之前，决定继续或者停止债务人的营业**[②] （3）提议召开债权人会议	**代表债务人参加诉讼、仲裁或者其他法律程序**
债权人会议	（1）通过债务人财产的管理方案 （2）通过破产财产的变价方案 （3）通过破产财产的分配方案	（1）核查债权 （2）选任和更换债权人委员会成员 （3）通过重整计划 （4）通过和解协议	无

① 企业破产法所列不得抵销情形的债权人，可以主张以其对债务人特定财产享有优先受偿权的债权，与债务人对其不享有优先受偿权的债权抵销。但是，用以抵销的债权大于债权人享有优先受偿权财产价值的除外。

② 在第一次债权人会议召开后，由债权人会议决定继续或者停止债务人的营业。

续表

	财产权	经营权	诉讼权
债权人委员会	（1）监督债务人财产的管理和处分 （2）监督破产财产分配	（1）提议召开债权人会议 （2）申请法院更换管理人，审查管理人的费用和报酬 （3）监督管理人	无

2. 重大财产处置

（1）管理人处分债务人重大财产的，应当事先制作财产管理或者变价方案并提交债权人会议进行表决，债权人会议表决未通过的，管理人不得处分。

（2）管理人实施处分前，应当书面报告债权人委员会或者人民法院。

3. 债权人会议对债权人委员会的授权

可委托债权人委员会行使的权力	（1）申请人民法院更换管理人，审查管理人的费用和报酬 （2）监督管理人 （3）决定继续或者停止债务人的营业
权力限制	债权人会议不得作出概括性授权，不得委托债权人委员会行使债权人会议所有职权

第二节　破产程序法

一、重整程序

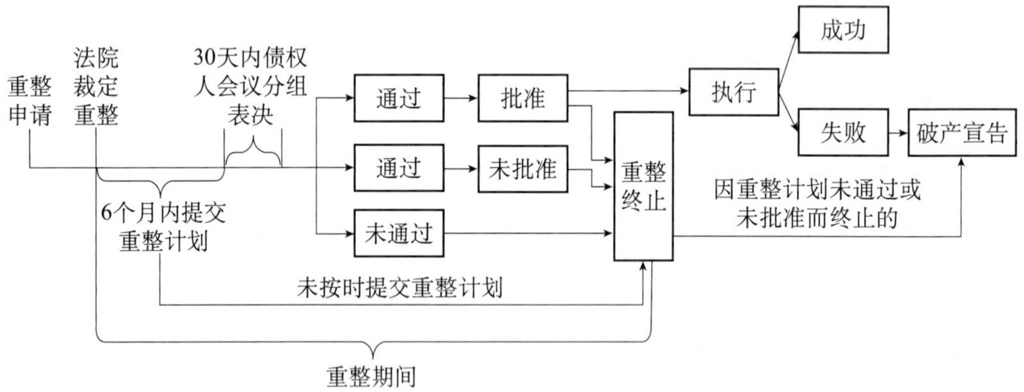

（一）重整期间

<table>
<tr><td colspan="2">自人民法院裁定受理债务人重整之日起至法院裁定批准重整计划草案之日（重整程序终止），为重整期间</td></tr>
<tr><td>重整期间包括两个阶段</td><td>1. 重整计划制备阶段①：从人民法院裁定受理债务人重整之日起，到债务人或者管理人向人民法院和债权人会议提交重整计划草案时止</td></tr>
</table>

① 这一期间通常为6个月，但有正当理由的，经债务人或者管理人请求，人民法院可以裁定延期3个月。

<table>
<tr><td>重整期间包括两个阶段</td><td colspan="2">2. 重整计划通过阶段[①]：从重整计划草案提交时起，到债权人会议表决后人民法院裁定批准或不批准重整计划并终止重整程序时止，或者依据表决未通过的事实裁定终止重整程序时止</td></tr>
<tr><td rowspan="5">重整期间的营业保护</td><td>对担保物权的限制</td><td>对债务人的特定财产享有的担保权暂停行使</td></tr>
<tr><td>新借款</td><td>债务人或者管理人为继续营业而借款的，可以为该借款设定担保</td></tr>
<tr><td>对取回权的限制</td><td>债务人合法占有的他人财产，该财产的权利人在重整期间要求取回的，应当符合事先约定的条件</td></tr>
<tr><td rowspan="2">对出资人和管理层的限制</td><td>债务人的出资人不得请求投资收益分配</td></tr>
<tr><td>债务人的董事、监事、高级管理人员不得向第三人转让其持有的债务人的股权。但是，经人民法院同意的除外</td></tr>
</table>

（二）重整计划的表决

<table>
<tr><td rowspan="2">重整计划的制作</td><td>1. 债务人自行管理财产和营业事务的，由债务人制作重整计划草案</td></tr>
<tr><td>2. 管理人负责管理财产和营业事务的，由管理人制作重整计划草案</td></tr>
<tr><td>重整计划可减免的项目</td><td>债务人所欠职工的工资等，所欠的应当划入职工个人账户的基本养老保险、基本医疗保险费用，以及法律、行政法规规定应当支付给职工的补偿金</td></tr>
<tr><td>不可减免的项目</td><td>重整计划不得规定减免债务人欠缴的上述以外的社会保险费用；该项费用的债权人不参加重整计划草案的表决</td></tr>
<tr><td rowspan="3">重整计划的表决和通过</td><td>1. 分组表决。有担保债权组、职工债权组、税收债权组、普通债权组。涉及出资人权益的，应设出资人组表决</td></tr>
<tr><td>2. 每一组内，出席会议的同一表决组的债权人过半数同意重整计划草案，并且其所代表的债权额占该组债权总额的 2/3 以上，即为该组通过重整计划草案[②]</td></tr>
<tr><td>3. 每组都通过，重整计划通过</td></tr>
<tr><td>重整计划的批准</td><td>法院对通过的重整计划的审查批准。一旦裁定批准，则终止重整程序，破产程序终结</td></tr>
</table>

（三）重整计划的执行

1. 重整计划的执行

重整计划由债务人负责执行，由管理人监督重整计划的执行。人民法院裁定批准重整计划后，已接管财产和营业事务的管理人应当向债务人移交财产和营业事务。

---

① 这一期间没有法定期限，由人民法院酌情决定。

② 注意：该表决规则为债权人表决规则，投资人表决组进行表决，应当适用股东会决议规则。

2. 重整计划的终止

（1）重整计划因执行不能而终止	债务人不能或者不执行重整计划的，法院经管理人或者利害关系人请求，裁定终止重整计划的执行，宣告破产
	① 人民法院裁定终止重整计划执行的，债权人在重整计划中作出的债权调整的**承诺失去效力**。债权人**因执行重整计划所受的清偿仍然有效**，债权**未受清偿的部分作为破产债权**
	② 前款规定的债权人，**只有在其他同顺位债权人同自己所受的清偿达到同一比例时，才能继续接受分配**
	③ 为重整计划的执行提供的**担保继续有效**
（2）重整计划因执行完毕而终止	

二、和解程序

和解协议的成立和生效	1. 和解协议的成立	债权人会议通过和解协议的决议，由**出席会议的有表决权的债权人过半数同意**，并且其所代表的债权额**占无财产担保债权总额的 2/3 以上**
	2. 和解协议的生效	和解协议必须经人民法院**裁定认可才能生效**
	和解债权人对债务人的保证人和其他连带债务人所享有的权利，不受和解协议的影响	
	对债务人的特定财产享有担保权的权利人，自法院裁定和解之日起可以行使优先受偿权	
和解协议的执行不能	同重整	

三、破产清算程序

（一）破产宣告

破产宣告，标志着破产案件无可逆转地进入清算程序，债务人无可挽回地陷入破产倒闭。

（二）三大程序转换

三大程序	和解、重整和破产清算	
申请	1. 债务人可以申请和解、重整或破产清算	
	2. 债权人可以申请重整或破产清算	
转化	1. 债权人申请破产清算的案件→债务人可以申请和解	**在破产宣告前**
	2. 债权人申请破产清算的案件→债务人可以申请重整	
	3. 债权人申请破产清算的案件→出资人可以申请重整	
	4. 和解失败→经破产宣告转入破产清算程序	一旦经破产宣告进入破产清算程序，则不得转入和解或重整程序
	5. 重整失败→经破产宣告转入破产清算程序	

（三）破产清偿

<table>
<tr><td rowspan="3">别除权</td><td colspan="2">是指对特定财产享有担保权的权利人，对特定财产享有优先受偿的权利</td></tr>
<tr><td>别除权的行使</td><td>（1）债权已依法申报并获得确认
（2）别除权以破产人的特定财产为标的物
（3）别除权的行使不参加集体清偿程序
（4）别除权的标的物不计入破产财产（别除权标的物属于债务人财产）
（5）别除权的标的物不得用于清偿破产费用和共益债务
（6）建设工程价款优先于别除权清偿</td></tr>
<tr><td>别除权的标的物的回赎</td><td>（1）有财产担保的债权人放弃优先受偿权利的，其债权作为普通债权，依破产清偿程序行使权利
（2）管理人可以通过清偿债务或者提供为债权人接受的担保，收回质物、留置物</td></tr>
<tr><td rowspan="3">普通清偿顺序</td><td colspan="2">1. 职工工资和医疗、伤残补助、抚恤费用、社会保险等
【注】董事、监事、高级管理人员的工资按照企业职工的平均工资计算</td></tr>
<tr><td colspan="2">2. 欠缴的除前项以外的社会保险费用和破产人所欠税款</td></tr>
<tr><td colspan="2">3. 普通债权</td></tr>
</table>

第六章　票据法

一、票据的概念、种类、特征

（一）概念

票据是指由出票人签发的、约定由自己或委托他人于见票时或票据所载日期，向持票人或收款人无条件支付一定金额的有价证券。

（二）种类

汇票	汇票是**出票人**签发的，委托付款人在**见票时或者在指定日期无条件**支付确定的金额给收款人或者持票人的票据。**汇票分为银行汇票和商业汇票**
本票	本票是**出票人签发的**，承诺自己在**见票时无条件支付**确定的金额给收款人或者持票人的票据。**票据法所称本票，是指银行本票**
支票	支票是出票人签发的，委托办理支票存款业务的**银行或者其他金融机构**在**见票时无条件支付**确定的金额给收款人或者持票人的票据

（三）特征

流通性	票据的基本功能就是流通，票据法的立法宗旨就是保证票据流通的安全
无因性	是指**票据权利人在行使票据权利时，无须证明给付原因，票据债务人也不得以原因关系对抗善意第三人**
独立性	是指就同一票据所为的若干票据行为互不牵连，都分别依各行为人在票据上记载的内容，独立地发生效力
文义性	票据权利义务的内容必须严格按照票据上所载文义确定
要式性	1. 票据记载事项要严格按照规定，否则会影响票据的效力 2. 票据上的行为必须严格按照规定的程序和规则进行
设权性与提示性	无票据无权利，行使票据权利必须出示票据

【例 1】 A、C 有合同关系，A 出汇票（A 出 B 付）给 C 以履行合同义务，C 将汇票背书转让给 D，此时即使 A、B 之间的资金关系或者 A、C 之间的原因关系有瑕疵，根据无因性的要求，付款人 B 也不得拒绝付款给 D。

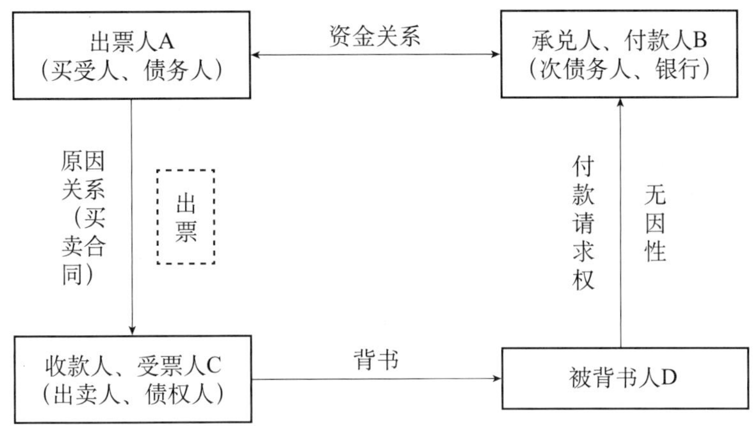

二、票据行为

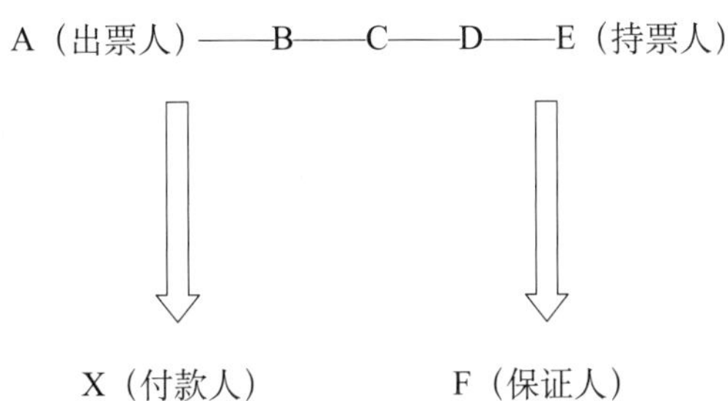

（一）出票☆☆☆

出票是以行为人在票据上进行必备事项的记载、完成签章并予以交付为要件的要式法律行为。

汇票必须记载的事项①	1. **表明“汇票”的字样** 2. **无条件支付的委托** 3. **确定的金额**②→**票据金额以中文大写和数码同时记载，二者必须一致，二者不一致的，票据无效** 4. **付款人名称** 5. **收款人名称** 6. 出票日期 7. 出票人签章。汇票上未记载前款规定事项之一的，**汇票无效**
出票人“禁转背书”	出票人在汇票上记载“不得转让”字样的，**汇票不得转让。转让的不发生背书转让的效力。**即背书转让后的受让人不得享有票据权利，票据的出票人、承兑人对受让人不承担票据责任

（二）背书

背书是指在票据背面或者粘单上记载有关事项并签章，从而将票据权利转让给他人或者将一定的票据权利授予他人行使的票据行为。

① 在法考中，主要以汇票为主体进行考查，故本书中一般以汇票作为示例。

② 注意：在支票的出票中，金额、收款人名称允许授权补记。

背书转让无须经票据债务人同意，背书转让的转让人不退出票据关系。

1. 背书转让规则

背书应当连续	票据转让中，转让汇票的背书人与受让汇票的被背书人在汇票上的签章**依次前后衔接** 【注意：票据转让后，背书人从债权人转为债务人】
背书人的限制背书	背书人在汇票上记载“不得转让”字样，**其后手再背书转让的，原背书人对后手的被背书人不承担保证责任**
不得附条件背书	背书不得附有条件，**背书时附有条件的，所附条件不具有汇票上的效力**
期后背书	汇票被拒绝承兑、被拒绝付款或者超过付款提示期限的，**不得背书转让；背书转让的，背书人应当承担汇票责任（即期后背书，被背书人以背书人为被告行使追索权而提起诉讼的，人民法院应当依法受理）**
回头背书	（1）持票人为出票人的，对其前手无追索权 （2）持票人为背书人的，对其后手无追索权
部分背书和分别背书	将汇票金额的一部分转让的背书或者将汇票金额分别转让给 2 人以上的**背书无效**，票据权利不发生转移
委托收款背书	背书记载“委托收款”字样的： （1）被背书人有权代背书人行使被委托的汇票权利 （2）但是，被背书人不得再以背书转让汇票权利

2. 质押背书

概念	以设定质权、提供债务担保为目的而进行的背书
方式	背书人在设定质押背书时，必须在**背书中载明“质押”字样，并签名盖章**
法律效果	（1）质押背书的被背书人在实现债权时，不限定在设质的债权范围内，而是可以依票据请求全部票据金额的完全给付
	（2）质押背书的被背书人以质押票据再行背书或者背书转让票据，背书行为无效
	（3）出票人在票据上记载“不得转让”字样，其后手以此票据进行贴现、质押的，通过贴现、质押取得票据的持票人不享有票据权利
	（4）背书人在票据上记载“不得转让”“委托收款”“质押”字样，其后手再背书转让、委托收款或者质押的，原背书人对后手的被背书人不承担票据责任，但不影响出票人、承兑人以及原背书人之前手的票据责任

（三）保证

保证是指债务人以外的第三人为了保证债务的履行而提供的担保。

成立	1. 绝对必要记载事项	（1）**表明“保证”的字样** （2）**保证人签章**
	2. 相对必要记载事项	（1）保证人名称和住所 （2）被保证人名称。保证人未记载被保证人名称的，已承兑的汇票，承兑人为被保证人；未承兑的汇票，出票人为被保证人 （3）保证日期。保证人未记载保证日期的，**以出票日期为保证日期**

法律效果	1. 法定连带责任保证	保证人与被保证人之间以及保证人之间就票据债务负**连带责任**
	2. 保证具有独立性	保证不会因为原因关系无效而无效；但因汇票记载事项欠缺而无效的除外
	3. 保证不得附条件	附条件者，保证依然有效，所附条件视为无记载
	4. 保证人的代位权	保证人清偿汇票债务后，可以行使持票人对被保证人及其前手的追索权

（四）承兑

承兑是指汇票付款人**承诺在汇票到期日支付汇票金额的票据行为。**

提示承兑	对于见票后定期付款的汇票，持票人应当自出票日起 **1 个月内**，提示承兑；见票即付的汇票无须承兑
附条件承兑	**承兑不得附有条件（部分承兑亦视为附条件），附条件则视为拒绝承兑**

（五）付款

狭义的票据付款是指付款人或承兑人在票据到期时，对持票人所进行的票据金额的支付。

三、票据权利

（一）票据权利的类型

票据权利是指持票人向票据债务人请求支付票据金额的权利，包括付款请求权和追索权。

1. 付款请求权

付款请求权是持票人请求主债务人（付款人或承兑人）支付票据所载金额的权利。持票人必须首先向付款人（或承兑人）行使该项请求权，而不能越过它直接行使追索权。

2. 追索权

汇票的追索权是指在法定情况下，持票人向其前手，也就是背书人、出票人以及汇票的其他债务人请求支付票据金额的权利。

行使追索权的原因	（1）汇票到期被拒绝付款的 （2）汇票到期日前，有下列情形之一的： ① 汇票被拒绝承兑的 ② 承兑人或者付款人死亡、逃匿的 ③ 承兑人或者付款人被依法宣告破产的或者因违法被责令终止业务活动的

行使追索权的条件	(1) 持票人行使追索权时，应当提供被**拒绝承兑或者被拒绝付款的有关证明** (2) **持票人不能出示**拒绝证明、退票理由书或者未按照规定期限提供其他合法证明，**丧失对其前手的追索权**。但是，**承兑人或者付款人仍应当对持票人承担责任** (3) 持票人提示承兑或者提示付款被拒绝的，承兑人或者付款人必须出具拒绝证明，或者出具退票理由书。未出具拒绝证明或者退票理由书的，应当承担由此产生的**民事责任**
追索权的行使规则	持票人可以对背书人、出票人以及汇票的其他债务人行使追索权（前手的连带责任） (1) 追索权具有**选择性**。持票人可以不按照汇票债务人的先后顺序，对其中任何一人、数人或者全体行使追索权 (2) 追索权具有**变更性**。持票人对汇票债务人中的一人或者数人已经进行追索的，对其他汇票债务人仍可以行使追索权 (3) 追索权具有**代位性**。被追索人清偿债务后，与持票人享有同一权利
再追索	被追索人清偿债务后，与持票人享有同一追索权利，可以再向其他汇票债务人行使追索权，直至汇票上的债权债务关系因履行或其他法定原因消灭为止

（二）票据权利的瑕疵

所谓票据权利的瑕疵，是指影响票据效力的行为。

1. 伪造

含义	是指以行使票据权利义务为目的，假冒或虚构**他人名义**在票据上签章，伪为票据的行为
后果	**票据上伪造、变造的签章不影响真实签章的效力，其他签章人仍须依其签章按照票据所载文义承担票据责任** 【注意：伪造人、被伪造签名的人都不承担票据责任】

2. 无权代理

没有代理权而以代理人名义在票据上签章的，应当由签章人承担票据责任；代理人超越代理权限的，应当就其超越权限的部分承担票据责任。

3. 行为能力限制

无民事行为能力人或者限制民事行为能力人在票据上签章的，其签章无效，但是不影响其他签章的效力。

4. 变造

含义	是指没有变更权限的人变更票据上**除签章外其他记载事项的行为**
后果	在变造之前签章的人，对原记载事项负责；在变造之后签章的人，对变造之后的记载事项负责；不能辨别是在票据被变造之前或者之后签章的，视同在变造之前签章

5. 更改

含义	是指将票据上的记载事项更改的行为
后果	(1) 票据金额、日期、收款人名称不得更改，更改的票据无效 (2) 对票据上的其他记载事项（如付款人名称、付款日期、付款地、出票地等），原记载人可以更改，更改时只需签章证明即可

6. 涂销

含义	是指将票据上的签名或者其他记载事项涂抹消除的行为
后果	（1）权利人故意：涂销事项为金额、日期、收款人名称的，票据无效 （2）权利人非故意：涂销行为无效 （3）非权利人：发生伪造、变造的法律后果，承担相应的法律责任

（三）票据抗辩

票据抗辩，是指票据债务人根据票据法的规定对票据债权人的债权请求，拒绝履行其票据债务的行为。票据抗辩可以分为对物的抗辩和对人的抗辩。

1. 对物的抗辩

对物的抗辩，是指因票据本身所存在的事由而发生的抗辩。

常见票面记载导致无效的事由：

（1）出票时有条件的委托或承诺。

（2）票据金额更改。

（3）票面金额大小写不一致。

（4）票据超过时效期间。

（5）票据不连续。

（6）票据因记载内容欠缺而无效。

（7）除权判决后无效。

（8）票据尚未到期。

2. 对人的抗辩

对人的抗辩，是指因票据债务人和特定的票据权利人（持票人）之间存在一定关系而发生的抗辩。

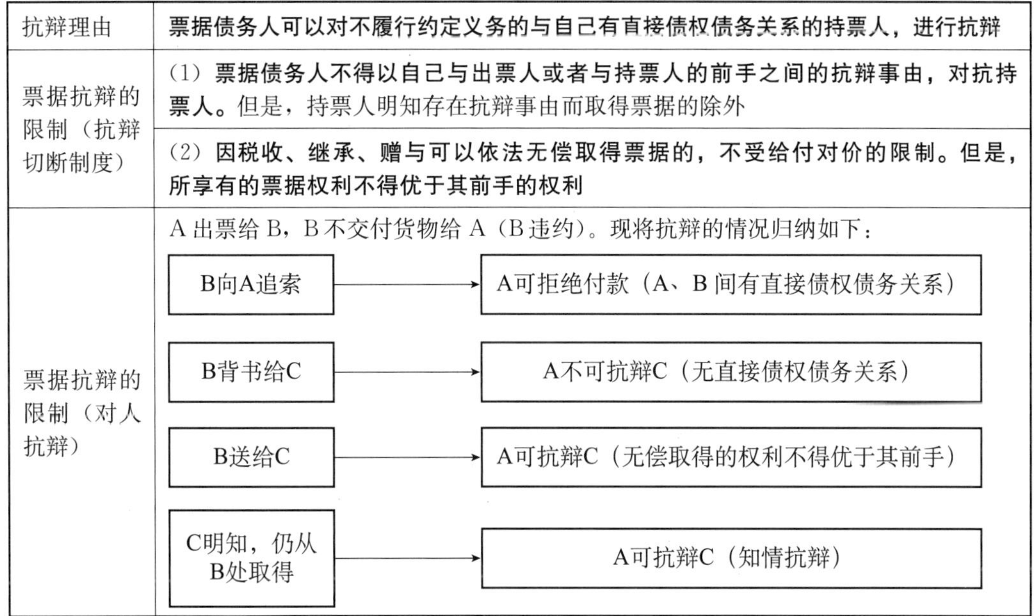

抗辩理由	**票据债务人可以对不履行约定义务的与自己有直接债权债务关系的持票人，进行抗辩**
票据抗辩的限制（抗辩切断制度）	（1）**票据债务人不得以自己与出票人或者与持票人的前手之间的抗辩事由，对抗持票人。**但是，持票人明知存在抗辩事由而取得票据的除外
	（2）**因税收、继承、赠与可以依法无偿取得票据的，不受给付对价的限制。但是，所享有的票据权利不得优于其前手的权利**
票据抗辩的限制（对人抗辩）	A 出票给 B，B 不交付货物给 A（B 违约）。现将抗辩的情况归纳如下： B向A追索 → A可拒绝付款（A、B 间有直接债权债务关系） B背书给C → A不可抗辩C（无直接债权债务关系） B送给C → A可抗辩C（无偿取得的权利不得优于其前手） C明知，仍从B处取得 → A可抗辩C（知情抗辩）

（四）票据丧失与补救

1. 挂失止付

（1）票据丧失，失票人可以及时通知票据的付款人挂失止付，但是，未记载付款人或者无法确定付款人及其代理付款人的票据除外。（注意：票据本身不会因为挂失止付而无效）

（2）收到挂失止付通知的付款人，应当暂停支付。若付款人违反该规定继续付款的，应当向权利人承担赔偿责任。

（3）失票人应当在通知挂失止付后3日内，也可以在票据丢失后，依法向人民法院申请公示催告，或者向人民法院提起诉讼。故挂失止付不是公示催告和诉讼的必经程序。

2. 公示催告

（1）按规定可以背书转让的票据持有人，因票据被盗、遗失或者灭失，可以向票据支付地的基层人民法院申请公示催告。

（2）公示催告的期间，由人民法院根据情况决定，但不得少于60日。

（3）支付人收到人民法院停止支付的通知，应当停止支付，至公示催告程序终结。

（4）公示催告期间，转让票据权利的行为无效。（同理，以公示催告的票据质押、贴现而获得票据的持票人也不享有票据权利）

（5）法院作出除权判决，宣告票据无效。

3. 普通诉讼

失票人在丧失票据后，可以直接向法院提起民事诉讼，请求法院判令票据债务人向其支付票据金额。我国票据法没有对该程序作出详细规定。

（五）支票

概念	支票是出票人签发的，委托办理支票存款业务的银行或者其他金融机构在见票时无条件支付确定的金额给收款人或者持票人的票据
付款人限制	**对支票付款人的资格有严格限制，仅限于银行或其他金融机构**，不能是其他法人或自然人
禁止签发空头支票	支票的出票人所签发的支票金额不得超过其付款时在付款人处实有的存款金额
允许授权补记	1. 支票上的金额可以由出票人授权补记，未补记前的支票，不得使用 2. 支票上未记载收款人名称的，经出票人授权，可以补记。出票人可以在支票上记载自己为收款人
分类	现金支票，只能用于支取现金；转账支票只能用于转账，不得支取现金。
付款	支票限于见票即付，不得另行记载付款日期。另行记载付款日期的，该记载无效（但支票有效），支票的持票人应当在出票日起10日内提示付款
	因超过提示付款期限付款人不予付款的，持票人仍享有票据权利，出票人仍应对持票人承担票据责任，支付票据所载金额

第七章　证券法

一、证券发行

证券的发行，即通常所谓的“一级市场”。它是通过发行证券进行筹资活动的市场。其功能在于一方面为资本的需求者提供募集资金的渠道，另一方面为资本的供应者提供投资的场所。

<table>
<tr><td rowspan="3">公开发行</td><td>界定</td><td>（1）向不特定对象发行证券的
（2）向特定对象发行证券累计超过 200 人的，但依法实施员工持股计划的员工人数不计算在内
（3）其他</td></tr>
<tr><td>注册要求</td><td>（1）公开发行应依法注册
（2）注册机构：证监会或者国务院授权部门</td></tr>
<tr><td>公司首次公开发行新股的条件</td><td>（1）具备健全且运行良好的组织机构
（2）具有持续经营能力
（3）最近 3 年财务会计报告被出具无保留意见审计报告
（4）发行人及其控股股东、实际控制人最近 3 年不存在贪污、贿赂、侵占财产、挪用财产或者破坏社会主义市场经济秩序的刑事犯罪
（5）经国务院批准的国务院证券监督管理机构规定的其他条件</td></tr>
<tr><td>非公开发行</td><td colspan="2">非公开发行证券，不得采用广告、公开劝诱和变相公开方式</td></tr>
<tr><td>发行价格</td><td colspan="2">1. 允许平价发行、溢价发行，不允许折价发行
2. 溢价发行的，其发行价格由发行人与承销的证券公司协商确定</td></tr>
</table>

二、证券交易

证券交易也即通常而言的“二级市场”，是指对已经依法发行的证券的买卖、转让和流通的市场。

1. 对从业人员的禁限（禁收、禁持、禁交易）[①]

证券交易场所、证券公司和证券登记结算机构的从业人员，证券监督管理机构的工作人员以及法律、行政法规规定禁止参与股票交易的其他人员，在任期或者法定限期内，不得直接或者以化名、借他人名义持有、买卖股票或者其他具有股权性质的证

① 实施股权激励计划或者员工持股计划的证券公司的从业人员，可以按照国务院证券监督管理机构的规定持有、卖出本公司股票或者其他具有股权性质的证券。

券，也不得收受他人赠送的股票或者其他具有股权性质的证券。

2. 对服务机构（人员）的禁限（承销：6个月；委托：5日）

为证券发行出具审计报告或者法律意见书等文件的证券服务机构和人员，在该证券承销期内和期满后6个月内，不得买卖该证券。

除前述规定外，为发行人及其控股股东、实际控制人，或者收购人、重大资产交易方出具审计报告或者法律意见书等文件的证券服务机构和人员，自接受委托之日起至上述文件公开后5日内，不得买卖该证券。实际开展上述有关工作之日早于接受委托之日的，自实际开展上述有关工作之日起至上述文件公开后5日内，不得买卖该证券。

3. 对短线交易的限制

上市公司、股票在国务院批准的其他全国性证券交易场所交易的公司持有5%以上股份的股东、董事、监事、高级管理人员，将其持有的该公司的股票或者其他具有股权性质的证券在买入后6个月内卖出，或者在卖出后6个月内又买入，由此所得收益归该公司所有，公司董事会应当收回其所得收益。但是，证券公司因购入包销售后剩余股票而持有5%以上股份，以及有国务院证券监督管理机构规定的其他情形的除外。

前款所称董事、监事、高级管理人员、自然人股东持有的股票或者其他具有股权性质的证券，包括其配偶、父母、子女持有的及利用他人账户持有的股票或者其他具有股权性质的证券。

公司董事会不按照第一款规定执行的，股东有权要求董事会在30日内执行。公司董事会未在上述期限内执行的，股东有权为了公司的利益以自己的名义直接向人民法院提起诉讼。

公司董事会不按照第一款的规定执行的，负有责任的董事依法承担连带责任。

三、信息公开

（一）报告制度

定期报告	中期报告：在每一个会计年度的**上半年结束之日起2个月内**，报送并公告中期报告（7月1日—8月31日）
	年度报告：在每一会计年度结束之日**起4个月内**，报送并公告年度报告，其中的年度财务会计报告应当经符合证券法规定的会计师事务所审计（1月1日—4月30日）
临时报告	发生可能对证券交易价格产生较大影响的重大事件，投资者尚未得知时，公司应当立即将有关该重大事件的情况向国务院证券监督管理机构和证券交易场所报送临时报告，并予公告，说明事件的起因、目前的状态和可能产生的法律后果

（二）信息公开不实的法律后果

信息披露义务人未按照规定披露信息，或者公告的证券发行文件、定期报告、临时报告及其他信息披露资料存在虚假记载、误导性陈述或者重大遗漏，致使投资者在证券交易中遭受损失的，信息披露义务人应当承担赔偿责任

无过错责任	信息披露义务人
过错推定责任	发行人的**控股股东、实际控制人、董事、监事、高级管理人员和其他直接责任人员以及保荐人、承销的证券公司及其直接责任人员、证券服务机构**，应当与发行人承担连带赔偿责任，但是能够证明自己没有过错的除外
先行赔付规则	发行人因欺诈发行、虚假陈述或者其他重大违法行为给投资者造成损失的： （1）**发行人的控股股东、实际控制人、相关的证券公司**可以**委托投资者保护机构**，就赔偿事宜与受到损失的投资者达成协议，**予以先行赔付** （2）先行赔付后，可以依法向发行人以及其他连带责任人**追偿**

四、上市公司收购

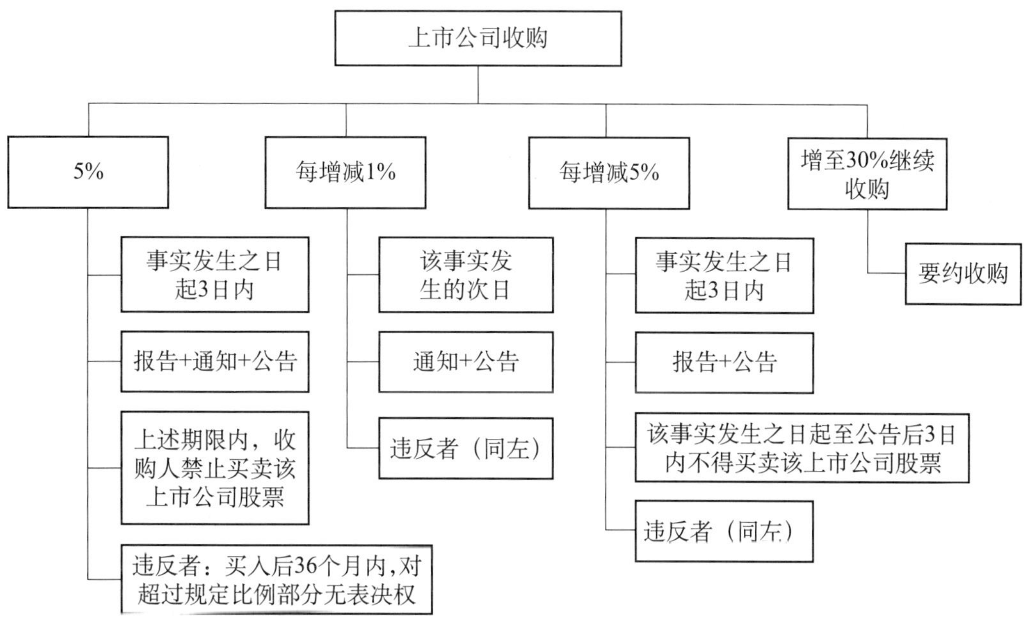

（一）权益变动披露规则

达到 5%（T+3）	通过证券交易所的证券交易，投资者持有或者通过协议、其他安排与他人共同持有一个上市公司已发行的有表决权股份**达到 5%时，应当在该事实发生之日起 3 日内**，向国务院证券监督管理机构、证券交易所作出**书面报告**，**通知**该上市公司，并予公告，在上述期限内不得再行买卖该上市公司的股票，但国务院证券监督管理机构规定的情形除外
增减 5%（T+X+3）	投资者持有或者通过协议、其他安排与他人共同持有一个上市公司已发行的有表决权股份达到**5%后**，其所持该上市公司已发行的有表决权股份**比例每增加或者减少 5%**，应当依照前款规定进行报告和公告，在该事实发生之日起至公告后 **3 日内**，不得再行买卖该上市公司的股票，但国务院证券监督管理机构规定的情形除外
增减 1%（T+1）	投资者持有或者通过协议、其他安排与他人共同持有一个上市公司已发行的有表决权股份达到**5%后**，其所持该上市公司已发行的有表决权股份比例**每增加或者减少 1%，应当在该事实发生的次日通知该上市公司，并予公告**

表决权限制	**敏感期内（初始的5%的T+3及后续的增减5%的T+X+3）买入的，在买入后的36个月内，对超过规定比例部分的股份不得行使表决权**
披露内容	要求披露增持股份的资金来源

（二）要约收购

通过证券交易所的证券交易，投资者持有或者通过协议、其他安排与他人共同持有一个上市公司已发行的有表决权股份达到30%时，继续进行收购的，应当依法向该上市公司所有股东发出收购上市公司全部或者部分股份的要约	
条件	持有一个上市公司已发行的有表决权股份已达到**30%且继续收购的，应当发出要约**
对象	向该上市公司所有股东发出要约，收购条件适用于被收购公司的所有股东
内容	收购上市公司全部或者部分股份
收购期限	**不得少于30日，并不得超过60日**
排他性	收购人在收购期限内，不得卖出被收购公司的股票，也不得采取要约规定以外的形式和超出要约的条件买入被收购公司的股票
不可撤销性	在收购要约确定的承诺期限内，收购人不得撤销其收购要约
可变更收购要约	收购人需要变更收购要约的，应当及时公告，载明具体变更事项，且不得存在下列情形： （1）降低收购价格 （2）减少预定收购股份数额 （3）缩短收购期限 （4）国务院证券监督管理机构规定的其他情形
法律后果	1. 在上市公司收购中，收购人持有的被收购的上市公司的股票，在收购行为完成后的**18个月内不得转让** 2. 收购期限届满，被收购公司股权分布不符合上市要求的，终止上市交易 3. 被收购公司不再具备股份有限公司条件的，应当依法变更企业形式

五、投资者保护

（一）证券公司的义务

1. 证券公司应如实说明证券、服务的重要内容，充分揭示投资风险，销售、提供与投资者上述状况相匹配的证券、服务。

2. 证券公司违反上述规定导致投资者损失的，应当承担相应的赔偿责任。

3. 投资者拒绝提供或者未按照要求提供信息的，证券公司应当告知其后果，并按照规定拒绝向其销售证券、提供服务。

4. 普通投资者与证券公司发生纠纷的，证券公司应当证明其行为符合法律、行政法规以及国务院证券监督管理机构的规定，不存在误导、欺诈等情形。证券公司不能证明的，应当承担相应的赔偿责任。

5. 普通投资者与证券公司发生证券业务纠纷，普通投资者提出调解请求的，证券公司不得拒绝。

（二）征集人制度

征集人的范围	**上市公司董事会、独立董事、持有1%以上有表决权股份的股东**或者依照法律、行政法规或者国务院证券监督管理机构的规定设立的**投资者保护机构**，可以作为征集人
征集人的权利	自行或者委托证券公司、证券服务机构，**公开请求上市公司股东委托其代为出席股东大会，并代为行使提案权、表决权等股东权利。**征集股东权利的，征集人应当披露征集文件，上市公司应当予以配合
征集人的义务	禁止以有偿或者变相有偿的方式公开征集股东权利

（三）股息分配

1. 在章程中明确分配现金股利的具体安排和决策程序，依法保障股东的资产收益权。

2. 上市公司当年税后利润，在弥补亏损及提取法定公积金后有盈余的，应当按照公司章程的规定分配**现金股利。**

（四）投资者保护机构

申请调解	投资者与发行人、证券公司等发生纠纷的，双方可以向投资者保护机构申请调解
支持起诉	投资者保护机构对损害投资者利益的行为，可以依法支持投资者向人民法院提起诉讼
股东代表诉讼	发行人的董事、监事、高级管理人员执行公司职务时，侵犯公司合法权益给公司造成损失，**投资者保护机构持有该公司股份的，可以为公司的利益以自己的名义向人民法院提起诉讼，持股比例和持股期限不受公司法规定的限制**
证券集团诉讼	**投资者保护机构受50名以上投资者委托，**可以作为代表人参加诉讼，并**为经证券登记结算机构确认的权利人依照规定向人民法院登记，但投资者明确表示不愿意参加该诉讼的除外**

（五）民事赔偿

1. 承担民事赔偿责任和缴纳罚款、罚金、违法所得，违法行为人的财产不足以支付的，优先用于承担民事赔偿责任。

2. 投资者提起虚假陈述等证券民事赔偿诉讼时，诉讼标的是同一种类，且当事人一方人数众多的，可以依法推选代表人进行诉讼。

第八章　保险法

第一节　保险法总论

一、保险法的基本原则

（一）保险利益原则☆☆

保险利益，是指投保人或者被保险人对保险标的具有法律上承认的利益。其目的在于**防止道德风险的发生**。

	人身保险	财产保险
时间要求	**订立合同时**，投保人对被保险人应当具有保险利益	**保险事故发生时**，被保险人应当对保险标的具有保险利益
对象要求	投保人对下列人员具有保险利益： （1）**本人** （2）**配偶、子女、父母** （3）前项以外与投保人有**抚养、赡养或者扶养关系的家庭其他成员、近亲属** （4）**与投保人有劳动关系的劳动者** 除上述规定外，**被保险人同意**投保人为其订立合同的，**视为**投保人对被保险人具有保险利益	法律无直接规定。 依据财产保险中保险利益的构成——**合法性、经济性、确定性**进行判断
后果	**若订立合同时无保险利益**，保险人不得承保；若已经承保的，保险合同无效，保险人扣除手续费后，应当退还保费	被保险人对保险标的不具有保险利益的，**不得向保险人请求赔偿**
法院审查要求	法院应主动审查投保人**订立保险合同时是否具有保险利益**，以及**以死亡为给付保险金条件的合同是否经过被保险人同意并认可保险金额**	法院无审查要求

（二）最大诚实信用原则☆☆

保险活动当事人行使权利、履行义务应当遵循诚实信用原则。

1. 订立合同时，投保人应如实告知

如实告知的内容	未如实告知的后果		对保险人解除合同的限制
	故意不告知	**重大过失未告知**	
(1) 订立合同时，投保人**明知**的保险标的或者与被保险人有关的情况，属于“应当如实告知的内容” (2) 告知义务，**限于保险人询问的范围和内容** (3) 对询问范围及内容有争议的，**保险人负举证责任** (4) 人身保险中，**体检不免除“如实告知义务”** (5) 人身保险中，保险人知道体检结果，投保人可不告知相关状况	(1) **解除合同** (2) **不支付保险金** (3) **不退保费，即不赔不退**	(1) **解除合同** (2) **不支付保险金** (3) **退保费，即不赔要退**	(1) 明知＋收取保费——不可解除（禁反言） (2) **明知＋超过 30 日——不可解除** (3) **合同成立超过 2 年——不可解除** (4) 未告知“概括性条款”——不可解除 (5) 保险人未行使合同解除权，**不得直接以“未如实告知”为由拒绝赔偿**

2. 订立合同时，保险人的提示义务

对保险合同中免除保险人责任的条款，保险人在订立合同时应当在投保单、保险单或者其他保险凭证上作出足以引起投保人注意的提示，并对该条款的内容以书面或者口头形式向投保人作出明确说明；未作提示或者明确说明的，该条款不产生效力。

二、保险合同

保险合同是投保人与保险人约定保险权利义务关系的协议。

（一）保险合同当事人和关系人☆☆

保险合同当事人	保险人	保险人又称承保人，是指与投保人订立保险合同，并承担赔偿责任或者给付保险金责任的保险公司
	投保人	投保人又称为要保人，是指与保险人订立保险合同，并按照保险合同负有支付保险费义务的人
保险合同关系人	被保险人	是指约定的保险事故可能在其财产或人身上发生的人
	受益人	是指在人身保险中，由被保险人或投保人指定的，在保险合同中约定于保险事故发生时，享有赔偿请求权的人

（二）保险合同的成立

一般规则	投保人提出保险要求，经保险人同意承保，保险合同成立
代签字	投保人没有亲自签字或者盖章，而由保险人或者保险人的代理人代为签字或者盖章的，对投保人不生效。但投保人已经**交纳保险费**的，**视为**其对代签字或者盖章行为的**追认**
代填单	保险人或者保险人的代理人代为填写保险单证后**经投保人签字或者盖章确认的**，代为填写的内容视为投保人的真实意思表示

保险合同审查期间事故的处理	保险人接受了投保人提交的投保单并收取了保险费，**尚未作出是否承保的意思表示**，发生保险事故： 1. 符合承保条件的，保险人承担保险责任 2. 不符合承保条件的，保险人不承担保险责任，但退还已经收取的保险费 3. 保险人主张不符合承保条件的，应承担举证责任

（三）保险人的合同解除权

原则上，保险合同成立后，投保人可以解除合同，保险人不得解除合同，除非法律明确规定其可以解除的情形。

事由	考点：概括而言，当投保人、被保险人一方违反最大诚信义务时，保险人可以解除合同
投保人未如实告知	故意不告知，解除合同，不赔不退；重大过失不告知，解除合同，不赔要退
谎称	未发生保险事故，被保险人或者受益人**谎称发生了保险事故**，向保险人提出赔偿或者给付保险金请求的，保险人有权解除合同，并不退还保险费 **【注意：如果只是编造事故原因、夸大损失程度，保险人对虚报的部分不承担给付保险金责任】**
故意制造保险事故	投保人、被保险人**故意**制造保险事故的，**保险人有权解除合同，不退还保险费**（但若已经交足2年以上保险费的，保险人应当按照合同约定向其他权利人退还保险单的现金价值）
未尽安全责任	投保人、被保险人未按照约定履行其对保险标的的安全应尽责任的，**保险人有权要求增加保险费或者解除合同**
危险增加	1. 在合同有效期内，保险标的的危险程度显著增加的，被保险人应当按照合同约定及时**通知**保险人，保险人可以按照合同约定增加保险费或者解除合同 2. 因保险标的的转让导致危险程度显著增加的，保险人自收到通知之日起30日内，可以按照合同约定增加保险费或者解除合同
年龄误保（人保）	投保人**申报的被保险人年龄不真实并且真实年龄不符合合同约定的年龄限制的**，保险人可以解除合同，按照合同约定退还保险单的现金价值
未缴保费（人保）	人保中，**自合同效力中止之日起满2年双方未达成协议的，保险人有权解除合同**

第二节　人身保险合同

一、人身保险合同概述

（一）人身保险合同的概念和特征

概念	人身保险合同是指以人的寿命和身体为保险标的的保险合同
特征	1. 保险金**定额支付** 2. 具有投资储蓄性，保险费**不得强制请求** 3. 人身保险合同**不适用代位求偿规则**

（二）受益人制度

1. 受益人的产生、变更

产生	（1）被保险人可单独指定、变更受益人 （2）投保人指定、变更受益人时须经被保险人同意。未经被保险人同意，行为无效 （3）投保人为其劳动者投保人身保险，只能由被保险人及其近亲属为受益人 （4）被保险人为无民事行为能力人或者限制民事行为能力人的，可以由其监护人指定受益人
变更	投保人或者被保险人变更受益人时： ① 变更行为**自变更意思表示发出时生效** ② 变更受益人未通知保险人的，保险人可主张变更对其不发生效力（**未通知不得对抗保险人**） ③ **在保险事故发生后变更受益人**，变更后的受益人请求保险人给付保险金的，法院不予支持

2. 受益人约定不明

当事人对保险合同约定的受益人存在争议，除投保人、被保险人在保险合同之外另有约定外，按照以下情形分别处理。

受益人约定为**"法定"**或者"法定继承人"	以《民法典·继承编》规定的法定继承人为受益人
受益人**仅约定为身份关系**	（1）**投保人与被保险人为同一主体的，根据保险事故发生时与被保险人的身份关系确定受益人** （2）**投保人与被保险人为不同主体的，根据保险合同成立时与被保险人的身份关系确定受益人**
受益人的**约定包括姓名和身份关系**	保险事故发生时身份关系发生变化的，认定为未指定受益人

（三）死亡保险

投保	一般规则	（1）死亡保险合同未经被保险人**同意并认可保险金额**的无效 （2）被保险人同意并认可保险金额，**可以采取书面形式、口头形式或者其他形式；可以在合同订立时作出，也可以在合同订立后追认**
	特殊规则	（1）投保人**不得为无民事行为能力人投死亡保险，父母为其未成年子女投保的不受此限**，但死亡给付保险金额不得超过保险监督管理机构规定的限额① （2）未成年人父母之外的其他履行监护职责的人为未成年人订立以死亡为给付保险金条件的合同，除非经过未成年人父母同意，否则无效
转让及质押的限制		依照以死亡为给付保险金条件的合同所签发的保险单，未经被保险人**书面同意**，不得转让或质押
被保险人同意的撤销		被保险人以**书面形式通知**保险人和投保人撤销其同意并认可保险金额意思表示的，可认定为保险合同解除

① 父母为其未成年子女投保死亡险的，无须经过被保险人同意并且认可保险金额。

宣告死亡	(1) 投保人为被保险人订立以死亡为给付保险金条件的人身保险合同，被保险人被宣告死亡后，适用死亡保险的规定
	(2) 被保险人被宣告死亡之日在保险责任期间之外，但**下落不明之日在保险责任期间之内，要支付保险金**

二、年龄误保的特殊规则

年龄误保，简要言之，就是投保人申报的被保险人年龄不真实。

	年龄误保＋真实年龄不可保	年龄误保＋真实年龄可保
保险合同的处理	1. 原则：保险人可以解除合同	保险人不可解除
	2. 例外：即不可解除的情形 (1) 明知＋收取保费 (2) 明知＋超过 30 日 (3) 自合同成立之日起超过 2 年	
保费的处理	1. 不退保费 2. 保险人按照合同约定退还保险单的现金价值	多退少补： (1) 致使投保人支付的保险费**少于应付保险费的**，保险人有权更正并要求投保人补交保险费，或者在给付保险金时按照实付保险费与应付保险费的比例支付 (2) 致使投保人支付的保险费多于应付保险费的，保险人应当将多收的保险费退还投保人

三、人身保险保险费及其缴纳☆☆☆

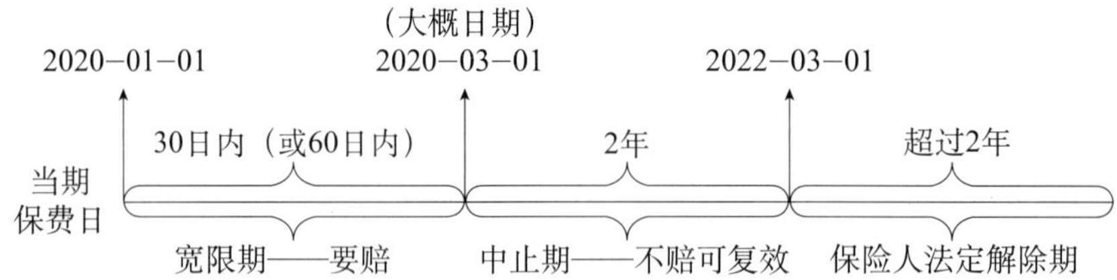

人身保险合同约定分期支付保险费，投保人支付首期保险费后，到期未支付当期保费的，除合同另有约定外，按照以下规则处理。

宽限期	(自保险人催告之日起 30 日内，或超过约定之日起 60 日内，为宽限期) 1. **宽限期发生保险事故，保险人给付保险金，但可以扣减欠交的保费** 2. 宽限期合同恢复效力，无限制
中止期	(催告之日起超过 30 日未支付，或超约定期 60 日未支付当期保费→2 年内) 1. **中止期发生的保险事故，保险人不负保险责任** 2. 中止期内，投保人提出复效申请且具有可保证明并同意补交保费，保险人不得拒绝复效 3. 中止期内，投保人提出复效申请，保险人 30 日内未明确拒绝，视为同意复效 4. 在复效期间，保费到位，保险合同自投保人补交保险费之日恢复效力，保险人要求投保人补交相应利息的，法院应予支持

中止之日起满 2 年	自合同效力中止之日起满 2 年双方未达成协议的，保险人有权解除合同，应当按照合同约定退还保险单的现金价值

四、人身保险保险金的给付、继承☆

原则	保险金首先应当支付给**受益人**
例外	被保险人死亡后，有下列情形之一的，**保险金作为被保险人的遗产**，由保险人依照《民法典·继承编》的规定履行给付保险金的义务： (1) 没有指定受益人，或者受益人指定不明无法确定的 (2) 受益人先于被保险人死亡，没有其他受益人的 (3) 受益人依法丧失受益权或者放弃受益权，没有其他受益人的 **受益人与被保险人在同一事件中死亡，且不能确定死亡先后顺序的，推定受益人死亡在先**
第三人造成的保险事故	1. 被保险人因第三人发生保险事故的，保险人向被保险人或受益人给付保险金后，**不享有向第三者追偿的权利** 2. 保险事故发生后，被保险人或者受益人起诉保险人，保险人不得以被保险人或者受益人未要求第三者承担责任为由抗辩
保险金请求权可转让	保险事故发生后，受益人可将与本次保险事故相对应的全部或部分保险金请求权转让给第三人。但根据合同性质、当事人约定或者法律规定不得转让的除外

五、自杀、故意犯罪的处理☆☆

（一）自杀

合同成立 2 年内	1. 自合同成立或者合同效力恢复之日起 2 年内，被保险人**自杀的，保险人不承担给付保险金的责任。保险人应当按照合同约定退还保单的现金价值**
	2. 被保险人自杀时为无民事行为能力人的，给付保险金
合同成立满 2 年	2 年后被保险人自杀的，保险人应当按照合同约定承担保险金支付责任
举证责任	1. 保险人以被保险人**自杀**为由拒绝承担给付保险金责任的，**保险人负举证责任**
	2. 受益人或者被保险人的继承人以被保险人自杀时**无民事行为能力**为由抗辩的，由其承担举证责任

（二）故意犯罪

投保人故意犯罪	1. 投保人故意造成被保险人死亡、伤残或者疾病的，**保险人不承担给付保险金的责任** 2. 但投保人已经交足 2 年以上保险费的，保险人应当按照合同约定向其他享有权利的人退还保险单的现金价值

被保险人故意犯罪	1. 被保险人故意犯罪或者抗拒依法采取的刑事强制措施导致其伤残或者死亡的，**保险人不承担给付保险金的责任** 投保人已交足2年以上保险费的，保险人应当按照合同约定退还保险单的现金价值
	2. 保险人应当证明被保险人的死亡、伤残结果与其实施的故意犯罪或者抗拒依法采取的刑事强制措施的行为之间存在因果关系
	3. 被保险人在羁押、服刑期间因意外或者疾病造成伤残或者死亡，保险人不得主张根据被保险人故意犯罪的规定不承担给付保险金的责任
受益人故意犯罪	受益人故意造成被保险人死亡、伤残或者疾病的，或者故意杀害被保险人未遂的，**该受益人丧失受益权**。若无其他受益人，保险金作为被保险人遗产继承

六、人身保险投保人解除保险合同

一般规则	投保人解除合同的，保险人应当自**收到解除合同通知之日起30内，按照合同约定退还保险单的现金价值**
保单现金价值的赎买制度	投保人解除保险合同，无须经被保险人或受益人同意，但被保险人或者受益人已向投保人支付相当于保险单现金价值的款项并通知保险人的除外
保单现金价值的返还	除保险合同另有约定外，保险合同解除时，应当将保单现金价值返还给**投保人**
	投保人故意造成被保险人死亡、伤残或者疾病，保险人退还保险单的现金价值的，应当按照被保险人、被保险人继承人的顺序确定

第三节　财产保险合同

一、财产保险合同概述

（一）概念和特征

财产保险合同是以财产及其有关利益为保险标的的保险合同，包括财产损失保险、责任保险、信用保险、保证保险	
特征	1. 财产保险合同是一种**填补损失的合同** （1）超额保险：超过部分无效 （2）不足额保险：按比例赔付，即保险金额/保险价值 2. 财产保险合同实行保险责任限定制度 3. 财产保险实行保险代位的原则

（二）费用承担

下列费用及损失赔偿金，由保险人负担。

施救费用	勘查费用	仲裁、诉讼费用
1. 保险事故发生后，被保险人为防止或者减少保险标的的损失所支付的必要的、合理的费用 2. 上述费用，保险人以被保险人采取的措施未产生实际效果为由抗辩的，法院不予支持	保险人、被保险人为查明和确定保险事故的性质、原因和损失程度所支付的必要的、合理的费用	责任保险的被保险人因给第三者造成损害的保险事故而被提起仲裁或者诉讼的，被保险人支付的仲裁或者诉讼费用以及其他必要的、合理的费用

二、代位求偿权☆☆☆

代位求偿权是指财产保险中保险人赔偿被保险人的损失后，可以取得在其赔付保险金的限度内，要求被保险人转让其对造成损失的第三人享有的追偿的权利。

1. 行使规则

（1）财产保险事故是由第三人的行为引起的，包括被保险人因第三者侵权或者违约享有的请求赔偿的权利。

（2）保险人已向被保险人支付保险赔偿。

（3）保险人行使代位求偿权的数额以给付的保险金额为限，对于超过保险人已支付的保险金额以外的部分，保险人无权要求第三人赔偿，求偿权仍由被保险人所享有。

（4）第三人（加害人）的范围有限制，除被保险人的家庭成员或者其组成人员故意造成保险法规定的保险事故外，保险人不得对被保险人的家庭成员或者其组成人员行使代位请求赔偿的权利。投保人造成保险事故，保险人可代位行使被保险人对投保人请求赔偿的权利，但法律另有规定或者保险合同另有约定的除外。

2. 保险人获得代位权后的通知规则

（1）未通知或者通知到达第三者前，第三者（在保险人赔偿范围内）已经向被保险人作出赔偿，保险人无代位权，被保险人返还保险金。

（2）已经通知第三者，第三者又向被保险人作出赔偿，保险人可以主张代位权。

3. 被保险人放弃向第三者的求偿权

（1）保险合同订立前，被保险人放弃，保险人就相应部分（放弃部分）无代位权。（注意：保险合同订立时，保险人询问是否放弃，投保人未如实告知，导致保险人不能行使代位权，则被保险人返还保险金，但保险人知道或者应当知道上述情形仍同意承保的除外）

（2）事故发生后，保险人赔偿前，被保险人放弃的，保险人就放弃部分不承担赔偿责任。

（3）保险人赔偿后，被保险人放弃的，该放弃行为无效。

4. 代位权诉讼

（1）原告。

① 保险人以自己名义行使代位权。

② 如果被保险人已经向第三者提起诉讼，保险人可申请变更当事人。被保险人同

意的，法院应予准许，保险人为原告；被保险人不同意的，保险人作为共同原告。

（2）诉讼时效：自取得代位权之日起计算。

（3）管辖法院：以被保险人与第三者之间的关系确定。

三、责任保险合同☆☆

概念	责任保险是指**以被保险人依法对第三者应负的赔偿责任为保险标的的保险**，所以又称为第三者责任保险	
特征	1. 保险人承担被保险人的赔偿责任 2. 责任保险的标的为一定范围内的**侵权损害赔偿责任**，非损害赔偿责任不能作为责任保险的标的 3. 责任保险不能及于被保险人的人身或财产，即责任保险是**为第三人的利益而订立的保险合同** 4. 保险最高限额给付	
范围	赔偿责任、费用	
直接赔付规则	1. 保险人依照法律的规定或者合同的约定**直接**向该第三者赔偿保险金 2. 责任保险的被保险人给第三者造成损害，被保险人对第三者应负的赔偿责任确定的，**根据被保险人的请求**，保险人应当**直接**向该第三者赔偿保险金。 3. **被保险人怠于请求的**，第三者有权就其应获赔偿部分直接向保险人请求赔偿保险金	
先行赔付规则	1. 责任保险的保险人在被保险人向第三者赔偿之前向被保险人赔偿保险金，第三者行使保险金请求权时，保险人以其已向被保险人赔偿为由拒绝赔偿保险金的，人民法院不予支持 2. 保险人向第三者赔偿后，请求被保险人返还相应保险金的，人民法院应予支持	
诉讼问题	诉讼时效	商业责任险的被保险人向保险人请求赔偿保险金的诉讼时效期间，自被保险人对第三者应负的赔偿责任确定之日起计算
	费用承担	被保险人支付的仲裁或诉讼费用以及其他必要的、合理的费用，由保险人承担

第九章　信托法

【信托关系结构图】

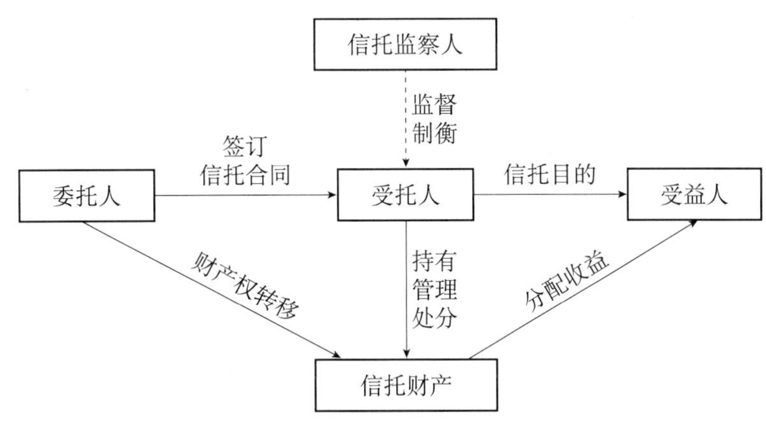

一、信托的成立与生效

信托，是指委托人基于对受托人的信任，将其财产权委托给受托人，由受托人按委托人的意愿以自己的名义，为受益人的利益或者特定目的，进行管理或者处分的行为。

（一）信托的成立

采取信托书面合同形式设立信托的，信托合同签订时，信托成立。

采取其他书面形式设立信托的，受托人承诺信托时，信托成立。

（二）信托无效的情形

有下列情形之一的，信托无效：

（1）信托目的违反法律、行政法规或者损害社会公共利益；

（2）信托财产不能确定；

（3）委托人以非法财产或者信托法规定不得设立信托的财产设立信托；

（4）专以诉讼或者讨债为目的设立信托；

（5）受益人或者受益人范围不能确定；

（6）法律、行政法规规定的其他情形。

（三）委托人的债权人对信托的撤销

1. 委托人设立信托损害其债权人利益的，债权人有权申请人民法院撤销该信托。上述撤销权自债权人知道或者应当知道撤销原因之日起一年内不行使的，归于消灭。

2. 上述信托被撤销的，不影响善意受益人已经取得的信托利益。

（四）公益信托的特殊规则

1. 公益信托的公益本质

（1）为了公共利益而设立的信托，属于公益信托。

（2）公益信托的设立和确定其受托人，应当经有关公益事业的管理机构（以下简称公益事业管理机构）批准。

（3）公益信托的信托财产及其收益，不得用于非公益目的。

2. 公益信托应当设置信托监察人

（1）信托监察人由信托文件规定。信托文件未规定的，由公益事业管理机构指定。

（2）信托监察人有权以自己的名义，为维护受益人的利益，提起诉讼或者实施其他法律行为。

（3）公益信托的受托人未经公益事业管理机构批准，不得辞任。

3. 公益信托终止

没有信托财产权利归属人或者信托财产权利归属人是不特定的社会公众的，经公益事业管理机构批准，受托人应当将信托财产用于与原公益目的相近似的目的，或者将信托财产转移给具有近似目的的公益组织或者其他公益信托。

二、信托当事人

（一）委托人

1. 委托人应当是具有完全民事行为能力的自然人、法人或者依法成立的其他组织。

2. 委托人可以是受益人，也可以是同一信托的唯一受益人。

3. 委托人的权利。

知情权	委托人有权了解其信托财产的管理运用、处分及收支情况，并有权要求受托人作出说明
撤销权	受托人违反信托目的处分信托财产或者因违背管理职责、处理信托事务不当致使信托财产受到损失的，**委托人有权申请人民法院撤销该处分行为（该撤销权受到1年除斥期间限制）**
解任权	受托人违反信托目的处分信托财产或者管理运用、处分信托财产有重大过失的，委托人有权依照信托文件的规定**解任受托人，或者申请人民法院解任受托人**

（二）受托人

1. 受托人应当是具有完全民事行为能力的自然人、法人。

2. 受托人可以是受益人，但不得是同一信托的唯一受益人。

3. 受托人因处理信托事务所支出的费用、对第三人所负债务，以信托财产承担。受托人以其固有财产先行支付的，对信托财产享有优先受偿的权利。

4. 受托人的义务。

（1）应当遵守信托文件的规定，为受益人的最大利益处理信托事务。

（2）受托人以信托财产为限向受益人承担支付信托利益的义务。

(3) 受托人不得将信托财产转为其固有财产。信托财产与其固有财产以及不同委托人的信托财产分别管理、分别记账。

(4) 受托人不得将其固有财产与信托财产进行交易或者将不同委托人的信托财产进行相互交易。(但经同意并以公平的市场价格进行交易的除外)

(5) 受托人应当自己处理信托事务，但信托文件另有规定或者有不得已事由的，可以委托他人代为处理。受托人依法将信托事务委托他人代理的，应当对他人处理信托事务的行为承担责任。

(三) 受益人

1. 受益人是在信托中享有信托受益权的人。受益人可以是自然人、法人或者依法成立的其他组织。

2. 受益人自信托生效之日起享有信托受益权。

3. 信托受益权可以依法转让和继承。

4. 受益人不能清偿到期债务的，其信托受益权可以用于清偿债务。

5. 受益人可以行使委托人对受托人的撤销权、接任权，受益人行使上述权利，与委托人意见不一致时，可以申请人民法院作出裁定。

三、信托财产

1. 受托人因承诺信托而取得的财产是信托财产。

2. 信托财产的独立性。

除因下列情形之一外，对信托财产不得强制执行：

(1) 设立信托前债权人已对该信托财产享有优先受偿的权利，并依法行使该权利的；

(2) 受托人处理信托事务所产生债务，债权人要求清偿该债务的；

(3) 信托财产本身应担负的税款；

(4) 法律规定的其他情形。

对于违反上述规定而强制执行信托财产，委托人、受托人或者受益人有权向人民法院提出异议。

3. 信托财产独立与委托人和受托人的关系

<table>
<tr><td rowspan="3">和委托人的关系</td><td colspan="2">(1) 信托财产与委托人未设立信托的其他财产相区别</td></tr>
<tr><td rowspan="2">(2) 设立信托后，委托人死亡或者依法解散、被依法撤销、被宣告破产时</td><td>委托人是唯一受益人的，信托终止，信托财产作为其遗产或者清算财产</td></tr>
<tr><td>委托人不是唯一受益人的，信托存续，信托财产不作为其遗产或者清算财产，但委托人的受益权成为遗产或清算财产</td></tr>
<tr><td>和受托人的关系</td><td colspan="2">(1) 受托人死亡或终止，信托财产不属于其遗产或者清算财产
(2) 受托人管理运用、处分信托财产所产生的债权，不得与其固有财产产生的债务相抵销
(3) 受托人管理运用、处分不同委托人的信托财产所产生的债权债务，不得相互抵销</td></tr>
</table>

第二部分　经济法

第一章　竞争法

第一节　反垄断法[①]

一、垄断协议

（一）垄断协议的认定

概念	垄断协议，是指**排除、限制竞争的协议、决定或者其他协同行为**	
类型	**[横向垄断]** 禁止具有竞争关系的经营者达成下列垄断协议	（1）**固定**或者变更商品**价格** （2）**限制**商品的生产数量或者销售**数量** （3）**分割**销售市场或者原材料采购**市场** （4）**限制购买**新技术、新设备或者限制开发**新技术、新产品** （5）**联合抵制交易** （6）国务院反垄断执法机构认定的其他垄断协议
	[纵向垄断] 禁止经营者与交易相对人达成下列垄断协议	（1）**固定**向第三人转售商品的价格 （2）**限定**向第三人转售商品的最低价格 （3）国务院反垄断执法机构认定的其他垄断协议

① 经营者不得利用数据和算法、技术、资本优势以及平台规则等从事本法禁止的垄断行为。

（二）垄断协议的豁免情形（经营者证明）

<table>
<tr><td>1. 合理化</td><td>为改进技术、研究开发新产品的</td></tr>
<tr><td>2. 标准化、专业化</td><td>为提高产品质量、降低成本、增进效率，统一产品规格、标准或者实行专业化分工的</td></tr>
<tr><td>3. 中小企业</td><td>为提高中小企业经营效率，增强中小企业竞争力的</td></tr>
<tr><td>4. 环保救灾</td><td>为实现节约能源、保护环境、救灾救助等社会公共利益的</td></tr>
<tr><td>5. 不景气</td><td>因经济不景气，为缓解销售量严重下降或者生产明显过剩的</td></tr>
<tr><td>6. 进出口</td><td>为保障对外贸易和对外经济合作中的正当利益的</td></tr>
<tr><td colspan="2">7. 法律和国务院规定的其他情形</td></tr>
<tr><td colspan="2">1～5 项经营者还应当证明所达成的协议不会严重限制相关市场的竞争，并且能够使消费者分享由此产生的利益</td></tr>
</table>

（三）法律责任

<table>
<tr><td>民事责任</td><td colspan="2">1. 经营者实施垄断行为，给他人造成损失的，依法承担民事责任
2. 达成的垄断协议无效</td></tr>
<tr><td rowspan="2">行政责任</td><td>经营者</td><td>（1）达成并实施：责令停止违法行为，没收违法所得并罚款（上一年度销售额1%以上 10%以下的罚款，上一年度没有销售额的，处 500 万元以下的罚款）
（2）达成未实施：可罚（可以处 300 万元以下的罚款）
（3）经营者的法定代表人、主要负责人和直接责任人员对达成垄断协议负有个人责任的，可以处 100 万元以下的罚款
（4）宽容条款：主动报告情况并提供重要证据，可以酌情减轻或者免除对该经营者的处罚</td></tr>
<tr><td>行业协会</td><td>（1）行业协会违反反垄断法规定，组织本行业的经营者达成垄断协议的，由反垄断执法机构责令改正，可以处 300 万元以下的罚款
（2）情节严重的，社会团体登记管理机关可以依法撤销登记</td></tr>
</table>

二、滥用市场支配地位☆☆

（一）市场支配地位的认定与推定

<table>
<tr><td>概念</td><td>是指经营者在相关市场内具有能够控制商品价格、数量或者其他交易条件，或者能够阻碍、影响其他经营者进入相关市场能力的市场地位</td></tr>
<tr><td>认定因素</td><td>“以市场份额为主、兼顾反映企业综合经济实力的其他因素”的认定标准</td></tr>
<tr><td>推定制度</td><td>（一般规定）有下列情形之一的，可以推定经营者具有市场支配地位：
（1）一个经营者在相关市场的市场份额达到 1/2 的
（2）两个经营者在相关市场的市场份额合计达到 2/3 的
（3）三个经营者在相关市场的市场份额合计达到 3/4 的
（例外规定）有上述第（2）项、第（3）项规定的情形，其中有的经营者市场份额不足 1/10 的，不应当推定该经营者具有市场支配地位
（反证规定）被推定具有市场支配地位的经营者，有证据证明不具有市场支配地位的，不应当认定其具有市场支配地位</td></tr>
</table>

（二）滥用市场支配地位的行为

滥用市场支配地位的行为	1. 以**不公平的高价销售商品或者以不公平的低价购买商品** 2. 没有正当理由，**以低于成本的价格销售商品** 3. 没有正当理由，**拒绝**与交易相对人进行**交易** 4. 没有正当理由，**限定交易**相对人只能与其进行交易或只能与其指定的经营者进行交易 5. 没有正当理由**搭售商品**，或者在**交易时附加其他不合理的交易条件** 6. 没有正当理由，对条件相同的交易相对人在交易价格等**交易条件上实行差别待遇** 7. 国务院反垄断执法机构认定的其他滥用市场支配地位的行为
举证责任	原告应当对被告在相关市场具有支配地位和其滥用市场支配地位承担举证责任

（三）法律责任

行政责任	停止违法行为，没收违法所得并罚款（上一年度销售额1%以上10%以下）
民事责任	被告承担停止侵害、赔偿损失的民事责任，原告因调查制止垄断行为所支付的合理开支计入损失赔偿范围

三、经营者集中☆

（一）经营者集中的认定与申报

概念	是指两个或两个以上企业以一定的方式或手段所形成的企业间的资产、营业和人员的整合
类型	1. 经营者**合并** 2. 经营者通过取得**股权**或者资产的方式取得对其他经营者的**控制**权 3. 经营者通过**合同**等方式取得对其他经营者的**控制权**或者能够对其他经营者施加决定性影响
事先申报制度	达到国务院规定的申报标准，应当事先向国务院反垄断执法机构申报，未申报的不得实施集中。审查期间，经营者不得实施集中
申报的例外	1. 已经形成控制与被控制关系的经营者之间的集中 2. 受同一经营者控制的经营者集中
审查结果	**禁止集中；不予禁止；附条件的不予禁止**

（二）法律责任

法律责任	行政责任	经营者违反规定实施集中，且具有或者可能具有排除、限制竞争效果的，由国务院反垄断执法机构责令停止实施集中、限期处分股份或者资产、限期转让营业以及采取其他必要措施恢复到集中前的状态，处上一年度销售额10%以下的罚款；不具有排除、限制竞争效果的，处500万元以下的罚款
	民事责任	经营者实施垄断行为，给他人造成损失的，依法承担民事责任
救济	复议前置	对反垄断执法机构作出的**禁止集中和附加限制性条件决定不服的**，可以先依法申请行政复议，对行政复议决定不服的，可以依法提起行政诉讼

四、滥用行政权力排除、限制竞争行为☆

<table>
<tr><td>概念</td><td>行政机关和法律、法规授权的具有管理公共事务职能的组织不得滥用行政权力，排除、限制竞争</td></tr>
<tr><td rowspan="7">行为方式</td><td>1. 强制交易，即限定或者变相限定单位或者个人经营、购买、使用其指定的经营者提供的商品</td></tr>
<tr><td>2. 政企联合垄断市场</td></tr>
<tr><td>3. 地区封锁，如歧视性收费、价格、技术措施；专门针对外地商品的行政许可；设置关卡</td></tr>
<tr><td>4. 歧视性资质管控（设置歧视性资质，排斥限制招投标）</td></tr>
<tr><td>5. 地域性投资歧视（排斥或限制外地投资或设立分支机构）</td></tr>
<tr><td>6. 迫使经营者垄断</td></tr>
<tr><td>7. 以抽象行政行为限制竞争</td></tr>
<tr><td>法律责任</td><td>1. 上级机关责令改正，对直接负责的主管人员和其他直接责任人员依法给予处罚
2. 反垄断执法机构可以向有关上级机关提出依法处理的建议</td></tr>
</table>

五、反垄断调查机制☆

<table>
<tr><td rowspan="2">反垄断执法机构</td><td>中央</td><td>组建国家市场监督管理总局，作为国务院直属机构，负责反垄断执法工作</td></tr>
<tr><td>地方</td><td>国务院反垄断执法机构根据工作需要，可以授权省级政府相应的机构，负责有关反垄断执法工作</td></tr>
<tr><td rowspan="3">调查的中止、终止和恢复</td><td>中止调查</td><td>经营者承诺改正</td></tr>
<tr><td>终止调查</td><td>经营者履行承诺，并且消除了垄断后果</td></tr>
<tr><td>恢复调查</td><td>（1）经营者未履行承诺
（2）作出中止调查所依据的事实发生了重大变化
（3）中止调查的决定是基于经营者提供的不完整或者不真实的信息作出的</td></tr>
<tr><td>公益诉讼</td><td colspan="2">经营者实施垄断行为，损害社会公共利益的，设区的市级以上人民检察院可以依法向人民法院提起民事公益诉讼</td></tr>
</table>

第二节　反不正当竞争法

经营者在生产经营活动中，应当遵循自愿、平等、公平、诚信的原则，遵守法律和商业道德。

一、商业混淆行为[①]☆☆☆

概念	经营者不得实施下列混淆行为，**引人误认为**是他人商品或者与他人存在特定联系
行为方式	1. 擅自使用**与他人有一定影响的商品名称**、包装、装潢等相同或者近似的标识 2. 擅自使用他人有一定影响的企业名称（**包括简称、字号等**）、社会组织名称（包括简称等）、姓名（包括笔名、艺名、译名等） 3. 擅自使用他人有一定影响的域名主体部分、网站名称、网页等 4. 其他足以引人误认为是他人商品或者与他人存在**特定联系的混淆行为** 5. 销售不知道是上述规定的侵权商品，能证明该商品是自己合法取得并说明提供者，经营者主张不承担赔偿责任的，人民法院应予支持 6. 故意为他人实施混淆行为提供仓储、运输、邮寄、印刷、隐匿、经营场所等便利条件，构成共同侵权

二、商业贿赂行为☆

规则	经营者不得采用财物或者其他手段贿赂下列单位或者个人，以谋取交易机会或者竞争优势： （1）交易相对方的工作人员 （2）受交易相对方委托办理相关事务的单位或者个人 （3）利用**职权或者影响力影响交易的单位或者个人**
与正常折扣、佣金的区别	经营者在交易活动中，可以以**明示**方式向交易相对方支付折扣，或者向中间人支付佣金。经营者向交易相对方支付折扣、向中间人支付佣金的，应当如实入账。接受折扣、佣金的经营者也应当如实**入账（vs 账外暗中）**

三、虚假宣传行为☆☆

1. 经营者不得对其商品的性能、功能、质量、销售状况、用户评价、曾获荣誉等作虚假或者引人误解的商业宣传，欺骗、误导消费者。

2. “引人误解的商业宣传”是指：（1）对商品作片面的宣传或者对比；（2）将科学上未定论的观点、现象等当作定论的事实用于商品宣传；（3）使用歧义性语言进行商业宣传；（4）其他足以引人误解的商业宣传行为。

3. 经营者不得通过组织虚假交易等方式，帮助其他经营者进行虚假或者引人误解的商业宣传。

四、侵犯商业秘密的行为☆

概念	商业秘密是指，**不为公众所知悉、具有商业价值**并经**权利人采取相应保密措施**的技术信息和经营信息

① 对于同一侵权人针对同一主体在同一时间和地域范围实施的侵权行为，人民法院已经认定侵害著作权、专利权或注册商标专用权等判令承担民事责任，当事人又以该行为构成不正当竞争为由请求同一侵权人承担民事责任的，人民法院不予支持。

行为	经营者不得实施下列侵犯商业秘密的行为： （1）以**盗窃**、贿赂、欺诈、胁迫或者其他不正当手段**获取**权利人的商业秘密 （2）披露、使用或者允许他人使用以上述手段获取的权利人的商业秘密 （3）**违反约定或**者违反权利人有关保守商业秘密的要求，**披露、使用或者允许他人使用**其所掌握的商业秘密 （4）**教唆、引诱、帮助**他人违反保密义务或者违反权利人有关保守商业秘密的要求，获取、披露、使用或者允许他人使用权利人的商业秘密 经营者以外的其他自然人、法人和非法人组织实施前款所列违反行为的，视为侵犯商业秘密
	第三人明知或者应知商业秘密权利人的员工、前员工或者其他单位、个人实施上述所列违法行为，仍获取、披露、使用或者允许他人使用该商业秘密的，视为侵犯商业秘密
例外	**自主研发**
	反向工程

五、不正当有奖销售☆

主体	不正当有奖销售的主体为经营者。有关机构、团体经政府和政府有关部门批准的有奖募捐及其彩票发售活动不适用本规定
行为	**经营者**进行有奖销售不得存在下列情形： （1）所设奖的种类、**兑奖**条件、奖金金额或者奖品等有奖销售**信息不明确**，影响兑奖 （2）采用谎称有奖或者故意让内定人员中奖的**欺骗**方式进行**有奖销售** （3）**抽奖式**的有奖销售，**最高奖的金额超过 5 万元**

六、诋毁商誉的行为☆

经营者不得**编造、传播虚假信息或者误导性信息**，损害竞争对手的商业信誉、商品声誉	
主体	1. **有竞争关系的经营者** 2. 经营者利用新闻媒体诋毁其他经营者的商誉时，新闻单位被利用和被唆使的，**仅构成一般的侵害他人名誉权行为，而非不正当竞争行为**
行为	编造、传播行为
主观	故意
对象	针对一个或者多个特定竞争对手。如果捏造、散布的虚假事实不能与特定的经营者联系，商誉主体的权利便不会受到侵害

七、互联网不正当竞争行为☆☆

经营者不得利用技术手段，通过影响用户选择或者其他方式，实施下列妨碍、破坏其他经营者合法提供的网络产品或者服务正常运行的行为。

1. 未经其他经营者同意，在其合法提供的网络产品或者服务中，插入链接、强制进行目标跳转。

（1）“强制进行目标跳转”，是指未经其他经营者和用户同意而直接发生的目标跳转。

（2）仅插入链接，目标跳转由用户触发的，人民法院应当综合考虑插入链接的具体方式、是否具有合理的理由以及对用户利益和其他经营者利益的影响多个因素，认定该行为是否违反互联网不正当竞争行为。

2. 误导、欺骗、强迫用户修改、关闭、卸载其他经营者合法提供的网络产品或者服务。

3. 恶意对其他经营者合法提供的网络产品或者服务实施不兼容。

4. 其他妨碍、破坏其他经营者合法提供的网络产品或者服务正常运行的行为。

第二章　消费者法

第一节　消费者权益保护法

一、消费者权益保护法调整的对象

生活消费	消费者为**生活消费**需要购买、使用商品或者接受服务，其权益受消法保护
农业生产资料	农民购买、使用**直接用于农业生产**的生产资料，参照消法执行

二、消费者权利与经营者义务

（一）消费者权利

消费者权利包括：安全保障权；知悉真情权；自主选择权；公平交易权；依法求偿权；依法结社权；受教获知权；维护尊严权；监督批评权；个人信息权。

（二）经营者的义务☆☆

1. 保证商品和服务的安全的义务

（1）经营者应当保证其提供的商品或者服务符合保障人身、财产安全的要求
（2）宾馆、商场、银行、车站、娱乐场所等**公共场所的管理人或者群众性活动的组织者，未尽到安全保障义务，造成他人损害的，应当承担侵权责任**
（3）因第三人的行为造成他人损害的，由**第三人承担侵权责任**；管理人或者组织者未尽到安全保障义务的，承担相应的**补充责任**

2. 召回缺陷产品的义务

（1）经营者发现其提供的商品或者服务存在缺陷，有危及人身、财产安全危险的，应当立即向有关行政部门报告和告知消费者，并采取停止销售、警示、召回、无害化处理、销毁、停止生产或者服务等措施。

（2）有关行政部门发现并认定经营者提供的商品或者服务存在缺陷，有危及人身、财产安全危险的，应当立即责令经营者采取停止销售、警示、召回、无害化处理、销毁、停止生产或者服务等措施。

（3）采取召回措施的，经营者应当承担消费者因商品被召回支出的必要费用。

3. 保证质量的义务

一般商品	经营者应当保证在正常使用商品或者接受服务的情况下，其提供的商品或者服务应当具有的质量、性能、用途和有效期限；但消费者在购买该商品或者接受该服务前**已经知道其存在瑕疵**，且存在该瑕疵不违反法律强制性规定的除外
耐用品	经营者提供的**耐用商品或者装饰装修**等服务，消费者自接受商品或者服务之日起**6个月内**发现瑕疵，发生争议的，由**经营者承担有关瑕疵的举证责任**

4. 一般退货义务

（1）经营者提供的商品或者服务不符合质量要求的，消费者可以依照国家规定、当事人约定退货，或者要求经营者履行更换、修理等义务。

（2）没有国家规定和当事人约定的，消费者可以自收到商品之日起7日内退货。

（3）7日后符合法定解除合同条件的，消费者可以及时退货，不符合法定解除合同条件的，可以要求经营者履行更换、修理等义务。

（4）依照前款规定进行退货、更换、修理的，经营者应当承担运输等必要费用。

5. 无理由退货义务

原则	经营者采用网络、电视、电话、邮购等方式销售商品，消费者有权自收到商品之日起**7日内退货，且无须说明理由**
例外	但下列商品除外： （1）消费者**定作的** （2）**鲜活易腐的** （3）**在线下载**或者消费者拆封的音像制品、计算机软件等**数字化商品** （4）交付的**报纸、期刊** （5）除上述所列商品外，其他根据**商品性质并经消费者在购买时确认**不宜退货的商品，不适用无理由退货
邮费	消费者退货的商品应当完好。经营者应当自**收到退回商品之日起7日内返还消费者支付的商品价款**。退回商品的运费由消费者承担；经营者和消费者另有约定的，按照约定

6. 禁止泄露消费者信息

（1）收集、使用消费者的个人信息应当遵循合法、正当、必要的原则。

（2）明示、经本人同意。

（3）严格保密。

（4）禁发垃圾信息。

（5）必须承担法律后果。

三、消费争议的解决☆☆

（一）一般规定

1. 违约责任

（1）消费者购买产品或接受服务，合法权益受到侵害的，可以找销售者或服务提供者要求赔偿。

（2）销售者或服务提供者赔偿后，属于生产者的责任或者属于向销售者提供商品的其他销售者的责任的，销售者有权向生产者或者其他销售者追偿。

2. 侵权责任（产品责任）

<table>
<tr><td>对外责任</td><td colspan="2">（1）消费者或者其他受害人因商品缺陷造成人身、财产损害的，可以向销售者要求赔偿，也可以向生产者要求赔偿
（2）属于生产者责任的，销售者赔偿后，有权向生产者追偿。属于销售者责任的，生产者赔偿后，有权向销售者追偿</td></tr>
<tr><td rowspan="4">对内责任</td><td rowspan="3">生产者</td><td>（1）无过错责任</td></tr>
<tr><td>（2）免责事由：
① 未将产品投入流通的
② 投入流通的，引起损害的缺陷不存在的
③ 投入流通时科学技术水平尚不能发现缺陷存在的</td></tr>
<tr><td>产品投入流通后发现缺陷的，及时采取停止销售、警示、召回等补救措施</td></tr>
<tr><td>销售者</td><td>过错责任：
（1）因销售者的过错使产品存在缺陷，造成他人损害的，销售者应当承担侵权责任
（2）销售者不能指明缺陷产品的生产者，也不能指明缺陷产品的供货者，销售者应当承担侵权责任</td></tr>
</table>

（二）惩罚性赔偿与精神损害赔偿☆☆

<table>
<tr><td>欺诈</td><td>经营者提供商品或者服务有欺诈[①]行为</td><td>消费者可以获得补偿性的赔付，并可要求增加赔偿额。增加赔偿的金额为消费者购买商品的价款或者接受服务的费用的 3 倍；增加赔偿的金额不足 500 元的，为 500 元。法律另有规定的，依照其规定</td></tr>
<tr><td>故意侵权</td><td>经营者明知商品或者服务存在缺陷，仍然向消费者提供，造成消费者或者其他受害人死亡或者健康严重损害</td><td>受害人有权要求经营者赔偿损失[②]，并有权要求所受损失 2 倍以下的惩罚性赔偿</td></tr>
<tr><td>精神损害赔偿</td><td colspan="2">经营者有侮辱诽谤、搜查身体、侵犯人身自由等侵害消费者或者其他受害人人身权益的行为，造成严重精神损害的，受害人可以要求精神损害赔偿</td></tr>
</table>

（三）网络交易平台消费纠纷

一般规则	可以**向销售者或者服务者要求赔偿**
网络交易平台提供者的责任	1. **不能提供**销售者或者服务者的真实名称、地址和有效联系方式的，消费者也可以向网络交易平台提供者要求赔偿

① 欺诈是指，经营者对其商品或服务的说明行为是虚假的，足以使一般消费者受到欺骗或误导；消费者因受误导而接受了经营者的商品或服务，而一般消费者在此情况下如果知道事实真相即不会接受该商品或服务，或者只会按照实质不同的合同条款接受该商品或服务。

② 赔偿损失包括：医疗费、护理费、交通费等为治疗和康复支出的合理费用；因误工减少的收入；残疾生活辅助具费和残疾赔偿金；丧葬费和死亡赔偿金。

网络交易平台提供者的责任	2. **作出更有利于消费者的承诺的**，应当履行承诺。网络交易平台提供者赔偿后，有权向销售者或者服务者追偿
	3. **明知或者应知**销售者或者服务者利用其平台侵害消费者合法权益，未采取必要措施的，依法与该销售者或者服务者承担**连带责任**

（四）虚假广告消费纠纷

1. 消费者因经营者利用虚假广告或者其他虚假宣传方式提供商品或者服务，其合法权益受到损害的，可以向经营者要求赔偿。广告经营者、发布者不能提供经营者的真实名称、地址和有效联系方式的，应当承担赔偿责任。

2. 广告经营者、发布者发布虚假广告的，消费者可以请求行政主管部门予以惩处。

3. 广告经营者、发布者设计、制作、发布关系消费者生命健康商品或者服务的虚假广告，造成消费者损害的，应当与提供该商品或者服务的经营者承担连带责任。

4. 社会团体或者其他组织、个人在关系消费者生命健康商品或者服务的虚假广告或者其他虚假宣传中向消费者推荐商品或者服务，造成消费者损害的，应当与提供该商品或者服务的经营者承担连带责任。

第二节　食品安全法

一、食品安全风险评估与食品安全标准

（一）食品安全风险评估☆

评估对象	食品、食品添加剂中**生物性、化学性和物理性**危害
评估与公布	1. 由国务院卫生行政部门负责组织食品安全风险评估工作，成立由医学……环境等方面的专家组成的食品安全风险评估专家委员会进行食品安全风险评估 2. 食品安全风险评估结果由国务院卫生行政部门公布
作用	**食品安全风险评估结果是制定、修订食品安全标准和对食品安全实施监督管理的科学依据**

（二）食品安全标准☆

食品安全标准是**强制执行的标准**	
国标	1. 由国务院卫生行政部门**会同**国务院食品安全监督管理部门制定、公布 2. **国务院标准化行政部门提供国家标准编号**
地标	1. **对地方特色食品，没有食品安全国家标准的，可以制定食品安全地方标准** 2. 省级卫生行政部门组织制定食品安全地方标准，并报国务院卫生行政部门备案 3. **食品安全国家标准制定后，该地方标准即行废止**
企业标准	1. 国家鼓励食品生产企业制定**严于**食品安全国家标准或者地方标准的企业标准 2. 企业标准应当报省级卫生行政部门备案，**在本企业内部适用**

二、食品安全控制

（一）生产经营过程控制☆

对农作物的管理	1. 严格执行农业投入品使用**安全间隔期、休药期的规定** 2. 不得使用国家明令禁止的农业投入品 3. 禁止将**剧毒、高毒**农药用于**蔬菜、瓜果、茶叶和中草药材等**
食品添加剂	1. 国家对食品添加剂生产实行许可制度 2. 食品中不得添加药品，**但是可以添加按照传统既是食品又是中药材的物质**
食品广告	1. 食品广告的内容应当真实合法，不得含有虚假内容，**不得涉及疾病预防、治疗功能。**食品生产经营者对食品广告内容的真实性、合法性负责
	2. **县级以上人民政府食品安全监督管理部门和其他有关部门以及食品检验机构、食品行业协会不得以广告或者其他形式向消费者推荐食品。消费者组织不得以收取费用**或者其他牟取利益的方式向消费者推荐食品
网络食品交易	1. 对入网食品经营者进行**实名验证**，明确其食品安全管理责任 2. 依法应当取得许可证的，还应当审查其许可证

（二）食品召回制度☆

主动召回	**生产者召回**	停止生产、召回食品、通知经营者（消费者）、记录召回情况
	经营者停止经营及报告通知义务	（1）食品经营者发现其经营的食品**不符合食品安全标准或有证据证明可能危害人体健康的**，应当立即停止经营，通知相关生产经营者和消费者，并记录停止经营和通知情况。食品生产者认为应当召回的，应当立即召回
		（2）由于**食品经营者的原因**造成其经营的食品有上述情形的，食品经营者应当召回
责令召回	县级以上人民政府食品安全监督管理部门可以责令依照规定召回或停止经营的食品生产者召回或者停止经营	
召回后的处理	1. 原则：食品生产经营者应当对召回的食品采取无害化处理、销毁等措施，防止其再次流入市场 2. **例外：因标签、标志或者说明书不符合食品安全标准而被召回的食品，可继续销售**	

（三）特殊食品☆

1. 保健食品

注册与备案	国家级	（1）保健食品原料目录和允许保健食品声称的保健功能目录，由国务院食品安全监督管理部门会同国务院卫生行政部门、国家中医药管理部门制定、调整并公布**（目录原料国家定）**
		（2）使用保健食品原料**目录以外原料**的保健食品和**首次进口**的保健食品应当经国务院食品安全监督管理部门**注册**
		（3）**首次进口**的保健食品中属于**补充维生素、矿物质等营养物质的**，应当报国务院食品安全监督管理部门**备案**

		(4) 特殊医学用途配方食品应当经国务院食品安全监督管理部门注册
	省级	其他保健食品，应当报省级人民政府食品安全监督管理部门备案
标签/说明书		保健食品的标签、说明书不得涉及疾病预防、治疗功能，内容应当真实，与注册或者备案的内容相一致，**声明“本品不能代替药物”**
进口的保健食品		**进口的保健食品应当是出口国（地区）主管部门准许上市销售的产品**

2. 婴幼儿配方食品

婴幼儿配方食品生产企业应当实施从原料进厂到成品出厂的**全过程质量控制**，对出厂的婴幼儿配方食品**实施逐批检验**，保证食品安全
婴幼儿配方食品生产企业应当将**食品**原料、食品添加剂、产品配方及标签等事项向省、自治区、直辖市人民政府食品安全监督管理部门**备案**
婴幼儿配方**乳粉**的产品配方应当经国务院食品安全监督管理部门**注册**。注册时，应当提交配方研发报告和其他表明配方科学性、安全性的材料
不得以分装方式生产婴幼儿配方乳粉，同一企业不得用同一配方生产不同品牌的婴幼儿配方乳粉

（四）食品安全事故处置☆

重大事故通报制度	1. **事故发生单位、治疗单位应当向县级卫生行政部门、食品安全监管部门报告** 2. 发生食品安全事故，**县级食品安全监管部门应当向本级人民政府、上级食品安全监管部门报告** 3. 县级人民政府和上级食品安全监管部门应当按照规定上报 4. 发生重大食品安全事故的，**县级以上人民政府**应当立即成立食品安全事故处置指挥机构
流行病学调查	1. **县级以上疾病预防控制机构**，应当对事故现场进行卫生处理，并对与事故有关的因素开展流行病学调查 2. 县级以上疾病预防控制机构应当向同级食品安全监督管理、卫生行政部门提交流行病学调查报告

三、对消费者造成损害的民事责任☆

消费者索赔选择权（首付责任）	1. 消费者可以向**经营者要求赔偿，也可以向生产者要求赔偿** 2. 属于生产者责任的，经营者赔偿后有权向生产者追偿，属于经营者责任的，生产者赔偿后有权向经营者**追偿**
侵权→无过错	1. 生产者无过错：只要生产了不符合食品安全标准的食品，均要承担赔偿责任 2. 善意销售者无过错，**可免行政处罚，但不可免民事责任**
惩罚性赔偿	1. **生产**不符合安全标准的食品或者**销售明知**是不符合安全标准的食品，消费者除要求赔偿损失外，可**向生产者、销售者主张支付价款10倍或者损失3倍的赔偿金，增加赔偿的金额不足1 000元的，为1 000元**（退1赔10或者损失3倍，最低1 000元）
	2. **但是，食品的标签、说明书存在不影响食品安全且不会对消费者造成误导的瑕疵的除外**

知假买假要赔	生产者、销售者以购买者明知食品、药品存在质量问题而仍然购买为由进行抗辩的，人民法院不予支持
赠品发生质量安全问题要赔	生产者、销售者以消费者未对食品或者药品的赠品支付对价为由进行免责抗辩的，人民法院不予支持
食品、药品有缺陷要赔	食品、药品虽在销售前取得检验合格证明，且食用或者使用时尚在保质期内，但经检验确认产品不合格，生产者或者销售者以该食品、药品具有检验合格证明为由进行抗辩的，人民法院不予支持
民事赔偿优先	违反食品安全法规定，应当承担民事赔偿责任和缴纳罚款、罚金，其财产不足以同时支付时，先承担民事赔偿责任

第三章　银行业法

一、商业银行的组织形式

商业银行的设立	1. 我国商业银行的组织形式为有限责任公司、股份有限责任公司
	2. 商业银行的设立、变更、终止均采取**审批制**，即需要经过国务院银行业监督管理机构的批准
	3. **符合法定最低要求的注册资本**
商业银行分支机构的设立和责任的承担	1. 设立分支机构需经中国银行保险监督管理委员会审批
	2. 分支机构的设立采取**"大区制"**，我国境内的**分支机构，不按行政区划设立**
	3. 拨付各分支机构的营运资金额的总和，**不得超过总行资本金总额的60%**
	4. **分支机构不是独立的法人，**总行对其统一核算；分支机构对外先以自己经营管理的财产承担民事责任，不足部分，由总行承担
	5. **分支机构可作为诉讼主体**

二、商业银行业务制度☆☆

商业银行以安全性、流动性、效益性为经营原则，实行自主经营、自担风险、自负盈亏、自我约束的业务制度。

（一）贷款法律制度

以担保贷款为原则，信用贷款为例外，实行审贷分离、分级审批的制度	
借款合同制度	商业银行贷款，应当与借款人订立**书面合同**
遵守商业银行法关于资产负债比例的规定	1. **资本充足率**不得低于**8%** 2. **流动性资产余额与流动性负债余额**的比例不得低于**25%** 3. **对同一借款人的贷款余额**与商业银行资本余额的比例不得超过**10%**
不得发放人情贷款	**商业银行不得向关系人发放信用贷款；向关系人发放担保贷款的条件不得优于其他借款人同类贷款的条件** 上述所称关系人是指： （1）商业银行的董事、监事、管理人员、信贷业务人员及其近亲属 （2）前项所列人员投资或者担任高级管理职务的公司、企业和其他经济组织
担保物处分时限	因借款人到期不归还担保贷款，商业银行依法行使抵押权、质权而取得的不动产或者股权，**应当自取得之日起2年内予以处分**

（二）投资

对商业银行投资人的监管	任何单位和个人购买商业银行股份总额**5%以上的**，应当事先经**国务院银行业监督管理机构批准**
对商业银行投资行为的限制	商业银行在中华人民共和国境内**不得从事信托投资和证券经营业务，不得向非自用不动产投资或者向非银行金融机构和企业投资**，但国家另有规定的除外

（三）同业拆借

1. 同业拆借，应当遵守中国人民银行的规定。

2. 禁止利用拆入资金发放固定资产贷款或者用于投资。拆入资金用于弥补票据结算、联行汇差头寸的不足和解决临时性周转资金的需要。

3. 拆出资金限于交足存款准备金、留足备付金和归还中国人民银行到期贷款之后的闲置资金。

三、商业银行的接管、破产☆☆

（一）商业银行的接管

概念	商业银行**已经或者可能发生信用危机**，严重影响存款人的利益时，国务院银行业监督管理机构可以对该银行实行**接管或者促成机构重整**
目的	接管的**目的**是对被接管的商业银行采取必要措施，**以保护存款人的利益，恢复商业银行的正常经营能力**
法律后果	1. **被接管的商业银行的债权债务关系不因接管而变化** 2. 自接管开始之日起，由**接管组织取代银行原管理层**，行使商业银行的经营管理权力，接管组织的组成人员由国务院银行业监督管理机构指定 3. **接管期限最多不超过2年**
措施	经国务院银行业监督管理机构负责人批准，对直接负责的董事、高级管理人员和其他直接责任人员，可以采取下列措施： （1）按照国务院银行业监督管理机构的要求履行职责 （2）直接负责的董事、高级管理人员和其他直接责任人员出境将对国家利益造成重大损失的，**通知出境管理机关依法阻止其出境** （3）**申请司法机关**禁止其转移、转让财产或者对其财产设定其他权利

（二）商业银行的破产

概念	商业银行**不能支付到期债务，经国务院银行业监督管理机构同意**，由人民法院依法宣告其破产。商业银行被宣告破产的，**由人民法院组织国务院银行业监督管理机构**等有关部门和**有关人员成立清算组**，进行清算 商业银行破产清算时，在支付清算费用、所欠职工工资和劳动保险费用后，应当**优先支付个人储蓄存款的本金和利息**

特征	1. **破产原因单一**：商业银行不能支付到期债务的 2. 商业银行的破产**需要经过国务院银行业监督管理机构的同意，并且清算组的组成成员中应当有国务院银行业监督管理机构代表** 3. 破产清算有特殊的清算顺序：**清算费用、职工债权、个人储蓄存款的本金和利息、税款、破产债权**

四、国务院银行业监督管理机构与中国人民银行的职权划分

商业银行接受中国人民银行的业务指导和检查监督。中国人民银行制定和执行货币政策，如决定存款、贷款利率上下限；决定加息、减息；接受存款准备金等业务。(央行是实施货币政策的机构)

商业银行接受国务院银行业监督管理机构的行政监督管理。商业银行的设立、变更和终止，须经国务院银行业监督管理机构批准。(银行业监督管理机构是行政性事务监管机构)

第四章　财税法

一般认为，税收具有三个基本特征：法定性、强制性、无偿性。

按照征税对象不同，可以将我国税种分为以下几类。

1. 商品税：如增值税、消费税、关税和烟叶税。
2. 所得税：如企业所得税和个人所得税。
3. 财产税：如资源税、房产税、土地增值税、土地使用税、契税、车船税。
4. 行为税：如印花税。

第一节　个人所得税法

一、纳税人与扣缴义务人

<table>
<tr><td rowspan="2">纳税人</td><td>居民个人
（税务居民）</td><td>（1）在中国境内有住所，或者无住所而一个纳税年度①内在中国境内居住累计满 183 天的个人，为居民个人
（2）居民个人从中国境内和境外取得的所得，缴纳个人所得税</td></tr>
<tr><td>非居民个人
（非税务居民）</td><td>（1）在中国境内无住所又不居住，或者无住所而一个纳税年度内在中国境内居住累计不满 183 天的个人，为非居民个人
（2）非居民个人从中国境内取得的所得，缴纳个人所得税</td></tr>
<tr><td>扣缴义务人</td><td colspan="2">1. 所得人为“纳税人”，支付所得的单位或者个人为“扣缴义务人”
2. 扣缴义务人应当按照国家规定办理全员全额扣缴申报，并向纳税人提供其个人所得和已扣缴税款等信息
3. 对于扣缴义务人按照所扣缴的税款，付给 2%的手续费</td></tr>
</table>

二、个人所得税的征税对象

（一）综合所得☆☆☆

纳税收入	1. 工资、薪金所得 2. 劳务报酬所得 3. 稿酬所得 4. 特许权使用费所得

① 自公历 1 月 1 日起至 12 月 31 日止。

计税规则	居民个人**按纳税年度合并计算个人所得税** 非居民个人按月或者按次分项计算个人所得税
收入额	1. 劳务报酬所得、稿酬所得、特许使用费所得以收入**减除20%费用后的余额为收入额** 2. 稿酬所得的**收入额减按70%计算**
各项扣除	1. **专项扣除**，包括居民个人按照国家规定的范围和标准缴纳的**基本养老保险、基本医疗保险、失业保险等社会保险费和住房公积金等** 2. **专项附加扣除**，包括子女教育、继续教育、大病医疗、住房贷款利息或者住房租金、赡养老人等支出，具体范围、标准和实施步骤由国务院确定，并报全国人民代表大会常务委员会备案 3. 其他扣除：个人将其所得对教育、扶贫、济困等公益慈善事业进行捐赠，捐赠额未超过纳税人申报的应纳税所得额**30%的部分**，可以从其应纳税所得额中扣除；国务院规定对公益慈善事业捐赠实行全额税前扣除的，从其规定
应纳税所得额	1. 居民个人的**应纳税所得额＝收入额－6万元－专项扣除－专项附加扣除－其他扣除** 2. 非居民个人的工资、薪金所得，**以每月收入额**减除5 000元后的余额为应纳税所得额 3. 非居民个人的劳务报酬所得、稿酬所得、特许使用费所得，以每次收入额为应纳税所得额
适用税率	3%～45%超额累进税率

（二）经营所得

适用税率	5%～35%超额累进税率
应纳税所得额	以每一纳税年度的收入总额减除成本、费用以及损失后的余额，为应纳税所得额

（三）利息、股息、红利所得、偶然所得

适用税率	20%比例税率
应纳税所得额	以每次收入额为应纳税所得额

（四）财产租赁所得

适用税率	20%比例税率
应纳税所得额	每次收入不超过4 000元的，减除费用800元；4 000元以上的，减除20%的费用，其他为应纳税所得额

（五）财产转让所得

适用税率	20%比例税率
应纳税所得额	以转让财产的收入额减除财产原值和合理费用后的余额，为应纳税所得额

三、税收优惠☆☆☆

（一）免征

1. 省级人民政府、国务院部委和中国人民解放军军以上单位，以及外国组织、国际组织颁发的科学、教育、技术、文化、卫生、体育、环境保护等方面的奖金。

2. 国债和国家发行的金融债券利息。

3. 按照国家统一规定发给的补贴、津贴。

4. 福利费、抚恤金、救济金。

5. 保险赔款。

6. 军人的转业费、复员费、退役金。

7. 按照国家统一规定发给干部、职工的安家费、退职费、基本养老金或者退休费、离休费、离休生活补助费。

8. 依照有关法律规定应予免税的各国驻华使馆、领事馆的外交代表、领事官员和其他人员的所得。

9. 中国政府参加的国际公约、签订的协议中规定免税的所得。

10. 国务院规定的其他免税所得。

前款第10项免税规定，由国务院报全国人民代表大会常务委员会备案。

（二）减征

有下列情形之一的，可以减征个人所得税，具体幅度和期限，由省、自治区、直辖市人民政府规定，并报同级人民代表大会常务委员会备案。

1. 残疾、孤老人员和烈属所得。

2. 因严重自然灾害造成重大损失的。

3. 国务院可以规定其他减税情形，报全国人民代表大会常务委员会备案。

四、税收征收

纳税申报	有下列情形之一的，纳税人应当依法办理纳税申报： （1）取得**综合所得需要办理汇算清缴** （2）取得应税所得没有扣缴义务人 （3）取得应税所得，扣缴义务人未扣缴税款 （4）取得境外所得 （5）因移居境外注销中国户籍 （6）非居民个人在中国境内从两处以上取得工资、薪金所得 （7）国务院规定的其他情形
纳税调整	1. 个人与其关联方之间的业务往来**不符合独立交易原则**而减少本人或者其关联方应纳税额，且无正当理由 2. 居民个人控制的，或者居民个人和居民企业共同控制的设立在实际税负明显偏低的国家（地区）的企业，无合理经营需要，**对应当归属于居民个人的利润不作分配或者减少分配** 3. 个人实施其他**不具有合理商业目的的安排**而获取不当税收利益
税额抵免	居民个人从中国境外取得的所得，可以从其应纳税额中抵免已在境外缴纳的个人所得税税额，但抵免额不得超过该纳税人境外所得依照个人所得税法规定计算的应纳税额

第二节 企业所得税

一、企业所得税的基本制度

（一）纳税人

<table>
<tr><td rowspan="2">纳税人</td><td>原则</td><td>在中华人民共和国境内，企业和其他取得收入的其他组织（以下统称企业）为企业所得税的纳税人</td></tr>
<tr><td>例外</td><td>个人独资企业、合伙企业不适用企业所得税法</td></tr>
<tr><td rowspan="3">分类</td><td rowspan="2">居民企业</td><td>是指依法在中国境内成立或者依照外国（地区）法律成立但实际管理机构在中国境内的企业</td></tr>
<tr><td>居民企业应当就其来源于中国境内、境外的所得缴纳企业所得税，适用税率为25%</td></tr>
<tr><td>非居民企业①</td><td>是指依照外国（地区）法律成立且实际管理机构不在中国境内，但在中国境内设立机构、场所的，或者在中国境内未设立机构、场所，但有来源于中国境内所得的企业</td></tr>
</table>

（二）企业所得税应纳税所得额的计算

应纳税所得额＝收入总额－不征税收入－免税收入－各项扣除－允许弥补的以前年度亏损。

企业实际发生的与取得收入有关的、合理的支出，包括成本、费用、税金、损失和其他支出，准予在计算应纳税所得额时扣除。

二、企业所得税税收优惠☆☆☆

分类	内　　容
不征税收入	1. 财政拨款 2. 依法收取并纳入财政管理的行政事业性收费、政府性基金 3. 国务院规定的其他不征税收入
免税收入	1. **国债利息收入** 2. 符合条件的居民企业之间的**股息、红利**等权益性投资收益 3. 在中国境内设立机构、场所的非居民企业从居民企业取得与该机构、场所有实际联系的**股息、红利**等权益性投资收益 4. **符合条件的非营利组织的收入**

① 非居民企业在中国境内未设立机构、场所的，或者虽然设立机构、场所但取得的所得与其所设机构、场所没有实际联系的，适用税率为20%。

续表

分类	内　　容
免征、减征企业所得税	1. 从事**农、林、牧、渔**业项目的所得 2. 从事国家重点扶持的**公共基础**设施项目投资经营的所得 3. 从事符合条件的**环境保护、节能节水项目**的所得 4. 符合条件的**技术转让**所得 5. 非居民企业在中国境内未设立机构、场所的，或者虽设立机构、场所但取得的所得与其所设机构、场所没有实际联系的
公益性捐赠支出	企业发生的公益性捐赠支出，**在年度利润总额12%以内的部分**，准予在计算应纳税所得额时扣除；**超过年度利润总额12%的部分**，准予结转以后**3年内**在计算应纳税所得额时扣除
亏损	企业纳税年度发生的亏损，准予向以后年度结转，用以后年度的所得弥补，**结转年限最长不得超过5年**
加计扣除	1. 开发新技术、新产品、新工艺发生的研究开发费用**【研发费用】** 2. 安置残疾人员及国家鼓励安置的其他就业人员所支付的工资**【特殊工资】**
不可扣除项目	企业从其关联方接受的债权性投资与权益性投资的比例超过规定标准而发生的利息支出，不得在计算应纳税所得额时扣除 下列无形资产不得在计算摊销费用时扣除：（1）自行开发的支出已在计算应纳税所得额时扣除的无形资产；（2）自创商誉；（3）与经营活动无关的无形资产；（4）其他 下列支出不得扣除：（1）企业所得税税款；（2）税收滞纳金；（3）罚金、罚款和被没收财物的损失
特殊企业可以享受税收优惠	创业投资企业从事国家需要重点扶持和鼓励的创业投资，可以按投资额的一定比例抵扣应纳税所得额

三、税收调整

1. 企业或者外国企业在中国境内设立的从事生产、经营的机构、场所与其关联企业之间的业务往来，应当按照独立企业之间的业务往来收取或者支付价款、费用。

2. 不按照独立企业之间的业务往来收取或者支付价款、费用，而减少其应纳税的收入或者所得额的，税务机关有权进行合理调整。

第三节　增值税、消费税、车船税

一、增值税

概念	以商品和劳务在流通过程中产生的**增加值**为征税对象的一种流转税
纳税人	在我国境内销售货物或者加工、修理修配劳务（以下简称劳务），销售服务、无形资产、不动产以及进口货物的单位和个人，为增值税的纳税人

税收优惠	下列项目免征增值税： （1）**农业生产者销售的自产农业产品** （2）避孕药品和用具 （3）古旧图书 （4）直接用于科学研究、科学试验和教学的进口仪器、设备 （5）外国政府、国际组织无偿援助的进口物资和设备 （6）由残疾人的组织直接进口供残疾人专用的物品 （7）**销售自己使用过的物品**

二、消费税

消费税是以特定消费品的流转额为征税对象的一种税。

纳税人	在我国**境内生产、委托加工和进口应税消费品的单位和个人，以及国务院确定的销售消费税暂行条例规定的消费品的其他单位和个人**
征税对象	应税消费品（主要为**高耗能、高污染和高档消费品**） （1）烟；（2）酒；（3）化妆品；（4）贵重首饰及珠宝玉石；（5）鞭炮、烟火；（6）成品油（含铅汽油除外）和用于调和汽油的主要原材料；（7）摩托车；（8）小汽车；（9）高尔夫球及球具；（10）高档手表；（11）游艇；（12）**木制一次性筷子；（13）实木地板**；（14）电池、涂料
税收优惠	**对纳税人出口应税消费品，免征消费税**；国务院另有规定的除外

三、车船税

纳税人	中国境内车辆、船舶的所有人或管理人	
征税对象	乘用车、商用车、挂车、其他车辆、摩托车、船舶	
减免	法定	1. 捕捞、养殖渔船 2. 军队、武装警察部队专用的车船 3. 警用车船 4. 悬挂应急救援专用号牌的国家综合性消防救援车辆和国家综合性消防救援专用船舶 5. 依照法律规定应当予以免税的外国驻华使领馆、国际组织驻华代表机构及其有关人员的车船以及其他法律、行政法规规定的其他车船免征车船税 **【渔船军警外救援】**
	酌定	1. 对**节约能源**、使用**新能源**的车船可以免征或者减征车船税 2. 对受地震、洪涝等严重自然**灾害**影响纳税困难，以及其他特殊原因确需减税、免税的，可以在一定期限内减征或者免征车船税 3. 省级政府可以根据实际情况，对**公共交通车船**，农村居民拥有并主要在**农村地区使用的摩托车**、三轮汽车和低速载货汽车等定期减征或免征车船税
申报缴纳和扣缴	1. 车船税**按年申报缴纳**	
	2. 车船税纳税义务发生时间为取得车船所有权或者管理权的**当月**	
	3. **从事机动车第三者责任强制保险业务的保险机构为机动车车船税的扣缴义务人，应当在收取保险费时依法代收车船税，并出具代收税款凭证**	

第三节　税收征收管理法

一、税收征收管理制度☆

账簿管理	1. 生产、经营规模小又确无建账能力的纳税人，可以聘请经批准从事会计代理记账业务的专业机构或者财会人员代为建账 2. 计算机输出的完整书面会计记录，可视同会计账簿 3. 账簿保存 10 年
税务机关核定应纳税额	纳税人有下列情形之一的，税务机关有权**核定其应纳税额**： （1）依照法律、行政法规的规定可以**不设置**账簿的 （2）依照法律、行政法规的规定应当设置**账簿**但未设置的 （3）擅自**销毁**账簿或者**拒不提供**纳税资料的 （4）虽设置账簿，但账目**混乱**或者成本资料、收入凭证、费用凭证残缺不全，难以查账的 （5）发生纳税义务，未按照规定的期限办理纳税申报，经税务机关责令限期申报，逾期仍不申报的 （6）纳税人申报的**计税依据**明显偏低，又无正当理由的

二、税款征收保障制度☆☆☆

（一）扣押

前提	未办理税务登记的从事生产、经营的纳税人以及临时从事经营的纳税人，由税务机关核定应纳税额，责令缴纳
不缴纳时的措施	1. 税务机关可以**扣押**其价值相当于应纳税款的商品、货物 2. 扣押后缴纳应纳税款的，税务机关必须立即解除扣押，并归还所扣押的商品、货物 3. 扣押后仍不缴纳应纳税额的，经**县以上税务局（分局）局长批准**，依法拍卖或者变卖所扣押的商品、货物，以拍卖或者变卖所得抵缴税款

（二）税收保全

概念	税收保全是指当税务机关有根据认为从事生产、经营的纳税人有逃避纳税义务行为时，**在规定的纳税期之前采取的措施**
对象	**从事生产经营的纳税人**
前提	1. 税务机关可以在规定的纳税期之前，责令限期缴纳应纳税款 2. 在限期内，发现纳税人有明显的转移、隐匿其应纳税的商品、货物以及其他财产或者应纳税的收入的迹象的，税务机关可以责成纳税人提供纳税担保 3. 纳税人不能提供纳税担保 4. 经县以上税务局（分局）局长批准

税收保全的具体措施	**冻结、扣押、查封**
抵缴措施	**扣缴税款、拍卖、变卖**
注意	1. 维持生活必需的住房、生活必需品、单价5 000元以下的生活用品不可保全、强制执行 2. 机动车、金银饰品、古玩字画、豪宅可执行

（三）税收强制执行

从事生产、经营的纳税人、扣缴义务人未按照规定的期限缴纳或者解缴税款，纳税担保人未按照规定的期限缴纳所担保的税款，由税务机关责令限期缴纳，逾期仍未缴纳的，经县以上税务局（分局）局长批准，税务机关可以采取下列强制执行措施。

1. 书面通知其开户银行或者其他金融机构从其存款中扣缴税款。

2. 扣押、查封、依法拍卖或者变卖其价值相当于应纳税款的商品、货物或者其他财产，以拍卖或者变卖所得抵缴税款。税务机关采取强制执行措施时，对前款所列纳税人、扣缴义务人、纳税担保人未缴纳的滞纳金同时强制执行。个人及其所扶养家属维持生活必需的住房和用品，不在强制执行措施的范围之内。

对比税收保全、税收强制执行

		税收保全	税收强制执行
不同点	对象	**生产、经营的纳税人**	**生产、经营的纳税人、扣缴义务人、纳税担保人**
	措施	**冻结；扣押；查封 （没有滞纳金）**	**扣缴税款；扣押；查封；依法拍卖、变卖 （缴纳滞纳金）**
相同点	批准	二者均要经县以上税务局（分局）局长批准	
	必需品	对生活必需品均不得采取税收保全和税收强制执行措施	

（四）其他税收保障制度

离境清税	1. 欠缴税款的纳税人或者他的法定代表人需要出境的，应当在出境前向税务机关结清应纳税款、滞纳金或者提供担保 2. 未结清税款、滞纳金，又不提供担保的，税务机关可以**通知**出境管理机关阻止其出境
税收优先权	1. **税收优先于无担保债权** 2. **税收与有特定物的担保债权：看欠税时间是否发生在担保设定之前** 3. **税收优先于罚款、没收违法所得**
税收代位权与撤销权	1. 前提： （1）欠税人怠于行使到期债权，或者放弃到期债权，无偿转让财产，或者以不合理低价转让财产 （2）受让人为恶意 （3）**对国家税收造成损害**
	2. 代位权行使：税务机关向人民**法院**以自己的名义代为行使欠税人的债权
	3. 撤销权行使：请求法院**撤销**欠税人的行为

（五）税款的追征

1. **税务机关的责任**，致使少缴、未缴的	**3 年内**，可要求补缴，不得要求滞纳金
2. 因纳税人、扣缴义务人**计算错误**等失误，未缴或者少缴税款的	税务机关在 3 年内可以追征税款、滞纳金；**有特殊情况的（累计税额 10 万元以上），追征期可以延长到 5 年**
3. 对偷税、抗税、骗税的，税务机关追征其未缴或者少缴的税款、滞纳金或者所骗取的税款	不受期限的限制

三、争议解决

纳税争议①	1. 须先缴纳税款及滞纳金或提供相应担保 2. 依法申请行政复议 3. 对复议不服，可以依法起诉
处罚（保全及强制措施）争议	或议或诉

第四节 审计法

一、审计机关的职责

审计机关依照法律规定独立行使审计监督权。

（一）审计机关

1. 审计署

在国务院总理领导下，对中央预算执行情况和其他财政收支情况，对中央银行的财务收支，进行审计监督。

2. 地方各级审计机关

地方各级审计机关，对本级人民政府和上一级审计机关负责并报告工作。审计业务以上级审计机关领导为主。

地方各级审计机关负责人的任免，应当事先征求上一级审计机关的意见。

（二）审计监督职责

审计种类	审计对象	具体审计内容
财政收支	预算、决算	本级各部门（含直属单位）和下级政府预算的执行情况和决算
		政府投资和以政府投资为主的建设项目的预算执行情况和决算

① 对是否纳税、缴纳税款的金额有争议。

续表

审计种类	审计对象	具体审计内容
财务收支	事业单位	国家的事业组织和使用财政资金的其他事业组织的财务收支
	资产、负债、损益	国有企业、国有金融机构和国有资本占控股地位或者主导地位的企业、金融机构的资产、负债、损益以及其他财务收支情况
	国有资源、国有资产	
	政府基金、公共资金	政府部门管理的和其他单位受政府委托管理的社会保险基金、全国社会保障基金、社会捐赠资金以及其他公共资金的财务收支
	援助、贷款	对国际组织和外国政府援助、贷款项目的财务收支

二、审计程序

（一）审计实施

设立审计组	1. 审计机关根据经批准的审计项目计划确定的审计事项组成审计组
	2. 应当在**实施审计3日前，向被审计单位送达审计通知书**
	3. 遇有特殊情况，经**县级以上人民政府审计机关负责人批准**，可以直接持审计通知书实施审计
实施审计	具体实施审计的方式包括： （1）审查财务、会计资料 （2）查阅与审计事项有关的文件、资料，检查现金、实物、有价证券和信息系统 （3）以向有关单位和个人调查等方式进行审计，并取得证明材料。向有关单位和个人进行调查时，**审计人员应当不少于2人**，并出示其工作证件和审计通知书副本

（二）审计报告

审计组报告	1. 审计组对审计事项实施审计后，应当向审计机关提出审计组的审计报告
	2. **审计组的审计报告报送审计机关前，应当征求被审计单位的意见**
	3. 被审计单位应当自接到审计组的审计报告之日起10日内，将其书面意见送交审计组
	4. 审计组向审计机关提交审计组的审计报告时，应当将被审计单位的书面意见一并报送审计机关
审计机关出具的审计报告	1. 审计机关按照规定对审计组的审计报告进行审议、研究后，出具审计机关的审计报告
	2. 审计机关应当将审计机关的审计报告和审计决定送达被审计单位和有关主管机关、单位，并报上一级审计机关
	3. 审计决定自送达之日起生效
	4. 上级审计机关认为下级审计机关作出的审计决定违反国家有关规定的，可以责成下级审计机关予以变更或者撤销，必要时也可以**直接作出变更或者撤销**的决定

（三）救济

1. 被审计单位对审计机关作出的有关财务收支的审计决定不服的，可以依法申请行政复议或者提起行政诉讼。

2. 被审计单位对审计机关作出的有关财政收支的审计决定不服的，可以提请审计机关的本级人民政府裁决，本级人民政府的裁决为最终决定。

三、审计机关的权限

1. 审计机关有权要求被审计单位按照审计机关的规定提供财务、会计资料以及与财政收支、财务收支有关的业务、管理等资料，包括电子数据和有关文档。被审计单位不得拒绝、拖延、谎报。被审计单位负责人应当对本单位提供资料的及时性、真实性和完整性负责。

2. 审计机关进行审计时，有权检查被审计单位的财务、会计资料以及与财政收支、财务收支有关的业务、管理等资料和资产，有权检查被审计单位信息系统的安全性、可靠性、经济性，被审计单位不得拒绝。

3. 金融账户查询。

（1）审计机关经县级以上人民政府审计机关负责人批准，有权查询被审计单位在金融机构的账户。

（2）审计机关有证据证明被审计单位违反国家规定将公款转入其他单位、个人在金融机构账户的，经县级以上人民政府审计机关主要负责人批准，有权查询有关单位、个人在金融机构与审计事项相关的存款。

4. 封存、冻结。

审计机关进行审计时，被审计单位转移、隐匿、篡改、毁弃财务、会计资料以及与财务收支、财政收支有关的业务、管理等资料，审计机关有权予以制止；必要时，经县级以上人民政府审计机关负责人批准，有权封存有关资料和违反国家规定取得的资产；对其中在金融机构的有关存款需要予以冻结的，应当向人民法院提出申请。

5. 暂停拨付、使用。

审计机关对被审计单位正在进行的违反国家规定的财政收支、财务收支行为，有权予以制止；制止无效的，经县级以上人民政府审计机关负责人批准，通知财政部门和有关主管机关、单位暂停拨付与违反国家规定的财政收支、财务收支行为直接有关的款项，已经拨付的，暂停使用。

6. 信息公布。

审计机关可以向政府有关部门通报或者向社会公布审计结果。

第五章　土地法

第一节　土地管理法

一、土地所有权制度☆☆

（一）土地公有制

中华人民共和国实行土地的社会主义公有制，即国家所有①和集体所有②。

（二）集体土地征收

1. 适用前提

为了公共利益的需要，有下列情形之一，确需征收农民集体所有的土地的，可以依法实施征收。

（1）军事和外交需要用地的。

（2）由政府组织实施的能源、交通、水利、通信、邮政等基础设施建设需要用地的。

（3）由政府组织实施的科技、教育、文化、卫生、体育、生态环境和资源保护、防灾减灾、文物保护、社区综合服务、社会福利、市政公用、优抚安置、英烈保护等公共事业需要用地的。

（4）由政府组织实施的扶贫搬迁、保障性安居工程建设需要用地的。

（5）在土地利用总体规划确定的城镇建设用地范围内，经省级以上人民政府批准由县级以上地方人民政府组织实施的成片开发建设需要用地的。

（6）法律规定为公共利益需要可以征收农民集体所有的土地的其他情形。

2. 适用程序

批准主体	征收下列土地的，**由国务院批准**： （1）**永久基本农田** （2）**永久基本农田以外的耕地超过35公顷的** （3）**其他土地超过70公顷的** 征收前款规定以外的土地的，**由省、自治区、直辖市人民政府批准**
	征收农用地的，**应当依照规定先行办理农用地转用审批**

① 城市市区的土地属于国家所有。

② 农村和城市郊区的土地，除由法律规定属于国家所有的以外，属于农民集体所有；宅基地和自留地、自留山，属于农民集体所有。

组织实施	国家征收土地的，依照法定程序批准后，由县级以上地方人民政府予以公告并组织实施

3. 征收补偿

征收土地应当给予公平、合理的补偿，保障被征地农民原有生活水平不降低、长远生计有保障。

征收土地应当依法及时足额支付土地补偿费、安置补助费以及农村村民住宅、其他地上附着物和青苗等的补偿费用，并安排被征地农民的社会保障费用。

（三）权属争议

处理顺序	当事人协商解决 协商不成的，**政府处理** 当事人对政府的处理决定不服的，可以向法院起诉
特别提示	单位之间的争议，由县级以上人民政府处理；个人之间、个人与单位之间的争议，**由乡级人民政府或者县级以上人民政府处理** **在权属争议解决前，任何一方不得改变土地利用现状**

二、土地用途制度☆☆

（一）用途划分管理

国家编制土地利用总体规划，规定土地用途，将土地分为农用地、建设用地和未利用地。严格限制农用地转为建设用地，控制建设用地总量，对耕地实行特殊保护。

（二）建设用地管理

城市建设用地规模应当符合国家规定的标准，充分利用现有建设用地，不占或者尽量少占农用地。

1. 农用地转建设用地

（1）建设占用土地，涉及农用地转为建设用地的，应当办理农用地转用审批手续。

（2）永久基本农田转为建设用地的，由国务院批准。

2. 临时建设用地

审批流程	（1）临时使用国有土地或者农民集体所有的土地的，由县级以上人民政府自然资源主管部门批准
	（2）在城市规划区内的临时用地，在报批前，应当先经有关城市规划行政主管部门同意
	（3）土地使用者应当根据土地权属，与有关自然资源主管部门或者农村集体经济组织、村民委员会签订临时使用土地合同，并按照合同的约定支付临时使用土地补偿费
使用限制	临时使用土地的使用者应当按照临时使用土地合同约定的用途使用土地，并不得修建永久性建筑物
期限	临时使用土地期限一般不超过 2 年

（三）耕地保护制度☆☆

1. 总体要求

（1）国家保护耕地，严格控制耕地转为非耕地。

（2）国家实行占用耕地补偿制度。

（3）确保本行政区域内耕地总量不减少、质量不降低。

（4）禁止任何单位和个人闲置、荒芜耕地。[①]

2. 永久基本农田制度

基本要求	国家实行永久基本农田保护制度
	下列耕地应当根据土地利用总体规划划为永久基本农田，实行严格保护： （1）经国务院农业农村主管部门或者县级以上地方人民政府批准确定的**粮、棉、油、糖等重要农产品生产基地**内的耕地 （2）有良好的水利与水土保持设施的耕地，正在实施改造计划以及可以改造的中、低产田和已建成的高标准农田 （3）**蔬菜生产基地** （4）**农业科研、教学试验田** （5）国务院规定应当划为永久基本农田的其他耕地
	各省、自治区、直辖市划定的永久基本农田一般应当占本行政区域内耕地的**80%以上**
	永久基本农田转为建设用地，由国务院批准
禁止性规定	（1）永久基本农田经依法划定后，任何单位和个人不得擅自占用或者改变其用途
	（2）国家能源、交通、水利、军事设施等重点建设项目选址确实难以避让永久基本农田，涉及农用地转用或者土地征收的，**必须经国务院批准**
	（3）**禁止通过擅自调整总体规划**等方式规避永久基本农田农用地转用或者土地征收的审批
	（4）禁止占用耕地建窑、建坟或者擅自在耕地上建房、挖砂、采石、采矿、取土等
	（5）**禁止占用永久基本农田发展林果业和挖塘养鱼**

三、国有土地使用权☆

（一）出让

出让程序	1. 出让土地符合土地利用总体规划、城市规划和年度建设用地计划
	2. 经市、县政府批准，由市、县土地管理部门与土地使用者签订**书面出让合同（双务有偿有期限）**

① 已经办理审批手续的非农业建设占用耕地，1年内不用而又可以耕种并收获的，应当由原耕种该幅耕地的集体或者个人恢复耕种，也可以由用地单位组织耕种；1年以上未动工建设的，应当按照省、自治区、直辖市的规定缴纳闲置费；连续2年未使用的，经原批准机关批准，由县级以上人民政府无偿收回用地单位的土地使用权；该幅土地原为农民集体所有的，应当交由原农村集体经济组织恢复耕种。

	3. 签订合同后支付出让金，领取土地使用权证，取得土地使用权。**在付清全部出让金之前，只能领取临时土地使用权证**
	4. 建设用地的土地有偿使用费，**30%上缴中央财政，70%留给有关地方政府**
出让方式	1. 可以采取拍卖、招标或者双方协议的方式 2. 商业、旅游、娱乐和豪华住宅用地，有条件的，必须采取拍卖、招标方式；没有条件，不能采取拍卖、招标方式的，可以采取双方协议的方式
改变用途	1. 必须取得出让方和市、县人民政府城市规划行政主管部门的同意 2. 签订土地使用权出让合同变更协议或者重新签订土地使用权出让合同，相应调整土地使用权出让金
收回	1. 原则上，在合同约定使用年限届满前不收回 2. 特殊情况下，根据社会公共利益的需要，可以依法律程序提前收回，并根据实际年限和实际情况给予相应的补偿
续期	1. 住宅建设用地，使用权期限届满的，自动续期。续期费用的缴纳或者减免，依照法律、行政法规的规定办理 2. 非住宅建设用地，依照法律规定办理

（二）划拨

范围	下列建设用地，**经县级以上人民政府依法批准**，可以以划拨方式取得： （1）国家机关用地和军事用地 （2）城市基础设施用地和公益事业用地 （3）国家重点扶持的能源、交通、水利等基础设施用地 （4）法律、行政法规规定的其他用地
性质	1. 行政行为 2. 原则上，以划拨方式取得土地使用权的，没有使用期限的限制

四、集体土地使用权☆☆

（一）土地承包经营权

总要求	发包方和承包方应当依法订立承包合同，约定双方的权利义务	
家庭承包	农民集体所有和国家所有依法由农民集体使用的耕地、林地、草地，以及其他依法用于农业的土地，采取农村集体经济组织内部的家庭承包方式承包	
	期限	家庭承包的耕地的承包期为 30 年，草地的承包期为 30 年至 50 年，林地的承包期为 30 年至 70 年；耕地承包期届满后再延长 30 年，草地、林地承包期届满后依法相应延长
对外承包	不宜采取家庭承包方式的荒山、荒沟、荒丘、荒滩等，可以采取招标、拍卖、公开协商等方式承包，从事种植业、林业、畜牧业、渔业生产	

（二）乡村建设用地

1. 宅基地使用权

一户一宅	农村村民一户只能拥有一处宅基地，其宅基地的面积不得超过省、自治区、直辖市规定的标准
	农村村民出卖、出租、赠与住宅后，再申请宅基地的，不予批准
户有所居	人均土地少、不能保障一户拥有一处宅基地的地区，县级人民政府在充分尊重农村村民意愿的基础上……保障农村村民实现户有所居
使用限制	农村村民建住宅，应当符合乡（镇）土地利用总体规划、村庄规划，不得占用永久基本农田，并尽量使用原有的宅基地和村内空闲地
程序	农村村民住宅用地，由乡（镇）人民政府审核批准；其中，涉及占用农用地的，依法办理审批手续
退出有偿	国家允许进城落户的农村村民依法**自愿有偿退出宅基地**，鼓励农村集体经济组织及其成员盘活利用闲置宅基地和闲置住宅

2. 兴办企业

农村集体经济组织使用乡（镇）土地利用总体规划确定的建设用地兴办企业或者与其他单位、个人以土地使用权入股、联营等形式共同举办企业的，应当持有关批准文件，向县级以上地方人民政府自然资源主管部门提出申请，按照省、自治区、直辖市规定的批准权限，由县级以上地方人民政府批准；其中，涉及占用农用地的，依照规定办理审批手续。

3. 公共设施、公益事业建设

乡（镇）村公共设施、公益事业建设，需要使用土地的，经乡（镇）人民政府审核，向县级以上地方人民政府自然资源主管部门提出申请，按照省、自治区、直辖市规定的批准权限，由县级以上地方人民政府批准；其中，涉及占用农用地的，依照规定办理审批手续。

4. 集体经营性建设用地

入市条件	土地利用总体规划、城乡规划**确定为工业、商业等经营性用途**，并经依法**登记**的**集体经营性建设用地**，经**本集体经济组织成员的村民会议 2/3 以上成员或者 2/3 以上村民代表的同意**，土地所有权人可以通过**出让、出租等方式**交由单位或者个人使用，并**应当签订书面合同**
流转条件	通过**出让**等方式取得的集体经营性建设用地使用权可以转让、互换、出资、赠与或者抵押，但法律、行政法规另有规定或者土地所有权人、土地使用权人签订的书面合同另有约定的除外
使用限制	集体建设用地的使用者应当严格**按照土地利用总体规划、城乡规划确定的用途使用土地**
	在土地利用总体规划制定前已建的不符合土地利用总体规划确定的用途的建筑物、构筑物，不得重建、扩建
年限	参照同类用途的国有建设用地执行

第二节 城乡规划法

一、城乡规划

（一）城乡规划的分类

城乡规划，包括城镇体系规划、城市规划、镇规划、乡规划和村庄规划。

（二）城市规划、镇规划

1. 总体规划

内容	城镇的发展布局，功能分区，用地布局，综合交通体系，禁止、限制和适宜建设的地域范围，各类专项规划等
期限	总体规划的规划期限一般为20年
强制性内容	建设用地规模、基础设施和公共服务设施用地、水源地和水系、基本农田和绿化用地、环境保护、自然与历史文化遗产保护以及防灾减灾等应当作为总体规划的强制性内容
限制	**总体规划确定的建设用地范围以外，不得设立各类开发区和城市新区**

2. 详细规划

控制性详细规划	根据城（镇）总体规划的要求，组织编制控制性详细规划
修建性详细规划	城乡规划主管部门和镇人民政府可以组织编制重要地块的修建性详细规划
	修建性详细规划应当符合控制性详细规划
	优先安排基础设施；公共服务设施的建设

3. 近期建设规划

（1）近期建设规划期限为5年。

（2）近期建设规划应当根据城镇总体规划、土地利用总体规划、年度计划、国民经济和社会发展规划制定。

（3）近期建设规划以重要基础设施、公共服务设施和中低收入居民住房建设以及生态环境保护为重点内容，明确近期建设的时序、发展方向和空间布局。

二、城乡规划的实施☆

（一）一般规则

1. 城市的建设和发展，应当<u>优先安排基础设施以及公共服务设施的建设。</u>

2. 城乡规划主管部门不得在城乡规划确定的建设用地范围以外作出规划许可。

（二）建设用地规划许可

<table>
<tr><td rowspan="3">划拨方式</td><td>一般项目</td><td>审核建设项目→建设单位提出建设用地规划许可申请→规划主管部门核发建设用地规划许可证→自然资源主管部门划拨土地</td></tr>
<tr><td rowspan="2">事先申请选址的项目</td><td>（1）需要有关部门批准或者核准的建设项目，以划拨方式提供国有土地使用权的，建设单位在报送有关部门批准前或者核准前，应当向城乡规划主管部门申请核发选址意见书</td></tr>
<tr><td>（2）其他建设项目不需要申请选址意见书</td></tr>
<tr><td>出让方式</td><td colspan="2">出让前，规划主管部门应当依据控制性详细规划，提出出让地块的位置、使用性质、开发强度等规划条件，作为出让合同的组成部分→取得建设项目的批准、核准、备案文件＋签出让合同→到规划主管部门领建设用地规划许可证</td></tr>
<tr><td>乡村建设</td><td colspan="2">建设单位向乡镇政府提出申请→规划主管部门核发乡村建设规划许可证→自然资源主管部门办理用地审批手续</td></tr>
</table>

（三）临时建设规划许可

批准部门	1. 进行临时建设的，应当经城乡规划主管部门批准 2. 临时建设影响近期建设规划或者控制性详细规划的实施以及交通、市容、安全等的，不得批准
违章建设的种类	1. 未经批准进行临时建设的 2. 未按照批准内容进行临时建设的 3. 临时建筑物、构筑物超过批准期限不拆除的
对违章建设的处罚	1. 违反者，**由城乡规划主管部门责令限期拆除，可并处罚款** 2. 城乡规划主管部门作出责令停止建设或者限期拆除的决定后，当事人不停止建设或者逾期不拆除的，建设工程所在地县级以上地方人民政府可以责成有关部门采取查封施工现场、强制拆除等措施

（四）变更规划条件

1. 建设单位应当按照规划条件进行建设。

2. 确需变更的，必须向城乡规划主管部门提出申请。变更内容不符合控制性详细规划的，城乡规划主管部门不得批准。

3. 城乡规划主管部门应当及时将依法变更后的规划条件通报同级土地主管部门并公示。

4. 建设单位应当及时将依法变更后的规划条件报有关人民政府土地主管部门备案。

第三节　房地产交易制度

1. 按照交易形式不同，房地产交易可分为房地产转让、抵押、租赁。

2. 房地一体主义：交易原则采取房地一体主义。房地产交易时，房屋的所有权和该房屋占用范围内的土地使用权同时转让、抵押。

3. 登记生效主义：房地产转让、抵押，当事人应当办理权属登记。

一、房地产转让

以出让方式取得土地使用权的转让条件	以出让方式取得土地使用权，转让其上房屋要满足**“一金二证一投资开发”**的条件。 （1）按照出让合同约定**已经支付全部土地使用权出让金，并取得土地使用权证书** （2）按照出让合同约定进行投资开发，**属于房屋建设工程的，完成开发投资总额的25%以上，属于成片开发土地的，形成工业用地或者其他建设用地条件** （3）转让房地产时房屋已经建成的，**还应当持有房屋所有权证书**
	转让房地产后其土地使用权的使用年限为原出让合同约定的使用年限减去已经使用年限后的剩余年限
以划拨方式取得土地使用权的转让条件	1. **报有批准权的人民政府审批** 2. 有批准权的人民政府准予转让的，应当由**受让方**办理土地使用权出让手续，并依照国家有关规定缴纳土地使用权出让金 3. 有批准权的人民政府按照国务院规定决定可以**不办理土地使用权出让手续的，转让方**应当按照国务院规定将转让房地产所获收益中的**土地收益上缴国家**或者作其他处理

二、房地产的抵押

出让方式下土地和房屋的抵押	**以出让方式取得的土地使用权，可以单独设定抵押权**；若该土地上有房屋时，应当将该国有土地上的房屋**同时抵押**
划拨方式下土地和房屋的抵押	1. 以划拨方式取得的土地使用权不得单独抵押 2. 设定房产抵押权的土地使用权是以划拨方式取得的，以房产设定抵押时必须同时抵押房屋所占用范围内划拨的土地使用权。依法拍卖该房地产后，**应当从拍卖所得中缴纳相当于土地使用权出让金的款额后，抵押权人方可受偿**
新增地上物的处理	1. 房地产抵押合同签订后，**土地上新增的房屋不属于抵押财产** 2. 需要拍卖该抵押的房地产时，因新增房屋与抵押财产无法实际分割，可以依法将土地上新增的房屋与抵押财产一同拍卖，但对拍卖新增房屋所得，抵押权人无权优先受偿

三、房屋租赁

以营利为目的，房屋所有权人将以划拨方式取得使用权的国有土地上建成的房屋出租的，应当将租金中所含土地收益上缴国家。

四、商品房预售

商品房预售条件	1. **已交付全部土地使用权出让金，取得土地使用权证书** 2. **持有建设工程规划许可证** 3. 按提供预售的商品房计算，**投入开发建设的资金达到工程建设总投资的25%以上，**并已经确定施工进度和竣工交付日期

商品房预售条件	4. 向房产管理部门办理预售登记，**取得商品房预售许可证明。**无证预售的，预售合同无效，但起诉前取得预售许可证的，可以认定为有效
备案	商品房预售人应当将预售合同报县级以上房产管理部门备案。**未备案不影响合同效力**
款项用途	商品房预售所得款项，必须用于有关的工程建设

第四节　不动产登记法律制度

一、不动产登记簿、不动产权属证书、不动产交易合同

不动产登记簿	**登记生效**	不动产物权的设立、变更、转让和消灭，依照法律规定应当登记的，自记载于不动产登记簿时发生效力
	永久保存	不动产登记簿由不动产登记机构**永久保存**
登记簿和权属证书的关系	1. 不动产权属证书，**是权利人享有该不动产物权的证明** 2. 不动产权属证书记载的事项，应当与不动产登记簿一致；记载不一致的，除有证据证明不动产登记簿确有错误外，以不动产登记簿为准	
登记簿和合同的关系	不动产物权的设立、变更、转让和消灭等合同，除法律另有规定或者合同另有约定外，自合同成立时生效：未办理不动产登记的，不影响合同效力	

二、不动产登记程序

申请	**双方申请为原则，单方申请为例外**①
受理	不动产登记机构收到不动产登记申请材料，应当分别按照下列情况办理： (1) 登记职责范围内＋申请材料瑕疵可当场更正→当场更正＋书面告知受理 (2) 登记职责范围内＋申请材料不合要求，无法当场更正→当场书面告知不受理＋一次性告知需补正内容 (3) 未当场书面告知申请人不予受理的，视为受理
查验事项	不动产登记机构受理不动产登记申请的，应当按照下列要求进行查验： (1) 不动产界址、空间界限、面积等材料与申请登记的不动产状况是否一致 (2) 有关证明材料、文件与申请登记的内容是否一致 (3) 登记申请是否违反法律、行政法规规定

① 属于下列情形之一的，可以由当事人单方申请：
第一，尚未登记的不动产首次申请登记的。
第二，继承、接受遗赠取得不动产权利的。
第三，法院、仲裁委员会生效的法律文书或者政府生效的决定等设立、变更、转让、消灭不动产权利的。
第四，权利人姓名、名称或者自然状况发生变化，申请变更登记的。
第五，不动产灭失或者权利人放弃不动产权利，申请注销登记的。
第六，申请更正登记或者异议登记的。
第七，其他。

实地查看	下列情形，不动产登记机构可以对申请登记的不动产进行实地查看： (1) 房屋等建筑物、构筑物所有权**首次登记** (2) 在建建筑物抵押权登记 (3) 因不动产灭失导致的注销登记 (4) 不动产登记机构认为需要实地查看的其他情形
不予登记	登记申请有下列情形之一的，不动产登记机构应当不予登记，并书面告知申请人： (1) 违反法律、行政法规规定的 (2) 存在尚未解决的权属争议的 (3) 申请登记的不动产权利超过规定期限的 (4) 其他
信息共享	1. 权利人、利害关系人可以依法查询、复制 2. 有关国家机关可以依照法律、行政法规的规定查询、复制与调查

第三部分　环境资源法

第一章　环境保护法

一、环境影响评价制度

（一）规划的环境影响评价☆☆☆

<table>
<tr><td rowspan="4">总体规划</td><td>对象</td><td>土地利用的有关规划，区域、流域、海域的建设、开发利用规划</td></tr>
<tr><td rowspan="3">程序</td><td>1. 在规划编制过程中组织进行环境影响评价，编写该规划有关环境影响的篇章或者说明</td></tr>
<tr><td>2. 未编写有关环境影响的篇章或者说明的规划草案，审批机关不予审批</td></tr>
<tr><td>3. 对环境有重大影响的规划实施后，编制机关应当及时组织环境影响的跟踪评价，并将评价结果报告审批机关</td></tr>
<tr><td rowspan="5">专项规划</td><td>对象</td><td>工业、农业、畜牧业、林业、能源、水利、交通、城市建设、旅游、自然资源开发的有关专项规划</td></tr>
<tr><td rowspan="4">程序</td><td>1. 应当在该专项规划草案上报审批前，组织进行环境影响评价，并向审批该专项规划的机关提出环境影响报告书。未附送环境影响报告书的，审批机关不予审批</td></tr>
<tr><td>2. 对可能造成不良影响并直接涉及公众权益的规划，应当在该规划草案报送审批前，举行听证会、论证会</td></tr>
<tr><td>3. 人民政府在审批专项规划草案、作出决策前，对环境影响报告书进行审查</td></tr>
<tr><td>4. 有重大影响的规划实施后，进行跟踪评价，并将评价结果报告审批机关</td></tr>
</table>

（二）建设项目的环境影响评价☆☆☆

1. 建设项目环评的分类管理

类别	分类管理
可能造成重大环境影响的建设项目→报告书、全面评价、审批	（1）应当编制环境影响报告书；对产生的环境影响进行**全面评价** （2）在对水环境可能造成影响和可能产生环境噪声污染的建设项目的环境影响报告书中，应该有该建设项目所在地单位和居民的意见（**水污染、噪声污染**）
可能造成轻度环境影响的建设项目→报告表、专项评价、审批	应当编制环境影响报告表，对产生的环境影响进行分析或者专项评价
对环境影响很小的建设项目→登记表、备案	（1）应当填报环境影响登记表 （2）无须审批，备案管理

2. 建设项目环评时间及审批

环评时间	（1）建设项目的环境影响评价报告文件，均应在建设项目**可行性研究阶段报批** （2）建设单位应当在**报批**建设项目环境影响报告书**前**，举行论证会、听证会或者采取其他形式，征求有关单位、专家和公众的意见
审批机关	（1）**国务院**生态环境主管部门负责审批 ① **核**设施、**绝密**工程等特殊性质的建设项目 ② 跨省、自治区、直辖市行政区域的建设项目 ③ 由国务院审批的或者由国务院授权有关部门审批的建设项目的环评文件 （2）**其他项目的审批权限，由省级政府规定** 建设项目**可能造成跨行政区域的不良环境影响，**有关生态环境主管部门对该项目的环境影响评价结论**有争议的，**其环境影响评价文件由**共同的上一级生态环境主管部门审批**
费用收取	审核、审批建设项目环境影响报告书、报告表以及备案环境影响登记表，**不得收取任何费用**
未环评不得开工建设	建设项目的环境影响评价文件未依法经审批部门审查或者审查后未予批准的，建设单位不得开工建设
环评机构	为环评提供技术服务的机构，不得与审批部门存在任何利益关系

3. 特殊环评

重新报批	建设项目的环境影响评价文件经批准后，**建设项目**的性质、规模、地点、采用的生产工艺或者**防治污染、防止生态破坏的措施发生重大变动的，**建设单位应当**重新报批**建设项目的环境影响评价文件
重新审核	建设项目的环境影响评价文件**自批准之日起超过 5 年，**方决定该项目开工建设的，其环境影响评价文件应当报原审批部门**重新审核**
后评价	在项目建设、运行过程中产生**不符合经审批的环境影响评价文件的情形的，建设单位应当组织环境影响的后评价，**采取改进措施，并报原环境影响评价文件审批部门和建设项目审批部门备案；原环境影响评价文件审批部门也可以责成建设单位进行环境影响的后评价，采取改进措施

4. 规划环评与项目环评间的关系

（1）建设项目的环境影响评价，应当避免与规划的环境影响评价相重复。

（2）作为一项整体建设项目的规划，按照建设项目进行环境影响评价，不进行规划的环境影响评价。

（3）已经进行了环境影响评价的规划包含具体建设项目的，规划的环境影响评价结论应当作为建设项目环境影响评价的重要依据，建设项目环境影响评价的内容应当根据规划的环境影响评价审查意见予以简化。

二、环境标准制度☆☆

环境质量标准	环境质量标准，是环境中所允许含有有害物质或因素的**最高限额**
	环境质量标准是确认环境是否被污染，以及排污者承担相应民事责任的主要根据
	分类： （1）**国标**。由生态环境主管部门制定国家环境质量标准 （2）**地标**。**省级政府**对国家环境质量标准中未作规定的项目，可以制定地方环境质量标准；对国家环境质量标准中已作规定的项目，**可以制定严于国家环境质量标准的地方环境质量标准**。地方标准报国务院生态环境主管部门备案
排污标准	1. 污染物排放标准，是允许排污企业排放污染物或有害环境的能量的**最高限额**
	2. 污染物排放标准是认定排污行为是否合法，以及排污者是否承担行政法律责任的主要根据
	3. 分类（同环境质量标准）
二者关系	二者关系：**在我国环保标准体系中，环境质量标准是核心**。例如，根据国家环境质量标准及经济、技术条件，制定国家污染物排放标准。（环境质量标准是基础）

三、信息公开和公众参与☆

主体	公开内容
重点排污单位	如实向社会公开其主要污染物的名称、排放方式、排放浓度和总量、超标排放情况，以及防治污染设施的建设和运行情况，接受社会监督
对依法应当编制环境影响报告书的建设项目	建设单位编制时向可能受影响的公众说明情况，充分征求意见
负责审批建设项目环境影响评价文件的部门	收到建设项目环境影响报告书后，除涉及国家秘密和商业秘密的事项外，应当全文公开；发现建设项目未充分征求公众意见的，应当责成建设单位征求公众意见

四、生态保护制度☆

红线制度	国家在**重点生态功能区、生态环境敏感区和脆弱区**等区域划定生态保护红线，实行严格保护（**功、敏、脆**）

生态保护补偿制度	1. 国家加大对生态保护地区的财政转移支付力度 2. 国家**指导**受益地区和生态保护地区政府通过协商或者**按照市场规则进行生态保护补偿**
保护生物多样性	引进外来物种以及研究、开发和利用生物技术，应当采取措施，**防止对生物多样性的破坏**

五、其他环境保护制度☆☆

制度类型	具体内容
“三同时”制度	1. 建设项目主体工程、环保防治污染的设施：**同时设计、同时施工、同时投产使用**（包括同时投入试运行、同时竣工验收） 2. 防治污染的设施不得擅自拆除或者闲置
环境保护税制度	对**大气污染物、水污染物、固体废物和噪声四类污染物，由税务部门征收环保税**
总量控制制度	1. 针对**重点污染物排放的地区和流域** 2. 程序：**国务院下达**重点污染物排放总量控制指标→**省级政府分解**落实→**企业事业单位遵守**分解落实到本单位的总量控制指标 3. 对**超过国家重点污染物排放**总量控制指标或者**未完成**国家确定的环境质量目标的地区，**省级以上生态环境主管部门应当暂停审批**其新增重点污染物排放总量的建设项目环境影响评价文件

六、环境行政责任

违法排放的行政责任	1. **企业事业单位和其他生产经营者违法排放污染物**，受到罚款处罚，被责令改正，拒不改正的，依法作出处罚决定的行政机关可以**自责令改正之日的次日起**，按照原处罚数额**按日连续处罚**，上不封顶 2. 罚款的数额，按照防止污染设施的运行成本、违法行为造成的直接损失或违法所得等因素确定
超标排放的行政责任	超过污染物排放标准或者超过重点污染物排放总量控制指标排放污染物的，县级以上人民政府**生态环境主管部门**可以责令其采取**限制生产、停产整治**等措施；情节严重的，报经有批准权的**人民政府批准，责令停业、关闭**
擅自开工建设的行政责任	建设单位未依法提交建设项目**环境影响评价文件**或者环境影响评价文件未经批准，擅自开工建设的，由负有环境保护监督管理职责的部门责令**停止建设，处以罚款，并可以责令恢复原状**
违反信息公开义务的行政责任	重点排污单位不公开或者不如实公开环境信息的，由县级以上地方人民政府生态环境主管部门**责令公开，处以罚款，并予以公告**

<table>
<tr><td>直接责任人员的行政责任</td><td>企业事业单位和其他生产经营者有下列行为之一，尚不构成犯罪的，除依照有关法律法规的规定予以处罚外，案件移送公安机关，对其直接负责的主管人员和其他直接责任人员，处10日以上15日以下拘留；情节较轻的，处5日以上10日以下拘留。
(1) 建设项目未依法进行环境影响评价，被责令停止建设，拒不执行的(未环评、不停建)
(2) 违反法律规定，未取得排污许可证排放污染物，被责令停止排污，拒不执行的(违法排污)
(3) 通过暗管、渗井、渗坑、灌注或者篡改、伪造监测数据，或者不正常运行防治污染设施等逃避监管的方式违法排放污染物的
(4) 生产、使用国家明令禁止生产、使用的农药，被责令改正，拒不改正的</td></tr>
</table>

七、环境民事责任

<table>
<tr><td>无过错责任原则</td><td colspan="2">法定免责理由：
(1) 不可抗力
(2) 被害人故意自招其害</td></tr>
<tr><td rowspan="2">举证责任</td><td>被侵权方需要证明</td><td>(1) 污染者排放了污染物
(2) 被侵权人的损害
(3) 污染者排放的污染物或者其次生污染物与损害之间具有关联性</td></tr>
<tr><td>侵权方需要证明</td><td>行为人应当就法律规定的不承担责任或者减轻责任的情形及其排污行为与损害后果之间不存在因果关系承担举证责任</td></tr>
<tr><td>多因一果</td><td colspan="2">两个以上侵权人污染环境、破坏生态的，承担责任的大小，根据污染物的种类、浓度、排放量，破坏生态的方式、范围、程度，以及行为对损害后果所起的作用等因素确定(按份责任)</td></tr>
<tr><td>第三人过错的处理</td><td colspan="2">因第三人的过错污染环境、破坏生态的，被侵权人可以向侵权人请求赔偿，也可以向第三人请求赔偿。侵权人赔偿后，有权向第三人追偿(不真正连带责任)</td></tr>
<tr><td>第三人连带责任</td><td colspan="2">环境影响评价机构、环境监测机构……在有关环境服务活动中弄虚作假……应当与造成环境污染和生态破坏的其他责任者承担连带责任</td></tr>
<tr><td>诉讼时效</td><td colspan="2">1. 停止侵害、排除妨碍、消除危险，无时效限制
2. 损害赔偿的诉讼时效是3年，从当事人知道或者应当知道受到污染损害时起计算</td></tr>
<tr><td>行政调解</td><td colspan="2">环境民事侵权纠纷中，环境行政调解处理不是必经程序</td></tr>
</table>

八、环境公益诉讼

<table>
<tr><td>主体</td><td>1. 依法在设区的市级以上人民政府民政部门登记的社会组织
2. 专门从事环境保护公益活动连续5年以上且无违法记录</td></tr>
<tr><td>跨区诉讼</td><td>环境公益诉讼不受地域限制</td></tr>
<tr><td>与私益诉讼并行</td><td>环境公益诉讼，不影响同一污染行为的受害人提起私益诉讼。生效判决有利于私益诉讼原告的，该原告可在诉讼中主张适用</td></tr>
</table>

第二章　森林法

一、权属制度

<table>
<tr><td>森林所有权</td><td colspan="2">1. 森林资源属于国家所有
2. 由法律规定属于集体所有的除外</td></tr>
<tr><td rowspan="2">林木所有权</td><td>个人</td><td>(1) 农村居民在房前屋后、自留地、自留山种植的林木，归个人所有
(2) 城镇居民在自有房屋的庭院内种植的林木，归个人所有</td></tr>
<tr><td>承包者</td><td>集体或者个人承包国家所有和集体所有的宜林荒山荒地荒滩营造的林木，归承包的集体或者个人所有；合同另有约定的从其约定</td></tr>
<tr><td rowspan="2">权属争议</td><td>行政处理前置</td><td>(1) 单位之间发生的林木、林地所有权和使用权争议，由县级以上政府依法处理
(2) 个人之间、个人与单位之间发生的林木所有权和林地使用权争议，由乡镇人民政府或者县级以上人民政府依法处理
(3) 当事人对政府的处理决定不服的，可以向法院起诉</td></tr>
<tr><td>维持林地现状</td><td>权属争议解决前，除因森林防火、林业有害生物防治、国家重大基础设施建设等需要外，当事人任何一方不得砍伐有争议的林木或者改变林地现状</td></tr>
</table>

二、森林分类经营管理☆

森林按功能分为公益林和商品林。

(一) 公益林

<table>
<tr><td>概念</td><td>根据生态保护的需要，将森林生态区位重要或者生态状况脆弱，以发挥生态效益为主要目的的林地和林地上的森林划定为公益林</td></tr>
<tr><td>管理</td><td>1. 国家对公益林实施严格保护
2. 可以合理利用公益林林地资源和森林景观资源，适度开展林下经济、森林旅游等</td></tr>
<tr><td rowspan="2">采伐</td><td>1. 公益林只能进行抚育、更新和低质低效林改造性质的采伐（但因科研或者实验、防治林业有害生物、建设护林防火设施、营造生物防火隔离带、遭受自然灾害等需要采伐的除外）</td></tr>
<tr><td>2. 自然保护区的林木，禁止采伐（但因防治林业有害生物、森林防火、维护主要保护对象生存环境、遭受自然灾害等特殊情况必须采伐的和实验区的竹林除外）</td></tr>
</table>

(二) 商品林☆

概念	未划定为公益林的林地和林地上的森林属于商品林
管理	商品林由林业经营者依法自主经营
采伐	商品林**严格控制采伐面积，伐育同步规划实施**

（三）禁止性规定

1. 任何组织和个人不得侵犯森林、林木、林地的所有者和使用者的合法权益。
2. 不得非法改变林地用途和毁坏森林、林木、林地。
3. 禁止毁林开垦、采石、采砂、采土以及其他毁坏林木和林地的行为。
4. 禁止向林地排放重金属或者其他有毒有害物质。
5. 禁止在幼林地砍柴、毁苗、放牧。
6. 禁止擅自移动或者损坏森林保护标志。
7. 禁止破坏古树名木和珍贵树木及其生存的自然环境。

三、森林保护措施☆

林地保护	1. 严格控制林地转为非林地，实行占用林地总量控制，确保林地保有量不减少 2. 各类建设项目占用林地不得超过本行政区域的占用林地总量控制指标
特殊林区的保护	1. **重点林区**按照规定享受国家重点生态功能区**转移支付**等政策 2. 在典型森林生态地区、珍贵动物和植物生长繁殖的林区、天然热带雨林区，建立**以国家公园为主体**的自然保护地体系 3. 国家实行**天然林全面保护制度**，严格限制天然林采伐，逐步提高天然林生态功能
临时用地	1. 应当经县级以上人民政府林业主管部门批准 2. 一般不超过 2 年 3. 不得修建永久性建筑物 4. 临时使用林地期满后 1 年内，用地单位或者个人应当恢复植被和林业生产条件

第三章 矿产资源法

一、权属制度

1. 矿产资源属于国家所有。国家对矿产资源勘查实行统一的区块登记管理制度。

2. 地表或者地下的矿产资源的国家所有权，不因其所依附的土地的所有权或者使用权的不同而改变。

3. 矿业权包括探矿权和采矿权。国家实行探矿权、采矿权有偿取得的制度。

4. 开采矿产资源，必须按照国家有关规定缴纳资源税和资源补偿费。

二、勘查开发管理

<table>
<tr><td rowspan="2">开采审批制度</td><td colspan="2">实行中央政府和省级政府两级审批制度</td></tr>
<tr><td colspan="2">开采下列矿产资源，由国务院地质矿产主管部门审批，并颁发采矿许可证。
(1) 国家规划矿区和对国民经济具有重要价值的矿区内的矿产资源
(2) 前项规定区域以外可供开采的矿产储量规模在大型以上的矿产资源
(3) 国家规定实行保护性开采的特定矿种
(4) 领海及中国管辖的其他海域的矿产资源</td></tr>
<tr><td>有计划开采措施</td><td colspan="2">1. 对国家规划矿区
2. 对国民经济具有重要价值的矿区
3. 实行保护性开采的特定矿种，实行有计划的开采；未经国务院有关主管部门批准，任何单位和个人不得开采</td></tr>
<tr><td rowspan="2">个人采挖项目</td><td>允许</td><td>(1) 零星分散资源
(2) 只能用作普通建筑材料的砂、石、黏土
(3) 为生活自用采挖少量矿产</td></tr>
<tr><td>禁止</td><td>矿产储量规模适宜由矿山企业开采的矿产资源、国家规定实行保护性开采的特定矿种、禁止个人开采的其他矿产资源，个人不得开采</td></tr>
<tr><td>禁止开采的地区</td><td colspan="2">非经国务院授权的有关主管部门同意，不得在下列地区开采矿产资源。
(1) 港口、机场、国防工程设施圈定地区以内
(2) 重要工业区、大型水利设施、城镇市政工程设施附近一定距离以内
(3) 铁路、重要公路两侧一定距离以内
(4) 重要河流、堤坝两侧一定距离以内
(5) 国家划定的自然保护区、重要风景区，国家重点保护的不能移动的历史文物和名胜古迹所在地</td></tr>
<tr><td>矿区争议解决</td><td colspan="2">1. 矿区范围的争议，由当事人协商解决
2. 协商不成的，由有关县级以上地方人民政府根据依法核定的矿区范围处理
3. 跨省、自治区、直辖市的矿区范围的争议，由有关省级人民政府协商解决，协商不成的，由国务院处理</td></tr>
</table>

第四部分　劳动与社会保障法

第一章　劳动法和劳动合同法

第一节　劳动法律关系

一、适用范围的一般规定

（一）调整对象

劳动法的主要调整对象为劳动关系。狭义的劳动关系指的是劳动者[①]与用人单位[②]之间在实现劳动过程中发生的社会关系。

（二）对特殊对象的保护

1. **禁止用人单位招用未满16周岁的未成年人。**

2. 文艺、体育和特种工艺单位招用未满16周岁的未成年人，必须遵守国家有关规定，并保障其接受义务教育的权利。

① 劳动者是指劳动力的所有者，可以运用其脑力和体力从事物质创作和完成其他工作任务。劳动者包括在法定劳动年龄内具有劳动能力的我国公民、外国人、无国籍人，不包括公务员、事业单位和社会团体中纳入公务员编制或者参照公务员进行管理的人员、现役军人、家庭雇佣劳动关系、单纯从事农业生产的农民等。

② 用人单位是指使用和管理劳动者并付给其劳动报酬的单位。劳动法限定用人单位为依法成立的企业、个体经济组织、国家机关、事业组织、社会团体、民办非企业单位等组织。

3. 对未成年工的特殊保护。

定义	未成年工是指**年满 16 周岁未满 18 周岁的劳动者**
健康检查	用人单位应当对**未成年工定期进行健康检查**
禁止性规定	不得安排**未成年工**从事矿山井下、**有毒有害**、第四级体力劳动强度的劳动

4. 对女职工的特殊保护。

一般规定	禁止安排从事**矿山井下、第四级体力劳动强度**的劳动
经期	不得安排从事**高处、低温、冷水作业**和**第三级体力**劳动强度的劳动
孕期	(1) 不得安排从事**第三级体力**劳动强度的劳动和孕期禁忌从事的劳动 (2) **对怀孕 7 个月以上的女职工**，不得安排**其延长工作时间和夜班劳动**
哺乳期	**在哺乳未满一周岁的婴儿期间不得安排从事第三级体力劳动强度的劳动和哺乳期禁忌从事的其他劳动**，不得安排其延长工作时间和夜班劳动
	女职工生育享受**不少于 98 天的产假**

二、劳动合同☆☆

（一）定义与类型

劳动合同，是劳动者与用人单位之间确立劳动关系，明确双方权利和义务的书面协议。

劳动合同分为固定期限劳动合同、无固定期限劳动合同和以完成一定工作任务为期限的劳动合同。

（二）无固定期限劳动合同

无固定期限劳动合同，是指用人单位与劳动者约定**无确定终止时间的劳动合同**。

订立	意定	用人单位与劳动者协商一致，可以订立无固定期限劳动合同
	法定	有下列情形之一，劳动者提出或者同意续订、订立劳动合同的，**除劳动者提出订立固定期限劳动合同外**，应当订立无固定期限劳动合同。 (1) 劳动者在该用人单位**连续工作满 10 年的** (2) 用人单位初次实行劳动合同制度或者国有企业改制重新订立劳动合同时，劳动者在该用人单位连**续工作满 10 年且距法定退休年龄不足 10 年的** (3) **连续订立 2 次固定期限劳动合同**，且劳动者没有过错性辞退和非过错性辞退的情形，续订劳动合同的（从 2008 年 1 月 1 日起计算）
	推定	用人单位自用工之日起满 1 年不与劳动者订立书面劳动合同的，**视为**用人单位与劳动者已订立无固定期限劳动合同
例外	地方政府及相关部门为安置就业困难人员提供的给予岗位补贴和社会保险补贴的公益性岗位，其劳动合同不适用无固定期限劳动合同的规定以及支付经济补偿的规定	

三、劳动合同的订立☆☆

劳动关系的建立	建立劳动关系，应当订立书面劳动合同 劳动关系自用工之日起建立	
未订立书面劳动合同	**1个月内**	（1）用人单位**尚无不利后果** （2）经用人单位书面通知，若劳动者不愿签订劳动合同，用人单位应当**书面通知**劳动者终止劳动关系，**无须支付经济补偿，但应当支付劳动报酬**
	1个月～1年	（1）用人单位应当**每月支付2倍工资，并补订书面劳动合同**① （2）劳动者不与用人单位订立书面劳动合同的，用人单位应书面通知劳动者终止劳动关系，并支付**经济补偿**
	超过1年	（1）**视为**已订立无固定期限劳动合同 （2）并同时向劳动者最多支付**11个月双倍工资**

四、劳动合同的条款☆☆☆

（一）试用期条款

不得约定试用期的情形	（1）以完成一定工作任务为期限的劳动合同 （2）劳动合同期限不满3个月的 （3）非全日制用工	
试用期约定限制	（1）**同一用人单位与同一劳动者只能约定一次试用期。**劳动者在同一用人单位调整或变更工作岗位，用人单位不得再次约定试用期	
	（2）试用期包含在劳动合同期限内。劳动合同仅约定试用期的，试用期不成立，该期限为劳动合同期限	
试用期时间	劳动合同期限**3**个月以上不满**1**年的	不超过**1**个月
	劳动合同期限**1**年以上不满**3**年的	不得超过**2**个月
	3年以上固定期限和无固定期限的劳动合同	试用期不得超过6个月
试用期工资	劳动者在试用期的工资**不得低于**本单位相同岗位最低档工资的**80%**或者劳动合同约定工资的80%，并**不得低于**用人单位所在地的**最低工资标准**	
解除试用期合同的限制	在试用期中，劳动者有过错或者劳动者自身原因导致不能胜任工作，可以解除合同	
试用期内劳动者的各项劳动权利受法律保护，**用人单位应为劳动者缴纳社会保险**		

（二）保密条款

1. 双方当事人可以就商业秘密的范围、保密期限、保密措施、保密义务及赔偿责

① 每月支付2倍工资的起算时间，为用工之日起满1个月的次日，截止时间为补订书面劳动合同的前一日。劳动者请求2倍工资，适用仲裁时效1年的限制。

任等进行约定。

2. 劳动者因违反约定保密事项给用人单位造成损失的，应承担赔偿责任。

（三）竞业限制条款

主体	负保密义务人员；高级管理人员；高级技术人员
内容	在解除或终止劳动合同后： （1）禁止到竞争对手处工作 （2）禁止自己开业与原单位竞争
时间	最长2年，原单位在禁止期限内，按月给付经济补偿
对未约定金额的处理	**按照劳动者在劳动合同解除或者终止前12个月平均工资的30%按月支付经济补偿。**月平均工资的30%低于劳动合同履行地最低工资标准的，按照劳动合同履行地最低工资标准支付
注意	1. 单位解约：额外支付3个月经济补偿 2. 单位违约：如果因为用人单位的原因3个月未支付经济补偿金，劳动者可以请求解除竞业限制约定 3. 劳动者违约：支付违约金，遵守竞业义务

（四）服务期条款

1. 一般规则

适用	用人单位为劳动者提供专项培训费用，对其进行**专业技术培训的，**可以与该劳动者订立协议，**约定服务期**[①]
违约金	劳动者违反服务期约定的，应当按照约定向用人单位支付**违约金**
	违约金的数额不得超过用人单位提供的培训费用。用人单位要求劳动者支付的违约金不得超过服务期尚未履行部分所应**分摊**的培训费用
工资调整	用人单位与劳动者约定服务期的，**不影响**按照正常的工资调整机制提高劳动者在服务期期间的劳动报酬

2. 约定服务期条款下，劳动合同的解除

用人单位解除	原则	用人单位因裁员、情势变更解除未到服务期的合同，劳动者无须支付违约金
	例外	劳动者有严重过错，用人单位解除约定服务期的劳动合同的，劳动者要支付违约金
劳动者解除	一般	未到服务期，劳动者提出解除劳动合同的，要支付违约金
	例外	无须支付违约金的情形： （1）用人单位未按照劳动合同约定提供劳动保护或者劳动条件的 （2）用人单位未及时足额支付劳动报酬的 （3）用人单位未依法为劳动者缴纳社会保险费的 （4）用人单位的规章制度违反法律、法规的规定，损害劳动者权益的 （5）因欺诈、胁迫等违背劳动者真实意思导致劳动合同无效的 （6）法律、行政法规规定劳动者可以解除劳动合同的其他情形

① 所谓服务期是指法律规定的因用人单位为劳动者提供专业技术培训，双方约定的劳动者为用人单位必须服务的期间。

五、劳动合同的解除☆☆☆

劳动合同的解除，指在劳动合同期满之前终止劳动合同关系的法律行为。

（一）双方协商解除劳动合同

用人单位与劳动者协商一致，可以解除劳动合同。

（二）劳动者单方解除劳动合同

预告解除	劳动者**提前30日以书面形式通知**用人单位，可以解除劳动合同。劳动者在试用期内提前3日通知用人单位，可以解除劳动合同
随时通知解除（违约）	用人单位有下列情形之一的，劳动者可以解除劳动合同： （1）未按照劳动合同约定提供劳动保护或者劳动条件的 （2）未及时足额支付劳动报酬的 （3）未依法为劳动者缴纳社会保险费的 （4）用人单位的规章制度违反法律、法规的规定，损害劳动者权益的 （5）因欺诈、胁迫、乘人之危等情形致使劳动合同无效的 （6）其他
立即解除，不需要事先通知（侵权）	用人单位以暴力、威胁或者非法限制人身自由的手段强迫劳动者劳动的，或者用人单位违章指挥、强令冒险作业危及劳动者人身安全的，劳动者可以立即解除劳动合同，不需要事先告知用人单位

（三）用人单位单方解除

劳动合同在劳动者享有单方解除权的同时，也赋予了用人单位的“单方解除权”，即具备法律规定的条件时，用人单位享有单方解除权，无须双方协商达成一致意见。但是，用人单位单方解除劳动合同，应当事先将理由通知工会。

1. 过失性辞退（过错解除）

方式	原因（满足其一即可）
无严格的程序限制	（1）在试用期间被证明不符合录用条件的 （2）严重违反用人单位的规章制度的 （3）严重失职，营私舞弊，给用人单位造成重大损害的 （4）劳动者同时与其他用人单位建立劳动关系，对完成本单位的工作任务造成严重影响，或者经用人单位提出，拒不改正的 （5）因欺诈情形致使劳动合同无效的 （6）被依法追究刑事责任的

2. 无过失性辞退[①]（用人单位须预告的解除）

方式	原因（满足其一即可）
用人单位提前30日书面通知或者额外支付1个月工资	（1）劳动者患病或者非因工负伤，在规定的医疗期满后不能从事原工作，也不能从事由用人单位另行安排的工作的 （2）劳动者不能胜任工作，经过培训或者调整工作岗位，仍不能胜任工作 （3）劳动合同订立时所依据的客观情况发生重大变化，致使劳动合同无法履行，经用人单位与劳动者协商，未能就变更劳动合同内容达成协议的

3. 经济性裁员

原因	企业因为经营不善等经济性原因，**一次裁减20人以上或者裁减不足20人但占企业职工总数10%以上的劳动者**	用人单位**提前30日**向工会或者全体职工**说明**情况，**听取**工会或者职工的意见后，裁减人员方案经向劳动行政部门**报告**，可以裁减人员。 （1）依照企业破产法规定进行重整的 （2）生产经营发生严重困难的 （3）企业转产、重大技术革新或者经营方式调整，经变更劳动合同后，仍需裁减人员的 （4）其他因劳动合同订立时所依据的客观经济情况发生重大变化，致使劳动合同无法履行的
优先留用人员	（1）与本单位订立**较长期限**的固定期限劳动合同的 （2）与本单位订立**无固定期限**劳动合同的 （3）家庭无其他就业人员，有需要扶养的老人或者未成年人的	
限制	**在6个月内重新招用人员的**，应当通知被裁减的人员，并在同等条件下优先招用被裁减的人员	

4. 用人单位不得解除合同的情形（不影响过失性辞退）

劳动者有下列情形之一的，用人单位不得依照无过失性辞退、经济性裁员的规定解除劳动合同。

（1）从事接触职业病危害作业的劳动者未进行离岗前职业健康检查，或者疑似职业病病人在诊断或者医学观察期间的。

（2）在本单位患职业病或者因工负伤并被确认丧失或者部分丧失劳动能力的。

（3）患病或者非因工负伤，在规定的医疗期内的。

（4）女职工在孕期、产期、哺乳期的。

（5）在本单位连续工作满15年，且距法定退休年龄不足5年的。

（6）法律、行政法规规定的其他情形。

5. 违法解除的后果

（1）劳动者可要求继续履行劳动合同。

（2）劳动者不要求继续履行或者不能继续履行的，用人单位应当支付经济赔偿。

① 也叫作无过错解除。

六、劳动合同的变更和无效

（一）劳动合同的变更

原则	1. 协商一致，可以变更劳动合同约定的内容 2. 应当采用书面形式
例外	未采用书面形式，应满足：协商一致变更，实际履行超过 1 个月，合同内容不违反法律、行政法规、公序良俗

（二）劳动合同的无效

情形	1. 以欺诈、胁迫的手段或者乘人之危，使对方在违背真实意思的情况下订立或者变更劳动合同的 2. 用人单位免除自己的法定责任、排除劳动者权利的 3. 违反法律、行政法规强制性规定的
后果	对劳动合同的无效或者部分无效有争议的，由劳动争议仲裁机构或者人民法院确认

七、用人单位经济补偿☆☆☆

（一）一般规定

补偿金的支付原则	除以下三种情形外，都应当有补偿： （1）劳动者**自愿主动离职** （2）劳动者因**过错**被解除劳动合同 （3）劳动合同期满，用人单位维持或者提高劳动合同约定条件续订劳动合同，劳动者不同意续订
经济补偿的计算	按劳动者工作年限：**满 1 年支付 1 个月工资，6 个月到 1 年的支付 1 个月工资，不满 6 个月的，支付半个月工资**①
赔偿、补偿不并用	用人单位违反劳动合同法的规定解除或者终止劳动合同，依照劳动合同法规定支付赔偿金的，不再支付经济补偿
	用人单位有重大过错，迫使劳动者提出解除劳动合同的，用人单位应当支付劳动报酬和经济补偿，并根据用人单位过错支付赔偿金

（二）特殊情况

工作年限	1. 原单位已经支付经济补偿的，新用人单位计算支付经济补偿（赔偿金）的工作年限时，不再计算原用人单位的工作年限 2. 原用人单位未支付经济补偿的，在计算支付经济补偿（赔偿金）的工作年限时，在原用人单位的工作年限合并计算为新用人单位的工作年限

---

① 经济补偿的月工资，按照劳动者应得工资计算，高于用人单位本地区上年度职工月平均工资 3 倍的，按照职工平均工资 3 倍的数额支付，向劳动者支付经济补偿金的年限最高不超过 12 年。

工资标准	高于本地区上年度职工月平均工资 3 倍：经济补偿的标准按照月平均工资 3 倍支付，向劳动者支付经济补偿的年限最高不超过 12 年

八、集体合同

定义	集体合同是指企业职工一方与用人单位通过平等协商，就劳动报酬、工作时间、休息休假、劳动安全卫生、保险福利等事项订立的书面协议
订立	**集体合同由工会代表企业职工一方与用人单位订立，尚未建立工会的用人单位，由上级工会指导劳动者推举的代表与用人单位签订**
默示生效	劳动行政部门自收到集体合同文本之日起 **15 日内未提出异议的，集体合同即生效**
效力	行业性、区域性集体劳动合同对当地本行业、本区域的用人单位和劳动者具有约束力
	劳动合同规定的劳动者的个人劳动条件和劳动标准不得低于集体合同的规定，否则无效（即集体合同的效力高于单个劳动合同的效力）

九、非全日制用工

非全日制用工，是指以小时计酬为主，劳动者在同一用人单位一般平均每日工作时间不超过 4 小时，每周工作时间累计不超过 24 小时的用工形式。

	非全日制	**全日制**
要件	以小时计酬为主，结算支付周期最长不超过 **15 日**	以月薪为主，按月结算
	每日工作不超过 **4 小时**	每日 8 小时
	每周工作时间**累计不超过 24 小时**	每周 40 小时
用工协议	可以签订书面协议，也可以订立口头协议	书面
	非全日制工劳动者可以订立多个劳动合同。但是，后订立的劳动合同不得影响先订立的劳动合同的履行	原则上不可以，如拒绝改正或对本单位工作造成严重影响，用人单位可以解除
特殊规则	**禁止试用**	原则上可以试用
	双方当事人任何一方都可以**随时通知**对方终止用工	不可以任意终止
	终止用工，用人单位不向劳动者支付经济补偿	大多数情况下有经济补偿

十、劳务派遣

劳务派遣，是指劳务派遣单位与劳动者订立劳动合同后，由劳务派遣单位与实际用工单位通过签订劳务派遣协议，将劳动者派遣到用工单位工作，用工单位实际使用劳动者，向劳务派遣单位支付管理费而形成的关系。

劳动合同用工是我国企业的基本用工形式，劳务派遣用工是补充形式。

劳务派遣只能在临时性[①]、辅助性[②]或者替代性[③]的工作岗位上实施。

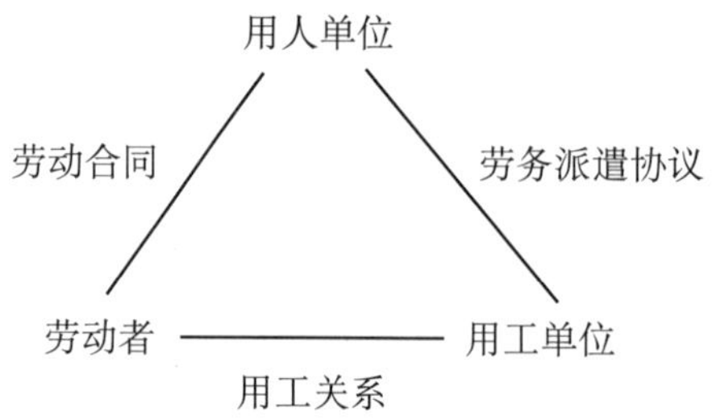

（一）劳务派遣单位

<table>
<tr><td>劳务派遣单位</td><td colspan="2">1. 注册资本不得少于人民币 200 万元
2. 经营劳务派遣业务，应当向劳动行政部门依法申请行政许可</td></tr>
<tr><td rowspan="5">劳务派遣单位与劳动者</td><td colspan="2">履行劳动法中用人单位的义务</td></tr>
<tr><td>2 年以上固定期限劳动合同</td><td>（1）由劳务派遣单位与劳动者订立 2 年以上的固定期限劳动合同，按月支付劳动报酬
（2）被派遣劳动者在无工作期间，劳务派遣单位应当按照所在地人民政府规定的最低工资标准，向其按月支付报酬</td></tr>
<tr><td>禁止收费</td><td>劳务派遣单位不得向被派遣劳动者收取费用</td></tr>
<tr><td>禁止自派遣</td><td>用人单位不得设立劳务派遣单位向本单位或者所属单位派遣劳动者</td></tr>
<tr><td>告知义务</td><td>劳务派遣单位应当将劳务派遣协议的内容告知被派遣劳动者</td></tr>
</table>

（二）用工单位

禁止短期分割用工	用工单位不得将连续用工期限分割订立数个短期劳务派遣协议
禁止再派遣	用工单位不得将被派遣劳动者再派遣到其他用人单位
禁止收费	用工单位不得向被派遣劳动者收取费用
同工同酬	保证劳动者同工同酬的权利
控制数量	用工单位应当严格控制劳务派遣用工数量，不得超过其用工总量的一定比例（10%）

（三）劳务派遣纠纷

连带责任	用工单位给被派遣劳动者造成损害的，劳务派遣单位与用工单位承担**连带赔偿责任**
相应责任	劳务派遣期间，被派遣的劳动者因执行工作任务造成他人损害的，由接受劳务派遣的用工单位承担侵权责任；劳务派遣单位有过错的，**承担相应的责任**

① 临时性岗位是指存续时间不超过 6 个月的岗位。

② 辅助性岗位是指为主营业务岗位提供服务的非主营业务岗位。

③ 替代性岗位是指用工单位的劳动者因脱产学习、休假等原因无法工作的一定期间内，可以由其他劳动者替代工作的岗位。

（四）劳务派遣中劳动合同的解除

情形	处　理
1. 双方协商一致解除	用人单位提出解除，需要支付经济补偿金
2. 劳动者提前 30 日以书面形式通知；试用期内提前 3 日通知劳务派遣单位	（1）可以解除劳动合同；无经济补偿 （2）劳务派遣单位应当将被派遣劳动者通知解除劳动合同的情况及时通知用工单位
3. 用人单位有过错	劳动者可以解除；有经济补偿
4. 劳动者有过错（违法违规违纪）	（1）用工单位可以退工 （2）用人单位可以即时解除 （3）无经济补偿
5. 劳动者无过错，但生病、非因公负伤；不能胜任工作	（1）用工单位可以退工 （2）用人单位提前 30 日通知或者额外支付一个月工资 （3）有经济补偿
6. 用工单位有情势变更、裁员情形的 7. 用工单位被依法宣告破产、吊销营业执照、责令关闭、撤销、决定提前解散或者经营期限届满不再继续经营的 8. 劳务派遣协议期满终止的	（1）用工单位**可以退工** （2）用人单位**不可解除劳动合同** （3）被派遣劳动者退回后，在无工作期间 ① 劳务派遣单位应当**按照不低于所在地人民政府规定的最低工资标准，向其按月支付报酬** ② 被用工单位退回，劳务派遣单位重新派遣时维持或者提高劳动合同约定条件，**被派遣劳动者不同意的，劳务派遣单位可以解除劳动合同，但应当支付经济补偿** ③ 被用工单位退回，劳务派遣单位重新派遣时降低劳动合同约定条件，被派遣劳动者不同意的，劳务派遣单位不得解除劳动合同。**但被派遣劳动者提出解除劳动合同的除外**
9. 老弱病残孕＋无过错：不得退工	

十一、工作时间、休假及加班加点的法律规定

（一）工作时间和休息休假

工作时间	标准工时制（＝8 小时）	劳动者每日工作 8 小时。每周至少休息一天（经批准实行其他标准）
休息休假	一般情况	在公休日、法定节假日期间应当安排劳动者休假
带薪年休假	劳动者连续工作 1 年以上的，享受带薪年休假	

（二）加班加点法律制度

概念	用人单位不得违反劳动法规定延长劳动者的工作时间
一般情况	1. 用人单位由于生产经营需要，经与工会和劳动者协商后可以延长工作时间，**一般每日不得超过 1 小时** 2. 因特殊原因需要延长工作时间的，在保障劳动者身体健康的条件下延长工作时间每日**不得超过 3 小时，但是每月不得超过 36 小时**

特殊情况	有下列情形之一的，延长工作时间不受一般情况下加班的限制： （1）发生**自然灾害**、事故或者因其他原因，威胁劳动者生命健康和财产安全，需要紧急处理的 （2）生产设备、交通运输线路、公共设施发生故障，影响生产和公众利益，必须及时**抢修**的 （3）法律、行政法规规定的其他情形
工资标准	有下列情形之一的，用人单位应当按照规定标准支付高于劳动者正常工作时间工资的工资报酬： （1）安排劳动者延长工作时间的，**支付不低于工资的150%的工资报酬** （2）休息日安排劳动者工作**又不能安排补休的**，支付**不低于工资的200%的工资报酬** （3）法定休假日安排劳动者工作的，**支付不低于工资的300%的工资报酬**

第二节　劳动争议调解仲裁法

一、劳动争议的认定

概念	劳动争议，是指**劳动关系的双方当事人**因执行劳动法律、法规或者履行劳动合同、集体合同发生的纠纷
下列纠纷不属于劳动争议	1. 劳动者请求社会保险经办机构发放社会保险金的纠纷 2. 劳动者对劳动能力鉴定委员会的伤残等级鉴定结论或者对职业病诊断鉴定委员会的职业病诊断鉴定结论的异议纠纷 3. 家庭或者个人与家政服务人员之间的纠纷 4. 个体工匠与帮工、学徒之间的纠纷 5. 农村承包经营户与受雇人之间的纠纷 6. 劳动者与用人单位因住房制度改革产生的公有住房转让纠纷

二、劳动争议的解决方式与处理程序

发生劳动争议一般可以采取协商、调解、仲裁、诉讼等方式解决。

（一）一般规定

管辖	仲裁	1. **劳动合同履行地或者用人单位**所在地的劳动争议仲裁委员会管辖 2. 双方当事人**分别**向劳动合同履行地和用人单位所在地的劳动争议仲裁委员会申请仲裁的，**由劳动合同履行地的劳动争议仲裁委员会管辖**
	诉讼	1. 由用人单位所在地或者劳动合同履行地的**基层法院管辖**。劳动合同履行地不明确的，由用人单位所在地的基层人民法院管辖 2. 双方当事人就同一仲裁裁决，分别向有管辖权的人民法院起诉的，**后受理的人民法院应当将案件移送给先受理的人民法院**

举证责任	1. 当事人对自己提出的主张，有责任提供证据 2. 与争议事项有关的证据属于用人单位掌握管理的，用人单位应当提供；用人单位不提供的，应当承担不利后果 3. 因用人单位作出的开除、除名、辞退、解除劳动合同、减少劳动报酬、计算劳动者工作年限等决定而发生的劳动争议，用人单位负举证责任 4. 劳动者主张加班费的： （1）应当就加班事实的存在承担举证责任 （2）但劳动者有证据证明用人单位掌握加班事实存在的证据，用人单位不提供的，由用人单位承担不利后果

（二）劳动仲裁

仲裁是劳动争议案件处理必经的法律程序。

1. 仲裁时效与先行调解

仲裁时效	（1）自当事人知道或者应当知道其权利被侵害之日起 **1 年内**向劳动争议仲裁委员会提出书面申请 （2）劳动关系**存续期间因拖欠劳动报酬发生争议的，劳动者申请仲裁不受 1 年仲裁时效期间的限制** （3）劳动关系终止的，**应当自劳动关系终止之日起 1 年内提出**
先行调解	（1）仲裁庭在作出裁决前，**应当先行调解**，调解达成协议的，仲裁庭应当制作调解书 （2）调解书应当写明仲裁请求和当事人协议的结果。调解书由仲裁员签名，加盖劳动争议仲裁委员会印章，送达双方当事人。**（当庭调解）** （3）调解书经双方当事人签收后，发生法律效力。**调解不成或者调解书送达前，一方当事人反悔的，仲裁庭应当及时作出裁决**

2. 一裁终局事项

劳动争议案件，除一裁终局事项以外，其他均为先裁再诉事项。

事项	小额纠纷	追索劳动报酬、工伤医疗费、经济补偿或者赔偿金，不超过当地月最低工资标准 12 个月金额的争议
	劳动标准争议	因执行国家的劳动标准在工作时间、休息休假、社会保险等方面发生的争议
效力	**仲裁裁决为终局裁决，裁决书自作出之日起发生法律效力**	
救济	劳动者不服	劳动者对一裁终局事项的仲裁裁决不服的，可以自收到仲裁裁决书之日起 15 日内向人民法院提起诉讼**（片面一裁终局）**

<table>
<tr><td rowspan="3">救济</td><td>用人单位不服</td><td>（1）用人单位有证据证明一裁终局的仲裁裁决“确有错误”①，可以自收到仲裁裁决书之日起 30 日内向劳动争议仲裁委员会所在地的中级人民法院申请撤销裁决
（2）仲裁裁决被人民法院裁定撤销的，当事人可以自收到裁定书之日起 15 日内就该劳动争议事项向人民法院提起诉讼</td></tr>
<tr><td>劳动者申请执行</td><td>劳动者向法院申请执行，用人单位向劳动争议仲裁机构所在地的中级人民法院申请撤销的：法院应当裁定中止执行</td></tr>
<tr><td>双方均不服</td><td>劳动者依法向基层法院提起诉讼，用人单位依法向中级人民法院申请撤销仲裁裁决的：
（1）中级人民法院应当不予受理；已经受理的，应当裁定驳回申请
（2）劳动者被驳回起诉或者劳动者撤诉的，用人单位可以自收到裁定书之日起 30 日内，向劳动争议仲裁机构所在地的中级人民法院申请撤销仲裁裁决。中级人民法院作出的驳回申请或者撤销仲裁裁决的裁定为终审裁定
（3）仲裁裁决被法院裁定撤销的，当事人可以自收到裁定书之日起 15 日内就该劳动争议事项向法院提起诉讼</td></tr>
</table>

3. 诉讼

原则	**仲裁前置，不经过劳动争议仲裁，法院不直接接受劳动争议纠纷**
法院应当受理的情况	（1）劳动争议仲裁机构不予受理或者逾期未作出决定的，申请人可提起诉讼 （2）劳动争议仲裁机构逾期未作出仲裁裁决的，可起诉 （3）对仲裁裁决不服的，除本法另有规定的外，可起诉 （4）仲裁裁决被法院裁定撤销的，可起诉
法院不予受理的情况	（1）仲裁的事项不属于法院受理的案件范围，法院不予受理；已经受理的，裁定驳回起诉 （2）当事人不服劳动争议仲裁机构作出的**预先支付劳动者**劳动报酬、工伤医疗费、经济补偿或者赔偿金的裁决，依法提起诉讼的，法院不予受理 （3）劳动争议仲裁机构作出的调解书已经发生法律效力，一方当事人反悔提起诉讼的，法院不予受理；已经受理的，裁定驳回起诉
特殊情形	（1）劳动者可以持调解协议书向法院申请支付令。上述支付令被法院裁定终结督促程序后，劳动者可以依据调解协议直接向法院提起诉讼 （2）劳动者以用人单位的**工资欠条**为证据直接提起诉讼，诉讼请求不涉及劳动关系其他争议的，视为拖欠劳动报酬争议，**法院按照普通民事纠纷受理** （3）当事人在调解组织主持下**仅就劳动报酬争议达成调解协议**，用人单位不履行调解协议确定的给付义务，劳动者直接提起诉讼的，**法院可以按照普通民事纠纷受理**

---

① 用人单位有证据证明一裁终局的仲裁裁决有下列情形之一，可以自收到仲裁裁决书之日起 30 日内向劳动争议仲裁委员会所在地的中级人民法院申请撤销裁决。

第一，适用法律、法规确有错误的；

第二，劳动争议仲裁委员会无管辖权的；

第三，违反法定程序的；

第四，裁决所根据的证据是伪造的；

第五，对方当事人隐瞒了足以影响公正裁决的证据的；

第六，仲裁员在仲裁该案时有索贿受贿、徇私舞弊、枉法裁决行为的。

第二章　社会保障法

第一节　社会保险法

一、基本养老保险☆

养老保险体系	基本养老保险，是保障公民在年老时从国家和社会获得物质帮助的权利。基本养老保险基金由用人单位和个人缴费以及政府补贴等组成（**单位+个人+政府**）
保险费缴纳	1. **用人单位的缴费基数→总工资**。用人单位应当按照国家规定的本单位职工工资总额的比例缴纳基本养老保险费，**记入基本养老保险统筹基金** 2. **职工的缴费基数→本人工资**。职工应当按照国家规定的本人工资的比例缴纳基本养老保险费，**记入个人账户**
个人账户不得提前支取	**个人账户不得提前支取**，记账利率不得低于银行定期存款利率，免征利息税。个人死亡的，**个人账户余额可以继承**
基本养老保险金	**基本养老金由统筹养老金和个人账户养老金组成** 1. **个人领取养老金的条件：法定退休年龄、累计 15 年** 2. 个人跨统筹地区就业的，其基本养老保险关系随本人转移，缴费年限累计计算。个人达到法定退休年龄时，基本养老金分段计算、统一支付

二、工伤保险☆☆

（一）缴费及工伤认定

对象	在职员工	
保费	**用人单位缴纳，职工不缴纳**	
工伤认定	认定为工伤	职工有下列情形之一的，应认定为工伤： （1）在**工作时间**和**工作场所内**，因**工作原因**受到事故伤害的 （2）工作时间前后在工作场所内，从事与工作有关的预备性或者收尾性工作受到事故伤害的 （3）在工作时间和工作场所内，因履行工作职责受到暴力等意外伤害的 （4）患职业病的 （5）因工外出期间，由于工作原因受到伤害或者发生事故下落不明的 （6）在上下班途中，**受到非本人主要责任的交通事故或者城市轨道交通、客运轮渡、火车事故伤害的** （7）法律、行政法规规定应当认定为工伤的其他情形

工伤认定	视同工伤	职工有下列情形之一的，**视同工伤**： （1）在工作时间和工作岗位，**突发疾病死亡**或者在**48小时之内经抢救无效死亡的** （2）在抢险救灾等维护国家利益、公共利益活动中受到伤害的 （3）职工原在军队服役，因战、因公负伤致残，已取得革命伤残军人证，到用人单位后**旧伤复发**的
不视为工伤		职工有下列情形之一导致本人在工作中伤亡的，不认定为工伤： （1）故意犯罪的 （2）醉酒或者吸毒的 （3）自残或者自杀的

（二）工伤保险待遇支付

1. 未参保单位：职工所在用人单位未依法缴纳工伤保险费，**发生工伤事故的，由用人单位支付工伤保险待遇。用人单位不支付的，从工伤保险基金中先行支付，再按照规定进行追偿。**

2. **参保单位**：职工所在用人单位依法缴纳工伤保险费，**发生工伤事故的，由工伤保险基金与用人单位按照下述规则支付工伤保险待遇。**

工伤保险基金支付	因工伤发生的下列费用，**按国家规定从工伤保险基金中支付**： （1）治疗工伤的医疗费用和康复费用 （2）住院伙食补助费 （3）到统筹地区以外就医的交通食宿费 （4）安装配置伤残辅助器具所需费用 （5）生活不能自理的，经劳动能力鉴定委员会确认的生活护理费 （6）**一次性伤残补助金和一至四级伤残职工按月领取的伤残津贴** （7）**终止或者解除劳动合同时，应当享受的一次性医疗补助金** （8）因工死亡的，其遗属领取的丧葬补助金、供养亲属抚恤金和因工死亡补助金 （9）劳动能力鉴定费
用人单位支付	因工伤发生的下列费用，按照国家规定由**用人单位**支付： （1）**治疗工伤期间的工资福利** （2）**五级、六级伤残职工按月领取的伤残津贴** （3）**终止或者解除劳动合同时，应当享受的一次性伤残就业补助金**
支付的变更和停止	工伤职工有下列情形之一的，停止享受工伤保险待遇： （1）丧失享受待遇条件的 （2）拒不接受劳动能力鉴定的 （3）拒绝治疗的

（三）民事侵权与工伤保险责任竞合

一般规则	职工因第三人的原因导致的工伤，侵权损害赔偿与工伤保险待遇可以同时获得，但医疗费用只有一份
先行支付	由于第三人的原因造成工伤，第三人不支付工伤医疗费用或者无法确定第三人的，**由工伤保险基金先行支付**。工伤保险基金先行支付后，有权向第三人**追偿**

三、基本医疗保险与生育保险

（一）基本医疗保险☆

<table>
<tr><td rowspan="1">保费缴纳</td><td>1. 在职员工，用人单位和职工按照国家规定共同缴纳基本医疗保险费
2. 无单位人员，由个人按照国家规定缴纳基本医疗保险费
3. 参加职工基本医疗保险的个人，达到法定退休年龄时累计缴费达到国家规定年限的，退休后不再缴纳基本医疗保险费，按照国家规定享受基本医疗保险待遇；未达到国家规定年限的，可以缴费至国家规定年限</td></tr>
<tr><td rowspan="3">保险待遇</td><td>1. 符合基本医疗保险药品目录、诊疗项目、医疗服务设施标准；以及急诊、抢救的医疗费用，按照国家规定从基本医疗保险基金中支付</td></tr>
<tr><td>2. 下列医疗费用不纳入医保基金支付范围：
（1）应当从工伤保险基金中支付的
（2）应当由第三人负担的
（3）应当由公共卫生负担的
（4）在境外就医的</td></tr>
<tr><td>3. 医疗费用应当由第三人负担的，第三人不支付或无法确认第三人的，由基本医疗保险基金先行支付，支付后，有权向第三人追偿</td></tr>
<tr><td>转移</td><td>个人跨统筹地区就业的，其基本医疗保险关系随本人转移，缴费年限累计计算</td></tr>
</table>

（二）生育保险

<table>
<tr><td>对象</td><td colspan="2">在职员工</td></tr>
<tr><td>缴费</td><td colspan="2">用人单位</td></tr>
<tr><td rowspan="3">生育保险待遇</td><td colspan="2">用人单位已经缴纳生育保险费的，其职工享受生育保险待遇；职工未就业配偶按照国家规定享受生育医疗费用待遇，所需资金从生育保险基金中支付</td></tr>
<tr><td>生育医疗费用</td><td>（1）生育的医疗费用
（2）计划生育的医疗费用
（3）法律、法规规定的其他项目费用</td></tr>
<tr><td>生育津贴</td><td>职工有下列情形之一的，可以按照国家规定享受生育津贴：
（1）女职工生育享受产假
（2）享受计划生育手术休假
（3）法律、法规规定的其他情形
生育津贴按照职工所在用人单位上年度职工月平均工资计发</td></tr>
</table>

四、失业保险

对象	在职员工
保费☆	单位和员工共同缴纳

失业保险待遇	失业人员符合下列条件的，从失业保险基金中领取失业保险金： （1）失业前用人单位和本人**已经缴纳失业保险费满一年的** （2）非因本人意愿中断就业的 （3）已经进行失业登记，并有求职要求的
停止领取	失业人员在领取失业保险金期间有下列情形之一的，停止领取失业保险金，并同时停止享受其他失业保险待遇： （1）重新就业的 （2）应征服兵役的 （3）移居境外的 （4）享受基本养老保险待遇的 （5）无正当理由，拒不接受当地人民政府指定部门或者机构介绍的适当工作或者提供的培训的

五、社会保险待遇的衔接

医疗—养老	参加职工基本医疗保险的个人，达到法定退休年龄时累计缴费达到国家规定年限的，退休后不再缴纳基本医疗保险费，按照国家规定享受基本医疗保险待遇
失业—医疗	1. 失业人员在领取失业保险金期间，参加职工基本医疗保险，享受基本医疗保险待遇 2. 失业人员应当缴纳的基本医疗保险费从失业保险基金中支付，个人不缴纳基本医疗保险费 3. 享受基本养老保险待遇的，停止享受失业保险待遇
工伤—养老	1. 工伤职工符合领取基本养老金条件的，停发伤残津贴，享受基本养老保险待遇 2. 基本养老保险待遇低于伤残津贴的，从工伤保险基金中补足差额 3. 在未达到法定退休年龄时，因病或者非因工致残完全丧失劳动能力的，可以领取病残津贴，所需资金从基本养老保险基金中支付

第二节　军人保险法

军人伤亡保险	保费缴纳	军人伤亡保险所需资金由**国家**承担，个人不缴纳保险费
	保险待遇→在役	1. 军人**因战、因公**死亡的，给付军人**死亡保险金** 2. 军人**因战、因公、因病**致残的，给付军人**残疾保险金**
	保险待遇→退役	因战、因公致残的军人退出现役后**旧伤复发的，依法享受相应的工伤待遇**
	除外条款（满足其一即可）	1. 故意犯罪的 2. 醉酒或者吸毒的 3. 自残或者自杀的 4. 其他

<table>
<tr><td>退役养老保险</td><td colspan="2">1. 军人退出现役参加基本养老保险的，国家给予退役养老保险补助
2. 军人退役后参加基本养老保险的，由军队后勤（联勤）机关财务部门将军人退役养老保险关系和相应资金转入地方社会保险经办机构
3. 军人服现役年限与入伍前和退出现役后参加职工基本养老保险的缴费年限合并计算</td></tr>
<tr><td rowspan="2">退役医疗保险</td><td>1. 保费缴纳</td><td>（1）军官、文职干部、士官缴纳军人退役医疗保险费，国家同等数额给予补助
（2）义务兵、供给制学员不缴纳保险费，国家按照规定的标准给予军人退役医疗保险补助</td></tr>
<tr><td colspan="2">2. 军人退役后参加职工基本医疗保险的，由军队后勤（联勤）机关财务部门将军人退役医疗保险关系和相应资金转入地方社会保险经办机构
3. 军人服现役年限视同职工基本医疗保险缴费年限，与入伍前和退出现役后参加职工基本医疗保险的缴费年限合并计算
4. 军人服役期间，享受免费医疗待遇，在军队期间医疗保险个人账户资金只累积不消费</td></tr>
<tr><td>随军未就业的军人配偶保险</td><td colspan="2">1. 国家为随军未就业的军人配偶建立养老保险、医疗保险等
2. 随军未就业的军人配偶参加保险，应当缴纳养老保险费和医疗保险费，国家给予相应的补助
3. 军人配偶在随军未就业期间的养老保险、医疗保险缴费年限与其在地方参加职工基本养老保险、职工基本医疗保险的缴费年限合并计算
4. 随军未就业的军人配偶无正当理由拒不接受当地人民政府就业安置，或者无正当理由拒不接受当地人民政府指定部门、机构介绍的适当工作、提供的就业培训的，停止给予保险缴费补助</td></tr>
</table>

第五部分　知识产权法

第一章　著作权法

第一节　著作权

一、作品概述

概念	作品，是指**文学、艺术和科学**领域内具有**独创性**并能以**一定形式表现**的**智力成果**
不受著作权保护的对象①	1. **思想**：广义的思想，包括概念、原则、发现、创意、程序、方法等 2. **操作方法、技术方案和实用功能** 3. 事实及对事实无独创性的汇编（**单纯的事实消息**） 4. **官方正式文件**（法律、法规，国家机关的决议、决定、命令和其他具有立法、行政、司法性质的文件，及其官方正式译文） 5. **竞技体育活动** 6. **公有领域的作品**（历法、通用数表、通用表格和公式）
作品类型	文字作品；口述作品；音乐、戏剧、曲艺、舞蹈、杂技艺术作品；美术、建筑作品；摄影作品；视听作品；图形作品和模型作品；计算机软件；符合作品特征的其他智力成果

① 注意：国家对作品的出版、传播进行监督管理，因此违禁作品是作品，只是禁止出版传播。违禁作品受到侵害，相关著作权人可以要求停止侵害、排除妨碍、但是不得要求损害赔偿。

二、著作权主体

（一）一般规则

<table>
<tr><td colspan="2">1. 著作权属于作者，法律另有规定的除外</td></tr>
<tr><td>2. 作者的认定</td><td>（1）创作作品的自然人是作者
（2）为他人创作进行组织工作，提供咨询意见、物质条件或者进行其他辅助工作，均不视为创作
（3）著作权自动保护原则，著作权自作品创作完成之日起产生，不以“发表”为前提</td></tr>
<tr><td rowspan="3">3. 外国人和无国籍人作品受到著作权法保护（满足其一即可）</td><td>（1）外国人、无国籍人的作品根据其作者所属国或者经常居住地国同中国签订的协议或者共同参加的国际条约享有著作权的</td></tr>
<tr><td>（2）外国人、无国籍人的作品首先在中国境内出版的</td></tr>
<tr><td>（3）未与中国签订协议或者共同参加国际条约的国家的作者以及无国籍人的作品首次在中国参加的国际条约的成员国出版的，或者在成员国和非成员国同时出版的</td></tr>
</table>

（二）特殊规则

1. 单位作品

由法人或者非法人组织主持，代表法人或者非法人组织意志创作，并由法人或者非法人组织承担责任的作品，法人或者非法人组织视为作者。

2. 职务作品

<table>
<tr><td>概念</td><td colspan="2">自然人为完成法人或者非法人组织工作任务所创作的作品是职务作品</td></tr>
<tr><td>一般职务作品</td><td colspan="2">（1）著作权由作者享有，但法人或者非法人组织有权在其业务范围内优先使用
（2）作品完成 2 年内，未经单位同意，作者不得许可第三人以与单位使用的相同方式使用该作品</td></tr>
<tr><td rowspan="2">特殊职务作品</td><td>类型</td><td>（1）主要是利用单位物质技术条件创作，并由单位承担责任的工程设计图、产品设计图、地图、示意图、计算机软件等职务作品
（2）报社、期刊社、通讯社、广播电台、电视台的工作人员创作的职务作品</td></tr>
<tr><td>权利归属</td><td>作者享有署名权（构成单位作品的除外），著作权的其他权利由法人或者非法人组织享有</td></tr>
</table>

3. 演绎作品

概念	改编、翻译、注释、整理已有作品而产生的作品
权利归属	演绎作品的著作权由改编、翻译、注释、整理人享有，但行使著作权时不得侵犯原作品的著作权
特殊规则	**第三人使用演绎作品时须经演绎作品以及原作品著作权人同意，并支付报酬** 侵权演绎作品依然受到著作权法保护

4. 合作作品

<table>
<tr><td>概念</td><td colspan="2">两人以上合作创作的作品（2 人以上＋具有共同创作的合意＋合作作者均参与了共同的创作活动）</td></tr>
<tr><td rowspan="3">权利归属</td><td colspan="2">合作作品，著作权由合作作者共同享有</td></tr>
<tr><td>可分割的合作作品</td><td>（1）作者对各自创作的部分可以单独享有著作权
（2）但行使著作权时不得侵犯合作作品整体的著作权</td></tr>
<tr><td>不可分割的合作作品</td><td>协商一致行使；不能协商一致，又无正当理由的：
（1）任何一方不得阻止他方行使除转让、许可他人专有使用、出质以外的其他权利
（2）但是所得收益应当合理分配给所有合作作者</td></tr>
</table>

5. 委托作品

<table>
<tr><td>概念</td><td colspan="2">是指作者接受他人委托而创作的作品</td></tr>
<tr><td rowspan="4">权利归属</td><td rowspan="2">一般规则</td><td>有约定的，按约定</td></tr>
<tr><td>（1）无约定的，著作权属于受托人
（2）著作权属于受托人的，委托人享有的权利：
① 在约定的使用范围内使用该作品
② 没有约定使用范围的，有权在委托创作的特定目的范围内免费使用该作品</td></tr>
<tr><td rowspan="2">特殊规则</td><td>自传体作品：
（1）有约定依约定；无约定的，著作权归该特定人物享有
（2）执笔人或整理人可以要求获得适当报酬</td></tr>
<tr><td>由他人执笔、本人审阅定稿并以本人名义发表的报告、讲话等作品：
（1）著作权归报告人或者讲话人享有
（2）执笔人可获得适当的报酬</td></tr>
</table>

6. 视听作品

<table>
<tr><td>概念</td><td colspan="2">是指电影作品和以类似摄制电影的方法创作的作品</td></tr>
<tr><td rowspan="3">权利归属</td><td>电影、电视剧</td><td>（1）著作权由制作者享有
（2）编剧、导演、摄影、作词、作曲等作者享有署名权，并有权按照与制作者签订的合同获得报酬</td></tr>
<tr><td>其他视听作品</td><td>（1）著作权归属由当事人约定
（2）没有约定或者约定不明确的，由制作者享有，但作者享有署名权和获得报酬的权利</td></tr>
<tr><td colspan="2">视听作品中的剧本、音乐等可以单独使用的作品的作者有权单独行使其著作权</td></tr>
<tr><td>注意</td><td colspan="2">（1）视听作品是“特殊演绎作品”
① 利用视听作品本身的权利，即以不将视听作品改编成其他文艺形式的方式利用，完全属于制片者，无须经过原作品著作权人的许可
② 将视听作品改编成其他文艺形式，应适用“双重权利、双重许可”规则，应经原作品著作权人和视听作品著作权人的许可</td></tr>
</table>

注意	（2）视听作品是“特殊合作作品” 视听作品被视为特殊的合作作品，普通合作作品著作权归属与行使的规则，对视听作品不再适用

7. 汇编作品

概念	汇编若干作品、作品的片段或者不构成作品的数据或者其他材料，对其内容的选择或者编排体现独创性的作品，为汇编作品
权利归属	其著作权由**汇编人享有**，但行使著作权时，不得侵犯原作品的著作权

8. 原件所有权转移的作品的著作权归属

（1）作品原件所有权的转移，不改变作品著作权的归属，但美术、摄影作品原件的展览权由原件所有人享有。

（2）作者将未发表的美术、摄影作品的原件所有权转让给他人，受让人展览该原件不构成对作者发表权的侵犯。

9. **匿名作品（孤儿作品）**

（1）作者身份不明的作品，由作品“原件的所有人”行使“除署名权以外”的著作权。

（2）作者身份确定后，由作者或者其继承人行使著作权。

三、著作权的内容

（一）著作人身权

著作人身权具有专属性，原则上不得转让与继承，包括署名权、发表权、修改权、保护作品完整权。

1. 发表权

概念	**即决定作品是否公之于众的权利**
特征	（1）公之于众，但不要求公众知晓 （2）须著作权人自行或者许可他人公之于众 （3）发表权“一次用尽”
推定著作权人许可他人行使其发表权的情形	（1）将未发表的美术作品或摄影作品的原件转让 （2）同意将未发表的作品摄制成电影（其他利用方式亦同） （3）将未发表之作品的著作权财产权转让
遗作的发表权归属	作者生前未发表的作品，**如果作者未明确表示不发表**，作者死亡后50年内，其发表权可由**继承人或者受遗赠人行使**；没有继承人又无人受遗赠的，由**作品原件的所有人行使**

2. 署名权

（1）署名权的内容：是否署名、署什么名、署名顺序。

（2）作者有权禁止未参加创作的人在作品上署名。

（3）对基于原作品而产生的演绎作品，原作品的作者仍然享有署名权。

（4）制作、出售假冒他人署名的作品的，构成对他人姓名权的侵犯，不构成对署名权的侵犯。

3. 修改权与保护作品完整权

概念	保护作品不受歪曲、篡改的权利
以下行为不视为侵权	（1）**报社、期刊社**可以不经作者同意对作品作**“文字性”**修改、删节，但对**“内容”的修改，应当经作者许可** （2）**图书出版者未经作者“许可”，不能对作品进行修改、删节** （3）著作权人许可他人将作品摄制成电影和电视剧的，视为已同意对其作品进行必要的改动，但这种改动不得歪曲篡改原作品

（二）著作财产权

1. 复制权

概念	以印刷、复印、拓印、录音、录像、翻录、翻拍、**数字化**等方式将作品制作一份或者多份的权利
“复制行为”的构成	（1）**在有形物质载体上再现作品**
	（2）作品须**相对稳定和持久地固定在物质载体上**

2. 发行权

概念	即以**出售或者赠与方式向公众**提供作品的**原件或者复制件**的权利
构成	（1）提供作品的对象是公众 （2）方式为销售或者赠与 （2）须有作品载体（原件或复制件）所有权的移转
发行权一次用尽（首次销售原则）	经著作权人许可，向公众出售或者赠与作品的原件或复制件后，该特定原件或复制件上的发行权消灭，他人向公众的再销售、再赠与的行为不侵犯发行权 **【记忆：对正版作品的再发行，不构成侵权】**

3. 出租权

概念	**有偿许可他人临时使用视听作品**、计算机软件的原件或者复制件的权利，计算机软件不是出租的主要标的的除外
权利主体	（1）**视听作品的著作权人** （2）**计算机软件的著作权人（计算机软件不是出租的主要标的的除外）**

4. 传播权

在著作财产权体系中，有一类权利被称为“传播权”，它控制的是以不转移作品有形载体所有权或占有的方式向公众传播作品，使公众获得作品（主要是体现为欣赏作品的内容）的行为。传播权的体系如下：

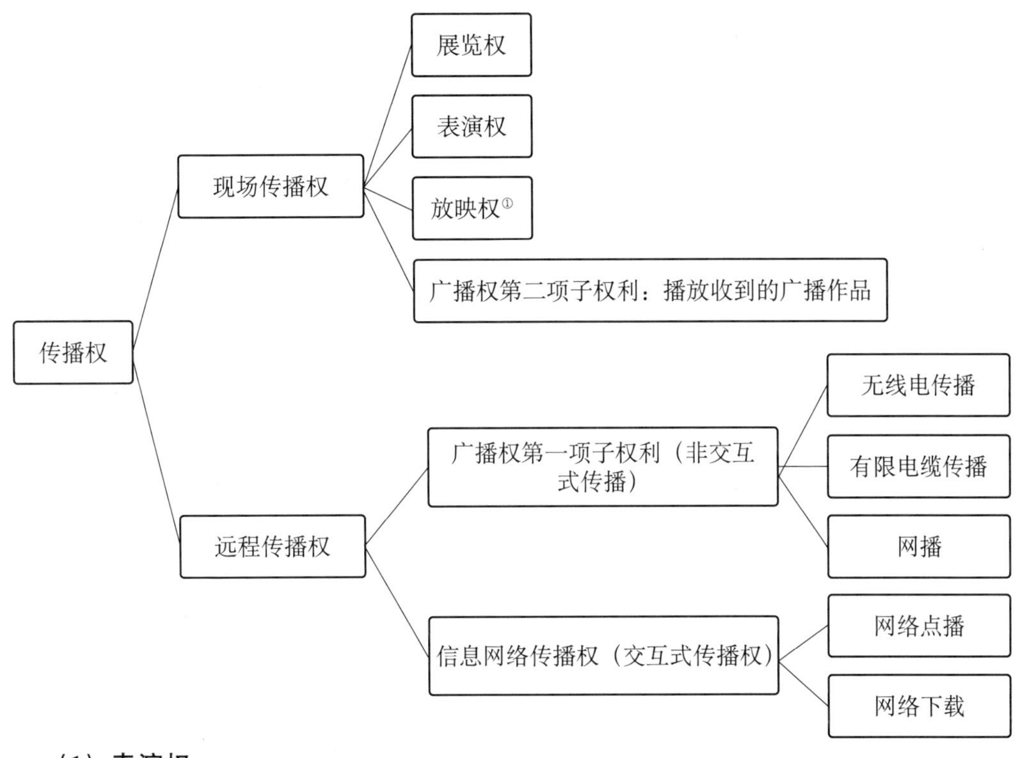

（1）表演权

<table>
<tr><td>概念</td><td>表演权是公开表演作品以及用各种手段公开播送作品的表演的权利</td></tr>
<tr><td rowspan="2">表演权控制的行为</td><td>① 公开的活表演，是指面向公众现场表演作品</td></tr>
<tr><td>② 公开的机械表演，是指通过技术设备向公众播送对作品的表演</td></tr>
<tr><td rowspan="2">表演权不能控制的两种行为</td><td>① 非公开表演，包括非公开的现场表演和非公开的机械表演</td></tr>
<tr><td>② 免费的公开表演，免费的公开表演属于合理使用
免费表演，指双向免费，既不向观众收取费用，也不向表演者支付报酬</td></tr>
</table>

（2）广播权

广播权，即以有线或者无线方式公开传播或者转播作品，以及通过扩音器或者其他传送符号、声音、图像的类似工具向公众传播广播的作品的权利，但不包括信息网络传播权。

<table>
<tr><td>行为</td><td>非交互式初始传播（远程传播）</td><td>转播（远程传播）</td><td>公开播放接收到的经初始传播的作品（现场传播）</td></tr>
<tr><td>法条</td><td>以有线或者无线方式公开传播（广播/网播）</td><td>以有线或者无线的方式公开转播他人（广播）的作品</td><td>通过扩音器或者其他传送符号、声音、图像的类似工具向公众传播广播的作品</td></tr>
<tr><td>权利主体</td><td colspan="3">① 一般著作权人享有广播权，但受到广播电台、电视台法定许可权的限制
② 视听作品的著作权人享有广播权，且不受广播电台、电视台法定许可的限制</td></tr>
</table>

① 在我国，放映权，即通过放映机、幻灯机等技术设备公开再现美术、摄影、视听作品等的权利。

（3）信息网络传播权

<table>
<tr><td>概念</td><td colspan="2">信息网络传播权，即以有线或者无线方式向公众提供作品，使公众可以在其个人选定的时间和地点获得作品的权利</td></tr>
<tr><td rowspan="4">侵犯信息网络传播权的责任承担</td><td>网络用户</td><td>内容提供者承担侵犯信息网络传播权的责任</td></tr>
<tr><td rowspan="3">网络服务提供者</td><td>① 无监控义务</td></tr>
<tr><td>② 受到“避风港原则”的保护，即《民法典》第 1195—1196 条</td></tr>
<tr><td>③ 受到“红旗飘飘原则”的限制，即《民法典》第 1197 条</td></tr>
<tr><td>有关“浅层链接”的规制</td><td colspan="2">①“浅层链接”不构成侵权（用户在点击链接后会离开设链网站，而进入被链接的网站）。但在提供搜索或者链接服务时，如果明知或者应知所链接的作品、表演、录音录像制品侵权的，应当承担共同侵权责任
② 网络服务提供者，符合“避风港原则”的，不构成侵权（参见《民法典》第 1195—1196 条）</td></tr>
</table>

四、著作权的保护期限

<table>
<tr><td>署名权
修改权
保护作品完整权</td><td colspan="2">1. 保护期不受限制
2. 著作权人死亡后，由其继承人、受遗赠人保护（注意不是“享有”）
3. 无人继承又无人受遗赠的，由著作权行政管理部门保护</td></tr>
<tr><td rowspan="3">发表权、著作财产权</td><td>自然人享有著作权的作品</td><td>（1）保护期为作者终生及其死亡后 50 年，截止于作者死亡后第 50 年的 12 月 31 日
（2）合作作品截止于最后死亡的合作作者死亡后第 50 年的 12 月 31 日</td></tr>
<tr><td>法人或其他组织享有著作权的作品、视听作品</td><td>（1）发表权的保护期为 50 年，截止于作品创作完成后第 50 年的 12 月 31 日
（2）著作财产权的保护期为 50 年，截止于作品首次发表后第 50 年的 12 月 31 日；但作品自创作完成后 50 年内未发表的，不再保护</td></tr>
<tr><td>匿名作品</td><td>（1）保护期截止于作品首次发表后第 50 年的 12 月 31 日
（2）作者身份确定后，适用著作权法的一般规定</td></tr>
</table>

第二节 邻接权

邻接权，是指作品传播者对作品传播过程中产生的劳动成果依法享有的专有权利，又称为作品传播者权或与著作权有关的权益。在我国著作权法中，特指表演者对其表演活动、录音录像制作者对其制作的录音录像、广播组织对其播出的广播信号以及出版者对其版式设计所享有的专有权利。相对于狭义的著作权，邻接权保护的客体不同，法律保护水平也相对较低。

一、表演者权

（一）主体

一般表演	表演者	
职务表演	概念	演员为完成本演出单位的演出任务进行的表演为职务表演
	表演者的权利	表明身份的权利 保护表演形象不受歪曲的权利
	其他权利归属	（1）**约定优先，职务表演的权利由演出单位享有** （2）职务表演的权利由演员享有的，演出单位可以在其业务范围内免费使用该表演

（二）客体

表演者权的客体是对作品的表演活动。表演者对同一作品的“每一次表演”均分别享有表演者权。

（三）权利内容①

权利内容		**保护期**
1. **表明表演者身份**		保护期不受限制
2. **保护表演形象不受歪曲**		
3. **对“现场表演”的广播权（现场直播权）**	许可他人从现场直播和公开传送其现场表演，并获得报酬	50 年，截止于该表演发生后第 50 年的 12 月 31 日
4. **首次固定权（首次录制权）**	许可他人录音录像，并获得报酬	
5. **复制权、发行权、出租权**	许可他人复制、发行、出租录有其表演的录音录像制品，并获得报酬	
6. **信息网络传播权**	许可他人通过信息网络向公众传播其表演，并获得报酬	

（四）表演者的义务

1. 表演者公开表演他人作品的，应当取得著作权人许可，并支付报酬。

2. 表演者公开表演演绎作品的，应当取得演绎作品和原作品著作权人的许可，并支付报酬。

3. 表演者不得侵犯著作权人的署名权、修改权、保护作品完整权和获得报酬权。

（五）表演权与表演者权的区别

权利主体不同	表演权由著作权人享有；表演者权由作品的表演者享有
权利客体不同	表演权的客体是作品；表演者权的客体是对作品的表演活动

① 被许可人以下列第 3 项至第 6 项规定的方式使用作品，还应当取得著作权人许可，并支付报酬。被许可人包括录音录像制作者、复制发行者、信息网络传播者。

权利性质不同	表演权为财产权；表演者权包括六项权能，既有人身权，也有财产权
保护期限不同	自然人的作品，其表演权的保护期限截止到作者死亡后第50年的12月31日；表演者权的保护期限截止到该表演发生后第50年的12月31日

二、录音录像制作者权

(一) 主体

录音录像制作者权的主体是录音制作者和录像制作者，指首次制作录音、录像制品的人。

(二) 客体

录音录像制作者权的客体是录音制品和录像制品。

1. 录音制品，指任何对表演的声音或者其他声音的录制品。

2. 录像制品，指视听作品“以外”的任何有伴音或者无伴音的连续相关形象、图像的录制品。

(三) 权利内容

录音制品制作者	(1) 复制权；(2) 发行权；(3) 出租权；(4) 信息网络传播权；(5) 传播录音制品获酬权，即将录音制品用于无线或者有线播放，或者通过传送声音的技术设备向公众传播的，应当向录音制作者支付报酬
录像制作者	(1) 复制权；(2) 发行权；(3) 出租权；(4) 信息网络传播权；(5) 许可电视台播放权（即广播权）

(四) 义务

1. 使用他人作品制作录音录像制品，应当取得著作权人的许可，并支付报酬。

2. 使用演绎作品制作录音录像制品，应取得演绎作品和原作品著作权人的许可，并支付报酬。

3. 对表演活动制作录音录像制品，应取得表演者许可，并支付报酬。

4. 不得侵犯作者的署名权、修改权、保护作品完整权和获得报酬权。

5. 不得侵犯表演者表明身份的权利、保护表演形象不受歪曲的权利。

(五) 保护期

录音录像制作者权的保护期为50年，截止于该制品“首次制作完成后”第50年的12月31日。

三、广播组织者权

(一) 主体

广播组织者权的主体是广播电台、电视台。

(二) 客体

1. 广播组织者权的客体是广播组织播放的节目“信号”。

2. “广播组织者权的客体”和“广播组织播放的节目”是不同的。

（三）权利内容

转播权	广播电台、电视台有权禁止未经其许可将其播放的广播、电视节目信号以有线或者无线方式转播
录制、复制权	广播电台、电视台有权禁止未经其许可将其播放的广播、电视节目信号录制在音像载体上以及复制其播放的节目信号
信息网络传播权	广播电台、电视台有权禁止未经其许可将其播放的广播、电视节目信号通过信息网络向公众传播

（四）保护期

广播组织者权的保护期为 50 年，截止于该广播、电视首次播放后第 50 年的 12 月 31 日。

四、版式设计权

《著作权法》第 37 条规定，出版者有权许可或者禁止他人使用其出版的图书、期刊的版式设计。

前款规定的权利的保护期为 10 年，截止于使用该版式设计的图书、期刊首次出版后第 10 年的 12 月 31 日。

五、著作权和邻接权汇总对比表

权利/权利主体	著作权人	表演者	录音录像制作者	广播组织者
发表权	√			
署名权	√	表明表演者身份		
修改权与保护作品完整权	√	保护表演形象不受歪曲		
复制权	√	首次固定权	√	录制、复制权
发行权	√	√	√	
出租权	仅限于计算机软件作品/视听作品	√	√	
表演权	√		“机械表演”录音制作者“二次获酬权”	
广播权	√	对“现场表演”的广播权	录像制作者、录音制作者“二次获酬权”	转播
信息网络传播权	√	√	√	√

第三节 对著作权、邻接权的限制

一、合理使用

在下列情况下使用作品，可以不经著作权人许可，不向其支付报酬，但应当指明作者姓名或者名称、作品名称，并且不得影响该作品的正常使用，也不得不合理地损害著作权人的合法权益。

1.【个人使用】为个人学习、研究或者欣赏，使用他人已经发表的作品。

2.【适当引用】为介绍、评论某一作品或者说明某一问题，在作品中适当引用他人已经发表的作品。

3.【新闻报道中的使用】为报道新闻，在报纸、期刊、广播电台、电视台等媒体中不可避免地再现或者引用已经发表的作品。

4.【对时事性文章的使用】报纸、期刊、广播电台、电视台等媒体刊登或者播放其他报纸、期刊、广播电台、电视台等媒体已经发表的关于政治、经济、宗教问题的时事性文章，但著作权人声明不许刊登、播放的除外。

5.【对公众集会上讲话的使用】报纸、期刊、广播电台、电视台等媒体刊登或者播放在公众集会上发表的讲话，但作者声明不许刊登、播放的除外。

6.【在课堂教学和科研中使用】为学校课堂教学或者科学研究，翻译、改编、汇编、播放或者少量复制已经发表的作品，供教学或者科研人员使用，但不得出版发行。

7.【国家机关公务性使用】国家机关为执行公务在合理范围内使用已经发表的作品。

8.【图书馆等对馆藏作品的特定复制和传播】图书馆、档案馆、纪念馆、博物馆、美术馆、文化馆等为陈列或者保存版本的需要，复制本馆收藏的作品。

9.【免费表演】免费表演已经发表的作品，该表演未向公众收取费用，也未向表演者支付报酬，且不以营利为目的。

10.【对公共场所艺术品以平面形式进行利用】对设置或者陈列在公共场所的艺术作品进行临摹、绘画、摄影、录像。（非接触性复制）

11.【制作少数民族语言文字版本】将中国公民、法人或者非法人组织已经发表的以国家通用语言文字创作的作品翻译成少数民族语言文字作品在国内出版发行。（汉译少）

12.【制作、提供无障碍格式版本】以阅读障碍者能够感知的无障碍方式向其提供已经发表的作品。

13. 法律、行政法规规定的其他情形。

前款规定适用于对与著作权有关的权利的限制。

二、法定许可

法定许可，是指依照法律的明文规定，不经著作权人同意有偿使用他人已经发表的作品的行为。

（一）法定许可的情形

1. 法定许可的类型

教科书的法定许可	为实施义务教育和国家教育规划而编写出版教科书，可以不经著作权人许可，在教科书中汇编已经发表的作品片段或者短小的文字作品、音乐作品或者单幅的美术作品、摄影作品、图形作品，但应当按照规定向著作权人支付报酬，指明作者姓名或者名称、作品名称，并且不得侵犯著作权人享有的其他权利
制作录音制品的法定许可	（1）录音制作者使用他人已经合法录制为录音制品的音乐作品制作录音制品，可以不经著作权人许可，但应当按照规定支付报酬 （2）著作权人声明不许使用的不得使用
广播组织播放作品的法定许可	（1）广播电台、电视台播放他人已发表的作品（不包括视听作品），可以不经著作权人许可，但应当支付报酬 （2）广播电台、电视台播放他人已经出版的录音制品（不包括录像制品），可以不经著作权人许可，但应当支付报酬
报刊转载的法定许可	（1）作品刊登后，除著作权人声明不得转载、摘编的外，其他报刊可以转载或者作为文摘、资料刊登，但应当按照规定向著作权人支付报酬 （2）作品必须发表在报纸和期刊上，发表在网络上的，不适用法定许可

2. 广播组织播放作品的法定许可总结

行为	电视台播放载有作品的录像制品	电台、电视台播放载有作品的录音制品
法条	《著作权法》第 48 条	《著作权法》第 45 条、第 46 条第 2 款
作品著作权	自愿许可	法定许可
表演者权	无权利，无须许可	
录制者权	自愿许可	获酬权（非法定许可）

（二）法定许可与合理使用的区别

1. 相同点	（1）均体现了对著作权和邻接权的限制 （2）使用的作品均为已经发表的作品 （3）均无须取得权利人的许可
2. 不同点	（1）法定许可权人仅限于录音制作者、广播组织者和报社（期刊社）等邻接权人，一般人不享有法定许可权；合理使用无主体范围的限制 （2）法定许可须向权利人支付报酬；合理使用无须支付报酬 （3）权利人可以事先声明排除法定许可；权利人不能以事先声明排除合理使用（时事性文章、公众集会上的讲话除外）

三、著作权侵权

（一）判断侵犯著作权的标准

“依照受控行为界定专有权利”，只要他人擅自实施了著作权法规定的受控行为，又无违法阻却事由，就侵犯了著作权。

（二）几种特殊的侵权

1. 技术措施

技术措施，是指用于防止、限制未经权利人许可浏览、欣赏作品、表演、录音录像制品或者通过信息网络向公众提供作品、表演、录音录像制品的有效技术、装置或者部件。

构成侵权	不构成侵权
（1）故意避开或者破坏技术措施 （2）制造、进口或者向公众提供有关装置或者部件（以避开或者破坏技术措施为目的） （3）提供技术服务（特指故意为他人避开或者破坏技术措施提供）	下列情形可以避开技术措施，但不得向他人提供避开技术措施的技术、装置或者部件，不得侵犯权利人依法享有的其他权利： （1）学校课堂教学或者科学研究＋提供少量已经发表的作品＋该作品无法通过正常途径获取 （2）不以营利为目的＋为阅读障碍者提供已经发表的作品＋而该作品无法通过正常途径获取 （3）国家机关依照行政、监察、司法程序执行公务 （4）对计算机及其系统或者网络的安全性能进行测试 （5）进行加密研究或者计算机软件反向工程研究

2. 针对计算机软件的特殊侵权

（1）商业使用盗版计算机软件，构成侵权并赔偿。

（2）个人使用盗版软件构成侵权，应当停止使用、销毁该侵权复制品；但是，不承担赔偿责任；如果停止使用并销毁该侵权复制品将给复制品使用人造成重大损失的，复制品使用人可以在向软件著作权人支付合理费用后继续使用。

（3）未经许可出租计算机软件，构成侵权（计算机软件不是出租主要标的的除外）。

3. 权利管理信息

（1）故意删除或者改变作品、版式设计、表演、录音录像制品或者广播、电视上的权利管理信息，但由于技术上的原因无法避免的除外。

（2）知道或者应当知道上述权利管理信息未经许可被删除或者改变，仍然向公众提供。

（3）由于技术上的原因无法避免的，不构成侵权。

第二章　专利法

一、本法适用对象

（一）专利权的客体

发明	是指对**产品、方法**或者其**改进**所提出的新的**技术方案**
实用新型	是指对产品的形状、构造或者其结合所提出的适于实用的新的**技术方案**
外观设计	是指对产品的形状、图案或者其结合以及色彩与形状、图案的**结合**所作出的**富有美感**并适于**工业应用的新设计**

（二）不授予专利权的客体

完成方式、内容或专利申请方式损害国家利益或者公共秩序的发明创作	1. **违反法律、社会公德或者妨害公共利益**的发明创造 2. 违反法律规定获取或者利用**遗传资源**，并依赖该遗传资源完成的发明创造 3. 任何单位或者个人将在中国完成的发明或者实用新型向外国申请专利的，应当事先报经国务院专利行政部门进行**保密审查**。若违反前述规定向外国申请专利后，又就该发明或者实用新型向中国申请专利的，不授予专利权
自然规律、自然现象和抽象的思想	1. 科学发现 2. 智力活动的规则和方法 3. 疾病的诊断和治疗方法（**注意：药品、医疗器械可以授予专利权**）
动物和植物品种	动植物品种的“生产方法”，可授予专利权
原子核变换方法以及用原子核变换方法获得的物质	
对“平面”印刷品的图案、色彩或者二者的结合作出的主要起标识作用的设计	

二、专利权的主体

一般情形，专利权人为发明人（或设计人）。特殊规则如下。

（一）职务发明

类型	1. **“主要”是利用本单位的物质技术条件所完成的发明创造** 2. **执行本单位的任务所完成的发明创造**。包括： （1）履行本职工作任务完成的发明创造 （2）履行本单位交付的本职工作之外的任务完成的发明创造 （3）退职、退休或者调动工作后**1年内**作出的，与其在原单位承担的本职工作或者原单位分配的任务“有关”的发明创造 3. 本单位包括“临时”工作单位

归属	1. **申请专利的权利属于该单位，申请被批准后，该单位为专利权人（利用本单位物质技术条件完成的发明创造，约定优先）** 2. 所在单位转让专利申请权的，发明人或者设计人享有以同等条件优先受让的权利 3. 发明人、设计人的权利 （1）署名权（可以书面声明放弃）；（2）获得奖励权；（3）获得报酬权

（二）共同发明

权利归属	1. 专利申请权由**共同发明人共同享有** 2. **共同发明人一方不同意申请专利的，另一方或者其他各方不得申请专利**（原因在于有些技术采用技术秘密保护比申请专利更为合适）
权利行使	1. **共有人对专利申请权、专利权的行使有约定的，按照约定** 2. 没有约定的，共有人均有自己实施该专利或者以“普通许可方式”许可他人实施该专利，所获得的报酬应在共有人中合理分配 3. 除上述情形外，行使共有的专利申请权或专利权应当取得全体共有人的同意

（三）委托发明

1. 有约定的从约定，无约定的归受托人。

2. 研究开发人（即受托人）取得专利权的，委托人可以免费实施该专利。

3. 研究开发人转让专利申请权的，委托人享有以同等条件优先受让的权利（《民法典》第895条）。

三、专利的授权条件

（一）发明、实用新型专利的授权条件

授予发明、实用新型专利权的条件	1. 新颖性：**不属于现有技术且无抵触申请** 2. 实用性：（所属领域普通技术人员）能够制造或使用，并能够产生积极效果 3. 创造性：与现有技术相比，该发明具有突出的实质性特点和显著的进步；该实用新型具有实质性特点和进步
对新颖性的判断	指申请专利的发明和实用新型不属于现有技术且无抵触申请： （1）**所谓“现有技术”，指“申请日以前”在国内外为公众所知的技术** （2）**没有“抵触申请”** 抵触申请，是指在申请日以前，已经有单位或者个人就同样的发明或者实用新型向专利局提出申请并且记载在申请日以后公布的专利申请文件中
新颖性丧失的例外	申请专利的发明创造在**申请日以前6个月内**，有下列情形之一的，不丧失新颖性： （1）在国家出现紧急状态或者非常情况时，为**公共利益目的首次公开的** （2）在中国政府主办或者承认的**国际展览会上首次展出的** （3）在规定的学术会议或者技术会议上首次发表的 （4）他人未经申请人同意而泄露其内容的

（二）外观设计专利的授权条件

《专利法》第 23 条规定，授予专利权的外观设计，应当不属于现有设计；也没有任何单位或者个人就同样的外观设计在申请日以前向国务院专利行政部门提出过申请，并记载在申请日以后公告的专利文件中。

授予专利权的外观设计与现有设计或者现有设计特征的组合相比，应当具有明显区别。

授予专利权的外观设计不得与他人在申请日以前已经取得的合法权利相冲突。

本法所称现有设计，是指申请日以前在国内外为公众所知的设计。

四、专利申请的原则

（一）先申请原则

两个以上的申请人分别就同样的发明创造申请专利的，专利权授予最先申请的人。（先到先得）

（二）优先权原则

国际优先权①	申请人自**发明或者实用新型**在外国**“第一次”**提出专利申请之日起 **12 个月**内，或者自**外观设计**在外国“第一次”提出专利申请之日起 6 个月内，又在中国就相同主题提出专利申请的，根据国际条约、双边协议、互惠原则享有优先权的，**以其在外国第一次提出申请的日期为在中国提出申请的日期**
国内优先权	申请人自**发明或者实用新型**在**中国第一次提出专利申请之日起 12 个月内**，或者自**外观设计在中国第一次提出专利申请之日起 6 个月内**，又向国务院专利行政部门**就相同主题提出专利申请的**，可以享有优先权
总结	1. 专利局收到专利申请文件之日为申请日，**申请日享有优先权的，优先权日为申请日** 2. 优先权是“先申请原则”的延伸，只与专利申请日的确定有关

（三）单一性原则

1. 一件专利申请，限于一项发明（或者实用新型或外观设计）。

2. 属于一个总的发明构思的两项以上的发明（或实用新型；或同一产品两项以上的相似外观设计，或用于同一类别并且成套出售或使用的产品的两项以上外观设计），可以作为一件申请提出。

（四）禁止重复授予专利权原则

《专利法》第 9 条第 1 款规定，同样的发明创造只能授予一项专利权。但是，同一申请人同日对同样的发明创造既申请实用新型专利又申请发明专利，先获得的实用新

① 试举一例以说明：美国人甲于 2006 年 2 月 1 日就一项发明创造首次向美国专利商标局申请发明专利，又在 2006 年 7 月 1 日在英国就相同主题提出了发明专利申请，然后 2007 年 1 月 30 日向中国国家知识产权局就相同的发明创造申请专利权并声明要求优先权。在此前的 2006 年 12 月 1 日，中国人乙向中国国家知识产权局就独立完成的相同发明申请专利权，甲在美国首次提出专利申请的日期视为在中国提出申请的日期。根据在先申请原则，甲的申请先于乙。

型专利权尚未终止，且申请人声明放弃该实用新型专利权的，可以授予发明专利权。（可以同时申请，但不能同时获得）

五、专利申请的审批

（一）专利审批流程①

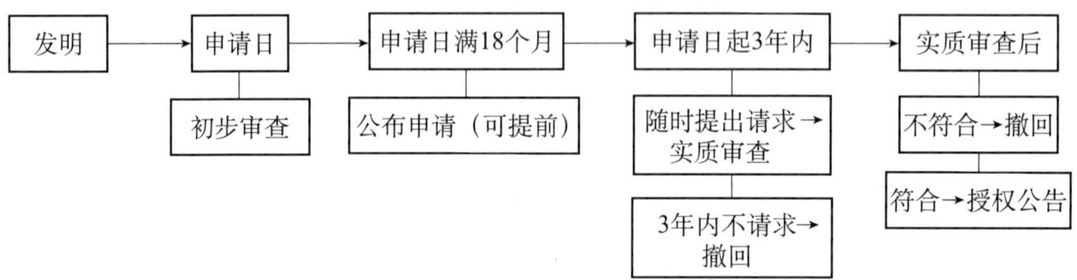

（二）发明专利的临时保护制度

临时保护期	是指**“发明申请公布—授权公告期间”**
自愿付费	发明专利申请公布后至授权公告前，申请人可以要求实施其发明的单位或者个人支付适当的费用
侵权认定	临时保护期内，他人实施制造、销售、进口行为，**并向权利人支付或者书面承诺支付适当费用的**，临时保护期内已制造、销售、进口的产品不视为侵权产品
	其后续的使用、销售、许诺销售不构成侵权行为（**但他人后续的“制造”构成侵权**）
诉讼时效	临时保护期使用该发明未支付适当使用费的，专利权人要求支付使用费的诉讼时效，**自专利权人得知或者应当得知他人使用其发明之日起计算**
	但是，专利权人于专利权授予之日前即已得知或者应当得知的，**自专利权授予之日起计算**

（三）专利保护期

1. 各类专利的保护期

	专利	实用新型	外观设计
保护期	20年	10年	15年
期限起算点	（1）专利期限均自**“实际申请日”**起计算（该“申请日”不适用“优先权原则”，应当自向中国专利行政部门实际提出申请日起开始计算） （2）专利权人应当自被授予专利权的当年开始缴纳年费		

① 初步审查：申请经过初步审查后，自申请日起满18个月公布（可根据申请人请求早日公布）。
实质审查：自申请之日起3年内，根据申请人随时提出的请求，进行实质审查。
授权公告：
经过实质审查，没有发现驳回理由的，作出授予专利的决定。发明专利权自公告之日起生效。
申请人对驳回申请的决定不服的，先复审再诉讼。

2. 发明专利期限补偿制度

一般发明专利	自发明专利申请日起**满 4 年，且自实质审查请求之日起满 3 年后授予发明专利权的**，国务院专利行政部门应专利权人的请求，就发明专利在授权过程中的**不合理延迟**给予专利权期限补偿，但由申请人引起的不合理延迟除外
新药品发明专利	为**补偿新药上市审评审批占用的时间**，对在中国获得上市许可的新药相关发明专利，国务院专利行政部门应专利权人的请求给予专利权期限补偿。**补偿期限不超过 5 年，新药批准上市后总有效专利权期限不超过 14 年**

六、专利实施的特别许可

（一）推广应用

对象	**国有企业事业单位＋发明＋对国家利益或者公共利益具有重大意义**
方式	1. 国务院有关主管部门和省、自治区、直辖市人民政府报经国务院批准，可以决定在批准的范围内推广应用，允许指定的单位实施 2. 由实施单位按照国家规定向专利权人支付使用费

（二）开放许可

实施	专利权（发明、实用新型、外观设计均可）人**自愿以书面方式**向国务院专利行政部门声明愿意许可任何单位或者个人实施其专利，并明确许可使用费支付方式、标准的，由国务院专利行政部门予以公告，实行开放许可
	任何单位或者个人有意愿实施开放许可的专利的，**以书面方式通知专利权人**，并依照公告的许可使用费支付方式、标准支付许可使用费后，即获得专利实施许可
	实行开放许可的专利权人可以与被许可人就许可使用费进行协商后给予**普通许可**，但不得就该专利给予独占或者排他许可
	开放许可实施期间，对专利权人缴纳**专利年费相应给予减免**
撤回	1. 专利权人撤回开放许可声明的，应当以**书面方式**提出，并由国务院专利行政部门予以公告 2. 开放许可声明被公告撤回的，不影响在先给予的开放许可的效力
纠纷解决	当事人就实施开放许可发生纠纷的，由当事人协商解决；不愿协商或者协商不成的，可以请求国务院专利行政部门进行调解，也可以向人民法院起诉。

（三）强制许可

类型	**防止专利权滥用的强制许可**	有下列情形之一的，国务院专利行政部门根据具备实施条件的单位或者个人的申请，可以给予实施发明专利或者实用新型专利的强制许可： 1. 专利权人自专利权被授予之日起满 3 年，且自提出专利申请之日起满 4 年，无正当理由未实施或者未充分实施其专利的 2. 专利权人行使专利权的行为被依法认定为垄断行为，为消除或者减少该行为对竞争产生的不利影响的

<table>
<tr><td rowspan="3">类型</td><td rowspan="2">为了公共利益的强制许可</td><td>在国家出现紧急状态或者非常情况时，或者为了公共利益目的，国务院专利行政部门可以给予实施发明专利或者实用新型专利的强制许可</td></tr>
<tr><td>为了公共健康目的，对取得专利权的药品，国务院专利行政部门可以给予制造并将其出口到符合中华人民共和国参加的有关国际条约规定的国家或者地区的强制许可</td></tr>
<tr><td>交叉许可</td><td>一项取得专利权的发明或者实用新型比前已经取得专利权的发明或者实用新型具有显著经济意义的重大技术进步，其实施又有赖于前一发明或者实用新型的实施的，国务院专利行政部门根据后一专利权人的申请，可以给予实施前一发明或者实用新型的强制许可
在依照前款规定给予实施强制许可的情形下，国务院专利行政部门根据前一专利权人的申请，也可以给予实施后一发明或者实用新型的强制许可</td></tr>
<tr><td>效力</td><td colspan="2">1. 仅适用于发明和实用新型，不包括外观设计专利
2. 取得实施强制许可的单位或者个人：
（1）不享有独占的实施权
（2）无权允许他人实施
（3）应当付给专利权人合理的使用费</td></tr>
</table>

七、专利的无效宣告

<table>
<tr><td>事由</td><td>自国务院专利行政部门公告授予专利权之日起，任何单位或者个人认为该专利权的授予不符合专利法有关规定的，可以请求国务院专利行政部门宣告该专利权无效</td></tr>
<tr><td>行政诉讼</td><td>国务院专利行政部门对宣告专利权无效的请求应当及时审查，并依法定程序作出宣告专利权无效或者维持专利权的决定，当事人对该决定不服的，可依法提起诉讼</td></tr>
<tr><td rowspan="3">宣告无效的后果</td><td>1. 宣告无效的专利权视为自始即不存在</td></tr>
<tr><td>2. 宣告专利权无效的决定，对在宣告专利权无效前人民法院作出并已执行的专利侵权的判决、调解书，已经履行或者强制执行的专利侵权纠纷处理决定，以及已经履行的专利实施许可合同和专利权转让合同，不具有追溯力。但是因专利权人的恶意给他人造成的损失，应当给予赔偿</td></tr>
<tr><td>3. 依照前款规定不返还专利侵权赔偿金、专利使用费、专利权转让费，明显违反公平原则的，应当全部或者部分返还</td></tr>
</table>

八、专利侵权及其抗辩事由

（一）专利侵权的判定

专利侵权行为，是指在专利权有效期限内，任何单位或者个人未经专利权人许可又无法律依据，以生产经营为目的实施他人专利的行为。

1. 一般侵权行为

<table>
<tr><td rowspan="2">发明/实用新型</td><td>产品发明/实用新型</td><td>未经许可又无法律规定，为生产经营目的制造[①]、使用、许诺销售[②]、销售、进口专利权人的专利产品</td></tr>
<tr><td>方法发明</td><td>未经许可又无法律规定，为生产经营目的使用专利权人的专利方法以及使用、许诺销售、销售、进口依照该专利方法直接获得的产品</td></tr>
<tr><td>外观设计</td><td colspan="2">未经许可又无法律规定，为生产经营目的制造、许诺销售、销售、进口专利权人的外观设计专利产品</td></tr>
</table>

2. 特殊侵权行为

<table>
<tr><td rowspan="2">善意侵权</td><td>为生产经营目的使用、许诺销售或者销售不知道是未经专利权人许可而制造并售出的专利侵权产品，能证明该产品合法来源的，不承担赔偿责任</td></tr>
<tr><td>注意：专利权人可以要求其停止使用、许诺销售、销售</td></tr>
<tr><td>不停止被诉行为的侵权</td><td>被告构成对专利权的侵犯，权利人请求判令其停止侵权行为的，人民法院应予支持，但基于国家利益、公共利益的考量，人民法院可以不判令被告停止被诉行为，而判令其支付相应的合理费用</td></tr>
</table>

3. 间接侵权

（1）明知有关产品系专门用于实施专利的材料、设备、零部件、中间物等，未经专利权人许可，为生产经营目的将该产品提供给他人实施了侵犯专利权的行为，认定为“帮助他人实施侵权行为”。（帮助侵权）

（2）明知有关产品、方法被授予专利权，未经专利权人许可，为生产经营目的积极诱导他人实施了侵犯专利权的行为，认定为“教唆他人实施侵权行为”。（教唆侵权）

4. 全面覆盖原则

包含与权利要求记载的全部技术特征相同或者相等的技术特征的，是侵权。

（二）专利侵权抗辩

权利用尽	专利产品或者依照专利方法直接获得的产品，由专利权人或者经其许可的单位、个人售出后，**使用、许诺销售、销售、进口**该产品的
先用权	在**专利申请日前**已经制造相同产品、使用相同方法或者已经作好制造、使用的必要准备，并且**仅在原有范围内继续制造、使用的**
临时过境	临时通过中国领陆、领水、领空的外国运输工具，依照其所属国同中国签订的协议或者共同参加的国际条约，或者依照互惠原则，**为运输工具自身需要而在其装置和设备中使用有关专利的**
专为科研	专为科学研究和实验而使用有关专利的

① 产品的数量、质量及制造方法不影响对制造行为的认定；将部件组装成专利产品的行为，属于制造。

② 许诺销售，是指以做广告、在商店橱窗中陈列或者在展销会上展出等方式作出销售商品的意思表示。

药品行政审批抗辩	为提供行政审批所需要的信息，**制造、使用、进口**专利药品或者专利医疗器械的，以及专门为其制造、进口专利药品或者专利医疗器械的
	行政审批过程中，药品上市许可申请人与有关专利权人，因申请注册的药品相关的专利权产生纠纷的： （1）相关当事人可以向法院起诉，请求就申请注册的药品相关技术方案是否落入他人药品专利权保护范围作出判决 （2）相关当事人也可以向国务院专利行政部门请求行政裁决
现有技术抗辩	在专利侵权纠纷中，被控侵权人有证据证明其实施的技术或者设计属于现有技术或者现有设计的，不构成侵犯专利权

第三章　商标法

一、商标概述

<table>
<tr><td>概念</td><td colspan="2">商标，是指经营者在商品或服务项目上使用的，将自己经营的商品或提供的服务与其他经营者经营的商品或提供的服务区别开来的一种商业识别标志</td></tr>
<tr><td>组成</td><td colspan="2">任何能够将自然人、法人或者其他组织的商品与他人的商品区别开的标志，包括文字、图形、字母、数字、三维标志、颜色组合和声音等，以及上述要素的组合，均可以作为商标申请注册</td></tr>
<tr><td rowspan="2">种类</td><td>集体商标</td><td>以团体、协会或者其他组织名义注册，供该组织成员在商事活动中使用，以表明使用者在该组织中的成员资格的标志</td></tr>
<tr><td>证明商标</td><td>由对某种商品或者服务具有监督能力的组织所控制，而由该组织以外的单位或者个人使用于其商品或者服务，用以证明该商品或者服务的原产地、原料、制造方法、质量或者其他特定品质的标志</td></tr>
</table>

二、商标注册的条件

注册商标，是指经商标局核准注册的商标。商标注册人享有商标专用权，受到商标法保护。我国目前必须使用注册商标的商品只有烟草制品。考生主要掌握商标注册的消极条件。

（一）禁用商标：不予注册、禁止使用

类别	具体规则
特定标志	1. 同中华人民共和国的国家名称、国旗、国徽、国歌、军旗、军徽、军歌、勋章等相同或者近似的，以及同中央国家机关的名称、标志、所在地特定地点的名称或者标志性建筑物的名称、图形相同的 2. 同外国的国家名称、国旗、国徽、军旗等相同或者近似的，但经该国政府同意的除外 3. 同政府间国际组织的名称、旗帜、徽记等相同或者近似的，但经该组织同意或者不易误导公众的除外 4. 与表明实施控制、予以保证的官方标志、检验印记相同或者近似的，但经授权的除外 5. 同“红十字”“红新月”的名称、标志相同或者近似的
违反公序良俗的标志	1. 带有民族歧视性的 2. 带有欺骗性，容易使公众对商品的质量等特点或者产地产生误认的 3. 有害于社会主义道德风尚或者有其他不良影响的

续表

类别	具体规则
特殊地名	1. 县级以上行政区划的地名，不得作为注册商标 2. 公众知晓的外国地名，不得作为注册商标 3. 例外：地名具有其他含义或者地名作为集体商标、证明商标组成部分 4. 已经注册的使用地名的商标继续有效
无权代理	未经授权，代理人或者代表人以自己的名义将被代理人或者被代表人的商标进行注册，被代理人或者被代表人提出异议的，不予注册并禁止使用

（二）禁注商标：可以使用，不得注册（有例外）

商标缺乏显著性	原则	下列标志不得作为商标注册，但可作为“未注册商标”使用： （1）**仅有**本商品的通用名称、图形、型号的 （2）**仅**直接表示商品的质量、主要原料、功能、用途、重量、数量及其他特点的 （3）其他缺乏显著特征的 上述标志经过使用取得显著特征，并便于识别的，可以作为商标注册
	例外	但下列三种情况中的**三维标志即使通过使用获得显著性也不得注册：** （1）仅由商品自身的性质产生的形状 （2）为获得技术效果而需有的商品形状 （3）使商品具有实质性价值的形状
侵害他人在先权利[1]	就同一种商品或者类似商品申请注册的商标，与他人在先使用的未注册商标相同或者近似，申请人与该他人具有合同、业务往来关系或者其他关系而明知该他人商标存在，该他人提出异议的，不予注册	

（三）其他禁止注册的情形

1. 不以使用为目的的恶意商标注册申请。
2. 商标代理机构申请注册除代理服务之外的其他商标。[2]
3. 采用欺骗或者其他不正当手段进行注册。

（四）对驰名商标的特殊保护

概念	驰名商标，是指在中国境内为相关公众广为知晓的商标
未注册驰名商标：同类保护	就相同或者类似商品申请注册的商标是复制、摹仿或者翻译他人未在中国注册的驰名商标，容易导致混淆的，不予注册并禁止使用

---

① 注意此处不包括代理商标注册合同，如果是“代理”“代表”合同关系，无权代理会导致商标禁止注册并且禁止使用。

② 《商标法》第19条第4款规定，商标代理机构除对其代理服务申请商标注册外，不得申请注册其他商标。

已注册驰名商标：跨类保护	就不相同或者不相类似商品申请注册的商标是复制、摹仿或者翻译他人已经在中国注册的驰名商标，误导公众，致使该驰名商标注册人的利益可能受到损害的，不予注册并禁止使用
个案中做事实认定	人民法院对于商标驰名的认定，仅作为案件事实和判决理由，不写入判决主文；以调解方式审结的，在调解书中对商标驰名的事实不予认定
驰名商标禁止用于宣传	生产、经营者不得将“驰名商标”字样用于商品、商品包装或者容器上，或者用于广告宣传、展览以及其他商业活动中
恶意注册的无效宣告	对恶意注册的，驰名商标所有人申请商标无效宣告不受5年的时间限制
将驰名商标作为字号使用	将他人注册商标、未注册的驰名商标作为企业名称中的字号使用，误导公众，构成不正当竞争行为的，依照反不正当竞争法处理

三、商标注册的原则

（一）申请在先原则

1. 两个或者两个以上的商标注册申请人，在同一种商品或者类似商品上，以相同或者近似的商标申请注册的，初步审定并公告申请在先的商标。

2. 同一天申请的，初步审定并公告使用在先的商标，驳回其他人的申请，不予公告。

3. 同日使用或者均未使用的，各申请人可以自收到商标局通知之日起30日内自行协商；不愿协商或者协商不成的，商标局通知各申请人以抽签的方式确定一个申请人，驳回其他人的注册申请。

【记忆：申请在先→使用在前→协商不成→再来抽签】

（二）优先权原则

概念	申请日以商标局收到申请文件的日期为准，申请人享有优先权的，以优先权日为申请日
国外申请优先权	1. 适用条件： （1）商标注册申请人自其商标在外国**第一次**提出商标注册申请之日起**6个月内**，又在中国就相同商品以同一商标提出商标注册申请 （2）第一次提出商标申请的所在国，应当与我国签订涉及优先权的协议，或者也参加了我国参加的规定了优先权的国际条约，或者与我国相互承认优先权 注意：优先权不能自动产生 2. 提出书面声明＋时间上应在提出商标注册申请时提出＋在3个月内提交第一次提出的商标注册申请文件的副本
国内优先权	1. 商标在中国政府主办的或者承认的国际展览会展出的商品上首次使用的，自该商品展出之日起6个月内，该商标的注册申请人可以享有优先权 2. 应当在提出商标注册申请的时候提出书面声明，并且在3个月内提交展出其商品的展览会名称、在展出商品上使用该商标的证据、展出日期等证明文件 3. 未提出书面声明或者逾期未提交证明文件的，视为未要求优先权

（三）一表多类原则（一标多类原则）

商标注册申请人可以通过一份申请就多个类别的商品申请注册同一商标。

四、商标注册申请的代理制度

1. 中国人或者中国企业申请商标注册或者办理其他商标事宜，可以自行办理，也可以委托依法设立的商标代理机构办理。（中国人，可自行选择）

2. 外国人或者外国企业在中国申请商标注册的，要符合以下要求：（1）应当按其所属国和我国签订的协议或者共同参加的国际条约办理，或者按对等原则办理；（2）应当委托依法设立的商标代理机构办理。（外国人，只能委托代理机构办理）

3. 商标代理机构

基本规则	（1）遵循诚实信用原则，遵守法律、行政法规，按照被代理人的委托办理商标注册申请或者其他商标事宜 （2）对在代理过程中知悉的被代理人的商业秘密，负有保密义务
明确告知事项	申请注册的商标可能存在商标法规定不得注册情形的，商标代理机构应当明确告知委托人
不得接受委托的事项	（1）不以使用为目的的恶意商标注册申请，商标代理机构不得接受委托 （2）以自己的名义将被代理人或者被代表人的商标进行注册，被代理人或者被代表人提出异议的，商标代理机构不得接受委托 （3）与他人在先使用的未注册商标相同或者近似，……具有合同、业务往来关系……明知该他人商标存在，该他人提出异议的，商标代理机构不得接受委托 （4）损害他人现有的在先权利，以不正当手段抢先注册他人已经使用并有一定影响的商标，商标代理机构不得接受委托

五、商标异议制度

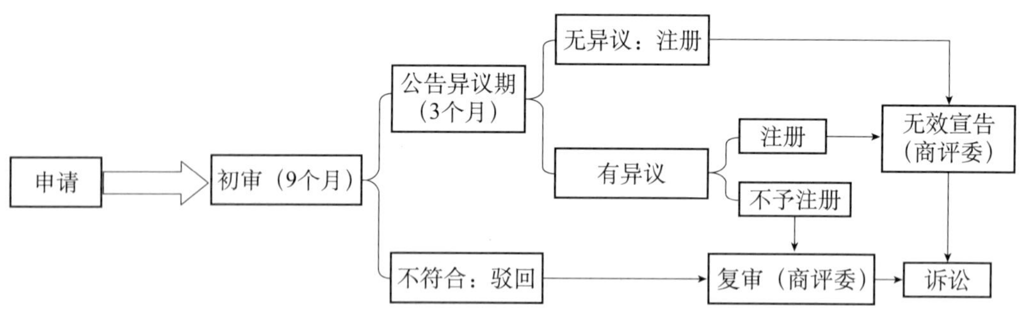

初步审查	自收到商标注册申请文件之日起，**商标局**应当在9个月内审查完毕
异议程序发动的条件	（1）异议期限：初审公告之日起3个月
	（2）异议事由法定。涉嫌：①违反相对拒绝注册事由；②违反绝对拒绝注册事由
	（3）异议提出对象：**商标局**

	(4) 异议人分两种情况： ① 涉嫌违反相对拒绝注册事由的，**仅限于在先权利人和利害关系人** ② 涉嫌违反绝对拒绝注册事由的，**任何人都有权提出异议**
公告期满无异议	3个月公告期满无异议的，予以核准注册，发给商标注册证，并予公告
商标局对异议的处理	要么作出核准注册的决定，要么作出不予注册的决定
异议人与被异议人的程序权利	(1) **异议人的权利** 对商标局作出的准予注册的决定，不能申请复审，只能在商标核准注册之后，依照规定**向商标评审委员会请求宣告该注册商标无效** (2) **被异议人的权利** ① 对商标局作出的不予注册的决定，可自收到通知之日起15日内向**商标评审委员会申请复审（须在12个月内作出复审决定，可延长6个月）** ② 对复审决定不服的，可自收到通知之日起30日提起行政诉讼

六、商标权的内容

专用权	1. 以核准注册的商标和核定使用的商品为限 2. 生产、经营者不得将驰名商标字样用于商品、商品包装或者容器上，或者用于广告宣传、展览以及其他商业活动中
禁止权	范围大于专用权，还包含相似的情形也禁止使用
转让权	1. 转让注册商标的，转让人和受让人应当签订转让协议 2. 双方**共同**向商标局提出申请 3. 转让注册商标经核准后，予以公告 4. 受让人自公告之日起享有商标专用权 5. 除非另有约定，注册商标的转让不影响转让前已经生效的商标使用许可合同的效力
许可权	1. 商标注册人可以通过签订商标使用许可合同，许可他人使用其商标。使用许可合同签订后，应当在3个月内将合同副本报送商标局备案。**未经备案的，不影响该许可合同的效力，但不得对抗善意第三人**
	2. 许可人应当监督被许可人使用其注册商标的商品质量；被许可人应当保证使用该注册商标的商品质量。被许可人还应当在使用该注册商标的商品上标明自己的名称和商品产地

七、商标的续展

1. 注册商标的有效期为10年，原则上自核准注册之日起计算
2. 期满后商标所有人需要继续使用该商标并维持专用权的，可以通过续展注册延长商标权的保护期限
3. 续展注册应当在有效期满前12个月内办理
4. 在12个月内未能提出申请的，有6个月的宽展期

5. 宽展期仍未提出申请的，注销其注册商标。注销之日起 1 年内，商标局对与该商标相同、近似的申请，仍不予核准
6. 每次续展注册的有效期为 10 年，自该商标上一届有效期满次日起计算
7. 续展注册没有次数的限制

八、商标权的消灭

（一）注册商标的撤销

商标注册人有下列行为之一的，由**商标局**责令限期改正或者撤销其注册商标。

类型	1. 自行改变注册商标、注册人名义、地址或者其他注册事项的
	2. 注册商标**成为其核定使用的商品的通用名称**或者没有正当理由连续 3 年停止商标使用的
后果	1. **无溯及力** 2. 对商标局撤销决定不服的，可以自收到通知之日起 15 日内向商标评审委员会申请复审。对商标评审委员会的决定不服的，可以自收到通知之日起 30 日内起诉 3. 注册商标被撤销的，自撤销之日起 1 年内，商标局对与该商标相同或者近似的商标注册申请，不予核准

（二）注册商标的无效宣告

注册商标的无效宣告，是指已经注册的商标，在商标权存续期间出现法定事由，由商标局或者商标评审机构宣告该注册商标无效。

	商标标识违法	商标侵权类
具体事由	1. 不以使用为目的的恶意商标注册申请 2. 不得作为商标使用的特定标志 3. 缺乏显著特征的标志 4. 不得注册的三维标志 5. 商标代理机构除对其代理服务申请商标注册外，申请注册其他商标 6. 以欺骗手段或者其他不正当手段取得注册	1. 侵犯驰名商标权 2. 无权代理注册商标 3. 侵犯地理标志 4. 利害关系人认为应当驳回但未驳回 5. 违反申请在先原则 6. 申请商标注册损害他人现有的在先权利，或者以不正当手段抢先注册他人已经使用并有一定影响的商标
程序	1. **由商标局宣告无效**，当事人对商标局的决定不服的，可向商标评审机构申请复审，当事人对商标评审机构的决定不服的，可以向法院起诉 2. 其他单位或者个人可以**请求商标评审机构宣告该注册商标无效**，对商标评审机构的决定不服的，可以向法院起诉	1. **自商标注册之日起 5 年内**，在先权利人或者利害关系人可以**请求商标评审机构宣告该注册商标无效**，当事人对商标评审机构的裁定不服的，可以向法院起诉 2. 对恶意注册的，驰名商标所有人不受 5 年的时间限制

续表

	商标标识违法	商标侵权类
无效的后果	1. **宣告无效的注册商标，视为自始即不存在** 2. 自宣告无效之日起 1 年内，商标局对与该商标相同或者近似的商标注册申请，不予核准 3. **宣告注册商标无效的决定或者裁定，对已经了结的事项等，无追溯力** 4. 依照上述规定不返还商标侵权赔偿金、商标转让费、商标使用费，但是，明显违反公平原则的，应当全部或者部分返还	

九、商标侵权及其抗辩事由

（一）商标侵权行为

1. **假冒或仿冒行为**	（1）在同一种商品上使用与他人注册商标相同的商标
	（2）在同一种商品上使用与他人注册商标相近似的商标
	（3）在类似商品上使用与他人注册商标相同的商标
	（4）在类似商品上使用与他人注册商标近似的商标
2. **销售**侵犯商标专用权的商品	
3. 伪造、擅自制造他人注册商标标识或者销售伪造、擅自制造的注册商标标识	
4. 未经商标注册人同意，更换其注册商标并将该更换商标的商品又投入市场**【反向假冒】**	
5. 故意为侵犯他人商标专用权行为提供便利条件，帮助他人实施侵犯商标专用权行为的	

（二）商标侵权抗辩

1. 不侵权的抗辩

正当使用	（1）注册商标中含有的本商品的通用名称、图形、型号或者直接表示商品的质量、主要原料、功能、用途、重量、数量及其他特点，或者含有的地名，注册商标专用权人无权禁止他人正当使用 （2）三维标志注册商标中含有的商品自身的性质产生的形状、为获得技术效果而需有的商品形状或者使商品具有实质性价值的形状，注册商标专用权人无权禁止他人正当使用
先用权	商标注册人申请商标注册前，他人已经在同一种商品或者类似商品上先于商标注册人使用与注册商标相同或者近似并有一定影响的商标的，注册商标专用权人无权禁止该使用人在原有使用范围内继续使用该商标，但可以要求其附加适当区别标志
商标权用尽	对于经商标权人许可或者以其他方式合法投放市场的商品，他人在购买后无须经过商标权人许可，即可将带有该商标的商品再次出售或者以其他方式提供给公众，包括为此目的在广告宣传中使用该商标，均不构成对注册商标的侵害

2. 不承担赔偿责任的抗辩

注册商标3年未使用	注册商标3年未使用，**并且注册商标专用权人不能证明受到其他损失的，侵权人不承担赔偿责任**
善意销售	销售不知道是侵犯注册商标专用权的商品，能证明该商品是自己合法取得并说明提供者的，不承担赔偿责任
侵犯未注册驰名商标	侵犯未注册驰名商标的，只承担停止侵害、销毁侵权物品等责任，不承担赔偿责任

第四章　知识产权侵权的共同规则

一、知识产权请求权与损害赔偿请求权

知识产权请求权	1. 不以加害人的过错为要件 2. 不以权利人遭受损失为要件 3. 不适用诉讼时效，也不适用除斥期间
知识产权权利人对加害人主张的赔偿损失之请求	1. 以加害人的过错为要件 2. 以权利人遭受损失为要件 3. 适用 3 年的诉讼时效期间。自权利人知道或者应当知道权利受侵害之日起计算。权利人超过 3 年起诉的，如果侵权行为在起诉时仍在持续，在该项知识产权的有效期内，人民法院应当判决被告停止侵权，不过侵权人只承担 3 年的赔偿责任

二、原告的确定

<table>
<tr><td colspan="2">1. 知识产权人</td></tr>
<tr><td colspan="2">2. 法定的利害关系人（被许可人、继承人）</td></tr>
<tr><td rowspan="3">3. 使用许可合同（利害关系人的一种）的被许可人的诉讼地位</td><td>（1）“独占”使用许可合同的被许可人，可以作为原告独立起诉</td></tr>
<tr><td>（2）“排他”使用许可合同的被许可人可以和知识产权人共同起诉，也可以在权利人不起诉的情况下，作为原告自行提起诉讼</td></tr>
<tr><td>（3）“普通”使用许可合同的被许可人通常不享有起诉权。但许可合同明确约定被许可人可以单独起诉，或者经知识产权人书面授权单独起诉的，可以独立起诉</td></tr>
</table>

三、损害赔偿数额的确定

<table>
<tr><td rowspan="2">1. 侵犯专利权赔偿的数额依序按照下列规则确定</td><td>（1）补偿性损害赔偿（顺序）
① 权利人因被侵权遭受的实际损失或者侵权人因侵权所获得的利益
② 参照该专利许可使用费的倍数合理确定
③ 法定赔偿金：3 万元至 500 万元</td></tr>
<tr><td>（2）惩罚性损害赔偿
“故意”侵犯专利权，且“情节严重的”，可以在依照上述第一顺序至第二顺序确定的补偿性损害赔偿数额的“一倍以上五倍以下”确定赔偿数额，其中所增加的“一至四倍”即为惩罚性赔偿</td></tr>
</table>

2. 侵犯商标专用权赔偿的数额依序按照下列规则确定	（1）补偿性损害赔偿 ① 按照权利人因侵权遭受的实际损失或者侵权人因侵权所获得的利益给予赔偿 ② 参照该商标许可使用费的倍数合理确定 ③ 法定赔偿金（500 万元以下）
	（2）惩罚性赔偿金 对于故意侵犯商标专用权，且情节严重的，可以在依照上述第一顺序至第二顺序确定的补偿性损害赔偿数额的“一倍以上五倍以下”确定赔偿数额，其中所增加的“一至四倍”即为惩罚性赔偿
3. 侵犯著作权赔偿的数额依序按照下列规则确定	（1）补偿性损害赔偿 ① 按照权利人因侵权遭受的实际损失或者侵权人的违法所得给予赔偿 ② 参照该权利使用费给予赔偿； ③ 法定赔偿金：500 元以上 500 万元以下
	（2）惩罚性损害赔偿 对故意侵犯著作权或者与著作权有关的权利，情节严重的，可以在按照补偿性损害赔偿确定数额的一倍以上五倍以下给予赔偿，其中所增加的“一至四倍”即为惩罚性赔偿
4. 此外，权利人还可以要求赔偿为制止侵权所支付的合理开支（如律师费、公证费、诉讼费、差旅费）	

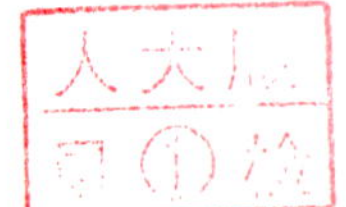

国家统一法律职业资格考试

百日通关攻略

刑诉法

嗨学法考 组编 李辞 编著

中国人民大学出版社

· 北京 ·

图书在版编目（CIP）数据

国家统一法律职业资格考试·百日通关攻略．刑诉法／嗨学法考组编；李辞编著．--北京：中国人民大学出版社，2023.11

ISBN 978-7-300-32188-2

Ⅰ.①国… Ⅱ.①嗨… ②李… Ⅲ.①刑事诉讼法—中国—资格考试—自学参考资料 Ⅳ.①D92

中国国家版本馆 CIP 数据核字（2023）第 174389 号

国家统一法律职业资格考试·百日通关攻略·刑诉法
嗨学法考　组编
李辞　编著
Guojia Tongyi Falü Zhiye Zige Kaoshi • Bairi Tongguan Gonglüe • Xingsufa

出版发行	中国人民大学出版社		
社　　址	北京中关村大街 31 号	**邮政编码**	100080
电　　话	010－62511242（总编室）		010－62511770（质管部）
	010－82501766（邮购部）		010－62514148（门市部）
	010－62515195（发行公司）		010－62515275（盗版举报）
网　　址	http://www.crup.com.cn		
经　　销	新华书店		
印　　刷	涿州市星河印刷有限公司		
开　　本	787 mm×1092 mm　1/16	**版　　次**	2023 年 11 月第 1 版
印　　张	7.75	**印　　次**	2024 年 4 月第 3 次印刷
字　　数	170 000	**定　　价**	258.00 元（全 8 册）

刑事诉讼法学习方法与整体架构

刑事诉讼法的学习方法：

第一，理解制度与程序背后的理论基础与立法背景。

第二，做好关联知识点的总结与对比。

第三，反复记忆。

整体学习路径：理解—记忆—总结—重复。

刑事诉讼法整体架构如下：

<table>
<tr><td rowspan="9">总论</td><td colspan="2">第一章　刑事诉讼法概述</td><td rowspan="2">基础理论</td></tr>
<tr><td colspan="2">第二章　刑事诉讼法的基本原则</td></tr>
<tr><td colspan="2">第三章　管辖</td><td rowspan="7">诉讼制度</td></tr>
<tr><td colspan="2">第四章　回避</td></tr>
<tr><td colspan="2">第五章　辩护与代理</td></tr>
<tr><td colspan="2">第六章　刑事证据</td></tr>
<tr><td colspan="2">第七章　强制措施</td></tr>
<tr><td colspan="2">第八章　附带民事诉讼</td></tr>
<tr><td colspan="2">第九章　期间与送达</td></tr>
<tr><td rowspan="9">分论</td><td colspan="2">第十章　立案</td><td rowspan="9">诉讼阶段</td></tr>
<tr><td colspan="2">第十一章　侦查</td></tr>
<tr><td colspan="2">第十二章　起诉</td></tr>
<tr><td>第十三章　刑事审判概述</td><td rowspan="5">审判</td></tr>
<tr><td>第十四章　第一审程序</td></tr>
<tr><td>第十五章　第二审程序</td></tr>
<tr><td>第十六章　死刑复核程序</td></tr>
<tr><td>第十七章　审判监督程序</td></tr>
<tr><td colspan="2">第十八章　执行</td></tr>
</table>

续表

特别程序	第十九章　未成年人刑事案件诉讼程序
	第二十章　当事人和解的公诉案件诉讼程序
	第二十一章　缺席审判程序
	第二十二章　犯罪嫌疑人、被告人逃匿、死亡案件违法所得的没收程序
	第二十三章　依法不负刑事责任的精神病人的强制医疗程序
	第二十四章　涉外刑事诉讼程序与司法协助制度

目　录

第一章　刑事诉讼法概述

考点 1：诉讼与刑事诉讼★

诉讼	概念	原告对被告提出告诉，由中立的裁判官解决双方争议的活动
	成立条件	（1）原告的告诉 （2）适格的被告 （3）中立的裁判官
刑事诉讼	概念	人民法院、人民检察院和公安机关在当事人及其他诉讼参与人的参加下，依照法定程序，解决被追诉人刑事责任问题的活动
	特征	（1）由国家专门机关主持的司法活动 （2）公安、司法机关行使国家刑罚权的活动 （3）严格依照法定程序进行的活动 （4）在当事人和其他诉讼参与人的参加下进行的活动

考点 2：刑事诉讼法的概念与渊源★

概念	国家制定的规范人民法院、人民检察院和公安机关进行诉讼，当事人和其他诉讼参与人参加刑事诉讼的法律 （1）**狭义**：刑事诉讼法典 （2）**广义**：一切有关刑事诉讼的法律规范的总称
渊源 （表现形式）	（1）宪法 （2）刑事诉讼法典 （3）有关法律规定 （4）有关法律解释和规定 （5）地方性法规（地方人大及其常委会颁布的地方性法规中关于刑事诉讼程序的规定） （6）国际公约和条约

考点 3：刑事诉讼法与刑法的关系★★★

工具价值 （外在价值）	（1）设置专门机关，为实体法的适用提供**组织保障** （2）明确主体权责，为实体法的适用搭建**基本架构** （3）规定诉讼程序，为实体法的适用提供**有序规范** （4）确立证据规则，为实体问题的查明提供**证据指引** （5）通过程序设计，**避免**实体法适用上的**误差** （6）针对不同案件进行繁简有别的程序设计，**提升**办案**效率**

续表

独立价值（内在价值）	（1）程序本身即体现文明、民主与法治 （2）弥补实体法的不足并创制实体法： ①解读抽象或模糊的刑法语义 ②通过程序消除实体法条文在应用中存在的歧义 ③通过程序确定不协调的刑法规范间的适用 ④通过判例创制实体法的内容 （3）**影响甚至阻却**实体法功能的实现

考点4：刑事诉讼法与法治国家★★

刑事诉讼法与法治国家	（1）刑事诉讼法限制国家权力，保障公民自由与人权 （2）刑事诉讼法与法治国家的关系，集中体现于刑事诉讼法与宪法的关系中
刑事诉讼法与宪法	（1）**宪法是静态的刑事诉讼法**：刑事诉讼法中的程序性条款，构成了宪法人权保障条款的核心 （2）**刑事诉讼法是动态的宪法**：刑事诉讼法的实施，有利于维护宪法

考点5：刑事诉讼的基本理念★★★★

惩罚犯罪 *v.* 保障人权	（1）**惩罚犯罪**：在准确、及时查明案件事实的基础上，对构成犯罪的人公正适用刑法，以打击犯罪 （2）**保障人权**：①无辜的人不受追究；②有罪的人受到公正处罚；③诉讼权利得到充分保障和行使 （3）**二者关系**：对立统一，二者并重
实体公正 *v.* 程序公正	（1）**实体公正**：结果公正（证据充分；定罪准确；量刑适当；及时纠错） （2）**程序公正**：过程公正（保障人权；司法独立；程序公开；程序救济） （3）**二者关系**：二者并重（若冲突，则程序公正优先）
诉讼公正 *v.* 诉讼效率	（1）**诉讼效率的体现**：诉讼期限；裁量不起诉；简易程序；速裁程序；“认罪认罚从宽” （2）**二者关系**：公正优先，兼顾效率

考点6：刑事诉讼的基本范畴★★★★

刑事诉讼价值	公正	（1）刑事诉讼的**核心价值** （2）包括实体公正与程序公正
	秩序	（1）社会秩序：通过追诉犯罪，维护社会秩序 （2）诉讼秩序：追诉犯罪的活动本身必须有序
	效益	（1）社会效益：刑事诉讼对推动社会经济发展的效益 （2）诉讼效率：诉讼活动本身的效率

续表

<table>
<tr><td rowspan="4">刑事诉讼目的</td><td rowspan="3">刑事诉讼目的的理论分类</td><td>犯罪控制模式
v.
正当程序模式</td><td>（1）**犯罪控制模式**：①视控制犯罪为刑事诉讼的根本目的；②重视惩罚犯罪的效率
（2）**正当程序模式**：①源于“自然法”学说；②更重视权利保障与程序正当</td></tr>
<tr><td>家庭模式 v.
争斗模式</td><td>（1）**家庭模式**：强调国家与个人间的**和谐关系**
（2）**争斗模式**：强调国家与个人间的争斗关系</td></tr>
<tr><td>实体真实主义
v.
正当程序主义</td><td>（1）**实体真实主义**：
①积极的实体真实主义：重实体轻程序；重实体真实，轻人权保障
②消极的实体真实主义：力求避免追诉无辜
（2）**正当程序主义**：事实认定应当依照正当程序进行</td></tr>
<tr><td>中国刑事诉讼目的</td><td colspan="2">（1）**根本目的**：维护社会秩序
（2）**直接目的**：惩罚犯罪，保障人权</td></tr>
<tr><td rowspan="3">刑事诉讼主体</td><td>专门机关</td><td colspan="2">（1）公安机关（国家安全机关、军队保卫部门、监狱、海警机构）
（2）检察院
（3）法院</td></tr>
<tr><td rowspan="2">诉讼参与人</td><td>当事人</td><td>（1）公诉案件：犯罪嫌疑人、被告人、被害人
（2）自诉案件：被告人、自诉人
（3）附带民事诉讼：附带民事诉讼原告人、附带民事诉讼被告人</td></tr>
<tr><td>其他诉讼参与人</td><td>（1）法定代理人
（2）诉讼代理人
（3）辩护人
（4）证人
（5）鉴定人
（6）翻译人员
【总结】4种不具有诉讼参与人身份的人：近亲属、见证人、值班律师、有专门知识的人</td></tr>
<tr><td rowspan="3">刑事诉讼职能</td><td>控诉职能</td><td colspan="2">（1）**公诉案件**：检察机关＋诉讼代理人
【注意】检察机关除了控诉职能，还具有法律监督职能
由于侦查是公诉的准备活动，故从广义上可以将侦查视为行使控诉职能
（2）**自诉案件**：自诉人及其法定代理人、诉讼代理人
【注意】被害人只有在作为自诉人的时候，才行使控诉职能</td></tr>
<tr><td>辩护职能</td><td colspan="2">犯罪嫌疑人、被告人及其法定代理人、辩护人</td></tr>
<tr><td>审判职能</td><td colspan="2">法院</td></tr>
</table>

续表

<table>
<tr><td rowspan="4">刑事诉讼构造</td><td></td><td>主要目的</td><td>诉讼主导权</td><td>代表性国家</td></tr>
<tr><td>当事人主义</td><td>保障人权</td><td>当事人（控辩双方）</td><td>英美法系国家</td></tr>
<tr><td>职权主义</td><td>控制犯罪；实体真实</td><td>国家机关</td><td>大陆法系国家</td></tr>
<tr><td>混合式</td><td>控制犯罪与保障人权并重</td><td>当事人为主，国家机关为辅</td><td>日本、意大利</td></tr>
<tr><td rowspan="2">刑事诉讼阶段</td><td>公诉案件</td><td colspan="3">立案——侦查——审查起诉——审判（一审——二审——死刑复核——再审）——执行</td></tr>
<tr><td>自诉案件</td><td colspan="3">法院受理——审判——执行</td></tr>
</table>

第二章　刑事诉讼法的基本原则

考点 1：刑事诉讼法基本原则概述★★★

概念	由刑事诉讼法规定的，贯穿于刑事诉讼的**全过程或主要诉讼阶段**，公安机关、检察院、法院和诉讼参与人进行刑事诉讼活动所必须遵循的基本准则
特点	（1）包含丰富的诉讼原理，体现了刑事诉讼活动的基本规律 （2）由刑事诉讼法明确规定 【注意】“刑事诉讼的原则”既可由法律条文明确规定，也可体现于刑事诉讼法的指导思想、目的、任务、具体制度和程序之中 （3）**一般**贯穿于刑事诉讼全过程，具有普遍指导意义（例外：两审终审原则、审判公开原则） （4）具有法律约束力
种类	（1）**一般性原则**：行政诉讼、民事诉讼和刑事诉讼中都必须遵守的共同性行为准则 （2）**特有原则**：刑事诉讼不同于民事诉讼、行政诉讼的特有原则

考点 2：职权专属原则★★

权力属性	行使机关	内容
侦查权	公安机关	侦查、拘留、执行逮捕、预审
检察权	检察院	检察、批准或决定逮捕（“批准”针对公安机关报请，“决定”针对自侦案件的逮捕与审查起诉阶段的逮捕）、提起公诉
审判权	法院	一审、二审、再审

考点 3：法院、检察院依法独立行使职权原则★★★

含义	人民法院依照法律规定独立行使审判权，人民检察院依照法律规定独立行使检察权，不受**行政机关、社会团体和个人的干涉**
要点	（1）要接受各级人民代表大会的**监督** （2）法院、检察院整体独立 （3）不等于“法官、检察官个人独立” （4）不等于“合议庭独立” 【注意】我国的法院、检察院独立行使职权强调的是单位整体的外部独立，而非司法官个人独立

【关联知识点】上下级法院、检察院的关系

上下级法院之间	监督关系：上级法院不得干涉下级法院的审判活动
上下级检察院之间	领导关系：上级检察院可以对下级检察院的业务发布指令（“检察一体”原则）

考点4：检察监督原则★★★★

对象	公权力
范围	（1）立案监督；（2）侦查监督（包括对逮捕的监督）；（3）审判监督；（4）执行监督 【总结】三大诉讼全覆盖，刑事诉讼全过程
方式	（1）提出口头纠正意见；（2）发出纠正违法通知书；（3）提出检察建议；（4）追究刑事责任 【注意】检察官个人仅可决定提出口头纠正意见，其他监督方式均须经检察长决定

【关联知识点】检察机关中立立场与检察官客观义务

（1）**检察机关中立立场**：检察院办理刑事案件，以事实为根据，以法律为准绳，秉持客观公正立场 （2）**检察官客观义务**：检察官既是犯罪的追诉者，也是无辜的保护者 （3）**具体要求**：检察官作为检察机关的代表在参与刑事诉讼过程中不能单纯站在追诉者的立场一味地考虑如何追诉犯罪，而应当既注重不利于被追诉人的内容，又注重有利于被追诉人的因素。因此，有利于、不利于被告人的相关材料都应当移送法院

考点5：各民族公民有权使用本民族语言文字进行诉讼原则★★

诉讼参与人的权利	诉讼参与人都有使用本民族语言文字进行诉讼的权利
专门机关的义务	（1）**使用当地语言**：在**少数民族聚居**或**多民族杂居**的地区，应当用**当地通用的语言**进行诉讼，用当地通用的文字发布判决书、布告和其他文件 （2）**提供翻译**：对不通晓当地语言文字的诉讼参与人，专门机关**应当**为其提供翻译人员

考点6：定罪权专属法院原则★★★★

含义	确定被告人有罪的权力由法院统一行使，其他任何机关、团体和个人都无权行使 《刑事诉讼法》第12条规定，未经人民法院依法判决，对任何人都不得确定有罪
要点	（1）区分“犯罪嫌疑人”“被告人”“罪犯” （2）控方（公诉人、自诉人）承担证明责任 （3）不等于“无罪推定” （4）不等于“疑罪从无”
无罪推定	任何人，在法院依法确定为有罪之前，都应当被推定为无罪
疑罪从无	对于证据不足的案件，法院应当作出证据不足、指控罪名不能成立的无罪判决

考点7：认罪认罚从宽原则/制度★★★★★

含义	对于自愿认罪并自愿接受处罚的被追诉人，可以从宽处理①
适用阶段	刑事诉讼全过程（侦查、起诉、审判）
案件范围	不限
内涵	（1）**认罪**：①自愿如实供述罪行；②对指控的主要犯罪事实无异议；③认识到自己实施了触犯刑法的犯罪行为 【总结】事实供认（承认主要事实）＋价值评价（承认触犯刑法） 关于“认罪”的认定，重点把握以下几点： ①不要求对指控罪名的认可 ②被追诉人承认指控的主要犯罪事实，但对个别情节提出异议，或对行为性质提出辩解但表示接受司法机关认定意见的，不影响“认罪”的认定 ③一人犯数罪案件，仅如实供述其中一罪或部分罪名事实的，全案不作“认罪”认定 【注意】如实供述部分，可成立自首或坦白 ④被追诉人表示认罪，但暗中串供、干扰证人作证、毁灭及伪造证据的，不适用认罪认罚从宽制度 （2）**认罚**：①自愿接受刑罚（包括主刑、附加刑）；②积极退赃退赔 【注意】 ①被追诉人表示认罚，但隐匿、转移财产，有赔偿能力而不赔偿损失的，不适用认罪认罚从宽制度 ②被追诉人不同意适用简易、速裁程序的，不影响“认罚”的认定 认罚在不同诉讼阶段的体现： ①侦查阶段：自愿接受处罚 【注意】侦查阶段不得作出具体的从宽承诺 ②审查起诉阶段：接受检察机关拟作出的起诉或不起诉决定，认可检察机关的量刑建议，签署认罪认罚具结书 ③审判阶段：当庭确认自愿签署具结书，自愿接受处罚 （3）**可以从宽处理**：①实体上，给予量刑优惠；②程序上，适用简化程序 从宽幅度的把握： ①应区别认罪认罚的不同诉讼阶段、对查明案件事实的价值和意义、是否确有悔罪表现，以及罪行严重程度等，综合考量确定从宽的限度和幅度 ②在刑罚评价上，主动认罪优于被动认罪，早认罪优于晚认罪，彻底认罪优于不彻底认罪，稳定认罪优于不稳定认罪 ③认罪认罚的从宽幅度一般应当大于仅有坦白，或虽认罪但不认罚的从宽幅度 ④对具有自首、坦白情节，同时认罪认罚的被追诉人，应当在法定刑幅度内给予相对更大的从宽幅度 ⑤从宽幅度应考量罪行轻重，人身危险性大小，是否初犯、偶犯
被害方权益保障	（1）**听取意见**：办理认罪认罚案件，应当听取被害人及其诉讼代理人的意见，并将被追诉人是否与被害方达成和解协议、调解协议或赔偿被害方损失，取得被害方谅解，作为从宽处罚的重要考虑因素 公安机关、检察院听取意见情况应当记录在案并随案移送

① 《刑事诉讼法》第15条规定，犯罪嫌疑人、被告人自愿如实供述自己的罪行，承认指控的犯罪事实，愿意接受处罚的，可以依法从宽处理。

续表

被害方权益保障	（2）**促进和解、谅解：** ①对于符合当事人和解的公诉程序适用条件的公诉案件，被追诉人认罪认罚的，办案机关**应当**积极促进当事人自愿达成和解 ②对其他认罪认罚案件，办案机关**可以**促进被追诉人通过向被害方赔偿损失、赔礼道歉等方式获得谅解，被害方出具的谅解意见应当随案移送 ③办案机关在促进当事人和解、谅解过程中，应当向被害方释明认罪认罚从宽、公诉案件当事人和解适用程序等具体法律规定，充分听取被害方意见，符合司法救助条件的，应当积极协调办理 （3）**对被害方异议的处理：** ①被害人及其诉讼代理人不同意对认罪认罚的被追诉人从宽处理的，不影响认罪认罚从宽制度的适用 ②被追诉人认罪认罚，但没有退赃退赔、赔偿损失，未能与被害方达成调解或和解协议的，从宽时应当予以酌减 ③被追诉人自愿认罪并且愿意积极赔偿损失，但由于被害方赔偿请求明显不合理，未能达成调解或和解协议的，一般不影响对被追诉人从宽处理
强制措施的适用	（1）**社会危险性评估：**办案机关应当将被追诉人认罪认罚情况作为是否具有社会危险性的重要考虑因素 （2）**羁押必要性审查：**已经逮捕的被追诉人认罪认罚的，法院、检察院应当及时审查羁押的必要性，经审查认为没有继续羁押必要的，应当变更为取保候审或监视居住
社会调查	（1）**侦查阶段的社会调查：** ①犯罪嫌疑人认罪认罚，可能被判处**管制**、宣告**缓刑**的，公安机关可以委托犯罪嫌疑人**居住地**的社区矫正机构进行调查评估 ②公安机关在侦查阶段委托社区矫正机构进行调查评估，社区矫正机构在公安机关移送审查起诉后完成调查评估的，应当及时将评估意见提交受理案件的检察院或法院，并抄送公安机关 （2）**审查起诉阶段的社会调查：** ①犯罪嫌疑人认罪认罚，检察院拟提出缓刑或管制量刑建议的，可以委托犯罪嫌疑人居住地的社区矫正机构进行调查评估，**也可以自行调查评估** ②检察院提起公诉时，已收到调查材料的，应当将材料一并移送；未收到调查材料的，应当将委托文书随案移送 在提起公诉后收到调查材料的，应当及时移送法院 （3）**审判阶段的社会调查：** ①被告人认罪认罚，法院拟判处管制或宣告缓刑的，可以委托被告人居住地的社区矫正机构进行调查评估，**也可以自行调查评估** ②社区矫正机构出具的调查评估意见，是法院判处管制、宣告缓刑的重要参考 ③对没有委托社区矫正机构进行调查评估或判决前未收到社区矫正机构调查评估报告的认罪认罚案件，法院经审理认为被告人符合管制、缓刑适用条件的，可以判处管制、宣告缓刑 【注意】未经社会调查，亦可判处管制、宣告缓刑 （4）**司法行政机关的职责：**对被追诉人的居所情况、家庭和社会关系、一贯表现、犯罪行为的后果和影响、居住地村（居）民委员会和被害人意见、拟禁止的事项等进行调查了解，形成评估意见，及时提交委托机关 【总结】 ①适用对象：认罪认罚＋管制、缓刑 ②决定机关：公、检、法 ③执行机关：社区矫正机构＋检察院＋法院

续表

认罪认罚的反悔与撤回	（1）**不起诉后反悔**：因犯罪嫌疑人认罪认罚，检察院作出酌定不起诉决定后，犯罪嫌疑人否认指控的犯罪事实或不积极履行赔礼道歉、退赃退赔、赔偿损失等义务的，检察院应当进行审查，区分下列情形作出处理： ①发现犯罪嫌疑人没有犯罪事实，或符合《刑事诉讼法》第16条规定的情形之一的，应当撤销原不起诉决定，重新作出不起诉决定 ②认为犯罪嫌疑人仍属于犯罪情节轻微，依照刑法规定不需要判处刑罚或免除刑罚的，可以维持原不起诉决定 ③排除认罪认罚因素后，符合起诉条件的，应当根据案件具体情况撤销原不起诉决定，提起公诉 （2）**起诉前反悔**：犯罪嫌疑人认罪认罚，签署认罪认罚具结书，在检察院提起公诉前反悔的，具结书失效，检察院应当在全面审查事实证据的基础上，提起公诉 （3）**审判阶段反悔**：案件审理过程中，被告人反悔不再认罪认罚的，法院应当根据审理查明的事实作出裁判： ①被告人签署认罪认罚具结书后，庭审中反悔不再认罪认罚的，检察院应当了解反悔的原因。被告人明确不再认罪认罚的，检察院应当建议法院不再适用认罪认罚从宽制度，撤回从宽量刑建议，并建议法院在量刑时考虑相应情况。依法需要转为普通程序或者简易程序审理的，检察院应当向法院提出建议 ②被告人认罪认罚而庭审中辩护人作无罪辩护的，检察院应当核实被告人认罪认罚的真实性、自愿性。被告人仍然认罪认罚的，可以继续适用认罪认罚从宽制度
意义	有利于准确及时惩罚犯罪，强化人权司法保障，化解社会矛盾，合理配置司法资源，实现简案快审和难案精审，提高重大案件的审判质量，同时有助于促进犯罪者的认罪悔罪与教育改造，实现预防再犯的刑罚目的

考点8：具有法定情形不予追究刑事责任原则★★★★★

法定不追诉之情形	立案	侦查	审查起诉	审判
情节**显著**轻微，危害不大，不认为是犯罪	不立案	撤销案件	不起诉	宣告无罪
犯罪已过追诉**时效**期限[①]	不立案	撤销案件	不起诉	终止审理
经**特赦**令免除刑罚	不立案	撤销案件	不起诉	终止审理
告诉才处理，没有告诉或撤回告诉	不立案	撤销案件	不起诉	终止审理
被追诉人**死亡**	不立案	撤销案件	不起诉	查明无罪的：宣告无罪 不能确定的：终止审理
其他	不立案	撤销案件	不起诉	终止审理

① 《刑法》第87条规定，犯罪经过下列期限不再追诉：法定最高刑为不满5年有期徒刑的，经过5年；法定最高刑为5年以上不满10年有期徒刑的，经过10年；法定最高刑为10年以上有期徒刑的，经过15年；法定最高刑为无期徒刑、死刑的，经过20年。如果20年以后认为必须追诉的，须报请最高人民检察院核准。

第三章　管辖

考点1：立案管辖★★★★

机关	管辖范围
公安机关	一般刑事案件
国家安全机关	危害国家安全的刑事案件[①]
军队保卫部门	**军队内部**发生的刑事案件 【注意】涉及军事秘密的，全案由军队保卫部门侦查
监狱	**罪犯**在**监狱内**的犯罪
海警机构	海上发生的刑事案件 管辖地未设置海警机构的，由有关海警局商同级检察院、法院指定管辖
监察机关	(1) 贪污贿赂案件（主体：国家工作人员） (2) 渎职案件（主体：国家机关工作人员）
	监察对象：[②] ①公务员与参公管理人员 ②受委托管理公共事务的组织中从事公务的人员 ③国企管理人员 ④公办的教育、科研、文化、医疗卫生、体育等单位中从事管理的人员 ⑤基层群众性自治组织中从事管理的人员 ⑥其他依法履行公职的人员
	【总结】监察对象：①公职人员全覆盖；②根据事权确定
人民检察院 （可以）	(1) **司法工作人员利用职权实施的犯罪**：①非法拘禁罪；②非法搜查罪；③刑讯逼供罪；④暴力取证罪；⑤虐待被监管人罪；⑥滥用职权罪；⑦玩忽职守罪；⑧徇私枉法罪；⑨民事、行政枉法裁判罪；⑩执行判决、裁定失职罪；⑪执行判决、裁定滥用职权罪；⑫私放在押人员罪；⑬失职致使在押人员脱逃罪；⑭徇私舞弊减刑、假释、暂予监外执行罪

---

① “危害国家安全罪”规定于刑法分则第一章，包含12个罪名：(1) 背叛国家罪；(2) 分裂国家罪；(3) 煽动分裂国家罪；(4) 武装叛乱、暴乱罪；(5) 颠覆国家政权罪；(6) 煽动颠覆国家政权罪；(7) 资助危害国家安全犯罪活动罪；(8) 投敌叛变罪；(9) 叛逃罪；(10) 间谍罪；(11) 为境外窃取、刺探、收买、非法提供国家秘密、情报罪；(12) 资敌罪。

② 《监察法》第15条规定，监察机关对下列公职人员和有关人员进行监察：(1) 中国共产党机关、人民代表大会及其常务委员会机关、人民政府、监察委员会、人民法院、人民检察院、中国人民政治协商会议各级委员会机关、民主党派机关和工商业联合会机关的公务员，以及参照《中华人民共和国公务员法》管理的人员；(2) 法律、法规授权或受国家机关依法委托管理公共事务的组织中从事公务的人员；(3) 国有企业管理人员；(4) 公办的教育、科研、文化、医疗卫生、体育等单位中从事管理的人员；(5) 基层群众性自治组织中从事管理的人员；(6) 其他依法履行公职的人员。

续表

<table>
<tr><td>人民检察院
（可以）</td><td colspan="2">【注意】
①主体为司法工作人员（此处“司法工作人员”作扩大解释，包括公安、司法行政机关工作人员）
②必须利用职权实施
③“可以”由检察院立案侦查
④管辖级别：设区的市级检察院①
（2）公安机关管辖的国家机关工作人员利用职权实施的重大犯罪（机动侦查权）
【注意】
①机动侦查权不涉及监察机关管辖的案件
②须经省级以上检察院决定
③“可以”由检察院立案侦查</td></tr>
<tr><td rowspan="3">人民法院
（自诉案件）</td><td>（1）告诉才处理：
①侮辱、诽谤案（严重危害社会秩序和国家利益的除外）
②暴力干涉婚姻自由案（致被害人死亡的除外）
③虐待案（致被害人重伤或死亡的除外；被害人没有能力告诉或因受到强制、威吓无法告诉的除外）
④侵占案（绝对自诉）
【注意】重婚案、遗弃案不属于“告诉才处理”</td><td>纯粹自诉</td></tr>
<tr><td>（2）被害人有证据证明的轻微（3 年以下）刑事案件（7＋1）：
①遗弃案
②妨害通信自由案
③重婚案
④非法侵入他人住宅案
⑤故意伤害（致人轻伤）案
⑥侵犯知识产权案
⑦生产、销售伪劣商品案
⑧刑法分则第四章、第五章规定的，可能判处 3 年有期徒刑以下刑罚的案件
【注意】
①适用前提：检察院未提起公诉
②对证据不足，可以由公安机关受理的，或认为对被告人可能判处 3 年有期徒刑以上刑罚的，应当告知被害人向公安机关报案，或移送公安机关立案侦查（自诉转公诉）</td><td>可自诉，
可公诉</td></tr>
<tr><td>（3）公诉转自诉：被害人有证据证明对被告人侵犯自己人身、财产权利的行为应当追究刑事责任，而公安司法机关不予追究的案件
【注意】在公诉转自诉案件中，被害人需要对两项事实承担举证责任：①存在犯罪事实；②自己提出过控告</td><td>不得调解
不得反诉</td></tr>
</table>

① 《人民检察院刑事诉讼规则》第 14 条规定，人民检察院办理直接受理侦查的案件，由设区的市级人民检察院立案侦查。基层人民检察院发现犯罪线索的，应当报设区的市级人民检察院决定立案侦查。

设区的市级人民检察院根据案件情况也可以将案件交由基层人民检察院立案侦查，或者要求基层人民检察院协助侦查。对于刑事执行派出检察院辖区内与刑事执行活动有关的犯罪线索，可以交由刑事执行派出检察院立案侦查。

最高人民检察院、省级人民检察院发现犯罪线索的，可以自行立案侦查，也可以将犯罪线索交由指定的省级人民检察院或设区的市级人民检察院立案侦查。

续表

<table>
<tr><td>并案管辖</td><td colspan="2">公、检、法对于具有以下情形的案件可以在其职责范围内并案处理（《六机关规定》）：
（1）一人犯数罪的
（2）共同犯罪的
（3）共同犯罪的被追诉人还实施其他犯罪的
（4）多名被追诉人实施的犯罪存在关联，并案处理有利于查明案件事实的</td></tr>
<tr><td rowspan="2">交叉管辖</td><td>公、检、法与监察委交叉</td><td>被调查人既涉嫌严重职务违法或职务犯罪，又涉嫌其他违法犯罪的，一般应当由监察机关为主调查，其他机关予以协助[①]
公、检、法、审计机关等国家机关在工作中发现公职人员涉嫌贪污贿赂、失职渎职等职务违法或职务犯罪的问题线索，应当移送监察机关，由监察机关调查处置</td></tr>
<tr><td>检监竞合[②]</td><td>①检察院办理直接受理侦查的案件，发现犯罪嫌疑人同时涉嫌监察机关管辖的职务犯罪线索的，应当及时与同级监察机关沟通
②认为全案由监察机关管辖更为适宜的，检察院应当将案件和相应职务犯罪线索一并移送监察机关
③认为由监察机关和检察院分别管辖更为适宜的，检察院应当将监察机关管辖的相应职务犯罪线索移送监察机关，对依法由检察院管辖的犯罪案件继续侦查
④检察院应当及时将沟通情况报告上一级检察院
【总结】检监竞合先沟通；全案归监或分管；沟通情况应上报
【注意】只存在监察委管辖检察院自侦案件，不存在检察院管辖监察委调查案件</td></tr>
</table>

考点2：审判管辖★★★

<table>
<tr><td rowspan="2">级别管辖</td><td>基层法院</td><td>上级法院管辖范围外的案件</td></tr>
<tr><td>中级法院</td><td>①危害国家安全案件
②恐怖活动案件[③]
③可能判处无期徒刑的案件</td></tr>
</table>

---

① 《监察法》第34条规定，人民法院、人民检察院、公安机关、审计机关等国家机关在工作中发现公职人员涉嫌贪污贿赂、失职渎职等职务违法或者职务犯罪的问题线索，应当移送监察机关，由监察机关依法调查处置。

被调查人既涉嫌严重职务违法或者职务犯罪，又涉嫌其他违法犯罪的，一般应当由监察机关为主调查，其他机关予以协助。

② 《人民检察院刑事诉讼规则》第17条规定，人民检察院办理直接受理侦查的案件，发现犯罪嫌疑人同时涉嫌监察机关管辖的职务犯罪线索的，应当及时与同级监察机关沟通。

经沟通，认为全案由监察机关管辖更为适宜的，人民检察院应当将案件和相应职务犯罪线索一并移送监察机关；认为由监察机关和人民检察院分别管辖更为适宜的，人民检察院应当将监察机关管辖的相应职务犯罪线索移送监察机关，对依法由人民检察院管辖的犯罪案件继续侦查。

人民检察院应当及时将沟通情况报告上一级人民检察院。沟通期间不得停止对案件的侦查。

③ 刑法分则涉及恐怖活动犯罪的罪名有两个：（1）组织、领导、参加恐怖组织罪；（2）资助恐怖活动罪。需要注意的是，恐怖活动犯罪属于洗钱罪的上游犯罪，故若被告人是为掩饰、隐瞒恐怖活动犯罪所得及其产生收益的来源而实施洗钱行为，则可以由中级法院并案审理。

续表

<table>
<tr><td rowspan="6">级别管辖</td><td>中级法院</td><td>④可能判处死刑的案件
【违法所得罚没程序】犯罪嫌疑人、被告人逃匿、死亡案件违法所得罚没程序，由犯罪地或被追诉人居住地的中级法院管辖
【缺席审判程序】被告人在境外的缺席审判程序，由犯罪地、被告人离境前居住地或最高法院指定的中级法院管辖
【总结】“国”“恐”“无”“死”“没”“缺”</td></tr>
<tr><td>高级法院</td><td>全省（自治区、直辖市）性重大刑事案件</td></tr>
<tr><td>最高法院</td><td>全国性重大刑事案件</td></tr>
<tr><td rowspan="2">级别管辖的原则</td><td>“上可审下，下不可审上”：
（1）上级法院认为必要时，可以审判下级法院审判的第一审案件
（2）基层法院对可能判处无期徒刑、死刑的第一审刑事案件，应当移送中级法院审判
（3）向中级法院提起公诉的普通刑事案件，中级法院受理后，认为不需要判处无期徒刑以上刑罚的，应当依法审理，不再交基层法院审理</td></tr>
<tr><td>“就高不就低”：一人犯数罪、共同犯罪或其他需要并案审理的案件，只要其中一人或一罪属于上级法院管辖的，全案由上级法院管辖</td></tr>
<tr><td rowspan="4">地区管辖</td><td rowspan="3">一般原则</td><td>（1）犯罪地法院管辖为主
（2）被告人居住地法院管辖为辅（被告人居住地法院审判更为适宜的）</td></tr>
<tr><td>犯罪地：犯罪行为地＋犯罪结果地</td></tr>
<tr><td>居住地：
（1）自然人被告人：户籍地；经常居住地与户籍地不一致的，经常居住地为居住地
【经常居住地】被告人被追诉前已连续居住一年以上的地方，住院就医除外
（2）单位被告人：登记的住所地；主要营业地或主要办事机构所在地与登记的住所地不一致的，主要营业地或主要办事机构所在地为其居住地</td></tr>
<tr><td>特殊管辖</td><td>（1）计算机网络犯罪：①服务器所在地；②网络服务提供者所在地；③被侵害的信息网络系统及其管理者所在地；④被告人、被害人使用的信息网络系统所在地；⑤被害人被侵害时所在地；⑥被害人财产遭受损失地
（2）内水、领海犯罪：在中国内水、领海发生的刑事案件，由犯罪地或被告人登陆地的法院管辖。由被告人居住地的法院审判更为适宜的，可以由被告人居住地的法院管辖
（3）列车犯罪：
①被告人在列车运行途中被抓获的，由前方停靠站所在地负责审判铁路运输刑事案件的法院管辖。必要时，也可以由始发站或终点站所在地负责审判铁路运输刑事案件的法院管辖
【注意】
“前方停靠站”≠“最初停靠站”</td></tr>
</table>

续表

<table>
<tr><td rowspan="8">地区管辖</td><td>特殊管辖</td><td colspan="2">“负责审判铁路运输刑事案件的法院”≠“铁路运输法院”
②被告人**不是在列车运行途中被抓获**的，由负责该列车乘务的铁路公安机关对应的审判铁路运输刑事案件的法院管辖；被告人在列车运行**途经车站被抓获**的，可以由该车站所在地负责审判铁路运输刑事案件的法院管辖
（4）**国际列车犯罪**：在国际列车上的犯罪，根据我国与相关国家签订的**协定**确定管辖；没有协定的，由该列车**始发或前方停靠的中国车站**所在地负责审判铁路运输刑事案件的法院管辖
（5）**域外中国船舶内犯罪**：①船舶最初停泊的中国口岸所在地；②被告人登陆地、入境地
（6）**域外中国航空器内犯罪**：航空器在中国最初降落地
（7）**中国公民在中国驻外使领馆内犯罪**：①主管单位所在地；②原户籍地
（8）**中国公民在域外犯罪**：由其登陆地、入境地、离境前居住地或现居住地的法院管辖；被害人是中国公民的，也可以由被害人离境前居住地或现居住地的法院管辖
（9）**外国人在域外对中国国家或公民犯罪，根据中华人民共和国刑法应当受处罚的**：由该外国人登陆地、入境地或入境后居住地的法院管辖，也可以由被害人离境前居住地或现居住地的法院管辖
（10）**国际条约规定罪行**：对中国缔结或参加的国际条约所规定的罪行，中国在所承担条约义务的范围内行使刑事管辖权的，由被告人被抓获地、登陆地或入境地的法院管辖</td></tr>
<tr><td>管辖竞合</td><td colspan="2">两个以上同级法院都有管辖权的案件，由**最初受理**的法院审判。必要时，可以移送被告人**主要犯罪地**的法院审判</td></tr>
<tr><td rowspan="5">指定管辖</td><td>情形</td><td>（1）管辖不明：管辖权不明或有争议
（2）管辖不宜：有管辖权的法院因院长回避或其他原因不宜行使管辖权</td></tr>
<tr><td>争议处理</td><td>（1）对管辖权有争议的，争议法院应当**在审限内协商**解决
（2）协商不成的，**分别层报共同的上级法院**指定管辖</td></tr>
<tr><td>指定方式</td><td>上级法院可**直接管辖**，也可指定**下级法院的同级法院**管辖</td></tr>
<tr><td>案卷处理</td><td>（1）公诉案件：书面通知同级检察院，将案卷材料**退回**，并书面通知当事人
（2）自诉案件：将案卷材料**移送**被指定管辖的法院，并书面通知当事人</td></tr>
<tr><td>审限</td><td>自被指定管辖的法院收到指定管辖决定书和有关案卷、证据材料之日起计算</td></tr>
<tr><td>并案管辖</td><td colspan="2">（1）法院发现被告人还有其他犯罪被起诉的，可以并案审理；涉及**同种犯罪**的，**一般应当**并案审理
（2）法院发现被告人还有其他犯罪被审查起诉、立案侦查、立案调查的，可以协商检察院、公安机关、监察机关并案处理，但可能造成审判过分迟延的除外</td></tr>
</table>

续表

<table>
<tr><td rowspan="3">地区管辖</td><td>并案管辖</td><td colspan="2">（3）根据前述规定并案处理的案件，由最初受理地的法院审判。必要时，可以由主要犯罪地的法院审判
【注意】“最初受理地的法院”≠“最初受理的法院”</td></tr>
<tr><td rowspan="2">漏罪与新罪的管辖</td><td>漏罪</td><td>原审地法院为主；罪犯服刑地或犯罪地法院为辅（由罪犯服刑地或犯罪地的法院审判更为适宜的）</td></tr>
<tr><td>新罪</td><td>罪犯在服刑期间又犯罪的，由服刑地的法院管辖</td></tr>
</table>

第四章　回避

考点：回避★★★

适用对象	(1) 侦查人员、检察人员（包括检委会委员）、审判人员（包括审委会委员、人民陪审员）、法官助理 (2) 参与侦查、审查起诉、审判程序的书记员、鉴定人、翻译人员、具有专门知识的人 【注意】不适用回避的人员：辩护人、诉讼代理人、证人
回避理由	(1) 是本案的当事人或是当事人的近亲属的 【注意】刑事诉讼中的“近亲属”包括：父母、配偶、子女、同胞兄弟姐妹 根据《最高人民法院关于审判人员在诉讼活动中执行回避制度若干问题的规定》第1条的规定，此处“近亲属”的范围包括与审判人员有夫妻、直系血亲、三代以内旁系血亲及近姻亲关系的近亲属 (2) 本人或其近亲属与本案有利害关系的 (3) 担任过本案的证人、鉴定人、辩护人、诉讼代理人、翻译人员的 (4) 与本案的辩护人、诉讼代理人有近亲属关系的 (5) 与本案**当事人**有其他关系，**可能影响公正审判的** (6) 接受过当事人或其委托的人请客送礼，或违反规定会见当事人或其委托的人的（吃饭收礼；违规会见；推荐律师；借用财物） (7) 参与办理过本案的（包括参与过本案调查、侦查、审查起诉工作的监察、侦查、检察人员）（“程序一次”原则） 【总结】身份不当：(1)－(5)，违规接触：(6)，二次参与：(7)
	【程序一次原则】 (1) 在一个审判程序中参与过本案审判工作的审判人员，不得再参与本案其他程序的审判 (2) 原审法院按照审判监督程序重新审判的案件，应当另行组成合议庭 (3) 原审法院对于发回重新审判的案件，应当另行组成合议庭 **【程序一次原则的例外】** (1) 二审、法定刑以下判刑、死刑复核的例外：在一个审判程序中参与过本案审判工作的合议庭组成人员或独任审判员，不得再参与本案其他程序的审判。但是，发回重新审判的案件，在第一审法院作出裁判后又进入第二审程序、在法定刑以下判处刑罚的复核程序或死刑复核程序的，原第二审程序、在法定刑以下判处刑罚的复核程序或死刑复核程序中的合议庭组成人员不受回避规定的限制 (2) 违法所得罚没程序的例外：①在审理申请没收违法所得的案件过程中，在逃被告人到案的，法院应当裁定终止审理。检察院向原受理申请的法院提起公诉的，可以由同一审判组织审理。②没收违法所得裁定生效后，被告人到案并对没收裁定提出异议，检察院向原作出裁定的法院提起公诉的，可以由同一审判组织审理
回避种类	(1) **根据申请是否需要法定理由：**①有因回避；②无因回避 (2) **根据实施方式不同：**①自行回避；②申请回避；③指令回避

续表

<table>
<tr><td>适用阶段</td><td colspan="2">刑事诉讼的任何阶段</td></tr>
<tr><td>申请主体</td><td colspan="2">当事人、法定代理人、辩护人、诉讼代理人
【注意】近亲属无权申请回避</td></tr>
<tr><td>申请方式</td><td colspan="2">书面或者口头</td></tr>
<tr><td>申请效果</td><td colspan="2">(1) 检察人员、审判人员暂停诉讼活动
(2) 侦查人员不停止侦查</td></tr>
<tr><td rowspan="7">回避决定</td><td rowspan="5">决定主体</td><td>侦查人员、检察人员、审判人员：公安机关负责人、检察长、法院院长</td></tr>
<tr><td>法院院长：本院审判委员会（副院长主持，院长不得参加）</td></tr>
<tr><td>检察长：本院检察委员会</td></tr>
<tr><td>公安机关负责人：同级检察委员会</td></tr>
<tr><td>翻译人员、鉴定人：聘请方或指派方负责人</td></tr>
<tr><td>决定方式</td><td>书面或者口头</td></tr>
<tr><td>驳回回避申请的复议</td><td>(1) 被驳回回避申请的当事人及其法定代理人、辩护人、诉讼代理人可在接到决定时向原决定机关申请复议一次
【注意】被决定回避的人员不得申请复议
(2) 对于不属于法定回避理由的申请，当庭驳回，不得复议</td></tr>
<tr><td>回避前行为的效力</td><td colspan="2">谁决定回避，谁决定回避前行为的效力
【注意】检察人员被回避前所取得证据与诉讼行为是否有效，由检察委员会或检察长决定</td></tr>
</table>

第五章　辩护与代理

考点 1：有效辩护原则★★

含义	辩护应当对保护被追诉人的权利具有实质意义
内容	（1）被追诉人在整个诉讼过程中应享有充分的辩护权 （2）被追诉人有权聘请能够有效履行辩护职责的辩护人为其辩护 （3）国家应当保障被追诉人自行辩护权的充分行使，并通过设立法律援助制度确保被追诉人能够获得符合最低标准并具有实质意义的律师帮助
意义	有效辩护原则的确立，是人类社会文明、进步在刑事诉讼中的体现，体现了被追诉人诉讼主体地位的确立，彰显了人权保障的理念，有助于强化辩方成为影响诉讼进程的重要力量，维系控辩平等对抗和审判方居中“兼听则明”的刑事诉讼构造

考点 2：辩护人★★★

<table>
<tr><td>地位</td><td colspan="3">独立的诉讼参与人：①根据事实与法律进行辩护；②独立于公、检、法；③独立于被追诉人</td></tr>
<tr><td>职责</td><td colspan="3">（1）从实体上为被追诉人辩护
（2）从程序上为被追诉人辩护
（3）为被追诉人提供法律上的帮助
《刑事诉讼法》第 37 条规定，辩护人的责任是根据事实和法律，提出犯罪嫌疑人、被告人无罪、罪轻或者减轻、免除其刑事责任的材料和意见，维护犯罪嫌疑人、被告人的诉讼权利和其他合法权益。</td></tr>
<tr><td>人数</td><td colspan="3">一名被追诉人可以委托 1—2 名辩护人
一名辩护人不得担任两名以上同案被追诉人的共同辩护人
一名辩护人不得为两名以上未同案处理但实施的犯罪事实存在关联的被追诉人辩护</td></tr>
<tr><td rowspan="3">范围</td><td>积极范围</td><td colspan="2">（1）律师；（2）人民团体或被追诉人所在单位推荐的人；（3）被追诉人的监护人、亲友</td></tr>
<tr><td rowspan="2">消极范围</td><td>相对禁止</td><td>（1）正在被执行刑罚或处于缓刑、假释考验期间的人
（2）依法被剥夺、限制人身自由的人
（3）无行为能力或限制行为能力的人</td></tr>
<tr><td>绝对禁止</td><td>（4）法院、检察院、监察机关、公安机关、国家安全机关、监狱的现职人员（不含“司法行政机关”）
（5）人民陪审员（不限“本院”）
（6）与本案审理结果有利害关系的人
（7）外国人或无国籍人
（8）被开除公职的人</td></tr>
</table>

续表

<table>
<tr><td rowspan="3">范围</td><td>消极范围</td><td>绝对禁止</td><td>（9）被吊销律师、公证员职业证书的人
（4）-（9）规定的人员，如果是被追诉人的近亲属或监护人，则可以担任其辩护人</td></tr>
<tr><td colspan="3">【总结】
绝对禁止：“刑罚”“自由”“能力”
相对禁止：“现职”“陪审”“利害”“外籍”“开除”“吊销”</td></tr>
<tr><td colspan="3">【法官、检察官任职禁止】
（1）法官、检察官从法院、检察院离任后 2 年内，不得以律师身份担任诉讼代理人或辩护人
（2）法官、检察官从法院、检察院离任后，不得担任原任职法院、检察院所办理案件的诉讼代理人或辩护人</td></tr>
</table>

考点 3：辩护的内容★★★

实体性辩护	（1）指控的犯罪事实能否成立 （2）被追诉人是否已经达到刑事责任年龄，有无不负刑事责任等其他**不应当追究其刑事责任**的情形 （3）对案件定性和**认定罪名**是否准确，**适用法律**条文是否恰当 （4）被追诉人有无**法律规定的**从轻、减轻或免除处罚的情节，有无**酌情考虑的**从轻或减轻判处的情节 （5）证据与证据之间，证据与被追诉人口供之间是否存在矛盾 （6）被追诉人主观上是故意还是过失，是否属于意外事件，是否属于正当防卫或紧急避险 （7）共同犯罪案件中，对主犯、从犯、胁从犯的划分是否清楚
程序性辩护	诉讼程序是否合法

考点 4：辩护的分类★★★★

<table>
<tr><td rowspan="2">无罪辩护</td><td>事实上无罪</td><td>（1）犯罪行为未发生
（2）犯罪并非被追诉人所为
（3）事实不清，证据不足</td></tr>
<tr><td>法律上无罪</td><td>（1）犯罪主体不适格
（2）无刑事责任能力
（3）正当防卫和紧急避险
（4）主观方面无过错
（5）刑事责任已消灭</td></tr>
<tr><td>罪名辩护
（轻罪辩护）</td><td colspan="2">指控重罪名，辩为轻罪名</td></tr>
<tr><td>罪数辩护</td><td colspan="2">（1）指控多罪，辩为少罪
（2）指控少罪，辩为多罪</td></tr>
</table>

续表

量刑辩护	(1) 量刑幅度 (2) 法定量刑情节(自首、立功、认罪认罚、犯罪中止、防卫过当) (3) 酌定量刑情节(认罪态度好,退赃退赔、取得谅解) 【注意】缓刑辩护也属于量刑辩护
程序性辩护	针对程序性违法行为辩护

考点5:辩护的种类★★★★

<table>
<tr><td>自行辩护</td><td colspan="3">被追诉人为自己辩护;贯穿诉讼活动始终</td></tr>
<tr><td rowspan="3">委托辩护①</td><td>委托主体</td><td colspan="2">被追诉人、监护人(被追诉人在押时)、近亲属(被追诉人在押时)</td></tr>
<tr><td>委托时间</td><td colspan="2">(1) 公诉案件:被侦查机关第一次讯问或采取强制措施之日起
【注意】侦查阶段只能委托律师作为辩护人
(2) 自诉案件:随时</td></tr>
<tr><td>告知时间
(应当)</td><td colspan="2">(1) 侦查机关:第一次讯问或采取强制措施之日
(2) 检察院:自收到移送审查起诉材料之日起3日内
对已经被监察机关采取留置措施的,应当在执行拘留时告知
(3) 法院:自受理案件之日起3日内</td></tr>
<tr><td rowspan="5">指定辩护
(法律援助
辩护)②</td><td>适用条件</td><td colspan="2">被追诉人没有委托辩护人</td></tr>
<tr><td>适用阶段</td><td colspan="2">刑事诉讼全过程(侦查、审查起诉、审判)</td></tr>
<tr><td>指派机关</td><td colspan="2">公、检、法(办案机关):办案机关应当通知法律援助机构指派律师为被追诉人提供辩护</td></tr>
<tr><td>辩护主体</td><td colspan="2">只能由律师担任辩护人</td></tr>
<tr><td>适用情形</td><td>应当指定</td><td>(1) 未成年人
(2) 视力、听力、言语残疾人</td></tr>
</table>

---

① 《刑事诉讼法》第34条规定,犯罪嫌疑人自被侦查机关第一次讯问或采取强制措施之日起,有权委托辩护人;在侦查期间,只能委托律师作为辩护人。被告人有权随时委托辩护人。

侦查机关在第一次讯问犯罪嫌疑人或对犯罪嫌疑人采取强制措施的时候,应当告知犯罪嫌疑人有权委托辩护人。人民检察院自收到移送审查起诉的案件材料之日起3日以内,应当告知犯罪嫌疑人有权委托辩护人。人民法院自受理案件之日起3日以内,应当告知被告人有权委托辩护人。犯罪嫌疑人、被告人在押期间要求委托辩护人的,人民法院、人民检察院和公安机关应当及时转达其要求。

犯罪嫌疑人、被告人在押的,也可以由其监护人、近亲属代为委托辩护人。

辩护人接受犯罪嫌疑人、被告人委托后,应当及时告知办理案件的机关。

② 《刑事诉讼法》第35条规定,犯罪嫌疑人、被告人因经济困难或其他原因没有委托辩护人的,本人及其近亲属可以向法律援助机构提出申请。对符合法律援助条件的,法律援助机构应当指派律师为其提供辩护。

犯罪嫌疑人、被告人是盲、聋、哑人,或是尚未完全丧失辨认或控制自己行为能力的精神病人,没有委托辩护人的,人民法院、人民检察院和公安机关应当通知法律援助机构指派律师为其提供辩护。

犯罪嫌疑人、被告人可能被判处无期徒刑、死刑,没有委托辩护人的,人民法院、人民检察院和公安机关应当通知法律援助机构指派律师为其提供辩护。

《最高人民法院关于适用〈中华人民共和国刑事诉讼法〉的解释》(简称《刑诉解释》)第51条规定,对法律援助机构指派律师为被告人提供辩护,被告人的监护人、近亲属又代为委托辩护人的,应当听取被告人的意见,由其确定辩护人人选。

续表

指定辩护（法律援助辩护）	适用情形	应当指定	（3）不能完全辨认自己行为的成年人 （4）可能被判处无期徒刑、死刑的人 （5）申请法律援助的死刑复核案件被告人 司法部法律援助中心在接到最高法院法律援助通知书后，应当指派具有3年以上刑事辩护执业经历的律师担任被告人的辩护律师，并函告最高法院 最高法院应当告知或者委托高级法院告知被告人为其指派的辩护律师的情况。被告人拒绝指派的律师为其辩护的，最高法院应当准许 （6）缺席审判案件的被告人 （7）法律法规规定的其他人员
		可以指定	（1）共同犯罪案件中，其他被告人已经委托辩护人 （2）有重大社会影响的案件 （3）检察院抗诉的案件 （4）被告人行为可能不构成犯罪 （5）有必要指派律师提供辩护的其他情形
委托辩护与指定辩护并存的处理	对法律援助机构指派律师为被告人提供辩护，被告人的监护人、近亲属又代为委托辩护人的，应当听取被告人的意见，由被告人确定辩护人人选		

考点6：辩护人的权利★★★★★

	律师辩护人	非律师辩护人
阅卷权	（1）**起始时间**：审查起诉之日起 （2）**阅卷对象**：本案的案卷材料（诉讼文书+证据材料）（≠“所有与案件有关的材料”） 【注意】合议庭评议笔录、审委会讨论记录不接受阅卷 【查阅讯问录音录像】对作为证据材料向法院移送的讯问录音录像，辩护律师申请查阅的，法院**应当**准许 （3）**阅卷方式**：查阅、摘抄、复制（复制方式：复印、拍照、扫描等） （4）**阅卷地点**：办案机关（检察院或者法院） 在检察机关阅卷，必要时，检察院可派员在场协助	须经法院、检察院许可
会见、通信权	（1）**起始时间**：侦查阶段 （2）**对象**：被限制人身自由（被羁押或被监视居住）的被追诉人 （3）**“三证”会见**：律师执业证书、律师事务所证明、委托书/法律援助公函（无须许可） （4）**安排会见时间**：律师持“三证”要求会见的，看守所应当及时安排会见，至迟不得超过48小时 （5）**会见不被监听**：律师会见被追诉人，不被监听 （6）**信件检查**：看守所可以对信件进行必要的检查，但不得截留、复制、删改信件，不得向办案机关提供信件内容，但信件内容涉及危害国家安全、公共安全、严重危害他人人身安全以及涉嫌串供、毁灭证据等情形的除外	须经法院、检察院许可

续表

<table>
<tr><td></td><td colspan="2">律师辩护人</td><td>非律师辩护人</td></tr>
<tr><td>会见、
通信权</td><td colspan="2">（7）**带助理会见：**辩护律师可以带1名律师助理协助会见
（8）**特殊案件律师会见：危害国家安全犯罪、恐怖活动犯罪**案件，在**侦查期间**，律师会见在押（含监视居住）的犯罪嫌疑人，应当经侦查机关许可
（9）**证据核实：**辩护律师会见在押被追诉人，可以了解有关案件情况，提供法律咨询等；自案件**移送审查起诉之日起**，可向被追诉人**核实有关证据**
【注意】在侦查阶段，律师不能与犯罪嫌疑人核实证据（可单向了解，不可双向核实）</td><td>须经法院、
检察院许可</td></tr>
<tr><td rowspan="2">调查取证权</td><td>自行调
查取证</td><td>（1）**针对非控方证人：**辩护律师向证人/有关单位调查取证，须经证人本人/本单位同意（过一关）
（2）**针对控方证人：**辩护律师向**被害人**及其**近亲属**、**被害人提供的证人**调查取证，须经**办案机关批准**并经**本人同意**（过两关）
【关联知识点】辩护律师向法院申请对被害人及其近亲属、被害人提供的证人调查取证，法院认为确有必要的，应当签发**准予调查书**</td><td rowspan="2">无调查取证权</td></tr>
<tr><td>申请调
查取证</td><td>（1）**申请调查取证：**
①辩护律师申请法院、检察院代为调查取证，法院、检察院认为需要调查取证的，应当由其自行调集收取证据，**不得向律师签发准予调查决定书**，让律师进行调查
②法院收集、调取证据材料时，**辩护律师可以在场**
（2）**申请调取材料：**辩护人认为在调查、侦查、审查起诉期间监察机关、公安机关、检察院收集的证明被追诉人**无罪或罪轻**的证据材料未提交的，可以申请检察院、法院调取有关证据①
【答复时限与方式】
（1）辩护律师申请法院、检察院调查取证的，法院、检察院应当在3日以内作出是否同意的决定，并通知辩护律师
（2）对于辩护律师提交书面申请，而法院、检察院不同意的，应当书面说明理由；辩护律师口头提出申请的，法院、检察院可以口头答复
【总结】书面申请，书面答复；口头申请，书面或口头答复</td></tr>
<tr><td>申请变更
强制措施</td><td colspan="3">被羁押的**被追诉人**、**法定代理人**、**近亲属**、**辩护人**，有权**申请变更或解除**期限届满或存在法定理由的强制措施</td></tr>
<tr><td>获得通知权</td><td colspan="3">（1）公安机关**侦查终结**的案件，应当将案件移送情况告知犯罪嫌疑人及其辩护律师
（2）法院**决定开庭**审判后，应将检察院的**起诉书副本**至迟在**开庭**10**日以前**送达被告人及其辩护人。法院应当在**开庭**3**日以前**将**开庭的时间、地点**通知辩护人
（3）判决书应当送达辩护人、诉讼代理人</td></tr>
</table>

① 《刑诉解释》第73条规定，对提起公诉的案件，人民法院应当审查证明被告人有罪、无罪、罪重、罪轻的证据材料是否全部随案移送；未随案移送的，应当通知人民检察院在指定时间内移送。人民检察院未移送的，人民法院应当根据在案证据对案件事实作出认定。

续表

<table>
<tr><td rowspan="11">提出意见权</td><td>阶段</td><td>听取机关</td><td>内容</td></tr>
<tr><td>侦查终结</td><td>侦查机关</td><td>在案件侦查终结前，辩护律师提出要求的，侦查机关应当听取辩护律师的意见，并记录在案。辩护律师提出书面意见的，应当附卷</td></tr>
<tr><td>审查批捕</td><td>检察院</td><td>检察院审查批准逮捕，可以询问证人等诉讼参与人，听取辩护律师的意见；辩护律师提出要求的，应当听取辩护律师的意见</td></tr>
<tr><td>审查逮捕未成年人</td><td>检察院、法院</td><td>检察院审查批准逮捕和法院决定逮捕未成年犯罪嫌疑人、被告人，应当讯问未成年犯罪嫌疑人、被告人，听取辩护律师的意见</td></tr>
<tr><td>审查起诉</td><td>检察院</td><td>检察院审查案件，应当讯问犯罪嫌疑人，听取辩护人、被害人及其诉讼代理人的意见，并记录在案</td></tr>
<tr><td>速裁审判</td><td>法院</td><td>适用速裁程序审理案件，在判决宣告前应当听取辩护人的意见</td></tr>
<tr><td>二审不开庭</td><td>法院</td><td>第二审法院决定不开庭审理的，应当讯问被告人，听取其他当事人、辩护人、诉讼代理人的意见</td></tr>
<tr><td>死刑复核</td><td>最高法院</td><td>最高法院复核死刑案件，应当讯问被告人，辩护律师提出要求的，应当听取辩护律师的意见</td></tr>
<tr><td>死刑二审</td><td>检察院</td><td>检察院办理死刑上诉、抗诉案件，应当听取辩护人的意见</td></tr>
<tr><td>附条件不起诉</td><td>检察院</td><td>检察院在作出附条件不起诉的决定前，应当听取公安机关、被害人、未成年犯罪嫌疑人及其法定代理人、辩护人的意见，并制作笔录附卷</td></tr>
<tr><td colspan="3">【总结】办案机关应当“主动”听取辩护人意见的六种情形（其他情况下，辩护律师提出要求的，应当听取辩护律师的意见）：（1）审查逮捕未成年人；（2）审查起诉；（3）速裁审判；（4）二审不开庭；（5）死刑二审（检察院）；（6）附条件不起诉</td></tr>
<tr><td>申诉控告权</td><td colspan="3">（1）主体：辩护人、诉讼代理人
（2）情形：认为公、检、法及其工作人员阻碍其行使诉讼权利
（3）对象：向同级或上一级检察机关申诉或控告</td></tr>
<tr><td>人身保障权</td><td colspan="3">（1）辩护人或者其他任何人，不得帮助被追诉人隐匿、毁灭、伪造证据或者串供，不得威胁、引诱证人作伪证以及进行其他干扰司法机关诉讼活动的行为
（2）辩护人违反以上规定，涉嫌犯罪的，应当由办理辩护人所承办案件的侦查机关以外的侦查机关办理
【注意】辩护人若涉嫌与辩护活动无关的犯罪，则不受此限制
（3）公安机关、检察院发现辩护人涉嫌犯罪的，应报请辩护人所承办案件的侦查机关的上一级侦查机关指定其他侦查机关立案侦查，或由上一级侦查机关自行立案侦查
（4）不得指定辩护人所承办案件的侦查机关的下级侦查机关立案侦查
（5）辩护人是律师的，应当及时通知其所在的律师事务所或所属的律师协会</td></tr>
<tr><td>拒绝辩护权</td><td colspan="3">具有以下情形之一的，辩护人有权拒绝辩护：
（1）委托事项违法
（2）委托人利用律师服务从事违法活动</td></tr>
</table>

续表

拒绝辩护权	(3)委托人故意隐瞒与案件有关的重要事实 《律师法》第32条第2款规定，律师接受委托后，无正当理由的，不得拒绝辩护或者代理。但是，委托事项违法、委托人利用律师提供的服务从事违法活动或者委托人故意隐瞒与案件有关的重要事实的，律师有权拒绝辩护或者代理

考点7：辩护人的义务★★★

不得干扰诉讼	不得帮助被追诉人隐匿、毁灭、伪造证据或串供，不得威胁、引诱证人作伪证及进行其他干扰司法机关诉讼活动的行为
证据开示	辩护人收集的有关犯罪嫌疑人**不在犯罪现场**、**未达到刑事责任年龄**、属于**依法不负刑事责任的精神病人**的证据，应当及时告知公安机关、检察院 【总结】不在现场，不负刑责
保密义务/权利	辩护律师对在执业活动中知悉的委托人的有关情况和信息，有权（应当）予以保密。但是，辩护律师在执业活动中知悉**委托人或其他人**，**准备或正在实施**危害**国家安全**、**公共安全**以及严重危害他人**人身安全**的犯罪的，应当及时告知司法机关

考点8：值班律师★★★

派驻机关	法律援助机构
派驻地点	法院、检察院、看守所等场所
适用条件	没有委托辩护、没有指定辩护（强制辩护的对象不适用值班律师制度）
告知义务	法院、检察院、看守所应当告知被追诉人有权约见值班律师，并为被追诉人约见值班律师提供便利
职能定位	提供法律帮助的人 【注意】值班律师不提供出庭辩护服务
职责、权利	(1)**职责**：维护被追诉人合法权益，确保被追诉人在充分了解认罪认罚性质和法律后果的情况下，自愿认罪认罚 (2)**权利**： ①提供法律咨询 ②提出程序适用的建议 ③帮助申请变更强制措施 ④对检察院认定罪名、量刑建议提出意见 ⑤就案件处理，向办案机关提出意见 ⑥对刑讯逼供、非法取证情形代理申诉、控告 ⑦引导、帮助被追诉人及其近亲属申请法律援助 【会见权】值班律师可以会见被追诉人，看守所应当为值班律师会见提供便利 危害国家安全犯罪、恐怖活动犯罪案件，侦查期间值班律师会见在押犯罪嫌疑人的，应当经侦查机关许可 【阅卷权】自检察院对案件审查起诉之日起，值班律师可以**查阅**（注意：不可摘抄、复制）案卷材料、了解案情。法院、检察院应当为值班律师查阅案卷材料提供便利

续表

职能定位	【总结】辩护律师享有的权利，值班律师一般都享有，除了调查取证 值班律师提供法律咨询、查阅案卷材料、会见被追诉人、提出书面意见等法律帮助活动的相关情况应当记录在案，并随案移送
法律帮助的衔接	(1) 对于被羁押的被追诉人，在不同诉讼阶段，可以由派驻看守所的同一值班律师提供法律帮助 (2) 对于未被羁押的被追诉人，前一诉讼阶段的值班律师可以在后续诉讼阶段继续为被追诉人提供法律帮助
拒绝法律帮助	(1) 被追诉人自愿认罪认罚，没有委托辩护人，拒绝值班律师帮助的，办案机关应当允许，记录在案并随案移送 (2) 审查起诉阶段签署认罪认罚具结书时，检察院应当通知值班律师到场

考点9：刑事代理★

	委托主体	委托时间
公诉案件	被害人；法定代理人、近亲属	案件移送审查起诉之日起
自诉案件	自诉人、法定代理人	随时
附带民事诉讼	当事人、法定代理人	视公诉、自诉而定
罚没程序	被追诉人的近亲属、其他利害关系人	—
强制医疗	被申请人或被告人	—

【比较】辩护人 *v.* 诉讼代理人

		辩护人	诉讼代理人
委托主体		被追诉人；监护人、近亲属	被害人；法定代理人、近亲属
产生时间	公诉	被侦查机关第一次讯问或采取强制措施之日起	案件移送审查起诉之日起
	自诉	随时	随时
诉讼地位		独立的诉讼参与人	非独立诉讼参与人（不得违背被代理人意志）
诉讼职能		辩护职能	控诉职能

第六章　刑事证据

考点1：证据的基本属性★★★★

客观性	(1) 客观性是刑事证据的**首要属性**和**最本质的特征** (2) 幻觉、意见、推测、评论、梦境等主观性材料，**不具有客观性** (3) 被追诉人的供述与辩解、被害人陈述、证人证言等言词证据具有客观性
关联性	(1) 证据与待证事实间关联性的强弱决定了证据**证明力**的大小 (2) 前科、品性、类似事件、特定的诉讼行为、特定的事实行为、被害人过去的行为等，**不具关联性**
合法性	构成合法性的三个要素： (1) 证据形式合法 (2) 收集主体合法 (3) 收集程序合法

考点2：刑事证据制度的基本原则★★

证据裁判原则	(1) **概念**：又称“证据裁判主义”“证据为本原则”，指对案件事实的认定，必须有相应的证据予以证明。没有证据或证据不充分，不能认定案件事实 (2) **内容**： ①认定案件事实必须依靠证据，没有证据就不能认定案件事实 ②用于认定案件事实的证据必须具有证据能力 ③用于定案的证据必须是在法庭上查证属实的证据（法律另有规定的除外） ④综合全案证据必须达到法定证明标准才能认定案件事实 (3) 我国已确立证据裁判原则，该原则的主要内容已被我国法律与司法解释吸收
自由心证原则	(1) **概念**：对证据的取舍、证据证明力的大小以及案件事实的认知程度等，法律不预先规定，而由裁判主体按照自己的良心、理性形成内心确信，以此认定案件事实的 (2) **内容**： ①自由判断：证据证明力由法官自由判断，法律不作预先规定 ②内心确信：禁止法官根据似是而非、尚有疑虑的主观感受判定事实 (3) 自由心证原则在我国立法上得到了**一定程度上**的认可

考点3：法定证据种类/形式★★★★

<table>
<tr><td>物证</td><td colspan="2">以物质属性、外部特征、存在状况等证明案件情况的物品或痕迹（脚印、指纹、笔迹）
【注意】无体物也可以作物证，如气味
【物证复制品】据以定案的物证一般应是原物。原物不便搬运、不易保存，依法应当由有关部门保管、处理，或依法应当返还的，可以拍摄、制作足以反映原物外形和特征的照片、录像、复制品</td></tr>
<tr><td>书证</td><td colspan="2">以记载的内容和反映的思想来证明案件情况的书面材料或其他物质材料
书证不论载体为何物，记载文字、符号、图形的地板、墙壁均可作书证
一份证据材料可以既是物证又是书证
【例】1989年，湖北江汉油田矿机研究所职工张某之子被绑架。7年后，公安机关重新开启侦查。绑匪最后一次通知家属的字条记载：“过桥，顺墙根，向右，见一亭，亭边一倒凳，其下有信。”字句错落有致且符合音韵，且字条中有一“阅”字写得特别流畅夸张。侦查人员将侦查重心锁定为当地一所大学的教师，很快侦破了案件。问：字条属于何种证据？</td></tr>
<tr><td rowspan="3">证人证言</td><td>证人资格</td><td>（1）所有了解案件情况的自然人，都应当作证人
证人身份具有优先性、不可替代性
（2）生理上、精神上有缺陷或年幼，因而不能辨别是非、不能正确表达的人，不能作证人</td></tr>
<tr><td>证人保护</td><td>对于危害国家安全犯罪、恐怖活动犯罪、黑社会性质的组织犯罪、毒品犯罪等案件，证人、鉴定人、被害人因在诉讼中作证，本人或其近亲属的人身安全（注意：不含“财产安全”）面临危险的，公、检、法应当采取以下一项或多项保护措施：
（1）不公开真实姓名、住址和工作单位等个人信息
（2）采取不暴露外貌、真实声音等出庭作证措施
（3）禁止特定的人员接触证人、鉴定人、被害人及其近亲属
（4）对人身和住宅采取专门性保护措施
（5）其他必要的保护措施
【总结】
（1）案件范围：“国”“恐”“黑”“毒”
（2）保护对象：（证人、鉴定人、被害人）本人及其近亲属
（3）保护内容：人身安全</td></tr>
<tr><td>证人补助</td><td>（1）证人因履行作证义务而支出的交通、住宿、就餐等费用，应当给予补助
【注意】①被害人出庭无补助；②证人补助的范围不含“误工费”
（2）证人所在单位不得克扣或变相克扣其工资、奖金及其他福利待遇</td></tr>
<tr><td>被害人陈述</td><td colspan="2">被害人就其受害情况和其他与案件有关的情况向公安司法机关所作的陈述
【注意】被害人既可以是自然人，也可以是法人——单位可作被害人</td></tr>
<tr><td>被追诉人的供述和辩解</td><td colspan="2">（1）供述：有罪、罪重
（2）辩解：无罪、罪轻
【同案犯口供的性质】同案犯之间的揭发属于口供；同案犯对共同犯罪以外事实的揭发属于证人证言</td></tr>
</table>

续表

鉴定意见	（1）**概念：**鉴定人受公、检、法**指派**或**聘请**，对案件中的**专门性问题**进行鉴定后作出的**书面**意见 （2）精神病医生在被追诉人涉嫌犯罪前所作的精神病诊断结论，不能作为鉴定意见 【注意】此诊断结论可以用于证明被追诉人的精神状态，可作为书证 （3）**鉴定人负责制：**鉴定意见的形式必须是鉴定书，由鉴定人本人签名，不能以单位公章代替鉴定人签名 【注意】鉴定主体是鉴定人，而非鉴定机构 （4）鉴定意见不以多数意见作出	
笔录证据	勘验笔录	（1）**概念：**对与犯罪有关的**场所**、**物品**、**尸体**等进行勘查、检验后所作的记录 （2）勘验笔录的形式可以是文字记载、绘制的图样照片、复制的模型材料、录像等 （3）对同一现场多次勘验的，第一次以后的勘验均应制作**补充笔录** （4）有多处现场的，勘验后应**分别制作笔录**
	检查笔录	（1）**概念：**为确定被害人、被追诉人的**某些特征**、**伤害情况**、**生理状态**，对他们的**人身**进行检验和观察后所作的客观记载 （2）检查笔录的形式可以是文字、拍照、录像等
	辨认笔录	为查清案件事实，在侦查人员主持下，由被害人、证人、犯罪嫌疑人，对犯罪嫌疑人、与案件有关的物品、尸体、场所进行识别认定后所作的客观记载
	侦查实验笔录	侦查人员为证实某一事件或事实能否发生或怎样发生，按原有条件将该事件或事实加以重演或进行实验后所作的客观记载
视听资料、电子数据	视听资料	以录音、录像、电子计算机或其他科技设备所储存的信息证明案件情况的资料 【注意】视听资料一般产生于诉讼开始前。在诉讼过程中产生的通常不是视听资料，而是其他种类证据的载体；但是，如果是为证明证据收集过程的合法性，则为视听资料
	电子数据	包括但不限于： （1）网页、博客、微博客、朋友圈、贴吧、网盘等网络平台发布的信息 （2）手机短信、电子邮件、即时通信、通讯群组等网络应用服务的通信信息 （3）用户注册信息、身份认证信息、电子交易记录、通信记录、登录日志等信息 （4）文档、图片、音视频、数字证书、计算机程序等电子文件
专门性问题报告、事故调查报告	专门性问题报告	因无鉴定机构，或根据法律、司法解释的规定，指派、聘请有专门知识的人就案件的专门性问题出具的报告，可以作为证据使用
	事故调查报告	有关部门对事故进行调查形成的报告，在刑事诉讼中可以作为证据使用；报告中涉及**专门性问题**的意见，经法庭查证属实，且调查程序符合法律、有关规定的，可以作为定案的根据

考点 4：证据的审查排除★★★★

证据种类	直接排除	可补正（补正或合理解释）
物证 书证	(1) 物证的照片、录像、复制品，不能反映原物的外形和特征的 (2) 书证有更改或对更改迹象不能作出合理解释，或书证的副本、复制件不能反映原件及其内容的 (3) **在勘验、检查、搜查过程中提取、扣押的物证、书证，未附笔录或清单，不能证明物证、书证来源的**① (4) 对物证、书证的来源、收集程序有疑问，不能作出合理解释的 现场遗留的可能与犯罪有关的指纹、血迹、精斑、毛发等证据，未通过指纹鉴定、DNA 鉴定等方式与被告人、被害人的相应样本作同一认定的，不得作为定案的根据。涉案物品、作案工具等未通过辨认、鉴定等方式确定来源的，不得作为定案的根据 【总结】真伪不明、来源不明	(1) 勘验、检查、搜查、提取笔录或扣押清单上没有侦查人员、物品持有人、见证人签名，或对物品的名称、特征、数量、质量等注明不详的 (2) 物证的照片、录像、复制品，书证的副本、复制件未注明与原件核对无异，无复制时间，或无被收集、调取人签名、盖章的 (3) 物证的照片、录像、复制品，书证的副本、复制件没有制作人关于制作过程和原物、原件存放地点的说明，或说明中无签名的 (4) 有其他**瑕疵**的
证人证言②	(1) 处于明显醉酒、中毒或麻醉等状态，不能正常感知或正确表达的证人所提供的证言 (2) 证人的猜测性、评论性、推断性的证言，不得作为证据使用，但根据一般生活经验判断符合事实的除外 (3) **询问证人没有个别进行的** (4) **书面证言没有经证人核对确认的** (5) 询问聋、哑人，应当提供通晓聋、哑手势的人员而未提供的 (6) 询问不通晓当地通用语言、文字的证人，应当提供翻译人员而未提供的 (7) 经法院通知，证人没有正当理由拒绝出庭或出庭后拒绝作证，法庭对其证言的真实性无法确认的 【总结】重点掌握"询问未个别""证言未核对"	(1) 询问笔录没有填写询问人、记录人、法定代理人姓名以及询问的起止时间、地点的 (2) 询问地点不符合规定的 (3) 询问笔录没有记录告知证人有关作证的权利义务和法律责任的 (4) **询问笔录反映出在同一时段，同一询问人员询问不同证人的**（注意：此为可补正情形） (5) **询问未成年人，其法定代理人或合适成年人不在场的**
被害人陈述	（同证人证言）	

① 《刑诉解释》第 86 条第 1 款规定，在勘验、检查、搜查过程中提取、扣押的物证、书证，未附笔录或清单，不能证明物证、书证来源的，不得作为定案的根据。

② 《刑诉解释》第 89 条规定，证人证言具有下列情形之一的，不得作为定案的根据：(1) 询问证人没有个别进行的；(2) 书面证言没有经证人核对确认的；(3) 询问聋、哑人，应当提供通晓聋、哑手势的人员而未提供的；(4) 询问不通晓当地通用语言、文字的证人，应当提供翻译人员而未提供的。

《刑诉解释》第 91 条规定，证人当庭作出的证言，经控辩双方质证、法庭查证属实的，应当作为定案的根据。

证人当庭作出的证言与其庭前证言矛盾，证人能够作出合理解释，并有相关证据印证的，应当采信其庭审证言；不能作出合理解释，而其庭前证言有相关证据印证的，可以采信其庭前证言。

经人民法院通知，证人没有正当理由拒绝出庭或出庭后拒绝作证，法庭对其证言的真实性无法确认的，该证人证言不得作为定案的根据。

续表

证据种类	直接排除	可补正（补正或合理解释）
被追诉人供述	（1）讯问笔录没有经被追诉人核对确认的 （2）讯问聋、哑人，应当提供通晓聋、哑手势的人员而未提供的 （3）讯问不通晓当地通用语言、文字的被告人，应当提供翻译人员而未提供的 （4）讯问未成年人，其法定代理人或合适成年人不在场的 （5）除情况紧急必须现场讯问以外，在规定的办案场所外讯问取得的供述 （6）未依法对讯问进行全程录音录像取得的供述	（1）讯问笔录填写的讯问时间、讯问人、记录人、法定代理人等有误或存在矛盾的 （2）讯问人没有签名的 （3）首次讯问笔录没有记录告知被讯问人相关权利和法律规定的
鉴定意见	（1）鉴定机构不具备法定资质，或鉴定事项超出该鉴定机构业务范围、技术条件的 （2）鉴定人不具备法定资质，不具有相关专业技术或职称，或违反回避规定的 （3）送检材料、样本来源不明，或因污染不具备鉴定条件的 （4）鉴定对象与送检材料、样本不一致的 （5）鉴定程序违反规定的 （6）鉴定过程和方法不符合相关专业的规范要求的 （7）鉴定文书缺少签名、盖章的 （8）鉴定意见与案件待证事实没有关联的 （9）经法院通知，鉴定人拒不出庭作证的 （10）违反有关规定的其他情形 【总结】鉴定意见只要存在瑕疵，即可直接排除	—
勘验、检查笔录	勘验、检查笔录存在明显不符合法律、有关规定的情形，不能作出合理解释或说明的	—
辨认笔录	（1）辨认不是在侦查人员**主持**下进行的 （2）辨认前使辨认人**见到**辨认对象的 （3）辨认活动没有**个别**进行的 （4）辨认对象没有**混杂**在具有类似特征的其他对象中，或供辨认的对象**数量**不符合规定的 【辨认对象数量】 公安机关：7人（10照片）/5物 检察机关：7人（10照片）/5物（5照片） （5）辨认中给辨认人明显**暗示**或明显有指认嫌疑的 （6）违反有关规定，不能确定辨认笔录真实性的其他情形 【总结】主持、见到、个别、混杂、数量、暗示	（1）辨认时没有拍照、录像 （2）没有见证人在场 （3）没有签字
侦查实验笔录	侦查实验的条件与事件发生时的条件有明显差异，或存在影响实验结论科学性的其他情形的	—
视听资料、电子证据	（1）系篡改、伪造或无法确定真伪的 （2）制作、取得的时间、地点、方式等有疑问，不能提供必要证明或作出合理解释的 【总结】真伪不明、来源不明	—

考点 5：证据的理论分类★★★★

原始证据 *v.* 传来证据	**原始证据**：直接来源于案件事实，未经复制或转述的证据（第一手材料） **传来证据**：不直接来源于案件事实，经过复制或转述的证据（第二/N手材料） 只有当原始证据灭失或无法获取时，才可以使用传来证据 作为定案根据的传来证据必须查证属实，且不得使用来源不明的传来证据 只有传来证据，没有原始证据，不能定案（传来证据不得单独作为定案的根据）
有罪证据 *v.* 无罪证据	**有罪证据**：肯定被追诉人实施了犯罪的证据 **无罪证据**：否定被追诉人实施了犯罪的证据 划分标准：证据的证明作用是肯定还是否定被追诉人实施了犯罪行为 量刑证据都属于有罪证据 控方也可能提供无罪证据，辩方也可能提供有罪证据 只要尚存在无罪证据，就不能认定被告人有罪
言词证据 *v.* 实物证据	**言词证据**：以言词为表现形式的证据 **实物证据**：以物品的性质或外部形态、存在状况及其内容表现证据价值的证据 被追诉人供述与辩解、鉴定意见、**辨认笔录**、**侦查实验笔录**为言词证据 物证、**书证**、**勘验检查笔录**为实物证据 视听资料、电子数据一般为实物证据，但记载言词的视听资料、电子数据为言词证据 只有言词证据，也可以定案
直接证据 *v.* 间接证据	**直接证据**：能够独立证明被追诉人**是否**实施了犯罪的证据 【注意】直接证据包括**否定性**直接证据 **间接证据**：不能独立证明被追诉人**是否**实施了犯罪的证据 【总结】直接证据的三种表现形式：（1）仅凭该证据就能证明某人实施了犯罪；（2）仅凭该证据就能证明某人未实施犯罪；（3）仅凭该证据就能否定犯罪的存在 只有直接证据时，坚持“孤证不能定案” 只有间接证据，也可以定案

考点 6：证据规则★★★

关联性规则	**含义**：证据所要证明的内容必须与案件事实存在关联 前科、品性、类似事件、特定的诉讼行为、特定的事实行为、被害人过去的行为等，**不具关联性**
传闻证据规则	**含义**：证人陈述的**非亲历事实**，任何人**在法庭之外所作陈述**，都属于传闻证据，原则上不得作为认定被告人有罪的证据 【总结】传闻证据的两种形式：①非亲历事实；②法庭外陈述 【注意】 ①传闻证据规则只适用于言词证据，不适用于实物证据 ②我国刑事诉讼法未确立传闻证据规则，只是部分体现了传闻证据规则的精神
最佳证据规则	**含义**：又称**原始证据规则**，指以文字、符号、图形等方式记载的内容来证明案情时，其**原件才是最佳证据** **书证**的提供者应当尽量提供原件，如果提供副本、抄本、影印本等非原始材料，则必须提供充足理由加以说明，否则该书证不具有可采性

续表

最佳证据规则	【注意】 （1）最佳证据规则只适用于书证 （2）我国刑事诉讼法未确立最佳证据规则
意见证据规则	**含义**：证人在作证过程中，只能客观陈述自己亲历的事实，而不得对该事实发表意见 证人的猜测性、评论性、推断性证言，不得作为证据使用，但根据一般生活经验判断符合事实的除外 【注意】意见证据规则只适用于证人
补强证据规则	**含义**：在运用某些证明力显然薄弱的证据（主证据）认定案情时，必须有其他证据（补强证据）补强其证明力，才能被法庭采信为定案的依据 补强证据自身必须同时具备三个条件： （1）具有证据能力 （2）具有**担保补强对象真实性**的能力（不对整个待证事实具有证明作用） （3）具有独立来源（不能是同一来源） 【注意】补强证据规则关注证据**证明力**问题，不涉及证据能力问题
自白任意性规则	**含义**：又称**非任意自白排除规则**，指在刑事诉讼中，只有基于被追诉人自由意志而作出的自白，才具有可采性 我国自白任意性规则的特点： ①《刑事诉讼法》第52条规定“不得强迫任何人证实自己有罪”，这一规定确定了被追诉人享有自由供述的权利，是自白任意性规则的基础 ②《刑事诉讼法》第120条规定“犯罪嫌疑人对侦查人员的提问，应当如实回答”，这表明犯罪嫌疑人自由供述的权利受到一定的限制 ③我国已确立较为完备的非法证据排除规则，这为落实自白任意性规则提供了保障 ④我国确立了认罪认罚从宽制度，鼓励被追诉人自愿供述

考点7：非法证据排除规则★★★★★

排除对象①	言词证据	采用**刑讯逼供**等非法方法收集的**被追诉人供述**与采用**暴力、威胁**等非法方法收集的**证人证言、被害人陈述，应当**予以排除，不能作为定案的根据 （1）**被追诉人供述的排除**： ①采取殴打、违法使用戒具等暴力方法或变相肉刑的恶劣手段，使被追诉人遭受**难以忍受的痛苦**而违背意愿作出的供述，应当予以排除 ②采用以暴力或严重损害本人及其**近亲属合法权益**等进行威胁的方法，使被追诉人遭受**难以忍受的痛苦**而违背意愿作出的供述，应当予以排除 ③采用非法拘禁等**非法限制人身自由**的方法收集的被追诉人供述，应当予以排除

① 《刑事诉讼法》第56条规定，采用刑讯逼供等非法方法收集的犯罪嫌疑人、被告人供述和采用暴力、威胁等非法方法收集的证人证言、被害人陈述，应当予以排除。收集物证、书证不符合法定程序，可能严重影响司法公正的，应当予以补正或作出合理解释；不能补正或作出合理解释的，对该证据应当予以排除。

在侦查、审查起诉、审判时发现有应当排除的证据的，应当依法予以排除，不得作为起诉意见、起诉决定和判决的依据。

续表

<table>
<tr><td rowspan="2">排除对象</td><td>言词证据</td><td>④重复性供述的排除：采用刑讯逼供方法使被追诉人作出供述，之后被追诉人受该刑讯逼供行为影响而作出的与该供述相同的重复性供述，应当一并排除，但下列情形可以不排除：
第一，调查、侦查期间，监察机关、侦查机关更换调查、侦查人员，其他调查、侦查人员再次讯问时告知诉讼权利和认罪的法律后果，犯罪嫌疑人自愿供述的（换了讯问人员）
第二，审查逮捕、审查起诉和审判期间，检察人员、审判人员讯问时告知诉讼权利和认罪的法律后果，犯罪嫌疑人、被告人自愿供述的（换了办案机关）
【总结】被追诉人供述的排除情形：①暴力＋痛苦；②威胁＋痛苦；③非法限制人身自由；④重复性供述（例外：换了讯问主体——“可以”不排除）
（2）证人证言、被害人陈述的排除：采用暴力、威胁以及非法限制人身自由等非法方法收集的证人证言、被害人陈述，应当予以排除
【注意】不要求使证人、被害人遭受难以忍受的痛苦</td></tr>
<tr><td>实物证据</td><td>物证、书证的收集不符合法定程序，可能严重影响司法公正的，应当予以补正或作出合理解释；不能补正或作出合理解释的，对该证据应当予以排除
【注意】我国不排除“毒树之果”（砍伐毒树，食用果实）</td></tr>
<tr><td rowspan="3">侦查阶段</td><td>检察审查</td><td>（1）犯罪嫌疑人及其辩护人在侦查期间可以向检察院申请排除非法证据
（2）对犯罪嫌疑人及其辩护人提供相关线索或材料的，检察院应当调查核实
（3）调查结论应当书面告知犯罪嫌疑人及其辩护人
（4）对确有以非法方法收集证据情形的，检察院应当向侦查机关提出纠正意见</td></tr>
<tr><td>侦查机关自行排除</td><td>（1）对侦查终结的案件，侦查机关应当全面审查证明证据收集合法性的证据材料，排除非法证据
（2）侦查机关发现办案人员非法取证的，应当依法作出处理，并可另行指派侦查人员重新取证</td></tr>
<tr><td>侦查终结前的核查询问</td><td>（1）对重大案件，检察院驻看守所检察人员应当在侦查终结前询问犯罪嫌疑人，核查是否存在刑讯逼供、非法取证情形，并同步录音录像
（2）经核查，确有刑讯逼供、非法取证情形的，侦查机关应当及时排除非法证据，不得作为提请批准逮捕、移送审查起诉的根据</td></tr>
<tr><td rowspan="2">审查逮捕
&
审查起诉</td><td>排除方式</td><td>（1）依申请排除：审查逮捕、审查起诉期间，犯罪嫌疑人及其辩护人申请排除非法证据，并提供相关线索或材料的，检察院应当调查核实。调查结论应当书面告知犯罪嫌疑人及其辩护人
（2）依职权排除：检察院在审查起诉期间发现侦查人员以刑讯逼供等非法方法收集证据的，应当依法排除相关证据并提出纠正意见，必要时检察院可以自行调查取证</td></tr>
<tr><td>排除后果</td><td>（1）检察院对审查认定的非法证据，应当予以排除，不得作为批准或决定逮捕、提起公诉的根据
（2）被排除的非法证据应当随案移送，并写明为依法排除的非法证据</td></tr>
</table>

续表

审查逮捕 & 审查起诉	**侦查机关复议复核**	对于检察院排除有关证据导致对涉嫌的重要犯罪事实未予认定，从而作出不批准逮捕、不起诉决定，或对涉嫌的部分重要犯罪事实决定不起诉的，公安机关、国家安全机关可要求复议、提请复核
审判阶段	**庭前审查**	(1) **权利告知**：法院向被告人及其辩护人**送达起诉书副本时**，应当告知其有权申请排除非法证据 (2) **提出时间**：被告人及其辩护人申请排除非法证据，**应当在开庭审理前提出**，但在庭审期间才发现相关线索或材料的除外 (3) **提出线索或材料**：被告人及其辩护人申请排除非法证据，应当提供涉嫌非法取证的人员、时间、地点、方式、内容等相关**线索或材料** (4) **告知检察院**：被告人及其辩护人申请排除非法证据的，法院应当在开庭审理前将申请书和相关线索或材料的复制件送交检察院 (5) **庭前会议**：开庭审理前，**当事人**及其**辩护人、诉讼代理人**申请排除非法证据，法院经审查，对证据收集的合法性有疑问的，应当召开庭前会议，就非法证据排除等问题了解情况，听取意见。检察院可以通过出示有关证据材料等方式，对证据收集的合法性加以说明 【注意】庭前会议只解决程序性事项，不审查事实与证据问题。故庭前会议对非法证据问题，只能申请，不能排除
	庭审中排除	(1) **庭审时提出**：被告人及其辩护人在开庭审理前未申请排除非法证据，在法庭审理过程中提出申请的，应当说明理由 当事人及其辩护人、诉讼代理人在庭前已发现相关线索或材料，却拖延至法庭审理过程中申请排除非法证据的，法庭应当在法庭调查结束前一并进行审查，并决定是否进行证据收集合法性的调查（法院享有是否进行证据收集合法性调查的裁量权） (2) **合法性说明**：公诉人对证据收集的合法性加以证明，可以： ①出示讯问笔录、提讯登记、体检记录、采取强制措施或侦查措施的法律文书、侦查终结前对讯问合法性的核查材料等证据材料 ②有针对性地播放讯问录音录像 被告人及其辩护人可以出示相关线索或材料，并申请法庭播放特定时段的讯问录音录像 ③提请法庭通知侦查人员或其他人员出庭说明情况 (3) **侦查人员出庭说明情况**：侦查人员或其他人员出庭，应当向法庭说明证据收集过程，**并就相关情况接受发问** (4) **审查后果**：法庭对证据收集的合法性进行调查后，**应当当庭作出**是否排除有关证据的**决定**。必要时，可以宣布休庭，由合议庭评议或提交审判委员会讨论，再次开庭时宣布决定 对依法予以排除的证据，不得宣读、质证，不得作为判决的根据 (5) **证明责任**：在对证据收集的合法性进行法庭调查的过程中，检察院应当对证据收集的合法性加以证明（《刑事诉讼法》第59条） (6) **证明标准**：对于经过法庭审理，**确认**或**不能排除**存在以非法方法收集证据情形的，对有关证据**应当予以排除**（《刑事诉讼法》第60条） (7) **排除非法证据的决定写入裁判文书**：法院对证据收集合法性的审查、调查结论，应当在裁判文书中写明，并说明理由
	二审排除	具有下列情形之一的，二审法院**应当**对证据收集的合法性进行审查，并作出相应处理： ①第一审法院对当事人及其辩护人、诉讼代理人排除非法证据的申请**没有审查，且以该证据作为定案根据的**（一审申请了，法院未审查）

续表

审判阶段	二审排除	②**检察院或被告人、自诉人及其法定代理人不服第一审法院作出的有关证据收集合法性的调查结论，提出抗诉、上诉的**（**仅针对调查结论提出抗诉、上诉**）（一审审查了，控辩一方不服） ③**检察院**、当事人及其辩护人、诉讼代理人在**第一审结束后才发现相关线索或材料**，申请法院排除非法证据的（一审结束后才发现）

考点 8：刑事证明★★★★

证明对象	实体法事实	（1）被追诉人、被害人的身份 （2）被指控的犯罪是否存在 （3）被指控的犯罪是否为被追诉人实施 （4）被追诉人有无刑事责任能力，有无罪过，实施犯罪的动机、目的 （5）实施犯罪的时间、地点、手段、后果以及案件起因等 （6）被追诉人在共同犯罪中的地位、作用 （7）被追诉人有无从重、从轻、减轻、免除处罚情节 （8）有关**附带民事诉讼、涉案财物处理**的事实 【总结】定罪事实与量刑事实
	程序法事实	有关管辖、回避、延期审理等程序性事实
	免证对象	（1）为一般人共同知晓的**常识**性事实 （2）法院**生效裁判所确认**并且未依审判监督程序重新审理的**事实** （3）**法律、法规**的内容以及适用等属于审判人员履行职务应当知晓的事实 （4）在法庭审理中**不存在异议的程序性事实** （5）法律规定的**推定事实** （6）自然规律或定律
证明责任	特征	（1）与一定的**诉讼主张**相联系 （2）包括**举证责任**与**说服责任** （3）与一定的**不利后果**相联系
	分配	（1）控方承担 ①公诉：检察机关承担证明被追诉人有罪的责任 ②自诉：自诉人承担证明其控诉事实的责任 （2）辩方不具有证明自身无罪的责任
证明标准	定罪证明标准①	“案件事实清楚，证据确实、充分” “证据确实、充分”，应当符合以下条件： ①定罪量刑的事实都有证据证明 ②据以定案的证据均经法定程序查证属实 ③综合全案证据，对所认定的事实已**排除合理怀疑** 认定被告人**有罪**和对被告人**从重处罚**，应当适用“证据确实、充分”的证明标准

① 《刑事诉讼法》第 55 条第 2 款。

续表

证明标准	定罪证明标准	各诉讼阶段证明标准： 立案：有犯罪事实，需要追究刑事责任 逮捕：有证据证明有犯罪事实 侦查终结：证据确实、充分 提起公诉：证据确实、充分 有罪判决：证据确实、充分
	孤证不能定罪	只有被告人供述，没有其他证据的，不能认定被告人有罪和对其处以刑罚
	间接证据定罪①	没有直接证据，但间接证据同时符合下列条件的，可以认定被告人有罪： （1）证据已经查证属实 （2）证据之间相互印证，不存在无法排除的矛盾和无法解释的疑问 （3）全案证据形成完整的证据链 （4）根据证据认定案件事实足以排除合理怀疑，结论具有**唯一性** （5）运用证据进行的推理符合逻辑和经验 仅运用间接证据定案的，判处死刑应当特别慎重
	罪疑唯利被告	（1）**定罪证据不足**的案件，应当坚持**疑罪从无**原则，宣告被告人无罪 （2）定罪证据确实、充分，但**影响量刑的证据存疑**的，应当在量刑时作出有利于被告人的处理 （3）认定对被告人**适用死刑的证据不足**的，不得对其判处死刑 （4）证明被告人已满12周岁、14周岁、16周岁、18周岁或不满75周岁的证据不足的，应当作出有利于被告人的认定

考点9：行政证据转化为刑事证据★★★

公安机关接受或依法调取的行政机关在行政执法和查办案件过程中收集的物证、书证、视听资料、电子数据、检验报告、**鉴定意见**、勘验笔录、检查笔录等证据材料，可以作为证据使用

【总结】

（1）实物证据（物证、书证、视听资料、电子数据、勘验、检查笔录）可以直接转化

（2）言词证据（证人证言、被害人陈述、犯罪嫌疑人供述）一般需要侦查机关重新收集；鉴定意见可以直接转化

考点10：监察机关收集证据的效力★★

《人民检察院刑事诉讼规则》第65条规定，监察机关依照法律规定收集的物证、书证、**证人证言**、**被调查人供述和辩解**、视听资料、电子数据等证据材料，在刑事诉讼中可以作为证据使用

【总结】监察机关收集的证据的效力与公安机关相当，均可直接使用

① 《刑诉解释》第140条。

第七章　强制措施

考点1：强制措施概述★★★★

主体	（1）**决定主体**：公安机关、检察院、法院 （2）**执行主体**：公安机关——所有强制措施；检察院、法院——拘传 【总结】强制措施中，公、检、法都有权决定并执行的只有拘传
对象	（1）强制措施只适用于被追诉人 （2）不得对其他诉讼参与人与案外人适用
内容	（1）对被追诉人人身自由的限制或剥夺 （2）不包括对物的强制性处分
目的/性质	预防性措施，不具有惩罚性
特点	（1）法定性（强制措施涉及公民宪法权利，只能由刑事诉讼法明确规定） （2）临时性（根据案情变化可随时变更或解除）
种类	拘传、取保候审、监视居住、拘留、逮捕
适用原则	（1）必要性 （2）相当性（比例原则） （3）变更性（体现：强制措施种类的变更；强制措施的解除）
考量因素	（1）被追诉人所涉犯罪行为的社会危害性 （2）被追诉人的社会危险性 （3）办案机关对案件事实的调查情况和对证据的掌握情况 （4）被追诉人的个人情况

考点2：拘传★★★

适用主体	公安机关、检察院、法院都有权**决定并执行**拘传 【注意】强制措施中，法院、检察院仅有权执行拘传，其他的强制措施都只能由公安机关执行	
适用对象	**未被羁押的**被追诉人 【法考观点】对被告单位代表人的强制到庭不属于拘传	
程序	批准主体	公安机关负责人、检察院检察长、法院院长 公安机关异地拘传，应当通知当地公安机关协助
	执行人数	2人以上

续表

<table>
<tr><td>程序</td><td>拘传/传唤后的讯问</td><td colspan="2">(1) 讯问地点：犯罪嫌疑人所在市、县内的指定地点或犯罪嫌疑人住处
(2) 拘传时间：传唤、拘传持续的时间不得超过 12 小时；案情特别重大、复杂，需要采取拘留、逮捕措施的，传唤、拘传持续的时间不得超过 24 小时
(3) 不得以连续传唤、拘传的形式变相拘禁犯罪嫌疑人
(4) 两次拘传的间隔时间一般不得少于 12 小时
(5) 拘传、传唤过程中，应当保证犯罪嫌疑人的饮食和必要的休息时间</td></tr>
<tr><td rowspan="5">拘传与传唤</td><td></td><td>拘传</td><td>传唤</td></tr>
<tr><td>对象</td><td>未被羁押的被追诉人</td><td>当事人</td></tr>
<tr><td>强制性</td><td>√</td><td>×</td></tr>
<tr><td>文书</td><td>必须出示《拘传证》
(法院：《拘传票》)</td><td>一般需要《传唤通知书》；对在现场发现的犯罪嫌疑人，经出示工作证件，可以口头传唤，但应在讯问笔录中注明</td></tr>
<tr><td colspan="3">【注意】传唤并非拘传的前置程序，可以不经传唤直接拘传（比较：民事诉讼中，必须经过二次传唤当事人拒不到庭，才可适用拘传）
【比较】
①附带民事诉讼原告人经传唤，无正当理由拒不到庭，或未经法庭许可中途退庭的，按撤诉处理
②自诉人经两次传唤，无正当理由拒不到庭的，或未经法庭许可中途退庭的，按撤诉处理</td></tr>
</table>

考点 3：取保候审★★★★

<table>
<tr><td rowspan="2">适用对象</td><td>积极条件</td><td>(1) 可能判处管制、拘役或独立适用附加刑的
(2) 可能判处有期徒刑以上刑罚，采取取保候审不致发生社会危险性的
(3) 患有严重疾病、生活不能自理，怀孕或正在哺乳自己婴儿的妇女，采取取保候审不致发生社会危险性的（绝对适用）
(4) 羁押期限届满，案件尚未办结，需要采取取保候审的（绝对适用）
取保候审亦适用于其他需要变更逮捕措施的被追诉人
【总结】管制拘役附加刑，有期病孕无危险，期限届满未办结</td></tr>
<tr><td>消极条件</td><td>(1) 累犯
(2) 犯罪集团的主犯
(3) 以自伤、自残办法逃避侦查
(4) 严重暴力犯罪
(5) 其他严重犯罪
【总结】累犯主犯，自伤自残，暴力犯罪
犯罪嫌疑人具有第 (3) (4) 项积极条件的除外（病重怀孕无危险；期限届满未办结）</td></tr>
</table>

续表

<table>
<tr><td rowspan="3">程序</td><td>申请主体</td><td colspan="2">被羁押或被监视居住的：被追诉人、法定代理人、近亲属、辩护人</td></tr>
<tr><td>决定主体</td><td colspan="2">公安机关、检察院、法院
【注意】办案机关亦可依职权适用取保候审</td></tr>
<tr><td>执行主体</td><td colspan="2">公安机关：①保证金的收取与保管；②取保候审期间的监管；③审查被取保候审人是否违反取保候审相关规定</td></tr>
<tr><td rowspan="7">取保方式</td><td rowspan="3">保证人
（1—2 人）</td><td>适用情形</td><td>（1）无力交纳保证金的
（2）系未成年人或已满 75 周岁的人
（3）其他不宜收取保证金的
对于没有固定住所、无法提供保证人的未成年犯罪嫌疑人适用取保候审的，可以指定合适的成年人作为保证人</td></tr>
<tr><td>保证人的条件</td><td>（1）与本案无牵连
（2）有能力履行保证义务
（3）享有政治权利，人身自由未受到限制
（4）有固定的住处和收入</td></tr>
<tr><td>保证人的义务</td><td>（1）监督：监督被保证人遵守取保候审有关规定
（2）报告：发现被保证人发生或可能发生违反取保候审有关义务的情况时，及时向执行机关报告
【违反义务的责任】保证人违反保证义务，可以处以 1 000—20 000 元罚款；如果协助被保证人逃匿等，追究刑事责任（罚款＋刑责）</td></tr>
<tr><td rowspan="3">保证金</td><td>保证金起点</td><td>（1）公安机关：1 000 元
（2）检察机关：1 000 元（未成年人：500 元）</td></tr>
<tr><td>收取依据</td><td>保证金数额，应综合考虑保证诉讼活动正常进行的需要，被取保候审人的社会危险性，案件的性质、情节，可能判处刑罚的轻重，被取保候审人的经济状况等情况</td></tr>
<tr><td>交纳、退还、没收</td><td>（1）保证金的交纳、退还由银行办理
（2）保证金的没收由公安机关执行</td></tr>
<tr><td colspan="3">【注意】保证人与保证金不得同时适用</td></tr>
<tr><td>被取保候审人的义务</td><td>当然义务</td><td colspan="2">（1）未经执行机关批准不得离开所居住的市、县
【注意】如果取保候审是由法院或检察院决定的，执行机关（公安机关）在允许被追诉人离开所居住的市、县时，还应征得决定机关的同意（双重同意）
（2）住址、工作单位和联系方式发生变动的，在 24 小时以内向执行机关报告
（3）在传讯的时候及时到案
（4）不得以任何形式干扰证人作证
（5）不得毁灭、伪造证据或串供</td></tr>
</table>

续表

被取保候审人的义务	选择性义务	公、检、法可以根据案件情况，责令被取保候审的被追诉人遵守以下**一项或多项**规定： （1）不得进入特定的场所① （2）不得与特定的人员会见或通信② （3）不得从事特定的活动③ （4）将护照等出入境证件、驾驶证件交执行机关保存 【总结】特定的场所特定的人，特定的活动特定的证（场所＋人员＋活动＋证件）
违反义务的后果	（1）已交纳保证金的，没收部分或全部保证金 （2）责令具结悔过 （3）重新交纳保证金、提出保证人 【注意】违反取保候审义务的后果是"重新交纳保证金"，而不是单纯增加保证金数额 （4）监视居住、予以逮捕 对违反取保候审规定，需要予以逮捕的，可以对被追诉人先行拘留	
取保候审的自动解除	有下列情形之一的，取保候审自动解除，不再办理解除手续，决定机关应当及时通知执行机关： （1）取保候审依法变更为监视居住、拘留、逮捕，变更后的强制措施已经开始执行的 （2）检察院作出不起诉决定的 （3）法院作出的无罪、免予刑事处罚或者不负刑事责任的判决、裁定已经发生法律效力的 （4）被判处管制或者适用缓刑，社区矫正已经开始执行的 （5）被单处附加刑，判决、裁定已经发生法律效力的 （6）被判处监禁刑，刑罚已经开始执行的	
取保期限	12个月；不同阶段分别计算（最长可达36个月）	

考点4：监视居住★★★

适用对象	（1）患有严重疾病、生活不能自理的 （2）怀孕或正在哺乳自己婴儿的妇女 （3）系生活不能自理的人的唯一扶养人 （4）因为案件的特殊情况或办理案件的需要，采取监视居住措施更为适宜的

① 《关于取保候审若干问题的规定》第7条规定，决定取保候审时，可以根据案件情况责令被取保候审人不得进入下列"特定的场所"：（1）可能导致其再次实施犯罪的场所；（2）可能导致其实施妨害社会秩序、干扰他人正常活动行为的场所；（3）与其所涉嫌犯罪活动有关联的场所；（4）可能导致其实施毁灭证据、干扰证人作证等妨害诉讼活动的场所；（5）其他可能妨害取保候审执行的特定场所。

② 《关于取保候审若干问题的规定》第8条第1款规定，决定取保候审时，可以根据案件情况责令被取保候审人不得与下列"特定的人员"会见或者通信：（1）证人、鉴定人、被害人及其法定代理人和近亲属；（2）同案违法行为人、犯罪嫌疑人、被告人以及与案件有关联的其他人员；（3）可能遭受被取保候审人侵害、滋扰的人员；（4）可能实施妨害取保候审执行、影响诉讼活动的人员。

③ 《关于取保候审若干问题的规定》第9条规定，决定取保候审时，可以根据案件情况责令被取保候审人不得从事下列"特定的活动"：（1）可能导致其再次实施犯罪的活动；（2）可能对国家安全、公共安全、社会秩序造成不良影响的活动；（3）与所涉嫌犯罪相关联的活动；（4）可能妨害诉讼的活动；（5）其他可能妨害取保候审执行的特定活动。

续表

<table>
<tr><td>适用对象</td><td colspan="2">(5) 羁押期限届满，案件尚未办结，需要采取监视居住措施的
【总结】病重怀孕扶养人，期限届满未办结
【取保转监视居住】对符合取保候审条件，但被追诉人不能提出保证人，也不交纳保证金的，可以监视居住</td></tr>
<tr><td>被监视居住人的义务</td><td colspan="2">(1) 未经执行机关批准不得离开执行监视居住的处所
(2) 未经执行机关批准不得会见他人或通信
“他人”指与被监视居住人共同居住的家庭成员及委托的辩护律师以外的人
【关联知识点】危害国家安全犯罪、恐怖活动犯罪案件，在侦查期间，律师会见在押（含监视居住）的犯罪嫌疑人，应当经侦查机关许可
(3) 在传讯的时候及时到案
(4) 不得以任何形式干扰证人作证
(5) 不得毁灭、伪造证据或串供
(6) 将护照等出入境证件、身份证件、驾驶证件交执行机关保存</td></tr>
<tr><td>违反义务的后果</td><td colspan="2">情节严重的，可以予以逮捕
需要予以逮捕的，可以先行拘留</td></tr>
<tr><td>监控方式</td><td colspan="2">(1) 执行机关对被监视居住的被追诉人，可以采取电子监控、不定期检查等监视方法对其遵守监视居住规定的情况进行监督
(2) 在侦查期间，可以对被监视居住的犯罪嫌疑人的通信进行监控</td></tr>
<tr><td rowspan="3">指定居所监视居住</td><td>适用情形（可以）</td><td>(1) 监视居住应当在被追诉人的住处执行。无固定住处的，可以在指定的居所执行
(2) 对于涉嫌危害国家安全犯罪、恐怖活动犯罪，在住处执行可能有碍侦查的，经上一级公安机关批准，也可以在指定的居所执行
【总结】①无固定住处；②涉嫌危害国家安全犯罪、恐怖活动犯罪，在住处执行可能有碍侦查
【注意】指定居所监视居住：①不得在羁押场所、专门的办案场所执行；②不得收费</td></tr>
<tr><td>通知家属</td><td>指定居所监视居住的，除无法通知的以外，应当在执行监视居住后24 小时以内，通知被监视居住人的家属
【“无法通知”的情形】
①不讲真实姓名、住址、身份不明
②没有家属
③提供的家属联系方式无法取得联系
④因自然灾害等不可抗力导致无法通知</td></tr>
<tr><td>刑期折抵</td><td>指定居所监视居住的期限应当折抵刑期：
(1) 被判处管制的，监视居住 1 日折抵刑期 1 日
(2) 被判处拘役、有期徒刑的，监视居住 2 日折抵刑期 1 日</td></tr>
<tr><td>监居期限</td><td colspan="2">6 个月；不同阶段分别计算（最长可达 18 个月）</td></tr>
</table>

考点 5：拘留★★★★

适用对象	(1) 正在预备犯罪、实行犯罪或在犯罪后即时被发觉的 (2) 被害人或在场亲眼看见的人指认他犯罪的 (3) 在身边或住处发现有犯罪证据的

续表

<table>
<tr><td>适用对象</td><td colspan="2">（4）犯罪后企图自杀、逃跑或在逃的
（5）有毁灭、伪造证据或串供可能的
（6）不讲真实姓名、住址，身份不明的
（7）有流窜作案、多次作案、结伙作案重大嫌疑的
【拘留的特点】①紧急情况下适用；②针对现行犯与重大嫌疑分子；③临时性强制措施
【注意】法院无权决定刑事拘留，只有权决定司法拘留
【先行拘留】
①被追诉人违反取保候审、监视居住规定，需要予以逮捕的，可以先行拘留
②先行拘留可以先执行拘留，再补办拘留证</td></tr>
<tr><td rowspan="3">程序</td><td>证件要求</td><td>拘留犯罪嫌疑人的时候，必须出示拘留证
紧急情况下，可以先拘留，后办证</td></tr>
<tr><td>异地拘留</td><td>公安机关在异地执行拘留、逮捕的时候，应当通知被拘留、逮捕人所在地的公安机关，被拘留、逮捕人所在地的公安机关应当予以配合</td></tr>
<tr><td>24 小时内
“三件事”</td><td>（1）送看守所：拘留后应当立即将被拘留人送看守所羁押，至迟不得超过 24 小时
异地执行拘留的，应当在到达管辖地后 24 小时内将犯罪嫌疑人送看守所羁押
（2）通知：应当在拘留后 24 小时以内通知被拘留人的家属，除非存在无法通知或涉嫌危害国家安全犯罪、恐怖活动犯罪，通知可能有碍侦查的
有碍侦查的情形消失以后，应当立即通知被拘留人的家属
【比较】被指定居所监视居住的人，无论涉嫌何种类型的犯罪，都应当在执行监视居住后 24 小时内通知被监视居住人的家属，除非无法通知
（3）讯问：应当在拘留后的 24 小时以内进行讯问。发现不应当拘留的，必须立即释放，并发给释放证明
【注意】拘留犯罪嫌疑人后的讯问，是应当在“拘留后”24 小时以内进行，而非“送看守所后”24 小时以内进行
【注意】谁决定拘留，就由谁通知家属并讯问</td></tr>
<tr><td>拘留期限</td><td colspan="2">（1）公安机关对被拘留的人，认为需要逮捕的，应当在拘留后的 3 日以内，提请检察院审查批准
（2）特殊情况下，提请审查批准的时间可以延长 1 日至 4 日
（3）对于流窜作案、多次作案、结伙作案的重大嫌疑分子，提请审查批准的时间可以延长至 30 日
检察院应当自接到公安机关提请批准逮捕书后的 7 日以内，作出批准逮捕或者不批准逮捕的决定
【总结】一般情况：3＋7；特殊情况：7＋7；“流”“多”“结”：30＋7</td></tr>
</table>

【比较】三种拘留

	刑事拘留	司法拘留	行政拘留
性　质	强制措施	强制性、处罚性	处罚性措施
依　据	刑事诉讼法	三大诉讼法	行政法律法规

续表

	刑事拘留	司法拘留	行政拘留
适用对象	现行犯与重大嫌疑分子	严重妨害诉讼进行的任何人	一般违法行为人
适用主体	公安机关、检察院	法院	公安机关
适用期限	（略）	15 日以内	10 日（一般）；15 日（较重）；20 日（合并）
刑期折抵	拘留 1 日折抵刑期 1 日	—	基于同一行为时可以折抵

考点 6：逮捕★★★★

<table>
<tr><td rowspan="5">适用条件</td><td>一般逮捕</td><td>（1）证据条件——有证据证明有犯罪事实：
①有证据证明发生了犯罪事实
②有证据证明该犯罪事实是犯罪嫌疑人实施的
③犯罪嫌疑人实施犯罪行为的证据已有查证属实的
（2）刑罚条件——可能判处徒刑以上刑罚
（3）社会危险性条件——采取取保候审尚不足以防止发生下列社会危险性的：
①可能实施新的犯罪的
②有危害国家安全、公共安全或社会秩序的现实危险的
③可能毁灭、伪造证据，干扰证人作证或串供的
④可能对被害人、举报人、控告人实施打击报复的
⑤企图自杀或逃跑的
【总结】实施新罪、现实危险、影响作证、打击报复、自杀逃跑
【社会危险性考量因素】批准或决定逮捕，应当将被追诉人涉嫌犯罪的性质、情节及认罪认罚等情况，作为是否可能发生社会危险性的考虑因素</td></tr>
<tr><td>重罪逮捕</td><td>对有证据证明有犯罪事实，可能判处 10 年有期徒刑以上刑罚的，应当予以逮捕</td></tr>
<tr><td>累犯逮捕</td><td>对有证据证明有犯罪事实，可能判处徒刑以上刑罚，曾经故意犯罪的，应当予以逮捕</td></tr>
<tr><td>身份不明</td><td>对有证据证明有犯罪事实，可能判处徒刑以上刑罚，身份不明的，应当予以逮捕</td></tr>
<tr><td>转化型逮捕</td><td>被取保候审、监视居住的被追诉人违反取保候审、监视居住规定，情节严重的，可以予以逮捕</td></tr>
<tr><td rowspan="2">决定机关</td><td>检察院</td><td>批准逮捕（公安机关侦查的案件）、决定逮捕（自侦案件、审查起诉阶段）</td></tr>
<tr><td>法　院</td><td>决定逮捕：①自诉案件的逮捕；②审判阶段的逮捕</td></tr>
<tr><td>审查逮捕讯问</td><td colspan="2">（1）检察院审查批准逮捕，可以讯问犯罪嫌疑人
（2）有下列情形之一的，应当讯问犯罪嫌疑人：
①对是否符合逮捕条件有疑问
②犯罪嫌疑人要求向检察人员当面陈述
③侦查活动可能有重大违法行为</td></tr>
</table>

续表

<table>
<tr><td>审查逮捕讯问</td><td colspan="2">④案情重大疑难复杂
⑤犯罪嫌疑人认罪认罚的
⑥犯罪嫌疑人系未成年人
⑦犯罪嫌疑人是盲、聋、哑人或尚未完全丧失辨认或控制自己行为能力的精神病人
【总结】逮捕有疑、嫌犯要求、侦查违法、疑难复杂、认罪认罚、盲聋哑、精神病、未成年</td></tr>
<tr><td>听取辩护律师意见</td><td colspan="2">检察院审查批准逮捕，可以询问证人等诉讼参与人，听取辩护律师的意见；辩护律师提出要求的，应当听取辩护律师的意见
检察院审查批准逮捕和法院决定逮捕未成年人，应当讯问未成年犯罪嫌疑人、被告人，听取辩护律师的意见</td></tr>
<tr><td rowspan="6">审查逮捕的处理</td><td>符合逮捕条件</td><td>批准/决定逮捕
对于批准逮捕的决定，公安机关应当立即执行，并且将执行情况及时通知检察院</td></tr>
<tr><td>不符合逮捕条件</td><td>不批准逮捕/不予逮捕
对于不批准逮捕的，检察院应当说明理由，需要补充侦查的，应当同时通知公安机关
【注意】审查逮捕阶段的补充侦查只能由公安机关进行
对于没有犯罪事实或犯罪嫌疑人具有《刑事诉讼法》第 16 条规定情形之一，检察院作出不批准逮捕决定的，应当同时告知公安机关撤销案件
对于有犯罪事实需要追究刑事责任，但不是被立案侦查的犯罪嫌疑人实施，或共同犯罪案件中部分犯罪嫌疑人不负刑事责任，检察院作出不批准逮捕决定的，应当同时告知公安机关对有关犯罪嫌疑人终止侦查</td></tr>
<tr><td>复议复核</td><td>（1）公安机关对不批准逮捕的决定，可以要求复议，但是必须将被拘留的人立即释放
（2）如果意见不被接受，可以向上一级检察院提请复核（先向同级复议，再向上一级复核）
（3）上级检察院应当立即复核，作出是否变更的决定，通知下级检察院和公安机关执行</td></tr>
<tr><td>转向监视居住</td><td>对患有严重疾病、生活不能自理的犯罪嫌疑人，检察院经审查认为不需要逮捕的，可以在作出不批准逮捕决定的同时，向侦查机关提出监视居住的建议</td></tr>
<tr><td>漏捕的处理</td><td>检察院办理审查逮捕案件，发现应当逮捕而公安机关未提请批准逮捕的犯罪嫌疑人的，应当要求公安机关提请批准逮捕。如果公安机关仍不提请批准逮捕或不提请批准逮捕的理由不能成立的，检察院也可以直接作出逮捕决定，送达公安机关执行
【注意】检察院可以不经公安机关提请批准逮捕，而直接作出逮捕决定</td></tr>
<tr><td colspan="2"></td></tr>
<tr><td>审查逮捕的期限</td><td colspan="2">（1）被拘留：7 日
（2）未被拘留：15 日；20 日（重大、复杂）</td></tr>
<tr><td>逮捕的执行</td><td colspan="2">（1）公安机关 2 人以上执行
【异地逮捕】公安机关在异地执行拘留、逮捕的时候，应当通知被拘留、逮捕人所在地的公安机关，被拘留、逮捕人所在地的公安机关应当予以配合</td></tr>
</table>

续表

逮捕的执行	（2）**逮捕证**：必须出示逮捕证 逮捕证由县级以上公安机关负责人签发 （3）逮捕后应当**立即送看守所** （4）**24小时内“两件事”**： ①通知：24小时以内通知被逮捕人的家属（除非无法通知） ②讯问：应当在逮捕后的24小时内讯问。在发现不应当逮捕的时候，必须立即释放，发给释放证明 谁决定逮捕，就由谁通知家属并讯问

考点7：捕后羁押必要性审查★★★★

审查对象	被逮捕的犯罪嫌疑人、被告人有无继续羁押的必要性
审查机关	检察院
启动方式	（1）**依职权**：犯罪嫌疑人、被告人被逮捕后，检察院仍应对羁押的必要性进行审查。对不需要继续羁押的，应当建议予以释放或变更强制措施。有关机关应当在10日内将处理情况通知检察院 （2）**依申请：被追诉人、法定代理人、辩护人、近亲属**申请进行羁押必要性审查的，**应当说明**不需要继续羁押的**理由**。有相关证明材料的，应当一并提供
公开审查	检察院可以对羁押必要性审查案件进行公开审查；但涉及**国家秘密、商业秘密、个人隐私**（注意：不含“未成年人”的情形）的案件，不公开审查（秘密＋隐私） 公开审查可以邀请与案件没有利害关系的人大代表、政协委员、人民监督员、特约检察员参加
考量因素	被追诉人涉嫌犯罪事实、主观恶性、悔罪表现、身体状况、案件进展情况、可能判处的刑罚和有无再危害社会的危险等因素
审查后变更强制措施的情形	（1）**应当变更**：检察院应当向办案机关提出**释放或变更**强制措施的建议： ①案件证据发生重大变化，没有证据证明有犯罪事实或犯罪行为系被追诉人所为的 ②案件事实或情节发生变化，被追诉人可能被判处拘役、管制、独立适用附加刑、免予刑事处罚或判决无罪的 ③继续羁押被追诉人，羁押期限将超过依法可能判处的刑期的 ④案件事实基本查清，证据已经收集固定，符合取保候审或监视居住条件的 【总结】证据不足、拘役以下、将超刑期、案情查清 （2）**可以变更**：被追诉人具有从轻量刑情节，且有**悔罪**表现，不予羁押**不致发生社会危险性**
审查结果	（1）**解除羁押**： ①经审查认为无继续羁押必要的，检察官应当**报经检察长或分管副检察长批准**，以本院名义向办案机关发出释放或变更强制措施建议书，并要求办案机关在10日内回复处理情况 ②办案机关未在10日内回复处理情况的，检察院可以本院名义发出**纠正违法通知书**，要求及时回复 释放或变更强制措施建议书应当说明不需要继续羁押犯罪嫌疑人、被告人的理由和法律依据 （2）**继续羁押**：经审查认为有继续羁押必要的，由**检察官决定结案**，并通知办案机关

续表

审查结果	【总结】解除羁押须检察长或分管副检察长批准；继续羁押由检察官决定
审查期限	办理羁押必要性审查案件，应当在立案后**10个工作日**内决定是否提出释放或变更强制措施的建议。**案件复杂的，可以延长5个工作日**（10+5）

第八章　附带民事诉讼

考点 1：附带民事诉讼的成立条件★★

刑事诉讼成立	（1）被告人行为是受法律保护的行为（如正当防卫、紧急避险）：不能提起附带民事诉讼 （2）被告人行为不构成犯罪而构成民事侵权行为的： ①侦查阶段、审查起诉阶段：不能提起 ②审判阶段：就刑事部分作出无罪判决，附带民事部分作出赔偿损失的民事判决 （3）法院认定公诉案件被告人的行为不构成犯罪，对已经提起的附带民事诉讼，经调解不能达成协议的，可以一并作出刑事附带民事判决，也可以告知附带民事诉讼原告人另行提起民事诉讼 （4）法院准许检察院撤回起诉的公诉案件，对已经提起的附带民事诉讼，可以进行调解；不宜调解或经调解不能达成协议的，应当裁定驳回起诉，并告知附带民事诉讼原告人可以另行提起民事诉讼
原告人适格	（1）因犯罪行为遭受物质损失的公民与企事业单位、机关团体等 （2）无行为能力或限制行为能力被害人的**法定代理人** （3）已**死亡被害人**的近亲属 （4）国家或集体财产遭受损失，受损单位未提起附带民事诉讼的，检察院可**以自己的名义**提起 【总结】检察院提起附带民事诉讼必须符合两个条件：①国家、集体财产受损；②受损单位未提起
有明确的被告人	（1）刑事被告人 （2）未被追究刑事责任的其他**共同侵害人** （3）刑事被告人的**监护人** （4）**遗产继承人**：①被告人已被执行死刑；②共同犯罪案件中，被告人在案件审结前死亡 （5）对被害人的物质损失依法应当承担赔偿责任的**其他单位和个人**
被害人遭受物质损失	（1）**原则上不得提起精神损害赔偿：因受到犯罪侵犯**，提起附带民事诉讼或者单独提起民事诉讼要求赔偿精神损失的，法院**一般不予受理** 【注意】因受到犯罪侵犯，不仅一般不得在附带民事诉讼中要求赔偿精神损失，也一般不得另行提起民事诉讼，要求赔偿精神损失 （2）**物质损失**，即已经发生的损失（如医药费）和必然发生的损失（如误工费）：①因人身权利受到侵害而遭受的物质损失；②因财物被毁坏而遭受的物质损失 【注意】物质损失不包括经过努力才能得到的预期利益（如奖金） （3）犯罪行为造成被害人人身损害的，应当赔偿医疗费、护理费、交通费等为治疗和康复支付的合理费用，以及因误工减少的收入。造成被害人残疾的，还应当赔偿残疾生活辅助具费等费用；造成被害人死亡的，还应当赔偿丧葬费等费用 【注意】不含死亡赔偿金、残疾赔偿金 （4）附带民事诉讼当事人就民事赔偿问题达成调解、和解协议的，赔偿范围、数额不受限制

续表

物质损失由犯罪行为直接造成	(1) 非由犯罪行为造成的损失不得提起附带民事诉讼 (2) 被告人非法占有、处置被害人财产的，应当予以追缴或责令退赔。被害人提起附带民事诉讼的，法院不予受理 (3) 对间接损失不得提起附带民事诉讼 (4) **国家机关工作人员在行使职权时**，侵犯他人人身、财产权利构成犯罪，被害人或其法定代理人、近亲属提起附带民事诉讼的，法院不予受理，但应当告知其可以**申请国家赔偿**

考点2：附带民事诉讼的程序★★

附带民事诉讼的提起	(1) **提起的期间**：立案后至一审宣判前 【一审判决后才提起】第一审期间未提起附带民事诉讼，在第二审期间提起的，第二审法院可以依法进行调解；调解不成的，告知当事人可以在刑事裁判生效后另行提起民事诉讼 【审前达成协议】侦查、审查起诉期间，有权提起附带民事诉讼的人提出赔偿要求，经公安机关、检察院调解，当事人双方已经达成协议并全部履行，被害人或其法定代理人、近亲属又提起附带民事诉讼的，法院不予受理，但有证据证明调解违反自愿、合法原则的除外 (2) **提起的方式**： ①公民：一般应书面提出；书写确有困难的，可口头提出 ②检察院：必须书面提出
受理程序	(1) 法院收到附带民事诉状后，应在**7日**内决定是否立案 (2) 符合法定条件的，应当受理；不符合规定的，应当裁定驳回起诉
审判组织	(1) 附带民事诉讼应当同刑事案件一并审判 (2) 只有为了防止刑事案件审判的过分迟延，才可以在刑事案件审判后，**由同一审判组织继续审理**附带民事诉讼 【分别审判程序要求】 ①只能先审刑事部分，后审民事部分 ②必须由同一审判组织继续审理附带民事部分。如果同一审判组织的成员确实无法继续参加审判的，可以更换审判组织成员 ③附带民事部分判决对案件事实的认定不得同刑事判决相抵触 ④不影响刑事裁判的生效
证明责任	附带民事诉讼的当事人对自己提出的主张，有责任提供证据（谁主张，谁举证）
缺席审判	(1) 附带民事诉讼**原告人**经传唤，无正当理由拒不到庭，或未经法庭许可中途退庭的，应当**按撤诉处理** (2) 刑事被告人以外的附带民事诉讼**被告人**经传唤，无正当理由拒不到庭，或未经法庭许可中途退庭的，附带民事部分可以**缺席判决** 刑事被告人以外的附带民事诉讼被告人下落不明，或用公告送达以外的其他方式无法送达，可能导致刑事案件审判过分迟延的，可以不将其列为附带民事诉讼被告人，告知附带民事诉讼原告人另行提起民事诉讼
免诉讼费	法院审理附带民事诉讼案件，不收取诉讼费

第九章　期间与送达

考点 1：期间★

	期间	期日
期间与期日	国家专门机关与诉讼参与人参加刑事诉讼应当遵守的**时间期限**	国家专门机关与诉讼参与人共同进行刑事诉讼活动的**特定时间**
	国家专门机关与诉讼参与人**各自进行**某项诉讼活动的时间	国家专门机关与诉讼参与人**共同进行**刑事诉讼活动的时间
	由法律规定，不得任意变更	由国家专门机关指定，遇重大理由可另行指定期日
	一旦确定开始的时间，终止时间也随之确定	只规定开始的时间，不规定终止的时间。以诉讼行为的开始为开始，以诉讼行为的实行完毕为终止
	开始后不要求立即进行诉讼行为，在期间届满前任何时候进行诉讼行为都有效	开始后必须立即进行某项诉讼行为
计算单位	时、日、月（半个月＝15 日）	
计算方法	（1）以月计算的期间，自本月某日至下月同日为一个月；期限起算日为本月最后一日的，至下月最后一日为一个月；下月同日不存在的，自本月某日至下月最后一日为一个月；半个月一律按 15 日计算 （2）以月计算的刑期，自本月某日至下月同日的前一日为一个月；刑期起算日为本月最后一日的，至下月最后一日的前一日为一个月；下月同日不存在的，自本月某日至下月最后一日的前一日为一个月；半个月一律按 15 日计算 （3）以年计算的刑期，自本年本月某日至次年同月同日的前一日为一年；次年同月同日不存在的，自本年本月某日至次年同月最后一日的前一日为一年 （4）期间的起算不包括开始的时和日 （5）法定期间不包括路途上的时间 有关诉讼材料在公安司法机关之间传递过程中的时间，应当在法定期间内予以扣除 上诉状或其他文件在期满前已经交邮的，不算过期 【注意】交邮时间以邮戳为准 （6）期间的最后一日为节假日的，以节假日后的第一日为期满日期，但犯罪嫌疑人、被告人或罪犯在押期间，应当至期满之日为止，不得因节假日而延长	
期间的耽误与恢复	（1）**期间的耽误**：公安司法机关或诉讼参与人由于某种原因，未在法定期限内完成应进行的诉讼行为 （2）**恢复期间的条件**： ①当事人提出申请	

续表

期间的耽误与恢复	②当事人证明耽误期间是由于不能抗拒的原因或有其他正当理由，使其无法完成诉讼活动 ③在障碍消除后5日内提出 ④法院裁定批准
重新计算期间的情形	(1) 重新办理取保候审、监视居住手续的，取保候审、监视居住的期限重新计算 (2) 侦查过程中，发现犯罪嫌疑人另有重要罪行的，侦查羁押期限自发现之日起重新计算 (3) 犯罪嫌疑人不讲真实姓名、住址，身份不明的，应当对其身份进行调查，侦查羁押期限自查清其身份之日起计算 (4) 审查起诉阶段补充侦查的案件，补充侦查完毕移送检察院后，检察院重新计算审查起诉期限 (5) 审判阶段补充侦查的案件，补充侦查完毕移送法院后，法院重新计算审理期限 (6) 第二审法院发回原审法院重新审判的案件，原审法院从收到发回的案件之日起，重新计算审理期限 (7) 简易程序转为普通程序，审理期限从决定转化之日起计算 (8) 检察院审查起诉的案件，改变管辖的，从改变后的检察院受理之日起重新计算审查起诉期限 【总结】办案机关变了
不计入期间的情形	(1) 精神病鉴定期间，不计入办案期限 (2) 中止审理的期间不计入审理期限 (3) 第二审法院应当在决定开庭审理后及时通知检察院查阅案卷。检察院应当在一个月以内查阅完毕。检察院查阅案卷的时间不计入审理期限 (4) 不符合暂予监外执行条件的罪犯通过贿赂等非法手段被暂予监外执行的，在监外执行的期间不计入执行刑期；罪犯在暂予监外执行期间脱逃的，脱逃的期间不计入执行刑期

考点2：送达★

直接送达	(1) 又称“交付送达” (2) 直接送交受送达人本人 (3) 收件人本人不在的，可由其成年家属或所在单位负责收件的人员代收，此亦为直接送达 (4) 收件人或代收人在送达回证上签收的日期为送达日期
留置送达	(1) **适用条件**：收件人或有资格接受送达的人**拒绝签收** 【注意】 ①找不到收件人，也找不到代收人时，不得适用留置送达 ②调解书不适用留置送达 (2) 收件人或代收人拒绝签收的，送达人可以邀请见证人到场，说明情况，在送达回证上注明拒收的事由和日期，由送达人、见证人签名或盖章，将诉讼文书留在收件人、代收人的住处或单位 (3) 也可以把诉讼文书留在受送达人的住处，并采用拍照、录像等方式记录送达过程，即视为送达
委托送达	直接送达诉讼文书有困难的，可以委托收件人所在地的**法院**代为送达

续表

邮寄送达	(1) 直接送达诉讼文书有困难的，可以委托收件人所在地的法院邮寄送达 (2) 邮寄送达的，应当将诉讼文书、送达回证挂号邮寄给收件人 (3) 挂号回执上注明的日期为送达日期 (4) 邮寄送达的，签收日期为送达日期
转交送达	(1) 诉讼文书的收件人是军人的，可以通过其所在部队团级以上单位的政治部门转交 (2) 收件人正在服刑的，可以通过执行机关转交 (3) 收件人正在被采取强制性教育措施的，可以通过强制性教育机构转交

第十章　立案

考点 1：立案材料的来源★

(1) 公安机关发现犯罪事实或犯罪嫌疑人 【注意】基于"不告不理"，法院不能主动发现犯罪线索 (2) 犯罪嫌疑人的自首 (3) 单位或个人的报案、举报 (4) 被害人的报案、控告 报案、举报、控告的方式：书面或口头 (5) 自诉人的自诉（针对自诉案件） (6) 其他途径：上级机关交办、群众扭送、党的纪检部门移送、其他行政执法机关移送

【比较】报案、举报、控告

	主体	内容
报案	任何单位或个人（含被害人）	犯罪事实
举报	被害人以外的单位或个人	犯罪事实、犯罪嫌疑人
控告	被害人（近亲属、诉讼代理人）	犯罪事实、犯罪嫌疑人

考点 2：立案的功能★

(1) 开启刑事诉讼程序；(2) 为侦查提供基础和依据；(3) 保障公民合法权益

考点 3：立案的程序★★

立案前的初查	(1) 初查过程中，侦查机关可以采取询问、查询、勘验、鉴定和调取证据材料等**不限制被调查对象人身、财产权利**的措施 (2) 初查过程中，不得查封、扣押、冻结初查对象的财产；不得采取技术侦查措施 【总结】初查过程中，只能采取任意性侦查措施，不能采取强制性侦查措施
立案条件	(1) **公诉案件**：①有证据证明有犯罪事实；②需要追究刑事责任 (2) **自诉案件**：①属于自诉案件的范围；②被害人提起自诉；③受案法院有管辖权；④有明确的被告人、具体的诉讼请求与能够证明被告人犯罪的证据
对立案材料的接受	(1) 公、检、法对报案、举报、控告、自首都应当**接受**（注意：并非都应当"立案"） (2) 对不属于自己管辖的，应当**移送主管机关**，并通知报案人、举报人、控告人

续表

对立案材料的接受	(3) 必要时，应**先采取紧急措施**，然后移送主管机关 紧急措施，指保护现场、扣押证据、先行拘留犯罪嫌疑人等
对立案材料的处理	(1) 审查结果：立案或者不立案 (2) 立案与不立案决定均须以**书面**形式作出 (3) 不立案决定应当告知**控告人**、移送案件的行政执法机关（无须通知报案人、举报人） 公安机关决定不立案的，应当将不立案的原因通知控告人。控告人不服的，可以向作出不立案决定的公安机关申请复议 【总结】公安机关决定不立案，被害人可找公、检、法任何一家：向公安机关复议，向检察院申诉，向法院自诉 (4) 公安机关认为行政执法机关移送案件材料不全的，应当通知移送案件的行政执法机关在 3 日内补正 【注意】不得以材料不全为由不接受移送案件
撤案	(1) 应当撤案的情形：没有犯罪事实，具有《刑事诉讼法》第 16 条规定情形之一 (2) 公安机关作出撤销案件决定后，应当在 3 日内告知原犯罪嫌疑人、被害人或其近亲属、法定代理人以及案件移送机关

考点 4：立案监督★★★

申请监督	被害人及其法定代理人、近亲属或行政执法机关，认为公安机关对其控告或移送的案件应当立案侦查而不立案侦查，或当事人认为公安机关不应当立案而立案，向检察院提出的，检察院应当受理并进行审查
要求说明理由	(1) 检察院认为需要公安机关说明不立案理由的，应当**要求**公安机关书面说明不立案的理由 (2) 有证据证明公安机关可能存在违法动用刑事手段插手民事、经济纠纷，或利用立案实施报复陷害、敲诈勒索以及谋取其他非法利益等违法立案情形，尚未提请批准逮捕或移送审查起诉的，应当**要求**公安机关书面说明立案理由 (3) 检察院要求公安机关说明不立案或立案理由，应当制作要求说明不立案理由通知书或要求说明立案理由通知书，送达公安机关 【总结】检察院认为公安机关不立案或立案存在错误的，应当书面要求公安机关书面说明理由
审查后的处理	(1) **理由不成立**：检察院认为公安机关理由不能成立的，应当**通知**公安机关立案或撤销案件 【注意】要求说明理由是通知立案/撤销案件的必经程序 公安机关在收到通知立案书或通知撤销案件书后，应当立案（15 日内）或撤销案件（立即） (2) **理由成立**：检察院认为公安机关不立案或立案理由成立的，应当在 10 日以内将不立案或立案的理由和根据告知被害人及其法定代理人、近亲属或行政执法机关 【总结】①理由不成立，通知公安机关立案或撤案；②理由成立，告知控告申诉人
对公安机关不执行决定的处理	公安机关在收到通知立案书或通知撤销案件书后超过 15 日不予立案或既不提出复议、复核也不撤销案件的，检察院应当发出**纠正违法通知书**予以纠正。公安机关仍不纠正的，报**上一级检察院协商同级公安机关处理**

续表

对公安机关不执行决定的处理	【关联知识点】对于由公安机关管辖的**国家机关工作人员利用职权**实施的重大犯罪案件，检察院通知公安机关立案，公安机关不予立案的，经**省级以上**检察院决定，检察院可以直接立案侦查
公安机关复议、复核	（1）公安机关认为检察院撤销案件决定有错误的，可以向同级检察院复议 （2）对复议决定不服的，可以提请上一级检察院复核 【总结】先向同级复议，再向上一级复核

第十一章　侦查

考点 1：讯问犯罪嫌疑人★★★★

主体	(1) 侦查人员：2 人以上 (2) 检察人员：2 人以上（检察官 2 人或者检察官、书记员）
地点	(1) **未羁押的**：可以传唤到**犯罪嫌疑人所在市、县内的指定地点**或到犯罪嫌疑人**住处**进行讯问 (2) **已羁押的**：应当在看守所内讯问
证件要求	应当出示侦查机关的证明文件 对在**现场发现**的犯罪嫌疑人，经**出示工作证件**，可以**口头传唤**，但应当在讯问笔录中注明
时间	(1) 对于被拘留或逮捕的犯罪嫌疑人，均应在拘留、逮捕后的 24 小时内进行讯问 (2) 传唤、拘传持续的时间最长不得超过 12 小时；案情特别重大复杂，需要采取拘留逮捕措施的，传唤、拘传时间不得超过 24 小时 (3) 两次传唤间隔的时间一般不得少于 12 小时，不得以连续传唤的方式变相拘禁犯罪嫌疑人，应当保证犯罪嫌疑人的饮食和必要的休息时间
程序	(1) 侦查人员在讯问犯罪嫌疑人的时候，应当首先讯问犯罪嫌疑人是否有犯罪行为，让他陈述有罪的情节或无罪的辩解，然后向他提出问题 (2) 犯罪嫌疑人对侦查人员的提问，**应当如实回答** 对与本案无关的问题，有拒绝回答的权利 (3) 侦查人员在讯问犯罪嫌疑人的时候，应当告知犯罪嫌疑人如实供述自己罪行可以从宽处理和认罪认罚的法律规定 (4) 讯问同案犯罪嫌疑人，应当分别进行
讯问笔录	(1) 讯问犯罪嫌疑人，应当制作笔录 (2) 讯问笔录应当交犯罪嫌疑人核对，对于没有阅读能力的，应当向他宣读 (3) 如果记载有遗漏或差错，犯罪嫌疑人可以提出补充或改正 (4) 犯罪嫌疑人承认笔录没有错误后，应当签名或盖章 (5) 侦查人员也应当在笔录上签名 (6) 犯罪嫌疑人请求自行书写供述的，应当准许 但不得以自行书写的供述代替讯问笔录
讯问时同步录音录像	(1) **可以**：侦查人员在讯问犯罪嫌疑人的时候，可以对讯问过程进行录音或录像 (2) **应当**：对于可能判处**无期徒刑**、**死刑**的案件或其他重大犯罪案件，**应当**对讯问过程进行录音或录像 《监察法》第 41 条第 2 款规定，调查人员进行讯问以及搜查、查封、扣押等重要取证工作，应当对全过程进行录音录像，留存备查

续表

讯问时同步录音录像	《人民检察院刑事诉讼规则》第190条规定，检察院办理直接受理侦查的案件，应当在每次讯问犯罪嫌疑人时，对讯问过程实行全程录音、录像，并在讯问笔录中注明 【总结】讯问时“应当”录音录像的情形：①无期徒刑、死刑；②监委调查；③检察院自侦 【关联知识点】对重大案件，检察院驻看守所检察人员在侦查终结前应当对讯问合法性进行核查并全程同步录音、录像，核查情况应当及时通知本院负责捕诉的部门
讯问特殊主体的程序要求	（1）讯问**聋、哑人**，应当有通晓聋、哑手势的人参加 （2）讯问**不通晓当地语言文字的人**，应当配备翻译人员 （3）讯问**未成年人**，应当通知其法定代理人或合适的成年人在场 （4）讯问**女性未成年人**，应当有女性工作人员**在场**

考点2：询问证人、被害人★★★

主体	侦查人员2人以上
地点	（1）现场；（2）证人单位；（3）证人住处；（4）证人提出的地点；（5）侦查机关：必要时，可以通知证人到侦查机关提供证言
证件	（1）在现场询问证人，应当出示工作证件 （2）到证人所在单位、住处或证人提出的地点询问证人，应当出示侦查机关的证明文件
询问方法	（1）应当个别进行 （2）应当告知证人应当如实地提供证据、证言和有意作伪证或隐匿罪证要负的法律责任
询问特殊主体的程序要求	（1）询问未成年人，应当通知其法定代理人或合适成年人到场 （2）询问女性未成年人，应当有女性工作人员**在场** （3）询问聋、哑人，应当有通晓聋、哑手势的人参加

考点3：勘验、检查★★★

主体	侦查人员2人以上 必要时可指派或聘请具有专门知识的人，**在侦查人员的主持下**进行勘验、检查
对象	（1）**勘验**：场所、物品、尸体 （2）**检查**：活人的身体
证件	必须持有侦查机关的证明文件
种类	（1）**现场勘验** （2）**物证检验** （3）**尸体检验**：对于**死因不明**的尸体，公安机关有权决定解剖，并且通知死者家属**到场** **（4）人身检查：** ①一般只能由侦查人员进行，必要时可以邀请法医或医师参加 ②可以提取指纹信息，采集血液、尿液等生物样本 ③被害人死亡的，应当通过被害人近亲属辨认、提取生物样本鉴定等方式确定被害人身份

续表

种类	④检查妇女的身体，应当由**女工作人员或医师**进行 ⑤**犯罪嫌疑人**如果拒绝检查，可以强制检查 （5）**侦查实验**[①]：①公安机关负责人批准；②禁止一切足以造成危险、侮辱人格或有伤风化的行为
见证人	勘验、检查时，应当邀请 2 名与案件无关的见证人在场
笔录制作	勘验、检查的情况应当写成笔录，由参加勘验、检查的人和见证人签名或盖章

考点 4：搜查★★★

主体	侦查人员 2 人以上
证件	（1）必须向被搜查人出示搜查证 （2）**无证搜查**：在执行逮捕、拘留的时候，遇有**紧急情况**，不另用搜查证也可以进行搜查
程序	（1）**见证人**：搜查的时候，应当有被搜查人或他的家属、邻居或其他见证人在场 （2）搜查妇女的身体，应当由女工作人员进行 （3）**搜查笔录**：搜查的情况应当写成笔录，由侦查人员和被搜查人或他的家属、邻居或其他见证人签名或盖章 如果被搜查人或他的家属在逃或拒绝签名、盖章，应当在笔录上注明

考点 5：查封、扣押、查询、冻结★★

主体	侦查人员 2 人以上
对象	（1）**查封、扣押**：可用以证明犯罪嫌疑人有罪或无罪的财物、文件 与案件无关的财物、文件，不得查封、扣押 （2）**查询、冻结**：犯罪嫌疑人的存款、汇款、债券、股票、基金份额等财产
证件	应出示查封、扣押**决定书** 【注意】没有“查封证”“扣押证”
查封、扣押程序	（1）对查封、扣押的财物、文件，应当会同在场见证人和被查封、扣押财物、文件持有人查点清楚，当场开列查封、扣押清单一式三份，由侦查人员、见证人和持有人签名或盖章，一份交给持有人，一份交给公安机关保管人员，另一份附卷备查 （2）对于无法确定持有人的财物、文件或持有人拒绝签名的，侦查人员应当在清单中注明 （3）扣押文物、金银、珠宝、名贵字画等贵重财物的，应当拍照或录像，并及时鉴定、估价 （4）持有人拒绝交出应当查封、扣押的财物、文件的，侦查人员可以强制查封、扣押

① 为了确定与案件有关的某一事件或事实在某种条件下能否发生或怎样发生，而按照原来的条件，将该事件或事实重演或进行实验的一种侦查活动。

续表

扣押邮件、电报	(1) 侦查人员认为需要扣押犯罪嫌疑人的邮件、电报的时候，经侦查机关批准，即可通知邮电机关将有关的邮件、电报检交扣押 (2) 不需要继续扣押的时候，应即通知邮电机关
不易保管物品、违禁品的保管与处理	(1) 对容易腐烂变质及其他不易保管的财物，经侦查机关负责人批准，在拍照或录像后委托有关部门变卖、拍卖；变卖、拍卖的价款暂予保存，待诉讼终结后一并处理 (2) 对违禁品，依照有关规定处理；对于需要作为证据使用的，应当在诉讼终结后处理
查询、冻结存款、汇款	(1) 不得划扣 (2) 对已冻结的财产，不得重复冻结

考点 6：鉴定★★

主体	侦查机关指派或聘请的鉴定人
对象	专门性问题
鉴定人的禁止条件	(1) 因故意犯罪或职务过失犯罪受过刑事处罚（故意犯罪+刑罚；职务过失犯罪+刑罚） (2) 受过开除公职处分 (3) 被撤销鉴定人登记的人员
鉴定人负责制	(1) 鉴定人应当在一家鉴定机构中从事司法鉴定业务 (2) 鉴定人进行鉴定后，应当出具鉴定意见、检验报告，同时附上鉴定机构和鉴定人的资质证明，并且签名或盖章 (3) 多个鉴定人意见不一致的，应当在鉴定意见上写明分歧的内容和理由，并且**分别签名或盖章**
鉴定程序	(1) 对经审查作为证据使用的鉴定意见，侦查机关应当及时告知犯罪嫌疑人、被害人或其法定代理人 (2) 犯罪嫌疑人、被害人有异议的，或侦查部门、侦查人员对鉴定意见有疑义的，可以将鉴定意见送交其他有专门知识的人员提出意见。必要时，应当询问鉴定人并制作笔录附卷 (3) 犯罪嫌疑人、被害人或被害人的法定代理人、近亲属、诉讼代理人提出申请的，可以补充鉴定或重新鉴定，鉴定费用由请求方承担，但原鉴定违反法定程序的，由检察院承担 (4) 犯罪嫌疑人的辩护人或近亲属以犯罪嫌疑人可能患有精神病而申请对犯罪嫌疑人进行鉴定的，鉴定费用由请求方承担

考点 7：辨认★★★

主持人	侦查人员 2 人以上
辨认主体	被害人、证人、犯罪嫌疑人
辨认对象	(1) 与犯罪有关的物品、文件、尸体、场所 (2) 犯罪嫌疑人

续表

混杂原则	（1）**陪衬物数量要求：** ①公安机关：7人（10照片）/5物 ②检察机关：7人（10照片）/5物（5照片） （2）**陪衬物不受数量限制的情形：** ①对场所、尸体等特定辨认对象进行辨认 ②辨认人能够准确描述物品独有特征的
程序要求	（1）**防止预断：**在辨认前，禁止辨认人见到被辨认对象 （2）**单独原则：**几名辨认人对同一被辨认对象进行辨认时，应单独进行 【直接排除】主持、见到、个别、混杂、数量、暗示 （3）**保密原则：**对犯罪嫌疑人的辨认，辨认人不愿公开进行的，可以在不暴露辨认人的情况下进行 （4）**见证人：可以**有见证人在场 （5）**辨认笔录：应当**制作笔录，由侦查人员、辨认人、见证人签名 （6）**录音、录像：**对辨认对象应当拍照，必要时**可以**对辨认过程录音、录像

考点8：特殊侦查措施★

技术侦查	
适用情形	（1）**公安机关：** ①危害**国**家安全犯罪 ②**恐**怖活动犯罪 ③**黑**社会性质的组织犯罪 ④重大**毒**品犯罪 ⑤其他严重危害社会的犯罪 （2）**检察机关：**利用职权实施的严重侵犯公民人身权利的重大犯罪案件 （3）**追捕在逃被追诉人：**追捕被通缉或批准、决定逮捕的在逃的被追诉人，经过批准，可以采取追捕所必需的技术侦查措施 【总结】技术侦查的对象 公安机关："国""恐""黑""毒"｜追捕在逃犯 检察机关：利用职权侵犯公民人身权利的重大犯罪＋追捕在逃犯
适用对象	被追诉人、与犯罪活动直接关联的人员
适用主体	（1）**决定主体：**公安机关、检察机关 （2）**执行主体：**公安机关 【注意】对技术侦查，检察院只有权决定，无权执行
批准决定	（1）**批准主体：设区的市一级**以上公安机关负责人 （2）**种类与对象：**批准决定应当根据侦查犯罪的需要，确定采取技术侦查措施的种类和适用对象 （3）**期限：**批准决定自签发之日起**3个月**内有效 对于不需要继续采取技术侦查措施的，应当及时解除 （4）**期限的延长：**期限届满仍有必要继续采取技术侦查措施的，经过批准，有效期可以延长，每次不得超过**3个月**
程序要求	（1）采取技术侦查措施，必须严格按照批准的措施种类、适用对象和期限执行 （2）侦查人员对采取技术侦查措施过程中知悉的国家秘密、商业秘密和个人隐私，应当保密

续表

程序要求	(3) 对采取技术侦查措施获取的与案件无关的材料，应当及时销毁 (4) 采取技术侦查措施获取的材料，只能用于对犯罪的侦查、起诉和审判，不得用于其他用途 (5) 公安机关采取技术侦查措施，有关单位和个人应当配合，并对有关情况予以保密
技侦证据的调查与使用	如果使用技侦证据可能危及有关人员的人身安全，或可能产生其他严重后果的，应当采取不暴露有关人员身份、技术方法等保护措施，**必要的时候**，可以由审判人员**在庭外对证据进行核实**
秘密侦查	
(1) 为了查明案情，在必要的时候，经**公安机关**（县级以上）**负责人**决定，可以由有关人员隐匿其身份实施侦查 (2) 采取秘密侦查措施必须是基于侦查的必要性 (3) 采取秘密侦查措施必须经公安机关负责人决定，并由侦查人员或**公安机关指定的其他人员**实施 (4) 进行秘密侦查不得诱使他人犯罪，不得采用可能危害公共安全或发生重大人身危险的方法（禁止“犯意诱发型”，允许“机会提供型”）	
控制下交付	
对涉及给付**毒品等违禁品或财物**的犯罪活动，公安机关根据侦查犯罪的需要，可以实施控制下交付	

考点9：通缉★★

适用对象	(1) 已批准或决定逮捕而在逃和在采取取保候审、监视居住期间逃跑的犯罪嫌疑人 (2) 已决定拘留而在逃的重大嫌疑分子 (3) 从羁押场所逃跑的犯罪嫌疑人 (4) 在讯问或在押解期间逃跑的犯罪嫌疑人 (5) 越狱逃跑的被告人或罪犯 【总结】应羁押而在逃的人
适用主体	(1) **决定主体**：公安机关、检察机关 (2) **执行主体**：公安机关
通缉令发布区域	(1) 各级公安机关在自己管辖的地区以内，可以直接发布通缉令 (2) 超出自己管辖的地区，应当报请有权决定的上级机关发布
悬赏与补发	(1) 必要时，经县级以上公安机关负责人批准，可以发布悬赏通告 (2) 通缉令发出后，如果发现新的重要情况，发布通缉令的公安机关可以补发通报

考点10：侦查终结★★★

条件	(1) 犯罪事实已查清；(2) 证据确实充分；(3) 法律手续完备
案件处理	(1) **应当追究刑事责任**： ①制作起诉意见书，连同案卷材料、证据一并**移送同级检察院**

续表

案件处理	②将案件移送情况告知犯罪嫌疑人及其辩护律师 （2）**不应追究刑事责任：** ①决定**撤销案件** ②犯罪嫌疑人被逮捕的，应当立即释放，发给释放证明，并通知批准逮捕的检察院
听取辩护律师意见	（1）在案件侦查终结前，辩护律师提出要求的，侦查机关应当听取辩护律师意见，并记录在案 （2）辩护律师提出书面意见的，应当附卷

考点 11：侦查羁押期限★★★

期限	情形	批准机关
2 个月	一般情况	—
+1	案情复杂	上一级检察院
+2	交通不便，集团犯罪，流窜作案，涉及面广（“交”“集”“流”“广”）	省级检察院
+2	10 年以上	省级检察院
+X（无限延长）	特殊原因，较长时间内不宜交付审判	最高检报全国人大常委会
提请延长羁押期限的程序	（1）公安机关提请延长羁押期限的，应当在羁押期限届满 7 日前提出，并书面呈报主要案情和具体理由 （2）检察院审查延长侦查羁押期限、审查重新计算侦查羁押期限案件，可以讯问犯罪嫌疑人，听取律师意见，调取案卷及相关材料等 （3）检察院应当在羁押期限届满前作出决定	
羁押期限的特殊计算	（1）**重新计算：**在侦查期间，发现犯罪嫌疑人另有重要罪行的，应当自发现之日起重新计算侦查羁押期限 【注意】 ①公安机关重新计算侦查羁押期限，无须检察机关批准，但应报批准逮捕的检察院备案 ②“另有重要罪行”，是指与逮捕时的罪行**不同种**的重大犯罪，或者同种的**影响罪名认定、量刑档次**的重大犯罪 （2）**查清起算：**犯罪嫌疑人不讲真实姓名、住址，身份不明的，应当对其身份进行调查，侦查羁押期限自查清其身份之日起计算，但是不得停止对其犯罪行为的侦查取证 对于犯罪事实清楚，证据确实、充分，确实无法查明其身份的，也可以按其自报的姓名起诉、审判	

考点 12：补充侦查★★★

审查逮捕阶段	对于不批准逮捕的，检察院应当说明理由，需要补充侦查的，应当同时通知公安机关 【注意】审查逮捕阶段的补充侦查只能由公安机关进行

续表

审查起诉阶段	(1) **补侦主体**：检察院审查案件，对于需要补充侦查的，可以退回公安机关补充侦查/退回监察机关补充调查，也可以自行侦查 (2) **补侦期限**：对于退回补充侦查的案件，应当在1个月内补充侦查完毕 【注意】检察院自行侦查，没有期限 (3) **补侦次数**：补充侦查以2次为限 (4) **补侦后果**： ①补充侦查完毕移送检察院后，检察院重新计算审查起诉期限 ②对于二次补充侦查的案件，检察院仍然认为证据不足，不符合起诉条件的，应当作出不起诉的决定 【总结】一次补侦，证据不足，可以不起诉；二次补侦，证据不足，应当不起诉
审判阶段	(1) **补侦主体**：只能是检察机关。检察院应当自行收集证据、进行侦查，必要时可以要求侦查机关**协助** 审判期间，被告人提出新的立功线索的，法院可以建议检察院补充侦查 (2) **补侦期限**：1个月 (3) **补侦次数**：2次 (4) **补侦后果**： ①补充侦查完毕移送法院后，重新计算审理期限 ②补充侦查期限届满后，检察院未将补充的证据材料移送法院的，法院可以根据在案证据作出裁判 ③补充侦查期限届满后，经法庭通知，检察院未将补充侦查时退回的案卷移送法院，或拒不派员出席法庭的，法院可以决定按检察院撤诉处理

考点13：侦查阶段的认罪认罚从宽制度★★

权利告知	(1) 公安机关在侦查过程中，应当告知犯罪嫌疑人享有的诉讼权利、如实供述罪行可以从宽处理和认罪认罚的法律规定，听取犯罪嫌疑人及其辩护人或值班律师的意见，记录在案并随案移送 (2) 对在非讯问时间、办案人员不在场情况下，犯罪嫌疑人向看守所工作人员或辩护人、值班律师表示愿意认罪认罚的，有关人员应当及时告知办案单位
引导认罪	(1) 公安机关在侦查阶段应当同步开展认罪教育工作，但不得强迫犯罪嫌疑人认罪，**不得作出具体的从宽承诺** (2) 犯罪嫌疑人自愿认罪，愿意接受司法机关处罚的，应当记录在案并附卷
起诉意见	(1) 对移送审查起诉的案件，公安机关应当在起诉意见书中写明犯罪嫌疑人自愿认罪认罚情况 【注意】在侦查阶段，犯罪嫌疑人初步表示认罪认罚意愿，即可适用认罪认罚从宽制度 (2) 对可能适用速裁程序的案件，公安机关应当快速办理，对犯罪嫌疑人未被羁押的，可以集中移送审查起诉，但不得为集中移送拖延案件办理

考点 14：检察机关介入侦查/调查活动★★

介入侦查	经公安机关商请或检察院认为确有必要时，可以派员适时介入重大、疑难、复杂案件的侦查活动，参加公安机关对于重大案件的讨论，对案件性质、收集证据、适用法律等提出意见，监督侦查活动是否合法
介入调查	经监察机关商请，检察院可以派员介入监察机关办理的职务犯罪案件
【注意】检察院可以主动介入公安机关的侦查活动，不得主动介入监察机关的调查活动，检察院亦不得“申请”介入监察机关的调查活动	

考点 15：侦查的法律控制★★

法律控制的意义	(1) 侦查活动涉及公民宪法权益，有必要进行合理控制 (2) 侦查的目的是查明案件事实，为将犯罪嫌疑人交付审判做好准备工作。因此，侦查权的运行应主动适应司法的要求，司法权也应介入侦查程序，对侦查行为进行适当约束，防止侦查权滥用，保护公民基本权益 【总结】司法控制＋保障人权
侦查活动存在的主要问题	(1) 侦查手段滥用 (2) 对侦查违法缺乏制裁
控制路径	(1) 对搜查、查封等强制性侦查措施进行事前审查 (2) 对侦查违法行为进行事后审查

第十二章　起诉

考点 1：刑事起诉理论★★★

刑事起诉权分割模式	（1）**公诉独占主义**：国家垄断公诉权 （2）**公诉兼自诉**：严重犯罪案件的起诉权由检察机关代表国家行使，轻微犯罪案件允许公民自诉 我国实行**公诉为主、自诉为辅**的犯罪追诉机制
起诉原则	（1）**起诉法定主义**：一旦符合法定起诉条件，即应当起诉，公诉机关无起诉裁量权 （2）**起诉便宜主义**：犯罪嫌疑人符合起诉条件时，是否起诉，由检察官根据公共利益、案件具体情况、刑事政策等因素裁量决定 我国采行**起诉法定主义为主、兼采起诉便宜主义**的起诉原则

考点 2：审查起诉★★★★

受理后的初审	（1）**初审期限**：检察院对于公安机关、监察机关移送审查起诉的案件，应当在 7 日内进行审查 初审的期限计入审查起诉期限 （2）**初审内容**： ①起诉意见书、案卷材料是否齐备 ②案卷装订、移送是否符合有关要求与规定 ③诉讼文书、技术性鉴定材料是否装订成卷 ④移送的实物与物品清单是否相符 ⑤对作为证据使用的实物是否随案移送 ⑥犯罪嫌疑人是否在案及采取强制措施的情况 ⑦是否属于本院管辖 【总结】检察院受理后的初审属于程序性审查 （3）**初审后的处理**： ①符合受理条件的，正式受理，并登记 ②案卷装订不符合要求的，要求侦查机关重新装订后移送 ③材料不齐备或未移送的，要求侦查机关在 3 日内补送 ④犯罪嫌疑人在逃的，应当要求公安机关在采取必要措施保证犯罪嫌疑人到案后移送审查起诉 共同犯罪的部分犯罪嫌疑人在逃的，应当要求公安机关在采取必要措施保证在逃的犯罪嫌疑人到案后，另案移送审查起诉，对在案犯罪嫌疑人的审查起诉照常进行 ⑤不属于本院管辖的，应当移送给有管辖权的检察院（注意：不得退回公安机关），同时通知移送审查起诉的公安机关 a. 上级管辖——直接移送 b. 同级管辖——直接移送或报共同上级检察院指定管辖 c. 下级管辖——可移可不移

续表

与留置措施的衔接	(1) 对于监察机关移送起诉的已采取留置措施的案件，检察院**应当**对犯罪嫌疑人**先行拘留**，留置措施**自动解除** 【注意】检察院对犯罪嫌疑人先行拘留后，无须通知监察机关解除留置措施 (2) 检察院应当在拘留后的10日内作出是否逮捕、取保候审或监视居住的决定。在特殊情况下，决定的时间可以延长1—4日（10+4） (3) 检察院决定采取强制措施的期间**不计入**审查起诉期限
审查起诉的内容	(1) 犯罪事实、情节是否清楚，证据是否确实、充分，犯罪性质和罪名的认定是否正确 (2) 有无遗漏罪行和其他应当追究刑事责任的人 【漏罪漏人的处理】检察院在办理公安机关移送起诉的案件中，发现遗漏罪行或有应当移送审查起诉的同案犯罪嫌疑人未移送起诉的，应当**要求**公安机关补充侦查或补充移送起诉；对于犯罪事实清楚，证据确实、充分的，检察院也可以直接提起公诉（径行起诉） (3) 是否属于不应追究刑事责任的 (4) 有无附带民事诉讼 (5) 侦查活动是否合法 【总结】全面审查
审查的方法	(1) **应当**讯问犯罪嫌疑人 (2) **应当**听取辩护人或值班律师意见 (3) **应当**听取被害人及其诉讼代理人意见
认罪认罚案件的审查起诉	(1) **听取意见**：犯罪嫌疑人认罪认罚的，检察院应当告知其享有的诉讼权利和认罪认罚的法律规定，听取犯罪嫌疑人、辩护人或值班律师、被害人及其诉讼代理人对下列事项的意见，并记录在案： ①涉嫌的犯罪事实、罪名及适用的法律规定 ②从轻、减轻或免除处罚等从宽处罚的建议 ③认罪认罚后案件审理适用的程序 ④其他需要听取意见的事项 【总结】定罪问题、量刑问题、程序选择 辩护人或值班律师、被害人及其诉讼代理人提出口头意见，应记录在案；提出书面意见的，应记录在案并附卷 检察院对认罪认罚案件听取值班律师意见的，应当提前为值班律师了解案件有关情况提供必要的便利 (2) **自愿性、合法性审查**：对侦查阶段认罪认罚的案件，检察院应当重点审查以下内容： ①犯罪嫌疑人是否自愿认罪认罚，有无因受到暴力、威胁、引诱而违背意愿认罪认罚 ②犯罪嫌疑人认罪认罚时的认知能力和精神状态是否正常 ③犯罪嫌疑人是否理解认罪认罚的性质和可能导致的法律后果 ④侦查机关是否告知犯罪嫌疑人享有的诉讼权利，如实供述自己罪行可以从宽处理和认罪认罚的法律规定，并听取意见 ⑤起诉意见书中是否写明犯罪嫌疑人认罪认罚情况 ⑥犯罪嫌疑人是否真诚悔罪，是否向被害人赔礼道歉 经审查，犯罪嫌疑人违背意愿认罪认罚的，检察院可以重新开展认罪认罚工作 (3) **签署认罪认罚具结书**： ①律师在场：犯罪嫌疑人自愿认罪，同意量刑建议和程序适用的，应当在**法定代理人、辩护人或值班律师**在场的情况下签署认罪认罚具结书

续表

认罪认罚案件的审查起诉	法定代理人无法到场的，合适成年人应当到场签字确认 【注意】犯罪嫌疑人有辩护人的，应当由辩护人在场见证具结 ②具结书内容：具结书应当包括犯罪嫌疑人如实供述罪行、同意量刑建议、程序适用等内容，由犯罪嫌疑人、辩护人或值班律师签名 ③可以不签署认罪认罚具结书的情形： a. 犯罪嫌疑人是盲、聋、哑人，或是尚未完全丧失辨认或控制自己行为能力的精神病人的 b. 未成年犯罪嫌疑人的法定代理人、辩护人对未成年人认罪认罚有异议的 c. 其他不需要签署认罪认罚具结书的情形 【总结】盲聋哑、精神病、（未成年人的法定代理人、辩护人）有异议
侦查监督	（1）检察院审查案件，可以要求公安机关提供法庭审判所必需的证据材料；认为可能存在以非法方法收集证据情形的，可以要求公安机关对证据收集的合法性作出说明 （2）发现侦查人员以非法方法收集证据材料的，应当排除非法证据并提出纠正意见，同时可以要求侦查机关另行指派侦查人员重新调查取证，必要时检察院也可以自行调查取证 （3）**发现犯罪并非犯罪嫌疑人所为：**对于犯罪并非犯罪嫌疑人所为，需要重新侦查的，应当在**作出不起诉决定**后书面说明理由，将案卷材料**退回**公安机关并**建议**公安机关**重新侦查**
补充侦查	（1）**补侦情形：**①事实不清、证据不足；②遗漏罪行；③遗漏犯罪嫌疑人 【总结】证据不足＋漏罪漏人 （2）**补侦方式：** ①退回公安机关补充侦查（主要犯罪事实未查清，需要采取技术性较强的侦查措施） ②检察机关自行侦查（非主要犯罪事实未查清，在事实与证据认定上与公安机关存在较大分歧） 【注意】检察院在审查起诉中决定自行侦查的，应当在审查起诉期限内侦查完毕 （3）**补侦期限：**1个月 （4）**补侦次数：**2次 （5）**改变管辖后的补侦：** ①在审查起诉期间改变管辖的，改变后的检察院认为需要补充侦查的，可以通过原受案检察院退回原侦查的公安机关补充侦查（原路返回），亦可自行侦查 ②改变管辖前后补充侦查的**总次数**不得超过2次 （6）**补充侦查后的不起诉：**对于二次补充侦查的案件，检察院仍然认为证据不足，不符合起诉条件的，应当作出不起诉的决定 【总结】 一次补侦，证据不足，可以不起诉，也可以二次补侦 二次补侦，证据不足，应当不起诉 （7）**二次补侦后又发现新罪：**检察院对已经退回侦查机关二次补充侦查的案件，在审查起诉中又发现新的犯罪事实的，应当移送侦查机关立案侦查；对已经查清的犯罪事实，应当依法提起公诉
审查起诉的期限	（1）**一般案件：**检察院对于公安机关、监察机关移送起诉的案件，应当在1个月内作出决定。重大、复杂的案件，经检察长批准，可以延长15日（1个月＋15日） （2）**速裁案件：**犯罪嫌疑人认罪认罚，符合速裁程序适用条件的，应当在10日内作出决定，对可能判处的有期徒刑超过一年的，可以延长至15日

续表

审查起诉的期限	【总结】一年以下：10日；超过一年：15日 (3) **期限的重新计算：** ①**改变管辖：**改变管辖的，从改变后的检察院**收到案件之日起**计算审查起诉期限 ②**补充侦查：**补充侦查完毕**移送检察院后**（注意：不是补充侦查完毕之后），检察院重新计算审查起诉期限
审查的结果	(1) 提起公诉：同时考虑是否提起附带民事诉讼、附带民事公益诉讼[①] (2) 不起诉

考点3：提起公诉★★★

提起公诉的条件	(1) 犯罪嫌疑人的犯罪事实已经查清 (2) 证据确实、充分 (3) 依法应当追究刑事责任
移送法院的材料	(1) 案卷材料 (2) 证据材料：包括犯罪嫌疑人翻供、证人改变证言以及其他对犯罪嫌疑人有利的证据材料
量刑建议	(1) 检察院对提起公诉的案件，**可以**向法院提出量刑建议，制作量刑建议书，与起诉书一并移送法院 (2) 犯罪嫌疑人认罪认罚的，检察院**应当**就主刑、附加刑、是否适用缓刑等提出量刑建议，并随案移送认罪认罚具结书等材料： ①建议判处附加刑的，应当提出附加刑的类型 ②建议判处罚金刑的，应当提出确定的数额 ③建议适用缓刑的，应当明确提出 (3) 量刑建议可以另行制作文书，也可以在起诉书中写明 (4) 量刑建议书的主要内容应当包括被告人所犯罪行的法定刑、量刑情节、检察院建议法院对被告人处以刑罚的种类、刑罚幅度、可以适用的刑罚执行方式以及提出量刑建议的依据和理由等 (5) 检察院**一般应当**提出**确定刑**量刑建议。对新类型、不常见犯罪案件，量刑情节复杂的重罪案件等，也可以提出幅度刑量刑建议 (6) 检察院办理认罪认罚案件提出量刑建议，应当听取被害人及其诉讼代理人的意见，并将犯罪嫌疑人是否与被害方达成调解协议、和解协议或者赔偿被害方损失，取得被害方谅解，是否自愿承担公益损害修复及赔偿责任等，作为从宽处罚的重要考虑因素 (7) 检察院办理认罪认罚案件提出量刑建议，应当对听取意见情况进行**同步录音录像** (8) 被追诉人在侦查阶段认罪认罚的，主刑从宽的幅度可以适当放宽；在审判阶段认罪认罚的，可以适当缩减 (9) 除有减轻处罚或免除处罚情节外，量刑建议应当在法定量刑幅度内提出 【总结】 ①量刑建议的提出：不认罪认罚案件——“可以”提；认罪认罚案件——“应当”提

① 附带民事公益诉讼对象：破坏生态环境和资源保护，食品药品安全领域侵害众多消费者合法权益，侵害英雄烈士的姓名、肖像、名誉、荣誉等损害社会公共利益的行为。

续表

量刑建议	②量刑建议的内容：主刑、附加刑、是否适用缓刑 ③量刑建议的方法：一般应当提确定刑；罚金刑应当提确定刑 ④从宽幅度的考量：认罪认罚阶段越早，从宽幅度越大
程序建议	检察院在提起公诉的时候，可以建议法院适用简易程序或速裁程序

考点4：不起诉★★★★

法定不起诉 （绝对不起诉）	**适用对象**：没有犯罪事实、具有《刑事诉讼法》第16条规定情形之一 【程序倒流】对于公安机关移送审查起诉的案件，发现犯罪事实并非犯罪嫌疑人所为，需要重新侦查的，检察院应当在作出不起诉决定后书面说明理由，将案卷材料退回公安机关，并建议公安机关重新侦查
证据不足不起诉 （存疑不起诉）	**适用对象**：现有证据未达到“案件事实清楚，证据确实、充分”的提起公诉证明标准 【再次追诉】检察院作出证据不足不起诉决定后，发现新的证据，符合起诉条件的，可以提起公诉
酌定不起诉 （相对不起诉）	**适用对象**：犯罪情节轻微，依照刑法规定不需要判处刑罚或免除刑罚 ①犯罪嫌疑人在中国领域外犯罪，依照我国刑法规定应当负刑事责任，但在外国已经受过刑罚处罚的 ②犯罪嫌疑人又聋又哑，或是盲人犯罪的 ③犯罪嫌疑人因防卫过当或紧急避险超过必要限度，并造成不应有危害而犯罪的 ④为犯罪准备工具、制造条件的 ⑤在犯罪过程中自动中止或自动有效地防止犯罪结果发生的 ⑥在共同犯罪中，起次要或辅助作用的 ⑦被胁迫、被诱骗参加犯罪的 ⑧犯罪嫌疑人自首或在自首后有立功表现的 ⑨刑事和解不起诉：双方当事人达成和解协议，符合法律规定不起诉条件的 【注意】酌定不起诉的前提是检察机关认为犯罪嫌疑人已经构成犯罪，并符合起诉条件
不起诉的程序	（1）**决定主体**：检察长、检察委员会 【注意】检察院自侦案件与监察机关移送起诉的案件，拟作不起诉决定的，应当报请上一级检察院批准 （2）**不起诉决定的宣布**：检察院决定不起诉的，应当公开宣布，并制作不起诉决定书 不起诉决定书自**宣布之日**起生效 （3）**不起诉决定书的送达对象**： ①被不起诉人、辩护人、被不起诉人所在单位 ②被害人或其近亲属、诉讼代理人 ③公安机关（对于公安机关移送审查起诉的案件） （4）**对不起诉决定的救济**： ①被不起诉人：向作出**酌定不起诉**决定的检察院**申诉** ②被害人：向**上一级**检察院**申诉**，对申诉结果不服的，可以提起自诉；亦可不经申诉，直接**自诉**（申诉＋自诉）

续表

不起诉的程序	③公安机关：向作出不起诉决定的检察院复议，如果意见不被接受，可向上一级检察院提请复核 ④监察机关：向**上一级**检察院提请**复议**

考点5：特殊案件的撤案与不起诉★★

适用条件	（1）自愿如实供述； （2）重大立功或涉及国家重大利益
适用程序	经最高人民检察院核准
处理方式	（1）公安机关可以撤销案件 对犯罪嫌疑人自愿如实供述涉嫌犯罪的事实，有重大立功或涉及国家重大利益，需要撤销案件的，应当层报公安部，由公安部商请最高人民检察院核准后撤销案件 （2）检察院可以作出不起诉决定，或对涉嫌数罪中的一项或多项不起诉 检察院、公安机关应当及时对查封、扣押、冻结的财物及其孳息作出处理

第十三章　刑事审判概述

考点1：刑事审判的特征★★

①被动性；②独立性；③中立性；④职权性；⑤程序性；⑥亲历性；⑦公开性；⑧公正性；⑨终局性

考点2：刑事审判的原则★★★

审判公开原则	（1）以公开审理为原则，不公开审理为例外 （2）**不公开审理的情形：** ①有关国家秘密 ②有关个人隐私 ③涉及商业秘密，当事人申请不公开（**可以**不公开） ④**审判时**被告人不满18周岁 （3）**公开审理的程序要求：**公开审理的案件，应当在开庭3日以前公布案由、被告人姓名、开庭的时间与地点 （4）**不公开审理的程序要求：** ①不公开审理的案件，应当当庭宣布不公开审理的理由 ②不公开审理的案件，任何人不得旁听，但经未成年被告人及其法定代理人同意，未成年被告人所在学校和未成年人保护组织可以派代表到场 ③对于依法应当公开审理，但可能要封存犯罪记录的未成年人案件，不得组织人员旁听（犯罪记录封存：犯罪时不满18周岁＋被判处5年有期徒刑以下刑罚） （5）**公开审理转为不公开审理：**公开审理案件时，公诉人、诉讼参与人提出涉及国家秘密、商业秘密或个人隐私的证据的，法庭应当制止。有关证据确与本案有关的，可以根据具体情况，决定将案件转为不公开审理，或对相关证据的法庭调查不公开进行
直接言词原则	**含义：**直接言词原则包括**直接原则**与**言词原则** （1）**直接原则：法官**必须与诉讼参与人直接在法庭上接触，直接审查案件事实和证据材料 ①直接审理原则：又称在场原则，指审理案件时，公诉人、当事人及其他诉讼参与人应当在场，否则不得进行法庭审理（法律另有规定的除外） ②直接采证原则：法官对证据的调查必须亲自进行，不得由他人代为实施，不得以书面审查方式采信证据 **【总结】**直接接触＋直接采证 （2）**言词原则：**法庭审理必须以口头陈述的方式进行。未经口头调查的证据不得作为定案的依据（法律另有规定的除外）

续表

<table>
<tr><td>集中审理原则</td><td>(1) 含义：又称为不中断审理原则，指法院开庭审判案件，应当在不更换审判人员的条件下连续进行，不得中断审理
(2) 要求：
①每起案件自始至终都由同一法庭审判
②法庭成员不得更换
③集中证据调查与法庭辩论
④庭审不中断并迅速作出裁判
【总结】不换人，不中断</td></tr>
<tr><td>辩论原则</td><td>(1) 辩论的主体是控辩双方和其他当事人
(2) 辩论的内容是证据问题、事实问题和法律适用问题
(3) 法院裁判的作出应当以充分的辩论为必经程序
【比较】辩论原则是适用于审判阶段的一项审判原则，而辩护原则是贯穿于刑事诉讼全过程的刑事诉讼的基本原则</td></tr>
</table>

考点3：两审终审制★★★

<table>
<tr><td>含义</td><td>(1) 一起案件最多由两级法院裁判
(2) 一审裁判不立即生效，经过上诉/抗诉期后无上诉、抗诉的，方才生效
(3) 二审裁判宣告之日起即生效</td></tr>
<tr><td>例外</td><td>(1) 最高法院一审
(2) 死刑复核
(3) 法定刑以下量刑</td></tr>
</table>

考点4：审判组织★★★

<table>
<tr><td rowspan="3">独任庭</td><td>适用范围</td><td colspan="3">基层法院适用简易程序或速裁程序审理的案件</td></tr>
<tr><td>程序要求</td><td colspan="3">(1) 不能由人民陪审员担任审判员
(2) 必须有书记员
(3) 审判员认为有必要的，也可以提请院长决定将案件提交审判委员会讨论决定</td></tr>
<tr><td>禁止情形</td><td colspan="3">(1) 二审发回重审的案件；(2) 由原审法院再审的案件</td></tr>
<tr><td rowspan="3">合议庭</td><td rowspan="3">合议庭人数</td><td rowspan="3">一审</td><td>基层法院
中级法院</td><td>审判员：3人
审判员+陪审员：3人、7人
【注意】①不存在5人合议庭；②7人合议庭必有陪审员；③7人合议庭：审判员3人+陪审员4人</td></tr>
<tr><td>高级法院</td><td>审判员：3人、5人、7人
审判员+陪审员：3人、7人
【注意】5人合议庭无陪审员</td></tr>
<tr><td>最高法院</td><td>审判员：3人、5人、7人
【注意】无陪审员</td></tr>
</table>

续表

<table>
<tr><td rowspan="9">合议庭</td><td rowspan="4">合议庭人数</td><td>二审</td><td>审判员：3 人、5 人</td></tr>
<tr><td>死刑复核</td><td>审判员：3 人</td></tr>
<tr><td>减刑、假释</td><td>审判员：3 人
审判员＋陪审员：3 人</td></tr>
<tr><td colspan="2">发回重审、根据审判监督程序再审的案件，分别按一审、二审的合议庭组成规则确定合议庭人数</td></tr>
<tr><td>七人合议庭</td><td colspan="2">《人民陪审员法》第 16 条规定，法院审判下列第一审案件，由人民陪审员和法官组成 7 人合议庭进行：
①可能判处 10 年以上有期徒刑、无期徒刑、死刑，社会影响重大的刑事案件
②根据民事诉讼法、行政诉讼法提起的公益诉讼案件
③涉及征地拆迁、生态环境保护、食品药品安全，社会影响重大的案件
④其他社会影响重大的案件
【总结】10 年以上＋公益诉讼</td></tr>
<tr><td>审判长确定</td><td colspan="2">（1）合议庭由审判员担任审判长
（2）院长或庭长参加审判案件的时候，由其本人担任审判长</td></tr>
<tr><td>集中审理</td><td colspan="2">（1）合议庭组成人员确定后，除因回避或其他特殊情况，无法继续参加本案审理的之外，不得在案件审理过程中更换
（2）更换合议庭成员，应当报请院长或庭长决定</td></tr>
<tr><td>评议规则</td><td colspan="2">（1）开庭审理与评议由同一合议庭进行
（2）合议庭成员地位与权责平等
【注意】人民陪审员不得担任审判长
（3）合议庭全体成员参加评议
（4）审判长发表最后评议意见
（5）实行“少数服从多数”的评议规则
【注意】少数意见应写入笔录
（6）评议情况应当保密
（7）审理并评议后作出判决</td></tr>
<tr><td colspan="3"></td></tr>
<tr><td rowspan="2">审判委员会</td><td>组成人员</td><td colspan="2">院长＋庭长＋资深审判员
【任免】各级法院的审判委员会委员，由院长提请本级人大常委会任免</td></tr>
<tr><td>案件范围</td><td colspan="2">（1）应当提交审委会：
①高级法院、中级法院拟判处死刑立即执行的案件，以及中级法院拟判处死刑缓期执行的案件（高院判处死刑立即执行＋中院判死刑）
②本院对生效裁判决定再审的案件
③检察院依照审判监督程序提出抗诉的案件
【总结】死刑＋本院再审＋再审抗诉
【注意】排除了高级法院判处死缓的情形
（2）可以提交审委会：
①合议庭成员意见有重大分歧的案件
②新类型案件
③社会影响重大的案件</td></tr>
</table>

续表

审判委员会	案件范围	④其他疑难、复杂、重大的案件 独任审判的案件，审判员认为有必要的，可以提请院长决定提交审判委员会讨论决定
	提交方式	合议庭提请院长决定提交审判委员会讨论决定 对提请院长决定提交审判委员会讨论决定的案件，院长认为不必要的，可以建议合议庭复议一次
	评议程序	委员依次独立发表意见并说明理由，主持人最后发表意见
	效力与救济	审判委员会的决定，合议庭、独任审判员**应当执行** 有不同意见的，可以建议院长提交审判委员会**复议**

考点5：人民陪审员制度★★★

任职条件	积极条件	（1）拥护宪法 （2）年满28周岁 （3）遵纪守法，品行良好，公道正派 （4）具备履职的身体条件 （5）一般应具有高中以上文化程度 【总结】年满28周岁＋身体健康＋高中以上
	消极条件	（1）**身份禁止：** ①**人**民代表大会常务委员会的组成人员，**监**察委、**公检法**、**国**家安全机关、**司**法行政机关的工作人员 ②**律**师、**公**证员、**仲**裁员、**基**层法律服务工作者 ③其他因职务原因不适宜担任陪审员的人员 【总结】“人”“监”“公检法”“国”“司”＋“律”“公”“仲”“基” （2）**行为禁止：** ①受过刑事处罚的 ②被开除公职的 ③被吊销律师、公证员执业证书的 ④被纳入失信被执行人名单的 ⑤因受惩戒被免除陪审员职务的 【总结】刑罚，开除，吊销，失信，免职
适用范围	审级	一审合议庭（最高法一审除外） 【注意】减刑、假释也可以由陪审员组成合议庭
	案件范围	（1）**一般情形：** ①涉及群体利益、公共利益的 ②人民群众广泛关注的或其他社会影响较大的 ③案情复杂或有其他情形，需要由人民陪审员参加审判 【总结】群体利益、公共利益、广泛关注、影响较大、案情复杂 （2）**七人合议庭**
	禁止范围	（1）人民陪审员不参加下列案件的审理： ①依照民事诉讼法适用特别程序、督促程序、公示催告程序审理的案件

续表

<table>
<tr><td>适用范围</td><td>禁止范围</td><td>②申请承认外国法院离婚判决的案件
③裁定不予受理或不需要开庭审理的案件
(2) 人民陪审员不得参与审理由其以人民调解员身份先行调解的案件</td></tr>
<tr><td rowspan="3">任免程序</td><td>任命</td><td>(1) 推荐（所在单位或户籍地的基层组织推荐）或申请（本人提出申请）
(2) 基层法院提请同级人大常委会任命</td></tr>
<tr><td>任期</td><td>5 年；一般不得连任</td></tr>
<tr><td>免除</td><td>在基层法院院长提请同级人大常委会免除</td></tr>
<tr><td rowspan="2">抽选方式</td><td>基层法院</td><td>在人民陪审员名单中随机抽取
【注意】法院不得“指派”陪审员参加合议庭</td></tr>
<tr><td>中院、高院</td><td>在辖区内的基层法院人民陪审员名单中随机抽取</td></tr>
<tr><td rowspan="2">裁判参与</td><td>法官指引</td><td>(1) 审判长应当履行与案件审判相关的指引、提示义务，但不得妨碍人民陪审员对案件的独立判断
(2) 合议庭评议案件时，先由承办法官介绍案件涉及的相关法律、证据规则，然后由人民陪审员和法官依次发表意见，审判长最后发表意见并总结合议庭意见
(3) 七人合议庭评议时，审判长应当归纳和介绍需要通过评议讨论决定的案件事实认定问题，并列出案件事实问题清单</td></tr>
<tr><td>陪审员权利</td><td>(1) 除不得担任审判长外，与法官享有同等权利
(2) 评议、表决权：
①人民陪审员参加 3 人合议庭审判案件，对事实认定、法律适用，独立发表意见，行使表决权
②人民陪审员参加 7 人合议庭审判案件，对事实认定，独立发表意见，并与法官共同表决；对法律适用，可以发表意见，但不参加表决
【注意】事实认定问题和法律适用问题难以区分的，视为事实认定问题
(3) 可以要求合议庭将案件提请院长决定是否提交审判委员会讨论决定</td></tr>
</table>

第十四章　第一审程序

考点 1：对公诉案件的庭前审查★★★★

审查内容	全部案卷材料 《刑诉解释》第 73 条：对提起公诉的案件，法院应当审查证明被告人有罪、无罪、罪重、罪轻的证据材料是否全部随案移送；未随案移送的，应当通知检察院在指定时间内移送。检察院未移送的，法院应当根据在案证据对案件事实作出认定
审查形式	**程序性审查**：法院对提起公诉的案件进行审查后，对于起诉书中有明确的指控犯罪事实的，应当决定开庭审判 【注意】法院在庭前审查过程中，如认为“案件事实清楚，证据确实、充分”或“情节显著轻微”，则违反了“程序性审查”的要求
审查后的处理方式	(1) 不属于本院管辖的，应当退回检察院 (2) 属于《刑事诉讼法》第 16 条第 (2)～(6) 项规定情形的，应当退回检察院 属于告诉才处理的案件，应当退回检察院，同时告知被害人有权提起自诉 (3) 被告人不在案的，应当退回检察院 (4) 需要补充材料的，应当通知检察院在 3 日内补送 (5) **因证据不足**宣告被告人无罪后，检察院根据新的事实、证据重新起诉的，应当受理 (6) 裁定准许撤诉的案件，没有新的事实、证据，重新起诉的，应当退回检察院 (7) 被告人真实身份不明，但犯罪事实清楚，证据确实、充分，检察机关按其自报的姓名起诉的，应当依法受理 【总结】庭前审查退回检察院的七种情形：①告诉才处理（同时告知被害人有权提起自诉）；②无管辖权；③被告人不在案；④撤回起诉后无新事实证据再次起诉；⑤犯罪已过追诉时效期限；⑥经特赦令免除刑罚；⑦被告人死亡
审查期限	对公诉案件是否受理，应当在 **7** 日内审查完毕 庭前审查的期间计入审理期限

考点 2：开庭前的准备★★★

常规庭前准备活动	开庭 10 日前	将起诉书副本送达被告人、辩护人
	开庭 5 日前	证据开示：通知当事人、法定代理人、辩护人、诉讼代理人提供证人、鉴定人名单，以及拟当庭出示的证据
	开庭 3 日前	(1) 将开庭的时间、地点通知检察院 (2) 将传唤当事人的传票和通知辩护人、诉讼代理人、法定代理人、证人、鉴定人等诉讼参与人出庭的通知书送达（当事人——传票；其他诉讼参与人——通知书）

续表

常规庭前准备活动	开庭3日前	通知有关人员出庭，可以采取电话、短信、传真、电子邮件、即时通讯等能够确认对方收悉的方式；对被害人人数众多的涉众型犯罪案件，可以通过互联网公布相关文书，通知有关人员出庭 （3）公开审理的案件，公布案由、被告人姓名、开庭时间和地点
庭前会议	适用情形	案件具有下列情形之一的，审判人员**可以**召开庭前会议： ①当事人及其辩护人、诉讼代理人申请排除非法证据的 ②证据材料较多、案情重大复杂的 ③社会影响重大的 ④需要召开庭前会议的其他情形 【总结】"排非"、复杂、重大 召开庭前会议，可以通知被告人参加
	解决事项	（1）是否对案件管辖有异议 （2）是否申请有关人员回避 （3）是否申请调取在侦查、审查起诉期间公安机关、检察院收集但未随案移送的证明被告人无罪或罪轻的证据材料 （4）是否提供新的证据 （5）是否对出庭证人、鉴定人、有专门知识的人的名单有异议 （6）是否申请排除非法证据 （7）是否申请不公开审理 （8）与审判相关的其他问题 【总结】庭前会议只解决程序性事项，不得涉及事实与证据问题。因此，对于非法证据排除问题，庭前会议只能申请，不能排除
	效力	（1）审判人员可以询问控辩双方对证据材料有无异议，对有异议的证据，应当在庭审时重点调查；**无异议的**，庭审时举证、质证可以简化 （2）被害人或其法定代理人、近亲属提起附带民事诉讼的，可以调解 （3）对可能导致庭审中断的程序性事项，法院可以在庭前会议后依法作出处理，并在庭审中说明处理决定和理由。控辩双方没有新的理由，在庭审中再次提出有关申请或异议的，法庭可以在说明庭前会议情况和处理决定理由后，**予以驳回** （4）庭前会议情况应当制作笔录

考点3：法庭审判★★★★★（开庭—法庭调查—法庭辩论—被告人最后陈述—评议、宣判）

开庭	庭前工作（书记员）	开庭审理前，**书记员**应当依次进行下列工作： ①受审判长委托，查明公诉人、当事人、辩护人、诉讼代理人、证人及其他诉讼参与人是否到庭 ②核实旁听人员中是否有证人、鉴定人、有专门知识的人 ③宣读法庭规则 ④请公诉人及相关诉讼参与人入庭 ⑤请审判长、审判员、人民陪审员入庭 ⑥审判人员就座后，向审判长报告开庭前的准备工作已经就绪

续表

<table>
<tr><td rowspan="1">开庭</td><td>宣布开庭
（审判长）</td><td>审判长宣布开庭：
①查明当事人是否到庭
②查明被告人情况
③宣布案由
不公开审理的，应当宣布不公开审理的理由
④宣布合议庭组成人员、书记员、公诉人与诉讼参与人名单
⑤告知诉讼权利
被告人认罪认罚的，审判长应当告知被告人享有的诉讼权利和认罪认罚的法律规定，审查认罪认罚的自愿性和认罪认罚具结书内容的真实性、合法性</td></tr>
<tr><td rowspan="4">法庭调查</td><td>公诉人宣读起诉书</td><td>有附带民事诉讼的，先由公诉人宣读起诉书，再由附带民事诉讼原告人或其法定代理人、诉讼代理人宣读附带民事起诉状（先公后私）
公诉人宣读起诉书后，法庭应当宣布开庭审理前对证据收集合法性的审查及处理情况</td></tr>
<tr><td>被害人陈述
↓
被告人陈述</td><td>先控后辩</td></tr>
<tr><td>讯问/发问被告人、询问被害人</td><td>（1）审判人员可以讯问被告人；可以向被害人、附带民事诉讼当事人发问
（2）公诉人可以讯问被告人
（3）经审判长准许，控辩双方可以向被害人、附带民事诉讼原告人发问
（4）经审判长准许，其他诉讼参与人可以向被告人发问</td></tr>
<tr><td>有关人员出庭</td><td>（1）证人拒不出庭的后果：
①法院可以强制其到庭[①]
对被告人的配偶、父母、子女，不得强制到庭（注意：≠“近亲属”；≠“免证权”）
②证人没有正当理由拒绝出庭或出庭后拒绝作证的，予以训诫
③情节严重的，经院长批准，处以 10 日以下的拘留
【总结】强制、训诫、拘留（强制、训诫——审判长决定；司法拘留——院长批准）
【复议】证人对拘留决定不服的，可以向上一级法院申请复议
（2）鉴定人拒不出庭的后果：鉴定意见不得作为定案的根据
（3）具有专门知识的人出庭：
①公诉人、当事人和辩护人、诉讼代理人可以申请法庭通知有专门知识的人出庭，就鉴定人作出的鉴定意见提出意见
【注意】法院不得主动通知有专门知识的人出庭——有专门知识的人出庭，只能依申请
②申请有专门知识的人出庭，不得超过 2 人
有多种鉴定意见的，可以相应增加人数</td></tr>
</table>

① 《刑诉解释》第 255 条规定，强制证人出庭的，应当由院长签发强制证人出庭令，由法警执行。必要时，可以商请公安机关协助。

续表

法庭调查	有关人员出庭	③有专门知识的人不得旁听对案件的审理 (4) **调查/侦查人员等出庭**：控辩双方对侦破经过、证据来源、证据真实性或合法性等有异议，申请调查人员、侦查人员或有关人员出庭，法院认为有必要的，应当通知调查人员、侦查人员或有关人员出庭 (5) **律师助理出庭**：律师担任辩护人、诉讼代理人，经法院准许，可以带1名助理参加庭审。律师助理参加庭审的，可以从事辅助工作，但不得发表辩护、代理意见 【注意】此处"发表辩护、代理意见"是概称，包括申请回避、举证、质证、辩论以及发表辩护、代理意见等诉讼行为 (6) **被害人推选代表人出庭**：被害人人数众多，且案件不属于附带民事诉讼范围的，**被害人**可以推选若干代表人参加庭审 【注意】法院不得指定被害人的代表人出庭
	举证质证规则	(1) 对可能影响定罪量刑的关键证据和控辩双方存在争议的证据，一般应当单独举证、质证 (2) 对控辩双方无异议的非关键证据，举证方可以仅就证据的名称及拟证明的事实作出说明 (3) 召开庭前会议的案件，举证、质证可以按照庭前会议确定的方式进行 (4) 法庭可以对控辩双方的举证、质证方式进行必要的指引
	庭外调查	(1) **可依职权**：合议庭对证据有疑问的，可以宣布休庭，对证据进行调查核实 (2) **调查方式**：勘验、检查、查封、扣押、鉴定、查询、冻结（注意：无搜查） (3) 可以通知检察人员、辩护人、自诉人及其法定代理人到场
	调取新证据	(1) **依申请**：当事人、辩护人、诉讼代理人有权申请通知新的证人到庭，调取新的物证，申请重新鉴定或勘验 (2) **依职权**：法院**庭外调查核实证据过程中**，发现对定罪量刑有重大影响的新的证据材料的，应当告知检察人员、辩护人、自诉人及其法定代理人，也可以直接提取，并通知检察人员、辩护人、自诉人及其法定代理人查阅、摘抄、复制 【量刑证据的调取】合议庭发现被告人可能有自首、坦白、立功等法定量刑情节，而检察院移送的案卷中没有相关证据材料的，应当通知检察院移送 【庭外调查取得证据的效力】庭外调查核实取得的证据，应当经过当庭质证才能作为定案的根据。但是，对**不影响定罪量刑的非关键证据、有利于被告人的量刑证据、认定被告人有犯罪前科的裁判文书**等证据，经庭外征求意见，控辩双方没有异议的，可不再当庭质证
	补充侦查	(1) **启动方式**： ①公诉人发现案件需要补充侦查，建议延期审理的，合议庭**可以**同意 被告人提出新的立功线索的，法院可以建议检察院补充侦查 【注意】审判阶段的补充侦查的启动形式上必须由检察机关提出，法院不得主动将案件"退回"检察机关补充侦查 ②审判期间，法院发现新的事实，可能影响定罪量刑的，或需要补查补证的，应当通知检察院，**由检察院决定**是否补充、变更、追加起诉或补充侦查。检察院不同意或在指定时间内未回复书面意见的，法院

续表

<table>
<tr><td rowspan="3">法庭调查</td><td>补充侦查</td><td>应当就起诉指控的事实作出裁判
（2）期限/次数：1个月/2次
（3）补充侦查后的处理：
①补充侦查后移送起诉：检察院将补充收集的证据移送法院的，法院应当通知辩护人、诉讼代理人查阅、摘抄、复制
②补充侦查后未移送证据：补充侦查期限届满后，检察院未将补充的证据材料移送法院的，法院可以根据在案证据作出裁判
③补充侦查后未移送起诉：补充侦查期限届满后，经法庭通知，检察院未将补充侦查时退回的案卷移送法院，或拒不派员出席法庭的，法院可以决定按检察院撤诉处理</td></tr>
<tr><td>证据突袭</td><td>（1）控/辩方申请出示开庭前未移送法院的证据，对方提出异议的，审判长应当要求申请方说明理由；理由成立并确有出示必要的，应当准许
（2）控/辩方提出需要对新的证据做公诉/辩护准备的，法庭可以宣布休庭，并确定准备公诉/辩护的时间</td></tr>
<tr><td colspan="2">【注意】起诉书指控的被告人的犯罪事实为两起以上的，法庭调查一般应当分别进行
【总结】法庭调查的顺序：先控后辩</td></tr>
<tr><td>法庭辩论</td><td colspan="2">（1）法庭辩论顺序：
①公诉人发言（公诉词/公诉意见）
【量刑建议】检察院向法院提出量刑建议的，公诉人应当在发表公诉意见时提出
②被害人及其诉讼代理人发言
③被告人自行辩护
④辩护人辩护
⑤控辩双方进行辩论
【附带民事诉讼】有附带民事诉讼的，在刑事部分的辩论结束后，进入附带民事诉讼部分辩论
【总结】先控后辩，先刑后民
（2）程序倒流：法庭辩论过程中，合议庭发现与定罪量刑有关的新的事实，有必要调查的，审判长可以宣布暂停辩论，恢复法庭调查，在对新的事实调查后，继续法庭辩论</td></tr>
<tr><td>被告人
最后陈述</td><td colspan="2">（1）被告人最后陈述的权利不可剥夺，不可替代行使
未成年被告人最后陈述后，其法定代理人可以进行补充陈述
（2）被告人在最后陈述中多次重复自己的意见的，审判长可以制止
（3）程序倒流：
①被告人提出新的事实、证据，合议庭认为可能影响正确裁判的，应当恢复法庭调查
②被告人提出新的辩解理由，合议庭认为可能影响正确裁判的，应当恢复法庭辩论</td></tr>
<tr><td>评议与宣判</td><td>评议规则</td><td>（1）审理和评议由同一合议庭进行
（2）意见分歧的，应当按多数意见作出决定，但少数意见应当记入笔录
（3）评议一律秘密进行</td></tr>
</table>

续表

<table>
<tr><td rowspan="17">评议与宣判</td><td>宣判规则</td><td colspan="2">（1）宣判一律公开
公诉人、辩护人、诉讼代理人、被害人、自诉人或附带民事诉讼原告人未到庭的，不影响宣判的进行
（2）判决书送达时间：
①当庭宣判的，应当在 5 日内送达判决书
②定期宣判的，应当立即送达判决书
（3）判决书送达对象：
①应当送达：检察院、当事人、法定代理人、辩护人、诉讼代理人（检察院＋“当”“法”“辩”“诉”）
②可以送达：被告人的近亲属
③判决生效后，还应当送达被告人的所在单位或原户籍地的公安派出所，或被告单位的注册登记机关</td></tr>
<tr><td rowspan="4">文书签名</td><td>文书类型</td><td>签名主体</td></tr>
<tr><td>评议笔录</td><td rowspan="3">合议庭成员、法官助理、书记员</td></tr>
<tr><td>庭审笔录</td></tr>
<tr><td>判决书、裁定书</td></tr>
<tr><td rowspan="12">裁判结果</td><td>情形</td><td>结果</td></tr>
<tr><td>起诉指控的事实清楚，证据确实、充分，依据法律认定指控被告人的罪名成立的</td><td>作出有罪判决</td></tr>
<tr><td>起诉指控的事实清楚，证据确实、充分，但指控的罪名不当的</td><td>依据法律和审理认定的事实作出有罪判决</td></tr>
<tr><td>案件事实清楚，证据确实、充分，依据法律认定被告人无罪的</td><td rowspan="2">判决宣告被告人无罪</td></tr>
<tr><td>证据不足，不能认定被告人有罪的</td></tr>
<tr><td>案件部分事实清楚，证据确实、充分，部分事实不清、证据不足的</td><td>对事实清楚，证据确实、充分的部分作出有罪或无罪判决；对事实不清、证据不足部分，不予认定</td></tr>
<tr><td>被告人因未达刑事责任年龄，不予刑事处罚的</td><td rowspan="2">判决宣告被告人不负刑事责任</td></tr>
<tr><td>被告人是精神病人，在不能辨认或不能控制自己行为时造成危害结果的</td></tr>
<tr><td>犯罪已过追诉时效期限且不是必须追诉的</td><td rowspan="2">裁定终止审理</td></tr>
<tr><td>经特赦令免除刑罚的</td></tr>
<tr><td>属于告诉才处理的案件</td><td>裁定终止审理，并告知被害人有权提起自诉</td></tr>
<tr><td>被告人死亡的</td><td>裁定终止审理（能够确认无罪的，判决宣告被告人无罪）</td></tr>
</table>

续表

评议与宣判	裁判文书说理	(1) 裁判文书应当写明裁判依据，阐释裁判理由，反映控辩双方的意见并说明采纳或不予采纳的理由 (2) 适用普通程序审理的被告人认罪的案件，裁判文书可以适当简化
【庭审顺序】开庭→法庭调查→法庭辩论→被告人最后陈述→评议、宣判		

考点4：认罪认罚案件的审理程序★★★

审理重点	(1) 对检察院提起公诉的认罪认罚案件，法院应当重点审查以下内容： ①检察院讯问犯罪嫌疑人时，是否告知其诉讼权利和认罪认罚的法律规定 ②是否随案移送听取犯罪嫌疑人、辩护人或值班律师、被害人及其诉讼代理人意见的笔录 ③被告人与被害人达成调解、和解协议或取得被害人谅解的，是否随案移送调解、和解协议或被害人谅解书等相关材料 ④需要签署认罪认罚具结书的，是否随案移送具结书 (2) 未随案移送以上材料的，应当要求检察院补充 (3) 被告人违背意愿认罪认罚，或认罪认罚后又反悔，需要转换程序的，应按照普通程序重新审理
程序简化	(1) 讯问、发问可以简化 (2) 对控辩双方无异议的证据，可以仅就证据名称及证明内容进行说明；对控辩双方有异议，或法庭认为有必要调查核实的证据，应当出示并进行质证 (3) 裁判文书可以简化 【总结】讯问发问可简化；举证、质证可省略（前提：无异议）；裁判文书可简化
量刑建议的审查采纳	(1) 对于认罪认罚案件，法院作出判决时，**一般应当采纳**检察院指控的罪名和量刑建议，但有下列情形的除外： ①被告人的行为不构成犯罪或不应当追究其刑事责任的 ②被告人违背意愿认罪认罚的 ③被告人否认指控的犯罪事实的 ④起诉指控的罪名与审理认定的罪名不一致的 ⑤其他可能影响公正审判的情形 【总结】不构罪、不负责、不自愿、不认罪、不一致 (2) **调整量刑建议：** ①法院经审理认为量刑建议明显不当，或被告人、辩护人对量刑建议提出异议的，检察院可以调整量刑建议。检察院不调整量刑建议或调整量刑建议后仍然明显不当的，法院应当依法作出判决① ②检察院在开庭审理前或者休庭期间调整量刑建议的，应当重新听取被告人及其辩护人或值班律师的意见 ③检察院调整量刑建议，可以制作量刑建议调整书移送法院 ④适用速裁程序审理的，检察院调整量刑建议应当在庭前或当庭提出。调整量刑建议后，被告人同意继续适用速裁程序的，不需要转换审理程序 ⑤被告人在检察院提起公诉前未认罪认罚，在审判阶段认罪认罚的，法院可以不再通知检察院提出或调整量刑建议，但应当就定罪量刑听取控辩双方意见

① 《刑诉解释》第354条规定，对量刑建议是否明显不当，应当根据审理认定的犯罪事实、认罪认罚的具体情况，结合相关犯罪的法定刑、类似案件的刑罚适用等作出审查判断。

续表

量刑建议的审查采纳	(3) **对反悔的抗诉**：认罪认罚案件中，法院采纳检察院提出的量刑建议作出裁判，被告人仅以量刑过重为由提出上诉，因被告人反悔不再认罪认罚**致从宽量刑明显不当的**，检察院**应当**提出抗诉
量刑方法	(1) 对认罪认罚案件，法院一般应当对被告人从轻处罚；符合非监禁刑适用条件的，**应当**适用非监禁刑；具有法定减轻处罚情节的，可以减轻处罚 (2) 对认罪认罚案件，应当根据被告人认罪认罚的阶段早晚以及认罪认罚的主动性、稳定性、彻底性等，在从宽幅度上体现差异 (3) 共同犯罪案件，部分被告人认罪认罚的，可以对该部分被告人从宽处罚，但应当注意全案的量刑平衡

考点5：公诉的补充、追加、变更、撤回★

补充起诉	**适用情形**：遗漏罪行
追加起诉	**适用情形**：遗漏同案被告人
变更起诉	**适用情形**： ①被告人的真实身份、犯罪事实与起诉书不一致 ②事实、罪名、适用法律与起诉书不一致 审判期间，法院发现新的事实，可能影响定罪的，可以建议检察院补充或变更起诉；检察院不同意或在7日内未回复意见的，法院应当就起诉指控的犯罪事实作出裁判
撤回起诉	(1) **适用情形**：在法院**宣告判决前**，检察院发现具有下列情形之一的，可以撤回起诉： ①不存在犯罪事实的 ②犯罪事实并非被告人所为的 ③情节显著轻微、危害不大，不认为是犯罪的 ④证据不足或证据发生变化，不符合起诉条件的 ⑤被告人因未达到刑事责任年龄，不负刑事责任的 ⑥法律、司法解释发生变化导致不应当追究被告人刑事责任的 ⑦其他不应当追究被告人刑事责任的 (2) **法院裁量权**：检察院要求撤回起诉的，法院应当审查撤回起诉的理由，作出是否准许的裁定 (3) **撤回后的处理**：检察院应当在撤回起诉后30日内作出不起诉决定。需要重新侦查的，应当在作出不起诉决定后将案卷材料退回公安机关，建议公安机关重新侦查并书面说明理由 (4) **撤回的效力**：没有新的事实或新的证据，检察院不得再行起诉 【新的事实】原起诉书中未指控的犯罪事实。该犯罪事实触犯的罪名既可以是原指控罪名的同一罪名，也可以是其他罪名 【新的证据】撤回起诉后收集、调取的足以证明原指控犯罪事实的证据

考点6：审理中断★★

延期审理	(1) **适用情形**： ①需要通知新的证人到庭，调取新的物证，重新鉴定或勘验的 ②检察人员发现提起公诉的案件需要补充侦查，提出建议的

续表

延期审理	③检察人员发现遗漏罪行或遗漏同案犯罪嫌疑人，虽不需要补充侦查和补充提供证据，但需要补充、追加或变更起诉的 ④由于申请回避而不能进行审判的 （2）**期间计算**：除检察机关补充侦查或补充、追加、变更起诉的情形外，延期审理的期间都计入审限
中止审理	（1）**适用情形**： ①被告人患有严重疾病，无法出庭的 ②被告人脱逃的 ③自诉人患有严重疾病，无法出庭，未委托诉讼代理人出庭的 ④由于不能抗拒的原因 【总结】病重、脱逃、不可抗力 有多名被告人的案件，部分被告人具有以上情形的，法院可以对全案中止审理；也可以对该部分被告人中止审理，对其他被告人继续审理 （2）**期间计算**：不计入审限

【比较】延期审理 *v.* 中止审理

	延期审理	中止审理
阶段	庭审过程中	受案后至作出裁判前
原因	庭审自身出现障碍	不可抗力
后果	庭审活动暂停，其他诉讼活动继续进行	所有诉讼活动停止
开庭时间	可预见	不可预见
作出形式	决定	裁定

考点7：单位犯罪案件审理程序★★★★

诉讼代表人	人选确定	（1）原则：法定代表人、实际控制人或主要负责人 （2）由被告单位委托其他负责人或职工作为诉讼代表人： ①法定代表人、实际控制人或主要负责人被指控为单位犯罪直接责任人员的 ②因客观原因无法出庭的 （3）难以确定诉讼代表人的，可以由被告单位委托**律师**等单位以外的人员作为诉讼代表人 诉讼代表人不得同时担任被告单位或被指控为单位犯罪直接责任人员的有关人员的辩护人
	不到庭的处理	（1）**法定代表人、实际控制人或主要负责人不到庭**： ①无正当理由的：可拘传其到庭 ②因客观原因或下落不明：要求**检察院**另行确定诉讼代表人 （2）**其他人不到庭**：要求**检察院**另行确定诉讼代表人
诉讼代表人的诉讼权利	（1）被告单位的诉讼代表人享有刑事诉讼法规定的有关被告人的诉讼权利 （2）开庭时，诉讼代表人席位置于审判台前左侧，与辩护人席并列	

续表

遗漏单位被告人的处理	(1) 追加起诉：对应当认定为单位犯罪的案件，检察院只作为自然人犯罪起诉的，法院应当建议检察院对犯罪单位追加起诉 (2) 检察院仍以自然人犯罪起诉的，法院应当依法审理，按照单位犯罪直接负责的主管人员或其他直接责任人员追究刑事责任
单位财产的处理	(1) **违法所得处理**：被告单位的违法所得及其孳息，尚未被依法追缴或查封、扣押、冻结的，法院应当决定追缴或查封、扣押、冻结 (2) **合法财产保全**：法院可以先行查封、扣押、冻结被告单位的财产，或由被告单位提出担保
单位变更	(1) **单位消失**：审判期间，被告单位被吊销营业执照、宣告破产但尚未完成清算、注销登记的，应当继续审理；被告单位被撤销、注销的，对单位犯罪中直接负责的主管人员和其他直接责任人员应当继续审理 (2) **单位变更**：审判期间，被告单位合并、分立的，应当将原单位列为被告单位，并注明合并、分立情况。对被告单位所判处的罚金以其在新单位的财产及收益为限

考点 8：法庭秩序★★

法庭纪律	(1) 庭审期间，全体人员应当服从法庭指挥，遵守法庭纪律，尊重司法礼仪，不得实施下列行为： ①鼓掌、喧哗、随意走动 ②吸烟、进食 ③拨打、接听电话，或使用即时通讯工具 ④对庭审活动进行录音、录像、拍照或使用即时通讯工具等传播庭审活动 ⑤其他危害法庭安全或扰乱法庭秩序的行为 (2) 旁听人员不得进入审判活动区，不得随意站立、走动，不得发言和提问 (3) 记者经许可实施上述第四项规定的行为，应当在指定的时间及区域进行，不得干扰庭审活动
惩戒措施	(1) 情节较轻的，应当警告制止并进行**训诫** (2) 训诫无效的，**责令退出法庭**；拒不退出的，指令法警**强行带出法庭** (3) 情节严重的，**报经院长批准**后，可以对行为人处 1 000 元以下的**罚款或** 15 日以下的**拘留** 【注意】罚款与拘留只能择一适用 (4) 未经许可对庭审活动进行录音、录像、拍照或使用即时通讯工具等传播庭审活动的，可以暂扣相关设备及存储介质，删除相关内容
救济途径	(1) 诉讼参与人、旁听人员对**罚款**、**拘留**的决定不服的，可以向**上一级**法院申请复议 (2) 复议期间，不停止决定的执行
辩护人违反法庭纪律	辩护人严重扰乱法庭秩序，被强行带出法庭或被处以罚款、拘留： (1) 被告人自行辩护的，庭审继续进行 (2) 被告人要求另行委托辩护人，或被告人属于应当提供法律援助情形的，应当宣布休庭

考点 9：一审期限★★★

3 个月	法院审理公诉案件，应当在受理后 2 个月以内宣判，至迟不得超过 3 个月
+3 个月	具有以下情形的案件，经**上一级**法院批准，可以延长 3 个月： ①可能判处死刑；②附带民事诉讼；③“交”“集”“流”“广”
+X	因特殊情况还需要延长的，报请**最高法院批准**
审限的重新计算	（1）法院改变管辖的案件，从改变后的法院收到案件之日起计算审理期限 （2）检察院补充侦查的案件，补充侦查完毕移送法院后，重新计算审理期限

考点 10：自诉案件的审理程序★★

受理条件	（1）属于自诉案件的范围 （2）属于本院管辖 （3）被害人告诉 （4）有明确的被告人、具体的诉讼请求和证明被告人犯罪事实的证据
审理程序	（1）**提起方式**：书面或口头 （2）**不予受理的情形**（立案前）： 具有下列情形之一的，应当说服自诉人撤回起诉；自诉人不撤回起诉的，**裁定**不予受理： ①不属于自诉案件的范围 ②缺乏罪证 ③犯罪已过追诉时效期限 ④被告人死亡 ⑤被告人下落不明 ⑥自诉人撤诉后，就同一事实又告诉（因证据不足而撤诉的除外） ⑦经法院调解结案后，自诉人反悔，就同一事实再行告诉 ⑧属于被害人有证据证明的轻微刑事案件，公安机关正在立案侦查或检察院正在审查起诉的 ⑨不服检察院对未成年犯罪嫌疑人作出的附条件不起诉决定或附条件不起诉考验期满后作出的不起诉决定，向法院起诉的（附条件不起诉不得“转自诉”） （3）**驳回起诉**：对已经立案，经审查缺乏罪证的自诉案件，自诉人提不出补充证据的，法院应当说服其撤回起诉或**裁定**驳回起诉 【注意】不予受理与驳回起诉都以“裁定”形式作出。这意味着，对不予受理或驳回起诉裁定不服的，可以上诉。二审法院认为一审裁定有错误的，应当在撤销原裁定的同时，指令一审法院受理 （4）**代为告诉**：如果被害人死亡、丧失行为能力或因受强制、威吓等**无法告诉**，或是限制行为能力人以及因年老、患病、盲、聋、哑等**不能亲自告诉**，其法定代理人、近亲属告诉或代为告诉的，法院应当依法受理 （5）**审查期限**：15 日
程序特点	（1）**被告人/自诉人的可分性**： ①**仅对部分侵害人提起自诉**：自诉人明知有其他共同侵害人，但只对部分侵害人提起自诉的，法院应当受理，并告知其放弃告诉的法律后果；自诉人放弃告诉，判决宣告后又对其他共同侵害人就同一事实提起自诉的，法院不予受理

续表

程序特点	②**仅有部分被害人提起自诉**：共同被害人中只有部分人告诉的，法院应当通知其他被害人参加诉讼，并告知其不参加诉讼的法律后果；被通知人接到通知后表示不参加诉讼或不出庭的，视为放弃告诉。第一审宣判后，被通知人就同一事实又提起自诉的，法院不予受理 （2）**可以调解**：除公诉转自诉的案件外，可以调解 ①调解达成协议的，应当制作刑事调解书，由审判人员、法官助理、书记员署名，并加盖法院印章 ②调解书经双方当事人签收后，即具有法律效力 ③调解没有达成协议，或调解书签收前当事人反悔的，应当及时作出判决 （3）**可以和解，可以撤诉**：判决宣告前，自诉案件的当事人可以自行和解，自诉人可以撤回自诉 【法院审查】法院经审查，认为和解、撤回自诉确属自愿的，应当裁定准许；认为系被强迫、威吓等，并非出于自愿的，不予准许 【按撤诉处理】自诉人经**两次**传唤，无正当理由拒不到庭，或未经法庭准许中途退庭的，法院应当裁定按撤诉处理 【部分自诉人撤诉】部分自诉人撤诉或被裁定按撤诉处理的，不影响案件的继续审理 【解除强制措施】撤诉结案的案件，被告人被采取强制措施的，法院应当立即解除 （4）**可以反诉**：除公诉转自诉的案件外，可以反诉 【反诉的条件】①反诉的对象必须是本案自诉人；②反诉的内容必须是与本案有关的行为 【反诉的程序】①反诉案件适用自诉案件的规定，与自诉案件一并审理；②自诉人撤诉的，不影响反诉案件的继续审理 （5）**公诉案件与自诉案件的合并审理**：被告人实施两个以上犯罪行为，分别属于公诉案件和自诉案件的，法院可以一并审理 【注意】合并审理必须是先公诉后自诉
审理期限	（1）**被告人被羁押**：同公诉案件一审程序（3＋3＋X） （2）**被告人未被羁押**：6个月

考点11：简易程序★★★★★

适用条件	（1）**积极条件**： ①属于基层法院管辖 ②案件事实清楚、证据充分 ③被告人承认自己所犯罪行，对指控的犯罪事实没有异议 ④被告人对适用简易程序没有异议 【总结】基层法院、证据充分、承认罪行、同意适用 对未成年人刑事案件，决定适用简易程序的，应当征求未成年被告人及其法定代理人、辩护人意见。以上人员提出异议的，不得适用简易程序 （2）**消极条件**： ①被告人是盲、聋、哑人的 ②被告人是尚未完全丧失辨认或控制自己行为能力的精神病人的 ③有重大社会影响的 ④共同犯罪案件中部分被告人不认罪或对适用简易程序有异议的 ⑤辩护人作无罪辩护的 ⑥被告人认罪但经审查认为可能不构成犯罪的

续表

<table>
<tr><td>适用条件</td><td colspan="3">⑦不宜适用简易程序审理的其他情形
【总结】盲、聋、哑，精神病，影响大，不认罪，辩无罪，不构罪，有异议</td></tr>
<tr><td rowspan="4">审判组织、审理期限</td><td></td><td>审判组织</td><td>审理期限</td></tr>
<tr><td>3 年以下</td><td>可合议，可独任</td><td>20 日</td></tr>
<tr><td>超过 3 年</td><td>只能合议</td><td>1.5 个月</td></tr>
<tr><td colspan="3">【独任转合议】适用简易程序独任审判过程中，发现对被告人可能判处的有期徒刑超过 3 年的，应当转由合议庭审理</td></tr>
<tr><td>公诉人出庭</td><td colspan="3">(1) 适用简易程序审理的公诉案件，检察院应当派员出庭
(2) 检察院可以对适用简易程序的案件相对集中提起公诉，建议法院相对集中审理</td></tr>
<tr><td>庭审的简化</td><td colspan="3">(1) 公诉人可以摘要宣读起诉书
(2) 公诉人、辩护人、审判人员对被告人的讯问、发问可以简化或省略
(3) 对控辩双方无异议的证据，可以仅就证据的名称及所证明的事项作出说明；对控辩双方有异议，或法庭认为有必要调查核实的证据，应当出示，并进行质证
(4) 控辩双方对与定罪量刑有关的事实、证据没有异议的，法庭审理可以直接围绕罪名确定和量刑问题进行
【最后陈述不可省略】适用简易程序审理案件，判决宣告前应当听取被告人的最后陈述</td></tr>
<tr><td>转为普通程序</td><td colspan="3">(1) 应当转为普通程序的情形：
①被告人的行为可能不构成犯罪的
②被告人可能不负刑事责任的
③被告人当庭对起诉指控的犯罪事实予以否认的
④案件事实不清、证据不足的
⑤不应当或不宜适用简易程序的其他情形
(2) 审限起算：从决定转为普通程序之日起计算
(3) 延期审理：转为普通程序审理的案件，公诉人需要作出庭准备的，可以建议法院延期审理</td></tr>
<tr><td>认罪认罚案件适用简易程序</td><td colspan="3">(1) 适用简易程序审理认罪认罚案件，公诉人可以简要宣读起诉书
(2) 审判人员当庭询问被告人对指控的犯罪事实、证据、量刑建议及适用简易程序的意见，核实具结书签署的自愿性、真实性、合法性
(3) 法庭调查可以简化，但对有争议的事实和证据应当进行调查、质证
(4) 法庭辩论可以仅围绕有争议的问题进行
(5) 裁判文书可以简化</td></tr>
</table>

考点 12：速裁程序★★★★★

概念	基层法院审理可能判处 3 年有期徒刑以下刑罚，事实清楚、证据确实、充分，被告人认罪认罚且民事赔偿问题已经解决的案件，在被告人同意的前提下，适用的比简易程序更为简化的审判程序
意义	速裁程序是对简易程序的简化，有利于进一步合理分配司法资源，提高审判效率。2018 年《刑事诉讼法》关于速裁程序的增设，使我国刑事一审程序形成了普通程序、简易程序、速裁程序多元化繁简分流模式

续表

审判组织	独任庭	
适用条件	（1）**积极条件：** ①属于基层法院管辖 ②可能判处3年有期徒刑以下刑罚 ③案件事实清楚、证据充分 ④被告人认罪认罚 ⑤被告人对适用速裁程序没有异议 【总结】基层法院，3年以下，证据充分，认罪认罚，同意适用 （2）**消极条件：** ①被告人是盲、聋、哑人 ②被告人是尚未完全丧失辨认或控制自己行为能力的精神病人 ③被告人是未成年人 ④有重大社会影响的 ⑤共同犯罪案件中部分被告人对指控的犯罪事实、罪名、量刑建议或适用速裁程序有异议 ⑥被告人与被害人或其法定代理人没有就附带民事诉讼赔偿等事项达成调解或和解协议 ⑦辩护人作无罪辩护的 ⑧不宜适用速裁程序审理的其他情形 【总结】盲、聋、哑，精神病，未成年，影响大，有异议，辩无罪，不和解	
程序特点	**“一个省略”**	一般不进行法庭调查、法庭辩论
	“一个简化”	裁判文书可以简化
	“三个应当”	（1）应当听取辩护人意见 （2）应当听取被告人最后陈述意见 （3）应当当庭宣判
	“四个集中”	（1）集中送达：可以在向被告人送达起诉书时一并送达权利义务告知书、开庭传票，并核实被告人自然信息等情况。不受起诉书副本、证人名单、开庭传票等送达期限的限制 （2）集中开庭：法院可以集中开庭，逐案审理 （3）集中公诉：检察院可以指派公诉人集中出庭支持公诉 （4）集中宣判：集中审理的，可以集中当庭宣判
审理期限	（1）**1年以下：**10日 （2）**超过1年（1—3年）：**15日	
转向处分	法院在适用速裁程序审理过程中，发现有以下情形之一的，应当适用普通程序或简易程序重新审理： ①被告人的行为不构成犯罪或不应当追究其刑事责任 ②被告人违背意愿认罪认罚 ③被告人否认指控的犯罪事实 ④案情疑难、复杂或对适用法律有重大争议 ⑤其他不宜适用速裁程序审理的情形	
二审处理	（1）被告人不服适用速裁程序作出的第一审判决提出上诉的案件，可以不开庭审理 （2）第二审法院审查后，按照下列情形分别处理： ①被告人以**事实不清、证据不足**为由提出上诉的，应当裁定撤销原判，发回原审法院	

续表

二审处理	适用普通程序重新审理，**不再按认罪认罚案件从宽处罚** ②**被告人以量刑不当**为由提出上诉的，认为原判量刑适当的，应当裁定驳回上诉，维持原判；原判量刑不当的，依法改判

【比较】简易程序 *v.* 速裁程序

	简易程序	速裁程序
审理法院	基层法院（一审）	
审判组织	3 年以下：可合议可独任 超过 3 年：合议	独任庭
自愿认罪	√	
程序选择	√	
刑罚要求	有期徒刑以下	3 年以下
适用条件	基层法院，证据充分，承认罪行，同意适用	基层法院，3 年以下，证据充分，认罪认罚，同意适用
	速裁程序比简易程序多了“3 年以下”与“认罚”的要求	
禁止条件	盲、聋、哑，精神病，影响大，有异议，辩无罪，不构罪	盲、聋、哑，精神病，未成年，影响大，有异议，辩无罪，不和解
	速裁程序比简易程序多了“未成年”与“不和解”的情形	
简化程度	“可简化”法庭调查与法庭辩论	“一般不进行”法庭调查与法庭辩论
当庭宣判	一般应当当庭宣判	应当当庭宣判
审理期限	3 年以下：20 日；超过 3 年：1.5 月	1 年以下：10 日；超过 1 年：15 日

考点 13：判决、裁定、决定★★

	判决	裁定	决定
适用主体	法院	法院	侦查机关＋检察院＋法院
适用对象	实体问题	程序问题＋实体问题（个别）	程序问题
适用阶段	审判阶段	审判阶段＋执行阶段	刑事诉讼全过程
作出形式	书面	书面＋口头	书面＋口头
一案中数量	只有一个生效判决	可有多个	可有多个
生效时间	一般不会立即生效	一般不会立即生效	作出即生效
救济方式	可于 10 日内上诉、抗诉	可于 5 日内上诉、抗诉	复议、复核、申诉

第十五章　第二审程序

考点 1：第二审程序的提起★★★

<table>
<tr><th></th><th>上诉</th><th>抗诉</th></tr>
<tr><td rowspan="2">主体</td><td>(1) 独立主体：被告人、自诉人及其法定代理人
(2) 非独立主体（须经被告人、自诉人同意）：辩护人、近亲属
【附带民事诉讼部分上诉】附带民事诉讼的当事人及其法定代理人，可对第一审裁判中的附带民事诉讼部分提出上诉</td><td>一审法院的同级检察院
【请求抗诉】被害人及其法定代理人不服一审判决的，自收到判决书后 5 日内，有权请求检察院提出抗诉。检察院自收到请求后 5 日内，应当作出是否抗诉的决定并答复请求人（5＋5）
【注意】
①被害人的近亲属无权请求抗诉
②请求抗诉只适用于判决，不适用于裁定</td></tr>
<tr><td colspan="2">在罚没违法所得程序中，被追诉人的近亲属、其他利害关系人、检察院可以提出上诉、抗诉</td></tr>
<tr><td>理由</td><td>不需要</td><td>认为一审裁判确有错误</td></tr>
<tr><td>形式</td><td>书面＋口头</td><td>书面</td></tr>
<tr><td>途径</td><td>原审法院或上一级法院</td><td>原审法院（抗诉书抄送上一级检察院）</td></tr>
<tr><td>期限</td><td colspan="2">(1) 判决：10 日
(2) 裁定：5 日
对附带民事判决、裁定的上诉、抗诉期限，应当按照刑事部分的上诉、抗诉期限确定</td></tr>
</table>

考点 2：上诉、抗诉的撤回[①]★★

<table>
<tr><td rowspan="2">上诉的撤回</td><td>上诉期限内</td><td>无须审查，一律准许</td></tr>
<tr><td>上诉期满后</td><td>二审法院应当审查：
(1) 认为原判认定事实和适用法律正确，量刑适当的，应当裁定准许撤回上诉</td></tr>
</table>

① 撤回上诉、抗诉的情形下裁判的生效时间：上诉、抗诉期限内撤回的，上诉、抗诉期满之日起一审裁判生效；上诉、抗诉期满后撤回的，准许撤回上诉、抗诉裁定书送达上诉人或抗诉机关之日起一审裁判生效。

续表

上诉的撤回	上诉期满后	（2）认为原判确有错误的，应当**裁定**不予准许，继续按照上诉案件审理 （3）被判处死刑立即执行的被告人提出上诉，在第二审开庭后宣告裁判前申请撤回上诉的，**应当不予准许**，继续按照上诉案件审理 【总结】上诉期满后不准许撤回上诉的情形：原审有错＋原判“死立执”
抗诉的撤回	抗诉期限内	第一审法院不再向上一级法院移送案件
	抗诉期满后	第二审法院可以裁定准许，但是认为原判存在将无罪判为有罪、轻罪重判等情形的，应当不予准许，继续审理 【注意】“继续审理”指按照抗诉案件审理

考点3：全面审查原则★★★

基本含义	第二审法院应当就第一审判决认定的事实和适用法律进行全面审查，不受上诉或抗诉范围的限制 法庭调查应当重点围绕对第一审判决提出异议的事实、证据以及提交的新的证据等进行；对没有异议的事实、证据和情节，可以直接确认
共同犯罪	（1）**部分上诉、抗诉**：共同犯罪案件，只有部分被告人提出上诉，或自诉人只对部分被告人的判决提出上诉，或检察院只对部分被告人的判决提出抗诉的，第二审法院应当对全案进行审查，一并处理 （2）**上诉人死亡**：共同犯罪案件，上诉的被告人死亡，其他被告人未上诉的，第二审法院仍应对全案进行审查。经审查，死亡的被告人不构成犯罪的，应当宣告无罪；构成犯罪的，应当终止审理，对其他同案被告人仍应作出裁判 （3）**被告人出庭**： ①对同案审理案件中未上诉的被告人，未被申请出庭或法院认为没有必要到庭的，可以不再传唤到庭 ②同案审理的案件，未提出上诉、检察院也未对其判决提出抗诉的被告人要求出庭的，应当准许 ③出庭的被告人可以参加法庭调查和法庭辩论

考点4：上诉不加刑原则★★★★★

基本含义	**只有被告人一方的上诉**，二审法院不得对被告人的刑罚作出**实质不利**的改判 被告人上诉，检察院、自诉人对刑事部分无意见，附带民事诉讼的原告人对附带民事部分的判决提起上诉，二审法院也不得加重被告人的刑罚
具体要求	（1）原判认定的罪名不当的，可以改变罪名，但不得加重刑罚或**对刑罚执行产生不利影响**[1]

① 《刑法》第81条第2款规定，对累犯以及故意杀人、强奸、抢劫、绑架、放火、爆炸、投放危险物质或者有组织的暴力性犯罪被判处10年以上有期徒刑、无期徒刑的犯罪分子，不得假释。据此，实践中可能存在二审改变一审认定罪名，并未加重刑罚，但对被告人产生不利影响的情形。例如，二审将一审认定的盗窃罪改判为抢劫罪，维持12年有期徒刑刑罚。这种情况下，尽管未加重被告人的刑罚，但被告人却因罪名改变而不得假释，从而对其刑罚执行产生不利影响。

续表

具体要求	(2) 原判认定的罪数不当的，**可以改变罪数**，并调整刑罚，但不得加重**决定执行的刑罚**或对刑罚执行产生不利影响 【注意】①可以加重数罪中部分罪名的刑罚；②可以增加罪数 (3) 原判对被告人宣告缓刑的，不得撤销缓刑或延长缓刑考验期 (4) 原判没有宣告职业禁止、禁止令的，不得增加宣告；原判宣告职业禁止、禁止令的，不得增加内容、延长期限 (5) 原判对被告人判处死刑缓期执行没有限制减刑、决定终身监禁的，不得限制减刑、决定终身监禁 (6) 原判判处的刑罚不当、应当适用附加刑而没有适用的，不得直接加重刑罚、适用附加刑。原判判处的刑罚畸轻，必须改判的，应当在第二审判决、裁定生效后，依照审判监督程序重新审判 【总结】不得对被告人执行的刑罚产生不利影响
共同犯罪	(1) 同案审理的案件，只有部分被告人上诉的，既不得加重上诉人的刑罚，也不得加重其他同案被告人的刑罚 (2) 检察院只对部分被告人的判决提出抗诉，或自诉人只对部分被告人的判决提出上诉的，第二审法院不得对其他同案被告人加重刑罚 【总结】二审不得加重不相关被告人的刑罚
发回重审不加刑	(1) 只有被告人一方提出上诉的案件，第二审法院发回重新审判后，**除有新的犯罪事实，检察院补充起诉的以外**，原审法院不得加重被告人的刑罚 (2) 只有被告人一方提出上诉的案件，原审法院对上诉发回重新审判的案件作出判决后，检察院抗诉的，第二审法院**不得改判为重于原审法院第一次判处的刑罚**

考点5：二审的审理★★★★

审理方式	(1) **应当开庭的情形：** ①被告人、自诉人及其法定代理人对第一审认定的事实、证据提出异议，可能影响定罪量刑的上诉案件 ②被告人被判处**死刑**的上诉案件 被判处死刑立即执行的被告人没有上诉，同案的其他被告人上诉的案件，第二审法院应当开庭审理 ③检察院**抗诉**的案件 【总结】死刑＋抗诉 (2) **不开庭审理：** ①对上诉、抗诉案件，第二审法院经审查，认为原判事实不清、证据不足，或者具有《刑事诉讼法》第238条规定的违反法定诉讼程序情形，需要发回重新审判的，可以不开庭审理 ②应当讯问被告人，听取其他当事人、辩护人、诉讼代理人的意见 ③合议庭全体成员应当阅卷，必要时应当提交书面阅卷意见
开庭地点	二审法院＋案件发生地法院＋原审法院所在地法院
检察员出庭	(1) 第二审法院开庭审理的**公诉**案件，同级检察院都应当派员出席法庭 (2) 抗诉案件，检察院接到开庭通知后不派员出庭，且未说明原因的，法院可以裁定按检察院撤回抗诉处理，并通知第一审法院和当事人
检察院阅卷	(1) 第二审法院应当在**决定开庭审理后**（注意：不是“受理案件后”）通知检察院查阅案卷

续表

检察院阅卷	(2) 检察院应当在1个月以内查阅完毕 (3) 检察院查阅案卷的时间**不计入**审理期限
委托辩护	(1) 第二审期间，被告人除自行辩护外，还可以继续委托第一审辩护人或另行委托辩护人辩护 (2) 共同犯罪案件，只有部分被告人提出上诉，或自诉人只对部分被告人的判决提出上诉，或检察院只对部分被告人的判决提出抗诉的，其他同案被告人也可以委托辩护人辩护 【总结】无关被告人也可委托辩护人
开示新证据	第二审期间，检察院或被告人及其辩护人提交新证据的，法院应当及时通知对方查阅、摘抄或复制
死刑二审	检察院办理死刑上诉、抗诉案件，应当进行下列工作： ①讯问原审被告人，听取原审被告人的上诉理由或辩解 ②**听取辩护人的意见** ③复核主要证据，必要时询问证人 ④必要时补充收集证据 ⑤对鉴定意见有疑问的，可以重新鉴定或补充鉴定 ⑥根据案件情况，可以听取被害人的意见
二审审限 (2+2+X)	(1) **2个月** (2) **+2个月**：高院批准：①可能判处死刑；②附带民事诉讼；③“交”“集”“流”“广” (3) **+X**：因特殊情况还需要延长的，报请最高法院批准 **不定期（最高法院二审）**：最高法院受理二审案件的审理期限，由最高法院决定
二审中认罪认罚	(1) 被告人在第一审程序中未认罪认罚，在第二审程序中认罪认罚的，第二审法院应当根据其认罪认罚的价值、作用决定是否从宽 (2) 审理程序依照第二审程序进行 (3) 确定从宽幅度时应当与第一审程序认罪认罚有所区别

考点6：二审的裁判结果★★★★

维持原判	原判决认定事实和适用法律正确、量刑适当的，应当裁定驳回上诉或抗诉，维持原判
应当改判	原判决认定事实没有错误，但适用法律有错误，或量刑不当的，应当改判
可改判 **可发回**	原判决事实不清或证据不足的，可以在查清事实后改判；也可以裁定撤销原判，发回重审 【注意】以“事实不清、证据不足”为由发回重审的案件，原审法院重新作出判决后，被告人上诉或检察院抗诉的，第二审法院应当作出裁判，不得再发回重新审判（以“事实不清、证据不足”为由，只能发回一次）
应当发回	(1) 违反有关**公开审判**的规定的 (2) 违反**回避制度**的 (3) **剥夺**或限制了当事人的法定诉讼**权利**，可能影响公正审判的 (4) **审判组织**的组成不合法的 (5) 其他违反法律规定的诉讼程序，可能影响公正审判的

续表

应当发回	【可不开庭】对上诉、抗诉案件，第二审法院经审查，认为原判事实不清、证据不足，违反法定诉讼程序情形，需要发回重新审判的，可以不开庭审理 【审判组织】原审法院对于发回重新审判的案件，应当另行组成合议庭，依照第一审程序进行审判 【审限计算】原审法院从收到发回的案件之日起，重新计算审理期限（一审审限：3＋3＋X）

考点7：在法定刑以下判处刑罚的核准程序★

核准方式	层报最高法院
层报程序	（1）**未上诉、抗诉：** ①在上诉、抗诉期满后3日内报请上一级法院复核 ②上一级法院同意原判的，应当书面层报最高法院核准 （2）**上诉、抗诉——依照第二审程序审理：** ①第二审维持原判，或改判后仍在法定刑以下判处刑罚的，应当层报最高法院核准 ②第二审改判法定刑内刑罚的，二审判决为生效判决
上级法院一票否决	上一级法院不同意的，应当裁定发回重审，或按照第二审程序提审 原判是基层法院作出的，高级法院可以指定中级法院按照第一审程序重新审理
最高法院的处理方式	（1）**核准：**作出核准裁定书 （2）**不核准：**作出不核准裁定书，并撤销原裁判，发回原审法院重审或指定其他下级法院重审 发回第二审法院重审的，第二审法院可以直接改判；必须通过开庭查清事实、核实证据或纠正原审程序违法的，应当开庭审理
审理期限	同第二审程序（2＋2＋X）

第十六章　死刑复核程序

考点 1：死刑立即执行的复核程序——最高法院★★★

<table>
<tr><td rowspan="2">报请复核</td><td>中院一审判死刑</td><td>（1）无上诉、抗诉的：
①在上诉、抗诉期满后 10 日内报请高级法院复核
②高级法院同意判处死刑的，应当在作出裁定后 10 日内报请最高法院核准
③高级法院不同意判处死刑的，应当依照第二审程序提审或发回重审
（2）上诉或抗诉的：
①高级法院裁定维持的，应当在作出裁定后 10 日内报请最高法院核准
②高级法院改判非死立执的，二审判决为终审判决</td></tr>
<tr><td>高院一审判死刑</td><td>（1）无上诉、抗诉的：应当在上诉、抗诉期满后 10 日内报请最高法院核准
（2）上诉或抗诉的：二审法院（最高法院）的判决为终审判决</td></tr>
<tr><td rowspan="3">复核程序</td><td>审判组织</td><td>审判员 3 人组成合议庭</td></tr>
<tr><td>程序听证化</td><td>（1）应当讯问被告人
高级法院复核死刑缓期执行案件，应当讯问被告人
（2）辩护律师提出要求的，应当听取辩护律师的意见
（3）最高检察院可以向最高法院提出意见
（4）最高法院应当将死刑复核结果通报最高检察院</td></tr>
<tr><td>全面审查</td><td>（1）共同犯罪案件中，部分被告人被判处死刑的，最高法院复核时，应当对全案进行审查，但不影响对其他被告人已经发生法律效力的裁判的执行（全案审查，分别生效）
该同案被告人参与实施有关死刑之罪的，应当在最高法院复核讯问被判处死刑的被告人后交付执行
（2）发现对其他被告人已经发生法律效力的裁判确有错误时，可以指令原审法院再审</td></tr>
<tr><td rowspan="2">复核后的处理</td><td>裁定核准</td><td>（1）直接核准：原判认定事实和适用法律正确、量刑适当、诉讼程序合法的
（2）纠正后核准：原判认定的某一具体事实或引用的法律条款等存在瑕疵，但判处被告人死刑并无不当的，可以在纠正后作出核准的裁判</td></tr>
<tr><td>裁定不予核准，撤销原判，发回重审</td><td>（1）原判事实不清、证据不足的
（2）复核期间出现新的影响定罪量刑的事实、证据的
（3）原审违反法定诉讼程序，可能影响公正审判的</td></tr>
</table>

续表

复核后的处理	发回或改判	原判认定事实正确、证据充分，但依法不应当判处死刑的，应当裁定不予核准，并撤销原判，发回重新审判；根据案件情况，**必要时，也可以改判**
	【总结】 一切正确——核准 有瑕疵（具体事实、法律条款）——纠正后核准 事实不清——发回 程序违法——发回 事实清楚，量刑不当——原则上发回，亦可改判	
发回重审	重审法院	（1）最高法院裁定不予核准死刑的，可以发回第二审法院或第一审法院重新审判 对最高法院发回第二审法院重新审判的案件，第二审法院**一般不得**发回第一审法院重新审判 （2）高级法院依照复核程序审理后报请最高法院核准死刑，最高法院裁定不予核准，发回高级法院重审的，高级法院可以依照第二审程序提审或发回重新审判
	次数限制	最高法院死刑复核后发回重新审判的案件，第一审法院判处死刑、死刑缓期执行的，上一级法院依照第二审程序或复核程序审理后，应当作出裁判，不得再发回重新审判。但是，第一审法院存在程序违法情形的除外
	重审程序	（1）第一审法院重审的，应当开庭审理 （2）第二审法院重审的，必须通过开庭查清事实、核实证据或纠正原审程序违法的，应当开庭审理
	审判组织	（1）最高法院裁定不予核准死刑，发回重审的案件，原审法院一般应当另行组成合议庭审理 （2）因以下原因发回重审的，原审法院无须另行组成合议庭审理： ①复核期间出现新的影响定罪量刑的事实、证据的（新事实，新证据） ②原判认定事实正确，但依法不应当判处死刑的（定性正确，量刑过重）

考点 2：死刑缓期二年执行的复核程序——高级法院★

报请复核	中级法院判处死刑缓期执行的第一审案件，被告人未上诉、检察院未抗诉的，应当报请高级法院核准	
复核程序	（1）**审判组织**：3 人合议庭 （2）应当讯问被告人 （3）被告人没有委托辩护人的，应当通知法律援助机构指派律师为其提供辩护 （4）不得加重被告人的刑罚（死缓复核不加刑）	
复核后的处理	裁定核准	（1）**直接核准**：原判认定事实和适用法律正确、量刑适当、诉讼程序合法的 （2）**纠正后核准**：原判认定的某一具体事实或引用的法律条款等存在**瑕疵**，但判处被告人死刑缓期执行并无不当的，可以在纠正后核准

续表

<table>
<tr><td rowspan="3">复核后的处理</td><td>应当改判</td><td>原判认定事实正确，但适用法律有错误，或量刑过重的</td></tr>
<tr><td>可改判
可发回</td><td>(1) 原判事实不清、证据不足的
(2) 复核期间出现新的影响定罪量刑的事实、证据的</td></tr>
<tr><td>应当发回</td><td>原审违反法定诉讼程序，可能影响公正审判的</td></tr>
<tr><td>死缓犯限制减刑</td><td colspan="2">被判处死刑缓期执行的累犯以及因故意杀人、强奸、抢劫、绑架、放火、爆炸、投放危险物质或有组织的暴力性犯罪被判处死刑缓期执行的犯罪分子，可以同时决定限制减刑</td></tr>
</table>

第十七章　审判监督程序

考点 1：提起审判监督程序的主体★★★

<table>
<tr><td rowspan="3">法院</td><td>本院院长</td><td>各级法院院长发现本院已经发生法律效力的裁判确有错误的，应当提交审判委员会讨论决定是否再审</td></tr>
<tr><td>上级法院</td><td>（1）指令再审：上级法院发现下级法院已经发生法律效力的裁判确有错误的，可以指令下级法院再审
上级法院指令下级法院再审的，一般应当指令原审法院以外的下级法院审理；由原审法院审理更有利于查明案件事实、纠正裁判错误的，可以指令原审法院审理
（2）提审（可以）：①原裁判认定事实正确但适用法律错误；②案件疑难、复杂、重大；③有不宜由原审法院审理情形的</td></tr>
<tr><td>最高法院</td><td>最高法院发现各级法院的生效裁判确有错误的，可以提审或指令再审</td></tr>
<tr><td rowspan="2">检察院</td><td>上级检察院</td><td>上级检察院发现下级法院已经发生法律效力的裁判确有错误的，有权向同级法院提起再审抗诉</td></tr>
<tr><td>最高检察院</td><td>最高检察院发现各级法院已经发生法律效力的裁判确有错误的，有权向同级法院提起再审抗诉</td></tr>
<tr><td colspan="3">【作出生效裁判的法院】
（1）死刑立即执行的案件，作出生效裁判的法院是最高法院
（2）死刑缓期二年执行的案件，作出生效裁判的法院是高级法院
（3）在法定刑以下判处刑罚的案件，作出生效裁判的法院是最高法院</td></tr>
</table>

【比较】二审抗诉 *v.* 再审抗诉

	二审抗诉	再审抗诉
对象	（未生效的）一审裁判	已生效裁判
抗诉机关	（原审法院的）同级检察院	（原审法院的）上级检察院或最高检察院
受理机关	（抗诉检察院的）上级法院	（抗诉检察院的）同级法院
期限	判决：10 日；裁定：5 日	无期限
效力	阻止一审裁判生效	一般不停止原裁判的执行

考点 2：再审的程序★★★

对抗诉的处理	（1）一般情况下，对检察院提起再审抗诉的案件，法院应当在收到抗诉书后 1 个月内立案 （2）有下列情形之一的，应当区别情况予以处理： ①对不属于本院管辖的，应当将案件退回检察院 ②按照抗诉书提供的住址无法向被抗诉的原审被告人送达抗诉书的，应当通知检察院在 3 日内重新提供原审被告人的住址；逾期未提供的，将案件退回检察院 ③以有新的证据为由提出抗诉，但未附相关证据材料或有关证据不是指向原起诉事实的，应当通知检察院在 3 日内补送相关材料；逾期未补送的，将案件退回检察院 【总结】 无管辖权——退回检察院 地址有误、缺证据材料——通知 3 日内补送（逾期未补，退回检察院）
再审决定书	决定依照审判监督程序重新审判的案件，法院应当制作再审决定书
对执行的影响	（1）再审期间一般不停止原裁判的执行 （2）被告人可能经再审改判无罪，或可能经再审减轻原判刑罚而致刑期届满的，可以**决定中止**原裁判的执行 （3）必要时，可以对被告人采取取保候审、监视居住措施
审判组织	由原审法院重审的案件，应当另行组成合议庭
再审的程序	（1）原来是第一审案件，应当依照第一审程序进行审判，所作的裁判可以上诉、抗诉 （2）原来是第二审案件，或是上级法院提审的案件，应当依照第二审程序进行审判，所作的裁判是终审裁判
应当开庭的情形	（1）依照第一审程序审理的 （2）依照第二审程序审理，需要审查事实或证据的 （3）检察院抗诉的 （4）可能对原审被告人（上诉人）加重刑罚的 【总结】事实、证据、抗诉、加刑
再审不加刑	（1）除检察院抗诉的以外，再审一般不得加重原审被告人的刑罚 （2）再审决定书或抗诉书只针对部分原审被告人的，不得加重其他同案原审被告人的刑罚
检察员出庭	开庭审理的再审案件，同级检察院应当派员出庭
被告人不出庭的情形	开庭审理的再审案件，再审决定书或抗诉书只针对部分原审被告人，其他同案原审被告人不出庭不影响审理的，可以不出庭参加诉讼
强制措施的决定主体	（1）法院决定再审的案件，需要对被告人采取强制措施的，由法院决定 （2）检察院决定再审的案件，需要对被告人采取强制措施的，由检察院决定 【总结】谁决定再审，就由谁决定强制措施的适用
再审审限	作出提审、再审决定之日起 3 个月；需要延长的，经本院院长批准，可以延长 3 个月（3+3）

考点 3：再审的裁判结果★★★

原裁判认定事实和适用法律正确、量刑适当的	裁定驳回申诉或抗诉，维持原裁判
原裁判定罪准确、量刑适当，但在认定事实、适用法律等方面有瑕疵的	裁定纠正并维持原裁判
原裁判认定事实没有错误，但适用法律错误，或量刑不当的	撤销原裁判，依法改判
依照第二审程序审理的案件，原裁判事实不清或证据不足的	查清事实后改判，或撤销原判，发回重审
原裁判事实不清或证据不足，经审理事实已经查清的	根据查清的事实裁判
事实仍无法查清，证据不足，不能认定被告人有罪的	撤销原判，宣告被告人无罪

第十八章　执行

考点 1：执行的机关★★★

执行机关	刑罚类型
法院	死刑立即执行＋罚金＋没收财产＋无罪＋免除刑罚
监狱	有期徒刑（余刑超过 3 个月）＋无期徒刑＋死刑缓期执行
未成年犯管教所	未成年人监禁刑 【注意】未成年犯年满 18 周岁，剩余刑期不足 2 年的，可以留在未成年犯管教所执行刑罚
社区矫正机构	管制＋缓刑＋假释＋暂予监外执行
公安机关	拘役＋剥夺政治权利
看守所	被判处有期徒刑的罪犯，交付执行时剩余刑期为 3 个月以下的

考点 2：死刑立即执行的执行★★★

<table>
<tr><td>执行死刑命令的签发</td><td colspan="2">最高法院院长</td></tr>
<tr><td>执行机关</td><td colspan="2">（1）最高法院的执行死刑命令，由高级法院交付第一审法院执行
（2）在死刑缓期执行期间故意犯罪，最高法院核准执行死刑的，由罪犯服刑地的中级法院执行</td></tr>
<tr><td>执行期限</td><td colspan="2">第一审法院接到执行死刑命令后，应当在 7 日内执行</td></tr>
<tr><td>执行方法</td><td colspan="2">枪决＋注射
采用枪决、注射以外的其他方法执行死刑的，应当事先层报最高法院批准</td></tr>
<tr><td>执行场所</td><td colspan="2">刑场或指定的羁押场所</td></tr>
<tr><td>具体程序</td><td>会见亲友</td><td>（1）第一审法院在执行死刑前，应当告知罪犯有权会见其近亲属
（2）罪犯申请会见并提供具体联系方式的，法院应当通知其近亲属
（3）罪犯申请会见未成年子女的，应当经未成年子女的监护人同意；会见可能影响未成年人身心健康的，法院可以采取视频通话等方式安排会见，且监护人应当在场
（4）罪犯提出会见近亲属以外的亲友，可以在确保会见安全的情况下予以准许
（5）罪犯近亲属申请会见的，法院应当准许，并在执行死刑前及时安排会见，但罪犯拒绝会见的除外</td></tr>
</table>

续表

具体程序	检察监督	第一审法院在执行死刑3日前，应当通知同级检察院派员临场监督
	验明正身	执行死刑前，指挥执行的审判人员对罪犯应当验明正身，讯问有无遗言、信札，并制作笔录，再交执行人员执行死刑
	执行公布	执行死刑应当公布，禁止游街示众或其他有辱罪犯人格的行为
	上报最高法院	（1）执行死刑后，应当由法医验明罪犯确实死亡，在场书记员制作笔录 （2）负责执行的法院应当在执行死刑后15日内将执行情况，包括罪犯被执行死刑前后的照片，上报最高法院
	通知家属	执行死刑后，交付执行的法院应当通知罪犯家属
死刑的停止执行	暂停执行的情形	（1）罪犯可能有其他犯罪的 （2）共同犯罪的其他犯罪嫌疑人到案，可能影响罪犯量刑的 （3）共同犯罪的其他罪犯被暂停或停止执行死刑，可能影响罪犯量刑的 （4）罪犯揭发重大犯罪事实或有其他重大立功表现，可能需要改判的 （5）罪犯怀孕的 （6）裁判可能有影响定罪量刑的其他错误的
	暂停执行后的审查	（1）**下级法院发现：**暂停执行，并立即将请求停止执行死刑的报告和相关材料层报最高法院：最高法院认为可能影响罪犯定罪量刑的，应当裁定停止执行死刑；认为不影响的，应当决定继续执行死刑 （2）**最高法院发现：**裁定停止执行死刑，并将有关材料移交下级法院 （3）下级法院接到最高法院停止执行死刑的裁定后，应当会同有关部门调查核实停止执行死刑的事由，并及时将调查结果和意见层报最高法院审核 （4）对下级法院报送的停止执行死刑的调查结果和意见，由最高法院原作出核准死刑裁判的合议庭负责审查，必要时，另行组成合议庭进行审查
	审查后的处理	（1）确认罪犯怀孕的，应当**改判** （2）应当裁定**不予核准死刑，撤销原判，发回重新审判：** ①确认罪犯有其他犯罪，应当追诉的 ②确认原裁判有错误或罪犯有重大立功表现，需要改判的 （3）确认原裁判没有错误，罪犯没有重大立功表现，或重大立功表现不影响原裁判执行的，应当裁定继续执行死刑，并由最高法院院长**重新签发**执行死刑的命令

考点3：监外执行★★★

适用对象与条件（可以）	（1）**被判处有期徒刑、拘役的罪犯：** ①有严重疾病需要保外就医的（须省级政府指定的医院诊断并开具证明文件） ②怀孕或正在哺乳自己婴儿的妇女 ③生活不能自理，适用暂予监外执行不致危害社会的 【总结】病重、怀孕、不能自理 （2）**被判处无期徒刑的罪犯：**怀孕或正在哺乳自己婴儿的妇女 适用保外就医可能有社会危险性的罪犯，或自伤自残的罪犯，不得保外就医

续表

批准/决定机关	（1）**交付执行前**：由交付执行的法院决定 （2）**交付执行后**：由监狱或看守所提出书面意见，报省级以上监狱管理机关或设区的市一级以上公安机关批准
社区矫正	决定暂予监外执行的，应当制作暂予监外执行决定书，通知罪犯**居住地**的**县级**司法行政机关派员办理交接手续，并将暂予监外执行决定书抄送罪犯居住地的县级检察院和公安机关
暂予监外执行的收监	（1）**应当收监的情形**： ①发现不符合暂予监外执行条件的 ②严重违反有关暂予监外执行监督管理规定的 ③暂予监外执行的情形消失后，罪犯刑期未满的 （2）**决定收监的机关**：谁决定监外执行，就由谁决定收监 （3）**收监决定的效力**：收监执行决定书，一经作出，立即生效 （4）**不计入执行期限的情形**： ①不符合暂予监外执行条件的罪犯通过贿赂等非法手段被暂予监外执行的 ②罪犯在暂予监外执行期间脱逃的，**脱逃的期间**不计入执行刑期

考点4：减刑、假释★★★

适用对象	减刑	被判处管制、拘役、有期徒刑、无期徒刑的罪犯
	假释	被判处有期徒刑、无期徒刑的罪犯 对累犯及因故意杀人、强奸、抢劫、绑架、放火、爆炸、投放危险物质、有组织的暴力性犯罪被判处10年以上有期徒刑、无期徒刑的罪犯，不得假释
适用条件	减刑	（1）遵守监规，接受改造，确有悔改表现的，或有立功表现的，可以减刑 （2）有重大立功表现的，**应当**减刑
	假释	（1）有期徒刑执行了原判刑期1/2以上的，无期徒刑实际执行了13年以上的 （2）遵守监规，接受改造，确有悔改表现，释放后不致危害社会的 【特殊假释】如有特殊情况，经最高法院核准，假释可不受刑期的限制
管辖法院	减刑	（1）无期徒刑：服刑地高院 （2）有期徒刑、管制、拘役：服刑地中院
	假释	（1）无期徒刑：服刑地高院 （2）有期徒刑：服刑地中院 【注意】管制、拘役可减刑，不可假释
开庭审理	应当开庭的情形	（1）因罪犯有重大立功表现报请减刑的 （2）报请减刑的起始时间、间隔时间或减刑幅度不符合司法解释一般规定的 （3）公示期间收到不同意见的 （4）检察院有异议的 （5）被报请减刑、假释罪犯系职务犯罪罪犯，组织（领导、参加、包庇、纵容）黑社会性质组织犯罪罪犯，破坏金融管理秩序和金融诈骗犯罪罪犯及其他在社会上有重大影响或社会关注度高的 【总结】重大立功、破格减刑、不同意见、“职务”“黑”“金”

续表

<table>
<tr><td rowspan="2">开庭审理</td><td>通知出庭</td><td>（1）应当通知：①检察院；②执行机关；③被报请减刑、假释的罪犯
（2）可以通知：①证明罪犯确有悔改表现或立功、重大立功表现的证人；②公示期间提出不同意见的人；③鉴定人、翻译人员等其他人员</td></tr>
<tr><td>开庭地点</td><td>（1）刑罚执行场所
（2）法院确定的场所
（3）罪犯服刑地或居住地：在社区执行刑罚的罪犯因重大立功被报请减刑的</td></tr>
<tr><td>审理结果</td><td colspan="2">（1）罪犯符合法律规定的减刑、假释条件的，作出予以减刑、假释的裁定
（2）罪犯符合法律规定的减刑条件，但执行机关报请的减刑幅度不适当的，对减刑幅度作出相应调整后作出予以减刑的裁定
（3）罪犯不符合法律规定的减刑、假释条件的，作出不予减刑、假释的裁定</td></tr>
<tr><td>减刑/假释的撤回</td><td colspan="2">在法院作出减刑、假释裁定前，执行机关书面申请撤回减刑、假释建议的，是否准许，由法院决定</td></tr>
<tr><td>检察监督</td><td colspan="2">检察院认为法院减刑、假释裁定不当，在法定期限内提出书面纠正意见的，法院应当在收到纠正意见后另行组成合议庭审理，并在1个月内作出裁定</td></tr>
</table>

第十九章　未成年人刑事案件诉讼程序

考点：未成年人刑事案件诉讼程序★★★★

慎用逮捕	(1) 对未成年被追诉人，可捕可不捕的，应当不予逮捕 (2) 检察院审查批准逮捕和法院决定逮捕，应当讯问未成年被追诉人，听取辩护律师的意见
分案处理	(1) **区别对待**：对被拘留、逮捕和执行刑罚的未成年人与成年人应当分别关押、分别管理、分别教育 (2) **起诉可并可分**：检察院办理未成年人与成年人共同犯罪案件，**一般**应当对未成年人与成年人分案办理、分别起诉。不宜分案处理的，应当对未成年人采取隐私保护、快速办理等特殊保护措施 (3) **审理可并可分**：对分案起诉至同一法院的未成年人与成年人共同犯罪案件，可以由同一个审判组织审理；不宜由同一个审判组织审理的，可以分别由少年法庭、刑事审判庭审理
未成年人案件审判组织的审理范围	(1) 下列案件可以由未成年人案件审判组织审理： ①法院立案时**不满22周岁**的**在校学生**犯罪案件 ②强奸、猥亵、虐待、遗弃未成年人等**侵害未成年人人身权利**的犯罪案件 ③由未成年人案件审判组织审理更为适宜的其他案件 (2) 共同犯罪案件有未成年被告人的或其他涉及未成年人的刑事案件，是否由未成年人案件审判组织审理，由院长根据实际情况决定
合适成年人在场制度	(1) 讯问和审判未成年人，应当通知未成年被追诉人的法定代理人到场 (2) 其他成年亲属到场：无法通知、法定代理人不能到场或法定代理人是共犯的，也可以通知未成年被追诉人的其他成年亲属，所在学校、单位、居住地基层组织或未成年人保护组织的代表到场，并将有关情况记录在案 (3) 到场的法定代理人可以代为行使未成年被追诉人的诉讼权利 (4) 到场的法定代理人或其他人员认为办案人员在讯问、审判中侵犯未成年人合法权益的，可以提出意见。讯问笔录、法庭笔录应当交给到场的法定代理人或其他人员阅读或向他宣读
讯问女性	讯问女性未成年犯罪嫌疑人，应当有女工作人员在场
补充陈述	审判未成年人案件，未成年被告人最后陈述后，其**法定代理人**可以进行补充陈述
询问证人、被害人	询问未成年证人、被害人，同样适用讯问未成年被追诉人的规定
不公开审理	(1) 开庭审理时被告人不满18周岁的案件，一律不公开审理 (2) 经未成年被告人及其法定代理人同意，未成年被告人所在学校和未成年人保护组织可以派代表到场

续表

<table>
<tr><td>询问证人、被害人</td><td colspan="3">（3）到场代表的人数和范围，由法庭决定
（4）到场代表经法庭同意，可以参与对未成年被告人的法庭教育工作
（5）对依法公开审理，但可能需要封存犯罪记录的案件，不得组织人员旁听
（6）对未成年人刑事案件宣告判决应当公开进行，但不得采取召开大会等形式</td></tr>
<tr><td>简易程序征得同意</td><td colspan="3">（1）对未成年人刑事案件，法院决定适用简易程序审理的，应当征求未成年被告人及其法定代理人、辩护人的意见
（2）上述人员提出异议的，不适用简易程序</td></tr>
<tr><td>慎用戒具</td><td colspan="3">（1）在法庭上不得对未成年被告人使用戒具，但被告人人身危险性大，可能妨碍庭审活动的除外
（2）必须使用戒具的，在现实危险消除后，应当立即停止使用</td></tr>
<tr><td rowspan="8">附条件不起诉</td><td>适用条件</td><td colspan="2">对于未成年人：
（1）涉嫌刑法分则第四章（侵犯公民人身权利、民主权利罪）、第五章（侵犯财产罪）、第六章（妨害社会管理秩序罪）规定的犯罪
（2）可能判处1年有期徒刑以下刑罚
（3）符合起诉条件
（4）有悔罪表现
检察院可以作出附条件不起诉的决定</td></tr>
<tr><td rowspan="3">程序要件</td><td>听取意见</td><td>检察院在作出附条件不起诉的决定前，应当听取公安机关、被害人、未成年犯罪嫌疑人及其法定代理人、辩护人的意见，并制作笔录附卷
【注意】应当听取被害人意见，无须征得被害人同意</td></tr>
<tr><td>异议处理</td><td>对附条件不起诉的决定，公安机关要求复议、提请复核或被害人申诉的，适用对其他不起诉的规定
【注意】对附条件不起诉决定不得“转自诉”</td></tr>
<tr><td>对被不起诉人异议的处理</td><td>（1）未成年犯罪嫌疑人及其法定代理人对决定附条件不起诉有异议的，检察院应当作出起诉的决定
（2）检察院作出起诉决定前，未成年犯罪嫌疑人及其法定代理人撤回异议的，检察院可以作出附条件不起诉决定
（3）未成年犯罪嫌疑人及其法定代理人对案件作附条件不起诉处理没有异议，仅对所附条件及考验期有异议的，检察院可以对考察的内容、方式、时间等进行调整</td></tr>
<tr><td rowspan="2">考验监督</td><td>考验机关</td><td>检察院
检察院可以会同（注意：不能“委托”）未成年犯罪嫌疑人的监护人、所在学校、单位、居住地的村民委员会、居民委员会、未成年人保护组织等的有关人员，定期对未成年犯罪嫌疑人进行考察、教育，实施跟踪帮教</td></tr>
<tr><td>考验期</td><td>（1）6—12月；从作出附条件不起诉的决定之日起计算
（2）考验期不计入案件审查起诉期限
（3）考验期的长短应当与未成年犯罪嫌疑人所犯罪行的轻重、主观恶性的大小和人身危险性的大小、一贯表现及帮教条件等相适应，根据未成年犯罪嫌疑人在考验期的表现，可以在法定期限范围内适当缩短或延长</td></tr>
</table>

续表

<table>
<tr><td rowspan="4">附条件不起诉</td><td>考验监督</td><td>考验期义务</td><td>（1）遵守法律法规，服从监督
（2）按照考察机关的规定报告自己的活动情况
（3）离开所居住的市、县或迁居，应当报经考察机关批准
（4）接受矫治和教育</td></tr>
<tr><td rowspan="3">处理结果</td><td>撤销附条件不起诉决定，提起公诉</td><td>（1）实施新的犯罪或发现决定附条件不起诉以前还有其他犯罪需要追诉的
（2）违反治安管理规定或考察机关有关附条件不起诉的监督管理规定，情节严重（多次违反规定或造成严重后果）的
【总结】新罪漏罪＋严重违规</td></tr>
<tr><td>作出不起诉决定</td><td>在考验期内没有上述情形，考验期满的
考验期满作出不起诉的决定以前，应当听取被害人意见</td></tr>
<tr></tr>
<tr><td rowspan="3">犯罪记录封存
（应当）</td><td>适用对象</td><td colspan="2">犯罪时不满 18 周岁＋被判处 5 年有期徒刑以下刑罚
检察院对未成年犯罪嫌疑人作出不起诉决定后，应当对相关记录予以封存</td></tr>
<tr><td>封存义务</td><td colspan="2">（1）犯罪记录被封存的，不得向任何单位和个人提供，但司法机关为办案需要或有关单位根据国家规定进行查询的除外
（2）司法机关或有关单位需要查询犯罪记录的，应当向封存犯罪记录的检察院提出书面申请，检察院应当在 7 日以内作出是否许可的决定
（3）依法进行查询的单位，应当对被封存的犯罪记录的情况予以保密</td></tr>
<tr><td>解除封存</td><td colspan="2">被封存犯罪记录的未成年人，如果发现漏罪，且漏罪与封存记录之罪数罪并罚后被决定执行 5 年有期徒刑以上刑罚的，应当对其犯罪记录解除封存</td></tr>
</table>

第二十章　当事人和解的公诉案件诉讼程序

考点：当事人和解的公诉案件诉讼程序★★

案件范围	(1) 因民间纠纷引起，涉嫌刑法分则第四章（侵犯公民人身权利、民主权利罪）、第五章（侵犯财产罪）规定的犯罪案件，可能判处3年有期徒刑以下刑罚的 (2) 除渎职犯罪以外的可能判处7年有期徒刑以下刑罚的过失犯罪案件 【总结】 故意犯罪：民间纠纷＋4章、5章＋3年以下 过失犯罪：渎职以外＋7年以下
适用条件	(1) **积极条件**：①公诉案件；②被追诉人真诚悔罪；③通过向被害人赔偿损失、赔礼道歉等方式获得被害人谅解；④双方当事人自愿和解 (2) **消极条件**：被追诉人在5年内曾经故意犯罪
和解主体	(1) 被害人死亡的，其近亲属可以与被告人和解 近亲属有多人的，达成和解协议，应当经处于同一继承顺序的所有近亲属同意 (2) 被害人系无行为能力或限制行为能力人的，其法定代理人、近亲属可以代为和解 (3) 被告人的近亲属经被告人同意，可以代为和解 (4) 被告人系限制行为能力人的，其法定代理人可以代为和解 被告人的法定代理人、近亲属代为和解的，和解协议约定的赔礼道歉等事项，应当由被告人本人履行
和解事项	(1) 双方当事人可以就赔偿损失、赔礼道歉等**民事责任事项**进行和解，且可就被害人及其法定代理人或近亲属是否要求或同意公安机关、检察院、法院对犯罪嫌疑人从宽处理进行协商 (2) 不得对案件的事实认定、证据采信、法律适用和定罪量刑等依法属于公安机关、检察院、法院职权范围的事宜进行协商
和解协议书	(1) **双方当事人自行和解**：公安机关、检察院、法院应当听取当事人和其他有关人员的意见，对和解的自愿性、合法性进行审查，并主持制作和解协议书 (2) **检察院主持和解**：和解协议书应当由双方当事人签字，可以写明和解协议书系在检察院主持下制作。检察人员不在和解协议书上签字，也不加盖检察院印章。和解协议书一式三份，双方当事人各持一份，另一份交检察院附卷备查 (3) **法院主持和解**：和解协议书应当由双方当事人和审判人员签名，但不加盖法院印章。和解协议书一式三份，双方当事人各持一份，另一份交法院附卷备查。对和解协议中的赔偿损失内容，双方当事人要求保密的，法院应当准许，并采取相应的保密措施
和解协议书的审查	(1) 对公安机关、检察院主持制作的和解协议书，当事人提出异议的，法院应当审查 (2) 经审查，和解自愿、合法的，予以确认，无须重新制作和解协议书

续表

和解协议书的审查	(3) 和解不具有自愿性、合法性的，应当认定无效 (4) 和解协议被认定无效后，双方当事人重新达成和解的，法院应当主持制作新的和解协议书
和解协议的履行	和解协议约定的赔偿损失内容，被告人应当在协议签署后即时履行 【附带民事调解书】被害人或其法定代理人、近亲属提起附带民事诉讼后，双方愿意和解，但被告人不能即时履行全部赔偿义务的，法院应当制作附带民事调解书 【分期履行】难以一次性履行的，可以分期履行
和解协议的反悔	和解协议已全部履行，当事人反悔的，法院不予支持，但有证据证明和解违反自愿、合法原则的除外 双方当事人在侦查、审查起诉期间已经达成和解协议并全部履行，被害人或其法定代理人、近亲属又提起附带民事诉讼的，法院不予受理，但有证据证明和解违反自愿、合法原则的除外
和解的阶段与处理结果	(1) **侦查：**公安机关可以向检察院提出从宽处理的建议 (2) **审查起诉：**检察院可以向法院提出从宽处理的建议，或作出不起诉决定 (3) **审判：**法院可以对被告人从宽处罚

第二十一章　缺席审判程序

考点：缺席审判程序★★★

适用对象	（1）**被追诉人在境外的“国”“恐”“贪”案件：** ①**贪污贿赂**犯罪；②需要及时进行审判，**经最高检察院核准**的严重**危害国家安全**犯罪、**恐怖活动**犯罪案件，被追诉人在境外，监察机关、公安机关移送起诉，检察院可以向法院提起公诉，法院可以缺席审判 【注意】严重“国”“恐”案件的缺席审判，须经最高检核准 （2）**被告人病重无法出庭：**被告人患有严重疾病无法出庭，中止审理超过6个月，被告人仍无法出庭，被告人及其法定代理人、近亲属申请或同意恢复审理的，法院可以在被告人不出庭的情况下缺席审理 （3）**被告人死亡：** ①被告人死亡的，法院应当裁定终止审理，但有证据证明被告人无罪，法院经缺席审理确认无罪的，应当依法作出判决 ②按照审判监督程序重新审判的案件，被告人死亡的，法院可以缺席审理
管辖法院	**中级**法院：①犯罪地；②被告人离境前居住地；③最高法院指定 【注意】被告人病重无法出庭或死亡案件，可由基层法院进行缺席审判
审判组织	合议庭
文书送达	（1）**送达文书：**传票＋起诉书副本 （2）**送达方式：**①有关国际条约规定的方式；②外交途径提出的司法协助方式；③被告人所在地法律允许的其他方式 （3）**送达效果：**传票和起诉书副本送达后，被告人未按要求到案的，法院应当开庭审理，依法作出判决，并对违法所得及其他涉案财产作出处理
必须有辩护人	（1）**委托辩护：**被告人有权委托辩护人，被告人的近亲属可以代为委托辩护人 （2）**指定辩护：**被告人及其近亲属没有委托辩护人的，法院应当通知法律援助机构指派律师为其辩护
裁判送达	法院应当将判决书送达被告人及其近亲属、辩护人
程序救济	（1）**可上诉：** ①独立上诉权主体：**被告人**或其**近亲属**不服判决的，有权向上一级法院上诉 【比较】在普通程序中，被告人的近亲属没有独立的上诉权 ②非独立上诉权主体：**辩护人**经被告人**或其近亲属**同意，可以提出上诉 （2）**可抗诉：**检察院认为法院的判决确有错误的，应当向上一级法院提出抗诉
被告人到案的处理	（1）**审查起诉期间到案：**审查起诉期间，犯罪嫌疑人自动投案或被抓获的，检察院应当重新审查 （2）**审理过程中到案：**在审理过程中，被告人自动投案或被抓获的，法院应当重新审理。**检察院应当商法院将案件撤回并重新审查**

续表

被告人到案的处理	（3）**交付执行前到案：** ①罪犯在裁判生效后到案的，法院应当将罪犯交付执行刑罚 ②交付执行刑罚前，法院应当告知罪犯有权对裁判提出异议 ③罪犯对裁判**提出异议**的，法院应当重新审理 **【比较】**被告人在裁判生效前后到案都可能引发重新审理。两者区别在于，裁判生效前到案，必然引发重新审理；裁判生效后，交付执行前到案的，则只有在被告人提出异议的情况下，才必然引发重新审理 （4）依照生效裁判对罪犯的财产进行的处理确有错误的，应当予以返还、赔偿

第二十二章　犯罪嫌疑人、被告人逃匿、死亡案件违法所得的没收程序

考点：犯罪嫌疑人、被告人逃匿、死亡案件违法所得的没收程序★★

适用条件	（1）**逃匿**：被追诉人实施了贪污贿赂犯罪、恐怖活动犯罪等重大犯罪[①]后逃匿，在**通缉 1 年**后不能到案 【重大犯罪】①可能被判处无期徒刑以上刑罚的；②案件在本省、自治区、直辖市或全国范围内有较大影响的 （2）**死亡**：被追诉人死亡
没收对象	（1）实施犯罪行为所取得的财物及其孳息 （2）被告人非法持有的违禁品 （3）供犯罪所用的**本人财物**
启动方式	（1）**依申请**： ①公安机关应当写出没收违法所得意见书，移送检察院 ②**检察院**可以向法院提出没收违法所得的申请（注意：申请启动罚没程序的主体是检察机关） 没收违法所得的申请应当提供与犯罪事实、违法所得相关的证据材料，并列明财产的种类、数量、所在地及查封、扣押、冻结的情况 （2）**依职权**：法院在必要的时候，可以查封、扣押、冻结申请没收的财产
财产保全	检察院尚未查封、扣押、冻结申请没收的财产或查封、扣押、冻结期限即将届满，涉案财产有被隐匿、转移或毁损、灭失危险的，法院可以查封、扣押、冻结申请没收的财产
审理程序	（1）**管辖法院**：犯罪地或被追诉人居住地的**中级**法院 （2）**审判组织**：合议庭

① 《最高人民法院、最高人民检察院关于适用犯罪嫌疑人、被告人逃匿、死亡案件违法所得没收程序若干问题的规定》第 1 条规定，下列犯罪案件，应当认定为《刑事诉讼法》第 280 条（现为第 298 条）第 1 款规定的“犯罪案件”：

（1）贪污、挪用公款、巨额财产来源不明、隐瞒境外存款、私分国有资产、私分罚没财物犯罪案件；

（2）受贿、单位受贿、利用影响力受贿、行贿、对有影响力的人行贿、对单位行贿、介绍贿赂、单位行贿犯罪案件；

（3）组织、领导、参加恐怖组织，帮助恐怖活动，准备实施恐怖活动，宣扬恐怖主义、极端主义、煽动实施恐怖活动，利用极端主义破坏法律实施，强制穿戴宣扬恐怖主义、极端主义服饰、标志，非法持有宣扬恐怖主义、极端主义物品犯罪案件；

（4）危害国家安全、走私、洗钱、金融诈骗、黑社会性质的组织、毒品犯罪案件。

电信诈骗、网络诈骗犯罪案件，依照前款规定的犯罪案件处理。

续表

审理程序	(3) **公告：** ①法院受理没收违法所得的申请后，应当在15日内发出公告 ②公告期间为6个月 ③公告期间，被追诉人的近亲属和其他利害关系人有权申请参加诉讼，也可以委托诉讼代理人参加诉讼 *被追诉人的近亲属和其他利害关系人申请参加诉讼的，原则上应当在公告期间提出。在公告期满后申请参加诉讼，能够合理说明原因，并提供证明申请没收的财产系其所有的证据材料的，法院应当准许* (4) **审理方式：** ①**应当**开庭：利害关系人参加或者委托诉讼代理人参加诉讼的 ②**可以**不开庭：没有利害关系人申请参加诉讼，或利害关系人及其诉讼代理人无正当理由拒不到庭的 (5) **审理结果：** ①对经查证属于违法所得及其他涉案财产，除依法返还被害人的以外，应当**裁定**予以没收 ②对不属于应当追缴的财产的，应当裁定驳回申请，解除查封、扣押、冻结措施 (6) **救济方式：**对没收违法所得或驳回申请的裁定，被追诉人的近亲属和其他利害关系人或检察院可以在5日内提出上诉、抗诉
程序转化	(1) 在审理申请没收违法所得的案件过程中，在逃被告人到案的，法院应当裁定终止审理。检察院向原受理申请的法院提起公诉的，可以由同一审判组织审理 (2) 没收违法所得裁定生效后，被告人到案并对没收裁定提出异议，检察院向原作出裁定的法院提起公诉的，可以由同一审判组织审理

第二十三章　依法不负刑事责任的精神病人的强制医疗程序

考点：依法不负刑事责任的精神病人的强制医疗程序★★

适用条件	(1) 实施暴力行为，危害公共安全或严重危害公民人身安全 (2) 经法定程序鉴定为依法不负刑事责任的精神病人 (3) 有继续危害社会可能的
启动方式	(1) **依申请**： ①公安机关发现精神病人符合强制医疗条件的，应当写出强制医疗意见书，移送检察院 ②**检察院**对于公安机关移送的或在审查起诉过程中发现的精神病人符合强制医疗条件的，应当向法院提出强制医疗的申请 (2) **依职权**：法院在审理案件过程中发现被告人符合强制医疗条件的，可以作出强制医疗的决定
执行机关	公安机关 对实施暴力行为的精神病人，在法院决定强制医疗前，公安机关可以采取临时的保护性约束措施
审理程序	(1) **管辖法院**： ①被申请人实施暴力行为所在地的基层法院 ②被申请人居住地的基层法院（更为适宜时） (2) **审判组织**：合议庭 (3) **通知到庭**：法院审理强制医疗案件，应当通知被申请人或被告人的法定代理人到场 (4) **法律帮助**：被申请人或被告人没有委托诉讼代理人的，法院**应当**通知法律援助机构指派律师为其提供法律**帮助** (5) **审理方式**： ①应当开庭，但被申请人、被告人的法定代理人请求不开庭审理，并经法院审查同意的除外 ②审理检察院申请强制医疗的案件，应当会见被申请人 (6) **审理结果**： ①符合强制医疗条件的，应当作出对被申请人强制医疗的**决定** ②被申请人属于依法不负刑事责任的精神病人，但不符合强制医疗条件的，应当作出驳回强制医疗申请的决定 ③被申请人具有完全或部分刑事责任能力，依法应当追究刑事责任的，应当作出驳回强制医疗申请的决定，并退回检察院处理 (7) **审理期限**：1个月

续表

审理程序	(8) **救济方式**：被决定强制医疗的人、被害人及其法定代理人、近亲属对强制医疗决定不服的，可以向**上一级**法院申请复议 (9) **检察监督**： 法院作出宣告被告人无罪或不负刑事责任的判决和强制医疗决定的，检察院认为判决确有错误的，应当依法提出抗诉；对强制医疗决定不当或未作出强制医疗的决定不当的，应当提出纠正意见 【总结】判决有误——抗诉；决定不当——提出纠正意见
强制医疗的评估与解除	(1) 强制医疗机构应当定期对被强制医疗的人进行诊断评估 (2) 对于已不具有人身危险性，不需要继续强制医疗的，应当及时提出解除意见，报**决定强制医疗的法院**批准 (3) 被强制医疗的人及其近亲属有权向决定强制医疗的法院申请解除强制医疗 (4) 被强制医疗的人及其近亲属提出的解除强制医疗申请被法院驳回，6 个月后再次提出申请的，法院应当受理

第二十四章　涉外刑事诉讼程序与司法协助制度

考点 1：涉外刑事诉讼程序★

涉外程序的范围	（1）诉讼活动涉及外国人（包括无国籍人） （2）诉讼活动需要在外国进行
国籍确认	（1）外国人的国籍，根据其**入境时持用的**有效证件确认 （2）国籍不明的，根据**公安机关或有关国家驻华使领馆出具的证明**确认 （3）国籍无法查明的，以无国籍人对待，适用涉外刑事诉讼程序有关规定，在裁判文书中写明“国籍不明”
管辖法院	除刑事诉讼法规定应由中级以上法院管辖的以外，由**基层法院**管辖 必要时，中级法院可以指定辖区内若干基层法院集中管辖第一审涉外刑事案件，也可以提审基层法院管辖的第一审涉外刑事案件
适用法律	适用中国刑事法律与信守国际条约相结合
权利义务	外国籍被追诉人享有中国法律规定的诉讼权利并承担中国法律规定的诉讼义务
语言文字	（1）法院审判涉外刑事案件，使用中华人民共和国通用的语言、文字，**应当**为外国籍当事人提供翻译 （2）法院的诉讼文书为中文本 （3）外国籍当事人不通晓中文的，应当附有外文译本，**译本不加盖法院印章**，以中文本为准 （4）外国籍当事人通晓中国语言、文字，拒绝他人翻译，或不需要诉讼文书外文译本的，应当由其本人出具**书面声明**
委托律师	应当委托中国律师进行辩护或代理
限制出境	（1）对涉外刑事案件的**被告人**，可以决定**限制出境** （2）对开庭审理案件时**必须到庭的证人**，可以要求**暂缓出境** （3）作出限制出境的决定，应当通报同级公安机关或国家安全机关；限制外国人出境的，应当同时通报同级人民政府外事主管部门和当事人国籍国驻华使领馆

考点 2：司法协助制度★★

依据	（1）国家间签订的刑事司法协助条约 （2）国家间共同参加的国际公约 （3）临时达成的互惠协议 （4）国内法律规定
主体	请求国司法机关＋接受请求国司法机关

续表

内容	（1）**狭义**：①文书送达；②询问证人、鉴定人；③物品移交；④提供有关法律资料 （2）**广义**：包括引渡
境外证据材料的使用	（1）对来自境外的证据材料，经审查，能够证明案件事实且符合刑事诉讼法规定的，可以作为证据使用，但提供人或我国与有关国家签订的双边条约对材料的使用范围有明确限制的除外 （2）材料来源不明或其真实性无法确认的，不得作为定案的根据 （3）当事人及其辩护人、诉讼代理人提供来自境外的证据材料的，该证据材料应当经所在国公证机关证明，所在国中央外交主管机关或其授权机关认证，并经我国驻该国使领馆认证
文书送达	法院向在中华人民共和国领域外居住的当事人送达刑事诉讼文书，可以采用下列方式： ①根据受送达人所在国与中华人民共和国缔结或共同参加的**国际条约规定的方式**送达 ②通过**外交途径**送达 ③对中国籍当事人，**所在国法律允许或经所在国同意的**，可以委托我国驻受送达人所在国的使领馆代为送达 ④当事人是自诉案件的自诉人或附带民事诉讼原告人的，可以向有权代其接受送达的诉讼代理人送达 ⑤当事人是外国单位的，可以向其在中华人民共和国领域内设立的**代表机构**或有权接受送达的**分支机构、业务代办人**送达 ⑥受送达人所在国法律允许的，可以**邮寄**送达；自邮寄之日起满 3 个月，送达回证未退回，但根据各种情况足以认定已经送达的，视为送达 ⑦受送达人所在国法律允许的，可以采用**传真、电子邮件**等能够确认受送达人收悉的方式送达